ACCESO GRATIS _a la Lectura en la Nube + Actualizaciones_

Para visualizar el libro electrónico en la nube de lectura envíe junto a su nombre y apellidos una fotografía del código de barras situado en la contraportada del libro y otra del ticket de compra a la dirección:

ebooktirant@tirant.com

En un máximo de 72 horas laborables le enviaremos el código de acceso con sus instrucciones.

AF276694

Legislación de Seguros

Legislación de Seguros

8ª Edición

ANA BELÉN CAMPUZANO
Catedrática de Derecho Mercantil

tirant lo blanch
Valencia, 2025

©   Ana Belén Campuzano

©   TIRANT LO BLANCH
    EDITA: TIRANT LO BLANCH
    C/ Artes Gráficas, 14 - 46010 - Valencia
    TELFS.: 96/361 00 48 - 50
    FAX: 96/369 41 51
    Email: tlb@tirant.com
    www.tirant.com
    Librería virtual: www.tirant.es
    DEPÓSITO LEGAL: V-3600-2025
    ISBN: 979-13-7021-138-7

Si tiene alguna queja o sugerencia, envíenos un mail a: atencioncliente@tirant.com.
En caso de no ser atendida su sugerencia, por favor, lea en www.tirant.net/index.php/
empresa/politicas-de-empresa nuestro procedimiento de quejas.

Responsabilidad Social Corporativa: http://www.tirant.net/Docs/RSCTirant.pdf

ÍNDICE

INTRODUCCIÓN

La actividad aseguradora, en palabras de su normativa reguladora, supone el intercambio de una prestación presente y cierta, la prima, por una prestación futura e incierta, la indemnización. La relevancia, cualitativa y cuantitativa, de la actividad aseguradora en el mercado justifica la existencia de reglas de ordenación y contratación. Así, entre la normativa que, a nivel nacional, regula el mercado del seguro destaca la relativa a la ordenación, supervisión y solvencia de las entidades aseguradoras y reaseguradoras, el contrato de seguro y la distribución de seguros y reaseguros. No obstante, el elenco de legislación es considerablemente más extenso e incide en otros ámbitos, tales como la contabilidad y valoración, el servicio de reclamaciones y protección al asegurado y los ramos y modalidades de seguros.

Las normas de ordenación y supervisión del mercado asegurador persiguen garantizar que cuando eventualmente se produzca el siniestro que motive el pago de la indemnización la entidad aseguradora esté en situación de poder hacer frente a su obligación, lo que justifica que la ordenación y supervisión de las entidades aseguradoras por los poderes públicos resulte una materia de interés público. La Ley 20/2015, de 14 de julio, de ordenación, supervisión y solvencia de las entidades aseguradoras y reaseguradoras —modificada con posterioridad por la Ley 40/2015 de 1 de octubre, el Real Decreto-ley 22/2018 de 14 de diciembre, el Real Decreto-ley 3/2020, de 4 de febrero, el Real Decreto Legislativo 1/2020 de 5 de mayo y la Ley 12/2022 de 30 de junio— integra el sistema de solvencia de las entidades aseguradoras y reaseguradoras (Directiva Solvencia II), que se articula en tres pilares. El primero, constituido por reglas uniformes sobre requerimientos de capital determinados en función de los riesgos asumidos por las entidades, en consonancia con los desarrollos alcanzados en materia de gestión de riesgos y con la evolución reciente en otros sectores financieros. El segundo está integrado por un nuevo sistema de supervisión con el objetivo de fomentar la mejora de la gestión interna de los riesgos por las entidades. El tercero se refiere a las exigencias de información y transparencia hacia el mercado sobre los aspectos clave de los riesgos asumidos por las entidades y su forma de gestión. Adicionalmente a la introducción del sistema de solvencia basado en el riesgo y de los cambios que ello requiere en la forma de gestión de las entidades y en la actuación de las autoridades supervisoras, la Directiva Solvencia II efectúa una consolidación, por refundición, del resto del ordenamiento europeo en materia de seguros privados, salvo en lo referente al seguro de automóviles. La transposición de la Directiva Solvencia II se completa con el Real Decreto 1060/2015, de 20 de noviembre, en cuanto a aquellos de sus preceptos cuya transposición no requiere de rango legal. Por otro lado, el referido Real Decreto recoge criterios interpretativos y prácticas supervisoras, derivados de la experiencia en la aplicación del Reglamento de Ordenación y Supervisión de los Seguros Privados aprobado por el Real Decreto 2486/1998, de 20 de noviembre, con la finalidad de mejorar el régimen anteriormente vigente, teniendo en cuenta las circunstancias en las que el sector asegurador español ha de desenvolverse actualmente, tanto en el contexto europeo como en el resto del mundo. El Real Decreto 1060/2015, de 20 de noviembre, se ha modificado posteriormente por el Real Decreto-ley 3/2020 de 4 de febrero, por el Real Decreto 738/2020 de 4 de agosto, por el Real Decreto 288/2021 de 20 de abril, por el Real Decreto 63/2022 de 25 de enero y por el Real Decreto 907/2022 de 25 de octubre.

Así, la actividad aseguradora se configura como una materia en la que la intervención administrativa —control y supervisión por la Dirección General de Seguros y Fondos de Pensiones— es especialmente intensa. Un papel relevante juega también el Consorcio de Compensación de Seguros, cuyo estatuto legal recoge el Real Decreto Legislativo 7/2004, de 29 de octubre. Con carácter general, el Consorcio tiene como fin cubrir los riesgos en los seguros que se determinan en su Estatuto Legal. Para el adecuado cumplimiento de sus fines, el Consorcio puede celebrar pactos de coaseguro, así como ceder o retroceder en reaseguro parte de los riesgos asumidos a entidades aseguradoras españolas o extranjeras que están autorizadas para realizar operaciones de esta naturaleza. Asimismo, puede aceptar en reaseguro en el seguro de riesgos nucleares y en el seguro agrario combinado. Por otro lado, el Consorcio puede asumir la cobertura concertando pactos de coaseguro o aceptando en reaseguro en aquellos supuestos en que concurran razones de interés público que lo aconsejen, atendiendo la situación y circunstancias del mercado asegurador. Además, realiza funciones públicas y le corresponde llevar a cabo la liquidación de las entidades aseguradoras que le sea encomendada en los supuestos previstos en su Estatuto Legal y en la legislación sobre ordenación y supervisión de los seguros privados, así como el ejercicio de las funciones que en el seno de los procedimientos concursales a que puedan verse sometidas las mismas entidades se le atribuyen. El título XIV del Libro Primero —del concurso de acreedores— del Real Decreto Legislativo 1/2020, de 5 de mayo, por el que se aprueba el texto refundido de la Ley Concursal (TRLC) incluye, entre otras, las especialidades del concurso de las entidades aseguradoras (y reaseguradoras). En puridad, bajo la rúbrica de especialidades del concurso por razón de la persona del deudor se incluyen, de un lado, una serie de especialidades cuando, entre otras entidades, la declarada en concurso sea una entidad aseguradora (arts. 572 a 577 TRLC) y, de otro lado, se recogen las especialidades del concurso de entidades aseguradoras, que determina la aplicación de las especialidades que para el concurso de acreedores se hallen establecidas en su legislación específica, recogiendo el listado de lo que a estos efectos se considera legislación especial (art. 578 TRLC, en la redacción dada por la Ley 16/2022, de 5 de septiembre). Así, como se destaca en la parte expositiva del texto refundido de la Ley Concursal, *las normas concursales generales se integran en los doce primeros títulos de este libro. Simultáneamente, se han excluido de esos títulos aquellas normas especiales que estaban dispersas por el articulado, sin distraer al aplicador del derecho con aquellas particularidades de ámbito más o menos restringido. En el título XIV, que es el título final de este libro primero, se han agrupado, junto con el concurso de la herencia, las especialidades del concurso de aquel deudor que tenga determinadas características subjetivas u objetivas.* En este marco, se recogen las especialidades del concurso de entidades aseguradoras, cuestión distinta al tratamiento del contrato de seguro en el concurso de acreedores. El contrato de seguro, en sus líneas generales, participa tradicionalmente de la categoría de los llamados «contratos aleatorios o de suerte», de forma que al contrario de lo que sucede en otros contratos en los que el intercambio de prestaciones es cierto y en exacta equivalencia —«conmutativos», «onerosos»— en el seguro, tras su conclusión, no se produce un tránsito real de cosas o servicios entre las partes que colme el objetivo a satisfacer. Así, mientras que el tomador (o el asegurado) sí tiene el deber, entre otras obligaciones, de abonar la prima convenida, el asegurador asume el riesgo de garantizar el evento dañoso cuando el mismo, en su caso, se produzca, que depende del «aleas» o azar. Destaca la Sentencia del Tribunal Supremo de 28 de junio de 1989 «que, en la realidad, tanto el asegurado se satisface desde el comienzo de la relación con la tranquilidad anímica de que está a cubierto del riesgo, como el asegurador, «ab initio», no tiene por qué desplazar ningún bien material como contraprestación en tanto no se produzca el siniestro o riesgo asegurado». La Sentencia del Tribunal Supremo de 15 de mayo de 1990 sentó la siguiente doctrina: «son notas básicas del contrato de seguro la onerosidad, en cuanto la obligación de pagar la prima se corresponde como equivalente a la asunción de la obligación de pagar la indemnización o capital convenidos; y la aleatoriedad, en cuanto incertidumbre de cada contrato aisladamente considerado, aunque no del conjunto cuando de seguro de grupo se trata, teniendo en cuenta los correspondientes cálculos actuariales, de forma que el riesgo que el asegurador corre está en proporción de las primas que recibe y éstas, a su vez, en función de lo que la doctrina científica denomina intensidad del riesgo» (SSTS 26 noviembre 1991; 10 junio 1990; 21 mayo 1990; 19 octubre 1987; 10 junio 1985). Así, la legislación concursal no somete al contrato de seguro a un completo régimen especial tras la declaración de concurso, ni tampoco opta por sujetarlo al mismo régimen general que el resto de los contratos, sino que se decanta por un sistema intermedio, en el que incorpora algunas normas especiales para el mismo, aunque sólo cuando concurren determinadas circunstancias. El supuesto es distinto al de concurso de las entidades aseguradoras. La insolvencia de las entidades de seguros queda sujeta a las especialidades recogidas en la normativa concursal, teniendo en cuenta que las normas especiales para el tratamiento de la crisis de las entidades de seguro se contienen, esencialmente, en la Ley 20/2015, de 14 de julio, de ordenación, supervisión y solvencia de las entidades aseguradoras y reaseguradoras (y en el Reglamento que la desarrolla, aprobado por Real Decreto 1060/2015, de 20 de noviembre), así como en el Real Decreto Legislativo 7/2004, de 29 octubre, que aprueba el texto refundido del Estatuto Legal del Consorcio de Compensación de Seguros (dadas las funciones que se le atribuyen en este ámbito). Esta normativa regula no solo las condiciones de acceso a la actividad aseguradora y reaseguradora, sino también las condiciones de ejercicio de la actividad. Asimismo, establece un régimen especial de solvencia, donde se incluyen desde medidas de supervisión de alcance preventivo a medidas de control especial, que pueden dar lugar a la disolución y liquidación por el Consorcio de Compensación de Seguros. Mientras, al contrato de seguro le resultan aplicables las reglas generales sobre efectos de la declaración de concurso sobre los contratos, salvo las normas especiales establecidas en caso de concurso del tomador o del asegurado, cuando se produce la apertura de la fase de liquidación. De esta manera, el contrato de seguro continua vigente tras la declaración de concurso del tomador o del asegurado, y durante la fase común y la fase de convenio quedará sujeto a las reglas generales, esto es, la vigencia del contrato y la posibilidad de resolución en interés del concurso o por incumplimiento de cualquiera de las partes. Ahora bien, en caso de apertura de la fase de liquidación, conforme a la Ley del Contrato de Seguro para el seguro de daños, se introducen especialidades respecto al contrato de seguro. Pues bien, en el ámbito de las especialidades del concurso de las entidades aseguradoras, desde la redacción original de la derogada Ley Concursal de 2003 se recogieron especialidades en el concurso, entre otras, de las entidades de seguros, no sólo en la normativa concursal, sino, sobre todo, en distintas normas legales que se ocupan de las situaciones de crisis de estas entidades sometidas a supervisión y control. Las previsiones relativas a estas especialidades concursales —para ser exactos lo que se recoge como legislación concursal especial— se refieren ahora en el artículo 578 del texto refundido de la Ley Concursal (en la redacción dada por la Ley 16/2022, de 5 de septiembre), que se corresponde con la precedente disposición adicional segunda de la derogada Ley Concursal de 2003. El listado de legislación especial que se contiene ha sido modificado sucesivamente y, aunque con importantes diferencias según la clase de entidad de que se trate, ese denominado Derecho paraconcursal se ocupa de la intervención de estas entidades, de la sustitución de los órganos de administración y dirección y de la liquidación administrativa de las mismas. Mientras que las medidas de intervención y de sustitución se adoptan en los casos en los que todavía no se ha producido la insolvencia, la liquidación administrativa suele presuponer esa insolvencia. En todo caso, en el Derecho español no existe un Derecho paraconcursal general, sino Derechos paraconcursales sectoriales, esto es, por razón del sector en el que opere la sociedad sometida a ese control y supervisión administrativa. Así, las normas especiales para el tratamiento de la crisis de las entidades de seguro se contienen, fundamentalmente, en la Ley 20/2015, de 14 de julio, de Ordenación, Supervisión y Solvencia de las Entidades Aseguradoras y Reaseguradoras (LOSSEAR). En primer lugar, medidas de control especial que puede adoptar la Dirección General de Seguros, que van desde prohibir la disposición de determinados bienes, hasta exigir a la entidad aseguradora un plan de saneamiento para restablecer su situación financiera o un plan de financiación a corto plazo o un plan de rehabilitación, e incluso intervenir la entidad y sustituir provisionalmente a los órganos de administración. En segundo lugar, el Ministerio de Economía y Hacienda puede igualmente designar liquidadores o encomendar la liquidación al Consorcio de Compensación de Seguros. A ello se añade la posibilidad —aunque infrecuente— de que se solicite el concurso de la entidad y, en determinadas circunstancias, sea declarada en concurso. Si el concurso se declara, se trataría de un concurso sometido a un régimen especial —no siempre bien diseñado, ni coordinadas todas las normas de la legislación de seguros con la normativa concursal— por razón, suele destacarse, del interés público presente en esas entidades para la estabilidad del sistema financiero. A la referida Ley ha de añadirse, en ese listado de legislación especial, el texto refundido del Estatuto Legal del Consorcio de Compensación de Seguros, aprobado por Real Decreto Legislativo 7/2004, de 29 de octubre, en cuanto corresponde al Consorcio llevar a cabo la liquidación de las entidades aseguradoras que le sea encomendada en los supuestos previstos en su estatuto legal y en la legislación sobre ordenación, supervisión y solvencia, así como el ejercicio de las funciones en el seno de los procedimientos concursales que puedan afectar a las entidades aseguradoras.

Por tanto, la normativa que incide en el ámbito del seguro se proyecta sobre numerosos aspectos, entre los que destacan el contrato de seguro. la ordenación y supervisión de los seguros privados, la regulación de planes y fondos de pensiones, la mediación —distribución— de seguros y reaseguros privados, la contabilidad de las entidades aseguradoras, el servicio de reclamaciones y protección al asegurado, las mutualidades de previsión social, la valoración de bienes inmuebles y determinados derechos, los seguros de responsabilidad civil o la solvencia de entidades aseguradoras. A ello debe añadirse, en lo referente a los contratos de seguro, la aplicación de la legislación de consumidores y usuarios, así como la de condiciones generales de la contratación. En este marco, los contratos de seguro se regulan, en defecto de una ley específica aplicable —lo que sucede en algunos ramos de seguro— por la Ley 50/1980, de 17 de octubre de 1980, de contrato de seguro. Así, esta norma será aplicable y sus normas tendrán carácter imperativo con dos salvedades: 1.ª Los contratos de seguros por grandes riesgos (art. 107.2 LCS) que se regirán por la ley aplicable según las partes; y 2.ª Aquellos casos en que la propia Ley disponga otra cosa (por ejemplo, entre los seguros regulados en otras normas, se encuentra el seguro marítimo [Ley 14/2014, de 24 de julio, de Navegación Marítima] y el seguro aéreo [Ley 48/1960, de 21 de julio, de Navegación Aérea]). El contrato de seguro, indican nuestros tribunales, se configura como instrumento jurídico de protección del asegurado frente a determinados riesgos que operan como motivo determinante para su celebración por parte del tomador, que pretende de esta forma preservarse de ellos ante el temor de que llegaran a producirse, generándole un perjuicio.

El contrato de seguro se define como aquél por el que el asegurador se obliga, mediante el cobro de una prima y para el caso de que se produzca el evento cuyo riesgo es objeto de cobertura a indemnizar, dentro de los límites pactados, el daño producido al asegurado o a satisfacer un capital, una renta u otras prestaciones convenidas. A este respecto, se afirma que el seguro es un contrato oneroso, porque los sacrificios que realizan las partes encuentran su equivalente en el beneficio que obtienen. Así, el asegurador indemniza o paga una suma convenida porque recibe del tomador el pago de una prima o de la cuota mutualista y éste, a su vez, satisface dicha cantidad porque será compensado económicamente si se produce el evento cuyo riesgo es objeto de cobertura. Es, además, un contrato sinalagmático, porque existen obligaciones a cargo de ambas partes, y aleatorio, porque en el momento de concluir el contrato resulta incierto si el asegurador concretará su prestación y/o cuál será su cuantía, pues aunque la ciencia actuarial tienda a prever estadísticamente la siniestralidad, el seguro individualmente considerado ha de ser incierto, al menos en el cuándo se producirá el siniestro. Es un contrato de duración, de tracto sucesivo. Frente a la prestación del tomador de pagar la prima, la contraprestación del asegurador consiste en cubrir el riesgo al asegurado durante el período de cobertura del contrato. El contrato de seguro, además, no se agota por el advenimiento del siniestro, siempre que perdure el riesgo y el interés. Es un contrato de adhesión, ya que el tomador se limita, generalmente, a aceptar las condiciones ofertadas por el asegurador. Reúne la condición de ser un efectivo contrato de adhesión, entendiéndose por tal aquel en que una de las partes, que suele ser la aseguradora, adopta y mantiene una posición de prevalencia frente a la otra —el asegurado—en cuanto que las cláusulas, sobre todo las condiciones generales, no son producto de un previo concierto de voluntades para generarlas y expresarlas en el documento, sino que vienen prefijadas de antemano, casi siempre con carácter genérico y común para todos los seguros de un determinado ramo o tipo, de tal manera que el contrato está ausente del importante acto prologal representado por la discusión de su objeto y alcance amplio, a fin de poder precisar la verdadera intención de los otorgantes, caso de darse conflictos interpretativos. De esta manera las pólizas de seguros se presentan prerredactadas y salvo los matices y especiales condiciones que puedan insertarse, al asegurado se le reserva una posición más bien pasiva y no de pleno interviniente en su confección vinculante, en cuanto se adhiere y no realmente gestiona, por lo que de esta manera queda obligado a lo que le viene impuesto y que acepta en cuanto firma la póliza. Su voluntad se manifiesta más bien adhesiva que decisiva plena y deliberante. En fin, es un contrato de máxima buena fe. El contrato de seguro se caracteriza como un negocio de máxima buena fe, con el deber de veracidad de la declaración del riesgo. Dado el carácter del contrato de seguro en el que resulta dato consustancial del mismo la máxima buena fe entre las partes contratantes, resulta inexcusable exigencia del mismo la obligada colaboración del futuro asegurado, en el sentido de tener que dar con lealtad, exactitud y diligencia a la entidad aseguradora todas aquellas circunstancias que éste deba conocer para poder decidir si procede o no a la concertación del seguro o las condiciones del mismo, muchas de cuyas circunstancias específicas del asegurado son de exclusivo conocimiento de éste viniendo a significar datos determinantes del seguro mismo. La Ley se refiere a la obligación que se impone al tomador del seguro, antes de concluir el contrato, de participar al asegurador, todas las circunstancias por él conocidas que puedan influir en la valoración, y con ello en la determinación del riesgo, es decir se proyecta hacia el futuro, respecto al siniestro cuya cobertura se pretende y a efectos de que la entidad aseguradora pueda decir si acepta o no la concertación del seguro o las condiciones del mismo. Tal y como lo define nuestra jurisprudencia, el contrato de seguro «se configura como instrumento jurídico de protección del asegurado frente a determinados riesgos que operan como motivo determinante para su celebración por parte del tomador, que pretende de esta forma preservarse de ellos ante el temor de que llegaran a producirse, generándole un perjuicio» (STS 661/2019, Civil, Pleno, de 12 de diciembre).

En el seguro terrestre se distingue entre los seguros de daños y los seguros de personas. La distinción es recogida por la propia Ley del Contrato de Seguro que, tras establecer unas disposiciones generales aplicables a todos los contratos de seguro, regula separadamente los seguros de daños y los seguros de personas.

Los seguros contra daños pretenden el resarcimiento de un daño patrimonial sufrido por el asegurado. Daño que puede producirse por una destrucción o deterioro de un bien concreto (seguro de daños en las cosas), por frustración de unas fundadas expectativas legítimamente esperadas (seguro de lucro cesante) y por una disminución del patrimonio (seguro de patrimonio). El principio general de estos seguros de daños consiste en que el seguro no puede situar al asegurado en mejor posición de la que tiene en el momento inmediatamente anterior al acaecimiento del siniestro. El principio indemnizatorio viene definido por su conexión con el principio de enriquecimiento injusto. La ratio del principio indemnizatorio se encuentra en la propia función social del seguro de daños dirigido a la conservación de la riqueza. Los elementos personales y reales del contrato de seguro de daños no presentan ninguna especificidad, de igual forma que respecto a la póliza, aunque si bien respecto de ésta señalar la posibilidad de pólizas estimadas en el contrato de seguro de daños que suponen una excepción al principio general de fijación del interés en el momento del siniestro, ya que las partes fijan de común acuerdo un valor del interés, que normalmente es objeto de seguro pleno. El asegurado solo podrá impugnar el valor estimado cuando su aceptación ha sido prestada con violencia, intimidación o dolo, o cuando por error la estimación sea notablemente superior al valor real, correspondiente al acaecimiento del siniestro, fijado pericialmente. Bajo la denominación genérica de seguro contra daños, la Ley del Contrato de Seguro regula ocho tipos distintos de seguros: el de incendio; el de robo; el de transporte terrestre; el de lucro cesante; el de caución; el de crédito; el de responsabilidad civil; y el reaseguro. Los tres primeros: incendio, robo y transporte terrestre, son seguros de daños en sentido estricto, ya que el interés asegurado recae sobre cosas concretas y determinadas. Los otros cinco son seguros de patrimonio, en los que el interés que se asegura afecta al patrimonio general del asegurado y no a bienes concretos y determinados. Fuera de los seguros contra daños regulados en la Ley hay otros que también entrarían en esa denominación genérica. Así, los seguros agrícolas, los de automóviles en general y responsabilidad civil del cazador.

El contrato de seguro sobre las personas tiene por finalidad la cobertura de riesgos que pueden afectar a la existencia, integridad corporal o salud de una persona o un grupo de ellas, exigiéndose en este último caso que el grupo esté delimitado por alguna característica común extraña al propósito de asegurarse. Así, en estos llamados seguros de grupo, dentro de la unidad del contrato, se requiere una pluralidad de obligaciones distintas e independientes con cada una de las personas que integran el grupo, lo que implica la división del contrato en diversas relaciones aseguradoras que se individualizan en cada uno de los miembros del grupo, pudiéndose producir una separación en la duración de los efectos del contrato de seguro y la de cada una de las relaciones individualizadas, consecuencia de la posibilidad de que, durante la vigencia de la póliza, se produzca un incremento en el número de los componentes del grupo o una disminución por baja de alguno de ellos, incremento o disminución que no tiene por qué coincidir con los momentos inicial o final de la vigencia de la póliza. En ellos no hay coincidencia entre el tomador del seguro y el asegurado porque la póliza se contrata con la aseguradora por quien, en sentido amplio, representa al grupo. Una de las características propias de los seguros de personas es que el asegurador, aun después de pagada la indemnización, no puede subrogarse en los derechos que en su caso correspondan al asegurado contra un tercero como consecuencia del siniestro, con la excepción de los gastos de asistencia sanitaria. No existe, por tanto, ningún mecanismo de subrogación del asegurador frente al tercero responsable, a excepción de lo relativo a los gastos de asistencia sanitaria, que en los seguros de personas, como los de asistencia sanitaria, permiten al asegurador, una vez que los ha pagado, ejercitar las acciones y derechos que por razón del siniestro correspondan al asegurado frente al tercero responsable de la enfermedad o del accidente que deba responder, hasta el límite de los gastos cubiertos por el asegurador. Es decir, se exige para la subrogación en este tipo de seguros la existencia de un tercero causante del siniestro a quien poder reclamar el importe de los gastos de asistencia sanitaria. En atención al riesgo cubierto se distingue entre el seguro sobre la vida —que afecta a la propia existencia del asegurado—, el seguro de accidentes —que incumbe a la integridad corporal— y el seguro de enfermedad y de asistencia sanitaria —relativo a la salud—.

Por el contrato de reaseguro el asegurador se obliga a reparar, dentro de los límites establecidos en la ley y en el contrato, la deuda que nace en el patrimonio del asegurado a consecuencia de la obligación por éste asumida como asegurador en un contrato de seguro. El reaseguro cubre, por tanto, el riesgo de que nazca una deuda a cargo del reasegurado, como consecuencia de haber celebrado un contrato de seguro como asegurador. Según la forma de concluir el contrato, se distingue entre el reaseguro simple y el reaseguro general o por tratado. El simple cubre el riesgo de nacimiento de deuda en relación a uno o varios contratos de seguros determinados. El reaseguro general es un contrato normativo que obliga al reaseguro de cuantos seguros de una determinada clase y condiciones celebre el asegurador reasegurado. Así, en el contrato de seguro puede aparecer el reasegurador que es quien, en virtud de contrato de reaseguro con el asegurador, se obliga a reparar, dentro de los límites establecidos en la Ley y en el contrato, la deuda que nace en el patrimonio del reasegurado a consecuencia de la obligación por éste asumida como asegurador en un contrato de seguro. El asegurado no podrá exigir directamente del reasegurador indemnización ni prestación alguna.

Además, puede aparecer, igualmente, el distribuidor de seguros. El Real Decreto-ley 3/2020, de 4 de febrero, de medidas urgentes por el que se incorporan al ordenamiento jurídico español diversas Directivas de la Unión Europea en el ámbito de la contratación pública en determinados sectores, de seguros privados, de planes y fondos de pensiones, del ámbito tributario y de litigios fiscales, en su Libro Segundo —Medidas para la adaptación del derecho español a la normativa de la Unión Europea en materia de seguros privados y planes y fondos de pensiones— transpone la Directiva (UE) 2016/97 del Parlamento Europeo y del Consejo, de 20 de enero de 2016, sobre la distribución de seguros. La referida norma deroga la Ley 26/2006, de 17 de julio, de mediación de seguros y reaseguros y establece las normas sobre el acceso a la actividad de distribución de seguros y reaseguros por parte de las personas físicas y jurídicas, las condiciones en las que debe desarrollarse su ejercicio, y el régimen de ordenación, supervisión y sanción que resulte de aplicación, con la finalidad principal de garantizar la protección de los derechos de los tomadores, asegurados y beneficiarios por contrato de seguro, así como promover la libertad en la contratación de productos de naturaleza aseguradora. Así, con carácter general, los distribuidores de seguros se clasifican en:

a) Las entidades aseguradoras. Se entiende que los productos son distribuidos por la entidad bancaria de la que dependen los empleados que han promovido la contratación.

b) Los mediadores

c) Los mediadores de seguros complementarios (MSC). Se configura como aquel que realice una actividad de distribución de un seguro complementario del bien o servicio que sea su actividad profesional principal

A su vez los mediadores se clasifican en:

a) Agentes de seguros. Los agentes pueden ser exclusivos o vinculados. Son agentes exclusivos las personas físicas o jurídicas que celebran contrato de agencia de seguros con una sola entidad aseguradora. Son agentes vinculados las personas físicas o jurídicas que, mediante la celebración de un contrato de agencia de seguros con varias entidades aseguradoras y la inscripción en el Registro administrativo especial realizan las actividades de mediación.

Los operadores de banca-seguros (OBS) se incluyen dentro de la sub-sección 3.ª, de la sección 1.ª del capítulo III, como «agentes de seguros» (arts. 150 a 154). Tienen la consideración de operadores de banca-seguros las entidades de crédito, los establecimientos financieros de crédito y las sociedades mercantiles controladas o participadas por estas que, mediante la celebración de un contrato de agencia de seguros con una o varias entidades aseguradoras y la inscripción en el Registro administrativo, realicen la actividad de mediación de seguros como agente de seguros utilizando sus redes de distribución.

b) Corredores. Los corredores de seguros son las personas físicas o jurídicas que realizan la actividad mercantil de mediación de seguros sin mantener vínculos contractuales que supongan afección con entidades aseguradoras, y que ofrecen asesoramiento independiente, profesional e imparcial a quienes demanden la cobertura de los riesgos a que se encuentran expuestos sus personas, sus patrimonios, sus intereses o responsabilidades.

En cuanto se considera que los conocimientos y aptitudes de los distribuidores de seguros y reaseguros, así como de cualquier otra persona que intervenga directamente en la distribución de seguros y reaseguros privados, constituyen un elemento esencial para garantizar la calidad del servicio que prestan, el Real Decreto 287/2021, de 20 de abril, establece los criterios que definen los conocimientos y aptitudes que deben poseer los distribuidores de seguros y de reaseguros y su personal relevante, el modo en que dichos conocimientos y aptitudes deben ser evaluados y la forma en la que las personas y entidades obligadas podrán acreditarlos, así como regular los libros-registro y la información estadístico-contable. El referido Real Decreto se aplica a todos los distribuidores de seguros y de reaseguros, ya sean personas físicas o jurídicas, y al personal relevante de los mismos, en lo concerniente a las obligaciones de formación. En lo relativo a la llevanza y conservación de los libros-registro, el Real Decreto se aplica a los corredores de seguros y a los corredores de reaseguros. En lo referente a las obligaciones contables y deber de información el Real Decreto se aplica a los corredores de seguros, los corredores de reaseguros, los agentes de seguros vinculados y los operadores de banca-seguros.

Además, a efectos del Real Decreto 287/2021, de 20 de abril, se entiende por personal relevante todo empleado, colaborador externo, así como cualquier otra persona que participe directamente en la distribución de seguros y reaseguros privados por cuenta de los distribuidores de seguros o de reaseguros, proporcionando información o prestando asesoramiento a clientes o potenciales clientes. Se consideran, asimismo, como personal relevante las siguientes personas: a) La persona responsable de la actividad de distribución o, en su caso, las personas que formen parte del órgano de dirección responsable de la actividad de distribución de las entidades aseguradoras y reaseguradoras. b) La persona responsable de la actividad de distribución o, en su caso, las personas que formen parte del órgano de dirección responsable de la actividad de distribución de los mediadores de seguros y corredores de reaseguros que revistan la forma de personas jurídicas. c) La persona responsable de la actividad de colaboración con la distribución de seguros o, en su caso, las personas que formen parte del órgano de dirección responsable de la actividad de colaboración con la distribución de seguros del colaborador externo de los mediadores de seguros que revista la forma de persona jurídica.

Julio de 2025

ANA BELÉN CAMPUZANO
Catedrática de Derecho Mercantil

§1. LEY 20/2015, DE 14 DE JULIO, DE ORDENACIÓN, SUPERVISIÓN Y SOLVENCIA DE LAS ENTIDADES ASEGURADORAS Y REASEGURADORAS

PREÁMBULO

I

El papel esencial en la economía que juegan el sector financiero y, en particular, el sector asegurador, ha justificado históricamente una regulación e intervención pública mayor que en otros sectores. Desde la Ley de 14 de mayo de 1908, que inició en España la ordenación del seguro privado, esta regulación se ha caracterizado históricamente por su función tutelar de los tomadores, asegurados, beneficiarios y terceros perjudicados de contratos de seguro privado. La actividad aseguradora supone el intercambio de una prestación presente y cierta, la prima, por una prestación futura e incierta, la indemnización. Esta situación exige garantizar que cuando eventualmente se produzca el siniestro que motive el pago de la indemnización la entidad aseguradora esté en situación de poder hacer frente a su obligación. Ello justifica que la ordenación y supervisión de las entidades aseguradoras por los poderes públicos resulte una materia de interés público, para comprobar que mantienen una situación de solvencia suficiente que les permita cumplir su objeto social.

El texto refundido de la Ley de ordenación y supervisión de los seguros privados, aprobado por el Real Decreto Legislativo 6/2004, de 29 de octubre, hasta ahora vigente, integró de forma ordenada y armonizada en un único texto las disposiciones contenidas en la Ley 30/1995, de 8 de noviembre, de Ordenación y Supervisión de los Seguros Privados, y las reformas que posteriormente se introdujeron en dicha norma, motivadas bien por la incorporación de normas de derecho comunitario, bien por la necesidad de adaptarla a la constante evolución de la actividad aseguradora.

A su vez, el texto refundido ha sido modificado por sucesivas leyes. En particular y de forma principal, por la Ley 5/2005, de 22 de abril, de supervisión de los conglomerados financieros y por la que se modifican otras leyes del sector financiero; por la Ley 13/2007, de 2 de julio, en materia de supervisión del reaseguro; y por la Ley 5/2009, de 29 de junio, sobre reforma del régimen de participaciones significativas en empresas de servicios de inversión, en entidades de crédito y en entidades aseguradoras.

Finalmente cabe hacer mención a las modificaciones llevadas a cabo por la disposición final decimocuarta de la Ley 2/2011, de 4 de marzo, de Economía Sostenible, que continúan la línea de desarrollo y consolidación de la regulación de los seguros privados.

La necesidad de incorporación del derecho comunitario de seguros y la adaptación normativa al desarrollo del sector asegurador son también la razón de ser fundamental de esta Ley, que recoge aquellas disposiciones de la Directiva 2009/138/CE, del Parlamento Europeo y del Consejo, de 25 de noviembre de 2009, sobre el seguro de vida, el acceso a la actividad de seguro y de reaseguro y su ejercicio (en adelante Directiva Solvencia II) que requieren ser incorporadas a una norma de rango legal, al tratarse de importantes modificaciones en el esquema de supervisión de la actividad aseguradora. Esta Directiva ha sido modificada fundamentalmente por la Directiva 2014/51/UE del Parlamento Europeo y del Consejo, de 16 de abril de 2014, por la que se modifican las Directivas 2003/71/CE y 2009/138/CE y los Reglamentos (CE) n.º 1060/2009, (UE) n.º 1094/2010 y (UE) n.º 1095/2010 en lo que respecta a los poderes de la Autoridad Europea de Supervisión (Autoridad Europea de Seguros y Pensiones de Jubilación) y de la Autoridad Europea de Supervisión (Autoridad Europea de Valores y Mercados) (Directiva Ómnibus II).

La magnitud de todos estos cambios ha aconsejado sustituir el texto refundido vigente por una nueva Ley que integre, de forma similar a la refundición de normativa comunitaria llevada a cabo por la Directiva Solvencia II, las disposiciones que continúan vigentes, el nuevo sistema de solvencia y otras normas que se ha considerado necesario introducir, teniendo en cuenta la evolución del mercado asegurador.

Ahora bien, la transposición de la Directiva no se termina en la Ley, pues algunas de sus disposiciones se incorporarán a la normativa española a través de un reglamento, en el que se desarrollarán, igualmente, algunas previsiones contenidas en esta Ley, sin perjuicio de las medidas de ejecución que dicte la Comisión Europea.

II

La Directiva Solvencia II supone un notable ejercicio de armonización que pretende facilitar el acceso y ejercicio de la actividad aseguradora y reaseguradora en la Unión Europea mediante la eliminación de las diferencias más importantes entre las legislaciones de los Estados miembros y, por tanto, el establecimiento de un marco legal dentro del cual las entidades aseguradoras y reaseguradoras puedan operar en un único mercado interior.

La Directiva Solvencia II articula una concepción de la solvencia de las entidades aseguradoras y reaseguradoras basada en tres pilares que se refuerzan mutuamente. El primero, constituido por reglas uniformes sobre requerimientos de capital determinados en función de los riesgos asumidos por las entidades, en consonancia con los desarrollos alcanzados en materia de gestión de riesgos y con la evolución reciente en otros sectores financieros. Se adopta así para el sector asegurador europeo un enfoque basado en el riesgo, mediante la introducción de normas específicas sobre el capital económico. El segundo de los pilares está integrado por un nuevo sistema de supervisión con el objetivo de fomentar la mejora de la gestión interna de los riesgos por las entidades. El tercero se refiere a las exigencias de información y transparencia hacia el mercado sobre los aspectos clave de los riesgos asumidos por las entidades y su forma de gestión.

Adicionalmente a la introducción del nuevo sistema de solvencia basado en el riesgo y de los cambios que ello requiere en la forma de gestión de las entidades y en la actuación de las autoridades supervisoras, la Directiva Solvencia II efectúa una consolidación, por refundición, del resto del ordenamiento europeo en materia de seguros privados, salvo en lo referente al seguro de automóviles, incorporando los contenidos recogidos en las directivas que ya se habían transpuesto en su momento al Derecho español de seguros, como por ejemplo, la Directiva 2001/17/CE, del Parlamento Europeo y del Consejo, de 19 de marzo de 2001, relativa al saneamiento y a la liquidación de las compañías de seguros.

El esquema ha sido completado con los desarrollos normativos y la medidas de ejecución derivadas de la nueva estructura de supervisión diseñada en este campo en la Unión Europea por el establecimiento de la Autoridad Europea de Seguros y Pensiones de Jubilación, mediante el Reglamento (CE) n.º 1094/2010, de 24 de noviembre, del Parlamento Europeo y del Consejo, por el que se crea una Autoridad Europea de Supervisión (Autoridad Europea de Seguros y Pensiones de Jubilación), se modifica la Decisión 716/2009/CE y se deroga la Decisión 2009/79/CE de la Comisión, que le atribuye importantes facultades de coordinación y decisorias en materia de supervisión y ordenación de seguros y reaseguros, logrando una mayor armonización reguladora y una mejor coordinación internacional e intersectorial.

Las disposiciones contenidas en esta Ley y en el reglamento que la desarrolle, resultado de la transposición de la Directiva Solvencia II, deben ser integradas con los desarrollos normativos y las medidas de ejecución dictadas por la Comisión Europea y por la Autoridad Europea de Seguros y Pensiones de Jubilación (AESPJ) en un amplio conjunto de cuestiones como la valoración de activos y pasivos, provisiones técnicas, los fondos propios, el cálculo del capital de solvencia obligatorio, modelos internos, el capital mínimo obligatorio, las normas de inversión, el sistema de gobierno, el capital adicional, la información a efectos de supervisión, la transparencia de la autoridad supervisora, la solvencia de los grupos de entidades así como la determinación de la equivalencia de los regímenes de terceros países con las disposiciones de la Directiva Solvencia II.

III

La Ley se estructura en un título preliminar y ocho títulos, veinte disposiciones adicionales, trece disposiciones transitorias, una disposición derogatoria, veintiuna disposiciones finales y un anexo.

El título preliminar establece su objeto, ámbito de aplicación y las definiciones aplicables a efectos de esta Ley. Se identifica como autoridad nacional de supervisión a la Dirección General de Seguros y Fondos de Pensiones, sin perjuicio de las facultades supervisoras y de regulación que se atribuyen expresamente al Ministro de Economía y Competitividad en esta Ley y en el resto del ordenamiento jurídico y de las competencias que, en su caso, correspondan a las Comunidades Autónomas.

El título I de la Ley se refiere a la distribución de competencias entre el Estado y las Comunidades Autónomas. Se fijan determinadas funciones que le corresponden al Ministro de Economía y Competitividad y se le reconoce a la Dirección General de Seguros y Fondos de Pensiones la capacidad normativa para emitir circulares de obligado cumplimiento en el ámbito de la supervisión de seguros y reaseguros.

Con el fin de lograr los objetivos de mejor protección de los tomadores, asegurados y beneficiarios, y al amparo del artículo 149.1.6.ª, 11.ª y 13.ª de la Constitución, esta Ley contiene las bases de la supervisión de los seguros y reaseguros privados. Esto exige cierta uniformidad de las normas reguladoras de la supervisión de la actividad aseguradora para facilitar la relación de unas entidades aseguradoras españolas con otras, de éstas con las radicadas en la Unión Europea y de todas ellas con los mercados internacionales. Por ello, dada la importancia financiera del sector asegurador en la economía, las Comunidades Autónomas que hayan asumido competencias en materia de supervisión de seguros y reaseguros privados deberán colaborar de forma más estrecha entre sí y con la Administración General del Estado.

IV

El título II de la Ley regula las condiciones para la obtención de la autorización administrativa como requisito previo para el acceso al ejercicio de la actividad aseguradora o reaseguradora en términos similares a los de su precedente legislativo.

También regula el régimen jurídico de las mutuas de seguros, cooperativas de seguros y mutualidades de previsión social. No obstante, para estas entidades se mantiene en vigor el régimen contenido en el texto refundido de la Ley de ordenación y supervisión de los seguros privados, aprobado por Real Decreto Legislativo 6/2004, de 29 de octubre, hasta que se acometa una regulación específica de las mutuas y, en particular, de su régimen jurídico de disolución, transformación, fusión, escisión y cesión global de activo y pasivo[1].

En relación con las condiciones de ejercicio, esta Ley regula en el título III la exigencia de un eficaz sistema de gobierno de las entidades. Esta es una de las novedades de la Directiva Solvencia II, que supone el reconocimiento de que algunos riesgos sólo pueden tenerse debidamente en cuenta a través de exigencias en materia de gobierno de las entidades y no a través de los requisitos cuantitativos. El sistema de gobierno incluye las funciones fundamentales de gestión del riesgo, cumplimiento, auditoría interna y actuarial.

---

[1] El Real Decreto Legislativo 6/2004, de 29 de octubre, por el que se aprueba el texto refundido de la Ley de ordenación y supervisión de los seguros privados, ha sido derogado por la **Ley 20/2015, de 14 de julio, de ordenación, supervisión y solvencia de las entidades aseguradoras y reaseguradoras**, excepto sus artículos 9, 10 y 24 por lo que se refiere a las mutuas, mutualidades de previsión social y cooperativas de seguros; la disposición adicional sexta; la disposición adicional séptima; y la referencia contenida en la disposición derogatoria del Real Decreto Legislativo, letra a).8.ª, por la que se mantiene en vigor la disposición adicional decimoquinta de la Ley 30/1995, de 8 de noviembre, de Ordenación y Supervisión de los Seguros Privados.

Esta enumeración de funciones y su regulación, que se desarrollará con más detalle reglamentariamente, no obsta para que cada entidad decida libremente la manera de organizarlas o decida articular otras funciones adicionales.

Dentro de la gestión de sus riesgos todas las entidades aseguradoras y reaseguradoras deben asumir como práctica habitual, integrándola en su estrategia de negocio, la evaluación interna y periódica de sus necesidades globales de solvencia atendiendo a su perfil de riesgo específico. Asimismo, con fines de transparencia, las entidades aseguradoras y reaseguradoras deben dar a conocer, mediante su puesta a disposición del público, al menos una vez al año, la información esencial sobre su situación financiera y de solvencia.

<h2 style="text-align:center">V</h2>

La evaluación de la situación financiera de las entidades aseguradoras y reaseguradoras ha de basarse en sólidos principios económicos, incorporando en el proceso la información proporcionada por los mercados financieros, así como los datos disponibles sobre los riesgos asumidos. Con arreglo a este enfoque, los requisitos de capital deben estar cubiertos con fondos propios, que deben clasificarse con arreglo a criterios de calidad, seguridad y disponibilidad.

El capital de solvencia obligatorio se calibrará de tal modo que se garantice que todos los riesgos cuantificables a los que una empresa de seguros o de reaseguros está expuesta se tengan en cuenta y cubrirá las actividades existentes y las nuevas actividades que se espere realizar en los siguientes doce meses. En relación con la actividad existente, deberá cubrir exclusivamente las perdidas inesperadas. El capital de solvencia obligatorio será igual al valor en riesgo de los fondos propios de una empresa de seguros o de reaseguros, con un nivel de confianza del 99,5% a un horizonte temporal de un año.

En el ámbito de Solvencia II los requerimientos de capital de solvencia deben comportar dos niveles de exigencia. Uno, el capital de solvencia obligatorio, variable en función del riesgo asumido por la entidad y basado en un cálculo prospectivo; el otro, el capital mínimo obligatorio, configurado como un nivel mínimo de seguridad por debajo del cual nunca deberían descender los recursos financieros. Ambos requisitos de capital permiten delimitar la intervención gradual del supervisor para alcanzar un nivel uniforme de protección de los tomadores, asegurados y beneficiarios. La situación de normalidad se cumple cuando la entidad alcance con fondos propios el capital de solvencia obligatorio. No alcanzar el capital mínimo obligatorio implicará la expulsión del mercado. Para las insuficiencias del capital de solvencia obligatorio, la Ley establece una escala adecuada y de progresiva intensidad de intervención de la autoridad supervisora.

Para el cálculo del capital de solvencia obligatorio se establece una fórmula estándar que adopta un enfoque modular, en el que se evalúa primero la exposición individual a cada categoría de riesgo y posteriormente se agregan los valores resultantes teniendo en cuenta, en su caso, el efecto de las correlaciones existentes entre los distintos módulos de riesgos y previéndose métodos simplificados para su cálculo. La fórmula estándar para calcular el capital de solvencia obligatorio pretende reflejar el perfil de riesgo de la mayor parte de las empresas de seguros y reaseguros. Sin embargo, es posible que, en algunos casos, el enfoque normalizado no refleje adecuadamente el perfil de riesgo muy específico de una empresa. Para estos casos se prevé la posibilidad de utilizar, previa autorización administrativa, modelos internos, totales o parciales.

Adicionalmente, la normativa prevé otros supuestos de autorización administrativa tales como la utilización de parámetros específicos, fondos propios complementarios y ajustes por casamiento en el cálculo de la provisión técnica. Todo ello supone la necesidad de reforzar los recursos disponibles de la autoridad de supervisión nacional, la Dirección General de Seguros y Fondos de Pensiones.

Se contempla un régimen especial de solvencia para aquellas entidades que no superan los umbrales que se regulen reglamentariamente. Estas entidades quedan excluidas del régimen general de Solvencia II, por lo que se les aplican determinadas particularidades en cuanto a los requisitos de solvencia, sistema de gobierno y requisitos de información al supervisor que se desarrollarán por vía reglamentaria. A diferencia de las entidades sometidas al régimen general, las entidades que se acogen al régimen especial de solvencia solo pueden actuar dentro del territorio nacional. No obstante lo anterior, estas entidades pueden solicitar voluntariamente acogerse al régimen general. A este régimen especial de solvencia se pueden acoger, también, otras entidades aseguradoras con características muy concretas.

Se recogen, entre las condiciones de ejercicio, diversos preceptos referentes a las conductas de mercado que deben respetar las entidades aseguradoras. Entre ellos los que disciplinan las tarifas de primas, las bases técnicas y los servicios o departamentos de atención al cliente. En el contexto del mercado único de seguros, esta Ley garantiza que se puedan comercializar en España seguros ofrecidos por entidades de otros Estados miembros, siempre que se cumplan las disposiciones legales de interés general.

En la aplicación de esta Ley se tendrá en cuenta el principio de proporcionalidad, que graduará el establecimiento de requisitos y su complejidad atendiendo al perfil de riesgo de las entidades y en particular, a la naturaleza, escala y complejidad de las operaciones de seguro o reaseguro realizadas por las entidades, así como a los riesgos inherentes a su modelo de negocio.

VI

Para que el objetivo último de la protección de los tomadores, asegurados y beneficiarios pueda materializarse de forma efectiva, las previsiones legales sobre la actuación de las entidades aseguradoras y reaseguradoras deben complementarse adecuadamente con una supervisión eficaz. De esta forma, en el título IV se regula el conjunto de potestades y facultades que permitan a la autoridad supervisora española de seguros velar por el ejercicio ordenado de la actividad, incluidas las funciones o actividades externalizadas. Se regula en especial la supervisión por inspección.

A fin de garantizar la eficacia de la supervisión, las medidas adoptadas deben ser proporcionadas a la naturaleza, complejidad y envergadura de los riesgos inherentes a la actividad de las entidades aseguradoras o reaseguradoras.

Las entidades aseguradoras y reaseguradoras individualmente consideradas constituyen el elemento esencial de la supervisión. Pero a diferencia de la legislación anterior, esta Ley da un carácter más sustantivo, como sujetos supervisados, a los grupos de entidades aseguradoras y reaseguradoras, regulados en el título V.

Una importante novedad en este ámbito es la posibilidad de creación de grupos sin vinculación de capital, en particular, los grupos de mutuas de seguros.

La supervisión del grupo incluirá la evaluación de su solvencia, de las concentraciones de riesgo y de las operaciones intragrupo. Las entidades aseguradoras y reaseguradoras pertenecientes a un grupo deben contar, también individualmente, con un sistema de gobierno eficaz que ha de estar sujeto a supervisión.

La Ley fija los supuestos en que corresponderá a la Dirección General de Seguros y Fondos de Pensiones ser el supervisor de un grupo internacional, así como las facultades de coordinación y decisión que le corresponden en este caso. Asimismo, se regulan los colegios de supervisores que incluyen mecanismos de cooperación, intercambio de información y consulta entre las autoridades de supervisión.

En todo caso, tanto para la supervisión de entidades individuales como de grupos de entidades, la Ley asume como principio rector la convergencia de la actividad supervisora europea en los instrumentos y las prácticas de supervisión, atribuyéndole a la Autoridad Europea de Seguros y Pensiones de Jubilación (AESPJ) un importante papel en su articulación.

VII

El título VI de la Ley recoge los mecanismos de que dispone la autoridad supervisora para afrontar situaciones de deterioro financiero de las entidades, incluyendo medidas de control especial, el título VII los procedimientos de revocación, disolución y liquidación y, por último, el título VIII el régimen de infracciones y sanciones.

En materia de liquidación de entidades aseguradoras se aclara que las normas son imperativas, se precisa el concepto de acreedor por contrato de seguro con privilegio especial y se reconoce a los mutualistas y cooperativistas los mismos derechos que a los socios de las sociedades de capital, en especial el derecho de información y participación en el patrimonio resultante de la liquidación.

La Ley resuelve la posible confluencia de las medidas de control especial con los procedimientos concursales, estableciendo que las entidades sujetas a las primeras no podrán solicitar declaración judicial de concurso. Adicionalmente, el juez, antes de admitir el concurso, tiene que solicitar informe a la Dirección General de Seguros y Fondos de Pensiones sobre la situación de la entidad aseguradora.

En las liquidaciones por el Consorcio de Compensación de Seguros se introducen ciertas modificaciones respecto a la compra de créditos con cargo a los recursos del mismo, especialmente en relación a los créditos laborales que puede anticipar, regulándose también su participación en los procedimientos concursales.

En relación con el régimen de infracciones y sanciones, se ajustan los tipos infractores a las nuevas exigencias de acceso y ejercicio a la actividad, se fijan con mayor precisión los límites de las sanciones en forma de multa y se incorporan precisiones sobre el procedimiento sancionador.

VIII

Mediante las disposiciones adicionales se establece, entre otros asuntos, que los seguros obligatorios se deberán fijar por una norma con rango de ley. Se recoge la posibilidad de que las entidades con cometido especial soliciten la autorización administrativa para el ejercicio de sus actividades en España. Se fijan las obligaciones de los auditores de cuentas en relación con las entidades aseguradoras y reaseguradoras. Se incluyen normas relativas a profesiones relacionadas con la actividad aseguradora como son las de los actuarios de seguros y los peritos de seguros, comisarios de averías y liquidadores de averías. Se establecen los requisitos para que el seguro de caución sea admisible como garantía ante las Administraciones Públicas. Asimismo, se establece la obligación de las entidades aseguradoras que operan en el ramo de incendio y elementos naturales de suministrar determinada información a efectos de facilitar la liquidación y recaudación de las tasas por el mantenimiento del servicio de prevención y extinción de incendios y de las contribuciones especiales por el establecimiento o ampliación de los servicios de extinción de incendios. Se remite a regulación reglamentaria el régimen simplificado aplicable a los seguros de decesos en cuanto a bases técnicas, provisiones y capital de solvencia obligatorio. Se establece la fecha a partir de la cual las entidades aseguradoras podrán presentar ante la Dirección General de Seguros y Fondos de Pensiones solicitudes que sobre determinados aspectos requieren aprobación por el supervisor, y las facultades atribuidas a la Dirección General de Seguros y Fondos de Pensiones relacionadas con la supervisión de los grupos de entidades. Se encomiendan al Consorcio de Compensación de Seguros dos nuevas funciones de carácter informativo: por una parte, la gestión del nuevo registro de seguros obligatorios; por otra, la recopilación y suministro de la información relativa a la cobertura del ramo de incendios a efectos de mejorar la liquidación y recaudación de las tasas por la prestación del servicio de extinción de incendios y contribuciones especiales por el establecimiento o ampliación del servicio de extinción de incendios. Por último, se establece que la obligatoriedad de comunicación con la Dirección General de Seguros y Fondos de Pensiones a través de medios electrónicos pueda establecerse mediante circular.

En cuanto a las disposiciones finales, se realizan, entre otras, modificaciones que afectan a la Ley de Contrato de Seguro para especificar que, en los seguros personales, el asegurado o tomador no tiene obligación de comunicar la variación de las circunstancias relativas al estado de salud del asegurado, las cuales en ningún caso se considerarán agravación del riesgo. Se regulan por vez primera en esta norma los seguros de decesos y de dependencia y se refuerza la libre elección del prestador de servicios en los seguros de decesos, asistencia sanitaria y dependencia.

Se modifican la Ley 13/1996, de 30 de diciembre, de Medidas Fiscales, Administrativas y del Orden Social, y la Ley 35/2006, de 28 de noviembre, del Impuesto sobre la Renta de las Personas Físicas y de modificación parcial de las leyes de los Impuestos sobre Sociedades, sobre la Renta de no Residentes y sobre el Patrimonio, para adecuar todas ellas a lo establecido en la Sentencia del Tribunal de Justicia de la Unión Europea, de 11 de diciembre de 2014, en el asunto C-678/11, que ha declarado contraria a la normativa europea la obligación de designar un representante en España a efectos fiscales por los fondos de pensiones domiciliados en otro Estado miembro de la Unión Europea que desarrollen en España planes de pensiones de empleo sujetos a la legislación española, y de las entidades aseguradoras domiciliadas en otro Estado miembro que operen en España en régimen de libre prestación de servicios.

Se introduce en la Ley de Ordenación de la Edificación, como alternativa a la suscripción obligatoria de un seguro, la obtención de una garantía financiera que permita cubrir el mismo riesgo. Además, se dota de una mayor seguridad jurídica a la posición del adquirente de la vivienda frente al promotor, eliminándose, entre otros aspectos, el régimen actual basado en un sistema dual de pólizas (pólizas colectivas y certificados individuales de seguros de caución). También se introducen modificaciones referidas a la percepción de cantidades a cuenta del precio durante la construcción de la Ley de Ordenación de la Edificación.

Se reforma el texto refundido de la Ley de Regulación de los Planes y Fondos de Pensiones para mejorar la regulación de los fondos de pensiones abiertos, ampliando sus posibilidades operativas, para favorecer las economías de escala y la diversificación de las políticas de inversión y de la gestión de inversiones. Se aborda la regulación de la comisión de control del fondo abierto de empleo, y por último se establece que en las Mutualidades de Previsión Social que actúen como sistema alternativo al alta en el Régimen Especial de la Seguridad Social de los Trabajadores por Cuenta Propia o Autónomos, no se podrán hacer efectivos los derechos económicos de los productos o seguros utilizados para tal función en los supuestos de liquidez previstos.

Por lo que respecta al Consorcio de Compensación de Seguros, se introducen modificaciones que afectan, en primer lugar a su Estatuto Legal. Destaca la ampliación del recargo del seguro de riesgos extraordinarios a los seguros obligatorios de responsabilidad civil de vehículos automóviles, lo que dará lugar a la cobertura correspondiente. Asimismo, se habilita al Consorcio para informar a los acreedores por contrato de seguro en relación con los procesos de liquidación de entidades aseguradoras domiciliadas en otro Estado miembro de la Unión Europea en lo que afecte exclusivamente a los contratos de seguro que hubieran celebrado en España. En materia de liquidación de entidades aseguradoras por el Consorcio de Compensación de Seguros se introducen modificaciones en relación con las normas sustantivas y de procedimiento para reforzar los mecanismos de liquidación administrativa en beneficio de los acreedores por contrato de seguro. Por último, se actualiza la regulación de la actuación del Consorcio en los procedimientos concursales, para acompasarla a las modificaciones habidas en la Ley 22/2003, de 9 de julio, Concursal. Se establece la obligatoriedad de adhesión a los convenios de indemnización directa regulados por el Real Decreto Legislativo 8/2004, de 29 de octubre, por el que se aprueba el texto refundido de la Ley sobre responsabilidad civil y seguro en la circulación de vehículos a motor, para los daños materiales. Para agilizar la asistencia a los lesionados de tráfico, las entidades aseguradoras se podrán adherir a convenios sectoriales de asistencia sanitaria para lesionados de tráfico así como a convenios de indemnización directa de daños personales.

Se modifica la Ley 26/2006, de 17 de julio, de mediación de seguros y reaseguros privados. Se suprime el registro de auxiliares asesores. Se unifica la terminología del auxiliar, pasando a denominarse «colaborador», eliminando la diferencia entre auxiliar asesor y auxiliar externo y estableciendo que las funciones del colaborador, así como el hecho de que asesore o no, se determinen en el contrato entre mediador y su colaborador. Por otro lado el corredor, para realizar un análisis objetivo, deberá presentar un número suficiente de contratos adecuado a cada operación.

Finalmente, se reforma la Ley 4/2014, de 1 de abril, Básica de las Cámaras Oficiales de Comercio, Industria, Servicios y Navegación, para regular con mayor amplitud los supuestos de imposibilidad de funcionamiento normal de las Cámaras como consecuencia de un desequilibrio financiero.

TÍTULO PRELIMINAR. DISPOSICIONES GENERALES

CAPÍTULO I. OBJETO Y ÁMBITO DE APLICACIÓN

Artículo 1. Objeto y finalidad de la ley. Esta Ley tiene por objeto la regulación y supervisión de la actividad aseguradora y reaseguradora privada comprendiendo las condiciones de acceso y ejercicio y el régimen de solvencia, saneamiento y liquidación de las entidades aseguradoras y reaseguradoras, con la finalidad principal de proteger los derechos de los tomadores, asegurados y beneficiarios, así como de promover la transparencia y el desarrollo adecuado de la actividad aseguradora.

Artículo 2. Ámbito subjetivo de aplicación. Quedan sometidas a los preceptos de esta Ley:

a) Las entidades aseguradoras y reaseguradoras con domicilio social en España, así como las sucursales establecidas en España de entidades aseguradoras y reaseguradoras domiciliadas en terceros países.

b) Los grupos de entidades aseguradoras y reaseguradoras.

c) Las personas físicas o jurídicas que, bajo cualquier título, desempeñen cargos de administración o dirección de las entidades aseguradoras y reaseguradoras.

d) Los profesionales y entidades que desempeñen alguna de las funciones previstas en esta Ley o en sus disposiciones complementarias de desarrollo.

e) Los liquidadores de entidades aseguradoras y reaseguradoras.

f) Las organizaciones constituidas con ánimo de permanencia para la distribución de la cobertura de riesgos o la prestación a las entidades aseguradoras y reaseguradoras de servicios comunes relacionados con la actividad aseguradora o reaseguradora, cualquiera que sea su naturaleza y forma jurídica.

g) Las demás personas para quienes se establezca alguna prohibición o mandato en esta Ley.

Artículo 3. Ámbito objetivo de aplicación. 1. Quedan sometidas a los preceptos de esta Ley:

a) Las actividades de seguro directo de vida y de seguro directo distinto del seguro de vida.

b) Las actividades de reaseguro.

c) Las operaciones preparatorias o complementarias de las de seguro que practiquen las entidades aseguradoras y reaseguradoras.

d) Las actividades de prevención de daños vinculadas a la actividad aseguradora.

e) Cualesquiera otras actividades cuando se establezca expresamente en una norma con rango de ley.

2. La actividad aseguradora y reaseguradora se ajustará a lo dispuesto en esta Ley:

a) Cuando sea realizada por las entidades, grupos y personas previstos en el artículo 2.

b) Cuando sea realizada en España por entidades aseguradoras y reaseguradoras domiciliadas en otro Estado miembro de la Unión Europea (en adelante, otro Estado miembro).

Artículo 4. Actividades excluidas. 1. Quedan expresamente excluidos del ámbito de aplicación de esta Ley el régimen general y los regímenes especiales que integran el sistema de Seguridad Social obligatoria.

2. Tampoco quedan sometidas a esta Ley las siguientes operaciones y actividades:

a) Las de seguro de crédito a la exportación por cuenta o con la garantía del Estado, o cuando el Estado sea el asegurador.

b) Las de reaseguro ejercidas o plenamente garantizadas por el gobierno de un Estado miembro, cuando por motivos de interés público actúe en calidad de reasegurador de último recurso, incluyendo aquellas circunstancias en que esta actuación se requiera por una situación en el mercado tal que no resulte posible obtener en él cobertura adecuada.

c) Las de gestión de fondos de pensiones, regidas por el Texto Refundido de la Ley de regulación de planes y fondos de pensiones, aprobado por el Real Decreto Legislativo 1/2002, de 29 de noviembre, que estarán reservadas a las entidades gestoras de fondos de pensiones.

d) Las efectuadas por organizaciones sin personalidad jurídica que tengan por objeto la garantía mutua de sus miembros, sin dar lugar al pago de primas ni a la constitución de provisiones técnicas.

e) Las realizadas por los organismos de previsión y de asistencia que concedan prestaciones variables según los recursos disponibles y que exijan a sus partícipes una contribución a tanto alzado.

f) Las efectuadas por organismos distintos de entidades aseguradoras cuyo objeto sea suministrar a los trabajadores, por cuenta ajena o por cuenta propia, agrupados en el marco de una empresa o de un grupo de empresas o de un sector profesional o interprofesional, prestaciones en caso de muerte, en caso de vida o en caso de cese o de reducción de actividades, independientemente de que los compromisos que resulten de estas operaciones estén o no cubiertos íntegramente y en todo momento por provisiones matemáticas.

3. No estarán sujetas a los títulos I a V las entidades aseguradoras y reaseguradoras cuya liquidación se haya encomendado al Consorcio de Compensación de Seguros.

> – Real Decreto 1327/1999, de 31 de julio, por el que se regulan determinados aspectos del seguro de crédito a la exportación por cuenta del Estado en operaciones de medio y largo plazo; Orden ECO/180/2003, de 22 de enero, sobre cobertura por cuenta del Estado de riesgos derivados del comercio exterior de las inversiones exteriores y de las transacciones económicas con el exterior.

> – Real Decreto Legislativo 1/2002, de 29 de noviembre, por el que se aprueba el texto refundido de la Ley de Regulación de los Planes y Fondos de Pensiones; Real Decreto 304/2004, de 20 de febrero, por el que se aprueba el Reglamento de planes y fondos de pensiones; Real Decreto 1588/1999, de 15 de octubre, por el que se aprueba el Reglamento sobre la instrumentación de los compromisos por pensiones de las empresas con los trabajadores y beneficiarios.

Artículo 5. Operaciones prohibidas a las entidades aseguradoras. 1. Quedan prohibidas a las entidades aseguradoras las siguientes operaciones:

a) Las que carezcan de base técnica actuarial.

b) Cualquier otra actividad comercial y la prestación de garantías distintas de las propias de la actividad aseguradora. No se entenderá incluida en tal prohibición la colaboración con entidades no aseguradoras para la distribución de los servicios producidos por éstas.

c) Las actividades de mediación en seguros privados definidas en su normativa específica.

2. La realización por una entidad aseguradora de las actividades previstas en este artículo determinará su nulidad de pleno derecho.

CAPÍTULO II. DEFINICIONES

Artículo 6. Entidades. A efectos de lo establecido en esta Ley y en las demás disposiciones reguladoras de la supervisión y contratación de los seguros privados, se entenderá por:

1. Entidad aseguradora: Una entidad autorizada para realizar, conforme a lo dispuesto por esta Ley o por la legislación de otro Estado miembro, actividades de seguro directo de vida o de seguro directo distinto del seguro de vida.

2. Entidad aseguradora cautiva: Entidad aseguradora propiedad de una entidad no financiera, o de una entidad financiera que no sea una entidad aseguradora o reaseguradora o forme parte de un grupo de entidades aseguradoras o reaseguradoras, definido en el artículo 131.1.f), y que tiene por objeto ofrecer cobertura de seguro exclusivamente para los riesgos de la entidad o entidades a las que pertenece o de una o varias entidades del grupo del que forma parte.

3. Entidad aseguradora domiciliada en un tercer país: Una entidad aseguradora que, si tuviera su domicilio social en algún Estado miembro, estaría obligada, con arreglo a las disposiciones de ese Estado, a obtener una autorización para realizar la actividad aseguradora.

4. Entidad reaseguradora: Una entidad que haya recibido autorización con arreglo a lo dispuesto en esta Ley, o conforme a la legislación de otro Estado miembro, para realizar actividades de reaseguro.

5. Entidad reaseguradora cautiva: Entidad reaseguradora propiedad de una entidad no financiera, o de una entidad financiera que no sea una entidad aseguradora o reaseguradora o forme parte de un grupo de entidades aseguradoras o reaseguradoras, definido en el artículo 131.1.f), y que tiene por objeto ofrecer cobertura de reaseguro exclusivamente para los riesgos de la entidad o entidades a las que pertenece o de una o varias entidades del grupo del que forma parte.

6. Entidad reaseguradora domiciliada en un tercer país: Una entidad que, si tuviera su domicilio social en un Estado miembro, estaría obligada, con arreglo a las disposiciones de ese Estado, a obtener una autorización para realizar la actividad reaseguradora.

7. Reaseguro: La actividad consistente en la aceptación de riesgos cedidos por una entidad aseguradora o por una entidad reaseguradora, incluidas las entidades aseguradoras o reaseguradoras domiciliadas en terceros países.

8. Reaseguro limitado: Reaseguro en el que el potencial máximo de pérdida explícito, expresado en términos de riesgo económico máximo transferido, derivado tanto de un riesgo de suscripción significativo como de la transferencia de un riesgo temporal, supera la prima durante la totalidad del período de vigencia del contrato por una cuantía limitada pero significativa, junto con, al menos, una de las siguientes características:

a) Consideración explícita y material del valor temporal del dinero.

b) Disposiciones contractuales que moderen el equilibrio de la experiencia económica entre las partes en el tiempo, con el fin de lograr la transferencia de riesgo prevista.

9. Entidad financiera, cualquiera de las siguientes:

a) Una entidad de crédito, una empresa financiera o una empresa de servicios bancarios auxiliares, según se regulan en la normativa de entidades de crédito.

b) Una entidad aseguradora, una entidad reaseguradora, o una sociedad de cartera de seguros de las definidas en el artículo 131.1.i).

c) Una empresa de servicios de inversión o una sociedad financiera, según se regulan en la normativa de servicios de inversión.

d) Una sociedad financiera mixta de cartera con arreglo al artículo 2.7 de la Ley 5/2005, de 22 de abril, de supervisión de los conglomerados financieros y por la que se modifican otras leyes del sector financiero.

10. Entidad con cometido especial: Entidad, dotada o no de personalidad jurídica, distinta de una entidad aseguradora o reaseguradora existente, que asuma riesgos de entidades aseguradoras o reaseguradoras y financie plenamente su exposición a dichos riesgos a través de una emisión de deuda o de algún otro mecanismo de financiación en que los derechos de reembolso de los proveedores de dicha deuda u otro mecanismo de financiación estén subordinados a las obligaciones de reaseguro de dicha entidad.

11. Contraparte central autorizada: Una contraparte central que ha sido autorizada por la autoridad competente del Estado miembro en que esté establecida o bien, cuando se encuentre establecida en un tercer país, si ha sido reconocida por la Autoridad Europea de Valores y Mercados (AEVM).

12. Agencia de calificación crediticia externa: Una agencia de calificación crediticia reconocida, certificada y registrada como tal o un banco central que emita calificaciones crediticias.

13. Oficina nacional: Organización profesional que está constituida con arreglo a la Recomendación n.º 5 adoptada el 25 de enero de 1949 por el Subcomité de transportes por carretera del Comité de transportes interiores de la Comisión Económica para Europa de la Organización de las Naciones Unidas, y que agrupa a las entidades aseguradoras que hayan obtenido en un Estado autorización para operar en el ramo de responsabilidad civil en vehículos terrestres automóviles.

En España es oficina nacional la Oficina Española de Aseguradores de Automóviles (OFESAUTO).

14. Fondo nacional de garantía: Organismo creado por cada Estado miembro, de acuerdo con sus propias disposiciones legales, reglamentarias y administrativas, que tiene como misión reparar, al menos hasta los límites de la obligación del aseguramiento, los daños materiales o corporales causados por un vehículo no identificado o por el cual no haya sido satisfecha la obligación de aseguramiento.

En España es fondo nacional de garantía el Consorcio de Compensación de Seguros.

> – El artículo 2.7 de la **Ley 5/2005, de 22 de abril, de supervisión de los conglomerados financieros y por la que se modifican otras leyes del sector financiero**, establece: «*Tendrá la consideración de sociedad financiera mixta de cartera la empresa dominante que no sea una entidad regulada y que, junto con sus dependientes, de las cuales al menos una será una entidad regulada, y otras entidades, constituya un conglomerado financiero*».

Artículo 7. Autoridad de supervisión nacional. A efectos de lo establecido en esta Ley y en las demás disposiciones reguladoras de la supervisión y contratación de los seguros privados, se entenderá por autoridad de supervisión la autoridad nacional facultada conforme a la legislación de su Estado para supervisar entidades aseguradoras y reaseguradoras.

La autoridad de supervisión nacional, facultada para supervisar entidades aseguradoras y reaseguradoras en los términos de esta Ley, es la Dirección General de Seguros y Fondos de Pensiones, sin perjuicio de las facultades atribuidas directamente al Ministro de Economía y Competitividad, y de las competencias que, en su caso, correspondan a las Comunidades Autónomas.

Artículo 8. Estado miembro de origen, Estado miembro de acogida y actividades en régimen de derecho de establecimiento y de libre prestación de servicios. A efectos de lo establecido en esta Ley y en las demás disposiciones reguladoras de la supervisión y contratación de los seguros privados, se entenderá por:

1. Estado miembro de origen:

a) El Estado miembro en que esté situado el domicilio social de la entidad aseguradora que cubra el riesgo, en los seguros distintos del seguro de vida, o que contraiga el compromiso, en los seguros de vida.

b) El Estado miembro en que esté situado el domicilio social de la entidad reaseguradora, en el caso del reaseguro.

2. Estado miembro de acogida:

a) El Estado miembro, distinto del de origen, en que esté situada la sucursal que cubra el riesgo o contraiga el compromiso.

b) El Estado miembro, distinto del de origen, en que la entidad aseguradora o reaseguradora preste servicios; en caso de seguros de vida se entiende por Estado miembro de prestación de servicios aquel en el que se contraiga el compromiso, y en el caso de seguros distintos del de vida aquel en el que esté localizado el riesgo.

3. Estado miembro de localización del riesgo:

a) El Estado miembro en que se hallen los bienes, cuando el seguro se refiera a inmuebles, o bien a éstos y a su contenido, si este último está cubierto por la misma póliza de seguro.

Cuando el seguro se refiera a bienes muebles que se encuentren en un inmueble, y a efectos de los tributos y recargos legalmente exigibles, el Estado miembro en el que se encuentre situado el inmueble, incluso si éste y su contenido no estuvieran cubiertos por la misma póliza de seguro, con excepción de los bienes en tránsito comercial.

b) El Estado miembro de matriculación, cuando el seguro se refiera a vehículos de cualquier naturaleza.

c) El Estado miembro en que el tomador del seguro haya firmado el contrato, si su duración es inferior o igual a cuatro meses y se refiere a riesgos que sobrevengan durante un viaje o fuera del domicilio habitual del tomador del seguro, cualquiera que sea el ramo afectado.

d) En todos los casos no expresamente contemplados en las letras anteriores, aquel en que el tomador del seguro tenga su residencia habitual o, si fuera una persona jurídica, aquel en el que se encuentre su domicilio social o la sucursal a que se refiere el contrato.

4. Estado miembro del compromiso: El Estado miembro en el que el tomador del seguro tenga su residencia habitual, si es una persona física, o su domicilio social o una sucursal, en el caso de que el contrato se refiera a esta última, si es una persona jurídica.

5. Establecimiento: El domicilio social o la sucursal de una entidad.

6. Sucursal: Todo establecimiento de una entidad aseguradora o reaseguradora que esté situado en el territorio de un Estado miembro distinto del de origen.

Se asimilará a una sucursal toda presencia permanente de una entidad aseguradora domiciliada en otro Estado miembro, aunque esta presencia no adopte la forma de una sucursal y se ejerza mediante una oficina administrada por el propio personal de aquella o por una persona independiente, pero con poderes para actuar permanentemente por cuenta de la entidad aseguradora como lo haría una sucursal.

7. Sucursales de entidades aseguradoras o reaseguradoras de terceros países: Toda presencia permanente en el territorio de un Estado miembro de una entidad aseguradora o reaseguradora domiciliada fuera de la Unión Europea, que esté autorizada y realice operaciones de seguros o reaseguros en ese Estado miembro.

8. Régimen de derecho de establecimiento: La actividad desarrollada en un Estado miembro por una sucursal establecida en él de una entidad aseguradora o reaseguradora domiciliada en otro Estado miembro.

9. Régimen de libre prestación de servicios: La actividad desarrollada por una entidad aseguradora o reaseguradora domiciliada en un Estado miembro desde su domicilio social, o desde una sucursal de aquella en otro Estado miembro, cubriendo un riesgo, contrayendo un compromiso o realizando actividades de reaseguro en un Estado miembro distinto.

Artículo 9. Relaciones de participación o control entre entidades. A efectos de esta Ley y de las demás disposiciones reguladoras de la supervisión y contratación de los seguros privados, y sin perjuicio de lo establecido en el artículo 131.1, se entenderá por:

1. Entidad matriz: Aquella entidad que ostente o pueda ostentar, directa o indirectamente, el control de otra u otras.

2. Entidad filial: Aquella entidad sobre la que una entidad matriz ostente o pueda ostentar, directa o indirectamente, el control.

3. Control: La relación existente entre una entidad matriz y una filial o una relación de la misma naturaleza entre cualquier persona física o jurídica y una empresa, en las situaciones previstas en el artículo 42 del Código de Comercio y en sus disposiciones de desarrollo.

4. Participación: La posesión, de manera directa o mediante un vínculo de control, de un porcentaje igual o superior al 20 por 100 de los derechos de voto o del capital de una empresa.

5. Participación significativa en una entidad aseguradora o reaseguradora: La posesión en una entidad aseguradora o reaseguradora, de manera directa o indirecta, de al menos un 10 por 100 del capital o de los derechos de voto

o cualquier otra posibilidad de ejercer una influencia notable en la gestión de la entidad.

6. Vínculos estrechos: Toda relación entre dos o más personas físicas o jurídicas si están unidas a través de una participación o mediante un vínculo de control. Asimismo, la situación en la que dos o más personas físicas o jurídicas, entre las que se encuentre una entidad aseguradora o reaseguradora, estén vinculadas, de forma duradera, a una misma persona física o jurídica por un vínculo de control.

7. Participaciones en entidades financieras y de crédito:

a) las participaciones que posean las empresas de seguros y de reaseguros en:

1.º Entidades de crédito y entidades financieras a efectos del artículo 1 de la Ley 10/2014, de 26 de junio, de ordenación, supervisión y solvencia de entidades de crédito;

2.º Empresas de servicios de inversión a efectos del artículo 62 de la Ley 24/1988, de 28 de julio, del Mercado de Valores.

b) los créditos subordinados y los instrumentos contemplados en la parte segunda, título I, capítulo 4, del Reglamento (UE) n.º 575/2013 del Parlamento Europeo y del Consejo, de 26 de junio de 2013, sobre los requisitos prudenciales de las entidades de crédito y las empresas de inversión, y por el que se modifica el Reglamento (UE) n.º 648/2012, que posean las empresas de seguros y de reaseguros frente a las entidades definidas en la anterior letra a) en las que tengan participaciones.

> – La Ley 24/1988, de 28 de julio, del Mercado de Valores ha sido derogada por el Real Decreto Legislativo 4/2015, de 23 de octubre, por el que se aprueba el texto refundido de la Ley del Mercado de Valores, que también ha sido derogado por la **Ley 6/2023, de 17 de marzo, de los Mercados de Valores y de los Servicios de Inversión.** Los artículos 122 y 123 de este último texto establecen: *«Artículo 122. Concepto de empresa de servicios de inversión. 1. Las empresas de servicios de inversión son aquellas empresas cuya actividad principal consiste en prestar servicios de inversión o en realizar actividades de inversión con carácter profesional a terceros sobre los instrumentos financieros sometidos a esta ley y sus disposiciones de desarrollo y adoptan una de las formas jurídicas que establece el artículo 128.1 de esta ley. 2. Las empresas de servicios de inversión, conforme a su régimen jurídico específico, realizarán los servicios y actividades de inversión y los servicios auxiliares previstos en este capítulo, pudiendo ser miembros de los mercados regulados si así lo solicitan de conformidad con lo dispuesto en el artículo 62 de esta ley, así como miembros o usua-*

rios de los SMN y de los SOC, de conformidad con lo dispuesto en esta ley y sus normas de desarrollo. 3. Las referencias que en esta ley se hacen a empresas de servicios de inversión y autoridades de Estados miembros de la Unión Europea incluyen también a las que pertenezcan a otros Estados del Espacio Económico Europeo. Asimismo, las referencias que en esta ley se hacen a los Estados miembros de la Unión Europea, incluyen también a los Estados miembros del Espacio Económico Europeo».

«Artículo 123. Supuestos de no aplicación y otras excepciones. 1. Los requisitos y obligaciones establecidas en esta ley y sus disposiciones de desarrollo, relativos a la prestación de servicios de inversión, no serán de aplicación a las siguientes personas y entidades: a) Las entidades sujetas a la Ley 20/2015, de 14 de julio, de ordenación, supervisión y solvencia de las entidades aseguradoras y reaseguradoras y su normativa de desarrollo, cuando ejerzan las actividades contempladas en dicha ley. b) Las personas que presten servicios de inversión exclusivamente a sus empresas matrices, a sus filiales o a otras filiales de sus empresas matrices. c) Las personas que presten un servicio de inversión, cuando dicho servicio se preste de manera accesoria en el marco de una actividad profesional. d) Las personas que negocien por cuenta propia con instrumentos financieros distintos de los derivados sobre materias primas, derechos de emisión, o derivados de estos, y que no presten ningún otro servicio de inversión o realicen ninguna otra actividad de inversión con instrumentos financieros distintos de los derivados sobre materias primas o de derechos de emisión o derivados de estos, con las excepciones que se señalen reglamentariamente. e) Los operadores con obligaciones con arreglo a la Ley 1/2005, de 9 de marzo, por la que se regula el régimen del comercio de derechos de emisión de gases de efecto invernadero, con las condiciones que se señalen reglamentariamente. f) Las personas que presten servicios y actividades de inversión consistentes exclusivamente en la gestión de sistemas de participación de las y los trabajadores. g) Las personas que presten servicios y actividades de inversión que consistan únicamente en la gestión de sistemas de participación de personas trabajadoras y en la prestación de servicios y actividades de inversión exclusivamente a sus empresas matrices, a sus filiales o a otras filiales de sus empresas matrices. h) Los miembros del Sistema Europeo de Bancos Centrales (en adelante SEBC), otros organismos nacionales con funciones similares en la Unión Europea, otros organismos públicos que se encargan de la gestión de la deuda pública o intervienen en ella en la Unión Europea así como a las instituciones financieras internacionales de las que son miembros dos o más Estados miembros que tengan la intención de movilizar fondos y prestar asistencia financiera en beneficio de aquellos de sus miembros que estén sufriendo graves problemas de financiación o que corran el riesgo de padecerlos. i) Las instituciones de inversión colectiva, entidades de inversión colectiva de

tipo cerrado y los fondos de pensiones, independientemente de que estén o no coordinados en el ámbito de la Unión Europea, ni a los depositarios y entidades gestoras de dichas instituciones. j) Las personas que o bien negocien por cuenta propia, incluidos los creadores de mercado, con derivados sobre materias primas o con derechos de emisión o derivados de estos, excluidas las personas que negocien por cuenta propia cuando ejecutan órdenes de clientes, o bien presten servicios de inversión, por cuenta ajena, en derivados sobre materias primas o en derechos de emisión o derivados sobre tales derechos a los clientes o proveedores de su actividad principal, con las condiciones que se señalen reglamentariamente. k) Las personas que prestan asesoramiento en materia de inversión en el ejercicio de otra actividad profesional no regulada por esta ley, siempre que la prestación de dicho asesoramiento no esté específicamente remunerada. l) Los gestores de la red de transporte, con las condiciones que se señalen reglamentariamente. 2. Asimismo las siguientes personas quedarán excluidas de la aplicación de los requisitos y obligaciones establecidas en esta ley y sus disposiciones de desarrollo: a) Personas y entidades que no estén autorizadas a: 1.º Tener fondos o valores de clientes y que, por tal motivo, no puedan en ningún momento colocarse en posición deudora con respecto a sus clientes, y 2.º prestar servicios y actividades de inversión, a no ser la recepción y transmisión de órdenes sobre valores negociables o la prestación de asesoramiento en materia de inversión en relación con dichos instrumentos financieros. b) Personas que presten servicios de inversión exclusivamente en materias primas, derechos de emisión o derivados sobre estos con la única finalidad de dar cobertura a los riesgos comerciales de sus clientes, siempre que estos últimos sean exclusivamente empresas eléctricas locales en la definición del artículo 2.35, de la Directiva 2009/72/CE del Parlamento Europeo y del Consejo, de 13 de julio de 2009, o compañías de gas natural en la definición del artículo 2.1 de la Directiva 2009/73/CE del Parlamento Europeo y del Consejo, de 13 de octubre de 2003, con las condiciones que se señalen reglamentariamente; o c) Personas que presten servicios de inversión exclusivamente en derechos de emisión o derivados sobre estos con la única finalidad de dar cobertura a los riesgos comerciales de sus clientes con las condiciones que se señalen reglamentariamente. 3. Las personas y entidades contempladas en el artículo 128.5.a) podrán quedar exentas de la aplicación de determinados requisitos prudenciales establecidos en esta ley y su normativa de desarrollo; asimismo, determinadas entidades que, además de prestar los servicios incluidos en el artículo 128.5.a), presten el servicio de inversión de recepción y transmisión de órdenes y que no estén autorizadas a tener fondos o valores de clientes por lo que, en ningún caso, podrán colocarse en posición deudora con respecto a sus clientes, así como determinadas entidades que presten servicios y actividades de inversión en materias primas, derechos de emisión y derivados para dar cobertura a los riesgos de la actividad comercial de sus clientes, podrán quedar exentas de la aplicación de los requisitos y obligaciones establecidas en esta ley y sus disposiciones de desarrollo. 4. Reglamentariamente se precisarán las categorías concretas de personas y entidades a las que se refieren los apartados anteriores, así como los requisitos prudenciales y régimen de supervisión aplicables a las personas y entidades del apartado anterior».

– El artículo 42 del Real Decreto de 22 de agosto de 1885, por el que se publica el **Código de Comercio,** establece: «*1. Toda sociedad dominante de un grupo de sociedades estará obligada a formular las cuentas anuales y el informe de gestión consolidados en la forma prevista en esta sección. Existe un grupo cuando una sociedad ostente o pueda ostentar, directa o indirectamente, el control de otra u otras. En particular, se presumirá que existe control cuando una sociedad, que se calificará como dominante, se encuentre en relación con otra sociedad, que se calificará como dependiente, en alguna de las siguientes situaciones: a) Posea la mayoría de los derechos de voto. b) Tenga la facultad de nombrar o destituir a la mayoría de los miembros del órgano de administración. c) Pueda disponer, en virtud de acuerdos celebrados con terceros, de la mayoría de los derechos de voto. d) Haya designado con sus votos a la mayoría de los miembros del órgano de administración, que desempeñen su cargo en el momento en que deban formularse las cuentas consolidadas y durante los dos ejercicios inmediatamente anteriores. En particular, se presumirá esta circunstancia cuando la mayoría de los miembros del órgano de administración de la sociedad dominada sean miembros del órgano de administración o altos directivos de la sociedad dominante o de otra dominada por ésta. Este supuesto no dará lugar a la consolidación si la sociedad cuyos administradores han sido nombrados, está vinculada a otra en alguno de los casos previstos en las dos primeras letras de este apartado. A los efectos de este apartado, a los derechos de voto de la entidad dominante se añadirán los que posea a través de otras sociedades dependientes o a través de personas que actúen en su propio nombre pero por cuenta de la entidad dominante o de otras dependientes o aquellos de los que disponga concertadamente con cualquier otra persona. 2. La obligación de formular las cuentas anuales y el informe de gestión consolidados no exime a las sociedades integrantes del grupo de formular sus propias cuentas anuales y el informe de gestión correspondiente, conforme a su régimen específico. 3. La sociedad obligada a formular las cuentas anuales consolidadas deberá incluir en ellas, a las sociedades integrantes del grupo en los términos establecidos en el apartado 1 de este artículo, así como a cualquier empresa dominada por éstas, cualquiera que sea su forma jurídica y con independencia de su domicilio social. 4. La junta general de la sociedad obligada a formular las cuentas anuales consolidadas deberá designar a los auditores de* *cuentas que habrán de controlar las cuentas anuales y el informe de gestión del grupo. Los auditores verificarán la concordancia del informe de gestión con las cuentas anuales consolidadas. 5. Las cuentas consolidadas y el informe de gestión del grupo habrán de someterse a la aprobación de la junta general de la sociedad obligada a consolidar simultáneamente con las cuentas anuales de esta sociedad. Los socios de las sociedades pertenecientes al grupo podrán obtener de la sociedad obligada a formular las cuentas anuales consolidadas los documentos sometidos a la aprobación de la Junta, así como el informe de gestión del grupo y el informe de los auditores. El depósito de las cuentas consolidadas, del informe de gestión del grupo y del informe de los auditores de cuentas en el Registro Mercantil y la publicación del mismo se efectuarán de conformidad con lo establecido para las cuentas anuales de las sociedades anónimas. 6. Lo dispuesto en la presente sección será de aplicación a los casos en que voluntariamente cualquier persona física o jurídica formule y publique cuentas consolidadas. Igualmente se aplicarán estas normas, en cuanto sea posible, a los supuestos de formulación y publicación de cuentas consolidadas por cualquier persona física o jurídica distinta de las contempladas en el apartado 1 del presente artículo».*

– El artículo 1 de la **Ley 10/2014, de 26 de junio, de ordenación, supervisión y solvencia de entidades de crédito**, establece: *«Artículo 1. Entidades de crédito. 1. Son entidades de crédito: a) Las empresas autorizadas cuya actividad consiste en recibir del público depósitos u otros fondos reembolsables y en conceder créditos por cuenta propia; b) Las empresas autorizadas referidas en el artículo 4.1.1.b) del Reglamento (UE) n.º 575/2013 del Parlamento Europeo y del Consejo de 26 de junio de 2013 sobre los requisitos prudenciales de las entidades de crédito, y por el que se modifica el Reglamento (UE) n.º 648/2012. 2. Tienen la consideración de entidades de crédito a efectos de la letra a) del apartado anterior: a) Los bancos. b) Las cajas de ahorros. c) Las cooperativas de crédito. d) El Instituto de Crédito Oficial».*

Artículo 10. Mercados regulados. A efectos de lo establecido en esta Ley y en las demás disposiciones reguladoras de la supervisión y contratación de los seguros privados, se entenderá por mercados regulados:

1. Los mercados secundarios oficiales españoles definidos en el artículo 31 de la Ley 24/1988, de 28 de julio, del Mercado de Valores, y los reconocidos como mercados regulados por la legislación de otro Estado miembro.

2. En el caso de mercados situados en un tercer país, los que satisfagan exigencias comparables a las de los mercados regulados indicados en el apartado anterior, y en los que los instrumentos financieros negociados tengan

una calidad comparable a la de los instrumentos negociados en los mercados regulados situados en la Unión Europea.

– La Ley 24/1988, de 28 de julio, del Mercado de Valores ha sido derogada por el Real Decreto Legislativo 4/2015, de 23 de octubre, por el que se aprueba el texto refundido de la Ley del Mercado de Valores, que también ha sido derogado por la **Ley 6/2023, de 17 de marzo, de los Mercados de Valores y de los Servicios de Inversión.** Los artículos 42 y 60 de este último texto establecen:

«*Artículo 42. Centros de negociación. 1. A los efectos de esta ley, los centros de negociación son los sistemas multilaterales autorizados a operar por la CNMV y por las Comunidades Autónomas con competencias en materia de mercados de valores, entendidos como todo sistema o dispositivo en el que interactúan los diversos intereses de compra y de venta de instrumentos financieros de múltiples terceros, cuyo funcionamiento se debe regir por las disposiciones de esta ley y su normativa de desarrollo. A los efectos de la presente ley, son centros de negociación los mercados regulados, los sistemas multilaterales de negociación y los sistemas organizados de contratación. 2. A los efectos de este Título, se entenderá por: a) Mercado regulado: sistema multilateral, operado o gestionado por un organismo rector del mercado, que reúne o brinda la posibilidad de reunir, dentro del sistema y según sus normas no discrecionales, los diversos intereses de compra y de venta sobre instrumentos financieros de múltiples terceros para dar lugar a contratos con respecto a los instrumentos financieros admitidos a negociación conforme a sus normas o sistemas, y que está autorizado y funciona de forma regular de conformidad con el presente Título. b) Sistema multilateral de negociación (SMN): sistema multilateral, operado por una empresa de servicios de inversión o por un organismo rector del mercado, que permite reunir, dentro del sistema y según normas no discrecionales, los diversos intereses de compra y de venta sobre instrumentos financieros de múltiples terceros para dar lugar a contratos, de conformidad con el presente Título. c) Sistema organizado de contratación (SOC): sistema multilateral, que no sea un mercado regulado o un SMN y en el que interactúan los diversos intereses de compra y de venta de bonos y obligaciones, titulizaciones, derechos de emisión o derivados de múltiples terceros para dar lugar a contratos. 3. Todo sistema multilateral con instrumentos financieros operará con arreglo a las disposiciones de esta ley que rijan el funcionamiento de los mercados regulados, de los SMN y de los SOC, según la tipología de centro de negociación de que se trate*».

«*Artículo 60. Participaciones en organismos rectores de los mercados regulados. 1. La participación, directa o indirecta, en el capital de los organismos rectores de los mercados regulados españoles quedará sujeta al régimen de participaciones significativas previsto en el Capítulo IV del Título V para las*

*empresas de servicios de inversión, en los términos que reglamentariamente
se determinen, entendiéndose en todo caso que tendrá tal carácter cualquier
participación que alcance, de forma directa o indirecta, al menos el 10 por
ciento del capital o de los derechos de voto de la sociedad o la que, sin llegar
a ese porcentaje, permita ejercer una influencia notable en la sociedad, en los
términos que se determinen reglamentariamente. Sin perjuicio de lo dispuesto
en el artículo 154, la CNMV podrá oponerse a la adquisición o a la transmisión de una participación significativa en el capital del organismo rector del
mercado regulado cuando estime que es necesario para asegurar el buen funcionamiento de los centros de negociación o de los sistemas de compensación,
liquidación y registro de valores o para evitar distorsiones en los mismos, así
como, en el caso de adquirentes de terceros Estados, por no darse un trato
equivalente a las entidades españolas en el país de origen del adquirente. 2.
La participación, directa o indirecta, de sociedades que administren mercados
regulados españoles en otras sociedades que gestionen mercados regulados
fuera de España requerirá la autorización previa de la CNMV, quien dispondrá
del plazo de dos meses a contar desde la fecha en que haya sido informada
para, en su caso, oponerse a la participación. Si la CNMV no se pronunciara en
dicho plazo se entenderá que acepta la solicitud».*

Artículo 11. Grandes riesgos. A efectos de lo establecido en esta Ley y
en las demás disposiciones reguladoras de la supervisión y contratación de los
seguros privados, se entenderá por contratos de seguro de grandes riesgos los
siguientes:

a) Los de vehículos ferroviarios, vehículos aéreos, vehículos marítimos,
lacustres y fluviales, mercancías transportadas (comprendidos los equipajes
y demás bienes transportados), la responsabilidad civil en vehículos aéreos
(comprendida la responsabilidad del transportista) y la responsabilidad civil
de vehículos marítimos, lacustres y fluviales (comprendida la responsabilidad
civil del transportista).

b) Los de crédito y de caución cuando el tomador y el asegurado ejerzan
a título profesional una actividad industrial, comercial o liberal y el riesgo se
refiera a dicha actividad.

c) Los de vehículos terrestres (no ferroviarios), incendio y elementos naturales, otros daños a los bienes, responsabilidad civil en vehículos terrestres automóviles (comprendida la responsabilidad del transportista), responsabilidad
civil en general y pérdidas pecuniarias diversas, siempre que el tomador supere
los límites de, al menos, dos de los tres criterios siguientes:

Activo total del balance: 6.600.000 euros.

Importe neto del volumen de negocios: 13.600.000 euros.

Número medio de empleados durante el ejercicio: 250 empleados.

Si el tomador del seguro formara parte de un grupo de sociedades cuyas cuentas consolidadas se establezcan con arreglo a lo dispuesto en los artículos 42 a 49 del Código de Comercio, los criterios mencionados anteriormente se aplicarán sobre la base de las cuentas consolidadas.

– Los importes de los dos primeros incisos de la letra c) del precepto se actualizan, con efectos de 19 de octubre de 2022, por la **Resolución de 17 de junio de 2022, de la Dirección General de Seguros y Fondos de Pensiones, por la que se publica la actualización de los importes contenidos en los artículos 11 y 78 de la Ley 20/2015, de 14 de julio, de ordenación, supervisión y solvencia de las entidades aseguradoras y reaseguradoras.** En la parte expositiva de la referida Resolución se dispone: *El párrafo primero de la disposición adicional séptima de la Ley 20/2015, de 14 de julio, de ordenación, supervisión y solvencia de las entidades aseguradoras y reaseguradoras establece que los importes expresados en euros en los artículos 11 y 78 se revisarán cada cinco años, modificando su importe inicial en euros en el cambio porcentual de los índices armonizados de precios del consumo de todos los Estados miembros de la Unión Europa con arreglo a lo publicado por Eurostat, a partir del 31 de diciembre de 2015 hasta la fecha de revisión, redondeados al alza a un múltiplo de 100.000 euros. Si el cambio porcentual desde la revisión previa es inferior al cinco por ciento, no se efectuará revisión alguna de los importes. El 19 de octubre de 2021 se publicó en el Diario Oficial de la Unión Europea la Comunicación relativa a la adaptación a la inflación de los importes establecidos en la Directiva 2009/138/CE del Parlamento Europeo y del Consejo, sobre el acceso a la actividad de seguro y de reaseguro y su ejercicio (Solvencia II). Por lo tanto, la primera revisión de los importes se ha llevado a cabo teniendo en cuenta el aumento del índice mencionado en el período comprendido entre el 31 de diciembre de 2015 y el 31 de diciembre de 2020. Mediante esta resolución, cuya habilitación se encuentra contenida el párrafo tercero de la disposición adicional séptima de la Ley 20/2015, de 14 de julio, la Dirección General de Seguros y Fondos de Pensiones da publicidad a la actualización de los siguientes importes, a fin de facilitar su conocimiento y aplicación (...).*

– Los artículos 42 a 49 del Real Decreto de 22 de agosto de 1885, por el que se publica el **Código de Comercio** establecen:

«Artículo 42. 1. Toda sociedad dominante de un grupo de sociedades estará obligada a formular las cuentas anuales y el informe de gestión consolidados en la forma prevista en esta sección. Existe un grupo cuando una sociedad ostente o pueda ostentar, directa o indirectamente, el control de otra u otras. En

*particular, se presumirá que existe control cuando una sociedad, que se ca-
lificará como dominante, se encuentre en relación con otra sociedad, que se
calificará como dependiente, en alguna de las siguientes situaciones: a) Posea
la mayoría de los derechos de voto. b) Tenga la facultad de nombrar o destituir
a la mayoría de los miembros del órgano de administración. c) Pueda disponer,
en virtud de acuerdos celebrados con terceros, de la mayoría de los derechos
de voto. d) Haya designado con sus votos a la mayoría de los miembros del
órgano de administración, que desempeñen su cargo en el momento en que
deban formularse las cuentas consolidadas y durante los dos ejercicios inmediatamente anteriores. En particular, se presumirá esta circunstancia cuando
la mayoría de los miembros del órgano de administración de la sociedad dominada sean miembros del órgano de administración o altos directivos de la
sociedad dominante o de otra dominada por ésta. Este supuesto no dará lugar
a la consolidación si la sociedad cuyos administradores han sido nombrados,
está vinculada a otra en alguno de los casos previstos en las dos primeras letras
de este apartado. A los efectos de este apartado, a los derechos de voto de la
entidad dominante se añadirán los que posea a través de otras sociedades
dependientes o a través de personas que actúen en su propio nombre pero
por cuenta de la entidad dominante o de otras dependientes o aquellos de
los que disponga concertadamente con cualquier otra persona. 2. La obligación de formular las cuentas anuales y el informe de gestión consolidados no
exime a las sociedades integrantes del grupo de formular sus propias cuentas
anuales y el informe de gestión correspondiente, conforme a su régimen específico. 3. La sociedad obligada a formular las cuentas anuales consolidadas
deberá incluir en ellas, a las sociedades integrantes del grupo en los términos
establecidos en el apartado 1 de este artículo, así como a cualquier empresa
dominada por éstas, cualquiera que sea su forma jurídica y con independencia
de su domicilio social. 4. La junta general de la sociedad obligada a formular
las cuentas anuales consolidadas deberá designar a los auditores de cuentas
que habrán de controlar las cuentas anuales y el informe de gestión del grupo. Los auditores verificarán la concordancia del informe de gestión con las
cuentas anuales consolidadas. 5. Las cuentas consolidadas y el informe de
gestión del grupo habrán de someterse a la aprobación de la junta general de
la sociedad obligada a consolidar simultáneamente con las cuentas anuales
de esta sociedad. Los socios de las sociedades pertenecientes al grupo podrán
obtener de la sociedad obligada a formular las cuentas anuales consolidadas
los documentos sometidos a la aprobación de la Junta, así como el informe
de gestión del grupo y el informe de los auditores. El depósito de las cuentas
consolidadas, del informe de gestión del grupo y del informe de los auditores
de cuentas en el Registro Mercantil y la publicación del mismo se efectuarán
de conformidad con lo establecido para las cuentas anuales de las sociedades*

anónimas. 6. Lo dispuesto en la presente sección será de aplicación a los casos en que voluntariamente cualquier persona física o jurídica formule y publique cuentas consolidadas. Igualmente se aplicarán estas normas, en cuanto sea posible, a los supuestos de formulación y publicación de cuentas consolidadas por cualquier persona física o jurídica distinta de las contempladas en el apartado 1 del presente artículo»;

«Artículo 43. 1. No obstante lo dispuesto en el artículo anterior, las sociedades en él mencionadas no estarán obligadas a efectuar la consolidación, si se cumple alguna de las situaciones siguientes: 1.ª Cuando en la fecha de cierre del ejercicio de la sociedad obligada a consolidar el conjunto de las sociedades no sobrepase, en sus últimas cuentas anuales, dos de los límites señalados en el Real Decreto Legislativo 1/2010, de 2 de julio, por el que se aprueba el texto refundido de la Ley de Sociedades de Capital, para la formulación de cuenta de pérdidas y ganancias abreviada, salvo que alguna de las sociedades del grupo tenga la consideración de entidad de interés público según la definición establecida en el artículo 3.5 de la Ley 22/2015, de 20 de julio, de Auditoría de Cuentas. 2.ª Cuando la sociedad obligada a consolidar sometida a la legislación española sea al mismo tiempo dependiente de otra que se rija por dicha legislación o por la de otro Estado miembro de la Unión Europea, si esta última sociedad posee el 50 por ciento o más de las participaciones sociales de aquéllas y, los accionistas o socios que posean, al menos, el 10 por ciento no hayan solicitado la formulación de cuentas consolidadas 6 meses antes del cierre del ejercicio. En todo caso será preciso que se cumplan los requisitos siguientes: a) Que la sociedad dispensada de formalizar la consolidación, así como todas las sociedades que debiera incluir en la consolidación, se consoliden en las cuentas de un grupo mayor, cuya sociedad dominante esté sometida a la legislación de un Estado miembro de la Unión Europea. b) Que la sociedad dispensada de formalizar la consolidación indique en sus cuentas la mención de estar exenta de la obligación de establecer las cuentas consolidadas, el grupo al que pertenece, la razón social y el domicilio de la sociedad dominante. c) Que las cuentas consolidadas de la sociedad dominante, así como el informe de gestión y el informe de los auditores, se depositen en el Registro Mercantil, traducidos a alguna de las lenguas oficiales de la Comunidad Autónoma, donde tenga su domicilio la sociedad dispensada. d) Que la sociedad dispensada de formalizar la consolidación no haya emitido valores admitidos a negociación en un mercado regulado de cualquier Estado miembro de la Unión Europea. 3.ª Cuando la sociedad obligada a consolidar participe exclusivamente en sociedades dependientes que no posean un interés significativo, individual y en conjunto, para la imagen fiel del patrimonio, de la situación financiera y de los resultados de las sociedades del grupo. 4.ª Cuando todas las sociedades dependientes puedan excluirse de la consolidación por alguna de las causas siguientes: a) En

casos extremadamente raros en que la información necesaria para elaborar los estados financieros consolidados no puedan obtenerse por razones debidamente justificadas. b) Que la tenencia de las acciones o participaciones de esta sociedad tenga exclusivamente por objetivo su cesión posterior. c) Que restricciones severas y duraderas obstaculicen el ejercicio del control de la sociedad dominante sobre esta dependiente. 2. Una sociedad no será incluida en la consolidación cuando concurra una de las circunstancias señalada en la indicación 4.ª anterior»;

«Artículo 43 bis. Las cuentas anuales consolidadas deberán formularse de acuerdo con las siguientes normas: a) Si, a la fecha de cierre del ejercicio alguna de las sociedades del grupo ha emitido valores admitidos a cotización en un mercado regulado de cualquier Estado miembro de la Unión Europea, aplicarán las normas internacionales de información financiera adoptadas por los Reglamentos de la Unión Europea. No obstante, también les serán de aplicación los artículos 42, 43 y 49 de este Código. Asimismo, deberán incluir en las cuentas anuales consolidadas la información contenida en las indicaciones 1.ª a 9.ª del artículo 48 de este Código. b) Si, a la fecha de cierre del ejercicio ninguna de las sociedades del grupo ha emitido valores admitidos a cotización en un mercado regulado de cualquier Estado miembro de la Unión Europea, podrán optar por la aplicación de las normas de contabilidad incluidas en este Código y sus disposiciones de desarrollo, o por las normas internacionales de información financiera adoptadas por los Reglamentos de la Unión Europea. Si optan por estas últimas, las cuentas anuales consolidadas deberán elaborarse de manera continuada de acuerdo con las citadas normas, siéndoles igualmente de aplicación lo dispuesto en el último párrafo de la letra a) de este artículo»;

«Artículo 44. 1. Las cuentas anuales consolidadas comprenderán el balance, la cuenta de pérdidas y ganancias, un estado que refleje los cambios en el patrimonio neto del ejercicio, un estado de flujos de efectivo y la memoria, consolidados. Estos documentos forman una unidad. A las cuentas anuales consolidadas se unirá el informe de gestión consolidado que incluirá, cuando proceda, el estado de información no financiera. 2. Las cuentas anuales consolidadas deberán formularse con claridad y reflejar la imagen fiel del patrimonio, de la situación financiera y de los resultados del conjunto constituido por las sociedades incluidas en la consolidación. Cuando la aplicación de las disposiciones de este Código no fuera suficiente para dar la imagen fiel, en el sentido indicado anteriormente, se aportarán en la memoria las informaciones complementarias precisas para alcanzar ese resultado. En casos excepcionales, si la aplicación de una disposición contenida en los artículos siguientes fuera incompatible con la imagen fiel que deben ofrecer las cuentas consolidadas tal disposición no será aplicable. En tales casos, en la memoria deberá señalarse esa falta de aplicación, motivarse suficientemente y explicarse su influencia

sobre el patrimonio, la situación financiera y los resultados del grupo. 3. Las cuentas anuales consolidadas se establecerán en la misma fecha que las cuentas anuales de la sociedad obligada a consolidar. Si la fecha de cierre del ejercicio de una sociedad comprendida en la consolidación difiere en más de tres meses de la correspondiente a las cuentas consolidadas, su inclusión en éstas se hará mediante cuentas intermedias referidas a la fecha en que se establezcan las consolidadas. 4. Cuando la composición de las empresas incluidas en la consolidación hubiese variado considerablemente en el curso de un ejercicio, las cuentas anuales consolidadas deberán incluir en la memoria la información necesaria para que la comparación de sucesivos estados financieros consolidados muestre los principales cambios que han tenido lugar entre ejercicios. 5. Las cuentas consolidadas deberán ser formuladas expresando los valores en euros. 6. Las cuentas y el informe de gestión consolidados, que incluirá, cuando proceda, el estado de información no financiera consolidado, serán firmados por todos los administradores de la sociedad obligada a formularlos, que responderán de la veracidad de los mismos. Si faltara la firma de alguno de ellos, se señalará en los documentos en que falte, con expresa mención de la causa»;

«Artículo 45. 1. Los elementos del activo, pasivo, ingresos y gastos comprendidos en la consolidación deben ser valorados siguiendo métodos uniformes y de acuerdo con los criterios incluidos en este Código y sus disposiciones de desarrollo. 2. Si algún elemento del activo, pasivo, ingresos y gastos comprendido en la consolidación ha sido valorado por alguna sociedad que forma parte de la misma, según métodos no uniformes al aplicado en la consolidación, dicho elemento debe ser valorado de nuevo conforme a tal método, salvo que el resultado de la nueva valoración ofrezca un interés poco relevante a los efectos de alcanzar la imagen fiel del grupo. 3. La estructura y contenido de las cuentas anuales consolidadas se ajustará a los modelos aprobados reglamentariamente, en sintonía con lo dispuesto en el artículo 35 de este Código para las cuentas anuales individuales. 4. En el balance consolidado se indicará en una partida específica del patrimonio neto, con denominación adecuada, la participación correspondiente a los socios externos o intereses minoritarios del grupo»;

«Artículo 46. Los activos, pasivos, ingresos y gastos de las sociedades del grupo se incorporarán en las cuentas anuales consolidadas aplicando el método de integración global. En particular, se realizará mediante la aplicación de las siguientes reglas: 1.ª Los valores contables de las participaciones en el capital de las sociedades dependientes que posea, directa o indirectamente, la sociedad dominante se compensarán, en la fecha de adquisición, con la parte proporcional que dichos valores representen en relación con el valor razonable de los activos adquiridos y pasivos asumidos, incluidas, en su caso, las provisiones en los términos que reglamentariamente se determinen. Reglamentariamente se regulará el tratamiento contable en el caso de adquisiciones sucesivas de parti-

cipaciones. 2.ª La diferencia positiva que subsista después de la compensación señalada se inscribirá en el balance consolidado en una partida especial, con denominación adecuada, que será comentada en la memoria, así como las modificaciones que haya sufrido con respecto al ejercicio anterior en caso de ser importantes. Esta diferencia se tratará conforme a lo establecido para el fondo de comercio en el artículo 39.4 de este Código. Si la diferencia fuera negativa deberá llevarse directamente a la cuenta de pérdidas y ganancias consolidada. 3.ª Los elementos del activo y del pasivo de las sociedades del grupo se incorporarán al balance consolidado, previa aplicación de lo establecido en el artículo 45 de este Código, con las mismas valoraciones con que figuran en los respectivos balances de dichas sociedades, excepto cuando sea de aplicación la regla 1.ª, en cuyo caso se incorporarán sobre la base del valor razonable de los activos adquiridos y pasivos asumidos, incluidas, en su caso, las provisiones en los términos que reglamentariamente se determinen, en la fecha de primera consolidación, una vez consideradas las amortizaciones y deterioros producidos desde dicha fecha. 4.ª Los ingresos y los gastos de las sociedades del grupo, se incorporarán a las cuentas anuales consolidadas, salvo en los casos en que aquéllos deban eliminarse conforme a lo previsto en la regla siguiente. 5.ª Deberán eliminarse generalmente los débitos y créditos entre sociedades comprendidas en la consolidación, los ingresos y los gastos relativos a las transacciones entre dichas sociedades, y los resultados generados a consecuencia de tales transacciones, que no estén realizados frente a terceros. Sin perjuicio de las eliminaciones indicadas, deberán ser objeto, en su caso, de los ajustes procedentes las transferencias de resultados entre sociedades incluidas en la consolidación»;

«Artículo 47. 1. Cuando una sociedad incluida en la consolidación gestione conjuntamente con una o varias sociedades ajenas al grupo otra sociedad, ésta podrá incluirse en las cuentas consolidadas aplicando el método de integración proporcional, es decir, en proporción al porcentaje que de su capital social posean las sociedades incluidas en la consolidación. 2. Para efectuar esta consolidación proporcional se tendrán en cuenta, con las necesarias adaptaciones, las reglas establecidas en el artículo anterior. 3. Cuando una sociedad incluida en la consolidación ejerza una influencia significativa en la gestión de otra sociedad no incluida en la consolidación, pero con la que esté asociada por tener una participación en ella que, creando con ésta una vinculación duradera, esté destinada a contribuir a la actividad de la sociedad, dicha participación deberá figurar en el balance consolidado como una partida independiente y bajo un epígrafe apropiado. Se presumirá, salvo prueba en contrario, que existe una participación en el sentido expresado, cuando una o varias sociedades del grupo posean, al menos, el 20 por ciento de los derechos de voto de una sociedad que no pertenezca al grupo. 4. Se incluirán en las cuentas consolidadas aplican-

do el procedimiento de puesta en equivalencia o método de la participación, todas las sociedades incluidas en el apartado 3, así como las sociedades del apartado 1 que no se consoliden a través del método de integración proporcional. La opción establecida para las sociedades del apartado 1, se ejercerá de manera uniforme respecto a todas las sociedades que se encuentren en dicha situación. 5. A los efectos de lo dispuesto en el apartado anterior, se tendrán en cuenta las reglas siguientes: a) Cuando se aplique por primera vez el procedimiento de puesta en equivalencia, el valor contable de la participación en las cuentas consolidadas será el importe correspondiente al porcentaje que represente dicha participación, en el momento de la inversión, sobre el valor razonable de los activos adquiridos y pasivos asumidos, incluidas, en su caso, las provisiones en los términos que reglamentariamente se determinen. Si la diferencia que resulta entre el coste de la participación y el valor a que se ha hecho referencia es positiva, se incluirá en el importe en libros de la inversión y se pondrá de manifiesto en la memoria, siéndole de aplicación lo dispuesto en el artículo 46. Si la diferencia es negativa deberá llevarse directamente a la cuenta de pérdidas y ganancias consolidada. Reglamentariamente se regulará el tratamiento contable en el caso de adquisiciones de participaciones sucesivas. b) Las variaciones experimentadas en el ejercicio en curso, en el patrimonio neto de la sociedad incluida en las cuentas anuales consolidadas por el procedimiento de puesta en equivalencia, una vez eliminada la proporción procedente de los resultados generados en transacciones entre dicha sociedad y la sociedad que posee la participación, o cualquiera de las sociedades del grupo, que no estén realizados frente a terceros, aumentarán o disminuirán, según los casos, el valor contable de dicha participación en la proporción que corresponda, una vez consideradas las amortizaciones y deterioros producidos desde la fecha en la que el método se aplique por primera vez. c) Los beneficios distribuidos por la sociedad incluida en las cuentas anuales consolidadas por el procedimiento de puesta en equivalencia, reducirán el valor contable de la participación en el balance consolidado»;

«Artículo 48. Además de las menciones prescritas por otras disposiciones de este Código y por la Ley de Sociedades Anónimas, con las necesarias adaptaciones en atención al grupo de sociedades, la memoria consolidada deberá incluir, al menos, las indicaciones siguientes: 1.ª El nombre y domicilio de las sociedades comprendidas en la consolidación; la participación y porcentaje de derechos de voto que tengan las sociedades comprendidas en la consolidación o las personas que actúen en su propio nombre pero por cuenta de ellas en el capital de otras sociedades comprendidas en la consolidación distintas a la sociedad dominante, así como el supuesto del artículo 42 en el que se ha basado la consolidación, identificando la vinculación que les afecta para configurarlas dentro de un grupo. Esas mismas menciones deberán darse con referencia a las

sociedades del grupo que queden fueran de la consolidación, porque no tengan un interés significativo para la imagen fiel que deben expresar las cuentas anuales consolidadas, indicando los motivos de la exclusión. 2.ª El nombre y domicilio de las sociedades a las que se aplique el procedimiento de puesta en equivalencia o método de la participación en virtud de lo dispuesto en el apartado 3 del artículo 47, con indicación de la fracción de su capital y porcentaje de derechos de voto que poseen las sociedades comprendidas en la consolidación o por una persona que actúe en su propio nombre, pero por cuenta de ellas. Esas mismas indicaciones deberán ofrecerse en relación con las sociedades en las que se haya prescindido de lo dispuesto en el artículo 47, cuando las participaciones en el capital de estas sociedades no tenga un interés significativo para la imagen fiel que deben expresar las cuentas consolidadas, debiendo mencionarse la razón por la que no se ha aplicado este método. 3.ª El nombre y domicilio de las sociedades a las que se les haya aplicado el método de integración proporcional en virtud de lo dispuesto en los apartados 1 y 2 del artículo 47, los elementos en que se base la dirección conjunta, y la fracción de su capital y porcentaje de derechos de voto que poseen las sociedades comprendidas en la consolidación o una persona que actúa en su propio nombre, pero por cuenta de ellas. 4.ª El nombre y domicilio de otras sociedades, no incluidas en los apartados anteriores, en las que las sociedades comprendidas en la consolidación, posean directamente o mediante una persona que actúe en su propio nombre, pero, por cuenta de aquéllas, un porcentaje no inferior al 5 por ciento de su capital. Se indicará la participación en el capital y porcentaje de derechos de voto, así como el importe del patrimonio neto y el del resultado del último ejercicio de la sociedad cuyas cuentas hubieran sido aprobadas. Estas informaciones podrán omitirse cuando sólo presenten un interés desdeñable respecto a la imagen fiel que deben expresar las cuentas consolidadas. 5.ª El número medio de personas empleadas en el curso del ejercicio por las sociedades comprendidas en la consolidación, distribuido por categorías, así como, si no fueren mencionados separadamente en la cuenta de pérdidas y ganancias, los gastos de personal referidos al ejercicio. Se indicará por separado el número medio de personas empleadas en el curso del ejercicio por las sociedades a las que se aplique lo dispuesto en los apartados 1 y 2 del artículo 47. 6.ª El importe de los sueldos, dietas y remuneraciones de cualquier clase devengados en el curso del ejercicio por el personal de alta dirección y los miembros del órgano de administración, ambos de la sociedad dominante, cualquiera que sea su causa, así como de las obligaciones contraídas en materia de pensiones o de pago de prima de seguros de vida respecto de los miembros antiguos y actuales de los órganos de administración y del personal de alta dirección. Estas informaciones se podrán dar de forma global por concepto retributivo. Cuando los miembros del órgano de administración sean personas jurídicas, los reque-

rimientos anteriores se referirán a las personas físicas que los representan. 7.ª El importe de los anticipos y créditos concedidos al personal de alta dirección y a los miembros de los órganos de administración, ambos de la sociedad dominante, por cualquier sociedad del grupo, con indicación del tipo de interés, sus características esenciales y los importes eventuales devueltos, así como las obligaciones asumidas por cuenta de ellos a título de una garantía cualquiera. Igualmente se indicarán los anticipos y créditos concedidos al personal de alta dirección y a los administradores de la sociedad dominante por las sociedades ajenas al grupo a que se refieren los apartados 1 y 3 del artículo 47. Estas informaciones se podrán dar de forma global por cada categoría. Cuando los miembros del órgano de administración sean personas jurídicas, los requerimientos anteriores se referirán a las personas físicas que los representan. 8.ª La naturaleza y el propósito de negocio de los acuerdos no incluidos en el balance consolidado, así como el impacto financiero de estos acuerdos, en la medida en que esta información sea significativa y necesaria para determinar la situación financiera de las sociedades incluidas en la consolidación consideradas en su conjunto. 9.ª El importe desglosado por conceptos de los honorarios por auditoría de cuentas y otros servicios prestados por los auditores de cuentas, así como los correspondientes a las personas o entidades vinculadas al auditor de cuentas de acuerdo con lo dispuesto en la Ley 19/1988, de 12 de julio, de Auditoría de Cuentas. 10.ª Transacciones significativas, distintas de las intragrupo, realizadas entre cualquiera de las sociedades incluidas en el grupo con terceros vinculados, indicando la naturaleza de la vinculación, el importe y cualquier otra información acerca de las transacciones, que sea necesaria para la determinación de la situación financiera de las sociedades incluidas en la consolidación consideradas en su conjunto»;

«Artículo 49. 1. El informe de gestión consolidado deberá contener la exposición fiel sobre la evolución de los negocios y la situación del conjunto de las sociedades incluidas en la consolidación, junto con una descripción de los principales riesgos e incertidumbres a los que se enfrenta. La exposición consistirá en un análisis equilibrado y exhaustivo de la evolución y los resultados de los negocios y la situación de las empresas comprendidas en la consolidación considerada en su conjunto, teniendo en cuenta la magnitud y la complejidad de la empresa. En la medida necesaria para la comprensión de la evolución, los resultados o la situación de la empresa, este análisis incluirá tanto indicadores clave financieros como, cuando proceda, de carácter no financiero, que sean pertinentes respecto de la actividad empresarial concreta, con inclusión de información sobre cuestiones relativas al medio ambiente y al personal. Al proporcionar este análisis, el informe consolidado de gestión proporcionará, si procede, referencias y explicaciones complementarias sobre los importes detallados en las cuentas consolidadas. 2. Además deberá incluir

información sobre: a) Los acontecimientos importantes acaecidos después de la fecha de cierre del ejercicio de las sociedades incluidas en la consolidación. b) La evolución previsible del conjunto formado por las citadas sociedades. c) Las actividades de dicho conjunto en materia de investigación y desarrollo. d) El número y valor nominal o, en su defecto, el valor contable del conjunto de acciones o participaciones de la sociedad dominante poseídas por ella, por sociedades del grupo o por una tercera persona que actúe en propio nombre, pero, por cuenta de las mismas. 3. Con respecto al uso de instrumentos financieros, y cuando resulte relevante para la valoración de los activos, pasivos, situación financiera y resultados, el informe de gestión incluirá lo siguiente: a) Objetivos y políticas de gestión del riesgo financiero de la sociedad, incluida la política aplicada para cubrir cada tipo significativo de transacción prevista para la que se utilice la contabilidad de cobertura. b) La exposición de la sociedad al riesgo de precio, riesgo de crédito, riesgo de liquidez y riesgo de flujo de efectivo. 4. Cuando la sociedad obligada a formular cuentas anuales consolidadas haya emitido valores admitidos a negociación en un mercado regulado de cualquier Estado miembro de la Unión Europea, incluirá en el informe de gestión consolidado, en una sección separada, su informe de gobierno corporativo. 5. Las sociedades que formulen cuentas consolidadas, deberán incluir en el informe de gestión consolidado el estado de información no financiera consolidado previsto en este apartado siempre que concurran los siguientes requisitos: a) Que el número medio de trabajadores empleados por las sociedades del grupo durante el ejercicio sea superior a 500. b) Que o bien, tengan la consideración de entidades de interés público de conformidad con la legislación de auditoría de cuentas, o bien, durante dos ejercicios consecutivos reúnan, a la fecha de cierre de cada uno de ellos, al menos dos de las circunstancias siguientes: 1.º Que el total de las partidas del activo consolidado sea superior a 20.000.000 de euros. 2.º Que el importe neto de la cifra anual de negocios consolidada supere los 40.000.000 de euros. 3.º Que el número medio de trabajadores empleados durante el ejercicio sea superior a doscientos cincuenta. Las sociedades cesarán en la obligación de elaborar el estado de información no financiera si dejan de reunir, durante dos ejercicios consecutivos cualquiera de los requisitos anteriormente establecidos. En los dos primeros ejercicios sociales desde la constitución de un grupo de sociedades, la sociedad dominante estará obligada a elaborar el estado de información no financiera consolidado, incluyendo a todas sus filiales y para todos los países en los que opera, cuando al cierre del primer ejercicio se cumplan, al menos, dos de las tres circunstancias mencionadas en la letra b), siempre que al cierre del ejercicio se cumpla además el requisito previsto en la letra a). 6. El estado de información no financiera consolidado incluirá la información necesaria para comprender la evolución, los resultados y la situación del grupo, y el im-

pacto de su actividad respecto, al menos, a cuestiones medioambientales y sociales, al respeto de los derechos humanos y a la lucha contra la corrupción y el soborno, así como relativas al personal, incluidas las medidas que, en su caso, se hayan adoptado para favorecer el principio de igualdad de trato y de oportunidades entre mujeres y hombres, la no discriminación e inclusión de las personas con discapacidad y la accesibilidad universal. Este estado de información no financiera incluirá: a) Una breve descripción del modelo de negocio del grupo, que incluirá su entorno empresarial, su organización y estructura, los mercados en los que opera, sus objetivos y estrategias, y los principales factores y tendencias que pueden afectar a su futura evolución. b) Una descripción de las políticas que aplica el grupo respecto a dichas cuestiones, que incluirá los procedimientos de diligencia debida aplicados para la identificación, evaluación, prevención y atenuación de riesgos e impactos significativos y de verificación y control, incluyendo qué medidas se han adoptado. c) Los resultados de esas políticas, debiendo incluir indicadores clave de resultados no financieros pertinentes que permitan el seguimiento y evaluación de los progresos y que favorezcan la comparabilidad entre sociedades y sectores, de acuerdo con los marcos nacionales, europeos o internacionales de referencia utilizados para cada materia. d) Los principales riesgos relacionados con esas cuestiones vinculados a las actividades del grupo, entre ellas, cuando sea pertinente y proporcionado, sus relaciones comerciales, productos o servicios que puedan tener efectos negativos en esos ámbitos, y cómo el grupo gestiona dichos riesgos, explicando los procedimientos utilizados para detectarlos y evaluarlos de acuerdo con los marcos nacionales, europeos o internacionales de referencia para cada materia. Debe incluirse información sobre los impactos que se hayan detectado, ofreciendo un desglose de los mismos, en particular sobre los principales riesgos a corto, medio y largo plazo. e) Indicadores clave de resultados no financieros que sean pertinentes respecto a la actividad empresarial concreta, y que cumplan con los criterios de comparabilidad, materialidad, relevancia y fiabilidad. Con el objetivo de facilitar la comparación de la información, tanto en el tiempo como entre entidades, se utilizarán especialmente estándares de indicadores clave no financieros que puedan ser generalmente aplicados y que cumplan con las directrices de la Comisión Europea en esta materia y los estándares de Global Reporting Initiative, debiendo mencionar en el informe el marco nacional, europeo o internacional utilizado para cada materia. Los indicadores clave de resultados no financieros deben aplicarse a cada uno de los apartados del estado de información no financiera. Estos indicadores deben ser útiles, teniendo en cuenta las circunstancias específicas y coherentes con los parámetros utilizados en sus procedimientos internos de gestión y evaluación de riesgos. En cualquier caso, la información presentada debe ser precisa, comparable y verificable. El estado de información no financiera consolidado incluirá información signifi-cativa sobre las siguientes cuestiones: I. Información sobre cuestiones medioambientales: Información detallada sobre los efectos actuales y previsi-bles de las actividades de la empresa en el medio ambiente y en su caso, la salud y la seguridad, los procedimientos de evaluación o certificación ambien-tal; los recursos dedicados a la prevención de riesgos ambientales; la aplica-ción del principio de precaución, la cantidad de provisiones y garantías para riesgos ambientales. – Contaminación: medidas para prevenir, reducir o repa-rar las emisiones de carbono que afectan gravemente el medio ambiente; te-niendo en cuenta cualquier forma de contaminación atmosférica específica de una actividad, incluido el ruido y la contaminación lumínica. – Economía circu-lar y prevención y gestión de residuos: medidas de prevención, reciclaje, reuti-lización, otras formas de recuperación y eliminación de desechos; acciones para combatir el desperdicio de alimentos. – Uso sostenible de los recursos: el consumo de agua y el suministro de agua de acuerdo con las limitaciones lo-cales; consumo de materias primas y las medidas adoptadas para mejorar la eficiencia de su uso; consumo, directo e indirecto, de energía, medidas toma-das para mejorar la eficiencia energética y el uso de energías renovables. – Cambio climático: los elementos importantes de las emisiones de gases de efecto invernadero generados como resultado de las actividades de la empre-sa, incluido el uso de los bienes y servicios que produce; las medidas adopta-das para adaptarse a las consecuencias del cambio climático; las metas de reducción establecidas voluntariamente a medio y largo plazo para reducir las emisiones de gases de efecto invernadero y los medios implementados para tal fin. – Protección de la biodiversidad: medidas tomadas para preservar o restaurar la biodiversidad; impactos causados por las actividades u operacio-nes en áreas protegidas. II. Información sobre cuestiones sociales y relativas al personal: – Empleo: número total y distribución de empleados por sexo, edad, país y clasificación profesional; número total y distribución de modali-dades de contrato de trabajo, promedio anual de contratos indefinidos, de contratos temporales y de contratos a tiempo parcial por sexo, edad y clasifi-cación profesional, número de despidos por sexo, edad y clasificación profe-sional; las remuneraciones medias y su evolución desagregados por sexo, edad y clasificación profesional o igual valor; brecha salarial, la remuneración de puestos de trabajo iguales o de media de la sociedad, la remuneración media de los consejeros y directivos, incluyendo la retribución variable, dietas, indemnizaciones, el pago a los sistemas de previsión de ahorro a largo plazo y cualquier otra percepción desagregada por sexo, implantación de políticas de desconexión laboral, empleados con discapacidad. – Organización del traba-jo: organización del tiempo de trabajo; número de horas de absentismo; me-didas destinadas a facilitar el disfrute de la conciliación y fomentar el ejercicio

*corresponsable de estos por parte de ambos progenitores. – Salud y seguri-
dad: condiciones de salud y seguridad en el trabajo; accidentes de trabajo, en
particular su frecuencia y gravedad, así como las enfermedades profesionales; desagregado por sexo. – Relaciones sociales: organización del diálogo
social, incluidos procedimientos para informar y consultar al personal y negociar con ellos; porcentaje de empleados cubiertos por convenio colectivo por
país; el balance de los convenios colectivos, particularmente en el campo de la
salud y la seguridad en el trabajo; mecanismos y procedimientos con los que
cuenta la empresa para promover la implicación de los trabajadores en la
gestión de la compañía, en términos de información, consulta y participación.
– Formación: las políticas implementadas en el campo de la formación; la cantidad total de horas de formación por categorías profesionales. – Accesibilidad universal de las personas con discapacidad. – Igualdad: medidas adoptadas para promover la igualdad de trato y de oportunidades entre mujeres y
hombres; planes de igualdad (Capítulo III de la Ley Orgánica 3/2007, de 22 de
marzo, para la igualdad efectiva de mujeres y hombres), medidas adoptadas
para promover el empleo, protocolos contra el acoso sexual y por razón de
sexo, la integración y la accesibilidad universal de las personas con discapacidad; la política contra todo tipo de discriminación y, en su caso, de gestión de
la diversidad. III. Información sobre el respeto de los derechos humanos: Aplicación de procedimientos de diligencia debida en materia de derechos humanos; prevención de los riesgos de vulneración de derechos humanos y, en su
caso, medidas para mitigar, gestionar y reparar posibles abusos cometidos;
denuncias por casos de vulneración de derechos humanos; promoción y cumplimiento de las disposiciones de los convenios fundamentales de la Organización Internacional del Trabajo relacionadas con el respeto por la libertad de
asociación y el derecho a la negociación colectiva; la eliminación de la discriminación en el empleo y la ocupación; la eliminación del trabajo forzoso u
obligatorio; la abolición efectiva del trabajo infantil. IV. Información relativa a
la lucha contra la corrupción y el soborno: medidas adoptadas para prevenir
la corrupción y el soborno; medidas para luchar contra el blanqueo de capitales, aportaciones a fundaciones y entidades sin ánimo de lucro. V. Información
sobre la sociedad: – Compromisos de la empresa con el desarrollo sostenible:
el impacto de la actividad de la sociedad en el empleo y el desarrollo local; el
impacto de la actividad de la sociedad en las poblaciones locales y en el territorio; las relaciones mantenidas con los actores de las comunidades locales y
las modalidades del diálogo con estos; las acciones de asociación o patrocinio.
– Subcontratación y proveedores: la inclusión en la política de compras de
cuestiones sociales, de igualdad de género y ambientales; consideración en
las relaciones con proveedores y subcontratistas de su responsabilidad social
y ambiental; sistemas de supervisión y auditorias y resultados de las mismas.*

– *Consumidores: medidas para la salud y la seguridad de los consumidores; sistemas de reclamación, quejas recibidas y resolución de las mismas. – Información fiscal: los beneficios obtenidos país por país; los impuestos sobre beneficios pagados y las subvenciones públicas recibidas. Cualquier otra información que sea significativa. En el caso de que el grupo de sociedades no aplique ninguna política en alguna de las cuestiones previstas en este apartado 6, el estado de información no financiera consolidado ofrecerá una explicación clara y motivada al respecto. El estado de información no financiera consolidado incluirá también, en su caso, referencias y explicaciones complementarias sobre los importes detallados en las cuentas anuales consolidadas. Para la divulgación de la información no financiera referida en este apartado, la sociedad obligada a formular cuentas consolidadas deberá basarse en marcos normativos nacionales, de la Unión Europea o internacionales, debiendo especificar en qué marcos se ha basado. La obligación de incluir información no financiera prevista en el apartado 1 de este artículo se considerará cumplida si la sociedad incorpora al informe de gestión la información descrita en este apartado. Cuando una sociedad dependiente de un grupo sea, a su vez, dominante de un subgrupo, estará exenta de la obligación establecida en este apartado si dicha sociedad y sus dependientes están incluidas en el informe de gestión consolidado de otra sociedad en el que se cumple con dicha obligación. Si una entidad se acoge a esta opción, deberá incluir en el informe de gestión una referencia a la identidad de la sociedad dominante y al Registro Mercantil u otra oficina pública donde deben quedar depositadas sus cuentas junto con el informe de gestión consolidado o, en los supuestos de no quedar obligada a depositar sus cuentas en ninguna oficina pública, o de haber optado por la elaboración de un informe separado de acuerdo con el apartado siguiente, sobre dónde se encuentra disponible o se puede acceder a la información consolidada de la sociedad dominante. Será de obligado cumplimiento que el informe sobre la información no financiera deba ser presentado como punto separado del orden del día para su aprobación en la junta general de accionistas de las sociedades. El Gobierno podrá establecer por vía reglamentaria, respetando los principios recogidos en esta Ley, indicadores clave para cada materia del estado de información no financiera. La información incluida en el estado de información no financiera será verificada por un prestador independiente de servicios de verificación. 7. Se entenderá que una sociedad cumple con la obligación de elaborar el estado de información no financiera consolidado regulado en el apartado anterior si emite un informe separado, correspondiente al mismo ejercicio, en el que se indique de manera expresa que dicha información forma parte del informe de gestión, se incluya la información que se exige para dicho estado y se someta a los mismos criterios de aprobación, depósito y publicación que el informe de gestión. Las so-*

ciedades podrán publicar en el Portal de la Responsabilidad Social del Ministerio de Trabajo, Migraciones y Seguridad Social la información no financiera contenida en el informe de gestión. 8. La información contenida en el informe de gestión consolidado en ningún caso justificará su ausencia en las cuentas anuales consolidadas cuando esta información deba incluirse en éstas de conformidad con lo previsto en esta Sección y las disposiciones que la desarrollan. 9. Sin perjuicio de los requisitos de divulgación aplicables al estado de información no financiera consolidado previstos en esta Ley, este informe se pondrá a disposición del público de forma gratuita y será fácilmente accesible en el sitio web de la sociedad dentro de los seis meses posteriores a la fecha de finalización del año financiero y por un período de cinco años».

Artículo 12. Coaseguro comunitario. A efectos de lo establecido en esta Ley y en las demás disposiciones reguladoras de la supervisión y contratación de los seguros privados, se entenderá por operaciones de coaseguro comunitario, las que reúnan las siguientes condiciones:

1. Que den lugar a la cobertura de uno o más riesgos que puedan calificarse como grandes riesgos.

2. Que participen en la cobertura del riesgo varias entidades aseguradoras, una de las cuales será la entidad aseguradora abridora, de forma no solidaria, en calidad de coaseguradoras, por medio de un contrato único, mediante una prima global y para una misma duración.

3. Que cubran riesgos localizados en la Unión Europea.

4. Que a los efectos de la cobertura del riesgo, la entidad aseguradora abridora se encuentre habilitada para cubrir la totalidad del riesgo.

5. Que al menos una de las entidades coaseguradoras participe en el contrato por medio de su domicilio social o de una sucursal establecida en un Estado miembro distinto del estado de la entidad aseguradora abridora.

6. Que la entidad aseguradora abridora asuma plenamente las funciones que le corresponden en el coaseguro y, en particular, determine las condiciones de seguro y de tarificación.

Artículo 13. Sistema de gobierno y externalización de funciones. A efectos de lo establecido en esta Ley y en las demás disposiciones reguladoras de la supervisión de los seguros privados, se entenderá por:

1. Función: En un sistema de gobierno la capacidad de una entidad aseguradora o reaseguradora para llevar a cabo determinadas tareas del gobierno de la entidad.

2. Sistema de gobierno de la entidad: Estructura organizativa transparente y apropiada, con una clara distribución y una adecuada separación de funciones, un sistema eficaz para garantizar la transmisión de información, que garantice la gestión sana y prudente de la actividad y los mecanismos eficaces de control interno de una entidad aseguradora o reaseguradora, que incluyen las siguientes funciones fundamentales: la función de gestión de riesgos, la función de verificación del cumplimiento, la función de auditoría interna y la función actuarial.

3. Externalización de funciones: Cualquier tipo de acuerdo celebrado entre una entidad aseguradora o reaseguradora y un tercero, ya sea o no una entidad sujeta a supervisión, en virtud del cual éste, directamente o por subcontratación, realiza una actividad o una función que, en otras circunstancias, hubiese realizado la propia entidad aseguradora o reaseguradora.

Artículo 14. Riesgos. A efectos de lo establecido en esta Ley y en las demás disposiciones reguladoras de la supervisión y contratación de los seguros privados, se entenderá por:

1. Riesgo de suscripción: El riesgo de pérdida o de modificación adversa del valor de los compromisos derivados de la actividad aseguradora, debido a la inadecuación de las hipótesis de tarificación y constitución de provisiones.

2. Riesgo de mercado: El riesgo de pérdida o de modificación adversa de la situación financiera resultante, directa o indirectamente, de fluctuaciones en el nivel y en la volatilidad de los precios de mercado de los activos, pasivos e instrumentos financieros.

3. Riesgo de crédito: El riesgo de pérdida o de modificación adversa de la situación financiera resultante de fluctuaciones en la solvencia de los emisores de valores, las contrapartes y cualesquiera deudores al que están expuestas las entidades aseguradoras y reaseguradoras, en forma de riesgo de incumplimiento de la contraparte, riesgo de diferencial o concentración de riesgo de mercado.

4. Riesgo operacional: El riesgo de pérdida derivado de la inadecuación o la disfunción de procesos internos, del personal o de los sistemas, o de sucesos externos.

5. Riesgo de liquidez: El riesgo de que las entidades aseguradoras y reaseguradoras no puedan realizar las inversiones y demás activos a fin de hacer frente a sus obligaciones financieras al vencimiento.

6. Riesgo de concentración: Toda exposición a riesgos que lleve aparejada una pérdida potencial suficientemente importante como para poner en peligro la solvencia o la situación financiera de las entidades aseguradoras y reaseguradoras.

7. Técnicas de reducción del riesgo: Todas las que permiten a las entidades aseguradoras y reaseguradoras transferir una parte o la totalidad de sus riesgos a terceros.

8. Efectos de diversificación: la reducción de la exposición al riesgo de las entidades aseguradoras y reaseguradoras, y de sus grupos, relacionada con la diversificación de sus actividades, y resultante de la posibilidad de compensar el resultado negativo de un riesgo con el resultado más favorable de otro riesgo, cuando no exista una total correlación entre dichos riesgos.

9. Previsión de distribución de probabilidad: Una función matemática que asigna a un conjunto exhaustivo de sucesos futuros mutuamente excluyentes una probabilidad de realización.

10. Medida del riesgo: Una función matemática que asigna un valor monetario a una determinada previsión de distribución de probabilidad y que crece monótonamente con el nivel de exposición al riesgo subyacente a esa previsión de distribución de probabilidad.

Artículo 15. Medidas de saneamiento y procedimientos de liquidación.
A efectos de lo establecido en esta Ley, y en las demás disposiciones reguladoras de la supervisión y contratación de los seguros privados, se entenderá por:

1. Autoridades competentes: Las autoridades administrativas o judiciales de los estados miembros competentes en materia de medidas de saneamiento o de procedimientos de liquidación.

2. Medidas de saneamiento: Aquellas que implicando la actuación de las autoridades competentes, estén destinadas a mantener o restablecer la situación financiera de la entidad aseguradora o reaseguradora y afecten a los derechos preexistentes de terceros ajenos a la propia entidad.

3. Medidas de control especial: Aquellas que, implicando la actuación de las autoridades competentes, estén destinadas a controlar y revertir la situación de deterioro financiero o de gestión de la entidad y sean necesarias para salvaguardar las obligaciones que se deriven de los contratos de seguro, de reaseguro, así como cualesquiera otros intereses de la propia entidad que puedan afectar a su solvencia o viabilidad.

4. Procedimiento de liquidación: El procedimiento colectivo que suponga la liquidación de los activos y la distribución del producto de la liquidación entre los acreedores, accionistas o socios, según proceda, y que implique algún tipo de actuación de la autoridad administrativa o judicial, esté o no fundamentado en la insolvencia y tenga carácter voluntario u obligatorio.

5. Administrador provisional: Toda persona u órgano nombrado por las autoridades competentes de un Estado miembro para administrar las medidas de saneamiento.

6. Liquidador: Toda persona u órgano nombrado por las autoridades competentes o por los órganos sociales de la entidad aseguradora para gestionar los procedimientos de liquidación.

7. Compromiso por contrato de seguro: Todo compromiso que una entidad aseguradora contraiga con asegurados, tomadores de seguros, beneficiarios o terceros perjudicados con derecho de acción directa contra la entidad aseguradora, y que tenga su origen en un contrato de seguro o en cualquier operación prevista en el anexo B), letra a), apartados 2, 3 y 4, de esta Ley, en el ámbito del seguro directo, incluidos aquellos en los que aún se desconozcan determinados elementos de la deuda.

TÍTULO I. ÓRGANOS DE SUPERVISIÓN Y COMPETENCIAS

CAPÍTULO I. COMPETENCIAS DE LA ADMINISTRACIÓN GENERAL DEL ESTADO

Artículo 16. Competencias de supervisión de la Administración General del Estado. 1. Las competencias de la Administración General del Estado en la supervisión de las entidades aseguradoras y reaseguradoras y en el desarrollo ordenado de los mercados de seguros y reaseguros se ejercerán por el Ministro de Economía y Competitividad y por la Dirección General de Seguros y Fondos de Pensiones en los términos fijados en esta Ley y sus normas de desarrollo, sin perjuicio de las funciones que corresponden a las Comunidades Autónomas en el ámbito de sus competencias.

2. En materia de regulación y supervisión de los seguros privados le corresponde al Ministro de Economía y Competitividad:

a) Autorizar el acceso a la actividad aseguradora y reaseguradora, y su revocación.

b) Autorizar el cálculo del capital de solvencia obligatorio utilizando un modelo interno.

c) Autorizar la constitución, modificación y disolución de grupos mutuales.

d) Aprobar normas sobre transparencia de mercado y protección de los derechos de los usuarios en el ámbito de los seguros.

e) Acordar la disolución administrativa de las entidades aseguradoras y reaseguradoras y, en su caso, encomendar su liquidación al Consorcio de Compensación de Seguros.

f) Imponer las sanciones por infracciones muy graves en los términos dispuestos en el título VIII.

g) Autorizar las cesiones de cartera, las modificaciones estructurales y, en su caso, las agrupaciones y uniones temporales de las entidades aseguradoras y reaseguradoras, reguladas en el capítulo VI del título III, sin perjuicio de lo previsto en la Ley 15/2007, de 3 de julio, de Defensa de la Competencia, en relación con el control de concentraciones económicas, y en las disposiciones comunitarias aplicables.

h) El ejercicio de aquellas otras potestades que le atribuya esta Ley y el resto del ordenamiento jurídico.

> – **Ley 15/2007, de 3 de julio, de Defensa de la Competencia** (arts. 7 a 10 y arts. 55 a 60).

Artículo 17. Dirección General de Seguros y Fondos de Pensiones. 1. La Dirección General de Seguros y Fondos de Pensiones formará parte, en su condición de autoridad supervisora española, de la Autoridad Europea de Seguros y Pensiones de Jubilación (AESPJ), conforme a lo dispuesto en el Reglamento n.º 1094/2010, de 24 de noviembre, del Parlamento Europeo y del Consejo, por el que se crea una Autoridad Europea de Supervisión.

En el ejercicio de las funciones de supervisión encomendadas por esta Ley y sus normas de desarrollo, la Dirección General de Seguros y Fondos de Pensiones analizará y en su caso tomará en consideración las directrices y recomendaciones emanadas de la Autoridad Europea de Seguros y Pensiones de Jubilación. Cuando la Dirección General de Seguros y Fondos de Pensiones se aparte de esas directrices o recomendaciones lo hará mediante resolución motivada.

2. La Dirección General de Seguros y Fondos de Pensiones podrá dictar disposiciones en desarrollo de la normativa de seguros que esté contenida en reales decretos o en órdenes del Ministro de Economía y Competitividad, siempre que estas normas le habiliten de modo expreso para ello, previo informe de la Junta Consultiva de Seguros y Fondos de Pensiones.

Tales disposiciones recibirán la denominación de circulares, se tramitarán por el procedimiento regulado en el artículo 24 de la Ley 50/1997, de 27 de noviembre, del Gobierno, serán publicadas en el «Boletín Oficial del Estado» y entrarán en vigor conforme a lo dispuesto en el apartado primero del artículo 2 del Código Civil.

3. La Dirección General de Seguros y Fondos de Pensiones, a través de su sede electrónica, promoverá la difusión de cuanta información sea necesaria para asegurar la consecución de los fines establecidos en esta Ley, y la tramitación de los procedimientos que le competen por vía electrónica.

4. La Dirección General de Seguros y Fondos de Pensiones elaborará y dará publicidad a un informe anual en el que se refleje su actividad supervisora y la situación general de los mercados de seguros y fondos de pensiones.

5. Las resoluciones que dicte la Dirección General de Seguros y Fondos de Pensiones en el ejercicio de las potestades administrativas que se le confieren en esta Ley serán recurribles ante el Ministro de Economía y Competitividad, de conformidad con lo establecido en la Ley 30/1992, de 26 de noviembre, de Régimen Jurídico de las Administraciones Públicas y del Procedimiento Administrativo Común.

– La Ley 30/1992, de 26 de noviembre, de Régimen Jurídico de las Administraciones Públicas y del Procedimiento Administrativo Común, estuvo vigente hasta el 2 de octubre de 2016, fecha en la que entró en vigor la **Ley 39/2015, de 1 de octubre, del Procedimiento Administrativo Común de las Administraciones Públicas.**

– El artículo 24 de la **Ley 50/1997, de 27 de noviembre, del Gobierno** establece: «*Artículo 24. De la forma y jerarquía de las disposiciones y resoluciones del Gobierno de la Nación y de sus miembros. 1. Las decisiones del Gobierno de la Nación y de sus miembros revisten las formas siguientes: a) Reales Decretos Legislativos y Reales Decretos-leyes, las decisiones que aprueban, respectivamente, las normas previstas en los artículos 82 y 96 de la Constitución. b) Reales Decretos del Presidente del Gobierno, las disposiciones y actos cuya adopción venga atribuida al Presidente. c) Reales Decretos acordados en Consejo de Ministros, las decisiones que aprueben normas reglamentarias de la competencia de éste y las resoluciones que deban adoptar dicha forma jurídica. d) Acuerdos del Consejo de Ministros, las decisiones de dicho órgano colegiado que no deban adoptar la forma de Real Decreto. e) Acuerdos adoptados en Comisiones Delegadas del Gobierno, las disposiciones y resoluciones de tales órganos colegiados. Tales acuerdos revestirán la forma de Orden del Ministro competente o del Ministro de la Presidencia, cuando la competencia* *corresponda a distintos Ministros. f) Órdenes Ministeriales, las disposiciones y resoluciones de los Ministros. Cuando la disposición o resolución afecte a varios Departamentos revestirá la forma de Orden del Ministro de la Presidencia, dictada a propuesta de los Ministros interesados. 2. Los reglamentos se ordenarán según la siguiente jerarquía: 1.º Disposiciones aprobadas por Real Decreto del Presidente del Gobierno o acordado en el Consejo de Ministros. 2.º Disposiciones aprobadas por Orden Ministerial».*

– La **Circular 1/2016, de 31 de marzo, de la Dirección General de Seguros y Fondos de Pensiones, de reconocimiento y valoración de contingencias, impuestos diferidos y determinadas inversiones en entidades de crédito y aseguradoras a efectos del régimen especial de solvencia**, establece: «*La Ley 20/2015, de 14 de julio, de ordenación, supervisión y solvencia de las entidades aseguradoras y reaseguradoras, ha transpuesto a nuestro ordenamiento jurídico aquellas disposiciones de la Directiva 2009/138/CE, del Parlamento Europeo y del Consejo, de 25 de noviembre de 2009, sobre el acceso a la actividad de seguro y de reaseguro y su ejercicio (en adelante Directiva Solvencia II), que requerían un desarrollo por norma con rango de ley. Dentro del capítulo VIII de su título III, el artículo 102 de la citada Ley, dedicado a las condiciones de ejercicio de las entidades sometidas al régimen especial de solvencia, dispone que estas entidades ajustarán su actuación a las disposiciones de la misma que les resulten aplicables y a sus normas de desarrollo, estableciendo a continuación determinadas particularidades, entre ellas que los requisitos y el régimen aplicable a la valoración de provisiones técnicas, inversiones, fondos propios y capital de solvencia obligatorio se ajustarán al procedimiento que se determine reglamentariamente. El Real Decreto 1060/2015, de 20 de noviembre, de ordenación, supervisión y solvencia de las entidades aseguradoras y reaseguradoras, dedica el capítulo VII del título III al régimen especial de solvencia. Dentro de este capítulo VII, en relación con la valoración de activos y pasivos, el artículo 147.5 habilita a la Dirección General de Seguros y Fondos de Pensiones para desarrollar mediante circular la valoración de los activos y pasivos de las entidades incluidas en el régimen especial de solvencia. Esta circular se dicta en virtud de la habilitación conferida por el artículo 17.2 de la Ley 20/2015, de 14 de julio, y por el artículo 147.5 del Real Decreto 1060/2015, de 20 de noviembre, previo informe de la Junta Consultiva de Seguros y Fondos de Pensiones. En esos términos, establece:*
Artículo 1. Objeto y ámbito de aplicación. Esta Circular tiene por objeto desarrollar el registro y valoración, a efectos de solvencia, de contingencias, impuestos diferidos y determinadas inversiones en entidades de crédito y aseguradoras por las entidades incluidas en el régimen especial de solvencia contemplado en el título III, capítulo VIII, de la Ley 20/2015, de 14 de julio, de

ordenación, supervisión y solvencia de las entidades aseguradoras y reasegu-
radoras, y en el título III, capítulo VII, del Real Decreto 1060/2015, de 20 de
noviembre, de ordenación, supervisión y solvencia de las entidades asegura-
doras y reaseguradoras.
Artículo 2. Reconocimiento y valoración de contingencias. 1. Las contingencias
a las que se refiere la norma de valoración 14.ª de la segunda parte del Plan
de contabilidad de las entidades aseguradoras, aprobado por Real Decre-
to 1317/2008, de 24 de julio, deberán registrarse como pasivo en el balance
cuando sean significativas. Se entiende por significativas aquellas en las que
la información sobre el volumen o la naturaleza actual o potencial de tales
contingencias pueda influir en la toma de decisiones o en el criterio del destina-
tario de dicha información, incluida la Dirección General de Seguros y Fondos
de Pensiones. 2. Las citadas contingencias se valorarán como el valor actual
esperado de los flujos de caja futuros que se precisen para liquidar la contin-
gencia durante la vida de la misma, utilizando la estructura temporal de tipos
de interés sin riesgo prevista en el artículo 54 del Real Decreto 1060/2015, de
20 de noviembre.
Artículo 3. Reconocimiento y valoración de impuestos diferidos. 1. Las entida-
des aseguradoras sometidas al régimen especial de solvencia reconocerán y
valorarán los impuestos diferidos correspondientes a todos los activos y pasi-
vos que se reconozcan a efectos fiscales o de solvencia, incluidas las provisio-
nes técnicas. 2. Sin perjuicio de lo dispuesto en el apartado anterior, las citadas
entidades valorarán los impuestos diferidos, distintos de las bases imponibles
negativas de ejercicios anteriores, como la diferencia entre los valores asig-
nados a los activos y pasivos, de conformidad con lo establecido en el artículo
147 del Real Decreto 1060/2015, de 20 de noviembre, y en esta circular, y los
valores asignados a los activos y pasivos según se reconozcan y valoren a efec-
tos fiscales. 3. Sólo se reconocerán activos por impuestos diferidos cuando sea
probable que vayan a existir bases imponibles futuras con las cuales pueda
compensarse el activo por impuesto diferido a reconocer.
Artículo 4. Valoración de determinadas inversiones en entidades de crédito o
aseguradoras. 1. Los depósitos en entidades de crédito, los valores o derechos
mobiliarios de entidades de crédito o aseguradoras, así como los créditos con-
cedidos, avalados o garantizados por entidades de crédito o aseguradoras, se
valorarán de acuerdo con las normas establecidas en el artículo 68 de la Ley
20/2015, de 14 de julio. 2. Cuando el valor conjunto de todas las inversiones
mencionadas en el apartado anterior, excluidas las acciones, en una misma en-
tidad de crédito o aseguradora, o en entidades de su mismo grupo, exceda del
40 por ciento del valor total de los activos, a los efectos de determinación de los
fondos propios, se reducirá su valor en un 12 por ciento de dicho exceso (...)».

Artículo 18. Junta consultiva de Seguros y Fondos de Pensiones. 1. La Junta Consultiva de Seguros y Fondos de Pensiones es el órgano colegiado administrativo asesor del Ministerio de Economía y Competitividad en los asuntos concernientes a la regulación y supervisión de los seguros privados, del reaseguro, de los planes y fondos de pensiones y de la mediación en seguros y reaseguros.

2. Corresponde a la Junta Consultiva de Seguros y Fondos de Pensiones:

a) Informar los proyectos de disposiciones de carácter general sobre materias directamente relacionadas con los seguros privados, reaseguro, planes y fondos de pensiones y la mediación en seguros y reaseguros con el objeto de hacer efectivo el principio de audiencia de los sectores afectados en el procedimiento de elaboración de tales disposiciones. El informe que emita no será vinculante.

b) Realizar los estudios e informes que le sean solicitados por su presidente.

c) Formular recomendaciones generales o de carácter particular en las materias señaladas en la letra a) y en relación con los seguros obligatorios.

3. La Junta Consultiva de Seguros y Fondos de Pensiones será presidida por el Director General de Seguros y Fondos de Pensiones y de ella formarán parte, como vocales, representantes de la Administración General del Estado, asegurados y usuarios, partícipes de planes de pensiones, entidades aseguradoras, entidades gestoras de fondos de pensiones, mediadores de seguros, organizaciones sindicales y empresariales, corporaciones de prestigio relacionadas con el seguro privado, actuarios, peritos de seguros y comisarios de averías, en la forma y con la composición que reglamentariamente se determine.

Además, el presidente podrá solicitar la asistencia de otras personas o entidades en condición de expertos, según la naturaleza de los asuntos que vayan a tratarse.

4. La Junta Consultiva de Seguros y Fondos de Pensiones será convocada en los supuestos en que la ley prevé que se le consulte y cuando así lo decida su presidente.

5. En defecto de las normas contenidas en esta Ley y en su reglamento de desarrollo, así como de otras que pudieran establecerse para complementar su régimen y funcionamiento, la Junta Consultiva de Seguros y Fondos de Pensiones se regirá por las normas sobre funcionamiento de los órganos colegiados previstas en la Ley 30/1992, de 26 de noviembre, de Régimen Jurídico de las Administraciones Públicas y del Procedimiento Administrativo Común, y por

las demás disposiciones de derecho administrativo común aplicables a este tipo de órganos.

– La Ley 30/1992, de 26 de noviembre, de Régimen Jurídico de las Administraciones Públicas y del Procedimiento Administrativo Común, estuvo vigente hasta el 2 de octubre de 2016, fecha en la que entró en vigor la **Ley 39/2015, de 1 de octubre, del Procedimiento Administrativo Común de las Administraciones Públicas.**

– El **Real Decreto 63/2022, de 25 de enero, por el que se modifica el Real Decreto 1060/2015, de 20 de noviembre, de ordenación, supervisión y solvencia de las entidades aseguradoras y reaseguradoras, para la actualización de la composición de la Junta Consultiva de Seguros y Fondos de Pensiones,** en la parte expositiva indica que *la Junta Consultiva de Seguros y Fondos de Pensiones es el órgano colegiado administrativo asesor del Ministerio de Asuntos Económicos y Transformación Digital en los asuntos concernientes a la regulación y supervisión de los seguros privados, del reaseguro, de los planes y fondos de pensiones y de la mediación en seguros y reaseguros. Su regulación se encuentra en el artículo 18 de la Ley 20/2015, de 14 de julio, de ordenación, supervisión y solvencia de las entidades aseguradoras y reaseguradoras, desarrollándose posteriormente su composición, funcionamiento y funciones en el artículo 3 del Real Decreto 1060/2015, de 20 de noviembre, de ordenación, supervisión y solvencia de las entidades aseguradoras y reaseguradoras. Asimismo, el artículo 7 del Real Decreto 403/2020, de 25 de febrero, por el que se desarrolla la estructura orgánica básica del Ministerio de Asuntos Económicos y Transformación Digital, establece que la Junta Consultiva de Seguros y Fondos de Pensiones depende de la persona titular de la Dirección General de Seguros y Fondos de Pensiones. Mediante este real decreto se pretende modificar el artículo 3 del Real Decreto 1060/2015, de 20 de noviembre, tanto en lo concerniente a la composición de la Junta Consultiva de Seguros y Fondos de Pensiones, como para adaptar la terminología empleada a un lenguaje más inclusivo en consonancia con los artículos 14 y 54 de la Ley Orgánica 3/2007, de 22 de marzo, para la igualdad efectiva de mujeres y hombres, que señalan que serán criterios generales de actuación de los poderes públicos la implantación de un lenguaje no sexista en el ámbito administrativo. La modificación de la composición, regulada en el apartado 6 del artículo 3 del Real Decreto 1060/2015, de 20 de noviembre, encuentra su motivación en la necesidad de adaptar la misma a la distribución de competencias entre ministerios, en línea con el Real Decreto 2/2020, de 12 de enero, por el que se reestructuran los departamentos ministeriales. En este sentido se crea una nueva vocalía a propuesta del Ministerio de Inclusión, Seguridad Social y Migraciones, al corresponderle, de acuerdo con el artículo 22 del Real Decreto 2/2020, de 12 de enero, la propuesta y* *ejecución de la política del Gobierno en materia de Seguridad Social y Clases Pasivas, respecto a la previsión social complementaria en el ámbito laboral. En relación con las asociaciones e instituciones más representativas, se sustituye la referencia a los mediadores de seguros titulados por otra a la mediación de seguros, en concordancia con el Real Decreto-ley 3/2020, de 4 de febrero, de medidas urgentes por el que se incorporan al ordenamiento jurídico español diversas directivas de la Unión Europea en el ámbito de la contratación pública en determinados sectores; de seguros privados; de planes y fondos de pensiones; del ámbito tributario y de litigios fiscales, y el Real Decreto 287/2021, de 20 de abril, sobre formación y remisión de la información estadístico-contable de los distribuidores de seguros y reaseguros, donde se transpuso la Directiva (UE) 2016/97, del Parlamento Europeo y del Consejo, de 20 de enero de 2016, sobre la distribución de seguros. En relación con la vocalía propuesta por el Ministerio de Justicia, en coherencia con lo establecido para los representantes de la Dirección General de Seguros y Fondos de Pensiones, se establece que ha de tener el rango de subdirector o subdirectora general, o asimilado. Por último, dado que la normativa aseguradora también afecta al derecho civil, se incluye que el catedrático o catedrática de universidad que será propuesto por el ministerio con competencias en materia de universidades pueda pertenecer tanto al ámbito del derecho mercantil como al civil (...).*

CAPÍTULO II. COMPETENCIAS DE LAS COMUNIDADES AUTÓNOMAS

Artículo 19. Distribución de competencias. 1. Las Comunidades Autónomas que con arreglo a sus Estatutos de Autonomía hayan asumido competencias en la ordenación de entidades aseguradoras y reaseguradoras, las tendrán con respecto de aquellas entidades, cuyo domicilio social, ámbito de operaciones y localización de los riesgos, en el caso de seguros distintos del de vida, o asunción de los compromisos, en el supuesto de seguros de vida, se circunscriban al territorio de la respectiva Comunidad Autónoma, con arreglo a los siguientes criterios:

a) En el ámbito de competencias normativas, les corresponde el desarrollo legislativo de las bases de la ordenación y supervisión, de entidades aseguradoras y reaseguradoras contenidas en esta Ley y en las disposiciones reglamentarias básicas que la complementen. En cuanto a las cooperativas de seguro y mutualidades de previsión social, tendrán, además, competencia exclusiva en la regulación de su organización y funcionamiento.

b) En el ámbito de competencias de ejecución les corresponden las de ordenación y supervisión, de entidades aseguradoras y reaseguradoras que se otorgan a la Administración General del Estado en esta Ley, excepto las competencias de otorgamiento de la autorización administrativa para el ejercicio de la actividad aseguradora y su revocación, que quedarán en todo caso reservadas al Estado, que comunicará, en su caso, a la respectiva Comunidad Autónoma. Las referencias que en esta Ley se contienen al Ministerio de Economía y Competitividad y a la Dirección General de Seguros y Fondos de Pensiones, se entenderán hechas al órgano autonómico competente, con excepción de las que se refieren a entidades españolas que actúen en el ámbito de la Unión Europea o entidades europeas que operen en España.

También corresponde a las Comunidades Autónomas la autorización del acceso a la actividad aseguradora a las cooperativas de seguro y mutualidades de previsión social así como su revocación, previo informe de la Dirección General de Seguros y Fondos de Pensiones en ambos casos. El transcurso del plazo máximo legal para resolver el procedimiento de autorización o revocación quedará suspendido desde la solicitud hasta la recepción del citado informe. Este plazo de suspensión no podrá exceder en ningún caso de tres meses. La Comunidad Autónoma comunicará a la citada Dirección General cada autorización que conceda, así como su revocación.

2. Las Comunidades Autónomas que con arreglo a sus Estatutos de Autonomía hayan asumido competencias en materia de ordenación y supervisión de entidades aseguradoras las tendrán sobre las agencias de suscripción que actúen exclusivamente por cuenta de éstas.

3. A estos efectos, los órganos competentes de las Comunidades Autónomas remitirán, cuando sea solicitada por la Dirección General de Seguros y Fondos de Pensiones y, en todo caso, anualmente, la información y documentación de cada entidad a que se refieren los artículos 80 y 114 de esta Ley y su desarrollo reglamentario. Asimismo, las Comunidades Autónomas facilitarán a la Dirección General de Seguros y Fondos de Pensiones el acceso mediante medios electrónicos a la información relativa a sus registros administrativos de entidades aseguradoras y reaseguradoras.

4. La Dirección General de Seguros y Fondos de Pensiones y los órganos competentes de las Comunidades Autónomas mantendrán la necesaria cooperación a los efectos de homogeneizar la información documental y coordinar sus actividades de supervisión.

TÍTULO II. ACCESO A LA ACTIVIDAD ASEGURADORA Y REASEGURADORA

CAPÍTULO I. ACCESO A LA ACTIVIDAD DE LAS ENTIDADES ASEGURADORAS Y REASEGURADORAS ESPAÑOLAS

SECCIÓN 1.ª CONDICIONES DE ACCESO A LA ACTIVIDAD

Artículo 20. Autorización administrativa. 1. El acceso a las actividades definidas en el artículo 3.1 por entidades aseguradoras y reaseguradoras domiciliadas en España estará supeditado a la previa obtención de autorización administrativa del Ministro de Economía y Competitividad.

2. También será precisa autorización administrativa en los siguientes supuestos:

a) para extender la actividad de una entidad aseguradora a otros ramos distintos de los autorizados.

b) para la ampliación de una autorización de una entidad aseguradora que comprenda sólo una parte de los riesgos incluidos en un ramo.

c) para permitir a una entidad aseguradora ejercer su actividad en un territorio de ámbito superior al inicialmente autorizado.

d) para la ampliación del ámbito territorial de actuación o de la actividad desarrollada por una entidad reaseguradora.

3. La solicitud de autorización se presentará en la Dirección General de Seguros y Fondos de Pensiones y deberá ir acompañada de los documentos acreditativos del cumplimiento de los requisitos a que se refiere el artículo 22 de esta Ley y su reglamento de desarrollo. El plazo máximo para resolver el procedimiento de autorización y notificar la resolución es de seis meses. Transcurrido este plazo sin haberse notificado resolución expresa, se entenderá desestimada la solicitud presentada.

4. La autorización otorgada por el Ministro de Economía y Competitividad será válida en toda la Unión Europea sin perjuicio de lo establecido en artículo 21.1.

5. La autorización determinará la inscripción en el registro administrativo regulado en el artículo 40.

6. Toda autorización concedida a una entidad aseguradora o reaseguradora para actuar en todo el territorio nacional será comunicada por la Dirección General de Seguros y Fondos de Pensiones a la Autoridad Europea de Seguros y Pensiones de Jubilación con el fin de que dicha autoridad incluya su deno-

minación social en la lista pública de entidades aseguradoras y reaseguradoras autorizadas y de que mantenga actualizada dicha lista.

Artículo 21. Alcance de la autorización. 1. La autorización a las entidades aseguradoras se concederá por ramos, conforme a la clasificación establecida en el anexo de esta Ley. Abarcará el ramo completo y la cobertura de los riesgos accesorios o complementarios de aquél, según proceda.

La autorización permitirá a la entidad aseguradora ejercer actividades en régimen de derecho de establecimiento o en régimen de libre prestación de servicios en la Unión Europea, salvo que el solicitante sólo desee cubrir una parte de los riesgos correspondientes al ramo autorizado, ejercer su actividad en un territorio de ámbito menor al del territorio nacional, o realizar operaciones comprendidas en el artículo 46.2.

Las entidades aseguradoras así autorizadas podrán aceptar operaciones de reaseguro en los mismos ramos que comprenda la autorización.

2. La autorización a las entidades reaseguradoras se concederá para actividades de reaseguro de vida, actividades de reaseguro distinto del de vida, o para todo tipo de actividades de reaseguro y permitirá a la entidad reaseguradora ejercer en régimen de derecho de establecimiento o en régimen de libre prestación de servicios en la Unión Europea.

La actividad reaseguradora se ejercerá con total separación respecto de los tomadores de seguro y de los asegurados.

SECCIÓN 2.ª REQUISITOS PARA LA OBTENCIÓN DE AUTORIZACIÓN

Artículo 22. Requisitos generales de la autorización de entidades aseguradoras y reaseguradoras. Serán requisitos necesarios para que las entidades aseguradoras y reaseguradoras domiciliadas en España obtengan y conserven la autorización administrativa los siguientes:

1. Adoptar una de las formas jurídicas previstas en esta Ley.
2. Limitar su objeto social a la actividad aseguradora y reaseguradora.
3. Presentar y atenerse a un programa de actividades.
4. Disponer del capital social o fondo mutual mínimo y de los fondos propios básicos admisibles para cubrir el mínimo absoluto del capital mínimo obligatorio.

5. Mantener fondos propios básicos admisibles para cubrir en todo momento el capital mínimo obligatorio así como fondos propios admisibles para cubrir el capital de solvencia obligatorio.

6. Indicar las aportaciones y participaciones en el capital social o fondo mutual de todos los socios. Deberá hacerse constar expresamente qué socios tienen el control y qué socios tienen la condición de entidad aseguradora, entidad de crédito o empresa de servicios de inversión, así como, en su caso, las participaciones, independientemente de su cuantía, de las que sea titular cualquier socio en una entidad aseguradora, una entidad de crédito o una empresa de servicios de inversión.

7. Informar sobre la existencia de vínculos estrechos con otras personas o entidades.

8. Que quienes, bajo cualquier título, ejerzan la dirección efectiva de la entidad o desempeñen las funciones que integran su sistema de gobierno, sean personas que cumplan las exigencias de honorabilidad y las condiciones necesarias de cualificación y experiencia profesionales a las que se refiere el artículo 38.

9. Disponer de un sistema eficaz de gobierno que reúna los requisitos previstos en el artículo 65.

Artículo 23. Denegación de la autorización. 1. El Ministro de Economía y Competitividad denegará la autorización cuando la entidad aseguradora o reaseguradora no acredite el cumplimiento de los requisitos exigidos en el artículo 22.

2. La denegación se hará por orden ministerial que se notificará a la entidad interesada y pondrá fin a la vía administrativa.

Artículo 24. Operaciones realizadas sin autorización administrativa. 1. Serán nulos de pleno derecho los contratos de seguro celebrados y demás operaciones sometidas a esta Ley realizados por entidad no autorizada, cuya autorización administrativa haya sido revocada, o que transgredan los límites de la autorización administrativa concedida.

2. Quien hubiera contratado con ella no estará obligado a cumplir su obligación de pago de la prima y tendrá derecho a la devolución de la prima pagada, salvo que, con anterioridad, haya tenido lugar un siniestro. Si antes de tal devolución acaece un siniestro, amparado por el contrato si hubiera sido válido, la entidad que lo hubiese celebrado estará obligada a satisfacer

una indemnización cuya cuantía se fijará con arreglo a las normas que rigen el pago de la prestación conforme al contrato de seguro, sin perjuicio del deber de indemnizar los restantes daños y perjuicios que hubiera podido ocasionar.

Esta obligación será solidaria entre la entidad y quienes, desempeñando en la misma cargos de administración o dirección, hubieren autorizado o permitido la celebración de tales contratos u operaciones, todo ello sin perjuicio de la infracción administrativa en la que hubieran podido incurrir tanto la entidad como los mencionados administradores o directores.

3. La Dirección General de Seguros y Fondos de Pensiones requerirá a cualquier persona física o jurídica que, sin haber obtenido la preceptiva autorización o transgrediendo los límites de la misma, realice operaciones sometidas a esta Ley, para que cese inmediatamente en el ejercicio de dicha actividad, y acordará la publicidad que considere necesaria para información del público.

Artículo 25. Organizaciones y agrupaciones. 1. No precisarán autorización administrativa previa las organizaciones, dotadas o no de personalidad jurídica, que se creen con carácter de permanencia para la distribución de la cobertura de riesgos entre entidades aseguradoras o para la prestación de servicios comunes relacionados con su actividad, así como las agrupaciones de entidades aseguradoras a que se refiere el artículo 93, pero en uno y otro caso deberán notificarlo a la Dirección General de Seguros y Fondos de Pensiones con una antelación de un mes a la iniciación de la actividad organizada o agrupada.

2. La citada Dirección General podrá suspender las actividades a que se refiere este artículo o requerir modificaciones en éstas, cuando aprecie que no se ajustan a los preceptos de esta Ley.

Artículo 26. Consulta previa a autoridades de supervisión. Deberá ser objeto de consulta previa con la autoridad supervisora competente del correspondiente Estado miembro, la autorización de una entidad aseguradora o reaseguradora cuando se dé alguna de las siguientes circunstancias:

1. Que la nueva entidad vaya a estar controlada por una entidad aseguradora o reaseguradora, una entidad de crédito, una empresa de servicios de inversión o una sociedad gestora de instituciones de inversión colectiva o de fondos de pensiones, autorizada en otro Estado miembro.

2. Que su control vaya a ejercerse por la empresa dominante de una entidad aseguradora o reaseguradora, de una entidad de crédito, de una empresa

de servicios de inversión o una sociedad gestora de instituciones de inversión colectiva o de fondos de pensiones, autorizada en otro Estado miembro.

3. Que su control vaya a ejercerse por las mismas personas físicas o jurídicas que controlen una entidad aseguradora o reaseguradora, una entidad de crédito, una empresa de servicios de inversión o una sociedad gestora de instituciones de inversión colectiva o de fondos de pensiones, autorizada en otro Estado miembro.

Esa consulta alcanzará, en especial, a la evaluación de la idoneidad de los socios y a la honorabilidad, cualificación y experiencia de quienes, bajo cualquier título, ejerzan la dirección efectiva y de quienes desempeñen las funciones que integran el sistema de gobierno de la nueva entidad o de la entidad dominante, y podrá reiterarse para la evaluación continuada del cumplimiento de dichos requisitos por parte de las entidades aseguradoras españolas.

Artículo 27. Naturaleza, forma y denominación de las entidades aseguradoras y reaseguradoras. 1. La actividad aseguradora únicamente podrá ser realizada por entidades privadas que adopten alguna de las siguientes formas:

a) sociedad anónima,

b) sociedad anónima europea,

c) mutua de seguros,

d) sociedad cooperativa,

e) sociedad cooperativa europea,

f) mutualidad de previsión social.

Las mutuas de seguros, las sociedades cooperativas y las mutualidades de previsión social únicamente podrán operar a prima fija.

2. Las entidades reaseguradoras deberán adoptar la forma jurídica de sociedad anónima o sociedad anónima europea.

3. También podrán realizar la actividad aseguradora y reaseguradora las entidades que adopten cualquier forma de derecho público, siempre que tengan por objeto la realización de operaciones de seguro o reaseguro en condiciones equivalentes a las de las entidades aseguradoras o reaseguradoras privadas.

Las entidades a que se refiere el párrafo anterior se ajustarán a lo dispuesto en esta Ley, en defecto de reglas especiales contenidas en su normativa específica, y quedarán sometidas también, en el ejercicio de su actividad aseguradora, a la legislación del contrato de seguro y a la competencia de los tribunales del orden civil.

Artículo 28. Constitución. Las entidades aseguradoras y reaseguradoras se constituirán mediante escritura pública, que deberá ser inscrita en el Registro Mercantil. Con dicha inscripción adquirirán su personalidad jurídica las sociedades anónimas, mutuas de seguros y mutualidades de previsión social. Las cooperativas de seguros adquirirán la personalidad jurídica de acuerdo con su normativa específica.

Artículo 29. Denominación. En la denominación social de las entidades aseguradoras y reaseguradoras se incluirán las palabras «seguros» o «reaseguros», o ambas a la vez, conforme a su objeto social, que quedan reservadas en exclusiva para dichas entidades. También quedan reservadas las expresiones «mutuas de seguros», «cooperativas de seguros» y «mutualidades de previsión social», que deberán ser incluidas en su denominación por las entidades de esa naturaleza.

Artículo 30. Domicilio social. 1. El domicilio social de las entidades aseguradoras y reaseguradoras deberá situarse dentro del territorio español, cuando se halle en España el centro de su efectiva administración y dirección, o su principal establecimiento o explotación.

2. El traslado del domicilio social de una entidad aseguradora o reaseguradora domiciliada en España al extranjero deberá ser autorizado por el Ministro de Economía y Competitividad, previa publicación del acuerdo de traslado de domicilio y el transcurso de un mes desde la publicación del último anuncio advirtiendo a los tomadores de su derecho a comunicar a la Dirección General de Seguros y Fondos de Pensiones las razones que, en su caso, pudieran tener para estar disconformes con el traslado. No obstante, podrá prescindirse de dicha información pública cuando se deniegue la autorización por no reunir los requisitos legalmente exigibles.

3. El traslado del domicilio social de una entidad aseguradora al extranjero deberá ser objeto de notificación individual a los tomadores de seguro. En la notificación individual deberá informarse sobre la autoridad supervisora a la que quedará sometida la entidad aseguradora una vez realizado el traslado del domicilio social y sobre el derecho de los tomadores a resolver los contratos de seguro.

4. Reglamentariamente se regulará el procedimiento de traslado de domicilio previsto en los apartados anteriores.

5. En el supuesto de traslado a España del domicilio social de una entidad aseguradora o reaseguradora domiciliada en el extranjero, resultará de aplicación lo dispuesto en el artículo 20.

Artículo 31. Objeto social. 1. El objeto social de las entidades aseguradoras será exclusivamente la práctica de las operaciones de seguro y demás actividades definidas en el artículo 3.

2. El objeto social de las entidades aseguradoras que pretendan operar en cualquier modalidad del ramo de vida será la realización de operaciones de dicho ramo únicamente y la cobertura de riesgos complementarios del ramo de vida. Además, previa obtención de la pertinente autorización administrativa, podrán realizar operaciones en los ramos 1 (accidentes) y 2 (enfermedad), contemplados en el anexo A).a) de esta Ley, sin someterse, en este caso, a las limitaciones y requisitos exigibles a la cobertura de riesgos complementarios.

3. El objeto social de las entidades aseguradoras que pretendan operar en cualquiera de los ramos del seguro directo distinto del de vida no podrá comprender la realización de operaciones del ramo de vida. No obstante, si sólo están autorizadas para los riesgos comprendidos en los ramos 1 (accidentes) y 2 (enfermedad), contemplados en el anexo A).a) de esta Ley, podrán operar en el ramo de vida, si obtienen la pertinente autorización administrativa.

4. El objeto social de las entidades reaseguradoras será exclusivamente la actividad de reaseguro y operaciones conexas. Se entenderá por operaciones conexas la realización de estudios estadísticos o actuariales, análisis de riesgos o investigaciones para sus clientes, así como cualquier otra actividad relacionada o derivada de la actividad reaseguradora. Podrán considerarse también incluidas en el objeto social de las entidades reaseguradoras, funciones de sociedad de cartera y las actividades relacionadas con el sector financiero.

Artículo 32. Programa de actividades. El programa de actividades es el documento que recoge el plan estratégico del proyecto empresarial y deberá contener indicaciones o justificaciones completas y adecuadas relativas a todos aquellos requisitos, previsiones, estimaciones y condiciones o políticas que se determinen reglamentariamente.

Artículo 33. Capital social. 1. Las sociedades anónimas y cooperativas de seguros deberán tener los siguientes capitales sociales mínimos cuando pretendan operar en los ramos que a continuación se enumeran:

a) 9.015.000 euros en los ramos de vida, caución, crédito, cualquiera de los que cubran el riesgo de responsabilidad civil y en la actividad exclusivamente reaseguradora.

b) 2.103.000 euros en los ramos de accidentes, enfermedad, defensa jurídica, asistencia y decesos.

En el caso de entidades aseguradoras que únicamente practiquen el seguro de enfermedad otorgando prestaciones de asistencia sanitaria y limiten su actividad a un ámbito territorial con menos de dos millones de habitantes, será suficiente la mitad del capital o fondo mutual previsto en el párrafo anterior.

c) 3.005.000 euros, en los restantes.

2. El capital social mínimo de las sociedades anónimas estará totalmente suscrito y desembolsado al menos en un cincuenta por ciento. Los desembolsos de capital por encima del mínimo se ajustarán a la legislación mercantil general.

En todo caso, el capital estará representado por títulos nominativos o anotaciones en cuenta nominativas.

3. Las entidades que ejerzan su actividad en varios ramos de seguro directo distintos del de vida deberán tener el capital social correspondiente al ramo para el que se exija mayor cuantía.

Si, con arreglo al artículo 31.2 o 3 ejercen actividad también en el ramo de vida, el capital social será el correspondiente a la suma de los requeridos para el ramo de vida y para uno de los ramos distintos al de vida de los que operen.

Artículo 34. Fondo mutual. 1. Las mutuas de seguros deberán acreditar fondos mutuales permanentes, aportados por sus mutualistas o constituidos con excedentes de los ejercicios sociales, cuyas cuantías mínimas, según los ramos en que pretendan operar, serán las señaladas como capital social desembolsado de las sociedades anónimas.

No obstante, para las mutuas con régimen de derrama pasiva se requerirán las tres cuartas partes de dicha cuantía.

2. Las mutualidades de previsión social que hayan obtenido la autorización administrativa para operar por ramos deberán acreditar un fondo mutual cuya cuantía mínima será la que corresponda entre las señaladas como capital social desembolsado de las sociedades anónimas en el artículo 33.1, sin perjuicio de lo dispuesto en el artículo 45.2.c) para las mutualidades que operen por ramos y continúen realizando operaciones de seguro del artículo 44.1.

3. El resto de mutualidades de previsión social deberán acreditar un fondo mutual de 30.050,61 euros. Asimismo, formarán con su patrimonio un fondo de maniobra que les permita pagar los siniestros y gastos sin esperar al cobro de las derramas.

4. Cuando las mutuas de seguros y las mutualidades de previsión social que operen por ramos, ejerzan su actividad en varios ramos de seguro les será de aplicación lo indicado en el artículo 33.3, entendiéndose hechas al fondo mutual las referencias al capital social.

5. El fondo mutual ha de estar siempre íntegramente suscrito y desembolsado.

Artículo 35. Limitaciones al reparto de dividendos, derramas o cualquier tipo de retribución vinculada al capital social. Las entidades aseguradoras y reaseguradoras no podrán distribuir dividendos, derramas o cualquier otro tipo de retribución vinculada al capital social desembolsado, a la prima de emisión, al fondo mutual desembolsado o a cualesquiera otros elementos de capital equivalente de los fondos propios básicos para mutuas o mutualidades, en las siguientes circunstancias:

a) en caso que no se alcance el capital de solvencia obligatorio o el capital mínimo obligatorio o,

b) si el reparto de estos dividendos, derramas u otras retribuciones vinculadas a estos elementos de capital pudiera derivar en un incumplimiento del capital de solvencia obligatorio o del capital mínimo obligatorio.

Artículo 36. Socios. Las personas físicas o jurídicas que, directa o indirectamente, participen en la entidad aseguradora o reaseguradora mediante una participación significativa en ella deberán ser idóneas para que la gestión de ésta sea sana y prudente, de conformidad con lo dispuesto reglamentariamente.

> – Orden ECC/664/2016, de 27 de abril, por la que se aprueba la lista de información a remitir en supuestos de adquisición o incremento de participaciones significativas en entidades aseguradoras y reaseguradoras y por quienes pretendan desempeñar cargos de dirección efectiva o funciones que integran el sistema de gobierno en entidades aseguradoras, reaseguradoras y en los grupos de entidades aseguradoras y reaseguradoras.

Artículo 37. Vínculos estrechos. Los vínculos estrechos entre la entidad aseguradora o reaseguradora y otras personas físicas o jurídicas, en caso de existir, no podrán obstaculizar el adecuado ejercicio de la supervisión de la entidad.

Las disposiciones de un tercer país ajeno a la Unión Europea que regulen a una o varias de las personas con las que la entidad aseguradora o reaseguradora mantenga vínculos estrechos, o la aplicación de dichas disposiciones, tampoco podrán obstaculizar el adecuado ejercicio de la supervisión de la entidad.

Artículo 38. Honorabilidad y aptitud de quienes ejerzan la dirección efectiva o desempeñen funciones que integran el sistema de gobierno de la entidad. 1. Las entidades aseguradoras y reaseguradoras y las entidades dominantes de grupos de entidades aseguradoras garantizarán que todas las personas que ejerzan la dirección efectiva, bajo cualquier título, y quienes desempeñen las funciones que integran el sistema de gobierno cumplan en todo momento los siguientes requisitos:

a) Ser personas de reconocida honorabilidad comercial y profesional.

b) Poseer conocimientos y experiencia adecuados para hacer posible la gestión sana y prudente de la entidad.

2. Se entenderá que ejercen la dirección efectiva de una entidad aseguradora o reaseguradora quienes ostenten cargos de administración o dirección, considerándose como tales:

a) Los administradores o miembros de los órganos colegiados de administración. Podrán desempeñar cargos de administración las personas jurídicas, pero, en este caso, deberán designar en su representación a una persona física que reúna igualmente los requisitos anteriores citados.

b) Los directores generales y asimilados, entendiendo por tales todas aquellas personas que ejerzan en la entidad la alta dirección bajo la dependencia directa de su órgano de administración, de comisiones ejecutivas o de consejeros delegados de aquel.

3. Las entidades aseguradoras y reaseguradoras, así como las entidades dominantes de grupos de entidades aseguradoras, comunicarán a la Dirección General de Seguros y Fondos de Pensiones el nombramiento así como todo cambio en la identidad de las personas que ejerzan la dirección efectiva de la entidad o del grupo, bajo cualquier título, y quienes desempeñen las funciones que integren el sistema de gobierno de la entidad, junto con toda la información necesaria para evaluar si las personas que, en su caso, se hayan nombra-

do, cumplen las exigencias de honorabilidad y aptitud. Igualmente informarán a la Dirección General de Seguros y Fondos de Pensiones cuando alguna de las personas contempladas en los apartados anteriores haya sido sustituida por no cumplir ya los requisitos de honorabilidad y aptitud. Dichas comunicaciones se realizarán en un plazo máximo de quince días hábiles a contar desde el momento del nombramiento.

4. Reglamentariamente se determinarán los supuestos en los que se entiende que se cumplen los requisitos de honorabilidad y aptitud de quienes llevan la dirección efectiva o desempeñan funciones que integran el sistema de gobierno de las entidades, así como los requisitos de información que deberá ser remitida a la Dirección General de Seguros y Fondos de Pensiones a efectos de evaluar su cumplimiento.

5. En caso de incumplimiento de los requisitos de honorabilidad o aptitud, la persona titular del Ministerio de Economía, Comercio y Empresa podrá revocar la autorización, de modo excepcional, de acuerdo con lo previsto en el artículo 169.

Sin perjuicio de lo anterior, la Dirección General de Seguros y Fondos de Pensiones podrá requerir la suspensión temporal o cese definitivo en el cargo de quienes ejerzan la dirección efectiva o desempeñen las funciones que integren el sistema de gobierno de la entidad, o la subsanación de las deficiencias identificadas, en caso de incumplimiento de los requisitos de honorabilidad y aptitud.

En el supuesto de que la entidad no procediese a la ejecución del anterior requerimiento en el plazo señalado por la Dirección General de Seguros y Fondos de Pensiones, esta podrá acordar la suspensión temporal o el cese definitivo en el cargo de la persona afectada por el incumplimiento.

> – El apartado quinto se añade por la **Ley 5/2025, de 24 de julio, por la que se modifican el texto refundido de la Ley sobre responsabilidad civil y seguro en la circulación de vehículos a motor, aprobado por el Real Decreto Legislativo 8/2004, de 29 de octubre, y la Ley 20/2015, de 14 de julio, de ordenación, supervisión y solvencia de las entidades aseguradoras y reaseguradoras.**

Artículo 39. Responsabilidad y deberes de los órganos de administración o dirección de las entidades aseguradoras o reaseguradoras. 1. El órgano de administración de la entidad aseguradora o reaseguradora asumirá la responsabilidad del cumplimiento, por parte de ésta, de las disposiciones contenidas en esta Ley y de las demás normas reguladoras de los seguros privados.

2. Será de aplicación a los miembros del órgano de administración de las entidades aseguradoras, cualquiera que sea su forma jurídica, lo dispuesto sobre los deberes de los administradores en el capítulo III del título VI del texto refundido de la Ley de Sociedades de Capital, aprobado por el Real Decreto Legislativo 1/2010, de 2 de julio.

3. Los cargos de dirección asumirán la responsabilidad derivada del cumplimiento de las funciones que tengan atribuidas de acuerdo con la estructura organizativa de la entidad y de las funciones que les hayan sido delegadas por el órgano de administración.

– Los artículos 225 a 232 del **texto refundido de la Ley de Sociedades de Capital, aprobado por el Real Decreto Legislativo 1/2010, de 2 de julio**, establecen:

«Artículo 225. Deber general de diligencia. 1. Los administradores deberán desempeñar el cargo y cumplir los deberes impuestos por las leyes y los estatutos con la diligencia de un ordenado empresario, teniendo en cuenta la naturaleza del cargo y las funciones atribuidas a cada uno de ellos; y subordinar, en todo caso, su interés particular al interés de la empresa. 2. Los administradores deberán tener la dedicación adecuada y adoptarán las medidas precisas para la buena dirección y el control de la sociedad. 3. En el desempeño de sus funciones, el administrador tiene el deber de exigir y el derecho de recabar de la sociedad la información adecuada y necesaria que le sirva para el cumplimiento de sus obligaciones».

«Artículo 226. Protección de la discrecionalidad empresarial. 1. En el ámbito de las decisiones estratégicas y de negocio, sujetas a la discrecionalidad empresarial, el estándar de diligencia de un ordenado empresario se entenderá cumplido cuando el administrador haya actuado de buena fe, sin interés personal en el asunto objeto de decisión, con información suficiente y con arreglo a un procedimiento de decisión adecuado. 2. No se entenderán incluidas dentro del ámbito de discrecionalidad empresarial aquellas decisiones que afecten personalmente a otros administradores y personas vinculadas y, en particular, aquellas que tengan por objeto autorizar las operaciones previstas en el artículo 230».

«Artículo 227. Deber de lealtad. 1. Los administradores deberán desempeñar el cargo con la lealtad de un fiel representante, obrando de buena fe y en el mejor interés de la sociedad. 2. La infracción del deber de lealtad determinará no solo la obligación de indemnizar el daño causado al patrimonio social, sino también la de devolver a la sociedad el enriquecimiento injusto obtenido por el administrador».

«Artículo 228. Obligaciones básicas derivadas del deber de lealtad. En particular, el deber de lealtad obliga al administrador a: a) No ejercitar sus facultades con fines distintos de aquéllos para los que le han sido concedidas. b) Guardar secreto sobre las informaciones, datos, informes o antecedentes a los que haya tenido acceso en el desempeño de su cargo, incluso cuando haya cesado en él, salvo en los casos en que la ley lo permita o requiera. c) Abstenerse de participar en la deliberación y votación de acuerdos o decisiones en las que él o una persona vinculada tenga un conflicto de intereses, directo o indirecto. Se excluirán de la anterior obligación de abstención los acuerdos o decisiones que le afecten en su condición de administrador, tales como su designación o revocación para cargos en el órgano de administración u otros de análogo significado. d) Desempeñar sus funciones bajo el principio de responsabilidad personal con libertad de criterio o juicio e independencia respecto de instrucciones y vinculaciones de terceros. e) Adoptar las medidas necesarias para evitar incurrir en situaciones en las que sus intereses, sean por cuenta propia o ajena, puedan entrar en conflicto con el interés social y con sus deberes para con la sociedad».

«Artículo 229. Deber de evitar situaciones de conflicto de interés. 1. En particular, el deber de evitar situaciones de conflicto de interés a que se refiere la letra e) del artículo 228 anterior obliga al administrador a abstenerse de: a) Realizar transacciones con la sociedad, excepto que se trate de operaciones ordinarias, hechas en condiciones estándar para los clientes y de escasa relevancia, entendiendo por tales aquéllas cuya información no sea necesaria para expresar la imagen fiel del patrimonio, de la situación financiera y de los resultados de la entidad. b) Utilizar el nombre de la sociedad o invocar su condición de administrador para influir indebidamente en la realización de operaciones privadas. c) Hacer uso de los activos sociales, incluida la información confidencial de la compañía, con fines privados. d) Aprovecharse de las oportunidades de negocio de la sociedad. e) Obtener ventajas o remuneraciones de terceros distintos de la sociedad y su grupo asociadas al desempeño de su cargo, salvo que se trate de atenciones de mera cortesía. f) Desarrollar actividades por cuenta propia o cuenta ajena que entrañen una competencia efectiva, sea actual o potencial, con la sociedad o que, de cualquier otro modo, le sitúen en un conflicto permanente con los intereses de la sociedad. 2. Las previsiones anteriores serán de aplicación también en el caso de que el beneficiario de los actos o de las actividades prohibidas sea una persona vinculada al administrador. 3. En todo caso, los administradores deberán comunicar a los demás administradores y, en su caso, al consejo de administración, o, tratándose de un administrador único, a la junta general cualquier situación de conflicto, directo o indirecto, que ellos o personas vinculadas a ellos pudieran tener con el interés de la socie-

dad. Las situaciones de conflicto de interés en que incurran los administradores serán objeto de información en la memoria a que se refiere el artículo 259».
«Artículo 230. Régimen de imperatividad y dispensa. 1. El régimen relativo al deber de lealtad y a la responsabilidad por su infracción es imperativo. No serán válidas las disposiciones estatutarias que lo limiten o sean contrarias al mismo. 2. No obstante lo dispuesto en el apartado precedente, la sociedad podrá dispensar las prohibiciones contenidas en el artículo anterior en casos singulares autorizando la realización por parte de un administrador o una persona vinculada de una determinada transacción con la sociedad, el uso de ciertos activos sociales, el aprovechamiento de una concreta oportunidad de negocio, la obtención de una ventaja o remuneración de un tercero. La autorización deberá ser necesariamente acordada por la junta general cuando tenga por objeto la dispensa de la prohibición de obtener una ventaja o remuneración de terceros, o afecte a una transacción cuyo valor sea superior al diez por ciento de los activos sociales. En las sociedades de responsabilidad limitada, también deberá otorgarse por la junta general la autorización cuando se refiera a la prestación de cualquier clase de asistencia financiera, incluidas garantías de la sociedad a favor del administrador o cuando se dirija al establecimiento con la sociedad de una relación de servicios u obra. En los demás casos, la autorización también podrá ser otorgada por el órgano de administración siempre que quede garantizada la independencia de los miembros que la conceden respecto del administrador dispensado. Además, será preciso asegurar la inocuidad de la operación autorizada para el patrimonio social o, en su caso, su realización en condiciones de mercado y la transparencia del proceso. 3. La obligación de no competir con la sociedad solo podrá ser objeto de dispensa en el supuesto de que no quepa esperar daño para la sociedad o el que quepa esperar se vea compensado por los beneficios que prevén obtenerse de la dispensa. La dispensa se concederá mediante acuerdo expreso y separado de la junta general. En todo caso, a instancia de cualquier socio, la junta general resolverá sobre el cese del administrador que desarrolle actividades competitivas cuando el riesgo de perjuicio para la sociedad haya devenido relevante».
«Artículo 231. Personas vinculadas a los administradores. 1. A efectos de los artículos anteriores, tendrán la consideración de personas vinculadas a los administradores: a) El cónyuge del administrador o las personas con análoga relación de afectividad. b) Los ascendientes, descendientes y hermanos del administrador o del cónyuge del administrador. c) Los cónyuges de los ascendientes, de los descendientes y de los hermanos del administrador. d) Las sociedades o entidades en las cuales el administrador posee directa o indirectamente, incluso por persona interpuesta, una participación que le otorgue una influencia significativa o desempeña en ellas o en su sociedad dominante un puesto en el órgano de administración o en la alta dirección. A estos efectos, se presume

que otorga influencia significativa cualquier participación igual o superior al 10% del capital social o de los derechos de voto o en atención a la cual se ha podido obtener, de hecho o de derecho, una representación en el órgano de administración de la sociedad. e) Los socios representados por el administrador en el órgano de administración. 2. Respecto del administrador persona jurídica, se entenderán que son personas vinculadas las siguientes: a) Los socios que se encuentren, respecto del administrador persona jurídica, en alguna de las situaciones contempladas en el apartado primero del artículo 42 del Código de Comercio. b) Los administradores de derecho o de hecho, los liquidadores y los apoderados con poderes generales del administrador persona jurídica. c) Las sociedades que formen parte del mismo grupo y sus socios. d) Las personas que respecto del representante del administrador persona jurídica tengan la consideración de personas vinculadas a los administradores de conformidad con lo que se establece en el apartado anterior».

«Artículo 231 bis. Operaciones intragrupo. 1. La aprobación de las operaciones que celebre la sociedad con su sociedad dominante u otras sociedades del grupo sujetas a conflicto de interés corresponderá a la junta general cuando el negocio o transacción en que consista, por su propia naturaleza, esté legalmente reservada a la competencia de este órgano y, en todo caso, cuando el importe o valor de la operación o el importe total del conjunto de operaciones previstas en un acuerdo o contrato marco sea superior al 10% del activo total de la sociedad. 2. La aprobación del resto de las operaciones que celebre la sociedad con su sociedad dominante u otras sociedades del grupo sujetas a conflicto de interés, corresponderá al órgano de administración. No obstante lo previsto en los artículos 228.c) y 230, la aprobación podrá hacerse con la participación de los administradores que estén vinculados y representen a la sociedad dominante, en cuyo caso, si la decisión o voto de tales administradores resultara decisivo para la aprobación, corresponderá a la sociedad y, en su caso, a los administradores afectados por el conflicto de interés, probar que el acuerdo es conforme con el interés social en caso de que sea impugnado y que emplearon la diligencia y lealtad debidas en caso de que se exija su responsabilidad. 3. La aprobación de operaciones que celebre la sociedad con su sociedad dominante u otras sociedades del grupo sujetas a conflicto de interés podrá ser delegada por el órgano de administración en órganos delegados o en miembros de la alta dirección siempre y cuando se trate de operaciones celebradas en el curso ordinario de la actividad empresarial, entre las que se incluirán las que resultan de la ejecución de un acuerdo o contrato marco, y concluidas en condiciones de mercado. El órgano de administración deberá implantar un procedimiento interno para la evaluación periódica del cumplimiento de los mencionados requisitos. 4. A los efectos de los apartados anteriores, no se considerarán operaciones realizadas con una sociedad del grupo sujeta a conflicto de inte-

rés aquellas realizadas con sus sociedades dependientes, salvo cuando en la sociedad dependiente fuese accionista significativo una persona con la que la sociedad no podría realizar la operación directamente sin aplicar el régimen de operaciones con partes vinculadas. No obstante, para la sociedad dependiente que esté sujeta a esta Ley, por tratarse de operaciones celebradas con la sociedad dominante, será de aplicación lo previsto en los apartados anteriores».

«Artículo 232. Acciones derivadas de la infracción del deber de lealtad. El ejercicio de la acción de responsabilidad prevista en los artículos 236 y siguientes no obsta al ejercicio de las acciones de impugnación, cesación, remoción de efectos y, en su caso, anulación de los actos y contratos celebrados por los administradores con violación de su deber de lealtad».

Artículo 40. Registro administrativo. 1. La Dirección General de Seguros y Fondos de Pensiones llevará un registro administrativo, en el que se inscribirán las siguientes entidades y personas:

a) Las entidades aseguradoras y reaseguradoras españolas, y los socios con una participación significativa en la entidad aseguradora o reaseguradora.

b) Quienes, bajo cualquier título, ejerzan la dirección efectiva de las entidades aseguradoras y reaseguradoras, de las sociedades de cartera de seguros, de las sociedades financieras mixtas de cartera, de las sociedades mixtas de cartera de seguros y de las sociedades de grupo mutual que sean cabecera de un grupo asegurador. En el caso de que sea designada una persona jurídica como miembro del órgano de administración, se inscribirá además la persona física que represente a ésta.

c) Los grupos y subgrupos supervisados por la Dirección General de Seguros y Fondos de Pensiones de acuerdo con lo previsto en el título V de esta Ley.

d) Las entidades aseguradoras de la Unión Europea que operen en España en régimen de derecho de establecimiento o libre prestación de servicios y sus apoderados o representantes, así como quienes lleven la dirección efectiva de estas sucursales y las sucursales de entidades reaseguradoras de la Unión Europea que voluntariamente lo soliciten.

e) Las sucursales de entidades aseguradoras o reaseguradoras de terceros países autorizadas en España, así como sus apoderados o representantes y las personas que lleven la dirección efectiva de estas sucursales.

f) Las organizaciones para la distribución de la cobertura de riesgos entre entidades aseguradoras o para la prestación de servicios comunes relacionados con su actividad, y sus altos cargos.

2. Reglamentariamente se determinarán los actos inscribibles y el régimen de inscripción.

3. El registro administrativo será público, garantizándose su acceso mediante el uso de medios electrónicos. Los interesados podrán acceder a los datos inscritos, teniendo en cuenta que el acceso a datos de carácter personal se regirá por lo dispuesto en la Ley 19/2013, de 9 de diciembre, de transparencia, acceso a la información pública y buen gobierno y demás leyes que resulten de aplicación.

4. Las Comunidades Autónomas que tengan competencias de ordenación y supervisión conforme al artículo 19.1 llevarán el correspondiente registro administrativo. Cada inscripción que se practique en dicho registro se comunicará de forma telemática a la Dirección General de Seguros y Fondos de Pensiones.

SECCIÓN 3.ª MUTUAS DE SEGUROS, COOPERATIVAS DE SEGUROS Y MUTUALIDADES DE PREVISIÓN SOCIAL

– El Real Decreto Legislativo 6/2004, de 29 de octubre, por el que se aprueba el texto refundido de la Ley de ordenación y supervisión de los seguros privados, ha sido derogado por la **Ley 20/2015, de 14 de julio, de ordenación, supervisión y solvencia de las entidades aseguradoras y reaseguradoras**, excepto sus artículos 9, 10 y 24 por lo que se refiere a las mutuas, mutualidades de previsión social y cooperativas de seguros; la disposición adicional sexta; la disposición adicional séptima; y la referencia contenida en la disposición derogatoria del Real Decreto Legislativo, letra a).8.ª, por la que se mantiene en vigor la disposición adicional decimoquinta de la Ley 30/1995, de 8 de noviembre, de Ordenación y Supervisión de los Seguros Privados.

– **Real Decreto 1430/2002, de 27 de diciembre, por el que se aprueba el Reglamento de mutualidades de previsión social.**

Artículo 41. Mutuas de seguros. 1. Las mutuas de seguros son sociedades mercantiles sin ánimo de lucro, que tienen por objeto la cobertura a los socios, sean personas físicas o jurídicas, de los riesgos asegurados mediante una prima fija pagadera al comienzo del período del riesgo.

2. Las mutuas podrán constituir grupos mutuales conforme a los requisitos que se establezcan reglamentariamente.

3. En los casos de disolución de la mutua y en los de transformación, fusión y escisión en que la entidad resultante de la transformación o fusión, o

beneficiaria de la escisión sea una sociedad anónima, así como en los de cesión global de activo y pasivo, los mutualistas actuales y los que lo hubiesen sido en los cinco últimos años, o con anterioridad si así lo prevén los estatutos, percibirán, al menos, la mitad del valor del patrimonio de la mutua.

Artículo 42. Cooperativas de seguros. Las cooperativas de seguros, que tienen por objeto la cobertura a los socios de los riesgos asegurados mediante una prima fija pagadera al comienzo del período del riesgo, se regirán por las siguientes disposiciones:

a) La condición de socio cooperativista será inseparable de la de tomador del seguro o de asegurado, siempre que este último sea el pagador final de la prima.

b) Salvo disposición contraria de los estatutos sociales, los cooperativistas no responderán de las deudas de la sociedad. En el caso de que, conforme a los estatutos sociales, los cooperativistas respondieran de las deudas de la sociedad, su responsabilidad se limitará a una cantidad igual al importe de la prima anual correspondiente a cada uno de ellos. La cláusula estatutaria sobre responsabilidad personal del socio cooperativista por las deudas sociales deberá figurar en las pólizas de seguro de forma destacada.

c) La inscripción en el Registro Mercantil y registro de sociedades cooperativas correspondiente deberá tener lugar con carácter previo a la autorización administrativa regulada en el artículo 20.

d) En lo demás, se regirán por las disposiciones de esta Ley, su desarrollo reglamentario, y por los preceptos del texto refundido de la Ley de Sociedades de Capital a los que se remite, así como por las disposiciones reglamentarias que la desarrollen y, supletoriamente, por la legislación de cooperativas.

Las cooperativas sometidas a ordenación y supervisión de las Comunidades Autónomas que hayan asumido competencias en materia aseguradora se regirán por las disposiciones dictadas por aquéllas, por las disposiciones de esta Ley y las normas que la desarrollen y, supletoriamente, por los preceptos del texto refundido de la Ley de Sociedades de Capital.

Artículo 43. Mutualidades de previsión social. 1. Las mutualidades de previsión social son entidades aseguradoras que ejercen una modalidad aseguradora de carácter voluntario complementaria al sistema de Seguridad Social obligatoria, mediante aportaciones de los mutualistas, personas físicas o jurídicas, o de otras entidades o personas protectoras. Aquellas mutualidades de previsión social que se encuentran reconocidas como alternativas a la Seguridad Social en la disposición adicional decimoquinta de la Ley 30/1995, de 8 de noviembre, de Ordenación y Supervisión de los Seguros Privados, ejercen además una modalidad aseguradora alternativa al alta en el Régimen Especial de la Seguridad Social de los Trabajadores por Cuenta Propia o Autónomos.

Cuando en una mutualidad de previsión social todos sus mutualistas sean empleados, sus socios protectores o promotores sean las empresas, instituciones o empresarios individuales en las cuales presten sus servicios y las prestaciones que se otorguen sean únicamente consecuencia de acuerdos de previsión entre éstas y aquellos, se entenderá que la mutualidad actúa como instrumento de previsión social empresarial.

2. Las mutualidades de previsión social deberán cumplir los siguientes requisitos:

a) Lo dispuesto para las mutuas de seguros en el artículo 41.

b) La condición de socio mutualista será inseparable de la de tomador del seguro o de asegurado, siempre que este último sea el pagador final de la prima.

c) Establecer igualdad de obligaciones y derechos para todos los mutualistas, sin perjuicio de que las aportaciones y prestaciones guarden la relación estatutariamente establecida con las circunstancias que concurran en cada uno de ellos.

d) Salvo disposición contraria en los estatutos sociales, los mutualistas no responderán de las deudas de la mutualidad. En el caso de que, conforme a lo previsto en los estatutos sociales, los mutualistas respondieran de dichas deudas, su responsabilidad se limitará a una cantidad inferior al tercio de la suma de las cuotas que hubieran satisfecho en los tres últimos ejercicios, con independencia del ejercicio corriente. La cláusula estatutaria sobre responsabilidad personal del mutualista por las deudas sociales deberá figurar en los reglamentos de prestaciones y pólizas de seguro de forma destacada.

e) La incorporación de los mutualistas a la mutualidad de previsión social será en todo caso voluntaria y requerirá una declaración individual del solicitante, o bien de carácter general derivada de acuerdos adoptados por los órganos representativos de una cooperativa o de un colegio profesional, salvo oposición expresa del mutualista, sin que puedan ponerse límites para ingresar en la mutualidad de previsión social distintos a los previstos en sus estatutos por razones justificadas.

f) La incorporación de los mutualistas podrá ser realizada directamente por la propia mutualidad de previsión social o bien a través de la actividad de mediación en seguros, esto último siempre y cuando cumplan los requisitos de fondo mutual y garantías financieras que sean exigibles. No obstante, los mutualistas podrán participar en la incorporación de nuevos socios y en la gestión de cobro de las cuotas; en tal caso, podrán percibir la compensación económica adecuada fijada estatutariamente.

g) Realizar sólo las operaciones aseguradoras y otorgar las prestaciones sociales enumeradas en el artículo 44, sin perjuicio de lo dispuesto en el artículo 45 para las mutualidades de previsión social autorizadas para operar por ramos.

h) Asumir directamente los riesgos garantizados a sus mutualistas, sin practicar operaciones de coaseguro ni de aceptación en reaseguro, si bien podrán realizar operaciones de cesión en reaseguro con entidades autorizadas para operar en España. No obstante, las mutualidades de previsión social que tengan autorización para operar por ramos de seguro podrán realizar operaciones de coaseguro y aceptar en reaseguro.

i) Las remuneraciones y demás ingresos de los administradores por desplazamiento, alojamiento y manutención, percibidos por su gestión en la mutualidad formará parte de los gastos de administración, que no podrán exceder de los límites fijados en la normativa correspondiente. No obstante, las mutualidades de previsión social autorizadas para operar por ramos no estarán sujetas a límites en sus gastos de administración.

j) En el supuesto de que una mutualidad ejerza el control mayoritario sobre otras entidades y abone a los administradores de estas últimas alguna cuantía en concepto de los gastos fijados en el apartado anterior, éstos computarán como gastos de administración de la mutualidad.

3. Las mutualidades de previsión social podrán constituir grupos mutuales conforme a los mismos requisitos que se establezcan reglamentariamente para los grupos de mutuas.

4. Reglamentariamente se regulará para las mutualidades de previsión social las normas del régimen jurídico de las mutuas de seguros que les sean de aplicación.

– La disposición adicional decimoquinta de la Ley 30/1995, de 8 de noviembre, de Ordenación y Supervisión de los Seguros Privados, ha sido derogada por el **Real Decreto Legislativo 8/2015, de 30 de octubre, por el que se aprueba el texto refundido de la Ley General de la Seguridad Social.**

Artículo 44. Ámbito de cobertura y prestaciones de las mutualidades de previsión social. 1. En la previsión de riesgos sobre las personas, las contingencias que pueden cubrir son las de muerte, viudedad, orfandad, jubilación y dependencia, y garantizarán prestaciones económicas en forma de capital o renta. Asimismo, podrán otorgar prestaciones por razón de matrimonio, maternidad, hijos y defunción. Y podrán realizar operaciones de seguro de accidentes e invalidez para el trabajo, enfermedad, defensa jurídica y asistencia, así como prestar ayudas familiares para subvenir a necesidades motivadas por hechos o actos jurídicos que impidan temporalmente el ejercicio de la profesión.

Las prestaciones económicas que se garanticen no podrán exceder de 30.000 euros como renta anual ni de su equivalente actuarial como percepción única de capital, calculado conforme a la base técnica establecida para el cálculo de la citada renta, con el límite de 300.000 euros.

Los límites previstos en el párrafo anterior se podrán actualizar por orden del Ministro de Economía y Competitividad, considerando la suficiencia de las garantías financieras para atender las prestaciones actualizadas.

No obstante, para aquellas mutualidades que se hallen incursas en alguna de las situaciones previstas en los artículos 159.1 y 172 de esta Ley, las nuevas prestaciones económicas que se garanticen no podrán exceder de 18.000 euros como renta anual ni de 78.000 euros como percepción única de capital.

2. En la previsión de riesgos sobre las cosas, sólo podrán garantizar los que se relacionan seguidamente y dentro del importe cuantitativo de dichos bienes:

a) Viviendas de protección oficial y otras de interés social, siempre que estén habitadas por el propio mutualista y su familia.

b) Maquinaria, bienes e instrumentos de trabajo de mutualistas que sean emprendedores y pequeños empresarios. A estos efectos, se entenderá por pequeños empresarios los trabajadores autónomos por cuenta propia y los profesionales y empresarios, incluidos los agrícolas, que no empleen más de cinco trabajadores.

c) Cosechas de fincas cultivadas directa y personalmente por el agricultor o por su familia, siempre que no queden comprendidas en el plan anual de seguros agrarios combinados, y los bosques, ganados, colmenas, viveros piscícolas y granjas de cría de animales para consumo que estén integrados en la unidad de explotación familiar.

3. Cada mutualidad podrá otorgar la totalidad o parte de las prestaciones mencionadas en los dos apartados anteriores.

4. Además de lo previsto en los apartados 1 y 2, las mutualidades de previsión social que cumplan los requisitos de fondo mutual y garantías financieras podrán otorgar prestaciones sociales vinculadas a las citadas operaciones de seguros con arreglo a lo siguiente:

a) Deberán ser autorizadas específicamente por la Dirección General de Seguros y Fondos de Pensiones o por el organismo de la Comunidad Autónoma competente.

b) El otorgamiento de prestaciones sociales se realizará con absoluta separación económico-financiera y contable respecto de sus operaciones de seguro.

c) Los recursos que dediquen a la actividad de prestación social serán de su libre disposición.

5. A las mutualidades de previsión social que no hayan obtenido la autorización administrativa a que se refiere el artículo 45 les será de aplicación, en todo caso, el principio de proporcionalidad recogido en el artículo 65.

Artículo 45. Mutualidades de previsión social autorizadas para operar por ramos de seguro. 1. Las mutualidades de previsión social podrán operar por ramos de seguro y no estarán sujetas a los límites impuestos en el artículo 44, siempre que obtengan la previa autorización administrativa.

La autorización podrá concederse para el ramo de vida o para los siguientes ramos de seguro distinto del de vida, contemplados en el anexo A).a) de esta Ley: Ramo 1 (accidentes), ramo 2 (enfermedad), ramo 16 (pérdidas pecuniarias diversas), ramo 17 (defensa jurídica), ramo 18 (asistencia) y ramo 19 (decesos), teniendo en cuenta lo establecido en el artículo 31.

2. Son requisitos necesarios para que una mutualidad de previsión social pueda obtener y conservar la autorización administrativa para operar por ramos, los siguientes:

a) Haber transcurrido, al menos, un plazo de cinco años desde la obtención de la autorización administrativa para realizar actividad aseguradora.

b) No haber estado sujeta a medidas de control especial, ni habérsele incoado procedimiento administrativo de disolución o de revocación de la autorización administrativa durante los dos años anteriores a la presentación de la solicitud de autorización.

c) Poseer el mínimo de fondo mutual, los fondos propios básicos admisibles para cubrir el mínimo absoluto del capital mínimo obligatorio y los fondos propios admisibles para cubrir el capital de solvencia obligatorio, así como tener constituidas las provisiones técnicas, todo ello en los mismos términos que esta Ley establece para las mutuas de seguros.

Cuando una mutualidad de previsión social obtenga autorización administrativa para operar en el ramo de vida y continúe realizando operaciones de seguros distintos del de vida, deberá disponer de un fondo mutual mínimo correspondiente a la suma del requerido a las mutuas de seguros para el ramo de vida y el mínimo previsto en el artículo 34.3.

Cuando una mutualidad de previsión social obtenga autorización administrativa para operar en uno o varios ramos de seguros distintos del de vida y continúe realizando operaciones de seguro de vida, deberá disponer de un fondo mutual mínimo correspondiente a la suma del requerido a las mutuas seguros para el ramo autorizado para el que se exija mayor cuantía y el mínimo previsto en el artículo 34.3.

d) Tener unos ingresos brutos anuales por primas y un importe bruto total de provisiones técnicas superior a los límites que se establezcan reglamentariamente para el régimen especial de solvencia al que se refiere el artículo 101.

e) Presentar y atenerse a un programa de actividades con arreglo al artículo 32 en relación con aquellos ramos de seguro para los que solicite la autorización.

3. La solicitud de autorización para operar por ramos se tramitará por la Dirección General de Seguros y Fondos de Pensiones o, en su caso, por el órgano competente de la Comunidad Autónoma, y deberá ir acompañada de los documentos acreditativos del cumplimiento de los requisitos exigidos en el apartado 2. La autorización se concederá por ramos, y abarcará el ramo completo y la cobertura de los riesgos accesorios o complementarios de aquel, según proceda.

En todo lo demás, el procedimiento y la resolución administrativa se ajustarán a lo dispuesto con carácter general en los artículos 20 a 22.

4. Si la autorización administrativa se obtiene en el ramo de vida, la mutualidad de previsión social podrá continuar realizando además, en su caso, operaciones de seguro de accidentes, enfermedad y decesos. Si la autorización administrativa lo es en cualquiera de los ramos distintos al de vida, la mutualidad de previsión social podrá, además de realizar las operaciones de seguro correspondientes al ramo autorizado, continuar realizando las del artículo 44.1. En ambos casos estarán exentas de las limitaciones que impone el artículo 43.2, letras g) y h), únicamente en los ramos de seguro en que hayan obtenido la autorización administrativa.

5. La realización por una mutualidad de previsión social de las actividades que este artículo sujeta a una autorización administrativa para operar por ramos, sin haberla obtenido previamente, será considerada como operación prohibida y quedará sujeta a los efectos y responsabilidades administrativas previstos en el artículo 5, a la regulación sobre las medidas de control especial del título VI, y al régimen de infracciones y sanciones del título VIII.

6. Las mutualidades de previsión social podrán renunciar a la autorización para operar por ramos concedida, y volver al régimen de cobertura y prestaciones regulado en el artículo 44, en los términos que se establezcan reglamentariamente.

SECCIÓN 4.ª ACTIVIDAD DE LAS ENTIDADES ASEGURADORAS Y REASEGURADORAS ESPAÑOLAS EN RÉGIMEN DE DERECHO DE ESTABLECIMIENTO Y LIBRE PRESTACIÓN DE SERVICIOS EN LA UNIÓN EUROPEA

Artículo 46. Entidades españolas que pueden operar en la Unión Europea. 1. Las entidades aseguradoras y reaseguradoras españolas que hayan obtenido la autorización válida en toda la Unión Europea con arreglo al artículo 20 podrán ejercer, en los mismos términos de la autorización concedida, sus actividades en régimen de derecho de establecimiento o en régimen de libre prestación de servicios en todo el territorio de la Unión Europea.

2. No será de aplicación lo dispuesto en el apartado anterior a:

a) Las operaciones de seguro cuando los riesgos sean cubiertos por el Consorcio de Compensación de Seguros.

b) Las entidades aseguradoras que se acojan al régimen especial de solvencia, regulado en el capítulo VIII del título III de esta Ley.

c) Las siguientes operaciones de seguro distinto al de vida:

1.ª Las realizadas por mutuas de seguros que hayan concertado con otra mutua un acuerdo sobre el reaseguro íntegro de los contratos de seguro que hayan suscrito o la sustitución de la mutua cesionaria por la cedente para la ejecución de los compromisos resultantes de dichos contratos.

2.ª Las del ramo 19 (decesos) de los regulados en el anexo A).a) de esta Ley.

3. La actividad en régimen de derecho de establecimiento o libre prestación de servicios en la Unión Europea de las entidades aseguradoras españolas se inscribirá en el registro regulado en el artículo 40, haciendo constar los

datos que se detallan en los artículos siguientes y en las disposiciones reglamentarias de desarrollo.

Artículo 47. Condiciones para el establecimiento de sucursales. 1. Toda entidad aseguradora española que se proponga establecer una sucursal en el territorio de otro Estado miembro lo comunicará a la Dirección General de Seguros y Fondos de Pensiones, acompañando la información que se determine reglamentariamente.

2. En el plazo máximo de tres meses a partir de la recepción de la comunicación a que hace referencia el apartado anterior, la Dirección General de Seguros y Fondos de Pensiones informará de este extremo a la autoridad supervisora del Estado miembro de la sucursal y acompañará una certificación de que la entidad aseguradora dispone del capital de solvencia obligatorio y del capital mínimo obligatorio, calculado con arreglo a lo dispuesto en esta Ley y sus normas de desarrollo, e informará de dicha remisión a la entidad aseguradora.

3. La Dirección General de Seguros y Fondos de Pensiones podrá negarse a remitir dicha información cuando, a la vista de la documentación presentada por la entidad aseguradora, tenga razones para dudar de la idoneidad de su sistema de gobierno, de su situación financiera o de la aptitud y honorabilidad del apoderado general, con arreglo a lo dispuesto en el artículo 38. La negativa a remitir la información al Estado miembro de la sucursal deberá ser notificada a la entidad aseguradora, la cual podrá interponer el correspondiente recurso contra la misma. Transcurrido el plazo de tres meses sin haber sido notificada la resolución expresa, se considerará denegada la comunicación de información.

4. Si la autoridad supervisora del Estado miembro de la sucursal indicara a la Dirección General de Seguros y Fondos de Pensiones las condiciones en las que, por razones de interés general, deban ser ejercidas dichas actividades en el referido Estado miembro de la sucursal, dicha Dirección General lo comunicará a la entidad aseguradora interesada.

5. La entidad aseguradora podrá establecer la sucursal y comenzar sus actividades desde que la Dirección General de Seguros y Fondos de Pensiones le notifique la conformidad de la autoridad supervisora del Estado miembro de la sucursal o las condiciones de ejercicio por ella indicadas. También podrá iniciar la actividad transcurrido el plazo de dos meses desde la comunicación efectuada por la Dirección General de Seguros y Fondos de Pensiones a la que se refiere el apartado 2.

6. La modificación del contenido de alguno de los datos comunicados con arreglo a lo dispuesto en el apartado 1 se ajustará al procedimiento regulado en este artículo. La entidad aseguradora lo comunicará, además, a la autoridad supervisora del Estado miembro de la sucursal en que se vaya a establecer o esté establecida y, tanto ésta como la Dirección General de Seguros y Fondos de Pensiones, dispondrán de un plazo común de un mes para ejercer las funciones que les atribuye este artículo.

7. La sucursal conservará su documentación en la dirección del Estado miembro de la sucursal en la que pueden reclamarle y entregarle los documentos.

Artículo 48. Comunicación para operar en libre prestación de servicios.
1. Toda entidad aseguradora española que se proponga ejercer por primera vez en uno o más Estados miembros actividades en régimen de libre prestación de servicios deberá informar de su proyecto a la Dirección General de Seguros y Fondos de Pensiones, indicando la naturaleza de los riesgos o compromisos que se proponga cubrir.

2. La Dirección General de Seguros y Fondos de Pensiones comunicará la información recibida de acuerdo con lo establecido en el apartado anterior en el plazo máximo de un mes, a partir de su recepción, al Estado o Estados miembros en cuyo territorio se proponga la entidad aseguradora desarrollar sus actividades en régimen de libre prestación de servicios. Reglamentariamente se regulará el contenido de esta comunicación.

3. La entidad aseguradora podrá iniciar su actividad a partir de la fecha certificada en que la Dirección General de Seguros y Fondos de Pensiones le notifique que ha cursado la comunicación a que se refiere el apartado 2.

4. Toda modificación de la naturaleza de los riesgos o compromisos, que la entidad aseguradora pretenda cubrir en régimen de libre prestación de servicios, se ajustará al procedimiento y requisitos establecidos en los apartados anteriores.

Artículo 49. Información estadística relativa a las actividades transfronterizas de las entidades aseguradoras españolas. Las entidades aseguradoras españolas que operen en régimen de derecho de establecimiento o en régimen de libre prestación de servicios deberán comunicar a la Dirección General de Seguros y Fondos de Pensiones la información estadística que reglamentariamente se establezca, la cual podrá remitirla, en un plazo razonable, a las autoridades de supervisión de los Estados miembros interesados que así lo soliciten.

SECCIÓN 5.ª ACTIVIDAD DE LAS ENTIDADES ASEGURADORAS Y REASEGURADORAS ESPAÑOLAS EN TERCEROS PAÍSES

Artículo 50. Creación de entidades y otras operaciones en terceros países. 1. La creación por entidades aseguradoras o reaseguradoras españolas de sociedades dominadas extranjeras, la adquisición de la condición de dominante en sociedades extranjeras, el establecimiento de sucursales y, en su caso, la actividad en régimen de libre prestación de servicios en países no miembros de la Unión Europea exigirá comunicación a la Dirección General de Seguros y Fondos de Pensiones con un mes de antelación.

Cuando las actividades citadas perjudiquen la situación financiera y de solvencia de la entidad, la mencionada Dirección General, en el plazo de un mes podrá acordar motivadamente la prohibición de dichas actividades o establecer condiciones para su realización.

2. Si transcurrido el plazo anterior no se ha formulado oposición, deberá comunicarse la realización de la operación a la Dirección General de Seguros y Fondos de Pensiones una vez se haya hecho efectiva.

CAPÍTULO II. ACCESO A LA ACTIVIDAD EN ESPAÑA DE ENTIDADES ASEGURADORAS Y REASEGURADORAS DE OTROS ESTADOS DE LA UNIÓN EUROPEA

SECCIÓN 1.ª DISPOSICIONES GENERALES PARA ENTIDADES ASEGURADORAS Y REASEGURADORAS

Artículo 51. Entidades aseguradoras y reaseguradoras de otros Estados miembros que pueden operar en España. 1. Las entidades aseguradoras domiciliadas en otros Estados miembros, que hayan obtenido la autorización para operar en su Estado de origen, podrán ejercer sus actividades en España en régimen de derecho de establecimiento o en régimen de libre prestación de servicios.

No podrán acogerse a lo dispuesto en el párrafo anterior las entidades aseguradoras excluidas del ámbito de aplicación de la Directiva 2009/138/CE del Parlamento Europeo y del Consejo, de 25 de noviembre de 2009, sobre el seguro de vida, el acceso a la actividad de seguro y de reaseguro y su ejercicio (Solvencia II), conforme a lo dispuesto en sus artículos 4 y 7, ni los organismos de derecho público enumerados en los artículos 8 y 10 de la citada Directiva.

2. Las entidades aseguradoras referidas en el primer párrafo del apartado 1 deberán respetar las disposiciones dictadas por razones de interés general y las del capítulo VII del título III, sobre conductas de mercado, que, en su caso, resulten aplicables. Deberán presentar, en los mismos términos que las entidades aseguradoras españolas, todos los documentos que les exija la Dirección General de Seguros y Fondos de Pensiones al objeto de comprobar si respetan en España las disposiciones españolas que les son aplicables.

3. Las entidades reaseguradoras domiciliadas en otros Estados miembros, que hayan obtenido la autorización para operar en su Estado de origen, podrán ejercer sus actividades en España en régimen de derecho de establecimiento o de libre prestación de servicios, sin que sea necesaria autorización administrativa ni comunicación previa, si bien habrán de respetar las disposiciones dictadas por razones de interés general y las de supervisión que, en su caso, resulten aplicables. Deberán presentar, en los mismos términos que las entidades reaseguradoras españolas, todos los documentos que les exija la Dirección General de Seguros y Fondos de Pensiones al objeto de comprobar si respetan en España las disposiciones españolas que les son de aplicación.

4. Se presentará en castellano la documentación contractual y demás información que la Dirección General de Seguros y Fondos de Pensiones tiene derecho a exigir o deba serle remitida por las entidades aseguradoras domiciliadas en otro Estado miembro que operen en España en régimen de derecho de establecimiento o de libre prestación de servicios.

Artículo 52. Observancia de las disposiciones legales por parte de las entidades aseguradoras y reaseguradoras que operan en España en régimen de derecho de establecimiento o de libre prestación de servicios.
1. Si la Dirección General de Seguros y Fondos de Pensiones comprobase que una entidad aseguradora o reaseguradora que opere en España en régimen de derecho de establecimiento o de libre prestación de servicios no respeta las disposiciones españolas que le son aplicables, le requerirá para que acomode su actuación al ordenamiento jurídico español. En defecto de la pertinente adecuación por parte de la entidad, la Dirección General de Seguros y Fondos de Pensiones informará de ello a la autoridad supervisora del Estado miembro de origen, al objeto de que adopte las medidas pertinentes para que la entidad

aseguradora o reaseguradora ponga fin a esa situación irregular y las notifique a la Dirección General de Seguros y Fondos de Pensiones.

2. Si, por falta de adopción de las medidas pertinentes o porque las adoptadas resultasen inadecuadas, persistiera la infracción del ordenamiento jurídico español, la Dirección General de Seguros y Fondos de Pensiones podrá adoptar, tras informar de ello a las autoridades supervisoras del Estado miembro de origen, las medidas de prohibición de pólizas y tarifas reguladas en el artículo 120 y las medidas de control especial del capítulo II del título VI que, en ambos casos, le sean aplicables.

Además, la Dirección General de Seguros y Fondos de Pensiones o la autoridad supervisora del Estado miembro de origen, podrá remitir el asunto a la Autoridad Europea de Seguros y Pensiones de Jubilación y solicitar su asistencia.

3. En caso de urgencia, las medidas a que se refiere el apartado anterior podrán ser adoptadas por la Dirección General de Seguros y Fondos de Pensiones sin necesidad del requerimiento y de la información exigidos por el apartado 1.

Artículo 53. Tributos y recargos. Los contratos de seguro celebrados en régimen de derecho de establecimiento o en régimen de libre prestación de servicios que cubran riesgos localizados o asuman compromisos en España estarán sujetos a los recargos a favor del Consorcio de Compensación de Seguros para cubrir las necesidades de éste en el ejercicio de sus funciones de compensación de pérdidas derivadas de acontecimientos extraordinarios acaecidos en España, de fondo nacional de garantía en el seguro de responsabilidad civil derivada de la circulación de vehículos automóviles y en su función de liquidador de entidades aseguradoras, así como a los demás recargos y tributos legalmente exigibles en las mismas condiciones que los contratos suscritos con entidades aseguradoras españolas.

> – **Resolución de 31 de octubre de 2018, de la Presidencia del Consorcio de Compensación de Seguros,** por la que se establecen los plazos y el procedimiento de declaración e ingreso de los recargos recaudados por las entidades aseguradoras.
>
> – **Resolución de 31 de octubre de 2018, de la Presidencia del Consorcio de Compensación de Seguros,** por la que se aprueban los modelos del recargo a favor del Fondo de Compensación de Daños Medioambientales y se establece el procedimiento de declaración e ingreso.

– Resolución de 28 de marzo de 2018, de la Dirección General de Seguros y Fondos de Pensiones, por la que se aprueban los recargos en favor del Consorcio de Compensación de Seguros en materia de seguro de riesgos extraordinarios a satisfacer obligatoriamente por los asegurados, la cláusula de cobertura a insertar en las pólizas de seguro ordinario y la información a facilitar por las entidades aseguradoras relativa a las pólizas incluidas en el régimen de cobertura de los riesgos extraordinarios.

– Resolución de 27 de marzo de 2018, de la Presidencia del Consorcio de Compensación de Seguros, por la que se aprueban los modelos de declaración e ingreso por vía electrónica de los recargos recaudados por las entidades aseguradoras.

Artículo 54. Seguro de responsabilidad civil en vehículos terrestres automóviles. Las entidades aseguradoras que operen en España en régimen de derecho de establecimiento o en régimen de libre prestación de servicio en el seguro de responsabilidad civil en vehículos terrestres automóviles, excluida la responsabilidad del transportista, deberán integrarse en la Oficina Española de Aseguradores de Automóviles (OFESAUTO).

– Real Decreto Legislativo 6/2015, de 30 de octubre, por el que se aprueba el texto refundido de la Ley sobre Tráfico, Circulación de Vehículos a Motor y Seguridad Vial; Ley 35/2015, de 22 de septiembre, de reforma del sistema para la valoración de los daños y perjuicios causados a las personas en accidentes de circulación; Real Decreto Legislativo 8/2004, de 29 de octubre, por el que se aprueba el texto refundido de la Ley sobre responsabilidad civil y seguro en la circulación de vehículos a motor.

– Resolución de 12 de marzo de 2025, de la Dirección General de Seguros y Fondos de Pensiones, por la que se publican las cuantías de las indemnizaciones actualizadas del sistema para valoración de los daños y perjuicios causados a las personas en accidentes de circulación.

SECCIÓN 2.ª ACTIVIDAD EN RÉGIMEN DE DERECHO DE ESTABLECIMIENTO DE ENTIDADES ASEGURADORAS Y REASEGURADORAS DOMICILIADAS EN OTROS ESTADOS MIEMBROS

Artículo 55. Condiciones de acceso a la actividad en régimen de derecho de establecimiento. 1. Antes de que una sucursal en España de una entidad aseguradora domiciliada en otro Estado miembro se establezca y comience a ejercer su actividad en régimen de derecho de establecimiento, la Dirección

General de Seguros y Fondos de Pensiones podrá indicar a la autoridad supervisora del Estado miembro de origen las condiciones en las que, por razones de interés general, deberá ser ejercida la actividad en España.

La citada Dirección General dispondrá para ello de un plazo de dos meses, contado desde que reciba de la autoridad supervisora del Estado miembro de origen la comunicación a la que hace referencia el artículo 47.2.

La sucursal podrá establecerse y comenzar su actividad en España desde que la autoridad supervisora del Estado miembro de origen le notifique la conformidad o las condiciones indicadas por la Dirección General de Seguros y Fondos de Pensiones. También podrá iniciarla cuando, transcurrido el citado plazo de dos meses, no haya recibido dicha notificación.

2. Toda modificación en la sucursal de alguno de los aspectos referidos en el artículo 47.1, estará sujeta a idéntico procedimiento, pero el plazo, que será común, se reducirá a un mes.

Artículo 56. Supervisión de sucursales en España por las autoridades del Estado de origen. Cuando una entidad aseguradora o reaseguradora autorizada en otro Estado miembro ejerza su actividad en España a través de una sucursal, las autoridades de supervisión del Estado miembro de origen podrán proceder, por sí mismas o por medio de personas designadas para ello, previa información a la Dirección General de Seguros y Fondos de Pensiones, a la verificación de la información necesaria para poder realizar la supervisión financiera de la entidad.

La Dirección General de Seguros y Fondos de Pensiones participará en dicha verificación en los términos que reglamentariamente se determinen.

La Autoridad Europea de Seguros y Pensiones de Jubilación podrá participar en las verificaciones que se realicen de forma conjunta con los demás supervisores intervinientes.

SECCIÓN 3.ª ACTIVIDAD EN LIBRE PRESTACIÓN DE SERVICIOS DE ENTIDADES ASEGURADORAS Y REASEGURADORAS DOMICILIADAS EN OTROS ESTADOS MIEMBROS

Artículo 57. Condiciones de acceso a la actividad en régimen de libre prestación de servicios. Las entidades aseguradoras domiciliadas en otro Estado de la Unión Europea podrán iniciar o, en su caso, modificar su actividad en España en régimen de libre prestación de servicios desde que reciban la comunicación de que la autoridad supervisora del Estado miembro de origen ha remitido a la Dirección General de Seguros y Fondos de Pensiones la comunicación a la que se refiere el artículo 48.2.

Artículo 58. Requisitos específicos para el seguro de responsabilidad civil en vehículos terrestres automóviles. 1. Las entidades aseguradoras domiciliadas en otro Estado de la Unión Europea que pretendan operar en España en régimen de libre prestación de servicios cubriendo los riesgos del ramo de responsabilidad civil en vehículos terrestres automóviles, excluida la responsabilidad del transportista, deberán cumplir los siguientes requisitos con carácter previo al comienzo de su actividad en España:

a) Comunicar a la Dirección General de Seguros y Fondos de Pensiones el nombre y domicilio de un representante persona física que resida habitualmente en España o persona jurídica que esté en ella establecida, con las siguientes facultades:

1.ª Atender las reclamaciones que presenten los terceros perjudicados. A tal efecto, deberán tener poderes suficientes para representar a la entidad aseguradora, incluso para el pago de las indemnizaciones, y para defenderla ante los tribunales y autoridades administrativas españolas.

2.ª Representar a la entidad aseguradora ante las autoridades judiciales y administrativas españolas competentes en todo lo concerniente al control de la existencia y validez de las pólizas de seguro de responsabilidad civil que resulte de la circulación de vehículos terrestres automóviles.

b) Formular ante la Dirección General de Seguros y Fondos de Pensiones la declaración expresa responsable de que la entidad aseguradora se ha integrado en la Oficina Española de Aseguradores de Automóviles (OFESAUTO) y que va a aplicar los recargos legalmente exigibles a favor del Consorcio de Compensación de Seguros.

2. Si la entidad aseguradora no hubiera designado el representante al que se refiere el apartado 1.a), asumirá sus funciones el representante designado en España para la tramitación y liquidación de los siniestros ocurridos en otro Estado miembro, cuando el perjudicado tenga su residencia en España.

> – Real Decreto Legislativo 6/2015, de 30 de octubre, por el que se aprueba el texto refundido de la Ley sobre Tráfico, Circulación de Vehículos a Motor y Seguridad Vial; Ley 35/2015, de 22 de septiembre, de reforma del sistema para la valoración de los daños y perjuicios causados a las personas en accidentes de circulación; Real Decreto Legislativo 8/2004, de 29 de octubre, por

el que se aprueba el texto refundido de la Ley sobre responsabilidad civil y seguro en la circulación de vehículos a motor.

– Resolución de 12 de marzo de 2025, de la Dirección General de Seguros y Fondos de Pensiones, por la que se publican las cuantías de las indemnizaciones actualizadas del sistema para valoración de los daños y perjuicios causados a las personas en accidentes de circulación.

Artículo 59. Obligaciones tributarias. Las entidades aseguradoras domiciliadas en otro Estado de la Unión Europea que pretendan operar en España en régimen de libre prestación de servicios estarán obligadas a practicar retención o ingreso a cuenta e ingresar el importe en el Tesoro, así como a informar a la Administración Tributaria, en relación con las operaciones que se realicen en España, en los términos previstos en la normativa reguladora de los impuestos sobre la renta de las personas físicas, sobre sociedades y sobre la renta de no residentes.

Artículo 60. Agencias de suscripción. 1. Las entidades aseguradoras podrán suscribir contratos de apoderamiento con personas jurídicas españolas para la suscripción de riesgos en nombre y por cuenta de aquellas.

2. La agencia de suscripción en España accederá a su actividad previa obtención de la autorización administrativa de la Dirección General de Seguros y Fondos de Pensiones. Reglamentariamente se regularán los requisitos y el procedimiento para obtener y conservar la autorización administrativa.

3. También será precisa autorización administrativa para que una agencia de suscripción pueda operar para otras entidades aseguradoras distintas de las autorizadas y para que pueda suscribir negocio en otros riesgos distintos de los inicialmente solicitados y autorizados con una determinada entidad con la que ya esté autorizada. Reglamentariamente se regularán los requisitos y el procedimiento para obtener la ampliación de la autorización administrativa.

4. Serán aplicables a las agencias de suscripción las normas sobre participaciones significativas contenidas en los artículos 85 a 88, entendiendo que las menciones allí realizadas a las entidades aseguradoras se refieren a las agencias de suscripción, cuando el transmitente o el adquirente sean una entidad aseguradora, o un mediador de seguros, o un corredor de reaseguros u otra agencia de suscripción.

5. La denominación «agencia de suscripción» queda reservada a las sociedades definidas en este artículo. En la documentación mercantil de suscripción

de seguros y publicidad que las agencias de suscripción realicen con carácter general o a través de medios telemáticos deberán mencionar su naturaleza de agencia de suscripción y a la o las entidades aseguradoras con quienes hayan celebrado contrato de apoderamiento.

6. Los departamentos y servicios de atención al cliente de las entidades aseguradoras atenderán y resolverán las quejas y reclamaciones que se presenten en relación con la actuación de las agencias de suscripción en los términos que establezca la normativa sobre protección del cliente de servicios financieros.

7. La Dirección General de Seguros y Fondos de Pensiones revocará la autorización administrativa concedida a las agencias de suscripción en los términos establecidos en el apartado 3, letras a) y b), apartado 4, letras a), b), d), e) y f), y en los apartados 6 y 7 del artículo 169, entendiendo que las referencias allí contenidas a las entidades aseguradoras se hacen a las agencias de suscripción.

La causa de revocación de la autorización administrativa por falta efectiva de actividad de esta Ley se referirá a que todos los poderes concedidos a la agencia de suscripción hayan sido revocados.

8. Serán aplicables a las agencias de suscripción las medidas de control especial contenidas en el artículo 160 en cuanto les sea de aplicación.

9. El régimen de infracciones y sanciones será el establecido en el título VIII de esta Ley.

CAPÍTULO III. ACCESO A LA ACTIVIDAD EN ESPAÑA DE ENTIDADES ASEGURADORAS Y REASEGURADORAS DE TERCEROS PAÍSES

SECCIÓN 1.ª ENTIDADES ASEGURADORAS DE TERCEROS PAÍSES

Artículo 61. Autorización de sucursales de entidades aseguradoras de terceros países. 1. El Ministro de Economía y Competitividad podrá autorizar a entidades aseguradoras domiciliadas en terceros países no miembros de la Unión Europea para establecer sucursales en España, siempre que cumplan los requisitos que reglamentariamente se establezcan.

2. El plazo máximo para resolver el procedimiento y notificar la resolución es de seis meses. Transcurrido este plazo sin haberse notificado resolución expresa, se entenderá desestimada la solicitud presentada.

3. Otorgada la autorización administrativa, la sucursal, su apoderado general y quienes ejerzan la dirección efectiva se inscribirán en el registro administrativo que regula el artículo 40.

4. No se exigirán en el ámbito de los seguros distintos al seguro de vida a las sucursales establecidas en España de entidades aseguradoras de nacionalidad suiza los requisitos que se determinen reglamentariamente.

Artículo 62. Limitaciones a la actividad en España de las entidades aseguradoras de terceros países. Queda prohibido concertar en España operaciones de seguro directo con entidades aseguradoras de terceros países ajenos a la Unión Europea o hacerlo a través de mediadores de seguros privados que realicen su actividad para aquéllas. De lo anterior se exceptúa el supuesto en que dichas entidades aseguradoras contraten a través de sucursales legalmente establecidas en España.

SECCIÓN 2.ª ENTIDADES REASEGURADORAS DE TERCEROS PAÍSES

Artículo 63. Sucursales de entidades reaseguradoras de terceros países. 1. El establecimiento de sucursales en España de entidades reaseguradoras de terceros países requerirá la previa autorización administrativa del Ministro de Economía y Competitividad, que se otorgará de acuerdo con lo previsto en el artículo 61, para actividades de reaseguro de vida, actividades de reaseguro distinto del de vida, o para todo tipo de actividades de reaseguro.

2. La autorización de las sucursales determinará la inscripción en el registro administrativo previsto en el artículo 40.

Artículo 64. Actividad en España de las entidades reaseguradoras de terceros países desde el país de origen. Las entidades reaseguradoras de terceros países podrán ejercer actividad en España desde el país donde tengan su domicilio social.

– El precepto se modifica por el **Real Decreto-ley 3/2020, de 4 de febrero.**

TÍTULO III. EJERCICIO DE LA ACTIVIDAD

CAPÍTULO I. SISTEMA DE GOBIERNO DE LAS ENTIDADES ASEGURADORAS Y REASEGURADORAS

Artículo 65. Requisitos generales del sistema de gobierno. 1. Todas las entidades aseguradoras y reaseguradoras dispondrán de un sistema eficaz de gobierno que garantice la gestión sana y prudente de la actividad y que sea proporcionado a su naturaleza, el volumen y la complejidad de sus operaciones.

2. El sistema de gobierno comprenderá políticas escritas de gobierno corporativo que incluirán, entre otras, una estructura organizativa transparente y apropiada, con una clara distribución y una adecuada separación de funciones, mecanismos eficaces para garantizar la transmisión de la información, y políticas y prácticas de remuneración adecuadas a las características de las entidades.

3. El sistema de gobierno de la entidad comprenderá las siguientes funciones: gestión de riesgos, verificación del cumplimiento, auditoría interna y actuarial.

El sistema de gobierno establecerá mecanismos eficaces que garanticen el cumplimiento de las exigencias de aptitud y honorabilidad de las personas que dirigen de manera efectiva la entidad o desempeñan en ella las funciones fundamentales que lo integran, previstas en el artículo 38 y de los requisitos establecidos en esta Ley y en la normativa de desarrollo en relación con la gestión de riesgos, la evaluación interna prospectiva de riesgos, el control interno y de cumplimiento, la auditoría interna, la función actuarial y la externalización de funciones o actividades.

4. El responsable último del sistema de gobierno será el órgano de administración de las entidades aseguradoras y reaseguradoras.

5. La Dirección General de Seguros y Fondos de Pensiones verificará el sistema de gobierno de las entidades aseguradoras y reaseguradoras y evaluará los riesgos emergentes identificados por dichas entidades que puedan afectar a su solidez financiera, pudiendo exigirles que adopten las medidas necesarias para mejorar y consolidar su sistema de gobierno.

Artículo 66. Sistema de gestión de riesgos, evaluación interna de riesgos y solvencia, sistema de control interno y funciones del sistema de gobierno. 1. Las entidades aseguradoras y reaseguradoras establecerán un sistema eficaz de gestión de riesgos que comprenderá las estrategias, los procesos y los procedimientos de información necesarios para identificar, medir, vigilar, gestionar y notificar de forma continua los riesgos a los que, a nivel individual y agregado, estén o puedan estar expuestas, y sus interdependencias.

Ese sistema de gestión de riesgos será eficaz y estará debidamente integrado en la estructura organizativa y en el proceso de toma de decisiones de la entidad, y tendrá debidamente en cuenta a las personas que la dirigen de forma efectiva o ejercen las funciones que integran el sistema de gobierno.

Las entidades aseguradoras y reaseguradoras establecerán una función de gestión de riesgos que facilite la aplicación del sistema de gestión de riesgos.

2. Como parte de su sistema de gestión de riesgos, las entidades aseguradoras y reaseguradoras realizarán una evaluación interna de riesgos y solvencia con carácter periódico y, en todo caso, inmediatamente después de cualquier cambio significativo de su perfil de riesgo.

La evaluación interna de riesgos y solvencia formará parte integrante de la estrategia de negocio y se tendrá en cuenta de forma continua en las decisiones estratégicas de la entidad.

Las entidades aseguradoras y reaseguradoras comunicarán a la Dirección General de Seguros y Fondos de Pensiones los resultados de cada evaluación interna de riesgos y solvencia, en los términos que se determine reglamentariamente.

La evaluación interna de riesgos y de solvencia no servirá para calcular ni ajustar el capital obligatorio.

3. Las entidades aseguradoras y reaseguradoras deberán establecer, documentar y mantener en todo momento un sistema de control interno apropiado a su organización.

Dicho sistema constará, al menos, de procedimientos administrativos y contables, de una estructura adecuada, de mecanismos apropiados de información a todos los niveles de la entidad y de una función de verificación del cumplimiento.

La función de verificación del cumplimiento comprenderá el asesoramiento al órgano de administración acerca del cumplimiento de las disposiciones legales, reglamentarias y administrativas que afecten a la entidad, así como acerca del cumplimiento de su normativa interna. Comportará, asimismo, la evaluación del impacto de cualquier modificación del entorno legal en las operaciones de la entidad y la determinación y evaluación del riesgo de cumplimiento.

4. Las entidades aseguradoras y reaseguradoras contarán con una función eficaz de auditoría interna, que incluirá la comprobación de la adecuación y eficacia del sistema de control interno y de otros elementos del sistema de gobierno de la entidad y se desarrollará de acuerdo con lo establecido en la regulación de ordenación, supervisión y solvencia de las entidades aseguradoras y reaseguradoras y de la actividad de auditoría de cuentas.

La función de auditoría interna deberá ser objetiva e independiente de las funciones operativas.

Las conclusiones y recomendaciones derivadas de la auditoría interna se notificarán al órgano de administración, que determinará qué acciones habrán de adoptarse con respecto a cada una de ellas y garantizará que dichas acciones se lleven a cabo.

5. Las entidades aseguradoras y reaseguradoras contarán con una función actuarial efectiva.

La función actuarial será desempeñada por personas que tengan conocimientos suficientes de matemática actuarial y financiera, acordes con la naturaleza, el volumen y complejidad de los riesgos inherentes a la actividad de la entidad aseguradora o reaseguradora, y que puedan acreditar la oportuna experiencia en relación con las normas profesionales y de otra índole aplicables.

6. Reglamentariamente se determinarán los riesgos que deberá incluir el sistema de gestión de riesgos, así como el alcance de la evaluación interna y de la función actuarial.

– **Ley 22/2015, de 20 de julio, de auditoría de cuentas.**

Artículo 66 bis. Planes preventivos de recuperación. 1. La Dirección General de Seguros y Fondos de Pensiones podrá requerir en función del tamaño, modelo empresarial, perfil de riesgo, interconexión, sustituibilidad, importancia para la economía nacional y actividad transfronteriza, a los grupos de entidades aseguradoras y reaseguradoras y a las entidades aseguradoras y reaseguradoras no integradas en alguno de estos grupos o que estándolo, revistan especial importancia, la elaboración y remisión de un plan preventivo de recuperación. El plan preventivo de recuperación contendrá las medidas que deberán adoptar el grupo o la entidad para subsanar una situación de deterioro financiero significativo.

2. El plan preventivo de recuperación será evaluado y aprobado por el órgano de administración de la entidad dominante del grupo o de la entidad

aseguradora o reaseguradora en su calidad de responsable último del sistema de gobierno, de acuerdo con el artículo 65.4.

3. Los grupos de entidades aseguradoras y reaseguradoras y las entidades aseguradoras y reaseguradoras afectados presentarán el plan preventivo de recuperación a la Dirección General de Seguros y Fondos de Pensiones en los doce meses siguientes a la notificación del requerimiento.

4. Dentro del plazo de nueve meses a partir de la presentación del plan preventivo de recuperación, la Dirección General de Seguros y Fondos de Pensiones revisará dicho plan y evaluará en qué medida cumple las condiciones que se establezcan reglamentariamente, así como:

a) si es razonablemente probable que la aplicación de las disposiciones propuestas en el plan mantenga o restablezca la viabilidad y la situación financiera de la entidad o del grupo de entidades aseguradoras y reaseguradoras, y;

b) si es razonablemente probable que el plan y las opciones específicas del plan se ejecuten rápida y eficazmente cuando haya una situación de deterioro financiero.

La Dirección General de Seguros y Fondos de Pensiones notificará al grupo o entidad afectados la resolución que recoja las conclusiones de la revisión y valoración efectuadas.

5. Si durante la revisión del plan preventivo de recuperación, la Dirección General de Seguros y Fondos de Pensiones concluyese que existen deficiencias importantes en dicho plan, u obstáculos materiales para su aplicación, notificará a la entidad afectada, o a la empresa matriz última afectada, el contenido de su evaluación y exigirá a la misma que presente, en un plazo de dos meses, un plan revisado que demuestre cómo se abordarán dichas deficiencias u obstáculos. El plazo podrá prorrogarse por un mes adicional por resolución de la Dirección General de Seguros y Fondos de Pensiones.

Si la entidad afectada no presentase un plan revisado, o cuando la Dirección General de Seguros y Fondos de Pensiones concluyese que las acciones propuestas por la entidad no abordan adecuadamente las deficiencias u obstáculos, la Dirección General de Seguros y Fondos de Pensiones podrá adoptar una decisión motivada instando a la entidad a tomar cualquier medida que la autoridad considere necesaria y proporcionada teniendo en cuenta la gravedad de las deficiencias y obstáculos y el efecto de las medidas en las actividades de la misma.

6. Los grupos de entidades aseguradoras y reaseguradoras y las entidades aseguradoras y reaseguradoras afectados por el requerimiento del apartado 1

actualizarán y presentarán sus planes preventivos de recuperación, para su revisión, a la Dirección General de Seguros y Fondos de Pensiones, al menos cada dos años y, en todo caso, después de cada modificación de la estructura jurídica u organizativa de la empresa en cuestión, de sus actividades, de su situación financiera o de su situación patrimonial que pudiera afectar significativamente al plan preventivo de recuperación o que requiera cambios en el mismo. La presentación del nuevo plan deberá realizarse en el plazo de dos meses desde la modificación, y su revisión por la Dirección General de Seguros y Fondos de Pensiones seguirá el procedimiento previsto en los apartados 4 y 5.

7. A los efectos de lo previsto en este artículo, el silencio administrativo tendrá carácter negativo.

> – El artículo 66 bis se añade por la **Ley 5/2025, de 24 de julio, por la que se modifican el texto refundido de la Ley sobre responsabilidad civil y seguro en la circulación de vehículos a motor, aprobado por el Real Decreto Legislativo 8/2004, de 29 de octubre, y la Ley 20/2015, de 14 de julio, de ordenación, supervisión y solvencia de las entidades aseguradoras y reaseguradoras.**

Artículo 67. Externalización de funciones. 1. Las entidades aseguradoras o reaseguradoras podrán externalizar sus funciones o actividades operativas críticas o importantes salvo cuando concurran las siguientes circunstancias:

a) Se perjudique sensiblemente la calidad de su sistema de gobierno,

b) aumente indebidamente el riesgo operacional, menoscabe la capacidad de la Dirección General de Seguros y Fondos de Pensiones para supervisar el cumplimiento de las obligaciones de la entidad o afecte al servicio continuo y satisfactorio para los tomadores de seguros.

2. Con la finalidad de evitar estos efectos negativos, deberá designarse dentro de la entidad a una persona responsable de la función o actividad externalizada, que cuente con la experiencia y conocimientos suficientes para comprobar la actuación de los proveedores de servicios.

3 Las entidades aseguradoras y reaseguradoras comunicaran previamente a la Dirección General de Seguros y Fondos de Pensiones la externalización de funciones o actividades críticas o importantes, así como de cualquier cambio posterior significativo en relación con dichas funciones o actividades. Esta Dirección General podrá oponerse a las mismas, en el plazo de un mes desde la recepción de la comunicación, cuando se den alguno de los supuestos establecidos en el apartado 1.

Se considerarán significativos los cambios relativos al responsable de la función, al proveedor del servicio o al alcance de las actividades externalizadas.

4. En todo caso, las entidades aseguradoras y reaseguradoras que externalicen parte de sus funciones seguirán respondiendo del cumplimiento de todas las obligaciones establecidas en esta Ley y en sus normas de desarrollo.

CAPÍTULO II. VALORACIÓN DE ACTIVOS Y PASIVOS, GARANTÍAS FINANCIERAS E INVERSIONES

SECCIÓN 1.ª VALORACIÓN DE ACTIVOS Y PASIVOS, Y NORMAS SOBRE PROVISIONES TÉCNICAS

Artículo 68. Valoración de activos y pasivos. Las entidades aseguradoras y reaseguradoras valorarán los activos y pasivos de acuerdo con las siguientes normas:

1. Los activos se valorarán por el importe por el cual podrían intercambiarse entre partes interesadas y debidamente informadas que realicen una transacción en condiciones de independencia mutua.

2. Los pasivos se valorarán por el importe por el cual podrían transferirse o liquidarse entre partes interesadas y debidamente informadas que realicen una transacción en condiciones de independencia mutua.

3. Al valorar los pasivos con arreglo al apartado 2, no se realizará ajuste alguno para tener en cuenta la solvencia propia de la entidad aseguradora o reaseguradora.

Artículo 69. Provisiones técnicas. 1. Las entidades aseguradoras y reaseguradoras computarán entre sus deudas las provisiones técnicas necesarias para reflejar todas las obligaciones derivadas de contratos de seguro y de reaseguro.

2. El valor de las provisiones técnicas se corresponderá con el importe actual que las entidades aseguradoras y reaseguradoras tendrían que pagar si transfirieran sus obligaciones de seguro y reaseguro de manera inmediata a otra entidad aseguradora o reaseguradora.

3. A efectos del cálculo de las provisiones técnicas se utilizará la información facilitada por los mercados financieros y los datos generalmente disponibles sobre riesgos de suscripción, información con la que el citado cálculo habrá de ser coherente.

4. Las provisiones técnicas se valorarán de forma prudente, fiable y objetiva.

5. Reglamentariamente se determinarán las provisiones técnicas a computar y las técnicas, métodos e hipótesis para su cálculo, así como las condiciones de aplicación del ajuste por casamiento a la estructura temporal de tipos de interés sin riesgo y del ajuste por volatilidad a la estructura temporal de tipos de interés sin riesgo.

6. Cuando la entidad aseguradora o reaseguradora desee aplicar el ajuste por casamiento, a que se refiere el apartado anterior, deberá obtener la autorización previa de la Dirección General de Seguros y Fondos de Pensiones, en los términos y condiciones que se establezcan por la normativa de la Unión Europea de directa aplicación.

El plazo máximo para resolver el procedimiento de la autorización previa y notificación de la resolución es de seis meses. Transcurrido este plazo sin haberse notificado resolución expresa se entenderá desestimada la solicitud presentada.

Artículo 70. Exigencia de incremento del importe de las provisiones técnicas. 1. A requerimiento de la Dirección General de Seguros y Fondos de Pensiones, las entidades aseguradoras y reaseguradoras deberán demostrar la adecuación del nivel de sus provisiones técnicas, así como la aplicabilidad y pertinencia de los métodos empleados, y la idoneidad de los datos estadísticos de base utilizados.

2. En la medida en que el importe y el cálculo de las provisiones técnicas no se atenga a lo previsto en las disposiciones aplicables, la Dirección General de Seguros y Fondos de Pensiones podrá exigir a dichas entidades que incrementen el importe de las provisiones técnicas hasta situarlas en el nivel exigido.

Tales requerimientos no constituirán una medida de control especial de las reguladas en el capítulo II del título VI. Las facultades de supervisión en relación con las provisiones técnicas dentro de un procedimiento de medidas de control especial serán de aplicación sin perjuicio de lo dispuesto en el párrafo anterior.

SECCIÓN 2.ª FONDOS PROPIOS

Artículo 71. Determinación de los fondos propios. 1. Los fondos propios de las entidades aseguradoras y reaseguradoras estarán constituidos por la suma de los fondos propios básicos y los fondos propios complementarios. Reglamentariamente se determinarán los elementos que integran cada uno de ellos.

El importe de cada elemento de los fondos propios complementarios que la entidad desee incluir entre los fondos propios, a efectos de solvencia, reflejará su capacidad de absorción de pérdidas y se basará en hipótesis prudentes y realistas, y estará sujeto a la autorización previa de la Dirección General de Seguros y Fondos de Pensiones en los términos y condiciones que se establezcan en la normativa de la Unión Europea de directa aplicación.

La autorización previa de la Dirección General de Seguros y Fondos de Pensiones aprobará el importe monetario de cada elemento de los fondos propios complementarios, o el método para calcular dicho importe. En este último caso, la autorización se extenderá al importe determinado conforme a este método y además deberá fijar el plazo de validez del mismo.

El plazo máximo para resolver el procedimiento de la autorización previa y notificación de la resolución es de tres meses, salvo que concurran circunstancias excepcionales en cuyo caso se podrá ampliar a seis. Transcurrido este plazo sin haberse notificado resolución expresa se entenderá desestimada la solicitud presentada.

2. Reglamentariamente podrán establecerse los supuestos y las condiciones en las que los fondos excedentarios constituidos por los beneficios acumulados que no se han destinado a ser distribuidos a los tomadores y a los beneficiarios de seguros, y que cumplan los criterios establecidos en él para ser clasificados como fondos propios de nivel 1 conforme al artículo 72, no se considerarán obligaciones derivadas de los contratos de seguros o reaseguros.

Artículo 72. Clasificación de los fondos propios en niveles. 1. Los elementos de los fondos propios se clasifican en tres niveles: nivel 1, nivel 2 y nivel 3. Los criterios de clasificación en estos niveles serán determinados en la normativa de la Unión Europea de directa aplicación.

2. Las entidades aseguradoras y reaseguradoras clasificarán sus fondos propios conforme a los mencionados criterios. A tal fin, se remitirán a la lista de los elementos de los fondos propios regulados en la normativa de la Unión Europea de directa aplicación.

3. Reglamentariamente se determinarán los límites aplicables a los niveles 1, 2 y 3, las obligaciones de las entidades aseguradoras respecto a las clasificaciones de fondos y el procedimiento de autorización por parte de la Dirección

General de Seguros y Fondos de Pensiones para la inclusión de elementos no incorporados a la lista del apartado anterior, sin perjuicio de la normativa de la Unión Europea de directa aplicación.

Artículo 73. Admisibilidad de los fondos propios. 1. Los fondos propios básicos serán computables para la cobertura del capital de solvencia obligatorio y del capital mínimo obligatorio.

2. Los fondos propios complementarios sólo serán computables para la cobertura del capital de solvencia obligatorio. Los fondos propios complementarios no se admitirán para cubrir el capital mínimo obligatorio.

SECCIÓN 3.ª CAPITAL DE SOLVENCIA OBLIGATORIO

Artículo 74. Cálculo del capital de solvencia obligatorio. 1. El capital de solvencia obligatorio se calculará partiendo del principio de continuidad del negocio de la entidad y será igual al valor en riesgo de los fondos propios básicos de una entidad aseguradora o reaseguradora, con un nivel de confianza del 99,5 por ciento, y un horizonte temporal de un año.

2. Las entidades aseguradoras y reaseguradoras calcularán el capital de solvencia obligatorio con una periodicidad mínima anual y comunicarán los resultados de este cálculo a la Dirección General de Seguros y Fondos de Pensiones.

3. Las entidades aseguradoras y reaseguradoras deberán cubrir en todo momento el capital de solvencia obligatorio con los fondos propios, básicos o complementarios, que resulten admisibles.

El importe admisible de fondos propios para la cobertura del capital de solvencia obligatorio será igual a la suma del importe del nivel 1, del importe admisible del nivel 2 y del importe admisible del nivel 3.

4. Reglamentariamente se regulará el cálculo del capital de solvencia obligatorio.

5. Adicionalmente, la entidad aseguradora o reaseguradora estará obligada a remitir, en el plazo de un mes desde que se detectan las variaciones, esta información cuando su perfil de riesgo o sus fondos propios puedan haberse apartado significativamente de las hipótesis en las que se basó la última información aportada a la Dirección General de Seguros y Fondos de Pensiones.

Sin perjuicio de esta obligación, la Dirección General de Seguros y Fondos de Pensiones podrá exigir a la entidad aseguradora o reaseguradora que vuelva a elaborar y presentar nuevos cálculos, en relación con la información que debe remitirse, cuando haya indicios de que el perfil de riesgo de la entidad haya variado significativamente desde la fecha de referencia de la última información presentada.

Artículo 75. Métodos de cálculo del capital de solvencia obligatorio. 1. El capital de solvencia obligatorio podrá calcularse de acuerdo con los métodos siguientes:

a) Mediante el uso de la fórmula estándar, pudiendo aplicarse simplificaciones y parámetros específicos, en su caso.

b) Mediante el uso de modelos internos completos o parciales.

2. La utilización de modelos internos o de parámetros específicos requerirá aprobación administrativa previa, a solicitud de la entidad. El plazo máximo para resolver el procedimiento y notificar la resolución es de seis meses. Transcurrido este plazo sin haberse notificado resolución expresa, se entenderá desestimada la solicitud.

3. Los métodos de cálculo del capital de solvencia obligatorio, los procedimientos de autorización y aplicación, y los efectos de su incumplimiento, se desarrollarán reglamentariamente y por la normativa de la Unión Europea de directa aplicación.

Artículo 76. Exigencia de capital de solvencia obligatorio adicional. Tras las actuaciones de supervisión y con carácter excepcional, la Dirección General de Seguros y Fondos de Pensiones podrá exigir a la entidad aseguradora o reaseguradora supervisada, mediante resolución motivada, un capital adicional. Los supuestos de exigencia de capital adicional, el procedimiento aplicable y los plazos de revisión se desarrollarán reglamentariamente y por la normativa de la Unión Europea de directa aplicación.

Artículo 77. Responsabilidad del órgano de administración en relación con los modelos internos. 1. Los órganos de administración de las entidades aseguradoras y reaseguradoras deberán dar su conformidad expresa a la solicitud de autorización del modelo interno dirigida a la Dirección General de Seguros y Fondos de Pensiones, e igualmente en lo que respecta a la solicitud de autorización de cualquier modificación posterior de ese modelo.

2. Es responsabilidad de los órganos de administración de las entidades implantar los sistemas necesarios que garanticen el permanente buen funcionamiento del modelo interno.

En particular, deberán velar porque el diseño y el funcionamiento del modelo interno sean siempre eficaces, y porque dicho modelo siga reflejando apropiadamente el perfil de riesgo de la entidad.

SECCIÓN 4.ª CAPITAL MÍNIMO OBLIGATORIO

Artículo 78. Capital mínimo obligatorio. 1. Las entidades aseguradoras y reaseguradoras deberán poseer fondos propios básicos admisibles para cubrir el capital mínimo obligatorio, que se corresponderá con el importe de los fondos propios básicos admisibles por debajo del cual los tomadores y los beneficiarios, en caso de continuar las entidades su actividad, estarían expuestos a un nivel de riesgo inaceptable.

El importe admisible de fondos propios básicos para la cobertura del capital mínimo obligatorio será igual a la suma del importe del nivel 1 y del importe admisible de elementos de los fondos propios básicos clasificados en el nivel 2.

2. El capital mínimo obligatorio se calculará como una función lineal de un conjunto o subconjunto de las siguientes variables netas de reaseguro: las provisiones técnicas, las primas devengadas, los capitales en riesgo, los impuestos diferidos y los gastos de administración de la entidad. La función lineal se calibrará en función del valor en riesgo de los fondos propios básicos de una entidad aseguradora o reaseguradora, con un nivel de confianza del 85 por 100, con un horizonte temporal de un año.

3. El capital mínimo obligatorio no será inferior al 25 por 100 ni excederá del 45 por 100 del capital de solvencia obligatorio de la entidad, incluido cualquier capital de solvencia obligatorio adicional exigido.

En todo caso tendrá los siguientes importes mínimos absolutos:

a) 2.700.000 euros cuando se trate de entidades aseguradoras que operen en ramos de seguro distintos del seguro de vida, incluidas las entidades aseguradoras cautivas, excepto cuando estén cubiertos todos o algunos de los riesgos de responsabilidad civil, crédito y caución [ramos 10 a 15 del anexo A).a) de esta Ley], en cuyo caso no será inferior a 4.000.000 euros;

b) 4.000.000 euros en el caso de las entidades aseguradoras que operen en el ramo de vida, incluidas las entidades aseguradoras cautivas;

c) 3.900.000 euros cuando se trate de entidades reaseguradoras, excepto en el caso de las entidades reaseguradoras cautivas, para las que el capital mínimo obligatorio no será inferior a 1.300.000 euros;

d) la suma de los importes fijados en las letras a) y b) cuando se trate de entidades aseguradoras que realicen simultáneamente actividades de seguro de vida y de seguros distintos del de vida.

4. Para las mutuas con régimen de derrama pasiva y las cooperativas, el importe mínimo absoluto del capital mínimo obligatorio será de tres cuartas partes del exigido para las restantes entidades.

Cuando las citadas entidades no operen en los ramos de responsabilidad civil, crédito, caución ni realicen actividad exclusivamente reaseguradora, y su importe anual de primas o cuotas no supere los cinco millones de euros durante tres años consecutivos, el capital mínimo obligatorio no podrá ser inferior a 800.000 euros si operan en el ramo de vida, a 200.000 euros si operan en los ramos de otros daños a los bienes, defensa jurídica o decesos, y a 300.000 euros si operan en los restantes. En caso de que la entidad supere el importe de cinco millones de euros durante tres años consecutivos, con efectos a partir del cuarto año se aplicará el importe mínimo previsto en el párrafo anterior.

No obstante, estarán exentas del importe mínimo absoluto del capital mínimo obligatorio las mutuas acogidas al mencionado régimen cuando no operen en los ramos de vida, responsabilidad civil, crédito o caución ni realicen actividad exclusivamente reaseguradora y su importe anual de primas o cuotas no exceda de 750.000 euros.

5. Para las mutualidades de previsión social que no hayan obtenido la autorización administrativa para operar por ramos, el importe mínimo absoluto del capital mínimo obligatorio será las tres cuartas partes del exigido en el párrafo primero del apartado anterior.

No obstante, para las mutualidades que prevean en sus estatutos la posibilidad de realizar derramas de cuotas o de reducir las prestaciones y cuyo importe anual de cuotas no supere los cinco millones de euros durante tres ejercicios consecutivos, el importe mínimo absoluto del capital mínimo obligatorio será el previsto en el párrafo segundo del apartado anterior. En caso de que la entidad supere el importe de cinco millones de euros durante tres años consecutivos, a partir del cuarto año los importes mínimos serán los establecidos en el párrafo anterior.

Estarán exentas del importe mínimo absoluto del capital mínimo obligatorio las mutualidades de previsión social cuyo objeto exclusivo sea otorgar prestaciones o subsidios de docencia o educación y, en todo caso, aquellas mutualidades de previsión social que no operen por ramos, que prevean en sus estatutos la posibilidad de realizar derramas de cuotas o de reducir las prestaciones, que no cubran riesgos de vida y cuyo importe de cuotas no exceda de 750.000 euros.

A los efectos de este apartado, se asimilarán los riesgos cubiertos por estas mutualidades de previsión social a los ramos de seguros en la forma prevista reglamentariamente para el capital de solvencia obligatorio.

6. Las entidades aseguradoras y reaseguradoras calcularán el capital mínimo obligatorio al menos trimestralmente y comunicarán los resultados de este cálculo a la Dirección General de Seguros y Fondos de Pensiones. No obstante lo anterior, no será necesario calcular trimestralmente el capital de solvencia obligatorio, para la aplicación de los límites previstos en el primer párrafo del apartado 3.

> – Los importes de las letras a), b) y c) del apartado tercero del precepto se actualizan, con efectos de 19 de octubre de 2022, por la **Resolución de 17 de junio de 2022, de la Dirección General de Seguros y Fondos de Pensiones, por la que se publica la actualización de los importes contenidos en los artículos 11 y 78 de la Ley 20/2015, de 14 de julio, de ordenación, supervisión y solvencia de las entidades aseguradoras y reaseguradoras**. En la parte expositiva de la referida Resolución se dispone: *El párrafo primero de la disposición adicional séptima de la Ley 20/2015, de 14 de julio, de ordenación, supervisión y solvencia de las entidades aseguradoras y reaseguradoras establece que los importes expresados en euros en los artículos 11 y 78 se revisarán cada cinco años, modificando su importe inicial en euros en el cambio porcentual de los índices armonizados de precios del consumo de todos los Estados miembros de la Unión Europa con arreglo a lo publicado por Eurostat, a partir del 31 de diciembre de 2015 hasta la fecha de revisión, redondeados al alza a un múltiplo de 100.000 euros. Si el cambio porcentual desde la revisión previa es inferior al cinco por ciento, no se efectuará revisión alguna de los importes. El 19 de octubre de 2021 se publicó en el Diario Oficial de la Unión Europea la Comunicación relativa a la adaptación a la inflación de los importes establecidos en la Directiva 2009/138/CE del Parlamento Europeo y del Consejo, sobre el acceso a la actividad de seguro y de reaseguro y su ejercicio (Solvencia II). Por lo tanto, la primera revisión de los importes se ha llevado a cabo teniendo en cuenta el aumento del índice mencionado en el período comprendido entre el 31 de diciembre de 2015 y el 31 de diciembre de 2020. Mediante esta resolución, cuya habilitación se encuentra contenida el párrafo tercero de la disposición adicional séptima de la Ley 20/2015, de 14 de julio, la Dirección General de Seguros y Fondos de Pensiones da publicidad a la actualización de los siguientes importes, a fin de facilitar su conocimiento y aplicación (...).*

SECCIÓN 5.ª INVERSIONES

Artículo 79. Normas sobre inversiones de las entidades aseguradoras y reaseguradoras. 1. Las entidades aseguradoras y reaseguradoras deberán invertir sus recursos con arreglo al principio de prudencia. Invertirán sólo en activos e instrumentos cuyos riesgos puedan determinar, medir, vigilar, gestionar y controlar debidamente, además de informar adecuadamente de ellos a la Dirección General de Seguros y Fondos de Pensiones. Dichos riesgos se tendrán en cuenta en la evaluación de las necesidades globales de solvencia dentro de la evaluación interna de riesgos y solvencia.

2. Reglamentariamente y mediante normativa de la Unión Europea de directa aplicación se desarrollan las normas sobre inversiones.

Artículo 79 bis. Política de implicación. Las entidades aseguradoras autorizadas para operar en el ramo de vida y las entidades reaseguradoras que cubran obligaciones de seguros de vida, deberán desarrollar y poner en conocimiento del público una política de implicación en la que se describa cómo se implica la entidad como accionista en su estrategia de inversión en sociedades cuyas acciones estén admitidas a negociación en un mercado regulado que esté situado u opere en un Estado miembro, en la forma y con el contenido que se determine reglamentariamente.

– El precepto se añade por el **Real Decreto-ley 3/2020, de 4 de febrero.**

Artículo 79 ter. Estrategia de inversión. Las entidades aseguradoras autorizadas para operar en el ramo de vida y las entidades reaseguradoras que cubran obligaciones de seguros de vida, deberán poner en conocimiento del público, en la forma y con el contenido que se determine reglamentariamente, información relativa a cómo los elementos principales de su estrategia de inversión en sociedades cuyas acciones estén admitidas a negociación en un mercado regulado que esté situado u opere en un Estado miembro, son coherentes con el perfil y la duración de sus pasivos, en particular sus pasivos a largo plazo, y a la manera en que contribuyen al rendimiento a medio y largo plazo de sus activos.

– El precepto se añade por el **Real Decreto-ley 3/2020, de 4 de febrero.**

CAPÍTULO III. INFORMACIÓN PÚBLICA SOBRE LA SITUACIÓN FINANCIERA Y DE SOLVENCIA

Artículo 80. Informe sobre la situación financiera y de solvencia. 1. Las entidades aseguradoras y reaseguradoras publicarán, con carácter anual, un informe sobre su situación financiera y de solvencia. Reglamentariamente se determinará el contenido, la forma y los plazos para la publicación de este informe.

2. Las entidades aseguradoras y reaseguradoras dispondrán de sistemas y estructuras adecuados para cumplir los requisitos exigidos en relación con las obligaciones de información y publicación del informe sobre la situación financiera y de solvencia, y contarán con una política escrita que garantice la adecuación permanente de toda información publicada.

El informe público sobre la situación financiera y de solvencia será aprobado por el órgano de administración de la entidad con carácter previo a su publicación.

Artículo 81. Dispensa de divulgación de información en el informe sobre la situación financiera y de solvencia. 1. La Dirección General de Seguros y Fondos de Pensiones podrá autorizar a las entidades aseguradoras y reaseguradoras la no divulgación de información cuando tal divulgación permita a los competidores de la entidad adquirir indebidamente una ventaja significativa o cuando los compromisos con los tomadores de seguros o con otras contrapartes obliguen a la entidad al secreto o la confidencialidad.

En este caso, las entidades harán una declaración al respecto en su informe sobre la situación financiera y de solvencia e indicarán las razones.

2. Lo indicado en el apartado anterior no se aplicará a la información relativa a la gestión del capital cuyo contenido se desarrollará reglamentariamente.

Artículo 82. Actualizaciones del informe sobre la situación financiera y de solvencia e información voluntaria adicional. 1. Cuando alguna circunstancia importante afecte de forma significativa a la información publicada en el informe sobre la situación financiera y de solvencia, las entidades aseguradoras y reaseguradoras publicarán la oportuna información sobre su naturaleza y sus efectos. Reglamentariamente se determinará qué se considera circunstancia importante y las medidas que la Dirección General de Seguros y Fondos de Pensiones puede adoptar en tales casos.

2. Las entidades aseguradoras y reaseguradoras podrán publicar, con carácter voluntario, cualquier información o explicación referida a su situación financiera y de solvencia cuya publicación no sea preceptiva con arreglo a los artículos 80 y 81 de esta Ley y su reglamento de desarrollo y al apartado 1 de este artículo.

CAPÍTULO IV. OBLIGACIONES CONTABLES

Artículo 83. Contabilidad de las entidades aseguradoras y reaseguradoras. 1. La contabilidad de las entidades aseguradoras y reaseguradoras se regirá por sus normas específicas y, en su defecto, por las establecidas en el Código de Comercio, en el Plan General de Contabilidad y en las demás disposiciones de la legislación mercantil en materia contable.

2. El ejercicio económico de toda clase de entidades aseguradoras y reaseguradoras coincidirá con el año natural.

Reglamentariamente se establecerán las normas específicas de contabilidad a que se refiere el apartado anterior, las obligaciones contables de las entidades aseguradoras, los principios contables de aplicación obligatoria, las normas sobre formulación de cuentas anuales, los criterios de valoración de los elementos integrantes de ellas, así como el régimen de aprobación, verificación, depósito y publicidad de dichas cuentas.

3. El Ministro de Economía y Competitividad, previo informe del Instituto de Contabilidad y Auditoría de Cuentas y de la Junta Consultiva de Seguros y Fondos de Pensiones, podrá dictar las normas específicas de contabilidad a que se refiere el apartado 1, en particular el Plan de contabilidad de las entidades aseguradoras, así como sus modificaciones y normas complementarias.

El Ministro de Economía y Competitividad podrá encomendar a la Dirección General de Seguros y Fondos de Pensiones el desarrollo de las normas específicas de contabilidad de las entidades aseguradoras y reaseguradoras, y su adecuación a las normas internacionales de información financiera que resultaran de aplicación, previo informe del Instituto de Contabilidad y Auditoría de Cuentas y de la Junta Consultiva de Seguros y Fondos de Pensiones.

    – **Real Decreto 1317/2008, de 24 de julio, por el que se aprueba el Plan de contabilidad de las entidades aseguradoras y reaseguradoras y normas sobre** la formulación de las cuentas anuales consolidadas de los grupos de entidades aseguradoras y reaseguradoras.

Artículo 84. Formulación de cuentas consolidadas de los grupos de entidades aseguradoras y reaseguradoras. 1. Será de aplicación a los grupos de entidades aseguradoras y reaseguradoras definidos en el apartado 3 del presente artículo, lo dispuesto en el artículo 43 bis del Código de Comercio.

No obstante lo anterior, cuando conforme a lo dispuesto en el citado artículo, no se apliquen las normas internacionales de información financiera adoptadas por los reglamentos de la Unión Europea, la formulación de las cuentas consolidadas de los grupos de entidades aseguradoras y reaseguradoras se regirá por sus normas específicas y, en su defecto, por las establecidas en el Código de Comercio y en sus disposiciones de desarrollo.

2. La determinación de las normas específicas aplicables para la formulación de cuentas consolidadas de los grupos de entidades aseguradoras y reaseguradoras se realizará conforme a lo previsto en el artículo 83.3. Dicha determinación se efectuará respetando los principios que sobre la presentación de las cuentas de los grupos de sociedades se contienen en el Libro I del Código de Comercio y sus disposiciones de desarrollo, pudiendo introducirse las adaptaciones de obligado cumplimiento que resulten necesarias para los grupos de entidades aseguradoras y reaseguradoras.

3. A los efectos de este artículo, se entenderá por grupo de entidades aseguradoras y reaseguradoras aquel en que se dé alguna de las siguientes circunstancias:

a) La sociedad dominante es una entidad aseguradora o reaseguradora.

b) La sociedad dominante es una entidad cuya actividad principal consista en tener participaciones en entidades aseguradoras o reaseguradoras.

c) Cuando estando integrado por entidades aseguradoras y reaseguradoras y por entidades de otro tipo, la actividad de las primeras sea la más importante del grupo.

El concepto de grupo previsto en el presente artículo a los efectos de la formulación de cuentas consolidadas, es independiente del previsto para la supervisión de grupos en el título V de esta Ley.

— El artículo 43 bis del Real Decreto de 22 de agosto de 1885, por el que se publica el **Código de Comercio,** establece: «*Artículo 43 bis. Las cuentas anuales consolidadas deberán formularse de acuerdo con las siguientes normas: a) Si, a la fecha de cierre del ejercicio alguna de las sociedades del grupo ha* *emitido valores admitidos a cotización en un mercado regulado de cualquier Estado miembro de la Unión Europea, aplicarán las normas internacionales de información financiera adoptadas por los Reglamentos de la Unión Europea. No obstante, también les serán de aplicación los artículos 42, 43 y 49 de este Código. Asimismo, deberán incluir en las cuentas anuales consolidadas la información contenida en las indicaciones 1.ª a 9.ª del artículo 48 de este Código. b) Si, a la fecha de cierre del ejercicio ninguna de las sociedades del grupo ha emitido valores admitidos a cotización en un mercado regulado de cualquier Estado miembro de la Unión Europea, podrán optar por la aplicación de las normas de contabilidad incluidas en este Código y sus disposiciones de desarrollo, o por las normas internacionales de información financiera adoptadas por los Reglamentos de la Unión Europea. Si optan por estas últimas, las cuentas anuales consolidadas deberán elaborarse de manera continuada de acuerdo con las citadas normas, siéndoles igualmente de aplicación lo dispuesto en el último párrafo de la letra a) de este artículo».*

CAPÍTULO V. RÉGIMEN DE PARTICIPACIONES EN ENTIDADES ASEGURADORAS Y REASEGURADORAS

Artículo 85. Obligaciones relativas a la adquisición de participaciones en entidades aseguradoras y reaseguradoras. 1. Toda persona física o jurídica que, por sí sola o actuando de forma concertada con otras, haya adquirido directa o indirectamente, una participación en una entidad aseguradora o reaseguradora, de forma que su porcentaje de capital o de derechos de voto resulte igual o superior al cinco por ciento, siempre que no resulte de aplicación el apartado 2 siguiente, informará en un plazo máximo de diez días hábiles a contar desde el momento de la adquisición por escrito a la Dirección General de Seguros y Fondos de Pensiones y a la entidad participada, indicando la cuantía de la participación alcanzada.

2. Toda persona física o jurídica que, por sí sola o actuando de forma concertada con otra, haya decidido adquirir, directa o indirectamente, incluso en los supuestos de aumento o reducción de capital, fusiones y escisiones, una participación significativa en una entidad aseguradora o reaseguradora o bien incrementar su participación significativa, de modo que la proporción de sus derechos de voto o de participación en el capital llegue a ser igual o superior a los límites del veinte por ciento, treinta por ciento o cincuenta por ciento y también cuando en virtud de la adquisición se pudiera llegar a controlar la entidad aseguradora o reaseguradora, lo notificará previamente por escrito a la Dirección General de Seguros y Fondos de Pensiones, haciendo constar la

cuantía de dicha participación, los términos y condiciones de la adquisición y el plazo máximo en que se pretenda realizar la operación y aportará la documentación que reglamentariamente se establezca.

Esta obligación corresponde también a la entidad aseguradora o reaseguradora de la que se adquiera o aumente la participación significativa referida.

La Dirección General de Seguros y Fondos de Pensiones evaluará la idoneidad de quien se propone adquirir o incrementar la participación y la solidez financiera de la adquisición o del incremento propuesto de acuerdo con los criterios y el procedimiento que se determinen reglamentariamente. La información que se le suministre deberá ser pertinente para la evaluación, y proporcional y adecuada a la naturaleza de quien se propone adquirir o incrementar la participación y a la adquisición propuesta. La Dirección General de Seguros y Fondos de Pensiones podrá oponerse a la adquisición o formular objeciones a la misma.

3. A efectos de determinar si existe una participación significativa en una entidad aseguradora o reaseguradora, no se tendrán en cuenta los derechos de voto o el porcentaje de capital resultante del aseguramiento de una emisión o de una colocación de instrumentos financieros ni de la colocación de instrumentos financieros basada en un compromiso firme, siempre que dichos derechos no se ejerzan para intervenir en la administración del emisor y se cedan en el plazo de un año desde su adquisición. Reglamentariamente se regularán las acciones, aportaciones y derechos de voto a integrar en el cómputo de una participación.

En cualquier caso, se entiende por influencia notable la posibilidad de nombrar o destituir a algún miembro del órgano de administración de la entidad aseguradora.

4. Lo dispuesto en este artículo para las entidades aseguradoras y reaseguradoras se entenderá sin perjuicio de la aplicación de las normas sobre ofertas públicas de adquisición e información sobre participaciones significativas contenidas en la Ley 24/1988, de 28 de julio, del Mercado de Valores y en sus normas de desarrollo y sin perjuicio de la aplicación de las normas sobre control de concentraciones económicas contenidas en la Ley 15/2007, de 3 de julio, de Defensa de la Competencia.

> – La Ley 24/1988, de 28 de julio, del Mercado de Valores ha sido derogada por el Real Decreto Legislativo 4/2015, de 23 de octubre, por el que se aprueba el texto refundido de la Ley del Mercado de Valores, que también ha sido dero-

gado por la **Ley 6/2023, de 17 de marzo, de los Mercados de Valores y de los Servicios de Inversión.**

– **Ley 15/2007, de 3 de julio, de Defensa de la Competencia** (arts. 7 a 10 y arts. 55 a 60).

– **Orden ECC/664/2016, de 27 de abril, por la que se aprueba la lista de información a remitir en supuestos de adquisición o incremento de participaciones significativas en entidades aseguradoras y reaseguradoras y por quienes pretendan desempeñar cargos de dirección efectiva o funciones que integran el sistema de gobierno en entidades aseguradoras, reaseguradoras y en los grupos de entidades aseguradoras y reaseguradoras.**

Artículo 86. Efectos del incumplimiento. 1. Cuando se efectúe una de las adquisiciones o incrementos regulados en el artículo 85, sin haber notificado previamente a la Dirección General de Seguros y Fondos de Pensiones o, habiéndole notificado, no hubiera transcurrido el plazo previsto reglamentariamente, o si mediara la oposición expresa de la Dirección General de Seguros y Fondos de Pensiones, se producirán los siguientes efectos:

a) No se podrán ejercer los derechos políticos correspondientes a las participaciones adquiridas irregularmente. Si llegaran a ejercerse, los correspondientes votos serán nulos y los acuerdos serán impugnables conforme a lo previsto en el capítulo IX del título V del texto refundido de la Ley de Sociedades de Capital, aprobado por el Real Decreto Legislativo 1/2010, de 2 de julio, para lo que estará legitimada la Dirección General de Seguros y Fondos de Pensiones.

b) Si fuera preciso, se adoptarán sobre la entidad aseguradora o reaseguradora alguna o algunas de las medidas de control especial previstas en los artículos 160 a 163.

c) Además, se impondrán las sanciones administrativas que correspondan conforme a lo dispuesto en el capítulo II del título VIII.

2. Cuando se acredite que los titulares de una participación significativa ejercen una influencia que vaya en detrimento de la gestión sana y prudente de una entidad aseguradora o reaseguradora, que dañe gravemente su situación financiera, o que hayan dejado de ser idóneos de forma sobrevenida, podrán adoptarse alguna o algunas de las medidas previstas en el apartado anterior, si bien la suspensión de los derechos de voto no podrá exceder de tres años. Con carácter excepcional, el Ministro de Economía y Competitividad, a propuesta

de la Dirección General de Seguros y Fondos de Pensiones, podrá revocar la autorización.

> – Los artículos 204 a 208 del **texto refundido de la Ley de Sociedades de Capital, aprobado por el Real Decreto Legislativo 1/2010, de 2 de julio,** establecen:
>
> *«Artículo 204, Acuerdos impugnables. 1. Son impugnables los acuerdos sociales que sean contrarios a la Ley, se opongan a los estatutos o al reglamento de la junta de la sociedad o lesionen el interés social en beneficio de uno o varios socios o de terceros. La lesión del interés social se produce también cuando el acuerdo, aun no causando daño al patrimonio social, se impone de manera abusiva por la mayoría. Se entiende que el acuerdo se impone de forma abusiva cuando, sin responder a una necesidad razonable de la sociedad, se adopta por la mayoría en interés propio y en detrimento injustificado de los demás socios. 2. No será procedente la impugnación de un acuerdo social cuando haya sido dejado sin efecto o sustituido válidamente por otro adoptado antes de que se hubiera interpuesto la demanda de impugnación. Si la revocación o sustitución hubiera tenido lugar después de la interposición, el juez dictará auto de terminación del procedimiento por desaparición sobrevenida del objeto. Lo dispuesto en este apartado se entiende sin perjuicio del derecho del que impugne a instar la eliminación de los efectos o la reparación de los daños que el acuerdo le hubiera ocasionado mientras estuvo en vigor. 3. Tampoco procederá la impugnación de acuerdos basada en los siguientes motivos: a) La infracción de requisitos meramente procedimentales establecidos por la Ley, los estatutos o los reglamentos de la junta y del consejo, para la convocatoria o la constitución del órgano o para la adopción del acuerdo, salvo que se trate de una infracción relativa a la forma y plazo previo de la convocatoria, a las reglas esenciales de constitución del órgano o a las mayorías necesarias para la adopción de los acuerdos, así como cualquier otra que tenga carácter relevante. b) La incorrección o insuficiencia de la información facilitada por la sociedad en respuesta al ejercicio del derecho de información con anterioridad a la junta, salvo que la información incorrecta o no facilitada hubiera sido esencial para el ejercicio razonable por parte del accionista o socio medio, del derecho de voto o de cualquiera de los demás derechos de participación. c) La participación en la reunión de personas no legitimadas, salvo que esa participación hubiera sido determinante para la constitución del órgano. d) La invalidez de uno o varios votos o el cómputo erróneo de los emitidos, salvo que el voto inválido o el error de cómputo hubieran sido determinantes para la consecución de la mayoría exigible. Presentada la demanda, la cuestión sobre el carácter esencial o determinante de los motivos de impugnación previstos en este apartado se planteará como cuestión incidental de previo pronunciamiento».*

«Artículo 205. Caducidad de la acción de impugnación. 1. La acción de impugnación de los acuerdos sociales caducará en el plazo de un año, salvo que tenga por objeto acuerdos que por sus circunstancias, causa o contenido resultaren contrarios al orden público, en cuyo caso la acción no caducará ni prescribirá. 2. El plazo de caducidad se computará desde la fecha de adopción del acuerdo si hubiera sido adoptado en junta de socios o en reunión del consejo de administración, y desde la fecha de recepción de la copia del acta si el acuerdo hubiera sido adoptado por escrito. Si el acuerdo se hubiera inscrito, el plazo de caducidad se computará desde la fecha de oponibilidad de la inscripción».

«Artículo 206. Legitimación para impugnar. 1. Para la impugnación de los acuerdos sociales están legitimados cualquiera de los administradores, los terceros que acrediten un interés legítimo y los socios que hubieran adquirido tal condición antes de la adopción del acuerdo, siempre que representen, individual o conjuntamente, al menos el uno por ciento del capital. Los estatutos podrán reducir los porcentajes de capital indicados y, en todo caso, los socios que no los alcancen tendrán derecho al resarcimiento del daño que les haya ocasionado el acuerdo impugnable. 2. Para la impugnación de los acuerdos que sean contrarios al orden público estará legitimado cualquier socio, aunque hubieran adquirido esa condición después del acuerdo, administrador o tercero. 3. Las acciones de impugnación deberán dirigirse contra la sociedad. Cuando el actor tuviese la representación exclusiva de la sociedad y la junta no tuviese designado a nadie a tal efecto, el juez que conozca de la impugnación nombrará la persona que ha de representarla en el proceso, entre los socios que hubieren votado a favor del acuerdo impugnado. 4. Los socios que hubieren votado a favor del acuerdo impugnado podrán intervenir a su costa en el proceso para mantener su validez. 5. No podrá alegar defectos de forma en el proceso de adopción del acuerdo quien habiendo tenido ocasión de denunciarlos en el momento oportuno, no lo hubiera hecho».

«Artículo 207. Procedimiento de impugnación. 1. Para la impugnación de los acuerdos sociales, se seguirán los trámites del juicio ordinario y las disposiciones contenidas en la Ley de Enjuiciamiento Civil. 2. En el caso de que fuera posible eliminar la causa de impugnación, el juez, a solicitud de la sociedad demandada, otorgará un plazo razonable para que aquella pueda ser subsanada».

«Artículo 208. Sentencia estimatoria de la impugnación. 1. La sentencia firme que declare la nulidad de un acuerdo inscribible habrá de inscribirse en el Registro Mercantil. El «Boletín Oficial del Registro Mercantil» publicará un extracto. 2. En el caso de que el acuerdo impugnado estuviese inscrito en el Registro Mercantil, la sentencia determinará además la cancelación de su inscripción, así como la de los asientos posteriores que resulten contradictorios con ella».

Artículo 87. Obligaciones relativas a la reducción de una participación significativa en una entidad aseguradora o reaseguradora. 1. Toda persona física o jurídica que haya decidido dejar de tener, directa o indirectamente, una participación significativa en alguna entidad aseguradora o reaseguradora, lo notificará previamente por escrito a la Dirección General de Seguros y Fondos de Pensiones y comunicará la cuantía prevista de la disminución de su participación. Dicha persona deberá también notificar a la Dirección General de Seguros y Fondos de Pensiones si ha decidido reducir su participación significativa, de tal forma que el porcentaje de derechos de voto o capital poseído resulte inferior al veinte, treinta o cincuenta por ciento o bien que pudiera llegar a perder el control de la entidad aseguradora o reaseguradora.

Esta obligación corresponde también a la entidad aseguradora o reaseguradora de la que se disminuya o deje de tener la participación significativa referida.

2. El incumplimiento de este deber de información será sancionado según lo previsto en el capítulo II del título VIII.

Artículo 88. Obligaciones de información adicionales. Las entidades aseguradoras comunicarán, al tiempo de presentar su información periódica, y también cuando sean requeridas al efecto por la Dirección General de Seguros y Fondos de Pensiones, la identidad de los accionistas o socios que posean participaciones significativas, la cuantía de dichas participaciones y las alteraciones que se produzcan en el accionariado. En particular, los datos sobre participación significativa se obtendrán de la junta general anual de accionistas o socios, o de la información recibida en virtud de las obligaciones derivadas de la Ley 24/1988, de 28 de julio, del Mercado de Valores.

> – La Ley 24/1988, de 28 de julio, del Mercado de Valores ha sido derogada por el Real Decreto Legislativo 4/2015, de 23 de octubre, por el que se aprueba el texto refundido de la Ley del Mercado de Valores, que también ha sido derogado por la **Ley 6/2023, de 17 de marzo, de los Mercados de Valores y de los Servicios de Inversión.**

> – **Orden ECC/664/2016, de 27 de abril,** por la que se aprueba la lista de información a remitir en supuestos de adquisición o incremento de participaciones significativas en entidades aseguradoras y reaseguradoras y por quienes pretendan desempeñar cargos de dirección efectiva o funciones que integran el sistema de gobierno en entidades aseguradoras, reaseguradoras y en los grupos de entidades aseguradoras y reaseguradoras.

CAPÍTULO VI. OPERACIONES SOCIETARIAS

SECCIÓN 1.ª CESIÓN DE CARTERA

Artículo 89. Cesión de cartera entre entidades aseguradoras. 1. Corresponderá al Ministro de Economía y Competitividad autorizar la operación de cesión de cartera entre entidades aseguradoras.

2. La solicitud de autorización deberá ser resuelta dentro de los seis meses siguientes a su recepción en la Dirección General de Seguros y Fondos de Pensiones, o al momento en que se complete la documentación exigible y, en todo caso, dentro de los doce meses siguientes a su recepción. Cuando la solicitud no sea resuelta en el plazo anterior, podrá entenderse desestimada. Reglamentariamente se establecerá el procedimiento de autorización así como las consecuencias que la cesión de cartera produzca.

3. La cesión de cartera de contratos de seguro entre entidades aseguradoras podrá ser:

a) Parcial, cuando comprenda un conjunto de pólizas dentro de uno o más ramos, agrupadas atendiendo a un criterio objetivo que habrá de quedar determinado claramente en el convenio de cesión con las condiciones que se establezcan reglamentariamente.

b) Total, cuando comprenda la totalidad de las pólizas correspondientes a uno o más ramos. En este caso, la autorización de la cesión declarará la revocación a la entidad cedente de la autorización administrativa para operar en el ramo o ramos cedidos.

SECCIÓN 2.ª MODIFICACIONES ESTRUCTURALES

Artículo 90. Modificaciones estructurales. 1. Corresponderá al Ministro de Economía y Competitividad autorizar las operaciones de transformación, fusión, cesión global de activo y pasivo o escisión, en las que intervenga una entidad aseguradora, o cualquier acuerdo que tenga efectos económicos o jurídicos análogos a los anteriores. A estos efectos, y con carácter previo a la concesión de la autorización, se solicitará informe al Banco de España, al Servicio Ejecutivo de la Comisión de Prevención del Blanqueo de Capitales e Infracciones Monetarias y a la Comisión Nacional del Mercado de Valores, en los aspectos de su competencia.

2. La solicitud de autorización deberá ser resuelta dentro de los seis meses siguientes a su recepción en la Dirección General de Seguros y Fondos de

Pensiones, o al momento en que se complete la documentación exigible y, en todo caso, dentro de los doce meses siguientes a su recepción. Cuando la solicitud no sea resuelta en el plazo anterior, podrá entenderse desestimada. Reglamentariamente se establecerá el resto de los términos del procedimiento de autorización.

3. En todo lo no regulado expresamente en esta Ley y en su reglamento de desarrollo, y en la medida en que no se oponga a ella, se aplicará a la transformación, fusión, cesión global de activo y pasivo, y escisión de entidades aseguradoras, la normativa mercantil y, en concreto, lo dispuesto en la Ley 3/2009, de 3 de abril, sobre modificaciones estructurales de las sociedades mercantiles, y en los supuestos que resulte de aplicación, la legislación de cooperativas.

4. En todo lo no regulado expresamente en esta Ley, y en la medida en que no se oponga a ella, se aplicará a la fusión, cesión global de activo y pasivo, y escisión de entidades reaseguradoras la normativa mercantil y, en concreto, lo dispuesto en la Ley 3/2009, de 3 de abril, sobre modificaciones estructurales de las sociedades mercantiles.

> – La Ley 3/2009, de 3 de abril, sobre modificaciones estructurales de las socie-dades mercantiles ha sido derogada por el **Real Decreto-ley 5/2023, de 28 de junio, por el que se adoptan y prorrogan determinadas medidas de respuesta a las consecuencias económicas y sociales de la Guerra de Ucrania, de apoyo a la reconstrucción de la isla de La Palma y a otras situaciones de vulnera-bilidad; de transposición de Directivas de la Unión Europea en materia de modificaciones estructurales de sociedades mercantiles y conciliación de la vida familiar y la vida profesional de los progenitores y los cuidadores; y de ejecución y cumplimiento del Derecho de la Unión Europea.**

Artículo 91. Supuestos excepcionales de modificaciones estructurales.
Excepcionalmente, el Ministro de Economía y Competitividad podrá autorizar la transformación, fusión, cesión global de activo y pasivo, y escisión de entidades aseguradoras en supuestos distintos a los previstos reglamentariamente cuando, atendidas las singulares circunstancias que concurran en la entidad aseguradora que lo solicite, se obtenga un desarrollo más adecuado de la actividad por la entidad aseguradora afectada, siempre que ello no menoscabe sus garantías financieras, los derechos de los asegurados y la transparencia en la asunción de las obligaciones derivadas de los contratos de seguro.

SECCIÓN 3.ª MODIFICACIONES ESTATUTARIAS

Artículo 92. Modificaciones estatutarias. Deberán ser comunicadas a la Dirección General de Seguros y Fondos de Pensiones las modificaciones de los estatutos que por su objeto deban constar en el registro administrativo especial.

La comunicación a la Dirección General de Seguros y Fondos de Pensiones deberá efectuarse dentro de los diez días hábiles siguientes a la adopción del acuerdo de modificación estatutaria.

SECCIÓN 4.ª AGRUPACIONES Y UNIONES TEMPORALES DE ENTIDADES ASEGURADORAS O REASEGURADORAS

Artículo 93. Agrupaciones de interés económico y uniones temporales de entidades aseguradoras o reaseguradoras. 1. Las entidades aseguradoras y reaseguradoras podrán constituir agrupaciones de interés económico y uniones temporales de empresas, en este último caso exclusivamente entre sí, con arreglo a la legislación general que las regula y con sometimiento al control de la Dirección General de Seguros y Fondos de Pensiones, además del que prevé dicha legislación.

2. Excepcionalmente, la Dirección General de Seguros y Fondos de Pensiones podrá autorizar uniones temporales de empresas en las que se integren entidades aseguradoras o reaseguradoras con otras que no lo sean cuando, atendidas las singulares circunstancias que concurran en la entidad aseguradora o reaseguradora que solicite la unión temporal se obtenga un desarrollo más adecuado de la actividad por la entidad, siempre que ello no menoscabe sus garantías financieras, los derechos de los asegurados y la transparencia en la asunción de las obligaciones derivadas de los contratos de seguro.

CAPÍTULO VII. CONDUCTAS DE MERCADO

SECCIÓN 1.ª PÓLIZAS Y TARIFAS

Artículo 94. Tarifas de primas y bases técnicas. 1. Las tarifas de primas deberán fundamentarse en bases técnicas y en información estadística elaborada de acuerdo con lo dispuesto en esta Ley y en sus normas de desarrollo. Deberán ser suficientes, según hipótesis actuariales razonables, para permitir a la entidad aseguradora satisfacer el conjunto de las obligaciones derivadas de los contratos de seguro y, en particular, constituir las provisiones técnicas adecuadas.

En el cálculo de las tarifas, dentro del ámbito de aplicación de la Directiva 2004/113/CE, del Consejo, por la que se aplica el principio de igualdad de trato entre hombres y mujeres en el acceso a bienes y servicios y su suministro, no podrán establecerse diferencias de trato entre mujeres y hombres en las primas y prestaciones de las personas aseguradas, cuando las mismas consideren el sexo como factor de cálculo. En ningún caso, los costes relacionados con el embarazo y el parto justificarán diferencias en las primas y en las prestaciones de las personas consideradas individualmente.

Se exceptúan de lo dispuesto en el párrafo anterior los contratos de seguro vinculados a una relación laboral, en los cuales se permite la diferenciación en las primas y prestaciones cuando esté justificada por factores actuariales.

Asimismo deberán respetar los principios de equidad, indivisibilidad e invariabilidad.

2. Las tarifas de primas responderán al régimen de libertad de competencia en el mercado de seguros sin que, a estos efectos, tenga el carácter de práctica restrictiva de la competencia la utilización de estadísticas comunes, por parte de las entidades aseguradoras y reaseguradoras, para la elaboración individual de sus tarifas de primas de riesgo, siempre y cuando dichas estadísticas se elaboren de conformidad con los reglamentos de la Unión Europea dictados para la aplicación del artículo 101.3 del Tratado de Funcionamiento de la Unión Europea.

Artículo 95. Control de las pólizas, tarifas y documentación técnica de la actividad. 1. Las condiciones contractuales y modelos de pólizas, las tarifas de primas y las bases técnicas no estarán sujetas a autorización administrativa ni deberán ser objeto de remisión sistemática a la Dirección General de Seguros y Fondos de Pensiones.

No obstante, la Dirección General de Seguros y Fondos de Pensiones podrá requerir la presentación, siempre que lo entienda pertinente, de las condiciones contractuales, los modelos de pólizas, las tarifas de primas y las bases técnicas de las entidades aseguradoras, así como de los modelos de contratos, primas y cualquier otra documentación relacionada con la actividad reaseguradora, para controlar si respetan los principios actuariales, las disposiciones contenidas en esta Ley y sus normas de desarrollo y las reguladoras del contrato de seguro.

La exigencia contenida en el párrafo precedente no podrá constituir para la entidad aseguradora o reaseguradora condición previa para el ejercicio de su actividad.

2. Las entidades aseguradoras y reaseguradoras tendrán a disposición de la Dirección General de Seguros y Fondos de Pensiones la documentación a que se refiere este artículo en su domicilio social.

SECCIÓN 2.ª DEBER DE INFORMACIÓN

Artículo 96. Deber general de información al tomador de seguro. 1. Antes de celebrar un contrato de seguro, la entidad aseguradora deberá informar por escrito al tomador sobre el Estado miembro y la autoridad a los que corresponde el control de la actividad de la propia entidad aseguradora, extremo que deberá, asimismo, figurar en la póliza y en cualquier otro documento en que se formalice todo contrato de seguro. Asimismo se deberá suministrar al tomador toda la información establecida en el reglamento de desarrollo de la Ley.

2. Antes de celebrar un contrato de seguro distinto al seguro de vida, si el tomador es una persona física, o cualquier contrato de seguro de vida, la entidad aseguradora deberá informar por escrito al tomador sobre la legislación aplicable al contrato, sobre las disposiciones relativas a las reclamaciones que puedan formularse y sobre los demás extremos que se determinen reglamentariamente.

3. En los seguros de vida en que el tomador asume el riesgo de la inversión se informará de forma clara y precisa acerca de que el importe que se va a percibir depende de fluctuaciones en los mercados financieros, ajenos al control del asegurador y cuyos resultados históricos no son indicadores de resultados futuros.

En aquellas modalidades de seguro de vida en las que el tomador no asuma el riesgo de la inversión se informará de la rentabilidad esperada de la operación considerando todos los costes. Las modalidades a las que resulta aplicable así como la metodología de cálculo de la rentabilidad esperada se determinarán reglamentariamente.

4. Antes de la celebración de un contrato de seguro de decesos o seguro de enfermedad, en cualquiera de sus modalidades de cobertura, la entidad aseguradora deberá informar por escrito al tomador del seguro sobre los criterios a

aplicar para la renovación de la póliza y actualización de las primas en periodos sucesivos, en los términos que se determinen reglamentariamente.

5. Durante todo el período de vigencia del contrato de seguro sobre la vida, la entidad aseguradora deberá informar al tomador de las modificaciones de la información inicialmente suministrada y, asimismo, sobre la situación de su participación en beneficios, en los términos y plazos que reglamentariamente se determinen.

6. Dicha información será accesible, facilitándose en los formatos y canales adecuados a las necesidades de las personas con discapacidad, de forma que puedan acceder efectivamente a su contenido sin discriminaciones y en igualdad de condiciones.

> – **Orden ECC/2329/2014, de 12 de diciembre, por la que se regula el cálculo de la rentabilidad esperada de las operaciones de seguro de vida.**

SECCIÓN 3.ª MECANISMOS DE SOLUCIÓN DE CONFLICTOS. OTRAS DISPOSICIONES

Artículo 97. Mecanismos de solución de conflictos. 1. Los conflictos que puedan surgir entre tomadores de seguro, asegurados, beneficiarios, terceros perjudicados o derechohabientes de cualesquiera de ellos con entidades aseguradoras se resolverán por los jueces y tribunales competentes.

2. Asimismo, podrán someter voluntariamente sus divergencias a decisión arbitral en los términos de los artículos 57 y 58 del texto refundido de la Ley General para la Defensa de los Consumidores y Usuarios y otras leyes complementarias, aprobado por el Real Decreto Legislativo 1/2007, de 16 de noviembre.

3. Igualmente, podrán someter sus divergencias a un mediador en los términos previstos en la Ley 5/2012, de 6 de julio, de mediación en asuntos civiles y mercantiles.

4. En cualquier caso, y salvo aquellos supuestos en que la legislación de protección de los consumidores y usuarios lo impida, también podrán someter a arbitraje las cuestiones litigiosas, surgidas o que puedan surgir, en materia de libre disposición conforme a derecho, en los términos de la Ley 60/2003, de 23 de diciembre, de Arbitraje.

5. En los términos previstos en la normativa vigente sobre protección de clientes de servicios financieros, contenida en la Ley 44/2002, de 22 de noviembre, de Medidas de Reforma del Sistema Financiero, y en sus normas

de desarrollo, las entidades aseguradoras estarán obligadas a atender y resolver las quejas y reclamaciones que los tomadores, asegurados, beneficiarios, terceros perjudicados o derechohabientes de cualesquiera de ellos puedan presentar, relacionados con sus intereses y derechos legalmente reconocidos. A estos efectos, las entidades deberán contar con un departamento o servicio de atención al cliente encargado de atender y resolver las quejas y reclamaciones.

– La Disposición Adicional Séptima de la **Ley Orgánica 1/2025, de 2 de enero, de medidas en materia de eficiencia del Servicio Público de Justicia**, establece: *Disposición adicional séptima. Litigios en materia de consumo. En los litigios en que se ejerciten acciones individuales promovidas por consumidores o usuarios, se entenderá cumplido el requisito de procedibilidad por la reclamación extrajudicial previa a la empresa o profesional con el que hubieran contratado, sin haber obtenido una respuesta en el plazo establecido por la legislación especial aplicable, o cuando la misma no sea satisfactoria, y sin perjuicio de que puedan acudir a cualquiera de los medios adecuados de solución de controversias, tanto los previstos en legislación especial en materia de consumo, como los generales previstos en la presente ley.*

Se entenderá también cumplido el requisito de procedibilidad con la resolución de las reclamaciones presentadas por los usuarios de los servicios financieros ante el Banco de España, la Comisión Nacional del Mercado de Valores y la Dirección General de Seguros y Fondos de Pensiones en los términos establecidos por el artículo 30 de la Ley 44/2002, de 22 de noviembre, de Medidas de Reforma del Sistema Financiero, o por haber acudido a alguno de los procedimientos a que se refiere la Ley 7/2017, de 2 de noviembre, por la que se incorpora al ordenamiento jurídico español la Directiva 2013/11/UE, del Parlamento Europeo y del Consejo, de 21 de mayo de 2013, relativa a la resolución alternativa de litigios en materia de consumo, o los que pudieran haber sido establecidos en normativa sectorial en desarrollo de la misma.

– Los artículos 57 y 58 del **Real Decreto Legislativo 1/2007, de 16 de noviembre, por el que se aprueba el texto refundido de la Ley General para la Defensa de los Consumidores y Usuarios y otras leyes complementarias**, establecen:

«*Artículo 57. Sistema Arbitral del Consumo. 1. El Sistema Arbitral del Consumo es el sistema extrajudicial de resolución de resolución de conflictos entre los consumidores y usuarios y los empresarios a través del cual, sin formalidades especiales y con carácter vinculante y ejecutivo para ambas partes, se resuelven las reclamaciones de los consumidores y usuarios, siempre que el conflicto no verse sobre intoxicación, lesión o muerte o existan indicios racionales de delito. 2. La organización, gestión y administración del Sistema Arbitral de Consu-*

*mo y el procedimiento de resolución de los conflictos, se establecerá reglamen-
tariamente por el Gobierno. En dicho reglamento podrá preverse la decisión en
equidad, salvo que las partes opten expresamente por el arbitraje de derecho,
el procedimiento a través del cual se administrará el arbitraje electrónico, los
supuestos en que podrá interponerse una reclamación ante la Junta Arbitral
Nacional frente a las resoluciones de las Juntas arbitrales territoriales sobre
admisión o inadmisión de las solicitudes de arbitraje y los casos en que actuará
un árbitro único en la administración del arbitraje de consumo. 3. Los órganos
arbitrales estarán integrados por representantes de los sectores empresariales
interesados, de las organizaciones de consumidores y usuarios y de las Administraciones públicas. 4. No serán vinculantes para los consumidores los convenios arbitrales suscritos con un empresario antes de surgir el conflicto. La
suscripción de dicho convenio, tendrá para el empresario la consideración de
aceptación del arbitraje para la solución de las controversias derivadas de la
relación jurídica a la que se refiera, siempre que el acuerdo de sometimiento
reúna los requisitos exigidos por las normas aplicables».*

*«Artículo 58. Sumisión al Sistema Arbitral del Consumo. 1. La sumisión de las
partes al Sistema Arbitral del Consumo será voluntaria y deberá constar expresamente, por escrito, por medios electrónicos o en cualquier otra forma
admitida legalmente que permita tener constancia del acuerdo. 2. Quedarán
sin efecto los convenios arbitrales y las ofertas públicas de adhesión al arbitraje
de consumo formalizados por quienes sean declarados en concurso de acreedores. A tal fin, el auto de declaración de concurso será notificado al órgano a
través del cual se hubiere formalizado el convenio y a la Junta Arbitral Nacional, quedando desde ese momento el deudor concursado excluido a todos los
efectos del Sistema Arbitral de Consumo».*

– El artículo 140 del **Real Decreto Legislativo 1/2020, de 5 de mayo, por el que
se aprueba el texto refundido de la Ley Concursal**, establece: *1. La declaración
de concurso, por sí sola, no afectará a la vigencia de los pactos de mediación
ni a los convenios arbitrales suscritos por el deudor. 2. Los procedimientos de
mediación y los procedimientos arbitrales en tramitación a la fecha de la declaración de concurso continuarán hasta la terminación de la mediación o hasta
la firmeza del laudo arbitral. La representación y defensa del concursado en
estos procedimientos se regirá por lo establecido para los juicios declarativos
en el capítulo I de este título. 3. El juez del concurso, de oficio o a solicitud
del concursado, en caso de intervención, o de la administración concursal, en
caso de suspensión, podrá acordar, antes de que comience el procedimiento
de mediación o de que se inicie el procedimiento arbitral, la suspensión de los
efectos de esos pactos o de esos convenios, si entendiera que pudieran suponer
un perjuicio para la tramitación del concurso. Queda a salvo lo establecido en*

los tratados internacionales. 4. En caso de fraude, la administración concursal podrá impugnar ante el juez del concurso los pactos de mediación y los convenios y procedimientos arbitrales.

Artículo 98. Publicidad. 1. Las entidades aseguradoras podrán hacer publicidad de sus servicios a través de todos los medios de comunicación respetando siempre lo dispuesto en la Ley 34/1988, de 11 de noviembre, General de Publicidad, y disposiciones de desarrollo, así como a las normas precisas para su adaptación a las entidades aseguradoras recogidas en el reglamento de desarrollo de esta Ley.

2. La Dirección General de Seguros y Fondos de Pensiones podrá aprobar mediante circulares, de acuerdo con lo recogido en el artículo 17.2, normas especiales en materia de publicidad de las actividades contempladas en esta Ley.

3. La Dirección General de Seguros y Fondos de Pensiones ejercerá las acciones procedentes con objeto de conseguir la cesación o rectificación de la publicidad que resulte contraria a las disposiciones a que se refieren los apartados anteriores, sin perjuicio de las sanciones que resulten aplicables de acuerdo con el capítulo II del título VIII.

Artículo 99. Protección de datos de carácter personal. 1. Las entidades aseguradoras podrán tratar los datos de los tomadores, asegurados, beneficiarios o terceros perjudicados, así como de sus derechohabientes sin necesidad de contar con su consentimiento a los solos efectos de garantizar el pleno desenvolvimiento del contrato de seguro y el cumplimiento de las obligaciones establecidas en esta Ley y en sus disposiciones de desarrollo.

El tratamiento de los datos de las personas antes indicadas para cualquier finalidad distinta de las especificadas en el párrafo anterior deberá contar con el consentimiento específico de los interesados.

2. Las entidades aseguradoras podrán tratar sin consentimiento del interesado los datos relacionados con su salud en los siguientes supuestos:

a) Para la determinación de la asistencia sanitaria que hubiera debido facilitarse al perjudicado, así como la indemnización que en su caso procediera, cuando las mismas hayan de ser satisfechas por la entidad.

b) Para el adecuado abono a los prestadores sanitarios o el reintegro al asegurado o sus beneficiarios de los gastos de asistencia sanitaria que se hubieran llevado a cabo en el ámbito de un contrato de seguro de asistencia sanitaria.

El tratamiento de los datos se limitará en estos casos a aquellos que resulten imprescindibles para el abono de la indemnización o la prestación derivada del contrato de seguro. Los datos no podrán ser objeto de tratamiento para ninguna otra finalidad, sin perjuicio de las obligaciones de información establecidas en esta Ley.

Las entidades aseguradoras deberán informar al asegurado, beneficiario o al tercero perjudicado acerca del tratamiento y, en su caso, de la cesión de los datos de salud, en los términos previstos en el artículo 5 de la Ley Orgánica 15/1999, de 13 de diciembre, de Protección de Datos de Carácter Personal salvo que, tratándose de seguros colectivos, tal obligación sea asumida contractualmente por el tomador.

3. Las entidades aseguradoras que formen parte de un grupo a los efectos previstos en el título V podrán intercambiar, sin necesidad de contar con el consentimiento del interesado, los datos de carácter personal que resulten necesarios para el cumplimiento de las obligaciones de supervisión establecidas en esta Ley. Los datos no podrán utilizarse para ninguna otra finalidad si no se contase con el consentimiento específico del interesado para ello.

4. Las entidades aseguradoras, o en su caso, reaseguradoras, podrán comunicar a sus entidades reaseguradoras, sin consentimiento del tomador del seguro, asegurado, beneficiario o tercero perjudicado, los datos que sean estrictamente necesarios para la celebración del contrato de reaseguro en los términos previstos en el artículo 77 de la Ley 50/1980, de 8 de octubre, de Contrato de Seguro o la realización de las operaciones conexas, entendiéndose por tales la realización de estudios estadísticos o actuariales, análisis de riesgos o investigaciones para sus clientes, así como cualquier otra actividad relacionada o derivada de la actividad reaseguradora.

La cesión de dichos datos para cualquier finalidad distinta de las establecidas en el párrafo anterior requerirá el consentimiento del interesado.

5. Las entidades que desarrollasen por cuenta de entidades aseguradoras actividades objeto de externalización tendrán la consideración de encargadas del tratamiento, debiendo sujetarse al régimen previsto para las mismas en la Ley Orgánica 15/1999, de 13 de diciembre, y su normativa de desarrollo.

6. En los supuestos de cesión de cartera previstos en esta Ley, así como en los de transformación, fusión o escisión de entidades aseguradoras a los que la misma se refiere, no se producirá cesión de datos, sin perjuicio del cumplimiento por el responsable de lo dispuesto en el artículo 5 de la Ley Orgánica 15/1999, de 13 de diciembre.

7. Las entidades aseguradoras podrán establecer ficheros comunes que contengan datos de carácter personal para la liquidación de siniestros y la colaboración estadístico actuarial con la finalidad de permitir la tarificación y selección de riesgos y la elaboración de estudios de técnica aseguradora. La cesión de los citados datos no requerirá el consentimiento previo del afectado, pero sí la comunicación a éste de la posible cesión de sus datos personales a ficheros comunes para los fines señalados, con expresa indicación del responsable, para que se puedan ejercitar los derechos de acceso, rectificación, cancelación y oposición previstos en la ley.

También podrán establecerse ficheros comunes cuya finalidad sea prevenir el fraude en el seguro sin que sea necesario el consentimiento del afectado. No obstante, será necesaria en estos casos la comunicación al afectado, en la primera introducción de sus datos, de quién sea el responsable del fichero y de las formas de ejercicio de los derechos de acceso, rectificación, cancelación y oposición.

En todo caso, los datos relativos a la salud sólo podrán ser objeto de tratamiento con el consentimiento expreso del afectado.

8. En la información que habrá de facilitarse al tomador del seguro conforme al artículo 96 deberá igualmente incorporarse la que, en relación con el tratamiento de sus datos personales, establece el artículo 5 de la Ley Orgánica 15/1999, de 13 de diciembre.

9. Las entidades aseguradoras deberán proceder en el plazo de diez días a la cancelación de los datos que les hubieran sido facilitados con anterioridad a la celebración de un contrato si el mismo no llegara a celebrarse, a menos que contasen con el consentimiento específico del interesado que deberá ser expreso si se tratase de datos relacionados con la salud.

> – La Ley Orgánica 15/1999, de 13 de diciembre, de Protección de Datos de Carácter Personal, ha sido derogada por la **Ley Orgánica 3/2018, de 5 de diciembre, de protección de datos personales y garantía de los derechos digitales**. El artículo 11 de la Ley Orgánica 3/2018, de 5 de diciembre, establece: «*Artículo 11. Transparencia e información al afectado. 1. Cuando los datos personales sean obtenidos del afectado el responsable del tratamiento podrá dar cumplimiento al deber de información establecido en el artículo 13 del Reglamento (UE) 2016/679 facilitando al afectado la información básica a la que se refiere el apartado siguiente e indicándole una dirección electrónica u otro medio que permita acceder de forma sencilla e inmediata a la restante información. 2. La información básica a la que se refiere el apartado anterior deberá contener, al*

menos: a) La identidad del responsable del tratamiento y de su representante, en su caso. b) La finalidad del tratamiento. c) La posibilidad de ejercer los derechos establecidos en los artículos 15 a 22 del Reglamento (UE) 2016/679. Si los datos obtenidos del afectado fueran a ser tratados para la elaboración de perfiles, la información básica comprenderá asimismo esta circunstancia. En este caso, el afectado deberá ser informado de su derecho a oponerse a la adopción de decisiones individuales automatizadas que produzcan efectos jurídicos sobre él o le afecten significativamente de modo similar, cuando concurra este derecho de acuerdo con lo previsto en el artículo 22 del Reglamento (UE) 2016/679. 3. Cuando los datos personales no hubieran sido obtenidos del afectado, el responsable podrá dar cumplimiento al deber de información establecido en el artículo 14 del Reglamento (UE) 2016/679 facilitando a aquel la información básica señalada en el apartado anterior, indicándole una dirección electrónica u otro medio que permita acceder de forma sencilla e inmediata a la restante información. En estos supuestos, la información básica incluirá también: a) Las categorías de datos objeto de tratamiento. b) Las fuentes de las que procedieran los datos».

– El artículo 77 de la **Ley 50/1980, de 8 de octubre, de Contrato de Seguro**, establece: «*Artículo 77. Por el contrato de reaseguro el reasegurador se obliga a reparar, dentro de los límites establecidos en la Ley y en el contrato, la deuda que nace en el patrimonio del reasegurado a consecuencia de la obligación por éste asumida como asegurador en un contrato de seguro. El pacto de reaseguro interno, efectuado entre el asegurador directo y otros aseguradores, no afectará al asegurado, que podrá, en todo caso, exigir la totalidad de la indemnización a dicho asegurador, sin perjuicio del derecho de repetición que a éste corresponda frente a los reaseguradores, en virtud del pacto interno*».

Artículo 100. Lucha contra el fraude en seguros. Las entidades aseguradoras deberán adoptar medidas efectivas para, prevenir, impedir, identificar, detectar, informar y remediar conductas fraudulentas relativas a seguros, ya se adopten de forma individual o mediante su participación en ficheros comunes a los que se refiere el artículo 99.7.

Las entidades aseguradoras también podrán suscribir convenios de colaboración con el Ministerio del Interior y los Cuerpos y Fuerzas de Seguridad del Estado, así como con las consejerías y policías de las Comunidades Autónomas que tengan funciones análogas, con objeto de colaborar, cada uno en el ámbito de sus competencias, en la prevención e investigación del fraude en el seguro. En todo caso, el intercambio de información que pudiera llevarse a cabo al amparo de dichos convenios respetará lo establecido en la Ley Orgánica 15/1999, de 13 de diciembre.

> – La Ley Orgánica 15/1999, de 13 de diciembre, de Protección de Datos de Carácter Personal, ha sido derogada por la **Ley Orgánica 3/2018, de 5 de diciembre, de protección de datos personales y garantía de los derechos digitales.**

CAPÍTULO VIII. RÉGIMEN ESPECIAL DE SOLVENCIA

Artículo 101. Ámbito de aplicación. 1. Las entidades aseguradoras domiciliadas en España que no realicen actividades en régimen de derecho de establecimiento o de libre prestación de servicios en otros Estados miembros ni en terceros países, pueden acogerse a este régimen especial de solvencia si acreditan haber cumplido todas las condiciones exigidas reglamentariamente durante los tres años inmediatamente anteriores a la solicitud y no prevean superar los importes previstos en los próximos cinco años.

Cuando las entidades aseguradoras acogidas a este régimen especial, superen alguno de los importes enumerados reglamentariamente durante tres ejercicios consecutivos, quedarán automáticamente sometidas al régimen general a partir del cuarto ejercicio.

2. Adicionalmente, podrán acogerse al régimen especial de solvencia, en la forma en la que se establezca reglamentariamente, las entidades aseguradoras domiciliadas en España que no realicen actividades en régimen de derecho de establecimiento o de libre prestación de servicios en otros Estados miembros ni en terceros países, que se encuentren en cualquiera de las situaciones siguientes:

a) Las mutualidades de previsión social que no hayan obtenido autorización para operar por ramos y que tengan reconocido en su reglamento de cotizaciones y prestaciones un sistema financiero-actuarial, a través del cual la prestación a obtener por el mutualista está en relación directa con las cotizaciones efectivamente realizadas e imputadas y que, los resultados totales al cierre del ejercicio, positivos o negativos, una vez cubiertas las obligaciones legales y de solvencia de la entidad, se trasladen a las provisiones de los mutualistas activos.

b) Garanticen exclusivamente prestaciones para el caso de muerte, cuando el importe de estas prestaciones no exceda del valor medio de los gastos funerarios por un fallecimiento o cuando estas prestaciones se sirvan en especie.

3. Las entidades aseguradoras pertenecientes a un grupo solo podrán acogerse al régimen especial de solvencia si todas ellas cumplen, individualmente, los requisitos necesarios para acogerse a dicho régimen.

4. La resolución que dicte la Dirección General de Seguros y Fondos de Pensiones indicará el ejercicio a partir del cual la entidad puede acogerse al régimen especial de solvencia.

5. Las entidades que soliciten autorización administrativa para el ejercicio de la actividad no podrán acogerse a este régimen especial en el momento de la autorización inicial para el ejercicio de la actividad aseguradora.

Artículo 102. Condiciones de ejercicio de las entidades sometidas al régimen especial. Las entidades a las que se refiere este capítulo, ajustarán su actuación a las disposiciones de esta Ley que les resulten aplicables y a sus normas de desarrollo, con las siguientes particularidades:

a) La autorización administrativa no abarcará el ejercicio de actividades en régimen de derecho de establecimiento o libre prestación de servicios en la Unión Europea.

b) El capital social será el requerido en los artículos 33 y 34.

c) El capital mínimo obligatorio se ajustará a lo exigido en el artículo 78.

d) Los requisitos y régimen aplicable a la valoración de provisiones técnicas, inversiones, fondos propios y capital de solvencia obligatorio se ajustará al procedimiento que se determine reglamentariamente.

e) Reglamentariamente se determinarán los requisitos del sistema de gobierno para este tipo de entidades.

f) Los requisitos de información pública sobre la situación financiera y de solvencia de estas entidades serán, en la medida que les resulte de aplicación, los establecidos en el capítulo III del título III de esta Ley y en su desarrollo reglamentario.

CAPÍTULO IX. COASEGURO COMUNITARIO. REASEGURO LIMITADO

Artículo 103. Régimen del coaseguro comunitario. 1. Las entidades aseguradoras que participen en España en una operación de coaseguro comunitario en calidad de abridoras, así como sus actividades como tales coaseguradoras, se regirán por las disposiciones aplicables al contrato de seguro de grandes riesgos.

2. Cuando un contrato de seguro pueda calificarse de coaseguro comunitario, las obligaciones que se imponen a las entidades aseguradoras que operen en régimen de libre prestación de servicios según lo dispuesto en los artículos 57 a 59 se aplicarán únicamente a la entidad abridora de la operación.

3. Las entidades españolas que participen en operaciones de coaseguro comunitario habrán de disponer de datos estadísticos suficientes sobre las operaciones en las que participen en cada uno de los Estados miembros.

Artículo 104. Provisiones técnicas del coaseguro comunitario. Si una entidad aseguradora española participa en una operación de coaseguro comunitario calculará las provisiones técnicas correspondientes a su participación en la operación de acuerdo con las disposiciones de esta Ley y las normas que la desarrollen, si bien el importe de las citadas provisiones técnicas habrá de ser como mínimo igual al importe calculado de acuerdo con las normas a las que estuviera sometida la entidad abridora de la operación.

Artículo 105. Reaseguro limitado. Las entidades aseguradoras o reaseguradoras que celebren contratos o realicen actividades de reaseguro limitado habrán de tener medios suficientes para identificar, medir, vigilar, gestionar, controlar y notificar adecuadamente los riesgos que deriven de tales contratos o actividades. Reglamentariamente podrán adoptarse disposiciones específicas respecto a los requisitos para el ejercicio de actividades de reaseguro limitado.

CAPÍTULO X. CONDICIONES RELATIVAS AL EJERCICIO DE LA ACTIVIDAD POR SUCURSALES Y FILIALES DE ENTIDADES ASEGURADORAS Y REASEGURADORAS DE TERCEROS PAÍSES

Artículo 106. Garantías financieras de las sucursales de entidades aseguradoras y reaseguradoras domiciliadas en terceros países. 1. Las sucursales de entidades aseguradoras y reaseguradoras domiciliadas en terceros países realizarán su actividad con sometimiento a las disposiciones establecidas en esta Ley y sus normas de desarrollo para la entidades domiciliadas en España, salvo las relativas a la actividad en régimen de derecho de establecimiento y en régimen de libre prestación de servicios en la Unión Europea, que en ningún caso les serán aplicables, de modo que sus riesgos siempre deberán estar localizados y sus compromisos asumidos en España.

2. No obstante lo dispuesto en el apartado anterior, y sin perjuicio de los acuerdos celebrados por la Unión Europea con terceros países, se tendrán en cuenta las normas que reglamentariamente se especifiquen.

Artículo 107. Régimen de las sucursales de entidades domiciliadas en terceros países, autorizadas en varios estados miembros. 1. No obstante lo dispuesto en el artículo 106, y sin perjuicio de los acuerdos celebrados por la Unión Europea con terceros países, a las sucursales en España de entidades domiciliadas en terceros países que a su vez tengan sucursales en otros Estados miembros, podrá aplicárseles el régimen que reglamentariamente se determine.

2. Para la aplicación de este régimen, la entidad deberá solicitarlo a la Dirección General de Seguros y Fondos de Pensiones y a las autoridades supervisoras de los otros Estados miembros en que tenga sucursales, proponiendo motivadamente la autoridad supervisora a la que desea someterse, la cual se encargará, en lo sucesivo, de verificar la solvencia de todas las sucursales autorizadas en la Unión Europea para el conjunto de sus operaciones.

La aprobación de la solicitud requerirá el acuerdo de todas las autoridades de supervisión implicadas y el régimen sólo podrá aplicarse desde la fecha en que la autoridad de supervisión elegida, en caso de no ser la española, notifique a la Dirección General de Seguros y Fondos de Pensiones su compromiso de comprobar la solvencia de todas las sucursales establecidas en la Unión Europea para el conjunto de sus operaciones.

3. La Dirección General de Seguros y Fondos de Pensiones deberá proporcionar a la autoridad de supervisión encargada de controlar la solvencia, la información necesaria respecto de la sucursal establecida en España, a fin de que ésta pueda comprobar la solvencia global.

4. La aplicación de este régimen podrá concluir por decisión de la Dirección General de Seguros y Fondos de Pensiones o de cualquiera de las otras autoridades de supervisión implicadas. La terminación de la aplicación del régimen afectará a todas las sucursales autorizadas en la Unión Europea. A estos efectos, la Dirección General de Seguros y Fondos de Pensiones comunicará su decisión al resto de autoridades de supervisión implicadas y, en caso de haberse adoptado la decisión por otra de las autoridades de supervisión implicadas, la terminación en la aplicación del régimen se producirá desde la fecha en que la Dirección General de Seguros y Fondos de Pensiones reciba la comunicación de la autoridad supervisora que hubiere adoptado la decisión.

5. A efectos de la aplicación de los artículos 156, 157 y 160.1.a), la autoridad de supervisión encargada de comprobar la solvencia global será equiparada, en cuanto a sus facultades para el conjunto de las sucursales, a las autoridades de supervisión de entidades domiciliadas en la Unión Europea.

6. En caso de revocación de la autorización concedida a la sucursal establecida en España, la Dirección General de Seguros y Fondos de Pensiones informará de ello a las autoridades de supervisión de los demás Estados miembros.

La Dirección General de Seguros y Fondos de Pensiones, una vez recibida la comunicación de revocación de la autorización concedida a una sucursal establecida en otro Estado miembro, adoptará las medidas apropiadas, y si la revocación fuera motivada por insuficiencia de la solvencia global, procederá a revocar la autorización concedida a la sucursal en España.

Artículo 108. Equivalencia del régimen de solvencia de las entidades reaseguradoras de terceros países. 1. Se deberá evaluar si el régimen de solvencia que un tercer país aplica a las actividades de reaseguro de entidades cuyo domicilio social radica en ese tercer país es equivalente al establecido en la Unión Europea, de acuerdo con los apartados siguientes:

a) Esta equivalencia será determinada por la Comisión Europea de acuerdo con los criterios que ésta especifique, con la asistencia de la Autoridad Europea de Seguros y Pensiones de Jubilación.

El listado de regímenes prudenciales equivalentes será publicado por la Autoridad Europea de Seguros y Pensiones de Jubilación en su sitio web y se mantendrá actualizado. Las decisiones de la Comisión se revisarán periódicamente con objeto de mantenerse actualizadas para atender a cualquier modificación sustancial del régimen de supervisión de la Unión Europea y del régimen de supervisión del tercer país.

b) Cuando no se cumplan todos los criterios establecidos en el apartado a), la equivalencia puede ser determinada de forma temporal por la Comisión Europea, con la asistencia de la Autoridad Europea de Seguros y Pensiones de Jubilación, de acuerdo con los criterios que se establezcan reglamentariamente.

El listado de los terceros países para los que se ha determinado un régimen de solvencia temporalmente equivalente, será publicado por la Autoridad Europea de Seguros y Pensiones de Jubilación en su sitio web y lo mantendrá actualizado. Las decisiones de la Comisión se revisarán regularmente con objeto de mantenerse actualizadas con los informes de los progresos realizados por el tercer país, que serán presentados a la Comisión anualmente para su evaluación con la ayuda de la Autoridad Europea de Seguros y Pensiones de Jubilación.

El régimen de equivalencia temporal será de cinco años a partir del 1 de enero de 2016 o concluirá en la fecha en que, de conformidad con el apartado a), el régimen prudencial de ese tercer país se considere equivalente, si esta última fecha es anterior. Dicho periodo podrá prorrogarse como máximo un año más cuando resulte necesario para que la Autoridad Europea de Seguros y Pensiones de Jubilación y la Comisión lleven a cabo la evaluación de la equivalencia a efectos del apartado a).

2. En el caso de que el régimen de solvencia de un tercer país sea considerado equivalente, los contratos de reaseguro celebrados con entidades reaseguradoras cuyo domicilio social radique en ese tercer país tendrán igual consideración que los contratos de reaseguro celebrados con una entidad reaseguradora autorizada con arreglo a lo dispuesto en esta Ley.

TÍTULO IV. SUPERVISIÓN DE ENTIDADES ASEGURADORAS Y REASEGURADORAS

CAPÍTULO I. PRINCIPIOS GENERALES

Artículo 109. Ámbito subjetivo y objetivo de la supervisión. 1. La Dirección General de Seguros y Fondos de Pensiones ejercerá sus funciones de supervisión sobre las entidades aseguradoras y reaseguradoras autorizadas para operar en España, incluidas las actividades que realicen a través de sucursales y en régimen de libre prestación de servicios, así como sobre el resto de entidades y sujetos contemplados en el artículo 2.

2. La supervisión consistirá en la verificación continua del correcto ejercicio de la actividad de seguro o de reaseguro, de la situación financiera, de las conductas de mercado y del cumplimiento de la normativa de supervisión por parte de las entidades aseguradoras o reaseguradoras.

Artículo 110. Proporcionalidad de las actuaciones de la Dirección General de Seguros y Fondos de Pensiones. 1. Sin perjuicio de la finalidad principal de esta Ley, establecida en el artículo 1, la Dirección General de Seguros y Fondos de Pensiones considerará debidamente los efectos de sus decisiones en la estabilidad del sistema financiero, en particular en situaciones de emergencia, teniendo en cuenta la información disponible en el momento oportuno. En periodos de gran inestabilidad, tendrá en cuenta, además, los posibles efectos procíclicos de sus decisiones.

2. Las actuaciones de supervisión se realizarán de forma proporcionada a la naturaleza, complejidad y envergadura de los riesgos inherentes a la actividad de las entidades aseguradoras o reaseguradoras.

Artículo 111. Transparencia de la actuación supervisora. 1. La Dirección General de Seguros y Fondos de Pensiones ejercerá la supervisión de las entidades aseguradoras y reaseguradoras de forma transparente y garantizando debidamente la protección de la información confidencial.

2. La Dirección General de Seguros y Fondos de Pensiones podrá elaborar guías técnicas, dirigidas a las entidades sometidas a su supervisión, indicando los criterios, prácticas o procedimientos que considera adecuados para el cumplimiento de la normativa de supervisión. Dichas guías, que deberán hacerse públicas, podrán incluir los criterios que la propia Dirección General de Seguros y Fondos de Pensiones seguirá en el ejercicio de sus actividades de supervisión.

A tal fin, la Dirección General de Seguros y Fondos de Pensiones podrá hacer suyas, y transmitir como tales, así como desarrollar, complementar o adaptar las directrices que, dirigidas a los sujetos sometidos a su supervisión, aprueben los organismos o comités internacionales activos en la regulación o supervisión de seguros o planes de pensiones.

Artículo 112. Convergencia de prácticas supervisoras. En el marco de las políticas comunitarias de estabilidad e integración financiera, la Dirección General de Seguros y Fondos de Pensiones tendrá en cuenta, de manera adecuada, la dimensión europea de la supervisión de las entidades aseguradoras y reaseguradoras mediante la convergencia en los instrumentos y prácticas de supervisión.

A estos efectos, la Dirección General de Seguros y Fondos de Pensiones participará en las actividades de la Autoridad Europea de Seguros y Pensiones de Jubilación.

Artículo 113. Facultades generales de supervisión. 1. En el ejercicio de sus funciones de supervisión de entidades aseguradoras y reaseguradoras y en los términos establecidos en esta Ley y en las demás normas reguladoras de los seguros privados, la Dirección General de Seguros y Fondos de Pensiones tendrá las siguientes facultades:

a) Requerir toda la información que resulte necesaria a efectos de supervisión, estadísticos y contables, de conformidad con el artículo 114.

b) Acceder a cualquier documento bajo cualquier forma y recibir una copia del mismo.

c) Requerir de cualquier persona la remisión de información en el plazo que razonablemente fije la Dirección General de Seguros y Fondos de Pensiones y, si es necesario, citar y tomar declaración a una persona para obtener información.

d) Realizar las inspecciones y comprobaciones necesarias.

e) Requerir los registros telefónicos y de tráfico de datos de que dispongan.

f) Exigir a las entidades aseguradoras y reaseguradoras y a los miembros de sus órganos de administración o dirección o las personas que los controlen, la aportación de informes de expertos independientes, auditores de sus órganos de control interno o de verificación del cumplimiento normativo.

g) Desarrollar, con carácter complementario al cálculo del capital de solvencia obligatorio y cuando resulte oportuno, los instrumentos cuantitativos necesarios en el marco del proceso de supervisión, a fin de evaluar la capacidad de las entidades aseguradoras y reaseguradoras de hacer frente a posibles sucesos o futuras alteraciones de las condiciones económicas que pudieran incidir negativamente en su situación financiera global. También podrá exigir que las entidades lleven a cabo las pruebas correspondientes.

h) Adoptar las medidas preventivas y correctoras que sean necesarias a fin de garantizar que las entidades aseguradoras y reaseguradoras se atengan a las normas reguladoras de su actividad que deben cumplir.

i) Hacer pública cualquier medida adoptada, como consecuencia del incumplimiento de las normas aplicables, a menos que su divulgación pudiera poner en grave riesgo el mercado asegurador o causar un perjuicio desproporcionado a las personas afectadas.

j) Cuantas otras funciones sean necesarias para el ejercicio de la supervisión financiera, de la supervisión de conductas de mercado y de la supervisión por inspección en el ámbito de las entidades y de los grupos.

2. Las facultades anteriores se podrán ejercer también con respecto a las actividades externalizadas de las entidades aseguradoras y reaseguradoras, de acuerdo con lo que se establezca reglamentariamente y en la normativa de la Unión Europea de directa aplicación.

3. Las actuaciones de supervisión se desarrollarán por los funcionarios pertenecientes al Cuerpo Superior de Inspectores de Seguros del Estado con la colaboración de funcionarios pertenecientes a los cuerpos técnicos de la Administración General del Estado, así como de funcionarios expertos informáticos.

4. Sin perjuicio de las facultades de supervisión enumeradas en los apartados anteriores, la Dirección General de Seguros y Fondos de Pensiones podrá iniciar el procedimiento de supervisión por inspección en los términos establecidos en el capítulo IV de este título.

5. En defecto de normas especiales de procedimiento, será de aplicación la Ley 30/1992, de 26 de noviembre, de Régimen Jurídico de las Administraciones Públicas y del Procedimiento Administrativo Común.

> – La Ley 30/1992, de 26 de noviembre, de Régimen Jurídico de las Administraciones Públicas y del Procedimiento Administrativo Común, estuvo vigente hasta el 2 de octubre de 2016, fecha en la que entró en vigor la **Ley 39/2015, de 1 de octubre, del Procedimiento Administrativo Común de las Administraciones Públicas**.

Artículo 114. Información que deberá facilitarse a efectos de supervisión, estadísticos y contables. 1. Las entidades aseguradoras y reaseguradoras suministrarán a la Dirección General de Seguros y Fondos de Pensiones la documentación e información que sean necesarias a efectos del ejercicio de la función supervisora. Dicha documentación e información incluirá, al menos, la que resulte necesaria para las actuaciones en el marco del proceso de supervisión previsto en el artículo 117.2.

Adicionalmente, las entidades aseguradoras y reaseguradoras suministrarán a la Dirección General de Seguros y Fondos de Pensiones documentación e información a efectos estadísticos y contables.

2. La Dirección General de Seguros y Fondos de Pensiones podrá determinar la naturaleza, alcance y formato de la información referida en el apartado 1, cuya presentación se exija, bien periódicamente, bien en aquellos casos en que se den situaciones definidas de antemano, bien mediante requerimientos individualizados o bien en el transcurso de actuaciones inspectoras.

La Dirección General de Seguros y Fondos de Pensiones podrá además requerir cualquier información relativa a los contratos en poder de intermediarios o a los contratos celebrados con terceros. Asimismo, podrá solicitar información a auditores de cuentas, de conformidad con lo dispuesto en la normativa reguladora de la actividad de auditoría de cuentas, actuarios y otros expertos externos de las entidades.

3. La información a que se refieren los apartados 1 y 2 comprenderá datos cualitativos o cuantitativos, ya sean datos históricos, actuales o previstos, y ya procedan de fuentes internas o externas, o cualquier combinación adecuada de ellos, y se ajustará a los principios determinados reglamentariamente.

4. Las entidades aseguradoras y reaseguradoras deberán disponer de sistemas y estructuras apropiados para cumplir los requisitos establecidos en este artículo así como de una política escrita, aprobada por el órgano de administración de la entidad, que garantice la continua adecuación de la información presentada.

– **Orden ECM/271/2025, de 27 de febrero, por la que se aprueban los modelos de información cuantitativa a efectos de supervisión, estadísticos y contables de las entidades aseguradoras y reaseguradoras y los modelos de información cuantitativa a efectos estadísticos y contables de los grupos de entidades aseguradoras y reaseguradoras.**

– **Orden EHA/1803/2010, de 5 de julio, por la que se establecen obligaciones en cuanto a la remisión por medios electrónicos de la documentación estadístico-contable de las entidades aseguradoras y de las entidades gestoras de fondos de pensiones, y por la que se modifica la Orden EHA/1928/2009, de 10 de julio, por la que se aprueban los modelos de la documentación estadística-contable anual, trimestral y consolidada a remitir por las entidades aseguradoras y por la que se modifica la Orden EHA/339/2007, de 16 de febrero, por la que se desarrollan determinados preceptos de la normativa reguladora de los seguros privados.**

– **Orden EHA/1928/2009, de 10 de julio, por la que se aprueban los modelos de la documentación estadístico-contable anual, trimestral y consolidada a remitir por las entidades aseguradoras, y por la que se modifica la Orden EHA/339/2007, de 16 de febrero, por la que se desarrollan determinados preceptos de la normativa reguladora de los seguros privados.**

Artículo 115. Supervisión de entidades aseguradoras y reaseguradoras de la Unión Europea que operan en España en régimen de derecho de establecimiento o de libre prestación de servicios. 1. La Dirección General de Seguros y Fondos de Pensiones supervisará la actividad de las entidades aseguradoras y reaseguradoras de otros Estados miembros que operen en España en régimen de derecho de establecimiento o de libre prestación de servicios, en cuanto al cumplimiento de las disposiciones que les resulten aplicables por razón de interés general y las del capítulo VII del título III. A estos efectos estarán sujetas al procedimiento de supervisión por inspección del capítulo IV de este título.

2. Si la Dirección General de Seguros y Fondos de Pensiones tuviera motivos para considerar que las actividades de una entidad aseguradora o reaseguradora que opere mediante sucursal o en libre prestación de servicios en España pudieran afectar a su solidez financiera, informará de ello a las autoridades de supervisión del Estado miembro de origen.

3. Cuando una entidad aseguradora o reaseguradora autorizada en otro Estado miembro ejerza su actividad en España a través de una sucursal, la autoridad de supervisión del Estado miembro de origen podrá proceder, por sí misma o por medio de las personas designadas para ello, previa información a la Dirección General de Seguros y Fondos de Pensiones, a la verificación in situ de la información necesaria para poder realizar la supervisión financiera de la entidad.

La Dirección General de Seguros y Fondos de Pensiones podrá participar en dicha verificación.

Artículo 116. Supervisión de sucursales españolas establecidas en otro Estado miembro. 1. Cuando una entidad aseguradora o reaseguradora autorizada en España ejerza su actividad en otro Estado miembro a través de una sucursal, la Dirección General de Seguros y Fondos de Pensiones podrá proceder, por sí misma o por medio de las personas designadas para ello, previa información a la autoridad supervisora del Estado miembro de acogida, a la verificación in situ de la información necesaria para poder realizar la supervisión financiera de la entidad.

Las autoridades del Estado miembro de acogida interesado podrán participar en dicha verificación.

Cuando la Dirección General de Seguros y Fondos de Pensiones comunique a las autoridades de supervisión del Estado miembro de acogida que tiene la intención de realizar una inspección con arreglo al presente artículo, y cuando en la práctica se le prohíba ejercer su derecho a realizar dicha inspección, la Dirección General de Seguros y Fondos de Pensiones podrá remitir el asunto a la Autoridad Europea de Seguros y Pensiones de Jubilación y solicitar su asistencia. Esta autoridad tendrá derecho a participar en las inspecciones cuando sean efectuadas de forma conjunta por dos o más autoridades de supervisión.

2. Si la Dirección General de Seguros y Fondos de Pensiones fuera informada por la autoridad de supervisión de otro Estado miembro de que una entidad aseguradora o reaseguradora española que opere en ese Estado mediante sucursal o en libre prestación de servicios, realiza actividades que pudieran afectar a su solidez financiera, comprobará que la entidad observa los principios prudenciales que le resultan exigibles.

CAPÍTULO II. SUPERVISIÓN FINANCIERA

Artículo 117. Contenido de la supervisión financiera. 1. La supervisión financiera consistirá, en particular, en la comprobación, para el conjunto de actividades de la entidad supervisada, del sistema de gobierno, de la solvencia, de la constitución de provisiones técnicas, de los activos y de los fondos propios admisibles, con arreglo a las normas que resulten de aplicación, así como en la verificación del cumplimiento de las restantes obligaciones impuestas en esta Ley y sus normas de desarrollo.

Además, cuando se trate de entidades aseguradoras que garanticen la prestación de un servicio, la supervisión se extenderá también a los medios técnicos de que dispongan las entidades para llevar a cabo las operaciones que se hayan comprometido a efectuar.

La supervisión de la situación financiera se basará en un planteamiento prospectivo y orientado al riesgo.

2. La Dirección General de Seguros y Fondos de Pensiones revisará y evaluará las estrategias, los procesos y los procedimientos de información establecidos por las entidades aseguradoras y reaseguradoras a fin de cumplir las disposiciones contenidas en esta Ley y en las demás normas reguladoras de los seguros privados.

La revisión y evaluación comprenderá el análisis de la situación legal, técnica y económico-financiera de la entidad y, en particular, el cumplimiento de los requisitos establecidos en el reglamento de desarrollo de esta Ley sobre solvencia, provisiones técnicas, capital, normas de inversión, fondos propios y modelos internos cuando se utilicen.

3. La Dirección General de Seguros y Fondos de Pensiones evaluará la adecuación de los métodos y prácticas de las entidades aseguradoras y reaseguradoras destinados a determinar posibles sucesos o futuras alteraciones de las condiciones económicas que pudieran incidir negativamente en la situación financiera global de la entidad considerada. Asimismo, evaluará la capacidad

de las entidades para resistir esos posibles sucesos o futuras alteraciones de las condiciones económicas.

4. Las entidades aseguradoras y reaseguradoras deberán subsanar las carencias o deficiencias detectadas en el desarrollo de la supervisión.

5. Las revisiones y evaluaciones se llevarán a cabo con regularidad. Reglamentariamente se establecerá el alcance mínimo de las revisiones y evaluaciones atendiendo a la naturaleza, la envergadura y la complejidad de las actividades de la entidad aseguradora o reaseguradora considerada.

Artículo 117 bis. Medidas de supervisión macroprudencial. 1. La Dirección General de Seguros y Fondos de Pensiones podrá fijar límites de exposición a determinados sectores de actividad económica o categorías de activos cuando la exposición agregada de las entidades aseguradoras y reaseguradoras, o de una parte de ellas, a un determinado sector de la actividad económica o categoría de activo alcance niveles que puedan suponer un elemento de riesgo sistémico.

2. La Dirección General de Seguros y Fondos de Pensiones podrá establecer límites y condiciones a las operaciones de transferencia de riesgos y carteras de seguros que realicen las entidades aseguradoras y reaseguradoras, cuando tales transferencias impliquen traspasos de inversiones o de otras partidas del balance que, por disminuir la calidad de sus activos o de los fondos propios resultantes, puedan afectar a la sostenibilidad futura de las entidades o a la estabilidad del sistema financiero.

– El artículo 117 bis se incorpora por el **Real Decreto-ley 22/2018, de 14 de diciembre, por el que se establecen herramientas macroprudenciales.**

– El **Real Decreto 102/2019, de 1 de marzo, por el que se crea la Autoridad Macroprudencial Consejo de Estabilidad Financiera, se establece su régimen jurídico y se desarrollan determinados aspectos relativos a las herramientas macroprudenciales,** establece: «*Artículo 15. Herramientas macroprudenciales. 1. El Banco de España, la CNMV y la Dirección General de Seguros y Fondos de Pensiones pueden adoptar, en los términos previstos en la correspondiente normativa sectorial, las siguientes herramientas macroprudenciales con el fin de prevenir riesgos sistémicos y procurar una contribución sostenible del sistema financiero al crecimiento económico: a) Los requisitos de colchones de capital según lo previsto en los artículos 43 a 49 de la Ley 10/2014, de 26 de junio, de ordenación, supervisión y solvencia de entidades de crédito, y en el artículo 190 bis del texto refundido de la Ley del Mercado de Valores aprobado* *por el Real Decreto Legislativo 4/2015, de 23 de octubre. b) El establecimiento de límites a la concentración sectorial de acuerdo con el artículo 69 bis de la Ley 10/2014, de 26 de junio. c) La fijación de condiciones sobre la concesión de préstamos y otras operaciones en virtud del artículo 69 ter de la Ley 10/2014, de 26 de junio. d) En lo concerniente a las entidades sujetas a la supervisión del Banco de España, la aplicación de mayores ponderaciones de riesgo para las exposiciones inmobiliarias en virtud de los artículos 124.2 y 164.5 del Reglamento (UE) n.º 575/2013, del Parlamento Europeo y del Consejo, de 26 de junio de 2013, sobre los requisitos prudenciales de las entidades de crédito y las empresas de inversión, y por el que se modifica el Reglamento (UE) n.º 648/2012. e) La aplicación de alguna de las medidas previstas en el artículo 458 del Reglamento (UE) n.º 575/2013, del Parlamento Europeo y del Consejo, de 26 de junio de 2013. f) La suspensión del reembolso de participaciones en instituciones de inversión colectiva, de acuerdo con lo previsto en el artículo 4.10 del Reglamento de desarrollo de la Ley 35/2003, de 4 de noviembre, de instituciones de inversión colectiva, aprobado por el Real Decreto 1082/2012, de 13 de julio, cuando, por el número o tamaño de las instituciones afectadas, pueda tener implicaciones desde el punto de vista de la estabilidad financiera o del ordenado funcionamiento del mercado de valores. g) La adopción de medidas dirigidas a reforzar el nivel de liquidez de las carteras de instituciones de inversión colectiva reguladas en la Ley 35/2003, de 4 de noviembre, de Instituciones de Inversión Colectiva, así como las de las entidades de inversión colectiva reguladas en la Ley 22/2014, de 12 de noviembre, por la que se regulan las entidades de capital-riesgo, otras entidades de inversión colectiva de tipo cerrado y las sociedades gestoras de entidades de inversión colectiva de tipo cerrado, y por la que se modifica la Ley 35/2003, de 4 de noviembre, de Instituciones de Inversión Colectiva. h) La fijación de límites al nivel de apalancamiento de instituciones de inversión colectiva, de entidades de capital riesgo o de entidades de inversión colectiva de tipo cerrado, así como de otras restricciones en materia de gestión respecto de los vehículos gestionados, de conformidad con el artículo 71 septies de la Ley 35/2003, de 4 de noviembre, y con el artículo 87 de la Ley 22/2014, de 12 de noviembre, cuando tales medidas se adopten para preservar la estabilidad e integridad del sistema financiero. i) La introducción de límites y condiciones a la actividad de entidades supervisadas con la finalidad de evitar un endeudamiento excesivo del sector privado que pueda afectar a la estabilidad financiera, según lo establecido en el artículo 234 bis del texto refundido de la Ley del Mercado de Valores. j) La prohibición o restricción de las ventas en corto y operaciones similares conforme al artículo 20 del Reglamento (UE) n.º 236/2012 del Parlamento Europeo y del Consejo, de 14 de marzo de 2012, sobre las ventas en corto y determinados aspectos de las permutas de cobertura por impago, así como la prohibición o restricción de*

operaciones con permutas de cobertura por impago soberano conforme al ar-
tículo 21 del mismo Reglamento. k) El establecimiento de límites a la exposición
agregada de las entidades aseguradoras y reaseguradoras, así como la fijación
de límites y condiciones a las transferencias de riesgos y carteras de seguros
por estas mismas entidades, en virtud de lo previsto en el artículo 117 bis de la
Ley 20/2015, de 14 de julio, de ordenación, supervisión y solvencia de las enti-
dades aseguradoras y reaseguradoras. l) Cualquier otra medida que se incluya
en las leyes sectoriales y que determine el Consejo que constituye una herra-
mienta macroprudencial. 2. Respecto de las herramientas macroprudenciales
previstas en los párrafos a), b) y c) del apartado anterior, cuando solo se apli-
quen en función de exposiciones frente a un determinado sector o categoría, se
podrán tener en cuenta por el Banco de España y la CNMV en sus ámbitos de
competencias respectivos, entre otros, los siguientes aspectos: a) La relevancia
cuantitativa de los distintos sectores de exposiciones crediticias de las entida-
des de crédito y empresas de servicios de inversión, a fin de determinar los
potenciales límites a la concentración sectorial, de acuerdo con el artículo 69
bis de la Ley 10/2014, de 26 de junio, y el posible colchón anticíclico establecido
en el artículo 45 de la citada ley y en el artículo 190 del texto refundido de la
Ley del Mercado de Valores aprobado por el Real Decreto Legislativo 4/2015,
de 23 de octubre, cuando se exija frente a exposiciones de un determinado
sector. b) Los factores relevantes para fijar los límites y condiciones sobre la
concesión de préstamos y la adquisición de títulos de renta fija y derivados
por las entidades de crédito, para operaciones con el sector privado radicado
en España, de acuerdo con el artículo 69 ter de la Ley 10/2014, de 26 de junio,
incluyendo, entre otros, la relación entre el volumen de crédito otorgado a los
prestatarios y tanto las garantías aportadas por los mismos como sus ingresos
disponibles, la carga financiera que supone su devolución, la duración de estos
contratos, la naturaleza fija, variable o mixta del tipo de interés contratado y
la moneda de las operaciones crediticias. c) La dinámica del crédito en cada
sector de exposición crediticia. d) Los criterios que, al respecto, establezcan los
organismos y autoridades europeas e internacionales en relación con los obje-
tivos, instrumentos e indicadores de naturaleza macroprudencial».

CAPÍTULO III. SUPERVISIÓN DE CONDUCTAS DE MERCADO

Artículo 118. Contenido de la supervisión de conductas de mercado.
La supervisión de las conductas de mercado velará por la transparencia y el
desarrollo ordenado del mercado de seguros, la libertad de los tomadores para
decidir la contratación de los seguros y la aseguradora con la que lo con-
tratan y, en general, la protección de tomadores, asegurados y beneficiarios

promoviendo la difusión de cuanta información sea necesaria para asegurar la consecución de esos fines, de conformidad con lo dispuesto en esta Ley y en sus normas de desarrollo.

La actuación de la Dirección General de Seguros y Fondos de Pensiones se entenderá sin perjuicio de la posible calificación de tales prácticas como restrictivas de la competencia por las autoridades de competencia, con arreglo a lo previsto en los artículos 1, 2 y 3 de la Ley 15/2007, de 3 de julio, de Defensa de la Competencia.

> – Los artículos 1, 2 y 3 de la **Ley 15/2007, de 3 de julio, de Defensa de la Competencia**, establecen:
>
> *«Artículo 1 Conductas colusorias. 1. Se prohíbe todo acuerdo, decisión o recomendación colectiva, o práctica concertada o conscientemente paralela, que tenga por objeto, produzca o pueda producir el efecto de impedir, restringir o falsear la competencia en todo o parte del mercado nacional y, en particular, los que consistan en: a) La fijación, de forma directa o indirecta, de precios o de otras condiciones comerciales o de servicio. b) La limitación o el control de la producción, la distribución, el desarrollo técnico o las inversiones. c) El reparto del mercado o de las fuentes de aprovisionamiento. d) La aplicación, en las relaciones comerciales o de servicio, de condiciones desiguales para prestaciones equivalentes que coloquen a unos competidores en situación desventajosa frente a otros. e) La subordinación de la celebración de contratos a la aceptación de prestaciones suplementarias que, por su naturaleza o con arreglo a los usos de comercio, no guarden relación con el objeto de tales contratos. 2. Son nulos de pleno derecho los acuerdos, decisiones y recomendaciones que, estando prohibidos en virtud de lo dispuesto en el apartado 1, no estén amparados por las exenciones previstas en la presente Ley. 3. La prohibición del apartado 1 no se aplicará a los acuerdos, decisiones, recomendaciones y prácticas que contribuyan a mejorar la producción o la comercialización y distribución de bienes y servicios o a promover el progreso técnico o económico, sin que sea necesaria decisión previa alguna a tal efecto, siempre que: a) Permitan a los consumidores o usuarios participar de forma equitativa de sus ventajas. b) No impongan a las empresas interesadas restricciones que no sean indispensables para la consecución de aquellos objetivos, y c) No consientan a las empresas partícipes la posibilidad de eliminar la competencia respecto de una parte sustancial de los productos o servicios contemplados. 4. La prohibición del apartado 1 no se aplicará a los acuerdos, decisiones, o recomendaciones colectivas, o prácticas concertadas o conscientemente paralelas que cumplan las disposiciones establecidas en los Reglamentos Comunitarios relativos a la aplicación del apartado 3 del artículo 81 del Tratado CE a determinadas categorías de acuerdos, decisiones de asociaciones de empresa y prácticas concertadas, in-*

cluso cuando las correspondientes conductas no puedan afectar al comercio entre los Estados miembros de la UE. 5. Asimismo, el Gobierno podrá declarar mediante Real Decreto la aplicación del apartado 3 del presente artículo a determinadas categorías de conductas, previo informe del Consejo de Defensa de la Competencia y de la Comisión Nacional de la Competencia»;

«Artículo 2 Abuso de posición dominante. 1. Queda prohibida la explotación abusiva por una o varias empresas de su posición de dominio en todo o en parte del mercado nacional. 2. El abuso podrá consistir, en particular, en: a) La imposición, de forma directa o indirecta, de precios u otras condiciones comerciales o de servicios no equitativos. b) La limitación de la producción, la distribución o el desarrollo técnico en perjuicio injustificado de las empresas o de los consumidores. c) La negativa injustificada a satisfacer las demandas de compra de productos o de prestación de servicios. d) La aplicación, en las relaciones comerciales o de servicios, de condiciones desiguales para prestaciones equivalentes, que coloque a unos competidores en situación desventajosa frente a otros. e) La subordinación de la celebración de contratos a la aceptación de prestaciones suplementarias que, por su naturaleza o con arreglo a los usos de comercio no guarden relación con el objeto de dichos contratos. 3. La prohibición prevista en el presente artículo se aplicará en los casos en los que la posición de dominio en el mercado de una o varias empresas haya sido establecida por disposición legal»;

«Artículo 3 Falseamiento de la libre competencia por actos desleales. La Comisión Nacional de la Competencia o los órganos competentes de las Comunidades Autónomas conocerán en los términos que la presente Ley establece para las conductas prohibidas, de los actos de competencia desleal que por falsear la libre competencia afecten al interés público».

Artículo 119. Protección administrativa. 1. La protección de los usuarios en el ámbito de los seguros privados se ejerce por la Dirección General de Seguros y Fondos de Pensiones, en los términos previstos en esta Ley, en la Ley 44/2002, de 22 de noviembre, de Medidas de Reforma del Sistema Financiero, y en sus normas de desarrollo.

2. La Dirección General de Seguros y Fondos de Pensiones resolverá las quejas y reclamaciones que presenten los tomadores, asegurados, beneficiarios, terceros perjudicados y asociaciones, que estén relacionadas con sus intereses y derechos legalmente reconocidos y que deriven de presuntos incumplimientos por las entidades reclamadas de la normativa de transparencia y protección de la clientela o de las buenas prácticas en el mercado de seguros.

La Dirección General de Seguros y Fondos de Pensiones resolverá las quejas y reclamaciones presentadas mediante informes motivados, que no tendrán en ningún caso carácter de acto administrativo recurrible.

3. La desatención de los requerimientos efectuados por la Dirección General de Seguros y Fondos de Pensiones derivados de los informes emitidos por el servicio de reclamaciones de la Dirección General de Seguros y Fondos de Pensiones dará lugar, según los casos, a la imposición de las sanciones administrativas correspondientes a las infracciones tipificadas en el título VIII o a la prohibición regulada en el artículo 120.

4. Cuando se aprecien indicios de incumplimientos reiterados o graves de las normas de transparencia y protección a la clientela o de las buenas prácticas en el mercado de seguros por parte de una entidad aseguradora, la Dirección General de Seguros y Fondos de Pensiones adoptará las medidas que correspondan en el marco de un procedimiento de supervisión.

> – Orden ECC/2502/2012, de 16 de noviembre, por la que se regula el procedimiento de presentación de reclamaciones ante los Servicios de Reclamaciones del Banco de España, la Comisión Nacional del Mercado de Valores y la Dirección General de Seguros y Fondos de Pensiones.

Artículo 120. Prohibición de pólizas y tarifas. La Dirección General de Seguros y Fondos de Pensiones podrá prohibir mediante resolución la utilización de las pólizas y tarifas de primas que no cumplan lo dispuesto en los artículos 94 y 95. A estos efectos, se instruirá el correspondiente procedimiento administrativo en el que podrá acordarse, como medida provisional, la suspensión de la utilización de las pólizas o las tarifas de primas.

Previamente a la iniciación del procedimiento administrativo en que se acuerde la referida prohibición, la citada Dirección General podrá requerir a la entidad aseguradora para que acomode sus pólizas o tarifas de primas a lo dispuesto en los citados artículos.

CAPÍTULO IV. SUPERVISIÓN POR INSPECCIÓN

Artículo 121. Actuaciones de inspección. 1. Para el adecuado ejercicio de las funciones de supervisión que tiene atribuidas, la Dirección General de Seguros y Fondos de Pensiones podrá ejercer la facultad inspectora en los términos previstos por este capítulo. La supervisión se podrá desarrollar mediante el procedimiento de inspección.

2. La inspección podrá versar sobre prácticas de mercado, la situación legal, técnica, económico-financiera y de solvencia, así como sobre las condiciones en que ejercen su actividad y las prácticas de comercialización, al objeto de que la Dirección General de Seguros y Fondos de Pensiones pueda desempeñar adecuadamente las competencias que tiene atribuidas. Se podrá realizar con carácter general o referido a cuestiones determinadas.

Artículo 122. Sujetos de la actividad inspectora. Podrán ser objeto de inspección las siguientes entidades y personas:

a) Las entidades aseguradoras y reaseguradoras autorizadas para operar en España, incluidas las actividades que realicen a través de sucursales y en régimen de libre prestación de servicios.

b) El resto de entidades y sujetos contemplados en el artículo 2.

c) Las entidades que se presuma que forman parte de un grupo de entidades aseguradoras.

d) Quienes realicen operaciones que puedan, en principio, calificarse como de seguros, para comprobar si ejercen la actividad sin la autorización administrativa previa.

e) Quienes ejerzan funciones externalizadas de entidades de seguros y reaseguradoras.

Artículo 123. Personal inspector. 1. Las actuaciones inspectoras se realizarán por los funcionarios del Cuerpo Superior de Inspectores de Seguros del Estado. En el desempeño de sus funciones tendrán la condición de autoridad pública.

2. Los funcionarios pertenecientes a los cuerpos técnicos de la Administración General del Estado, así como los funcionarios expertos informáticos, sólo podrán colaborar en las actuaciones inspectoras en los términos que se determinen en el reglamento de desarrollo de esta Ley.

Artículo 124. Facultades inspectoras. 1. Para el correcto ejercicio de sus funciones, el personal inspector podrá examinar los libros, registros y documentos, sea cual fuere su soporte, incluidos los programas informáticos y los archivos magnéticos, ópticos o de cualquier otra clase, relativos a las operaciones de la entidad, en los términos en que se desarrolle reglamentariamente.

2. Asimismo podrán pedir que les sea presentada o entregada una copia a los efectos de su incorporación en el acta de inspección, y la entidad asegu-

radora estará obligada a ello y a darles las máximas facilidades para el desempeño de su cometido. Si la persona o entidad inspeccionada tuviera motivos fundados, podrá oponerse a la entrega de una copia de la documentación aduciendo sus razones por escrito para su incorporación en el acta de inspección.

3. Las actuaciones de inspección podrán desarrollarse indistintamente en el domicilio social del sujeto inspeccionado, en cualquiera de sus sucursales, en donde realice total o parcialmente su actividad, en los locales desde donde presten los servicios, funciones o actividades de seguros y reaseguros cuando estos estén externalizados, y en las oficinas de la Dirección General de Seguros y Fondos de Pensiones cuando los elementos sobre los que haya de realizarse puedan ser en ellas examinados.

Los funcionarios de la Inspección de Seguros del Estado tendrán acceso al domicilio social y a las sucursales, locales y oficinas en que se desarrollen actividades por la persona inspeccionada, por la entidad o por las entidades que se presuman forman grupo. Tratándose del domicilio constitucionalmente protegido, y en caso de oposición, precisarán de la pertinente autorización judicial y, en el caso de otras dependencias, de la de la Dirección General de Seguros y Fondos de Pensiones.

4. La inspección de prácticas de mercado podrá iniciarse sin previa notificación ni identificación de los funcionarios actuantes, asumiendo éstos la condición de meros usuarios o interesados en los productos o servicios ofrecidos, con la finalidad de conocer así lo más fielmente posible las condiciones reales de dichas prácticas lo que se hará constar en el correspondiente informe.

Artículo 125. Documentación de las actuaciones inspectoras. 1. Las actuaciones de inspección se documentarán en actas de inspección, que podrán ser definitivas o previas.

Se levantarán actas de inspección previas cuando de las actuaciones inspectoras resulten elementos suficientes para tramitar el procedimiento de supervisión por inspección, si la espera hasta la formulación del acta definitiva pusiera en peligro la tutela de los intereses de los asegurados o la actitud de la entidad o persona inspeccionada u otras circunstancias concurrentes en la instrucción de la inspección así lo aconsejasen.

2. Con independencia del contenido y forma que se determine reglamentariamente, en las actas de inspección se reflejará, en su caso:

a) Los hechos constatados por el inspector actuante que sean relevantes a efectos de la calificación jurídica de la conducta o actividad inspeccionada.

b) La situación legal, técnica, económico-financiera y de solvencia deriva-da de las actuaciones realizadas por la inspección.

c) Las causas que pudieran determinar la revocación de la autorización, la disolución administrativa, la adopción de medidas de control especial, la adopción de un plan de recuperación o del plan de financiación a corto plazo, el incremento del importe de las provisiones técnicas, la exigencia de capital de solvencia obligatorio adicional así como la imposición de sanciones admi-nistrativas.

d) La propuesta de revocación de la autorización, de disolución adminis-trativa de la entidad aseguradora, de adopción de medidas de control especial, de un plan de recuperación o de financiación a corto plazo en supuestos de deterioro financiero o el incremento del importe de las provisiones técnicas o la exigencia de capital de solvencia obligatorio adicional.

3. Formarán parte del acta de inspección, a todos los efectos, sus anexos y diligencias extendidas por el inspector durante su actividad comprobadora.

4. Las actas de inspección tienen naturaleza de documentos públicos y ha-rán prueba de los hechos en ellas consignados y comprobados por el inspector actuante, salvo que se acredite lo contrario.

Artículo 126. Procedimiento de supervisión por inspección. 1. El pro-cedimiento administrativo de supervisión por inspección se ajustará a los si-guientes trámites:

a) Se iniciará por acuerdo de la Dirección General de Seguros y Fondos de Pensiones en el que se determinarán los aspectos que han de ser objeto de inspección.

b) Las actuaciones inspectoras previas al levantamiento del acta tendrán, desde el acuerdo de la Dirección General de Seguros y Fondos de Pensiones por el que se ordene la inspección, la duración que sea precisa para el adecuado cumplimiento del mandato contenido en la orden de inspección.

c) El acta de inspección será notificada a la persona interesada, quien dispondrá de quince días para formular las alegaciones y proponer las pruebas que estime pertinentes en defensa de su derecho ante la Dirección General de Seguros y Fondos de Pensiones. Si se propusieran pruebas y estas fueran admi-tidas, deberán practicarse en un plazo no superior a diez días.

d) Si tras las alegaciones de la entidad interesada y, en su caso, la práctica de la prueba, se realizaran nuevas actuaciones de instrucción del procedi-miento administrativo de supervisión por inspección, se recogerán en un acta complementaria y se dará a aquélla nuevo trámite de audiencia por término de ocho días.

e) A la vista de lo actuado, la Dirección General de Seguros y Fondos de Pensiones dictará resolución que pondrá fin al procedimiento.

f) En el caso de que el acta de inspección contenga propuesta de incremento del importe de las provisiones técnicas, de la exigencia de capital de solvencia obligatorio adicional, de adopción de medidas de control especial, de un plan de recuperación o de financiación a corto plazo en supuestos de deterioro financiero, de revocación de la autorización o de disolución administrativa de la entidad aseguradora o reaseguradora, la resolución adoptará, si hubiera lugar a ello, las medidas de incremento o de control especial pertinentes, el plan de recuperación o de financiación a corto plazo, iniciará el procedimiento de disolución administrativa de la entidad aseguradora o reaseguradora, o de revocación de la autorización administrativa.

2. El plazo para dictar resolución será de seis meses desde la notificación del acta. En el caso previsto en la letra d) del apartado 1, este plazo se computará a partir de la notificación del acta complementaria.

CAPÍTULO V. DEBER DE SECRETO PROFESIONAL Y USO DE INFORMACIÓN CONFIDENCIAL

Artículo 127. Deber de secreto profesional. 1. Salvo los datos inscribibles en el registro administrativo al que se refiere el artículo 40, los datos, documentos e informaciones que obren en poder de la Dirección General de Seguros y Fondos de Pensiones en virtud de cuantas funciones le encomienda esta Ley tendrán carácter reservado.

2. Todas las personas que ejerzan o hayan ejercido una actividad de ordenación y supervisión de entidades aseguradoras y reaseguradoras, así como aquellas a quienes se les haya encomendado funciones respecto de dichas entidades, tendrán obligación de guardar secreto profesional sobre las informaciones confidenciales que reciban a título profesional en el ejercicio de tal función. El incumplimiento de esta obligación determinará las responsabilidades penales y las demás previstas por las leyes. Estas personas no podrán prestar declaración ni testimonio ni publicar, comunicar o exhibir datos o documentos reservados, ni siquiera después de haber cesado en el servicio, salvo permiso expreso otorgado por la Dirección General de Seguros y Fondos de Pensiones que en ningún caso podrá referirse a los datos de carácter personal. Si dicho

permiso no fuera concedido, la persona afectada mantendrá el secreto y quedará exenta de la responsabilidad que de ello emane.

3. Se exceptúan de la obligación de secreto establecida en el apartado anterior los siguientes supuestos:

a) Cuando el interesado consienta expresamente la difusión, publicación o comunicación de los datos.

b) La publicación de datos agregados con fines estadísticos, o las comunicaciones en forma sumaria o agregada de manera que las entidades individuales no puedan ser identificadas ni siquiera indirectamente.

c) Las informaciones requeridas por las autoridades judiciales competentes en un proceso penal.

d) Las informaciones que, en el marco de los procedimientos concursales a que se encuentre sometida una entidad aseguradora o reaseguradora, sean requeridas por las autoridades judiciales, siempre que no versen sobre terceros interesados en la rehabilitación de la entidad.

e) Las informaciones que, en el marco de los recursos administrativos o contencioso-administrativos en que se impugnen resoluciones administrativas dictadas en el ejercicio de las potestades de supervisión de la actividad de las entidades aseguradoras y reaseguradoras, sean requeridas por las autoridades administrativas o judiciales competentes.

f) Las informaciones requeridas por las comisiones parlamentarias de investigación, en los términos establecidos por los Reglamentos parlamentarios. A tal efecto, la Dirección General de Seguros y Fondos de Pensiones podrá solicitar motivadamente de los órganos competentes de la Cámara la celebración de sesión secreta o la aplicación del procedimiento establecido para el acceso a las materias clasificadas.

Las autoridades judiciales, así como los miembros de una Comisión Parlamentaria de Investigación que reciban la información de carácter reservado, estarán obligadas a adoptar las medidas pertinentes que garanticen su reserva.

4. Lo dispuesto en este artículo se entiende sin perjuicio de las facultades de investigación conferidas al Parlamento Europeo en el artículo 226 del Tratado de Funcionamiento de la Unión Europea.

Artículo 128. Intercambio de información confidencial. 1. No obstante lo dispuesto en el artículo anterior, las informaciones confidenciales podrán ser suministradas a las personas y entidades que se enumeran a continuación para facilitar el cumplimiento de sus respectivas funciones, las cuales estarán a su vez obligadas al deber de secreto profesional conforme a lo dispuesto en dicho artículo:

a) Las autoridades competentes para la supervisión de las entidades aseguradoras y demás entidades financieras en los restantes Estados miembros.

b) El Banco de España, la Comisión Nacional del Mercado de Valores y los demás entes u órganos encargados de la supervisión de las cuentas y de la solvencia de entidades financieras.

c) El Consorcio de Compensación de Seguros en el ejercicio de sus funciones de liquidador de entidades aseguradoras y de fondo de garantía así como en relación con la información necesaria para la comprobación de los recargos previstos en el artículo 18 del Texto Refundido del Estatuto Legal del Consorcio de Compensación de Seguros, aprobado por el Real Decreto Legislativo 7/2004, de 29 de octubre.

d) Las autoridades responsables de la lucha contra el blanqueo de capitales.

e) Los auditores de cuentas de las entidades aseguradoras y reaseguradoras y sus grupos, y el Instituto de Contabilidad y Auditoría de Cuentas.

2. Las informaciones confidenciales también podrán suministrarse a la Administración Tributaria conforme a lo dispuesto en los artículos 93 y 94 de la Ley 58/2003, de 17 de diciembre, General Tributaria, previa autorización indelegable del Ministro de Economía y Competitividad.

3. Asimismo, las informaciones confidenciales podrán ser recibidas de las personas y entidades referidas en el apartado 1 anterior. Las informaciones confidenciales así recibidas, así como las obtenidas por la inspección de sucursales de entidades aseguradoras y reaseguradoras españolas establecidas en otros Estados miembros, no podrán ser objeto de la comunicación a que se refiere dicho apartado, salvo acuerdo expreso de la autoridad competente que haya comunicado las informaciones o de la autoridad competente del Estado miembro de la sucursal, respectivamente.

> – El artículo 18 del **Real Decreto Legislativo 7/2004, de 29 de octubre, por el que se aprueba el texto refundido del Estatuto Legal del Consorcio de Compensación de Seguros**, establece: «*Artículo 18 Recargos a favor del Consorcio. 1. Son recargos a favor del Consorcio: El recargo en el seguro de riesgos extraordinarios, el recargo en el seguro obligatorio de responsabilidad civil en la circulación de vehículos a motor y el recargo destinado a financiar las funciones de liquidación de entidades aseguradoras. Estos recargos, que corresponden al Consorcio en sus funciones de liquidación de entidades aseguradoras, compen-*

sación y fondo de garantía, tienen el carácter de ingresos de derecho público exigibles por la vía administrativa de apremio cuando no hayan sido ingresados por las entidades aseguradoras en el plazo fijado en el apartado 4; a tal efecto, será título ejecutivo la certificación de descubierto expedida por el Director General de Seguros y Fondos de Pensiones, a propuesta del Consorcio. 2. Todos los recargos a favor del Consorcio serán recaudados obligatoriamente por las entidades aseguradoras juntamente con sus primas. En el caso de fraccionamiento de primas, las entidades podrán optar por recaudar los citados recargos con el primer pago fraccionado que se haga, o por hacerlo conforme venzan las correspondientes fracciones de prima, si bien en este último caso deberán aplicarse sobre las fracciones del recargo los tipos por fraccionamiento que, para cada posible periodicidad, se fijen en las tarifas de los recargos a favor del Consorcio, o tratándose del recargo destinado a financiar las funciones de liquidación de entidades aseguradoras, los indicados en el apartado 3. La elección de la opción de fraccionar los recargos a favor del Consorcio conforme venzan las correspondientes fracciones de prima deberá hacerse constar en las bases técnicas de las entidades, comunicarse al Consorcio y aplicarse de forma sistemática en el ramo o riesgo de que se trate, salvo causa debidamente justificada. 3. La elección por parte de la entidad aseguradora de la opción de fraccionar el recargo destinado a financiar las funciones de liquidación de entidades aseguradoras juntamente con las primas acarreará las obligaciones establecidas en el apartado 2. El cálculo de los intereses por fraccionamiento se efectuará para cada uno de los ramos o riesgos en los que se haya elegido esta opción y se declarará y liquidará juntamente con los recargos fraccionados en el propio modelo y en el mismo período al que corresponden los recargos. Los tipos de fraccionamiento que se aplicarán, tomando como base de cálculo el recargo que se declare correspondiente a la totalidad de la prima, excluidos otros recargos e impuestos, serán: a) Para fraccionamiento de prima con vencimientos semestrales, el dos por ciento. b) Para fraccionamiento de prima con vencimientos trimestrales, el 2,5 por ciento. c) Para fraccionamiento de prima con vencimientos bimestrales, el tres por ciento. d) Para fraccionamiento de prima con vencimientos mensuales, el 3,5 por ciento. Los intereses por fraccionamiento tendrán a todos los efectos la misma naturaleza que el recargo obligatorio a que correspondan. 4. Las entidades aseguradoras vendrán obligadas, al tiempo de presentar al Consorcio la declaración de los recargos recaudados por cuenta de este, a practicar una liquidación e ingresar su importe con la periodicidad y con sujeción a las reglas que se determinen reglamentariamente. Previa comunicación fehaciente al Consorcio, las entidades podrán liquidar los recargos según las primas emitidas, sin perjuicio de las regularizaciones periódicas que procedan. La elección de esta opción deberá aplicarse a todas las carteras de pólizas de la entidad y por años naturales. Tanto las liquidaciones practicadas por la Dirección General de Seguros y Fondos de

Pensiones derivadas de actas de Inspección como aquellas otras que no tengan señalado plazo de ingreso por sus normas específicas deberán ser ingresadas dentro de los quince días siguientes a aquel en que tuvo lugar la notificación de la liquidación a la entidad aseguradora. 5. El ejercicio de la gestión recaudadora por cuenta del Consorcio, cumpliendo lo dispuesto en este precepto, llevará aparejado el derecho a percibir una comisión de cobro que fijará la Dirección General de Seguros y Fondos de Pensiones a propuesta del Consorcio y previa audiencia de las entidades y organizaciones aseguradoras más representativas, sin que pueda exceder del 10 por ciento de los importes brutos recaudados. 6. El incumplimiento de la obligación de ingresar en el Consorcio los recargos percibidos por la entidad aseguradora en el plazo y forma legalmente establecidos llevará aparejado, sin perjuicio de las responsabilidades administrativas y, en su caso, penales en que hubiera podido incurrir, la obligación de satisfacer durante el período de demora el interés legal y, además, la pérdida de la comisión de cobro. 7. Cuando los ingresos por recargos efectuados al Consorcio resultasen ser indebidos en todo o en parte, se acordará la devolución a solicitud de los interesados, sin perjuicio de las comprobaciones y petición de información que procedan, en el plazo de quince días desde la completa presentación de la documentación acreditativa del error advertido».

– Los artículos 93 y 94 y la disposición adicional decimoctava de la **Ley 58/2003, de 17 de diciembre, General Tributaria,** establecen:

«Artículo 93. Obligaciones de información. 1. Las personas físicas o jurídicas, públicas o privadas, así como las entidades mencionadas en el apartado 4 del artículo 35 de esta ley, estarán obligadas a proporcionar a la Administración tributaria toda clase de datos, informes, antecedentes y justificantes con trascendencia tributaria relacionados con el cumplimiento de sus propias obligaciones tributarias o deducidos de sus relaciones económicas, profesionales o financieras con otras personas. En particular: a) Los retenedores y los obligados a realizar ingresos a cuenta deberán presentar relaciones de los pagos dinerarios o en especie realizados a otras personas o entidades. b) Las sociedades, asociaciones, colegios profesionales u otras entidades que, entre sus funciones, realicen la de cobro de honorarios profesionales o de derechos derivados de la propiedad intelectual, industrial, de autor u otros por cuenta de sus socios, asociados o colegiados, deberán comunicar estos datos a la Administración tributaria. A la misma obligación quedarán sujetas aquellas personas o entidades, incluidas las bancarias, crediticias o de mediación financiera en general que, legal, estatutaria o habitualmente, realicen la gestión o intervención en el cobro de honorarios profesionales o en el de comisiones, por las actividades de captación, colocación, cesión o mediación en el mercado de capitales. c) Las personas o entidades depositarias de dinero en efectivo o en

cuentas, valores u otros bienes de deudores a la Administración tributaria en período ejecutivo estarán obligadas a informar a los órganos de recaudación y a cumplir los requerimientos efectuados por los mismos en el ejercicio de sus funciones. d) Las personas y entidades que, por aplicación de la normativa vigente, conocieran o estuvieran en disposición de conocer la identificación de los beneficiarios últimos de las acciones deberán cumplir ante la Administración tributaria con los requerimientos u obligaciones de información que reglamentariamente se establezcan respecto a dicha identificación. e) Las personas jurídicas o entidades deberán comunicar a la Administración tributaria la identificación de los titulares reales de las mismas. A tal efecto, tendrán la consideración de titulares reales los definidos conforme al apartado 2 del artículo 4 de la Ley 10/2010, de 28 de abril, de prevención del blanqueo de capitales y de la financiación del terrorismo. 2. Las obligaciones a las que se refiere el apartado anterior deberán cumplirse con carácter general en la forma y plazos que reglamentariamente se determinen, o mediante requerimiento individualizado de la Administración tributaria que podrá efectuarse en cualquier momento posterior a la realización de las operaciones relacionadas con los datos o antecedentes requeridos. 3. El incumplimiento de las obligaciones establecidas en este artículo no podrá ampararse en el secreto bancario. Los requerimientos individualizados relativos a los movimientos de cuentas corrientes, depósitos de ahorro y a plazo, cuentas de préstamos y créditos y demás operaciones activas y pasivas, incluidas las que se reflejen en cuentas transitorias o se materialicen en la emisión de cheques u otras órdenes de pago, de los bancos, cajas de ahorro, cooperativas de crédito y cuantas entidades se dediquen al tráfico bancario o crediticio, podrán efectuarse en el ejercicio de las funciones de inspección o recaudación, previa autorización del órgano de la Administración tributaria que reglamentariamente se determine. Los requerimientos individualizados deberán precisar los datos identificativos del cheque u orden de pago de que se trate, o bien las operaciones objeto de investigación, los obligados tributarios afectados, titulares o autorizados, y el período de tiempo al que se refieren. La investigación realizada según lo dispuesto en este apartado podrá afectar al origen y destino de los movimientos o de los cheques u otras órdenes de pago, si bien en estos casos no podrá exceder de la identificación de las personas y de las cuentas en las que se encuentre dicho origen y destino. 4. Los funcionarios públicos, incluidos los profesionales oficiales, estarán obligados a colaborar con la Administración tributaria suministrando toda clase de información con trascendencia tributaria de la que dispongan, salvo que sea aplicable: a) El secreto del contenido de la correspondencia. b) El secreto de los datos que se hayan suministrado a la Administración para una finalidad exclusivamente estadística. c) El secreto del protocolo notarial, que abarcará los instrumentos públicos a los que se refieren los artículos 34 y 35 de la Ley de 28 de mayo de

*1862, del Notariado, y los relativos a cuestiones matrimoniales, con excepción
de los referentes al régimen económico de la sociedad conyugal. 5. La obligación de los demás profesionales de facilitar información con trascendencia
tributaria a la Administración tributaria no alcanzará a los datos privados no
patrimoniales que conozcan por razón del ejercicio de su actividad cuya re-
velación atente contra el honor o la intimidad personal y familiar. Tampoco
alcanzará a aquellos datos confidenciales de sus clientes de los que tengan
conocimiento como consecuencia de la prestación de servicios profesionales
de asesoramiento o defensa. Los profesionales no podrán invocar el secreto
profesional para impedir la comprobación de su propia situación tributaria».*
*«Artículo 94 Autoridades sometidas al deber de informar y colaborar. 1. Las au-
toridades, cualquiera que sea su naturaleza, los titulares de los órganos del Estado, de las comunidades autónomas y de las entidades locales; los organismos
autónomos y las entidades públicas empresariales; las cámaras y corporaciones,
colegios y asociaciones profesionales; las mutualidades de previsión social; las
demás entidades públicas, incluidas las gestoras de la Seguridad Social y quienes,
en general, ejerzan funciones públicas, estarán obligados a suministrar a la Administración tributaria cuantos datos, informes y antecedentes con trascendencia
tributaria recabe ésta mediante disposiciones de carácter general o a través de
requerimientos concretos, y a prestarle, a ella y a sus agentes, apoyo, concurso,
auxilio y protección para el ejercicio de sus funciones. Asimismo, participarán en
la gestión o exacción de los tributos mediante las advertencias, repercusiones y
retenciones, documentales o pecuniarias, de acuerdo con lo previsto en las leyes
o disposiciones reglamentarias vigentes. 2. A las mismas obligaciones quedarán
sujetos los partidos políticos, sindicatos y asociaciones empresariales. 3. Los juzgados y tribunales deberán facilitar a la Administración tributaria, de oficio o
a requerimiento de la misma, cuantos datos con trascendencia tributaria se des-
prendan de las actuaciones judiciales de las que conozcan, respetando, en su caso,
el secreto de las diligencias sumariales. 4. El Servicio Ejecutivo de la Comisión de
Prevención del Blanqueo de Capitales e Infracciones Monetarias y la Comisión de
Vigilancia de Actividades de Financiación del Terrorismo, así como la Secretaría
de ambas comisiones, facilitarán a la Administración tributaria cuantos datos con
trascendencia tributaria obtengan en el ejercicio de sus funciones, de oficio, con
carácter general o mediante requerimiento individualizado en los términos que
reglamentariamente se establezcan. Los órganos de la Administración tributaria
podrán utilizar la información suministrada para la regularización de la situación
tributaria de los obligados en el curso del procedimiento de comprobación o de
inspección, sin que sea necesario efectuar el requerimiento al que se refiere el
apartado 3 del artículo anterior. 5. La cesión de datos de carácter personal que se
deba efectuar a la Administración tributaria conforme a lo dispuesto en el artículo
anterior, en los apartados anteriores de este artículo o en otra norma de rango*

legal, no requerirá el consentimiento del afectado. En este ámbito no será de aplicación lo dispuesto en el apartado 1 del artículo 21 de la Ley Orgánica 15/1999, de 13 de diciembre, de protección de datos de carácter personal» (la Ley Orgánica 15/1999, de 13 de diciembre, de Protección de Datos de Carácter Personal, ha sido derogada por la **Ley Orgánica 3/2018, de 5 de diciembre, de protección de datos personales y garantía de los derechos digitales**).

«Disposición adicional decimoctava. Obligación de información sobre bienes y derechos situados en el extranjero. Los obligados tributarios deberán suministrar a la Administración Tributaria, conforme a lo dispuesto en los artículos 29 y 93 de esta ley y en los términos que reglamentariamente se establezcan, la siguiente información: a) Información sobre las cuentas situadas en el extranjero abiertas en entidades que se dediquen al tráfico bancario o crediticio de las que sean titulares o beneficiarios o en las que figuren como autorizados o de alguna otra forma ostenten poder de disposición. b) Información de cualesquiera títulos, activos, valores o derechos representativos del capital social, fondos propios o patrimonio de todo tipo de entidades, o de la cesión a terceros de capitales propios, de los que sean titulares y que se encuentren depositados o situados en el extranjero, así como de los seguros de vida o invalidez de los que sean tomadores y de las rentas vitalicias o temporales de las que sean beneficiarios como consecuencia de la entrega de un capital en dinero, bienes muebles o inmuebles, contratados con entidades establecidas en el extranjero. c) Información sobre los bienes inmuebles y derechos sobre bienes inmuebles de su titularidad situados en el extranjero. d) Información sobre las monedas virtuales situadas en el extranjero de las que se sea titular, o respecto de las cuales se tenga la condición de beneficiario o autorizado o de alguna otra forma se ostente poder de disposición, custodiadas por personas o entidades que proporcionan servicios para salvaguardar claves criptográficas privadas en nombre de terceros, para mantener, almacenar y transferir monedas virtuales. Las obligaciones previstas en los párrafos anteriores se extenderán a quienes tengan la consideración de titulares reales de acuerdo con lo previsto en el apartado 2 del artículo 4 de la Ley 10/2010, de 28 de abril, de prevención del blanqueo de capitales y de la financiación del terrorismo».

Artículo 129. Cooperación con la Autoridad Europea de Seguros y Pensiones de Jubilación. La Dirección General de Seguros y Fondos de Pensiones proporcionará sin demora a la Autoridad Europea de Seguros y Pensiones de Jubilación toda la información necesaria para que ésta cumpla sus obligaciones.

Artículo 130. Acuerdos de cooperación con terceros países. 1. Los acuerdos de cooperación en los que se prevea el intercambio de información con las autoridades de terceros países competentes para la supervisión de las entidades aseguradoras, reaseguradoras y demás entidades financieras o con otras autoridades, órganos, personas físicas o jurídicas, de terceros países, requerirán que la información suministrada quede protegida por garantías de secreto profesional al menos equivalentes a las contempladas en el artículo 127, que exista reciprocidad y que el intercambio de información tenga por objeto el cumplimiento de las labores de supervisión de dichas autoridades, órganos, personas físicas o jurídicas.

2. La Dirección General de Seguros y Fondos de Pensiones podrá transferir datos personales a terceros países de conformidad con el título V de la Ley Orgánica 15/1999, de 13 de diciembre, de Protección de Datos de Carácter Personal.

3. Cuando la información tenga su origen en otro Estado miembro no podrá ser revelada sin la conformidad expresa de las autoridades competentes que la hayan facilitado y, en su caso, únicamente con la finalidad para la que dichas autoridades hayan dado su conformidad.

4. Sin perjuicio de lo dispuesto en los apartados anteriores, la Dirección General de Seguros y Fondos de Pensiones podrá negarse a facilitar información a las autoridades competentes de terceros países cuando el suministro de tal información perjudique a la soberanía, a la seguridad o al orden público, o se hubiesen iniciado ante las autoridades españolas procedimientos judiciales o dictado por dichas autoridades sentencia firme en dichos procedimientos sobre los mismos hechos y contra los mismos responsables respecto de los que se solicite la información.

> – La Ley Orgánica 15/1999, de 13 de diciembre, de Protección de Datos de Carácter Personal, ha sido derogada por la **Ley Orgánica 3/2018, de 5 de diciembre, de protección de datos personales y garantía de los derechos digitales**.

TÍTULO V. SUPERVISIÓN DE GRUPOS DE ENTIDADES ASEGURADORAS Y REASEGURADORAS

CAPÍTULO I. DISPOSICIONES GENERALES SOBRE GRUPOS

Artículo 131. Definiciones y normas sobre la supervisión de grupos de entidades aseguradoras y reaseguradoras. 1. A efectos de lo dispuesto en este título, se entenderá por:

a) Entidad matriz: La definida como tal en el artículo 9, así como cualquier entidad que, a juicio de las autoridades de supervisión, ejerza de manera efectiva una influencia dominante en otra entidad.

b) Entidad filial: La definida como tal en el artículo 9, así como cualquier entidad sobre la que, a juicio de las autoridades de supervisión, una entidad matriz ejerza de manera efectiva una influencia dominante.

c) Participación: La definida como tal en el artículo 9, así como la posesión, directa o indirecta, de derechos de voto o de capital en una entidad sobre la que, a juicio de las autoridades de supervisión, se ejerce de manera efectiva una influencia notable.

d) Entidad participante: Una entidad matriz u otra entidad que posea una participación, o bien toda entidad vinculada a otra por hallarse sujetas a una dirección única o porque sus órganos de administración, de dirección o de control, se compongan mayoritariamente de las mismas personas.

e) Entidad vinculada: Una entidad que sea filial u otra entidad en la que se posea una participación o que esté vinculada a otra por hallarse sujetas a una dirección única o porque sus órganos de administración, de dirección o de control, se compongan mayoritariamente de las mismas personas.

f) Grupo: Todo conjunto de entidades que:

1.º Esté integrado por una entidad participante, sus filiales y las entidades en las que la participante o sus filiales posean una participación, así como las entidades vinculadas entre sí por hallarse sujetas a una dirección única o porque sus órganos de administración, de dirección o de control, se compongan mayoritariamente de las mismas personas; o

2.º se base en un reconocimiento, contractual o de otro tipo, de vínculos financieros sólidos y sostenibles entre esas entidades, que puede incluir mutuas y mutualidades de previsión social, siempre que:

i. Una de esas entidades, que será considerada la entidad matriz, ejerza efectivamente, mediante coordinación centralizada, una influencia dominante en las decisiones, incluidas las decisiones financieras, de todas las entidades que forman parte del grupo, que se considerarán entidades filiales;

ii. el establecimiento y disolución de dicha relación, a los efectos del presente título, estén sometidos a la autorización del supervisor del grupo; y

iii. en el caso de tratarse de grupos de mutuas o de mutualidades de previsión social, se ajusten a lo que se determine reglamentariamente.

g) Supervisor de grupo: La autoridad de supervisión responsable de la supervisión de grupo, determinada con arreglo a lo dispuesto en el artículo 134.

h) Colegio de supervisores: Estructura permanente y flexible de cooperación y coordinación, para facilitar la toma de decisiones relativas a la supervisión de un grupo.

i) Sociedad de cartera de seguros: una entidad matriz cuya actividad principal consista en adquirir y poseer participaciones en filiales que sean exclusiva o principalmente entidades aseguradoras o reaseguradoras, incluyendo
entidades domiciliadas en terceros países cuando en este caso al menos una
de las filiales esté domiciliada en la Unión Europea, y que no sea una sociedad
financiera mixta de cartera.

j) Sociedad mixta de cartera de seguros: Una entidad matriz, distinta de
una entidad aseguradora, de una entidad aseguradora de un tercer país, de una
entidad reaseguradora, de una entidad reaseguradora de un tercer país, de una
sociedad de cartera de seguros o de una sociedad financiera mixta de cartera
entre cuyas filiales haya al menos una entidad aseguradora o reaseguradora.

k) Sociedad financiera mixta de cartera: La definida como tal en el artículo
2.7 de la Ley 5/2005, de 22 de abril, de supervisión de los conglomerados
financieros y por la que se modifican otras leyes del sector financiero.

l) Operaciones intragrupo: todas las operaciones que relacionan directa
o indirectamente a una entidad aseguradora con otras entidades del mismo
grupo o con cualquier persona física o jurídica estrechamente vinculada a
las entidades de ese grupo para el cumplimiento de una obligación, sea o no
contractual, y tenga o no por objeto un pago.

m) Entidades reguladas: Las definidas como tales en el artículo 2.3 de la
Ley 5/2005, de 22 de abril, de supervisión de los conglomerados financieros y
por la que se modifican otras leyes del sector financiero.

2. Las disposiciones de esta Ley sobre la supervisión de grupos de entidades aseguradoras y reaseguradoras se aplicarán sin perjuicio de las obligaciones que se derivan de las normas de supervisión para las entidades consideradas individualmente.

> – El artículo 2.3 de la **Ley 5/2005, de 22 de abril, de supervisión de los conglo-
> merados financieros y por la que se modifican otras leyes del sector finan-
> ciero**, establece: «*A los efectos de lo dispuesto en esta Ley, serán entidades
> reguladas las entidades de crédito, las empresas de servicios de inversión, las
> sociedades gestoras de instituciones de inversión colectiva, las sociedades
> gestoras de entidades de capital riesgo, las entidades gestoras de fondos de
> pensiones y las entidades aseguradoras y reaseguradoras. Las entidades re-
> guladas comprenderán: a) Las españolas inscritas en los registros especiales*

a cargo del Banco de España, la Comisión Nacional del Mercado de Valores y la Dirección General de Seguros y Fondos de Pensiones. b) Las autorizadas en otros Estados miembros de la Unión Europea. c) Los organismos o empresas, tanto públicos como privados, que hayan sido autorizados en terceros Estados, cuando desarrollen actividades reservadas a las entidades de crédito, empresas de servicios de inversión, entidades aseguradoras y reaseguradoras, sociedades gestoras de instituciones de inversión colectiva, sociedades gestoras de entidades de capital riesgo y entidades gestoras de fondos de pensiones». Y el artículo 2.7: «Tendrá la consideración de sociedad financiera mixta de cartera la empresa dominante que no sea una entidad regulada y que, junto con sus dependientes, de las cuales al menos una será una entidad regulada, y otras entidades, constituya un conglomerado financiero».

Artículo 132. Grupos sujetos a supervisión. 1. Estarán sujetos a supervisión los grupos formados por:

a) Entidades aseguradoras o reaseguradoras que sean entidad participante en, al menos, una entidad aseguradora o reaseguradora, incluso en una entidad aseguradora o reaseguradora de un tercer país;

b) entidades aseguradoras o reaseguradoras cuya matriz sea una sociedad de cartera de seguros o una sociedad financiera mixta de cartera con domicilio social en la Unión Europea;

c) entidades aseguradoras o reaseguradoras cuya matriz sea una sociedad de cartera de seguros o una sociedad financiera mixta de cartera que tenga su domicilio social fuera de la Unión Europea, o una entidad aseguradora o reaseguradora de un tercer país;

d) entidades aseguradoras o reaseguradoras cuya matriz sea una sociedad mixta de cartera de seguros.

2. Cuando una sociedad financiera mixta de cartera esté sujeta a disposiciones equivalentes de conformidad con esta Ley y con la Ley 5/2005, de 22 de abril, de supervisión de los conglomerados financieros y por la que se modifican otras leyes del sector financiero, en particular a lo que se refiere a los requisitos de supervisión en función de los riesgos, la Dirección General de Seguros y Fondos de Pensiones cuando sea el supervisor de grupo, previa consulta con las demás autoridades de supervisión afectadas, podrá decidir aplicar únicamente las disposiciones pertinentes de la citada Ley 5/2005 a esa sociedad financiera mixta de cartera.

3. Cuando una sociedad financiera mixta de cartera esté sujeta a disposiciones equivalentes de conformidad con esta Ley y con la Ley 10/2014, de

26 de junio, de ordenación, supervisión y solvencia de entidades de crédito, o con la Ley 24/1988, de 28 de julio, del Mercado de Valores, y sus respectivas disposiciones de desarrollo, en particular en lo que se refiere a los requisitos de supervisión en función de los riesgos, la Dirección General de Seguros y Fondos de Pensiones cuando sea el supervisor de grupo, previa consulta con las demás autoridades responsables de la supervisión de las filiales de la sociedad financiera mixta de cartera, podrá decidir que se apliquen a dicha sociedad únicamente las disposiciones de la Ley 10/2014, de 26 de junio, de ordenación, supervisión y solvencia de entidades de crédito, o de la Ley 24/1988, de 28 de julio, del Mercado de Valores.

4. La Dirección General de Seguros y Fondos de Pensiones, cuando sea el supervisor de grupo, informará a la Autoridad Bancaria de Supervisión y a la Autoridad Europea de Seguros y Pensiones de Jubilación, de las decisiones adoptadas en virtud de los apartados 2 y 3.

> – La Ley 24/1988, de 28 de julio, del Mercado de Valores ha sido derogada por el Real Decreto Legislativo 4/2015, de 23 de octubre, por el que se aprueba el texto refundido de la Ley del Mercado de Valores, que también ha sido derogado por la **Ley 6/2023, de 17 de marzo, de los Mercados de Valores y de los Servicios de Inversión.** El artículo 259 de este último texto establece: *Artículo 259. Supervisión de las sociedades financieras mixtas de cartera y de las sociedades mixtas de cartera. 1. Cuando una sociedad financiera mixta de cartera sujeta a la supervisión de la CNMV esté sometida a disposiciones equivalentes en virtud de esta ley y de la Ley 5/2005, de 22 de abril, de supervisión de los conglomerados financieros y por la que se modifican otras leyes del sector financiero, en particular en términos de supervisión en función del riesgo, la CNMV, previa consulta con las demás autoridades responsables de la supervisión de las filiales de la sociedad financiera mixta de cartera, podrá decidir que se apliquen a dicha sociedad únicamente las disposiciones de la Ley 5/2005, de 22 de abril, y su normativa de desarrollo. 2. Asimismo, cuando una sociedad financiera mixta de cartera sujeta a la supervisión de la CNMV esté sometida a disposiciones equivalentes en virtud de esta ley y de la Ley 20/2015, de 14 de julio, de ordenación, supervisión y solvencia de las entidades aseguradoras y reaseguradoras, o del Real Decreto Legislativo 1/2002, de 29 de noviembre, por el que se aprueba el texto refundido de la Ley de Regulación de los Planes y Fondos de Pensiones, en particular en términos de supervisión en función del riesgo, la CNMV, previa consulta con las demás autoridades responsables de la supervisión de las filiales de la sociedad financiera mixta de cartera, podrá decidir que se apliquen a dicha sociedad únicamente las disposiciones de la Ley 20/2015, de 14 de julio. 3. La CNMV deberá informar a la ABE y a la Autoridad*

*Europea de Seguros y Pensiones de Jubilación (AESPJ) de las decisiones adop-
tadas en virtud de los apartados anteriores. 4. Sin perjuicio de lo previsto en
el Reglamento (UE) n.º 2019/2033 del Parlamento Europeo y del Consejo, de
27 de noviembre de 2019, cuando la empresa matriz de una o varias empresas de servicios de inversión españolas sea una sociedad mixta de cartera, la
CNMV efectuará la supervisión general de las operaciones entre la empresa de
servicios de inversión y la sociedad mixta de cartera y sus filiales. 5. Las empresas de servicios de inversión filiales de una sociedad mixta de cartera deberán
contar con sistemas de gestión de riesgos y mecanismos de control interno
adecuados, incluidos procedimientos de información y de contabilidad sólidos,
con el fin de identificar, medir, seguir y controlar debidamente las operaciones
con su sociedad mixta de cartera matriz y las filiales de esta. La CNMV exigirá
que la empresa de servicios de inversión informe de cualquier otra operación
significativa con dichos entes distinta de la mencionada en el artículo 394 del
Reglamento (UE) n.º 575/2013 del Parlamento Europeo y del Consejo, de 26 de
junio de 2013. Tales procedimientos y operaciones significativas estarán sujetos a la vigilancia de la CNMV.*

Artículo 133. Ámbito de aplicación de la supervisión de grupo. 1. La
supervisión de grupo no implicará obligatoriamente el ejercicio de funciones
de supervisión sobre las entidades aseguradoras o reaseguradoras de un tercer
país, sobre sociedades de cartera de seguros y sociedades financieras mixtas de
cartera, sin perjuicio de lo que se disponga reglamentariamente, o sobre sociedades mixtas de cartera de seguros, todas ellas consideradas individualmente.

2. En el caso de que la Dirección General de Seguros y Fondos de Pensiones sea el supervisor de grupo podrá acordar que no se incluya a una entidad
en la supervisión de grupo, cuando se encuentre en alguno de los siguientes
supuestos:

a) La entidad esté domiciliada en un tercer país en el que existan impedi-
mentos legales para la remisión de la información necesaria, sin perjuicio de lo
que se disponga reglamentariamente;

b) la entidad presente un interés poco significativo en atención a los objetivos de la supervisión de grupo; o

c) la inclusión de la entidad resulte inadecuada o induzca a error en relación con los objetivos de la supervisión de grupo.

No obstante, aunque individualmente consideradas, varias entidades del
mismo grupo puedan excluirse al amparo de lo previsto en la letra b), dichas
entidades deberán incluirse si conjuntamente presentan interés significativo
en cuanto a los objetivos de la supervisión de grupo.

En los supuestos de las letras b) y c), la Dirección General de Seguros y Fondos de Pensiones, antes de acordar la no inclusión de la entidad en el ámbito de la supervisión de grupo, consultará a las demás autoridades de supervisión afectadas.

Acordada por la Dirección General de Seguros y Fondos de Pensiones la no inclusión en la supervisión de grupo de una entidad aseguradora o reaseguradora que tenga su domicilio social en otro Estado miembro, en virtud de los supuestos de las letras b) o c), las autoridades de supervisión del Estado miembro donde esté domiciliada la entidad no incluida podrán solicitar a la entidad española que figure a la cabeza del grupo toda información necesaria para la supervisión de la entidad aseguradora o reaseguradora considerada.

3. Cuando la autoridad de supervisión de otro Estado miembro, que sea supervisor de grupo, acuerde la no inclusión de una entidad aseguradora o reaseguradora española en la supervisión de grupo en virtud de supuestos análogos a los previstos en las letras b) o c) del apartado anterior, la Dirección General de Seguros y Fondos de Pensiones podrá solicitar a la entidad que figure a la cabeza del grupo toda información que pueda facilitar la supervisión de la entidad aseguradora o reaseguradora española que no ha sido incluida en la supervisión de grupo.

CAPÍTULO II. EJERCICIO DE LA SUPERVISIÓN DE GRUPOS

SECCIÓN 1.ª FUNCIONES Y FACULTADES DE LA DIRECCIÓN GENERAL DE SEGUROS Y FONDOS DE PENSIONES COMO SUPERVISOR DE GRUPO

Artículo 134. Ejercicio de las funciones de supervisor de grupo por la dirección general de seguros y fondos de pensiones. 1. La Dirección General de Seguros y Fondos de Pensiones ejercerá las funciones de supervisor de grupo cuando todas las entidades del grupo tengan su domicilio social en España.

2. En el caso de que no todas las entidades del grupo tengan su domicilio social en España, la Dirección General de Seguros y Fondos de Pensiones ejercerá las funciones de supervisor de grupo cuando se encuentre en alguno de los siguientes supuestos:

a) A la cabeza del grupo figure una entidad aseguradora o reaseguradora que tenga su domicilio social en España.

b) A la cabeza del grupo figure una sociedad de cartera de seguros o sociedad financiera mixta de cartera, si todas las entidades aseguradoras o reaseguradoras filiales de la sociedad de cartera de seguros tienen su domicilio social en España.

c) A la cabeza del grupo figure una sociedad de cartera de seguros o sociedad financiera mixta de cartera que tenga su domicilio social en España, si alguna de las entidades aseguradoras o reaseguradoras filiales de la sociedad de cartera de seguros o sociedad financiera mixta de cartera tiene también su domicilio social en España.

d) A la cabeza del grupo figuran varias sociedades de cartera de seguros o sociedades financieras mixtas de cartera con domicilio social en España y en otros Estados miembros, si tiene su domicilio social en España la entidad aseguradora o reaseguradora cuyo balance total sea el mayor de todas las entidades aseguradoras y reaseguradoras con domicilio social en la Unión Europea.

e) Varias entidades aseguradoras o reaseguradoras con domicilio social en distintos Estados miembros tienen como matriz a una misma sociedad de cartera de seguros o sociedad financiera mixta de cartera que no tenga domicilio social en España ni en otro Estado miembro donde haya una filial, si tiene su domicilio social en España la entidad aseguradora o reaseguradora cuyo balance total sea mayor.

f) El grupo carezca de matriz, o en cualquier otra circunstancia no contemplada en las letras a) a e), si tiene su domicilio social en España la entidad aseguradora o reaseguradora cuyo balance total sea mayor.

3. Reglamentariamente se determinarán los casos en los que aun no dándose las circunstancias indicadas en el apartado 2, le corresponderá a la Dirección General de Seguros y Fondos de Pensiones asumir las funciones de supervisor de grupo, así como los casos en que concurriendo esas circunstancias, dicha Dirección General no asuma las funciones de supervisor de grupo.

Artículo 135. Facultades de la Dirección General de Seguros y Fondos de Pensiones como supervisor de grupo. Colegio de supervisores. 1. La Dirección General de Seguros y Fondos de Pensiones cuando sea supervisor de grupo tendrá las siguientes facultades:

a) La coordinación de la recopilación y la difusión de información pertinente o necesaria para las situaciones corrientes y de emergencia, incluida la difusión de información que revista importancia para la función de las autoridades de supervisión.

b) La supervisión y evaluación de la situación financiera de grupo.

c) La comprobación de que el grupo cumple las disposiciones sobre la solvencia y la concentración de riesgo, y sobre las operaciones intragrupo.

d) El examen del sistema de gobierno del grupo y de si los miembros del órgano de administración o dirección de la entidad participante cumplen los requisitos establecidos en el artículo 38 y demás que se establezcan reglamentariamente.

e) La planificación y coordinación, mediante reuniones celebradas al menos con periodicidad anual o mediante otros medios apropiados, de las actividades de supervisión en las situaciones corrientes y de emergencia, en cooperación con las autoridades de supervisión afectadas y teniendo en cuenta el carácter, la dimensión y la complejidad de los riesgos inherentes a la actividad de todas las entidades que forman parte del grupo.

f) La dirección del proceso de validación de los modelos internos utilizados a nivel de grupo, conforme a lo dispuesto en el artículo 147, y del proceso destinado a autorizar la aplicación del régimen de grupos con gestión centralizada de riesgos.

g) Las demás funciones, medidas y decisiones asignadas al supervisor de grupo en esta Ley y en las demás normas que resulten de aplicación.

2. Será de aplicación a la supervisión de grupos, lo dispuesto en los capítulos I, IV y V del título IV, en relación a la supervisión de entidades aseguradoras o reaseguradoras.

3. A fin de facilitar el ejercicio de las tareas de supervisión de grupo, se establecerá un colegio de supervisores. Reglamentariamente se desarrollarán los aspectos relativos a los miembros y al funcionamiento de los colegios de supervisores, así como el contenido de los acuerdos de coordinación celebrados entre la Dirección General de Seguros y Fondos de Pensiones y otras autoridades de supervisión.

Artículo 136. Acceso a la información y verificación. 1. Las personas físicas y jurídicas incluidas en el ámbito de la supervisión de grupo, y sus entidades vinculadas y participantes, deberán intercambiarse toda la información que resulte pertinente a efectos de la supervisión de grupo.

2. La Dirección General de Seguros y Fondos de Pensiones, cuando sea el supervisor de grupo, tendrá acceso a toda información que resulte pertinente a efectos del ejercicio de la supervisión de grupo y ello con independencia de la naturaleza de la entidad afectada, en los términos establecidos para la supervisión de entidades individuales en los artículos 113 y 114.

La Dirección General de Seguros y Fondos de Pensiones sólo podrá dirigirse directamente para solicitar información a entidades del grupo distintas de la entidad aseguradora o reaseguradora sujeta a supervisión de grupo, si tal información ha sido solicitada a ésta y no se ha facilitado en el plazo requerido.

3. Cuando de las relaciones económicas, financieras o de gestión de una entidad aseguradora o reaseguradora con otras entidades quepa presumir la existencia de un grupo de entidades aseguradoras sujeto a supervisión según lo dispuesto en esta Ley, sin que las entidades hayan procedido a calcular el capital de solvencia obligatorio del grupo, la Dirección General de Seguros y Fondos de Pensiones, podrá solicitar información a estas entidades, o inspeccionarlas, a los efectos de determinar la procedencia de este cálculo.

4. La Dirección General de Seguros y Fondos de Pensiones podrá verificar la información solicitada, de acuerdo con el apartado 2 de este artículo, en los locales de la entidad aseguradora o reaseguradora sujeta a supervisión de grupo, así como en los locales de sus entidades vinculadas, en los de su entidad matriz, en los de otras entidades vinculadas con la entidad matriz y en los de las entidades que se presuma forman grupo.

5. Reglamentariamente se regulará el procedimiento de verificación de información por parte de la Dirección General de Seguros y Fondos de Pensiones de entidades que formen parte de un grupo y estén domiciliadas en otros Estados miembros, así como el procedimiento de verificación de información de entidades que formen parte de un grupo y estén domiciliadas en España por parte de la autoridad supervisora de otro Estado miembro.

SECCIÓN 2.ª COLABORACIÓN CON OTRAS AUTORIDADES DE SUPERVISIÓN

Artículo 137. Convocatoria y consulta entre las autoridades de supervisión. 1. La Dirección General de Seguros y Fondos de Pensiones, sea o no supervisor de grupo, convocará a todas las autoridades de supervisión que participen en la supervisión de grupo como mínimo cuando tenga constancia de la concurrencia de alguna de las circunstancias siguientes:

a) Un incumplimiento importante respecto del capital de solvencia obligatorio o del capital mínimo obligatorio de una entidad aseguradora o reaseguradora individual.

b) Un incumplimiento importante respecto del capital de solvencia obligatorio a nivel de grupo calculado sobre la base de datos consolidados, o del capital de solvencia obligatorio agregado del grupo, cualquiera que sea el método de cálculo que se utilice.

c) Otras circunstancias excepcionales.

2. Sin perjuicio de lo dispuesto en el artículo 135, siempre que una decisión revista importancia para la labor supervisora de otras autoridades de supervisión, la Dirección General de Seguros y Fondos de Pensiones consultará con las otras autoridades supervisoras del colegio de supervisores que puedan verse afectadas, con carácter previo a la adopción de una decisión, en relación con:

a) La modificación de la estructura accionarial, organizativa o directiva de las entidades aseguradoras y reaseguradoras de un grupo sujeta a autorización previa por parte del supervisor.

b) La decisión sobre la prórroga del periodo de recuperación con arreglo al artículo 156.

c) Las sanciones importantes o las medidas extraordinarias adoptadas tales como la exigencia de un capital adicional al capital de solvencia obligatorio, la imposición de límites en el uso de un modelo interno para el cálculo del capital de solvencia obligatorio, u otras medidas extraordinarias.

En relación con lo establecido en las letras b) y c), se consultará siempre al supervisor de grupo.

Además, siempre que una decisión se base en información recibida de otras autoridades supervisoras, la Dirección General de Seguros y Fondos de Pensiones consultará con las autoridades de supervisión afectadas antes de adoptar dicha decisión.

3. La Dirección General de Seguros y Fondos de Pensiones podrá no realizar esa consulta en casos de urgencia o si considera que dicha consulta podría poner en peligro la eficacia de la decisión. En este supuesto, la Dirección General de Seguros y Fondos de Pensiones informará a las demás autoridades de supervisión afectadas.

Artículo 138. Información solicitada a otras autoridades supervisoras. 1. La Dirección General de Seguros y Fondos de Pensiones, cuando sea el supervisor de grupo, podrá pedir a las autoridades supervisoras del Estado miembro en el que la entidad matriz tenga su domicilio social que soliciten a esa entidad toda información que resulte pertinente para el ejercicio de sus derechos y deberes de coordinación de la supervisión de grupo, y le faciliten dicha información.

2. Cuando la Dirección General de Seguros y Fondos de Pensiones, como supervisor de grupo, necesite cualquier información que haya sido facilitada ya a otras autoridades supervisoras, solicitará inicialmente de éstas la citada información.

Artículo 139. Cooperación con las autoridades supervisoras de las entidades de crédito y de empresas de servicios de inversión. Si una entidad aseguradora o reaseguradora y una entidad de crédito, una empresa de servicios de inversión, o ambas, están directa o indirectamente vinculadas o cuentan con una entidad participante común, la Dirección General de Seguros y Fondos de Pensiones cooperará estrechamente con las autoridades de supervisión de estas últimas, suministrándoles y requiriendo de ellas, sin perjuicio de sus respectivas competencias, toda información que pueda simplificar su labor.

SECCIÓN 3.ª NIVELES DE SUPERVISIÓN

Artículo 140. Entidad matriz última en la Unión Europea. 1. Cuando una entidad aseguradora o reaseguradora participante o una sociedad de cartera de seguros o una sociedad financiera mixta de cartera, que tengan domicilio social en España, sea a su vez filial de otra entidad aseguradora o reaseguradora o de otra sociedad de cartera de seguros o de otra sociedad financiera mixta de cartera matriz que tenga su domicilio social en otro Estado miembro, la supervisión de grupo se realizará exclusivamente al nivel de la entidad aseguradora o reaseguradora matriz o de la sociedad de cartera de seguros o sociedad financiera mixta de cartera última con domicilio social en ese otro Estado miembro.

2. La supervisión de grupo sobre una entidad aseguradora o reaseguradora matriz o una sociedad de cartera de seguros o sociedad financiera mixta de cartera que tengan su domicilio social en España y sea matriz última a nivel de la Unión Europea abarcará la totalidad de las entidades que formen parte del grupo.

Artículo 141. Subgrupo nacional de entidades aseguradoras o reaseguradoras. 1. Cuando una entidad aseguradora o reaseguradora participante o una sociedad de cartera de seguros o una sociedad financiera mixta de cartera que tengan su domicilio social en España formen parte a su vez de un grupo cuya matriz última tenga su domicilio social en otro Estado miembro, la Dirección General de Seguros y Fondos de Pensiones podrá acordar que quede sujeta a la supervisión de grupo la entidad aseguradora o reaseguradora matriz o sociedad de cartera de seguros o sociedad financiera mixta de cartera última con domicilio social en España, que será considerada a estos efectos como matriz de un subgrupo nacional de entidades aseguradoras o reaseguradoras.

La supervisión del subgrupo nacional requerirá una resolución motivada de la Dirección General de Seguros y Fondos de Pensiones, previa consulta al supervisor de grupo y a la entidad matriz última a nivel de la Unión Europea.

La Dirección General de Seguros y Fondos de Pensiones justificará la decisión adoptada tanto ante el supervisor de grupo como ante la entidad aseguradora o reaseguradora matriz o sociedad de cartera de seguros o sociedad financiera mixta de cartera última a nivel de la Unión Europea. El supervisor de grupo informará de ello al colegio de supervisores.

No podrá acordarse ni mantenerse la supervisión del subgrupo nacional cuando la entidad matriz última a nivel de la Unión Europea haya sido autorizada por el supervisor de grupo a someter a su filial con domicilio social en España al régimen de supervisión de la solvencia de grupos con gestión centralizada de riesgos.

2. La supervisión del subgrupo nacional se ajustará a lo dispuesto para la supervisión de grupo, con las particularidades siguientes:

a) La supervisión del subgrupo nacional podrá extenderse a todas las áreas objeto de la supervisión de grupo o sólo a una o dos de ellas, bien sea la supervisión de la solvencia, la de concentración de riesgo y operaciones intragrupo, o la de gestión de riesgos y control interno.

b) La supervisión de la solvencia del subgrupo nacional se ajustará, a su vez, a los siguientes criterios:

1.º El método para supervisar la solvencia del subgrupo será el elegido por el supervisor de grupo para analizar la solvencia de la entidad matriz última a nivel de la Unión Europea.

2.º Si la entidad matriz última a nivel de la Unión Europea ha obtenido autorización del supervisor de grupo para calcular el capital de solvencia obligatorio del grupo y el de las entidades aseguradoras y reaseguradoras que formen parte del mismo con arreglo a un modelo interno, tal método se utilizará para el cálculo del capital de solvencia obligatorio del subgrupo nacional y de las entidades aseguradoras y reaseguradoras que lo formen.

3.º Si el perfil de riesgo de la entidad matriz última a nivel nacional se aparta significativamente del modelo interno aprobado a nivel de la Unión Europea, y la entidad considerada no responde adecuadamente a los requerimientos que al efecto se le efectúe, la Dirección General de Seguros y Fondos de Pensiones podrá exigir, mediante resolución motivada, un capital adicional al capital de solvencia obligatorio del subgrupo nacional que se derive de la aplicación del referido modelo, o, en circunstancias excepcionales en las que resulte inapropiada tal exigencia, podrá exigir a la entidad que calcule el capital de solvencia obligatorio del subgrupo nacional con arreglo a la fórmula estándar. La Dirección General de Seguros y Fondos de Pensiones dará cuenta de la resolución anterior tanto a la entidad como al supervisor de grupo. El supervisor de grupo informará de ello al colegio de supervisores.

4.º La entidad matriz última a nivel nacional no podrá solicitar autorización para someter a cualquiera de sus filiales al régimen de supervisión de la solvencia de grupos con gestión centralizada de riesgos.

Artículo 142. Subgrupo de entidades que comprenda subgrupos nacionales de varios Estados miembros. 1. Cuando la Dirección General de Seguros y Fondos de Pensiones haya acordado, conforme a lo dispuesto en el artículo 141, someter a la supervisión de grupo a un subgrupo nacional, podrá celebrar un acuerdo con las autoridades de supervisión de los Estados miembros en los que estén presentes otras entidades vinculadas a la misma matriz última a nivel comunitario, y que sean matriz última de un subgrupo nacional en esos Estados, que la supervisión se realice al nivel de un subgrupo mayor que abarque varios subgrupos nacionales. En tal caso la supervisión de grupo a nivel de subgrupo únicamente se ejercerá por el supervisor designado en el acuerdo.

Las autoridades de supervisión nacionales implicadas en el acuerdo, justificarán la decisión adoptada tanto ante el supervisor de grupo como ante la entidad aseguradora o reaseguradora matriz o sociedad de cartera de seguros o sociedad financiera mixta de cartera última a nivel de la Unión Europea. El supervisor de grupo informará de ello al Colegio de supervisores.

La supervisión del subgrupo que abarque varios Estados miembros no podrá incluir entidades que sean matriz última de un subgrupo nacional en otros Estados miembros distintos de los de las autoridades de supervisión con las que se haya llegado al citado acuerdo.

2. En el ejercicio de la supervisión del subgrupo que abarque varios Estados miembros se aplicarán las normas previstas para la supervisión de un subgrupo nacional.

CAPÍTULO III. SITUACIÓN FINANCIERA DE GRUPO

SECCIÓN 1.ª SOLVENCIA DE GRUPO

Artículo 143. Supervisión de la solvencia de grupo. 1. Las entidades aseguradoras o reaseguradoras participantes deberán asegurar que el grupo dispone en todo momento de los fondos propios admisibles en cuantía, como mínimo, igual al capital de solvencia obligatorio de grupo calculado con arreglo a lo previsto en esta Ley y las demás normas que resulten de aplicación.

Cuando la entidad matriz del grupo sea una sociedad de cartera de seguros o sociedad financiera mixta de cartera, las entidades aseguradoras y reaseguradoras que formen parte del grupo deberán asegurar el cumplimiento de la obligación dispuesta en el párrafo anterior.

2. Las entidades obligadas conforme al apartado 1, deberán asegurar que el grupo dispone en todo momento de fondos propios básicos admisibles para cubrir el capital mínimo obligatorio del grupo, determinado con arreglo a las normas que resulten de aplicación, cuando resulte exigible.

Artículo 144. Informe sobre la situación financiera y de solvencia a nivel de grupo. 1. Las entidades aseguradoras y reaseguradoras participantes, las sociedades de cartera de seguros o las sociedades financieras mixtas de cartera, publicarán anualmente un informe sobre la situación financiera y de solvencia a nivel de grupo. A estos efectos se aplicará lo dispuesto en los artículos 80 a 82 para el informe sobre la situación financiera y de solvencia de las entidades individuales.

2. Las entidades obligadas conforme al apartado 1 podrán, previa conformidad de la Dirección General de Seguros y Fondos de Pensiones, cuando sea el supervisor de grupo, elaborar un sólo informe sobre la situación financiera y de solvencia, que comprenderá la información a nivel de grupo que deba hacerse pública y la información sobre cualquiera de las filiales integrantes del grupo que debe ser identificable individualmente y que deba hacerse pública conforme a lo previsto en los artículos 80 a 82.

Artículo 145. Cálculo de la solvencia a nivel de grupo de entidades participantes. El cálculo de la solvencia a nivel de grupo de entidades aseguradoras o reaseguradoras participantes se efectuará de conformidad con el método basado en la consolidación contable.

No obstante, la Dirección General de Seguros y Fondos de Pensiones, cuando sea el supervisor de grupo, podrá acordar, previa consulta a las demás autoridades de supervisión afectadas y al propio grupo, la aplicación del método de deducción y agregación, o una combinación de ambos métodos cuando la aplicación exclusiva del método basado en la consolidación contable no resulte apropiada.

Artículo 146. Cálculo de la solvencia del grupo consolidado: método basado en la consolidación contable. 1. El cálculo de la solvencia de grupo se efectuará a partir de las cuentas consolidadas.

2. El capital de solvencia obligatorio de grupo consolidado se calculará con arreglo bien a la fórmula estándar o bien a un modelo interno, aprobado de manera coherente con los principios y requisitos exigidos a nivel individual. El plazo máximo para resolver el procedimiento y notificar la resolución es de seis meses. Transcurrido este plazo sin haberse notificado resolución expresa, se entenderá desestimada la solicitud.

3. Reglamentariamente se desarrollará sistema de cálculo de este método.

Artículo 147. Modelo interno de grupo consolidado y de las entidades aseguradoras y reaseguradoras del grupo. 1. Las entidades aseguradoras y reaseguradoras participantes y sus entidades vinculadas, o bien conjuntamente las entidades vinculadas a una sociedad de cartera de seguros o a una sociedad financiera mixta de cartera, podrán presentar a la Dirección General de Seguros y Fondos de Pensiones, cuando sea el supervisor de grupo, la solicitud de autorización para utilizar un modelo interno en el cálculo del capital de solvencia obligatorio de grupo consolidado y del capital de solvencia obligatorio de las entidades aseguradoras y reaseguradoras del grupo.

2. Cuando ninguna de las entidades aseguradoras o reaseguradoras del grupo estén situadas en otro Estado miembro distinto de España, la aprobación del modelo interno de grupo consolidado y de las entidades aseguradoras y reaseguradoras del grupo se realizará de manera coherente con los principios y requisitos exigidos a nivel individual. El plazo máximo para resolver el procedimiento y notificar la resolución es de seis meses. Transcurrido este plazo sin haberse notificado resolución expresa, se entenderá desestimada la solicitud.

3. Reglamentariamente se desarrollará el procedimiento de autorización de un modelo interno de grupo consolidado y de las entidades aseguradoras y reaseguradoras del grupo cuando alguna entidad del grupo esté situada en

otro Estado miembro distinto de España. En cualquier caso, el plazo máximo para resolver el procedimiento y notificar la resolución es de seis meses. Transcurrido este plazo sin haberse notificado resolución expresa, se entenderá desestimada la solicitud.

4. Las medidas a adoptar cuando el perfil de riesgo de una entidad aseguradora o reaseguradora se aparte significativamente de las hipótesis en que se basa el modelo interno que haya sido autorizado a nivel de grupo, se recogerán reglamentariamente.

Artículo 148. Exigencia de capital de solvencia obligatorio adicional de grupo consolidado. En caso de que el perfil de riesgo del grupo no quede adecuadamente reflejado, podrá exigirse un capital adicional sobre el capital de solvencia obligatorio de grupo consolidado.

Artículo 149. Método de deducción y agregación. 1. De acuerdo con el artículo 145, la Dirección General de Seguros y Fondos de Pensiones, cuando sea el supervisor de grupo, podrá autorizar el empleo del método de deducción agregación en los casos en que se establezca en la normativa de la Unión Europea de directa aplicación.

2. Reglamentariamente se desarrollará sistema de cálculo de este método.

Artículo 150. Régimen de grupos con gestión centralizada de riesgos. Las entidades matrices podrán presentar una solicitud de autorización para que sus filiales puedan acogerse al régimen de grupos con gestión centralizada de riesgos.

Reglamentariamente se determinarán los requisitos para acogerse a este régimen, así como el procedimiento de autorización del mismo.

SECCIÓN 2.ª CONCENTRACIÓN DE RIESGO Y OPERACIONES INTRAGRUPO

Artículo 151. Supervisión de la concentración de riesgo y de las operaciones intragrupo. Las entidades aseguradoras y reaseguradoras, las sociedades de cartera de seguros y las sociedades financieras mixtas de cartera están obligadas a notificar a la Dirección General de Seguros y Fondos de Pensiones, cuando sea el supervisor de grupo, con la periodicidad que se establezca reglamentariamente y, como mínimo, una vez al año, toda posible concentración de riesgo significativa a nivel de grupo así como todas las operaciones significativas que realicen dentro del grupo, incluidas las realizadas con una persona física vinculada a cualquier entidad del grupo mediante vínculos estrechos.

> – Orden ECC/664/2016, de 27 de abril, por la que se aprueba la lista de información a remitir en supuestos de adquisición o incremento de participaciones significativas en entidades aseguradoras y reaseguradoras y por quienes pretendan desempeñar cargos de dirección efectiva o funciones que integran el sistema de gobierno en entidades aseguradoras, reaseguradoras y en los grupos de entidades aseguradoras y reaseguradoras.

SECCIÓN 3.ª GESTIÓN DE RIESGOS Y CONTROL INTERNO

Artículo 152. Supervisión del sistema de gobierno de grupo. 1. Los sistemas de gestión de riesgos y de control interno y los procedimientos de información se implantarán coherentemente en todas las entidades que formen parte de un grupo, de modo que esos sistemas y procedimientos de información puedan ser objeto de supervisión a nivel de grupo.

Lo dispuesto en esta Ley en relación con el sistema de gobierno de las entidades aseguradoras y reaseguradoras individualmente consideradas será de aplicación a nivel de grupo.

2. La entidad aseguradora o reaseguradora participante o la sociedad de cartera de seguros o la sociedad financiera mixta de cartera realizarán a nivel de grupo la evaluación interna de riesgos y solvencia a la que se refiere el artículo 66. Esta evaluación interna de riesgos y solvencia de grupo estará sujeta a revisión por la Dirección General de Seguros y Fondos de Pensiones cuando sea el supervisor de grupo.

3. La entidad aseguradora o reaseguradora participante o la sociedad de cartera de seguros implantarán procedimientos dirigidos a detectar el deterioro de la situación financiera del grupo y notificarán en el plazo máximo de diez días a la Dirección General de Seguros y Fondos de Pensiones, cuando sea el supervisor de grupo, el deterioro que hubiera podido producirse.

SECCIÓN 4.ª INCUMPLIMIENTO DE LA SOLVENCIA DE GRUPO

Artículo 153. Medidas destinadas a hacer frente a incumplimientos. 1. Si las entidades aseguradoras o reaseguradoras de un grupo no cumplen las exigencias sobre la solvencia del grupo, la concentración de riesgo y operaciones intragrupo, y la gestión de riesgos y control interno, establecidas en el capítulo III de este título o, pese a cumplir dichas exigencias, está en riesgo su solvencia, o las operaciones intragrupo y las concentraciones de riesgo ponen en peligro la situación financiera de la entidad aseguradora o reaseguradora, la Dirección General de Seguros y Fondos de Pensiones, cuando sea el supervisor de grupo, exigirá a las citadas entidades que adopten las medidas necesarias para solventar la situación. Cuando la entidad aseguradora o reaseguradora tenga su domicilio social en otro Estado miembro, la Dirección General de Seguros y Fondos de Pensiones informará a la autoridad supervisora del Estado miembro del domicilio de la entidad de esta decisión a fin de que pueda adoptar las medidas necesarias.

Igualmente, la Dirección General de Seguros y Fondos de Pensiones, como supervisor de grupo, podrá exigir, en su caso, la adopción de medidas correctoras a una sociedad de cartera de seguros o sociedad financiera mixta de cartera matriz. Cuando la sociedad de cartera de seguros o sociedad financiera mixta de cartera matriz tenga su domicilio social en otro Estado miembro, la Dirección General de Seguros y Fondos de Pensiones informará a la autoridad supervisora del Estado del domicilio de la sociedad de cartera de seguros a fin de que pueda adoptar las medidas necesarias.

2. Las sociedades de cartera de seguros o sociedad financiera mixta de cartera que infrinjan las disposiciones legales, reglamentarias o administrativas adoptadas en aplicación del presente título, y las personas que dirijan esas sociedades de manera efectiva estarán sometidas al régimen de infracciones y sanciones establecido en el título VIII de esta Ley.

La Dirección General de Seguros y Fondos de Pensiones cooperará con el resto de autoridades de supervisión afectadas a fin de garantizar que las sanciones que pudieran imponerse se hagan efectivas, especialmente cuando la administración central o el establecimiento principal de una sociedad de cartera de seguros no coinciden con su domicilio social.

CAPÍTULO IV. GRUPOS CON ENTIDADES MATRICES
FUERA DE LA UNIÓN EUROPEA

Artículo 154. Verificación de la equivalencia. 1. En el caso de que la entidad matriz de un grupo sea una entidad aseguradora o reaseguradora o una sociedad de cartera de seguros o una sociedad financiera mixta de cartera, que tengan su domicilio social en un tercer país, las autoridades de supervisión afectadas verificarán la equivalencia del régimen prudencial para la supervisión de grupos de este tercer país al previsto en este título, de acuerdo con las reglas siguientes:

a) Esta equivalencia será determinada por la Comisión Europea de acuerdo con los criterios que ésta especifique, con la asistencia de la Autoridad Europea de Seguros y Pensiones de Jubilación.

El listado de regímenes prudenciales equivalentes será publicado por la Autoridad Europea de Seguros y Pensiones de Jubilación en su sitio web y se mantendrá actualizado. Las decisiones de la Comisión se revisarán periódicamente con objeto de mantenerse actualizadas para atender a cualquier modificación sustancial del régimen de supervisión de la Unión Europea y del régimen de supervisión del tercer país.

b) Cuando no se cumplan todos los criterios establecidos en la letra a), la equivalencia puede ser determinada de forma temporal por la Comisión Europea, con la asistencia de la Autoridad Europea de Seguros y Pensiones de Jubilación, de acuerdo con los criterios que se establezcan reglamentariamente.

El listado de los terceros países para los que se ha determinado un régimen de solvencia temporalmente equivalente, será publicado por la Autoridad Europea de Seguros y Pensiones de Jubilación en su sitio web y se mantendrá actualizado. Las decisiones de la Comisión se revisarán regularmente con objeto de mantenerse actualizadas con los informes de los progresos realizados por el tercer país, que serán presentados a la Comisión anualmente para su evaluación con la ayuda de la Autoridad Europea de Seguros y Pensiones de Jubilación.

El régimen de equivalencia temporal será de cinco años a partir del 1 de enero de 2016 o concluirá en la fecha en que, de conformidad con la letra a), el régimen prudencial de ese tercer país se considere equivalente, si esta última fecha es anterior. Dicho periodo podrá prorrogarse como máximo un año más cuando resulte necesario para que la Autoridad Europea de Seguros y Pensiones de Jubilación y la Comisión lleven a cabo la evaluación de la equivalencia a efectos de la letra a).

No se aplicará la equivalencia temporal en el caso de que exista una entidad aseguradora o reaseguradora situada en un Estado miembro cuyo balance total sea superior al balance total de la empresa matriz situada en un tercer país. En tal caso, la función de supervisor de grupo será ejercida por el supervisor de grupo determinado conforme a los criterios previstos en el artículo 134.2.

c) Cuando no se haya adoptado ninguna decisión con arreglo a las letras a) y b) anteriores, corresponderá a la Dirección General de Seguros y Fondos de Pensiones, cuando según los criterios previstos en el artículo 134.2 sea el supervisor de grupo, verificar, de oficio o a instancia de la entidad matriz o de cualquiera de las entidades aseguradoras o reaseguradoras del grupo autorizadas en la Unión Europea, la equivalencia del régimen prudencial para la supervisión de grupos del tercer país. La Autoridad Europea de Seguros y Pensiones de Jubilación, asistirá en ello al supervisor de grupo.

Al proceder a dicha verificación, la Dirección General de Seguros y Fondos de Pensiones consultará, con la asistencia de la Autoridad Europea de Seguros y Pensiones de Jubilación, a las demás autoridades de supervisión afectadas, antes de adoptar una decisión en cuanto a la equivalencia. Esta decisión se tomará de acuerdo con los criterios adoptados por la Comisión Europea con arreglo a la letra a), así como con las decisiones adoptadas previamente bilateralmente con respecto a ese tercer país, excepto cuando sea necesario atender a modificaciones sustanciales introducidas en el régimen de supervisión español o en el régimen de supervisión de ese tercer país.

En caso de desacuerdo entre las autoridades de supervisión en cuanto a la decisión sobre la equivalencia adoptada, se podrá remitir el asunto a la Autoridad Europea de Seguros y Pensiones de Jubilación y solicitar su asistencia en un plazo de tres meses a partir de la notificación de la decisión por la Dirección General de Seguros y Fondos de pensiones, cuando actúe como supervisor de grupo.

2. En el caso de que la supervisión de grupo en el tercer país sea considerada equivalente, la Dirección General de Seguros y Fondos de Pensiones recurrirá a la supervisión equivalente ejercida por las autoridades supervisoras del tercer país, aplicándose lo previsto en las secciones 1.ª y 2.ª del capítulo II de este título y en los artículos 144, 148 y lo que se determine reglamentariamente, mutatis mutandis, a la cooperación con las autoridades de supervisión del tercer país.

3. Reglamentariamente se determinarán las normas aplicables cuando la supervisión de grupos en terceros países no sea considera equivalente.

TÍTULO VI. SITUACIONES DE DETERIORO FINANCIERO.
MEDIDAS DE CONTROL ESPECIAL

– El título XIV del Libro Primero —del concurso de acreedores— del **Real Decreto Legislativo 1/2020, de 5 de mayo, por el que se aprueba el texto refun-**

dido de la Ley Concursal incluye, entre otras, las especialidades del concurso de las entidades aseguradoras (y reaseguradoras). En puridad, bajo la rúbrica de especialidades del concurso por razón de la persona del deudor se incluyen, de un lado, una serie de especialidades cuando, entre otras entidades, la declarada en concurso sea una entidad aseguradora (arts. 572 a 577 TRLC) y, de otro lado, se recogen las especialidades del concurso de entidades aseguradoras, que determina la aplicación de las especialidades que para el concurso de acreedores se hallen establecidas en su legislación específica, recogiendo el listado de lo que a estos efectos se considera legislación especial (art. 578 TRLC, en la redacción dada por la Ley 16/2022, de 5 de septiembre). En el ámbito de las especialidades del concurso de las entidades aseguradoras, desde la redacción original de la derogada Ley Concursal de 2003 se recogieron especialidades en el concurso, entre otras, de las entidades de seguros, no sólo en la normativa concursal, sino, sobre todo, en distintas normas legales que se ocupan de las situaciones de crisis de estas entidades sometidas a supervisión y control. Las previsiones relativas a estas especialidades concursales —para ser exactos lo que se recoge como legislación concursal especial— se refieren ahora en el artículo 578 del texto refundido de la Ley Concursal, que se corresponde con el precedente disposición adicional segunda de la derogada Ley Concursal de 2003. El listado de legislación especial que se contiene ha sido modificado sucesivamente y, aunque con importantes diferencias según la clase de entidad de que se trate, ese denominado Derecho paraconcursal se ocupa de la intervención de estas entidades, de la sustitución de los órganos de administración y dirección y de la liquidación administrativa de las mismas. Mientras que las medidas de intervención y de sustitución se adoptan en los casos en los que todavía no se ha producido la insolvencia, la liquidación administrativa suele presuponer esa insolvencia. En todo caso, en el Derecho español no existe un Derecho paraconcursal general, sino Derechos paraconcursales sectoriales, esto es, por razón del sector en el que opere la sociedad sometida a ese control y supervisión administrativa. Así, las normas especiales para el tratamiento de la crisis de las entidades de seguro se contienen, fundamentalmente, en la Ley 20/2015, de 14 de julio, de Ordenación, Supervisión y Solvencia de las Entidades Aseguradoras y Reaseguradoras. En primer lugar, medidas de control especial que puede adoptar la Dirección General de Seguros, que van desde prohibir la disposición de determinados bienes, hasta exigir a la entidad aseguradora un plan de saneamiento para restablecer su situación financiera o un plan de financiación a corto plazo o un plan de rehabilitación, e incluso intervenir la entidad y sustituir provisionalmente a los órganos de administración. En segundo lugar, el Ministerio de Economía y Hacienda puede igualmente designar liquidadores o encomendar la liquidación al Consorcio de Compensación de Seguros. A ello se añade la posibilidad —aunque infrecuente— de que se solicite el concurso de la entidad y, en determinadas circunstancias, sea declarada en concurso. Si el concurso se declara, se trataría de un concurso sometidos a un régimen especial —no siempre bien diseñado, ni coordinadas todas las normas de la legislación de seguros con la normativa concursal— por razón, suele destacarse, del interés público presente en esas entidades para la estabilidad del sistema financiero. A la referida Ley ha de añadirse, en ese listado de legislación especial, el texto refundido del Estatuto Legal del Consorcio de Compensación de Seguros, aprobado por Real Decreto Legislativo 7/2004, de 29 de octubre, en cuanto corresponde al Consorcio llevar a cabo la liquidación de las entidades aseguradoras que le sea encomendada en los supuestos previstos en su estatuto legal y en la legislación sobre ordenación, supervisión y solvencia, así como el ejercicio de las funciones en el seno de los procedimientos concursales que puedan afectar a las entidades aseguradoras.

CAPÍTULO I. SITUACIONES DE DETERIORO FINANCIERO

Artículo 155. Deterioro financiero de las entidades aseguradoras y reaseguradoras. Las entidades aseguradoras y reaseguradoras implantarán procedimientos dirigidos a detectar el deterioro de su situación financiera e informarán en el plazo máximo de diez días a la Dirección General de Seguros y Fondos de Pensiones de la producción de tal deterioro, de cualquier insuficiencia con respecto al capital de solvencia obligatorio o con respecto al capital mínimo obligatorio, así como en cuanto se observe riesgo de que tal insuficiencia pueda producirse en los tres meses siguientes.

Artículo 156. Incumplimiento respecto al capital de solvencia obligatorio. 1. Cuando la entidad aseguradora o reaseguradora observe un incumplimiento respecto al capital de solvencia obligatorio o el riesgo de que se produzca en los tres meses siguientes, estará obligada a someter a la aprobación de la Dirección General de Seguros y Fondos de Pensiones un plan de recuperación, en el plazo de dos meses desde que se haya observado el incumplimiento o el riesgo de incumplimiento.

2. La Dirección General de Seguros y Fondos de Pensiones requerirá a la entidad para que adopte y ejecute, en el plazo de seis meses desde que se observó el incumplimiento o el riesgo de que se produzca, las medidas necesarias para restablecer el nivel de fondos propios admisibles correspondientes a la cobertura del capital de solvencia obligatorio o para reducir su perfil de riesgo

de manera que se cubra el capital de solvencia obligatorio. El plazo podrá ser ampliado por tres meses más.

3. Reglamentariamente se regularán los supuestos y las medidas a adoptar en caso de que situaciones adversas excepcionales afecten a entidades de seguros y de reaseguros que representen una cuota significativa del mercado o de los ramos afectadas.

Artículo 157. Incumplimiento respecto al capital mínimo obligatorio. Cuando la entidad aseguradora o reaseguradora observe un incumplimiento en el capital mínimo obligatorio o el riesgo de que se produzca en los tres meses siguientes, estará obligada a someter a la aprobación de la Dirección General de Seguros y Fondos de Pensiones, dentro del mes siguiente, un plan de financiación a corto plazo dirigido a restablecer en un periodo de tres meses, a contar desde que se haya observado el incumplimiento o el riesgo de que se produzca, los fondos propios básicos admisibles, al menos, hasta el nivel del capital mínimo obligatorio, o reducir el perfil de riesgo de modo que se satisfaga el capital mínimo obligatorio.

Artículo 158. Contenido del plan. El contenido del plan de recuperación y de las medidas de financiación a corto plazo previstas en este capítulo se regularán reglamentariamente.

CAPÍTULO II. MEDIDAS DE CONTROL ESPECIAL

Artículo 159. Situaciones que pueden dar lugar a la adopción de medidas de control especial. 1. La Dirección General de Seguros y Fondos de Pensiones podrá adoptar medidas de control especial cuando las entidades aseguradoras o reaseguradoras se hallen en alguna de las siguientes situaciones:

a) Insuficiencia de los fondos propios admisibles para cubrir el capital mínimo obligatorio.

b) Insuficiencia de los fondos propios admisibles para cubrir el capital de solvencia obligatorio.

c) Déficit superior al 20 por 100 en el cálculo del capital de solvencia obligatorio.

d) Incumplimiento de las normas relativas a la valoración de activos y pasivos, incluyendo las provisiones técnicas, de forma que se produzca una desviación superior al 20 por 100 en el cálculo de los fondos propios admisibles para cubrir el capital de solvencia obligatorio. Así como, un incumplimiento con respecto a las provisiones técnicas, cuando no se alcance el nivel exigido una vez requerida la entidad para su incremento en los términos del artículo 70.2.

e) Dificultades financieras o de liquidez que hayan determinado demora o incumplimiento en sus pagos.

f) Deficiencias relevantes en el sistema de gobierno o en el sistema de control interno, que impidan la gestión de la actividad y, en especial, el cumplimiento de las obligaciones en materia de gestión de riesgos, cumplimiento, auditoría interna y actuarial o en la externalización de funciones o actividades.

g) Dificultad manifiesta de realizar el fin social, o paralización de los órganos sociales de modo que dificulte su funcionamiento.

h) Situaciones de hecho, deducidas de comprobaciones efectuadas por la Dirección General de Seguros y Fondos de Pensiones, que pongan en peligro la solvencia de la entidad, los intereses de los asegurados o el cumplimiento de las obligaciones contraídas, así como la falta de adecuación de la contabilidad al plan de contabilidad de las entidades aseguradoras, o la irregularidad de la contabilidad o administración en términos tales que impidan o dificulten notablemente conocer la verdadera situación patrimonial de la entidad.

2. Las medidas de control especial podrán adoptarse sobre las entidades dominantes de grupos de entidades aseguradoras y reaseguradoras, y sobre las propias entidades aseguradoras y reaseguradoras que formen parte del grupo cuando éste se encuentre en alguna de las situaciones descritas en el apartado 1.

Artículo 160. Medidas de control especial que pueden adoptarse. 1. Con independencia de las sanciones administrativas que se pudieran imponer, la Dirección General de Seguros y Fondos de Pensiones podrá adoptar las siguientes medidas de control especial:

a) Exigir a la entidad aseguradora un plan de financiación a corto plazo.

b) Exigir a la entidad aseguradora un plan de recuperación para restablecer su situación financiera.

c) Prohibir la disposición de los bienes que se determinen de la entidad y de sus filiales, salvo que sean entidades financieras sometidas a supervisión. Esta medida podrá completarse con las siguientes:

1.ª El depósito de los valores y demás bienes muebles o la administración de los bienes inmuebles por persona aceptada por la Dirección General de Seguros y Fondos de Pensiones.

2.ª La notificación de la medida a las entidades de crédito depositarias de efectivo o de valores.

3.ª La anotación preventiva de la prohibición de disponer en los registros públicos correspondientes, para lo que será título suficiente la resolución de la Dirección General de Seguros y Fondos de Pensiones en la que se acuerde la referida prohibición de disponer. Durante la vigencia de la anotación preventiva no podrán inscribirse en los registros públicos derechos reales de garantía ni anotarse mandamientos judiciales o providencias administrativas de embargo, ni las entidades de crédito podrán cargar o hacer efectivo pago alguno por mandamientos judiciales o de apremio o por cualquier otro concepto, sin la autorización previa y expresa de la Dirección General de Seguros y Fondos de Pensiones.

d) Prohibir a la entidad y a sus filiales, salvo que estas últimas sean entidades financieras sometidas a supervisión que, sin autorización previa de la Dirección General de Seguros y Fondos de Pensiones, pueda realizar los actos de gestión y disposición que se determinen, asumir nuevas deudas, distribuir dividendos, derramas activas y retornos, contratar nuevos seguros o admitir nuevos socios.

2. La Dirección General de Seguros y Fondos de Pensiones realizará por cuenta y con cargo a la entidad las comunicaciones que, como consecuencia de las medidas de control especial adoptadas, hayan de efectuarse a los registros públicos.

Artículo 161. Medidas adicionales de control especial. Si el déficit de fondos propios admisibles para cubrir el capital de solvencia obligatorio fuera superior al veinte por ciento, cuando la insuficiencia afecte al capital mínimo obligatorio y en el resto de situaciones descritas en el artículo 159.1, letras c) a h), y con objeto de salvaguardar los intereses de los asegurados, la Dirección General de Seguros y Fondos de Pensiones podrá adoptar, conjunta o separadamente, cualquiera de las siguientes medidas:

a) La prohibición de disposición de bienes.

b) La prohibición de los actos enumerados en el artículo 160.1.d).

c) Suspender la contratación de nuevos seguros o la aceptación de reaseguro.

d) Prohibir la prórroga de los contratos de seguro celebrados por la entidad aseguradora en todos o en algunos de los ramos. A estos efectos, la entidad aseguradora deberá comunicar por escrito a los asegurados la prohibición de la prórroga del contrato en el plazo de quince días naturales desde que reciba la notificación de esta medida de control especial; en este caso, el plazo previsto en el párrafo segundo del artículo 22 de la Ley 50/1980, de 8 de octubre, de Contrato de Seguro, quedará reducido a quince días naturales. Con independencia de la comunicación por escrito a los asegurados, la resolución por la que se adopte tal medida se publicará en el «Boletín Oficial del Estado» y en el «Diario Oficial de la Unión Europea».

e) Prohibir el ejercicio de la actividad aseguradora o reaseguradora en el extranjero.

f) Exigir a la entidad aseguradora o reaseguradora que proponga medidas organizativas, financieras o de otro orden que sean adecuadas, formule una previsión de sus resultados y fije los plazos para su ejecución, a fin de superar la situación que dio origen a dicha exigencia. Dichas medidas deberán ser sometidas a la aprobación de la Dirección General de Seguros y Fondos de Pensiones.

g) Ordenar al consejero delegado o cargo similar de administración que dé a conocer a los demás órganos de administración la resolución administrativa adoptada y, en su caso, el Acta de la Inspección de Seguros, así como a los órganos de administración de las filiales.

h) Convocar los órganos de administración o la junta o asamblea general de la entidad aseguradora o reaseguradora así como designar a la persona que deba presidir la reunión y dar cuenta de la situación.

i) Sustituir provisionalmente los órganos de administración de la entidad.

j) La realización de revisiones de cuestiones específicas por el auditor de cuentas de la entidad o por otro auditor de cuentas, siempre que no supongan una vulneración del régimen de independencia al que éstos se encuentran sujetos, de acuerdo con la normativa reguladora de la actividad de auditoría de cuentas.

> – El artículo 22 de la **Ley 50/1980, de 8 de octubre, de Contrato de Seguro**, establece: «*Artículo 22. 1. La duración del contrato será determinada en la póliza, la cual no podrá fijar un plazo superior a diez años. Sin embargo, podrá establecerse que se prorrogue una o más veces por un período no superior a un año cada vez. 2. Las partes pueden oponerse a la prórroga del contrato mediante una notificación escrita a la otra parte, efectuada con un plazo de, al menos, un mes de anticipación a la conclusión del período del seguro en curso cuando quien se oponga a la prórroga sea el tomador, y de dos meses cuando sea el asegurador. 3. El asegurador deberá comunicar al tomador, al menos*

con dos meses de antelación a la conclusión del período en curso, cualquier modificación del contrato de seguro. 4. Las condiciones y plazos de la oposición a la prórroga de cada parte, o su inoponibilidad, deberán destacarse en la póliza. 5. Lo dispuesto en los apartados precedentes no será de aplicación en cuanto sea incompatible con la regulación del seguro sobre la vida».

Artículo 162. Colaboración del Consorcio de Compensación de Seguros en la ejecución de las medidas de control especial adoptadas.

La Dirección General de Seguros y Fondos de Pensiones podrá recabar la colaboración del Consorcio de Compensación de Seguros para que, en relación con las medidas de control especial adoptadas, lleve a cabo las funciones que se determinen reglamentariamente.

> **– Real Decreto Legislativo 7/2004, de 29 de octubre, por el que se aprueba el texto refundido del Estatuto Legal del Consorcio de Compensación de Seguros.**

Artículo 163. Intervención de la entidad aseguradora. 1. Como medida de control especial complementaria de las previstas en los artículos 160 y 161, la Dirección General de Seguros y Fondos de Pensiones podrá acordar la intervención de la entidad aseguradora o reaseguradora para garantizar su correcto cumplimiento.

2. Los actos y acuerdos de cualquier órgano de la entidad aseguradora o reaseguradora que se adopten a partir de la fecha de la notificación de la resolución que acuerde la intervención administrativa y que afecten o guarden relación con las medidas de control especial citadas anteriormente no serán válidos ni podrán llevarse a efecto sin la aprobación expresa de los interventores designados. Se exceptúa de esta aprobación el ejercicio de acciones o recursos por la entidad intervenida contra los actos administrativos de supervisión o en relación con la actuación de los interventores.

3. Los interventores designados estarán facultados para revocar cuantos poderes o delegaciones hubieran sido conferidos por el órgano de administración de la entidad aseguradora o reaseguradora, o por sus apoderados, con anterioridad a la fecha de publicación del acuerdo. Adoptada tal medida, los interventores procederán a exigir la devolución de los documentos donde constasen los apoderamientos, así como a promover la inscripción de su revocación en los registros públicos correspondientes.

4. La Dirección General de Seguros y Fondos de Pensiones podrá recabar el apoyo del Consorcio de Compensación de Seguros para la realización de las funciones que tienen asignadas los interventores.

Artículo 164. Procedimiento de adopción de medidas de control especial. La adopción de medidas de control especial se llevará a cabo mediante un procedimiento administrativo tramitado con arreglo a las normas del procedimiento de supervisión por inspección, con las peculiaridades que se establezcan reglamentariamente.

Artículo 165. Sustitución provisional de los órganos de administración. La sustitución provisional de los órganos de administración de la entidad aseguradora o reaseguradora se ajustará a las siguientes reglas:

1. La resolución administrativa, de carácter inmediatamente ejecutivo, designará a la persona o a las personas que hayan de actuar como administradores provisionales e indicará si deben hacerlo mancomunada o solidariamente.

El nombramiento se publicará en el «Boletín Oficial del Estado» y se inscribirá en los registros públicos correspondientes, incluidos, en su caso, los existentes en el resto de Estados miembros, publicación que determinará su eficacia frente a terceros. A idénticos requisitos y efectos se sujetará la sustitución de administradores provisionales cuando fuera preciso proceder a ella.

2. Los administradores provisionales habrán de reunir los requisitos exigidos por el artículo 38.

3. Los administradores provisionales tendrán, además, el carácter de interventores, con las facultades expuestas en el artículo 163, de los actos y acuerdos de la junta o la asamblea general de la entidad aseguradora o reaseguradora.

4. La obligación de formular las cuentas anuales de la entidad aseguradora o reaseguradora y la aprobación de éstas y de la gestión social podrán quedar en suspenso, por plazo no superior a un año a contar desde el vencimiento del plazo legalmente establecido al efecto, si la Dirección General de Seguros y Fondos de Pensiones estimase, a solicitud de los administradores provisionales, que no existen datos o documentos fiables y completos para ello. En este caso podrá quedar, igualmente, en suspenso la celebración de juntas o asambleas ordinarias de accionistas o mutualistas para la aprobación de las mismas.

5. Acordado por la Dirección General de Seguros y Fondos de Pensiones el cese de la medida de sustitución provisional de los órganos de administración

de la entidad, los administradores provisionales procederán a convocar inmediatamente la junta o asamblea general de la entidad aseguradora o reaseguradora, en la que se nombrará el nuevo órgano de administración. Hasta la toma de posesión de éste, los administradores provisionales seguirán ejerciendo sus funciones.

6. Los administradores provisionales podrán desarrollar su actuación en el territorio de todos los Estados miembros y podrán ejercer en ellos las mismas funciones y poderes que en España. A estos efectos, resultará título suficiente para acreditar la condición de administrador una certificación de la resolución por la que se acuerde su nombramiento. Sólo podrán otorgar poderes de representación o solicitar asistencia, cuando ello resulte necesario para llevar a cabo la ejecución de las medidas en el territorio de otros Estados miembros y, en particular, para resolver las dificultades que pudieran encontrar los acreedores residentes en ellos.

Las personas que les asistan o representen han de tener reconocida honorabilidad y reunir las condiciones necesarias de cualificación o experiencia profesional para ejercer sus funciones, en los términos del artículo 38.

Artículo 166. Efectos de las medidas de control especial en otros Estados miembros. 1. Adoptada por la Dirección General de Seguros y Fondos de Pensiones sobre una entidad aseguradora alguna de las medidas contempladas en los artículos 160.1.a), b), c) y d), 161.d), e), f) e i) y 163, aquella surtirá efectos, de conformidad con lo previsto en su legislación, en todos los Estados miembros. A estos efectos y sin perjuicio de lo previsto en el apartado siguiente, la Dirección General de Seguros y Fondos de Pensiones informará a las autoridades supervisoras de los restantes Estados miembros del acuerdo por el que se adopte la medida y sus efectos en el plazo de diez días a contar desde su adopción.

2. Además, si se adopta la medida de control especial de prohibición de disponer de los bienes sobre una entidad aseguradora española que opere en otros Estados miembros en régimen de derecho de establecimiento o en régimen de libre prestación de servicios, la Dirección General de Seguros y Fondos de Pensiones, solicitará, en su caso, a las autoridades supervisoras correspondientes que adopten sobre los bienes situados en su territorio las mismas medidas que la Dirección General de Seguros y Fondos de Pensiones hubiese adoptado.

Tales medidas se regirán por lo dispuesto en esta Ley y sus normas de desarrollo.

Artículo 167. Medidas adoptadas respecto a entidades aseguradoras domiciliadas en otros Estados miembros. 1. Cuando sobre una entidad aseguradora domiciliada en otro Estado miembro se hubiera adoptado por la autoridad supervisora de dicho Estado miembro la medida de control especial de prohibición de disponer y solicitase de la Dirección General de Seguros y Fondos de Pensiones que imponga idéntica medida sobre los bienes de la entidad situados en territorio español, con indicación de aquellos que deban ser objeto de ella, la citada Dirección General impondrá tal medida.

2. Cuando respecto a una entidad aseguradora domiciliada en otro Estado miembro, incluidas sus sucursales en España o en otros Estados miembros, se haya adoptado una medida de saneamiento o un procedimiento de liquidación, dicha medida o procedimiento surtirá efectos en España tan pronto como lo haga en el Estado miembro en el que se haya adoptado la medida o incoado el procedimiento.

3. Una vez sea notificada a la Dirección General de Seguros y Fondos de Pensiones la adopción de la medida o la incoación del procedimiento, esta publicará en el «Boletín Oficial del Estado» un extracto del acuerdo o resolución del que traiga causa la medida o procedimiento; en todo caso, en dicho extracto constará la autoridad competente del Estado miembro que haya adoptado la medida o procedimiento, la legislación que resulte de aplicación, así como, en su caso, la identificación del liquidador o liquidadores designados.

4. Los administradores provisionales y liquidadores designados por la autoridad competente de otro Estado miembro podrán desempeñar su función en España; a tales efectos, resultará título suficiente para acreditar su condición una certificación de la resolución o copia legalizada del acuerdo por el que se efectúe su nombramiento o designación, traducida al castellano.

5. Tales medidas adoptadas por otros estados y los procedimientos de adopción se regirán por la legislación del Estado miembro de adopción de la medida sin perjuicio de que para los supuestos que a continuación se mencionan deban observarse las siguientes normas y dejando a salvo lo que pueda preverse en los tratados internacionales:

a) Los efectos de las referidas medidas y procedimientos en los contratos de trabajo sometidos a la legislación española se regirán por ésta.

b) Los derechos de la entidad aseguradora sobre un inmueble, buque o aeronave que estén sujetos a inscripción en un registro público español se regirán por la legislación española.

c) Sin perjuicio de lo establecido en el apartado 1, la adopción de medidas de saneamiento o la incoación del procedimiento de liquidación no afectará a los derechos reales de los acreedores o de terceros respecto de activos materiales o inmateriales, muebles o inmuebles, tanto activos específicos como conjuntos de activos indeterminados, cuya composición está sujeta a modificación, pertenecientes a la entidad aseguradora que se hallaran situados en España en el momento de adopción de dichas medidas o incoación de dicho procedimiento, ni al derecho exclusivo a cobrar un crédito, en particular, el derecho garantizado por una prenda de la que sea objeto el crédito o por la cesión de dicho crédito a título de garantía, cuando dichas garantías se rijan por la Ley española.

d) La adopción de medidas de saneamiento o la incoación de un procedimiento de liquidación sobre una entidad aseguradora compradora de un bien no afectará a los derechos del vendedor basados en una reserva de dominio cuando dicho bien se encuentre, en el momento de la adopción de la medida o de la incoación del procedimiento, en territorio español.

La adopción de medidas de saneamiento o la incoación de un procedimiento de liquidación sobre una entidad aseguradora vendedora de un bien, después de que este haya sido entregado, no constituirá causa de resolución o rescisión de la venta y no impedirá al comprador la adquisición de la propiedad del bien vendido cuando este se encuentre, en el momento de la adopción de las medidas o la incoación del procedimiento, en territorio español.

e) La adopción de medidas de saneamiento o la incoación de un procedimiento de liquidación no afectará al derecho de un acreedor a reclamar la compensación de su crédito con el crédito de la entidad aseguradora cuando la Ley que rija la liquidación permita la compensación.

f) Los efectos de una medida de saneamiento o de un procedimiento de liquidación en los derechos y obligaciones de los participantes en un mercado regulado español se regirán exclusivamente por la Ley española.

g) La nulidad, anulación o inoponibilidad de los actos jurídicos perjudiciales para el conjunto de los acreedores se regirá por la legislación del Estado miembro de origen, salvo que la persona que se benefició del acto perjudicial para el conjunto de los acreedores pruebe que el citado acto está sujeto a la legislación española y que esta legislación no permite de ningún modo su impugnación.

h) La validez de la transmisión a título oneroso por parte de una entidad aseguradora efectuada con posterioridad a la adopción de una medida de saneamiento o incoación de un procedimiento de liquidación, de un inmueble situado en España, buque o aeronave sujetos a inscripción en un registro público español o de valores negociables u otros títulos cuya existencia y transferencia suponga una inscripción en un registro o en una cuenta prevista por la legislación española o estén colocados en un sistema de depósito central regulado por la legislación española, se regirá por la legislación española.

i) Los efectos de una medida de saneamiento o de un procedimiento de liquidación en una causa pendiente seguida en España relativa a un bien o un derecho del que se ha desposeído a la aseguradora se regirán exclusivamente por la legislación española.

Artículo 168. Procedimientos concursales. 1. Las entidades aseguradoras sujetas a un procedimiento de medidas de control especial no podrán solicitar judicialmente la declaración de concurso ni acogerse a las medidas previstas en el artículo 5 bis de la Ley 22/2003, de 9 de julio, Concursal.

2. El juez, en el supuesto de solicitud de concurso, antes de acordar su declaración solicitará a la Dirección General de Seguros y Fondos de Pensiones o, en su caso, al organismo supervisor de la Comunidad Autónoma competente, informe sobre la situación de la entidad y las medidas adoptadas. En el caso de que la Dirección General de Seguros y Fondos de Pensiones, o el organismo supervisor de la Comunidad Autónoma competente, informe que la entidad está sometida a alguna medida de control especial, deberá inadmitir la solicitud de concurso o del mediador concursal.

3. El juez, al declarar en concurso una entidad aseguradora, procederá de inmediato a la notificación de la resolución a la Dirección General de Seguros y Fondos de Pensiones o, en su caso, al organismo supervisor de la Comunidad Autónoma competente. En el caso de las entidades autorizadas para operar en todo el territorio nacional, la Dirección General de Seguros y Fondos de Pensiones informará, en los diez días siguientes, a las autoridades supervisoras de los restantes Estados miembros sobre la existencia del procedimiento y sus efectos. Asimismo, la Dirección General de Seguros y Fondos de Pensiones procederá a la publicación en el «Diario Oficial de la Unión Europea» de un extracto de la mencionada resolución en el que se indicará, en todo caso, el

órgano jurisdiccional competente y la aplicación al procedimiento de la legislación española.

4. La declaración en concurso de una entidad aseguradora no impide la adopción de medidas de control especial, o su modificación, manteniendo la Dirección General de Seguros y Fondos de Pensiones o, en su caso, al organismo supervisor de la Comunidad Autónoma competente, todas las facultades de revocación y disolución previstas en los artículos 169 a 174. El acuerdo de disolución de una entidad en concurso supone la apertura de la fase de liquidación, la cual se regirá por la legislación concursal.

La adopción de cualquiera de las medidas mencionadas se notificará al juez del concurso, de forma inmediata, por la Dirección General de Seguros y Fondo de Pensiones o, en su caso, por el organismo supervisor de la Comunidad Autónoma competente.

Recibida la propuesta de convenio, y antes de dar traslado a la administración concursal, el juez solicitará informe a la Dirección General de Seguros y Fondos de Pensiones o, en su caso, al organismo supervisor de la Comunidad Autónoma competente, con el fin de que se pronuncie sobre la viabilidad de la continuidad de la actividad aseguradora y el cumplimiento de todas las garantías de solvencia y de ejercicio de la actividad aseguradora legalmente exigibles.

Recibido dicho informe o transcurrido el plazo otorgado sin que se haya emitido, el juez lo pondrá en conocimiento de la administración concursal junto con la propuesta de convenio a efectos de lo previsto en los artículos 107 y 115 de la Ley 22/2003, de 9 de julio, Concursal.

La enajenación de activos sujetos a la medida de prohibición de disposición, cualquiera que sea la fase del procedimiento concursal en que tenga lugar, precisará la autorización expresa de la Dirección General de Seguros y Fondos de Pensiones o, en su caso, del organismo supervisor de la Comunidad Autónoma competente.

5. Tratándose de acreedores conocidos que tengan su domicilio en otro Estado miembro, deberán ser informados sobre la forma en que han de solicitar el reconocimiento de sus créditos y podrán presentar los escritos de reclamación de créditos o de observaciones a estos en la forma que se determine reglamentariamente.

6. La Dirección General de Seguros y Fondos de Pensiones o, en su caso, el organismo supervisor de la Comunidad Autónoma competente, será parte en todos los procedimientos concursales que afecten a entidades aseguradoras.

– La Ley 22/2003, de 9 de julio, Concursal ha sido derogada por el **Real Decreto Legislativo 1/2020, de 5 de mayo, por el que se aprueba el texto refundido de la Ley Concursal.** El referido texto refundido de la Ley Concursal establece, en las especialidades del concurso por razón de la persona del deudor:

«*Artículo 572. Comunicaciones especiales de la solicitud de concurso voluntario o necesario. 1. En caso de solicitud de concurso de acreedores de una sociedad que tuviera emitidos valores o instrumentos financieros negociados en un mercado secundario oficial, el Letrado de la Administración de Justicia, una vez que el juez hubiera proveído sobre la misma, lo comunicará sin dilación a la Comisión Nacional del Mercado de Valores. 2. En caso de solicitud de concurso de acreedores de una entidad de crédito o a una empresa de servicios de inversión, el órgano judicial competente, suspendiendo la tramitación de la solicitud, lo notificará al supervisor competente y al FROB para dar cumplimiento a lo dispuesto en los apartados 2 y 3 de la disposición adicional decimoquinta de la Ley 11/2015, de 18 de junio, de recuperación y resolución de entidades de crédito y empresas de servicios de inversión. A continuación, en caso de que así proceda el Letrado de la Administración de Justicia, una vez que el juez hubiera proveído sobre la misma, lo comunicará sin dilación al Banco de España, al FROB y a la Comisión Nacional del Mercado de Valores y solicitará la relación de los sistemas de pagos y de liquidación de valores o instrumentos financieros, incluidos los derivados, a los que pertenezca la entidad afectada y la denominación y domicilio del gestor en los términos previstos en la legislación especial aplicable. 3. En caso de solicitud de concurso de acreedores de una entidad aseguradora o reaseguradora, el Letrado de la Administración de Justicia, una vez que el juez hubiera proveído sobre la misma, lo comunicará sin dilación a la Dirección General de Seguros y Fondos de Pensiones. 4. En caso de solicitud de concurso de acreedores de una mutua colaboradora con la Seguridad Social, el Letrado de la Administración de Justicia, una vez que el juez hubiera proveído sobre la misma, lo comunicará sin dilación al Ministerio de Inclusión, Seguridad Social y Migraciones*».

«*Artículo 573. Notificaciones especiales de la declaración de concurso. Declarado el concurso de cualquiera de las entidades a que se refiere el artículo anterior, el Letrado de la Administración de Justicia notificará el auto, en el mismo día de la fecha, a los mismos organismos y administraciones públicas a las que hubiera notificado o debido notificar la existencia de la solicitud, así como al gestor de los sistemas a los que pertenezca la entidad afectada*».

«*Artículo 574. Nombramiento de la administración concursal. 1. En el concurso de entidad de crédito el juez nombrará administrador concursal de entre las personas propuestas en terna por el FROB. 2. En el concurso de entidad aseguradora o reaseguradora el juez nombrará administrador concursal al Consorcio de Compensación de Seguros. 3. En el concurso de una entidad sometida a la supervisión de la Comisión Nacional del Mercado de Valores el juez nombrará administrador concursal de entre las personas propuestas en terna por esa Comisión* (el artículo 574.1, conforme a la disposición transitoria única.1 del texto refundido de la Ley Concursal, entrará en vigor cuando se apruebe el reglamento a que se refiere la disposición transitoria segunda de la Ley 17/2014, de 30 de septiembre; mientras permanecerán en vigor los artículos 27, 34 y 198 de la Ley 22/2003, de 9 de julio, Concursal, en la redacción anterior a la entrada en vigor de dicha Ley 17/2014)».

«Artículo 575. Incompatibilidades y prohibiciones. 1. Las normas establecidas en esta ley sobre incompatibilidades y prohibiciones para ser nombrado administrador concursal serán de aplicación a las personas nombradas por el juez del concurso a propuesta del FROB, del Consorcio de Compensación de Seguros o de la Comisión Nacional del Mercado de Valores. 2. Se exceptúan de lo establecido en el apartado anterior, las prohibiciones por razón del cargo o función pública que tuviera o hubiera tenido el nombrado; o, en caso de administración concursal dual, de las incompatibilidades por razón de la vinculación personal o profesional entre los miembros de la administración concursal».

«Artículo 576. Aceptación del nombrado. 1. Cuando el nombramiento de la administración concursal recaiga en cualquiera de las personas propuestas por el FROB, el Consorcio de Compensación de Seguros o la Comisión Nacional del Mercado de Valores no será necesaria la aceptación del nombrado. 2. Dentro del plazo de cinco días siguientes a la notificación del nombramiento, el nombrado comunicará al juzgado las direcciones postal y electrónica en las que efectuar la comunicación de créditos, así como cualquier otra notificación. La dirección electrónica que se señale deberá cumplir las condiciones técnicas de seguridad de las comunicaciones electrónicas en lo relativo a la constancia de la transmisión y recepción, de sus fechas y del contenido íntegro de las comunicaciones».

«Artículo 577. Carácter gratuito del cargo. Si las personas propuestas por el FROB, el Consorcio de Compensación de Seguros o la Comisión Nacional del Mercado de Valores para el ejercicio del cargo de administrador concursal formaran parte de estos organismos, no tendrán derecho a retribución con cargo a la masa activa».

– Además, el **Real Decreto Legislativo 1/2020, de 5 de mayo, por el que se aprueba el texto refundido de la Ley Concursal,** establece en el artículo 578 (en la redacción dada por la Ley 16/2022, de 5 de septiembre): «*Artículo 578. Régimen especial del concurso de acreedores. 1. En los concursos de entidades de crédito o entidades legalmente asimiladas a ellas, empresas de servicios de inversión y entidades aseguradoras, así como de entidades miembros de mercados oficiales de valores y entidades participantes en los sistemas de com-*

pensación y liquidación de valores, se aplicarán las especialidades que para el concurso de acreedores se hallen establecidas en su legislación específica. 2. Se considera legislación especial, a los efectos de la aplicación del apartado anterior, la contenida en las siguientes normas: 1.º La disposición adicional quinta de la Ley 3/1994, de 14 de abril, por la que se adapta la legislación española en materia de entidades de crédito a la Segunda Directiva de Coordinación Bancaria y se introducen otras modificaciones relativas al sistema financiero. 2.º La Ley 13/1994, de 1 de junio, de autonomía del Banco de España, por lo que respecta al régimen aplicable a las garantías constituidas a favor del Banco de España, del Banco Central Europeo o de otros Bancos Centrales Nacionales de la Unión Europea, en el ejercicio de sus funciones. 3.º La disposición adicional tercera de la Ley 1/1999, de 5 de enero, reguladora de las entidades de capital-riesgo y de sus sociedades gestoras. 4.º La Ley 41/1999, de 12 de noviembre, sobre sistemas de pagos y de liquidación de valores. 5.º El texto refundido de la Ley de Regulación de los Planes y Fondos de Pensiones, aprobado por Real Decreto Legislativo 1/2002, de 29 de noviembre. 6.º La Ley 35/2003, de 4 de noviembre, de Instituciones de Inversión Colectiva. 7.º El texto refundido del Estatuto Legal del Consorcio de Compensación de Seguros, aprobado por Real Decreto Legislativo 7/2004, de 29 de octubre. 8.º El capítulo II del título I del Real Decreto-ley 5/2005, de 11 de marzo, de reformas urgentes para el impulso a la productividad y para la mejora de la contratación pública. 9.º La Ley 6/2005, de 22 de abril, sobre saneamiento y liquidación de las entidades de crédito. 10.º La Ley 22/2014, de 12 de noviembre, por la que se regulan las entidades de capital-riesgo, otras entidades de inversión colectiva de tipo cerrado y las sociedades gestoras de entidades de inversión colectiva de tipo cerrado, y por la que se modifica la Ley 35/2003, de 4 de noviembre, de Instituciones de Inversión Colectiva. 11.º El artículo 16.4 y la disposición adicional cuarta, punto 7, de la Ley 5/2015, de 27 de abril, de fomento de la financiación empresarial. 12.º La Ley 11/2015, de 18 de junio, de recuperación y resolución de entidades de crédito y empresas de servicios de inversión. 13.º Los títulos VI y VII de la Ley 20/2015, de 14 de julio, de ordenación, supervisión y solvencia de entidades aseguradoras y reaseguradoras y el título VII del Real Decreto 1060/2015, de 20 de noviembre, de ordenación, supervisión y solvencia de las entidades aseguradoras y reaseguradoras. 14.º El texto refundido de la Ley del Mercado de Valores, aprobado por Real Decreto Legislativo 4/2015, de 23 de octubre, y su normativa de desarrollo. 15.º El Real Decreto 217/2008, de 15 de febrero, sobre el régimen jurídico de las empresas de servicios de inversión y de las demás entidades que prestan servicios de inversión y por el que se modifica parcialmente el Reglamento de la Ley 35/2003, de 4 de noviembre, de Instituciones de Inversión Colectiva, aprobado por el Real Decreto 1309/2005, de 4 de noviembre. 16.º El Real Decreto 1082/2012, de 13 de julio, por el que se aprueba el Re-

glamento de desarrollo de la Ley 35/2003, de 4 de noviembre, de instituciones de inversión colectiva. 17.º El Real Decreto-ley 24/2021, de 2 de noviembre, de transposición de directivas de la Unión Europea en las materias de bonos garantizados, distribución transfronteriza de organismos de inversión colectiva, datos abiertos y reutilización de la información del sector público, ejercicio de derechos de autor y derechos afines aplicables a determinadas transmisiones en línea y a las retransmisiones de programas de radio y televisión, exenciones temporales a determinadas importaciones y suministros, de personas consumidoras y para la promoción de vehículos de transporte por carretera limpios y energéticamente eficientes. 3. Las normas legales enumeradas en el apartado anterior se aplicarán con el alcance subjetivo y objetivo previsto en las mismas a las operaciones o contratos que en ella se contemplan».

TÍTULO VII. REVOCACIÓN, DISOLUCIÓN Y LIQUIDACIÓN

– Real Decreto Legislativo 1/2020, de 5 de mayo, por el que se aprueba el texto refundido de la Ley Concursal.

CAPÍTULO I. REVOCACIÓN DE LA AUTORIZACIÓN ADMINISTRATIVA

Artículo 169. Causas de revocación y sus efectos. 1. Corresponde al Ministro de Economía y Competitividad la revocación de la autorización administrativa concedida a las entidades aseguradoras y reaseguradoras, sin perjuicio de lo dispuesto en el artículo 19.1.

2. La revocación de la autorización administrativa de una entidad aseguradora podrá ser parcial, cuando afecte a uno o varios ramos, o total, cuando se extienda a todos los ramos en que estuviera autorizada la entidad.

Igualmente, la revocación de la autorización administrativa de una entidad reaseguradora podrá ser parcial, cuando afecte a la actividad de reaseguro de vida o a la actividad de reaseguro distinto del seguro de vida, o total, cuando se extienda a ambas actividades.

3. Procede la revocación de la autorización de un ramo o ramos o de una actividad en los siguientes supuestos:

a) Si la entidad renuncia a ella expresamente.

b) Cuando la entidad no haya iniciado su actividad en el plazo de un año o cese de ejercerla durante un período superior a seis meses. A esta inactividad se equiparará la falta de efectiva actividad por la entidad aseguradora en el ramo o ramos, en los términos que se determinen reglamentariamente. Para las entidades reaseguradoras, a la inactividad por falta de iniciación o cese de ejercicio, se equiparará la falta de efectiva actividad en el reaseguro de vida o en el reaseguro distinto de vida.

c) Cuando se produzca la cesión total de la cartera de la entidad aseguradora en uno o más ramos o la cesión total de la cartera de la entidad reaseguradora en una de las actividades.

4. Procede la revocación total de la autorización administrativa en los siguientes supuestos:

a) Los indicados en el apartado 3, cuando afecten a todos los ramos en los que está autorizada la entidad aseguradora o a la totalidad de la actividad de la entidad reaseguradora.

b) Cuando la entidad deje de cumplir alguno de los requisitos establecidos por esta Ley para el otorgamiento de la autorización administrativa o cuando haya obtenido la autorización mediante declaraciones falsas o inexactas.

c) Cuando la entidad no cumpla con las exigencias de capital mínimo obligatorio y el plan de financiación presentado sea manifiestamente inadecuado, o cuando no aplique o no haya podido cumplir el plan aprobado en los tres meses siguientes al momento en que se observe la insuficiencia con respecto al capital mínimo obligatorio.

d) Cuando se acuerde la disolución.

e) Cuando se haya impuesto a la entidad la sanción administrativa de revocación de la autorización.

f) Cuando se acredite que los titulares de una participación significativa ejercen una influencia que vaya en detrimento de la gestión sana y prudente de la entidad aseguradora o reaseguradora, que dañe gravemente su situación financiera o aquéllos hayan dejado de ser idóneos de forma sobrevenida.

5. El Gobierno podrá revocar totalmente la autorización concedida a entidades aseguradoras y reaseguradoras españolas con participación extranjera mayoritaria en aplicación del principio de reciprocidad o cuando lo aconsejen circunstancias extraordinarias de interés nacional. En ningún caso será aplicable esta causa de revocación a las entidades aseguradoras y reaseguradoras españolas en que la participación extranjera mayoritaria proceda de países de la Unión Europea.

6. Cuando concurra alguna de las causas de revocación previstas en el apartado 3.b) o en el apartado 4, letras b) y c), el Ministro de Economía y Competitividad, antes de acordar la revocación de la autorización administrativa, podrá conceder un plazo, que no excederá de seis meses, para que la entidad que lo haya solicitado proceda a subsanarla.

7. La resolución de revocación de la autorización administrativa deberá notificarse en el plazo máximo de seis meses, quedando en suspenso dicho plazo durante el tiempo que, en su caso, se conceda a la entidad para superar la causa de revocación.

8. La revocación de la autorización administrativa determinará, en todos los casos, la prohibición inmediata de suscribir nuevos contratos de seguro o de reaseguro por la entidad, así como la liquidación de las operaciones de seguro de los ramos afectados por la revocación, con sometimiento a lo dispuesto en la sección 2.ª del capítulo II de este título.

En caso de revocación total de la autorización, procederá la disolución administrativa de la entidad aseguradora o reaseguradora, sin necesidad de sujetarse a lo dispuesto en los artículos 173 y 174.1, salvo en los casos a que se refiere el artículo 172.1 y 2.

9. En caso de revocación de la autorización de una entidad aseguradora o reaseguradora autorizada para actuar en todo el territorio nacional, la Dirección General de Seguros y Fondos de Pensiones informará a las autoridades de supervisión de los restantes Estados miembros para que adopten las medidas oportunas para impedir que la entidad aseguradora o reaseguradora inicie nuevas operaciones en su territorio.

Asimismo, en colaboración con las mencionadas autoridades, la Dirección General de Seguros y Fondos de Pensiones adoptará las medidas que resulten oportunas para salvaguardar los intereses de los asegurados y, en particular, podrá prohibir la libre disposición de los activos de la entidad aseguradora.

10. Toda revocación de autorización de una entidad aseguradora o reaseguradora autorizada para actuar en todo el territorio nacional será notificada a la Autoridad Europea de Seguros y Pensiones de Jubilación, con el fin de que dicha Autoridad mantenga actualizada la lista pública de entidades aseguradoras autorizadas a la que se hace referencia el artículo 20.6.

Asimismo, la resolución por la que se adopte la revocación se publicará en el «Boletín Oficial del Estado» y en el «Diario Oficial de la Unión Europea».

Artículo 170. Revocación de la autorización administrativa a entidades aseguradoras domiciliadas en otros Estados miembros. Cuando la autoridad supervisora de una entidad aseguradora domiciliada en otro Estado miembro, que opere en España en régimen de derecho de establecimiento o en régimen de libre prestación de servicios, le revoque la autorización administrativa, la

Dirección General de Seguros y Fondos de Pensiones prohibirá a dicha entidad aseguradora la contratación de nuevos seguros en ambos regímenes.

En este caso, y con el objeto de salvaguardar los intereses de los asegurados, la Dirección General de Seguros y Fondos de Pensiones podrá adoptar, en colaboración con la referida autoridad, las medidas de control especial reguladas en los artículos 160 y 161.

Artículo 171. Revocación de la autorización administrativa de las sucursales de entidades domiciliadas en terceros países. 1. Será causa de revocación de la autorización administrativa concedida a la sucursal de una entidad aseguradora domiciliada en un país no miembro de la Unión Europea, además de las enumeradas en el artículo 169, apartados 3 y 4, que concurra en dicha sucursal cualquiera de las circunstancias que, en una entidad aseguradora española, son causa de disolución. Además, el Gobierno podrá revocar la autorización a estas sucursales, cuando así lo aconsejen circunstancias extraordinarias de interés nacional.

En el supuesto de que una entidad aseguradora domiciliada en un país no miembro de la Unión Europea tuviera sucursales establecidas en España y en otros Estados miembros, la Dirección General de Seguros y Fondos de Pensiones informará al resto de autoridades supervisoras implicadas y coordinará con ellas sus actuaciones.

2. La necesidad de salvaguardia de los intereses de los asegurados, beneficiarios, perjudicados o de otras entidades aseguradoras, exigida por esta Ley para acordar la intervención de la liquidación de una entidad aseguradora, se presume, en todo caso, en la liquidación que afecte a sucursales de entidades extranjeras domiciliadas en países no miembros de la Unión Europea cuyas sedes centrales hubieran sido disueltas.

CAPÍTULO II. DISOLUCIÓN Y LIQUIDACIÓN DE ENTIDADES ASEGURADORAS Y REASEGURADORAS

SECCIÓN 1.ª DISOLUCIÓN

Artículo 172. Causas de disolución. Son causas de disolución de las entidades aseguradoras y reaseguradoras:

1. La revocación de la autorización administrativa que afecte a todos los ramos o actividades en que opera la entidad. No obstante, la revocación no será causa de disolución cuando la propia entidad renuncie a la autorización

administrativa y esta renuncia venga únicamente motivada por la modificación de su objeto social para desarrollar una actividad distinta a las enumeradas en el artículo 3.1.

2. La cesión total de la cartera de contratos de seguro cuando afecte a todos los ramos en los que opera la entidad. No obstante, estas cesiones de cartera o actividad no serán causa de disolución cuando en la escritura pública de cesión la cedente manifieste la modificación de su objeto social para desarrollar una actividad distinta a las enumeradas en el artículo 3.1, o en el caso de mutuas de seguros y mutualidades de previsión social que se transformen en una sociedad de capital con actividad distinta de la aseguradora.

3. Haber quedado reducido el número de socios en las mutuas de seguros, cooperativas de seguros y mutualidades de previsión social a una cifra inferior al mínimo reglamentariamente establecido.

4. No realizar las derramas pasivas.

5. Las causas de disolución enumeradas en el artículo 363 del Texto Refundido de la Ley de Sociedades de Capital, aprobado por el Real Decreto Legislativo 1/2010, de 2 de julio, teniendo en cuenta lo siguiente:

a) Tratándose de mutuas de seguros y de mutualidades de previsión social, las referencias que en este precepto se hacen al capital social habrán de entenderse hechas al fondo mutual.

b) Se entenderá por patrimonio neto el definido en el artículo 36.1.c) del Código de Comercio.

6. Para las cooperativas de seguros, las causas de disolución recogidas en su legislación específica.

> – El artículo 363 del **Real Decreto Legislativo 1/2010, de 2 de julio, por el que se aprueba el texto refundido de la Ley de Sociedades de Capital**, establece: *«Artículo 363 Causas de disolución. 1. La sociedad de capital deberá disolverse: a) Por el cese en el ejercicio de la actividad o actividades que constituyan el objeto social. En particular, se entenderá que se ha producido el cese tras un período de inactividad superior a un año. b) Por la conclusión de la empresa que constituya su objeto. c) Por la imposibilidad manifiesta de conseguir el fin social. d) Por la paralización de los órganos sociales de modo que resulte imposible su funcionamiento. e) Por pérdidas que dejen reducido el patrimonio neto a una cantidad inferior a la mitad del capital social, a no ser que éste se aumente o se reduzca en la medida suficiente, y siempre que no sea procedente solicitar la declaración de concurso. f) Por reducción del capital social por debajo del mínimo legal, que no sea consecuencia del cumplimiento de una ley. g) Porque el valor nominal de las participaciones sociales sin voto o de las*

acciones sin voto excediera de la mitad del capital social desembolsado y no se restableciera la proporción en el plazo de dos años. h) Por cualquier otra causa establecida en los estatutos. 2. La sociedad comanditaria por acciones deberá disolverse también por fallecimiento, cese, incapacidad o apertura de la fase de liquidación en el concurso de acreedores de todos los socios colectivos, salvo que en el plazo de seis meses y mediante modificación de los estatutos se incorpore algún socio colectivo o se acuerde la transformación de la sociedad en otro tipo social».

– El artículo 36.1.c) del **Real Decreto de 22 de agosto de 1885, por el que se publica el Código de Comercio**, dispone: «*Artículo 36. 1. Los elementos del balance son: (...) c) Patrimonio neto: constituye la parte residual de los activos de la empresa, una vez deducidos todos sus pasivos. Incluye las aportaciones realizadas, ya sea en el momento de su constitución o en otros posteriores, por sus socios o propietarios, que no tengan la consideración de pasivos, así como los resultados acumulados u otras variaciones que le afecten. A los efectos de la distribución de beneficios, de la reducción obligatoria de capital social y de la disolución obligatoria por pérdidas de acuerdo con lo dispuesto en la regulación legal de las sociedades anónimas y sociedades de responsabilidad limitada, se considerará patrimonio neto el importe que se califique como tal conforme a los criterios para confeccionar las cuentas anuales, incrementado en el importe del capital social suscrito no exigido, así como en el importe del nominal y de las primas de emisión o asunción del capital social suscrito que esté registrado contablemente como pasivo. También a los citados efectos, los ajustes por cambios de valor originados en operaciones de cobertura de flujos de efectivo pendientes de imputar a la cuenta de pérdidas y ganancias no se considerarán patrimonio neto (...)».*

Artículo 173. Acuerdo de disolución. 1. La disolución, salvo en el supuesto de cumplimiento del término fijado en los estatutos, requerirá el acuerdo de la junta o asamblea general. A estos efectos, los administradores deberán convocarla para su celebración en el plazo de dos meses desde la concurrencia de la causa de disolución y cualquier socio podrá requerir a los administradores para que convoquen la junta o asamblea si, a su juicio, existe causa legítima para la disolución.

2. En el acuerdo de disolución deberá incluirse la relación de bienes y derechos que representen los activos asignados a las provisiones técnicas en el registro de inversiones y los que cubran los requerimientos de capital obligatorio de la entidad aseguradora.

Artículo 174. Disolución administrativa. 1. En el caso de que exista causa legal de disolución y la junta o asamblea no fuese convocada o, si lo fuese, no se celebrase, no pudiese lograrse el acuerdo o éste fuera contrario a la disolución, los administradores estarán obligados a solicitar la disolución administrativa de la entidad en el plazo de diez días naturales, a contar desde la fecha en que debiera haberse convocado la junta o asamblea con arreglo al artículo 173, cuando no fuese convocada; o, desde la fecha prevista para su celebración, cuando aquella no se haya constituido; o, finalmente, desde el día de la celebración, cuando el acuerdo de disolución no pudiese lograrse o éste hubiera sido contrario a la disolución.

2. Conocida por la Dirección General de Seguros y Fondos de Pensiones la concurrencia de una causa de disolución, así como el incumplimiento por los órganos sociales de lo dispuesto en el apartado anterior, se procederá a la disolución administrativa de la entidad.

SECCIÓN 2.ª LIQUIDACIÓN

Artículo 175. Normas generales de liquidación. 1. La liquidación de las entidades aseguradoras y reaseguradoras españolas que tengan adoptada forma de sociedad anónima, mutua de seguros o mutualidad de previsión social se regirá por lo dispuesto en esta Ley y en su normativa de desarrollo y, en lo no dispuesto en ella, por las normas aplicables a las sociedades de capital.

La liquidación de las cooperativas de seguros se rige por lo dispuesto en la legislación de cooperativas que sea de aplicación en todo lo no dispuesto en esta Ley y en su normativa de desarrollo.

2. La liquidación garantizará a los mutualistas y cooperativistas los mismos derechos que tienen los socios de las sociedades de capital y, en especial, el derecho de información y el derecho a participar en el patrimonio resultante de la liquidación.

3. Durante el período de liquidación no podrán celebrarse las operaciones definidas en el artículo 3.1, pero los contratos de seguro vigentes en el momento de la disolución conservarán su eficacia hasta la conclusión del período del seguro en curso y vencerán en dicho momento sin posibilidad de prórroga, sin perjuicio de la declaración de vencimiento anticipado.

4. La liquidación de una entidad española comprenderá también la de todas sus sucursales.

Las obligaciones derivadas de los contratos celebrados en régimen de derecho de establecimiento y en régimen de libre prestación de servicios tendrán el mismo tratamiento que las obligaciones que resulten de los demás contratos de seguro de la entidad en liquidación, sin distinción de nacionalidad de los acreedores por contrato de seguro.

Cuando una entidad reaseguradora española sea liquidada, las obligaciones derivadas de los contratos de reaseguro celebrados en régimen de derecho de establecimiento y en régimen de libre prestación de servicios tendrán el mismo tratamiento que las obligaciones que resulten de los demás contratos de reaseguro de la entidad en liquidación.

Artículo 176. Efectos en otros Estados miembros de la liquidación de entidades españolas. 1. La resolución administrativa o el acuerdo del que traiga causa la liquidación será reconocido en el territorio de los demás Estados miembros, de conformidad con lo previsto en su legislación, y surtirá efectos en ellos tan pronto como lo haga en España.

A estos efectos, la Dirección General de Seguros y Fondos de Pensiones, en el plazo de diez días, a contar desde el siguiente a la fecha en que se dicte la resolución o tenga conocimiento del acuerdo, informará a las autoridades supervisoras de los restantes Estados miembros sobre la existencia del procedimiento y sus efectos.

Asimismo, publicará en el «Diario Oficial de la Unión Europea» un extracto de dicha resolución o acuerdo que, en todo caso, indicará la competencia de la Dirección General de Seguros y Fondos de Pensiones sobre el procedimiento, que la legislación aplicable a dicho procedimiento de liquidación es la contenida en esta Ley y en sus normas de desarrollo, así como la identificación del liquidador o liquidadores nombrados.

2. Los liquidadores podrán desarrollar su actuación en el territorio de todos los Estados miembros y podrán ejercer en ellos las mismas funciones y poderes que en España. A estos efectos, resultará título suficiente para acreditar la condición de liquidador una certificación de la resolución o una copia legalizada del acuerdo por el que se efectúe su nombramiento.

Igualmente, podrán otorgar poderes de representación o solicitar asistencia cuando ello resulte necesario para llevar a cabo el proceso de liquidación en el territorio de otros Estados miembros y, en particular, para resolver las dificultades que pudieran encontrar los acreedores residentes en ellos.

En todo caso, las personas que les asistan o representen han de tener reconocida honorabilidad y reunir las condiciones necesarias de cualificación y experiencia profesional para ejercer sus funciones, en los mismos términos que los liquidadores.

Artículo 177. Efectos en España de la liquidación de entidades aseguradoras domiciliadas en otros Estados miembros y que operen en España en régimen de derecho de establecimiento o de libre prestación de servicios. La Dirección General de Seguros y Fondos de Pensiones podrá requerir a las autoridades supervisoras de otros Estados miembros información acerca del estado y desarrollo de los procedimientos de liquidación que se lleven a cabo respecto a las entidades sometidas a la supervisión de dichas autoridades y que operen en España en régimen de derecho de establecimiento o de libre prestación de servicios y dará publicidad a la misma.

Toda decisión relativa a la incoación de un procedimiento de liquidación de una entidad aseguradora o reaseguradora, incluidas las sucursales que posea en otros Estados miembros, adoptada de conformidad con la legislación del Estado miembro de origen, una vez comunicada a la Dirección General de Seguros y Fondos de Pensiones, se reconocerá sin más trámites y surtirá efecto en España en cuanto lo haga en el Estado miembro de incoación del procedimiento.

Artículo 178. Supervisión de la liquidación. 1. Las entidades en liquidación están sujetas a supervisión hasta la cancelación de la inscripción en el registro administrativo.

2. La liquidación no afectará a la vigencia de las medidas que en el ejercicio de la función supervisora se hubieran adoptado, pudiendo además adoptarse las siguientes:

a) La intervención de la liquidación, sujetando a ésta las actuaciones de los liquidadores en los términos definidos en este artículo, en el artículo 163, y en sus disposiciones reglamentarias de desarrollo.

b) La separación, nombramiento de liquidadores o encomienda de la liquidación al Consorcio de Compensación de Seguros en los supuestos enumerados en el artículo 14 del Estatuto Legal del Consorcio de Compensación de Seguros, aprobado por Real Decreto Legislativo 7/2004, de 29 de octubre.

c) Disponer, de oficio o a petición de los liquidadores, la cesión de la cartera de contratos de seguro de la entidad para facilitar su liquidación.

d) Determinar la fecha de vencimiento anticipado del período de duración de los contratos de seguro que integren la cartera de la entidad en liquidación, para evitar perjuicios a los acreedores por contrato de seguro. Tal determinación respetará el equilibrio económico de las prestaciones en los contratos afectados y deberá tener lugar con la necesaria publicidad, con una antelación de quince días naturales a la fecha en que haya de tener efecto y, salvo que concurran circunstancias excepcionales que aconsejen no demorar la fecha de vencimiento, simultáneamente al cumplimiento por los liquidadores del deber de informar que se determine reglamentariamente.

e) Requerir información a los liquidadores sobre la marcha de la liquidación.

– El artículo 14 del **Real Decreto Legislativo 7/2004, de 29 de octubre, por el que se aprueba el texto refundido del Estatuto Legal del Consorcio de Compensación de Seguros** establece (las referencias a la derogada Ley 22/2003, de 9 de julio, Concursal, han de entenderse realizadas al **Real Decreto Legislativo 1/2020, de 5 de mayo, por el que se aprueba el texto refundido de la Ley Concursal**): «*Artículo 14. En relación con la liquidación de entidades aseguradoras. 1. El Consorcio asumirá la condición de liquidador de las entidades aseguradoras españolas señaladas en el artículo 27.1 de la Ley 20/2015, de 14 de julio, de ordenación, supervisión y solvencia de entidades aseguradoras y reaseguradoras, sujetas a la competencia de ejecución del Estado o de las Comunidades Autónomas, cuando le encomiende su liquidación el Ministro de Economía y Competitividad o el órgano competente de la respectiva Comunidad Autónoma. Podrá serle encomendada la liquidación en los siguientes supuestos: a) Simultáneamente a la disolución de la entidad aseguradora si se hubiera procedido a ella administrativamente. b) Si, disuelta una entidad, esta no hubiese procedido al nombramiento de los liquidadores antes de los quince días siguientes a la disolución, o cuando el nombramiento dentro de ese plazo lo fuese sin cumplir los requisitos legales y estatutarios. c) Cuando los liquidadores incumplan las normas que para la protección de los asegurados se establecen en la Ley 20/2015, de 14 de julio, de ordenación, supervisión y solvencia de entidades aseguradoras y reaseguradoras, las que rigen la liquidación o la dificulten. También cuando, por retrasarse la liquidación o por concurrir circunstancias que así lo aconsejen, la Administración entienda que la liquidación debe encomendarse al Consorcio. En el caso de que la liquidación sea intervenida, la encomienda al Consorcio se acordará previo informe del interventor. d) Mediante aceptación de la petición de la propia entidad aseguradora, si se apreciara causa justificada. 2. Corresponden al Consorcio, en los términos previstos en la legislación concursal, la condición y funciones* *propias de la administración concursal en los procedimientos de concurso a que se encuentre sometida cualquier entidad aseguradora, y ello sin que sea necesaria la aceptación del cargo. Su actuación en dichos procedimientos no será retribuida. El Consorcio deberá comunicar al juzgado la identidad de la persona física que haya de representarle en el ejercicio de su cargo, a la que resultarán de aplicación las normas contenidas en el artículo 28 de la Ley 22/2003, de 9 de julio, Concursal, con las excepciones que en él se establecen. Además ejercerá las funciones de mediador concursal cuando así lo solicite una entidad aseguradora conforme a lo dispuesto en el artículo 5 bis de la Ley 22/2003, de 9 de julio, Concursal. 3. En su caso, lleva a efecto la liquidación separada de los bienes a que se refiere el artículo 175 de la Ley 20/2015, de 14 de julio, de ordenación, supervisión y solvencia de entidades aseguradoras y reaseguradoras. 4. En los términos que reglamentariamente se determinen y previo acuerdo de la Dirección General de Seguros y Fondos de Pensiones, el Consorcio podrá llevar a cabo actividades de información a los acreedores por contrato de seguro en relación con los procesos de liquidación de una entidad aseguradora domiciliada en otro Estado miembro de la Unión Europea en lo que afecte exclusivamente a los contratos de seguro que dicha entidad hubiera celebrado en España en régimen de derecho de establecimiento o en libre prestación de servicios. El Consorcio podrá suscribir convenios con los órganos administrativos o judiciales a los que, con arreglo a la normativa del Estado miembro de origen, se hubiese encomendado la liquidación de la entidad, con la finalidad de facilitar a los acreedores por contrato de seguro residentes en España la presentación y tramitación de sus reclamaciones ante los órganos de liquidación. La realización de las actividades señaladas en este apartado no implicará la asunción por el Consorcio de funciones de liquidación de entidades aseguradoras de otros Estados miembros de la Unión Europea ni de sus sucursales en España, ni, por tanto, conllevará la realización de pagos por razón de contrato de seguro ni anticipos a cuenta de dichos pagos, no resultando de aplicación, en ningún caso, lo dispuesto en los artículos 179 a 185 de la Ley 20/2015, de 14 de julio, de ordenación, supervisión y solvencia de entidades aseguradoras y reaseguradoras».*

Artículo 179. Protección de los créditos por contrato de seguro. 1. En los procesos de liquidación tendrán la consideración de créditos por contrato de seguro, los siguientes:

a) Los de los tomadores, asegurados y beneficiarios de un contrato de seguro y los de los terceros perjudicados a los que se refiere el artículo 73 de la Ley 50/1980, de 8 de octubre, de Contrato de Seguro. Se incluyen los créditos derivados de la prestación del servicio de reparación o de reposición del bien siniestrado o de la asistencia o la prestación en especie a que se hubiese obligado la entidad aseguradora en el contrato de seguro.

b) Los de quienes hayan celebrado con las entidades aseguradoras contratos afectados por lo dispuesto en el artículo 24 para las operaciones realizadas sin autorización administrativa, o bien realizados en incumplimiento de las medidas de control especial de suspensión de la contratación de nuevos seguros o de la aceptación de reaseguro y de prohibición de la prórroga de los contratos de seguro celebrado, previstas respectivamente en el artículo 161, letras c) y d).

c) Los créditos satisfechos por el Consorcio de Compensación de Seguros en virtud de lo previsto en el artículo 11.e) del texto refundido de la Ley sobre responsabilidad civil y seguro en la circulación de vehículos a motor, aprobado por el Real Decreto Legislativo 8/2004, de 29 de octubre.

2. Los créditos por contrato de seguro tendrán la consideración de créditos con privilegio especial sobre los siguientes bienes y derechos:

a) Los activos asignados a las provisiones técnicas en el registro especial de activos a efectos de liquidación y los asignados a los requerimientos de capital obligatorio de la entidad aseguradora. También tienen tal consideración este tipo de activos de la entidad aseguradora que, incumpliendo la normativa aplicable, no figuren en el registro debidamente asignados.

b) Los bienes respecto de los que se haya adoptado la medida de control especial de prohibición de disponer, aunque tal medida no haya sido objeto de inscripción registral.

3. A efectos de la liquidación, las entidades mantendrán actualizado un registro especial de los activos que representen las provisiones técnicas calculadas e invertidas de conformidad con lo previsto en la normativa aplicable. Mediante reglamento se regularán los requisitos de dicho registro especial de activos.

4. El pago de los créditos por contrato de seguros se hará con cargo a los bienes y derechos afectos, satisfaciéndose a prorrata, con preferencia sobre cualquier otro crédito.

Respecto de los créditos contra la entidad aseguradora que no gocen de la prioridad a que se refiere el apartado 2, resultará de aplicación el sistema de prelación establecido por la Ley 22/2003, de 9 de julio, Concursal.

– El artículo 73 de la **Ley 50/1980, de 8 de octubre, de Contrato de Seguro**, establece: «*Artículo 73. Por el seguro de responsabilidad civil el asegurador se* *obliga, dentro de los límites establecidos en la Ley y en el contrato, a cubrir el riesgo del nacimiento a cargo del asegurado de la obligación de indemnizar a un tercero los daños y perjuicios causados por un hecho previsto en el contrato de cuyas consecuencias sea civilmente responsable el asegurado, conforme a derecho. Serán admisibles, como límites establecidos en el contrato, aquellas cláusulas limitativas de los derechos de los asegurados ajustadas al artículo 3 de la presente Ley que circunscriban la cobertura de la aseguradora a los supuestos en que la reclamación del perjudicado haya tenido lugar dentro de un período de tiempo, no inferior a un año, desde la terminación de la última de las prórrogas del contrato o, en su defecto, de su período de duración. Asimismo, y con el mismo carácter de cláusulas limitativas conforme a dicho artículo 3 serán admisibles, como límites establecidos en el contrato, aquéllas que circunscriban la cobertura del asegurador a los supuestos en que la reclamación del perjudicado tenga lugar durante el período de vigencia de la póliza siempre que, en este caso, tal cobertura se extienda a los supuestos en los que el nacimiento de la obligación de indemnizar a cargo del asegurado haya podido tener lugar con anterioridad, al menos, de un año desde el comienzo de efectos del contrato, y ello aunque dicho contrato sea prorrogado».*

– El artículo 11 del **Real Decreto Legislativo 8/2004, de 29 de octubre, por el que se aprueba el texto refundido de la Ley sobre responsabilidad civil y seguro en la circulación de vehículos a motor** (tras su modificación por la **Ley 5/2025, de 24 de julio, por la que se modifican el texto refundido de la Ley sobre responsabilidad civil y seguro en la circulación de vehículos a motor, aprobado por el Real Decreto Legislativo 8/2004, de 29 de octubre, y la Ley 20/2015, de 14 de julio, de ordenación, supervisión y solvencia de las entidades aseguradoras y reaseguradoras**, que incorpora la Directiva (UE) 2021/2118 del Parlamento Europeo y del Consejo, de 24 de noviembre de 2021, por la que se modifica la Directiva 2009/103/CE relativa al seguro de la responsabilidad civil que resulta de la circulación de vehículos automóviles, así como al control de la obligación de asegurar esta responsabilidad, la denominada nueva Directiva del seguro de automóviles), establece: *«Artículo 11. Funciones del Consorcio de Compensación de Seguros. 1. Corresponde al Consorcio de Compensación de Seguros, dentro del ámbito territorial y hasta el límite cuantitativo del aseguramiento obligatorio: a) Indemnizar a quienes hubieran sufrido daños en sus personas, por siniestros ocurridos en España, en aquellos casos en que el vehículo a motor causante sea desconocido. No obstante, si como consecuencia de un accidente causado en este supuesto se hubieran derivado daños personales significativos, el Consorcio de Compensación de Seguros habrá de indemnizar también los eventuales daños en los bienes derivados del mismo accidente. En este último caso, po-*

drá fijarse reglamentariamente una franquicia no superior a 500 euros. Se considerarán daños personales significativos la muerte, la incapacidad permanente o la incapacidad temporal que requiera, al menos, una estancia hospitalaria superior a tres días. b) Indemnizar los daños en las personas y en los bienes, en los siguientes supuestos: i. Los accidentes ocasionados con un vehículo a motor que tenga su estacionamiento habitual en España, así como los ocasionados dentro del territorio español a personas con residencia habitual en España o a bienes de su propiedad situados en España con un vehículo a motor con estacionamiento habitual en un tercer país no firmante del Acuerdo entre las oficinas nacionales de seguros de los Estados miembros del Espacio Económico Europeo y de otros Estados asociados, en ambos casos cuando dicho vehículo a motor no esté asegurado. ii. Los accidentes ocasionados en España por cualquier vehículo a motor no asegurado que circule a pesar de no disponer de autorización para hacerlo por estar dado de baja temporal o definitivamente en el registro de vehículos de la Dirección General de Tráfico o autoridad equivalente del Estado miembro distinto de España en el que tenga su estacionamiento habitual. En este último caso, el Consorcio de Compensación de Seguros solicitará el reembolso al organismo que corresponda del Estado en que tuviera su estacionamiento habitual. iii. Los accidentes ocasionados en España por vehículos utilizados exclusivamente en las zonas de acceso restringido de puertos y aeropuertos y que no hubiesen suscrito el seguro, aval o garantía financiera a que se refiere el artículo 1. bis.4.c). iv. Los accidentes ocasionados en España por el uso de vehículos en eventos y actividades automovilísticas, así como entrenamientos, pruebas o demostraciones, en el caso de incumplimiento de la obligación de suscribir un seguro, aval o garantía financiera a que se refiere el artículo 1.bis.4.a). En este caso el Consorcio de Compensación de Seguros indemnizará los daños a terceros, incluyendo espectadores y transeúntes y excluyendo a los conductores y vehículos participantes, y tendrá derecho a recobrar de los organizadores de las pruebas el importe de las indemnizaciones que hubiera satisfecho. Sin perjuicio de la indemnización que le corresponda abonar con arreglo a lo señalado en los párrafos anteriores y del ejercicio de su derecho de recobro de los importes indemnizados, el Consorcio de Compensación de Seguros remitirá a la autoridad competente en materia sancionadora, en la forma que reglamentariamente se determine, los datos y documentos que resulten necesarios de entre los que hubieran fundamentado la gestión de la indemnización a los efectos del ejercicio por dicha autoridad de sus potestades sancionadoras. c) Indemnizar los daños a las personas y en los bienes ocasionados en España por un vehículo a motor que esté asegurado y haya sido objeto de robo o robo de uso. Los daños a las personas y en los bienes ocasionados en otro Estado por un vehículo a motor con estacionamiento habitual en España que esté asegurado y haya sido robado o robado de uso se indemnizarán por el Consorcio de Compensación de Seguros cuando el fondo de garantía de ese Estado no asuma funciones de indemnización de los daños producidos por vehículos a motor robados. d) Indemnizar a las personas perjudicadas los daños a las personas y en los bienes cuando, en supuestos incluidos dentro del ámbito del aseguramiento de suscripción obligatoria o en los supuestos establecidos en las letras a), b) y c) del presente apartado, surgiera controversia entre el Consorcio de Compensación de Seguros y la entidad aseguradora acerca de quién debe indemnizar al perjudicado. No obstante lo anterior, si ulteriormente se resuelve o acuerda que corresponde indemnizar a la entidad aseguradora, esta reembolsará al Consorcio de Compensación de Seguros la cantidad indemnizada más los intereses legales, incrementados en un 25 por 100, desde la fecha en que abonó la indemnización. e) Indemnizar los daños a las personas y en los bienes cuando la entidad española aseguradora del vehículo a motor hubiera sido declarada judicialmente en concurso o, habiendo sido disuelta y encontrándose en situación de insolvencia, estuviera sujeta a un procedimiento de liquidación intervenida o esta hubiera sido asumida por el propio Consorcio de Compensación de Seguros. El Consorcio de Compensación de Seguros podrá celebrar acuerdos con los organismos correspondientes de los demás Estados miembros para intercambiar información y reembolsar a dichos organismos aquellas indemnizaciones que estos hubieran anticipado a los perjudicados que residan en su territorio por los daños materiales o corporales ocasionados por un vehículo a motor asegurado en la aseguradora española insolvente. Estos pagos se efectuarán en el plazo máximo de seis meses desde la solicitud de reembolso, salvo que exista otro acuerdo por escrito con el organismo de indemnización correspondiente. f) Indemnizar a las personas perjudicadas residentes en España los daños causados a las personas y en los bienes por los accidentes ocasionados en España por un vehículo a motor asegurado en una entidad aseguradora cuyo Estado miembro de origen no sea España, desde el momento en que la entidad aseguradora insolvente esté incursa en un procedimiento concursal de quiebra o de liquidación por insolvencia, y ello con independencia del Estado miembro en que tenga estacionamiento habitual el vehículo. Al recibir la reclamación, informará de su recepción a la entidad aseguradora incursa en el procedimiento concursal o de liquidación, o a su administrador o liquidador, y al organismo equivalente del Estado miembro de origen de la entidad. Una vez abonada la indemnización al perjudicado, se faculta al Consorcio de Compensación de Seguros a solicitar y obtener el reembolso íntegro de la cantidad pagada en concepto de indemnización al organismo correspondiente del Estado miembro de origen de la entidad aseguradora creado o autorizado en este para indemnizar a los perjudicados en caso de insolvencia

*de una entidad aseguradora. El Consorcio de Compensación de Seguros po-
drá celebrar acuerdos con los organismos de otros Estados miembros para
cooperar en el intercambio de información y en la gestión de las indemnizaciones en los casos de insolvencia de aseguradoras de vehículos automóviles.
g) Indemnizar los daños a las personas y en los bienes ocasionados en España
por un vehículo a motor utilizado como medio para causar deliberadamente
estos daños. h) Reembolsar las indemnizaciones satisfechas a los perjudicados residentes en otros Estados del Espacio Económico Europeo por los organismos de indemnización, en los siguientes supuestos: 1.º Cuando el vehículo
a motor causante del accidente tenga su estacionamiento habitual en España, en el caso de que no esté asegurado. 2.º Cuando el accidente haya ocurrido en España, en el caso de que no pueda identificarse al vehículo a motor
causante. 3.º Cuando el accidente haya ocurrido en España, en el caso de
vehículos a motor con estacionamiento habitual en terceros países adheridos
al sistema de certificado internacional del seguro del automóvil (en adelante,
carta verde) y no pueda identificarse a la entidad aseguradora. i) Indemnizar
los daños a las personas y en los bienes derivados de accidentes ocasionados
por un vehículo a motor importado a España desde otro Estado miembro del
Espacio Económico Europeo, siempre que el vehículo a motor no esté asegurado, el accidente haya ocurrido dentro del plazo de treinta días a contar
desde que el comprador aceptó la entrega del vehículo a motor y la persona
obligada a suscribir el seguro de responsabilidad civil no haya elegido el Estado miembro de matriculación conforme a lo dispuesto en el artículo 2.1.e).
En los supuestos previstos en las letras b) y c), quedarán excluidos de la indemnización por el Consorcio los daños a las personas y en los bienes sufridos
por quienes ocuparan voluntariamente el vehículo a motor causante del siniestro, conociendo, según los casos, que este no estaba asegurado o cubierto por garantía, o que había sido robado, siempre que el Consorcio probase
que aquellos conocían tales circunstancias y, en estos casos, la cobertura del
seguro de suscripción obligatoria no alcanzará tampoco a los daños y perjuicios ocasionados por las lesiones o fallecimiento de dichas personas. 2. El
Consorcio de Compensación de Seguros asumirá las funciones que como organismo de información le atribuyen los artículos 24 y 25 de esta Ley. 3. El
perjudicado tendrá acción directa contra el Consorcio de Compensación de
Seguros en los casos señalados en este artículo. Por su parte, el Consorcio de
Compensación de Seguros podrá repetir en los supuestos definidos en el artículo 10. También podrá repetir contra el propietario y el responsable del accidente cuando se trate de un vehículo a motor no asegurado, contra los au-
tores, cómplices o encubridores del robo o robo de uso del vehículo a motor
causante del siniestro, contra el responsable del accidente que conoció la
sustracción de aquel, y contra el causante de los daños producidos en España*

por un vehículo a motor utilizado como medio para causar deliberadamente
daños a las personas y a los bienes, así como en cualquier otro supuesto en
que también pudiera proceder tal repetición con arreglo a las leyes. 4. En los
casos de repetición por el Consorcio de Compensación de Seguros previstos
en el apartado 3 será de aplicación el plazo de prescripción establecido en el
artículo 10. 5. El Consorcio no podrá condicionar el pago de la indemnización
a la prueba por parte del perjudicado de que la persona responsable no pue-
de pagar o se niega a hacerlo. 6. Corresponde al Consorcio de Compensación
de Seguros el fomento del aseguramiento de suscripción obligatoria de los
vehículos a motor». Téngase en cuenta, además, la **Resolución de 31 de**
mayo de 2016, de la Dirección General de Seguros y Fondos de Pensiones,
por la que se aprueba el recargo en favor del Consorcio de Compensación
de Seguros para financiar sus funciones como fondo de garantía del seguro
obligatorio de responsabilidad civil en la circulación de vehículos a motor y
la **Resolución de 2 de febrero de 2021, de la Dirección General de Seguros y**
Fondos de Pensiones, por la que se publican las cuantías de las indemniza-
ciones actualizadas del sistema para valoración de los daños y perjuicios
causados a las personas en accidentes de circulación.

– La Ley 22/2003, de 9 de julio, Concursal ha sido derogada por el **Real Decreto**
Legislativo 1/2020, de 5 de mayo, por el que se aprueba el texto refundido
de la Ley Concursal.

Artículo 180. Régimen jurídico de los liquidadores. 1. La honorabilidad,
cualificación y experiencia profesional de los liquidadores se ajustarán a los
criterios previstos en el artículo 38 para los administradores.

2. Los liquidadores estarán sujetos al mismo régimen de responsabilidad
administrativa que los administradores de una entidad aseguradora.

Artículo 181. Proceso de liquidación. 1. Los liquidadores suscribirán, en
unión de los administradores, el inventario, un censo de los socios o mutualistas que lo fueran al momento de la disolución y el balance de la entidad y
deberán someterlos, en un plazo no superior a un mes desde su nombramiento,
a la Dirección General de Seguros y Fondos de Pensiones o, si la liquidación
fuese intervenida, al interventor.

2. Los liquidadores adoptarán las medidas necesarias para ultimar la liquidación en el plazo más breve posible, y podrán ceder la cartera de contratos de
seguro de la entidad de forma parcial, total o global, previa autorización, así
como pactar el rescate o resolución de los contratos de seguro.

3. La enajenación de los inmuebles podrá tener lugar sin subasta pública cuando la liquidación sea intervenida o cuando, habiendo sido tasados a estos efectos por sociedades de tasación autorizadas e inscritas en el Registro del Banco de España, el precio de enajenación no sea inferior al de tasación. Requerirá, en todo caso, la autorización previa de la Dirección General de Seguros y Fondos de Pensiones.

4. Cuando el valor de realización de un activo resulte menor que su valor estimado en el registro especial de activos a efectos de liquidación, los liquidadores deberán justificar esta situación ante la Dirección General de Seguros y Fondos de Pensiones.

5. Una vez abonados todos los créditos, los liquidadores procederán al reparto del haber líquido resultante entre los socios o, en su caso, entre los mutualistas en los términos previstos en esta Ley. Cuando se trate de una cooperativa de seguros, el reparto del haber líquido resultante se regirá por la legislación de cooperativas que sea de aplicación.

6. Una vez concluidas las operaciones de liquidación y, en su caso, la división del patrimonio resultante de la liquidación, el Ministro de Economía y Competitividad declarará extinguida la entidad en liquidación y se procederá a cancelar los asientos en el registro administrativo, publicándose esta resolución en el «Boletín Oficial del Estado».

La cancelación en el registro administrativo determinará, en los supuestos de declaración de extinción de la entidad, la posterior cancelación a su vez en el Registro Mercantil y en el Registro de Sociedades Cooperativas, cuando ésta sea la forma jurídica.

Por excepción, procederá la cancelación de los asientos en dicho registro administrativo sin declaración de extinción de la entidad, y en dicho momento podrá iniciar la actividad con arreglo al objeto social modificado, cuando tenga lugar la cesión general de la cartera o la revocación de la autorización, siempre que, en ambos casos, se haya procedido a modificar el objeto social de la entidad sin disolución de esta y previamente la Dirección General de Seguros y Fondos de Pensiones compruebe que se ha ejecutado la cesión de cartera o se han liquidado las operaciones de seguro, respectivamente.

7. Durante el período de liquidación, la entidad podrá ofrecer al Ministro de Economía y Competitividad la remoción de la causa de disolución y solicitar de éste la rehabilitación de la autorización administrativa revocada. Dicha rehabilitación sólo podrá concederse cuando la entidad cumpla todos los requisitos exigidos durante el funcionamiento normal y garantice la totalidad de los

derechos de asegurados y acreedores, incluso los de aquellos cuyos contratos de seguro hubieran sido declarados vencidos durante el período de liquidación. Si se acordase la rehabilitación de la autorización administrativa revocada, se entenderá removida de pleno derecho la causa de disolución, se cancelará la inscripción practicada en el Registro Mercantil, y se dará al acuerdo de rehabilitación la misma publicidad que dicho precepto impone para el acuerdo de disolución.

Artículo 182. Efectos sobre las acciones frente a entidades aseguradoras en liquidación. 1. En los supuestos de liquidación intervenida o asumida por el Consorcio de Compensación de Seguros, y respecto de los bienes sobre los que se haya adoptado la medida de prohibición de disposición del artículo 160.1.c), no podrán inscribirse en los registros públicos derechos reales de garantía ni anotarse mandamientos judiciales o providencias administrativas de embargo desde la fecha de la publicación en el «Boletín Oficial del Estado» de la orden ministerial de disolución, sin perjuicio de la efectividad de los créditos que, en su caso, se pretendieran garantizar con las citadas inscripciones o anotaciones.

Los encargados de los registros harán constar por nota marginal el hecho de la disolución y el cierre del folio registral a los actos a que se refiere el párrafo anterior. Si se acordara la rehabilitación de la autorización administrativa revocada, se cancelará la referida nota marginal.

2. En los supuestos de liquidación intervenida por el Ministerio de Economía y Competitividad, las acciones individuales ejercitadas por los acreedores, antes del comienzo de la liquidación o durante ella, podrán continuar hasta el pronunciamiento de sentencia firme, pero su ejecución quedará suspendida y el crédito que, en su caso, declare dicha sentencia a su favor se liquidará con los de los demás acreedores. No obstante, transcurrido un año desde que la sentencia adquiera firmeza, la suspensión quedará alzada automáticamente sin necesidad de declaración ni resolución al respecto, cualquiera que fuese el estado en que se encontrase la liquidación.

Lo dispuesto en el párrafo anterior no es aplicable a las acciones en el ejercicio de derechos reales sobre bienes situados fuera del territorio español, que se regirán por su legislación específica, ni a las acciones en el ejercicio de un derecho real de garantía que se rija por una Ley distinta a la española.

SECCIÓN 3.ª LIQUIDACIÓN POR EL CONSORCIO DE COMPENSACIÓN DE SEGUROS

– Real Decreto Legislativo 7/2004, de 29 de octubre, por el que se aprueba el texto refundido del Estatuto Legal del Consorcio de Compensación de Seguros.

Artículo 183. Actuación del Consorcio de Compensación de Seguros en la liquidación de entidades aseguradoras y reaseguradoras. El Consorcio de Compensación de Seguros, en adelante, el Consorcio, asumirá la condición de liquidador de las entidades aseguradoras y reaseguradoras españolas, cualquiera que sea su forma o naturaleza jurídica, en los supuestos previstos en esta Ley y en el texto refundido del Estatuto Legal del Consorcio de Compensación de Seguros, aprobado por el Real Decreto Legislativo 7/2004, de 29 de octubre.

Artículo 184. Normas generales sustantivas. 1. El Consorcio sustituirá a todos los órganos sociales de la entidad cuya liquidación se le haya encomendado. En consecuencia, no habrá lugar a la celebración de las juntas o asambleas ordinarias o extraordinarias de accionistas, mutualistas o cooperativistas de la entidad.

No obstante, los recursos administrativos y contencioso-administrativos interpuestos por la entidad aseguradora o reaseguradora contra los actos de supervisión del Ministerio de Economía y Competitividad con anterioridad a la asunción de la liquidación por el Consorcio podrán ser continuados por los administradores en su propio nombre, si se personasen a estos efectos ante el órgano administrativo o jurisdiccional en el plazo de un mes desde la publicación en el «Boletín Oficial del Estado» de la encomienda de la liquidación al Consorcio.

2. El Consorcio, como órgano liquidador, en representación de los acreedores y en defensa de sus derechos, instará, cuando hubiera lugar a ello, la exigencia de responsabilidades de toda índole, civiles o penales, sin obligación de prestar fianza alguna, en que hubieran podido incurrir quienes desempeñaron cargos de administración o dirección de la entidad en liquidación.

Cuando como consecuencia de estas acciones, los tribunales señalaren indemnizaciones o cualesquiera otras compensaciones económicas a favor de la entidad y hubiere finalizado su liquidación, el Consorcio, si así se hubiera acordado en el plan de liquidación aprobado por la Junta de Acreedores, distribuirá el importe obtenido entre los acreedores que no hubieran recuperado la totalidad de sus créditos, de acuerdo con los criterios establecidos en el citado plan de liquidación y en el caso de entidades solventes entre los socios o mutualistas de la entidad.

3. En ningún caso, el Consorcio, sus órganos, representantes o apoderados serán considerados deudores ni responsables de las obligaciones y responsabilidades que incumban a la entidad cuya liquidación se le encomienda, o a sus administradores.

4. En las liquidaciones intervenidas, la intervención de la liquidación cesará en el momento que ésta se encomiende al Consorcio.

5. En caso de que existan entidades filiales participadas mayoritariamente por la entidad aseguradora o reaseguradora en liquidación y cuyo objeto social sea la gestión de activos por cuenta de la entidad en liquidación, la encomienda al Consorcio de la liquidación de la entidad aseguradora o reaseguradora implicará el nombramiento del mismo como liquidador de dichas entidades filiales, con sustitución de todos los órganos sociales, bastando para la inscripción de tal nombramiento en el Registro Mercantil la resolución administrativa correspondiente, en la que se declare la liquidación conjunta del grupo de sociedades.

La liquidación de las entidades filiales se llevará a cabo conforme a las normas del texto refundido de la Ley de Sociedades de Capital, aprobado por Real Decreto Legislativo 1/2010, de 2 de julio. Si la filial resultara insolvente el Consorcio estará exento de solicitar el concurso, tramitándose todas las liquidaciones de forma coordinada.

6. La encomienda de la liquidación de una entidad aseguradora o reaseguradora al Consorcio supondrá el cambio de su domicilio social, a todos los efectos legales, al domicilio que designe el Consorcio. El cambio de domicilio afectará también a las entidades filiales controladas mayoritariamente por la entidad en liquidación cuyo objeto social sea la gestión de activos por cuenta de dicha entidad en liquidación.

Para la inscripción del cambio de domicilio social en el Registro Mercantil y en los registros administrativos será suficiente la certificación del acuerdo adoptado, expedida por el presidente del Consorcio.

El cambio de domicilio y sus modificaciones posteriores se notificarán en la forma y con la publicidad que la legislación mercantil determine para las modificaciones estatutarias.

Artículo 185. Normas generales de procedimiento. El procedimiento de liquidación por el Consorcio se ajustará a las siguientes especialidades:

1. Encomendada la liquidación al Consorcio, todos los acreedores estarán sujetos al procedimiento de liquidación por éste y no podrá solicitarse por los acreedores ni por la entidad aseguradora la declaración de concurso, sin perjuicio de que las acciones de toda índole ejercidas ante los tribunales contra dicha aseguradora, anteriores a la disolución o durante el período de liquidación, continúen su tramitación hasta la obtención de sentencia o resolución judicial firme. Pero la ejecución de la sentencia, de los embargos preventivos, administraciones judicialmente acordadas y demás medidas cautelares adoptadas por la autoridad judicial, la del auto que despache la ejecución en el procedimiento ejecutivo, los procedimientos judiciales sumarios y ejecutivos extrajudiciales sobre bienes hipotecados o pignorados que se encuentren en territorio español, así como la ejecución de las providencias administrativas de apremio, quedarán en suspenso desde la encomienda de la liquidación al Consorcio y durante la tramitación por éste del procedimiento liquidador.

2. Se tendrán por vencidas, a la fecha de publicación en el «Boletín Oficial del Estado» de la resolución administrativa por la que se encomienda la liquidación al Consorcio, las deudas pendientes de la aseguradora, sin perjuicio del descuento correspondiente si el pago de aquellas se verificase antes del tiempo prefijado en la obligación, y dejarán de devengar intereses todas las deudas de la aseguradora, salvo los créditos hipotecarios y pignoraticios, hasta donde alcance la respectiva garantía.

3. Los administradores o liquidadores, de haber sido nombrados, entregarán al Consorcio el inventario, el censo de socios y mutualistas, y el balance de la entidad en el plazo de un mes desde que haya asumido la liquidación, sin que el Consorcio deba someterlo a la Dirección General de Seguros y Fondos de Pensiones ni al interventor, ni estar sujeto a las obligaciones que imponen los artículos 383 y 388 del texto refundido de la Ley de Sociedades de Capital, aprobado por el Real Decreto Legislativo 1/2010, de 2 de julio.

De no recibir de los administradores o liquidadores la documentación e información necesarias, el Consorcio formulará un inventario de los bienes de la entidad, un censo de socios y mutualistas, y una relación de deudas a la fecha de la asunción de la liquidación, utilizando al efecto los antecedentes y datos a su alcance, que servirán de base para formular la documentación precisa para el cumplimiento de las obligaciones contables y tributarias legalmente exigibles, sin que asuma responsabilidad alguna en caso de error u omisión sobre datos que no figuren en la documentación o antecedentes encontrados.

4. En el cumplimiento del deber de información a los acreedores, se hará constar expresamente la especial circunstancia de que la liquidación ha sido asumida por el Consorcio. Asimismo, desde el momento en que tenga conocimiento de la existencia de créditos laborales o presuma la posibilidad de su existencia, lo comunicará al Fondo de Garantía Salarial, comunicación que surtirá los efectos de la citación a que se refiere el artículo 33.3 del texto refundido de la Ley del Estatuto de los Trabajadores, aprobado por el Real Decreto Legislativo 1/1995, de 24 de marzo.

5. Cuando se acuerde de oficio por la Dirección General de Seguros y Fondos de Pensiones la cesión de cartera de una entidad en liquidación, no será de aplicación lo previsto en el reglamento de desarrollo de esta Ley en lo referente a la información pública y al derecho de oposición.

6. La enajenación de los inmuebles de la entidad aseguradora en liquidación podrá tener lugar sin subasta pública y no precisará autorización de la Dirección General de Seguros y Fondos de Pensiones, sin perjuicio de que en la enajenación de dichos activos se observen las normas de trasparencia debidas y de la necesidad de solicitar el levantamiento de la medida cautelar en los bienes cautelados.

7. En lo no regulado expresamente en esta Ley, serán de aplicación las normas sobre liquidación y extinción del texto refundido de la Ley de Sociedades de Capital, aprobado por Real Decreto Legislativo 1/2010, de 2 de julio, siendo de aplicación supletoria la Ley 22/2003, de 9 de julio, Concursal.

> – La Ley 22/2003, de 9 de julio, Concursal ha sido derogada por el **Real Decreto Legislativo 1/2020, de 5 de mayo, por el que se aprueba el texto refundido de la Ley Concursal**.

> –Ténganse en cuenta los artículos 371 a 400 del **Real Decreto Legislativo 1/2010, de 2 de julio, por el que se aprueba el texto refundido de la Ley de Sociedades de Capital**, estableciendo los artículos 383 y 388 de este último texto —a cuyas obligaciones no quedan sujetos—:
> «*Artículo 383. Deber inicial de los liquidadores. En el plazo de tres meses a contar desde la apertura de la liquidación, los liquidadores formularán un inventario y un balance de la sociedad con referencia al día en que se hubiera disuelto*»;
> «*Artículo 388. Deber de información a los socios. 1. Los liquidadores harán llegar periódicamente a conocimiento de los socios y de los acreedores el estado*

de la liquidación por los medios que en cada caso se reputen más eficaces. 2. Si la liquidación se prolongase por un plazo superior al previsto para la aprobación de las cuentas anuales, los liquidadores presentarán a la junta general, dentro de los seis primeros meses de cada ejercicio, las cuentas anuales de la sociedad y un informe pormenorizado que permitan apreciar con exactitud el estado de la liquidación».

– El Real Decreto Legislativo 1/1995, de 24 de marzo, por el que se aprueba el texto refundido de la Ley del Estatuto de los Trabajadores, ha sido derogado por el **Real Decreto Legislativo 2/2015, de 23 de octubre, que aprueba el texto refundido de la Ley del Estatuto de los Trabajadores**. El artículo 33.3 de este último texto, establece: «*Artículo 33. El Fondo de Garantía Salarial (...). 3. En caso de procedimientos concursales, desde el momento en que se tenga conocimiento de la existencia de créditos laborales o se presuma la posibilidad de su existencia, el juez, de oficio o a instancia de parte, citará al Fondo de Garantía Salarial, sin cuyo requisito no asumirá este las obligaciones señaladas en los apartados anteriores. El Fondo se personará en el expediente como responsable legal subsidiario del pago de los citados créditos, pudiendo instar lo que a su derecho convenga y sin perjuicio de que, una vez realizado, continúe como acreedor en el expediente. A los efectos del abono por el Fondo de las cantidades que resulten reconocidas a favor de los trabajadores, se tendrán en cuenta las reglas siguientes: Primera. Sin perjuicio de los supuestos de responsabilidad directa del organismo en los casos legalmente establecidos, el reconocimiento del derecho a la prestación exigirá que los créditos de los trabajadores aparezcan incluidos en la lista de acreedores o, en su caso, reconocidos como deudas de la masa por el órgano del concurso competente para ello en cuantía igual o superior a la que se solicita del Fondo, sin perjuicio de la obligación de aquellos de reducir su solicitud o de reembolsar al Fondo la cantidad que corresponda cuando la cuantía reconocida en la lista definitiva fuese inferior a la solicitada o a la ya percibida. Segunda. Las indemnizaciones a abonar a cargo del Fondo, con independencia de lo que se pueda pactar en el proceso concursal, se calcularán sobre la base de veinte días por año de servicio, con el límite máximo de una anualidad, sin que el salario diario, base del cálculo, pueda exceder del doble del salario mínimo interprofesional, incluyendo la parte proporcional de las pagas extraordinarias. Tercera. En el supuesto de que los trabajadores perceptores de estas indemnizaciones solicitaran del Fondo el abono de la parte de indemnización no satisfecha por el empresario, el límite de la prestación indemnizatoria a cargo del Fondo se reducirá en la cantidad ya percibida por aquellos».*

Artículo 186. Compra de créditos con cargo a recursos del Consorcio de Compensación de Seguros. 1. Con cargo a los recursos del Consorcio afectos a su actividad liquidadora y con la finalidad de mejorar y conseguir una más rápida satisfacción de los derechos de los acreedores por contrato de seguro, de conformidad con el artículo 179, incluidas las Administraciones Públicas que tengan tal condición, el Consorcio podrá ofrecer la adquisición por cesión de sus créditos, por el importe que les correspondería en proporción al previsible haber líquido resultante, teniendo en cuenta, a estos solos efectos, las siguientes normas:

a) Se incorporarán al activo la totalidad de los bienes, derechos y créditos, incluidos, en su caso, los intereses, de los que sea titular la aseguradora, aunque sobre ellos estén pendientes o hayan de iniciarse actuaciones judiciales o extrajudiciales para su mantenimiento en el patrimonio de la entidad o reintegración a éste. Los créditos a favor de la entidad se computarán por su valor contabilizado, incrementado en los intereses, si procede, y sin deducir a estos efectos las correcciones de valor que hayan de constituirse en función de la posible insolvencia de los deudores.

b) Las inversiones materiales y financieras se valorarán por la cuantía que resulte superior de las dos siguientes: el precio de adquisición más el importe de las mejoras efectuadas sobre aquéllas, incrementados en las regularizaciones y actualizaciones legalmente posibles; o el valor de realización.

c) No se tendrá en cuenta, a efectos de fijar el porcentaje a ofrecer a los acreedores por contrato de seguro a los que se refiere el artículo 179.1, el orden de prelación de créditos ni los gastos de liquidación anticipados por el Consorcio.

Asimismo, también con cargo a sus propios recursos, el Consorcio podrá adquirir los créditos de los trabajadores derivados de salarios y, en su caso, las indemnizaciones debidas a aquellos como consecuencia de la extinción de las relaciones laborales, con los límites previstos en el artículo 53.1.b) del texto refundido de la Ley del Estatuto de los Trabajadores, aprobado por el Real Decreto Legislativo 1/1995, de 24 de marzo, para los supuestos de despidos colectivos o de extinción por causas objetivas del artículo 52.c) del citado texto refundido, y que traigan causa exclusivamente de la liquidación, subrogándose en la posición de esos acreedores en el plan de liquidación de la entidad.

El Consorcio podrá adquirir la parte de salarios e indemnización por extinción de la relación laboral que corresponde abonar al Fondo de Garantía Salarial, subrogándose en la posición del trabajador frente al referido organismo.

La resolución administrativa encomendando la liquidación al Consorcio de Compensación de Seguros será suficiente para surtir los efectos previstos en los apartados 6 y 7 del artículo 33 del texto refundido de la Ley del Estatuto de los Trabajadores aprobado por el Real Decreto Legislativo 1/1995, de 24 de marzo, en relación a las prestaciones a abonar por el Fondo de Garantía salarial.

A los efectos de lo previsto en el artículo 51, apartados 9 y 10, del texto refundido de la Ley del Estatuto de los Trabajadores, el despido colectivo en una entidad insolvente cuya liquidación se haya encomendado al Consorcio tendrá el mismo tratamiento que las empresas incursas en procedimiento concursal.

El Consorcio podrá adquirir, por sus valores reales y siempre que resulte conveniente para el más eficaz desarrollo de su función liquidadora, toda clase de créditos contra las entidades en liquidación, subrogándose en los derechos de los perceptores, con mantenimiento del rango que tuvieran los créditos adquiridos. Asimismo, podrá realizar cuantos convenios estime convenientes para un mejor desarrollo del proceso de liquidación.

2. La adquisición por cesión de los créditos a que se refiere el apartado 1 no supondrá, en ningún caso, asunción de las deudas de la entidad aseguradora en liquidación por parte del Consorcio.

La cesión de dichos créditos, cualquiera que fuese la cantidad satisfecha, alcanzará el total importe de aquellos y en idéntico orden de preferencia que les corresponda. Sus titulares no podrán formular reclamación alguna por este concepto; tampoco podrán efectuar reclamación contra el Consorcio los titulares de estos créditos que optasen por no aceptar la oferta formulada por el Consorcio, quienes mantendrán la titularidad de sus créditos y deberán estar a las resultas de la liquidación.

> – El Real Decreto Legislativo 1/1995, de 24 de marzo, por el que se aprueba el texto refundido de la Ley del Estatuto de los Trabajadores, ha sido derogado por el **Real Decreto Legislativo 2/2015, de 23 de octubre, que aprueba el texto refundido de la Ley del Estatuto de los Trabajadores**. Los artículos 33.6 y 7, 51.9 y 10, 52 c) y 53.1.b) de este último texto, establecen:
>
> «*Artículo 33. El Fondo de Garantía Salarial (...). A los efectos de este artículo se entiende que existe insolvencia del empresario cuando, instada la ejecución en la forma establecida por la Ley 36/2011, de 10 de octubre, Reguladora de la Jurisdicción Social, no se consiga satisfacción de los créditos laborales. La resolución en que conste la declaración de insolvencia será dictada previa au-*

diencia del Fondo de Garantía Salarial. 7. El derecho a solicitar del Fondo de Garantía Salarial el pago de las prestaciones que resultan de los apartados anteriores prescribirá al año de la fecha del acto de conciliación, sentencia, auto o resolución de la autoridad laboral en que se reconozca la deuda por salarios o se fijen las indemnizaciones. Tal plazo se interrumpirá por el ejercicio de las acciones ejecutivas o de reconocimiento del crédito en procedimiento concursal y por las demás formas legales de interrupción de la prescripción».

«Artículo 51. Despido colectivo (...) 9. Cuando se trate de procedimientos de despidos colectivos de empresas no incursas en procedimiento concursal, que incluyan trabajadores con cincuenta y cinco o más años de edad que no tuvieren la condición de mutualistas el 1 de enero de 1967, existirá la obligación de abonar las cuotas destinadas a la financiación de un convenio especial respecto de los trabajadores anteriormente señalados en los términos previstos en el texto refundido de la Ley General de la Seguridad Social. 10. La empresa que lleve a cabo un despido colectivo que afecte a más de cincuenta trabajadores deberá ofrecer a los trabajadores afectados un plan de recolocación externa a través de empresas de recolocación autorizadas. Dicho plan, diseñado para un periodo mínimo de seis meses, deberá incluir medidas de formación y orientación profesional, atención personalizada al trabajador afectado y búsqueda activa de empleo. En todo caso, lo anterior no será de aplicación en las empresas que se hubieran sometido a un procedimiento concursal. El coste de la elaboración e implantación de dicho plan no recaerá en ningún caso sobre los trabajadores. La autoridad laboral, a través del servicio público de empleo competente, verificará la acreditación del cumplimiento de esta obligación y, en su caso, requerirá a la empresa para que proceda a su cumplimiento. Sin perjuicio de lo establecido en el párrafo anterior y de las responsabilidades administrativas correspondientes, el incumplimiento de la obligación establecida en este apartado o de las medidas sociales de acompañamiento asumidas por el empresario, podrá dar lugar a la reclamación de su cumplimiento por parte de los trabajadores».

«Artículo 52. Extinción del contrato por causas objetivas. El contrato podrá extinguirse (...): c) Cuando concurra alguna de las causas previstas en el artículo 51.1 y la extinción afecte a un número inferior al establecido en el mismo. Los representantes de los trabajadores tendrán prioridad de permanencia en la empresa en el supuesto al que se refiere este apartado».

«Artículo 53. Forma y efectos de la extinción por causas objetivas. 1. La adopción del acuerdo de extinción al amparo de lo prevenido en el artículo anterior exige la observancia de los requisitos siguientes: (...) b) Poner a disposición del trabajador, simultáneamente a la entrega de la comunicación escrita, la indemnización de veinte días por año de servicio, prorrateándose por meses los periodos de tiempo inferiores a un año y con un máximo de doce mensualida-

des. Cuando la decisión extintiva se fundase en el artículo 52.c), con alegación de causa económica, y como consecuencia de tal situación económica no se pudiera poner a disposición del trabajador la indemnización a que se refiere el párrafo anterior, el empresario, haciéndolo constar en la comunicación escrita, podrá dejar de hacerlo, sin perjuicio del derecho del trabajador de exigir de aquel su abono cuando tenga efectividad la decisión extintiva».

Artículo 187. Pagos con cargo a los recursos de la entidad. El Consorcio podrá satisfacer anticipadamente, con cargo a los recursos de la entidad aseguradora en liquidación, los créditos de los acreedores con derecho real en los términos y por el orden establecido en la legislación hipotecaria. Si no se alcanzase la satisfacción de dichos créditos, los acreedores referidos tendrán en la liquidación, para cobrar el importe no satisfecho, la preferencia que les corresponda según la naturaleza de su crédito.

Artículo 188. Junta general de acreedores. 1. Simultáneamente a la formulación del plan de liquidación, el Consorcio convocará la junta general de acreedores con una antelación no inferior a un mes ni superior a dos. Los citará mediante notificación personal y dará a la convocatoria la publicidad que, con arreglo a las circunstancias del caso, estime pertinente. Hasta el día señalado para la celebración de la junta, los acreedores o sus representantes podrán examinar el plan de liquidación. Hasta los quince días antes del señalado para la junta, se podrá solicitar la exclusión o inclusión de créditos, así como la impugnación de la cuantía de los incluidos mediante escrito dirigido al Consorcio, o por comparecencia ante este organismo, designando los documentos de la liquidación o presentando la documentación de que quiera valerse el solicitante en justificación de su derecho. El Consorcio resolverá sobre cada reclamación sin ulterior recurso, sin perjuicio del derecho de impugnación a que se refiere el apartado 4 y formulará la lista definitiva de acreedores.

2. La junta se celebrará en el día, hora y lugar señalados en la convocatoria, y podrá continuar en los días consecutivos que resulten necesarios, y será presidida por un representante del Consorcio. Podrán concurrir, personalmente o por medio de representante, todos los acreedores incluidos en la lista definitiva. La junta de acreedores quedará legalmente constituida si los créditos de los concurrentes y representados suman, por lo menos, tres quintos del pasivo del deudor en primera convocatoria y cualquiera que sea el número de los créditos concurrentes y representados en segunda convocatoria; entre una y otra deberán mediar, al menos, veinticuatro horas.

3. Declarada legalmente constituida la junta por el representante del Consorcio, comenzará la sesión por la lectura del plan de liquidación y se procederá al debate y ulterior votación sobre él. El plan de liquidación se entenderá aprobado siempre que voten a favor del plan acreedores cuyos créditos importen más de la mitad del montante de los créditos presentes y representados, tanto en primera como en segunda convocatoria, y quedarán obligados todos los acreedores por aquel, sin que ninguno tenga derecho de abstención, y siendo de aplicación a la Hacienda Pública acreedora lo dispuesto en el artículo 10.3 de la Ley 47/2003, de 26 de noviembre, General Presupuestaria.

Si el plan de liquidación no fuera aprobado por los acreedores, el Consorcio solicitará la declaración de concurso.

4. Dentro de los ocho días siguientes a la celebración de la junta, los acreedores que no hubiesen concurrido a ella o que, concurriendo, hubieran discrepado del voto de la mayoría o que hubiesen sido eliminados por el Consorcio de la lista definitiva a que se refiere el apartado 1, podrán impugnar judicialmente el plan de liquidación. La impugnación únicamente podrá fundarse en las siguientes causas:

a) Defectos en las formas prescritas para la convocatoria, celebración, deliberación y adopción de acuerdos de la junta de acreedores.

b) Falta de capacidad o representación en alguno de los votantes, inclusión o exclusión indebida de créditos o figurar en la lista definitiva de acreedores con cantidad mayor o menor de la que se estimase justa, siempre que en cualquiera de estos casos la estimación de la pretensión influya decisivamente en la formación de la mayoría.

c) Error en la estimación del activo o en la prelación de créditos padecido por el Consorcio.

En todo lo demás, la impugnación del plan de liquidación se ajustará a lo dispuesto en la Ley 22/2003, de 9 de julio, Concursal, para la oposición a la aprobación del convenio.

5. Transcurrido el plazo señalado en el apartado 4 sin que se hubiese formulado oposición, o una vez dictada sentencia firme que la resuelva, el Consorcio ratificará el plan de liquidación ajustándolo a las posibles modificaciones que hayan podido resultar de la votación en la Junta de Acreedores o, en su caso, a las introducidas por la sentencia definitiva que haya resuelto la impugnación y a las variaciones sobrevenidas en los activos.

6. Por el Consorcio se procederá al pago de los créditos en ejecución del plan de liquidación ratificado. Los créditos no reclamados se consignarán en

depósito en el propio Consorcio a disposición de sus legítimos dueños durante un plazo de veinte años, transcurrido el cual sin haber sido reclamados se ingresarán en el Tesoro Público. Ejecutado el plan de liquidación, se procederá a la extinción de la entidad y a la cancelación en los registros en la forma prevista en el artículo 181.6. Será de aplicación lo dispuesto en el artículo 400 del Texto Refundido de la Ley de Sociedades de Capital, aprobado por Real Decreto Legislativo 1/2010, de 2 de julio.

7. Si, como consecuencia del desfase temporal, distinto al caso de impugnación del plan de liquidación previsto en el apartado 5 de este mismo artículo, entre la aprobación en junta general de acreedores del plan de liquidación y el efectivo pago de los créditos a los acreedores, y en su caso, la división del haber social entre los socios, resultase un remanente o apareciesen activos sobrevenidos, estos se incorporarán al patrimonio del Consorcio a los efectos previstos en el apartado siguiente.

8. Los créditos reconocidos por sentencia firme notificada al acreedor en fecha posterior a la celebración de la junta general de acreedores, así como aquellos que el Consorcio reconozca, por constatar que son ajustados a derecho, con posterioridad a dicha junta, serán satisfechos por el Consorcio con el remanente a que se refiere el apartado anterior y, en su defecto, con sus propios recursos en los mismos términos que les hubiera correspondido de haber estado incluidos en el plan de liquidación. En el caso de créditos por contrato de seguro a los que se refiere el artículo 179 el porcentaje a abonar será, en su caso, el aprobado por aplicación de los beneficios de liquidación del artículo 186, si fuese superior al que resulte del plan de liquidación.

9. Cuando la entidad aseguradora en liquidación se encuentre en situación de insolvencia, si la junta de acreedores aprueba el plan de liquidación, la recuperación por el Consorcio de los gastos de liquidación quedará condicionada a que sean totalmente satisfechos los demás reconocidos en la liquidación.

– El artículo 10.3 de la **Ley 47/2003, de 26 de noviembre, General Presupuestaria**, establece: «*3. El carácter privilegiado de los créditos de la Hacienda Pública estatal otorga a ésta el derecho de abstención en los procesos concursales, en cuyo curso, no obstante, podrá suscribir los acuerdos o convenios previstos en la legislación concursal así como acordar, de conformidad con el deudor y con las garantías que se estimen oportunas, unas condiciones singulares de pago, que no pueden ser más favorables para el deudor que las recogidas en el acuerdo o convenio que pongan fin al proceso judicial. Igualmente podrá acordar la compensación de dichos créditos en los términos previstos en la nor-*

mativa reguladora de los ingresos públicos. Para la suscripción y celebración de los acuerdos y convenios a que se refiere el párrafo anterior se requerirá autorización del órgano competente de la Agencia Estatal de Administración Tributaria cuando se trate de créditos cuya gestión recaudatoria le corresponda, de conformidad con la ley o en virtud de convenio, con observancia, en este caso de lo convenido. Cuando se trate de créditos correspondientes al Fondo de Garantía Salarial, la suscripción y celebración de convenios en el seno de procedimientos concursales requerirá la autorización del órgano competente, de acuerdo con la normativa reguladora del organismo autónomo. En los restantes créditos de la Hacienda Pública estatal la competencia corresponde al Ministro de Hacienda, pudiéndose delegar en los órganos de la Agencia Estatal de Administración Tributaria. Reglamentariamente se establecerán los procedimientos para asegurar la adecuada coordinación en los procedimientos concursales en que concurran créditos de la Hacienda Pública estatal con créditos de la Seguridad Social y del resto de las entidades que integran el sector público Estatal, y en aquellos procedimientos concursales en los que se concurra con procedimientos judiciales o administrativos de ejecución singular correspondientes a las referidas entidades».

– El artículo 400 del **Real Decreto Legislativo 1/2010, de 2 de julio, por el que se aprueba el texto refundido de la Ley de Sociedades de Capital,** establece: *«Artículo 400 Formalización de actos jurídicos tras la cancelación de la sociedad. 1. Para el cumplimiento de requisitos de forma relativos a actos jurídicos anteriores a la cancelación de los asientos de la sociedad, o cuando fuere necesario, los antiguos liquidadores podrán formalizar actos jurídicos en nombre de la sociedad extinguida con posterioridad a la cancelación registral de ésta. 2. En defecto de liquidadores, cualquier interesado podrá solicitar la formalización por el juez del domicilio que hubiere tenido la sociedad».*

– La Ley 22/2003, de 9 de julio, Concursal ha sido derogada por el **Real Decreto Legislativo 1/2020, de 5 de mayo, por el que se aprueba el texto refundido de la Ley Concursal.**

Artículo 189. Actuación del Consorcio de Compensación de Seguros en los procedimientos concursales. 1. El juez, a la vista del informe emitido por la Dirección General de Seguros y Fondos de Pensiones conforme a lo dispuesto en el artículo 168.2, podrá acordar de oficio la apertura de la fase de liquidación sin más trámites, con los efectos previstos en los artículos 143 y siguientes de la Ley 22/2003, de 9 de julio, Concursal y con las especialidades previstas en esta Ley. En este caso, la administración concursal presentará, simultáneamente con el informe previsto en el artículo 74 de la Ley 22/2003, de 9 de julio, Concursal, el plan de liquidación conforme al artículo 148 de la misma ley.

2. La administración concursal de una entidad aseguradora se ejercerá exclusivamente por el Consorcio de Compensación de Seguros. Igualmente, en caso de solicitud de Mediador Concursal conforme a lo previsto en el artículo 5 bis de dicha ley, el nombramiento recaerá en el Consorcio de Compensación de Seguros.

3. En cualquier caso, en los supuestos de declaración judicial de concurso de entidades aseguradoras, el Consorcio de Compensación de Seguros, además de asumir las funciones que le atribuye el artículo 14.2 del texto refundido de su Estatuto Legal, aprobado por el Real Decreto Legislativo 7/2004, de 29 de octubre, procederá, en su caso, a liquidar el importe de los bienes a que se refiere el artículo 179.2 al solo efecto de distribuirlo entre los asegurados, beneficiarios y terceros perjudicados, sin perjuicio de los derechos que continúen correspondiéndoles en el procedimiento concursal.

Dentro del concurso, los acreedores por contrato de seguro tendrán la consideración de acreedores especialmente privilegiados en los términos previstos en el artículo 179.

4. Si la entidad aseguradora concursada careciera de la liquidez necesaria, el Consorcio podrá anticipar los gastos que sean precisos, con cargo a sus propios recursos, para el adecuado desarrollo del procedimiento concursal. No obstante, el pago de los derechos de procuradores y honorarios de letrados intervinientes en la solicitud u oposición al concurso, así como en los incidentes y recursos que pudieran derivarse, serán de cuenta de las partes que los designen, sin que proceda su anticipo por el Consorcio.

5. Los créditos con privilegio especial de los acreedores por contrato de seguro a los que se refiere el artículo 179 podrán ser satisfechos durante la fase común del concurso si así lo estima conveniente la administración concursal, con cargo a los bienes a los que se refiere el artículo 186, tanto si el pago se puede realizar sin necesidad de su enajenación como si la misma fuera necesaria, enajenación que llevará acabo el Consorcio de Compensación de Seguros conforme a lo dispuesto en el apartado 3.

6. El Consorcio podrá aplicar los beneficios de liquidación del artículo 186 sin perjuicio de llevar a efecto la liquidación de los bienes afectos en la forma prevista en el apartado 3.

7. El informe sobre la calificación previsto en el número 3 del artículo 175 de la Ley 22/2003, de 9 de julio, Concursal, será emitido por el Consorcio como

órgano de liquidación de la entidad, que será parte interesada en el incidente en representación de los acreedores. El mismo se remitirá tan pronto como el Consorcio haya tenido posibilidad de conocer suficientemente los antecedentes y situación de la entidad, para determinar el inventario de activo y la relación de acreedores y poder emitir un informe razonado sobre las causas de la insolvencia y la calificación correspondiente. A estos efectos el Juez dejará en suspenso la apertura de la sección autónoma de calificación prevista en el artículo 174 de la Ley 22/2003, de 9 de julio, Concursal hasta que el órgano liquidador le notifique que ya se está en condiciones de emitir el referido informe, que en todo caso deberá ser siempre antes de la convocatoria de la Junta de Acreedores.

8. Finalizado el concurso, si éste se ha resuelto finalmente liquidando la entidad, será de aplicación lo dispuesto en el artículo 188.8.

> – El artículo 14.2 del **Real Decreto Legislativo 7/2004, de 29 de octubre, por el que se aprueba el texto refundido del Estatuto Legal del Consorcio de Compensación de Seguros**, establece: «*2. Corresponden al Consorcio, en los términos previstos en la legislación concursal, la condición y funciones propias de la administración concursal en los procedimientos de concurso a que se encuentre sometida cualquier entidad aseguradora, y ello sin que sea necesaria la aceptación del cargo. Su actuación en dichos procedimientos no será retribuida. El Consorcio deberá comunicar al juzgado la identidad de la persona física que haya de representarle en el ejercicio de su cargo, a la que resultarán de aplicación las normas contenidas en el artículo 28 de la Ley 22/2003, de 9 de julio, Concursal, con las excepciones que en él se establecen. Además ejercerá las funciones de mediador concursal cuando así lo solicite una entidad aseguradora conforme a lo dispuesto en el artículo 5 bis de la Ley 22/2003, de 9 de julio, Concursal*».

> – La Ley 22/2003, de 9 de julio, Concursal ha sido derogada por el **Real Decreto Legislativo 1/2020, de 5 de mayo, por el que se aprueba el texto refundido de la Ley Concursal.**

TÍTULO VIII. INFRACCIONES Y SANCIONES

> – **Real Decreto Legislativo 1/2020, de 5 de mayo, por el que se aprueba el texto refundido de la Ley Concursal.**

CAPÍTULO I. INFRACCIONES

Artículo 190. Sujetos infractores. 1. Son sujetos infractores las personas físicas o jurídicas que incurran en las acciones u omisiones tipificadas como infracción en esta Ley, y en particular, las siguientes:

a) Las entidades aseguradoras o reaseguradoras.

b) Las sociedades de cartera de seguros, las sociedades financieras mixtas de cartera y las sociedades mixtas de cartera de seguros, cuando sean matrices de un grupo de entidades aseguradoras sujeto a supervisión y las sociedades de grupo mutual, de acuerdo a lo previsto en el título III.

c) Las entidades que, en su caso, deban formular y aprobar las cuentas consolidadas de los grupos de entidades aseguradoras y reaseguradoras previstos en el artículo 84.

d) Las entidades obligadas de los conglomerados financieros cuando se trate de una entidad aseguradora o una sociedad financiera mixta de cartera, siempre que en este último caso corresponda a la Dirección General de Seguros y Fondos de Pensiones desempeñar la función de coordinador de la supervisión adicional de dicho conglomerado financiero.

e) Las personas físicas o entidades que sean titulares de participaciones significativas en entidades aseguradoras o reaseguradoras.

f) Las personas que ejerzan la dirección efectiva, bajo cualquier título, en cualquiera de las entidades descritas en las letras anteriores o ejerzan en ellas alguna de las funciones del sistema de gobierno previstas en el artículo 65.3.

g) Las personas para quienes legalmente se establezca alguna prohibición o mandato en relación con el ámbito objetivo de esta Ley.

h) Los liquidadores de entidades aseguradoras o reaseguradoras.

2. En relación con la letra f) del apartado anterior, se considerará que ejercen la dirección efectiva, bajo cualquier título, quienes ostenten cargos de administración y dirección en la entidad en los términos del artículo 38.2, así como quienes, sin haber sido designados formalmente, desempeñen de facto tales responsabilidades.

Artículo 191. Responsabilidad de partícipes, liquidadores o cargos de administración y dirección. 1. Los sujetos infractores previstos en el artículo 190.1, letras e) a h), cuando éstos sean los responsables de las infracciones cometidas por las entidades, podrán ser los únicos sancionados por la comisión de las mismas.

2. A los efectos de lo dispuesto en el apartado anterior, no serán considerados responsables de las infracciones cometidas por las entidades enumeradas
en las letras a), b) y c) del artículo 190.1, quienes ejerzan cargos de administración, en los siguientes casos:

a) Cuando quienes, formando parte de órganos colegiados de administración, no hubieran asistido por causa justificada a las reuniones correspondientes o hubiesen votado en contra o salvado su voto en relación con las
decisiones o acuerdos que hubiesen dado lugar a las infracciones.

b) Cuando dichas infracciones sean exclusivamente imputables a comisiones ejecutivas, consejeros delegados, directores generales u órganos asimilados, u otras personas con funciones previstas en el artículo 65.

La ausencia de responsabilidad no eximirá de la obligación de reposición
de la situación alterada a su estado original, prevista en el artículo 206.1, en
caso de que hubiesen obtenido ganancias derivadas de las decisiones o acuerdos que hubiesen dado lugar a las infracciones.

**Artículo 192. Potestad sancionadora respecto de entidades asegura-
doras domiciliadas en otros Estados miembros.** Las entidades aseguradoras
domiciliadas en otros Estados miembros que operen en España en régimen de
derecho de establecimiento o en régimen de libre prestación de servicios están
sujetas a la potestad sancionadora del Ministerio de Economía y Competitividad en los términos previstos en este título en lo que sea de aplicación y con
las siguientes precisiones:

a) La sanción de revocación de la autorización se entenderá sustituida por
la prohibición de que inicie nuevas operaciones en el territorio español así
como por la prohibición de renovación de las pólizas vigentes.

b) La iniciación del procedimiento se comunicará a las autoridades supervisoras del Estado miembro de origen para que, sin perjuicio de las sanciones
que procedan con arreglo a esta Ley, adopten las medidas que consideren
apropiadas para que, en su caso, la entidad ponga fin a su actuación infractora
o evite su reiteración en el futuro. Ultimado el procedimiento, el Ministerio
de Economía y Competitividad notificará la decisión adoptada a las citadas
autoridades.

c) Se consideran cargos de administración y dirección de las sucursales
el apoderado general y demás personas que dirijan de forma efectiva dicha
sucursal.

Artículo 193. Clases de infracciones. Las infracciones se clasifican en muy graves, graves y leves.

Artículo 194. Infracciones muy graves. Tendrán la consideración de infracciones muy graves:

1. El incumplimiento de la obligación de disponer del capital mínimo obligatorio.

2. El incumplimiento de la obligación de disponer de los fondos propios admisibles para cubrir el capital de solvencia obligatorio, cuando de este incumplimiento se derive una desviación igual o superior al 20 por ciento.

3. El incumplimiento de las normas relativas a la valoración de activos y pasivos, incluyendo las provisiones técnicas, de forma que se produzca una desviación superior al 20 por ciento en el cálculo de los fondos propios admisibles para cubrir el capital de solvencia obligatorio.

4. El incumplimiento de las normas relativas al cálculo del capital de solvencia obligatorio cuando de este incumplimiento se derive una desviación igual o superior al 20 por ciento.

5. Carecer de la contabilidad exigida legalmente, así como el incumplimiento de la obligación de someter sus cuentas anuales a auditoría de cuentas conforme a la legislación vigente.

6. El ejercicio de actividades ajenas al objeto social que tengan legalmente determinado con carácter exclusivo o la realización de operaciones prohibidas por normas de ordenación o supervisión con rango de Ley o con incumplimiento de los requisitos establecidos en éstas, salvo que tenga un carácter meramente ocasional o aislado.

7. En caso de insuficiencia del capital mínimo obligatorio o del capital de solvencia obligatorio, no realizar la comunicación a la Dirección General de Seguros y Fondos de Pensiones en los supuestos y plazos establecidos en los artículos 156 y 157 o no presentar el plan de financiación o de recuperación previstos en los citados artículos.

8. El incumplimiento de la obligación de comunicar en plazo la existencia de la causa de disolución.

9. El incumplimiento reiterado de las medidas de control especial contempladas en los artículos 160 y 161. A estos efectos, se entiende que el incumplimiento tiene el carácter de reiterado cuando se incumpla la resolución de adopción de las medidas y no se atienda en el plazo concedido el requeri-

miento que al efecto le formule la Dirección General de Seguros y Fondos de Pensiones.

10. Presentar deficiencias en el sistema de gobierno, especialmente en lo relativo a las funciones de gestión de riesgos, control interno, verificación del cumplimiento y actuarial, así como en la externalización de funciones o actividades, cuando tales deficiencias disminuyan la solvencia o pongan en peligro la viabilidad de la entidad aseguradora o reaseguradora o la del grupo definido en el artículo 131.1.f), o conglomerado financiero a que pertenezca.

11. La falta de remisión de cuantos datos o documentos deban ser suministrados a la Dirección General de Seguros y Fondos de Pensiones, o la falta de veracidad de los remitidos, cuando con ello se ponga en peligro la gestión sana y prudente de la entidad aseguradora o reaseguradora o la del grupo definido en el artículo 131.1.f), o conglomerado financiero a que pertenezca, o se dificulte la apreciación de su solvencia y cuando de haberse presentado correctamente se dedujese que la entidad o el grupo o conglomerado financiero estarían incursos en causa de adopción de medidas de control especial, en situaciones de deterioro financiero o en situaciones que den lugar a la exigencia de un capital de solvencia obligatorio adicional.

12. La adquisición o incremento de una participación significativa en una entidad aseguradora o reaseguradora incumpliendo lo dispuesto en el artículo 85, cuando esta operación implique la transmisión de control en la misma.

13. La cesión de cartera, la transformación, fusión, escisión y extinción de entidades aseguradoras o reaseguradoras sin la preceptiva autorización o, cuando fuese otorgada, sin ajustarse a ella.

14. La excusa, negativa o resistencia a la actuación inspectora, siempre que medie requerimiento expreso y por escrito al respecto. Se considerará excusa, negativa o resistencia a la actuación inspectora toda acción u omisión de la entidad o personas con quienes se entiendan las actuaciones que tienda a dilatar indebidamente, entorpecer o impedir éstas.

15. El incumplimiento del deber de publicar el informe sobre la situación financiera y de solvencia.

16. La falta de remisión por las entidades aseguradoras que operen en el ramo 8 del anexo A).a): Incendio y elementos naturales, de la información a suministrar a efectos de la liquidación y recaudación de las tasas por el mantenimiento del servicio de prevención y extinción de incendios de las contribuciones especiales por el establecimiento o ampliación del servicio de prevención y extinción de incendios, en cumplimiento de la obligación esta-

blecida por la disposición adicional decimocuarta, cuando tal conducta tenga carácter reincidente.

17. La realización de actos u operaciones que sean contrarias a las normas sobre transparencia de mercado y protección de los derechos de los usuarios en el ámbito de los seguros, siempre que por el número de afectados, la reiteración de la conducta o los efectos sobre la confianza de la clientela y la estabilidad del sistema financiero, tales incumplimientos puedan estimarse como especialmente relevantes.

18. Retener indebidamente, sin ingresarlos dentro de plazo, los recargos obligatorios recaudados a favor del Consorcio de Compensación de Seguros.

19. El incumplimiento de la obligación de suministrar al órgano competente la información a que se refiere la legislación reguladora del registro de contratos de seguros de cobertura de fallecimiento, así como la falta de veracidad de la información remitida, cuando esta conducta tenga carácter reincidente.

20. La falta de remisión de la información a que se refiere el artículo 2.2 del texto refundido de la Ley sobre responsabilidad civil y seguro en la circulación de vehículos a motor, aprobado por el Real Decreto Legislativo 8/2004, de 29 de octubre y sus normas de desarrollo, así como la falta de veracidad de la información remitida cuando con ello se dificulte el control del efectivo cumplimiento de la obligación de aseguramiento o la identificación de la entidad aseguradora que debe asumir los daños y perjuicios ocasionados en un accidente de circulación, siempre que tales conductas tengan carácter reincidente.

21. El incumplimiento del deber de veracidad informativa debida a sus socios, a los asegurados y al público en general, así como el incumplimiento o cumplimiento defectuoso de las obligaciones de información a los asegurados y mutualistas de los futuros derechos estimados derivados de instrumentos de carácter complementario o alternativo a la Seguridad Social que contemplen compromisos por jubilación, siempre que por el número de afectados o por la importancia de la información, tal incumplimiento pueda estimarse como especialmente relevante.

– La Ley 22/2003, de 9 de julio, Concursal ha sido derogada por el **Real Decreto Legislativo 1/2020, de 5 de mayo, por el que se aprueba el texto refundido de la Ley Concursal.**

– El artículo 2.2 del **Real Decreto Legislativo 8/2004, de 29 de octubre, por el que se aprueba el texto refundido de la Ley sobre responsabilidad civil y seguro en la circulación de vehículos a motor**, modificado por la **Ley 5/2025, de**

24 de julio, por la que se modifican el texto refundido de la Ley sobre responsabilidad civil y seguro en la circulación de vehículos a motor, aprobado por el Real Decreto Legislativo 8/2004, de 29 de octubre, y la Ley 20/2015, de 14 de julio, de ordenación, supervisión y solvencia de las entidades aseguradoras y reaseguradoras (que incorpora la Directiva (UE) 2021/2118 del Parlamento Europeo y del Consejo, de 24 de noviembre de 2021, por la que se modifica la Directiva 2009/103/CE relativa al seguro de la responsabilidad civil que resulta de la circulación de vehículos automóviles, así como al control de la obligación de asegurar esta responsabilidad, la denominada nueva Directiva del seguro de automóviles), establece: *«Con el fin de controlar el efectivo cumplimiento de la obligación a que se refiere el apartado 1 y de que las personas implicadas en un accidente de circulación puedan averiguar con la mayor brevedad posible las circunstancias relativas a la entidad aseguradora que cubre la responsabilidad civil de cada uno de los vehículos implicados en el accidente, las entidades aseguradoras remitirán al Consorcio de Compensación de Seguros, la información sobre los contratos de seguro que sea necesaria con los requisitos, en la forma y con la periodicidad que se determine reglamentariamente. El incumplimiento de esta obligación constituirá infracción administrativa muy grave o grave de acuerdo con lo dispuesto, respectivamente, en los artículos 194.20 y 195.22 de la Ley 20/2015, de 14 de julio, de ordenación, supervisión y solvencia de las entidades aseguradoras y reaseguradoras. La información a la que se refiere el párrafo anterior será objeto de tratamiento automatizado por el Consorcio de Compensación de Seguros y estará disponible para su consulta a través de su sitio web, de acuerdo con lo que se determine reglamentariamente. El Consorcio de Compensación de Seguros establecerá las medidas adecuadas para facilitar el acceso a la información con inmediatez. Reglamentariamente se establecerán los casos en los que la información deba referirse exclusivamente a si un vehículo está o no asegurado en determinado momento y aquellos otros en los que, además, proceda informar de la entidad aseguradora y del historial de aseguramiento del vehículo. El Consorcio de Compensación de Seguros y el Ministerio del Interior, a través de la Dirección General de Tráfico, coordinarán sus actuaciones para el adecuado ejercicio de sus respectivas competencias en este ámbito, y podrán acceder con tal fin a los datos que figuren en sus ficheros correspondientes. Quien, con arreglo al apartado 1, haya suscrito el contrato de seguro deberá acreditar su vigencia para que las personas implicadas en un accidente de circulación puedan averiguar con la mayor brevedad posible las circunstancias relativas al contrato y a la entidad aseguradora, sin perjuicio de las medidas administrativas que se adopten al indicado fin. Todo ello en la forma que se determine reglamentariamente»*.

– **Resolución de 18 de enero de 2024, de la Dirección General de Seguros y Fondos de Pensiones, por la que se publican las cuantías de las indemnizaciones actualizadas del sistema para valoración de los daños y perjuicios causados a las personas en accidentes de circulación.**

– **Resolución de 12 de marzo de 2025, de la Dirección General de Seguros y Fondos de Pensiones, por la que se publican las cuantías de las indemnizaciones actualizadas del sistema para valoración de los daños y perjuicios causados a las personas en accidentes de circulación.**

Artículo 195. Infracciones graves. Tendrán la consideración de infracciones graves:

1. El incumplimiento de la obligación de disponer de los fondos propios admisibles para cubrir el capital de solvencia obligatorio, cuando de este incumplimiento se derive una desviación igual o superior al 10 por ciento, no constituya infracción muy grave.

2. El incumplimiento de las normas relativas a la valoración de activos y pasivos, incluyendo las provisiones técnicas, de forma que se produzca una desviación igual o superior al 10 por ciento en el cálculo de los fondos propios admisibles para cubrir el capital de solvencia obligatorio cuando no constituya infracción muy grave.

3. El incumplimiento de las normas relativas al cálculo del capital de solvencia obligatorio cuando de ese incumplimiento se derive una desviación igual o superior al 10 por ciento y no constituya infracción muy grave.

4. El incumplimiento de las normas sobre contabilización de operaciones y formulación de las cuentas anuales, siempre que no constituya infracción muy grave, así como las relativas a la elaboración de los estados financieros de obligada comunicación a la Dirección General de Seguros y Fondos de Pensiones.

5. La realización meramente ocasional o aislada de actividades ajenas al objeto social exclusivo o de actos u operaciones prohibidos por normas de ordenación y supervisión o con incumplimiento de los requisitos establecidos en éstas.

6. El incumplimiento de la obligación de comunicar en plazo el acuerdo de disolución o la solicitud de disolución administrativa.

7. Presentar deficiencias en el sistema de gobierno, especialmente en lo relativo a las funciones de gestión de riesgos, control interno, auditoría interna, actuarial, así como en la externalización de funciones o actividades y siempre que ello no constituya infracción muy grave.

8. La falta de remisión de cuantos datos o documentos deban ser suministrados a la Dirección General de Seguros y Fondos de Pensiones, o la falta de veracidad de los remitidos, cuando con ello se dificulte la apreciación de la solvencia de la entidad aseguradora o reaseguradora o del grupo definido en el artículo 131.1.f), o conglomerado financiero al que pertenezca y, cuando de haberse presentado correctamente, se dedujese una disminución en los ratios de solvencia declarados.

9. El reiterado incumplimiento de los acuerdos o resoluciones de la Dirección General de Seguros y Fondos de Pensiones. A estos efectos, se entiende que el incumplimiento tiene el carácter de reiterado cuando se incumpla un acuerdo o resolución y no se atienda el requerimiento que al efecto le formule la Dirección General de Seguros y Fondos de Pensiones.

10. La adquisición o incremento de una participación significativa en una entidad aseguradora o reaseguradora incumpliendo lo dispuesto en el artículo 85.

11. El incumplimiento por los liquidadores, o por quienes desempeñaron cargos de administración o dirección en los cinco años anteriores a la fecha de disolución, de las obligaciones que les impone el artículo 180.

12. No recaudar en la forma y plazo procedentes, hacerlo indebidamente de modo insuficiente y, en general, incumplir sus obligaciones de recaudación de los recargos legalmente exigibles a favor del Consorcio de Compensación de Seguros.

13. El incumplimiento del deber de veracidad informativa debida a sus socios, mutualistas, asegurados o al público en general, así como la realización de cualesquiera actos u operaciones con incumplimiento de las normas reguladoras de la publicidad y deber de información de las entidades aseguradoras o reaseguradoras.

14. La falta de sustitución, conforme a lo previsto en el artículo 38.3, de aquellos en quienes concurra causa de incapacidad o prohibición, así como la falta de remisión a la Dirección General de Seguros y Fondos de Pensiones de la información necesaria para la evaluación de las exigencias de honorabilidad y aptitud, y su remisión incompleta o la falta de veracidad en la información remitida.

15. El incumplimiento por la entidad aseguradora de las normas imperativas de la legislación específica sobre contrato de seguro, cuando durante los dos años anteriores a su comisión se hubieran desatendido más de diez requerimientos de la Dirección General de Seguros y Fondos de Pensiones en el

plazo concedido al efecto, por haberse entendido fundadas las quejas y reclamaciones planteadas en el procedimiento de protección administrativa de los
clientes de servicios financieros, cuando no sea considerado como infracción
muy grave.

16. La realización de actos u operaciones con incumplimiento de las normas sobre transparencia de mercado y protección de los derechos de los usuarios en el ámbito de los seguros, siempre que ello no suponga la comisión
de una infracción muy grave de conformidad con lo previsto en el artículo
anterior, salvo que tenga carácter ocasional o aislado.

17. Las conductas discriminatorias por razón de sexo contra los tomadores,
asegurados, beneficiarios o terceros perjudicados, cuando hayan sido así declaradas por sentencia judicial, de acuerdo con la normativa sobre la igualdad
efectiva de hombres y mujeres.

18. La ausencia o mal funcionamiento de los departamentos o servicios de
atención al cliente, una vez que, transcurrido el plazo concedido al efecto por
la Dirección General de Seguros y Fondos de Pensiones, no se haya procedido a
la subsanación de las deficiencias detectadas por esta.

19. El incumplimiento de la obligación de suministrar al órgano competente la información a que se refiere la legislación reguladora del registro de
contratos de seguros de cobertura de fallecimiento, así como la falta de veracidad de la información remitida.

20. El incumplimiento de las medidas de control especial cuando no sea
considerado muy grave.

21. La falta de remisión por las entidades aseguradoras que operen en el
ramo 8 del anexo A).a): Incendio y elementos naturales, de la información
a suministrar a efectos de la liquidación y recaudación de las tasas por el
mantenimiento del servicio de prevención y extinción de incendios o de las
contribuciones especiales por el establecimiento o ampliación del servicio de
prevención y extinción de incendios, en cumplimiento de la obligación establecida por la Disposición adicional decimocuarta.

22. La falta de remisión de la información a que se refiere el artículo 2.2
del texto refundido de la Ley sobre responsabilidad civil y seguro en la circulación de vehículos a motor, aprobado por el Real Decreto Legislativo 8/2004,
de 29 de octubre y sus normas de desarrollo, así como la falta de veracidad
de la información remitida cuando con ello se dificulte el control del efectivo
cumplimiento de la obligación de aseguramiento o la identificación de la en-

tidad aseguradora que debe asumir los daños y perjuicios ocasionados en un accidente de circulación.

23. El incumplimiento del deber de presentar la oferta motivada o dar la respuesta motivada a que se refieren los artículos 7 y 22.3 del texto refundido de la Ley sobre Responsabilidad civil y seguro en la circulación de vehículos a motor, aprobado por el Real Decreto Legislativo 8/2004, de 29 de octubre, cuando tal conducta tenga carácter reincidente.

> – Los artículos 2.2, 7 y 22.3 del **Real Decreto Legislativo 8/2004, de 29 de octubre, por el que se aprueba el texto refundido de la Ley sobre responsabilidad civil y seguro en la circulación de vehículos a motor** (tras su modificación por la **Ley 5/2025, de 24 de julio, por la que se modifican el texto refundido de la Ley sobre responsabilidad civil y seguro en la circulación de vehículos a motor, aprobado por el Real Decreto Legislativo 8/2004, de 29 de octubre, y la Ley 20/2015, de 14 de julio, de ordenación, supervisión y solvencia de las entidades aseguradoras y reaseguradoras**, que incorpora la Directiva (UE) 2021/2118 del Parlamento Europeo y del Consejo, de 24 de noviembre de 2021, por la que se modifica la Directiva 2009/103/CE relativa al seguro de la responsabilidad civil que resulta de la circulación de vehículos automóviles, así como al control de la obligación de asegurar esta responsabilidad, la denominada nueva Directiva del seguro de automóviles), establecen:
>
> *«Artículo 2.2. Con el fin de controlar el efectivo cumplimiento de la obligación a que se refiere el apartado 1 y de que las personas implicadas en un accidente de circulación puedan averiguar con la mayor brevedad posible las circunstancias relativas a la entidad aseguradora que cubre la responsabilidad civil de cada uno de los vehículos implicados en el accidente, las entidades aseguradoras remitirán al Consorcio de Compensación de Seguros, la información sobre los contratos de seguro que sea necesaria con los requisitos, en la forma y con la periodicidad que se determine reglamentariamente. El incumplimiento de esta obligación constituirá infracción administrativa muy grave o grave de acuerdo con lo dispuesto, respectivamente, en los artículos 194.20 y 195.22 de la Ley 20/2015, de 14 de julio, de ordenación, supervisión y solvencia de las entidades aseguradoras y reaseguradoras. La información a la que se refiere el párrafo anterior será objeto de tratamiento automatizado por el Consorcio de Compensación de Seguros y estará disponible para su consulta a través de su sitio web, de acuerdo con lo que se determine reglamentariamente. El Consorcio de Compensación de Seguros establecerá las medidas adecuadas para facilitar el acceso a la información con inmediatez. Reglamentariamente se establecerán los casos en los que la información deba referirse exclusivamente a si un vehículo está o no asegurado en determinado momento y aquellos otros en los que, además, proceda informar de la entidad aseguradora y del historial*

de aseguramiento del vehículo. El Consorcio de Compensación de Seguros y el Ministerio del Interior, a través de la Dirección General de Tráfico, coordinarán sus actuaciones para el adecuado ejercicio de sus respectivas competencias en este ámbito, y podrán acceder con tal fin a los datos que figuren en sus ficheros correspondientes. Quien, con arreglo al apartado 1, haya suscrito el contrato de seguro deberá acreditar su vigencia para que las personas implicadas en un accidente de circulación puedan averiguar con la mayor brevedad posible las circunstancias relativas al contrato y a la entidad aseguradora, sin perjuicio de las medidas administrativas que se adopten al indicado fin. Todo ello en la forma que se determine reglamentariamente».

«Artículo 7. Obligaciones del asegurador y del perjudicado. 1. El asegurador, dentro del ámbito del aseguramiento obligatorio y con cargo al seguro de sus-cripción obligatoria, habrá de satisfacer al perjudicado el importe de los daños sufridos en su persona y en sus bienes, así como los gastos y otros perjuicios a los que tenga derecho según establece la normativa aplicable. Únicamente quedará exonerado de esta obligación si prueba que el hecho no da lugar a la exigencia de responsabilidad civil conforme al artículo 1. El perjudicado o sus herederos tendrán acción directa para exigir al asegurador la satisfacción de los referidos daños, que prescribirá por el transcurso de un año. No obstante, con carácter previo a la interposición de la demanda judicial, deberán comuni-car el siniestro al asegurador, pidiendo la indemnización que corresponda. Esta reclamación extrajudicial contendrá la identificación y los datos relevantes de quien o quienes reclamen, una declaración sobre las circunstancias del hecho, la identificación del vehículo y del conductor que hubiesen intervenido en la producción del mismo de ser conocidas, así como cuanta información médica asistencial o pericial o de cualquier otro tipo tengan en su poder que permita la cuantificación del daño. La reclamación extrajudicial no requerirá estar cuanti-ficada incluso si el reclamante dispusiera de todos los elementos para poder calcularla y cuantificarla. La comunicación por parte del perjudicado también deberá producirse cuando se inicie un procedimiento penal a instancia de este y se equiparará a la reclamación extrajudicial prevista en el párrafo anterior. No será necesaria reclamación extrajudicial cuando el procedimiento se inicie de oficio, debiendo practicarse en tal caso la correspondiente notificación por el órgano judicial. Esta reclamación, comunicación o notificación interrumpirá el cómputo del plazo de prescripción desde el momento en que se presente al asegurador obligado a satisfacer el importe de los daños sufridos al perjudica-do. En el momento en el que se notifique fehacientemente la oferta o la res-puesta motivada se iniciará un nuevo plazo de prescripción de un año. Las Fuerzas y Cuerpos de Seguridad encargadas de la vigilancia del tráfico facilita-rán de forma gratuita, a petición de los perjudicados, entidades aseguradoras, o sus representantes, y del Consorcio de Compensación de Seguros, copia del *atestado o informe equivalente en el que conste toda la información sobre las circunstancias del accidente, incluso cuando lo hayan remitido a la autoridad judicial competente. La entidad aseguradora incursa en un procedimiento concursal o de liquidación, o su administrador o liquidador, informará al organismo de indemnización competente cuando indemnice o rechace su responsabilidad en relación con las reclamaciones recibidas. 2. En el plazo de tres meses desde la recepción de la reclamación del perjudicado, tanto si se trata de daños personales como en los bienes, el asegurador deberá presentar una oferta motivada de indemnización si entendiera acreditada la responsabilidad y cuantificado el daño, que cumpla los requisitos del apartado 3. En caso contrario, o si la reclamación hubiera sido rechazada, dará una respuesta motivada que cumpla los requisitos del apartado 4. A estos efectos, el asegurador, a su costa, podrá solicitar previamente los informes periciales privados que considere pertinentes, que deberá efectuar por servicios propios o concertados, si considera que la documentación aportada por el lesionado es insuficiente para la cuantificación del daño. El incumplimiento de esta obligación constituirá infracción administrativa y será sancionado de acuerdo con lo establecido en la Ley 20/2015, de 14 de julio, de ordenación, supervisión y solvencia de las entidades aseguradoras y reaseguradoras. Trascurrido el plazo de tres meses sin que se haya presentado una oferta motivada de indemnización por una causa no justificada o que le fuera imputable al asegurador, se devengarán intereses de demora, de acuerdo con lo previsto en el artículo 9. Estos mismos intereses de demora se devengarán en el caso de que, habiendo sido aceptada la oferta por el perjudicado, esta no sea satisfecha en el plazo de cinco días, o no se consigne para pago la cantidad ofrecida. El asegurador deberá observar desde el momento en que conozca, por cualquier medio, la existencia del siniestro, una conducta diligente en la cuantificación del daño y la liquidación de la indemnización. 3. Para que sea válida a los efectos de esta ley, la oferta motivada deberá cumplir los siguientes requisitos: a) Contendrá una propuesta de indemnización por los daños en las personas y en los bienes que pudieran haberse derivado del siniestro. En caso de que concurran daños a las personas y en los bienes figurará de forma separada la valoración y la indemnización ofertada para unos y otros. b) Los daños y perjuicios causados a las personas se calcularán según los criterios e importes que se recogen en el título IV y el anexo. c) Contendrá, de forma desglosada y detallada, los documentos, informes o cualquier otra información de que se disponga para la valoración de los daños, incluyendo el informe médico pericial definitivo, e identificará aquellos en que se ha basado para cuantificar de forma precisa la indemnización ofertada, de manera que el perjudicado tenga los elementos de juicio necesarios para decidir su aceptación o rechazo. El incumplimiento de este deber impedirá la aportación de informes médicos periciales definitivos en el posterior proceso judi-*

*cial. d) Se hará constar que el pago del importe que se ofrece no se condiciona
a la renuncia por el perjudicado del ejercicio de futuras acciones en el caso de
que la indemnización percibida fuera inferior a la que en derecho pueda corresponderle. e) Podrá consignarse para pago la cantidad ofrecida. La consignación podrá hacerse en dinero efectivo, mediante un aval solidario de duración
indefinida y pagadero a primer requerimiento emitido por entidad de crédito o
sociedad de garantía recíproca o por cualquier otro medio que, a juicio del órgano jurisdiccional correspondiente, garantice la inmediata disponibilidad, en
su caso, de la cantidad consignada. 4. En el supuesto de que el asegurador no
realice una oferta motivada de indemnización, deberá dar una respuesta motivada ajustada a los siguientes requisitos: a) Dará contestación suficiente a la
reclamación formulada, con indicación del motivo que impide efectuar la oferta de indemnización, bien sea porque no esté determinada la responsabilidad,
bien porque no se haya podido cuantificar el daño o bien porque existe alguna
otra causa que justifique el rechazo de la reclamación, que deberá ser especificada. Cuando dicho motivo sea la dilatación en el tiempo del proceso de curación del perjudicado y no fuera posible determinar el alcance total de las secuelas padecidas a causa del accidente o porque, por cualquier motivo, no se
pudiera cuantificar plenamente el daño, la respuesta motivada deberá incluir:
1.º La referencia a los pagos a cuenta o pagos parciales anticipados a cuenta
de la indemnización resultante final, atendiendo a la naturaleza y entidad de
los daños. Estos pagos deberán ajustarse al importe de todos los perjuicios
cuya consolidación esté ya constatada. 2.º El compromiso del asegurador de
presentar oferta motivada de indemnización tan pronto como se hayan cuantificado los daños y, hasta ese momento, de informar motivadamente de la situación del siniestro cada dos meses desde el envío de la respuesta. b) Contendrá, de forma desglosada y detallada, los documentos, informes o cualquier
otra información de que se disponga, incluyendo el informe médico pericial
definitivo, que acrediten las razones de la entidad aseguradora para no dar
una oferta motivada. El incumplimiento de este deber impedirá la aportación
de informes médicos periciales definitivos en el posterior proceso judicial. c)
Incluirá una mención a que no requiere aceptación o rechazo expreso por el
perjudicado, ni afecta al ejercicio de cualesquiera acciones que puedan corresponderle para hacer valer sus derechos. 5. En caso de disconformidad del perjudicado con la oferta motivada, o en caso de que la entidad aseguradora haya
emitido una respuesta motivada indicando que el perjudicado no ha sufrido
lesiones a causa del accidente, las partes, de común acuerdo y a costa del asegurador, podrán pedir informes periciales complementarios, incluso al Instituto
de Medicina Legal y Ciencias Forenses siempre que no hubiese intervenido previamente tras el ejercicio de acciones judiciales. Esta misma solicitud al Instituto de Medicina Legal y Ciencias Forenses podrá realizarse por el lesionado,*

aunque no tenga el acuerdo de la aseguradora, y con cargo a la misma. El Instituto de Medicina Legal y Ciencias Forenses que deba realizar el informe solicitará a la aseguradora que aporte los medios de prueba de los que disponga, entregando copia del informe pericial que emita a las partes. Asimismo, el perjudicado también podrá solicitar informes periciales complementarios, sin necesidad de acuerdo del asegurador, siendo los mismos, en este caso, a su costa. Esta solicitud de intervención pericial complementaria obligará al asegurador a efectuar una nueva oferta motivada en el plazo de un mes desde la entrega del informe pericial complementario, continuando interrumpido el plazo de prescripción para el ejercicio de las acciones judiciales. En todo caso, se reanudará desde que el perjudicado conociese el rechazo de solicitud por parte del asegurador de recabar nuevos informes. 6. El lesionado deberá ser reconocido, desde la presentación de la solicitud a los Institutos de Medicina Legal y Ciencias Forenses, en el plazo de tres meses. El informe deberá emitirse en el plazo de un mes desde el reconocimiento. 7. En todo caso, el asegurador deberá afianzar las responsabilidades civiles y abonar las pensiones que por la autoridad judicial fueren exigidas a los presuntos responsables asegurados, de acuerdo con lo establecido en los artículos 764 y 765 de la Ley de Enjuiciamiento Criminal. Las pensiones provisionales se calcularán de conformidad con los límites establecidos en el Anexo de esta Ley. 8. Una vez presentada la oferta o la respuesta motivada, en caso de disconformidad y a salvo del derecho previsto en el apartado 5, o transcurrido el plazo para su emisión, el perjudicado podrá bien acudir a uno de los medios adecuados de solución de controversias en vía no jurisdiccional en los términos del artículo 14 para intentar solventar la controversia, o bien acudir a la vía jurisdiccional oportuna para la reclamación de los daños y perjuicios correspondientes. No se admitirán a trámite, de conformidad con el artículo 403 de la Ley 1/2000, de 7 de enero, de Enjuiciamiento Civil, las demandas en las que no se acompañen los documentos que acrediten la oferta o respuesta motivada, si se hubiese emitido por el asegurador o, en caso de no haberse emitido, la reclamación previa al asegurador, que no requerirá cuantificación. 9. Reglamentariamente podrá precisarse el contenido de la oferta motivada y de la respuesta motivada. 10. En caso de accidente causado por un conjunto de vehículos formado por una cabeza tractora y el remolque o semirremolque a ella enganchado, o dos remolques o semirremolques, el asegurador de cada remolque o semirremolque, salvo que le corresponda la indemnización íntegra, deberá informar al perjudicado, a petición de este, sin demora indebida de: a) La identidad del asegurador de la cabeza tractora, o b) El deber de indemnización a cargo del Consorcio de Compensación de Seguros, de acuerdo con lo establecido en el artículo 11.1.a), cuando el asegurador del remolque o semirremolque no pueda identificar al asegurador de la cabeza tractora. 11. En caso de accidente causado por un conjunto de vehículos formado por una cabeza tractora y el remolque o semirremolque a ella enganchado o dos remolques o semirremolques, cuando cualquier remolque o semirremolque pueda ser identificado pero no el vehículo que lo arrastraba, el perjudicado podrá presentar su reclamación directamente a la entidad aseguradora que haya asegurado el remolque o semirremolque, sin perjuicio de las coberturas del Consorcio de Compensación de Seguros en los casos de accidente causado por vehículo desconocido. 12. Lo dispuesto en este artículo será aplicable al Consorcio de Compensación de Seguros, a OFESAUTO, a las entidades corresponsales autorizadas y a los representantes designados para la tramitación y liquidación de siniestros, cuando les corresponda conforme a esta ley según sus respectivas funciones, entendiéndose realizada a los mismos toda referencia al asegurador».

«Artículo 22. Procedimiento de reclamación de los perjudicados no residentes en España ante las entidades aseguradoras autorizadas en España o los representantes para tramitación y liquidación de siniestros por éstas designados en el resto de los Estados del Espacio Económico Europeo. (...). 3. El incumplimiento de lo dispuesto en el apartado 1 constituirá infracción administrativa grave o leve de acuerdo con lo dispuesto en los artículos 40.4.t) y 40.5.d) del Texto Refundido de la Ley de Ordenación y Supervisión de los Seguros Privados, aprobado por el Real Decreto Legislativo 6/2004, de 29 de octubre».

– Resolución de 12 de marzo de 2025, de la Dirección General de Seguros y Fondos de Pensiones, por la que se publican las cuantías de las indemnizaciones actualizadas del sistema para valoración de los daños y perjuicios causados a las personas en accidentes de circulación.

Artículo 196. Infracciones leves. Tendrán la consideración de infracciones leves:

1. El incumplimiento de la obligación de disponer de los fondos propios admisibles para cubrir el capital de solvencia obligatorio cuando de este incumplimiento se derive una desviación inferior al 10 por ciento.

2. El incumplimiento de las normas relativas a la valoración de activos y pasivos, incluyendo las provisiones técnicas, de forma que se produzca una desviación en el cálculo de los fondos propios admisibles para cubrir el capital de solvencia obligatorio inferior al 10 por ciento.

3. El incumplimiento de las normas relativas al cálculo del capital de solvencia obligatorio cuando de este incumplimiento se derive una desviación inferior al 10 por ciento.

4. La remisión fuera de plazo de cuantos datos o documentos deban ser suministrados a la Dirección General de Seguros y Fondos de Pensiones, o su falta

de veracidad cuando no constituya infracción grave o muy grave. En particular, la remisión, fuera de los plazos y forma determinados reglamentariamente, de la documentación e información necesarias para permitir la llevanza actualizada del registro administrativo regulado en el artículo 40.

5. El incumplimiento por la entidad aseguradora de las normas imperativas de la legislación específica sobre contrato de seguro, si no atendiera en el plazo de un mes el requerimiento que al efecto le formule la Dirección General de Seguros y Fondos de Pensiones cuando entendiese fundadas las quejas y reclamaciones planteadas en el procedimiento de protección administrativa de los clientes de servicios financieros.

6. Dejar de tener una participación significativa incumpliendo lo dispuesto en el artículo 85.

7. Presentar de forma incompleta o inexacta los estados financieros de obligada comunicación a la Dirección General de Seguros y Fondos de Pensiones.

8. El incumplimiento de los acuerdos o resoluciones de la Dirección General de Seguros y Fondos de Pensiones, cuando no constituya una infracción grave.

9. La realización de actos u operaciones que sean contrarias a las normas sobre transparencia de mercado y protección de los derechos de los usuarios en el ámbito de los seguros, cuando no constituyan infracción grave o muy grave conforme a lo dispuesto en los dos artículos anteriores.

10. El incumplimiento del deber de presentar la oferta motivada o dar la respuesta motivada a que se refieren los artículos 7 y 22.3 del texto refundido de la Ley sobre Responsabilidad civil y seguro en la circulación de vehículos a motor, aprobado por el Real Decreto Legislativo 8/2004, de 29 de octubre, cuando no constituya infracción grave.

11. El incumplimiento de la decisión emitida por el defensor del cliente de una entidad aseguradora cuando sea favorable a la reclamación planteada por un tomador de seguro, asegurado, beneficiario o tercero perjudicado.

12. Ingresar fuera de plazo los recargos recaudados a favor del Consorcio de Compensación de Seguros.

13. En general, los incumplimientos de preceptos de obligada observancia para las entidades aseguradoras comprendidos en normas con rango de Ley de supervisión de los seguros privados, siempre que no constituyan infracción grave o muy grave. A estos efectos se entenderán por normas de supervisión de los seguros privados, las comprendidas en esta Ley y en sus disposiciones reglamentarias de desarrollo y, en general, las que figuren en normas que

contengan preceptos de obligada observancia referidos al ámbito objetivo de esta Ley.

– Los artículos 7 y 22.3 del **Real Decreto Legislativo 8/2004, de 29 de octubre, por el que se aprueba el texto refundido de la Ley sobre responsabilidad civil y seguro en la circulación de vehículos a motor,** establecen:

«Artículo 7. Obligaciones del asegurador y del perjudicado. 1. El asegurador, dentro del ámbito del aseguramiento obligatorio y con cargo al seguro de suscripción obligatoria, habrá de satisfacer al perjudicado el importe de los daños sufridos en su persona y en sus bienes, así como los gastos y otros perjuicios a los que tenga derecho según establece la normativa aplicable. Únicamente quedará exonerado de esta obligación si prueba que el hecho no da lugar a la exigencia de responsabilidad civil conforme al artículo 1. El perjudicado o sus herederos tendrán acción directa para exigir al asegurador la satisfacción de los referidos daños, que prescribirá por el transcurso de un año. No obstante, con carácter previo a la interposición de la demanda judicial, deberán comunicar el siniestro al asegurador, pidiendo la indemnización que corresponda. Esta reclamación extrajudicial contendrá la identificación y los datos relevantes de quien o quienes reclamen, una declaración sobre las circunstancias del hecho, la identificación del vehículo y del conductor que hubiesen intervenido en la producción del mismo de ser conocidas, así como cuanta información médica asistencial o pericial o de cualquier otro tipo tengan en su poder que permita la cuantificación del daño. La reclamación extrajudicial no requerirá estar cuantificada incluso si el reclamante dispusiera de todos los elementos para poder calcularla y cuantificarla. La comunicación por parte del perjudicado también deberá producirse cuando se inicie un procedimiento penal a instancia de este y se equiparará a la reclamación extrajudicial prevista en el párrafo anterior. No será necesaria reclamación extrajudicial cuando el procedimiento se inicie de oficio, debiendo practicarse en tal caso la correspondiente notificación por el órgano judicial. Esta reclamación, comunicación o notificación interrumpirá el cómputo del plazo de prescripción desde el momento en que se presente al asegurador obligado a satisfacer el importe de los daños sufridos al perjudicado. En el momento en el que se notifique fehacientemente la oferta o la respuesta motivada se iniciará un nuevo plazo de prescripción de un año. Las Fuerzas y Cuerpos de Seguridad encargadas de la vigilancia del tráfico facilitarán de forma gratuita, a petición de los perjudicados, entidades aseguradoras, o sus representantes, y del Consorcio de Compensación de Seguros, copia del atestado o informe equivalente en el que conste toda la información sobre las circunstancias del accidente, incluso cuando lo hayan remitido a la autoridad judicial competente. La entidad aseguradora incursa en un procedimiento concursal o de liquidación, o su administrador o liquidador, informará al organis-

mo de indemnización competente cuando indemnice o rechace su responsabilidad en relación con las reclamaciones recibidas. 2. En el plazo de tres meses desde la recepción de la reclamación del perjudicado, tanto si se trata de daños personales como en los bienes, el asegurador deberá presentar una oferta motivada de indemnización si entendiera acreditada la responsabilidad y cuantificado el daño, que cumpla los requisitos del apartado 3. En caso contrario, o si la reclamación hubiera sido rechazada, dará una respuesta motivada que cumpla los requisitos del apartado 4. A estos efectos, el asegurador, a su costa, podrá solicitar previamente los informes periciales privados que considere pertinentes, que deberá efectuar por servicios propios o concertados, si considera que la documentación aportada por el lesionado es insuficiente para la cuantificación del daño. El incumplimiento de esta obligación constituirá infracción administrativa y será sancionado de acuerdo con lo establecido en la Ley 20/2015, de 14 de julio, de ordenación, supervisión y solvencia de las entidades aseguradoras y reaseguradoras. Trascurrido el plazo de tres meses sin que se haya presentado una oferta motivada de indemnización por una causa no justificada o que le fuera imputable al asegurador, se devengarán intereses de demora, de acuerdo con lo previsto en el artículo 9. Estos mismos intereses de demora se devengarán en el caso de que, habiendo sido aceptada la oferta por el perjudicado, esta no sea satisfecha en el plazo de cinco días, o no se consigne para pago la cantidad ofrecida. El asegurador deberá observar desde el momento en que conozca, por cualquier medio, la existencia del siniestro, una conducta diligente en la cuantificación del daño y la liquidación de la indemnización. 3. Para que sea válida a los efectos de esta ley, la oferta motivada deberá cumplir los siguientes requisitos: a) Contendrá una propuesta de indemnización por los daños en las personas y en los bienes que pudieran haberse derivado del siniestro. En caso de que concurran daños a las personas y en los bienes figurará de forma separada la valoración y la indemnización ofertada para unos y otros. b) Los daños y perjuicios causados a las personas se calcularán según los criterios e importes que se recogen en el título IV y el anexo. c) Contendrá, de forma desglosada y detallada, los documentos, informes o cualquier otra información de que se disponga para la valoración de los daños, incluyendo el informe médico pericial definitivo, e identificará aquellos en que se ha basado para cuantificar de forma precisa la indemnización ofertada, de manera que el perjudicado tenga los elementos de juicio necesarios para decidir su aceptación o rechazo. El incumplimiento de este deber impedirá la aportación de informes médicos periciales definitivos en el posterior proceso judicial. d) Se hará constar que el pago del importe que se ofrece no se condiciona a la renuncia por el perjudicado del ejercicio de futuras acciones en el caso de que la indemnización percibida fuera inferior a la que en derecho pueda corresponderle. e) Podrá consignarse para pago la cantidad ofrecida. La consigna-

ción podrá hacerse en dinero efectivo, mediante un aval solidario de duración indefinida y pagadero a primer requerimiento emitido por entidad de crédito o sociedad de garantía recíproca o por cualquier otro medio que, a juicio del órgano jurisdiccional correspondiente, garantice la inmediata disponibilidad, en su caso, de la cantidad consignada. 4. En el supuesto de que el asegurador no realice una oferta motivada de indemnización, deberá dar una respuesta motivada ajustada a los siguientes requisitos: a) Dará contestación suficiente a la reclamación formulada, con indicación del motivo que impide efectuar la oferta de indemnización, bien sea porque no esté determinada la responsabilidad, bien porque no se haya podido cuantificar el daño o bien porque existe alguna otra causa que justifique el rechazo de la reclamación, que deberá ser especificada. Cuando dicho motivo sea la dilatación en el tiempo del proceso de curación del perjudicado y no fuera posible determinar el alcance total de las secuelas padecidas a causa del accidente o porque, por cualquier motivo, no se pudiera cuantificar plenamente el daño, la respuesta motivada deberá incluir: 1.º La referencia a los pagos a cuenta o pagos parciales anticipados a cuenta de la indemnización resultante final, atendiendo a la naturaleza y entidad de los daños. Estos pagos deberán ajustarse al importe de todos los perjuicios cuya consolidación esté ya constatada. 2.º El compromiso del asegurador de presentar oferta motivada de indemnización tan pronto como se hayan cuantificado los daños y, hasta ese momento, de informar motivadamente de la situación del siniestro cada dos meses desde el envío de la respuesta. b) Contendrá, de forma desglosada y detallada, los documentos, informes o cualquier otra información de que se disponga, incluyendo el informe médico pericial definitivo, que acrediten las razones de la entidad aseguradora para no dar una oferta motivada. El incumplimiento de este deber impedirá la aportación de informes médicos periciales definitivos en el posterior proceso judicial. c) Incluirá una mención a que no requiere aceptación o rechazo expreso por el perjudicado, ni afecta al ejercicio de cualesquiera acciones que puedan corresponderle para hacer valer sus derechos. 5. En caso de disconformidad del perjudicado con la oferta motivada, o en caso de que la entidad aseguradora haya emitido una respuesta motivada indicando que el perjudicado no ha sufrido lesiones a causa del accidente, las partes, de común acuerdo y a costa del asegurador, podrán pedir informes periciales complementarios, incluso al Instituto de Medicina Legal y Ciencias Forenses siempre que no hubiese intervenido previamente tras el ejercicio de acciones judiciales. Esta misma solicitud al Instituto de Medicina Legal y Ciencias Forenses podrá realizarse por el lesionado, aunque no tenga el acuerdo de la aseguradora, y con cargo a la misma. El Instituto de Medicina Legal y Ciencias Forenses que deba realizar el informe solicitará a la aseguradora que aporte los medios de prueba de los que disponga, entregando copia del informe pericial que emita a las partes. Asimismo, el perjudicado también podrá solicitar informes periciales complementarios, sin necesidad de acuerdo del asegurador, siendo los mismos, en este caso, a su costa. Esta solicitud de intervención pericial complementaria obligará al asegurador a efectuar una nueva oferta motivada en el plazo de un mes desde la entrega del informe pericial complementario, continuando interrumpido el plazo de prescripción para el ejercicio de las acciones judiciales. En todo caso, se reanudará desde que el perjudicado conociese el rechazo de solicitud por parte del asegurador de recabar nuevos informes. 6. El lesionado deberá ser reconocido, desde la presentación de la solicitud a los Institutos de Medicina Legal y Ciencias Forenses, en el plazo de tres meses. El informe deberá emitirse en el plazo de un mes desde el reconocimiento. 7. En todo caso, el asegurador deberá afianzar las responsabilidades civiles y abonar las pensiones que por la autoridad judicial fueren exigidas a los presuntos responsables asegurados, de acuerdo con lo establecido en los artículos 764 y 765 de la Ley de Enjuiciamiento Criminal. Las pensiones provisionales se calcularán de conformidad con los límites establecidos en el Anexo de esta Ley. 8. Una vez presentada la oferta o la respuesta motivada, en caso de disconformidad y a salvo del derecho previsto en el apartado 5, o transcurrido el plazo para su emisión, el perjudicado podrá bien acudir a uno de los medios adecuados de solución de controversias en vía no jurisdiccional en los términos del artículo 14 para intentar solventar la controversia, o bien acudir a la vía jurisdiccional oportuna para la reclamación de los daños y perjuicios correspondientes. No se admitirán a trámite, de conformidad con el artículo 403 de la Ley 1/2000, de 7 de enero, de Enjuiciamiento Civil, las demandas en las que no se acompañen los documentos que acrediten la oferta o respuesta motivada, si se hubiese emitido por el asegurador o, en caso de no haberse emitido, la reclamación previa al asegurador, que no requerirá cuantificación. 9. Reglamentariamente podrá precisarse el contenido de la oferta motivada y de la respuesta motivada. 10. En caso de accidente causado por un conjunto de vehículos formado por una cabeza tractora y el remolque o semirremolque a ella enganchado, o dos remolques o semirremolques, el asegurador de cada remolque o semirremolque, salvo que le corresponda la indemnización íntegra, deberá informar al perjudicado, a petición de este, sin demora indebida de: a) La identidad del asegurador de la cabeza tractora, o b) El deber de indemnización a cargo del Consorcio de Compensación de Seguros, de acuerdo con lo establecido en el artículo 11.1.a), cuando el asegurador del remolque o semirremolque no pueda identificar al asegurador de la cabeza tractora. 11. En caso de accidente causado por un conjunto de vehículos formado por una cabeza tractora y el remolque o semirremolque a ella enganchado o dos remolques o semirremolques, cuando cualquier remolque o semirremolque pueda ser identificado pero no el vehículo que lo arrastraba, el perjudicado podrá presentar su reclamación directamente a la entidad aseguradora que haya asegurado el remolque o semirremolque, sin perjuicio de las coberturas del Consorcio de Compensación de Seguros en los casos de accidente causado por vehículo desconocido. 12. Lo dispuesto en este artículo será aplicable al Consorcio de Compensación de Seguros, a OFESAUTO, a las entidades corresponsales autorizadas y a los representantes designados para la tramitación y liquidación de siniestros, cuando les corresponda conforme a esta ley según sus respectivas funciones, entendiéndose realizada a los mismos toda referencia al asegurador».

«Artículo 22. Procedimiento de reclamación de los perjudicados no residentes en España ante las entidades aseguradoras autorizadas en España o los representantes para tramitación y liquidación de siniestros por éstas designados en el resto de los Estados del Espacio Económico Europeo. (...) 3. El incumplimiento de lo dispuesto en el apartado 1 constituirá infracción administrativa grave o leve de acuerdo con lo dispuesto en los artículos 40.4.t) y 40.5.d) del Texto Refundido de la Ley de Ordenación y Supervisión de los Seguros Privados, aprobado por el Real Decreto Legislativo 6/2004, de 29 de octubre».

– Resolución de 18 de enero de 2024, de la Dirección General de Seguros y Fondos de Pensiones, por la que se publican las cuantías de las indemnizaciones actualizadas del sistema para valoración de los daños y perjuicios causados a las personas en accidentes de circulación.

– Resolución de 12 de marzo de 2025, de la Dirección General de Seguros y Fondos de Pensiones, por la que se publican las cuantías de las indemnizaciones actualizadas del sistema para valoración de los daños y perjuicios causados a las personas en accidentes de circulación.

Artículo 197. Prescripción de infracciones. 1. Las infracciones muy graves prescribirán a los cinco años, las graves, a los cuatro y las leves, a los dos años.

2. El plazo de prescripción de las infracciones comenzará a contarse desde el día en que la infracción se hubiera cometido. En las infracciones derivadas de una actividad continuada, la fecha inicial del cómputo será la de finalización de la actividad o la del último acto con que la infracción se consume.

3. Interrumpirá la prescripción la iniciación del procedimiento sancionador con conocimiento del interesado, y se reanudará si el expediente sancionador estuviera paralizado más de dos meses por causa no imputable al presunto responsable.

También interrumpirá la prescripción la iniciación, con conocimiento del interesado, del procedimiento de inspección en el que se ponga de manifiesto la comisión de la infracción y se reanudará una vez dictada la resolución que ponga fin a dicho procedimiento.

CAPÍTULO II. SANCIONES

Artículo 198. Sanciones administrativas a las entidades por infracciones muy graves. Por la comisión de infracciones muy graves se impondrá a la entidad infractora una o varias de las siguientes sanciones:

a) Revocación de la autorización administrativa.

b) Suspensión de la autorización administrativa para operar en uno o varios ramos en los que esté autorizada la entidad aseguradora o para operar en una o varias de las actividades en las que esté autorizada la entidad reaseguradora, por un período no superior a diez años ni inferior a cinco.

c) Multa por importe máximo del 1 por ciento de su volumen de negocio y superior a 240.001 euros. A estos efectos, se entenderá por volumen de negocio las primas periodificadas, entendidas como las primas devengadas corregidas con la variación de la provisión para primas no consumidas, en el último ejercicio económico cerrado con anterioridad a la comisión de la infracción. Para aquellas entidades que operen en régimen derecho de establecimiento o de libre prestación de servicios, esta cifra se referirá al volumen de negocio en España.

Esta sanción podrá imponerse simultáneamente con las sanciones previstas en las letras a), b) y d).

d) Amonestación pública con publicación en el «Boletín Oficial del Estado».

Esta sanción podrá imponerse simultáneamente con las sanciones previstas en las letras a), b) y c).

Artículo 199. Sanciones administrativas a las entidades por infracciones graves. Por la comisión de infracciones graves se impondrá a la entidad infractora una o varias de las siguientes sanciones:

a) Suspensión de la autorización administrativa para operar en uno o varios ramos en los que esté autorizada la entidad aseguradora o para operar en una o varias de las actividades en las que esté autorizada la entidad reaseguradora, por un período de hasta cinco años.

b) Multa por importe máximo de 240.000 euros y superior a 60.000 euros.

Esta sanción podrá imponerse simultáneamente con las sanciones previstas en las letras a) y c).

c) Amonestación pública con publicación en el «Boletín Oficial del Estado».

Esta sanción podrá imponerse simultáneamente con las sanciones previstas en las letras a) y b).

Artículo 200. Sanciones administrativas a las entidades por infracciones leves. Por la comisión de infracciones leves se impondrá a la entidad infractora una o varias de las siguientes sanciones:

a) Multa por importe máximo de 60.000 euros.

b) Amonestación privada.

Artículo 201. Responsabilidad en caso de fusión, cesión global de activo y pasivo o escisión. En el caso de entidades extinguidas por fusión, cesión global de activo y pasivo o escisión, la responsabilidad administrativa de las mismas por las sanciones de multa en el ámbito de la supervisión de los seguros privados será exigible a la entidad absorbente o de nueva creación, teniendo en cuenta, para el caso de la escisión, el porcentaje del patrimonio adquirido.

Artículo 202. Sanciones por infracciones muy graves cometidas por partícipes, liquidadores, por quienes, bajo cualquier título, ejerzan la dirección efectiva y por quienes desempeñen las funciones que integran el sistema de gobierno. Por la comisión de infracciones muy graves, podrán imponerse una o varias de las siguientes sanciones, a cada sujeto infractor:

a) Separación del cargo, con inhabilitación para ejercer cargos de administración, dirección, liquidación y desempeño de las funciones previstas en el artículo 66 en cualquier entidad aseguradora o reaseguradora, por un plazo máximo de diez años.

b) Suspensión temporal en el ejercicio del cargo por plazo no inferior a un año ni superior a cinco años.

c) Multa por importe máximo de 500.000 euros y superior a 150.000 euros. Esta sanción podrá imponerse simultáneamente con las sanciones previstas en las letras a) y b).

d) Amonestación pública con publicación en el «Boletín Oficial del Estado». Esta sanción podrá imponerse simultáneamente con las sanciones previstas en las letras a), b) y c).

Artículo 203. Sanciones por infracciones graves cometidas por partícipes, liquidadores, por quienes, bajo cualquier título, ejerzan la dirección efectiva y por quienes desempeñen las funciones que integran el sistema de gobierno. Por la comisión de infracciones graves, podrán imponerse una o varias de las siguientes sanciones, a cada sujeto infractor:

a) Suspensión temporal en el ejercicio del cargo por plazo no superior a un año.

b) Multa por importe máximo de 150.000 euros y superior a 30.000 euros. Esta sanción podrá imponerse simultáneamente con la sanción prevista en la letra a).

c) Amonestación pública con publicación en el «Boletín Oficial del Estado». Esta sanción podrá imponerse simultáneamente con las sanciones previstas en las letras a) y b).

Artículo 204. Sanciones por infracciones leves cometidas por partícipes, liquidadores, por quienes, bajo cualquier título, ejerzan la dirección efectiva y por quienes desempeñen las funciones que integran el sistema de gobierno. Por la comisión de infracciones leves, podrán imponerse una o varias de las siguientes sanciones, a cada sujeto infractor:

a) Multa por importe máximo de 30.000 euros.

b) Amonestación privada.

Artículo 205. Criterios de graduación de las sanciones. 1. En la imposición de sanciones se tendrán en cuenta los factores de agravación o atenuación que pudieran concurrir.

2. Se considerarán agravantes o atenuantes, según los casos, las siguientes circunstancias:

a) La naturaleza y el número de hechos constitutivos de la infracción, así como el grado de intencionalidad en su comisión.

b) La gravedad del peligro creado o de los perjuicios causados.

c) Las ganancias obtenidas, en su caso, como consecuencia de los actos u omisiones constitutivos de la infracción.

d) La conducta desarrollada con anterioridad por el sujeto infractor en relación a la comisión de infracciones de la misma naturaleza, previstas en los artículos 194, 195 y 196, que no hayan prescrito y hayan sido declaradas por resolución firme.

e) El grado de responsabilidad en los hechos que concurra en el infractor.

f) La relevancia del puesto ocupado o de las funciones desempeñadas por el responsable en la estructura organizativa de la entidad.

g) Las consecuencias desfavorables de los hechos para el sector asegurador, el sistema financiero o la economía nacional.

h) Haber procedido voluntariamente a la reparación de los daños o perjuicios causados.

i) La dimensión de la entidad infractora medida en función del importe total de su balance, y el volumen de negocio, medido en función del importe de su volumen de primas en el último ejercicio económico terminado con anterioridad a la comisión de la infracción.

j) Las consecuencias que la cuantía de la sanción a imponer pudieran tener en la continuidad o viabilidad de la entidad infractora.

k) En el caso de insuficiencia del capital de solvencia obligatorio o del capital mínimo obligatorio, las dificultades objetivas que puedan haber concurrido para alcanzar o mantener el nivel legalmente exigido.

l) Las remuneraciones obtenidas por el sujeto infractor en el ejercicio de su cargo, así como su situación económica y demás circunstancias personales del mismo.

m) El nivel de cooperación de los sujetos infractores en la clarificación y tramitación de los expedientes sancionadores.

3. Las circunstancias agravantes o atenuantes de las infracciones se aplicarán por cada sujeto infractor y por cada infracción cometida, pudiendo ser consideradas como muy cualificadas en atención a su especial relevancia.

4. Las sanciones a imponer se dividirán en tres grados, mínimo, medio y máximo. Cada grado comprenderá el resultado de dividir el importe máximo del tiempo o de la cuantía pecuniaria prevista en la sanción a imponer en tres tramos. Atendiendo a la concurrencia o no de circunstancias atenuantes o agravantes, se fijará la sanción según las siguientes reglas:

a) Cuando en las infracciones muy graves concurrieran más de dos circunstancias de agravación y, al menos, dos de ellas fueran muy cualificadas, se impondrá la sanción prevista en el artículo 198.a) y, en su caso, en el artículo 202.a). Para la graduación en esta última se atenderá a la concurrencia de otras circunstancias distintas a las dos de agravación muy cualificadas determinantes de la imposición de esta sanción.

b) Cuando en las infracciones muy graves y graves concurriesen circunstancias de agravación y, al menos, una de ellas fuera muy cualificada, se impondrán las sanciones previstas en el artículo 198.b) o artículo 199.a) y, en su caso, las del artículo 202.b) o 203.a), respectivamente, siempre que en las infracciones muy graves no concurran las circunstancias determinantes de la aplicación de lo dispuesto en la letra a) anterior. Además, para la graduación de la sanción se atenderá, en todos los casos y con arreglo a los criterios del apartado 2, a la concurrencia de otras circunstancias distintas a la de agravación muy cualificada determinante de la imposición de estas sanciones.

c) Cuando concurriesen circunstancias de agravación y atenuación para una misma infracción, se compensarán racionalmente para la determinación de la sanción, graduando el valor de unas y otras, y aplicando a lo que resulte los siguientes criterios:

1.º Cuando concurriese una sola circunstancia de agravación, la sanción se impondrá en el grado medio.

2.º Cuando concurriesen varias circunstancias de agravación, o una sola muy cualificada, la sanción se impondrá en el grado máximo.

d) Cuando no concurriesen circunstancias de atenuación ni de agravación, o estas quedasen compensadas, se impondrá la sanción en el grado mínimo.

e) Con carácter general, dentro de los límites de cada grado, la cuantía de la sanción se situará en la mitad del grado que le corresponda, debiéndose motivar en caso contrario, y teniendo en cuenta que si concurriesen circunstancias de atenuación, la sanción a aplicar será la resultante de multiplicar el importe de la mitad del grado por 0,5 tantas veces como circunstancias de atenuación concurran. Si una circunstancia de atenuación fuera considerada como muy cualificada se computará como si se tratara de dos circunstancias de atenuación que no tienen tal consideración.

f) Cuando se impongan simultáneamente varias sanciones por una misma infracción, las circunstancias agravantes o atenuantes existentes se aplicarán para la graduación de todas las sanciones correspondientes a esa infracción.

Artículo 206. Medidas inherentes a la imposición de sanciones administrativas. 1. El órgano que imponga la sanción podrá exigir al infractor el cese de la conducta y la reposición a su estado originario de la situación por él alterada en el plazo que al efecto se determine.

2. Asimismo, en el supuesto de que, por el número y clase de las personas afectadas por las sanciones de separación o suspensión, resulte necesario para asegurar la continuidad en la administración y dirección de la entidad, el órgano que imponga la sanción podrá disponer el nombramiento, con carácter provisional, de uno o más administradores o de los miembros que se precisen para que el órgano colegiado de administración pueda adoptar acuerdos, señalando sus funciones en ambos casos. El nombramiento de los administradores provisionales se regirá por lo dispuesto en las normas generales de esta Ley y ejercerán sus cargos hasta que, por el órgano competente de la entidad, que deberá ser convocado de modo inmediato, se provean los correspondientes nombramientos y tomen posesión los designados o, en su caso, hasta que transcurra el plazo de separación o suspensión.

3. La imposición de las sanciones, salvo la consistente en amonestación privada, una vez que sean ejecutivas, se hará constar en el registro administrativo de entidades aseguradoras y reaseguradoras y en el de los altos cargos de entidades aseguradoras y reaseguradoras, indicando el tipo y clase de la infracción y la identidad del infractor. Asimismo, una vez sean ejecutivas, deberán ser objeto de comunicación a la inmediata junta o asamblea general que se celebre con posterioridad.

Las sanciones de separación del cargo y suspensión, una vez sean ejecutivas, se harán constar, además, en el Registro Mercantil y, en su caso, en el Registro de Cooperativas.

4. Igualmente, las sanciones, salvo la consistente en amonestación privada, una vez sean ejecutivas, se comunicarán a la Comisión Nacional del Mercado de Valores y al Banco de España.

5. La cancelación de los antecedentes por sanciones en el registro administrativo podrá realizarse de oficio o a instancia de los interesados, siempre que haya transcurrido, sin haber sido sancionado de nuevo, el plazo de un año para las sanciones por infracciones leves, tres años para las sanciones por infracciones graves y cinco años para las sanciones por infracciones muy graves. Este plazo se contará desde el día siguiente a aquel en que haya quedado cumplida la sanción. Lo anterior será aplicable, en su caso, a las sanciones inscritas en el Registro Mercantil y en el Registro de Cooperativas.

— Los apartados 3 y 5 se modifican por el **Real Decreto-ley 3/2020, de 4 de febrero.**

Artículo 207. Concurrencia de procedimientos administrativos y procesos penales. El ejercicio de la potestad sancionadora será independiente de la eventual concurrencia de delitos o faltas de naturaleza penal. No obstante, cuando se considere que los hechos pudieran ser constitutivos de delito se pondrán en conocimiento de la autoridad judicial o del Ministerio Fiscal y quedará suspendido el procedimiento administrativo sancionador hasta que recaiga pronunciamiento judicial firme. También se acordará la suspensión del procedimiento administrativo sancionador hasta que recaiga pronunciamiento judicial firme cuando se tenga conocimiento de que se esté tramitando un proceso penal por los mismos hechos o por otros cuya separación de los sancionables con arreglo a esta Ley sea racionalmente imposible.

No cabe imponer sanción administrativa cuando haya recaído sanción penal y exista identidad de sujeto, hecho, y fundamento. Si ha lugar a reanudar el procedimiento administrativo sancionador, la resolución administrativa que se dicte deberá respetar la apreciación de los hechos que contenga el pronunciamiento judicial.

Artículo 208. Ejercicio de actividades y uso de denominaciones reservadas a las entidades aseguradoras y reaseguradoras. 1. Las personas o entidades, así como quienes de hecho o de derecho ejerzan cargos de administración o dirección en ellas, que realicen operaciones de seguro o reaseguro sin contar con la preceptiva autorización administrativa o que utilicen las denominaciones propias de las entidades aseguradoras o reaseguradoras, sin serlo, serán sancionadas con multa por importe de hasta 500.000 euros, además de darse publicidad a la conducta constitutiva de la infracción. Si, requeridas para que cesen inmediatamente en la realización de actividades o en la utilización de las denominaciones, continuaran realizándolas o utilizándolas, serán sancionadas con multa por importe de hasta 1.000.000 de euros, que podrá ser reiterada con ocasión de posteriores requerimientos.

2. Será competente para la imposición de las sanciones y para la formulación de los requerimientos regulados en el apartado anterior el Director General de Seguros y Fondos de Pensiones. Los requerimientos se formularán previa audiencia de la persona o entidad afectada y las multas se impondrán con arreglo al procedimiento aplicable para la imposición de las sanciones a las entidades aseguradoras o reaseguradoras.

3. Lo dispuesto en este artículo se entenderá sin perjuicio de las demás responsabilidades, incluso de orden penal, que puedan resultar exigibles.

Artículo 209. Prescripción de las sanciones. 1. Las sanciones por infracciones muy graves prescribirán a los cinco años, las sanciones por infracciones graves, a los cuatro y las sanciones por infracciones leves lo harán a los dos años.

2. El plazo de prescripción de las sanciones comenzará a contarse desde el día siguiente a aquel en que adquiera firmeza la resolución por la que se impone la sanción o, en su caso, desde el quebrantamiento de la sanción impuesta, si esta hubiese comenzado a cumplirse.

3. Interrumpirá la prescripción la iniciación, con conocimiento del interesado, de la ejecución de la sanción, y reiniciará el plazo si dicha ejecución está paralizada durante más de tres meses por causa no imputable al infractor.

CAPÍTULO III. PROCEDIMIENTO SANCIONADOR

Artículo 210. Regulación del procedimiento sancionador. 1. El procedimiento sancionador se regulará:

a) Por las normas especiales establecidas en esta Ley y la normativa reglamentaria dictada en su desarrollo.

b) En su defecto, se estará a lo previsto en el Real Decreto 2119/1993, de 3 de diciembre, sobre procedimiento sancionador aplicable a los sujetos que actúan en los mercados financieros y en el Real Decreto 1398/1993, de 4 de agosto, por el que se aprueba el Reglamento del procedimiento para el ejercicio de la potestad sancionadora. Asimismo, resultará de aplicación supletoria el título IX de la Ley 30/1992, de 26 de noviembre, de Régimen Jurídico de las Administraciones Públicas y del Procedimiento Administrativo Común.

2. Reglamentariamente se regulará un procedimiento simplificado cuando se trate de infracciones leves o, aun siendo graves, cuando los hechos estén claramente determinados por haberse probado en otras actuaciones sancionadoras o consignado en Actas de la Inspección de Seguros, por haberse reconocido o declarado por los propios interesados, por constar en registros administrativos o por otras circunstancias justificadas.

> – La **Ley 39/2015, de 1 de octubre, del Procedimiento Administrativo Común de las Administraciones Públicas,** deroga la Ley 30/1992, de 26 de noviembre, de Régimen Jurídico de las Administraciones Públicas y del Procedimiento Administrativo Común y el Real Decreto 1398/1993, de 4 de agosto.

Artículo 211. Denuncia pública. Mediante la denuncia pública se podrán poner en conocimiento de la Administración hechos o situaciones que puedan ser constitutivos de infracciones de normas de supervisión de los seguros privados.

Recibida una denuncia, se remitirá al órgano competente para realizar las actuaciones que pudieran proceder. Este órgano podrá acordar el archivo de la denuncia cuando se considere infundada o cuando no se concreten o identifiquen suficientemente los hechos o las personas denunciadas. Se podrán iniciar las actuaciones que procedan si existen indicios suficientes de veracidad en los hechos imputados y éstos son desconocidos para la Administración. En este caso, la denuncia no formará parte del expediente administrativo.

No se considerará al denunciante interesado en las actuaciones administrativas que se inicien como consecuencia de la denuncia ni se le informará del resultado de las mismas. Tampoco estará legitimado para la interposición de recursos o reclamaciones en relación con los resultados de dichas actuaciones.

Artículo 212. Competencias administrativas. 1. El inicio de los procedimientos sancionadores corresponderá al Director General de Seguros y Fondos de Pensiones, quien designará como instructor a un funcionario destinado en la Dirección General de Seguros y Fondos de Pensiones.

2. La resolución de los procedimientos sancionadores por infracciones graves y leves corresponderá al Director General de Seguros y Fondos de Pensiones.

En el caso de infracciones muy graves, la resolución corresponderá al Ministro de Economía y Competitividad, a propuesta de la Dirección General de Seguros y Fondos de Pensiones.

3. La ejecución de las sanciones corresponderá a la Dirección General de Seguros y Fondos de Pensiones.

Artículo 213. Plazos. 1. El plazo para resolver y notificar la resolución en el procedimiento sancionador será de un año a contar desde la adopción del acuerdo de iniciación. En el caso de seguirse el procedimiento simplificado el plazo para resolver y notificar la resolución será de seis meses.

2. Tanto el plazo para dictar resolución como los plazos para la realización de los trámites previstos en este capítulo, podrán ser ampliados según lo previsto en los artículos 42.6 y 49 de la Ley 30/1992, de 26 de noviembre, de Régimen Jurídico de las Administraciones Públicas y del Procedimiento Administrativo Común, debiéndose notificar la decisión adoptada a los interesados.

– La Ley 30/1992, de 26 de noviembre, de Régimen Jurídico de las Administraciones Públicas y del Procedimiento Administrativo Común, estuvo vigente hasta el 2 de octubre de 2016, fecha en la que entró en vigor la **Ley 39/2015, de 1 de octubre, del Procedimiento Administrativo Común de las Administraciones Públicas.**

Disposición adicional primera. Régimen aplicable a los Estados del Espacio Económico Europeo que no formen parte de la Unión Europea. Las disposiciones de esta Ley que hacen referencia a los Estados miembros de la Unión Europea, a las entidades aseguradoras y reaseguradoras en ellos domiciliadas o a la actividad en ellos de las entidades aseguradoras y reaseguradoras españolas serán también aplicables a los Estados parte del Acuerdo del Espacio Económico Europeo que no son miembros de la Unión Europea, a las entidades aseguradoras y reaseguradoras en ellos domiciliadas y a la actividad de las entidades aseguradoras y reaseguradoras españolas en esos Estados.

Disposición adicional segunda. Establecimiento e información sobre seguros obligatorios. 1. Se podrá exigir a quienes ejerzan determinadas actividades que presenten un riesgo directo y concreto para la salud o para la seguridad de las personas, incluida la seguridad financiera, la suscripción de un seguro u otra garantía equivalente que cubra los daños y perjuicios que puedan provocar y de los que sean responsables.

La garantía exigida deberá ser proporcionada a la naturaleza y alcance del riesgo cubierto.

2. La obligación de suscripción de seguros deberá establecerse mediante normas con rango de Ley que deberán contar con un informe preceptivo de la Dirección General de Seguros y Fondos de Pensiones, o del órgano competente de las Comunidades Autónomas, con objeto de que puedan formular observaciones en materia de técnica aseguradora.

La realización de actividades careciendo del correspondiente seguro obligatorio será constitutivo de infracción administrativa muy grave, salvo lo dispuesto en su normativa específica.

Será sujeto infractor la persona física o jurídica que viniera obligada a la suscripción del seguro, pudiendo ser sancionado con multa de 1.000 a 20.000 euros.

La instrucción y resolución del procedimiento sancionador corresponderá a la Administración pública competente por razón en la materia cuya regulación impone la suscripción del seguro obligatorio.

3. La Dirección General de Seguros y Fondos de Pensiones comunicará a la Comisión Europea, de acuerdo con el registro que se desarrolle reglamentariamente y que gestionará el Consorcio de Compensación de Seguros, los seguros obligatorios existentes en España, indicando las disposiciones específicas que regulan el seguro obligatorio.

4. A tal efecto los órganos competentes de las Comunidades Autónomas comunicarán a la Dirección General de Seguros y Fondos de Pensiones, en el plazo de tres meses desde la entrada en vigor de esta Ley, los seguros obligatorios existentes en su respectiva comunidad, y en el plazo de un mes desde su aprobación, los seguros obligatorios que se establezcan con posterioridad, indicando las especificaciones del apartado anterior.

- **Ley 39/2022, de 30 de diciembre, del Deporte.**

- **Ley 14/2014, de 24 de julio, de Navegación Marítima.**

- **Real Decreto Legislativo 8/2004, de 29 de octubre, por el que se aprueba el texto refundido de la Ley sobre responsabilidad civil y seguro en la circulación de vehículos a motor.**

- **Real Decreto 1333/2012, de 21 de septiembre, por el que se regula el seguro de responsabilidad civil y la garantía equivalente de los administradores concursales.**

- **Real Decreto 1575/1989, de 22 de diciembre, por el que se aprueba el Reglamento del Seguro Obligatorio de Viajeros.**

- **Ley 1/1970, de 4 de abril, de caza.**

- **Ley 25/1964, de 29 de abril, de energía nuclear.**

Disposición adicional tercera. Validez de la autorización administrativa en toda la Unión Europea. La autorización administrativa concedida a las entidades aseguradoras y reaseguradoras españolas al amparo de la legislación anterior a esta Ley, cuando se extienda a todo el territorio español, será válida en toda la Unión Europea en los términos de lo dispuesto en el artículo 21, salvo en el caso de las Mutualidades de Previsión Social que no estén autorizadas para operar por ramos de seguro y de las entidades aseguradoras acogidas al régimen especial de solvencia.

Disposición adicional cuarta. Validez de las autorizaciones de ampliación de prestaciones concedidas a mutualidades de previsión social. Las mutualidades de previsión social que con anterioridad a la entrada en vigor de esta Ley hubiesen obtenido la autorización administrativa para la ampliación de prestaciones pero cumplieran los requisitos para acogerse al régimen especial de solvencia podrán continuar operando por ramos.

Disposición adicional quinta. Información a la Comisión Europea y a la Autoridad Europea de Seguros y Pensiones de Jubilación sobre dificultades de las entidades aseguradoras o reaseguradoras españolas. La Dirección General de Seguros y Fondos de Pensiones informará a la Comisión Europea y a la Autoridad Europea de Seguros y Pensiones de Jubilación de las dificultades de carácter general que encuentren las entidades aseguradoras o reaseguradoras españolas para establecerse y ejercer su actividad en un tercer país.

Disposición adicional sexta. Entidades con cometido especial. Las entidades con cometido especial domiciliadas en España que cumplan las condiciones establecidas en la normativa específica que les resulte de aplicación, podrán solicitar en España autorización administrativa para el ejercicio de sus actividades, que se otorgará por el Ministro de Economía y Competitividad conforme al procedimiento que se determine reglamentariamente, teniendo en cuenta la normativa de la Unión Europea de directa aplicación. El plazo máximo para resolver y notificar la resolución es de seis meses. Transcurrido este plazo sin haberse notificado resolución expresa, se entenderá desestimada la solicitud.

Disposición adicional séptima. Revisión de los importes expresados en euros. Los importes expresados en euros en los artículos 11 y 78 se revisarán cada cinco años, modificando su importe inicial en euros en el cambio porcentual de los índices armonizados de precios del consumo de todos los Estados miembros de la Unión Europea con arreglo a lo publicado por Eurostat, a partir del 31 de diciembre de 2015 hasta la fecha de la revisión, redondeados al alza a un múltiplo de 100.000 euros. Si el cambio porcentual desde la revisión previa es inferior al cinco por ciento, no se efectuará revisión alguna de los importes.

Los importes revisados serán publicados por la Comisión Europea en el «Diario Oficial de la Unión Europea» y se aplicarán en el plazo de doce meses a partir de la citada publicación.

Para facilitar su conocimiento y aplicación, dichas actualizaciones se harán públicas, igualmente, mediante resolución de la Dirección General de Seguros y Fondos de Pensiones.

Disposición adicional octava. Obligaciones de los auditores de cuentas de las entidades aseguradoras y reaseguradoras. Los auditores de cuentas de las entidades aseguradoras o reaseguradoras tendrán la obligación de comunicar a la Dirección General de Seguros y Fondos de Pensiones, en el plazo establecido en la normativa reguladora de auditoría de cuentas, cualquier hecho o decisión sobre una entidad aseguradora o reaseguradora del que hayan tenido conocimiento en el ejercicio de su función de auditoría practicada a la misma o a otra entidad con la que dicha entidad aseguradora o reaseguradora tenga un vínculo estrecho resultante de una relación de control, cuando el citado hecho o decisión pueda:

a) Constituir una violación grave de la normativa de supervisión de los seguros privados;

b) perjudicar la continuidad del ejercicio de la actividad de la entidad aseguradora o reaseguradora;

c) implicar la abstención de la opinión del auditor de cuentas, o una opinión desfavorable o con salvedades, o impedir la emisión del informe de auditoría;

d) suponer un incumplimiento con respecto al capital de solvencia obligatorio; o

e) suponer un incumplimiento con respecto al capital mínimo obligatorio.

– Ley 22/2015, de 20 de julio, de Auditoría de Cuentas.

Disposición adicional novena. Actuarios de seguros. Los actuarios de seguros podrán desempeñar, en todo caso, la función actuarial a que se refiere el artículo 66.5 y su desarrollo reglamentario.

En cualquier caso son actuarios los que hayan obtenido un título superior universitario de carácter avanzado y especializado en ciencias actuariales y financieras.

Disposición adicional décima. Peritos de seguros, comisarios de averías y liquidadores de averías. Son peritos de seguros quienes dictaminan sobre las causas del siniestro, la valoración de los daños y las demás circunstancias que influyen en la determinación de la indemnización derivada de un contrato de seguro y formulan la propuesta de importe líquido de la indemnización.

Son comisarios y liquidadores de averías quienes desarrollan las funciones que les atribuye la Ley 14/2014, de 24 de julio, de Navegación Marítima.

Los peritos de seguros, comisarios de averías y liquidadores de averías que intervengan en el procedimiento de tasación pericial contradictoria deberán tener conocimiento técnico suficiente de la legislación sobre contrato de seguro y, si se trata de profesiones reguladas, estar en posesión de titulación en la materia sobre la que se debe dictaminar, con el alcance que se establezca reglamentariamente.

Disposición adicional undécima. Conciertos de entidades aseguradoras con organismos de la administración de la Seguridad Social. Sin perjuicio de lo establecido en los artículos 77 y 199 del texto refundido de la Ley General de la Seguridad Social, aprobado por el Real Decreto Legislativo 1/1994, de 20 de junio, y en esta Ley, las normas de supervisión de los seguros privados serán aplicables a las garantías financieras, bases técnicas y tarifas de primas que correspondan a las obligaciones que asuman las entidades aseguradoras en virtud de los conciertos que, en su caso y previo informe de la Dirección General de Seguros y Fondos de Pensiones u órgano competente de las Comunidades Autónomas, establezcan con organismos de la Administración de la Seguridad Social, o con entidades de derecho público que tengan encomendada, de conformidad con su legislación específica, la gestión de algunos de los regímenes especiales de la Seguridad Social.

Los modelos de pólizas de seguros establecidos en virtud de los conciertos a que se refiere el párrafo anterior deberán estar a disposición de la Dirección General de Seguros y Fondos de Pensiones u órganos competentes de las Comunidades Autónomas.

> – El texto refundido de la Ley General de la Seguridad Social, aprobado por el Real Decreto Legislativo 1/1994, de 20 de junio, ha sido derogado por el **Real Decreto Legislativo 8/2015, de 30 de octubre, que aprueba el texto refundido de la Ley General de la Seguridad Social.**

Disposición adicional duodécima. Comunicaciones entre supervisores en materia de sanciones. En el caso de que el Banco de España, la Comisión Nacional del Mercado de Valores, la Comisión Nacional de los Mercados y Competencia o la Dirección General de Seguros y Fondos de Pensiones inicien un procedimiento sancionador a una entidad financiera sometida al control de otro de los supervisores, comunicará esta circunstancia al supervisor correspondiente, el cual podrá recabar la información que considere relevante a efectos de sus competencias de supervisión.

Disposición adicional decimotercera. Seguro de caución a favor de Administraciones públicas. El contrato de seguro de caución celebrado con entidad aseguradora autorizada para operar en el ramo de caución será admisible como forma de garantía ante las Administraciones públicas en todos los supuestos que la legislación vigente exija o permita a las entidades de crédito o a los establecimientos financieros de crédito constituir garantías ante dichas administraciones. Son requisitos para que el contrato de seguro de caución pueda servir como forma de garantía ante las Administraciones públicas los siguientes:

a) Tendrá la condición de tomador del seguro quien deba prestar la garantía ante la Administración pública y la de asegurado dicha Administración.

b) La falta de pago de la prima, sea única, primera o siguientes, no dará derecho al asegurador a resolver el contrato, ni éste quedará extinguido, ni la cobertura del asegurador suspendida ni éste liberado de su obligación en el caso de que se produzca el siniestro consistente en el concurso de las circunstancias en virtud de las cuales deba hacer efectiva la garantía.

c) El asegurador no podrá oponer al asegurado las excepciones que puedan corresponderle contra el tomador del seguro.

d) La póliza en que se formalice el contrato de seguro de caución se ajustará al modelo aprobado por orden del Ministro de Economía y Competitividad.

Disposición adicional decimocuarta. Obligaciones adicionales de información de las entidades aseguradoras que operan en el ramo de incendio y elementos naturales. 1. Las entidades aseguradoras que operen en el ramo 8 (Incendio y elementos naturales), previsto en el anexo A).a) de esta Ley, deberán remitir al Consorcio de Compensación de Seguros, con la periodicidad y mediante el procedimiento que se determine por Resolución de la Dirección General de Seguros y Fondos de Pensiones, la siguiente información:

a) Datos identificativos de la entidad aseguradora: denominación social, domicilio y clave administrativa con la que figura inscrita en el Registro administrativo de Entidades Aseguradoras y Reaseguradoras.

b) Primas cobradas en el ejercicio por contratos de seguro de incendios, distribuidas por términos municipales en función de los riesgos asumidos por bienes situados en cada uno de ellos.

A estos efectos, las primas a considerar serán el 100 por 100 de las correspondientes al seguro de incendio y el 50 por 100 de las correspondientes a los seguros multirriesgos que incluyan el riesgo de incendios.

En caso de existencia de coaseguro la obligación recaerá en cada entidad coaseguradora en función a su cuota de participación.

2. Esta obligación resultará de aplicación tanto a las entidades aseguradoras españolas como a las domiciliadas en otro Estado miembro del Espacio Económico Europeo que ejerzan su actividad en España en régimen de derecho de establecimiento o en régimen de libre prestación de servicios.

La información será objeto de tratamiento automatizado.

3. El Consorcio de Compensación de Seguros facilitará, a solicitud de los órganos competentes para la liquidación y recaudación de las tasas por el mantenimiento del servicio de prevención y extinción de incendios y de las contribuciones especiales por el establecimiento o ampliación del servicio de extinción de incendios, información desglosada por términos municipales y entidades aseguradoras, de forma que pueda determinarse el porcentaje que el volumen de primas del seguro de incendios de una entidad aseguradora representa sobre la suma del volumen de primas de todas las entidades aseguradoras que cubren el riesgo de incendios de bienes situados en un municipio.

La información anterior se suministrará directamente o a través de la Federación Española de Municipios y Provincias en los plazos y mediante el procedimiento que determine la Dirección General de Seguros y Fondos de Pensiones. A estos efectos, el Consorcio de Compensación de Seguros y la Federación Española de Municipios y Provincias podrán suscribir los acuerdos de colaboración que sean necesarios.

Igualmente, por el Consorcio de Compensación de Seguros se suministrará la información a la «Gestora de Conciertos para la Contribución a los Servicios de Extinción de Incendios AIE», como organización más representativa de las entidades aseguradoras para la suscripción de los Convenios de colaboración para el cumplimiento de las obligaciones tributarias.

4. La obligación prevista en el apartado 1 tiene la consideración de norma de ordenación y supervisión de los seguros privados y su incumplimiento constituirá infracción administrativa de acuerdo con lo dispuesto en esta Ley.

El Consorcio de Compensación de Seguros remitirá a la Dirección General de Seguros y Fondos de Pensiones una relación de las entidades aseguradoras que, estando autorizadas para operar en el ramo citado, no hubieran remitido la información a que se refiere el apartado 1. Asimismo el Consorcio de Compensación de Seguros comunicará a la Dirección General de Seguros y Fondos de Pensiones las incidencias significativas que pudieran producirse en el cumplimiento de esta obligación.

Sin perjuicio de las infracciones administrativas derivadas del incumplimiento de la obligación y a la vista de las comunicaciones del Consorcio de Compensación de Seguros, la Dirección General de Seguros y Fondos de Pensiones podrá formular requerimientos a las entidades aseguradoras o exigir la realización de auditorías informáticas, o la aplicación de otras medidas conducentes a garantizar la veracidad de la información suministrada.

5. El formato del fichero de datos para la remisión de la información de primas cobradas por las entidades aseguradoras se establecerá por Resolución de la Dirección General de Seguros y Fondos de Pensiones.

Disposición adicional decimoquinta. Bases técnicas y calibración de los riesgos del seguro de decesos. Reglamentariamente se determinará el régimen simplificado aplicable a los seguros de decesos, a nivel de bases técnicas, provisiones y capital de solvencia obligatorio, en función de los riesgos específicos de este tipo de seguros.

> – Orden ECC/2841/2015, de 28 de diciembre, por la que se establece el método simplificado de cálculo del capital de solvencia obligatorio para el seguro de decesos.

Disposición adicional decimosexta. Introducción progresiva de las autorizaciones establecidas por esta Ley y otras medidas de adaptación a Solvencia II. 1. A partir de la publicación de esta Ley, las entidades aseguradoras y reaseguradoras podrán presentar a la Dirección General de Seguros y Fondos de Pensiones las solicitudes de aprobación relativas a un modelo interno completo o parcial, de conformidad con el artículo 75.1.b), o a un modelo interno de grupo, de conformidad con los artículos 146 y 147, siendo competencia del Ministro de Economía y Competitividad la decisión sobre estas autorizaciones.

2. Asimismo, a partir de esa fecha, las entidades aseguradoras y reaseguradoras podrán solicitar a la Dirección General de Seguros y Fondos de Pensiones autorización para los siguientes aspectos:

a) Los fondos propios complementarios a los que se refiere el artículo 71.

b) La clasificación de los elementos de fondos propios a la que se refiere el artículo 72.

c) La utilización de parámetros específicos a los que se refiere el artículo 75.1 a).

d) La creación de entidades con cometido especial de conformidad con la disposición adicional sexta.

e) Los fondos propios complementarios de una sociedad de cartera de seguros intermedia de conformidad con lo que se disponga reglamentariamente.

f) El uso del submódulo de riesgo de renta variable basado en la duración regulado reglamentariamente.

g) El uso del ajuste por casamiento de la estructura temporal pertinente de tipos de interés sin riesgo de conformidad con el artículo 69.5.

h) El uso de la medida transitoria sobre los tipos de interés sin riesgo a la que se refiere la disposición final decimoctava.

i) El uso de la medida transitoria sobre las provisiones técnicas a la que se refiere la disposición final decimonovena.

3. A partir del 1 de septiembre de 2015, las entidades aseguradoras que cumplan lo señalado en el artículo 101 podrán solicitar a la Dirección General de Seguros y Fondos de Pensiones la aplicación del régimen especial de solvencia regulado en el capítulo VIII del título III.

4. En relación con la supervisión a nivel de grupo de las entidades aseguradoras y reaseguradoras, la Dirección General de Seguros y Fondos de Pensiones es competente para:

a) Determinar el nivel y el ámbito de aplicación de la supervisión de grupo de conformidad con los artículos 133 y 140 a 142.

b) Identificar el supervisor de grupo de conformidad con el artículo 134.

c) Establecer un colegio de supervisores de conformidad con el artículo 135.

d) Autorizar lo dispuesto en el apartado 2, letras c), h) e i), a nivel de grupo, de conformidad con lo que se establezca en la normativa de la Unión Europea de directa aplicación.

e) Decidir la deducción de cualquier participación en entidades de crédito, empresas de servicios de inversión e instituciones financieras vinculadas, tal y como se desarrolla reglamentariamente.

f) Autorizar la elección del método para calcular la solvencia de grupo de conformidad con lo que se disponga reglamentariamente.

g) Realizar la valoración sobre la equivalencia, en su caso, de conformidad con el artículo 154.

h) Autorizar la aplicación del régimen de gestión centralizada de riesgos, de conformidad con el artículo 150.

i) Determinar los métodos que garantizan una adecuada supervisión de grupos de terceros países no equivalentes y determinar el nivel de verificación de equivalencia, de conformidad con lo dispuesto reglamentariamente.

5. Las resoluciones que pongan fin a los procedimientos tramitados conforme a esta disposición no producirán efectos hasta el 1 de enero de 2016, siempre que se hayan dictado antes de esta fecha.

Disposición adicional decimoséptima. Obligatoriedad de la comunicación a través de medios electrónicos. La Dirección General de Seguros y Fondos de Pensiones podrá establecer mediante circular la obligatoriedad de comunicarse con ella por medios electrónicos, en los supuestos previstos en el artículo 27.6 de la Ley 11/2007, de 22 de junio, de acceso electrónico de los ciudadanos a los Servicios Públicos.

> – La Ley 11/2007, de 22 de junio, de acceso electrónico de los ciudadanos a los Servicios Públicos, ha sido derogada por la **Ley 39/2015, de 1 de octubre, del Procedimiento Administrativo Común de las Administraciones Públicas.**

Disposición adicional decimoctava. Régimen de cálculo de las provisiones técnicas a efectos contables. En tanto no se modifique el Real Decreto 1317/2008, de 24 de julio, por el que se aprueba el Plan de contabilidad de las entidades aseguradoras, a efectos contables, seguirán siendo de aplicación los artículos que se determinen reglamentariamente del Real Decreto 2486/1998, de 20 de noviembre, por el que se aprueba el Reglamento de Ordenación y Supervisión de los Seguros Privados, y de su normativa de desarrollo.

> – **Real Decreto 1317/2008, de 24 de julio, por el que se aprueba el plan de contabilidad de las entidades aseguradoras y reaseguradoras y normas sobre la formulación de las cuentas anuales consolidadas de los grupos de entidades aseguradoras y reaseguradoras.**

– Real Decreto 583/2017, de 12 de junio, por el que se modifica el Plan de contabilidad de las entidades aseguradoras y reaseguradoras y normas sobre la formulación de las cuentas anuales consolidadas de los grupos de entidades aseguradoras y reaseguradoras, aprobado por el Real Decreto 1317/2008, de 24 de julio.

– Real Decreto 1060/2015, de 20 de noviembre, de ordenación, supervisión y solvencia de las entidades aseguradoras y reaseguradoras.

Disposición adicional decimonovena. Remisiones normativas. Las referencias normativas efectuadas en otras disposiciones al texto refundido de la Ley de ordenación y supervisión de los seguros privados, aprobado por el Real Decreto Legislativo 6/2004, de 29 de octubre, se entenderán efectuadas a los preceptos correspondientes de esta Ley.

Disposición adicional vigésima. Reasignación de recursos. Las obligaciones derivadas del cumplimiento de esta Ley se atenderán mediante reasignación de los recursos ordinarios del Ministerio de Economía y Competitividad sin requerir dotaciones adicionales.

Disposición adicional vigésima primera. Tasa por examen de la documentación necesaria para la verificación del cumplimiento de los requisitos para la aprobación de la utilización de modelos internos y parámetros específicos en el cálculo del capital de solvencia obligatorio de las entidades aseguradoras y reaseguradoras. 1. Fuentes normativas.

La tasa por examen de la documentación necesaria para la verificación del cumplimiento de los requisitos para la aprobación de la utilización de modelos internos y parámetros específicos en el cálculo del capital de solvencia obligatorio de las entidades aseguradoras y reaseguradoras se regirá por la presente ley y, en su defecto, por la Ley 8/1989, de 13 de abril, de Tasas y Precios Públicos, por la Ley 58/2003, de 17 de diciembre, General Tributaria, y por las normas reglamentarias dictadas en desarrollo de estas normas.

2. Hecho imponible.

Constituye el hecho imponible de la tasa:

a) El examen por parte de la Dirección General de Seguros y Fondos de Pensiones de la documentación necesaria para aprobar la utilización de un modelo interno para el cálculo del capital de solvencia obligatorio, completo o parcial, individual, de grupo consolidado o del grupo, así como para sus modificaciones relevantes, de conformidad con los artículos 75.2 y 147.1.

b) El examen por parte de la Dirección General de Seguros y Fondos de Pensiones de la documentación necesaria para autorizar el uso de parámetros específicos en el cálculo del capital de solvencia obligatorio mediante el uso de la fórmula estándar, de conformidad con el artículo 75.2.

3. Sujetos pasivos.

Será sujeto pasivo de la tasa la entidad aseguradora o reaseguradora a cuyo favor se solicite la autorización de uso de modelo interno o parámetro específico.

Si la solicitud se realizara a favor de más de una entidad, serán sujetos pasivos, por partes iguales, cada una de ellas.

4. Devengo.

El devengo de la tasa se producirá en el momento de la presentación ante la Dirección General de Seguros y Fondos de Pensiones de la correspondiente solicitud de autorización cuya tramitación implique la realización del hecho imponible.

5. Cuota tributaria.

Se aplicarán las siguientes cuotas de cuantía fija:

a) Tarifa 1:

1.ª Tasa por examen de la documentación necesaria para la verificación del cumplimiento de los requisitos para la aprobación de la utilización de un modelo interno total de entidad aseguradora o reaseguradora individual: 100.000 euros.

2.ª Tasa por examen de la documentación necesaria para la verificación del cumplimiento de los requisitos para la modificación de un modelo interno total de entidad individual distinta a la modificación de la política de cambios del modelo: 20.000 euros.

3.ª Tasa por examen de la documentación necesaria para la verificación del cumplimiento de los requisitos para la modificación de la política de cambios del modelo: 1.000 euros.

4.ª En el caso de modelos internos parciales, las cuantías de las tasas serán las previstas en los ordinales anteriores reducidas en un 50 por ciento, excepto la 3.ª

b) Tarifa 2:

1.ª Tasa por examen de la documentación necesaria para la verificación del cumplimiento de los requisitos para la aprobación de la utilización de un modelo interno total consolidado o de grupo de entidades aseguradoras o reaseguradoras: 200.000 euros.

2.ª Tasa por examen de la documentación necesaria para la verificación del cumplimiento de los requisitos para la autorización de modificaciones del modelo interno total consolidado o de grupo de entidades aseguradoras o reaseguradoras distinta de la modificación de la política de cambios del modelo: 40.000 euros.

3.ª Tasa por examen de la documentación necesaria para la verificación del cumplimiento de los requisitos para la modificación de la política de cambios del modelo: 1.000 euros.

4.ª En el caso de modelos internos parciales, las tasas serán las previstas en los ordinales anteriores reducidas en un 50 por ciento, excepto la 3.ª

c) Tarifa 3:

Tasa por examen de la documentación necesaria para la verificación del cumplimiento de los requisitos para la aprobación de la utilización de parámetros específicos: 20.000 euros.

6. Modificación por las leyes de Presupuestos Generales del Estado.

Las Leyes de Presupuestos Generales del Estado podrán modificar el importe de la cuota de la tasa regulada en esta disposición.

7. Autoliquidación y pago.

La tasa será autoliquidada por el sujeto pasivo en el plazo de un mes desde la notificación de la autorización en la forma que se determine por el Ministerio de Asuntos Económicos y Transformación Digital.

En los casos de denegación o desistimiento de la solicitud, se abonará la tasa que hubiera correspondido satisfacer conforme al apartado 5, reducida en un 50 por ciento, debiendo practicarse la autoliquidación en el plazo de un mes desde que dichas circunstancias se produzcan en la forma que se determine por el Ministerio de Asuntos Económicos y Transformación Digital.

La administración, liquidación y recaudación de la tasa en período voluntario corresponde a la Dirección General de Seguros y Fondos de Pensiones. La recaudación en período ejecutivo corresponde a la Agencia Estatal de Administración Tributaria, de acuerdo con la legislación vigente.

– La Disposición adicional vigésima primera se introduce por la **Ley 12/2022, de 30 de junio, de regulación para el impulso de los planes de pensiones de empleo, por la que se modifica el texto refundido de la Ley de Regulación de los Planes y Fondos de Pensiones, aprobado por Real Decreto Legislativo 1/2002, de 29 de noviembre**.

Disposición transitoria primera. Régimen de las mutuas de seguros, mutualidades de previsión social y cooperativas a prima variable. Las mutuas de seguros a prima variable y las mutualidades de previsión social a prima variable que a la entrada en vigor de esta Ley estuvieran autorizadas para el ejercicio de la actividad aseguradora de acuerdo con lo previsto en el texto refundido de la Ley de ordenación y supervisión de los seguros privados, aprobado por el Real Decreto Legislativo 6/2004, de 29 de octubre, así como las mutualidades de previsión social y cooperativas a prima variable que, de conformidad con lo previsto en el artículo 69.2 b) del texto refundido de la Ley de ordenación y supervisión de los seguros privados, aprobado por el Real Decreto Legislativo 6/2004, de 29 de octubre, hayan sido autorizadas para el ejercicio de la actividad aseguradora en alguna de las Comunidades Autónomas en el ámbito de sus competencias, no podrán seguir ejerciendo la actividad aseguradora con esa forma jurídica.

En el plazo de un año desde la entrada en vigor de esta Ley, las mutuas de seguro a prima variable habrán de transformarse en mutuas de seguros a prima fija, en sociedades anónimas o bien acordar su disolución y liquidación. Las mutualidades de previsión social y las cooperativas a prima variable se podrán transformar adicionalmente en mutualidades de previsión social a prima fija y en cooperativas a prima fija, respectivamente.

Disposición transitoria segunda. Régimen transitorio de adaptación a las cuantías mínimas de capital social y fondo mutual. 1. Las entidades aseguradoras que a la entrada en vigor de esta Ley siguieran acogidas al régimen previsto en la disposición adicional sexta del texto refundido de la Ley de ordenación y supervisión de los seguros privados, aprobado por el Real Decreto Legislativo 6/2004, de 29 de octubre, podrán seguir manteniendo dicho régimen, siempre que tengan adecuadamente calculadas, contabilizadas e invertidas las provisiones técnicas, dispongan del capital de solvencia obligatorio y del capital mínimo obligatorio legalmente exigible y no estén incursas en un procedimiento de medidas de control especial, ni se hallen incursas en causas de disolución o revocación de la autorización administrativa.

2. Las entidades que hayan optado por lo dispuesto en el apartado anterior y dejen de cumplir alguno de los requisitos exigidos en éste, deberán someter a autorización de la Dirección General de Seguros y Fondos de Pensiones un plan de viabilidad desde el momento en que dejen de cumplir dichos requisitos. Si la Dirección General de Seguros y Fondos de Pensiones autoriza el plan de viabili-

dad, fijará las condiciones y el plazo, que no podrá ser superior a dos años, en que dichas entidades deberán alcanzar, en todo caso, el capital social o fondo mutual mínimos exigidos por los artículos 33 o 34 de esta Ley, según proceda. El incumplimiento del plazo previsto, en relación con el plan de viabilidad, será causa de disolución.

3. Las entidades aseguradoras que hayan optado por lo dispuesto en el apartado 1, podrán mantener la actividad en los ramos en los que estuvieran autorizadas, pero sin ampliarla a otros ramos distintos.

Disposición transitoria tercera. Procedimientos administrativos en curso. Los procedimientos administrativos iniciados antes de la entrada en vigor de esta Ley se regirán por la normativa anterior.

Disposición transitoria cuarta. Régimen transitorio en las condiciones de ejercicio de las mutualidades de previsión social que no hayan obtenido autorización administrativa de ampliación de prestaciones. 1. Desde el 1 de septiembre hasta el 31 de diciembre de 2015, las mutualidades de previsión social que no tengan autorización para ampliación de prestaciones podrán solicitar a la Dirección General de Seguros y Fondos de Pensiones acogerse al régimen especial previsto en el artículo 102 de esta Ley. El plazo máximo de vigencia de este régimen transitorio será de tres años desde la entrada en vigor de esta Ley.

2. Para acogerse a este régimen especial deberán presentar a la Dirección General de Seguros y Fondos de Pensiones, junto con la solicitud, un plan de adaptación al régimen general de Solvencia II.

Disposición transitoria quinta. Régimen de determinadas operaciones de seguro realizadas por mutualidades de previsión social al amparo del texto refundido de la Ley de Ordenación y Supervisión de los Seguros Privados, aprobado por el Real Decreto Legislativo 6/2004, de 29 de octubre. Excepción de límites a prestaciones en forma de capital. 1. Las mutualidades de previsión social autorizadas con anterioridad a la entrada en vigor de esta Ley que, sin tener autorización para ampliación de prestaciones, vinieran realizando operaciones de seguro de defensa jurídica o asistencia, o prestasen ayudas familiares para subvenir a necesidades motivadas por hechos o actos jurídicos que impidan temporalmente el ejercicio de la profesión, podrán seguir realizando estas operaciones con carácter indefinido.

Las coberturas de riesgos que se realicen incumpliendo lo dispuesto en el párrafo anterior tendrán la consideración de operaciones prohibidas conforme lo dispuesto por el artículo 5 de esta Ley.

2. Las mutualidades de previsión social que, al amparo de la legislación anterior a esta Ley, viniesen garantizando legalmente prestaciones a las personas en cuantía superior a los límites fijados en el artículo 44.1 de esta Ley, podrán seguir garantizando las prestaciones que tuvieran establecidas, pero no podrán adoptar acuerdos de aumento o revalorización de las prestaciones mientras sigan siendo superiores a los límites mencionados en el referido precepto, ni incorporar nuevos mutualistas a esas pólizas o reglamentos de prestaciones.

Disposición transitoria sexta. Auxiliares asesores inscritos a 1 de enero de 2016. Los auxiliares asesores que el 1 de enero de 2016, figuren inscritos en el Registro previsto en el artículo 52 de la Ley 26/2006, de 17 de julio, de mediación de seguros y reaseguros privados, causarán baja de oficio, al haber desaparecido la obligación legal de inscripción.

Disposición transitoria séptima. Régimen de las prestaciones sociales autorizadas a las mutualidades de previsión social al amparo del texto refundido de la Ley de Ordenación y Supervisión de los Seguros Privados, aprobado por el Real Decreto Legislativo 6/2004, de 29 de octubre. 1. Las mutualidades de previsión social que a la entrada en vigor de esta Ley tuvieran autorización para otorgar prestaciones sociales conforme a lo dispuesto en el artículo 64.2 del texto refundido de la Ley de ordenación y supervisión de los seguros privados, aprobado por el Real Decreto Legislativo 6/2004, de 29 de octubre, podrán continuar otorgándolas, aun cuando las prestaciones sociales para las que hayan sido autorizadas no estén vinculadas a las operaciones de seguros a que se refiere el artículo 44.1 de esta Ley, cumpliendo las condiciones establecidas en el mismo, así como las siguientes:

a) Desde la entrada en vigor de esta Ley los órganos sociales de la mutualidad de previsión social no podrán acordar el otorgamiento de nuevas prestaciones sociales a favor de sus mutualistas que no cumplan lo dispuesto en el artículo 44.4 de esta Ley.

b) Las que ya hubieren sido acordadas por los órganos sociales con anterioridad a la entrada en vigor de esta Ley podrán seguir otorgándose hasta su total extinción, sin posibilidad de prórroga.

c) Las prestaciones sociales que se acuerden incumpliendo lo dispuesto en las letras a) y b) de este apartado tendrán la consideración de operaciones prohibidas conforme lo dispuesto por el artículo 5 de esta Ley.

2. Las mutualidades de previsión social que a la entrada en vigor de esta Ley tuvieran autorización para otorgar prestaciones sociales al amparo de lo dispuesto en el artículo 64.2 del texto refundido de la Ley de ordenación y supervisión de los seguros privados, aprobado por el Real Decreto Legislativo 6/2004, de 29 de octubre, y siempre que las prestaciones sociales para las que hayan sido autorizadas se ajusten a lo dispuesto por el artículo 44.1 de esta Ley, podrán seguir otorgándolas en los términos exigidos por este último precepto.

Disposición transitoria octava. Régimen transitorio de la actividad reaseguradora de las federaciones de mutualidades de previsión social. Los contratos de reaseguro suscritos entre las mutualidades de previsión social y las federaciones de mutualidades de previsión social, al amparo de lo dispuesto en legislaciones anteriores, que se encuentren vigentes a la entrada en vigor de esta Ley, podrán mantenerse hasta su vencimiento, sin posibilidad de renovación o prórroga.

Disposición transitoria novena. Régimen transitorio del capital mínimo obligatorio. 1. Las entidades aseguradoras y reaseguradoras que a la entrada en vigor de esta Ley cumplan el margen de solvencia establecido en el artículo 17 del Texto Refundido de la Ley de ordenación y supervisión de los seguros privados, aprobado por el Real decreto Legislativo 6/2004, de 29 de octubre, y por su normativa de desarrollo, pero no dispongan de fondos propios básicos admisibles suficientes para cubrir el capital mínimo obligatorio conforme al artículo 78 de esta Ley, estarán obligadas a cumplir lo establecido en este último precepto antes del 31 de diciembre de 2016. En caso contrario, se revocará la autorización administrativa para desarrollar la actividad aseguradora o reaseguradora.

Lo anterior no impedirá la aplicación, cuando proceda, de las medidas de control especial que resulten pertinentes.

2. Hasta el 31 de diciembre de 2017, los porcentajes previstos en el primer párrafo del artículo 78.3 de esta Ley para el cálculo del límite del capital mínimo obligatorio, se aplicarán exclusivamente al capital de solvencia obligatorio, sin incluir cualquier capital de solvencia obligatorio adicional exigido.

Disposición transitoria décima. Ámbito de aplicación del régimen especial de solvencia. Desde el 1 de septiembre hasta el 31 de diciembre de 2015, las entidades aseguradoras domiciliadas en España que no realicen actividades en régimen de derecho de establecimiento o de libre prestación de servicios en otros Estados miembros ni en terceros países, podrán acogerse al régimen especial de solvencia regulado en el capítulo VIII del título III, cuando lo soliciten a la Dirección General de Seguros y Fondos de Pensiones acreditando que cumplen todas las condiciones que reglamentariamente se establezcan durante el ejercicio anterior a la solicitud.

Disposición transitoria undécima. Entidades aseguradoras y reaseguradoras que a partir del 1 de enero de 2016 no suscriban nuevos contratos. 1. Las entidades aseguradoras y reaseguradoras que a partir del 1 de enero de 2016 no suscriban nuevos contratos de seguro o reaseguro y gestionen exclusivamente su cartera de contratos existente para poner fin a sus actividades, no estarán sujetas a los títulos I a V de esta Ley siempre y cuando cumplan alguna de las condiciones siguientes:

a) La entidad haya comunicado a la Dirección General de Seguros y Fondos de Pensiones que cesará su actividad antes del 1 de enero de 2019.

b) La entidad sea objeto de medidas de reorganización previstas en el título VI de esta Ley y se haya nombrado un administrador.

2. Las entidades a las que se refiere el apartado 1, estarán sujetas a lo dispuesto en los títulos I a V de esta Ley a partir de las siguientes fechas:

a) Para las del apartado 1.a), a partir del 1 de enero de 2019 o a partir de una fecha anterior si la Dirección General de Seguros y Fondos de Pensiones no está satisfecha de los progresos realizados con vistas a la cesación de la actividad de la entidad.

b) Para las del apartado 1.b), a partir del 1 de enero de 2021 o a partir de una fecha anterior si la Dirección General de Seguros y Fondos de Pensiones no está satisfecha de los progresos realizados con vistas a la cesación de la actividad de la entidad.

3. Para poderse acoger a esta medida transitoria, las entidades aseguradoras y reaseguradoras deberán cumplir los siguientes requisitos:

a) Si la entidad forma parte de un grupo, todas las entidades que forman parte del mismo deben dejar de suscribir nuevos contratos de seguros o de reaseguros.

b) Presentar a la Dirección General de Seguros y Fondos de Pensiones un informe anual en el que establezca los progresos realizados con vistas al cese de su actividad.

c) Notificar a la Dirección General de Seguros y Fondos de Pensiones la aplicación de esta medida transitoria.

4. Esta medida transitoria no impedirá que ninguna entidad pueda operar de acuerdo con esta Ley y su reglamento de desarrollo.

Disposición transitoria duodécima. Vigencia temporal. Sin perjuicio de lo dispuesto en la disposición adicional decimoctava, hasta que se dicten las disposiciones reglamentarias de desarrollo de esta Ley, mantendrán su vigencia el Reglamento de ordenación y supervisión de los seguros privados, aprobado por el Real Decreto 2486/1998, de 20 diciembre; el Reglamento de mutualidades de previsión social, aprobado por el Real Decreto 1430/2002, de 27 de diciembre; el Plan de contabilidad de las entidades aseguradoras, aprobado por el Real Decreto 1317/2008, de 24 de julio; y las demás disposiciones de carácter general dictadas en desarrollo del texto refundido de la Ley de ordenación y supervisión de los seguros privados, en todo lo que no se opongan a esta Ley.

Disposición transitoria decimotercera. Régimen transitorio de las modificaciones introducidas en la ley de Contrato de Seguro a través de la disposición final primera de esta ley. Las entidades aseguradoras dispondrán de un plazo de seis meses para adaptar las pólizas que se comercialicen a partir de la entrada en vigor de esta Ley a las modificaciones introducidas a través de la disposición final primera de la misma en la Ley 50/1980, de 8 de octubre, de Contrato de Seguro. Transcurrido el mismo y durante un plazo máximo de un año, las entidades de seguros adaptarán, a su renovación, las pólizas correspondientes a los contratos vigentes. No obstante, serán de aplicación directa aquellos preceptos que tengan carácter imperativo desde la entrada en vigor de esta Ley.

Disposición derogatoria. Quedan derogadas cuantas disposiciones de igual o inferior rango se opongan a lo establecido en esta Ley y, en particular, las siguientes:

a) Los artículos 33.a), 75 y la definición de grandes riesgos del artículo 107.2 de la Ley 50/1980, de Contrato de Seguro.

b) El Real Decreto 2020/1986, de 22 de agosto, por el que se aprueba el Reglamento de Funcionamiento de la Comisión Liquidadora de Entidades Aseguradoras.

c) El Real Decreto 2226/1986, de 12 de septiembre, por el que se confía a la Comisión Liquidadora de Entidades Aseguradoras las funciones atribuidas a la Comisión creada por el Real Decreto-ley 11/1981, de 20 de agosto.

d) El Real Decreto 731/1987, de 15 de mayo, por el que se aprueba el Reglamento del Consorcio de Compensación de Seguros, en cuanto pudiera estar en vigor.

e) La Orden de 25 de marzo de 1988, por la que se complementa el Real Decreto 2020/1986, de 22 de agosto.

f) El Real Decreto 312/1988, de 30 de marzo, por el que se encomienda a la Comisión Liquidadora de Entidades Aseguradoras la liquidación de las entidades de previsión social.

g) El Real Decreto Legislativo 6/2004, de 29 de octubre, por el que se aprueba el texto refundido de la Ley de ordenación y supervisión de los seguros privados, excepto sus artículos 9, 10 y 24 por lo que se refiere a las mutuas, mutualidades de previsión social y cooperativas de seguros; la disposición adicional sexta; la disposición adicional séptima; y la referencia contenida en la disposición derogatoria del Real Decreto Legislativo, letra a).8.ª, por la que se mantiene en vigor la disposición adicional decimoquinta de la Ley 30/1995, de 8 de noviembre, de Ordenación y Supervisión de los Seguros Privados, que deben seguir vigentes.

Disposición final primera. Modificación de la Ley 50/1980, de 8 de octubre, de Contrato de Seguro. Se modifica la Ley 50/1980, de 8 de octubre, de Contrato de Seguro, en los siguientes términos:

Uno. El apartado 3 del artículo octavo queda redactado como sigue:

«3. Naturaleza del riesgo cubierto, describiendo, de forma clara y comprensible, las garantías y coberturas otorgadas en el contrato, así como respecto a cada una de ellas, las exclusiones y limitaciones que les afecten destacadas tipográficamente».

Dos. El artículo once queda redactado como sigue:

«1. El tomador del seguro o el asegurado deberán durante la vigencia del contrato comunicar al asegurador, tan pronto como le sea posible, la alteración de los factores y las circunstancias declaradas en el cuestionario previsto en el artículo anterior que agraven el riesgo y sean de tal naturaleza que si hubieran sido conocidas por éste en el momento de la perfección del contrato no lo habría celebrado o lo habría concluido en condiciones más gravosas.

2. En los seguros de personas el tomador o el asegurado no tienen obligación de comunicar la variación de las circunstancias relativas al estado de salud del asegurado, que en ningún caso se considerarán agravación del riesgo».

Tres. El artículo veintidós queda redactado como sigue:

«1. La duración del contrato será determinada en la póliza, la cual no podrá fijar un plazo superior a diez años. Sin embargo, podrá establecerse que se prorrogue una o más veces por un período no superior a un año cada vez.

2. Las partes pueden oponerse a la prórroga del contrato mediante una notificación escrita a la otra parte, efectuada con un plazo de, al menos, un mes de anticipación a la conclusión del período del seguro en curso cuando quien se oponga a la prórroga sea el tomador, y de dos meses cuando sea el asegurador.

3. El asegurador deberá comunicar al tomador, al menos con dos meses de antelación a la conclusión del período en curso, cualquier modificación del contrato de seguro.

4. Las condiciones y plazos de la oposición a la prórroga de cada parte, o su inoponibilidad, deberán destacarse en la póliza.

5. Lo dispuesto en los apartados precedentes no será de aplicación en cuanto sea incompatible con la regulación del seguro sobre la vida».

Cuatro. Se añade una sección quinta, dentro del título III denominada «Seguros de decesos y dependencia», con los siguientes artículos:

«Artículo ciento seis bis.

1. Por el seguro de decesos el asegurador se obliga, dentro de los límites establecidos en este título y en el contrato, a prestar los servicios funerarios pactados en la póliza para el caso en que se produzca el fallecimiento del asegurado.

El exceso de la suma asegurada sobre el coste del servicio prestado por el asegurador corresponderá al tomador o, en su defecto, a los herederos.

2. En el supuesto de que el asegurador no hubiera podido proporcionar la prestación por causas ajenas a su voluntad, fuerza mayor o

por haberse realizado el servicio a través de otros medios distintos a los ofrecidos por la aseguradora, el asegurador quedará obligado a satisfacer la suma asegurada a los herederos del asegurado fallecido, no siendo responsable de la calidad de los servicios prestados.

3. En caso de concurrencia de seguros de decesos en una misma aseguradora, el asegurador estará obligado a devolver, a petición del tomador, las primas pagadas de la póliza que haya decidido anular desde que se produjo la concurrencia.

4. En caso de fallecimiento, si se hubiera producido la concurrencia de seguros de decesos en más de una aseguradora, el asegurador que no hubiera podido cumplir con su obligación de prestar el servicio funerario en los términos y condiciones previstos en el contrato, vendrá obligado al pago de la suma asegurada a los herederos del asegurado fallecido.

5. La oposición a la prórroga del contrato sólo podrá ser ejercida por el tomador.

Artículo ciento seis ter.

1. Por el seguro de dependencia el asegurador se obliga, dentro de los límites establecidos en este título y en el contrato, para el caso de que se produzca la situación de dependencia, al cumplimiento de la prestación convenida con la finalidad de atender, total o parcialmente, directa o indirectamente, las consecuencias perjudiciales para el asegurado que se deriven de dicha situación.

2. A los efectos de este artículo, se entiende por situación de dependencia la prevista en la normativa reguladora de la promoción de la autonomía personal y atención a las personas en situación de dependencia.

3. La prestación de asegurador podrá consistir en:

a) Abonar al asegurado el capital o la renta convenida.

b) Reembolsar al asegurado los gastos derivados de la asistencia.

c) Garantizar al asegurado la prestación de los servicios de asistencia, debiendo el asegurador poner a disposición del asegurado dichos servicios y asumir directamente su coste.

4. La oposición a la prórroga del contrato sólo podrá ser ejercida por el tomador.

Artículo ciento seis quáter.

En los seguros de asistencia sanitaria, dependencia y de decesos, las entidades aseguradoras garantizarán a los asegurados la libertad de elección del prestador del servicio, dentro de los límites y condiciones establecidos en el contrato. En estos casos la entidad aseguradora deberá poner a disposición del asegurado, de forma fácilmente accesible, una relación de prestadores de servicios que garantice una efectiva libertad de elección, salvo en aquellos contratos en los que expresamente se prevea un único prestador.

En los seguros de decesos será de aplicación lo dispuesto en el artículo 106 bis.2 cuando los herederos contratasen los servicios por medios distintos a los ofrecidos por la aseguradora conforme al párrafo anterior».

Disposición final segunda. Modificación de la Ley 13/1996, de 30 de diciembre, de Medidas Fiscales, Administrativas y del Orden Social. Con efectos desde 1 de enero de 2016, se introducen las siguientes modificaciones en la Ley 13/1996, de 30 de diciembre, de Medidas Fiscales, Administrativas y del Orden Social:

Uno. Se suprime el número 2 del apartado nueve del artículo 12.

Dos. Se suprime el apartado catorce del artículo 12.

Disposición final tercera. Modificación de la Ley 38/1999, de 5 de noviembre, de Ordenación de la Edificación. Se modifica la Ley 38/1999, de 5 de noviembre, de Ordenación de la Edificación, en los siguientes términos:

Uno. El apartado 1 del artículo 19 queda redactado como sigue:

«1. El régimen de garantías exigibles para las obras de edificación comprendidas en el artículo 2 de esta Ley se hará efectivo de acuerdo con la obligatoriedad que se establezca en aplicación de la disposición adicional segunda, teniendo como referente a las siguientes garantías:

a) Seguro de daños materiales, seguro de caución o garantía financiera, para garantizar, durante un año, el resarcimiento de los daños materiales por vicios o defectos de ejecución que afecten a elementos de terminación o acabado de las obras, que podrá ser sustituido por la retención por el promotor de un 5 por 100 del importe de la ejecución material de la obra.

b) Seguro de daños materiales, seguro de caución o garantía financiera, para garantizar, durante tres años, el resarcimiento de los daños causados por vicios o defectos de los elementos constructivos o de las instalaciones que ocasionen el incumplimiento de los requisitos de habitabilidad del apartado 1, letra c), del artículo 3.

c) Seguro de daños materiales, seguro de caución o garantía financiera, para garantizar, durante diez años, el resarcimiento de los daños materiales causados en el edificio por vicios o defectos que tengan su origen o afecten a la cimentación, los soportes, las vigas, los forjados, los muros de carga u otros elementos estructurales, y que comprometan directamente la resistencia mecánica y estabilidad del edificio».

Dos. Se modifica la disposición adicional primera, que queda redactada como sigue:

«Disposición adicional primera. Percepción de cantidades a cuenta del precio durante la construcción.

Uno. Obligaciones de los promotores que perciban cantidades anticipadas.

1. Las personas físicas y jurídicas que promuevan la construcción de toda clase de viviendas, incluidas las que se realicen en régimen de comunidad de propietarios o sociedad cooperativa, y que pretendan obtener de los adquirentes entregas de dinero para su construcción, deberán cumplir las condiciones siguientes:

a) Garantizar, desde la obtención de la licencia de edificación, la devolución de las cantidades entregadas más los intereses legales, mediante contrato de seguro de caución suscrito con entidades aseguradoras debidamente autorizadas para operar en España, o mediante aval solidario emitido por entidades de crédito debidamente autorizadas, para el caso de que la construcción no se inicie o no llegue a buen fin en el plazo convenido para la entrega de la vivienda.

b) Percibir las cantidades anticipadas por los adquirentes a través de entidades de crédito en las que habrán de depositarse en cuenta especial, con separación de cualquier otra clase de fondos pertenecientes al promotor, incluido el supuesto de comunidades de propietarios o sociedad cooperativa, y de las que únicamente podrá disponer para las atenciones derivadas de la construcción de las viviendas. Para la apertura de estas cuentas o depósitos la entidad de crédito, bajo su responsabilidad, exigirá la garantía a que se refiere la condición anterior.

2. La garantía se extenderá a las cantidades aportadas por los adquirentes, incluidos los impuestos aplicables, más el interés legal del dinero.

Dos. Requisitos de las garantías.

1. Para que un contrato de seguro de caución pueda servir como garantía de las cantidades anticipadas en la construcción y venta de viviendas deberá cumplir los siguientes requisitos:

a) Se suscribirá una póliza de seguro individual por cada adquirente, en la que se identifique el inmueble para cuya adquisición se entregan de forma anticipada las cantidades o los efectos comerciales.

b) La suma asegurada incluirá la cuantía total de las cantidades anticipadas en el contrato de compraventa, de adhesión a la promoción o fase de la cooperativa o instrumento jurídico equivalente, incluidos los impuestos aplicables, incrementada en el interés legal del dinero desde la entrega efectiva del anticipo hasta la fecha prevista de la entrega de la vivienda por el promotor.

c) Será tomador del seguro el promotor, a quien le corresponderá el pago de la prima por todo el periodo de seguro hasta la elevación a escritura pública del contrato de compraventa, de adhesión a la promoción o fase de la cooperativa o instrumento jurídico equivalente.

d) Corresponde la condición de asegurado al adquirente o adquirentes que figuren en el contrato de compraventa.

e) El asegurador no podrá oponer al asegurado las excepciones que puedan corresponderle contra el tomador del seguro. La falta de pago de la prima por el promotor no será, en ningún caso, excepción oponible.

f) La duración del contrato no podrá ser inferior a la del compromiso para la construcción y entrega de las viviendas. En caso de que se conceda prórroga para la entrega de las viviendas, el promotor podrá prorrogar el contrato de seguro mediante el pago de la correspondiente prima, debiendo informar al asegurado de dicha prórroga.

g) La entidad aseguradora podrá comprobar durante la vigencia del seguro los documentos y datos del promotor-tomador que guarden relación con las obligaciones contraídas frente a los asegurados.

h) En caso de que la construcción no se inicie o no llegue a buen fin en el plazo convenido el asegurado, siempre que haya requerido de manera fehaciente al promotor para la devolución de las cantidades aportadas a cuenta, incluidos los impuestos aplicables y sus intereses y este en el plazo de treinta días no haya procedido a su devolución, podrá reclamar al asegurador el abono de la indemnización correspondiente. Igualmente, el asegurado podrá reclamar directamente al asegurador cuando no resulte posible la reclamación previa al promotor.

El asegurador deberá indemnizar al asegurado en el plazo de treinta días a contar desde que formule la reclamación.

i) En ningún caso serán indemnizables las cantidades que no se acredite que fueron aportadas por el asegurado, aunque se hayan incluido en la suma asegurada del contrato de seguro, por haberse pactado su entrega aplazada en el contrato de cesión.

j) El asegurador podrá reclamar al promotor-tomador las cantidades satisfechas a los asegurados, a cuyo efecto se subrogará en los derechos que correspondan a éstos.

k) En el caso de que la entidad aseguradora hubiere satisfecho la indemnización al asegurado como consecuencia del siniestro cubierto por el contrato de seguro, el promotor no podrá enajenar la vivienda sin haber resarcido previamente a la entidad aseguradora por la cantidad indemnizada.

l) En todo lo no específicamente dispuesto, le será de aplicación la Ley 50/1980, de 8 de octubre, de Contrato de Seguro.

2. Para que un aval pueda servir como garantía de las cantidades anticipadas en la construcción y venta de viviendas deberá cumplir los siguientes requisitos:

a) Deberá emitirse y mantenerse en vigor por la entidad de crédito, por la cuantía total de las cantidades anticipadas en el contrato de compraventa, de adhesión a la promoción o fase de la cooperativa o instrumento jurídico equivalente, incluidos los impuestos aplicables, incrementada en el interés legal del dinero desde la entrega efectiva del anticipo hasta la fecha prevista de la entrega de la vivienda por el promotor.

b) En caso de que la construcción no se inicie o no llegue a buen fin en el plazo convenido, el beneficiario, siempre que haya requerido de manera fehaciente al promotor para la devolución de las cantidades entregadas a cuenta, incluidos los impuestos aplicables, y sus intereses y este en el plazo de treinta días no haya procedido a su devolución, podrá exigir al avalista el abono de dichas cantidades.

Igualmente, el beneficiario podrá reclamar directamente al avalista cuando no resulte posible la reclamación previa al promotor.

c) Transcurrido un plazo de dos años, a contar desde el incumplimiento por el promotor de la obligación garantizada sin que haya sido requerido por el adquirente para la rescisión del contrato y la devolución de las cantidades anticipadas, se producirá la caducidad del aval.

Tres. Información contractual.

En los contratos para la adquisición de viviendas en que se pacte la entrega al promotor, incluido el supuesto de comunidades de propietarios o sociedad cooperativa, de cantidades anticipadas deberá hacerse constar expresamente:

a) Que el promotor se obliga a la devolución al adquirente de las cantidades percibidas a cuenta, incluidos los impuestos aplicables, más los intereses legales en caso de que la construcción no se inicie o termine en los plazos convenidos que se determinen en el contrato, o no se obtenga la cédula de habitabilidad, licencia de primera ocupación o el documento equivalente que faculten para la ocupación de la vivienda.

b) Referencia al contrato de seguro o aval bancario a los que hace referencia el apartado uno.1.a) de esta disposición, con indicación de la denominación de la entidad aseguradora o de la entidad avalista.

c) Designación de la entidad de crédito y de la cuenta a través de la cual se ha de hacer entrega por el adquirente de las cantidades que se hubiese comprometido anticipar como consecuencia del contrato celebrado.

En el momento del otorgamiento del contrato de compraventa, el promotor, incluido el supuesto de comunidades de propietarios o sociedad cooperativa, hará entrega al adquirente del documento que acredite la garantía, referida e individualizada a las cantidades que han de ser anticipadas a cuenta del precio.

Cuatro. Ejecución de la garantía.

Si la construcción no hubiera llegado a iniciarse o la vivienda no hubiera sido entregada, el adquirente podrá optar entre la rescisión del contrato con devolución de las cantidades entregadas a cuenta, incluidos los impuestos aplicables, incrementadas en los intereses legales, o conceder al promotor prórroga, que se hará constar en una cláusula adicional del contrato otorgado, especificando el nuevo período con la fecha de terminación de la construcción y entrega de la vivienda.

Cinco. Cancelación de la garantía.

Expedida la cédula de habitabilidad, la licencia de primera ocupación o el documento equivalente que faculten para la ocupación de la vivienda por el órgano administrativo competente y acreditada por el promotor la entrega de la vivienda al adquirente, se cancelarán las garantías otorgadas por la entidad aseguradora o avalista. Cumplidas las condiciones anteriores, se producirá igual efecto si el adquirente rehusara recibir la vivienda.

Seis. Publicidad de la promoción de viviendas.

En la publicidad de la promoción de viviendas con percepción de cantidades a cuenta con anterioridad a la iniciación de las obras o durante el período de construcción, será obligatorio hacer constar que el promotor ajustará su actuación y contratación al cumplimiento de los requisitos establecidos en la presente Ley, haciendo mención expresa de la entidad aseguradora o avalista garante, así como de la entidad de crédito en la que figura abierta la cuenta especial en la que habrán de ingresarse las cantidades anticipadas.

Siete. Infracciones y sanciones.

El incumplimiento de las obligaciones impuestas en esta disposición constituye infracción en materia de consumo, aplicándose lo dispuesto en el régimen sancionador general sobre protección de los consumidores y usuarios previsto en la legislación general y en la normativa autonómica correspondiente, sin perjuicio de las competencias atribuidas por la normativa vigente a la Dirección General de Seguros y Fondos de Pensiones.

El incumplimiento de la obligación de constituir garantía a la que se refiere el apartado uno.1 de esta disposición dará lugar a una sanción de hasta el 25 por 100 de las cantidades cuya devolución deba ser asegurada o la que corresponda según lo dispuesto en la normativa propia de las Comunidades Autónomas.

Además de lo anterior, se impondrán al promotor, incluido el supuesto de comunidades de propietarios o sociedad cooperativa, las infracciones y sanciones que pudieran corresponder conforme a la legislación específica en materia de ordenación de la edificación.

Ocho. Desarrollo reglamentario.

Reglamentariamente podrán determinarse los organismos públicos de promoción de viviendas que se exceptúen de los requisitos establecidos en esta disposición adicional.

El Gobierno podrá dictar las disposiciones complementarias para el desarrollo de lo dispuesto en esta disposición adicional».

Tres. Se añade una disposición transitoria tercera, con la siguiente redacción:

«Disposición transitoria tercera. Adaptación al régimen introducido por la disposición adicional primera «Percepción de cantidades a cuenta del precio durante la construcción», en su redacción dada por la Ley 20/2015, de 14 de julio, de ordenación, supervisión y solvencia de entidades aseguradoras y reaseguradoras, que modifica la Ley 38/1999, de 5 de noviembre, de Ordenación de la Edificación.

Las entidades aseguradoras deberán, antes del 1 de julio de 2016 y para las cantidades que se entreguen a cuenta a partir de esa fecha, adaptar las pólizas vigentes a 1 de enero de 2016 al régimen introducido por la disposición final tercera.dos de la Ley 20/2015, de 14 de julio, de ordenación, supervisión y solvencia de entidades aseguradoras y reaseguradoras, por la que se modifica la disposición adicional primera «Percepción de cantidades a cuenta del precio durante la construcción» de la Ley 38/1999, de 5 de noviembre, de Ordenación de la Edificación».

Cuatro. Se añade una disposición derogatoria tercera con la siguiente redacción:

«Disposición derogatoria tercera.

Quedan derogadas cuantas disposiciones de igual o inferior rango se opongan a lo establecido en esta Ley y, en particular, las siguientes:

a) La Ley 57/1968, de 27 de julio, sobre percibo de cantidades anticipadas en la construcción y venta de viviendas.

b) El Decreto 3114/1968, de 12 de diciembre, sobre aplicación de la Ley 57/1968, de 27 de julio, a las Comunidades y Cooperativas de Viviendas.

c) La Orden de 29 de noviembre de 1968 sobre el seguro de afianzamiento de cantidades anticipadas para viviendas, en lo que pudiera estar en vigor».

Disposición final cuarta. Modificación del texto refundido de la Ley de regulación de los Planes y Fondos de pensiones, aprobado por el Real Decreto Legislativo 1/2002, de 29 de noviembre. Se modifica el texto refundido de la Ley de Regulación de los Planes y Fondos de Pensiones, aprobado por el Real Decreto Legislativo 1/2002, de 29 de noviembre, en los siguientes términos:

Uno. El artículo 2 queda redactado como sigue:

«Artículo 2. Naturaleza de los fondos de pensiones.

Los fondos de pensiones son patrimonios creados al exclusivo objeto de dar cumplimiento a planes de pensiones, cuya gestión, custodia y control se realizarán de acuerdo con la presente Ley.

También podrán crearse fondos de pensiones abiertos con el objeto de canalizar las inversiones de otros fondos de pensiones, según lo previsto en el artículo 11 ter».

Dos. El apartado 2 del artículo 10 queda redactado como sigue:

«2. Reglamentariamente se fijarán las condiciones a que se sujetarán las relaciones entre el plan y el fondo de pensiones, y en particular las referentes al traspaso de la cuenta de posición del plan desde un fondo de pensiones a otro, así como a la liquidación del plan. Reglamentariamente se podrán establecer las condiciones y requisitos en los que la comisión de control de un plan de pensiones adscrito a un fondo puede canalizar recursos de su cuenta de posición a otros fondos de pensiones o adscribirse a varios, gestionados, en su caso, por diferentes entidades gestoras».

Tres. Los apartados 9 y 10 del artículo 11 quedan redactados como sigue:

«9. En relación con los procesos de inversión desarrollados, los fondos de pensiones podrán encuadrarse dentro de dos tipos:

a) Fondo cerrado, que instrumenta exclusivamente las inversiones del plan o planes de pensiones integrados en él.

b) Fondo abierto, caracterizado por poder canalizar las inversiones de otros fondos de pensiones y de planes de pensiones adscritos a otros fondos de acuerdo con lo previsto en el artículo 11 ter.

10. En los fondos de pensiones que integran planes de pensiones de prestación definida podrá requerirse la constitución de un patrimonio inicial mínimo, según niveles fijados reglamentariamente, en razón de las garantías exigidas para su correcto desenvolvimiento financiero».

Cuatro. Se introduce un nuevo artículo 11 ter con la siguiente redacción:
«Artículo 11 ter. Fondos de pensiones abiertos.

1. Podrán constituirse fondos de pensiones abiertos con el objeto de canalizar inversiones de otros fondos de pensiones y de planes de pensiones adscritos a otros fondos de pensiones de acuerdo con lo previsto en este artículo.

Los fondos de pensiones abiertos se encuadrarán necesariamente en una de las categorías siguientes:

a) Fondos de pensiones abiertos de empleo, destinados a canalizar inversiones de fondos de pensiones de empleo. En los términos que se establezcan reglamentariamente, los planes de pensiones del sistema de empleo también podrán canalizar recursos de su cuenta de posición a fondos de pensiones abiertos de empleo.

b) Fondos de pensiones abiertos personales, destinados a canalizar inversiones de fondos de pensiones personales. En los términos que se establezcan reglamentariamente, los planes de pensiones del sistema individual y asociado también podrán canalizar recursos de su cuenta de posición a fondos de pensiones abiertos personales.

Cada uno de los fondos de pensiones inversores y de los planes de pensiones inversores ostentará una cuenta de participación en el fondo abierto.

La integración directa de planes de pensiones en fondos de pensiones abiertos será potestativa, debiendo ser en todo caso de la misma categoría de empleo o personal.

2. En los fondos de pensiones abiertos de empleo se constituirá una Comisión de control del fondo formada por representantes de los fondos y planes de pensiones inversores, y en su caso, de los planes integrados directamente, que serán designados por las Comisiones de control de dichos fondos y planes entre sus miembros. En tanto exista un único fondo inversor o un único plan de pensiones inversor o integrado, la Comisión de control de éste ejercerá como Comisión de control del fondo de pensiones abierto.

En los fondos de pensiones abiertos personales no será precisa la constitución de una Comisión de control del fondo abierto, correspondiendo, en su caso, a la entidad gestora las funciones que la normativa atribuye a aquella.

La Comisión de control del fondo de pensiones abierto se regirá por lo dispuesto en el artículo 14 y las normas que lo desarrollen reglamentariamente, entendiendo, en su caso, realizadas a fondos de pensiones inversores o planes de pensiones inversores las referencias a planes de pensiones.

Los gastos de funcionamiento de la Comisión de control del fondo de pensiones abierto se soportarán por el fondo, si bien, podrá acordarse su asunción total o parcial por las entidades gestoras o depositarias o promotoras de los planes de pensiones.

3. Para la constitución de un fondo de pensiones abierto se precisará el acuerdo de las entidades gestora y depositaria.

Los fondos de pensiones abiertos se constituirán, previa autorización administrativa, de acuerdo con el procedimiento regulado en los artículos 11 y 11 bis con las especificaciones que, en su caso, se establezcan reglamentariamente. Su denominación deberá ir seguida, en todo caso, de la expresión "fondo de pensiones abierto".

La escritura pública de constitución del fondo de pensiones abierto deberá incluir sus normas de funcionamiento en las que se especificará su ámbito de actuación expresando su objeto como fondo abierto, su categoría de empleo o personal y los contenidos mínimos previstos en el artículo 11.2.c), en lo que sean de aplicación, entendiendo en su caso realizada a cuentas de participación la referencia a cuentas de posición.

Un fondo de pensiones cerrado de empleo o personal podrá convertirse en fondo de pensiones abierto, en los términos establecidos reglamentariamente.

4. Los fondos de pensiones abiertos se regirán por las disposiciones de esta Ley y sus normas de desarrollo relativas a fondos de pensiones que no sean específicas de los fondos de empleo o personales destinados exclusivamente a integrar planes de pensiones, entendiendo, en su caso, realizadas a fondos de pensiones inversores o planes de pensiones inversores las referencias a planes de pensiones.

Reglamentariamente podrán regularse requisitos y condiciones específicos para la actividad y funcionamiento de los fondos de pensiones abiertos y, en particular, se podrá exigir un patrimonio mínimo.

Serán aplicables a los fondos de pensiones abiertos las disposiciones del capítulo IX entendiendo realizadas, en su caso, a los fondos de pensiones inversores y planes de pensiones inversores las referencias a planes de pensiones».

Cinco. La letra g) del apartado 1 del artículo 20 queda redactada como sigue:

– La letra g) del apartado 1 se modifica por el **Real Decreto-ley 3/2020, de 4 de febrero.**

Seis. El apartado 6 del artículo 20 queda redactado como sigue:

«6. Será causa de disolución de las entidades gestoras de fondos de pensiones, además de las enumeradas en el artículo 363 del texto refundido de la Ley de Sociedades de Capital, aprobado por Real Decreto Legislativo 1/2010, de 2 de julio, la revocación de la autorización administrativa, salvo que la propia entidad renuncie a dicha autorización, viniendo tal renuncia únicamente motivada por la modificación de su objeto social para desarrollar una actividad distinta al objeto social exclusivo de administración de fondos de pensiones a que se refiere la letra c) del apartado 1 precedente.

El acuerdo de disolución, además de la publicidad que previene el artículo 369 de la Ley de sociedades de capital, se inscribirá en el Registro Administrativo y se publicará en el «Boletín Oficial del Estado» y la entidad extinguida se cancelará en el Registro administrativo, además de dar cumplimiento a lo preceptuado en el artículo 396 de la Ley de Sociedades de Capital.

No obstante lo anterior, la disolución, liquidación y extinción de las entidades aseguradoras autorizadas como gestoras de fondos de pensiones se regirá por la normativa específica de la Ley 20/2015, de 14 de julio, de ordenación, supervisión y solvencia de las entidades aseguradoras y reaseguradoras».

Siete. Los apartados 1 y 2 del artículo 24 quedan redactados como sigue:

– El artículo 24 se modifica por el **Real Decreto-ley 3/2020, de 4 de febrero.**

Ocho. Los apartados 4 y 5 del artículo 24 quedan redactados como sigue:

– El artículo 24 se modifica por el **Real Decreto-ley 3/2020, de 4 de febrero.**

Nueve. Se añade una nueva letra d) en el apartado 2 del artículo 31 con la siguiente redacción:

«d) Cuando transcurra un año sin que el fondo de pensiones abierto canalice ninguna inversión de otros fondos de pensiones ni de planes de pensiones ni integre ningún plan de pensiones, o cuando se aprecie la falta efectiva de actividad en los términos que reglamentariamente se determinen».

Diez. Los apartados 2 y 3 del artículo 34 quedan redactados como sigue:

«2. Con independencia de la sanción administrativa que en su caso proceda imponer, las medidas de control especial, de acuerdo con las características de la situación, podrán consistir en:

1.º Respecto de las entidades gestoras podrán adoptarse cualquiera de las medidas que para las entidades aseguradoras se regulan en los artículos 160 y 161 de la Ley 20/2015, de 14 de julio, de ordenación, supervisión y solvencia de las entidades aseguradoras y reaseguradoras, en la medida que les sean aplicables, con la peculiaridad de que la referencia que en dichos preceptos se hace a la suspensión de la contratación de nuevos seguros por la entidad aseguradora o la aceptación de reaseguro y la prohibición de prórroga de los contratos de seguro ya celebrados debe entenderse como la suspensión de la gestión y administración de nuevos fondos de pensiones por la entidad gestora.

Además, podrá adoptarse la medida de suspender a la entidad gestora en sus funciones de administración del fondo o fondos de pensiones, en cuyo caso la comisión de control del fondo deberá designar una entidad que sustituya a la anterior, previa autorización de la Dirección General de Seguros y Fondos de Pensiones, quien podrá proceder a su designación si aquélla no lo hiciera.

2.º Respecto de los planes y fondos de pensiones podrán adoptarse asimismo las medidas reguladas en los artículos 160 y 161 de la Ley 20/2015, de 14 de julio, de ordenación, supervisión y solvencia de las entidades aseguradoras y reaseguradoras, en la medida que les sean aplicables, con las siguientes peculiaridades: que el plan de financiación o de recuperación deben ser aprobados por la comisión de control del plan de pensiones o fondo de pensiones, que la suspensión de la contratación de nuevos seguros o de aceptación de reaseguro y la prohibición de prórroga de los contratos de seguro ya celebrados queda sustituida por la medida de suspensión de la integración de nuevos planes de pensiones o de nuevos partícipes en los planes de pensiones, y que las referencias que en dichos preceptos se hacen a la entidad aseguradora o a sus órganos de administración deben entenderse hechas, respectivamente, al plan o fondo de pensiones o, según los casos, a las entidades gestoras o depositarias o a las comisiones de control del fondo o de los planes de pensiones.

3.º Asimismo, como medida de control especial complementaria de las contempladas en los números anteriores, la Dirección General de Seguros y Fondos de Pensiones podrá acordar la intervención de la entidad gestora y del fondo o fondos de pensiones para garantizar su correcto cumplimiento de conformidad con lo establecido en el artículo 163 de la Ley 20/2015, de 14 de julio, de ordenación, supervisión y solvencia de las entidades aseguradoras y reaseguradoras.

3. En todo lo demás, será de aplicación en materia de medidas de control especial a adoptar sobre entidades gestoras y planes y fondos de pensiones lo dispuesto en los artículos 164 y 165 de la Ley 20/2015, de 14 de julio, de ordenación, supervisión y solvencia de las entidades aseguradoras y reaseguradoras sobre procedimiento administrativo de adopción de medidas de control especial y sustitución provisional de los órganos de administración, pero entendiéndose hechas a la comisión de control o, en su caso, a la entidad gestora las referencias a los órganos de administración de la entidad aseguradora, cuando las medidas a adoptar lo sean sobre planes y fondos de pensiones.

El juez que declare en concurso a una entidad gestora o depositaria de fondos de pensiones procederá de inmediato a la notificación de la resolución a la Dirección General de Seguros y Fondos de Pensiones. Esta última podrá solicitar a los jueces de los concursos información acerca del estado y evolución de los procedimientos concursales que afecten a entidades gestoras y depositarias de fondos de pensiones».

Once. El artículo 36 queda redactado como sigue:

«Artículo 36. Sanciones administrativas.

1. A las entidades y personas referidas en el apartado 1 del artículo 35 de esta Ley, salvo las mencionadas en los apartados 2, 3 y 4 siguientes, les serán aplicables las sanciones administrativas previstas en los artículos 198, 199 y 200 de la Ley 20/2015, de 14 de julio, de ordenación, supervisión y solvencia de las entidades aseguradoras y reaseguradoras, si bien, las de suspensión de la autorización administrativa efectiva se referirá al ejercicio de actividad como gestora o

depositaria de cualquier fondo de pensiones o a la habilitación para ser promotor de planes de pensiones del sistema individual. En la multa por infracción muy grave prevista en la letra c) del artículo 198 de la Ley 20/2015, de 14 de julio, de ordenación, supervisión y solvencia de las entidades aseguradoras y reaseguradoras, se entenderá por volumen de negocio las aportaciones a planes de pensiones del último ejercicio cerrado con anterioridad a la comisión de la infracción. A estos efectos, se computarán las siguientes aportaciones: en caso de las entidades gestoras y depositarias, la totalidad de aportaciones a los planes de pensiones bajo su gestión y custodia, respectivamente; en caso de promotores de planes distintos de las entidades gestoras y depositarias, la totalidad de las aportaciones a los planes de pensiones de los que son promotores; en caso de personas o entidades en las que se hayan delegado funciones, la totalidad de las aportaciones a los planes de pensiones adscritos a los fondos de pensiones a los que afecte esa delegación; y en caso de liquidadores distintos de entidades gestoras o depositarias, la totalidad de las aportaciones a planes de pensiones adscritos a los fondos de pensiones a los que afecte la liquidación.

2. Los expertos actuarios y las entidades en las que desarrollen su actividad, por sus actuaciones en relación con los planes y fondos de pensiones, serán sancionados por la comisión de infracciones muy graves con una de las siguientes sanciones: prohibición de emitir sus dictámenes en la materia por un período no superior a diez años ni inferior a cinco o multa por importe desde 150.253,02 euros hasta 300.506,05 euros. Por la comisión de infracciones graves se impondrá a los actuarios una de las siguientes sanciones: prohibición de emitir dictámenes en la materia en un período de hasta cinco años o multa por importe desde 30.050,61 euros hasta 150.253,02 euros. Por la comisión de infracciones leves se impondrá al actuario la sanción de multa, que podrá alcanzar hasta el importe de 30.050,61 euros. Si el actuario actúa en nombre de una sociedad, las mismas sanciones serán aplicables, además, a dicha sociedad.

3. Será de aplicación a los cargos de administración y dirección de las entidades referidas en el apartado 1 del artículo 35 de esta Ley, excepto a los que desarrollen su actividad en entidades comercializadoras, el régimen de responsabilidad que para los cargos de adminis-

tración o de dirección de entidades aseguradoras regulan los artículos 191, 202, 203 y 204 de la Ley 20/2015, de 14 de julio, de ordenación, supervisión y solvencia de las entidades aseguradoras y reaseguradoras, si bien la inhabilitación para ejercer cargos de administración o dirección a que se refiere la letra a) del artículo 202 lo será, según los casos, en cualquier entidad gestora o depositaria, en cualquier entidad en la que los actuarios desarrollen su actividad, o, finalmente, en cualquier comisión o subcomisión de control de los planes y de los fondos de pensiones.

Igualmente será de aplicación el régimen de los artículos 191, 202, 203 y 204 de la Ley 20/2015, de 14 de julio, de ordenación, supervisión y solvencia de las entidades aseguradoras y reaseguradoras a los cargos de administración y dirección de las entidades promotoras de planes de pensiones, y a los de entidades en las que se hayan delegado funciones de la gestora o depositaria.

En estos supuestos la inhabilitación vendrá referida, según los casos, a ejercer cargos de administración y dirección en las citadas entidades para el ejercicio de funciones y facultades relativas a los planes y fondos de pensiones.

4. Serán de aplicación las sanciones administrativas previstas en los artículos 56.1, letras b), c) y d); 56.2 y 56.3 de la Ley 26/2006, de mediación de seguros y reaseguros privados, a las personas o entidades comercializadoras, si bien la suspensión temporal se entenderá referida al ejercicio de la actividad de comercialización de planes de pensiones.

Asimismo, serán de aplicación las sanciones administrativas previstas en los artículos 57.3, letras b) y c), y 57.4 de la Ley 26/2006, de mediación de seguros y reaseguros privados, a los cargos de administración y dirección de las entidades comercializadoras. En estos supuestos, la suspensión temporal vendrá referida, según los casos, a ejercer cargos de administración y dirección en las citadas entidades para el ejercicio de funciones y facultades relativas a los planes y fondos de pensiones.

Las sanciones a que se refieren los párrafos anteriores se impondrán en los términos señalados en los citados artículos 56 y 57.

5. La inobservancia por el partícipe del límite de aportación previsto en el apartado 3 del artículo 5, salvo que el exceso de tal límite

sea retirado antes del día 30 de junio del año siguiente, será sancionada con una multa equivalente al 50 por ciento de dicho exceso, sin perjuicio de la inmediata retirada del citado exceso del plan o planes de pensiones correspondientes. Dicha sanción será impuesta, en todo caso, a quien realice la aportación, sea o no partícipe, si bien el partícipe quedará exonerado cuando se hubiera realizado sin su conocimiento.

6.

– El artículo 36, apartado 6, se modifica por el **Real Decreto-ley 3/2020, de 4 de febrero,** con la siguiente redacción: *6. A efectos del ejercicio de la potestad sancionadora a que se refieren este artículo y el anterior, serán de aplicación las normas contenidas en los artículos 197, 201 y 205 a 213, ambos inclusive, de la Ley 20/2015, de 14 de julio. A efectos de lo previsto en el artículo 206 de la citada ley, se publicarán las sanciones una vez que sean ejecutivas, indicando el tipo y clase de la infracción y la identidad del infractor. No obstante, la Dirección General de Seguros y Fondos de Pensiones podrá acordar diferir la publicación de las sanciones, no realizar la publicación o publicarlas de manera anónima, si considera que la publicación de la identidad de personas jurídicas o la identidad o los datos personales de personas físicas resulta desproporcionada, tras una evaluación en cada caso de la proporcionalidad de la publicación de tales datos, o si esta última pone en peligro la estabilidad de los mercados financieros o una investigación en curso. Cuando el infractor sea entidad de crédito o entidad o persona a la que se hayan transferido funciones o que ejerza como comercializador de planes de pensiones, o cargos de administración y dirección de las anteriores, para la imposición de la sanción será preceptivo el informe del ente u órgano administrativo al que, en su caso, corresponda el control y supervisión de dichas entidades o personas.*

7. Las personas o entidades, así como quienes de hecho o de derecho ejerzan cargos de administración o dirección en ellas, que desarrollen la actividad propia de los fondos de pensiones o de las entidades gestoras de fondos de pensiones sin contar con la preceptiva autorización administrativa o que utilicen las denominaciones «plan de pensiones», «fondo de pensiones», «entidad gestora de fondos de pensiones» o «entidad depositaria de fondos de pensiones», sin serlo, serán sancionadas con arreglo a lo dispuesto en el artículo 208 de la Ley 20/2015, de 14 de julio, de ordenación, supervisión y solvencia de las entidades aseguradoras y reaseguradoras».

Doce. El artículo 46 queda redactado como sigue:

«Artículo 46. Representantes en España de los fondos de pensiones de empleo de otros Estados miembros.

Los fondos de pensiones domiciliados en otros Estados miembros que pretendan desarrollar en España planes de pensiones de empleo sujetos a la legislación española vendrán obligados a designar un representante, persona física con residencia habitual en España o persona jurídica en ella establecida, con las siguientes facultades:

a) Atender las reclamaciones que presenten las comisiones de control, partícipes y beneficiarios de los planes sujetos a la legislación española adscritos al fondo. A tal efecto, deberá tener poderes suficientes para representar al fondo de pensiones, incluso para ordenar el abono de prestaciones.

b) Representar al fondo de pensiones ante las autoridades judiciales y administrativas españolas en todo lo concerniente al desarrollo de los planes y a las actividades del fondo en España.

El Ministro de Economía y Competitividad podrá dictar normas detalladas relativas al contenido, forma y plazos de las obligaciones previstas en este artículo».

Trece. La disposición adicional segunda queda redactada como sigue:

– La disposición adicional segunda se modifica por el **Real Decreto-ley 3/2020, de 4 de febrero.**

Catorce. La disposición adicional octava queda redactada como sigue:

«Disposición adicional octava. Disposición anticipada de los derechos económicos en los sistemas de previsión social complementaria análogos a los planes de pensiones.

Los derechos económicos de los asegurados o mutualistas derivados de primas, aportaciones y contribuciones abonadas a planes de previsión asegurados, planes de previsión social empresarial y contratos de seguro concertados con mutualidades de previsión social contemplados en el artículo 51 de la Ley 35/2006, de 28 de noviembre, del Impuesto sobre la Renta de las Personas Físicas y de modificación parcial de las leyes de los Impuestos sobre Sociedades, sobre la Renta de no residentes y sobre el Patrimonio, podrán hacerse efectivos anticipadamente en los supuestos excepcionales de liquidez y de disposición anticipada previstos para los planes de pensiones en el apartado 8 del artículo 8 de esta Ley, en los términos y condiciones establecidos en dicho precepto y en las normas que lo desarrollan reglamentariamente.

En el caso de los planes de previsión social empresarial y los concertados con mutualidades de previsión social para los trabajadores de las empresas, la disposición anticipada de derechos derivados de primas, aportaciones o contribuciones realizadas con al menos diez años de antigüedad será posible si así lo permite el compromiso y se prevé en la correspondiente póliza de seguro o reglamento de prestaciones. En el caso de que la entidad aseguradora cuente con inversiones afectas el derecho de disposición anticipada se valorará por el valor de mercado de los activos asignados.

En las Mutualidades de Previsión Social que, en virtud de lo establecido en la disposición adicional decimoquinta de la Ley 30/1995, de 8 de noviembre, de Ordenación y Supervisión de los Seguros Privados, actúen como sistema alternativo al alta en el Régimen Especial de la Seguridad Social de los Trabajadores por Cuenta Propia o Autónomos, no se podrán hacer efectivos los derechos económicos de los productos o seguros utilizados para cumplir con dicha función alternativa en los supuestos de liquidez previstos en los párrafos primero y segundo del apartado 8 del artículo 8 de esta Ley».

Quince. Se añade una disposición transitoria octava nueva con la siguiente redacción:

«Disposición transitoria octava. Fondos de pensiones abiertos existentes con anterioridad a 1 de enero de 2016.

Los fondos de pensiones de empleo o personales inscritos en el Registro Administrativo de Fondos de Pensiones que, a 31 de diciembre de 2015, vinieran operando como fondos de pensiones abiertos podrán continuar dicha actividad, así como seguir aplicando su régimen anterior de composición de la comisión de control del fondo en tanto mantengan planes de pensiones directamente integrados».

Disposición final quinta. Modificación de la Ley 22/2003, de 9 de julio, Concursal.

– La Disposición Final quinta se deroga por el **Real Decreto Legislativo 1/2020, de 5 de mayo, por el que se aprueba el texto refundido de la Ley Concursal.**

Disposición final sexta. Modificación del texto refundido de la Ley reguladora de las Haciendas Locales, aprobado por el Real Decreto Legislativo 2/2004, de 5 de marzo. Se añade una nueva disposición adicional decimoséptima al texto refundido de la Ley reguladora de Haciendas Locales, aprobado por el Real Decreto Legislativo 2/2004, de 5 de marzo, en los términos que se indican a continuación:

«Disposición adicional decimoséptima. Obtención de información a efectos de la liquidación y recaudación de las tasas por el mantenimiento del servicio de prevención y extinción de incendios y de las contribuciones especiales por el establecimiento o ampliación de los servicios de extinción de incendios.

Las entidades locales recabarán de las entidades aseguradoras la información necesaria para la liquidación y recaudación de las tasas por la prestación del servicio de prevención y extinción de incendios y de las contribuciones especiales por el establecimiento o ampliación de los servicios de extinción de incendios, conforme al procedimiento que se establece en la disposición adicional decimocuarta de la Ley 20/2015, de 14 de julio, de ordenación, supervisión y solvencia de entidades aseguradoras y reaseguradoras».

Disposición final séptima. Modificación del texto refundido de la Ley del impuesto sobre la Renta de no Residentes aprobado por el Real Decreto Legislativo 5/2004, de 5 de marzo. Con efectos desde 1 de enero de 2016, se modifica la letra e) del apartado 1 del artículo 31 del texto refundido de la Ley del Impuesto sobre la Renta de no Residentes aprobado por el Real Decreto Legislativo 5/2004, de 5 de marzo, que queda redactada de la siguiente forma:

«e) Las entidades aseguradoras domiciliadas en otro Estado miembro del Espacio Económico Europeo que operen en España en régimen de libre prestación de servicios, en relación con las operaciones que se realicen en España».

Disposición final octava. Modificación del texto refundido del Estatuto Legal del Consorcio de Compensación de Seguros, aprobado por el Real Decreto Legislativo 7/2004, de 29 de octubre. Se modifica el texto refundido del Estatuto Legal del Consorcio de Compensación de Seguros, aprobado por el Real Decreto Legislativo 7/2004, de 29 de octubre, en los siguientes términos:

Uno. El apartado 1 del artículo 6 queda redactado como sigue:

«1. El Consorcio, en materia de riesgos extraordinarios, tendrá por objeto indemnizar, en la forma establecida en este Estatuto Legal, en régimen de compensación, las pérdidas derivadas de acontecimientos extraordinarios acaecidos en España y que afecten a riesgos en ella situados.

Igualmente, serán indemnizables por el Consorcio los daños personales derivados de acontecimientos extraordinarios acaecidos en el extranjero cuando el asegurado de la póliza tenga su residencia habitual en España.

A estos efectos, serán pérdidas los daños directos en las personas y en los bienes, así como, en los términos y con los límites que reglamentariamente se determinen, las pérdidas pecuniarias como consecuencia de aquéllos. Se entenderán, igualmente en los términos que reglamentariamente se determinen, por acontecimientos extraordinarios:

a) Los siguientes fenómenos de la naturaleza: terremotos y maremotos, las inundaciones extraordinarias, las erupciones volcánicas, la tempestad ciclónica atípica y las caídas de cuerpos siderales y aerolitos.

b) Los ocasionados violentamente como consecuencia de terrorismo, rebelión, sedición, motín y tumulto popular.

c) Hechos o actuaciones de las Fuerzas Armadas o de las Fuerzas y Cuerpos de Seguridad en tiempo de paz».

Dos. La letra b) del artículo 7 queda redactada como sigue:

«b) Por lo que se refiere a seguros de cosas, los ramos de vehículos terrestres, vehículos ferroviarios, incendio y elementos naturales, otros daños a los bienes, y pérdidas pecuniarias diversas, así como las modalidades combinadas de éstos, o cuando se contraten de forma complementaria. También en el ramo de responsabilidad civil en vehículos terrestres automóviles.

No obstante, será obligatorio un único recargo en el ramo de responsabilidad civil de vehículos terrestres automóviles, si además de la cobertura de seguro de responsabilidad civil de suscripción obligatoria del automóvil se hubiera contratado con carácter voluntario un seguro de responsabilidad civil o un seguro de daños en relación con el mismo vehículo a motor».

Tres. El apartado 5 del artículo 8 queda redactado como sigue:

«5. En los seguros contra daños y responsabilidad civil en vehículos terrestres automóviles, el Ministerio de Economía y Competitividad, a propuesta del Consorcio, podrá fijar una franquicia a cargo del asegurado para los supuestos en que el Consorcio tenga obligación de indemnizar».

Cuatro. El artículo 14 queda redactado como sigue:

«Artículo 14. En relación con la liquidación de entidades aseguradoras.

1. El Consorcio asumirá la condición de liquidador de las entidades aseguradoras españolas señaladas en el artículo 27.1 de la Ley 20/2015, de 14 de julio, de ordenación, supervisión y solvencia de entidades aseguradoras y reaseguradoras, sujetas a la competencia de ejecución del Estado o de las Comunidades Autónomas, cuando le encomiende su liquidación el Ministro de Economía y Competitividad o el órgano competente de la respectiva Comunidad Autónoma.

Podrá serle encomendada la liquidación en los siguientes supuestos:

a) Simultáneamente a la disolución de la entidad aseguradora si se hubiera procedido a ella administrativamente.

b) Si, disuelta una entidad, esta no hubiese procedido al nombramiento de los liquidadores antes de los quince días siguientes a la disolución, o cuando el nombramiento dentro de ese plazo lo fuese sin cumplir los requisitos legales y estatutarios.

c) Cuando los liquidadores incumplan las normas que para la protección de los asegurados se establecen en la Ley 20/2015, de 14 de julio, de ordenación, supervisión y solvencia de entidades aseguradoras y reaseguradoras, las que rigen la liquidación o la dificulten. También cuando, por retrasarse la liquidación o por concurrir circunstancias que así lo aconsejen, la Administración entienda que la liquidación debe encomendarse al Consorcio. En el caso de que la liquidación sea intervenida, la encomienda al Consorcio se acordará previo informe del interventor.

d) Mediante aceptación de la petición de la propia entidad aseguradora, si se apreciara causa justificada.

2. Corresponden al Consorcio, en los términos previstos en la legislación concursal, la condición y funciones propias de la administración concursal en los procedimientos de concurso a que se encuentre

sometida cualquier entidad aseguradora, y ello sin que sea necesaria la aceptación del cargo. Su actuación en dichos procedimientos no será retribuida.

El Consorcio deberá comunicar al juzgado la identidad de la persona física que haya de representarle en el ejercicio de su cargo, a la que resultarán de aplicación las normas contenidas en el artículo 28 de la Ley 22/2003, de 9 de julio, Concursal, con las excepciones que en él se establecen.

Además ejercerá las funciones de mediador concursal cuando así lo solicite una entidad aseguradora conforme a lo dispuesto en el artículo 5 bis de la Ley 22/2003, de 9 de julio, Concursal.

3. En su caso, lleva a efecto la liquidación separada de los bienes a que se refiere el artículo 175 de la Ley 20/2015, de 14 de julio, de ordenación, supervisión y solvencia de entidades aseguradoras y reaseguradoras.

4. En los términos que reglamentariamente se determinen y previo acuerdo de la Dirección General de Seguros y Fondos de Pensiones, el Consorcio podrá llevar a cabo actividades de información a los acreedores por contrato de seguro en relación con los procesos de liquidación de una entidad aseguradora domiciliada en otro Estado miembro de la Unión Europea en lo que afecte exclusivamente a los contratos de seguro que dicha entidad hubiera celebrado en España en régimen de derecho de establecimiento o en libre prestación de servicios.

El Consorcio podrá suscribir convenios con los órganos administrativos o judiciales a los que, con arreglo a la normativa del Estado miembro de origen, se hubiese encomendado la liquidación de la entidad, con la finalidad de facilitar a los acreedores por contrato de seguro residentes en España la presentación y tramitación de sus reclamaciones ante los órganos de liquidación.

La realización de las actividades señaladas en este apartado no implicará la asunción por el Consorcio de funciones de liquidación de entidades aseguradoras de otros Estados miembros de la Unión Europea ni de sus sucursales en España, ni, por tanto, conllevará la realización de pagos por razón de contrato de seguro ni anticipos a cuenta de dichos pagos, no resultando de aplicación, en ningún caso, lo dispuesto en los artículos 179 a 185 de la Ley 20/2015, de 14 de julio, de ordenación, supervisión y solvencia de entidades aseguradoras y reaseguradoras».

Cinco. Se modifica la redacción de los apartados 2 y 4 y se añade un nuevo apartado 7 al artículo 18:

«2. Todos los recargos a favor del Consorcio serán recaudados obligatoriamente por las entidades aseguradoras juntamente con sus primas.

En el caso de fraccionamiento de primas, las entidades podrán optar por recaudar los citados recargos con el primer pago fraccionado que se haga, o por hacerlo conforme venzan las correspondientes fracciones de prima, si bien en este último caso deberán aplicarse sobre las fracciones del recargo los tipos por fraccionamiento que, para cada posible periodicidad, se fijen en las tarifas de los recargos a favor del Consorcio, o tratándose del recargo destinado a financiar las funciones de liquidación de entidades aseguradoras, los indicados en el apartado 3.

La elección de la opción de fraccionar los recargos a favor del Consorcio conforme venzan las correspondientes fracciones de prima deberá hacerse constar en las bases técnicas de las entidades, comunicarse al Consorcio y aplicarse de forma sistemática en el ramo o riesgo de que se trate, salvo causa debidamente justificada».

«4. Las entidades aseguradoras vendrán obligadas, al tiempo de presentar al Consorcio la declaración de los recargos recaudados por cuenta de este, a practicar una liquidación e ingresar su importe con la periodicidad y con sujeción a las reglas que se determinen reglamentariamente.

Previa comunicación fehaciente al Consorcio, las entidades podrán liquidar los recargos según las primas emitidas, sin perjuicio de las regularizaciones periódicas que procedan. La elección de esta opción deberá aplicarse a todas las carteras de pólizas de la entidad y por años naturales.

Tanto las liquidaciones practicadas por la Dirección General de Seguros y Fondos de Pensiones derivadas de actas de Inspección como aquellas otras que no tengan señalado plazo de ingreso por sus normas específicas deberán ser ingresadas dentro de los quince días siguientes a aquel en que tuvo lugar la notificación de la liquidación a la entidad aseguradora».

«7. Cuando los ingresos por recargos efectuados al Consorcio resultasen ser indebidos en todo o en parte, se acordará la devolución a solicitud de los interesados, sin perjuicio de las comprobaciones y petición de información que procedan, en el plazo de quince días desde la completa presentación de la documentación acreditativa del error advertido».

Seis. El apartado 2 del artículo 19 queda redactado como sigue:

«2. La Dirección General de Seguros y Fondos de Pensiones, a través de la Inspección de Seguros del Estado y conforme a los planes de inspección aprobados a propuesta del Consorcio, inspeccionará a las empresas, sean entidades jurídicas o personas físicas, que recauden recargos y primas por cuenta del Consorcio.

Los costes de los medios personales y materiales a que dé lugar este servicio de inspección serán sufragados por el Consorcio, formalizándose, a estos efectos, el oportuno convenio con la Dirección General de Seguros y Fondos de Pensiones, en el que se determinará la compensación económica a abonar al órgano cuyos medios han sido destinados a este fin, para atender dichos costes».

Siete. Se añade una disposición transitoria que queda redactada como sigue:

«Disposición transitoria. Adaptación de los contratos de seguro vigentes a la modificación operada en los artículos 7.b) y 8.5 del texto refundido del Estatuto Legal del Consorcio de Compensación de Seguros.

Los contratos de seguros en vigor deberán adaptarse a la modificación introducida por la disposición final octava de la Ley de ordenación, supervisión y solvencia de entidades aseguradoras y reaseguradoras, en los artículos 7.b) y 8.5 del texto refundido del Estatuto Legal del Consorcio de Compensación de Seguros, aprobado por el Real Decreto Legislativo 7/2004, de 29 de octubre, antes de la primera renovación que tenga lugar a partir de los seis meses siguientes a la entrada en vigor de dicha Ley. Los contratos de seguro de nueva emisión que se celebren a partir del 1 de julio de 2016 deberán estar adaptados a la misma».

Disposición final novena. Modificación del Real Decreto Legislativo 8/2004, de 29 de octubre, por el que se aprueba el texto refundido de la

Ley sobre Responsabilidad Civil y Seguro en la Circulación de Vehículos a Motor. El artículo 8 queda redactado como sigue:

«Artículo 8. Convenios de indemnización directa. Declaración amistosa de accidente. Convenios de asistencia sanitaria para lesionados de tráfico.

1. Para agilizar las indemnizaciones en el ámbito de los daños originados con ocasión del uso y circulación de vehículos de motor, la entidad aseguradora deberá adherirse a los convenios de indemnización directa entre entidades aseguradoras para la liquidación de siniestros de daños materiales.

2. A efectos de lo dispuesto en el apartado anterior, el asegurador facilitará ejemplares de la denominada declaración amistosa de accidente que deberá utilizar el conductor para la declaración de los siniestros a su aseguradora.

3. Para agilizar la asistencia a los lesionados de tráfico, el asegurador podrá adherirse a los convenios sectoriales de asistencia sanitaria para lesionados de tráfico así como a convenios de indemnización directa de daños personales.

4. A estos efectos, dichos convenios deberán prever condiciones equivalentes y no discriminatorias para todas las entidades aseguradoras, sin que puedan imponerse restricciones que no sean indispensables para la consecución de aquel objetivo».

Disposición final décima. Modificación de la Ley 26/2006, de 17 de julio, de Mediación de Seguros y Reaseguros Privados. Se modifica la Ley 26/2006, de 17 de julio, de Mediación de Seguros y Reaseguros Privados en los siguientes términos

– La Ley 26/2006, de 17 de julio, de Mediación de Seguros y Reaseguros Privados ha sido derogada por el **Real Decreto-ley 3/2020, de 4 de febrero, de medidas urgentes por el que se incorporan al ordenamiento jurídico español diversas directivas de la Unión Europea en el ámbito de la contratación pública en determinados sectores; de seguros privados; de planes y fondos de pensiones; del ámbito tributario y de litigios fiscales.**

Disposición final undécima. Modificación de la Ley 35/2006, de 28 de noviembre, del Impuesto sobre la Renta de las Personas Físicas y de modificación parcial de las Leyes de los Impuestos sobre Sociedades, sobre

la Renta de no residentes y sobre el Patrimonio. Con efectos desde 1 de enero de 2016, se introducen las siguientes modificaciones en la Ley 35/2006, de 28 de noviembre, del Impuesto sobre la Renta de las Personas Físicas y de modificación parcial de las leyes de los Impuestos sobre Sociedades, sobre la Renta de no Residentes y sobre el Patrimonio:

Uno. Se modifica el apartado 2 del artículo 99, que queda redactado de la siguiente forma:

«2. Las entidades y las personas jurídicas, incluidas las entidades en atribución de rentas, que satisfagan o abonen rentas sujetas a este impuesto, estarán obligadas a practicar retención e ingreso a cuenta, en concepto de pago a cuenta del Impuesto sobre la Renta de las Personas Físicas correspondiente al perceptor, en la cantidad que se determine reglamentariamente y a ingresar su importe en el Tesoro en los casos y en la forma que se establezcan. Estarán sujetos a las mismas obligaciones los contribuyentes por este impuesto que ejerzan actividades económicas respecto a las rentas que satisfagan o abonen en el ejercicio de dichas actividades, así como las personas físicas, jurídicas y demás entidades no residentes en territorio español, que operen en él mediante establecimiento permanente, o sin establecimiento permanente respecto a los rendimientos del trabajo que satisfagan, así como respecto de otros rendimientos sometidos a retención o ingreso a cuenta que constituyan gasto deducible para la obtención de las rentas a que se refiere el apartado 2 del artículo 24 del texto refundido de la Ley del Impuesto sobre la Renta de no Residentes.

Cuando una entidad, residente o no residente, satisfaga o abone rendimientos del trabajo a contribuyentes que presten sus servicios a una entidad residente vinculada con aquélla en los términos previstos en el artículo 16 del texto refundido de la Ley del Impuesto sobre Sociedades o a un establecimiento permanente radicado en territorio español, la entidad o el establecimiento permanente en el que preste sus servicios el contribuyente, deberá efectuar la retención o el ingreso a cuenta.

Las entidades aseguradoras domiciliadas en otro Estado miembro del Espacio Económico Europeo que operen en España en régimen de libre prestación de servicios deberán practicar retención e ingreso a cuenta en relación con las operaciones que se realicen en España.

Los fondos de pensiones domiciliados en otro Estado miembro de la Unión Europea que desarrollen en España planes de pensiones de empleo sujetos a la legislación española, conforme a lo previsto en la Directiva 2003/41/CE del Parlamento Europeo y del Consejo, de 3 de junio de 2003, relativa a las actividades y la supervisión de fondos de pensiones de empleo o, en su caso, sus entidades gestoras, deberán practicar retención e ingreso a cuenta en relación con las operaciones que se realicen en España.

En ningún caso estarán obligadas a practicar retención o ingreso a cuenta las misiones diplomáticas u oficinas consulares en España de Estados extranjeros».

Dos. Se modifican las letras g) y h) del apartado 2 del artículo 105, que quedan redactadas de la siguiente forma:

«g) Para las entidades aseguradoras domiciliadas en otro Estado miembro del Espacio Económico Europeo que operen en España en régimen de libre prestación de servicios, en relación con las operaciones que se realicen en España.

h) Para las entidades previstas en el penúltimo párrafo del apartado 2 del artículo 99 de esta Ley, en relación con las operaciones que se realicen en España».

Disposición final duodécima. Modificación de la Ley 4/2014, de 1 de abril, básica de las Cámaras Oficiales de Comercio, Industria, Servicios y Navegación. Uno. Se modifica el apartado 3, del artículo 6, con el siguiente texto:

«3. La administración tutelante regulará los supuestos y el procedimiento para la creación, integración, fusión, disolución, liquidación y destino del patrimonio de las Cámaras Oficiales de Comercio, Industria, Servicios y Navegación y de los Consejos de Cámaras».

Dos. Se añade un nuevo artículo 38, con el siguiente texto:

«Artículo 38. Plan de viabilidad y disolución por inviabilidad económica.

1. Cuando las Cámaras que se encuentren sometidas a la tutela de la Administración General del Estado incurran en resultados negativos de explotación en dos ejercicios contables consecutivos, la Cámara afectada deberá ponerlo en conocimiento de la administración

de tutela en un plazo máximo de un mes desde que se conociera esta situación.

La comunicación irá acompañada de un plan de viabilidad, auditado y aprobado por el Pleno, en el que se describan las actuaciones que se llevarán a cabo para la corrección del desequilibrio en el plazo que se considere necesario y, en cualquier caso, en un máximo de dos ejercicios contables. Asimismo, se acompañará un inventario, el balance, el informe de la auditoría realizada, y cuanta otra documentación se considere necesaria para valorar la situación económica de la Cámara y el plan presentado.

2. Presentado el plan de viabilidad, la Administración de tutela podrá autorizarlo, modificarlo o determinar cualquier otra actuación que considere oportuna.

3. Cuando concurran circunstancias objetivas que hagan manifiestamente imposible solucionar la situación de inviabilidad económica mediante la presentación de un plan o cuando dicho plan se incumpliese, la Administración de tutela podrá proceder a la suspensión y disolución de los órganos de gobierno de acuerdo con el artículo 37, o determinar la extinción y liquidación de la Cámara.

4. En caso de que se acuerde la extinción, a partir de este momento, la Cámara no podrá realizar ningún acto jurídico, salvo los que sean estrictamente necesarios para garantizar la eficacia de su liquidación. Acordada la liquidación, la Cámara presentará a la Administración de tutela un plan de liquidación, que deberá ser autorizado por la Administración.

Cuando en la decisión de extinción se acordase la apertura de la delegación por la Cámara Oficial de Comercio, Industria, Servicios y Navegación de España, para la apertura de dicha delegación, la Cámara de España podrá formular una propuesta para la transmisión de activos o unidades productivas. Si la Cámara aceptase la propuesta, los términos de ésta se incorporarán en el plan de liquidación.

La Administración de tutela supervisará el cumplimiento del plan de liquidación. Concluida la liquidación de la Cámara, se producirá su extinción automática.

En ningún caso podrá asumirse ni derivarse del proceso de liquidación y extinción, obligación alguna para la Administración de tutela.

5. En el caso de las Cámaras tuteladas por las Comunidades Autónomas se ajustarán a lo establecido en su legislación específica».

Disposición final decimotercera. Modificación de la Ley 27/2014, de 27 de noviembre, del Impuesto sobre Sociedades. Con efectos desde 1 de enero de 2016, se modifica el apartado 1 del artículo 128 de la Ley 27/2014, de 27 de noviembre, del Impuesto sobre Sociedades, que queda redactado de la siguiente forma:

«Artículo 128. Retenciones e ingresos a cuenta.

1. Las entidades, incluidas las comunidades de bienes y las de propietarios, que satisfagan o abonen rentas sujetas a este Impuesto, estarán obligadas a retener o a efectuar ingresos a cuenta, en concepto de pago a cuenta, la cantidad que resulte de aplicar los porcentajes de retención indicados en el apartado 6 de este artículo a la base de retención determinada reglamentariamente, y a ingresar su importe en el Tesoro en los casos y formas que se establezcan.

También estarán obligados a retener e ingresar las personas físicas respecto de las rentas que satisfagan o abonen en el ejercicio de sus actividades económicas, así como las personas físicas, jurídicas y demás entidades no residentes en territorio español que operen en él mediante establecimiento permanente.

Asimismo, estarán obligadas a practicar retención o ingreso a cuenta las entidades aseguradoras domiciliadas en otro Estado miembro del Espacio Económico Europeo que operen en España en régimen de libre prestación de servicios, en relación con las operaciones que se realicen en España».

Disposición final decimocuarta. Título competencial. Esta Ley se dicta al amparo del artículo 149.1.11.ª y 13.ª de la Constitución que atribuye al Estado las competencias para establecer las bases de la ordenación de los seguros y las bases y coordinación de la planificación general de la actividad económica, respectivamente. Se exceptúan de lo anterior los siguientes preceptos:

a) Los artículos 16, 17, 18, 40, 119, 120, 121, 123, 126 y 210 a 213, que no tendrán carácter básico.

b) El artículo 130 que se dicta al amparo del artículo 149.1.3.ª de la Constitución, que atribuye al Estado la competencia exclusiva en materia de relaciones internacionales.

c) Los artículos 9, 10, 11, 12, 13, 24, 27, 28, 29, 30, 31, 33, 34, 36, 37, el capítulo II y capítulo IV del título III, los artículos 89.3, 96, 98.1 y 2, 165.4, 168, 172, 173, 175, 179 al 189 y el anexo, que se dictan al amparo del artículo 149.1.6.ª de la Constitución, que atribuye al Estado la competencia en materia de legislación mercantil.

d) El artículo 97 que se dicta al amparo del artículo 149.1.6.ª de la Constitución, que atribuye al Estado la competencia en materia de legislación procesal.

e) Los artículos 53 y 59, que se dictan al amparo del artículo 149.1.14.ª de la Constitución, que atribuye al Estado la competencia en materia de hacienda general.

f) El artículo 167.2 que se dictan al amparo del artículo 149.1.8.ª de la Constitución, que atribuye al Estado la competencia en materia de legislación civil.

Disposición final decimoquinta. Incorporación de Derecho de la Unión Europea. Mediante esta Ley se incorpora parcialmente al Derecho español la Directiva 2009/138/CE del Parlamento Europeo y del Consejo, de 25 de noviembre de 2009, sobre el seguro de vida, el acceso a la actividad de seguro y de reaseguro y su ejercicio (Solvencia II) modificada por la Directiva 2014/51/UE del Parlamento Europeo y del Consejo, de 16 de abril de 2014, por la que se modifican las Directivas 2003/71/CE y 2009/138/CE y los Reglamentos (CE) n.º 1060/2009, (UE) n.º 1094/2010 y (UE) n.º 1095/2010 en lo que respecta a los poderes de la Autoridad Europea de Supervisión (Autoridad Europea de Seguros y Pensiones de Jubilación) y de la Autoridad Europea de Supervisión (Autoridad Europea de Valores y Mercados) (Ómnibus II).

Igualmente se incorpora la Directiva 2011/89/UE del Parlamento Europeo y del Consejo, de 16 de diciembre de 2011 por la que se modifican las Directivas 98/78/CE, 2002/67/CE, 2006/48/CE y 2009/138/CE, en lo relativo a la supervisión adicional de las entidades financieras que forman parte de un conglomerado financiero.

Disposición final decimosexta. Normas aplicables a los procedimientos regulados en esta Ley. Los procedimientos regulados en esta Ley se regirán, en primer término, por los preceptos contenidos en ella y en sus normas de desarrollo y, subsidiariamente, por los de la Ley 30/1992, de 26 de noviembre, de Régimen Jurídico de las Administraciones Públicas y del Procedimiento Administrativo Común y normas complementarias.

> – La Ley 30/1992, de 26 de noviembre, de Régimen Jurídico de las Administraciones Públicas y del Procedimiento Administrativo Común, estuvo vigente hasta el 2 de octubre de 2016, fecha en la que entró en vigor la **Ley 39/2015, de 1 de octubre, del Procedimiento Administrativo Común de las Administraciones Públicas**.

Disposición final decimoséptima. Potestad reglamentaria. 1. Corresponde al Gobierno, a propuesta del Ministro de Economía y Competitividad, y previa audiencia de la Junta Consultiva de Seguros y Fondos de Pensiones, desarrollar esta Ley en las materias que se atribuyen expresamente a la potestad reglamentaria, así como, en general, en todas aquellas susceptibles de desarrollo reglamentario en que sea preciso para su correcta ejecución, mediante la aprobación de su reglamento y las modificaciones ulteriores de éste que sean necesarias.

2. Corresponde al Ministro de Economía y Competitividad, previa audiencia de la Junta Consultiva de Seguros y Fondos de Pensiones, desarrollar esta Ley en las materias que específicamente atribuye a la potestad reglamentaria de dicho Ministro y, asimismo, desarrollar su reglamento en cuanto sea necesario y así se prevea en él.

El desarrollo reglamentario de los preceptos relativos a las mutualidades de previsión social se efectuará por el Gobierno mediante un reglamento específico para dichas mutualidades.

Disposición final decimoctava. Medida transitoria sobre los tipos de interés sin riesgo. Previa autorización de la Dirección General de Seguros y Fondos de Pensiones, la entidad aseguradora o reaseguradora podrá aplicar un ajuste transitorio a la estructura temporal pertinente de tipos de interés sin riesgo con respecto a las obligaciones admisibles en materia de seguros y reaseguros, en los términos y condiciones que se determinen reglamentariamente.

Disposición final decimonovena. Medida transitoria sobre las provisiones técnicas. Previa autorización de la Dirección General de Seguros y Fondos de Pensiones, la entidad aseguradora o reaseguradora podrá aplicar una deducción transitoria a las provisiones técnicas, en los términos y condiciones que se determinen reglamentariamente.

Disposición final vigésima. Otras medidas transitorias. Reglamentariamente se determinarán los términos y condiciones de acuerdo con los cuales, las entidades aseguradoras y reaseguradoras podrán:

1. Presentar y divulgar la información a la que se refieren los artículos 80 y 114, con periodicidad anual o inferior.

2. Aplicar un régimen transitorio para la clasificación de los fondos propios básicos en niveles.

3. Aplicar los requisitos contemplados en el artículo 79, a determinados instrumentos financieros emitidos antes del 1 de enero de 2011.

4. Aplicar un régimen transitorio a los submódulos de riesgo de mercado, de concentración y de diferenciales y al submódulo de riesgo de renta variable.

5. Solicitar la aprobación de un modelo interno de grupo cuando exista una parte del grupo con un perfil de riesgo sustancialmente distinto.

6. Gestionar su cartera de contratos para poner fin a sus actividades.

Disposición final vigésima primera. Entrada en vigor. 1. Esta Ley entrará en vigor el 1 de enero de 2016.

2. No obstante, la disposición transitoria decimotercera y la disposición adicional decimosexta entrarán en vigor el día siguiente al de su publicación. Las disposiciones transitorias cuarta y décima entrarán en vigor el 1 de septiembre de 2015. La disposición final novena entrará en vigor el 1 de julio de 2016. La disposición final duodécima entrará en vigor al día siguiente de la publicación de la Ley 40/2015, de 1 de octubre, de Régimen Jurídico del Sector Público.

> – La **Ley 40/2015, de 1 de octubre, de régimen jurídico del sector público** modifica el apartado 2.

Anexo. Ramos de seguro

A) Ramos de seguro distintos del seguro de vida y riesgos accesorios.

a) En el seguro directo distinto del seguro de vida la clasificación de los riesgos por ramos se ajustará a lo siguiente:

1. Accidentes.

Las prestaciones en este ramo pueden ser: a tanto alzado, de indemnización, mixta de ambos y de cobertura de ocupantes de vehículos.

2. Enfermedad (comprendida la asistencia sanitaria y la dependencia).

Las prestaciones en este ramo pueden ser a tanto alzado, de reparación, bien mediante el reembolso de los gastos ocasionados, bien mediante la garantía de la prestación del servicio, o mixta de ambos.

3. Vehículos terrestres (no ferroviarios).

Incluye todo daño sufrido por vehículos terrestres, sean o no automóviles, salvo los ferroviarios.

4. Vehículos ferroviarios.

5. Vehículos aéreos.

6. Vehículos marítimos, lacustres y fluviales.

7. Mercancías transportadas (comprendidos los equipajes y demás bienes transportados).

8. Incendio y elementos naturales.

Incluye todo daño sufrido por los bienes (distinto de los comprendidos en los ramos 3, 4, 5, 6 y 7) causado por incendio, explosión, tormenta, elementos naturales distintos de la tempestad, energía nuclear y hundimiento de terreno.

9. Otros daños a los bienes.

Incluye todo daño sufrido por los bienes (distinto de los comprendidos en los ramos 3, 4, 5, 6 y 7) causado por el granizo o la helada, así como por robo u otros sucesos distintos de los incluidos en el ramo 8.

10. Responsabilidad civil en vehículos terrestres automóviles (comprendida la responsabilidad del transportista).

11. Responsabilidad civil en vehículos aéreos (comprendida la responsabilidad del transportista).

12. Responsabilidad civil en vehículos marítimos, lacustres y fluviales (comprendida la responsabilidad del transportista).

13. Responsabilidad civil en general.

Comprende toda responsabilidad distinta de las mencionadas en los ramos 10, 11 y 12.

14. Crédito.

Comprende insolvencia general, venta a plazos, crédito a la exportación, crédito hipotecario y crédito agrícola.

15. Caución (directa e indirecta).

16. Pérdidas pecuniarias diversas.

Incluye riesgos del empleo, insuficiencia de ingresos (en general), mal tiempo, pérdida de beneficios, subsidio por privación temporal del permiso de conducir, persistencia de gastos generales, gastos comerciales imprevistos, pérdida del valor venal, pérdidas de alquileres o rentas, pérdidas comerciales indirectas distintas de las anteriormente mencionadas, pérdidas pecuniarias no comerciales y otras pérdidas pecuniarias.

17. Defensa jurídica.

Las entidades aseguradoras habrán de optar por alguna de las siguientes modalidades de gestión:

a) Confiar la gestión de los siniestros del ramo de defensa jurídica a una entidad jurídicamente distinta, que habrá de mencionarse en el contrato. Si dicha entidad se hallase vinculada a otra que practique algún ramo de seguro distinto del de vida, los miembros del personal de la primera que se ocupen de la gestión de siniestros o del asesoramiento jurídico relativo a dicha gestión no podrán ejercer simultáneamente la misma o parecida actividad en la segunda. Tampoco podrán ser comunes las personas que desempeñen cargos de dirección de ambas entidades.

b) Garantizar en el contrato de seguro que ningún miembro del personal que se ocupe de la gestión de asesoramiento jurídico relativo a dicha gestión ejerza al tiempo una actividad parecida en otro ramo si la entidad aseguradora opera en varios o para otra entidad que opere en algún ramo distinto del de vida y que tenga con la aseguradora de defensa jurídica vínculos financieros, comerciales o administrativos con independencia de que esté o no especializada en dicho ramo.

c) Prever en el contrato el derecho del asegurado a confiar la defensa de sus intereses, a partir del momento en que tenga derecho a reclamar la intervención del asegurador según lo dispuesto en la póliza, a un abogado de su elección.

18. Asistencia.

Asistencia a las personas que se encuentren en dificultades durante desplazamientos o ausencias de su domicilio o de su lugar de residencia permanente. Comprenderá también la asistencia a las personas que se encuentren en dificultades en circunstancias distintas, determinadas reglamentariamente, siempre que no sean objeto de cobertura en otros ramos de seguro.

19. Decesos.

Incluye operaciones de seguro que garanticen la prestación de servicios funerarios para el caso de que se produzca el fallecimiento, o bien subsidiariamente, cuando no se pueda realizar la prestación, por causa de fuerza mayor o por haberse realizado el servicio a través de otros medios, distintos de los dispuestos por la aseguradora, a satisfacer a los herederos legales del asegurado fallecido la suma asegurada, que no debe exceder del valor medio de los gastos funerarios por un fallecimiento.

Los riesgos comprendidos en un ramo no podrán ser clasificados en otro ramo, sin perjuicio de lo dispuesto respecto de los riesgos accesorios en el apartado 4.

Cuando la autorización se conceda simultáneamente para varios ramos, se otorgará con las siguientes denominaciones:

1.º «Accidentes y enfermedad»: Cuando se autoricen los ramos 1 y 2.

2.º «Seguro de automóvil»: Cuando la autorización comprenda la cobertura de ocupantes de vehículos del ramo 1 y los ramos 3, 7 y 10.

3.º «Seguro marítimo y de transporte»: Cuando la autorización comprenda la cobertura de ocupantes de vehículos del ramo 1 y los ramos 4, 6, 7 y 12.

4.º «Seguro de aviación»: Cuando la autorización comprenda la cobertura de ocupantes de vehículos del ramo 1 y los ramos 5, 7 y 11.

5.º «Incendio y otros daños a los bienes»: Cuando se autoricen los ramos 8 y 9.

6.º «Responsabilidad civil»: Cuando se autoricen los ramos 10, 11, 12 y 13.

7.º «Crédito y caución»: Cuando se autoricen los ramos 14 y 15.

8.º «Seguros generales»: Cuando se autoricen todos los ramos de seguro directo distinto del seguro de vida enumerados en este artículo.

b) Riesgos accesorios.

La entidad aseguradora que obtenga una autorización para un riesgo principal perteneciente a un ramo de seguro distinto del de vida o a un grupo de ramos podrá, asimismo, cubrir los riesgos comprendidos en otro ramo sin necesidad de obtener autorización para dichos riesgos, siempre que concurran los siguientes requisitos:

1.º Que estén vinculados al riesgo principal.

2.º Que se refieran al objeto cubierto contra el riesgo principal.

3.º Que estén cubiertos por el contrato que cubre el riesgo principal.

4.º Que para la autorización en el ramo al que pertenezca el riesgo accesorio no se requieran mayores garantías financieras previas que para el principal, salvo, en cuanto a este último requisito, que el riesgo accesorio sea el de responsabilidad civil cuya cobertura no supere los límites que reglamentariamente se determinen.

Cuando el ramo accesorio sea el 2 (enfermedad), éste no comprenderá prestaciones de asistencia sanitaria o prestaciones de asistencia por dependencia.

Los riesgos comprendidos en los ramos 14 (crédito), 15 (caución) y 17 (defensa jurídica), no podrán ser considerados accesorios de otros ramos, salvo el ramo 17 (defensa jurídica), que, cuando se cumplan las condiciones exigidas en el párrafo anterior, podrá ser considerado como riesgo accesorio del ramo 18 (asistencia), si el riesgo principal sólo se refiere a la asistencia facilitada a las personas en dificultades con motivo de desplazamientos o de ausencias del domicilio o del lugar de residencia permanente, y como riesgo accesorio del ramo 6 (vehículos marítimos, lacustres y fluviales), cuando se refiera a litigios o riesgos que resulten de la utilización de embarcaciones marítimas o que estén relacionados con dicha utilización.

B) Ramo de vida y riesgos complementarios.

a) El seguro directo sobre la vida se incluirá en un solo ramo, el ramo de vida, que comprenderá:

1. El seguro sobre la vida, tanto para caso de muerte como de supervivencia, o ambos conjuntamente, incluido en el de supervivencia el seguro de renta; el seguro sobre la vida con contraseguro; el seguro de nupcialidad, y el seguro de natalidad. Asimismo, comprende cualquiera de estos seguros cuando estén vinculados con fondos de inversión u otros activos a los que se refiere el artículo 73. Igualmente, podrá comprender el seguro de dependencia.

2. Las operaciones de capitalización basadas en técnica actuarial, que consistan en obtener compromisos determinados en cuanto a su duración y a su importe a cambio de desembolsos únicos o periódicos previamente fijados.

3. Las operaciones de gestión de fondos colectivos de jubilación, entendiendo por tales aquellas que supongan para la entidad aseguradora administrar las inversiones y, particularmente, los activos representativos de las reservas de las entidades que otorgan prestaciones en caso de muerte, en caso de vida o en caso de cese o reducción de actividades. También estarán comprendidas tales operaciones cuando lleven una garantía de seguro, sea sobre la conservación del capital, sea sobre la percepción de un interés mínimo.

4. Las operaciones tontinas, entendiendo por tales aquellas que lleven consigo la constitución de asociaciones que reúnan partícipes para capitalizar en común sus aportaciones y para repartir el activo así constituido entre los supervivientes o entre sus herederos.

b) Riesgos complementarios.

Las entidades autorizadas para operar en el ramo de vida podrán cubrir como riesgos complementarios los comprendidos en el ramo 1 (accidentes) y en el ramo 2 (enfermedad), sin necesidad de obtener autorización para dichos ramos, siempre que concurran los siguientes requisitos:

1.º Que estén vinculados con el riesgo principal.

2.º Que se refieran al objeto cubierto contra el riesgo principal.

3.º Que estén garantizados en un mismo contrato con éste.

4.º Cuando el ramo complementario sea el 2 (enfermedad), que éste no comprenda prestaciones de asistencia sanitaria o prestaciones de asistencia por dependencia.

§2. REAL DECRETO 1060/2015, DE 20 DE NOVIEMBRE, DE ORDENACIÓN, SUPERVISIÓN Y SOLVENCIA DE LAS ENTIDADES ASEGURADORAS Y REASEGURADORAS

– El **Real Decreto 1060/2015, de 20 de noviembre, de ordenación, supervisión y solvencia de las entidades aseguradoras y reaseguradoras**, deroga el Real Decreto 2486/1998, de 20 de noviembre, por el que se aprueba el Reglamento de Ordenación y Supervisión de los Seguros Privados, salvo lo dispuesto en: i) el artículo 11, en lo que no se oponga al artículo 41.3 de la Ley 20/2015, de 14 de julio; ii) los artículos 12, 13, 14, 15, 16, 17, 18, 19, 20, 21, 22 y 23; iii) las disposiciones adicionales quinta y sexta; iv) y los artículos que regulan el régimen del cálculo de provisiones técnicas a efectos contables recogidos en la disposición adicional quinta de este Real Decreto. Las referencias contenidas en estos preceptos al texto refundido de la Ley de ordenación y supervisión de los seguros privados, aprobado por Real Decreto Legislativo 6/2004, de 29 de octubre, se entenderán realizadas a los correspondientes artículos de la Ley 20/2015, de 14 de julio.

Además, el **Real Decreto 1106/2020, de 15 de diciembre, por el que se regula el Estatuto de los consumidores electrointensivos,** añade el artículo 48 ter en el referido Real Decreto 2486/1998, de 20 de noviembre: «*Artículo 48 ter. Provisión de gestión de riesgos derivados de la adquisición por consumidores electrointensivos de energía eléctrica en los contratos a medio y largo plazo asegurados por cuenta del Estado. 1. El Agente Gestor de la cobertura por cuenta del Estado de los riesgos derivados de la adquisición por consumidores electrointensivos de energía eléctrica en los contratos a medio y largo plazo, deberá dotar la provisión para gestión de los riesgos derivados de la adquisición por consumidores electrointensivos de energía eléctrica en los contratos a medio y largo plazo asegurados por cuenta del Estado. 2. El importe de esta provisión estará constituido por la parte de la retribución para la gestión correspondiente a los riesgos en curso imputable a periodos futuros, calculada según la distribución temporal de los costes incurridos y esperados, más el valor actual de los gastos esperados necesarios para la total liquidación de siniestros y la recuperación de los impagos, refinanciados y no refinanciados, en cumplimiento de las obligaciones asumidas por el Agente Gestor, derivadas de los contratos de seguro y garantías suscritos y del correspondiente convenio suscrito con el Estado*».

EXPOSICIÓN DE MOTIVOS

I

Con la aprobación de la Ley 20/2015 de 14 de julio, de ordenación, supervisión y solvencia de las entidades aseguradoras y reaseguradoras, en adelante LOSSEAR, se transpone parcialmente al ordenamiento jurídico español la Directiva 2009/138/CE, del Parlamento Europeo y del Consejo, de 25 de noviembre de 2009, sobre el acceso a la actividad de seguro y de reaseguro y su ejercicio, en adelante, Directiva Solvencia II, modificada principalmente por la Directiva 2014/51/UE, del Parlamento Europeo y del Consejo, de 16 de abril de 2014, por la que se modifican las Directivas 2003/71/CE y 2009/138/CE y los Reglamentos (CE) n.º 1060/2009, (UE) n.º 1094/2010 y (UE) n.º 1095/2010, en lo que respecta a los poderes de la Autoridad Europea de Supervisión (Autoridad Europea de Seguros y Pensiones de Jubilación) y de la Autoridad Europea de Supervisión (Autoridad Europea de Valores y Mercados), más conocida como Ómnibus II. Esta normativa europea introduce importantes novedades, respecto de la normativa anterior, en cuanto al régimen de solvencia al que están sometidas las entidades aseguradoras y reaseguradoras para el acceso y el ejercicio de su actividad.

Este real decreto de ordenación, supervisión y solvencia de las entidades aseguradoras y reaseguradoras tiene como finalidad primordial completar la transposición de la Directiva Solvencia II efectuada por la LOSSEAR en cuanto a aquellos de sus preceptos cuya transposición no requiere de rango legal. Al tratarse de una materia eminentemente técnica, son numerosos los preceptos legales que se remiten expresamente a un desarrollo reglamentario que complemente la regulación contenida en la ley. A mayor abundamiento, la disposición final decimoséptima de la ley establece este mandato en términos amplios. Sin perjuicio de lo anterior, este real decreto no agota la labor de desarrollo normativo necesario, aunque sí constituye un elemento esencial del mismo. En este sentido es preciso mencionar el desarrollo del derecho derivado comunitario europeo en general y más específicamente de las directrices y guías de la Autoridad Europea de Seguros y Pensiones de Jubilación (AESPJ) que, en gran medida, habrá de efectuarse posteriormente a través de órdenes ministeriales o de circulares de la Dirección General de Seguros y Fondos de Pensiones. Además, resulta relevante recordar que la normativa nacional, habrá de convivir, evitando cualquier tipo de colisión, con la normativa de la Unión

Europea que resulte de directa aplicación en nuestro ordenamiento jurídico, la cual es cada vez más abundante en este ámbito normativo. A este respecto tiene especial significación la reciente entrada en vigor del Reglamento Delegado (UE) 2015/35, de la Comisión de 10 de octubre por el que se completa la Directiva 2009/138/CE, del Parlamento Europeo y del Consejo sobre el acceso a la actividad de seguro y de reaseguro y su ejercicio (Solvencia II).

Por otro lado, desde la entrada en vigor del Reglamento de Ordenación y Supervisión de los Seguros Privados, aprobado por el Real Decreto 2486/1998, de 20 de noviembre, la experiencia adquirida con su aplicación aconseja introducir disposiciones que recojan criterios interpretativos y prácticas supervisoras con la finalidad de mejorar el régimen anteriormente vigente, teniendo en cuenta las circunstancias en las que el sector asegurador español ha de desenvolverse actualmente, tanto en el contexto europeo como en el resto del mundo.

No obstante lo anterior, gran parte de las disposiciones del anterior reglamento se conservan en este real decreto, por resultar plenamente aplicables a la realidad actual, si bien, en muchos casos, con las lógicas actualizaciones que demanda la coherencia terminológica y de contenido con el nuevo régimen de Solvencia II.

En la formulación y aplicación de estas normas es preciso combinar la solvencia de las entidades aseguradoras y la protección de los consumidores y usuarios, con el fomento y desarrollo del mercado, especialmente considerando la efectividad del Espacio Económico Europeo.

El real decreto, como la LOSSEAR, regula con un espíritu omnicomprensivo las circunstancias atinentes a la evolución de las entidades aseguradoras y reaseguradoras. Además, contiene disposiciones relativas a los planes y fondos de pensiones, mediación en seguros privados, Consorcio de Compensación de Seguros, Ley de Contrato de Seguro, Ley sobre Responsabilidad Civil y Seguro en la Circulación de Vehículos a Motor y Plan de Contabilidad de las Entidades Aseguradoras.

En cuanto a los criterios técnicos empleados en la elaboración de la norma, se ha optado por desarrollar exclusivamente aquellas materias de la LOSSEAR que se considera necesario ampliar. Esta solución exige la máxima coordinación entre la norma desarrollada y el presente texto, lo que se refleja en una plena identidad de la estructura de la LOSSEAR y este real decreto. La interrelación entre la ley y el real decreto llevan a que sea precisa una consideración conjunta de ambos para tener una visión global de la normativa en ellos contenida.

En ejercicio de esta interpretación sistemática, las facultades reconocidas a la Dirección General de Seguros y Fondos de Pensiones se entenderán sin perjuicio de las competencias que, en su caso, correspondan a las Comunidades Autónomas, de acuerdo con el artículo 19 de la Ley 29/2015, de 14 de julio.

Por otro lado, el legislador prefirió ordenar tan sólo aquellos aspectos diferenciales de las entidades aseguradoras respecto al resto de entidades mercantiles. En todo aquello en lo que no se aprecia una singularidad propia de la actividad aseguradora, la remisión a la normativa general es completa y absoluta.

Conforme a la Ley 11/2007, de 22 de junio, de acceso electrónico de los ciudadanos a los Servicios Públicos[2], los procedimientos regulados en este real decreto que impliquen comunicaciones de las entidades aseguradoras y reaseguradoras con la Dirección General de Seguros y Fondos de Pensiones, podrán ser cumplidos electrónicamente.

II

En cuanto a su estructura, el real decreto sigue fielmente la distribución de la ley, distinguiéndose siete títulos, diecisiete disposiciones adicionales, diecisiete disposiciones transitorias, una disposición derogatoria, doce disposiciones finales y un anexo.

El título I desarrolla las disposiciones generales de la Ley, en concreto la delimitación de su objeto y las operaciones que tienen la consideración de seguro y reaseguro privado. Se contempla además la posibilidad de formular consultas por los interesados dirigidas a la Dirección General de Seguros y Fondos de Pensiones cuando se susciten dudas concretas sobre este particular, así como la correlativa obligación de ésta de contestarlas emitiendo su criterio de forma motivada. También se detallan, en su capítulo II, las funciones y estructura de la Junta Consultiva de Seguros y Fondos de Pensiones.

El título II, que se refiere al acceso a la actividad aseguradora y reaseguradora, dedica cada uno de sus tres capítulos a los tipos de entidades que pueden actuar en España, diferenciados según su origen. El primero, a las entidades aseguradoras y reaseguradoras españolas. En él se regulan pormenorizadamen-

---

[2]   La Ley 11/2007, de 22 de junio, de acceso electrónico de los ciudadanos a los servicios públicos, ha sido derogada por la **Ley 39/2015, de 1 de octubre, del Procedimiento Administrativo Común de las Administraciones Públicas.**

te aspectos como el procedimiento de solicitud y aprobación, la documentación a aportar o los efectos de la autorización, entre los que destaca que la autorización concedida a una entidad para operar en todo el territorio español supone que también podrá hacerlo en todo el territorio de la Unión Europea, que se conoce como pasaporte comunitario o licencia única. También regula este capítulo las particularidades que afectan a la denominación o el domicilio social de las entidades y aspectos concretos de gran importancia como el programa de actividades, los aumentos y reducciones del capital social o fondo mutual, el régimen de adquisición y reducción de participaciones significativas y el registro administrativo. Ello hace preciso, delimitar su contenido y mecánica operativa. Continúa este capítulo con el desarrollo de los requisitos de honorabilidad y aptitud exigidos a los socios y a quienes ejerzan la dirección efectiva o las funciones fundamentales que integran el sistema de gobierno de la entidad. El segundo capítulo del título II contempla los requisitos a cumplir por las entidades aseguradoras y reaseguradoras autorizadas en otros estados de la Unión Europea que deseen actuar en España en régimen de derecho de establecimiento o libre prestación de servicios, todo ello presidido por el principio de supervisión por el país de origen y teniendo en cuenta las relaciones que las autoridades de supervisión de los Estados miembros han de mantener para que la supervisión resulte eficaz y eficiente. Finalmente, el capítulo III regula las particularidades que comporta la autorización para el acceso a la actividad en España de entidades aseguradoras y reaseguradoras de terceros países, distinguiendo el régimen especial aplicable a las sucursales de entidades aseguradoras suizas que operen en seguros distintos del seguro de vida, en virtud de la aplicación de la Directiva 91/371/CEE, del Consejo, de 20 junio, referente a la aplicación del Acuerdo entre la Comunidad Económica Europea y la Confederación Suiza, relativo al seguro directo distinto del seguro de vida.

El título III aborda el ejercicio de la actividad aseguradora o reaseguradora. Su capítulo I está dedicado al sistema de gobierno de las entidades aseguradoras y reaseguradoras, materia a la que la Directiva Solvencia II otorga gran importancia, por lo que en este capítulo se desarrollan tanto los requisitos generales que debe reunir el sistema de gobierno para garantizar una gestión sana y prudente de la actividad, como los específicos de cada una de las funciones fundamentales que lo integran. También contiene este título, en su capítulo II, las normas de valoración de activos y pasivos, las garantías financieras e inversiones a efectos de solvencia, siguiendo para ello las pautas marcadas en la ley. Asimismo se incluyen en este capítulo cuestiones esenciales en el nuevo régimen de solvencia como las reglas para el adecuado cálculo de las provisiones técnicas, la determinación, clasificación y admisibilidad de los fondos propios, o el cálculo del capital de solvencia obligatorio, tanto mediante la fórmula estándar como a través de modelos internos. El capítulo III regula la forma y contenido del informe financiero y de solvencia que deberán elaborar periódicamente tanto las entidades aseguradoras y reaseguradoras como sus grupos, así como los plazos para su divulgación y sus actualizaciones. El capítulo IV contiene algunas disposiciones en relación con las obligaciones contables de las entidades aseguradoras. El capítulo V establece los procedimientos de autorización de las operaciones societarias, diferenciando entre la cesión de cartera y las modificaciones estructurales. Dentro de estas últimas se distingue entre la transformación societaria, la fusión, la cesión global del activo y pasivo y la escisión. Concurren dos especialidades en estas figuras; por un lado, las propias de la actividad aseguradora; de otro, las específicas de la naturaleza jurídica y económica de estas entidades. Respecto de la primera, se destaca que la cesión de cartera supone el traspaso en bloque de contratos de seguros, con sus inherentes derechos y obligaciones. Los principios de claridad, transparencia, publicidad y seguridad jurídica deben presidir la transmisión de contratos en masa. Dentro de este mismo capítulo también se regulan las particularidades del traslado del domicilio social al extranjero, así como de las agrupaciones de interés económico y uniones temporales de empresas de las que formen parte entidades aseguradoras. El capítulo VI contiene las disposiciones dedicadas a las conductas de mercado, regulando los aspectos relativos a estatutos, pólizas y tarifas. En este capítulo se concreta su contenido, se transponen las normas comunitarias sobre la materia y se regulan las particularidades en relación con la publicidad de seguros y reaseguros. El capítulo VII desarrolla los principios generales establecidos en la ley para la regulación del régimen especial de solvencia al que podrían acogerse aquellas entidades que no realicen actividades en régimen de derecho de establecimiento o libre prestación de servicios en otros Estados miembros de la Unión Europea y no superen los límites que se establecen, así como las mutualidades de previsión social que cumplan los requisitos para ello establecidos. El capítulo VIII pone fin al título III con las disposiciones especiales referidas al ejercicio simultáneo de las actividades de seguro directo de vida y seguro directo distinto del seguro de vida, lo que sólo es posible en el caso de entidades autorizadas para operar en ambos ámbitos conforme a regímenes anteriores a la entrada en vigor de la ley.

El título IV, referido a la supervisión de entidades aseguradoras y reaseguradoras, en su capítulo I desarrolla determinados aspectos de la ley sobre esta materia, en particular, la información que debe divulgar la autoridad supervisora, la información que deberán facilitar las entidades a efectos de supervisión, estadísticos y contables, sus plazos y las exenciones o limitaciones a su presentación o la supervisión de las actividades y funciones externalizadas. En su capítulo II especifica el contenido de la supervisión financiera y en el capítulo III, aspectos de la supervisión por inspección de gran relevancia como los relativos al personal inspector o los que regulan las distintas fases del procedimiento, desde su iniciación a la terminación de las actuaciones inspectoras.

El título V se dedica a la supervisión de grupos de entidades aseguradoras y reaseguradoras. El nuevo régimen de solvencia II desplaza la atención de la supervisión hacia a la solvencia del grupo a nivel europeo sin prescindir de la supervisión de las entidades a nivel individual. Este nuevo enfoque exige una estrecha colaboración entre las autoridades de control bajo cuya jurisdicción operen diferentes entidades pertenecientes a un mismo grupo, y supone la aparición de nuevas figuras como el colegio de supervisores o el supervisor de grupo, que se regulan en el capítulo I. El núcleo de esta regulación se encuentra en el capítulo II, referido a la situación financiera del grupo. La sección 1.ª regula el método de cálculo de la solvencia de grupo que con carácter general será el basado en la consolidación contable. No obstante, en determinados supuestos se podrá utilizar, previa autorización, el método de deducción-agregación o una combinación de ambos. Se regulan determinadas especialidades del cálculo de solvencia del grupo sobre el cálculo a nivel de entidad individual, tales como la supresión del doble cómputo de fondos propios admisibles, la supresión de la creación de capital intragrupo, las peculiaridades de determinadas entidades integradas en el grupo, como las sociedades de cartera de seguros intermedia y sociedades financieras mixtas de cartera intermedias, la determinación de la equivalencia o de la equivalencia temporal respecto de entidades aseguradoras y reaseguradoras vinculadas de terceros países. La sección 1.ª de este capítulo II finaliza con la regulación de los grupos con gestión centralizada de riesgos. La sección 2.ª se dedica a los otros dos pilares, junto a la solvencia, en los que se basa la supervisión financiera, la supervisión de la concentración de riesgos intragrupo y la supervisión de las operaciones intragrupo. La sección 3.ª pone fin al capítulo II con la introducción de algunas especialidades para la gestión de riesgos y el control interno a nivel de grupo. El capítulo III recoge algunas disposiciones específicas aplicables a los grupos con matrices en la Unión Europea pero que no tengan la condición de entidades aseguradoras o reaseguradoras y a los grupos con matrices situadas fuera de la Unión Europea. El capítulo IV y último del título V contiene un solo artículo dedicado a las especialidades de los grupos mutuales.

El título VI regula las situaciones de deterioro financiero de las entidades y las medidas de control especial. En concreto, se regula el contenido del plan de recuperación y del plan de financiación a corto plazo que deben presentar las entidades cuando sus fondos propios admisibles no alcancen para cubrir el capital de solvencia obligatorio o el capital mínimo obligatorio, respectivamente. También se desarrolla el procedimiento de adopción de medidas de control especial en línea con la regulación precedente introduciendo adaptaciones al nuevo régimen de solvencia y las mejoras aconsejadas por la experiencia de su aplicación. Es de destacar la atribución al Consorcio de Compensación de Seguros de nuevas funciones de colaboración en la aplicación de medidas de control especial adoptadas. En el caso de la intervención administrativa, la regulación mantiene y clarifica la distinción entre la intervención adoptada para garantizar el correcto cumplimiento de otras medidas de control especial y la intervención en la liquidación.

El título VII completa la regulación contenida en la ley sobre la revocación, disolución y liquidación de las entidades aseguradoras y reaseguradoras. El cese de la actividad está presidido en la Ley por los principios de protección de los acreedores, en especial de los asegurados, agilidad y transparencia. La Administración puede intervenir y tutelar el cese, fiscalizando el proceso de revocación, disolución, liquidación y extinción. En relación con la revocación, el real decreto concreta lo que se entiende por falta de efectiva actividad y por abandono del domicilio social. En cuanto a la disolución, recoge el cómputo del patrimonio neto a efectos de causa de disolución, la obligatoriedad de comunicar a la autoridad de supervisión la existencia de causa de disolución, así como el acuerdo de disolución adoptado. Se regulan asimismo las peculiaridades del procedimiento de disolución administrativa, remitiéndose expresamente para completarlas a las normas contenidas en la legislación de las sociedades de capital o a la legislación de cooperativas, cuando se trate de entidades con esta última forma jurídica. Por lo que se refiere a la liquidación, cabe destacar la regulación del vencimiento anticipado de los contratos de seguro, la cesión de oficio de la cartera de seguros en la liquidación, la protección especial de los créditos por contrato de seguro o el proceso y la finalización de las operaciones de liquidación. Mención especial merece la regulación que el capítulo III de este título VII dedica a la liquidación por el Consorcio de Compensación de Seguros, que desarrolla y completa las disposiciones sobre la materia recogidas en la Ley. Entre otros aspectos, se recoge el plazo máximo de nueve meses de que dispone el Consorcio para determinar el porcentaje a ofrecer a los acreedores por contrato de seguro, y se distingue entre la liquidación de entidades solventes y de entidades insolventes.

El real decreto contiene diecisiete disposiciones adicionales. La primera de ellas atribuye al Consorcio de Compensación de Seguros la gestión del registro público de seguros obligatorios, creado ex novo por la Ley, en cumplimiento de la Directiva Solvencia II. En este registro deberán figurar todos los seguros cuya obligatoriedad haya sido establecida por una ley estatal o autonómica y se habilita a la Dirección General de Seguros y Fondos de Pensiones para regular mediante resolución la información a remitir al registro cuando se establezca un seguro obligatorio y el procedimiento de remisión. La disposición adicional segunda regula el procedimiento de autorización administrativa para operar como entidad con cometido especial. La tercera establece la cuantía máxima de cobertura de la responsabilidad cuando tenga la consideración de riesgo accesorio de conformidad con el anexo A) b) de la Ley. La cuarta atribuye al Servicio de Reclamaciones de la Dirección General de Seguros y Fondos de Pensiones la competencia para resolver las consultas, quejas y reclamaciones en relación con los seguros de crédito y caución cuando el tomador o el asegurado no sean profesionales o el riesgo no se refiera a una actividad profesional. La quinta establece el régimen a aplicar para el cálculo de las provisiones técnicas a efectos contables. La sexta establece los importes que se computan como cuantía mínima de las provisiones técnicas. La séptima añade la obligación de informar en el programa de actividades a presentar para obtener y mantener la autorización administrativa como corredores de seguros de la estructura de la organización que incluya los sistemas de comercialización, así como de las previsiones de ingresos y gastos para los tres primeros ejercicios de actividad y de la adecuación a estos de los medios y recursos disponibles. La disposición adicional octava precisa los actos sujetos a inscripción en el registro administrativo especial de corredores de seguros y reaseguros, de sociedades de correduría de seguros y reaseguros y de sus altos cargos. La novena califica como prácticas abusivas, a efectos de lo dispuesto en los apartados 2.o) y 3.g) del artículo 55 de la Ley 26/2006, de 17 de julio, de mediación en seguros y reaseguros privados, determinadas conductas. La décima transpone lo dispuesto en la Directiva Solvencia II en relación con el contravalor del euro en otras monedas nacionales de la Unión Europea. La undécima exige un conocimiento suficiente de la técnica de la pericia aseguradora a los peritos de seguros, comisarios de averías, y liquidadores de averías que intervengan en un procedimiento de tasación pericial contradictoria. La duodécima habilita a la Dirección General de Seguros y Fondos de Pensiones a desarrollar el régimen de incompatibilidades y la formación exigible a los colaboradores externos. La disposición adicional decimotercera establece que las referencias normativas que efectúen otras disposiciones al Real Decreto 2486/1998, de 20 de noviembre, se entenderán efectuadas a los preceptos correspondientes de este real decreto. La disposición adicional decimocuarta establece que las medidas contenidas en el real decreto no podrán suponer incremento de dotaciones ni gastos de personal. La disposición adicional decimoquinta, referida a la distribución de competencias, traslada, en determinados supuestos, las referencias hechas a la Dirección General de Seguros y Fondos de Pensiones, a los órganos competentes de las Comunidades Autónomas. La disposición adicional decimosexta prevé que los ciudadanos puedan relacionarse con la Dirección General de Seguros y Fondos de Pensiones por medios electrónicos. La disposición adicional decimoséptima establece la cobertura de responsabilidad civil de las agencias de suscripción.

El real decreto contiene diecisiete disposiciones transitorias. La primera establece la posibilidad de aplicar un ajuste en la curva de tipos de interés sin riesgo para reducir el impacto que se produciría en las provisiones técnicas de vida por el cambio en el tipo de interés utilizado para su cálculo. Este ajuste se podrá aplicar previa autorización de la Dirección General de Seguros y Fondos de Pensiones cuando se cumplan las condiciones que se establecen y se irá reduciendo de forma lineal cada año hasta 2032, con el fin de que el citado impacto se produzca de manera progresiva. La disposición transitoria segunda permite la aplicación de un ajuste sobre el importe calculado de las provisiones técnicas. Como en el caso anterior, se trata de reducir el impacto que provocaría el cambio de sistema de cálculo. La aplicación de estas medidas transitorias está prevista en la Directiva Solvencia II. La disposición transitoria tercera prevé, para las entidades que apliquen las medidas transitorias primera o segunda, en el caso de que se observe incumplimiento del capital de solvencia obligatorio si no se aplicaran los ajustes permitidos por ellas, la necesidad de elaborar y presentar a la Dirección General de Seguros y Fondos de Pensiones un plan de introducción progresiva para restablecer el nivel de cobertura de fondos propios admisibles y así garantizar el cumplimiento del capital de solvencia obligatorio al final del periodo transitorio. La disposición transitoria cuarta permite clasificar como fondos propios básicos de nivel I, durante diez años, aquellos elementos de fondos propios emitidos con anterioridad al 18 de enero de 2016 que cumplan los requisitos que en ella se establecen. La disposición transitoria quinta dispone una medida sobre los submódulos de concentración y de diferencial, dentro del riesgo de mercado, con el objetivo de distribuir en el tiempo el impacto del nuevo régimen. La disposición transitoria sexta contempla una medida sobre el submódulo de acciones, dentro del riesgo de mercado, permitiendo una distribución progresiva de su impacto durante ocho años. La disposición transitoria séptima establece una medida sobre la inversión en valores negociables u otros instrumentos financieros basados en préstamos empaquetados, de forma que sólo se hayan de aplicar los requisitos contemplados en el nuevo régimen de solvencia los instrumentos emitidos antes del 1 de enero de 2011. La disposición transitoria octava contempla una medida que permite solicitar a la Dirección General de Seguros y Fondos de Pensiones, hasta el 31 de marzo de 2022, la aprobación de un modelo interno aplicable a una parte del grupo cuando la matriz última a la que se aplique esté situada en España y dicha parte constituya una fracción diferenciada con un perfil de riesgo sustancialmente distinto al resto del grupo. La disposición transitoria novena, relativa al informe sobre la situación financiera y de solvencia, permite que no sea obligatorio hasta diciembre de 2020 incluir en la descripción de la gestión de capital la indicación separada de la exigencia de capital de solvencia obligatorio adicional o el impacto de los parámetros específicos a utilizar por desvíos significativos frente a las hipótesis de cálculo de la fórmula estándar. La disposición transitoria décima introduce un régimen transitorio de reducción progresiva de los plazos de divulgación del informe sobre la situación financiera y de solvencia, tanto para entidades individuales como para grupos. La disposición transitoria undécima amplía la anterior medida a la información anual a efectos de supervisión, estadísticos y contables que deberá remitir al supervisor las entidades aseguradoras y sus grupos. La disposición transitoria duodécima establece un plazo de seis meses para la adaptación de los planes de pensiones preexistentes a lo que establece la disposición final cuarta, por la que se modifica el Reglamento de planes y fondos de pensiones. La disposición transitoria decimotercera especifica el contenido mínimo que habrá de reunir el informe anual de progreso de la liquidación de las entidades que, a partir del 1 de enero de 2016, no suscriban nuevos contratos. La disposición transitoria decimocuarta especifica que todas las entidades aseguradoras y reaseguradoras, así como sus grupos, deberán remitir la información periódica a la que se refiere el artículo 66 del Real Decreto 2486/1998, de 20 de noviembre, en los plazos establecidos en el citado artículo. La disposición transitoria decimoquinta contiene el régimen aplicable a las entidades que dispusieran del margen de solvencia mínimo exigido por la normativa que le resultaba de aplicación el día anterior a la entrada en vigor del nuevo régimen de solvencia, pero no dispongan, en el primer año de aplicación de este real decreto, de los fondos propios admisibles suficientes para cubrir el capital de solvencia obligatorio. A estas entidades se les permite tomar las medidas necesarias para adaptarse al nuevo régimen hasta el 31 de diciembre de 2017. La disposición transitoria decimosexta impide la distribución de dividendos a las entidades autorizadas para aplicar las medidas transitorias sobre los tipos de interés sin riesgo o sobre las provisiones técnicas cuando, sin la aplicación de las citadas medidas, presentasen un déficit de capital de solvencia obligatorio o de capital mínimo obligatorio, o pudieran llegar a presentarlo como consecuencia de la distribución de dividendos. La disposición transitoria decimoséptima contempla un régimen de procedimiento sancionador simplificado en tanto no entre en vigor la Ley 39/2015, de 1 de octubre, de Procedimiento Administrativo Común de las Administraciones Públicas.

La disposición derogatoria única deroga cuantas disposiciones de igual o inferior rango se opongan a lo establecido en este Real Decreto y en especial el Real Decreto 2486/1998, de 20 de noviembre, salvo lo dispuesto en los artículos 11, 12, 13, 14, 15, 16, 17, 18, 19, 20, 21, 22 y 23; y las disposiciones adicionales quinta y sexta. También se deroga expresamente la disposición transitoria quinta del Real Decreto 1317/2008, de 24 de julio, por el que se aprueba el Plan de contabilidad de las entidades aseguradoras y el apartado tercero de la Resolución de la Dirección General de Seguros y Fondos de Pensiones de 20 de octubre de 2008, sobre las obligaciones de información de las entidades aseguradoras que comercialicen planes de previsión asegurados.

La parte dispositiva se cierra con doce disposiciones finales. La disposición final primera introduce determinadas modificaciones en el Reglamento sobre la instrumentación de los compromisos por pensiones de las empresas con los trabajadores y beneficiarios, aprobado por Real Decreto 1588/1999, de 15 de octubre, con la finalidad principal de adaptar al nuevo régimen de Solvencia II las referencias normativas al tipo de interés aplicado en relación con el valor de rescate de los seguros colectivos. La disposición final segunda modifica dos artículos del Reglamento de mutualidades de previsión social, aprobado por Real Decreto 1430/2002, de 27 de diciembre, con el fin de precisar el régimen jurídico de los socios protectores y de establecer la posibilidad de que personas que no ostenten la condición de mutualistas puedan formar parte de la Junta Directiva, permitiendo así una mayor profesionalización del órgano de administración de este tipo de entidades aseguradoras. La disposición final tercera modifica el Reglamento del seguro de riesgos extraordinarios, aprobado por el Real Decreto 300/2004, de 20 de febrero, con objeto de recoger la extensión de la cobertura del seguro de riesgos extraordinarios a los daños en vehículos que sólo tengan contratado el seguro obligatorio de responsabilidad civil de vehículos a motor. Asimismo, se introduce una mención expresa a la cobertura de la inhabitabilidad de vivienda derivada de daños producidos por eventos extraordinarios. La disposición final cuarta modifica el Reglamento de planes y fondos de pensiones, aprobado por Real Decreto 304/2004, de 20 de febrero. Se desarrollan aspectos puntuales de información y de la inversión en fondos de pensiones abiertos y garantías externas de rentabilidad de los planes de pensiones. La disposición final quinta introduce en el Plan de Contabilidad de las Entidades Aseguradoras, aprobado por Real Decreto 1317/2008, de 24 julio, las imprescindibles modificaciones que exige la coherencia con el nuevo régimen de solvencia y además se incorpora al Plan una sexta parte, conteniendo las normas sobre la formulación de las cuentas anuales consolidadas de los grupos de entidades aseguradoras y reaseguradoras, y que sustituye la regulación vigente transitoriamente sobre esta materia contenida en el Plan de 1997. La disposición final sexta modifica el artículo 84 de la Orden ECO/805/2003, de 27 de marzo, sobre normas de valoración de bienes inmuebles y de determinados derechos para ciertas finalidades financieras, con el fin de adecuar su terminología al nuevo régimen de solvencia y de aclarar que, con carácter general, se debe proceder a solicitar una nueva tasación oficial antes de que transcurran dos años desde la anterior. En la disposición final séptima se habilita a las entidades aseguradoras para el acceso al Índice Nacional de Defunciones, con la finalidad de verificar la supervivencia de los beneficiarios que perciban rentas vitalicias o temporales derivadas de operaciones de seguro, o, en el caso de seguros de fallecimiento, poder agilizar el pago de las prestaciones a los beneficiarios de seguros. La disposición final octava salvaguarda el rango normativo de las disposiciones de la orden ministerial modificada por la disposición final anterior. La disposición final novena contiene el título competencial siguiendo la línea marcada por la Ley 20/2015, de 14 de julio. La disposición final décima especifica las directivas de la Unión Europea cuya transposición se completa mediante el presente real decreto. La disposición final undécima habilita al Ministro de Economía y Competitividad para desarrollar, a propuesta de la Dirección General de Seguros y Fondos de Pensiones y previo informe de la Junta Consultiva de Seguros y Fondos de Pensiones, el contenido de este real decreto cuando resulte necesario y la disposición final duodécima dispone que la entrada en vigor del real decreto se producirá el 1 de enero de 2016, en cumplimento de lo que establece la Directiva Solvencia II y en el mismo momento en el que se producirá también la entrada en vigor de la ley.

Por último, el anexo transpone el desglose para los diferentes módulos y submódulos de riesgo de la fórmula estándar para el cálculo del capital de solvencia obligatorio que establece la Directiva Solvencia II.

III

Durante su proceso de elaboración el proyecto fue sometido a consideración de la Junta Consultiva de Seguros y Fondos de Pensiones, en su reunión de 28 de mayo de 2015 y sometido a audiencia pública. También han sido consultados el Ministerio de Empleo y Seguridad Social, el Ministerio de Sanidad, Servicios Sociales e Igualdad, el Ministerio de Justicia, la Agencia Española de Protección de Datos, el Instituto de Contabilidad y Auditoría de Cuentas, la Comisión Nacional de los Mercados y de la Competencia, el Banco de España, la Comisión Nacional del Mercado de Valores y las Comunidades Autónomas.

En su virtud, a propuesta del Ministro de Economía y Competitividad, previa aprobación del Ministro de Hacienda y Administraciones Públicas, de acuerdo con el Consejo de Estado y previa deliberación del Consejo de Ministros en su reunión del día 20 de noviembre de 2015,

TÍTULO I. DISPOSICIONES GENERALES

CAPÍTULO I. OBJETO Y ÁMBITO DE APLICACIÓN

Artículo 1. Objeto. Este real decreto tiene por objeto desarrollar la regulación de la actividad aseguradora y reaseguradora privada efectuada por la Ley 20/2015, de 14 de julio, de ordenación, supervisión y solvencia de entidades aseguradoras y reaseguradoras, así como completar la transposición al ordenamiento jurídico nacional de la Directiva 2009/138/CE del Parlamento Europeo y del Consejo, de 25 de noviembre de 2009, sobre el acceso a la actividad de seguro y de reaseguro y su ejercicio (Directiva Solvencia II), todo ello con el fin último de proteger los derechos de los tomadores, asegurados y beneficiarios, y de promover la transparencia y el desarrollo de la actividad aseguradora.

Artículo 2. Ámbito de aplicación. 1. En cuanto al ámbito objetivo:

a) Tendrán la consideración de actividades de seguro aquellas en las que concurran los requisitos previstos en la normativa reguladora del contrato de seguro.

b) No tendrán la consideración de actividades de seguro privado la prestación de servicios profesionales, los contratos de abono concertados para prestar servicios de conservación, mantenimiento, reparación y similares, siempre que en las obligaciones que asuman las partes no figure la cobertura de un riesgo técnicamente asegurable, ni la mera obligación de prestación de servicios mecánicos al automóvil realizada a sus socios por los clubes automovilísticos.

2 Por lo que se refiere al ámbito subjetivo, no tendrán la consideración de aseguradores aquellas personas que contando con infraestructura adecuada presten, alguno de los servicios citados en el apartado anterior, referidos a asistencia sanitaria, defensa jurídica, asistencia a personas o decesos, devengando su retribución por cada uno de los actos que realicen y con independencia de la persona que los satisfaga.

3. Las dudas que puedan surgir sobre la calificación de una operación, a efectos de su sometimiento a la Ley 20/2015, de 14 de julio y sus normas de desarrollo, serán resueltas en vía administrativa por la Dirección General de Seguros y Fondos de Pensiones. Cuando la duda se refiera a si la operación forma parte de la Seguridad Social obligatoria se solicitará informe previo del Ministerio competente por razón de la materia.

A estos efectos, las entidades aseguradoras y cualquier persona que acredite ser titular de un interés legítimo podrán formular consultas mediante escrito dirigido a la Dirección General de Seguros y Fondos de Pensiones en el que, con relación a la cuestión planteada, se expresarán con claridad y con extensión necesaria los antecedentes y las circunstancias del caso, el objeto de la consulta y los demás datos, elementos y documentos que puedan contribuir a la formación de juicio por parte de la Administración. En dicho escrito se hará constar el nombre, apellidos, denominación o razón social, domicilio del interesado y, en su caso, de la persona que le represente, así como el lugar, fecha y firma de aquéllos.

Si el escrito de consulta no reuniera los requisitos señalados en los apartados anteriores, se requerirá al interesado para que, en un plazo de diez días, subsane la falta o acompañe los documentos necesarios, con indicación de que, si así no lo hiciera, su escrito será archivado sin más trámite.

En la contestación, la Dirección General de Seguros y Fondos de Pensiones deberá aplicar los criterios manifestados en contestaciones a consultas similares evacuadas con anterioridad salvo que considere oportuno cambiar el criterio, en cuyo caso deberá motivar dicho cambio.

La contestación se notificará al interesado en el plazo máximo de sesenta días hábiles, contados a partir de la recepción de la consulta en la Dirección General de Seguros y Fondos de Pensiones o, en su caso, de la subsanación de las deficiencias advertidas y contra la misma, en su carácter de mera información y no de acto administrativo, no podrá entablarse recurso alguno, sin perjuicio de que puedan impugnarse el acto o actos administrativos dictados de acuerdo con los criterios manifestados en la misma.

CAPÍTULO II. ÓRGANO CONSULTIVO

Artículo 3. Junta Consultiva de Seguros y Fondos de Pensiones. 1. La Junta Consultiva de Seguros y Fondos de Pensiones tendrá atribuidas las siguientes funciones:

a) Informar los proyectos de disposiciones de carácter general sobre materias directamente relacionadas con los seguros privados, reaseguro, planes y fondos de pensiones y la mediación en seguros y reaseguros, con el objeto de hacer efectivo el principio de audiencia de los sectores afectados en el procedimiento de elaboración de tales disposiciones. El informe que emita no será vinculante.

b) Realizar cuantos estudios e informes le sean solicitados por la persona que ostente su Presidencia.

c) Formular recomendaciones generales o de carácter particular en las materias señaladas en la letra a) y en relación con los seguros obligatorios.

2. La Junta Consultiva de Seguros y Fondos de Pensiones está constituida por una Presidencia, una Vicepresidencia, vocalías y una Secretaría.

3. Ostentará la Presidencia la persona titular de la Dirección General de Seguros y Fondos de Pensiones, a quien corresponde ejercer, entre otras, las siguientes funciones:

a) Representar a dicho órgano consultivo.

b) Acordar su convocatoria.

c) Fijar el orden del día, moderar el desarrollo de las sesiones y suspenderlas, en su caso.

d) Visar las actas.

e) Solicitar la participación de aquellas personas, entidades y organizaciones que considere conveniente.

f) Señalar los plazos para la presentación de observaciones y votos particulares por los vocales.

g) Designar comisiones de trabajo para asuntos concretos.

4. La Vicepresidencia de la Junta Consultiva de Seguros y Fondos de Pensiones la ostentará la persona titular de la Subdirección General de Regulación y Relaciones Internacionales de la Dirección General de Seguros y Fondos de Pensiones, a quien compete sustituir al Presidente o Presidenta en caso de vacante, ausencia o enfermedad.

5. La persona que ostente la Secretaría, nombrada por la persona titular de la Dirección General de Seguros y Fondos de Pensiones entre personal funcionario perteneciente al Cuerpo Superior de Inspectores de Seguros del Estado con destino en la Dirección General de Seguros y Fondos de Pensiones, levantará acta de cada sesión que se celebre, en la que se harán constar las personas asistentes, el orden del día de la reunión, las circunstancias del lugar y tiempo en que se ha celebrado y los puntos principales de los asuntos tratados.

Las actas se aprobarán en la misma o en la siguiente reunión de la Junta Consultiva de Seguros y Fondos de Pensiones.

En caso de ausencia o enfermedad, la persona que ostente la Secretaría será sustituida por la persona que al efecto designe el Presidente o la Presidenta de la Junta Consultiva de Seguros y Fondos de Pensiones.

6. Ostentarán las vocalías la persona titular de la Secretaría General Técnica del Ministerio de Asuntos Económicos y Transformación Digital, así como las personas titulares de las subdirecciones generales de la Dirección General de Seguros y Fondos de Pensiones y la persona titular de la Abogacía del Estado en dicho centro directivo.

La persona titular de la Dirección General de Seguros y Fondos de Pensiones, previa consulta con las asociaciones e instituciones más representativas en cada caso, propondrá el nombramiento de cuatro vocalías en representación de las entidades aseguradoras, dos en representación de las entidades gestoras de fondos de pensiones, dos en representación de la mediación de seguros, una en representación de corporaciones de prestigio relacionadas con el seguro privado, una en representación de los actuarios de seguros, una en representación de los peritos de seguros y comisarios de averías, dos en representación de organizaciones sindicales, una en representación de la Cámara Oficial de Comercio, Industria, Servicios y Navegación de España, y una en representación del Consorcio de Compensación de Seguros.

La persona titular del Ministerio de Justicia propondrá el nombramiento de una vocalía, cuyo titular deberá tener rango de, al menos, subdirector o subdirectora general, o asimilado.

La persona titular del Ministerio de Universidades propondrá el nombramiento de una vocalía, que recaerá en un catedrático o catedrática de Derecho Civil o Mercantil.

La persona titular del Ministerio de Consumo propondrá el nombramiento de dos vocalías, en representación de las personas consumidoras.

La persona titular del Ministerio de Inclusión, Seguridad Social y Migraciones propondrá el nombramiento de una vocalía, cuyo titular deberá tener rango, al menos, de subdirector o subdirectora general, o asimilado.

Todas las personas que ostenten las vocalías serán designadas por la persona titular del Ministerio de Asuntos Económicos y Transformación Digital.

7. Corresponderá a las vocalías de la Junta Consultiva de Seguros y Fondos de Pensiones:

a) Asistir a las reuniones y emitir por escrito las observaciones que consideren oportunas.

b) Cualesquiera otras relacionadas con las funciones de la Junta que les encomiende el Presidente o Presidenta.

> – El artículo 3 se modifica por el **Real Decreto 63/2022, de 25 de enero, por el que se modifica el Real Decreto 1060/2015, de 20 de noviembre, de ordenación, supervisión y solvencia de las entidades aseguradoras y reaseguradoras, para la actualización de la composición de la Junta Consultiva de Seguros y Fondos de Pensiones**. En la parte expositiva indica el Real Decreto 63/2022, de 25 de enero, que *la Junta Consultiva de Seguros y Fondos de Pensiones es el órgano colegiado administrativo asesor del Ministerio de Asuntos Económicos y Transformación Digital en los asuntos concernientes a la regulación y supervisión de los seguros privados, del reaseguro, de los planes y fondos de pensiones y de la mediación en seguros y reaseguros. Su regulación se encuentra en el artículo 18 de la Ley 20/2015, de 14 de julio, de ordenación, supervisión y solvencia de las entidades aseguradoras y reaseguradoras, desarrollándose posteriormente su composición, funcionamiento y funciones en el artículo 3 del Real Decreto 1060/2015, de 20 de noviembre, de ordenación, supervisión*

y solvencia de las entidades aseguradoras y reaseguradoras. Asimismo, el artículo 7 del Real Decreto 403/2020, de 25 de febrero, por el que se desarrolla la estructura orgánica básica del Ministerio de Asuntos Económicos y Transformación Digital, establece que la Junta Consultiva de Seguros y Fondos de Pensiones depende de la persona titular de la Dirección General de Seguros y Fondos de Pensiones. Mediante este real decreto se pretende modificar el artículo 3 del Real Decreto 1060/2015, de 20 de noviembre, tanto en lo concerniente a la composición de la Junta Consultiva de Seguros y Fondos de Pensiones, como para adaptar la terminología empleada a un lenguaje más inclusivo en consonancia con los artículos 14 y 54 de la Ley Orgánica 3/2007, de 22 de marzo, para la igualdad efectiva de mujeres y hombres, que señalan que serán criterios generales de actuación de los poderes públicos la implantación de un lenguaje no sexista en el ámbito administrativo. La modificación de la composición, regulada en el apartado 6 del artículo 3 del Real Decreto 1060/2015, de 20 de noviembre, encuentra su motivación en la necesidad de adaptar la misma a la distribución de competencias entre ministerios, en línea con el Real Decreto 2/2020, de 12 de enero, por el que se reestructuran los departamentos ministeriales. En este sentido se crea una nueva vocalía a propuesta del Ministerio de Inclusión, Seguridad Social y Migraciones, al corresponderle, de acuerdo con el artículo 22 del Real Decreto 2/2020, de 12 de enero, la propuesta y ejecución de la política del Gobierno en materia de Seguridad Social y Clases Pasivas, respecto a la previsión social complementaria en el ámbito laboral. En relación con las asociaciones e instituciones más representativas, se sustituye la referencia a los mediadores de seguros titulados por otra a la mediación de seguros, en concordancia con el Real Decreto-ley 3/2020, de 4 de febrero, de medidas urgentes por el que se incorporan al ordenamiento jurídico español diversas directivas de la Unión Europea en el ámbito de la contratación pública en determinados sectores; de seguros privados; de planes y fondos de pensiones; del ámbito tributario y de litigios fiscales, y el Real Decreto 287/2021, de 20 de abril, sobre formación y remisión de la información estadístico-contable de los distribuidores de seguros y reaseguros, donde se transpuso la Directiva (UE) 2016/97, del Parlamento Europeo y del Consejo, de 20 de enero de 2016, sobre la distribución de seguros. En relación con la vocalía propuesta por el Ministerio de Justicia, en coherencia con lo establecido para los representantes de la Dirección General de Seguros y Fondos de Pensiones, se establece que ha de tener el rango de subdirector o subdirectora general, o asimilado. Por último, dado que la normativa aseguradora también afecta al derecho civil, se incluye que el catedrático o catedrática de universidad que será propuesto por el ministerio con competencias en materia de universidades pueda pertenecer tanto al ámbito del derecho mercantil como al civil (...).

TÍTULO II. ACCESO A LA ACTIVIDAD ASEGURADORA Y REASEGURADORA

CAPÍTULO I. ACCESO A LA ACTIVIDAD DE LAS ENTIDADES ASEGURADORAS Y REASEGURADORAS ESPAÑOLAS

SECCIÓN 1.ª CONDICIONES DE ACCESO A LA ACTIVIDAD

Artículo 4. Autorización administrativa. 1. La solicitud de autorización de acceso a la actividad aseguradora se presentará en la Dirección General de Seguros y Fondos de Pensiones y deberá ir acompañada de los siguientes documentos acreditativos del cumplimiento de los requisitos generales exigidos en el artículo 22 de la Ley 20/2015, de 14 de julio:

a) Copia autorizada de la escritura de constitución debidamente inscrita en el Registro Mercantil y, en su caso, en el Registro de Sociedades Cooperativas, en la que conste la acreditación de la efectividad de la suscripción y desembolso del capital social o fondo mutual en los términos establecidos en los artículos 33 y 34 de la Ley 20/2015, de 14 de julio.

b) Relación de todos los socios, con expresión de las participaciones que ostenten en el capital social o de las aportaciones al fondo mutual. Cuando se trate de socios que posean una participación significativa se acompañará, cumplimentado individualmente, el cuestionario que contenga la información incluida en la lista que al efecto apruebe el Ministro de Economía y Competitividad para acreditar que se cumplen las condiciones de idoneidad a que se refiere el artículo 36 de la Ley 20/2015, de 14 de julio.

c) Relación de los socios que tengan la condición de entidad aseguradora, entidad de crédito o empresa de servicios de inversión, así como, en su caso, las participaciones, independientemente de su cuantía, de las que sea titular cualquier socio en una entidad aseguradora, una entidad de crédito o una empresa de servicios de inversión.

d) Descripción detallada de aquellas relaciones que constituyan vínculos estrechos de acuerdo con lo definido en el artículo 9 de la Ley 20/2015, de 14 de julio.

e) Programa de actividades que contenga, al menos, las indicaciones y justificaciones previstas en los artículos 11 y 12.

f) Relación de quienes, bajo cualquier título, ejerzan la dirección efectiva o formen parte del sistema de gobierno de la entidad, o de la entidad dominante, a la que se acompañará, cumplimentado individualmente, el cuestionario que contenga la información prevista en la lista que al efecto apruebe el Ministro de Economía y Competitividad para acreditar que se cumplen las condiciones de honorabilidad y aptitud a que se refiere el artículo 38 de la Ley 20/2015, de 14 de julio.

g) Si la entidad pretende cubrir los riesgos del ramo de responsabilidad civil en vehículos terrestres automóviles, excluida la responsabilidad del transportista, deberá comunicar el nombre y dirección del representante designado en cada uno de los Estados miembros de la Unión Europea distinto a España, encargado de la tramitación y liquidación de los siniestros ocurridos en un Estado miembro distinto al de residencia del perjudicado o en un país firmante del sistema de Carta Verde.

h) Si la entidad pretende operar en el ramo de enfermedad, habrá de indicar si va a garantizar riesgos en los que sólo se otorguen prestaciones pecuniarias, riesgos en los que sólo se garantice la prestación de servicios, o si va a garantizar ambos tipos de riesgos.

i) Si la entidad pretende operar en el ramo de defensa jurídica, habrá de indicar la modalidad de gestión elegida entre las opciones previstas en el anexo de la Ley 20/2015, de 14 de julio.

2. La autorización o denegación se adoptará y notificará a la entidad, en el plazo máximo de seis meses, por orden ministerial motivada de forma precisa, contra la cual podrá interponerse recurso contencioso-administrativo.

Artículo 5. Modificaciones de la documentación aportada. 1. Las modificaciones de la documentación aportada que hayan servido de base para el otorgamiento de la autorización administrativa de acceso a la actividad aseguradora se notificarán a la Dirección General de Seguros y Fondos de Pensiones remitiendo, en su caso, certificación íntegra de los acuerdos de los órganos sociales competentes, dentro de los diez días siguientes a la aprobación del acta correspondiente.

No obstante, en el supuesto de modificación de la relación de socios a que hace referencia el artículo 4, lo dispuesto en el párrafo anterior solamente será aplicable cuando las participaciones tengan la calificación de significativas o cuando, sin tener tal calificación, sean iguales o superiores al cinco por ciento del capital o de los derechos de voto.

En el plazo máximo de un mes, a contar desde la fecha de su otorgamiento, se remitirá a la Dirección General de Seguros y Fondos de Pensiones copia autorizada de la escritura de elevación a públicos de tales acuerdos, cuando ello proceda. En caso de que deban inscribirse tales acuerdos en el Registro Mercantil, la copia autorizada de la escritura a la que se refiere este párrafo se remitirá a la Dirección General de Seguros y Fondos de Pensiones en el plazo de un mes desde su inscripción en el Registro.

Cualquier modificación de los representantes designados en virtud de lo dispuesto en el artículo 4.1.g) deberá ser comunicada al Consorcio de Compensación de Seguros dentro de los diez días siguientes a contar desde la fecha de su modificación.

2. Las modificaciones de la documentación aportada notificados a la Dirección General de Seguros y Fondos de Pensiones o, en su caso, al Consorcio de Compensación de Seguros cuando se trate de los representantes para la tramitación y liquidación de siniestros a los que se refiere el artículo 4.1.g), que determinen que la entidad aseguradora deje de cumplir alguno de los requisitos establecidos en la Ley 20/2015, de 14 de julio y en el real decreto para el otorgamiento de la autorización administrativa, darán lugar al inicio del procedimiento administrativo de revocación, sin perjuicio del posible trámite de subsanación previsto en el artículo 169.6 de la referida ley.

Artículo 6. Efectos de la autorización. 1. La autorización determinará la inscripción en el registro a que se refiere el artículo 40 de la Ley 20/2015, de 14 de julio. Esta autorización permitirá a las entidades aseguradoras practicar operaciones únicamente en los ramos para los que hayan sido autorizadas y, en su caso, en los riesgos accesorios o complementarios de los mismos, según proceda, debiendo ajustar su régimen de actuación al programa de actividades, estatutos y demás requisitos determinantes de su concesión.

2. La autorización podrá abarcar sólo una parte de los riesgos correspondientes a un ramo, a instancia de la entidad aseguradora solicitante. En este supuesto, el procedimiento y requisitos de autorización serán los mismos que los previstos en la Ley 20/2015, de 14 de julio y en este real decreto para el ramo correspondiente, si bien, en el programa de actividades a que se refiere el artículo 32 de la referida Ley y artículos 11 y 12 de este Real Decreto, las indicaciones, justificaciones y previsiones deberán adecuarse a los riesgos concretos a los que se limite la solicitud de autorización.

3. En el ramo de enfermedad, la autorización podrá concederse de modo independiente para los riesgos en los que exclusivamente se otorguen prestaciones pecuniarias o exclusivamente se preste el servicio de asistencia sanitaria.

Artículo 7. Requisitos para la ampliación de la autorización administrativa de entidades aseguradoras y reaseguradoras. 1. La ampliación de la autorización administrativa para que una entidad aseguradora pueda extender su actividad a otros ramos distintos de los autorizados y la ampliación de una autorización que comprenda sólo una parte de los riesgos incluidos en un ramo o que permita a la entidad aseguradora ejercer su actividad en un territorio de ámbito superior al inicialmente solicitado y autorizado, requerirá autorización administrativa en los términos expresados en el artículo 4.2 y estará sujeta a que la entidad aseguradora cumpla los siguientes requisitos:

a) Tener fondos propios básicos admisibles para cubrir el capital mínimo obligatorio previsto en el artículo 78 de la Ley 20/2015, de 14 de julio, así como fondos propios admisibles que cubran el capital de solvencia obligatorio previsto en el artículo 74 de la misma, en relación con los ramos en los que ya estuviera autorizada para operar.

Asimismo, en relación con los ramos en los que solicita la autorización, deberá mantener fondos propios básicos admisibles para cubrir en todo momento el capital mínimo obligatorio, así como fondos propios admisibles para cubrir el capital de solvencia obligatorio.

b) Si para los ramos en los que solicita la extensión de actividad se requiere un capital social o fondo mutual y un importe mínimo absoluto del capital mínimo obligatorio más elevados que los anteriores, deberá disponer de ellos.

c) En el caso de entidades aseguradoras que ejerzan actividades de seguro en el ramo de vida y soliciten autorización administrativa para ampliar su actividad a los ramos 1 (accidentes) o 2 (enfermedad) previstos en el anexo de la Ley 20/2015, de 14 de julio, o bien, en el caso de aquellas entidades que ejerciendo actividad en los ramos 1 (accidentes) o 2 (enfermedad), soliciten autorización administrativa para ampliar su actividad al ramo de vida, deberán acreditar:

1.º Que poseen fondos propios básicos admisibles para cubrir el mínimo absoluto del capital mínimo obligatorio exigido a las entidades que realizan actividad en el ramo de vida, así como para cubrir el mínimo absoluto del capital mínimo obligatorio exigido a las entidades que realizan actividad en ramos distintos del de vida.

2.º Que se comprometen a cubrir en todo momento las obligaciones financieras mínimas previstas en el artículo 157 en relación con las entidades aseguradoras autorizadas para operar en el ramo de vida y en ramos distintos del de vida.

d) Presentar un programa de actividades en los términos previstos en el artículo 32 de la Ley 20/2015, de 14 de julio y artículos 11 y 12 de este real decreto.

2. La entidad aseguradora deberá remitir la documentación acreditativa del cumplimiento de los requisitos exigidos en el presente artículo y aportará certificación del acuerdo adoptado por el órgano social competente dentro de los diez días siguientes a la aprobación del acta correspondiente.

3. También será precisa autorización administrativa para que una entidad reaseguradora pueda extender su actividad a otra distinta de la inicialmente autorizada, que se otorgará siempre que cumpla los requisitos exigidos en los párrafos a), b) y d) del apartado 1.

4. En el supuesto previsto en el artículo 45.2.d) de la Ley 20/2015, de 14 de julio, las mutualidades de previsión social que deseen operar por ramos deberán superar, al menos, uno de los dos importes previstos en el artículo 128.1.a) y b).

Artículo 8. Organizaciones y agrupaciones de entidades aseguradoras. Las organizaciones y agrupaciones previstas en los artículos 25 y 93 de la Ley 20/2015, de 14 de julio, deberán comunicar a la Dirección General de Seguros y Fondos de Pensiones, con una antelación de un mes, el inicio de su actividad, aportando:

a) Copia autorizada de la escritura de constitución, debidamente inscrita, en su caso, en el Registro Mercantil.

b) Estatutos de la organización o agrupación.

c) Memoria detallada de las actividades que vayan a realizar.

d) Información relativa a las entidades aseguradoras que las componen.

Artículo 9. Denominación social. 1. Ninguna entidad podrá adoptar la denominación que venga utilizando otra, que induzca a confusión o que haga alusión a otra actividad distinta de la propia aseguradora.

2. Queda prohibido incluir en la denominación social palabras que puedan interpretarse como definidoras de la naturaleza jurídica pública u oficial de la entidad, salvo que la misma tenga tal naturaleza.

Artículo 10. Domicilio social. 1. Las entidades aseguradoras y reaseguradoras tendrán su documentación a disposición de la Dirección General de Seguros y Fondos de Pensiones en el domicilio social que hayan comunicado para su inscripción en el Registro administrativo al que se refiere el artículo 40 de la Ley 20/2015, de 14 de julio.

2. En el inmueble donde radique el domicilio social se hará figurar de manera destacada la denominación social de la entidad y, en caso de traslado, continuará el rótulo con indicación del nuevo domicilio durante un plazo no inferior a tres meses.

Artículo 11. Programa de actividades. 1. El programa de actividades a que se refiere el artículo 32 de la Ley 20/2015, de 14 de julio, deberá contener indicaciones o justificaciones completas y adecuadas, relativas, al menos, a:

a) Las razones, causas y objetivos del proyecto que se presenta.

b) Los ramos en los que se pretende operar, precisando la naturaleza de los riesgos o compromisos que la entidad aseguradora o reaseguradora se propone cubrir, así como las condiciones y características de los productos.

c) Los principios rectores y ámbito geográfico de actuación.

d) La estructura de la organización, incluyendo los procedimientos de control interno establecidos.

e) Los sistemas de comercialización.

f) Los medios de publicidad.

g) El sistema de gobierno.

h) Los medios destinados a cubrir las exigencias patrimoniales, financieras y de solvencia y a prestar la asistencia que, en su caso, se comprometa.

i) Los fondos propios básicos admisibles para cubrir el mínimo absoluto del capital mínimo obligatorio.

j) La política en materia de reaseguro y retrocesión. En el caso de entidades reaseguradoras, el tipo de acuerdos de reaseguro que se propongan celebrar con entidades cedentes. En todo caso, las entidades aseguradoras y reaseguradoras establecerán sus planes de reaseguro de tal modo que guarden relación con su capacidad económica para el adecuado equilibrio técnico-financiero de la entidad.

k) Las previsiones de gastos de instalación de los servicios administrativos y de los sistemas de comercialización, así como los medios financieros destinados a hacer frente a dichos gastos.

l) Los mecanismos adoptados para la atención y resolución de las quejas y reclamaciones de los tomadores, asegurados, beneficiarios, terceros perjudicados y asociaciones.

m) Los procedimientos y órganos adecuados de control interno y de comunicación para prevenir e impedir la realización de operaciones relacionadas con el blanqueo de capitales, en las condiciones establecidas en la normativa aplicable. En el caso de actuar a través de mediadores de seguros, se establecerán procedimientos y criterios específicos para garantizar el cumplimiento de las obligaciones exigidas en la citada normativa.

2. Además de lo anterior, el programa de actividades deberá incluir para los tres primeros ejercicios sociales:

a) Una previsión del balance.

b) Una previsión del estado de flujos de efectivo.

c) Sobre la base de la previsión del balance, una estimación del futuro capital mínimo obligatorio y del futuro capital de solvencia obligatorio, así como el método de cálculo, hipótesis y su justificación y, en su caso, otros estados financieros y contables utilizados para derivar tales estimaciones.

d) Las previsiones relativas a los medios financieros destinados a la cobertura del capital de solvencia obligatorio y del capital mínimo obligatorio.

e) En lo que respecta a los seguros distintos del seguro de vida y al reaseguro, la siguiente información:

1.º Previsiones relativas a los gastos de gestión distintos de los gastos de instalación, en particular los gastos generales corrientes y las comisiones.

2.º Previsiones relativas a las primas o cuotas y a los siniestros.

f) En lo que respecta al seguro de vida, además, un plan en el que se indiquen de forma detallada las previsiones de ingresos y gastos tanto para las operaciones directas y las aceptaciones de reaseguro como para las cesiones de reaseguro.

3. Cuando la solicitud de autorización sea para operar en el ámbito nacional, deberá contener la siguiente información:

a) El ámbito territorial en el que la entidad aseguradora prevé operar inicialmente.

b) La disposición de medios para operar en dicho ámbito territorial inicial.

c) Una previsión de medios para ampliar el ámbito de actuación en el territorio nacional.

Si la entidad aseguradora ampliase posteriormente su ámbito de actuación respecto al inicialmente previsto, deberá comunicárselo a la Dirección General de Seguros y Fondos de Pensiones y aportar la documentación justificativa de los medios con los que va a operar.

Artículo 12. Peculiaridades del programa de actividades en los ramos 2, 17, 18 y 19 de la clasificación de ramos del seguro distinto del seguro de vida contenida en el anexo de la Ley de ordenación, supervisión y solvencia de entidades aseguradoras y reaseguradoras. 1. En los ramos de enfermedad, de defensa jurídica, de asistencia y de decesos, en los que la entidad aseguradora se propone garantizar la prestación de un servicio, el programa de actividades deberá contener, además de lo previsto en el artículo 11, indicaciones y justificaciones relativas a la capacidad para organizar los servicios a los que se comprometa en los contratos. A estos efectos deberán presentar, en su caso, los siguientes documentos:

a) Memoria explicativa de la infraestructura de la entidad, en la que se detallen los medios materiales y organizativos con que cuenta para la prestación a realizar. Deberá detallarse, igualmente, si los medios a emplear son propiedad de la entidad o de un tercero que no tenga la consideración de asegurador, acompañando copia del acuerdo en virtud del cual actúe.

b) Contrato de reaseguro de prestación de servicios con una entidad aseguradora debidamente autorizada para operar en el Espacio Económico Europeo y que haya justificado ante la Dirección General de Seguros y Fondos de Pensiones o ante la autoridad de control de su domicilio social, si éste radica en otro estado miembro del Espacio Económico Europeo, la capacidad para prestar los servicios.

2. En el ramo de defensa jurídica, las entidades que operen en varios ramos deberán optar por una de las modalidades de gestión previstas en el anexo A) a) de la Ley 20/2015, de 14 de julio, especificando en el programa de actividades la modalidad elegida.

Artículo 13. Ejecución del programa de actividades. Durante los tres primeros ejercicios, si la actividad de la entidad no se ajusta a su programa de actividades, la Dirección General de Seguros y Fondos de Pensiones podrá adoptar las medidas oportunas para proteger los intereses de los tomadores, asegurados y beneficiarios de contratos de seguros, salvo que sea por haber desarrollado la actividad en un ámbito territorial inferior al autorizado. A fin de verificar su ejecución, la Dirección General de Seguros y Fondos de Pensiones podrá requerir información detallada durante este período.

Artículo 14. Aumentos y reducciones de capital social y fondo mutual. Aportaciones no dinerarias. 1. Los aumentos y reducciones de capital social o fondo mutual deberán ser comunicados a la Dirección General de Seguros y Fondos de Pensiones de acuerdo con lo previsto en el artículo 5.

2. En los supuestos de aumento de capital social o fondo mutual mediante aportaciones no dinerarias, se deberá adjuntar el informe de experto independiente, en los términos de lo dispuesto en el texto refundido de la Ley de Sociedades de Capital, aprobado por Real Decreto Legislativo 1/2010, de 2 de julio.

La Dirección General de Seguros y Fondos de Pensiones podrá iniciar procedimiento para la comprobación del valor de los activos aportados, mediante la capitalización o imputación de rendimientos, la aplicación de precios medios en el mercado o de cotizaciones en mercados nacionales o extranjeros, el dictamen de peritos de la Administración o cualquier otro medio de significación semejante.

El procedimiento se iniciará mediante acuerdo, debidamente motivado, con referencia a los medios de comprobación indicados, en el que se comunicará a la entidad la posible insuficiencia de los valores de los activos aportados, concediendo a la misma un plazo de quince días para formular alegaciones y presentar los documentos y justificaciones que estime pertinentes.

Transcurrido el plazo indicado, la Dirección General de Seguros y Fondos de Pensiones dictará resolución en la que podrá exigir a la entidad que proceda a la reducción del capital social o fondo mutual o a aportar otros bienes complementarios.

En lo no regulado específicamente se aplicará la legislación de procedimiento administrativo común.

3. En cualquier documento que se cite la cifra de capital social debe hacerse referencia al suscrito y al desembolsado.

> – El **Real Decreto Legislativo 1/2010, de 2 de julio, por el que se aprueba el texto refundido de la Ley de Sociedades de Capital**, establece: «*Artículo 67. Informe del experto. 1. En la constitución o en los aumentos de capital de las sociedades anónimas, las aportaciones no dinerarias, cualquiera que sea su naturaleza, habrán de ser objeto de un informe elaborado por uno o varios expertos independientes con competencia profesional, designados por el registrador mercantil del domicilio social conforme al procedimiento que reglamentariamente se determine. 2. El informe contendrá la descripción de la aportación, con sus datos registrales, si existieran, y la valoración de la aportación, expresando los criterios utilizados y si se corresponde con el valor nominal y, en su caso, con la prima de emisión de las acciones que se emitan como contra-*

partida. 3. El valor que se dé a la aportación en la escritura social no podrá ser superior a la valoración realizada por los expertos».

Artículo 15. Socios. Evaluación de la adquisición de participaciones significativas en entidades aseguradoras y reaseguradoras. 1. Para apreciar la idoneidad de los socios a que se refiere el artículo 36 de la Ley 20/2015, de 14 de julio, y con la finalidad de garantizar una gestión sana y prudente, toda persona física o jurídica que pretenda adquirir o incrementar una participación significativa en una entidad aseguradora o reaseguradora, habrá de aportar con la notificación a la que se refiere el artículo 85.2 de la misma, un cuestionario, cumplimentado individualmente, que contenga la información que apruebe el Ministro de Economía y Competitividad.

El cuestionario detallará, conforme a los siguientes criterios, la información que se considera necesaria para llevar a cabo la evaluación:

a) La honorabilidad comercial y profesional de quien se propone adquirir o incrementar la participación significativa.

b) La honorabilidad comercial y profesional y la experiencia de quienes fueran a llevar la dirección efectiva de la entidad aseguradora o reaseguradora como consecuencia de la adquisición o incremento propuesto.

c) La solvencia financiera de quienes se proponen adquirir o incrementar la participación significativa, para atender los compromisos asumidos en relación con el tipo de actividad que se ejerza o esté previsto ejercer en la entidad aseguradora o reaseguradora.

d) La solvencia y capacidad de la entidad aseguradora o reaseguradora para cumplir de forma duradera con las normas de supervisión que le sean aplicables y, en particular, cuando proceda, si el grupo del que pasará a formar parte cuenta con una estructura que no impida ejercer una supervisión eficaz u obtener la información necesaria, y que permita proceder a un intercambio efectivo de información entre las autoridades competentes para llevar a cabo tal supervisión y determinar el reparto de responsabilidades entre las mismas.

e) La existencia de indicios racionales que permitan suponer que se están efectuando o se han efectuado o intentado efectuar, operaciones de blanqueo de capitales o financiación del terrorismo o, que la citada adquisición pueda aumentar el riesgo de que se efectúen tales operaciones.

f) La posibilidad de que la entidad quede expuesta de forma inapropiada al riesgo de las actividades no financieras de sus promotores o cuando, tratándose de actividades financieras, la estabilidad o el control de la entidad puedan quedar afectadas por el alto riesgo de aquéllas.

La información a aportar deberá referirse, en todo caso, a los siguientes aspectos:

a) Sobre el adquirente potencial y, en su caso, sobre cualquier persona que de forma efectiva dirija o controle sus actividades:

1.º La identidad del adquirente potencial, la estructura del accionariado y la composición de los órganos de administración del adquirente potencial.

2.º La honorabilidad comercial y profesional del adquirente potencial y, en su caso, de cualquier persona que, de forma efectiva, dirija o controle sus actividades.

3.º La honorabilidad comercial y profesional y la experiencia de quienes fueran a llevar la dirección efectiva de la entidad aseguradora como consecuencia de la adquisición o incremento propuestos.

4.º La estructura detallada del grupo al que eventualmente pertenezca.

5.º La existencia de vínculos o relaciones, financieras o no, del adquirente potencial con la entidad adquirida y su grupo.

6.º La situación patrimonial y financiera del adquirente potencial y del grupo al que eventualmente pertenezca.

7.º La solvencia y capacidad de la entidad aseguradora para cumplir de forma duradera con las normas de ordenación y supervisión que le sean aplicables y, en particular, cuando proceda, si el grupo del que pasara a formar parte cuenta con una estructura que permite ejercer una supervisión eficaz u obtener la información necesaria, y que permita proceder a un intercambio efectivo de información entre las autoridades competentes para llevar a cabo tal supervisión y determinar el reparto de responsabilidades entre las mismas.

8.º Las evaluaciones realizadas por organismos internacionales de la normativa de prevención del blanqueo de capitales y financiación del terrorismo del país de nacionalidad del adquirente potencial, salvo que sea la de un Estado miembro de la Unión Europea, así como la trayectoria en materia de prevención del blanqueo de capitales y de la financiación del terrorismo del adquirente potencial y de las entidades integradas en su grupo que no estén domiciliadas en la Unión Europea.

En el caso de Estados Miembros de la Unión Europea, la información sobre esta trayectoria se obtendrá en la consulta que la Dirección General de Seguros y Fondos de Pensiones realice a las autoridades supervisoras de este Estado de acuerdo con el artículo 16.1.

b) Sobre la adquisición propuesta:

1.º La identidad de la entidad objeto de la adquisición.

2.º La finalidad de la adquisición.

3.º El grado de exposición de la entidad al riesgo de las actividades no financieras de sus promotores o al riesgo de actividades financieras cuando la estabilidad o el control de la entidad puedan quedar afectadas.

4.º La cuantía de la adquisición, así como la forma y plazo en que se llevará a cabo.

5.º Los efectos que tendrán la adquisición sobre el capital y los derechos de voto antes y después de la adquisición propuesta.

6.º La existencia de una acción concertada de manera expresa o tácita con terceros con relevancia para la operación propuesta.

7.º La existencia de acuerdos previstos con otros accionistas de la entidad objeto de la adquisición.

8.º Que no existan indicios racionales que permitan suponer:

i) Que, en relación con la adquisición propuesta, se están efectuando o se han efectuado o intentado efectuar operaciones de blanqueo de dinero o financiación del terrorismo en el sentido previsto en la normativa de prevención de tales actividades; o

ii) Que la citada adquisición no pueda aumentar el riesgo de que se efectúen tales operaciones.

c) Sobre la financiación de la adquisición:

El origen de los recursos financieros empleados para la adquisición, entidades a través de las que se canalizarán y régimen de disponibilidad de los mismos.

d) Además, se exigirá:

1.º En el caso de una participación significativa que produzca cambios en el control de la entidad, se detallará un plan de negocio, incluyendo información sobre el plan de desarrollo estratégico de la adquisición, los estados financieros y otros datos provisionales. Asimismo, se detallarán las principales modificaciones en la entidad a adquirir previstas por el adquirente potencial. En particular, sobre el impacto que la adquisición tendrá en el sistema de gobierno, en la estructura y en los recursos disponibles, en los órganos de control interno y en los procedimientos para la prevención del blanqueo de capitales y de la financiación del terrorismo de la misma.

2.º En el caso de una participación significativa que no produzca cambios en el control de la entidad, se informará sobre la política del adquirente potencial en relación con la adquisición y sus intenciones respecto a la entidad adquirida, en particular, sobre su participación en el gobierno de la entidad.

3.º En los dos casos anteriores, los aspectos relativos a la honorabilidad comercial y profesional de administradores y directivos que vayan a dirigir la actividad de la entidad aseguradora como consecuencia de la adquisición propuesta.

La Dirección General de Seguros y Fondos de Pensiones dará publicidad al contenido de la citada lista de información en su página web o sede electrónica.

2. Tan pronto como reciba la notificación a la que se refiere el artículo 85.2 de la Ley 20/2015, de 14 de julio, la Dirección General de Seguros y Fondos de Pensiones solicitará, en los casos en que proceda con arreglo a la normativa vigente en materia de blanqueo de capitales, informe del Servicio Ejecutivo de la Comisión para la Prevención del Blanqueo de Capitales e Infracciones Monetarias, a fin de obtener una valoración adecuada de este criterio. Con dicha solicitud la Dirección General de Seguros y Fondos de Pensiones remitirá al Servicio Ejecutivo cuanta información haya recibido de quien se propone adquirir o incrementar la participación o disponga, en ejercicio de sus competencias, que pueda ser relevante para la valoración de este criterio. El Servicio Ejecutivo deberá remitir el informe a la Dirección General de Seguros y Fondos de Pensiones en el plazo máximo de treinta días hábiles a contar desde el día siguiente a aquel en que recibiese la solicitud con la información señalada.

El cómputo de los treinta días hábiles previsto para que el Servicio Ejecutivo de la Comisión para la Prevención del Blanqueo de Capitales e Infracciones Monetarias remita su informe a la Dirección General de Seguros y Fondos de Pensiones, se interrumpirá en los mismos términos en que ésta interrumpa el cómputo del plazo de evaluación de acuerdo con lo dispuesto en el apartado siguiente.

3. La Dirección General de Seguros y Fondos de Pensiones dispondrá de un plazo máximo de sesenta días hábiles, a contar desde la fecha en que haya efectuado el acuse de recibo de la notificación a que se refiere el artículo 85.2 de la Ley 20/2015, de 14 de julio, para evaluar la operación y, en su caso, oponerse a la adquisición de la participación significativa o de cada uno de sus incrementos que igualen o superen los límites mencionados en los apartados 1 y 2 del artículo 85 de la misma o que conviertan a la entidad aseguradora en sociedad controlada por el titular de la participación significativa.

El acuse de recibo se realizará por escrito en el plazo de dos días hábiles a contar desde la fecha de la recepción de la notificación por la Dirección General de Seguros y Fondos de Pensiones, siempre que ésta se acompañe de toda la documentación que resulte exigible, y en él se indicará la fecha exacta en que expira el plazo de evaluación. Si la notificación no contuviera toda la información exigible, se requerirá a quien se propone adquirir o incrementar la participación para que, en un plazo de diez días, subsane la falta o acompañe la información preceptiva, con indicación de que, si así no lo hiciera, se le tendrá por desistido de la adquisición propuesta.

Si lo considera necesario, la Dirección General de Seguros y Fondos de Pensiones podrá solicitar información adicional a la que, con carácter general, procede exigir con arreglo a lo dispuesto en el presente artículo, para evaluar convenientemente la adquisición propuesta. Esta solicitud se hará por escrito y en ella se especificará la información adicional necesaria. Cuando la solicitud de información adicional se realice dentro de los cincuenta primeros días hábiles del plazo establecido en el párrafo primero de este apartado, la Dirección General de Seguros y Fondos de Pensiones podrá interrumpir el cómputo del mismo, por una única vez, durante el periodo que medie entre la fecha de la solicitud de información adicional y la fecha de recepción de la misma. Esta interrupción podrá tener una duración máxima de veinte días hábiles, que podrá prolongarse hasta treinta días si la adquisición o el incremento propuesto pretende realizarlo una persona física o jurídica que:

a) está domiciliada o autorizada fuera de la Unión Europea; o

b) no está sujeta a supervisión financiera en España o en la Unión Europea.

4. La oposición de la Dirección General de Seguros y Fondos de Pensiones a la adquisición o incremento pretendido deberá fundarse en la falta de idoneidad del adquirente sobre la base de los criterios y aspectos establecidos en el apartado 1 de este artículo, o en que la información aportada para la evaluación es incompleta. Si dicha Dirección General no se opone a la adquisición o incremento de participación significativa, podrá fijar un plazo máximo para efectuar la adquisición y prorrogarlo cuando proceda.

5. Si una vez finalizada la evaluación, la Dirección General de Seguros y Fondos de Pensiones planteara objeciones a la adquisición propuesta, informará de ello a quien se propone adquirir o incrementar la participación, por escrito y motivando su decisión, en el plazo de dos días hábiles, sin que en ningún caso pueda sobrepasarse el plazo máximo para realizar la evaluación. Si la Dirección General de Seguros y Fondos de Pensiones no se pronunciara

en el plazo de evaluación, podrá procederse a la adquisición o incremento de la participación.

6. La Dirección General de Seguros y Fondos de Pensiones no podrá imponer condiciones previas en cuanto a la cuantía de la participación que deba adquirirse, ni tendrá en cuenta las necesidades económicas del mercado al realizar la evaluación.

7. La resolución de la Dirección General de Seguros y Fondos de Pensiones deberá recoger, en su caso, las posibles observaciones o reservas expresadas por la autoridad responsable de la supervisión del adquirente.

A petición del adquirente o de oficio, la Dirección General de Seguros y Fondos de Pensiones podrá hacer públicos los motivos que justifiquen su decisión, siempre que la información revelada no afecte a terceros ajenos a la operación.

8. Cuando la Dirección General de Seguros y Fondos de Pensiones reciba dos o más notificaciones referidas a la misma entidad, tratará a todos los que pretendan adquirir una participación de forma no discriminatoria.

> – Orden ECC/664/2016, de 27 de abril, por la que se aprueba la lista de información a remitir en supuestos de adquisición o incremento de participaciones significativas en entidades aseguradoras y reaseguradoras y por quienes pretendan desempeñar cargos de dirección efectiva o funciones que integran el sistema de gobierno en entidades aseguradoras, reaseguradoras y en los grupos de entidades aseguradoras y reaseguradoras.

Artículo 16. Colaboración entre autoridades supervisoras para la evaluación de la adquisición de participaciones significativas en entidades aseguradoras y reaseguradoras. 1. A los efectos de la evaluación a que se refiere el artículo 15, la Dirección General de Seguros y Fondos de Pensiones consultará a las autoridades responsables de la supervisión de los adquirentes de otros Estados miembros del Espacio Económico Europeo siempre que el adquirente sea:

a) Una entidad de crédito, una empresa de seguros o reaseguros, una empresa de servicios de inversión o una sociedad gestora de instituciones de inversión colectiva o de fondos de pensiones, autorizada en otro Estado miembro del Espacio Económico Europeo.

b) La sociedad matriz de una entidad de crédito, una empresa de seguros o de reaseguros, una empresa de servicios de inversión o una sociedad gestora de instituciones de inversión colectiva o de fondos de pensiones, autorizada en otro Estado miembro del Espacio Económico Europeo.

c) Una persona física o jurídica que ejerza el control de una entidad de crédito, una empresa de seguros o de reaseguros, una empresa de servicios de inversión o una sociedad gestora de instituciones de inversión colectiva o de fondos de pensiones, autorizada en otro Estado miembro del Espacio Económico Europeo.

2. La Dirección General de Seguros y fondos de Pensiones, al realizar la evaluación a que se refiere el apartado anterior, consultará, en el ámbito de sus competencias, al Banco de España y a la Comisión Nacional del Mercado de Valores.

3. La Dirección General de Seguros y Fondos de Pensiones atenderá recíprocamente las consultas que le remitan las autoridades competentes de otros Estados miembros, y, en su caso, el Banco de España o la Comisión Nacional de Mercado de Valores. Además, les facilitará de oficio y sin retrasos injustificados, toda la información que resulte esencial para la evaluación, así como el resto de información que soliciten, siempre y cuando ésta resulte oportuna para la evaluación.

Artículo 17. Cómputo de las participaciones significativas en entidades aseguradoras y reaseguradoras. 1. A efectos de lo dispuesto en el apartado 3 del artículo 85 de la Ley 20/2015, de 14 de julio, las acciones, aportaciones o derechos de voto a integrar en el cómputo de una participación incluirán:

a) Los adquiridos directamente por el adquirente potencial.

b) Los adquiridos a través de sociedades controladas o participadas por el adquirente potencial.

c) Los adquiridos por sociedades integradas en el mismo grupo que el adquirente potencial, o participadas por entidades del grupo.

d) Los adquiridos por otras personas que actúen por cuenta del adquirente potencial o concertadamente con él o con sociedades de su grupo.

En todo caso, se incluirán:

1.º Los derechos de voto que puedan ejercerse en virtud de un acuerdo con un tercero que obligue al adquirente potencial y al propio tercero a adoptar, mediante el ejercicio concertado de los derechos de voto que poseen, una política común duradera en relación con la gestión de la entidad aseguradora o que tenga por objeto influir de manera relevante en la misma.

2.º Los derechos de voto que puedan ejercerse en virtud de un acuerdo con un tercero, que prevea la transferencia temporal y a título oneroso de los derechos de voto en cuestión.

e) Los que posea el adquirente potencial vinculados a acciones adquiridas a través de persona interpuesta.

f) Los derechos de voto que puedan controlarse, declarando expresamente la intención de ejercerlos, como consecuencia del depósito de las acciones correspondientes como garantía.

g) Los derechos de voto que puedan ejercerse en virtud de acuerdos de constitución de un derecho de usufructo sobre acciones.

h) Los derechos de voto que estén vinculados a acciones depositadas en el adquirente potencial, siempre que éste pueda ejercerlos discrecionalmente en ausencia de instrucciones específicas por parte de los accionistas.

i) Los derechos de voto que el adquirente potencial pueda ejercer en calidad de representante, cuando los pueda ejercer discrecionalmente en ausencia de instrucciones específicas por parte de los accionistas.

j) Los derechos de voto que pueden ejercerse en virtud de acuerdos o negocios previstos en las letras f) a i), celebrados por una entidad controlada por el adquirente potencial.

2. Los derechos de voto se calcularán sobre la totalidad de las acciones que los atribuyan, incluso en los supuestos en que el ejercicio de tales derechos esté suspendido.

3. A efectos de lo dispuesto en el apartado 3 del artículo 85 de la Ley 20/2015, de 14 de julio, las acciones, aportaciones o derechos de voto a integrar en el cómputo de una participación no incluirán:

a) Las acciones adquiridas exclusivamente a efectos de compensación y liquidación dentro del ciclo corto de liquidación habitual. A estos efectos, la duración máxima del ciclo corto de liquidación habitual será de tres días hábiles bursátiles a partir de la operación y se aplicará tanto a operaciones realizadas en un mercado secundario oficial o en otro mercado regulado como a las realizadas fuera de él. Los mismos principios se aplicarán también a operaciones realizadas sobre instrumentos financieros.

b) Las acciones que pueda poseer por haber proporcionado el aseguramiento o la colocación de instrumentos financieros sobre la base de un compromiso firme, siempre que los derechos de voto correspondientes no se ejerzan o utilicen para intervenir en la administración de la entidad aseguradora y se cedan en el plazo de un año desde su adquisición.

c) Las acciones poseídas en virtud de una relación contractual para la prestación del servicio de administración y custodia de valores, siempre que la entidad sólo pueda ejercer los derechos de voto inherentes a dichas acciones con instrucciones formuladas por el propietario, por escrito o por medios electrónicos.

d) Las acciones o participaciones adquiridas por parte de un creador de mercado que actúe en su condición de tal, siempre que:

1.º Esté autorizado a operar como tal en virtud de las disposiciones que incorporen a su Derecho nacional la Directiva 2014/65/UE del Parlamento Europeo y del Consejo, de 15 de mayo de 2014, relativa a los mercados de instrumentos financieros y por la que se modifican la Directiva 2002/92/CE y la Directiva 2011/61/UE; y

2.º No intervenga en la gestión de la entidad aseguradora de que se trate, ni ejerza influencia alguna sobre la misma para adquirir dichas acciones, ni respalde el precio de la acción de ninguna otra forma.

e) Las acciones o participaciones incorporadas a una cartera gestionada discrecional e individualizadamente, siempre que la empresa de servicios de inversión, sociedad gestora de instituciones de inversión colectiva o entidad de crédito, sólo pueda ejercer los derechos de voto inherentes a dichas acciones con instrucciones precisas por parte del cliente.

4. Para llevar a cabo el cómputo de una participación a efectos de lo dispuesto en el apartado 1, en el caso de que el adquirente potencial sea una entidad dominante de una sociedad gestora de instituciones de inversión colectiva o de una entidad que ejerza el control de una empresa de servicios de inversión, se tendrá en cuenta lo siguiente:

a) La entidad dominante de una sociedad gestora de instituciones de inversión colectiva no estará obligada a agregar la proporción de derechos de voto que atribuyen las acciones que posea a la proporción de derechos de voto de las acciones que formen parte del patrimonio de las instituciones de inversión colectiva gestionadas por dicha sociedad gestora siempre que ésta ejerza los derechos de voto independientemente de la entidad dominante.

No obstante lo anterior, se aplicará lo dispuesto en los apartados anteriores cuando la entidad dominante u otra entidad controlada por ella, haya invertido en acciones que integren el patrimonio de las instituciones de inversión colectiva gestionadas por la sociedad gestora y ésta carezca de discrecionalidad para ejercer los derechos de voto correspondientes y pueda únicamente

ejercerlos siguiendo las instrucciones directas o indirectas de la entidad dominante o de otra entidad controlada por ella.

b) La entidad que ejerza el control de una empresa que presta servicios
de inversión no estará obligada a agregar la proporción de los derechos de
voto que atribuyan las acciones que posea a la proporción que ésta gestione
de manera individualizada como consecuencia de la prestación del servicio de
gestión de carteras, siempre que se cumplan las siguientes condiciones:

1.ª Que la empresa de servicios de inversión, la entidad de crédito o la
sociedad gestora de instituciones de inversión colectiva estén autorizadas para
la prestación del servicio de gestión de carteras en los términos establecidos
en el artículo 140.d) y 145 del texto refundido de la Ley del Mercado de Valores, aprobado por Real Decreto Legislativo 4/2015, de 23 de octubre;

2.ª Que sólo pueda ejercer los derechos de voto inherentes a dichas acciones siguiendo instrucciones formuladas por escrito o por medios electrónicos
o, en su defecto, que cada uno de los servicios de gestión de cartera se preste
de forma independiente de cualquier otro servicio y en condiciones equivalentes a las previstas en la Ley 35/2003, de 4 noviembre, de instituciones
de inversión colectiva, mediante la creación de los oportunos mecanismos; y

3.ª Que ejerza sus derechos de voto independientemente de la entidad
dominante.

No obstante lo dispuesto en este apartado, se aplicará lo previsto en los
apartados anteriores cuando la entidad dominante u otra entidad controlada
por ella haya invertido en acciones gestionadas por una empresa de servicios
de inversión del grupo y ésta no esté facultada para ejercer los derechos de
voto vinculados a dichas acciones y sólo pueda ejercer los derechos de voto
correspondientes a esas acciones siguiendo instrucciones directas o indirectas
de la entidad dominante o de otra entidad controlada por ella.

5. Las participaciones indirectas se tomarán por su valor cuando el adquirente potencial tenga el control de la sociedad interpuesta, y, por lo que
resulte de aplicar el porcentaje de participación en la interpuesta, en caso
contrario.

Cuando una participación significativa se ostente, total o parcialmente, de
forma indirecta, los cambios en las personas o entidades a través de las cuales
dicha participación se ostente deberán ser comunicadas previamente a la Dirección General de Seguros y Fondos de Pensiones, que podrá oponerse según
lo previsto en el apartado 2 del artículo 85 de la Ley 20/2015, de 14 de julio.

6. Se considerarán sociedades controladas aquéllas en las que el adquirente potencial ostente el control por darse alguno de los supuestos previstos en el artículo 42 del Código de Comercio, y participadas aquéllas en las que se posea, de manera directa o indirecta, al menos un veinte por cien de los derechos de voto o del capital de una empresa o entidad.

– El texto refundido de la Ley del Mercado de Valores, aprobado por Real Decreto Legislativo 4/2015, de 23 de octubre, ha sido derogado por la **Ley 6/2023, de 17 de marzo, de los Mercados de Valores y de los Servicios de Inversión.** El artículo 125 de este último texto establece: *Artículo 125. Servicios y actividades de inversión. 1. Se consideran servicios y actividades de inversión los siguientes: a) La recepción y transmisión de órdenes de clientes en relación con uno o más instrumentos financieros. Se entenderá comprendida en este servicio la puesta en contacto de dos o más inversores para que ejecuten operaciones entre sí sobre uno o más instrumentos financieros. b) La ejecución de órdenes por cuenta de clientes. c) La negociación por cuenta propia. d) La gestión de carteras. e) La colocación de instrumentos financieros sin base en un compromiso firme. f) El aseguramiento de instrumentos financieros o colocación de instrumentos financieros sobre la base de un compromiso firme. g) El asesoramiento en materia de inversión. No se considerará que constituya asesoramiento, a los efectos de lo dispuesto en este apartado, las recomendaciones de carácter genérico y no personalizadas que se puedan realizar en el ámbito de la comercialización de valores e instrumentos financieros. Dichas recomendaciones tendrán el valor de comunicaciones de carácter comercial. Asimismo, tampoco se considerará recomendación personalizada las recomendaciones que se divulguen exclusivamente al público. h) La gestión de SMN. i) La gestión de SOC. 2. Los actos llevados a cabo por una empresa de servicios de inversión que sean preparatorios para la prestación de un servicio o actividad de inversión deben considerarse parte integrante del servicio o actividad. 3. No se consideran servicios ni actividades de inversión los servicios de financiación participativa recogidos en el artículo 2.1.a) del Reglamento (UE) 2020/1503 del Parlamento Europeo y del Consejo, de 7 de octubre de 2020.* Además, el artículo 128 de la **Ley 6/2023, de 17 de marzo, de los Mercados de Valores y de los Servicios de Inversión** establece: *Artículo 128. Clases de empresas de servicios de inversión y otras personas y entidades autorizadas para prestar servicios de inversión. 1. Son empresas de servicios de inversión las siguientes: a) Las sociedades de valores, que pueden operar profesionalmente, tanto por cuenta ajena como por cuenta propia, y realizar todos los servicios y actividades de inversión y servicios auxiliares previstos en los artículos correspondientes de esta ley. b) Las agencias de valores, que profesionalmente solo pueden operar por cuenta ajena, con representación o sin ella. Podrán realizar los servicios y* *actividades de inversión y los servicios auxiliares previstos en los artículos 125 y 126, respectivamente, con excepción de los previstos en el artículo 125.1.c) y f), y en el artículo 126.b). c) Las sociedades gestoras de carteras, que exclusivamente pueden prestar los servicios y actividades de inversión previstos en el artículo 125.1.d) y g). También podrán realizar los servicios auxiliares previstos en el artículo 126.c) y e). Estas empresas no estarán autorizadas a tener fondos o valores de clientes por lo que, en ningún caso, podrán colocarse en posición deudora con respecto a sus clientes. d) Las empresas de asesoramiento financiero, que son aquellas personas jurídicas que exclusivamente pueden prestar el servicio de inversión previsto en el artículo 125.1.g) y los servicios auxiliares previstos en el artículo 126.c) y e). Estas empresas no estarán autorizadas a tener fondos o valores de clientes por lo que, en ningún caso, podrán colocarse en posición deudora con respecto a sus clientes. 2. Las agencias de valores, las sociedades gestoras de carteras y las empresas de asesoramiento financiero no podrán realizar operaciones sobre valores o efectivo en nombre propio, salvo para, con sujeción a las limitaciones que reglamentariamente se establezcan, administrar su propio patrimonio. Toda sociedad de valores que, de forma organizada, frecuente y sistemática, negocie por cuenta propia cuando ejecuta órdenes de clientes al margen de un mercado regulado, un SMN o un SOC, operará con arreglo al Título III del Reglamento (UE) n.º 600/2014 del Parlamento Europeo y del Consejo, de 15 de mayo de 2014. 3. Las entidades de crédito, aunque no sean empresas de servicios de inversión según esta ley, podrán realizar habitualmente todos los servicios y actividades de inversión y servicios auxiliares previstos en los artículos correspondientes de esta ley siempre que su régimen jurídico, sus estatutos y su autorización específica les habiliten para ello. 4. Las empresas de servicios de inversión no podrán asumir funciones exclusivas de sociedades gestoras de instituciones de inversión colectiva, de fondos de pensiones o de fondos de titulización. 5. Reglamentariamente se establecerán: a) las condiciones bajo las cuales las personas físicas y jurídicas distintas de las entidades de crédito podrán prestar el servicio de inversión previsto en el artículo 125.1.g), con o sin los servicios auxiliares previstos en el artículo 126.c) y e), sin que tengan la consideración de empresas de servicios de inversión. Estas personas físicas o jurídicas serán denominadas empresas de asesoramiento financiero nacionales y estarán sometidas a los mismos requisitos y régimen sancionador que las empresas de asesoramiento financiero del artículo 128.1.d), pero con unos menores requisitos de capital inicial y no podrán prestar sus servicios en otros Estados, miembros o no de la Unión Europea, de acuerdo con los artículos 143, 144 y 150 de esta ley. b) los preceptos de esta ley que serán de aplicación a las sociedades gestoras de instituciones de inversión colectiva y las sociedades gestoras de entidades de inversión colectiva de tipo cerrado cuando presten los servicios de inversión o servicios auxiliares de recepción y transmisión de órdenes, gestión de carteras, asesoramiento en materia de inversión y custodia y administración de instrumentos financieros; c) los preceptos de esta ley y su normativa de desarrollo que les resultarán de aplicación a las entidades de crédito contempladas en el apartado 3; y d) los preceptos de esta ley y su normativa de desarrollo que serán de aplicación a las entidades de crédito y a las empresas de servicios de inversión cuando asesoren y vendan depósitos estructurados.*

– Ley 35/2003, de 4 de noviembre, de Instituciones de Inversión Colectiva.

– El artículo 42 del Real Decreto de 22 de agosto de 1885, por el que se publica el **Código de Comercio,** establece: «*Artículo 42. 1. Toda sociedad dominante de un grupo de sociedades estará obligada a formular las cuentas anuales y el informe de gestión consolidados en la forma prevista en esta sección. Existe un grupo cuando una sociedad ostente o pueda ostentar, directa o indirectamente, el control de otra u otras. En particular, se presumirá que existe control cuando una sociedad, que se calificará como dominante, se encuentre en relación con otra sociedad, que se calificará como dependiente, en alguna de las siguientes situaciones: a) Posea la mayoría de los derechos de voto. b) Tenga la facultad de nombrar o destituir a la mayoría de los miembros del órgano de administración. c) Pueda disponer, en virtud de acuerdos celebrados con terceros, de la mayoría de los derechos de voto. d) Haya designado con sus votos a la mayoría de los miembros del órgano de administración, que desempeñen su cargo en el momento en que deban formularse las cuentas consolidadas y durante los dos ejercicios inmediatamente anteriores. En particular, se presumirá esta circunstancia cuando la mayoría de los miembros del órgano de administración de la sociedad dominada sean miembros del órgano de administración o altos directivos de la sociedad dominante o de otra dominada por ésta. Este supuesto no dará lugar a la consolidación si la sociedad cuyos administradores han sido nombrados, está vinculada a otra en alguno de los casos previstos en las dos primeras letras de este apartado. A los efectos de este apartado, a los derechos de voto de la entidad dominante se añadirán los que posea a través de otras sociedades dependientes o a través de personas que actúen en su propio nombre pero por cuenta de la entidad dominante o de otras dependientes o aquellos de los que disponga concertadamente con cualquier otra persona. 2. La obligación de formular las cuentas anuales y el informe de gestión consolidados no exime a las sociedades integrantes del grupo de formular sus propias cuentas anuales y el informe de gestión correspondiente, conforme a su régimen específico. 3. La sociedad obligada a formular las cuentas anuales consolidadas deberá incluir en ellas, a las sociedades integrantes del grupo en los términos establecidos en el apartado 1 de este artículo, así como a cualquier empresa dominada por éstas, cualquiera que sea su forma jurídica y con inde-*

pendencia de su domicilio social. 4. La junta general de la sociedad obligada a formular las cuentas anuales consolidadas deberá designar a los auditores de cuentas que habrán de controlar las cuentas anuales y el informe de gestión del grupo. Los auditores verificarán la concordancia del informe de gestión con las cuentas anuales consolidadas. 5. Las cuentas consolidadas y el informe de gestión del grupo habrán de someterse a la aprobación de la junta general de la sociedad obligada a consolidar simultáneamente con las cuentas anuales de esta sociedad. Los socios de las sociedades pertenecientes al grupo podrán obtener de la sociedad obligada a formular las cuentas anuales consolidadas los documentos sometidos a la aprobación de la Junta, así como el informe de gestión del grupo y el informe de los auditores. El depósito de las cuentas consolidadas, del informe de gestión del grupo y del informe de los auditores de cuentas en el Registro Mercantil y la publicación del mismo se efectuarán de conformidad con lo establecido para las cuentas anuales de las sociedades anónimas. 6. Lo dispuesto en la presente sección será de aplicación a los casos en que voluntariamente cualquier persona física o jurídica formule y publique cuentas consolidadas. Igualmente se aplicarán estas normas, en cuanto sea posible, a los supuestos de formulación y publicación de cuentas consolidadas por cualquier persona física o jurídica distinta de las contempladas en el apartado 1 del presente artículo».

Artículo 18. Honorabilidad y aptitud de quienes ejerzan la dirección efectiva o desempeñen funciones que integran el sistema de gobierno de la entidad. 1. Concurre honorabilidad comercial y profesional en quienes hayan venido mostrando una conducta personal, comercial y profesional que no genere dudas sobre su capacidad para desempeñar una gestión sana y prudente de la entidad.

2. Para valorar la concurrencia de honorabilidad comercial y profesional deberá considerarse toda la información disponible, incluyendo:

a) La trayectoria del cargo en cuestión en su relación con las autoridades de regulación y supervisión; las razones por las que hubiera sido despedido o cesado en puestos o cargos anteriores; su historial de solvencia personal y de cumplimiento de sus obligaciones; o si hubiera estado inhabilitado conforme a la Ley 22/2003, de 9 de julio, Concursal, mientras no haya concluido el período de inhabilitación fijado en la sentencia de calificación del concurso y los quebrados y concursados no rehabilitados en procedimientos concursales anteriores a la entrada en vigor de la referida ley.

b) La condena por la comisión de delitos o faltas y la sanción por la comisión de infracciones administrativas teniendo en cuenta:

1.º El carácter doloso o imprudente del delito, falta o infracción administrativa.

2.º Si la condena o sanción es o no firme.

3.º La gravedad de la condena o sanción impuestas.

4.º La tipificación de los hechos que motivaron la condena o sanción, especialmente si se tratase de delitos contra el patrimonio, blanqueo de capitales, contra el orden socioeconómico y contra la Hacienda Pública y la Seguridad Social, o supusiesen infracción de las normas reguladoras del ejercicio de la actividad aseguradora, bancaria o del mercado de valores, o de protección de los consumidores.

5.º Si los hechos que motivaron la condena o sanción se realizaron en provecho propio o en perjuicio de los intereses de terceros cuya administración o gestión de negocios le hubiese sido confiada, y en su caso, la relevancia de los hechos por los que se produjo la condena o sanción en relación con las funciones que tenga asignadas o vayan a asignarse al cargo en cuestión en la entidad aseguradora o reaseguradora.

6.º La prescripción de los hechos ilícitos de naturaleza penal o administrativa o la posible extinción de la responsabilidad penal.

7.º La existencia de circunstancias atenuantes y la conducta posterior desde la comisión del delito o infracción.

8.º La reiteración de condenas o sanciones por delitos, faltas o infracciones.

Las entidades cumplirán las obligaciones de suministro de información necesarias para la valoración prevista en esta letra, remitiendo a la Dirección General de Seguros y Fondos de Pensiones un certificado de antecedentes penales de la persona objeto de valoración, sin perjuicio de las competencias de dicha Dirección General de Seguros y Fondos de Pensiones para recabar directamente de la persona cuya honorabilidad sea objeto de valoración toda la información complementaria que resulte necesaria para la evaluación de los elementos a los que se refiere esta letra.

Asimismo, la Dirección General de Seguros y Fondos de Pensiones consultará las bases de datos de la Autoridad Europea de Seguros y Pensiones de Jubilación, la Autoridad Bancaria Europea y la Autoridad Europea de Valores y Mercados sobre sanciones administrativas.

c) La existencia de investigaciones relevantes y fundadas, tanto en el ámbito penal como administrativo, sobre alguno de los hechos mencionados en la letra b).4.º anterior. No se considerará que hay falta de honorabilidad sobrevenida por la mera circunstancia de que, estando en el ejercicio de su cargo, un consejero, director general o asimilado, u otros empleados responsables de las funciones de gobierno de la entidad sean objeto de dichas investigaciones.

Si durante el ejercicio de su actividad concurriese en la persona evaluada alguna de las circunstancias anteriores, y esta resultase relevante para la evaluación de su honorabilidad, la entidad aseguradora o reaseguradora lo comunicará a la Dirección General de Seguros y Fondos de Pensiones en el plazo máximo de quince días hábiles desde su conocimiento.

Los miembros del órgano de administración, directores generales o asimilados y otros empleados que sean responsables de las funciones de gobierno de la entidad aseguradora o reaseguradora, y que tuviesen conocimiento de que concurren en su persona alguna de las circunstancias descritas en este apartado, deberán informar de ello a su entidad.

El tratamiento de los datos que las entidades aseguradoras y reaseguradoras lleven a cabo en el marco de lo dispuesto en este precepto deberá limitarse a la exclusiva finalidad de suministro de la información a la Dirección General de Seguros y Fondos de Pensiones, quedando expresamente limitado el número de personas de la entidad que dentro de su organización pueda tener acceso a dichos datos.

3. En relación con la aptitud, se considerará que poseen conocimientos y experiencia adecuados para ejercer sus funciones en las entidades aseguradoras o reaseguradoras quienes cuenten con formación del nivel y perfil adecuado, en particular en el área de seguros y servicios financieros, y experiencia práctica derivada de sus anteriores ocupaciones durante periodos de tiempo suficientes. Se tendrán en cuenta para ello tanto los conocimientos adquiridos en un entorno académico como la experiencia en el desarrollo profesional de funciones similares a las que van a desarrollarse en otras entidades o empresas.

En la valoración de la experiencia práctica y profesional deberá prestarse especial atención a la naturaleza y complejidad de los puestos desempeñados, las competencias y poderes de decisión y responsabilidades asumidas, así como el número de personas a su cargo, el conocimiento técnico alcanzado sobre el sector financiero y los riesgos que deben gestionar.

En todo caso, los criterios de conocimientos y experiencia se aplicarán valorando la naturaleza, tamaño y complejidad de la actividad de cada entidad financiera y las concretas funciones y responsabilidades del puesto asignado a la persona evaluada.

Asimismo, el órgano de administración de una entidad aseguradora o reaseguradora deberá contar con miembros que, considerados en su conjunto,
posean suficientes conocimientos y experiencia profesional en, al menos, las
siguientes áreas:

    a) Seguros y mercados financieros.

    b) Estrategias y modelos de negocio.

    c) Sistema de gobierno.

    d) Análisis financiero y actuarial.

    e) Marco regulatorio.

    – La **Ley 22/2003, de 9 de julio, Concursal** ha sido derogada por el **Real Decre-
to Legislativo 1/2020, de 5 de mayo, por el que se aprueba el texto refundido
de la Ley Concursal**. El texto refundido de la Ley Concursal establece: *«Artículo 455. Sentencia de calificación. 1. La sentencia declarará el concurso como
fortuito o como culpable. Si lo calificara como culpable, expresará la causa o
causas en que se fundamente la calificación. 2. La sentencia que califique el
concurso como culpable contendrá, además, los siguientes pronunciamientos:
1.º La determinación de las personas afectadas por la calificación, así como,
en su caso, la de las declaradas cómplices. En caso de persona jurídica, podrán
ser consideradas personas afectadas por la calificación los administradores o
liquidadores, de derecho o de hecho, los directores generales y quienes, dentro
de los dos años anteriores a la fecha de la declaración de concurso, hubieren
tenido cualquiera de estas condiciones. Si alguna de las personas afectadas lo
fuera como administrador o liquidador de hecho, la sentencia deberá motivar
específicamente la atribución de esa condición. No tendrán la consideración
de administradores de hecho los acreedores que, en virtud de lo pactado en el
convenio tuvieran derechos especiales de información, de autorización de determinadas operaciones del deudor o cualesquiera otras de vigilancia o control
sobre el cumplimiento del plan de viabilidad, salvo que se acreditara la existencia de alguna circunstancia de distinta naturaleza que pudiera justificar la atribución de esa condición. 2.º La inhabilitación de las personas naturales afectadas por la calificación para administrar los bienes ajenos durante un período
de dos a quince años, así como para representar a cualquier persona durante
el mismo período. Esta inhabilitación se notificará al Registro de la Propiedad
y al Registro Mercantil para su constancia en la hoja de la concursada y en las
demás del registro en que aparezca la persona inhabilitada, así como en el Índice único informatizado del artículo 242 bis de la Ley Hipotecaria. La duración
del periodo de inhabilitación se fijará por el juez atendiendo a la gravedad de
los hechos y a la entidad del perjuicio causado a la masa activa, así como a la
existencia de otras sentencias de calificación del concurso como culpable en*

los que la misma persona ya hubiera sido inhabilitada. Excepcionalmente, en caso de convenio, si así lo hubiera solicitado la administración concursal en el informe de calificación, la sentencia podrá autorizar al inhabilitado a continuar al frente de la empresa o como administrador de la sociedad concursada durante el tiempo de cumplimiento del convenio o por periodo inferior. 3.º La pérdida de cualquier derecho que las personas afectadas por la calificación o declaradas cómplices tuvieran como acreedores concursales o de la masa. 4.º La condena a las personas afectadas por la calificación o declaradas cómplices a devolver los bienes o derechos que indebidamente hubieran obtenido del patrimonio del deudor o recibido de la masa activa. 5.º La condena a las personas afectadas por la calificación o declaradas cómplices a indemnizar, con o sin solidaridad, los daños y perjuicios causados. 3. En materia de costas, serán de aplicación las siguientes reglas especiales: 1.ª La sentencia que desestime la solicitud de calificación del concurso como culpable a solicitud de la administración concursal no condenará a esta al pago de las costas, salvo que concurra temeridad. 2.ª La sentencia que estime la solicitud de calificación del concurso como culpable no condenará a las personas afectadas por la calificación o declarados cómplices al pago de las costas en que hubieran incurrido los legitimados personados en la sección sexta para defender la calificación del concurso como culpable. 4. La sentencia declarará el incumplimiento del convenio como fortuito o como culpable. La sentencia que califique ese incumplimiento como culpable contendrá, además, los pronunciamientos a que se refieren los apartados 1 y 2».

Artículo 19. Registro administrativo. Se abrirá un libro para cada uno de los tipos de entidades y personas a que se refiere el artículo 40 de la Ley 20/2015, de 14 de julio.

Artículo 20. Inscripción de los actos relativos a entidades aseguradoras y reaseguradoras y sus grupos. 1. Son actos sujetos a inscripción en el registro administrativo al que se refiere el artículo 40 de la Ley 20/2015, de 14 de julio:

a) La autorización inicial y la ampliación de la autorización.

b) Los relativos al establecimiento de sucursales o al ejercicio de la actividad en libre prestación de servicios previstos en la referida ley y en este real decreto.

c) Los cambios de denominación social.

d) Los cambios de domicilio social.

e) El aumento o reducción del capital social o fondo mutual y otras modificaciones estatutarias.

f) Las participaciones significativas.

g) La cesión de cartera.

h) La fusión, transformación, cesión global de activos y pasivos y escisión.

i) La pertenencia a un grupo de entidades aseguradoras o reaseguradoras.

j) Las agrupaciones de interés económico y uniones temporales de empresas,

k) La revocación de la autorización administrativa y su rehabilitación.

l) El acuerdo de disolución, el nombramiento y cese de liquidadores, el domicilio de la oficina liquidadora y la intervención en la liquidación.

m) La extinción y la cancelación de la autorización para operar.

n) Las sanciones que, en su caso, se hubieran impuesto, una vez que sean ejecutivas, salvo la de amonestación privada, indicando el tipo y la clase de la infracción y la identidad del infractor.

ñ) Los apoderamientos otorgados a las agencias de suscripción así como los ramos o riesgos que comprendan dichos apoderamientos.

2. En relación a los grupos y subgrupos del artículo 40.1.c) de la Ley 20/2015, de 14 de julio, se inscribirán todas las entidades que formen parte de los mismos, con independencia de su naturaleza jurídica y objeto social, indicando su porcentaje de participación.

3. Cuando la inscripción en el registro traiga causa de acuerdos de la Administración, el asiento se practicará de oficio con fundamento en el acto administrativo correspondiente. Cuando proceda de actos de las entidades, éstas deberán solicitar la inscripción de los acuerdos correspondientes dentro de los quince días siguientes a la fecha en que se hubiesen adoptado, a cuyo efecto se remitirá certificación de los órganos sociales correspondientes.

En todo caso, deberá presentarse la escritura pública correspondiente, justificando su inscripción en el Registro Mercantil, en el plazo de un mes desde su inscripción en dicho Registro.

— El apartado primero se modifica por el **Real Decreto 288/2021, de 20 de abril.**

Artículo 21. Inscripción de los actos relativos a las personas que ejercen la dirección efectiva de entidades aseguradoras y reaseguradoras. 1. Están sujetos a inscripción en el registro administrativo a que se refiere el artículo 40 de la Ley 20/2015, de 14 de julio, los siguientes actos relativos a las personas que ejercen la dirección efectiva de las entidades aseguradoras y reaseguradoras:

a) El nombramiento.

b) La suspensión, revocación o cese por cualquier causa.

c) La inhabilitación.

d) Las sanciones que, en su caso, se les hubieran impuesto, una vez que sean ejecutivas, salvo la de amonestación privada, indicando el tipo y la clase de la infracción y la identidad del infractor.

En el registro se consignarán el nombre y apellidos o denominación social, el domicilio, la nacionalidad, el sexo, el número del documento nacional de identidad, y si se trata de extranjeros, en su caso, el del permiso de residencia o pasaporte.

Cuando la dirección efectiva sea desempeñada por personas jurídicas, se inscribirán los datos correspondientes a sus representantes designados.

2. Cuando la inscripción traiga causa de acuerdos de la Administración, el asiento se practicará de oficio con fundamento en el acto administrativo correspondiente. Cuando proceda de actos de las entidades aseguradoras, éstas deberán solicitar la inscripción de los acuerdos correspondientes dentro de los quince días siguientes a la fecha en que se hubiesen acordado el nombramiento o la revocación, a cuyo efecto se remitirá certificación de los órganos sociales correspondientes. Cuando sea exigible de acuerdo con la legislación aplicable, se presentará la escritura pública correspondiente, así como justificación de su inscripción en el Registro Mercantil, en el plazo de un mes desde su inscripción en dicho Registro.

> – El apartado primero se modifica por el **Real Decreto 288/2021, de 20 de abril.**

Artículo 22. Inscripción de los actos relativos a las organizaciones para la distribución de la cobertura de riesgos entre entidades aseguradoras o para la prestación de servicios comunes relacionados con la actividad de las mismas y sus altos cargos. 1. Son actos sujetos a inscripción en el Registro administrativo al que se refiere el artículo 40 de la Ley 20/2015, de 14 de julio, la comunicación inicial de actividad, los cambios de denominación, objeto y domicilio social, y demás modificaciones que afecten a las organizaciones a las que se refiere el presente artículo.

2. También constará en el mencionado Registro, en el libro referente a la organización obligada, la relación de entidades que la integran y de las perso-

nas a las que se confiere la administración o dirección, debiendo constar los mismos datos que se establecen en el artículo 21.2.

3. Cuando la inscripción en el registro traiga causa de acuerdos de la Administración el asiento se practicará de oficio con fundamento en el acto administrativo correspondiente. Cuando proceda de actos de las organizaciones, éstas deberán solicitar la inscripción de los acuerdos correspondientes dentro de los quince días siguientes a la fecha en que se hubieren adoptado, a cuyo efecto se remitirá certificación expedida por el órgano competente. Cuando sea exigible de acuerdo con la legislación aplicable, se presentará la escritura pública correspondiente, así como justificación de su inscripción en el Registro Mercantil, en el plazo de un mes desde su inscripción en dicho Registro.

Artículo 23. Inscripción de las medidas de control especial. 1. Las medidas de control especial serán inscribibles en el Registro a que se refiere el artículo 40 de la Ley 20/2015, de 14 de julio, cuando se acuerde dar publicidad a las mismas conforme a lo dispuesto en el artículo 213.

2. Se inscribirán en todo caso las medidas de control especial previstas en los artículos 163 y 165 de la Ley 20/2015, de 14 de julio.

Artículo 24. Cancelación de la inscripción de las sanciones impuestas. Las inscripciones relativas a las sanciones impuestas se cancelarán en el Registro previsto en los artículos anteriores, de oficio o a instancia del interesado.

La cancelación de oficio procederá cuando haya recaído resolución o sentencia firme estimatoria del recurso interpuesto contra la sanción.

El interesado tendrá derecho a solicitar de la Dirección General de Seguros y Fondos de Pensiones la cancelación de la inscripción de la sanción que le hubiera sido impuesta, siempre que no se haya incurrido en ninguna nueva infracción, dentro de los dos años siguientes a la fecha de la firmeza de la sanción para el caso de las infracciones leves, cinco años en el caso de las graves y ocho años en el caso de las muy graves.

La iniciación de un expediente administrativo sancionador interrumpirá los plazos previstos en el párrafo anterior. Si el procedimiento concluyese con la imposición de una nueva sanción, la inscripción de esta se cancelará cuando transcurra el plazo de cancelación aplicable a la misma, salvo que el plazo de cancelación de alguna sanción anterior inscrita fuese superior, en cuyo caso se atenderá a esta última fecha de cancelación.

Producida la cancelación, la Dirección General de Seguros y Fondos de Pensiones no podrá tomar en consideración las sanciones cuya inscripción se hubiera cancelado a efectos de lo previsto en los artículos 36, 38 y 85 de la Ley 20/2015, de 14 de julio y 15 de este Real Decreto.

SECCIÓN 2.ª ACTIVIDAD DE LAS ENTIDADES ASEGURADORAS Y REASEGURADORAS ESPAÑOLAS EN RÉGIMEN DE DERECHO DE ESTABLECIMIENTO Y LIBRE PRESTACIÓN DE SERVICIOS EN LA UNIÓN EUROPEA

Artículo 25. Deber de información al tomador del seguro. 1. Antes de la celebración por una entidad aseguradora española de un contrato de seguro, distinto al contrato de seguro por grandes riesgos, en régimen de derecho de establecimiento o en régimen de libre prestación de servicios, la entidad deberá informar al tomador del seguro de que está domiciliada en España o, si es el caso, informar del Estado de la sucursal con la que vaya a celebrarse el contrato, lo que también deberá constar en los documentos que a estos efectos se entreguen, en su caso, al tomador del seguro o a los asegurados.

2. La póliza y cualquier otro documento en que se formalice todo contrato de seguro en régimen de derecho de establecimiento o en régimen de libre prestación de servicios, incluidos los contratos de seguro por grandes riesgos, deberán indicar la dirección del domicilio social o, en su caso, de la sucursal de la entidad aseguradora española que proporcione la cobertura; y, tratándose de contratos de seguro de responsabilidad civil en vehículos terrestres automóviles, excluida la responsabilidad del transportista, celebrados en régimen de libre prestación de servicios, deberá hacerse constar también el nombre y la dirección del representante a que se refiere el artículo 58.1 de la Ley 20/2015, de 14 de julio, cuando lo exija el Estado miembro de localización del riesgo.

Artículo 26. Deber de información estadística relativa a las actividades transfronterizas de las entidades aseguradoras españolas. 1. De acuerdo con lo previsto en el artículo 49 de la Ley 20/2015, de 14 de julio, las entidades aseguradoras españolas que operen en régimen de derecho de establecimiento o en régimen de libre prestación de servicios, deberán informar a la Dirección General de Seguros y Fondos de Pensiones, separadamente para las operaciones realizadas en cada uno de dichos regímenes y por Estado miembro, sobre el importe de las primas, siniestros y comisiones, sin deducción del reaseguro. La información se suministrará con separación entre el seguro de vida y los seguros distintos del de vida, y dentro de éstos por líneas de negocio.

En lo que respecta al seguro de responsabilidad civil en vehículos terrestres automóviles (ramo 10), excluida la responsabilidad del transportista, la entidad informará también a la Dirección General de Seguros y Fondos de Pensiones de la frecuencia y el coste medio de los siniestros.

La Dirección General de Seguros y Fondos de Pensiones suministrará dicha información, sobre una base agregada, a las autoridades de supervisión de los Estados miembros interesados que así lo soliciten.

2. En el caso de entidades aseguradoras españolas que operen en régimen de derecho de establecimiento, deberán remitir a la Dirección General de Seguros y Fondos de Pensiones información sobre la actividad realizada en cada Estado miembro del Espacio Económico Europeo de acuerdo con la normativa de la Unión Europea de directa aplicación.

Las entidades aseguradoras españolas que operen en régimen de libre prestación de servicios deberán informar separadamente de las operaciones que realicen desde la sede central de aquellas otras que se realicen desde las sucursales establecidas en otros Estados miembros.

Artículo 27. Remisión general. En todo lo demás, las entidades aseguradoras españolas que operen en régimen de derecho de establecimiento o en régimen de libre prestación de servicios se ajustarán a las disposiciones de la Ley 20/2015, de 14 de julio, con excepción de las normas contenidas en el artículo 95.2 de la misma y 23.4 del texto refundido del Estatuto Legal del Consorcio de Compensación de Seguros, aprobado por Real Decreto Legislativo 7/2004, de 29 de octubre, cuando los riesgos se encuentren localizados fuera de España.

> – El artículo 23.4 del **texto refundido del Estatuto Legal del Consorcio de Compensación de Seguros, aprobado por Real Decreto Legislativo 7/2004, de 29 de octubre**, establece: «*Artículo 23. Recursos económicos (...) 4. El recargo destinado a financiar las funciones de liquidación de entidades aseguradoras es un tributo que grava los contratos de seguro. Están sujetos a dicho recargo la totalidad de los contratos de seguro que se celebren sobre riesgos localizados en España, distintos al seguro sobre la vida y al seguro de crédito a la exportación por cuenta o con el apoyo del Estado. No quedarán sujetos al recargo los planes de previsión asegurados cualquiera que sea la contingencia o contingencias que cubran. El recargo se devengará cuando tenga lugar el pago de la prima que corresponda a los contratos de seguro sujetos a aquel. Son sujetos pasivos del recargo, en condición de contribuyentes, las entidades asegurado-*

ras, que deberá repercutir íntegramente su importe sobre el tomador del seguro, quien quedará obligado a soportarlo siempre que la repercusión se ajuste a lo dispuesto en este estatuto legal, cualesquiera que fuesen las estipulaciones existentes entre ellos. Constituye la base imponible del recargo el importe de la prima. No se entenderán incluidos en la prima aquellos importes correspondientes a cualesquiera otros recargos que el contrato de seguro afectado deba soportar en virtud de una disposición legal que lo imponga. El tipo del recargo destinado a financiar las funciones de liquidación de entidades aseguradoras estará constituido por el 1,5 por mil de las primas antes referidas».

Artículo 28. Establecimiento de sucursales. 1. Toda entidad aseguradora española que se proponga establecer una sucursal en el territorio de otro Estado miembro, lo comunicará a la Dirección General de Seguros y Fondos de Pensiones, acompañando la siguiente información:

a) El Estado miembro en cuyo territorio se propone establecer la sucursal.

b) Programa de actividades, en el que se indicarán el tipo de operaciones previstas y la estructura orgánica de la sucursal.

c) Dirección en el Estado miembro de la sucursal en la que pueden reclamarle y entregarle los documentos.

d) Nombre del apoderado general de la sucursal, que deberá estar dotado de poderes suficientes para obligar a la entidad frente a terceros y para representarla ante las autoridades y órganos judiciales del Estado miembro de la sucursal.

e) Si la entidad aseguradora pretende que su sucursal cubra los riesgos del ramo de responsabilidad civil en vehículos terrestres automóviles, excluida la responsabilidad del transportista, deberá declarar que se ha asociado a la oficina nacional y al fondo nacional de garantía del Estado miembro de la sucursal.

f) Si la entidad pretende cubrir los riesgos del ramo de defensa jurídica, la opción elegida entre las distintas modalidades de gestión previstas en el anexo de la Ley 20/2015, de 14 de julio.

2. El programa de actividades a que hace referencia el apartado anterior deberá contener indicaciones o justificaciones relativas a:

a) Las operaciones que la entidad pretenda realizar, especificando la naturaleza de los riesgos o compromisos que pretenda garantizar, junto, en su caso, con los riesgos accesorios y complementarios, de acuerdo con lo dispuesto en el anexo de la Ley 20/2015, de 14 de julio.

b) Los principios rectores en materia de reaseguro.

c) Las previsiones de gastos de instalación de los servicios administrativos y, en su caso, de la red de producción; los medios financieros destinados a hacer frente a los mismos y, si los riesgos a cubrir están clasificados en el ramo 18 del apartado A a) del anexo de la Ley 20/2015, de 14 de julio, los medios de que dispone la entidad.

d) La estructura de la organización de la sucursal.

e) Las previsiones, para los tres primeros ejercicios sociales, de los gastos de gestión distintos de los de instalación, así como de las primas o cuotas y de los siniestros para los seguros distintos al seguro de vida.

3. La entidad presentará la documentación a la que se refieren los dos apartados anteriores en la Dirección General de Seguros y Fondos de Pensiones, acompañada de traducción jurada a la lengua oficial del Estado miembro en el que la entidad aseguradora se proponga establecer la sucursal.

4. En el plazo de tres meses a partir de la recepción de la información completa a que hacen referencia los apartados anteriores, y no habiendo objeción alguna, la Dirección General de Seguros y Fondos de Pensiones remitirá a la autoridad supervisora del Estado miembro de la sucursal la traducción jurada a que se hace referencia en el apartado 3, acompañando certificación, en castellano, de que la entidad aseguradora dispone del capital de solvencia obligatorio legalmente exigible y de los ramos y riesgos en que se encuentra autorizada para operar, e indicando la denominación precisa y la dirección del domicilio social de la misma. La Dirección General de Seguros y Fondos de Pensiones informará de dicha comunicación a la entidad aseguradora.

5. Todo proyecto de modificación de las informaciones contenidas en los párrafos b), c), o d) del apartado 1 deberá ser notificado por la entidad aseguradora simultáneamente a la Dirección General de Seguros y Fondos de Pensiones y a la autoridad supervisora del Estado miembro de la sucursal.

La entidad aseguradora deberá presentar todos aquellos documentos en que se contengan dichas modificaciones en la Dirección General de Seguros y Fondos de Pensiones, acompañando traducción jurada a la lengua oficial del Estado miembro de la sucursal.

En el plazo de un mes, a partir de la recepción completa del proyecto de modificación, y no concurriendo ninguno de los supuestos previstos en el artículo 47.3 de la Ley 20/2015, de 14 de julio, la Dirección General de Seguros y Fondos de Pensiones remitirá a la autoridad supervisora del Estado miembro de la sucursal la traducción jurada a que hace referencia el párrafo anterior, e informará de dicha remisión a la entidad aseguradora.

La entidad aseguradora podrá ajustar su actividad en régimen de derecho de establecimiento al proyecto de modificación desde que reciba la comunicación de la autoridad supervisora del Estado miembro de la sucursal a que se refiere el apartado 47.4 de la Ley 20/2015, de 14 de julio, o en su defecto, desde el transcurso del plazo de un mes a partir de la recepción por ésta de la información de la Dirección General de Seguros y Fondos de Pensiones a que se refiere el presente artículo.

6. La Dirección General de Seguros y Fondos de Pensiones notificará a la Autoridad Europea de Seguros y Pensiones de Jubilación y a la autoridad supervisora del Estado miembro de acogida la intención de autorizar el acceso a la actividad aseguradora o reaseguradora de aquellas entidades españolas cuyo programa de actividades recoja que una parte de dichas actividades se desarrollarán mediante el establecimiento de sucursales en otro Estado miembro, cuando dicho programa indique que es probable que esas actividades tengan incidencia en el mercado del Estado miembro de acogida.

7. La Dirección General de Seguros y Fondos de Pensiones informará a la Autoridad Europea de Seguros y Pensiones de Jubilación y a la autoridad supervisora del Estado miembro de acogida cuando detecte un deterioro de las condiciones financieras u otros riesgos emergentes en aquellas entidades españolas que desarrollen una parte de sus actividades mediante el establecimiento de sucursales en otro Estado miembro, cuando tales circunstancias puedan tener un impacto transfronterizo. La Dirección General de Seguros y Fondos de Pensiones podrá remitir el asunto y solicitar la asistencia de la Autoridad Europea de Seguros y Pensiones de Jubilación en caso de que haya sido imposible alcanzar una solución bilateral con la autoridad supervisora del Estado miembro de acogida.

8. Las notificaciones o informaciones a las que hacen referencia los dos apartados anteriores serán detalladas con el objetivo de permitir una evaluación adecuada, sin perjuicio de las competencias de las autoridades de supervisión implicadas.

— Los apartados sexto, séptimo y octavo se añaden por el **Real Decreto 288/2021, de 20 de abril.**

Artículo 29. Comunicación para operar en libre prestación de servicios.
1. Toda entidad aseguradora española que se proponga ejercer por primera vez en uno o más Estados miembros actividades en régimen de libre prestación de

servicios, deberá informar de su proyecto a la Dirección General de Seguros y Fondos de Pensiones, indicando:

a) El Estado miembro en cuyo territorio se pretender operar.

b) La naturaleza de los riesgos o compromisos que la entidad aseguradora se proponga cubrir en el Estado miembro de la libre prestación de servicios.

c) Si la entidad pretende cubrir los riesgos del ramo de responsabilidad civil en vehículos terrestres automóviles, excluida la responsabilidad del transportista, la declaración de la entidad de que se ha asociado a la oficina nacional y al fondo nacional de garantía del Estado miembro de la libre prestación de servicios, así como el nombre y la dirección del representante encargado de atender las reclamaciones que presenten los terceros perjudicados con poderes suficientes para representar a la entidad aseguradora y defenderla ante los tribunales y autoridades administrativas de dicho Estado por lo que respecta a las citadas reclamaciones.

d) Si la entidad pretende cubrir los riesgos del ramo de defensa jurídica, la opción elegida entre las distintas modalidades de gestión previstas en el anexo de la Ley 20/2015, de 14 de julio.

La entidad presentará en la Dirección General de Seguros y Fondos de Pensiones la documentación indicada acompañada de traducción jurada a la lengua oficial del Estado miembro en el que la entidad aseguradora se proponga ejercer la actividad en régimen de libre prestación de servicios.

2. Si la Dirección General de Seguros y Fondos de Pensiones no se opone al proyecto, en el plazo de un mes a partir de la recepción de toda la documentación que figura en el apartado 1, remitirá a la autoridad supervisora del Estado miembro de la prestación de servicios la traducción jurada a que se refiere el anterior apartado, acompañada de certificación en castellano de que la entidad aseguradora dispone del capital de solvencia obligatorio y de los ramos y riesgos en que se encuentre autorizada para operar, indicando la denominación precisa y la dirección del domicilio social de la misma, e informará, al mismo tiempo, por correo certificado, a la entidad aseguradora del envío de este expediente.

3. La entidad aseguradora podrá iniciar su actividad a partir de la fecha certificada en que la Dirección General de Seguros y Fondos de Pensiones le notifique que ha cursado la comunicación a que se refiere el apartado 2.

4. La Dirección General de Seguros y Fondos de Pensiones podrá oponerse a la actividad en régimen de libre prestación de servicios, dictando al efecto

resolución motivada, que se notificará a la entidad en el plazo previsto en el apartado 2.

5. Todo proyecto de modificación de la naturaleza de los riesgos o compromisos que la entidad aseguradora pretenda cubrir en régimen de libre prestación de servicios deberá ser notificado por la entidad aseguradora a la Dirección General de Seguros y Fondos de Pensiones.

La entidad aseguradora deberá presentar todos aquellos documentos en que se contengan dichas modificaciones en la Dirección General de Seguros y Fondos de Pensiones, acompañando traducción jurada a la lengua oficial del Estado miembro de la prestación de servicios.

En el plazo de un mes, a partir de la recepción completa del proyecto de modificación, y no habiendo objeción alguna, la Dirección General de Seguros y Fondos de Pensiones remitirá a la autoridad supervisora del Estado miembro de la prestación la traducción jurada a que hace referencia el párrafo anterior, e informará de dicha remisión a la entidad aseguradora.

La entidad aseguradora podrá comenzar su actividad en régimen de libre prestación de servicios de acuerdo con el proyecto de modificación a partir de la fecha certificada en que la Dirección General de Seguros y Fondos de Pensiones le notifique que ha cursado la comunicación a que se refiere el párrafo anterior.

6. La Dirección General de Seguros y Fondos de Pensiones notificará a la Autoridad Europea de Seguros y Pensiones de Jubilación y a la autoridad supervisora del Estado miembro de acogida la intención de autorizar el acceso a la actividad aseguradora o reaseguradora de aquellas entidades españolas cuyo programa de actividades recojan que una parte de dichas actividades se desarrollarán en régimen de libre prestación de servicios en otro Estado miembro, cuando dicho programa indique que es probable que esas actividades tengan incidencia en el mercado del Estado miembro de acogida.

7. La Dirección General de Seguros y Fondos de Pensiones informará a la Autoridad Europea de Seguros y Pensiones de Jubilación y a la autoridad supervisora del Estado miembro de acogida cuando detecte un deterioro de las condiciones financieras u otros riesgos emergentes en aquellas entidades españolas que desarrollen una parte de sus actividades en régimen de libre prestación de servicios en otro Estado miembro, cuando tales circunstancias puedan tener un impacto transfronterizo. La Dirección General de Seguros y Fondos de Pensiones podrá remitir el asunto y solicitar la asistencia de la Autoridad Europea de Seguros y Pensiones de Jubilación en caso de que haya

sido imposible alcanzar una solución bilateral con la autoridad supervisora del Estado miembro de acogida.

8. Las notificaciones o informaciones a las que hacen referencia los dos apartados anteriores serán lo suficientemente detalladas como para permitir una evaluación adecuada y sin perjuicio de las competencias de las autoridades de supervisión implicadas.

> – Los apartados sexto, séptimo y octavo se añaden por el **Real Decreto 288/2021, de 20 de abril.**

CAPÍTULO II. ACCESO A LA ACTIVIDAD EN ESPAÑA DE ENTIDADES ASEGURADORAS Y REASEGURADORAS DE OTROS ESTADOS MIEMBROS DE LA UNIÓN EUROPEA

SECCIÓN 1.ª DISPOSICIONES GENERALES PARA ENTIDADES ASEGURADORAS Y REASEGURADORAS

Artículo 30. Ordenación y supervisión de entidades aseguradoras autorizadas. 1. La falta de presentación por las entidades aseguradoras domiciliadas en otro Estado miembro del Espacio Económico Europeo que operen en España en régimen de derecho de establecimiento o en régimen de libre prestación de servicios de los documentos exigidos en el artículo 51.2 de la Ley 20/2015, de 14 de julio, tendrá la consideración de situación irregular prevista en el apartado tres del presente artículo, sin perjuicio, en su caso, de la sanción administrativa correspondiente.

A estos efectos, dichas entidades aseguradoras estarán sujetas a inspección por la Dirección General de Seguros y Fondos de Pensiones en los términos del artículo 109 de la Ley 20/2015, de 14 de julio y del título IV de este real decreto, siendo de aplicación lo dispuesto en el artículo 94 de la referida ley y artículos 117 y siguientes de este real decreto, en relación con los modelos de pólizas.

2. En la inspección a que se refieren el artículo 109 de la Ley 20/2015, de 14 de julio y el título IV de este real decreto, se podrá examinar la documentación de las referidas entidades o solicitar que sea presentada o entregada toda la información que se considere necesaria para el ejercicio del control del cumplimiento de las disposiciones legales y reglamentarias aplicables, así como de las condiciones en que ejercen su actividad en España.

3. Si la Dirección General de Seguros y Fondos de Pensiones comprobase que una entidad aseguradora de las referidas en el apartado 1 no respeta las normas legales y reglamentarias aludidas en ese apartado, le requerirá para que, en el plazo que señale la citada Dirección, acomode su actuación a dichas normas.

Si transcurrido el plazo, la entidad persiste en su situación irregular, la Dirección General de Seguros y Fondos de Pensiones informará de ello a la autoridad supervisora del Estado miembro de origen, al objeto de que adopte las medidas pertinentes para que la entidad aseguradora ponga fin a esa situación irregular y las notifique a la Dirección General de Seguros y Fondos de Pensiones.

Si por falta de adaptación de las medidas pertinentes o porque las adoptadas resultasen inadecuadas, persistiera la infracción del ordenamiento jurídico, la Dirección General de Seguros y Fondos de Pensiones podrá proceder de acuerdo con el artículo 52.2 de la Ley 20/2015, de 14 de julio.

En caso de urgencia, las medidas a que se refiere el párrafo anterior podrán ser adoptadas por la Dirección General de Seguros y Fondos de Pensiones, sin necesidad del requerimiento e información exigidos por el párrafo primero del artículo 52.2 de la Ley 20/2015, de 14 de julio, debiendo informar inmediatamente de dichas medidas adoptadas a la autoridad de supervisión del Estado miembro de origen de la entidad aseguradora.

4. La Dirección General de Seguros y Fondos de Pensiones podrá informar a la autoridad de supervisión del Estado miembro de origen en aquellos supuestos que puedan ocasionar un menoscabo en la protección del consumidor. La Dirección General de Seguros y Fondos de Pensiones podrá asimismo remitir el asunto y solicitar la asistencia de la Autoridad Europea de Seguros y Pensiones de Jubilación en caso de que no haya sido posible alcanzar una solución bilateral con la autoridad supervisora del Estado miembro de origen.

La comunicación será lo suficientemente detallada para permitir una evaluación adecuada y se entenderá sin perjuicio de las competencias de los supervisores implicados.

– El apartado cuarto se modifica por el **Real Decreto 288/2021, de 20 de abril.**

SECCIÓN 2.ª ACTIVIDAD EN RÉGIMEN DE DERECHO DE ESTABLECIMIENTO DE ENTIDADES ASEGURADORAS Y REASEGURADORAS DOMICILIADAS EN OTROS ESTADOS MIEMBROS

Artículo 31. Determinación de las condiciones de ejercicio. 1. Cuando la autoridad de supervisión del Estado miembro de origen de la entidad aseguradora que pretenda operar en España en régimen de derecho de establecimiento comunique en la Dirección General de Seguros y Fondos de Pensiones dicha intención, deberá acompañar la documentación a que hace referencia el artículo 28, así como certificado que acredite que la entidad dispone del capital mínimo obligatorio, del capital de solvencia obligatorio y de los ramos o riesgos en que está autorizada para operar.

La documentación indicada, exceptuando el certificado de solvencia, se presentará en castellano.

La Dirección General de Seguros y Fondos de Pensiones en el plazo de dos meses, contado a partir del momento en que reciba de la autoridad supervisora del Estado miembro de origen toda la documentación señalada, podrá indicar a la citada autoridad las condiciones en las que, por razones de interés general, deberá ser ejercida la actividad en España.

La sucursal podrá establecerse y comenzar su actividad en España desde que la autoridad supervisora del Estado miembro de origen le notifique que la Dirección General de Seguros y Fondos de Pensiones da su conformidad o da a conocer las condiciones, en las que, por razones de interés general, deberán de ser ejercidas las actividades en España. En cualquier caso, la entidad aseguradora podrá iniciar su actividad cuando concluya el plazo de dos meses previsto en el párrafo anterior, sin haber recibido dicha notificación.

2. Todo proyecto de modificación de la actividad aseguradora en régimen de derecho de establecimiento que afecte a alguno de los aspectos referidos en el artículo 28.1 b) a e) deberá ser notificado por la entidad aseguradora en la Dirección General de Seguros y Fondos de Pensiones mediante traducción jurada al castellano.

La Dirección General de Seguros y Fondos de Pensiones podrá, en el plazo de un mes a partir de la notificación que figura en el apartado anterior, comunicar a la autoridad supervisora del Estado miembro de origen las condiciones en las que, por razones de interés general, deberá ser ejercida la actividad aseguradora en España.

La entidad aseguradora podrá ajustar su actividad en régimen de derecho de establecimiento de acuerdo al proyecto de modificación desde que la Dirección General de Seguros y Fondos de Pensiones dé a conocer las condiciones de interés general aludidas en el párrafo anterior o, en su defecto, desde el transcurso del plazo de un mes a partir de la notificación de la entidad a esa Dirección General de Seguros y Fondos de Pensiones y siempre que la autoridad supervisora del Estado miembro de origen haya remitido en ese plazo, al referido centro directivo, el proyecto de modificación.

3. Tanto el establecimiento de la sucursal como la modificación de la actividad son actos sujetos a inscripción en el Registro administrativo previsto en el artículo 40 de la Ley 20/2015, de 14 de julio.

Artículo 32. Supervisión de sucursales en España por las autoridades del Estado de origen. A las actuaciones inspectoras que realice la Dirección General de Seguros y Fondos de Pensiones a las sucursales en España de las entidades aseguradoras domiciliadas en otro Estado miembro del Espacio Económico Europeo, a los efectos de ejercer sobre ellos la supervisión que con arreglo al artículo 115 de Ley 20/2015, de 14 de julio, le corresponde, les será de aplicación lo dispuesto en los artículos 121 y 122 de la referida ley y en el Título IV de este real decreto.

Artículo 33. Entidades reaseguradoras domiciliadas en otros países miembros del Espacio Económico Europeo. 1. Las entidades reaseguradoras domiciliadas en países miembros del Espacio Económico Europeo distintos de España que hayan obtenido la autorización para operar en el Estado miembro de origen, podrán ejercer sus actividades en España en régimen de derecho de establecimiento o de libre prestación de servicios, sin que sea necesaria autorización administrativa ni comunicación previa.

2. Las entidades reaseguradoras que operan en España en régimen de derecho de establecimiento o de libre prestación de servicios deberán respetar las disposiciones dictadas por razones de interés general y las de ordenación y supervisión que, en su caso, resulten aplicables. Con la finalidad de comprobar este cumplimiento deberán presentar en los mismos términos que las entidades reaseguradoras españolas todos los documentos que les exija la Dirección General de Seguros y Fondos de Pensiones. A estos efectos, dichas entidades reaseguradoras estarán sujetas a la inspección por la Dirección General de

Seguros y Fondos de Pensiones en los términos dispuestos en la Ley 20/2015, de 14 de julio y en el presente real decreto.

3. Será aplicable lo previsto en el artículo 52.2 de la Ley 20/2015, de 14 de julio, excepto la remisión al artículo 120 de la misma.

Podrán realizar publicidad de sus servicios en España en los mismos términos que las entidades aseguradoras españolas y sujetas a idéntica ordenación y supervisión.

4. Cuando la autoridad supervisora de una entidad reaseguradora domiciliada en un Estado miembro del Espacio Económico Europeo distinto de España, que opere en ella en régimen de derecho de establecimiento o en régimen de libre prestación de servicios, le revoque la autorización administrativa, la Dirección General de Seguros y Fondos de Pensiones prohibirá a dicha entidad reaseguradora la contratación en ambos regímenes. En este caso, la Dirección General de Seguros y Fondos de Pensiones podrá adoptar, en colaboración con la referida autoridad, las medidas de control especial previstas en la Ley 20/2015, de 14 de julio.

5. Si sobre una entidad reaseguradora domiciliada en otro Estado miembro se hubiera adoptado por la autoridad supervisora de dicho Estado miembro la medida de control especial de prohibición de disponer y solicitase de la Dirección General de Seguros y Fondos de Pensiones que adopte idéntica medida sobre los bienes de la entidad reaseguradora situados en territorio español, con indicación de aquellos que deban ser objeto de ella, la citada Dirección General adoptará tal medida.

6. La Dirección General de Seguros y Fondos de Pensiones podrá requerir a las autoridades supervisoras de otros Estados miembros del Espacio Económico Europeo información acerca del estado y desarrollo de los procedimientos de liquidación que se lleven a cabo respecto a las entidades sometidas a la supervisión de dichas autoridades.

7. Si una entidad reaseguradora domiciliada en otro país miembro del Espacio Económico Europeo cede su cartera a una entidad aseguradora o reaseguradora española, la Dirección General de Seguros y Fondos de Pensiones habrá de certificar, en el plazo de tres meses desde la recepción de la solicitud por parte de la autoridad del Estado miembro de origen de la entidad reaseguradora cedente, que la cesionaria dispone, habida cuenta de la cesión, del margen de solvencia necesario. Si, transcurrido dicho plazo, la citada Dirección General no se hubiera pronunciado al respecto, se entenderá remitida la certificación. En este caso, cuando el Estado miembro de origen de la cedente autorice la

cesión, la Dirección General de Seguros y Fondos de Pensiones deberá darle publicidad.

8. Será aplicable a las sucursales en España de entidades reaseguradoras domiciliadas en otro país miembro del Espacio Económico Europeo lo dispuesto en el artículo 115.3 de la Ley 20/2015, de 14 de julio.

SECCIÓN 3.ª ACTIVIDAD EN RÉGIMEN DE LIBRE PRESTACIÓN DE SERVICIOS DE ENTIDADES ASEGURADORAS Y REASEGURADORAS DOMICILIADAS EN OTROS ESTADOS MIEMBROS

Artículo 34. Inicio y modificación de actividad. 1. Las entidades aseguradoras domiciliadas en otro Estado miembro del Espacio Económico Europeo, podrán iniciar su actividad en España en régimen de libre prestación de servicios desde que reciban la notificación de que la autoridad supervisora del Estado miembro de origen de la entidad aseguradora ha remitido a la Dirección General de Seguros y Fondos de Pensiones, junto con la comunicación a que se refiere el artículo 48.2 de la Ley 20/2015, de 14 de julio, la siguiente información:

a) La denominación precisa y la dirección del domicilio social de la entidad, y, en su caso, la dirección de la sucursal establecida en el Espacio Económico Europeo desde la que pretende operar en dicho régimen.

b) La naturaleza de los riesgos y compromisos que la entidad pretenda garantizar en España, junto, en su caso, con los riesgos accesorios y complementarios, de acuerdo con el anexo de la Ley 20/2015, de 14 de julio.

La documentación indicada, exceptuado el certificado de solvencia, se presentará en castellano.

2. Todo proyecto de modificación de la actividad aseguradora en régimen de libre prestación de servicios deberá ser comunicado por la autoridad supervisora del Estado miembro de origen de la entidad aseguradora a la Dirección General de Seguros y Fondos de Pensiones.

La entidad aseguradora podrá ajustar su actividad en régimen de libre prestación de servicios al proyecto de modificación desde que haya sido notificada, por parte de las autoridades del Estado miembro de origen de la entidad aseguradora, la comunicación a que se refiere el apartado anterior.

3. Tanto el inicio de la actividad en régimen de libre prestación de servicios como la modificación de dicha actividad son actos sujetos a inscripción

en el Registro administrativo previsto en el artículo 40 de la Ley 20/2015, de 14 de julio.

SECCIÓN 4.ª RÉGIMEN DE LAS AGENCIAS DE SUSCRIPCIÓN

Artículo 35. Requisitos y procedimiento de autorización de las agencias de suscripción. 1. Serán requisitos necesarios para obtener y conservar la autorización administrativa, los siguientes:

a) Ser sociedad mercantil cuyos estatutos prevean dentro del apartado correspondiente al objeto social, la realización de actividades como agencia de suscripción.

b) Presentar y atenerse a un programa de actividades en el que se indiquen los riesgos que se van a suscribir, para qué entidades aseguradoras y en qué términos, adjuntando los poderes otorgados, su estructura organizativa y procedimientos de control interno.

c) Indicar las aportaciones y participaciones en el capital social de los socios con participación significativa, quienes deberán ser idóneos en los términos de lo dispuesto en el artículo 36 de la Ley 20/2015, de 14 de julio.

d) Estar dirigidas efectivamente por personas que reúnan las condiciones necesarias de honorabilidad y de aptitud establecidas en artículo 38 de la Ley 20/2015, de 14 de julio.

e) Disponer, por cada una de las entidades aseguradoras que han suscrito un poder, de una cuenta separada del resto de recursos económicos de la sociedad en la que únicamente se gestionen recursos económicos en nombre y por cuenta de cada una de ellas.

2. La ampliación de la autorización administrativa estará sujeta a que la agencia de suscripción cumpla el requisito de presentar y atenerse a un programa de actividades en el que se indiquen los riesgos que se van a suscribir, para qué entidades aseguradoras y en qué términos, adjuntando los poderes otorgados.

3. La solicitud para actuar como agencia de suscripción se presentará en la Dirección General de Seguros y Fondos de Pensiones y deberá ir acompañada de los documentos acreditativos del cumplimiento de los requisitos a que se refiere el apartado primero. Tal petición deberá ser resuelta en el plazo de los tres meses siguientes a la fecha de presentación de la solicitud de autorización. La solicitud de inscripción será denegada cuando no se acredite el cumplimiento de los requisitos exigidos para su concesión.

CAPÍTULO II BIS. PLATAFORMAS COLABORATIVAS

Artículo 35 bis. Plataformas colaborativas. 1. La Dirección General de Seguros y Fondos de Pensiones podrá, por si misma o conjuntamente con una o varias autoridades de supervisión de otros Estados miembros, solicitar a la Autoridad Europea de Seguros y Pensiones de Jubilación la creación y coordinación de una plataforma colaborativa, así como participar en las creadas por la citada Autoridad, para reforzar el intercambio de información e impulsar la colaboración entre las autoridades de supervisión, en caso de posibles efectos negativos que pudieran afectar a los tomadores de seguros con respecto a la actividad, desarrollada o proyectada, de entidades aseguradoras o reaseguradoras que actúen en régimen de derecho de establecimiento o en régimen de libre prestación de servicios cuando:

a) Dichas actividades sean relevantes respecto al mercado de un Estado miembro de acogida;

b) De conformidad con los artículos 28.7 y 29.7, el Estado miembro de origen haya informado de una situación de deterioro de las condiciones financieras u otros riesgos emergentes; o

c) En los casos en que el asunto haya sido remitido a la Autoridad Europea de Seguros y Pensiones de Jubilación de conformidad con los artículos 28.7 y 29.7.

2. Lo establecido en el apartado anterior se entiende sin perjuicio de la facultad de la Dirección General de Seguros y Fondos de Pensiones de crear plataformas colaborativas con autoridades supervisoras de otros Estados miembros cuando así lo acuerden entre ellas.

3. La creación de una plataforma colaborativa con arreglo a lo dispuesto en los apartados 1 y 2 se entenderá sin perjuicio de las competencias de la Dirección General de Seguros y Fondos de Pensiones y demás supervisores implicados.

4. Sin perjuicio de lo dispuesto en el artículo 35 del Reglamento (UE) n.º 1094/2010 del Parlamento Europeo y del Consejo, de 24 de noviembre de 2010, por el que se crea una Autoridad Europea de Supervisión (Autoridad Europea de Seguros y Pensiones de Jubilación), se modifica la Decisión n.º 716/2009/CE y se deroga la Decisión 2009/79/CE de la Comisión, la Dirección General de Seguros y Fondos de Pensiones facilitará, a petición de la Autoridad Europea de Seguros y Pensiones de Jubilación, toda la información necesaria para permitir el funcionamiento adecuado de la plataforma colaborativa.

— El Capítulo II bis y el artículo 35 bis se añaden por el **Real Decreto 288/2021, de 20 de abril.**

CAPÍTULO III. ACCESO A LA ACTIVIDAD EN ESPAÑA DE ENTIDADES ASEGURADORAS Y REASEGURADORAS DE TERCEROS PAÍSES

Artículo 36. Autorización de sucursales de entidades aseguradoras de terceros países. 1. El Ministro de Economía y Competitividad podrá conceder autorización administrativa a entidades aseguradoras domiciliadas en terceros países no miembros de la Unión Europea para establecer sucursales en España, al objeto de ejercer la actividad aseguradora, siempre que cumplan los siguientes requisitos:

a) Que se hallen debidamente autorizadas en su país para operar en los ramos en que se propongan hacerlo en España. A tales efectos, se deberá aportar certificación expedida por la autoridad que ejerza el control de la actividad aseguradora en su país que indique las fechas en que la entidad fue autorizada para operar en cada uno de los ramos y los riesgos que garantiza efectivamente y que acredite que está constituida y opera en su país de origen de conformidad con la legislación del mismo. Si en dicho país no existe autoridad que ejerza el control de la actividad aseguradora, la certificación será expedida por otra autoridad competente, debiéndose aportar con aquélla las cuentas anuales auditadas de los tres últimos ejercicios sociales de la entidad. Los riesgos que garantice siempre deberán estar localizados y sus compromisos asumidos en España, sin que les sea de aplicación la normativa referente a la actividad en régimen de derecho de establecimiento y libre prestación de servicios.

b) Que creen una sucursal general cuyo objeto esté limitado a la actividad aseguradora, con domicilio permanente en España, donde se conserve la contabilidad y documentación propia de la actividad que desarrollen.

Deberá aportarse testimonio fehaciente del documento por el que se establece la sucursal, debidamente inscrito en el Registro Mercantil.

c) Que designen un apoderado general, con domicilio y residencia en España, que reúna las condiciones exigidas por los artículos 38 de la Ley 20/2015, de 14 de julio y 18 de este Real Decreto y con los más amplios poderes mercantiles para obligar a la entidad aseguradora frente a terceros y representarla ante los tribunales y autoridades administrativas españoles.

Si el apoderado general es una persona jurídica, deberá tener su domicilio social en España y designar, a su vez, para representarla una persona física que reúna las condiciones antes indicadas. Dicho apoderado deberá obtener previamente la aceptación de la Dirección General de Seguros y Fondos de Pensiones, la cual podrá denegarla o, en su caso, revocarla por carecer de los requisitos que para quienes ejercen cargos de administración de entidades aseguradoras exige la Ley 20/2015, de 14 de julio. Quienes ejerzan la dirección efectiva deberán reunir las condiciones de honorabilidad y aptitud exigidas por la referida ley y su normativa de desarrollo.

Deberá acompañarse copia fehaciente de la escritura de apoderamiento e informaciones relativas a la actividad profesional de la persona propuesta, así como las actividades desarrolladas durante los diez años precedentes, indicando si ha sido sancionado o si ha ejercido funciones de administración o de dirección en entidades que hayan sido objeto de liquidación administrativa o judicial.

d) Que aporten y mantengan en la sucursal en España activos por un importe, igual al del mínimo absoluto previsto en el artículo 78.3 de la Ley 20/2015, de 14 de julio, para el capital mínimo obligatorio, y deposite el 25 por 100 de este mínimo absoluto con carácter de fianza a disposición de la Dirección General de Seguros y Fondos de Pensiones.

e) Que acrediten que la entidad dispone en España de un fondo de cuantía no inferior al capital social desembolsado o fondo mutual mínimos exigidos en los artículos 33 y 34 la Ley 20/2015, de 14 de julio, a las entidades aseguradoras españolas, según los ramos de seguros en que operen, que se denominará fondo permanente de la casa central.

Deberá aportarse testimonio notarial de los asientos practicados en los libros de contabilidad que reflejen la aportación del fondo permanente de la casa central.

f) Que se compromete a cubrir el capital de solvencia obligatorio y el capital mínimo obligatorio previstos en los artículos 74 y 78 de la Ley 20/2015, de 14 de julio.

g) Si la entidad pretende cubrir los riesgos del ramo de responsabilidad civil en vehículos terrestres automóviles, excluida la responsabilidad del transportista, deberá comunicar el nombre y dirección del representante designado en cada uno de los Estados de la Unión Europea distinto a España, encargado de la tramitación y liquidación de los siniestros ocurridos en un Estado distinto al de residencia del perjudicado o en un país firmante del sistema de certificado internacional del seguro del automóvil (Carta Verde).

h) Que presenten y se atengan a un programa de actividades ajustado a lo dispuesto en el artículo 32 de la Ley 20/2015, de 14 de julio y artículos 11 y 12 de este real decreto.

i) Que cumpla con las disposiciones establecidas en el artículo 65 de la Ley 20/2015, de 14 de julio y artículos 44 a 47 de este real decreto, en relación con el sistema de gobierno de la sucursal.

j) Que aporten los estatutos por los que se rige la entidad, así como relación de los administradores, directores y de quienes bajo cualquier título lleven la dirección efectiva de la entidad aseguradora, indicando nombre, domicilio y nacionalidad.

k) Que acompañen certificado de la autoridad supervisora de su país de origen acreditativo de que dispone del capital de solvencia obligatorio y del capital mínimo obligatorio exigido por dicha legislación, y de que sus provisiones técnicas están debidamente calculadas a la fecha de su expedición.

l) Compromiso de someterse a las leyes españolas.

2. La solicitud y documentos que la acompañen, así como la contabilidad y sus justificantes, se redactarán en castellano. No obstante, podrán presentarse en el idioma oficial del país de la entidad siempre que se acompañe traducción jurada al castellano.

3. La Dirección General de Seguros y Fondos de Pensiones podrá exigir la comunicación de las bases técnicas utilizadas para el cálculo de las primas y de las provisiones técnicas, sin que dicha exigencia pueda constituir una condición previa para el ejercicio de la actividad.

Artículo 37. Condiciones para el ejercicio de la actividad aseguradora.
La sucursal podrá realizar su actividad aseguradora en España con sometimiento a las disposiciones relativas a la actividad de entidades aseguradoras españolas, salvo las relativas a la actividad en régimen de derecho de establecimiento o libre prestación de servicios, de modo que sus riesgos siempre deberán estar localizados y sus compromisos asumidos en España.

No obstante lo dispuesto en el párrafo anterior, se tendrá en cuenta que:

a) Los activos que se correspondan con el capital de solvencia obligatorio de las sucursales deberán estar localizados en España hasta el importe del capital mínimo obligatorio, y en la parte que exceda del mismo en cualquier país del Espacio Económico Europeo.

b) Los modelos de pólizas, bases técnicas y tarifas de primas no precisarán aprobación administrativa previa.

La Dirección General de Seguros y Fondos de Pensiones podrá requerir la presentación de los modelos de pólizas, bases técnicas y tarifas de primas siempre que lo entienda pertinente, al objeto de controlar si respetan las disposiciones técnicas y sobre contrato de seguro.

Artículo 38. Garantías financieras de las sucursales de entidades aseguradoras y reaseguradoras domiciliadas en terceros países. En relación con las garantías financieras exigibles a las sucursales de entidades aseguradoras y reaseguradoras domiciliadas en terceros países, serán de aplicación los siguientes requisitos:

a) A efectos del cálculo del capital de solvencia obligatorio y del capital mínimo obligatorio, se tomarán en consideración únicamente las operaciones realizadas por la sucursal.

b) El importe de los fondos propios admisibles necesario para cubrir el capital mínimo obligatorio y el mínimo absoluto de ese capital mínimo obligatorio, se constituirá de conformidad con los artículos 73 de la Ley 20/2015, de 14 de julio y 62 de este real decreto.

c) El importe de los fondos propios básicos admisibles no podrá ser inferior a la mitad del mínimo absoluto previsto en el artículo 78.3. La fianza depositada de conformidad con el artículo 36.1.d), se considerará incluida en los fondos propios básicos admisibles a efectos de cobertura del capital mínimo obligatorio.

Artículo 39. Ventajas en el régimen de las sucursales de entidades domiciliadas en terceros países autorizadas en varios Estados miembros. A efectos de lo dispuesto en el artículo 107 de la Ley 20/2015, de 14 de julio, las empresas autorizadas en varios Estados miembros podrán solicitar acogerse a las siguientes ventajas:

a) El capital de solvencia obligatorio previsto en el artículo 106 de la Ley 20/2015, de 14 de julio, se calculará en función del conjunto de la actividad global que ejerzan en todos los Estados miembros y, por tanto, se tomarán en consideración las operaciones efectuadas por el conjunto de las sucursales establecidas en la Unión Europea.

b) La fianza a que se refiere el artículo 36 se depositará en el Estado miembro de la autoridad supervisora que, conforme lo dispuesto en el artículo 107.2 de la Ley 20/2015, de 14 de julio, se encargue de verificar la solvencia.

c) Los activos representativos del capital mínimo obligatorio estarán localizados en cualquiera de los Estados miembros en que tenga establecida una sucursal.

Artículo 40. Información a la Comisión Europea y a otros Estados miembros sobre filiales de entidades aseguradoras y reaseguradoras de terceros países. La Dirección General de Seguros y Fondos de Pensiones informará a la Comisión Europea, a la Autoridad Europea de Seguros y Pensiones de Jubilación y a las autoridades de supervisión de los restantes Estados miembros:

a) De cualquier autorización de una filial, directa o indirecta, cuando una o varias de sus empresas matrices se rijan por el derecho de un tercer país. En estos casos, la información especificará la estructura del grupo de sociedades.

b) De cualquier adquisición por parte de una empresa de un tercer país de participaciones en una entidad aseguradora o reaseguradora española que hiciera de esta última una filial de la empresa de un tercer país.

Artículo 41. Régimen especial de establecimiento de sucursales de las entidades aseguradoras suizas que operen en el ámbito de seguros distintos del seguro de vida. 1. En el ámbito de los seguros distintos al seguro de vida, el Ministro de Economía y Competitividad concederá autorización administrativa a entidades aseguradoras domiciliadas en la Confederación Suiza para la apertura en España de una sucursal, siempre que cumplan los siguientes requisitos:

a) Comunicación de los estatutos por los que se rige la entidad, así como relación de los administradores, directores y de quienes bajo cualquier título lleven la dirección efectiva de la entidad aseguradora, indicando nombre, domicilio y nacionalidad.

b) Presentación de un certificado expedido por la autoridad supervisora de su país en el que se acredite:

1.º Que la entidad solicitante adopta la forma jurídica de sociedad anónima o sociedad cooperativa.

2.º Que la entidad limita su objeto social a la actividad de seguros y a las operaciones definidas en el artículo 3 de la Ley 20/2015, de 14 de julio, con exclusión de cualquier otra actividad comercial, en los términos del artículo 5 de la misma.

3.º Los ramos en que la empresa está autorizada para operar.

4.º Que la sociedad dispone de fondos propios admisibles en cuantía suficiente para cubrir el capital mínimo obligatorio previsto en el artículo 78 de la Ley 20/2015, de 14 de julio o el capital de solvencia obligatorio al que se refiere el artículo 74 de la misma, cuando éste último exceda de los importes mínimos absolutos previstos en el artículo 78.3 de la referida ley.

5.º Los riesgos que efectivamente cubre.

6.º La existencia de los medios financieros a que se refiere el artículo 11.1.h) y, si los riesgos que se van a cubrir estuvieren clasificados en el ramo 18 del apartado A) a) del anexo de la Ley 20/2015, de 14 de julio, los medios de que disponga la empresa para prestar la asistencia prometida.

c) Presentación del programa de actividades ajustado a lo dispuesto en los artículos 32 de la Ley 20/2015, de 14 de julio y 11 y 12 de este real decreto, acompañado del balance y de la cuenta de pérdidas y ganancias de la sociedad para cada uno de los tres últimos ejercicios sociales. No obstante, cuando la sociedad haya operado durante menos de tres ejercicios sociales, sólo deberá facilitar dichas cuentas para los ejercicios cerrados si se tratase de la creación de una nueva sociedad resultante de la fusión de sociedades existentes, o la creación de una nueva sociedad por una o varias sociedades existentes a fin de operar en un ramo de seguro determinado, explotado anteriormente por una de las sociedades de que se trate.

d) Designación de un apoderado general en los términos y condiciones del artículo 36.1.c). No será necesaria la aceptación previa del mismo por parte de la Dirección General de Seguros y Fondos de Pensiones, pero sí habrá de cumplir los requisitos de honorabilidad y aptitud previstos en los artículos 38 de la Ley 20/2015, de 14 de julio y 18 de este real decreto.

e) Si la entidad pretende cubrir los riesgos del ramo de responsabilidad civil en vehículos terrestres automóviles, excluida la responsabilidad del transportista, deberá comunicar el nombre y dirección del representante designado en cada uno de los Estados de la Unión Europea distinto a España, encargado de la tramitación y liquidación de los siniestros ocurridos en un Estado distinto al de residencia del perjudicado o en un país firmante del sistema de certificado internacional del seguro del automóvil (Carta Verde).

Artículo 42. Procedimiento de autorización de sucursales de las entidades aseguradoras suizas que operen en seguros distintos del seguro de vida. 1. La solicitud de autorización, acompañada de la documentación a que se alude en el artículo precedente, se presentará en la Dirección General de Seguros y Fondos de Pensiones.

2. La Dirección General de Seguros y Fondos de Pensiones recabará dictamen de la autoridad de supervisión suiza, remitiendo a ésta última, a tal efecto, el programa de actividades acompañado de las observaciones que se estimen oportunas, todo ello en el plazo de un mes a partir de la recepción de la solicitud. En caso de que la autoridad consultada no se pronuncie en el plazo de los tres meses siguientes a la recepción de los documentos, el dictamen se reputará favorable.

3. La concesión o denegación de la autorización se hará por orden ministerial motivada, en el plazo máximo de seis meses a partir de la recepción de la solicitud y de la documentación complementaria. Con dicha orden, que se notificará a la sociedad interesada, se entenderá agotada la vía administrativa. En ningún caso se entenderá autorizada la sucursal en virtud de actos presuntos por el transcurso del plazo referido.

4. Otorgada la autorización administrativa, se inscribirán la sucursal y su apoderado general en el Registro administrativo a que se refiere el artículo 40 de la Ley 20/2015, de 14 de julio.

Artículo 43. Entidades reaseguradoras de terceros países. 1. Las sucursales de entidades reaseguradoras de terceros países requerirán la previa autorización administrativa del Ministro de Economía y Competitividad, que se otorgará de acuerdo con lo previsto en el artículo 36, para actividades de reaseguro de vida, actividades de reaseguro distinto del de vida, o para todo tipo de actividades de reaseguro.

2. A las sucursales de entidades reaseguradoras domiciliadas en terceros países les será de aplicación lo dispuesto en los artículos 89 y 90 de la Ley 20/2015, de 14 de julio. En caso de liquidación, no les resultará aplicable lo dispuesto en el capítulo III del título VII.

TÍTULO III. EJERCICIO DE LA ACTIVIDAD

CAPÍTULO I. SISTEMA DE GOBIERNO DE LAS ENTIDADES ASEGURADORAS Y REASEGURADORAS

Artículo 44. Requisitos generales del sistema de gobierno. 1. Todas las entidades aseguradoras y reaseguradoras dispondrán de un sistema eficaz de gobierno que garantice la gestión sana y prudente de la actividad y que sea proporcionado a su naturaleza, el volumen y la complejidad de sus operaciones. El sistema de gobierno estará sujeto a una revisión interna periódica.

2. Las entidades aseguradoras y reaseguradoras contarán con políticas escritas referidas, al menos, a la gestión de riesgos, el control y la auditoría internos, y, en su caso, la externalización de funciones o actividades, y se asegurarán de su aplicación.

Las políticas escritas deberán ser aprobadas por el órgano de administración de la entidad, se revisarán, al menos, anualmente y se adaptarán a los cambios significativos en el sistema o área correspondiente.

3. Las entidades aseguradoras y reaseguradoras adoptarán medidas razonables para asegurar la continuidad y la regularidad en la ejecución de sus actividades, incluida la elaboración de planes de contingencia. A tal fin, las entidades emplearán sistemas, recursos y procedimientos adecuados y proporcionados.

Artículo 45. Gestión de riesgos. 1. El sistema de gestión de riesgos, previsto en el artículo 66 de la Ley 20/2015, de 14 de julio, abarcará los que se tengan en cuenta en el cálculo del capital de solvencia obligatorio, así como los que no se tengan en cuenta o se tengan en cuenta sólo parcialmente en dicho cálculo.

El sistema cubrirá, al menos, las siguientes áreas:

a) suscripción y constitución de reservas;

b) gestión de activos y pasivos;

c) inversiones, en particular, instrumentos derivados y compromisos similares;

d) gestión del riesgo de liquidez y de concentración;

e) gestión del riesgo operacional; y

f) reaseguro y otras técnicas de reducción del riesgo.

Dentro del sistema de gobierno de la entidad, las políticas escritas en materia de gestión de riesgos comprenderán, al menos, las referidas a estas áreas.

2. Cuando las empresas de seguros y reaseguros apliquen el ajuste por casamiento contemplado en el artículo 55 o el ajuste por volatilidad contemplado en el artículo 57, se establecerá un plan de tesorería que proyecte los flujos de caja entrantes y salientes en relación con los activos y pasivos sujetos a estos ajustes.

3. Por lo que se refiere a la gestión de activos y pasivos, las empresas de seguros y de reaseguros, evaluarán periódicamente:

a) La sensibilidad de sus provisiones técnicas y fondos propios admisibles para las hipótesis en las que se base la extrapolación de la estructura temporal pertinente de tipos de interés sin riesgo a que se refiere el artículo 54.

b) En caso de que se aplique el ajuste por casamiento a que se refiere el artículo 55:

1.º La sensibilidad de sus provisiones técnicas y fondos propios admisibles para las hipótesis en las que se basa el cálculo del ajuste por casamiento, incluido el cálculo del diferencial fundamental a que se refiere el artículo 56.1 b), y el posible efecto de una venta forzada de activos sobre sus fondos propios admisibles.

2.º La sensibilidad de sus provisiones técnicas y fondos propios admisibles para los cambios en la composición de la cartera de activos asignados.

3.º El impacto de la reducción del ajuste por casamiento a cero.

c) en caso de que se aplique el ajuste por volatilidad a que se refiere el artículo 57:

1.º La sensibilidad de sus provisiones técnicas y fondos propios admisibles para las hipótesis en las que se basa el cálculo del ajuste por volatilidad y el posible efecto de una venta forzada de activos en sus fondos propios admisibles.

2.º El impacto de la reducción del ajuste por volatilidad a cero.

Las empresas de seguros y reaseguros presentarán dichas evaluaciones contempladas en el apartado 3 a), b) y c), anualmente a la autoridad de supervisión como parte de la información a que se refiere el artículo 159. Cuando la reducción a cero del ajuste por volatilidad dé lugar al incumplimiento del capital de solvencia obligatorio la empresa presentará también un análisis de las medidas que podría aplicar en tal situación para restablecer el nivel de fondos propios admisibles correspondiente a la cobertura del capital de solvencia obligatorio o para reducir su perfil de riesgo, con el fin de cubrir el capital de solvencia obligatorio.

Cuando se aplique el ajuste por volatilidad a que se refiere el artículo 57, la política escrita en materia de gestión de riesgos a que se refiere el artículo 44, comprenderá una política sobre los criterios para la aplicación del ajuste por volatilidad.

En lo que respecta al riesgo de las inversiones, las entidades aseguradoras y reaseguradoras deberán demostrar que se atienen a lo dispuesto en el artículo 79 de la Ley 20/2015, de 14 de julio y sus normas de desarrollo, en materia de inversiones.

4. Cuando se utilice una evaluación externa de la calificación crediticia en el cálculo de las provisiones técnicas y del capital de solvencia obligatorio, las entidades aseguradoras y reaseguradoras evaluarán su idoneidad como parte de su gestión de riesgos, utilizando evaluaciones adicionales, siempre que sea posible, para evitar cualquier dependencia automática de las mencionadas evaluaciones externas.

5. En el caso de las entidades aseguradoras y reaseguradoras que utilicen un modelo interno completo o parcial debidamente aprobado, la función de gestión de riesgos abarcará las siguientes tareas adicionales:

a) Concepción y aplicación del modelo interno.

b) Prueba y validación del modelo interno.

c) Documentación del modelo interno y de las posibles modificaciones ulteriores del mismo.

d) Análisis del rendimiento del modelo interno y elaboración de informes abreviados al respecto.

e) Información al órgano de administración sobre el rendimiento del modelo interno, indicando los aspectos que deberían perfeccionarse, y sobre los avances realizados en la corrección de las deficiencias detectadas con anterioridad.

Artículo 46. Evaluación interna de riesgos y solvencia. La evaluación interna de riesgos y solvencia que habrán de realizar las entidades aseguradoras y reaseguradoras como parte de su sistema de gestión de riesgos abarcará, como mínimo, lo siguiente:

a) Las necesidades globales de solvencia teniendo en cuenta el perfil de riesgo específico, los límites de tolerancia de riesgo aprobados y la estrategia de negocio de la entidad.

A estos efectos, la entidad deberá implantar procesos proporcionados a la naturaleza, el volumen y complejidad de los riesgos inherentes a su actividad y que le permitan determinar y evaluar adecuadamente los riesgos a los que se enfrenta a corto y largo plazo, y a los que está o podría estar expuesta. La entidad deberá estar en condiciones de explicar los métodos utilizados en dicha evaluación.

b) El cumplimiento continuo de los requerimientos de capital y de los requisitos en materia de provisiones técnicas.

c) El análisis sobre si el perfil de riesgo de la entidad se aparta y, en qué medida, de las hipótesis en que se basa el cálculo de capital de solvencia obligatorio mediante la fórmula estándar, o mediante su modelo interno completo o parcial.

Cuando la empresa de seguros o reaseguros aplique el ajuste de casamiento a que se refiere el artículo 55, el ajuste de volatilidad contemplado en el artículo 57 o las medidas transitorias a que se refieren las disposiciones finales décima a duodécima de la Ley 20/2015, de 14 de julio, realizará también la evaluación del cumplimiento de los requisitos de capital a que se refiere el apartado b), tanto teniendo en cuenta estas adaptaciones y medidas transitorias como sin tenerla en cuenta.

Artículo 47. Función actuarial. Las entidades aseguradoras y reaseguradoras contarán con una función actuarial efectiva que se encargará de:

a) Coordinar el cálculo de las provisiones técnicas.

b) Cerciorarse de la adecuación de las metodologías y los modelos subyacentes utilizados, así como de las hipótesis empleadas en el cálculo de las provisiones técnicas.

c) Evaluar la suficiencia y la calidad de los datos utilizados en el cálculo de las provisiones técnicas.

d) Cotejar el cálculo de las mejores estimaciones con la experiencia anterior.

e) Informar al órgano de administración sobre la fiabilidad y adecuación del cálculo de las provisiones técnicas.

f) Supervisar el cálculo de las provisiones técnicas en los supuestos en que, por no disponerse de datos suficientes y de calidad adecuada, se utilicen aproximaciones, incluidos enfoques caso por caso, en relación con el cálculo de la mejor estimación de las provisiones técnicas.

g) Pronunciarse sobre la política general de suscripción.

h) Pronunciarse sobre la adecuación de los acuerdos de reaseguro.

i) Contribuir a la aplicación efectiva del sistema de gestión de riesgos, en particular, en lo que respecta a la modelización del riesgo en que se basa el cálculo de los requerimientos de capital, y la evaluación interna de riesgos y solvencia.

CAPÍTULO II. VALORACIÓN DE ACTIVOS Y PASIVOS, GARANTÍAS FINANCIERAS E INVERSIONES

SECCIÓN 1.ª NORMAS SOBRE PROVISIONES TÉCNICAS

Artículo 48. Cálculo de las provisiones técnicas: principios generales.
1. El valor de las provisiones técnicas previsto en el artículo 69 de la Ley 20/2015, de 14 de julio, será igual a la suma de la mejor estimación y de un margen de riesgo, calculándose ambos con arreglo a lo previsto en los apartados 2 y 3 siguientes.

2. La mejor estimación se corresponderá con la media de los flujos de caja futuros ponderada por su probabilidad, teniendo en cuenta el valor temporal del dinero mediante la aplicación de la pertinente estructura temporal de tipos de interés sin riesgo, es decir, el valor actual esperado de los flujos de caja futuros.

El cálculo de la mejor estimación se basará en información actualizada y fiable y en hipótesis realistas y se realizará con arreglo a métodos actuariales y estadísticos que sean suficientes, aplicables y pertinentes.

La proyección de flujos de caja utilizada en el cálculo de la mejor estimación tendrá en cuenta la totalidad de las entradas y salidas de caja necesarias para liquidar las obligaciones de seguro y reaseguro durante todo su período de vigencia.

La mejor estimación se calculará en términos brutos, sin deducir los importes recuperables procedentes de los contratos de reaseguro y, en su caso, de las entidades con cometido especial. Dichos importes se calcularán por separado conforme a las disposiciones aplicables al efecto.

3. El margen de riesgo será tal que se garantice que el valor de las provisiones técnicas sea equivalente al importe que las entidades aseguradoras y reaseguradoras previsiblemente exigirían para poder asumir y cumplir las obligaciones de seguro y reaseguro.

4. Las entidades aseguradoras y reaseguradoras calcularán la mejor estimación y el margen de riesgo por separado.

No obstante, cuando los flujos de caja futuros asociados a las obligaciones de seguro o reaseguro puedan replicarse con fiabilidad utilizando instrumentos financieros para los cuales exista un valor de mercado fiable, el valor de las provisiones técnicas asociadas con esos flujos de caja futuros se determinará a partir del valor de mercado de dichos instrumentos financieros. En tal caso, no será necesario calcular por separado la mejor estimación y el margen de riesgo.

5. En el supuesto de que las entidades aseguradoras y reaseguradoras calculen la mejor estimación y el margen de riesgo por separado, el margen de riesgo será igual al coste de financiar el capital de solvencia obligatorio exigible por asumir las obligaciones de seguro y reaseguro durante su período de vigencia.

La tasa utilizada para determinar el coste financiero citado en el párrafo anterior, tasa de coste del capital, será igual al tipo adicional, por encima del tipo de interés sin riesgo pertinente, que tendría que satisfacer una entidad aseguradora o reaseguradora por mantener un importe de fondos propios admisibles, igual al capital de solvencia obligatorio exigible por asumir las obligaciones de seguro y de reaseguro durante su período de vigencia. Esta tasa será la misma para todas las entidades aseguradoras y reaseguradoras y se revisará periódicamente de acuerdo con la normativa de la Unión Europea de directa aplicación.

6. Mediante circular de la Dirección General de Seguros y Fondos de Pensiones se desarrollarán los aspectos cuantitativos y cualitativos necesarios para la adecuación de las hipótesis biométricas aplicadas en el cálculo de la mejor estimación, atendiendo a la consecución en todo caso de los fines establecidos en el artículo 1 de la Ley 20/2015, de 14 de julio, de protección de los derechos de los tomadores, asegurados y beneficiarios, así como de promoción de la transparencia y el desarrollo adecuado de la actividad aseguradora.

– El apartado sexto se añade por el **Real Decreto 288/2021, de 20 de abril.**

Artículo 49. Otros elementos que deben tenerse en cuenta en el cálculo de las provisiones técnicas. 1. Al calcular las provisiones técnicas, las entidades aseguradoras y reaseguradoras deberán tener en cuenta:

a) todos los gastos en que incurrirán para cumplir las obligaciones de seguro y reaseguro;

b) la inflación, incluida la correspondiente a los gastos y a los siniestros;

c) todos los pagos futuros a los tomadores y beneficiarios de seguros, incluidas las participaciones en beneficios discrecionales futuros, que la entidad aseguradora o reaseguradora tenga previsto realizar, con independencia de que tales pagos estén garantizados por contrato;

d) el valor de las garantías financieras y de las posibles opciones contractuales incluidas en los contratos de seguro y de reaseguro. Cualquier hipótesis
aplicada con respecto a la probabilidad de que los tomadores de seguro ejerzan
las opciones contractuales, incluidas las relativas a la resolución y rescate,
deberá ser realista y basarse en información actual y fiable. Las hipótesis deberán considerar, explícita o implícitamente, la influencia que futuros cambios
en las condiciones financieras o de otro tipo, puedan tener sobre el ejercicio
de tales opciones.

2. En aquellos contratos en los que el valor de rescate se hubiera establecido en función de la provisión de seguros de vida correspondiente a los
mismos, se entenderá que el importe de ésta será, a efectos de determinar el
valor de rescate, el resultante de aplicar las bases técnicas utilizadas para el
cálculo de la prima.

**Artículo 50. Segmentación de las obligaciones por grupos homogé-
neos.** Al calcular las provisiones técnicas, las entidades de seguros y de reaseguros segmentarán sus obligaciones de seguro y reaseguro en grupos de
riesgo homogéneos y, como mínimo, por líneas de negocio, de acuerdo con lo
establecido en la normativa europea de directa aplicación.

**Artículo 51. Importes recuperables de los contratos de reaseguro y de
entidades con cometido especial.** 1. Los importes recuperables por razón de
reaseguro cedido podrán computarse entre los activos de la entidad aseguradora o reaseguradora. Dichos importes se valorarán de acuerdo con lo dispuesto
para las provisiones técnicas por seguro directo y reaseguro aceptado, con las
siguientes normas específicas:

a) Deberá tenerse en cuenta la diferencia temporal entre los recobros y
los pagos directos.

b) El resultado del cálculo se ajustará para tener en cuenta las pérdidas
esperadas por incumplimiento de la contraparte. El ajuste se basará en una
evaluación tanto de la probabilidad de incumplimiento de la contraparte como
de la pérdida media resultante.

2. Lo dispuesto en el número anterior será aplicable a los importes recuperables derivados de operaciones que tengan efectos similares al reaseguro,
realizadas por la entidad aseguradora o reaseguradora a través de entidades de
cometido especial. Para ello será necesario que las entidades de cometido especial y las operaciones cumplan los requisitos que se establezcan por circular.

Artículo 52. Calidad de los datos utilizados en el cálculo de las provisiones técnicas. Las entidades aseguradoras y reaseguradoras deberán aplicar los procesos y procedimientos internos necesarios para garantizar la adecuación, integridad y exactitud de los datos utilizados en el cálculo de las provisiones técnicas, así como que las hipótesis en las que se base el cálculo se comparen periódicamente con la experiencia. Cuando la comparación ponga de manifiesto una desviación sistemática entre la experiencia y los cálculos realizados, la entidad deberá efectuar los ajustes necesarios en los métodos actuariales o en las hipótesis utilizadas.

Artículo 53. Uso de aproximaciones en el cálculo de provisiones técnicas. Cuando en circunstancias específicas, las entidades aseguradoras y reaseguradoras no dispongan de datos suficientes de calidad adecuada para aplicar un método actuarial fiable a un conjunto o a un subconjunto de sus obligaciones de seguro o de reaseguro, o a los importes recuperables procedentes de los contratos de reaseguro o a las entidades con cometido especial, podrán utilizarse aproximaciones, incluidos métodos caso a caso, para el cálculo de la mejor estimación.

La Dirección General de Seguros y Fondos de Pensiones podrá concretar mediante circular las circunstancias específicas y las aproximaciones a que se refiere el apartado anterior.

Artículo 54. Estructura temporal pertinente de tipos de interés sin riesgo. 1. La estructura temporal pertinente de tipos de interés sin riesgo, a la que se hace referencia en el artículo 48.2, será la que publique, para cada divisa, la Autoridad Europea de Seguros y Pensiones de Jubilación sin perjuicio de los actos de ejecución que adopte la Comisión Europea para cada moneda pertinente. Su determinación se basará en la información procedente de los instrumentos financieros relevantes y será coherente con la misma. Se tendrán en cuenta los instrumentos financieros relevantes correspondientes a vencimientos para los que los mercados de dichos instrumentos financieros, así como de bonos y obligaciones, sean profundos, líquidos y transparentes.

2. Con respecto a los vencimientos cuyos mercados de instrumentos financieros relevantes o para bonos y obligaciones no sean profundos, líquidos y transparentes, se extrapolará la estructura temporal pertinente de los tipos de interés sin riesgo.

La parte extrapolada de la estructura temporal pertinente de los tipos de interés sin riesgo se basará en tipos de interés futuros que converjan progresivamente desde uno o una serie de tipos futuros relativos a los vencimientos más largos para los cuales los instrumentos financieros relevantes y bonos y obligaciones puedan observarse en un mercado profundo, líquido y transparente hasta un tipo de interés futuro último.

Artículo 55. Ajuste por casamiento de flujos de la estructura temporal pertinente de tipos de interés sin riesgo. 1. Las empresas de seguro y reaseguro pueden aplicar un ajuste por casamiento a la estructura temporal pertinente de los tipos de interés sin riesgo para calcular la mejor estimación de una cartera de obligaciones de seguro o reaseguro de vida, incluidas las prestaciones en forma de renta procedentes de contratos de seguro o reaseguro distintos del seguro de vida condicionados a la aprobación previa de la Dirección General de Seguros y Fondos de Pensiones, cuando se cumplan las siguientes condiciones:

a) La empresa de seguros o de reaseguros ha asignado una cartera de activos, compuesta por bonos y obligaciones y otros activos con unas características similares de flujos de caja, para cubrir la mejor estimación de la cartera de obligaciones de seguro o de reaseguro, y mantiene esa asignación durante toda la vida de las obligaciones, excepto para mantener la replicación de los flujos de caja esperados entre los activos y los pasivos cuando estos flujos de caja hayan cambiado de forma sustancial.

b) La cartera de obligaciones de seguro o de reaseguro a la que se aplica el ajuste por casamiento y la cartera de activos asignada están identificadas, organizadas y gestionadas por separado respecto de otras actividades de las empresas, y la cartera de activos asignada no puede utilizarse para cubrir pérdidas derivadas de otras actividades de las empresas.

c) Los flujos de caja esperados de la cartera de activos asignada replican cada uno de los flujos de caja esperados de la cartera de obligaciones de seguro o de reaseguro en la misma moneda y ninguna falta de correspondencia da lugar a riesgos materiales en relación con los riesgos inherentes a las actividades de seguros a las que se les aplica un ajuste por casamiento.

d) En los contratos en los que se basa la cartera de obligaciones de seguro o de reaseguro no se tienen en cuenta las primas futuras.

e) Los únicos riesgos de suscripción vinculados a la cartera de obligaciones de seguro o de reaseguro son los riesgos de longevidad, de gastos, de revisión y de mortalidad.

f) Si el riesgo de suscripción vinculado a la cartera de obligaciones de seguro o de reaseguro incluye la mortalidad, la mejor estimación de dicha cartera no aumenta en más de un 5% en el caso de un impacto del riesgo de mortalidad evaluado según los principios establecidos en el artículo 63.

g) Los contratos en los que se basan las obligaciones de seguro o de reaseguro no incluyen opción alguna para el tomador del seguro o incluyen únicamente la opción del rescate del seguro cuando el valor de dicho rescate no exceda el valor de los activos, determinado con arreglo al artículo 68 de la Ley 20/2015, de 14 de julio, asignados a las obligaciones de seguro o de reaseguro en el momento en que se ejerce dicha opción de rescate.

h) Los flujos de caja de la cartera de activos asignada son fijos y no pueden ser modificados por los emisores de los activos ni por terceros.

i) Las obligaciones de seguro o de reaseguro de un contrato de seguro o de reaseguro no se dividen en varias partes cuando forman la cartera de obligaciones de seguro o de reaseguro a los efectos del presente apartado.

No obstante, a lo dispuesto en el apartado 1.h), las empresas de seguros o de reaseguros podrán utilizar activos cuyos flujos de caja sean fijos, excepto por su dependencia de la inflación, siempre que esos activos repliquen los flujos de caja de la cartera de obligaciones de seguro o de reaseguro que dependan de la inflación.

En caso de que los emisores o terceros tengan derecho a modificar los flujos de caja de un activo de modo que el inversor reciba una compensación suficiente que le permita obtener los mismos flujos de caja mediante la reinversión en activos de una calidad crediticia equivalente o superior, el derecho a modificar los flujos de caja no impedirá que el activo sea admisible en la cartera asignada con arreglo al apartado 1. h).

2. Las empresas de seguros o de reaseguros que apliquen el ajuste por casamiento de flujos a una cartera de obligaciones de seguro o de reaseguro no podrán volver a adoptar sin conocimiento de la autoridad de supervisión el enfoque que no incluye dicho ajuste. Cuando una empresa de seguros o reaseguros que aplique el ajuste por casamiento de flujos deje de cumplir los requisitos establecidos en el apartado 1, informará inmediatamente de ello a la autoridad de supervisión y tomará las medidas necesarias para volver a cumplir dichos requisitos. Cuando dicha empresa no sea capaz de volver

a cumplir dichos requisitos en el plazo de dos meses a partir de la fecha de incumplimiento, dejará de aplicar el ajuste por casamiento de flujos a todas sus obligaciones de seguro o de reaseguro y no podrá aplicarlo de nuevo hasta que hayan transcurrido veinticuatro meses.

3. El ajuste por casamiento de flujos no se aplicará respecto a las obligaciones de seguro o de reaseguro cuando la estructura temporal pertinente de tipos de interés sin riesgo para calcular la mejor estimación sobre dichas obligaciones incluya un ajuste por volatilidad de conformidad con el artículo 57 o una medida transitoria sobre los tipos de interés sin riesgo con arreglo a la disposición final decimoctava de la Ley 20/2015, de 14 de julio.

Artículo 56. Cálculo del ajuste por casamiento de flujos. 1. Para cada moneda, el ajuste por casamiento de flujos, contemplado en el artículo 55, se calculará de conformidad con los principios siguientes:

a) El ajuste por casamiento de flujos será igual a la diferencia entre los elementos siguientes:

1.º El tipo efectivo anual, calculado como el tipo de descuento único que, aplicado a los flujos de caja de la cartera de obligaciones de seguro o de reaseguro, da lugar a un valor igual al valor de la cartera de activos asignados determinado conforme al artículo 68.1 de la Ley 20/2015, de 14 de julio.

2.º El tipo efectivo anual, calculado como el tipo de descuento único, que aplicado a los flujos de caja de la cartera de obligaciones de seguro o de reaseguro, da lugar a un valor igual al valor de la mejor estimación de la cartera de obligaciones de seguro o de reaseguro teniendo en cuenta el valor temporal y utilizando para ello la estructura temporal básica de tipos de interés sin riesgo.

b) El ajuste por casamiento de flujos no incluirá el diferencial fundamental que refleja los riesgos retenidos por la empresa de seguros o de reaseguros.

c) Sin perjuicio de lo dispuesto en la letra a), el diferencial fundamental de crédito se incrementará cuando sea necesario para asegurar que el ajuste por casamiento de flujos de los activos con una calidad crediticia con calificación inferior a BBB, o equivalente, no excede los ajustes por casamiento de flujos de los activos, de la misma duración y clase, con una calidad crediticia calificada como BBB o equivalente.

d) La utilización de evaluaciones de crédito externas en el cálculo del ajuste por casamiento de flujos se realizará de conformidad con lo establecido en reglamentos comunitarios.

e) En el caso de que los contratos de seguro o reaseguro incluyan primas futuras, para determinar los flujos de caja de la cartera de obligaciones, se incluirán todos los flujos probables de prestaciones y gastos derivados de los citados contratos pero no los flujos de primas.

2. A efectos del apartado 1.b), el diferencial fundamental será:

a) Igual a la suma de:

1.º El diferencial de crédito correspondiente a la probabilidad de impago de los activos.

2.º El diferencial de crédito correspondiente a la pérdida esperada resultante de la rebaja de la calificación de los activos.

b) Para las exposiciones a las Administraciones y los bancos centrales de los Estados miembros, no será inferior al 30% de la media a largo plazo del diferencial con respecto al tipo de interés sin riesgo correspondiente a activos de la misma duración, calidad crediticia y clase, conforme a lo observado en los mercados financieros.

c) Para activos distintos de las exposiciones a las Administraciones y los bancos centrales de los Estados miembros, no será inferior al 35% de la media a largo plazo del diferencial con respecto al tipo de interés sin riesgo correspondiente a activos de la misma duración, calidad crediticia y clase, conforme a lo observado en los mercados financieros.

d) El diferencial fundamental para cada duración, calidad crediticia y clase de activo relevante será el publicado por la Autoridad Europea de Seguros y Pensiones de Jubilación, para cada divisa relevante, sin perjuicio de lo que establezcan los actos de ejecución que adopte la Comisión Europea al respecto para cada moneda pertinente.

3. La probabilidad de impago contemplada en el apartado 2.a).1.º, se basará en las estadísticas de impago a largo plazo que sean pertinentes para el activo en cuestión en relación con su duración, calidad crediticia y clase.

4. Cuando no pueda obtenerse un diferencial de crédito fiable a partir de las estadísticas de impago mencionadas en el apartado 2.a), el diferencial fundamental será igual al porcentaje de la media a largo plazo del diferencial con respecto al tipo de interés sin riesgo establecido en el apartado 2.b) y c).

Artículo 57. Ajuste por volatilidad de la estructura temporal pertinente de tipos de interés sin riesgo. 1. Las entidades aseguradoras y reaseguradoras pueden aplicar un ajuste por volatilidad a la estructura temporal pertinente de los tipos de interés sin riesgo, con las características descritas en los apartados siguientes.

2. Para cada moneda relevante, el ajuste por volatilidad de la estructura temporal pertinente de tipos de interés sin riesgo se basará en el diferencial entre los tipos de interés que pudieran obtenerse de los activos incluidos en una cartera de referencia para dicha moneda y los tipos de la estructura temporal pertinente de tipos de interés básicos sin riesgo para dicha moneda. El ajuste por volatilidad para la estructura temporal pertinente de tipos de interés sin riesgo, para cada mercado nacional relevante, será el publicado por la Autoridad Europea de Seguros y Pensiones de Jubilación, sin perjuicio de lo que establezcan los actos de ejecución que adopte la Comisión Europea al respecto para cada moneda pertinente.

No se aplicará ningún ajuste por volatilidad a la estructura temporal pertinente de los tipos de interés sin riesgo para calcular la mejor estimación, respecto a las monedas y a los mercados nacionales en los que el ajuste por volatilidad no se establezca en dichos actos de ejecución.

La cartera de referencia para una moneda será representativa de los activos denominados en dicha moneda y en los que inviertan las empresas de seguros y de reaseguros para cubrir la mejor estimación de las obligaciones de seguro y de reaseguro denominadas en dicha moneda.

3. El importe del ajuste por volatilidad para los tipos de interés sin riesgo será igual al 65% del diferencial para la moneda corregido según el riesgo.

El diferencial para la moneda corregido según el riesgo será el resultado de la resta entre el diferencial mencionado en el apartado anterior y la parte de dicho diferencial atribuible a una evaluación realista de las pérdidas esperadas, los riesgos de crédito imprevistos o cualquier otro riesgo de los activos.

El ajuste por volatilidad se aplicará solamente a los tipos de interés sin riesgo pertinente de la estructura temporal que no se obtengan mediante extrapolación con arreglo al artículo 54. La extrapolación de la estructura temporal de los tipos de interés sin riesgo pertinente se basará en dichos tipos de interés sin riesgo ajustados.

4. Para cada país pertinente, el ajuste por volatilidad para los tipos de interés sin riesgo contemplado en el apartado 3 para la moneda de dicho país se incrementará, antes de la aplicación del factor del 65%, por el resultado de restar el diferencial para el país corregido según el riesgo menos el doble del diferencial para la moneda corregido según el riesgo, siempre que dicho resultado sea positivo y el diferencial para el país corregido según el riesgo

supere los 85 puntos básicos. El ajuste por volatilidad aumentado se aplicará al cálculo de la mejor estimación de las obligaciones de seguro y de reaseguro de los productos vendidos en el mercado de seguros de dicho país. El diferencial para el país corregido según el riesgo se calcula de la misma manera que el diferencial para la moneda corregido según el riesgo para dicho país, pero basándose en una cartera de referencia representativa de los activos en los que han invertido las empresas de seguros y de reaseguros para cubrir la mejor estimación de las obligaciones de seguro y de reaseguro de productos vendidos en el mercado asegurador de dicho país y denominados en su moneda.

5. El ajuste por volatilidad no se aplicará respecto a las obligaciones de seguro cuando la estructura temporal pertinente de tipos de interés sin riesgo para calcular la mejor estimación sobre dichas obligaciones incluya un ajuste por casamiento de flujos según el artículo 55.

6. No obstante lo dispuesto en los artículos 74 de la Ley 20/2015, de 14 de julio y 63 de este real decreto, el capital de solvencia obligatorio no cubrirá el riesgo de pérdida de fondos propios básicos que se derive de los cambios en el ajuste por volatilidad.

– El apartado cuarto se modifica por el **Real Decreto 738/2020, de 4 de agosto.**

Artículo 58. Provisiones técnicas del seguro de decesos. 1. La provisión del seguro de decesos se calculará de acuerdo con lo establecido en este real decreto y la normativa de la Unión Europea directamente aplicable para los seguros de vida y teniendo en cuenta los límites del contrato aplicables.

2. La base de cálculo de la provisión del seguro de decesos será la prima de tarifa. El cálculo se efectuará mediante un método prospectivo de capitalización individual, sin que ello signifique que existe un derecho de disposición del tomador sobre dicha provisión, salvo que esté expresamente concedido en el contrato. No obstante, podrán utilizarse métodos de capitalización basados en grupos homogéneos de riesgo.

3. Las futuras decisiones de gestión de la entidad aseguradora se tendrán en consideración para la fijación de las hipótesis de cálculo anteriormente detalladas cuando cumplan los requisitos establecidos en la normativa de la Unión Europea de directa aplicación. Las hipótesis sobre futuras decisiones de gestión de la entidad aseguradora, que se consideren en el cálculo, se establecerán según la evolución del resto de hipótesis, de manera que se consiga una

estimación general de la provisión estable, prudente, objetiva y fiable, todo ello en consideración a la naturaleza y duración del seguro.

> – Orden ECC/2841/2015, de 28 de diciembre, por la que se establece el método simplificado de cálculo del capital de solvencia obligatorio para el seguro de decesos.

SECCIÓN 2.ª FONDOS PROPIOS

Artículo 59. Determinación de los fondos propios. 1. Los fondos propios básicos estarán integrados por:

a) El excedente de los activos con respecto a los pasivos valorados conforme a los artículos 68 y 71 a 73 de la Ley 20/2015, de 14 de julio y sus normas de desarrollo. Del excedente se deducirá el importe de las acciones propias que posea la entidad aseguradora o reaseguradora.

En el caso de entidades aseguradoras autorizadas para la gestión de fondos de pensiones, la cantidad computable se minorará en el importe del capital social desembolsado afecto a tal actividad, así como en el importe de las reservas, que se correspondan con los recursos propios mínimos exigidos por la normativa reguladora de planes y fondos de pensiones.

b) Los pasivos subordinados.

2. Los fondos propios complementarios estarán constituidos por elementos que puedan ser exigidos para absorber pérdidas, distintos de los fondos propios básicos. Los fondos propios complementarios podrán comprender los siguientes elementos, en la medida en que no sean fondos propios básicos:

a) El capital social o el fondo mutual no desembolsados ni exigidos.

b) Las cartas de crédito y garantías.

c) Cualesquiera otros compromisos legalmente vinculantes recibidos por las empresas de seguros y de reaseguros.

Cuando se trate de mutuas o mutualidades de previsión social, los fondos propios complementarios podrán incluir, asimismo, las derramas futuras que dicha entidad pueda exigir a sus mutualistas durante los doce meses siguientes.

Cuando un elemento de los fondos propios complementarios tenga un valor nominal fijo, el importe de dicho elemento será igual a su valor nominal, siempre que éste refleje adecuadamente su capacidad de absorción de pérdidas.

En el supuesto de que un elemento de los fondos propios complementarios haya sido desembolsado o exigido pasará a formar parte del activo, integrándose en los fondos propios básicos y dejará de formar parte de los fondos propios complementarios.

3. La Dirección General de Seguros y Fondos de Pensiones aprobará, según proceda:

a) Un importe monetario para cada elemento de los fondos propios complementarios; o

b) Un método para determinar el importe de cada elemento de los fondos propios complementarios, en cuyo caso se aprobará el importe determinado con arreglo a este método por un plazo definido.

4. Para la autorización de cada uno de los elementos de los fondos propios complementarios prevista en el artículo 71.1 de la Ley 20/2015, de 14 de julio, la Dirección General de Seguros y Fondos de Pensiones basará su aprobación en la evaluación de lo siguiente:

a) La consideración de las contrapartes afectadas, en lo que respecta a su capacidad de pago y su disposición a pagar.

b) La posibilidad de recuperar los fondos, habida cuenta de la forma jurídica del elemento, así como de cualesquiera condiciones que pudieran impedir que sean efectivamente desembolsados o reclamado su pago.

c) Toda información sobre el resultado de las exigencias anteriores de tales fondos propios complementarios realizadas por las empresas de seguros y de reaseguros, en la medida en que dicha información pueda utilizarse con fiabilidad para evaluar los resultados esperados de exigencias futuras.

Artículo 60. Clasificación de los fondos propios en niveles. 1. Los elementos de los fondos propios se clasificarán en los tres niveles indicados en el apartado 4 de este artículo, dependiendo de si se trata de elementos de fondos propios básicos o complementarios y de en qué medida posean las siguientes características:

a) Disponibilidad permanente: el elemento está totalmente disponible, o puede ser exigido, para absorber pérdidas tanto si la entidad está en funcionamiento como en caso de liquidación.

b) Subordinación: en caso de liquidación, el importe total del elemento está disponible para absorber pérdidas y no se admite el reembolso del elemento a su tenedor hasta tanto no se hayan satisfecho todas las demás obligaciones, incluidas las obligaciones derivadas de los contratos de seguro y de reaseguro.

2. Al evaluar en qué medida los elementos de los fondos propios poseen y mantienen en el tiempo las características mencionadas en el apartado 1, deberá considerarse apropiadamente la duración del elemento, concretamente si éste tiene una duración definida o no. Cuando se trate de un elemento de los fondos propios con duración definida, deberá tenerse en cuenta la suficiencia de la duración del elemento comparada con la duración de las obligaciones de seguro y reaseguro de la entidad.

3. Además, deberá tenerse en cuenta si el elemento está libre de:

a) Obligaciones o incentivos para el reembolso del importe nominal.

b) Gastos fijos obligatorios.

c) Cualquier otro compromiso presente o futuro distinto de su aportación a la entidad aseguradora o reaseguradora.

4. Los elementos de los fondos propios se clasificarán en los tres niveles siguientes:

a) Nivel 1: Elementos de los fondos propios básicos cuando posean en grado sustancial las características señaladas en el apartado 1, a) y b), habida cuenta de los factores señalados en los apartados 2 y 3.

b) Nivel 2: Elementos de los fondos propios básicos cuando posean en grado sustancial las características señaladas en el apartado 1, b), y los elementos de los fondos propios complementarios cuando posean en grado sustancial las características señaladas en el apartado 1, a) y b), habida cuenta, en ambos casos, de los factores señalados en los apartados 2 y 3.

c) Nivel 3: Todos los elementos de los fondos propios básicos y complementarios que no se incluyan en los dos niveles anteriores.

5. El procedimiento de autorización previsto en artículo 72.3 de la Ley 20/2015, de 14 de julio, para la inclusión de elementos no incorporados a la lista de los elementos de los fondos propios regulados en la normativa de la Unión Europea de directa aplicación, se regirá por lo dispuesto en el párrafo cuarto del artículo 71.1 de la referida ley.

Artículo 61. Clasificación de los fondos propios específicos de los seguros. 1. Los fondos propios básicos y complementarios se clasificarán en los niveles siguientes:

a) Los fondos excedentarios constituidos por los beneficios acumulados que no se han destinado a ser distribuidos a los tomadores y a los beneficiarios de seguros, y que cumplan los criterios establecidos en el artículo 60.4 a), no considerándose obligaciones derivadas de los contratos de seguros o reaseguros, en el nivel 1.

b) Las cartas de crédito y garantías administradas en beneficio de los acreedores de seguros por un administrador fiduciario independiente y emitidas por entidades de crédito autorizadas de conformidad con la Directiva 2013/36/UE, del Parlamento Europeo y del Consejo, de 26 de junio de 2013, relativa al acceso a la actividad de las entidades de crédito y a la supervisión prudencial de las entidades de crédito y las empresas de inversión, por la que se modifica la Directiva 2002/87/CE y se derogan las Directivas 2006/48/CE y 2006/49/CE, en el nivel 2.

2. Las derramas futuras que las mutuas pudieran exigir a sus miembros mediante contribuciones adicionales durante los siguientes doce meses, se clasificarán en el nivel 2 cuando posean en grado sustancial las características señaladas en el artículo 60.1 a) y b), habida cuenta de lo dispuesto en los apartados 2 y 3 del mismo artículo.

Artículo 62. Admisibilidad de fondos propios y límites aplicables a los niveles 1, 2 y 3. 1. En lo que respecta a la cobertura del capital de solvencia obligatorio, el importe admisible de los elementos correspondientes a los niveles 2 y 3 estará sujeto a límites cuantitativos. Estos límites se fijarán de manera que se garantice al menos el cumplimiento de las condiciones siguientes:

a) La proporción que los elementos del nivel 1 supongan respecto de los fondos propios admisibles sea superior a un tercio del importe total de fondos propios admisibles.

b) El importe admisible de los elementos del nivel 3 representen menos de un tercio del importe total de fondos propios admisibles.

2. En lo que respecta al cumplimiento del requisito del capital mínimo obligatorio, el importe de los elementos de los fondos propios básicos admisibles para la cobertura del capital mínimo obligatorio clasificados en el nivel 2 estará sujeto a límites cuantitativos. Estos límites se fijarán de manera que se garantice al menos que la proporción de los elementos del nivel 1 en los fondos propios básicos admisibles sea superior a la mitad del importe total de fondos propios básicos admisibles.

3. El importe admisible de fondos propios para la cobertura del capital de solvencia obligatorio establecido en el artículo 74 de la Ley 20/2015, de 14 de julio, será igual a la suma del importe del nivel 1, del importe admisible del nivel 2 y del importe admisible del nivel 3.

SECCIÓN 3.ª CAPITAL DE SOLVENCIA OBLIGATORIO

SUBSECCIÓN 1.ª NORMAS GENERALES

Artículo 63. Cálculo del capital de solvencia obligatorio. 1. El cálculo del capital de solvencia obligatorio tendrá en cuenta todos los riesgos cuantificables a los que una entidad aseguradora o reaseguradora esté expuesta. Cubrirá las actividades existentes y las nuevas actividades que se espere realizar en los siguientes doce meses. En relación con las actividades existentes, deberá cubrir exclusivamente las pérdidas inesperadas.

El capital de solvencia obligatorio será igual al valor en riesgo de los fondos propios básicos de una entidad aseguradora o reaseguradora, con un nivel de confianza del 99,5 por ciento y un horizonte temporal de un año.

2. El capital de solvencia obligatorio cubrirá, como mínimo, los siguientes riesgos:

a) Riesgo de suscripción en el seguro distinto del seguro de vida.

b) Riesgo de suscripción en el seguro de vida.

c) Riesgo de suscripción del seguro de enfermedad.

d) Riesgo de mercado.

e) Riesgo de crédito.

f) Riesgo operacional.

3. El efecto de las técnicas de reducción del riesgo se tendrá en cuenta al calcular el capital de solvencia obligatorio siempre que el riesgo de crédito y otros riesgos derivados del uso de tales técnicas se reflejen apropiadamente en el capital de solvencia obligatorio, y se cumplan las disposiciones de desarrollo que se establezcan al efecto.

Artículo 64. Métodos de cálculo del capital de solvencia obligatorio. 1. El capital de solvencia obligatorio podrá calcularse, teniendo en cuenta lo previsto en la normativa de la Unión Europea de directa aplicación, de acuerdo con los métodos siguientes:

a) Mediante el uso de la fórmula estándar, aplicando en dicha fórmula los parámetros que se determinen con carácter general.

b) Mediante el uso de la fórmula estándar, aplicando en dicha fórmula los parámetros específicos de la entidad. Dichos parámetros podrán utilizarse en el cálculo de los módulos de riesgo de suscripción del seguro de vida, del seguro distinto al seguro de vida y del seguro de enfermedad y se determinarán mediante métodos normalizados a partir de datos internos de la entidad de que se trate o de datos que resulten directamente pertinentes para las operaciones de dicha entidad.

c) Mediante el uso de la fórmula estándar, pero con determinadas simplificaciones en los puntos del cálculo en que se permita esta opción de acuerdo con la normativa de la Unión Europea de directa aplicación y siempre que la naturaleza, volumen y complejidad de los riesgos que asuman así lo justifique. El uso de simplificaciones en unos aspectos del cálculo será compatible con el uso de parámetros específicos de la entidad en otros aspectos.

d) Mediante el uso de la fórmula estándar para determinados aspectos del cálculo combinada con modelos internos parciales, que cubran el cálculo en otros aspectos.

e) Mediante el uso de modelos internos completos que cubran todos los aspectos relevantes y con impacto significativo en el perfil de riesgo de la entidad y, por tanto, en su capital de solvencia obligatorio.

2. La utilización de parámetros específicos o de modelos internos requerirá aprobación administrativa previa, a solicitud de la entidad, en los términos y condiciones que se establezcan en la normativa de la Unión Europea de directa aplicación.

3. La Dirección General de Seguros y Fondos de Pensiones podrá requerir mediante resolución motivada que se efectúe el cálculo del capital de solvencia obligatorio con parámetros específicos de la entidad o con modelos internos cuando el perfil de riesgo de la entidad se aparte significativamente de las hipótesis aplicadas en el cálculo de la fórmula estándar.

Artículo 65. Exigencia de capital de solvencia obligatorio adicional. 1. La Dirección General de Seguros y Fondos de Pensiones podrá exigir un capital adicional a la entidad aseguradora o reaseguradora supervisada mediante resolución motivada, tras las actuaciones de supervisión y con carácter excepcional, en los supuestos siguientes:

a) Cuando el perfil de riesgo de la entidad aseguradora o reaseguradora se aparte significativamente de las hipótesis en que se basa el capital de solvencia obligatorio calculado mediante la fórmula estándar y la exigencia de un modelo interno sea inadecuada o no haya sido eficaz, o se esté desarrollando un modelo interno parcial o completo.

b) Cuando el perfil de riesgo de la entidad aseguradora o reaseguradora se aparte significativamente de las hipótesis en que se basa el capital de solvencia obligatorio calculado mediante un modelo interno completo o parcial porque ciertos riesgos cuantificables no se tienen suficientemente en cuenta, y la adaptación del modelo, en un plazo adecuado, con vistas a reflejar mejor el perfil de riesgo considerado haya resultado imposible.

c) Cuando el sistema de gobierno de la entidad aseguradora o reaseguradora se aparte significativamente de lo dispuesto en la Ley 20/2015, de 14 de julio o en sus normas de desarrollo, y estas desviaciones impidan identificar, medir, controlar, gestionar y notificar correctamente los riesgos a los que se expone o podría exponerse, y la aplicación de otras medidas, por sí mismas, no pueda subsanar suficientemente las deficiencias en un plazo adecuado.

d) Cuando la entidad aseguradora o reaseguradora aplique el ajuste por casamiento o el ajuste por volatilidad a los que se refieren los artículos 55 y 57 o las disposiciones transitorias primera y segunda y el perfil de riesgo de esa entidad se desvíe considerablemente de las hipótesis que subyacen en estos ajustes y medidas transitorias.

2. En los supuestos señalados en el apartado 1.a) y 1.b), el capital adicional se calculará de tal forma que el capital de solvencia obligatorio de la entidad cumpla lo dispuesto en el artículo 63.1.

En los supuestos señalados en el apartado 1.c), el capital adicional será proporcional a los riesgos significativos derivados de las deficiencias que dieron lugar a la resolución de la Dirección General de Seguros y Fondos de Pensiones de imponer dicho capital adicional.

En las circunstancias expuestas en el apartado 1.d), el capital adicional será proporcional a los riesgos significativos derivados de la desviación a que se refiere ese apartado.

3. En los supuestos señalados en el apartado 1.b) y 1.c), la Dirección General de Seguros y Fondos de Pensiones verificará que la entidad aseguradora o reaseguradora adopta las medidas necesarias para subsanar las deficiencias que hayan motivado la exigencia del capital adicional.

4. La suma del capital de solvencia obligatorio inicial y del capital adicional impuesto dará lugar al nuevo capital de solvencia obligatorio.

No obstante, el capital de solvencia obligatorio no incluirá el capital adicional impuesto de conformidad con el apartado 1.c), a efectos de la determinación del margen de riesgo para el cálculo de las provisiones técnicas.

Artículo 66. Procedimiento para exigencia de capital de solvencia obligatorio adicional. 1. La exigencia de un capital de solvencia obligatorio adicional se hará en un procedimiento administrativo tramitado con arreglo a la legislación de procedimiento administrativo común aplicable, o a las normas del procedimiento de supervisión por inspección, según proceda.

Sólo se tramitará un procedimiento por cada entidad aseguradora, de modo que si ya se ha exigido un capital de solvencia obligatorio adicional a una entidad aseguradora y es preciso, en virtud de revisiones o inspecciones ulteriores, modificar dicha exigencia de capital adicional, la supresión del capital adicional anteriormente exigido será incorporada a la resolución en la que se adopte la nueva exigencia de capital adicional.

2. La exigencia de capital adicional será revisada, al menos, una vez al año y se suprimirá por resolución de la Dirección General de Seguros y Fondos de Pensiones cuando la entidad haya subsanado las deficiencias que, con arreglo al artículo 65, determinaron su exigencia.

Artículo 67. Información sobre la exigencia de capital de solvencia obligatorio adicional. 1. La Dirección General de Seguros y Fondos de Pensiones facilitará anualmente a la Autoridad Europea de Seguros y Pensiones de Jubilación información acerca del capital adicional medio exigido por entidad y la distribución de los capitales adicionales exigidos durante el año anterior, en porcentaje del capital de solvencia obligatorio, según las siguientes categorías: entidades aseguradoras y reaseguradoras conjuntamente; entidades de seguros de vida; entidades de seguros distintos del de vida; entidades aseguradoras que realizan actividades de seguro de vida y de seguros no de vida; y entidades reaseguradoras.

2. En relación con cada una de las indicaciones anteriores, se informará de la proporción de los capitales adicionales exigidos por cada uno de los motivos recogidos en el artículo 65.

SUBSECCIÓN 2.ª FÓRMULA ESTÁNDAR

Artículo 68. Estructura de la fórmula estándar. El capital de solvencia obligatorio calculado con arreglo a la fórmula estándar será igual a la suma de los siguientes elementos:

a) El capital de solvencia obligatorio básico.

b) El capital de solvencia obligatorio por riesgo operacional.

c) El importe del ajuste destinado a tener en cuenta la capacidad de absorción de pérdidas de las provisiones técnicas y los impuestos diferidos.

Artículo 69. Configuración del capital de solvencia obligatorio básico.
1. El capital de solvencia obligatorio básico se obtendrá mediante la agregación de módulos de riesgo, en los términos y condiciones establecidos, comprendiendo, al menos, los siguientes:

a) Riesgo de suscripción en el seguro distinto del seguro de vida.

b) Riesgo de suscripción en el seguro de vida.

c) Riesgo de suscripción del seguro de enfermedad.

d) Riesgo de mercado.

e) Riesgo de incumplimiento de la contraparte.

2. Cuando proceda, en la configuración de los diferentes módulos de riesgo se tendrán en cuenta los efectos de diversificación.

3. La configuración y las especificaciones de los módulos de riesgo serán idénticas para todas las entidades aseguradoras y reaseguradoras, por lo que respecta tanto al capital de solvencia obligatorio básico, como a cualquier cálculo simplificado realizado conforme a lo dispuesto en el artículo 64.1.c).

4. En relación con los riesgos derivados de catástrofes, podrán utilizarse especificaciones geográficas, cuando proceda, para el cálculo de los módulos de riesgo de suscripción del seguro de vida, del seguro distinto del seguro de vida y del seguro de enfermedad.

5. Cada uno de los módulos de riesgo mencionados en el apartado 1 se calibrará en función del valor en riesgo, con un nivel de confianza del 99,5 por ciento, en un horizonte temporal de un año.

6. Las entidades aseguradoras y reaseguradoras deberán tener en cuenta otros módulos de riesgo adicionales a los establecidos en este artículo en función de su perfil de riesgo. La Dirección General de Seguros y Fondos de Pensiones podrá exigir a dichas entidades que consideren estos riesgos adicionales para el cálculo del capital de solvencia obligatorio.

Artículo 70. Cálculo del capital de solvencia obligatorio mediante la fórmula estándar. 1. Para el cálculo del capital obligatorio básico, los módulos de riesgo individuales se agregarán de conformidad con lo dispuesto en el apartado 1 del anexo y en la normativa de la Unión Europea de directa aplicación, teniendo en cuenta lo siguiente:

a) El riesgo de suscripción en el seguro distinto del seguro de vida reflejará el riesgo derivado de las obligaciones de los seguros distintos del seguro de vida, atendiendo a los eventos cubiertos y a los procesos seguidos en el ejercicio de la actividad. Este módulo tendrá en cuenta la incertidumbre de los resultados de las entidades aseguradoras y reaseguradoras en relación con las obligaciones de seguro y de reaseguro ya existentes y las nuevas actividades que se espere realizar en los siguientes doce meses.

b) El riesgo de suscripción en el seguro de vida reflejará el riesgo derivado de las obligaciones de seguro de vida, atendiendo a los eventos cubiertos y a los procesos seguidos en el ejercicio de la actividad.

c) El riesgo de suscripción del seguro de enfermedad reflejará el riesgo que se derive de las obligaciones resultantes de la suscripción de dichos contratos, se utilicen o no bases técnicas similares a las del seguro de vida, como consecuencia tanto de los eventos cubiertos, como de los procesos seguidos en el ejercicio de la actividad.

d) El riesgo de mercado pondrá de manifiesto el riesgo derivado del nivel o de la volatilidad de los precios de mercado de los instrumentos financieros que influyan en el valor de los activos y pasivos de la entidad. Reflejará adecuadamente, en su caso, la falta de correspondencia estructural entre los activos y los pasivos, en particular por lo que atañe a la duración.

e) El riesgo de incumplimiento de la contraparte reflejará las posibles pérdidas derivadas del incumplimiento inesperado o deterioro de la calidad crediticia de las contrapartes y los deudores de las entidades aseguradoras y reaseguradoras en los siguientes doce meses.

2. El capital obligatorio por riesgo operacional reflejará los riesgos operacionales siempre que no estén ya incluidos en los módulos de riesgo recogidos en el apartado 1. Se calculará conforme a lo establecido en la normativa de la Unión Europea de directa aplicación.

El riesgo operacional incluirá los riesgos legales, pero no los riesgos derivados de decisiones estratégicas ni los riesgos de reputación.

En los contratos de seguro de vida, cuando el riesgo de inversión recaiga sobre los tomadores, para el cálculo del capital obligatorio por riesgo operacional se tomará en consideración el importe de los gastos anuales ocasionados por esas obligaciones de seguro.

En las operaciones de seguro y de reaseguro distintas de las mencionadas en el párrafo anterior, el cálculo del capital obligatorio por riesgo operacional tomará en consideración el volumen de esas operaciones, que se determinará a partir de las primas devengadas y las provisiones técnicas constituidas en relación con esas obligaciones de seguro y de reaseguro. En este caso, el capital obligatorio por los riesgos operacionales no sobrepasará el 30% del capital de solvencia obligatorio básico correspondiente a tales operaciones de seguro y de reaseguro.

3. El ajuste destinado a tener en cuenta la capacidad de absorción de pérdidas de las provisiones técnicas y los impuestos diferidos deberá reflejar la posible compensación de las pérdidas inesperadas mediante un descenso simultáneo de las provisiones técnicas o los impuestos diferidos, o una combinación de ambos y se determinará de acuerdo con lo dispuesto en la normativa de la Unión Europea de directa aplicación. La Dirección General de Seguros y Fondos de Pensiones podrá regular mediante circular los requisitos y condiciones para la aplicación de dicho ajuste.

El ajuste tendrá en cuenta el efecto de reducción del riesgo generado por futuras prestaciones discrecionales de los contratos de seguro, en la medida en que las empresas de seguros y de reaseguros puedan demostrar que una reducción de esas prestaciones puede servir para cubrir pérdidas inesperadas cuando se produzcan. El efecto de reducción del riesgo de las futuras prestaciones discrecionales no será mayor que la suma de las provisiones técnicas y los impuestos diferidos correspondientes a esas futuras prestaciones discrecionales.

A efectos de lo establecido en el párrafo anterior, el valor de las futuras prestaciones discrecionales en circunstancias adversas se comparará con el valor de esas mismas prestaciones según un cálculo basado en la mejor estimación.

4. Para las mutualidades de previsión social que no operen por ramos, por no haber obtenido autorización para ampliación de prestaciones en los términos del artículo 45 de la Ley 20/2015, de 14 de julio, el capital de solvencia obligatorio será de tres cuartas partes del resultante de la aplicación de los apartados 1, 2 y 3.

Para las mutualidades que prevean en sus estatutos la posibilidad de realizar derramas de cuotas o de reducir las prestaciones y el importe anual de cuotas devengadas no supere los 5.000.000 de euros durante tres años consecutivos, la fracción del capital de solvencia obligatorio a la que se refiere el párrafo anterior se reducirá a la mitad. Si la cifra de cuotas señalada se superase durante tres años consecutivos, a partir del cuarto ejercicio la relación será de las tres cuartas partes.

Artículo 71. Módulo de riesgo de suscripción del seguro distinto del seguro de vida del capital obligatorio básico. El módulo de riesgo de suscripción del seguro distinto del seguro de vida se calculará, con arreglo a lo establecido en el apartado 2 del anexo, como una combinación del capital obligatorio correspondiente, al menos, a los siguientes submódulos:

a) Riesgo de pérdida o de modificación adversa del valor de las responsabilidades derivadas de los seguros debido a fluctuaciones en relación con el momento de ocurrencia, la frecuencia y gravedad de los sucesos asegurados, y en el momento y el importe de la liquidación de siniestros (riesgo de prima y de reserva en los seguros distintos del seguro de vida).

b) Riesgo de pérdida o de modificación adversa del valor de las responsabilidades derivadas de los seguros debido a una notable incertidumbre en las hipótesis de tarificación y constitución de provisiones correspondientes a sucesos extremos o excepcionales (riesgo de catástrofe en los seguros distintos del seguro de vida).

Artículo 72. Módulo de riesgo de suscripción del seguro de vida del capital obligatorio básico. El módulo de riesgo de suscripción del seguro de vida se calculará, con arreglo a lo establecido en el apartado 3 del anexo, como una combinación de los capitales obligatorios correspondientes, al menos, a los siguientes submódulos:

a) Riesgo de pérdida o de modificación adversa del valor de los compromisos contraídos en virtud de los seguros debido a variaciones en el nivel, la tendencia o la volatilidad de las tasas de mortalidad, para aquellos casos en que un aumento de la tasa de mortalidad genere un aumento en el valor de los compromisos contraídos en virtud de los seguros (riesgo de mortalidad).

b) Riesgo de pérdida o de modificación adversa del valor de los compromisos contraídos en virtud de los seguros debido a variaciones en el nivel, la tendencia o volatilidad de las tasas de mortalidad, para aquellos casos en que un descenso de la tasa de mortalidad genere un aumento en el valor de los compromisos contraídos en virtud de los seguros (riesgo de longevidad).

c) Riesgo de pérdida o de modificación adversa del valor de los compromisos contraídos en virtud de los seguros debido a variaciones en el nivel, la tendencia o volatilidad de las tasas de invalidez, enfermedad y morbilidad (riesgo de discapacidad y morbilidad).

d) Riesgo de pérdida o de modificación adversa del valor de los compromisos contraídos en virtud de los seguros debido a variaciones en el nivel, la tendencia o volatilidad de los gastos de ejecución de los contratos de seguro o de reaseguro (riesgo de gastos en el seguro de vida).

e) Riesgo de pérdida o de modificación adversa del valor de los compromisos contraídos en virtud de los seguros debido a variaciones en el nivel, la tendencia o volatilidad de las tasas de revisión aplicables a las prestaciones en forma de renta, debido a modificaciones de la legislación o variaciones en el estado de salud de la persona asegurada (riesgo de revisión).

f) Riesgo de pérdida o de modificación adversa del valor de los compromisos contraídos en virtud de los seguros debido a variaciones en el nivel o la volatilidad de las tasas de discontinuidad, cancelación, renovación y rescate de las pólizas (riesgo de reducción).

g) Riesgo de pérdida o de modificación adversa del valor de los compromisos contraídos en virtud de los seguros debido a una notable incertidumbre en las hipótesis de tarificación y constitución de provisiones correspondientes a sucesos extremos o extraordinarios (riesgo de catástrofe en los seguros de vida).

Artículo 73. Módulo de riesgo de suscripción del seguro de enfermedad del capital obligatorio básico. El módulo de riesgo de suscripción del seguro de enfermedad se calculará, con arreglo a lo establecido en los apartados 2 o 3 del anexo, según se usen técnicas no similares o similares a vida, como una combinación de los capitales obligatorios correspondientes, al menos, a los siguientes submódulos:

a) Riesgo de pérdida o de modificación adversa del valor de las responsabilidades contraídas en virtud de los seguros debido a variaciones en el nivel, la tendencia o volatilidad de los gastos de ejecución de los contratos de seguro o de reaseguro.

b) Riesgo de pérdida o de modificación adversa del valor de las responsabilidades contraídas en virtud de los seguros debido a fluctuaciones en relación con el momento de ocurrencia, la frecuencia y gravedad de los hechos asegurados, así como el momento e importe de la liquidación de siniestros en la fecha de constitución de las provisiones.

c) Riesgo de pérdida o de modificación adversa del valor de las responsabilidades contraídas en virtud de los seguros debido a una notable incertidumbre en las hipótesis de tarificación y constitución de provisiones correspondientes a brotes de grandes epidemias, así como la acumulación excepcional de riesgos en esas circunstancias extremas.

Artículo 74. Módulo de riesgo de mercado del capital obligatorio básico. 1. El módulo de riesgo de mercado se calculará, con arreglo a lo establecido en el apartado 4 del anexo, como una combinación de los capitales obligatorios correspondientes, al menos, a los siguientes submódulos:

a) Sensibilidad del valor de los activos, los pasivos y los instrumentos financieros frente a las variaciones en la estructura temporal de los tipos de interés o la volatilidad de los tipos de interés (riesgo de tipo de interés).

b) Sensibilidad del valor de los activos, los pasivos y los instrumentos financieros frente a las variaciones en el nivel o la volatilidad de los precios de mercado de las acciones (riesgo de acciones).

c) Sensibilidad del valor de los activos, los pasivos y los instrumentos financieros frente a las variaciones en el nivel o la volatilidad de los precios de mercado de la propiedad inmobiliaria (riesgo inmobiliario).

d) Sensibilidad del valor de los activos, los pasivos y los instrumentos financieros frente a las variaciones en el nivel o la volatilidad de los diferenciales de crédito en relación con la estructura temporal de tipos de interés sin riesgo (riesgo de diferencial).

e) Sensibilidad del valor de los activos, los pasivos y los instrumentos financieros frente a las variaciones en el nivel o la volatilidad de los tipos de cambio de divisas (riesgo de divisa).

f) Riesgos adicionales a que esté expuesta una entidad aseguradora o reaseguradora como consecuencia, bien de una falta de diversificación de la cartera de activos o bien de una importante exposición al riesgo de incumplimiento de un mismo emisor de valores o de un grupo de emisores vinculados (concentraciones de riesgo de mercado).

2. El submódulo de riesgo de acciones calculado con arreglo a la fórmula estándar comprenderá un ajuste simétrico del requisito de capital propio destinado a cubrir el riesgo que se deriva de variaciones en el nivel de los precios de las acciones. Dicho ajuste será publicado por la Autoridad Europea de Seguros y Pensiones de Jubilación (AESPJ).

El ajuste simétrico se basará en una función del nivel actual de un índice de las acciones y un nivel medio ponderado de dicho índice. El promedio ponderado se calculará durante un plazo adecuado, que será igual para todas las entidades aseguradoras y reaseguradoras.

El ajuste simétrico no dará lugar a la aplicación de una carga de capital propio que sea inferior o superior en 10 puntos porcentuales al requisito estándar de capital propio.

Artículo 75. Submódulo de riesgo de renta variable basado en la duración. 1. La Dirección General de Seguros y Fondos de Pensiones podrá autorizar la aplicación de un submódulo de riesgo de renta variable del capital de solvencia obligatorio, calibrado utilizando la medida del valor en riesgo, durante un período que sea coherente con el período de mantenimiento de las inversiones de renta variable de la entidad afectada, con un nivel de confianza que ofrezca a los tomadores y los beneficiarios de seguros un nivel de protección equivalente al establecido en el artículo 63.1. El plazo máximo para resolver este procedimiento será de seis meses.

2. Podrán solicitarlo las entidades aseguradoras que actúen en el ramo de vida e instrumenten compromisos por pensiones o garanticen prestaciones por jubilación en las que las primas abonadas para esas prestaciones tengan una deducción fiscal autorizada para los tomadores de seguros, cuando:

a) Todos los activos y pasivos correspondientes a estas actividades estén delimitados, gestionados y organizados por separado respecto de otras actividades de las entidades aseguradoras, sin ninguna posibilidad de transferencia.

b) Las actividades de la entidad a las cuales se aplica el enfoque recogido en este apartado, se efectúan únicamente en España.

c) La duración media de los pasivos correspondientes a esta actividad que mantiene la entidad sobrepasan la media de doce años.

3. En el cálculo del capital de solvencia obligatorio, estos activos y pasivos se tendrán plenamente en cuenta a los efectos de evaluar los efectos de diversificación, sin perjuicio de la necesidad de salvaguardar los intereses de los tomadores y beneficiarios de seguros en otros Estados miembros.

4. La situación de solvencia y liquidez, así como las estrategias, los procesos y los procedimientos de información de la entidad afectada con respecto a la gestión de activos y pasivos, deberán garantizar de forma continua que la entidad es capaz de mantener inversiones de renta variable durante un período coherente con el período de mantenimiento típico para dichas inversiones en el caso de la entidad en cuestión.

5. Las entidades aseguradoras y reaseguradoras no podrán volver a aplicar el sistema de cálculo establecido en el artículo 74, salvo en circunstancias debidamente justificadas y previa autorización de la Dirección General de Seguros y Fondos de Pensiones.

Artículo 76. Peculiaridades del cálculo del capital de solvencia obligatorio para el seguro de decesos. 1. El capital de solvencia obligatorio para el riesgo de suscripción y para el riesgo de tipo de interés en el seguro de decesos podrá calcularse conforme al régimen general del seguro de vida, o conforme al régimen simplificado que se apruebe mediante orden ministerial.

2. Cuando se aplique dicho régimen simplificado, se calculará por separado el importe resultante de cada uno de los submódulos del riesgo de suscripción del seguro de decesos y cada uno de esos importes se sumará al correspondiente submódulo de riesgo de suscripción del seguro de vida.

3. De igual forma, cuando se aplique dicho régimen simplificado, a los efectos de determinar si aplica el escenario de subida o de bajada de la estructura de tipos de interés en las reglas de requerimientos de capital del riesgo de tipo de interés para el total de la entidad, se calcularán por separado, para el seguro de decesos y para el resto de ramos, los importes, a la baja y al alza, resultantes de aplicar las modificaciones de tipos de interés previstas en la normativa de la Unión Europea de directa aplicación. Los citados importes obtenidos a la baja y al alza para el ramo de decesos y para el resto de ramos se sumarán respectivamente por separado dando lugar a un escenario agregado a la baja y a un escenario agregado al alza. Se tomará como importe del submódulo de riesgo de tipo de interés el mayor de los dos.

La Dirección General de Seguros y Fondos de Pensiones, podrá mediante resolución motivada, exigir a una empresa que cese en la utilización del régimen simplificado, si considera que el mismo no es adecuado al perfil de riesgo de la entidad.

> – Orden ECC/2841/2015, de 28 de diciembre, por la que se establece el método simplificado de cálculo del capital de solvencia obligatorio para el seguro de decesos.

Artículo 77. Módulo de riesgo de incumplimiento de la contraparte del capital obligatorio básico. 1. El módulo de riesgo de incumplimiento de la contraparte abarcará los contratos destinados a mitigar riesgos, tales como los contratos de reaseguro, de titulización y de derivados, así como los créditos sobre intermediarios y otros riesgos de crédito no incluidos en el submódulo de riesgo de diferencial. El módulo tendrá debidamente en cuenta las garantías u otras fianzas poseídas por la entidad aseguradora o reaseguradora o por cuenta suya y los riesgos asociados a dichas garantías y fianzas.

2. El módulo de riesgo de incumplimiento de la contraparte reflejará, para cada contraparte, la exposición global de la entidad aseguradora o reasegura-

dora frente a esa contraparte, sea cual sea la naturaleza jurídica de sus obligaciones contractuales con respecto a esa entidad.

SUBSECCIÓN 3.ª MODELOS INTERNOS

Artículo 78. Cálculo del capital de solvencia obligatorio mediante modelos internos. 1. Las entidades aseguradoras y reaseguradoras podrán calcular el capital de solvencia obligatorio utilizando un modelo interno, completo o parcial, previa autorización del Ministro de Economía y Competitividad, y mientras mantengan el cumplimiento tanto de los requisitos establecidos en esta subsección como de los fijados en la propia autorización administrativa. La citada autorización se concederá en los términos y condiciones que establezca en la normativa de la Unión Europea de directa aplicación.

2. Mediante resolución de la Dirección General de Seguros y Fondos de Pensiones podrá exigirse a las entidades aseguradoras y reaseguradoras a las que se haya autorizado el uso de un modelo interno, que presenten una estimación del capital de solvencia obligatorio calculado con arreglo a la fórmula estándar.

3. Una vez autorizado el uso de un modelo interno, el capital de solvencia obligatorio calculado mediante el modelo interno sólo podrá volverse a calcular con arreglo a la fórmula estándar en circunstancias debidamente justificadas y previa autorización de la Dirección General de Seguros y Fondos de Pensiones.

Artículo 79. Autorización de modelos internos. 1. En toda solicitud de autorización de un modelo interno, las entidades aseguradoras y reaseguradoras presentarán, como mínimo, justificación de que el modelo interno satisface los requisitos establecidos en los artículos 83 a 88.

La Dirección General de Seguros y Fondos de Pensiones informará a la Autoridad Europea de Seguros y Pensiones de Jubilación, con arreglo al artículo 35.1 del Reglamento (UE) n.º 1094/2010, de 24 de noviembre, de cualquier solicitud de uso de un modelo interno pudiendo solicitar a la misma, individualmente, o de manera conjunta con otras autoridades de supervisión, asistencia técnica respecto a tal solicitud, en virtud del artículo 8.1.b) del citado Reglamento.

2. La aplicación de un modelo o de datos obtenidos externamente a la entidad individualmente considerada, no eximirá de la justificación y cumpli-

miento continuado de los requisitos que sobre el modelo interno establecen los artículos citados.

3. Si la solicitud de autorización se refiere a un modelo interno parcial, los requisitos citados se adaptarán para tener en cuenta el alcance limitado de la aplicación del modelo.

4. El Ministro de Economía y Competitividad autorizará la utilización del modelo interno cuando los sistemas de que dispone la entidad aseguradora o reaseguradora para la identificación, la medida, el seguimiento, la gestión y los sistemas de información del riesgo sean suficientes y, en particular, cuando el modelo interno cumpla los requisitos a que se refiere el apartado 1.

> – El apartado primero se modifica por el **Real Decreto 288/2021, de 20 de abril.**

Artículo 80. Requisitos adicionales para la autorización de modelos internos parciales. 1. Las entidades aseguradoras y reaseguradoras podrán utilizar modelos internos parciales para el cálculo de uno o varios de los elementos indicados en el artículo 68.

Asimismo, podrá aplicarse un modelo parcial al conjunto de la actividad de las entidades aseguradoras o reaseguradoras, o únicamente a uno o varios de los segmentos principales de su actividad.

2. Cuando se trate de un modelo interno parcial, el Ministro de Economía y Competitividad lo autorizará si satisface, además de los requisitos establecidos en el artículo 79, las siguientes condiciones:

a) La entidad deberá justificar los criterios objetivos que fundamentan el ámbito de aplicación elegido para el modelo interno parcial que, salvo causa suficientemente acreditada, deberá dar prioridad a las principales áreas de riesgo y de negocio de la entidad.

b) La entidad deberá justificar que, bien desde el inicio de la aplicación del modelo interno parcial o bien al término del plan de transición que se presente, el modelo cubrirá los principales riesgos u operaciones de seguro dentro del módulo o módulos de riesgo concretos considerados.

c) El capital de solvencia obligatorio resultante refleja mejor el perfil de riesgo de la entidad y, en particular, es acorde con los principios establecidos para el cálculo del capital de solvencia obligatorio.

d) La concepción del modelo interno parcial es coherente con los principios establecidos en el cálculo del capital de solvencia obligatorio, de modo que pueda integrarse plenamente en la fórmula estándar de determinación del capital de solvencia obligatorio.

3. Al examinar una solicitud de autorización de un modelo interno parcial aplicable sólo a ciertos submódulos de un módulo de riesgo concreto, o a algunos segmentos de actividad de una entidad aseguradora o reaseguradora con respecto a un módulo de riesgo concreto, o a partes de ambos, la Dirección General de Seguros y Fondos de Pensiones podrá exigir a la entidad que presente un plan de transición realizable con alta probabilidad, que tenga por objeto ampliar el alcance del modelo con el fin de dar cumplimiento a lo establecido en el apartado 2.b).

El plan de transición detallará el modo en que las entidades aseguradoras o reaseguradoras tienen previsto la ampliación del alcance del modelo a otros submódulos o segmentos de actividad, a fin de tener la seguridad de que el modelo se aplique a una parte predominante de sus operaciones de seguro.

Artículo 81. Política de modificación de modelos internos. 1. La autorización de un modelo interno por parte del Ministro de Economía y Competitividad incluirá la aprobación de la política que la entidad debe aplicar para futuras modificaciones del modelo. La citada política identificará las modificaciones que se califican como de mayor y menor relevancia.

2. Las modificaciones de mayor relevancia del modelo interno, así como los cambios en la propia política de modificaciones, estarán supeditadas a la autorización previa del Ministro de Economía y Competitividad, en los términos y condiciones que se establezcan en normativa de la Unión Europea de directa aplicación.

3. Las modificaciones de menor relevancia del modelo interno sólo estarán sometidas a comunicación previa a la Dirección General de Seguros y Fondos de Pensiones, que deberá ir acompañada de la documentación detallada de las razones objetivas que justifican el cambio. Las entidades notificarán las citadas modificaciones de forma agrupada trimestralmente.

Cuando varias modificaciones menores puedan conjuntamente tener un efecto similar a una modificación mayor, dichos cambios menores se agruparán y tendrán la consideración de modificación mayor, quedando supeditadas a autorización previa del Ministro de Economía y Competitividad.

4. La Dirección General de Seguros y Fondos de Pensiones informará a la Autoridad Europea de Seguros y Pensiones de Jubilación, con arreglo al artículo 35.1 del Reglamento (UE) n.º 1094/2010, de 24 de noviembre, de cualquier

solicitud de modificación de un modelo interno pudiendo solicitar a la misma, individualmente, o de manera conjunta con otras autoridades de supervisión, asistencia técnica respecto a tal solicitud, en virtud del artículo 8.1.b) de dicho Reglamento.

– El apartado cuarto se añade por el **Real Decreto 288/2021, de 20 de abril.**

Artículo 82. Incumplimiento del modelo interno. 1. Las entidades aseguradoras y reaseguradoras que, tras haber sido autorizadas por el Ministro de Economía y Competitividad para aplicar un modelo interno, dejen de cumplir los requisitos establecidos en su autorización, deberán cumplir una de las siguientes opciones:

a) Presentar ante la Dirección General de Seguros y Fondos de Pensiones la documentación justificativa que acredite que el incumplimiento carece de efectos significativos.

b) Presentar ante la Dirección General de Seguros y Fondos de Pensiones, en el plazo de un mes desde el incumplimiento, un plan dirigido a restablecer la situación en un plazo no superior a seis meses.

2. Si las entidades que han optado por la opción del apartado 1.b) no aplican el plan mencionado en dicho apartado, la Dirección General de Seguros y Fondos de Pensiones podrá exigirles que vuelvan a calcular el capital de solvencia obligatorio conforme a la fórmula estándar.

Artículo 83. Uso del modelo interno en la toma de decisiones y en las actividades de gestión. 1. Las entidades aseguradoras y reaseguradoras deberán acreditar que el modelo interno se utiliza en todas las áreas relevantes y desempeña una función importante en el sistema de gobierno de la entidad y, en particular, por lo que respecta a:

a) El sistema de gestión de riesgos y los procesos de toma de decisiones.

b) Los procesos de evaluación y asignación del capital económico y de solvencia, incluida la evaluación interna de riesgos y solvencia a que se refiere el artículo 66 de la Ley 20/2015, de 14 de julio y el artículo 46 de este real decreto.

2. Las entidades aseguradoras y reaseguradoras deberán acreditar que la frecuencia de cálculo del capital de solvencia obligatorio a través del modelo interno está en consonancia con la frecuencia con la que aplican ese modelo interno a los demás fines mencionados en el apartado anterior.

Artículo 84. Normas de calidad estadística de los modelos internos. 1. Los métodos utilizados para efectuar el cálculo de la distribución de probabilidad en que se base el modelo interno se fundamentarán en técnicas actuariales y estadísticas adecuadas que sean aplicables y pertinentes, y guardarán coherencia con los métodos aplicados para calcular las provisiones técnicas.

2. Los métodos aplicados para el cálculo de la distribución de probabilidad prevista se basarán en información actualizada y fiable, y en hipótesis realistas.

Las entidades aseguradoras y reaseguradoras deberán estar en disposición de justificar ante la Dirección General de Seguros y Fondos de Pensiones las hipótesis aplicadas en el modelo interno.

3. Los datos utilizados en el modelo interno deberán ser exactos, completos y adecuados, de tal forma que reflejen el perfil de riesgo específico de la entidad.

Las entidades aseguradoras y reaseguradoras deberán actualizar al menos anualmente las series de datos utilizadas en el cálculo de la distribución de probabilidad prevista.

4. No se exigirá ningún método concreto para el cálculo de la distribución de probabilidad prevista.

Sea cual sea el método de cálculo elegido, el modelo interno deberá permitir la clasificación de los riesgos de tal manera que exista la garantía de que se aplicará extensamente y ocupará un lugar destacado en el sistema de gobierno de las entidades aseguradoras y reaseguradoras, en particular en lo que atañe a su sistema de gestión de riesgos y sus procesos de toma de decisiones, así como a la asignación del capital, de conformidad con el artículo 83.

5. El modelo interno deberá cubrir todos los riesgos significativos a que estén expuestas las entidades aseguradoras y reaseguradoras. Los modelos internos cubrirán, como mínimo, los riesgos que se mencionan en el artículo 63.2.

6. Las entidades aseguradoras y reaseguradoras podrán tener en cuenta en su modelo interno, para valorar los efectos de la diversificación, las dependencias existentes dentro de una misma categoría de riesgos, así como entre las distintas categorías de riesgos, siempre que la Dirección General de Seguros y Fondos de Pensiones considere que el sistema utilizado para evaluar los efectos de la diversificación es adecuado.

7. Las entidades aseguradoras y reaseguradoras podrán tener en cuenta plenamente el efecto de las técnicas de reducción de riesgos en su modelo interno, a condición de que el riesgo de crédito y otros riesgos derivados del

uso de técnicas de reducción de riesgos se reflejen adecuadamente en dicho modelo.

8. Las entidades aseguradoras y reaseguradoras deberán evaluar con exactitud en su modelo interno, los riesgos específicamente vinculados a las garantías financieras y posibles opciones contractuales, siempre que resulten significativos. Asimismo, deberán evaluar los riesgos asociados a las opciones del tomador y a sus propias opciones contractuales. A estos efectos, deberán tener en cuenta las consecuencias que los futuros cambios en las condiciones financieras y de otro tipo puedan tener sobre el ejercicio de tales opciones.

9. En su modelo interno, las entidades aseguradoras y reaseguradoras podrán tener en cuenta futuras decisiones de gestión en caso de presentarse determinadas circunstancias, siempre que exista evidencia objetiva de que tales acciones serán adoptadas con alto grado de confianza y de que sus efectos serán los previstos. En este caso, la entidad deberá prever el periodo de tiempo necesario para ejecutar tales decisiones.

10. En su modelo interno, las entidades aseguradoras y reaseguradoras tendrán en cuenta todos los pagos que prevean efectuar a los tomadores y beneficiarios, estén o no contractualmente garantizados.

Artículo 85. Normas de calibración de los modelos internos. 1. Las entidades aseguradoras y reaseguradoras podrán aplicar, a efectos de su modelo interno, un horizonte temporal o una medida del riesgo distintos de los establecidos en el artículo 74.1 de la Ley 20/2015, de 14 de julio siempre y cuando los resultados del modelo interno puedan ser utilizados por esas entidades para calcular el capital de solvencia obligatorio de forma tal que se justifique ante la Dirección General de Seguros y Fondos de Pensiones que dicho capital supone para los tomadores, beneficiarios y terceros perjudicados un nivel de protección equivalente.

2. Siempre que sea posible, las entidades aseguradoras y reaseguradoras calcularán el capital de solvencia obligatorio directamente a partir de la distribución de probabilidad prevista generada por su modelo interno, utilizando la medida del valor en riesgo establecida en el artículo 74.1 de la Ley 20/2015, de 14 de julio.

3. Cuando las entidades aseguradoras y reaseguradoras no puedan hallar el capital de solvencia obligatorio directamente a partir de la distribución de probabilidad prevista generada por el modelo interno, la Dirección General de Seguros y Fondos de Pensiones podrá autorizar el uso de aproximaciones en

el proceso de cálculo del capital de solvencia obligatorio, a condición de que puedan demostrar a la citada Dirección General que los tomadores gozarán de un nivel de protección equivalente al derivado de la aplicación del artículo 74.1 de la Ley 20/2015, de 14 de julio.

4. Con el fin de comprobar la calibración del modelo interno y verificar que sus especificaciones son acordes con las prácticas de mercado generalmente aceptadas, la Dirección General de Seguros y Fondos de Pensiones podrá exigir a las entidades aseguradoras y reaseguradoras que apliquen su modelo interno a carteras de referencia y que utilicen hipótesis basadas en datos externos, en lugar de internos.

Artículo 86. Asignación de pérdidas y ganancias. 1. Las entidades aseguradoras y reaseguradoras analizarán, con periodicidad mínima anual, las causas y orígenes de las pérdidas y ganancias que se deriven de cada uno de los principales segmentos de actividad.

2. Las entidades aseguradoras y reaseguradoras deberán demostrar el modo en que la categorización del riesgo elegida en el modelo interno explica las causas y orígenes de las pérdidas y ganancias.

3. La categorización del riesgo y la asignación de las pérdidas y ganancias deberán reflejar el perfil de riesgo de las entidades aseguradoras y reaseguradoras.

Artículo 87. Normas de validación de los modelos internos. 1. Las entidades aseguradoras y reaseguradoras deberán prever un ciclo periódico de validación de los modelos, dirigido a comprobar su funcionamiento, verificar que sus especificaciones sigan siendo adecuadas y comparar sus resultados con los obtenidos en la realidad.

2. El proceso de validación de los modelos se fundamentará en un soporte estadístico eficaz que permita a las entidades aseguradoras y reaseguradoras justificar ante la Dirección General de Seguros y Fondos de Pensiones que los requisitos de capital resultantes son adecuados.

3. Los métodos estadísticos aplicados deberán servir para comprobar la validez de la distribución de probabilidad prevista tanto a la vista de las pérdidas experimentadas, como de cualquier nuevo dato relevante e información pertinente a ese respecto.

4. El proceso de validación de los modelos incluirá un análisis de la estabilidad del modelo interno y, en particular, de la sensibilidad de los resultados

del modelo interno frente a las modificaciones de las principales hipótesis aplicadas. Comprenderá también el examen de la exactitud, integridad y adecuación de los datos utilizados por el modelo interno, de tal forma que reflejen en todo momento el perfil de riesgo específico de la entidad.

Artículo 88. Documentación de los modelos internos. 1. Las entidades aseguradoras y reaseguradoras deberán justificar documentalmente la estructura y los detalles de funcionamiento de su modelo interno.

2. El contenido de la documentación incluirá la justificación de que se cumple lo dispuesto en los artículos 83 a 87, una descripción detallada de la teoría, las hipótesis y los fundamentos matemáticos y empíricos en que se base el modelo interno, toda posible circunstancia en la que el modelo interno pueda no funcionar eficazmente, toda modificación que introduzcan en su modelo interno conforme a lo establecido en el artículo 81, y cualquier otro extremo relevante a efectos de garantizar que se cumplen las exigencias para el cálculo del capital de solvencia obligatorio.

SECCIÓN 4.ª INVERSIONES

Artículo 89. Normas sobre inversiones de las entidades aseguradoras y reaseguradoras. 1. Las entidades aseguradoras y reaseguradoras deberán invertir sus recursos con arreglo al principio de prudencia. A estos efectos deberán cumplir lo siguiente:

a) Invertirán sólo en activos e instrumentos cuyos riesgos puedan determinar, medir, vigilar, gestionar y controlar debidamente además de informar adecuadamente de ellos a la Dirección General de Seguros y Fondos de Pensiones. Dichos riesgos se tendrán en cuenta en la evaluación de las necesidades globales de solvencia dentro de la evaluación interna de riesgos y solvencia.

b) Invertirán de forma que quede garantizada la liquidez, seguridad y rentabilidad del conjunto de la cartera de activos, en especial de aquellos que cubren el capital mínimo obligatorio y el capital de solvencia obligatorio.

c) Garantizarán que la localización de los activos permita en todo momento su disponibilidad por parte de la entidad aseguradora o reaseguradora.

d) Los activos que representan las provisiones técnicas los invertirán de forma que sea coherente con la naturaleza y duración de las obligaciones derivadas de los contratos de seguro y reaseguro y buscando el interés general de todos los tomadores y beneficiarios. En caso de conflicto de intereses, deben buscar el mayor beneficio de los tomadores y beneficiarios. Deben tenerse en cuenta los objetivos dados a conocer por la entidad en materia de inversiones.

e) La inversión en instrumentos derivados se admitirá en la medida en que contribuyan a reducir los riesgos de inversión o a facilitar la gestión eficaz de la cartera.

f) La inversión en activos no negociados en mercados organizados deberá mantenerse en niveles prudentes.

g) Los activos estarán diversificados de manera adecuada a fin de evitar una dependencia excesiva de un único activo, emisor o grupo de empresas, o una determinada zona geográfica, así como un exceso de acumulación de riesgos en la cartera en su conjunto.

Las inversiones en activos emitidos por un mismo emisor o por emisores pertenecientes a un mismo grupo no deberán exponer a la entidad a una concentración excesiva de riesgo.

2. Se deberá respetar lo que establezca al respecto la normativa de la Unión Europea de directa aplicación.

3. Sin perjuicio de lo anterior, los bienes inmuebles deberán ser objeto de tasación por una entidad tasadora autorizada para valoración de bienes en el mercado hipotecario con arreglo a lo establecido en las normas de valoración de bienes inmuebles y de determinados derechos para ciertas finalidades financieras aprobadas por el Ministerio de Economía y Competitividad.

Artículo 89 bis. Política de implicación. 1. Las entidades aseguradoras autorizadas para operar en el ramo de vida y las entidades reaseguradoras que cubran obligaciones de seguros de vida deberán, respecto de la actividad de seguro de vida, desarrollar y poner en conocimiento del público una política de implicación que describa cómo se implica la entidad como accionista en su estrategia de inversión en acciones de sociedades que estén admitidas a negociación en un mercado regulado que esté situado u opere en un Estado miembro de la Unión Europea.

Esta política indicará cómo supervisan las sociedades en las que invierten en lo referente, al menos, a la estrategia, el rendimiento financiero y no financiero y los riesgos, la estructura del capital, el impacto social y medioambiental y el gobierno corporativo. Dicha política también describirá cómo se relacionan con las sociedades en las que invierten, ejercen, en su caso, los derechos de voto y otros derechos asociados a las acciones, cooperan con otros accionistas, se comunican con accionistas significativos y gestionan conflictos de interés reales y potenciales en relación con su implicación.

2. Con carácter anual, dichas entidades publicarán información sobre cómo han aplicado la política de implicación a la que se refiere el apartado anterior, incluyendo una descripción general de su comportamiento en relación con sus derechos de voto, una explicación de las votaciones más importantes en las que haya participado y, en su caso, la utilización de los servicios de asesores de voto.

3. Asimismo, publicarán, con carácter anual, el sentido de su voto en las juntas generales de las sociedades en las que poseen las citadas acciones, en caso de haberse ejercido. Dicha publicación podrá excluir las votaciones que son insustanciales debido al objeto de la votación o al tamaño de la participación en la sociedad.

4. La política de implicación y la información mencionada en los apartados anteriores estarán disponibles públicamente de forma gratuita en el sitio web de la entidad o en el de su grupo o a través de otros medios que sean fácilmente accesibles en línea. Cuando la política de implicación de las entidades, incluido el ejercicio del derecho al voto, se desarrolle a través de un gestor de activos, deberá indicarse el lugar en el que el gestor ha publicado la información relativa al ejercicio del derecho al voto.

5. Las entidades que no se ajusten a lo establecido en los apartados anteriores deberán publicar una explicación clara y motivada sobre las razones por las que han decidido no cumplirlos. Esta explicación estará disponible públicamente de forma gratuita en el sitio web de la entidad o en el de su grupo o a través de otros medios que sean fácilmente accesibles en línea.

6. Las entidades adoptarán medidas razonables para detectar, impedir, gestionar y controlar los conflictos de interés que pudieran surgir en el ámbito de las actividades de implicación a las que se refiere este artículo, y, si estas no fueran suficientes, deberán publicar información clara sobre la naturaleza general o el origen de los conflictos de intereses y desarrollar políticas y procedimientos adecuados.

> – El artículo 89 bis se añade por el **Real Decreto 288/2021, de 20 de abril.** Conforme a la disposición transitoria 2 del referido Real Decreto, se establece un plazo de seis meses desde el 22 de abril de 2021 para la adaptación a las nuevas obligaciones que se fijan, determinando que la primera publicación de la información anual será la referida al ejercicio 2020.

Artículo 89 ter. Publicidad relativa a la estrategia de inversión y a los acuerdos con los gestores de activos. 1. Las entidades aseguradoras autorizadas para operar en el ramo de vida y las entidades reaseguradoras que cubran obligaciones de seguros de vida, elaborarán por escrito, respecto de la actividad de seguro de vida, una declaración de la estrategia de inversión a largo plazo que contendrá información relativa a cómo los elementos principales de la estrategia de inversión de las entidades en acciones de sociedades que estén admitidas a negociación en un mercado regulado que esté situado u opere en un Estado miembro de la Unión Europea, son coherentes con el perfil y la duración de sus pasivos, en particular de sus pasivos a largo plazo, y la manera en que contribuyen al rendimiento a medio y largo plazo de sus activos. Esta información deberá ponerse en conocimiento del público.

2. Cuando las inversiones de las entidades en las acciones referidas en el apartado anterior sean realizadas en nombre de la entidad a través de un gestor de activos, las entidades deberán publicar la siguiente información:

a) La manera en que el acuerdo que se ha suscrito con el gestor de activos incentiva a este a adaptar su estrategia y sus decisiones de inversión al perfil y la duración de los pasivos de la entidad y, en particular, a los pasivos a largo plazo;

b) Cómo el acuerdo suscrito con el gestor de activos incentiva a este a adoptar sus decisiones de inversión basándose en evaluaciones del rendimiento financiero y no financiero a medio y largo plazo de las sociedades en las que invierte y a implicarse en ellas con el objeto de mejorar su rendimiento a medio y largo plazo;

c) La forma en la que el método y el horizonte temporal de la evaluación del rendimiento del gestor de activos y su remuneración por estos servicios son conformes con el perfil y la duración de los pasivos de la entidad, en particular los pasivos a largo plazo, y tienen en cuenta el rendimiento absoluto a largo plazo;

d) Cómo se controlan los costes de rotación de la cartera en que ha incurrido el gestor de activos y la forma en que se define y controla la rotación o el intervalo de rotación de una cartera específica;

e) La duración del acuerdo con el gestor de activos.

Cuando el acuerdo con el gestor de activos no contenga uno o varios de los elementos anteriores, deberá justificarse mediante una explicación clara y motivada.

La información pública a que se refiere este apartado incluirá, en su caso, los elementos correspondientes a la estrategia de inversión de la entidad aseguradora o reaseguradora relativa a la inversión en acciones o participaciones de instituciones de inversión colectiva o entidades de capital riesgo u otras entidades de inversión colectiva de tipo cerrado que, a su vez, inviertan en las acciones a las que se refiere el apartado anterior, o una explicación clara y motivada de por qué no se incluye esta información.

3. La información prevista en los apartados anteriores deberá actualizarse anualmente, salvo que no se haya producido ningún cambio significativo.

4. La información regulada en este artículo estará disponible públicamente de forma gratuita en el sitio web de la entidad o en el de su grupo, o a través de otros medios que sean fácilmente accesibles en línea, o en el informe sobre la situación financiera y de solvencia.

> – El artículo 89 ter se añade por el **Real Decreto 288/2021, de 20 de abril.** Conforme a la disposición transitoria 2 del referido Real Decreto, se establece un plazo de seis meses desde el 22 de abril de 2021 para la adaptación a las nuevas obligaciones que se fijan.

Artículo 90. Activos que representan las provisiones técnicas en aquellos seguros de vida en los que el tomador asuma el riesgo de la inversión.
1. Para los activos que representan las provisiones técnicas en aquellos seguros de vida en los que el tomador asuma el riesgo de la inversión se deberá respetar el artículo 89.1 a), b), c) y d).

2. Deberán respetarse además las siguientes normas:

a) Cuando las prestaciones estipuladas en un contrato estén directamente vinculadas al valor de las acciones y participaciones de Instituciones de Inversión Colectiva en valores mobiliarios según está definido en la Ley 35/2003, de 4 de noviembre, de Instituciones de Inversión Colectiva, o al valor de los activos contenidos en un fondo interno en posesión de la entidad aseguradora, generalmente dividido en participaciones, las provisiones técnicas correspondientes a dichas prestaciones deberán estar representadas lo más estrechamente posible por dichas participaciones o, si éstas no se hubieran determinado, por dichos activos.

b) Cuando las prestaciones estipuladas en un contrato estén directamente vinculadas a un índice de acciones o a un valor de referencia distinto de los contemplados en el apartado a), las provisiones técnicas respecto de dichas prestaciones deberán estar reflejadas lo más estrechamente posible a las participaciones que se considere que representan el valor de referencia o, en el caso en que las participaciones no se hubieran determinado, por activos de una seguridad y de una negociabilidad adecuadas que correspondan lo más estrechamente posible a aquellos en los que se fundamenta el valor de referencia.

c) Cuando las prestaciones a que se refieren los apartados a) y b) incluyan un tipo de interés garantizado u otra prestación garantizada, los activos de cobertura de las correspondientes provisiones técnicas adicionales estarán sujetos a lo dispuesto en el artículo 89.1 e), f) y g).

— La **Ley 35/2003, de 4 de noviembre, de Instituciones de Inversión Colectiva**, establece: «*Artículo 2. Ámbito. 1. Esta Ley será de aplicación: a) A las IIC que tengan en España su domicilio social en el caso de sociedades de inversión, o que se hayan autorizado en España, en el caso de fondos. b) A las IIC autorizadas en otro Estado miembro de la Unión Europea, de acuerdo con la Directiva 2009/65/CE del Parlamento Europeo y del Consejo, de 13 de julio de 2009, por la que se coordinan las disposiciones legales, reglamentarias y administrativas sobre determinados organismos de inversión colectiva en valores mobiliarios, y que se comercialicen en España. En este caso, sólo les serán aplicables en su actuación en España las normas a que se refiere el artículo 15. c) A las IIC constituidas en otro Estado miembro de la Unión Europea, gestionadas por sociedades gestoras autorizadas en un Estado miembro al amparo de la Directiva 2011/61/UE del Parlamento Europeo y del Consejo, de 8 de junio de 2011, relativa a los gestores de fondos de inversión alternativos y por la que se modifican las Directivas 2003/41/CE y 2009/65/CE y los Reglamentos (CE) n.º 1060/2009 y (UE) n.º 1095/2010, cuando se comercialicen en España a inversores profesionales. En este caso, sólo les serán aplicables en su actuación en España las normas a las que se refiere el artículo 15 bis. d) A las IIC constituidas en terceros Estados gestionadas por gestoras autorizadas en un Estado miembro al amparo de la Directiva 2011/61/UE del Parlamento Europeo y del Consejo, de 8 de junio de 2011, cuando se comercialicen en España a inversores profesionales. En este caso, sólo les serán aplicables en su actuación en España las normas a las que se refiere el artículo 15 ter. e) A las IIC gestionadas por sociedades gestoras no domiciliadas en la Unión Europea cuando se comercialicen en España a inversores profesionales. En este caso, sólo les serán aplicables en su actuación en España las normas a las que se refiere el artículo 15 quáter. f) A las IIC señaladas en las letras c), d) y e) anteriores cuando se comercialicen en España a inversores no profesionales. En este caso, sólo les serán aplicables en su actuación en España las normas a las que se refiere el artículo 15 quinquies. Reglamentariamente podrá delimitarse los tipos de IIC que pueden comercializarse a no profesionales. En cualquier caso, las letras b), c), d), e) y f) anteriores sólo serán de aplicación a las IIC de tipo abierto y a* *aquellas asimilables a las previstas en el artículo 37 de esta Ley y en sus normas de desarrollo. En ningún caso resultará de aplicación a estas IIC el artículo 30 bis de la Ley 24/1988, de 24 de julio, del Mercado de Valores. A tales efectos, se entenderá por IIC de tipo abierto aquella cuyo objeto sea la inversión colectiva de los fondos captados entre el público y cuyo funcionamiento esté sometido al principio del reparto de riesgos, y cuyas unidades, a petición del tenedor, sean recompradas o reembolsadas, directa o indirectamente, con cargo a los activos de estas instituciones. La acción realizada por una IIC para asegurar que el valor de mercado de sus acciones o participaciones en un mercado secundario oficial o en cualquier otro mercado regulado o sistema multilateral de negociación domiciliado en la Unión Europea no se desvíe sensiblemente de su valor liquidativo se entenderá como equivalente a estas recompras o reembolsos. A los efectos de lo dispuesto en esta Ley, se entenderá por comercialización de una Institución de Inversión Colectiva la captación mediante actividad publicitaria, por cuenta de la Institución de Inversión Colectiva o cualquier entidad que actúe en su nombre o en el de uno de sus comercializadores, de clientes para su aportación a la Institución de Inversión Colectiva de fondos, bienes o derechos. A estos efectos, se entenderá por actividad publicitaria toda forma de comunicación dirigida a potenciales inversores con el fin de promover, directamente o a través de terceros que actúen por cuenta de la Institución de Inversión Colectiva o de la sociedad gestora de Institución de Inversión Colectiva, la suscripción o la adquisición de participaciones o acciones de Institución de Inversión Colectiva. En todo caso, hay actividad publicitaria cuando el medio empleado para dirigirse al público sea a través de llamadas telefónicas iniciadas por la Institución de Inversión Colectiva o su sociedad gestora, visitas a domicilio, cartas personalizadas, correo electrónico o cualquier otro medio telemático, que formen parte de una campaña de difusión, comercialización o promoción. La campaña se entenderá realizada en territorio nacional siempre que esté dirigida a inversores residentes en España. En el caso de correo electrónico o cualquier otro medio telemático, se presumirá que la oferta se dirige a inversores residentes en España cuando la Institución de Inversión Colectiva o su sociedad gestora, o cualquier persona que actúe por cuenta de éstos en el medio informático, proponga la compra o suscripción de las acciones o participaciones o facilite a los residentes en territorio español la información necesaria para apreciar las características de la emisión u oferta y adherirse a ella. En todo caso, las actividades de venta, enajenación, intermediación, suscripción, posterior reembolso o transmisión de las acciones, participaciones o valores representativos del capital o patrimonio de la IIC en cuestión relacionados con la comercialización de la IIC deberá realizarse a través de los intermediarios financieros, conforme a lo previsto en esta Ley y en sus disposiciones de desarrollo. 2. Asimismo, esta ley resultará de aplicación a las sociedades gestoras a las que se refiere el título IV, a los depositarios previstos en el título V, así como a otras entidades que presten servicios a las IIC, en los términos establecidos en esta ley y sus disposiciones de desarrollo».*

CAPÍTULO III. INFORMACIÓN PÚBLICA SOBRE LA SITUACIÓN FINANCIERA Y DE SOLVENCIA

Artículo 91. Forma del informe sobre la situación financiera y de solvencia. 1. El informe sobre la situación financiera y de solvencia se podrá elaborar de forma completa o contener referencias a información publicada en virtud de otros requisitos legales o reglamentarios y que sea equivalente en su naturaleza y en su ámbito.

2. El informe sobre la situación financiera y de solvencia estará sometido a revisión. La Dirección General de Seguros y Fondos de Pensiones determinará a través de circular el contenido del informe especial de revisión de la situación financiera y de solvencia, y el responsable de su elaboración.

Artículo 92. Contenido del informe sobre la situación financiera y de solvencia. 1. El informe sobre la situación financiera y de solvencia incluirá lo siguiente:

a) Descripción de la actividad y de los resultados de la entidad.

b) Descripción del sistema de gobierno de la entidad y evaluación de su adecuación con respecto al perfil de riesgo de la entidad.

c) Descripción, por separado para cada categoría de riesgo, de la exposición, concentración, reducción y sensibilidad al riesgo.

d) Descripción, por separado para los activos, las provisiones técnicas y otros pasivos, de las bases y los métodos empleados para su valoración, junto con una explicación de las diferencias significativas existentes, en su caso, en las bases y los métodos para la valoración en los estados financieros.

e) Descripción de la gestión del capital, que incluirá, al menos, lo siguiente:

1.º La estructura y el importe de los fondos propios, así como su calidad.

2.º El importe del capital de solvencia obligatorio y del capital mínimo obligatorio.

3.º La opción contemplada en el artículo 75 para el cálculo del capital de solvencia obligatorio.

4.º La información que permita entender convenientemente las principales diferencias entre las hipótesis de base de la fórmula estándar y las del modelo interno utilizado, en su caso, por la entidad para calcular su capital de solvencia obligatorio.

5.º El importe de todo posible déficit con respecto al capital mínimo obligatorio o de cualquier déficit significativo con respecto al capital de solvencia obligatorio durante el período de referencia, aun cuando se haya corregido posteriormente, junto con una explicación de su origen y sus consecuencias y las medidas correctoras adoptadas.

f) Las entidades aseguradoras acogidas al régimen especial de solvencia, deberán incluir expresamente la mención de estar acogidas a dicho régimen especial.

2. Cuando sea de aplicación el ajuste por casamiento previsto en el artículo 55, la descripción a que se refiere el apartado 1.d) incluirá una descripción del ajuste por casamiento, de la cartera de obligaciones y activos asignados, así como una cuantificación del efecto de no aplicar el ajuste por casamiento en la situación financiera de la entidad.

La descripción a que se refiere el apartado 1.d) también incluirá una declaración sobre si la entidad utiliza el ajuste por volatilidad previsto en el artículo 57, así como una cuantificación del efecto de un cambio a cero de dicho ajuste en la situación financiera de la entidad.

3. La descripción a que se refiere el apartado 1.e). 1.º, incluirá un análisis de cualesquiera cambios significativos respecto al anterior período de referencia y una explicación de las diferencias importantes existentes, en su caso, con respecto al valor de tales elementos en los estados financieros, así como una breve descripción de la transferibilidad del capital.

4. La indicación del capital de solvencia obligatorio a que se refiere el apartado 1.e). 2.º, especificará por separado, en su caso:

a) El importe calculado de conformidad con la fórmula estándar o los modelos internos.

b) Cualquier exigencia de capital de solvencia obligatorio adicional impuesta con arreglo al artículo 76 de la Ley 20/2015, de 14 de julio.

c) El impacto de los parámetros específicos que la entidad aseguradora o reaseguradora debe usar con arreglo a lo dispuesto en el artículo 64.2.

d) Información concisa sobre la motivación de la resolución de la Dirección General de Seguros y Fondos de Pensiones para exigir tanto capital de solvencia obligatorio adicional como el uso de los parámetros específicos.

La publicación del capital de solvencia obligatorio se acompañará, cuando proceda, de la indicación de que su importe final está subordinado a una evaluación de supervisión.

Artículo 93. Plazos de divulgación del informe sobre la situación financiera y de solvencia. 1. Las entidades aseguradoras y reaseguradoras deberán divulgar su informe sobre la situación financiera y de solvencia en el plazo establecido en la normativa de la Unión Europea de directa aplicación.

2. Para la divulgación del informe sobre la situación financiera y de solvencia de grupo, el plazo previsto en el apartado anterior se extenderá al que se establezca en la normativa de la Unión Europea de directa aplicación.

3. Las entidades aseguradoras y reaseguradoras deberán divulgar y remitir a la Dirección General de Seguros y fondos de Pensiones el informe especial de revisión de la situación financiera y de solvencia en los plazos señalados en los apartados 1 y 2.

Artículo 94. Actualizaciones del informe sobre la situación financiera y de solvencia e información voluntaria adicional. 1. Se consideran circunstancias importantes que afectan de forma significativa a la información publicada en el informe sobre la situación financiera y de solvencia y que supondrán la publicación de la oportuna información sobre su naturaleza y sus efectos, al menos, las siguientes:

a) Cuando se observe un déficit con respecto al capital mínimo obligatorio y la Dirección General de Seguros y Fondos de Pensiones considere que la entidad no podrá presentar un plan de financiación adecuado a corto plazo o no se presente dicho plan en el plazo de un mes, a partir de la constatación del incumplimiento.

b) Cuando se observe un déficit significativo con respecto al capital de solvencia obligatorio y no se presente a la Dirección General de Seguros y Fondos de Pensiones un plan de recuperación adecuado en el plazo de dos meses, a partir de la constatación del incumplimiento.

2. Cuando se produzca alguna de las circunstancias recogidas en el apartado anterior, la Dirección General de Seguros y Fondos de Pensiones exigirá a la entidad que publique de inmediato el importe del déficit, junto con una explicación de su origen y sus consecuencias y las posibles medidas correctoras adoptadas.

3. Cuando, en el caso a que se refiere el apartado 1.a), pese a que el plan de financiación a corto plazo se hubiera considerado inicialmente adecuado, el déficit con respecto al capital mínimo obligatorio no se hubiera corregido tres meses después de haberse constatado o, en el caso a que se refiere el apartado 1.b), pese a que el plan de recuperación se hubiera considerado inicialmente adecuado, el déficit significativo con respecto al capital de solvencia obligatorio no se hubiera corregido seis meses después de haberse constatado, deberá publicarse al término de dichos plazos respectivamente, el importe del déficit, junto con una explicación de su origen y sus consecuencias y las posibles medidas correctoras adoptadas, así como las posibles medidas correctoras adicionales posteriormente previstas.

CAPÍTULO IV. OBLIGACIONES CONTABLES

Artículo 95. Contabilidad de las entidades aseguradoras y reaseguradoras. La contabilidad de las operaciones de las entidades aseguradoras y reaseguradoras se ajustará a las normas contenidas en el Plan de contabilidad de las entidades aseguradoras aprobado por Real Decreto 1317/2008, de 24 de julio, y en las disposiciones que lo desarrollen. En su defecto, serán aplicables las normas del Plan General de Contabilidad, del Código de Comercio y las demás disposiciones de la legislación mercantil en materia contable.

> – **Real Decreto 1317/2008, de 24 de julio, por el que se aprueba el Plan de contabilidad de las entidades aseguradoras y reaseguradoras y normas sobre la formulación de las cuentas anuales consolidadas de los grupos de entidades aseguradoras y reaseguradoras.**

Artículo 96. Libros y registros contables de las entidades aseguradoras y reaseguradoras. 1. Las entidades aseguradoras y reaseguradoras llevarán los libros de contabilidad exigidos por el Código de Comercio y otras disposiciones que les sean de aplicación, incluyendo con carácter obligatorio el libro mayor, que recogerá, para cada una de las cuentas, los cargos y abonos que en ellas se realicen, debiendo concordar en todo momento con las anotaciones realizadas en el libro diario.

Deberán tener, además, los registros que a continuación se detallan:

a) De cuentas. Deberá recoger las cuentas utilizadas por la entidad para el reflejo de sus operaciones en el libro diario, con desgloses en subcuentas, así como las principales relaciones contables relativas a las mismas en cuanto no estén definidas en el Plan de contabilidad de las entidades aseguradoras.

b) De pólizas y suplementos emitidos, y anulaciones. Este registro deberá contener los datos relevantes de cada póliza de seguro o suplemento en relación con sus elementos personales, características del riesgo cubierto y condiciones económicas del contrato.

Las pólizas deben ser emitidas con numeración correlativa, pudiendo comprender varias series, según los criterios de clasificación utilizados. Los suplementos emitidos, que incluirán los que se correspondan con extornos de primas, han de ser relacionados con la póliza de la que procedan.

Cuando se produzca la anulación de una póliza o suplemento se hará constar tal circunstancia y su fecha en los registros afectados.

c) De siniestros. Los siniestros se registrarán tan pronto sean conocidos por la entidad, debiendo atribuírseles una numeración correlativa, por orden cronológico, dentro de cada una de las series que se establezcan conforme a los criterios de clasificación de siniestros que utilice la entidad.

La información que, como mínimo, debe contener este registro se referirá a la póliza de la que procede cada siniestro; fechas de ocurrencia y declaración; valoración inicial asignada; pagos o consignaciones posteriores, con indicación separada de los recobros que se hayan producido; la mejor estimación de la provisión de siniestros constituida al comienzo del ejercicio; la mejor estimación de la provisión de siniestros al cierre del período; fecha de la última valoración del siniestro; y los pagos e importes recuperables de reaseguro. También se indicará si existe reclamación judicial, administrativa, ante el defensor del asegurado de la entidad, o de cualquier otra índole.

Se entenderá cumplida la obligación de llevanza de este registro aun cuando la información señalada en este apartado esté contenida en diferentes ficheros informáticos, siempre que sea posible establecer una correlación e integración ágil y sencilla entre el contenido de los mismos.

En el caso de ramos o riesgos que lo requieran, la entidad podrá adaptar el contenido del registro de siniestros a las características de dichos seguros, comunicando a la Dirección General de Seguros y Fondos de Pensiones su estructura y forma de gestión.

d) De cálculo de las provisiones técnicas. Para cada una de las provisiones técnicas, se llevarán separadamente los registros correspondientes al seguro directo, al reaseguro aceptado y al reaseguro cedido.

e) De inversiones. Este inventario comprenderá todos los datos necesarios para una adecuada gestión de las inversiones conforme a las características de cada activo. En todo caso y para cada una de las inversiones de la entidad, incluidas la tesorería y las operaciones con instrumentos derivados, este registro contendrá la descripción, situación, asignación y valoración a efectos contables y de solvencia a la fecha de referencia, así como, en su caso, la inclusión de los mismos como activos asignados a efectos de liquidación, de acuerdo con lo previsto en el artículo 179.3 de la Ley 20/2015, de 14 de julio. Asimismo, indicará la entidad depositaria de los activos financieros y el concepto en el que se realiza su depósito.

En el caso de que existan afecciones a ramos o riesgos o a contratos de seguro individualizados se identificarán inequívocamente los mismos y los bienes afectados.

En todo caso será preciso identificar las inversiones específicamente asignadas a:

1.º Las carteras de obligaciones de seguro o de reaseguro a las que se aplique el ajuste por casamiento al que se refiere el artículo 55.

2.º Pólizas que reconocen participación en beneficios.

3.º Pólizas en las que el valor de rescate se referencie o vincule a unos activos específicos.

4.º Operaciones de cobertura de activos, pasivos e instrumentos derivados.

5.º Carteras en las que se utilice el submódulo de renta variable basado en duraciones.

El registro de inversiones recogerá, en todo caso, un resumen de la situación de las inversiones al término de cada trimestre.

La asignación de activos a efectos de liquidación deberá mantenerse actualizada por las entidades en todo momento. Sólo podrán modificarse los activos asignados inicialmente cuando resulte oportuna su realización, mediante venta o vencimiento de la inversión, para el pago de las prestaciones que garantizan o bien para su sustitución por otros activos que se adecuen mejor a su finalidad.

En caso de modificación, deberá dejarse constancia de su fecha, motivo y activos de sustitución, en su caso.

El valor total de los activos asignados, evaluados conforme a lo indicado en este real decreto, no deberá ser en ningún momento inferior al valor contable de las provisiones técnicas.

Desde el momento en que se acuerde la disolución de una entidad aseguradora, la asignación de los activos a los que se refiere este apartado no podrá modificarse, excepto para la corrección de errores puramente materiales, salvo autorización previa de la Dirección General de Seguros y Fondos de Pensiones.

La Dirección General de Seguros y Fondos de Pensiones podrá retrotraer y dejar sin efecto las modificaciones en el registro especial de activos a efectos de liquidación, efectuadas con anterioridad al acuerdo de disolución, cuando se verifique que tales cambios no han respondido a los criterios aplicados durante el período de funcionamiento normal del negocio, no respetan la normativa vigente o carecen de justificación suficiente.

Sin perjuicio de lo indicado en los párrafos anteriores, en relación con el ramo de seguro de que se trate, los liquidadores añadirán a los activos asignados a dicho ramo, los que se deriven de los rendimientos obtenidos y de las primas recibidas con posterioridad al acuerdo de disolución.

f) De contratos de reaseguro aceptado y cedido. Este registro comprenderá los datos identificativos de cada uno de los contratos de reaseguro celebrados por la entidad, separando los de reaseguro aceptado y los de reaseguro cedido y, dentro de ellos, distinguiendo en secciones diferentes los datos identificativos de los tratados obligatorios y los de las cesiones o aceptaciones facultativas.

Para cada contrato se recogerán los datos relevantes sobre los elementos personales, características de los riesgos reasegurados, condiciones de la cobertura en reaseguro y todas las circunstancias del contrato con incidencia económica.

2. Los registros a que se refiere el apartado anterior deberán conservarse en soportes informáticos, siempre que cuenten con las debidas garantías de seguridad que impidan su manipulación indebida.

3. En el caso de entidades autorizadas para operar simultáneamente en el ramo de vida y en ramos distintos del de vida, los libros y registros anteriores se mantendrán en secciones separadas.

4. Los libros y registros mencionados en este artículo no podrán llevarse con un retraso superior a tres meses.

5. La Dirección General de Seguros y Fondos de Pensiones, mediante circular, podrá dictar normas de llevanza y especificaciones técnicas de los libros y registros a los que se refiere este artículo.

Artículo 97. Obligaciones contables de las entidades aseguradoras y reaseguradoras. 1. El ejercicio económico de toda clase de entidades aseguradoras coincidirá con el año natural.

2. Sin perjuicio de lo indicado en el apartado anterior, las entidades aseguradoras deberán elaborar, al menos trimestralmente, el balance, las cuentas técnicas y no técnicas de resultados y un estado de solvencia que incluya el capital de solvencia obligatorio y el capital mínimo obligatorio.

En el estado de solvencia, el capital de solvencia obligatorio a considerar será el último capital de solvencia calculado.

Las cuentas técnicas de resultados y el capital mínimo obligatorio, se referirán por separado tanto a la actividad de seguros de vida como a la de seguros distintos del seguro de vida.

3. Las entidades aseguradoras llevarán y conservarán los libros, registros, correspondencia, documentación y justificantes concernientes a su negocio, debidamente ordenados, en los términos establecidos por la legislación mercantil. No obstante, en el caso de riesgos que puedan dar lugar a siniestros de manifestación diferida, se conservará la documentación correspondiente durante un plazo acorde al periodo esperado de manifestación de los siniestros.

4. Las entidades aseguradoras deberán remitir a la Dirección General de Seguros y Fondos de Pensiones las cuentas anuales y el informe de gestión, así como el informe de auditoría de las cuentas anuales antes del 10 de julio del año siguiente a aquél al que se refieran, salvo que la entidad realice una actividad exclusivamente reaseguradora en cuyo caso el plazo finalizará el día 10 de octubre.

Las entidades obligadas a formular cuentas consolidadas deberán remitir a la Dirección General de Seguros y Fondos de Pensiones las cuentas anuales consolidadas y el informe de gestión, así como el informe de auditoría de dichas cuentas anuales antes del 10 de julio del año siguiente a aquél al que se refieran, salvo que la entidad obligada realice una actividad exclusivamente reaseguradora o forme parte del grupo una entidad reaseguradora, en cuyo caso el plazo finalizará el día 10 de octubre.

Artículo 98. Auditoría de las cuentas anuales de entidades aseguradoras y reaseguradoras. 1. Las cuentas anuales individuales y las cuentas anuales consolidadas de las entidades aseguradoras y reaseguradoras deberán ser revisadas por los auditores de cuentas.

2. Siempre que existan irregularidades en la contabilidad que dificulten notablemente conocer la verdadera situación patrimonial de la entidad o se trate de entidades sometidas a medidas de control especial, la Dirección General de Seguros y Fondos de Pensiones podrá exigir a las entidades aseguradoras y reaseguradoras, mediante requerimientos individualizados, la revisión por el auditor de cuentas de la entidad o de otro auditor de cuestiones específicas, con el alcance que considere necesario para el adecuado control de aquéllas, siempre que no supongan una vulneración del deber de independencia al que éstos se encuentran sujetos, de acuerdo con la normativa reguladora de la actividad de auditoría de cuentas.

– **Ley 22/2015, de 20 de julio, de Auditoría de Cuentas.**

CAPÍTULO V. OPERACIONES SOCIETARIAS

SECCIÓN 1.ª CESIÓN DE CARTERA

Artículo 99. Cesión de cartera entre entidades aseguradoras españolas.
1. Las entidades aseguradoras españolas podrán ceder entre sí los contratos de seguro que integren la cartera de uno o más ramos en los que operen, excepto las mutualidades de previsión social que sólo podrán adquirir las carteras de entidades de su misma clase.

2. De acuerdo con el artículo 89.3 de la Ley 20/2015, de 14 de julio, serán admisibles cesiones parciales de cartera de un ramo en los siguientes casos:

a) Cuando comprenda la totalidad de las pólizas de una parte de los riesgos incluidos en un ramo.

b) Cuando comprenda la totalidad de las pólizas que, perteneciendo a un ramo, correspondan a una determinada zona geográfica.

c) Cuando comprenda la totalidad de las pólizas que, dentro de un ramo, puedan agruparse atendiendo a cualquier otro criterio objetivo, que habrá de quedar determinado claramente en el convenio de cesión.

En ningún caso se considerará que constituye un criterio objetivo la cesión de pólizas de seguros reguladas en el Real Decreto 1588/1999, de 15 de octubre, por el que se aprueba el Reglamento de instrumentación de los compromisos por pensiones de las empresas con los trabajadores y beneficiarios, correspondientes a una empresa o grupos de empresas.

3. La cesión de cartera se ajustará a las siguientes reglas:

a) No será causa de resolución de los contratos de seguro cedidos siempre que la entidad aseguradora cesionaria quede subrogada en todos los derechos y obligaciones que incumbían a la cedente en cada uno de los contratos, salvo que se trate de mutualidades de previsión social.

b) No obstante lo dispuesto en la letra anterior, en el caso de cesión parcial de la cartera de un ramo, los tomadores podrán resolver los contratos de seguro, a cuyo efecto deberán ser debidamente notificados conforme a lo dispuesto en el artículo 100.

c) La entidad cesionaria deberá tener autorización administrativa para operar en los ramos correspondientes a la cartera cedida.

d) Después de la cesión, la cesionaria deberá tener provisiones técnicas suficientes y fondos propios admisibles suficientes para cubrir el capital de solvencia obligatorio.

e) Las relaciones laborales existentes en el momento de la cesión se regirán por lo dispuesto en el artículo 44 del texto refundido de la Ley del Estatuto de los Trabajadores, aprobado por el Real Decreto Legislativo 1/1995, de 24 de marzo.

> – El texto refundido de la Ley del Estatuto de los Trabajadores, aprobado por el Real Decreto Legislativo 1/1995, de 24 de marzo, ha sido derogado por el **Real Decreto Legislativo 2/2015, de 23 de octubre, por el que se aprueba el texto refundido de la Ley del Estatuto de los Trabajadores.** El artículo 44 de este último establece: «*Artículo 44. La sucesión de empresa. 1. El cambio de titularidad de una empresa, de un centro de trabajo o de una unidad productiva autónoma no extinguirá por sí mismo la relación laboral, quedando el nuevo empresario subrogado en los derechos y obligaciones laborales y de Seguridad Social del anterior, incluyendo los compromisos de pensiones, en los términos previstos en su normativa específica, y, en general, cuantas obligaciones en materia de protección social complementaria hubiere adquirido el cedente. 2. A los efectos de lo previsto en este artículo, se considerará que existe sucesión de empresa cuando la transmisión afecte a una entidad económica que mantenga su identidad, entendida como un conjunto de medios organizados a fin de llevar a cabo una actividad económica, esencial o accesoria. 3. Sin perjuicio de lo establecido en la legislación de Seguridad Social, el cedente y el cesionario, en las transmisiones que tengan lugar por actos inter vivos, responderán solidariamente durante tres años de las obligaciones laborales nacidas con anterioridad a la transmisión y que no hubieran sido satisfechas. El cedente y el cesionario también responderán solidariamente de las obligaciones nacidas con posterioridad a la transmisión, cuando la cesión fuese declarada*

delito. 4. Salvo pacto en contrario, establecido mediante acuerdo de empresa entre el cesionario y los representantes de los trabajadores una vez consumada la sucesión, las relaciones laborales de los trabajadores afectados por la sucesión seguirán rigiéndose por el convenio colectivo que en el momento de la transmisión fuere de aplicación en la empresa, centro de trabajo o unidad productiva autónoma transferida. Esta aplicación se mantendrá hasta la fecha de expiración del convenio colectivo de origen o hasta la entrada en vigor de otro convenio colectivo nuevo que resulte aplicable a la entidad económica transmitida. 5. Cuando la empresa, el centro de trabajo o la unidad productiva objeto de la transmisión conserve su autonomía, el cambio de titularidad del empresario no extinguirá por sí mismo el mandato de los representantes legales de los trabajadores, que seguirán ejerciendo sus funciones en los mismos términos y bajo las mismas condiciones que regían con anterioridad. 6. El cedente y el cesionario deberán informar a los representantes legales de sus trabajadores respectivos afectados por el cambio de titularidad, de los siguientes extremos: a) Fecha prevista de la transmisión. b) Motivos de la transmisión. c) Consecuencias jurídicas, económicas y sociales, para los trabajadores, de la transmisión. d) Medidas previstas respecto de los trabajadores. 7. De no haber representantes legales de los trabajadores, el cedente y el cesionario deberán facilitar la información mencionada en el apartado anterior a los trabajadores que pudieren resultar afectados por la transmisión. 8. El cedente vendrá obligado a facilitar la información mencionada en los apartados anteriores con la suficiente antelación, antes de la realización de la transmisión. El cesionario estará obligado a comunicar estas informaciones con la suficiente antelación y, en todo caso, antes de que sus trabajadores se vean afectados en sus condiciones de empleo y de trabajo por la transmisión. En los supuestos de fusión y escisión de sociedades, el cedente y el cesionario habrán de proporcionar la indicada información, en todo caso, al tiempo de publicarse la convocatoria de las juntas generales que han de adoptar los respectivos acuerdos. 9. El cedente o el cesionario que previere adoptar, con motivo de la transmisión, medidas laborales en relación con sus trabajadores vendrá obligado a iniciar un periodo de consultas con los representantes legales de los trabajadores sobre las medidas previstas y sus consecuencias para los trabajadores. Dicho periodo de consultas habrá de celebrarse con la suficiente antelación, antes de que las medidas se lleven a efecto. Durante el periodo de consultas, las partes deberán negociar de buena fe, con vistas a la consecución de un acuerdo. Cuando las medidas previstas consistieren en traslados colectivos o en modificaciones sustanciales de las condiciones de trabajo de carácter colectivo, el procedimiento del periodo de consultas al que se refiere el párrafo anterior se ajustará a lo establecido en los artículos 40.2 y 41.4. 10. Las obligaciones de información y consulta establecidas en este artículo se aplicarán con independencia de que la decisión relativa a la transmisión haya sido adoptada por los empresarios cedente y cesionario o por las empresas que ejerzan el control sobre ellos. Cualquier justificación de aquellos basada en el hecho de que la empresa que tomó la decisión no les ha facilitado la información necesaria no podrá ser tomada en consideración a tal efecto».

Artículo 100. Procedimiento de autorización de la cesión de cartera de las entidades aseguradoras españolas. 1. La cesión de cartera requerirá autorización del Ministro de Economía y Competitividad, para lo cual deberá aportarse a la Dirección General de Seguros y Fondos de Pensiones la siguiente documentación:

a) Certificación de los acuerdos adoptados por los órganos sociales competentes de las entidades aprobando el convenio de cesión y, en su caso, la disolución de la cedente o cedentes, o la modificación del objeto social.

b) Convenio de cesión de cartera suscrito por los representantes de las entidades, en el que se especificará:

1.º Inventario detallado de elementos patrimoniales de activo y pasivo que se ceden.

2.º Fecha de toma de efecto de la cesión.

3.º Precio de la cesión.

4.º Efecto condicionado a la autorización administrativa de la cesión.

c) Balances de situación y cuentas de pérdidas y ganancias de las entidades interesadas, cerrados dentro de los seis meses anteriores a la fecha de adopción del acuerdo de cesión de cartera por los órganos sociales competentes, junto con un informe sobre las modificaciones patrimoniales significativas que hayan podido tener lugar con posterioridad y adjuntando asimismo los informes emitidos por los auditores de cuentas de las entidades.

d) Estimación del estado de solvencia que incluya el capital de solvencia obligatorio y el capital mínimo obligatorio de la entidad cesionaria para el caso de que se lleve a efecto la cesión, así como de la entidad cedente en el supuesto de que continúe su actividad aseguradora.

2. Una vez presentada la documentación precitada junto con la solicitud de autorización, mediante resolución de la Dirección General de Seguros y Fondos de Pensiones se acordará la apertura del período de información pública, autorizando a la entidad interesada a publicar anuncios en su sitio web, en uno de los diarios de mayor circulación de la provincia donde la cedente tenga su domicilio social, y en otro diario de ámbito nacional, dando a conocer el

proyecto de cesión y advirtiendo a los tomadores de su derecho a comunicar a la Dirección General de Seguros y Fondos de Pensiones, en el plazo de un mes desde la última publicación, las razones que, en su caso, pudieran tener para estar disconformes con la cesión. No obstante, podrá prescindirse de dicha información pública cuando se deniegue la autorización por no reunir los requisitos legalmente exigibles para la cesión.

3. Una vez transcurrido el plazo a que se refiere el apartado anterior, previo informe de la Dirección General de Seguros y Fondos de Pensiones, el Ministro de Economía y Competitividad, visto el expediente abierto al efecto y examinadas las manifestaciones de disconformidad que se hubieren efectuado, dictará la orden ministerial que proceda sobre la operación de cesión de cartera. Dicha orden declarará, en su caso, la revocación de la autorización administrativa de la cedente y se publicará en el «Boletín Oficial del Estado».

4. Una vez autorizada, la cesión se formalizará en escritura pública, la cual deberá recoger los acuerdos de cesión, traspaso patrimonial, y en su caso de disolución. El notario autorizante remitirá la escritura en la que se recojan los acuerdos de forma telemática al Registro Mercantil del domicilio social de las entidades participantes en la cesión para su inscripción, salvo que alguna de las partes intervinientes en el otorgamiento no le autorice para ello. En este caso, el notario entregará una copia electrónica de la escritura pública a las entidades y remitirá otra por medios telemáticos y con firma electrónica al Registro Mercantil para su inscripción. En la remisión referida se incorporará la copia electrónica de la escritura y los documentos acreditativos de la preceptiva autorización administrativa. El Registrador Mercantil remitirá de oficio a la Dirección General de Seguros y Fondos de Pensiones por medio telemático una certificación autorizada con su firma electrónica, acreditativa del asiento practicado, acompañada de una copia electrónica de la escritura pública. Si se tratara de una sociedad cooperativa se inscribirá en el Registro de Sociedades Cooperativas correspondiente.

5. La autorización administrativa concedida a la entidad cedente para ejercer la actividad aseguradora quedará revocada en cuanto al ramo o ramos totalmente cedidos.

6. En aquellos supuestos en los que los tomadores de seguro puedan resolver los contratos, deberá notificárseles individualmente tal derecho. El derecho de resolución podrá ser ejercitado en el plazo de un mes contado desde la publicación en el «Boletín Oficial del Estado» de la orden ministerial, teniendo derecho, además, al reembolso de la parte de prima no consumida.

7. En el caso de que proceda la comunicación de la operación a la Comisión Nacional de los Mercados y la Competencia, conforme a lo previsto en la Ley 15/2007, de 3 de julio, de Defensa de la Competencia, los partícipes comunicarán la realización de dicha notificación a la Dirección General de Seguros y Fondos de Pensiones, la cual suspenderá el procedimiento previsto en este artículo hasta la terminación del procedimiento iniciado por la Comisión Nacional de los Mercados y la Competencia o, en su caso, hasta el levantamiento de la suspensión de la operación de concentración acordada eventualmente por dicha Comisión de acuerdo con el artículo 9.6 de la Ley 15/2007, de 3 de julio.

– El artículo 9 de la **Ley 15/2007, de 3 de julio, de defensa de la competencia** establece: «*Artículo 9. Obligación de notificación y suspensión de la ejecución. 1. Las concentraciones económicas que entren en el ámbito de aplicación del artículo anterior deberán notificarse a la Comisión Nacional de la Competencia previamente a su ejecución. 2. La concentración económica no podrá ejecutarse hasta que haya recaído y sea ejecutiva la autorización expresa o tácita de la Administración en los términos previstos en el artículo 38, salvo en caso de levantamiento de la suspensión. 3. Los apartados anteriores no impedirán realizar una oferta pública de adquisición de acciones admitidas a negociación en una bolsa de valores autorizada por la Comisión Nacional del Mercado de Valores que sea una concentración económica sujeta a control de acuerdo con lo previsto en la presente Ley, siempre y cuando: a) la concentración sea notificada a la Comisión Nacional de la Competencia en el plazo de cinco días desde que se presenta la solicitud de la autorización de la oferta a la Comisión Nacional del Mercado de Valores, en caso de no haber sido notificada con anterioridad, y b) el comprador no ejerza los derechos de voto inherentes a los valores en cuestión o sólo los ejerza para salvaguardar el valor íntegro de su inversión sobre la base de una dispensa concedida por la Comisión Nacional de la Competencia. 4. Están obligados a notificar: a) Conjuntamente las partes que intervengan en una fusión, en la creación de una empresa en participación o en la adquisición del control conjunto sobre la totalidad o parte de una o varias empresas. b) Individualmente, la parte que adquiera el control exclusivo sobre la totalidad o parte de una o varias empresas. 5. En el caso de que una concentración sujeta a control según lo previsto en la presente Ley no hubiese sido notificada a la Comisión Nacional de la Competencia, ésta, de oficio, requerirá a las partes obligadas a notificar para que efectúen la correspondiente notificación en un plazo no superior a veinte días a contar desde la recepción del requerimiento. No se beneficiarán del silencio positivo previsto en el artículo 38 aquellas concentraciones notificadas a requerimiento de la Comisión Nacional de la Competencia. Transcurrido el plazo para notificar sin que se haya*

producido la notificación, la Dirección de Investigación podrá iniciar de oficio el
expediente de control de concentraciones, sin perjuicio de la aplicación de las
sanciones y multas coercitivas previstas en los artículos 61 a 70. 6. El Consejo
de la Comisión Nacional de la Competencia podrá acordar el levantamiento de
la suspensión de la ejecución de la concentración a que se refiere el apartado 2
de este artículo, a propuesta de la Dirección de Investigación y previa solicitud
motivada. La resolución se dictará previa ponderación, entre otros factores,
del perjuicio que causaría la suspensión de la ejecución a las empresas partíci-
pes en la concentración y del que la ejecución de la operación causaría a la libre
competencia. El levantamiento de la suspensión de la ejecución podrá estar
subordinado al cumplimiento de condiciones y obligaciones que garanticen la
eficacia de la decisión que finalmente se adopte».

Artículo 101. Cesión de cartera por una entidad aseguradora española de los contratos suscritos en régimen de derecho de establecimiento o en régimen de libre prestación de servicios, o que pasen a estar suscritos en cualquiera de esos regímenes. 1. La cesión de cartera por una entidad aseguradora española de los contratos suscritos en régimen de derecho de establecimiento o en régimen de libre prestación de servicios o que, en virtud de la cesión, pasen a estar suscritos en cualquiera de ambos regímenes, a un cesionario domiciliado en la Unión Europea, incluida España, o a las sucursales del cesionario establecidas en un Estado miembro, precisará de la conformidad de la autoridad supervisora del Estado miembro del compromiso o localización del riesgo, de la certificación de que la cesionaria dispone, habida cuenta de la cesión, de los fondos propios admisibles suficientes para cubrir el capital de solvencia obligatorio, expedida por la autoridad supervisora del Estado miembro de origen del cesionario, y en los contratos suscritos en régimen de derecho de establecimiento, de la consulta a la autoridad supervisora del Estado miembro de la sucursal cedente.

2. Si los Estados miembros no contestan a las solicitudes de conformidad, certificación o consulta en el plazo de tres meses desde su recepción, se entenderá otorgada tal conformidad, expedida la certificación y evacuada la consulta, respectivamente.

3. Aprobada la cesión de cartera regulada en este artículo mediante orden ministerial, y publicada ésta en el «Boletín Oficial del Estado», la Dirección General de Seguros y Fondos de Pensiones lo comunicará a las autoridades de supervisión de los Estados miembros del compromiso o de localización del riesgo.

4. Los tomadores tendrán derecho a resolver los contratos de seguro afectados por la cesión de cartera regulada en este precepto. En el caso de aquellos tomadores de seguros en los que España sea el Estado miembro del compromiso o de localización del riesgo, el plazo para ejercitar dicho derecho será de un mes desde la publicación a que se refiere el apartado anterior.

5. En todo lo demás, dicha cesión de cartera se ajustará a lo dispuesto en el artículo 100, teniendo en cuenta que la apertura del período de información pública sólo procederá cuando España sea el Estado del compromiso o de localización del riesgo.

Artículo 102. Cesión de cartera de entidades que operen en España domiciliadas en otro Estado miembro. 1. La Dirección General de Seguros y Fondos de Pensiones deberá prestar su conformidad para la cesión de cartera de los contratos de seguro de una entidad aseguradora domiciliada en otro Estado miembro cuando España sea el Estado miembro del compromiso o localización del riesgo.

Asimismo, deberá ser consultada cuando la cedente sea una sucursal establecida en España de una entidad aseguradora domiciliada en otro Estado miembro.

Finalmente, cuando la cesionaria sea una entidad aseguradora española, dicha Dirección General deberá certificar que la cesionaria dispone, habida cuenta de la cesión, de los fondos propios admisibles suficientes para cubrir el capital de solvencia obligatorio.

2. La Dirección General de Seguros y Fondos de Pensiones deberá expresar su criterio en el plazo de tres meses desde la recepción de la petición de conformidad, formulación de consulta o solicitud de certificación remitida por el Estado miembro de origen de la entidad aseguradora cedente. Si, transcurrido dicho plazo, la citada Dirección General no se hubiera pronunciado al respecto, se entenderá otorgada la conformidad, evacuada la consulta o remitida la certificación.

Se denegará la certificación cuando se haya exigido a la entidad aseguradora un plan de recuperación, conforme al artículo 156 de la Ley 20/2015, de 14 de julio, o un plan de financiación, conforme al artículo 157 de la referida ley, y en tanto se considere que los derechos de los tomadores de seguro no están suficientemente garantizados.

3. Cuando España sea el Estado miembro del compromiso o de localización del riesgo, se exigirá a la entidad cedente que notifique individualmente a los

tomadores el derecho a resolver los contratos de seguro que, suscritos en régimen de derecho de establecimiento o de libre prestación de servicios, resulten afectados por la cesión o que, como consecuencia de ella, pasen a cualquiera de estos regímenes, así como el derecho al reembolso de la parte de prima no consumida. Una vez que la autoridad de supervisión del Estado miembro de origen de la cedente haya dado su autorización a la cesión, comunicándola a la Dirección General de Seguros y Fondos de Pensiones, con especificación de la fecha de efecto, ésta procederá a publicar en el «Boletín Oficial del Estado» la cesión autorizada, pudiendo ejercitarse el derecho de resolución de los contratos en el plazo de un mes a contar desde dicha publicación.

Artículo 103. Cesión de cartera de sucursales en España de entidades aseguradoras domiciliadas en terceros países. 1. Sólo será admisible la cesión de cartera de sucursales en España de entidades aseguradoras domiciliadas en terceros países cuando la cesionaria sea:

a) Una entidad aseguradora española o domiciliada en otro Estado miembro.

b) Una sucursal establecida en España de una entidad aseguradora domiciliada en otro Estado miembro o en terceros países.

c) Una sucursal establecida en los restantes Estados miembros de una entidad aseguradora española o domiciliada en cualquiera de los restantes Estados miembros.

2. La cesión de cartera se sujetará a lo dispuesto en el artículo 100 y, en su caso, requerirá, previamente al otorgamiento de la autorización administrativa, la certificación de la autoridad competente del Estado miembro del cesionario de que éste dispone, habida cuenta de la cesión, de los fondos propios admisibles necesarios para cubrir el capital de solvencia obligatorio. Tal certificación deberá expedirse dentro de los tres meses siguientes a la recepción de la petición formulada por la Dirección General de Seguros y Fondos de Pensiones y se entenderá extendida de conformidad si, transcurrido el citado plazo, la certificación no es expedida.

3. Si la cesionaria es una entidad aseguradora domiciliada en otro Estado miembro o una sucursal establecida en él, los tomadores del seguro tendrán derecho a resolver los contratos de seguro afectados por la cesión en los mismos términos establecidos en el artículo 101.4.

Artículo 104. Cesión de cartera a una sucursal en España de entidades aseguradoras domiciliadas en terceros países. 1. Sólo será admisible la cesión de cartera a una sucursal en España de entidades aseguradoras domiciliadas en terceros países cuando la cedente sea:

a) Una entidad aseguradora española.

b) Una sucursal establecida en España de entidades aseguradoras domiciliadas en otros Estados miembros o en terceros países.

2. Si la cedente es una entidad aseguradora española o una sucursal en España de entidades aseguradoras domiciliadas en terceros países, la cesión de cartera se ajustará a lo dispuesto en el artículo 100.

Si la cedente es una sucursal en España de una entidad aseguradora domiciliada en cualquiera de los restantes Estados miembros, la Dirección General de Seguros y Fondos de Pensiones deberá prestar su conformidad para la cesión y, previamente, certificar si la sucursal de la entidad aseguradora domiciliada en terceros países dispone, habida cuenta de la cesión, de los fondos propios admisibles necesarios para cubrir el capital de solvencia obligatorio, en los términos del artículo 102.

Artículo 105. Cesión de cartera de entidades reaseguradoras. 1. La cesión de cartera de las entidades reaseguradoras españolas se regirá por lo dispuesto en el artículo 100.

2. La cesión podrá ser de toda la cartera, de todos los contratos de reaseguro de vida o de todos los contratos de reaseguro distinto del de vida.

También podrán realizarse cesiones parciales, que no incluyan todos los contratos de reaseguro de vida o de reaseguro distinto del de vida.

3. En las cesiones de cartera que comprendan contratos suscritos en régimen de derecho de establecimiento o en régimen de libre prestación de servicios o que, en virtud de la cesión, pasen a estar suscritos en cualquiera de ambos regímenes, a un cesionario domiciliado en la Unión Europea, se precisará la certificación de que el cesionario dispone, habida cuenta de la cesión, de los fondos propios admisibles suficientes para cubrir el capital de solvencia obligatorio, expedida por la autoridad supervisora del Estado miembro de origen del cesionario.

4. Cuando la cesionaria sea una entidad reaseguradora española, la Dirección General de Seguros y Fondos de Pensiones certificará que la cesionaria dispone, en su caso, y habida cuenta de la cesión, de los fondos propios admisibles suficientes para cubrir el capital de solvencia obligatorio, en el

plazo indicado en el artículo 102 y con los mismos efectos en caso de falta de pronunciamiento expreso por la Dirección General de Seguros y Fondos de Pensiones.

5. La cesión de cartera podrá dar lugar a la resolución de los contratos de reaseguro celebrados por las entidades aseguradoras con la reaseguradora cedente, si en el plazo de un mes desde que sea comunicada la cesión a las aseguradoras afectadas por la operación, éstas manifiestan expresamente su deseo de resolver el contrato.

6. Se denegará la certificación cuando se haya exigido a la entidad reaseguradora un plan de recuperación, conforme al artículo 156 de la Ley 20/2015, de 14 de julio, o un plan de financiación, conforme al artículo 157 de la referida ley, y en tanto se considere que las obligaciones contractuales de la entidad reaseguradora no están suficientemente garantizadas.

7. Cuando la Autoridad supervisora del Estado miembro de origen de la cedente autorice la cesión, la Dirección General de Seguros y Fondos de Pensiones deberá dar publicidad a la operación en su página web una vez recibida la comunicación de la citada Autoridad supervisora.

SECCIÓN 2.ª MODIFICACIONES ESTRUCTURALES

– Téngase en cuenta el **Real Decreto-ley 5/2023, de 28 de junio, por el que se adoptan y prorrogan determinadas medidas de respuesta a las consecuencias económicas y sociales de la guerra de Ucrania, de apoyo a la reconstrucción de la Isla de La Palma y a otras situaciones de vulnerabilidad; de transposición de Directivas de la Unión Europea en materia de modificaciones estructurales de sociedades mercantiles y conciliación de la vida familiar y la vida profesional de los progenitores y los cuidadores; y de ejecución y cumplimiento del derecho de la Unión Europea.**

SUBSECCIÓN 1.ª TRANSFORMACIÓN

Artículo 106. Transformación de entidades aseguradoras. 1. El régimen de transformación de entidades aseguradoras será el siguiente:

a) Las sociedades anónimas de seguros y de reaseguros podrán transformarse en sociedades anónimas europeas de seguros y de reaseguros.

b) Las mutuas de seguros podrán transformarse en sociedades anónimas de seguros.

c) Las cooperativas de seguros podrán transformarse en sociedades anónimas de seguros y en sociedades cooperativas europeas de seguros.

d) Las mutualidades de previsión social podrán transformarse en mutuas de seguros y en sociedades anónimas de seguros.

2. Cualquier transformación de una entidad aseguradora en una sociedad de tipo distinto a los previstos anteriormente, sea o no aseguradora, será nula.

3. En la transformación de entidades aseguradoras resultará de aplicación lo dispuesto en el artículo 99.3. d) y e).

4. En caso de transformación de mutuas o mutualidades de previsión social, los mutualistas que no hubieran votado a favor del acuerdo podrán separarse de la sociedad que se transforma, en los términos previstos en el artículo 15 de la Ley 3/2009, de 3 de abril, sobre modificaciones estructurales de sociedades mercantiles.

En la valoración de las participaciones sociales que corresponden al socio que se separa se tendrán en cuenta las aportaciones que realizó al fondo mutual y el reembolso de la parte de la prima no consumida de los contratos de seguro que se resuelvan.

> – La Ley 3/2009, de 3 de abril, sobre modificaciones estructurales de sociedades mercantiles ha sido derogada por el **Real Decreto-ley 5/2023, de 28 de junio, por el que se adoptan y prorrogan determinadas medidas de respuesta a las consecuencias económicas y sociales de la Guerra de Ucrania, de apoyo a la reconstrucción de la isla de La Palma y a otras situaciones de vulnerabilidad; de transposición de Directivas de la Unión Europea en materia de modificaciones estructurales de sociedades mercantiles y conciliación de la vida familiar y la vida profesional de los progenitores y los cuidadores; y de ejecución y cumplimiento del Derecho de la Unión Europea.** Los artículos 12 y 24 de este último texto establecen:
>
> *Artículo 12. Protección de los socios: derecho a una compensación en efectivo y tipo de canje. 1. Los socios que conforme al régimen específico de la modificación estructural proyectada tengan el derecho a enajenar sus acciones, participaciones o cuotas a cambio de una compensación en efectivo adecuada, podrán ejercitarlo siempre que hayan votado en contra de la aprobación del correspondiente proyecto o sean titulares de acciones o participaciones sin voto. En concreto, los socios dispondrán de este derecho en las transformaciones internas, en las fusiones por absorción de sociedad participada al 90% cuando no se elaboren los informes de administradores y de expertos sobre el proyecto de fusión y en las operaciones transfronterizas cuando vayan a quedar sometidos a una ley extranjera. 2. Los socios que pretendan ejercitar el derecho a enajenar sus acciones, participaciones o, cuotas, deberán comunicarlo a la sociedad en el plazo de 20 días desde la fecha de la junta general que haya aprobado el acuerdo de modificación estructural. La sociedad dispondrá*

de una dirección electrónica a la que los socios puedan comunicar su decisión. 3. La compensación en efectivo establecida en el correspondiente proyecto de modificación se abonará dentro del plazo de dos meses a contar desde la fecha en que surta efecto la modificación. 4. Cuando el socio que haya declarado su voluntad de ejercer el derecho de enajenación de sus acciones, participaciones o, cuotas, considere que la compensación en efectivo ofrecida por la sociedad no se ha fijado adecuadamente, tendrá derecho a reclamar una compensación en efectivo complementaria ante el Juzgado de lo Mercantil del domicilio social, cuya competencia será exclusiva, o el tribunal arbitral estatutariamente previsto, dentro del plazo de dos meses desde la fecha en que hayan recibido o hubieran debido recibir la compensación inicial. Será exclusivamente competente para conocer dicha reclamación, también en el ámbito internacional, el Juzgado de lo Mercantil del domicilio de la sociedad o, en su caso, el tribunal arbitral estatutariamente previsto. 5. El ejercicio de los derechos previstos en este artículo no paralizará la operación de modificación estructural ni impedirá su inscripción en el Registro Mercantil. 6. La protección de los socios en el tipo de canje de acciones, participaciones o cuotas, se realizará conforme a las reglas previstas para la fusión.

Artículo 24. Protección de los socios. 1. Los socios y los titulares de acciones o participaciones sin voto tendrán derecho a enajenar sus acciones o participaciones a la sociedad o a los socios o terceros que esta proponga a cambio de una compensación en efectivo adecuada, en los términos previstos para la protección de socios en las disposiciones comunes. 2. Los socios que por efecto de la transformación hubieran de asumir una responsabilidad personal por las deudas sociales y no hubieran votado a favor del acuerdo de transformación quedarán automáticamente separados de la sociedad, si no se adhieren fehacientemente a él dentro del plazo de un mes a contar desde la fecha de su adopción cuando hubieren asistido a la junta de socios, o desde la comunicación de ese acuerdo cuando no hubieran asistido. La valoración de las acciones o participaciones correspondientes a los socios que resulten separados se hará conforme a lo previsto en las disposiciones comunes.

Artículo 107. Procedimiento de autorización de la transformación de entidades aseguradoras. 1. La transformación de una entidad aseguradora en otra de naturaleza jurídica o clase distinta, requerirá autorización del Ministro de Economía y Competitividad, a cuyo efecto deberá aportarse a la Dirección General de Seguros y Fondos de Pensiones la siguiente documentación:

a) Certificación del acuerdo adoptado por el órgano social competente de la entidad, aprobando el proyecto de transformación.

b) Proyecto de transformación suscrito por el representante legal de la entidad, en el que se especificarán las causas de la transformación, la fecha de efecto de la misma, el texto estatutario por el que se regirá la entidad, adaptado a la legislación aplicable a la sociedad resultante, según su naturaleza, el régimen de liquidación de los contratos de seguro para aquellos tomadores que ejerciten el derecho de resolución, el capital social o fondo mutual resultante y, en su caso, el programa de actividades ajustado a lo establecido en el presente real decreto.

c) Acreditación de que, una vez adoptado el acuerdo de transformación, se ha hecho público conforme a lo establecido en la normativa mercantil.

d) Balance de situación y cuenta de pérdidas y ganancias de la entidad interesada, cerrados dentro de los seis meses anteriores a la fecha de adopción del acuerdo de transformación por el órgano social competente, junto con un informe sobre las modificaciones patrimoniales significativas que hayan podido tener lugar con posterioridad y adjuntando asimismo el informe emitido por el auditor de cuentas de la entidad.

e) Estimación del estado de solvencia que incluya el capital de solvencia obligatorio y el capital mínimo obligatorio de la entidad una vez se haya transformado.

2. Una vez presentada la documentación relacionada junto con la solicitud de autorización, mediante resolución de la Dirección General de Seguros y Fondos de Pensiones se acordará la apertura del período de información pública, autorizando a la entidad a publicar anuncios en uno de los diarios de mayor circulación de la provincia donde tenga su domicilio social, y en otro diario de ámbito nacional, dando a conocer el proyecto de transformación y advirtiendo a los tomadores de su derecho a comunicar a la Dirección General de Seguros y Fondos de Pensiones, en el plazo de un mes desde la última publicación, las razones que, en su caso, pudieran tener para estar disconformes con la transformación. No obstante, podrá prescindirse de dicha información pública cuando se deniegue la autorización por no reunir los requisitos legalmente exigibles para la transformación.

3. Transcurrido el plazo a que se refiere el apartado anterior, previo informe de la Dirección General de Seguros y Fondos de Pensiones, el Ministro de Economía y Competitividad, visto el expediente abierto al efecto y examinadas las manifestaciones de disconformidad que se hubiesen efectuado, dictará la orden ministerial que proceda sobre la operación de transformación. Dicha orden declarará, en su caso, la cancelación provisional de la inscripción de la

entidad que se transforma y la inscripción provisional de la entidad resultante en el Registro administrativo al que se refiere el artículo 40 de la Ley 20/2015, de 14 de julio, que serán definitivas en la misma fecha en la que se produzca su preceptiva inscripción en el Registro Mercantil y, en su caso, en el Registro de Sociedades Cooperativas correspondiente. La orden se publicará en el «Boletín Oficial del Estado».

4. Autorizada la transformación se formalizará en escritura pública, la cual deberá recoger, además de cuantas otras menciones resulten preceptivas, el acuerdo de transformación, las liquidaciones efectuadas a los socios, el balance final de la entidad que se transforma y las modificaciones estatutarias correspondientes. El notario autorizante remitirá la escritura en la que se recojan el acuerdo de forma telemática al Registro Mercantil del domicilio social de la entidad para su inscripción, salvo que esta no le autorice para ello. En este caso, el notario entregará una copia electrónica de la escritura pública a la entidad, quien deberá remitirla por medios telemáticos con firma electrónica al Registro Mercantil para su inscripción. En la remisión referida se incorporará la copia electrónica de la escritura y los documentos acreditativos de la preceptiva autorización administrativa. El Registrador Mercantil remitirá de oficio a la Dirección General de Seguros y Fondos de Pensiones por medio telemático una certificación autorizada con su firma electrónica, acreditativa del asiento practicado, acompañada de una copia electrónica de la escritura pública. Si se tratara de una sociedad cooperativa se inscribirá en el Registro de Sociedades Cooperativas correspondiente.

Se deberá remitir en el plazo máximo de un mes, a contar desde la fecha de su otorgamiento, copia autorizada de dicha escritura a la Dirección General de Seguros y Fondos de Pensiones, así como justificación de su inscripción en el Registro Mercantil y, en su caso, en el Registro de Sociedades Cooperativas correspondiente en el plazo de un mes desde que ésta se hubiese producido.

5. La autorización administrativa para el ejercicio de la actividad aseguradora concedida a la entidad que se transforma subsistirá a favor de la entidad resultante de la transformación siempre que siga reuniendo los requisitos necesarios para mantenerla.

6. La transformación será causa suficiente para que los tomadores puedan resolver los contratos de seguros que tuvieran concertados con la entidad, teniendo derecho, además, al reembolso de la parte de prima no consumida, siendo de aplicación lo dispuesto en el artículo 100.6.

Artículo 108. Traslado del domicilio social al extranjero. 1. El traslado al extranjero del domicilio social de una entidad aseguradora o reaseguradora domiciliada en España requerirá autorización del Ministro de Economía y Competitividad, a cuyo efecto deberá aportarse a la Dirección General de Seguros y Fondos de Pensiones la siguiente documentación:

a) Certificación del acuerdo adoptado por el órgano social competente de la entidad, aprobando el proyecto de traslado.

b) Proyecto de traslado suscrito por el representante legal de la entidad, en el que se especificarán las causas del traslado, la fecha de efecto del mismo y el régimen de liquidación de los contratos de seguro para aquellos tomadores que ejerciten el derecho de resolución.

c) Acreditación de que, una vez adoptado el acuerdo de traslado, se ha hecho público conforme a lo establecido en la normativa mercantil.

d) Balance de situación y cuenta de pérdidas y ganancias de la entidad, cerrados dentro de los seis meses anteriores a la fecha de adopción del acuerdo de traslado por el órgano social competente, junto con un informe sobre las modificaciones patrimoniales significativas que hayan podido tener lugar con posterioridad y adjuntando asimismo el informe emitido por el auditor de cuentas de la entidad.

e) Estimación del estado de solvencia que incluya el capital de solvencia obligatorio y el capital mínimo obligatorio de la entidad para el caso de que se lleve a efecto la operación.

2. Una vez presentada la documentación relacionada junto con la solicitud de autorización, mediante resolución de la Dirección General de Seguros y Fondos de Pensiones se acordará la apertura del período de información pública, autorizando a la entidad a publicar anuncios en el sitio web de la entidad, en uno de los diarios de mayor circulación en la provincia donde tenga su domicilio social y en otro diario de ámbito nacional, dando a conocer el proyecto de traslado del domicilio social y advirtiendo a los tomadores de su derecho a comunicar a la Dirección General de Seguros y Fondos de Pensiones, en el plazo de un mes desde la publicación, las razones que, en su caso, pudieran tener para estar disconformes con el traslado del domicilio social. No obstante, podrá prescindirse de dicha información pública cuando se deniegue la autorización por no reunir los requisitos legalmente exigibles para el traslado.

3. Transcurrido el plazo a que se refiere el apartado anterior, el Ministro de Economía y Competitividad, visto el expediente abierto al efecto y examinadas las manifestaciones de disconformidad que se hubiesen efectuado, dictará la

orden ministerial que proceda sobre la operación de traslado del domicilio social.

4. Autorizado el traslado del domicilio social al extranjero, se formalizará en escritura pública y se inscribirá en el Registro Mercantil. El notario autorizante remitirá la escritura en la que se recojan el acuerdo de forma telemática al Registro Mercantil del domicilio social de la entidad para su inscripción, salvo que esta no le autorice para ello. En este caso, el notario entregará una copia electrónica de la escritura pública a la entidad, quien deberá remitirla por medios telemáticos con firma electrónica al Registro Mercantil para su inscripción. En la remisión referida se incorporará la copia electrónica de la escritura y los documentos acreditativos de la preceptiva autorización administrativa. El Registrador Mercantil remitirá de oficio a la Dirección General de Seguros y Fondos de Pensiones por medio telemático una certificación autorizada con su firma electrónica, acreditativa del asiento practicado, acompañada de una copia electrónica de la escritura pública. Si se tratara de una sociedad cooperativa se inscribirá en el Registro de Sociedades Cooperativas correspondiente.

Se deberá remitir en el plazo máximo de un mes, a contar desde la fecha de su otorgamiento, copia autorizada de dicha escritura a la Dirección General de Seguros y Fondos de Pensiones, así como la justificación de su inscripción en el Registro Mercantil en el plazo de un mes desde que ésta se hubiese producido.

5. El traslado del domicilio social será causa suficiente para que los tomadores puedan resolver los contratos de seguros que tuvieran concertados con la entidad, teniendo derecho, además, al reembolso de la parte de prima no consumida, siendo de aplicación lo dispuesto en el artículo 100.6.

SUBSECCIÓN 2.ª FUSIÓN

Artículo 109. Fusión de entidades aseguradoras. 1. Cualesquiera entidades aseguradoras podrán fusionarse en una sociedad anónima de seguros. Las sociedades anónimas de seguros podrán absorber entidades aseguradoras, cualquiera que sea la forma que éstas revistan.

2. Las mutuas y cooperativas de seguros podrán, además, fusionarse en entidades de su misma naturaleza y forma, y únicamente podrán absorber a otras entidades aseguradoras con forma distinta a la de sociedad anónima de seguros. No obstante esta última limitación, las mutuas y cooperativas podrán absorber entidades de cualquier naturaleza íntegramente participadas por ellas.

3. Las mutualidades de previsión social podrán fusionarse con entidades de su misma naturaleza y forma, y únicamente podrán absorber entidades de su misma forma jurídica.

4. Las entidades aseguradoras no podrán fusionarse con entidades no aseguradoras, ni absorberlas ni ser absorbidas por entidades no aseguradoras.

5. En la fusión y absorción de entidades aseguradoras será de aplicación lo dispuesto en el artículo 99.3. a), c), d) y e).

Artículo 110. Procedimiento de autorización de la fusión de entidades aseguradoras. 1. La fusión requerirá autorización del Ministro de Economía y Competitividad, a cuyo efecto deberá aportarse a la Dirección General de Seguros y Fondos de Pensiones la siguiente documentación:

a) Certificación de los acuerdos adoptados por los órganos competentes de las entidades aprobando el proyecto de fusión y, en su caso, la disolución de las entidades absorbidas así como el traspaso en bloque de sus patrimonios a la absorbente. En su caso, dichos acuerdos incluirán también el de creación de una nueva entidad, que deberá cumplir los requisitos establecidos en la Ley 20/2015, de 14 de julio y en este real decreto para el acceso a la actividad aseguradora.

b) Causas de la fusión y proyecto de fusión, precisando la fecha de toma de efecto de la misma y condicionando su eficacia a la autorización administrativa, así como proyecto de estatutos en caso de creación de nueva entidad.

c) En el caso de que surja de la fusión una entidad de nueva creación, documentación acreditativa del cumplimiento de los requisitos establecidos en la Ley 20/2015, de 14 de julio y en este Real Decreto para el acceso a la actividad aseguradora.

d) Acreditación de que, una vez adoptado el acuerdo de fusión, se ha hecho público conforme a lo establecido en la normativa mercantil.

e) Balances de situación y cuentas de pérdidas y ganancias de las entidades interesadas, cerrados dentro de los seis meses anteriores a la fecha de adopción del proyecto de fusión, junto con un informe sobre las modificaciones patrimoniales significativas que hayan podido tener lugar con posterioridad y adjuntando asimismo los informes emitidos por los auditores de cuentas de las entidades.

f) Balance consolidado y estimación del estado de solvencia que incluya el capital de solvencia obligatorio y el capital mínimo obligatorio de la absorbente o de la nueva entidad para el caso de que se lleve a efecto la misma.

2. Presentada dicha documentación junto con la solicitud de autorización, mediante resolución de la Dirección General de Seguros y Fondos de Pensiones se acordará la apertura del período de información pública, autorizando a las entidades interesadas la publicación de anuncios en uno de los diarios de mayor circulación de las provincias donde tengan su domicilio social, y en otro diario de ámbito nacional, dando a conocer el proyecto de fusión y advirtiendo a los tomadores de su derecho a comunicar a la Dirección General de Seguros y Fondos de Pensiones, en el plazo de un mes desde la última publicación, las razones que, en su caso, pudieran tener para estar disconformes con la fusión. No obstante, podrá prescindirse de dicha información pública cuando se deniegue la autorización por no reunir los requisitos legalmente exigibles para la fusión.

3. Transcurrido el plazo a que se refiere el apartado anterior, previo informe de la Dirección General de Seguros y Fondos de Pensiones, el Ministro de Economía y Competitividad, visto el expediente abierto al efecto y examinadas las manifestaciones de disconformidad que se hubieren efectuado, dictará la orden ministerial que proceda sobre la operación de fusión. Dicha orden declarará la extinción y cancelación en el Registro administrativo al que se refiere el artículo 40 de la Ley 20/2015, de 14 de julio de las entidades que hayan de extinguirse. En su caso, la orden incluirá la autorización administrativa e inscripción provisional en el registro administrativo de la nueva entidad que se constituya, que serán definitivas a la misma fecha en la que se produzca la preceptiva inscripción en el Registro Mercantil y, en su caso, en el Registro de Sociedades Cooperativas correspondiente. Dicha orden se publicará en el «Boletín Oficial del Estado».

4. Autorizada la fusión se otorgará la correspondiente escritura pública. El notario autorizante remitirá la escritura en la que se recojan los acuerdos de forma telemática al Registro Mercantil del domicilio social de las entidades participantes en la fusión para su inscripción, salvo que alguna de las partes intervinientes en el otorgamiento no le autorice para ello. En este caso, el notario entregará una copia electrónica de la escritura pública a las entidades, quien deberá remitirla por medios telemáticos con firma electrónica al Registro Mercantil para su inscripción. En la remisión referida se incorporará la copia electrónica de la escritura y los documentos acreditativos de la preceptiva autorización administrativa. El Registrador Mercantil remitirá de oficio a la Dirección General de Seguros y Fondos de Pensiones por medio telemático una certificación autorizada con su firma electrónica, acreditativa del asiento

practicado, acompañada de una copia electrónica de la escritura pública. Si se tratara de una sociedad cooperativa se inscribirá en el Registro de Sociedades Cooperativas correspondiente.

5. La autorización administrativa para el ejercicio de la actividad aseguradora concedida a las entidades fusionadas o absorbidas quedará revocada. En los términos del apartado 3, se concederá nueva autorización a la entidad resultante de la fusión, en el sentido que proceda, en sustitución de las autorizaciones extinguidas.

6. En aquellos supuestos en los que los tomadores de seguro puedan resolver los contratos, tendrán derecho al reembolso de la parte de prima no consumida, siendo de aplicación lo dispuesto en el artículo 100.6.

7. En el caso de que proceda la comunicación de la operación a la Comisión Nacional de los Mercados y la Competencia, conforme a lo previsto en la Ley 15/2007, de 3 de julio, de Defensa de la Competencia, los partícipes comunicarán la realización de dicha notificación a la Dirección General de Seguros y Fondos de Pensiones, la cual suspenderá el procedimiento previsto en este artículo hasta la terminación del procedimiento iniciado por la Comisión Nacional de los Mercados y la Competencia o, en su caso, hasta el levantamiento de la suspensión de la operación de concentración acordada eventualmente por dicha Comisión de acuerdo con el artículo 9.6 de la Ley 15/2007, de 3 de julio.

> – El artículo 9 de la **Ley 15/2007, de 3 de julio, de defensa de la competencia,** establece: «*Artículo 9. Obligación de notificación y suspensión de la ejecución. 1. Las concentraciones económicas que entren en el ámbito de aplicación del artículo anterior deberán notificarse a la Comisión Nacional de la Competencia previamente a su ejecución. 2. La concentración económica no podrá ejecutarse hasta que haya recaído y sea ejecutiva la autorización expresa o tácita de la Administración en los términos previstos en el artículo 38, salvo en caso de levantamiento de la suspensión. 3. Los apartados anteriores no impedirán realizar una oferta pública de adquisición de acciones admitidas a negociación en una bolsa de valores autorizada por la Comisión Nacional del Mercado de Valores que sea una concentración económica sujeta a control de acuerdo con lo previsto en la presente Ley, siempre y cuando: a) la concentración sea notificada a la Comisión Nacional de la Competencia en el plazo de cinco días desde que se presenta la solicitud de la autorización de la oferta a la Comisión Nacional del Mercado de Valores, en caso de no haber sido notificada con anterioridad, y b) el comprador no ejerza los derechos de voto inherentes a los valores en cuestión o sólo los ejerza para salvaguardar el valor íntegro de su inversión sobre la base de una dispensa concedida por la Comisión Nacional*

de la Competencia. 4. Están obligados a notificar: a) Conjuntamente las partes que intervengan en una fusión, en la creación de una empresa en participación o en la adquisición del control conjunto sobre la totalidad o parte de una o varias empresas. b) Individualmente, la parte que adquiera el control exclusivo sobre la totalidad o parte de una o varias empresas. 5. En el caso de que una concentración sujeta a control según lo previsto en la presente Ley no hubiese sido notificada a la Comisión Nacional de la Competencia, ésta, de oficio, requerirá a las partes obligadas a notificar para que efectúen la correspondiente notificación en un plazo no superior a veinte días a contar desde la recepción del requerimiento. No se beneficiarán del silencio positivo previsto en el artículo 38 aquellas concentraciones notificadas a requerimiento de la Comisión Nacional de la Competencia. Transcurrido el plazo para notificar sin que se haya producido la notificación, la Dirección de Investigación podrá iniciar de oficio el expediente de control de concentraciones, sin perjuicio de la aplicación de las sanciones y multas coercitivas previstas en los artículos 61 a 70. 6. El Consejo de la Comisión Nacional de la Competencia podrá acordar el levantamiento de la suspensión de la ejecución de la concentración a que se refiere el apartado 2 de este artículo, a propuesta de la Dirección de Investigación y previa solicitud motivada. La resolución se dictará previa ponderación, entre otros factores, del perjuicio que causaría la suspensión de la ejecución a las empresas partícipes en la concentración y del que la ejecución de la operación causaría a la libre competencia. El levantamiento de la suspensión de la ejecución podrá estar subordinado al cumplimiento de condiciones y obligaciones que garanticen la eficacia de la decisión que finalmente se adopte».

Artículo 111. Fusiones transfronterizas. 1. La absorción de una entidad aseguradora española por otra domiciliada en otro Estado miembro precisará de la conformidad de la autoridad supervisora del Estado miembro del compromiso o localización del riesgo, de la certificación de que la absorbente dispone, habida cuenta de la fusión, de los fondos propios admisibles suficientes para cubrir el capital de solvencia obligatorio, expedida por la autoridad supervisora del Estado miembro de origen de la absorbente, y en los contratos suscritos por la absorbida en régimen de derecho de establecimiento, de la consulta a la autoridad supervisora del Estado miembro de la sucursal.

2. Cuando como consecuencia de una fusión transfronteriza los contratos suscritos por una entidad aseguradora española pasen a estar suscritos en régimen de derecho de establecimiento o en régimen de libre prestación de servicios, resultará de aplicación lo dispuesto en el artículo 101.

SUBSECCIÓN 3.ª CESIÓN GLOBAL DE ACTIVO Y PASIVO

Artículo 112. Cesión global de activo y pasivo. En la cesión global de activo y pasivo resultarán de aplicación los preceptos relativos a la fusión.

No obstante la limitación señalada en el artículo 109.2, las mutuas y cooperativas de seguros podrán ser beneficiarias de la cesión global de activo y pasivo, en los términos previstos en la Ley 3/2009, de 3 de abril, sobre modificaciones estructurales de las sociedades mercantiles, realizada por cualquier entidad.

– La Ley 3/2009, de 3 de abril, sobre modificaciones estructurales de sociedades mercantiles ha sido derogada por el **Real Decreto-ley 5/2023, de 28 de junio, por el que se adoptan y prorrogan determinadas medidas de respuesta a las consecuencias económicas y sociales de la Guerra de Ucrania, de apoyo a la reconstrucción de la isla de La Palma y a otras situaciones de vulnerabilidad; de transposición de Directivas de la Unión Europea en materia de modificaciones estructurales de sociedades mercantiles y conciliación de la vida familiar y la vida profesional de los progenitores y los cuidadores; y de ejecución y cumplimiento del Derecho de la Unión Europea.** La Disposición Adicional Tercera de este último texto establece: *Disposición adicional tercera. Régimen aplicable a las operaciones de transformación, fusión, escisión y cesión global o parcial de activos y pasivos entre entidades de crédito y entre entidades aseguradoras. 1. Las operaciones de fusión entre entidades de crédito de la misma naturaleza, así como las de escisión y cesión global de activos y pasivos entre entidades de crédito de idéntica o distinta naturaleza se regirán por las normas establecidas para dichas operaciones en el libro primero del presente real decreto-ley, sin perjuicio de lo previsto en la legislación específica aplicable a estas entidades. 2. Las operaciones de fusión, transformación, escisión y cesión de cartera entre entidades aseguradoras se regirán por las normas establecidas para dichas operaciones en el libro primero del presente real decreto-ley, sin perjuicio de lo previsto en la legislación específica aplicable a estas entidades. 3. Cuando la operación consista en el traspaso por sucesión universal de una o varias partes del patrimonio de una entidad de crédito, cualquiera que sea su naturaleza, que formen una unidad económica, a otra entidad de crédito de igual o distinta naturaleza a cambio de una contraprestación que no consista en acciones, participaciones o cuotas de la entidad cesionaria, resultará de aplicación a la misma el régimen de la cesión global de activos y pasivos previsto en el libro primero de este real decreto-ley, sin perjuicio de lo previsto en su legislación específica.*

Además, en relación con la cesión global de activo y pasivo, el **Real Decreto-ley 5/2023, de 28 de junio** establece:

Título I. De las modificaciones estructurales. Capítulo I. Disposiciones prelimi-nares. Artículo 1. Ámbito objetivo. El presente real decreto-ley tiene por objeto la regulación de las modificaciones estructurales, tanto internas como trans-fronterizas, de las sociedades mercantiles consistentes en la transformación, fusión, escisión y cesión global de activo y pasivo.

Artículo 3. Limitaciones y exclusiones. 1. Las sociedades en liquidación podrán realizar una modificación estructural siempre que no haya comenzado la distri-bución de su patrimonio entre los socios. 2. Las sociedades que se encuentren en concurso de acreedores o sometidas a un plan de reestructuración o, en su caso, a un plan de continuación, podrán proceder a una transformación, fusión, escisión o cesión global. La formación de la voluntad social, los dere-chos de los socios y la protección de los acreedores se ajustarán a lo previsto en el Real Decreto Legislativo 1/2020, de 5 de mayo, por el que se aprueba el texto refundido de la Ley Concursal. 3. A los efectos de la aplicación de la regla del mejor interés de los acreedores de las sociedades sometidas a un plan de reestructuración, la cuota hipotética de liquidación se calculará por referen-cia a lo que se obtendría en un procedimiento concursal abierto en España. 4. No podrán proceder a una transformación transfronteriza sociedades que se encuentren en liquidación concursal. 5. Este real decreto-ley no se aplica a las sociedades objeto de los instrumentos, competencias y mecanismos de resolución previstos en el título IV de la Directiva 2014/59 UE.

Título II. De las modificaciones estructurales (...). Capítulo IV. De la cesión glo-bal de activo y pasivo. Sección 1.ª Disposiciones Generales. Artículo 72. Cesión global de activo y pasivo. 1. Una sociedad inscrita podrá transmitir en bloque todo su patrimonio por sucesión universal, a uno o a varios socios o terceros, a cambio de una contraprestación que no podrá consistir en acciones, parti-cipaciones o cuotas de socio del cesionario. 2. La sociedad cedente quedará extinguida si la contraprestación fuese recibida total y directamente por los socios. En todo caso, la contraprestación que reciba cada socio deberá respetar las normas aplicables a la cuota de liquidación.

Artículo 73. Cesión global plural. Cuando la cesión global se realice a dos o más cesionarios, cada parte del patrimonio que se ceda habrá de constituir una unidad económica.

Sección 2.ª Régimen legal de la cesión global. Artículo 74. Proyecto de cesión global. 1. Los administradores de la sociedad habrán de redactar y suscribir un proyecto de cesión global, que contendrá, además de las informaciones pre-vistas en las disposiciones comunes, las siguientes menciones: 1.º Los datos de identificación del cesionario o cesionarios. 2.º La fecha a partir de la cual la cesión tendrá efectos contables. 3.º La información sobre la valoración del activo y pasivo del patrimonio, la designación y, en su caso, el reparto preciso de los elementos del activo y del pasivo que han de transmitirse a cada cesionario. 4.º La contraprestación que hayan de recibir la sociedad o los socios. Cuando la contraprestación se atribuya a los socios, se especificará el criterio en que se funde el reparto. 5.º La acreditación de encontrarse al corriente en el cumplimiento de las obligaciones tributarias y frente a la Seguridad Social, mediante la aportación de los correspondientes certificados, válidos y emitidos por el órgano competente. 2. Los administradores deberán presentar para su depósito en el Registro Mercantil un ejemplar del proyecto de cesión global.

Artículo 75. Informe de los administradores. Los administradores elaborarán un informe explicando y justificando detalladamente el proyecto de cesión global.

Artículo 76. Informe de experto independiente. El informe de experto independiente en la cesión global tendrá carácter facultativo.

Artículo 77. Acuerdo de cesión global. 1. La cesión global habrá de ser acordada necesariamente por la junta general de la sociedad cedente, ajustándose estrictamente al proyecto de cesión global, con los requisitos establecidos para la adopción del acuerdo de fusión. 2. No será necesario el acuerdo de la junta general de la sociedad o sociedades cesionarias, bastando el acuerdo del consejo de administración, salvo que la cesión global tenga por objeto la adquisición de los activos esenciales.

Artículo 78. Escritura e inscripción de la cesión global. 1. La cesión global se hará constar en escritura pública otorgada por la sociedad cedente y por el cesionario o cesionarios. La escritura recogerá el acuerdo de cesión global adoptado por la sociedad cedente, que solo se podrá llevar a cabo una vez acreditado el cumplimiento de las condiciones anteriormente referidas. 2. La eficacia de la cesión global se producirá con la inscripción en el Registro Mercantil de la sociedad cedente. Si la sociedad se extinguiera como consecuencia de la cesión, se cancelarán sus asientos registrales.

Artículo 79. Responsabilidad solidaria por las obligaciones incumplidas. 1. Sin perjuicio de lo establecido en las disposiciones comunes sobre protección de acreedores, de las deudas incumplidas que hayan nacido antes de la publicación del proyecto de cesión no vencidas en ese momento y que hayan sido asumidas frente a los acreedores de la sociedad cedente por un cesionario responderán solidariamente los demás cesionarios, hasta el límite del activo neto atribuido a cada uno de ellos en la cesión. Así mismo, responderá según los casos, los socios hasta el límite de lo que hubieran recibido como contraprestación por la cesión, o la propia sociedad que no se hubiera extinguido, hasta el importe de los activos netos que permanezcan en ella. 2. La responsabilidad solidaria de los cesionarios y los socios prescribirá a los cinco años.

Título III. De las modificaciones estructurales transfronterizas intraeuropeas. Capítulo I. Ámbito de aplicación (...). Artículo 82. Ley aplicable. 1. En las fusiones, escisiones y cesiones globales se tendrán en cuenta las respectivas leyes personales de las sociedades participantes y en las transformaciones, la ley personal anterior y posterior de la sociedad que se transforma, todo ello sin perjuicio del régimen aplicable a las sociedades anónimas europeas. 2. En lo sucesivo se entenderá por «Estado miembro de origen» el Estado a cuya ley está sujeta la sociedad participante antes de la transformación, fusión, escisión o cesión global y por «Estado miembro de destino» el Estado a cuya ley queda sometida la sociedad resultante de la transformación o de la fusión, o la sociedad o sociedades beneficiarias en el caso de escisión o cesión global.

Capítulo II. Disposiciones generales (...). Artículo 89. Publicidad preparatoria y complementaria. 1. La publicidad preparatoria del acuerdo de modificación estructural transfronteriza se hará de conformidad con las disposiciones aplicables a las modificaciones internas, si bien la sociedad o sociedades participantes deberán, en todo caso, presentar en el registro correspondiente, la información que se señala a continuación. 2. La sociedad que se transforma, escinde, participa como cedente en una cesión global o cada una de las sociedades participantes en una fusión presentarán en sus respectivos registros, al menos un mes antes de la fecha de la junta general que deba aprobar el proyecto de modificación estructural, la siguiente información: 1.º Forma jurídica, la razón social y el domicilio social de: a) la sociedad que se transforma en su Estado de origen, así como la forma, razón y domicilio propuestos para la sociedad transformada en el Estado miembro de destino; b) cada una de las sociedades que se fusionan, así como la forma, razón y domicilio propuestos para cualquier sociedad de nueva creación; c) la sociedad escindida, así como la forma, razón y domicilio propuestos para la nueva sociedad o sociedades resultantes o beneficiarias de la escisión; d) la sociedad cedente, así como la forma, razón y domicilio de la sociedad o sociedades cesionarias. 2.º El registro de la sociedad que se transforma, escinde, participa como cedente o de cada una de las sociedades que participan en la fusión, así como su número de inscripción en ese registro. 3.º Una indicación de las medidas tomadas para el ejercicio de los derechos de los acreedores, trabajadores y socios. 4.º Los detalles del sitio web en el que podrá obtenerse en línea y gratuitamente el proyecto de modificación estructural, la publicidad preparatoria del acuerdo, así como información completa sobre las medidas a que se refiere el inciso 3.º del presente apartado. 3. El registro del Estado miembro de origen, en los casos de transformación, escisión, cesión global y de cada una de las sociedades participantes en los casos de fusión, pondrá a disposición del público la información mencionada en el apartado 2.

Capítulo III. Disposiciones especiales (...). Sección 5.ª De las cesiones globales de activo y pasivo. Artículo 114. Concepto. 1. Se entenderá por cesión global de activo y pasivo la operación por la que la sociedad cedente, transmite en bloque todo su patrimonio por sucesión universal a una o varias sociedades cesionarias, a cambio de una contraprestación en dinero u otros activos distintos de las acciones o participaciones de la cesionaria o cesionarias. 2. Si la cesión global se hiciera a una cesionaria persona física, se estará a lo dispuesto en su ley personal, aplicándose las reglas que siguen en lo que corresponda.

Artículo 115. Ley aplicable. 1. La cesión global de activo y pasivo solo será posible cuando esta operación esté admitida por las leyes personales de la sociedad cedente y de la sociedad o sociedades cesionarias. 2. La ley de la sociedad cedente regirá la cesión global en lo que respecta a su aprobación por esta sociedad, a los derechos de sus socios, acreedores y trabajadores, y a la transmisión por sucesión universal de la totalidad de su activo y pasivo. La ley de la sociedad cesionaria regirá la cesión global en lo que respecta a su aprobación por esta sociedad, a los trámites y requisitos para concluir la operación.

Artículo 116. Proyecto de cesión global. Las sociedades participantes elaborarán un proyecto común de cesión global trasfronteriza, que deberá ser aprobada por cada una de ellas, y que contendrá las menciones requeridas en la cesión global interna y, en su caso, la información sobre el régimen de participación de los trabajadores en la sociedad o sociedades cesionarias.

Artículo 117. Protección de los socios. No serán aplicables a las cesiones globales de activo y pasivo de sociedades españolas las disposiciones generales sobre protección de los socios mediante el derecho de enajenación de sus acciones o participaciones.

Artículo 118. Protección de los acreedores. La responsabilidad legal de todas las sociedades participantes frente a los acreedores de la sociedad cedente al tiempo de la cesión se regirá por la ley personal de esta sociedad.

Artículo 119. Certificado previo y control de legalidad. Si la sociedad cedente es española, será necesaria la obtención de un certificado previo del Registro Mercantil en los términos previstos para las escisiones, que se ajustará a las especialidades indicadas en esta sección.

Artículo 120. Fecha y efectos de la cesión global. 1. Cuando la sociedad cedente sea española, la operación surtirá efecto con la inscripción de la cesión en el Registro Mercantil correspondiente a esta sociedad. Una vez inscrita la cesión, el Registro Mercantil de la sociedad cedente lo notificará al registro o registros de las sociedades cesionarias. Si la sociedad cedente se extinguiera como consecuencia de la cesión, se cancelarán sus asientos registrales. 2. Cuando la sociedad cedente no sea española, la operación surtirá efecto conforme a lo dispuesto en la legislación del Estado de dicha sociedad. 3. La cesión global de activo y pasivo producirá los siguientes efectos: 1.º La transmisión al cesionario o a los cesionarios de la totalidad del patrimonio activo y pasivo de la sociedad cedente, incluidos todos los contratos, créditos, derechos y obligaciones. 2.º La transmisión al cesionario o a los cesionarios de los derechos y obligaciones de la sociedad cedente derivados de contratos de trabajo o de relaciones laborales existentes en la fecha en que surta efecto la cesión global. 3.º La extinción de la sociedad cedente española, si la contraprestación fuese recibida total y directamente por los socios. 4. Cuando la legislación de los Estados miembros imponga, en el caso de cesión global de activo y pasivo, trámites especiales para que la transmisión de determinados bienes, derechos y obligaciones de la cedente sea oponible a terceros, dichos trámites se aplicarán y serán cumplidas por la sociedad cedente o cesionaria según proceda.

Título IV. De las modificaciones estructurales transfronterizas extraeuropeas. Capítulo I. Disposiciones generales (...). Artículo 123. Certificado previo a la transformación, fusión, escisión o cesión global de activo y pasivo. Será exigible a las sociedades españolas que participen en una modificación estructural extraeuropea la obtención del certificado previo conforme a las mismas reglas aplicables a las operaciones intraeuropeas, con las siguientes especialidades: 1.º El certificado previo se podrá adaptar para dar cumplimiento a requisitos específicos que pudieran ser exigibles conforme al Derecho del Estado de destino, para asegurar su eficacia. 2.º La transmisión entre autoridades o registros del certificado previo se regirá por la legislación general, ajustándose a las prácticas de cooperación registral internacional entre los Estados.

Capítulo II. Disposiciones especiales (...). Artículo 126. Cesión global de activo y pasivo. La cesión global de activo y pasivo se regirá por las mismas reglas aplicables a las cesiones globales de activo y pasivo intraeuropeas.

Disposición adicional segunda. Sociedades colectivas e irregulares. La transformación, fusión, escisión o cesión global de activo y pasivo de las sociedades colectivas no inscritas y, en general, de las sociedades irregulares, requerirán su previa inscripción registral.

SUBSECCIÓN 4.ª ESCISIÓN

Artículo 113. Escisión de entidades aseguradoras. 1. La escisión deberá hacerse por ramos de seguro completos, o bien comprender la totalidad de las pólizas que, perteneciendo a uno o más ramos, correspondan a una determinada zona geográfica.

2. La escisión de entidades aseguradoras estará sujeta a las mismas limitaciones y deberá cumplir idénticos requisitos que la fusión de ellas.

Además, no podrá escindirse de una entidad no aseguradora parte de su patrimonio para traspasarse en bloque a una entidad aseguradora, salvo que excepcionalmente el Ministro de Economía y Competitividad lo autorice, siempre que la incorporación patrimonial derivada de la escisión permita un ejercicio de la actividad más adecuado y la entidad aseguradora beneficiaria de la escisión no asuma obligaciones en virtud de aquella, sin perjuicio de la responsabilidad solidaria regulada en el artículo 80 de la Ley 3/2009, de 3 de abril, sobre modificaciones estructurales de las sociedades mercantiles.

> – La Ley 3/2009, de 3 de abril, sobre modificaciones estructurales de sociedades mercantiles ha sido derogada por el **Real Decreto-ley 5/2023, de 28 de junio, por el que se adoptan y prorrogan determinadas medidas de respuesta a las consecuencias económicas y sociales de la Guerra de Ucrania, de apoyo a la reconstrucción de la isla de La Palma y a otras situaciones de vulnerabilidad; de transposición de Directivas de la Unión Europea en materia de modificaciones estructurales de sociedades mercantiles y conciliación de la vida familiar y la vida profesional de los progenitores y los cuidadores; y de ejecución y cumplimiento del Derecho de la Unión Europea.** El artículo 70 de este último texto establece: *Artículo 70. Protección de los acreedores y responsabilidad por las obligaciones incumplidas. 1. Sin perjuicio de lo dispuesto en las disposiciones comunes sobre protección de acreedores, de las deudas nacidas antes de la publicación del proyecto de escisión y aun no vencidas en ese momento asumidas frente a los acreedores de la sociedad escindida o segregada por una sociedad beneficiaria que resulten incumplidas, responderán solidariamente todas las sociedades beneficiarias hasta el importe de los activos netos atribuidos a cada una de ellas en la escisión y, si subsistiera, la propia sociedad escindida, hasta el importe de los activos netos que permanezcan en ella. 2. En esos mismos términos responderán solidariamente las sociedades beneficiarias de las deudas de la sociedad escindida nacidas antes de la publicación del proyecto de escisión y no vencidas en ese momento. 3. La responsabilidad solidaria de las sociedades participantes en la escisión o segregación prescribirá los cinco años.*

Artículo 114. Procedimiento de autorización de la escisión de entidades aseguradoras. 1. La escisión requerirá la autorización del Ministro de Economía y Competitividad, a cuyo efecto deberá aportarse a la Dirección General de Seguros y Fondos de Pensiones la documentación que se detalla en los siguientes apartados.

2. Si la escisión tiene por objeto la fusión entre sí de las partes escindidas de dos o más entidades, la absorción de éstas por otra entidad aseguradora ya existente o la combinación de ambas situaciones, la documentación a aportar será la establecida para los casos de fusión previstos en el artículo 110.

3. Si la escisión tiene por objeto la creación de nuevas entidades independientes que prosigan la actividad aseguradora, deberá aportarse la siguiente documentación:

a) Certificación del acuerdo adoptado por el órgano social competente de la misma aprobando el proyecto de escisión para la constitución de una nueva entidad mediante el traspaso del patrimonio escindido.

b) Respecto de las entidades nuevas que resulten de la escisión documentación acreditativa del cumplimiento de los requisitos establecidos en la Ley 20/2015, de 14 de julio y en este Real Decreto para el acceso a la actividad aseguradora.

c) Causas de la escisión y proyecto de escisión precisando la fecha de toma de efecto de la misma y condicionando su eficacia a la autorización administrativa, así como proyecto de estatutos.

d) Inventario detallado de elementos patrimoniales de activo y pasivo que se traspasan a las nuevas entidades.

e) Balance de situación y cuenta de pérdidas y ganancias, de las entidades interesadas, cerrados dentro de los seis meses anteriores a la fecha de adopción del acuerdo de escisión, junto con un informe sobre las modificaciones patrimoniales significativas que hayan podido tener lugar con posterioridad y adjuntando asimismo los informes emitidos por los auditores de cuentas de las entidades.

f) Estimación del estado de solvencia que incluya el capital de solvencia obligatorio y el capital mínimo obligatorio para el caso de que se lleve a efecto la escisión, tanto de la entidad escindida como de las nuevas que se creen.

4. Presentada la documentación relacionada junto con la solicitud de autorización, mediante resolución de la Dirección General de Seguros y Fondos de Pensiones se acordará la apertura del período de información pública, autorizando a la entidad interesada a publicar anuncios en su sitio web, en uno de los diarios de mayor circulación de la provincia donde tenga su domicilio social y en otro diario de ámbito nacional, dando a conocer el proyecto de escisión y advirtiendo a los tomadores de su derecho a comunicar a la Dirección General de Seguros y Fondos de Pensiones, en el plazo de un mes desde la última publicación, las razones que, en su caso, pudieran tener para estar disconformes con la escisión. No obstante, podrá prescindirse de dicha información pública cuando se deniegue la autorización por no reunir los requisitos legalmente exigibles para la escisión.

5. Transcurrido el plazo a que se refiere el apartado anterior, el Ministro de Economía y Competitividad, visto el expediente abierto al efecto y examinadas las manifestaciones de disconformidad que se hubieran efectuado, dictará la orden ministerial que proceda sobre la operación de escisión. Dicha orden declarará, en su caso, la extinción de la entidad escindida y la cancelación de su inscripción en el Registro administrativo a que se refiere el artículo 40 de la Ley 20/2015, de 14 de julio.

En su caso, la orden incluirá la autorización administrativa e inscripción provisional en el Registro administrativo al que se refiere el artículo 40 de la Ley 20/2015, de 14 de julio de la nueva entidad que se constituye, que serán definitivas a la misma fecha en la que se produzca la preceptiva inscripción en el Registro Mercantil o en el Registro de Sociedades Cooperativas correspondiente. Dicha orden se publicará en el «Boletín Oficial del Estado».

6. Autorizada la escisión se formalizará en escritura pública, la cual deberá recoger, además de cuantas otras menciones resulten preceptivas, los acuerdos de escisión, la constitución de una nueva entidad, en su caso, el traspaso patrimonial y el balance inicial de la nueva entidad. El notario autorizante remitirá la escritura en la que se recojan los acuerdos de forma telemática al Registro Mercantil del domicilio social de las entidades participantes en la escisión para su inscripción, salvo que alguna de las partes intervinientes en el otorgamiento no le autorice para ello. En este caso, el notario entregará una copia electrónica de la escritura pública a las entidades, quien deberá remitirla por medios telemáticos con firma electrónica al Registro Mercantil para su inscripción. En la remisión referida se incorporará la copia electrónica de la escritura y los documentos acreditativos de la preceptiva autorización administrativa. El Registrador Mercantil remitirá de oficio a la Dirección General de Seguros y Fondos de Pensiones por medio telemático una certificación autorizada con su firma electrónica, acreditativa del asiento practicado, acompañada de una copia electrónica de la escritura pública. En el caso de sociedades cooperativas, dicha escritura pública se inscribirá en el Registro de Sociedades Cooperativas correspondiente.

Se deberá remitir en el plazo máximo de un mes, a contar desde la fecha de su otorgamiento, copia autorizada de dicha escritura a la Dirección General de Seguros y Fondos de Pensiones, acreditando asimismo su inscripción en el Registro Mercantil en el plazo de un mes desde que ésta se hubiera producido.

7. En aquellos supuestos en los que los tomadores de seguro puedan resolver los contratos, tendrán derecho al reembolso de la parte de prima no consumida, siendo de aplicación lo dispuesto en el artículo 100.6.

En todo caso, cuando se trate de mutualidades de previsión social, los tomadores tendrán derecho a resolver los contratos de seguro.

8. La autorización administrativa concedida a la entidad escindida subsistirá en favor de la misma con las modificaciones que procedan y se concederá autorización a las nuevas que, en su caso, se creen.

9. Cuando la escisión suponga el traspaso de la parte segregada a una entidad ya existente, se entenderá aplicable al procedimiento regulado en este artículo lo dispuesto en el artículo 110.7.

SECCIÓN 3.ª AGRUPACIONES Y UNIONES TEMPORALES DE ENTIDADES ASEGURADORAS O REASEGURADORAS

Artículo 115. Agrupaciones de interés económico y uniones temporales de empresas. 1. Las agrupaciones de interés económico y uniones temporales de empresas que se constituyan, presentarán en la Dirección General de Seguros y Fondos de Pensiones información acerca de las entidades que las integran, de los accionistas y de las personas a las que se les confiere la administración y dirección, así como una copia autorizada del documento de formalización y los estatutos por los que se vayan a regir.

2. Se deberán comunicar a la Dirección General de Seguros y Fondos de Pensiones las modificaciones que, respecto a la documentación inicialmente aportada, se produzcan con posterioridad. La comunicación se deberá realizar en el plazo de diez días desde la adopción de los correspondientes acuerdos.

CAPÍTULO VI. CONDUCTAS DE MERCADO

SECCIÓN 1.ª ESTATUTOS, PÓLIZAS Y TARIFAS

Artículo 116. Estatutos. Los estatutos de las entidades aseguradoras deberán contener, en todo caso, los siguientes extremos:

a) La denominación y domicilio social de la entidad, ajustados a lo dispuesto en los artículos 29 y 30 de la Ley 20/2015, de 14 de julio y 9 y 10 de este real decreto.

b) El sometimiento de la entidad a la normativa específica sobre ordenación, supervisión y solvencia de las entidades aseguradoras y reaseguradoras y disposiciones complementarias.

c) El objeto de la entidad y el ámbito territorial en que se desarrollará su actividad.

Artículo 117. Pólizas y tarifas de primas. 1. Los modelos de pólizas de seguros, las bases técnicas y tarifas deberán estar a disposición de la Dirección General de Seguros y Fondos de Pensiones en el domicilio social de la entidad.

2. La póliza de seguro será redactada de forma que sea de fácil comprensión. En caso de extravío de la póliza, el asegurador, a petición del tomador del seguro o, en su defecto, del asegurado o beneficiario, tendrá obligación de expedir copia o duplicado de la misma, la cual tendrá idéntica eficacia que la original. La petición se hará por escrito en el que se expliquen las circunstancias del caso, se aporten las pruebas de haberlo notificado a quienes resulten titulares de algún derecho en virtud de la póliza y el solicitante se comprometa a devolver la póliza original si apareciese y a indemnizar al asegurador de los perjuicios que le irrogue la reclamación de un tercero.

3. En los seguros colectivos de vida, con carácter general, se podrá efectuar la incorporación de los asegurados directamente a la póliza a solicitud del tomador. No obstante, además de la póliza, será precisa la suscripción por los asegurados de boletines de adhesión en los siguientes casos:

a) Aquellos seguros en los que los asegurados deban contribuir al pago de primas.

b) Aquellos seguros en los que existiendo imputación fiscal de las contribuciones empresariales, la misma no sea obligatoria de acuerdo con la legislación vigente.

No será necesaria la suscripción del boletín de adhesión en los seguros colectivos que sirvan para el aseguramiento de planes de pensiones ni en los planes de previsión social empresarial, pudiendo procederse a la incorporación de los asegurados directamente a solicitud del tomador en los términos señalados.

Una vez suscrito el boletín de adhesión o, en su caso, incorporado el asegurado al contrato, el asegurador emitirá y entregará un certificado individual de seguro. En el caso en que se hubiese efectuado la incorporación de asegurados directamente a la póliza a solicitud del tomador, el certificado individual de seguro indicará un plazo, no inferior a un mes, durante el cual el asegurado podrá oponerse expresamente a su incorporación al colectivo asegurado. Asimismo, en los seguros temporales de fallecimiento o invalidez, el asegurador emitirá y entregará certificados individuales de seguro con motivo de la renovación del contrato.

4. La prima de tarifa estará integrada por la prima pura o de riesgo, por el recargo de seguridad, en su caso, y por los recargos necesarios para compensar a la entidad de los gastos de administración y de adquisición, incluidos entre estos últimos los de mantenimiento del negocio, así como por el posible margen o recargo de beneficio o excedente. Los gastos de gestión de los siniestros se incluirán en todo caso en la prima pura.

5. La Dirección General de Seguros y Fondos de Pensiones podrá prohibir la utilización de las pólizas y tarifas de primas que no cumplan lo dispuesto en la Ley 20/2015, de 14 de julio o en este Real Decreto. A estos efectos, se instruirá el correspondiente procedimiento administrativo en el que podrá acordarse como medida provisional la suspensión de la utilización de las pólizas o las tarifas de primas.

En la resolución que ponga fin al procedimiento administrativo se concederá un plazo improrrogable de seis meses para que la entidad aseguradora acomode sus pólizas y tarifas de primas a lo dispuesto en la Ley 20/2015, de 14 de julio y en este Real Decreto. El incumplimiento de este plazo podrá considerarse constitutivo de infracción muy grave, conforme al artículo 194.6 de la referida Ley, o grave, conforme al artículo 195.5 de la misma, y dará lugar al inicio del procedimiento sancionador correspondiente.

Todo lo anterior se entiende sin perjuicio de la aplicación de la Ley 15/2007, de 3 de julio, de Defensa de la Competencia, en los términos que en ella se establecen, a las prácticas contrarias a la libertad de competencia.

> – Los artículos 1, 2 y 3 de la **Ley 15/2007, de 3 de julio, de Defensa de la Competencia**, establecen:
>
> «*Artículo 1 Conductas colusorias. 1. Se prohíbe todo acuerdo, decisión o recomendación colectiva, o práctica concertada o conscientemente paralela, que tenga por objeto, produzca o pueda producir el efecto de impedir, restringir o falsear la competencia en todo o parte del mercado nacional y, en particular, los que consistan en: a) La fijación, de forma directa o indirecta, de precios o de otras condiciones comerciales o de servicio. b) La limitación o el control de la producción, la distribución, el desarrollo técnico o las inversiones. c) El reparto del mercado o de las fuentes de aprovisionamiento. d) La aplicación, en las relaciones comerciales o de servicio, de condiciones desiguales para prestaciones equivalentes que coloquen a unos competidores en situación desventajosa frente a otros. e) La subordinación de la celebración de contratos a la acepta-*

ción de prestaciones suplementarias que, por su naturaleza o con arreglo a los usos de comercio, no guarden relación con el objeto de tales contratos. 2. Son nulos de pleno derecho los acuerdos, decisiones y recomendaciones que, estando prohibidos en virtud de lo dispuesto en el apartado 1, no estén amparados por las exenciones previstas en la presente Ley. 3. La prohibición del apartado 1 no se aplicará a los acuerdos, decisiones, recomendaciones y prácticas que contribuyan a mejorar la producción o la comercialización y distribución de bienes y servicios o a promover el progreso técnico o económico, sin que sea necesaria decisión previa alguna a tal efecto, siempre que: a) Permitan a los consumidores o usuarios participar de forma equitativa de sus ventajas. b) No impongan a las empresas interesadas restricciones que no sean indispensables para la consecución de aquellos objetivos, y c) No consientan a las empresas partícipes la posibilidad de eliminar la competencia respecto de una parte sustancial de los productos o servicios contemplados. 4. La prohibición del apartado 1 no se aplicará a los acuerdos, decisiones, o recomendaciones colectivas, o prácticas concertadas o conscientemente paralelas que cumplan las disposiciones establecidas en los Reglamentos Comunitarios relativos a la aplicación del apartado 3 del artículo 81 del Tratado CE a determinadas categorías de acuerdos, decisiones de asociaciones de empresa y prácticas concertadas, incluso cuando las correspondientes conductas no puedan afectar al comercio entre los Estados miembros de la UE. 5. Asimismo, el Gobierno podrá declarar mediante Real Decreto la aplicación del apartado 3 del presente artículo a determinadas categorías de conductas, previo informe del Consejo de Defensa de la Competencia y de la Comisión Nacional de la Competencia»;

«Artículo 2 Abuso de posición dominante. 1. Queda prohibida la explotación abusiva por una o varias empresas de su posición de dominio en todo o en parte del mercado nacional. 2. El abuso podrá consistir, en particular, en: a) La imposición, de forma directa o indirecta, de precios u otras condiciones comerciales o de servicios no equitativos. b) La limitación de la producción, la distribución o el desarrollo técnico en perjuicio injustificado de las empresas o de los consumidores. c) La negativa injustificada a satisfacer las demandas de compra de productos o de prestación de servicios. d) La aplicación, en las relaciones comerciales o de servicios, de condiciones desiguales para prestaciones equivalentes, que coloque a unos competidores en situación desventajosa frente a otros. e) La subordinación de la celebración de contratos a la aceptación de prestaciones suplementarias que, por su naturaleza o con arreglo a los usos de comercio no guarden relación con el objeto de dichos contratos. 3. La prohibición prevista en el presente artículo se aplicará en los casos en los que la posición de dominio en el mercado de una o varias empresas haya sido establecida por disposición legal»;

«*Artículo 3 Falseamiento de la libre competencia por actos desleales. La Comisión Nacional de la Competencia o los órganos competentes de las Comunidades Autónomas conocerán en los términos que la presente Ley establece para las conductas prohibidas, de los actos de competencia desleal que por falsear la libre competencia afecten al interés público*».

Artículo 118. Normas generales sobre bases técnicas. 1. Las bases técnicas, que deberán ser suscritas por un actuario de seguros, comprenderán, en cuanto proceda según la estructura administrativa y organización comercial de la entidad, los siguientes apartados:

a) Información genérica. En ella se dará explicación del riesgo asegurable conforme a la póliza respectiva, los factores de riesgo considerados en la tarifa y los sistemas de tarificación utilizados.

b) Información estadística sobre el riesgo. Se aportará información sobre la estadística que se haya utilizado, indicando el tamaño de la muestra, las fuentes y método de obtención de la misma y el período a que se refiera.

c) Recargo de seguridad. Se destinará a cubrir las desviaciones aleatorias desfavorables de la siniestralidad esperada, y deberá calcularse sobre la prima pura. Se determinará, de acuerdo con las características de la información estadística utilizada, atendiendo al tipo, composición y tamaño de la cartera, fondos propios admisibles y al volumen de cesiones al reaseguro, así como al período que se haya considerado para el planteamiento de la solvencia, que no podrá ser inferior a tres años, debiendo especificarse la probabilidad de insolvencia que, en relación con dicho período, se haya tenido en cuenta.

d) Recargos para gastos de gestión. Se detallará cuantía, suficiencia y adecuación de los recargos para gastos de administración y de adquisición, incluidos entre estos últimos los de mantenimiento del negocio, justificados en función de la organización administrativa y comercial, actual y prevista en la entidad interesada, teniendo en cuenta si se trata de seguros individuales o de grupo.

e) Recargo para beneficio o excedente. Se destinará a remunerar los recursos financieros e incrementar los fondos propios de la entidad.

f) Cálculo de la prima. En función de las bases estadísticas y financieras si procede, se establecerá la equivalencia actuarial para fijar la prima pura que corresponda al riesgo a cubrir y a los gastos de gestión de los siniestros. Tomando como base la prima pura y los recargos, se obtendrá la prima de tarifa o comercial. Si se admiten primas fraccionadas y fraccionarias, se justificará la base y el recargo para calcularlas, concretando que estas últimas son liberatorias por el período de seguro a que correspondan.

g) Cálculo de las provisiones técnicas. Las bases técnicas reflejarán las metodologías y los modelos subyacentes utilizados en el cálculo de las provisiones técnicas, así como las hipótesis empleadas en su cálculo.

2. Si, incumpliendo las previsiones de la base técnica, durante dos ejercicios consecutivos los recargos para gastos de gestión son insuficientes para atender los gastos reales de administración y adquisición definidos conforme al Plan de Contabilidad de las entidades aseguradoras, deberá procederse a la adecuación de las bases técnicas.

3. No será de aplicación lo previsto en el apartado anterior cuando el exceso de gastos sea debido a circunstancias excepcionales y que previsiblemente no vayan a seguir produciéndose en el futuro y así se acredite ante la Dirección General de Seguros y Fondos de Pensiones.

4. Mediante circular de la Dirección General de Seguros y Fondos de Pensiones se desarrollarán los aspectos cuantitativos y cualitativos necesarios para la adecuación de las hipótesis biométricas aplicadas en el cálculo de las tarifas de primas, atendiendo a la consecución en todo caso de los fines del artículo 1 de la Ley 20/2015, de 14 de julio, de proteger los derechos de los tomadores, asegurados y beneficiarios, así como de promover la transparencia y el desarrollo adecuado de la actividad aseguradora.

– El apartado cuarto se añade por el **Real Decreto 288/2021, de 20 de abril.**

Artículo 119. Peculiaridades de las bases técnicas de los seguros de vida. 1. La base técnica especificará la metodología de cálculo de la provisión de seguros de vida, así como el tipo de interés utilizado en el cálculo de la prima. En el caso de que alguno de los recargos de gestión no exista por hallarse implícito en el tipo de interés garantizado, dicha circunstancia deberá explicitarse y cuantificarse.

La utilización de tipos de interés para el cálculo de las primas superiores a los previstos en la normativa para el cálculo de la provisión de seguros de vida no podrá tener carácter sistemático y permanente.

En caso de utilización de los ajustes contemplados en los artículos 55 y 57 el interés técnico máximo a utilizar en el cálculo de las primas deberá adecuarse a lo previsto en los mencionados artículos para el tipo de interés aplicable al cálculo de la provisión de seguros de vida.

En cualquier caso, las entidades aseguradoras que no tengan suficiencia de fondos propios admisibles para cubrir tanto el capital mínimo obligatorio como el capital de solvencia obligatorio o respecto de las cuales se hayan adoptado medidas de control especial, no podrán aplicar al cálculo de las primas de los nuevos compromisos un tipo de interés técnico superior al regulado en el artículo 48.2 más el ajuste por volatilidad previsto en el artículo 57.

2. Además, las bases técnicas de los seguros de vida han de contener:

a) Los criterios de selección de riesgos que haya decidido aplicar cada entidad, determinando, entre otros, las edades de admisión, períodos de carencia, supuestos de exigencia de reconocimiento médico previo, número mínimo de personas para la aplicación de las tarifas de primas de los seguros colectivos o de grupo y módulos de fijación de capitales asegurados en estos seguros, en su caso.

b) Las fórmulas para determinar los valores garantizados para los casos de rescate, reducción de capital asegurado y anticipos. Los valores resultantes han de ser concordantes con los que figuran en las pólizas.

c) El sistema de cálculo utilizado y los criterios de imputación de la participación en beneficios a los asegurados, cuando se conceda, teniendo en cuenta los siguientes elementos:

1.º Las entidades aseguradoras podrán conceder a sus asegurados participación en los beneficios obtenidos, mediante el sistema que deseen, referido a los resultados técnicos, a los financieros o a la combinación de ambos.

2.º En las bases técnicas habrán de detallar el sistema que decidan y precisarán el modelo de cuenta y los criterios de imputación que permitan el cálculo y clara comprobación de tales resultados.

Artículo 120. Peculiaridades de las bases técnicas de los seguros de decesos. 1. Las bases técnicas de los seguros de decesos deberán reflejar las modificaciones en la cobertura del asegurador ante evoluciones del coste de los servicios funerarios. Se consideran servicios funerarios los de sepelio y cualesquiera otros, directa e íntimamente relacionados con el fallecimiento del asegurado, que se presten a sus allegados y cuya realización no tendría objeto si no fuera con ocasión del fallecimiento del asegurado.

2. Las bases técnicas deberán garantizar que el coste del servicio considerado será suficiente en el momento en que comience la cobertura del seguro. Asimismo deberán establecer el mecanismo para mantener actualizado dicho coste en todo momento en función de los incrementos esperados del mismo.

Igualmente deberán contemplar la adaptación de las primas a las posibles variaciones en el coste de los servicios.

3. Teniendo en cuenta lo anterior, se utilizará en la determinación de la prima y de la provisión del seguro de decesos técnica análoga a la del seguro de vida.

Artículo 121. Peculiaridades de las bases técnicas de los seguros de enfermedad. 1. Las entidades aseguradoras que operen en el ramo de enfermedad podrán utilizar tablas de morbilidad que definan el riesgo en función de la edad. En este caso deberán utilizar, en la determinación de la prima, técnica análoga a la del seguro de vida, pudiéndose aplicar los principios de la capitalización colectiva. Lo anterior será igualmente de aplicación a la cobertura de los riesgos de asistencia sanitaria.

2. En ningún caso los riesgos y costes relacionados con el embarazo y el parto podrán suponer diferencias en primas ni en prestaciones.

SECCIÓN 2.ª DEBER DE INFORMACIÓN

Artículo 122. Deber general de información a facilitar a los tomadores de seguros o asegurados. 1. Antes de la celebración de un contrato de seguro, distinto al contrato de seguro para grandes riesgos, la entidad aseguradora deberá informar al tomador, por escrito o en soporte electrónico, del nombre del Estado miembro en el que esté establecido el domicilio social de la entidad, de su denominación social, de su forma jurídica y de su domicilio social o, en su caso, de la dirección de la sucursal con la que se vaya a celebrar el contrato.

2. Antes de celebrar un contrato de seguro distinto al seguro de vida, si el tomador es una persona física, o en cualquier contrato de seguro de vida, la entidad aseguradora deberá informar al tomador, por escrito o en soporte electrónico, sobre los siguientes extremos:

a) Sobre la legislación aplicable al contrato cuando las partes no tengan libertad de elección o, en caso contrario, sobre la propuesta por el asegurador.

b) Sobre las diferentes instancias de reclamación, tanto internas como externas, utilizables en caso de conflicto, así como el procedimiento a seguir.

3. Las informaciones mencionadas en los dos apartados anteriores deberán figurar en la póliza o en el documento de cobertura provisional de forma clara y precisa.

4. En los seguros colectivos o de grupo, el asegurador deberá suministrar la información que afecte a los derechos y obligaciones de los asegurados, con anterioridad a la firma del boletín de adhesión cuando proceda dicha firma o, durante la vigencia del contrato en caso contrario, salvo que dicha obligación sea asumida por el tomador del seguro.

En los boletines de adhesión y certificados de seguro deberá figurar la información que afecte a los derechos y obligaciones de los asegurados. El asegurador informará por escrito, o mediante soporte electrónico duradero, sobre cualquier cambio en el contenido de dichos documentos.

5. La información previa contendrá una referencia concreta al informe sobre la situación financiera y de solvencia del asegurador, regulado en el artículo 80 de la Ley 20/2015, de 14 de julio, que permita al tomador del seguro acceder con facilidad a esta información.

6. Las disposiciones contenidas en esta sección se aplicarán sin perjuicio de lo establecido para el contrato de seguro en la legislación sobre comercialización a distancia de los servicios financieros destinados a los consumidores.

7. El Ministro de Economía y Competitividad, previo informe de la Junta Consultiva de Seguros y Fondos de Pensiones, podrá dictar normas de desarrollo y establecer obligaciones adicionales de información previa y durante la vigencia del seguro.

Artículo 123. Información en los contratos de seguro ofrecidos en régimen de derecho de establecimiento o de libre prestación de servicios.
1. Las entidades aseguradoras domiciliadas en otro Estado miembro del Espacio Económico Europeo que operen en España en régimen de derecho de establecimiento o en régimen de libre prestación de servicios estarán sujetas, en los contratos que celebren en ambos regímenes, al mismo deber de información al tomador del seguro y, en su caso, al asegurado, que a las entidades aseguradoras españolas imponen los artículos 96 de la Ley 20/2015, de 14 de julio y 122 a 126 de este Real Decreto.

En particular, y antes de celebrar el contrato de seguro, la entidad aseguradora habrá de informar al tomador acerca del Estado miembro en el que esté situado su domicilio social o, en su caso, la sucursal desde la que se proporcione la cobertura. A estos efectos, en la proposición de seguro y en la póliza del contrato de seguro deberá constar la dirección del domicilio social o, en su caso, de la sucursal del asegurador que proporcione la cobertura.

Asimismo, deberán mencionar expresamente la no aplicación de la normativa española en materia de liquidación de la entidad.

2. Tratándose de contratos de seguro de responsabilidad civil en vehículos terrestres automóviles, excluida la responsabilidad del transportista, celebrados en régimen de libre prestación de servicios, en el documento de cobertura provisional y en la póliza, en su caso, deberá constar también el nombre y la dirección del representante a que se refiere el artículo 58.1.a) de la Ley 20/2015, de 14 de julio.

Artículo 124. Deber particular de información en los seguros de vida.
1. Sin perjuicio de lo dispuesto en los dos artículos anteriores, antes de la celebración de un contrato de seguro sobre la vida, el asegurador habrá de suministrar al tomador del seguro, por escrito o en soporte electrónico duradero, de forma clara y precisa, la siguiente información:

a) Definición de las garantías y opciones ofrecidas.

b) Periodo de vigencia del contrato.

c) Condiciones para su rescisión.

d) Condiciones, plazos y vencimientos de las primas.

e) Método de cálculo y de asignación de las participaciones en beneficios.

f) Indicación de los valores de rescate y de reducción y naturaleza de las garantías correspondientes; en el caso de que éstas no puedan ser establecidas exactamente en el momento de la suscripción, indicación del mecanismo de cálculo así como de los valores mínimos.

g) Primas relativas a cada garantía, ya sea principal o complementaria, cuando dicha información resulte adecuada.

h) En los contratos de capital variable, definición de las unidades de cuenta a las que están sujetas las prestaciones e indicación de los activos representativos.

i) Modalidades y plazo para el ejercicio del derecho de resolución y, en su caso, formalidades necesarias para el ejercicio de la facultad unilateral de desistimiento a que se refiere el artículo 83.a) de la Ley 50/1980, de 8 de octubre, de contrato de seguro.

j) Indicaciones generales relativas al régimen fiscal aplicable.

k) Información específica para permitir una comprensión adecuada de los riesgos subyacentes al contrato que asume el tomador del seguro.

2. Durante la vigencia del contrato de seguro sobre la vida, el asegurador habrá de suministrar al tomador del seguro, por escrito o en soporte electró-

nico duradero, de forma clara y precisa, información sobre las modificaciones que se produzcan relativas a:

a) Las condiciones generales y particulares.

b) La denominación o razón social del asegurador, la forma jurídica o el domicilio social y, en su caso, la dirección de la sucursal con la cual se haya celebrado el contrato.

3. En caso de emitirse un suplemento de póliza o de modificarse la legislación aplicable al contrato, el tomador del seguro deberá recibir toda la información contenida en el apartado 1.

4. En los seguros en los que el tomador asuma el riesgo de la inversión se informará de forma clara y precisa de que el importe que se va a percibir dependerá de fluctuaciones en los mercados financieros, ajenas al control del asegurador y cuyos resultados históricos no son indicadores de resultados futuros. Asimismo, se especificará el importe, base de cálculo y periodicidad de todos los gastos inherentes a la operación.

5. En los seguros de vida en que el tomador no asuma el riesgo de la inversión y haya que dotar provisión matemática se informará de la rentabilidad esperada de la operación, con las exclusiones que determine el Ministro de Economía y Competitividad por existir un componente principal de riesgo biométrico.

La rentabilidad esperada de la operación de seguro es el tipo de interés anual que iguala los valores actuales de las prestaciones esperadas que se puedan percibir en la operación por todos los conceptos y los pagos esperados de prima.

Mediante orden de la persona titular del Ministerio de Asuntos Económicos y Transformación Digital se regulará el mecanismo de cálculo de esta rentabilidad esperada, considerando al menos los factores del período al que afecta la garantía, las tablas biométricas, el pago de primas futuras o la posible existencia de participación en beneficios.

El tomador de seguro podrá solicitar a la entidad aseguradora el detalle del cálculo de la rentabilidad esperada debiendo ser entregado por ésta en un plazo máximo de diez días. La información facilitada debe ser completa y fácilmente comprensible para el tomador de seguro.

Se habilita a la Dirección General de Seguros y Fondos de Pensiones para que mediante resolución pueda precisar las operaciones de seguros de vida que tengan un alto grado de componente biométrico que se excluyan de la obligación de información de la rentabilidad esperada.

6. En el caso de seguros con participación en beneficios, el asegurador deberá informar por escrito anualmente al tomador del seguro de la situación de sus derechos, incorporando la participación en los beneficios. Además, si el asegurador ha facilitado cifras sobre la evolución potencial de la participación en los beneficios, deberá informar al tomador del seguro de las desviaciones entre la evolución efectiva y los datos iniciales.

7. Si en la proposición de seguro o en el propio contrato de seguro de vida, el asegurador facilita cifras relativas al importe de pagos potenciales, aparte de los pagos acordados por contrato, deberá proporcionar al tomador del seguro un modelo de cálculo del que resulte el pago potencial al vencimiento, aplicando la base de cálculo de la prima y utilizando tres tipos de interés diferentes. Esto no se aplicará a los seguros y contratos de duración determinada. El asegurador deberá informar al tomador del seguro, de manera clara y comprensible, que el modelo de cálculo está basado en supuestos hipotéticos y que el tomador del seguro no debe inferir obligaciones contractuales del citado modelo de cálculo.

8. En relación con los seguros a los que resulta de aplicación el Reglamento n.º 1286/2014, del Parlamento Europeo y del Consejo, de 26 de noviembre de 2014, sobre los documentos de datos fundamentales relativos a los productos de inversión minorista vinculados y los productos de inversión basados en seguros, no será necesario suministrar la información establecida en el presente artículo en la medida en que la misma se entienda debidamente suministrada con arreglo al documento de datos fundamentales a que hace referencia la citada normativa comunitaria.

9. Las mutualidades de previsión social que tengan reconocido en su reglamento de cotizaciones y prestaciones un sistema financiero-actuarial que establezca que la prestación a obtener por el mutualista estará en relación directa con las cotizaciones efectivamente realizadas e imputadas y que los resultados totales al cierre del ejercicio, positivos o negativos, una vez cubiertas las obligaciones legales y de solvencia de la entidad, se trasladen a las provisiones de los mutualistas activos, deberán explicar claramente en la información previa que las prestaciones a percibir no están preestablecidas de una manera fija, sino que podrán ser inferiores o superiores en función de los resultados negativos o positivos que se obtengan en cada ejercicio.

> – El párrafo tercero del apartado quinto se modifica por el **Real Decreto 288/2021, de 20 de abril.**

– La **Ley 50/1980, de 8 de octubre, de contrato de seguro**, establece: «*Artículo 83 a). 1. El tomador del seguro en un contrato de seguro individual de duración superior a seis meses que haya estipulado el contrato sobre la vida propia o la de un tercero tendrá la facultad unilateral de resolver el contrato sin indicación de los motivos y sin penalización alguna dentro del plazo de 30 días siguientes a la fecha en la que el asegurador le entregue la póliza o un documento de cobertura provisional. Se exceptúan de esta facultad unilateral de resolución los contratos de seguro en los que el tomador asume el riesgo de la inversión, así como los contratos en los que la rentabilidad garantizada esté en función de inversiones asignadas en los mismos. 2. La facultad unilateral de resolución del contrato deberá ejercitarse por el tomador mediante comunicación dirigida al asegurador a través de un soporte duradero, disponible y accesible para éste y que permita dejar constancia de la notificación. La referida comunicación deberá expedirse por el tomador del seguro antes de que venza el plazo indicado en el apartado anterior. 3. A partir de la fecha, en que se expida la comunicación a que se refiere el apartado anterior cesará la cobertura del riesgo por parte del asegurador y el tomador del seguro tendrá derecho a la devolución de la prima que hubiera pagado, salvo la parte correspondiente al periodo de tiempo en que el contrato hubiera tenido vigencia. El asegurador dispondrá para ello de un plazo de 30 días a contar desde el día que reciba la comunicación de rescisión*». La Ley 22/2007, de 11 de julio, sobre comercialización a distancia de servicios financieros destinados a los consumidores, deroga los párrafos segundo y tercero del apartado 1 del artículo 83.a) y del apartado 2 del artículo 83.a), el inciso que dice: «*Tratándose de un contrato de seguro comercializado a distancia, la comunicación se hará de acuerdo con las instrucciones que el tomador haya recibido de conformidad con lo previsto en el apartado 3 del artículo 60 de la Ley 30/1995, de 8 de noviembre, de Ordenación y Supervisión de los Seguros Privados*». Posteriormente, la **Ley 56/2007, de 28 de diciembre, de Medidas de Impulso de la Sociedad de la Información**, modifica la Disposición Derogatoria de la Ley 22/2007, de 11 de julio, sobre comercialización a distancia de servicios financieros destinados a los consumidores, indicando que tendrá la siguiente redacción: «b) El párrafo segundo del apartado 1 del artículo 83.a) de la Ley 50/1980, de 8 de octubre, de Contrato de Seguro».

– **Orden ECC/2329/2014, de 12 de diciembre, por la que se regula el cálculo de la rentabilidad esperada de las operaciones de seguro de vida.**

Artículo 125. Deber particular de información en los seguros de decesos. Además de las obligaciones generales de información establecidas en el artículo 96 de la Ley 20/2015, de 14 de julio y en el artículo 122 de este Real

Decreto, antes de la celebración del contrato de seguro de decesos, la entidad aseguradora habrá de suministrar al tomador del seguro, en cualquiera de las modalidades de cobertura del seguro de decesos, por escrito o en soporte electrónico duradero, de forma clara y precisa, la siguiente información:

a) Identificación de la modalidad que se está ofertando conforme a la siguiente tipificación: a prima nivelada, natural, seminatural, mixta por combinación de las anteriores, o a prima única.

b) Definición de la modalidad que se está ofertando, características y método de cálculo de la prima inicial y primas sucesivas.

c) Identificación de los factores de riesgo objetivos a considerar en la tasa de prima a aplicar en las sucesivas renovaciones de la póliza: edad del asegurado, variaciones en el capital asegurado o evolución en los costes de los servicios funerarios.

d) Cuadro evolutivo estimado de las primas comerciales anuales hasta que el asegurado alcance la edad de noventa años, elaborado conforme a las siguientes especificaciones:

1.º Detalle de la evolución previsible de las primas comerciales anuales a partir de la edad del asegurado en el momento de la contratación de la póliza, expresadas en tasas sobre mil euros de capital asegurado inicial.

2.º Detalle de la evolución de los capitales asegurados.

e) Información sobre las actualizaciones de capitales asegurados o de prestaciones y de primas a aplicar en las renovaciones, así como el plazo previo al vencimiento y la forma en la que se van a comunicar al tomador del seguro.

f) Garantías accesorias opcionales a la cobertura de decesos que se ofrecen en la misma póliza, con indicación del importe de la prima correspondiente a cada una de ellas cuando correspondan a otro ramo de seguro.

g) Condiciones de resolución del contrato.

h) Existencia, o no, del derecho de rehabilitación de la póliza y normas por las que se rige, en su caso.

i) Límites y condiciones relativos a la libertad de elección del prestador.

Artículo 126. Deber particular de información en los seguros de enfermedad. 1. Además de las obligaciones generales de información establecidas en el artículo 96 de la Ley 20/2015, de 14 de julio y en el artículo 122 de este real decreto, antes de celebrar un contrato de seguro de enfermedad, el asegurador deberá informar al tomador, por escrito o en soporte electrónico duradero, sobre los extremos siguientes:

a) Identificación de los factores de riesgo objetivos a considerar en la tasa de prima a aplicar en las sucesivas renovaciones de la póliza, en cualquiera de las modalidades de cobertura del seguro de enfermedad.

b) Garantías accesorias opcionales a la cobertura de enfermedad que se ofrecen en la misma póliza, con indicación del importe de la prima correspondiente a cada una de ellas cuando correspondan a otro ramo de seguro.

c) Condiciones de resolución del contrato y renuncia, en su caso, a la oposición a la prórroga por parte del asegurador en las renovaciones.

d) Existencia, o no, del derecho de rehabilitación de la póliza y normas por las que se rige, en su caso.

e) Límites y condiciones relativos a la libertad de elección del prestador.

2. Sin perjuicio de lo anterior, las entidades aseguradoras informarán, antes de cada anualidad de vigencia del contrato, de las actualizaciones de capitales asegurados, prestaciones y cuadro médico, en su caso. En las modalidades de seguro individual o de pólizas familiares, se deberá informar, además, antes de la contratación, de las tarifas de prima estándar aplicables para todos los tramos de edad o que se delimiten en función de cualquier otro criterio objetivo de adscripción de los asegurados. Esta información deberá figurar actualizada y fácilmente accesible en el sitio web de la entidad y estar a disposición del asegurado en sus oficinas. La entidad comunicará al tomador la modificación de la estructura de tramos existente en el momento de la contratación.

Artículo 127. Publicidad. 1. Toda publicidad que suponga la oferta de seguros privados se ajustará con carácter general a lo previsto en la Ley 34/1988, de 11 de noviembre, General de Publicidad y disposiciones de desarrollo.

2. La publicidad que realicen las entidades aseguradoras deberá transmitir a sus destinatarios una información veraz, eficaz y suficiente sobre las características esenciales de la operación, servicio o producto de seguros y, al menos, tendrá que cumplir los requisitos siguientes:

a) Identificación de la entidad aseguradora que asume la cobertura de los riesgos o compromisos, destacada de forma suficiente mediante nombres comerciales o marcas, salvo que éstas puedan inducir a confusión, en cuyo caso se empleará la denominación social.

b) Indicación del tipo de contrato de seguro que se oferta.

3. Tendrá la consideración de publicidad toda forma de comunicación por la que se ofrezcan operaciones de seguro o se divulgue información sobre las

mismas, cualquiera que sea el medio utilizado para ello, incluidas las circulares y cartas personalizadas que formen parte de una campaña de difusión.

4. La publicidad de las entidades aseguradoras no está sujeta a autorización administrativa, ni debe ser objeto de remisión sistemática previa a su utilización a la Dirección General de Seguros y Fondos de Pensiones, aunque las entidades aseguradoras que pretendan efectuar campañas publicitarias de elevado coste o amplio ámbito de difusión podrán formular consulta previa a su inicio a la Dirección General de Seguros y Fondos de Pensiones.

A tal efecto, se remitirá una reproducción adecuada, según el medio de difusión a emplear, de los textos, bocetos, composición gráfica o filmaciones a utilizar, con indicación de tamaños y duración de la campaña y, en su caso, tiempos de exhibición.

La Dirección General de Seguros y Fondos de Pensiones resolverá sobre las citadas consultas en el plazo máximo de quince días hábiles, contados desde la fecha de recepción de la solicitud acompañada de la documentación prevista en el párrafo anterior.

5. En todo caso, la publicidad deberá estar disponible en todo momento para su supervisión por la Dirección General de Seguros y Fondos de Pensiones.

6. En el caso de entidades aseguradoras domiciliadas en otros países miembros del Espacio Económico Europeo que ejerzan actividad en España, podrán realizar publicidad de sus servicios en España en los mismos términos que las entidades aseguradoras españolas y sujetas a idéntica ordenación y supervisión.

– Ley 34/1988, de 11 de noviembre, General de Publicidad.

CAPÍTULO VII. RÉGIMEN ESPECIAL DE SOLVENCIA

SECCIÓN 1.ª ÁMBITO DE APLICACIÓN

Artículo 128. Ámbito de aplicación. 1. Las entidades aseguradoras podrán acogerse al régimen especial de solvencia regulado en este capítulo previa autorización de la Dirección General de Seguros y Fondos de Pensiones, cuando acrediten que, conforme al artículo 101.1 de la Ley 20/2015, de 14 de julio, han cumplido todas las condiciones siguientes:

a) Los ingresos brutos anuales por primas devengadas no exceden de 5.400.000 euros.

b) El importe bruto total de provisiones técnicas, sin considerar los importes recuperables procedentes de los contratos de reaseguro cedido y de las entidades con cometido especial, no excede de 26.600.000 euros.

c) Si la entidad aseguradora pertenece a un grupo, el importe bruto total de las provisiones técnicas del grupo, sin considerar los importes recuperables procedentes de los contratos de reaseguro cedido y de las entidades con cometido especial, no excede de 26.600.000 euros.

d) La entidad aseguradora no realiza actividades de seguro o reaseguro en los ramos de crédito, caución o responsabilidad civil excepto si se trata de riesgos accesorios, de acuerdo con lo previsto en el apartado A, letra b), del anexo de la Ley 20/2015, de 14 de julio.

e) Las operaciones de reaseguro realizadas por la entidad aseguradora no generan ingresos brutos anuales por primas devengadas de reaseguro aceptado que excedan de 600.000 euros o del diez por ciento de sus ingresos brutos anuales por primas devengadas, ni un importe bruto de provisiones técnicas del reaseguro aceptado que excede de 2.700.000 euros o del diez por ciento de sus provisiones técnicas brutas, sin considerar los importes recuperables procedentes de los contratos de reaseguro cedido y de las entidades con cometido especial.

2. También podrán acogerse al régimen especial de solvencia regulado en este capítulo, previa autorización de la Dirección General de Seguros y Fondos de Pensiones, las entidades aseguradoras que acrediten que se encuentran en alguna de las situaciones previstas en el artículo 101.2 de la Ley 20/2015, de 14 de julio.

3. En el caso de entidades aseguradoras que pertenezcan a un grupo sujeto a supervisión de acuerdo a lo previsto en el artículo 132 de la Ley 20/2015, de 14 de julio, deberán además acreditar que todas las entidades del grupo cumplen con los requisitos necesarios para acogerse a dicho régimen. En el caso de que el grupo esté formado únicamente por entidades acogidas al régimen especial de solvencia, no serán de aplicación a dicho grupo las obligaciones exigidas en el título V de la referida ley.

4. Las entidades que soliciten autorización administrativa para ejercer actividades de seguro y reaseguro no podrán acogerse inicialmente al régimen especial de solvencia de acuerdo con el artículo 101.5 de la Ley 20/2015, de 14 de julio. Tampoco podrán acogerse aquellas que, estando autorizadas para operar a 1 de enero de 2016, tengan unos importes brutos anuales por primas devengadas o de provisiones técnicas sin considerar los importes recupera-

bles procedentes de los contratos de reaseguro cedido y de las entidades con cometido especial, superiores a los establecidos en el apartado 1 anterior, o que prevean superar en los cinco años siguientes cualquiera de esos importes.

> – El apartado primero se modifica por el **Real Decreto 907/2022, de 25 de octubre, por el que se modifican las cuantías de determinadas tablas del sistema para la valoración de los daños y perjuicios causados a las personas en accidentes de circulación contenidas en el anexo del texto refundido de la Ley sobre responsabilidad civil y seguro en la circulación de vehículos a motor, aprobado por el Real Decreto Legislativo 8/2004, de 29 de octubre, y por el que se modifica el Real Decreto 1060/2015, de 20 de noviembre, de ordenación, supervisión y solvencia de las entidades aseguradoras y reaseguradoras, para la actualización de importes en euros en relación con el régimen especial de solvencia.** La modificación del primer apartado del artículo 128 del Real Decreto 1060/2015, de 20 de noviembre, se lleva a cabo para actualizarlo a los importes indicados en la Comunicación relativa a la adaptación a la inflación de los importes establecidos en la Directiva 2009/138/CE del Parlamento Europeo y del Consejo, de 25 de noviembre de 2009.

SECCIÓN 2.ª VALORACIÓN DE PROVISIONES TÉCNICAS

Artículo 129. Enumeración de las provisiones técnicas. 1. Las provisiones técnicas a considerar son las siguientes:
a) De primas
b) De seguros de vida.
c) De participación en beneficios y para extornos.
d) De siniestros pendientes.
e) Del seguro de decesos.
f) Del seguro de enfermedad.
g) De desviaciones en las operaciones de capitalización por sorteo.

2. Las provisiones técnicas aplicables al reaseguro aceptado y cedido serán las recogidas en los párrafos a) a d).

El importe correspondiente a las provisiones técnicas del reaseguro aceptado y cedido deberá calcularse en la forma prevista en este real decreto, teniendo en cuenta, en su caso, las condiciones específicas de los contratos de reaseguro suscritos.

El cálculo de las provisiones por operaciones de reaseguro aceptado, tomará como base los datos que facilite la entidad cedente, incrementándolos en cuanto proceda de acuerdo con la experiencia de la propia entidad.

3. Las entidades aseguradoras y reaseguradoras contarán con una función actuarial efectiva, en los términos previstos en el artículo 47.

Artículo 130. Provisión de primas. 1. La provisión de primas deberá estar constituida por la fracción de las primas devengadas en el ejercicio que deba imputarse al período comprendido entre la fecha del cierre y el término del período de cobertura.

2. La provisión de primas se calculará póliza a póliza.

La base de cálculo de esta provisión estará constituida por las primas de tarifa devengadas en el ejercicio deducido el recargo para gastos de adquisición.

La imputación temporal de la prima se realizará de acuerdo con la distribución temporal de la siniestralidad a lo largo del período de cobertura del contrato.

3. La provisión de primas será objeto de ajuste cuando exista insuficiencia de la prima con respecto a los siniestros y gastos futuros.

Se entenderá que existe insuficiencia cuando el resultado de la cuenta técnica, para cada ramo o producto comercial, sea negativo en los dos últimos años. Si hubiera insuficiencia se calculará el porcentaje que represente el resultado acumulado de la cuenta técnica, para cada ramo o producto comercial, de los dos últimos años respecto del volumen de primas periodificadas netas de reaseguro, excluyendo el ajuste mencionado en este apartado, acumuladas en los dos últimos años.

Las cuantías de los ajustes serán:

a) el valor absoluto resultante de multiplicar el porcentaje previsto en el párrafo anterior por la provisión de primas del seguro directo correspondiente al ejercicio de cálculo.

b) el valor absoluto resultante de multiplicar el porcentaje previsto en el párrafo anterior por la provisión de primas del reaseguro cedido correspondiente al ejercicio de cálculo.

El ajuste por operaciones de reaseguro aceptado deberá efectuarse conforme a lo dispuesto en los apartados precedentes.

4. Cuando durante dos ejercicios consecutivos sea necesario efectuar el ajuste regulado en este artículo, la entidad deberá presentar en la Dirección General de Seguros y Fondos de Pensiones informe actuarial sobre la revisión necesaria de las bases técnicas para alcanzar la suficiencia de la prima en el

que, al menos se identifiquen las causas que han provocado la insuficiencia, las medidas adoptadas por la entidad y el plazo estimado en el que surtirán efecto.

Artículo 131. La provisión de seguros de vida. 1. La provisión de seguros de vida deberá representar el valor de las obligaciones del asegurador neto de las obligaciones del tomador por razón de seguros sobre la vida a la fecha de cierre del ejercicio.

2. La provisión de seguros de vida comprenderá:

a) En los seguros cuyo período de cobertura sea igual o inferior al año, la provisión de primas.

b) En los demás seguros, la provisión matemática.

3. La provisión matemática, que en ningún momento podrá ser negativa, se calculará como la diferencia entre el valor actual actuarial de las obligaciones futuras del asegurador y las del tomador o, en su caso, del asegurado.

Para calcular el valor actual actuarial de las obligaciones futuras del asegurador se tendrá en cuenta lo siguiente:

a) No se podrá incluir entre los flujos de pagos futuros las participaciones en beneficios discrecionales futuras.

b) No se tendrán en cuenta hipótesis sobre el ejercicio de rescate u otras posibles opciones contractuales.

c) No se tendrán en cuenta las potenciales acciones futuras de la dirección de la entidad.

La base de cálculo de esta provisión será la prima de tarifa devengada en el ejercicio. El cálculo se realizará póliza a póliza, por un sistema de capitalización individual y aplicando un método prospectivo, salvo que no fuera posible por las características del contrato considerado o se demuestre que las provisiones obtenidas sobre la base de un método retrospectivo no son inferiores a las que resultarían de la utilización de un método prospectivo. En las pólizas colectivas este cálculo se efectuará separadamente para cada asegurado.

4. El importe de la provisión matemática que ha de figurar en el balance podrá determinarse mediante interpolación lineal de las provisiones correspondientes a los vencimientos anterior y posterior a la fecha de cierre de aquél, e incluirá la periodificación de la prima, teniendo en cuenta el carácter liberatorio o no de dicha prima.

Artículo 132. Tipo de interés. 1. En la provisión de seguros de vida, para calcular el valor actual actuarial de las obligaciones futuras del asegurador y las del tomador o, en su caso, del asegurado, se utilizará la estructura temporal pertinente de tipos de interés sin riesgo, prevista en el artículo 54, incluyendo el componente relativo al ajuste por volatilidad previsto en el artículo 57.

Sin perjuicio de lo anterior, las empresas de seguro y reaseguro pueden aplicar el ajuste por casamiento a la estructura temporal pertinente de los tipos de interés sin riesgo previsto en el artículo 55, condicionado a la aprobación previa de la Dirección General de Seguros y Fondos de Pensiones, siempre y cuando se cumplan las condiciones mencionadas en dicho artículo. El procedimiento para su solicitud será el establecido en la normativa de la Unión Europea de directa aplicación.

2. En seguros con participación en beneficios, esta provisión no podrá calcularse a un tipo de interés superior al utilizado para el cálculo de la prima.

Artículo 133. Tablas de mortalidad, de supervivencia, de invalidez y de morbilidad. 1. Las tablas de mortalidad, de supervivencia, de invalidez y de morbilidad deberán cumplir los siguientes requisitos:

a) Estar basadas en la experiencia española o extranjera, siempre que se evidencie la bondad del ajuste a la población asegurable a la que se aplica, y ajustadas a tratamientos estadístico-actuariales generalmente aceptados.

b) La mortalidad, supervivencia, invalidez y morbilidad reflejadas en las mismas deberán encontrarse dentro de los intervalos de confianza generalmente admitidos para la experiencia española. Las probabilidades que contengan deberán tener en cuenta aquellos factores que, en base a datos actuariales y estadísticos pertinentes y fiables, se consideren determinantes de la evaluación del riesgo.

c) Deberán incluir los recargos necesarios para reflejar la compensación por la incertidumbre derivada de riesgos biométricos que pueda afectar al importe o momento de los flujos futuros considerados en el cálculo de la provisión técnica, considerando para ello un nivel de confianza adecuado y suficiente.

d) El año central del período de observación considerado para la elaboración de las tablas no podrá ser anterior en más de diez años a la fecha de cálculo de la provisión. Mediante resolución, la Dirección General de Seguros y Fondos de Pensiones podrá modificar el número de años fijado en el caso de tablas concretas.

e) Cuando se utilicen tablas basadas en la experiencia propia del colectivo asegurado, la información estadística en la que se basen deberá cumplir los requisitos de homogeneidad y representatividad del riesgo, incluyendo sobre el mismo información suficiente que permita una inferencia estadística e indicando el tamaño de la muestra, su método de obtención y el período a que se refiere, el cual deberá adecuarse a lo previsto en el párrafo d) anterior. Mediante circular de la Dirección General de Seguros y Fondos de Pensiones se podrán desarrollar los requisitos actuariales necesarios para garantizar que cualquier componente de las tablas de experiencia propia se basa en metodologías sólidas y realistas e información fiable, y en particular la estimación de los tantos de mortalidad y los recargos por incertidumbre.

f) En los seguros de supervivencia se deberá incorporar el efecto del tanto de disminución de la mortalidad considerando una evolución desfavorable de la misma.

No obstante lo anterior, en el cálculo de la provisión de seguros de vida podrán utilizarse tablas más prudentes que, sin cumplir alguno de los requisitos anteriores, tengan un margen de seguridad superior al que resulta de estos.

2. Al menos en cada ejercicio contable se comparará el comportamiento real del colectivo asegurado con el comportamiento esperado conforme a las tablas utilizadas. Si de dicha comparación resultase una diferencia sustancial y consistente en el tiempo, se realizará el cambio o ajuste necesario en las tablas a utilizar a partir de ese momento para subsanar la diferencia observada, y se incluirán los recargos para reflejar la compensación por la incertidumbre derivada de riesgos biométricos en la medida necesaria para mantener el nivel de confianza fijado en cada momento. La provisión matemática se calculará en cada momento teniendo en cuenta la tabla así ajustada. En caso de que la provisión matemática fuese inferior al importe que se obtendría aplicando las tablas utilizadas para el cálculo de la prima, se tomará este último como importe para la valoración de la provisión matemática.

3. Mediante circular de la Dirección General de Seguros y Fondos de Pensiones se desarrollarán los aspectos cuantitativos y cualitativos necesarios para la adecuación de las hipótesis biométricas aplicadas en el cálculo de la mejor estimación, atendiendo a la consecución en todo caso de los fines establecidos en el artículo 1 de la Ley 20/2015, de 14 de julio, de protección de los derechos de los tomadores, asegurados y beneficiarios, así como de promoción de la transparencia y el desarrollo adecuado de la actividad aseguradora.

4. Mediante resolución, la Dirección General de Seguros y Fondos de Pensiones podrá publicar tablas biométricas señalando su admisibilidad como hi-

pótesis biométricas de referencia, así como declarar su no admisibilidad cuando dejen de cumplir los requisitos exigidos por la normativa vigente.

– El artículo 133 se modifica por el **Real Decreto 288/2021, de 20 de abril.**

Artículo 134. Gastos de administración y adquisición. 1. La provisión de seguros de vida se calculará teniendo en cuenta los recargos de gestión previstos en las bases técnicas.

2. Si, incumpliendo las previsiones de la base técnica, durante dos ejercicios consecutivos los recargos para gastos de administración y adquisición son insuficientes para atender los gastos reales de administración y adquisición respectivamente, definidos conforme al Plan de contabilidad de las entidades aseguradoras, la provisión de seguros de vida se calculará teniendo en cuenta la nueva circunstancia.

3. No será de aplicación lo previsto en el número anterior cuando el exceso de gastos sea debido a circunstancias excepcionales y que previsiblemente no vayan a seguir produciéndose en el futuro y así se acredite ante la Dirección General de Seguros y Fondos de Pensiones.

Artículo 135. Rescates. 1. El importe de las provisiones de seguros de vida para cada contrato deberá ser en todo momento, y como mínimo, igual al valor de rescate garantizado.

2. En aquellos contratos en los que el valor de rescate se hubiera establecido en función de la provisión de seguros de vida correspondiente a los mismos, se entenderá que el importe de ésta será, a estos efectos, el resultante de aplicar las bases técnicas utilizadas para el cálculo de la prima. Dicho valor no podrá minorarse en el importe de las comisiones descontadas pendientes de amortizar o conceptos similares, en la medida en que no estén expresamente previstos en el contrato de seguro.

Artículo 136. Provisión de seguros de vida cuando el tomador asume el riesgo de la inversión y asimilados. 1. La provisión de los seguros de vida en los que contractualmente se haya estipulado que el riesgo de inversión será soportado íntegramente por el tomador se determinará en función de los activos específicamente afectos o de los índices o activos que se hayan fijado como referencia para determinar el valor económico de sus derechos. No serán aplicables al cálculo de esta provisión las disposiciones establecidas en el artículo 132.

2. Se efectuarán las dotaciones a la provisión de seguros de vida que procedan para reflejar los riesgos derivados de estas operaciones que no sean efectivamente asumidos por el tomador. En particular, podrán considerarse coberturas estáticas o dinámicas bajo escenarios prudentes de variación de las hipótesis involucradas, en los términos que establezca mediante circular la Dirección General de Seguros y Fondos de Pensiones.

Artículo 137. Provisión de participación en beneficios y para extornos. 1. Esta provisión recogerá el importe de los beneficios devengados en favor de los tomadores, asegurados o beneficiarios y el de las primas que proceda restituir a los tomadores o asegurados, en su caso, en virtud del comportamiento experimentado por el riesgo asegurado, en tanto no hayan sido asignados individualmente a cada uno de aquéllos.

2. Los seguros distintos del seguro de vida que garanticen el reembolso de primas bajo determinadas condiciones o prestaciones asimilables incluirán en esta provisión las obligaciones correspondientes a dicha garantía, calculadas conforme a las siguientes normas:

a) Se incluirán en la provisión todas las obligaciones por los contratos que sobre la base de la información existente al cierre del ejercicio sean susceptibles de dar lugar a las prestaciones citadas.

b) La provisión a dotar comprenderá el importe de las primas a reembolsar o prestaciones a satisfacer imputables al período o períodos del contrato ya transcurridos en el momento de cierre del ejercicio.

Artículo 138. Provisión de siniestros pendientes. 1. La provisión de siniestros pendientes deberá representar el importe total de las obligaciones pendientes del asegurador derivadas de los siniestros ocurridos con anterioridad a la fecha de cierre del ejercicio y será igual a la diferencia entre su coste total estimado o cierto y el conjunto de los importes ya pagados por razón de tales siniestros.

Dicho coste incluirá los gastos tanto externos como internos de gestión y tramitación de los expedientes, cualquiera que sea su origen, producidos y por producir hasta la total liquidación y pago del siniestro. Los recobros o cantidades a recuperar por el ejercicio de las acciones que correspondan al asegurador frente a las personas responsables del siniestro no podrán deducirse del importe de la provisión.

La provisión deberá tener en cuenta todos los factores y circunstancias que influyan en su coste final y será suficiente en todo momento para hacer frente a las obligaciones pendientes a las fechas en que hayan de realizarse los pagos.

2. Para determinar el importe de la provisión, los siniestros se clasificarán por años de ocurrencia, y su cálculo se realizará, al menos, por ramos de seguro.

3. Cada siniestro será objeto de una valoración individual.

4. En los ramos 2, 17, 18 y 19 de los establecidos en el apartado A) del anexo de la Ley 20/2015, de 14 de julio, en los que la entidad aseguradora garantice la prestación de una asistencia mediante la celebración de un contrato de reaseguro de prestación de servicios por el que se cede tanto el riesgo como el coste de la siniestralidad al reasegurador, podrá calcularse una única provisión de siniestros pendientes de carácter global tanto para el seguro directo y en su caso el reaseguro aceptado por un lado, como para el reaseguro cedido por otro lado, por la parte cuyo riesgo y siniestralidad se ceda.

Para estos mismos ramos, el cálculo de la provisión de siniestros pendientes global de seguro directo y en su caso reaseguro aceptado, en los supuestos en que no se tenga información suficiente, podrá basarse bien en la información suministrada por el reasegurador, bien en costes medios sectoriales o bien en métodos propios de la entidad aseguradora.

5. A salvo de lo señalado en el número anterior, cuando la información sobre los siniestros no permita una estimación adecuada del importe de la provisión, ésta deberá dotarse, como mínimo, y sin perjuicio de posteriores correcciones, por la diferencia entre las primas de riesgo devengadas en el ejercicio, en la parte imputable al mismo, y los pagos por siniestros ocurridos en el ejercicio.

6. La provisión de siniestros pendientes estará integrada por la provisión de siniestros pendientes de liquidación o pago, la provisión de siniestros pendientes de declaración y la provisión de gastos internos de liquidación de siniestros.

Para las operaciones de reaseguro aceptado, podrá calcularse una única provisión de siniestros pendientes de carácter global.

Artículo 139. Provisión de siniestros pendientes de liquidación o pago. 1. Incluirá el importe de todos aquellos siniestros ocurridos y declarados antes del cierre del ejercicio. Formarán parte de ella los gastos de carácter externo inherentes a la liquidación de siniestros y, en su caso, los intereses de demora y las penalizaciones legalmente establecidas en las que haya incurrido la entidad.

2. Cuando la indemnización haya de pagarse en forma de renta, la provisión a constituir se calculará conforme a las normas establecidas en este real decreto para la provisión de seguros de vida.

3. La provisión incluirá las participaciones en beneficios y extornos que se hayan asignado a tomadores, asegurados o beneficiarios y que se encuentren pendientes de pago.

Artículo 140. Provisión de siniestros pendientes de declaración. 1. La provisión de siniestros pendientes de declaración deberá recoger el importe estimado de los siniestros ocurridos antes del cierre del ejercicio y no declarados en esa fecha.

2. Se determinará aplicando un porcentaje del quince por ciento a la provisión de siniestros pendientes de liquidación o pago del seguro directo.

Artículo 141. Provisión de gastos internos de liquidación de siniestros. 1. Esta provisión deberá dotarse por importe suficiente para afrontar los gastos internos de la entidad, necesarios para la total finalización de los siniestros que han de incluirse en la provisión de siniestros pendientes tanto del seguro directo como del reaseguro aceptado.

2. Se determinará en función de la relación existente entre los gastos internos imputables a las prestaciones, resultantes de la reclasificación de gastos por destino establecida en el Plan de contabilidad de las entidades aseguradoras y el importe de la siniestralidad. El porcentaje resultante deberá multiplicarse, al menos, por el cincuenta por ciento del importe de la provisión para prestaciones pendientes de liquidación o pago más el cien por cien del importe de la provisión de siniestros pendientes de declaración.

Artículo 142. Provisión del seguro de decesos. Las entidades que operen en el ramo de decesos constituirán la provisión del seguro de decesos atendiendo al planteamiento actuarial de la operación, utilizando la estructura temporal pertinente de tipos de interés sin riesgo prevista en el artículo 54, incluyendo, en su caso, el componente relativo al ajuste por volatilidad previsto en el artículo 57.

Artículo 143. Provisión del seguro de enfermedad. Cuando en el seguro de enfermedad, incluidas las coberturas de asistencia sanitaria, se utilicen bases técnicas formuladas conforme a lo dispuesto en el artículo 121, esta provisión, que deberá representar el valor de las obligaciones del asegurador por razón de tales seguros a la fecha de cierre del ejercicio neto de las del tomador, se calculará utilizando técnica análoga a la del seguro de vida.

Artículo 144. Provisión de desviaciones en las operaciones de capitalización por sorteo. Esta provisión, que tendrá carácter acumulativo, se constituirá para hacer frente a las desviaciones que tengan su origen en los sorteos con que se relacionen los sistemas de premios o amortización anticipada que adopten las entidades, y se integrará por la parte de las cuotas destinada a atender dichas desviaciones que no haya sido consumida durante el ejercicio. Las desviaciones que eventualmente se produzcan entre la amortización real y la prevista en las respectivas bases de cálculo se afectarán a esta provisión, sin que su importe pueda ser negativo.

SECCIÓN 3.ª VALORACIÓN DE INVERSIONES

Artículo 145. Normas sobre inversiones de las entidades aseguradoras. 1. Las entidades aseguradoras sometidas al régimen especial de solvencia aplicarán el artículo 79 de la Ley 20/2015, de 14 de julio y el artículo 89 de este reglamento salvo lo establecido en el apartado 1 e).

2. Las entidades aseguradoras sometidas al régimen especial de solvencia no podrán invertir en derivados y estructurados, salvo, en su caso, los admitidos para la determinación del ajuste por casamiento, ni en cualquier otro activo que se determine mediante orden ministerial.

SECCIÓN 4.ª FONDOS PROPIOS. VALORACIÓN DE ACTIVOS Y PASIVOS

Artículo 146. Determinación de los fondos propios. Los fondos propios se determinarán, clasificarán y serán computables para la cobertura del capital de solvencia obligatorio y del capital mínimo obligatorio, conforme a lo indicado en los artículos 59 a 62 con las particularidades previstas en el artículo siguiente.

Artículo 147. Valoración de activos. 1. A efectos de la determinación de los fondos propios por diferencia entre activos y pasivos, las entidades aseguradoras sometidas al régimen especial de solvencia valorarán los activos que se relacionan en este apartado de acuerdo con las normas establecidas en el artículo 68 de la Ley 20/2015, de 14 de julio, deduciéndose, en todo caso, de las referidas valoraciones cuantos gastos y tributos indirectos que, previsiblemente y conforme a una valoración prudente de su importe, pudieran originarse en la transmisión o realización. Este sistema valorativo será de aplicación a los siguientes activos:

a) Instrumentos financieros que cumplan alguna de las siguientes características:

1.º Estén admitidos a negociación en mercados regulados en el ámbito de la Organización para la Cooperación y el Desarrollo Económico (OCDE) y sean susceptibles de tráfico generalizado e impersonal en un mercado financiero y que no hayan sido emitidos por la propia aseguradora o entidad de su mismo grupo.

2.º Estén emitidos o garantizados suficientemente por organismos internacionales a los que pertenezca un Estado miembro del Espacio Económico Europeo o por una entidad de crédito o aseguradora autorizada para operar por medio de establecimiento en algún Estado miembro del Espacio Económico Europeo o por una entidad cuyas acciones se negocien en un mercado regulado. Se entienden incluidos en este apartado los depósitos en entidades de crédito autorizadas para operar por medio de establecimiento en algún Estado miembro del Espacio Económico Europeo.

3.º Sean financiaciones concedidas al Estado, comunidades autónomas, corporaciones locales, sociedades estatales o a entidades públicas del Espacio Económico Europeo, ya se trate de financiaciones concedidas por la entidad aseguradora o de créditos adquiridos por ésta con posterioridad a la concesión de la referida financiación, siempre que ofrezcan garantías respecto a su seguridad, bien por la calidad del prestatario o bien por las garantías aportadas.

4.º Se trate de depósitos en empresas cedentes por operaciones de reaseguro aceptado o créditos frente a los reaseguradores por su participación en la provisión de prestaciones.

5.º Se trate de acciones nominativas y participaciones de sociedades cuya actividad exclusiva consista en la gestión de activos por cuenta de entidades aseguradoras y fondos de pensiones, cuando al menos el 90 por 100 del capital pertenezca a una o varias de estas entidades.

6.º Otras participaciones según lo previsto en el artículo 9.4 de la Ley 20/2015, de 14 de julio.

7.º Se trate de créditos pignoraticios, siempre que el objeto de la garantía sea alguno de los activos enumerados en el presente apartado.

8.º Se trate de créditos frente a mediadores y tomadores de seguro con antigüedad no superior a tres meses.

b) Bienes inmuebles, derechos reales inmobiliarios y créditos hipotecarios, siempre que se trate de primera hipoteca constituida sobre inmuebles que reúnan los requisitos establecidos a continuación:

Los bienes inmuebles y los derechos reales inmobiliarios deberán reunir los siguientes requisitos:

1.º Estar inscritos en el Registro de la Propiedad a nombre de la entidad aseguradora.

2.º Estar asegurados contra el riesgo de incendio y otros daños al continente, por entidad distinta del titular del inmueble y por importe no inferior al valor de construcción fijado en la última tasación que se hubiese realizado.

3.º Ser objeto de tasación por una entidad tasadora autorizada para valoración de bienes en el mercado hipotecario con arreglo a lo establecido en las normas de valoración de bienes inmuebles y de determinados derechos para ciertas finalidades financieras aprobadas por el Ministerio de Economía y Competitividad.

c) Instituciones de inversión colectiva:

1.º Establecidas en el Espacio Económico Europeo y sometidas a coordinación de conformidad con la Directiva 2009/65/CE del Parlamento Europeo y del Consejo, de 13 de julio de 2009, por la que se coordinan las disposiciones legales, reglamentarias y administrativas sobre determinados organismos de inversión colectiva en valores mobiliarios (OICVM).

2.º De carácter financiero que, no encontrándose incluidas en el apartado anterior, estén reguladas en la Ley 35/2003, de 4 de noviembre, de Instituciones de Inversión Colectiva, y demás disposiciones de desarrollo.

3.º Inmobiliarias establecidas en el Espacio Económico Europeo, siempre que estén sujetas a autorización y supervisión de una autoridad de control de cualquier Estado miembro del Espacio Económico Europeo.

d) Efectivo en caja, billetes de banco o moneda metálica que se negocien en mercados de divisas de la Organización para la Cooperación y el Desarrollo Económico (OCDE).

e) Otros activos no enumerados anteriormente cuando reúnan las condiciones que el Ministro de Economía y Competitividad establezca.

2. Todos los bienes y derechos enumerados en las letras anteriores, salvo los créditos frente a reaseguradores, deberán hallarse situados en Estados miembros del Espacio Económico Europeo. No obstante, en los casos en que por su naturaleza así se requiera, la Dirección General de Seguros y Fondos de Pensiones, motivadamente, podrá autorizar su situación fuera del ámbito territorial antes mencionado.

En todo caso, los valores negociables en que se materialice la inversión de las provisiones técnicas deberán estar depositados en intermediarios financieros autorizados para operar por medio de establecimiento en algún Estado miembro del Espacio Económico Europeo o, si se tratase de valores representados por medio de anotaciones en cuenta, deberán respetarse sus normas específicas. En el caso de tratarse de anotaciones en cuenta con registro contable fuera del Espacio Económico Europeo y dentro de la Organización para la Cooperación y el Desarrollo Económico (OCDE), deberán estar garantizadas suficientemente por una entidad de crédito autorizada para operar por medio de establecimiento en algún Estado miembro del Espacio Económico Europeo.

3. Las participaciones previstas en el apartado 1.a).6.º se valorarán en todo caso por el valor teórico contable.

4. Los créditos previstos en el apartado 1.a).8.º se valorarán en todo caso por el valor contable, considerando el deterioro relativo a los mismos.

5. Lo dispuesto en este artículo y en la circular de desarrollo que pueda dictar la Dirección General de Seguros y Fondos de Pensiones en relación a los activos y pasivos, en ningún caso podrán determinar la existencia de una lista cerrada de activos aptos para las inversiones de las provisiones técnicas.

6. La valoración de activos distintos a los incluidos en los apartados 1, 3 y 4 anteriores no se podrá tener en cuenta a los efectos del cálculo de los fondos propios por diferencia entre activos y pasivos. Tampoco se tendrán en cuenta a los efectos del cálculo del capital de solvencia obligatorio.

– La Ley **35/2003, de 4 de noviembre, de Instituciones de Inversión Colectiva**, establece: «*Artículo 2. Ámbito. 1. Esta Ley será de aplicación: a) A las IIC que tengan en España su domicilio social en el caso de sociedades de inversión, o que se hayan autorizado en España, en el caso de fondos. b) A las IIC autorizadas en otro Estado miembro de la Unión Europea, de acuerdo con la Directiva 2009/65/CE del Parlamento Europeo y del Consejo, de 13 de julio de 2009, por la que se coordinan las disposiciones legales, reglamentarias y administrativas sobre determinados organismos de inversión colectiva en valores mobiliarios, y que se comercialicen en España. En este caso, sólo les serán aplicables en* *su actuación en España las normas a que se refiere el artículo 15. c) A las IIC constituidas en otro Estado miembro de la Unión Europea, gestionadas por sociedades gestoras autorizadas en un Estado miembro al amparo de la Directiva 2011/61/UE del Parlamento Europeo y del Consejo, de 8 de junio de 2011, relativa a los gestores de fondos de inversión alternativos y por la que se modifican las Directivas 2003/41/CE y 2009/65/CE y los Reglamentos (CE) n.º 1060/2009 y (UE) n.º 1095/2010, cuando se comercialicen en España a inversores profesionales. En este caso, sólo les serán aplicables en su actuación en España las normas a las que se refiere el artículo 15 bis. d) A las IIC constituidas en terceros Estados gestionadas por gestoras autorizadas en un Estado miembro al amparo de la Directiva 2011/61/UE del Parlamento Europeo y del Consejo, de 8 de junio de 2011, cuando se comercialicen en España a inversores profesionales. En este caso, sólo les serán aplicables en su actuación en España las normas a las que se refiere el artículo 15 ter. e) A las IIC gestionadas por sociedades gestoras no domiciliadas en la Unión Europea cuando se comercialicen en España a inversores profesionales. En este caso, sólo les serán aplicables en su actuación en España las normas a las que se refiere el artículo 15 quáter. f) A las IIC señaladas en las letras c), d) y e) anteriores cuando se comercialicen en España a inversores no profesionales. En este caso, sólo les serán aplicables en su actuación en España las normas a las que se refiere el artículo 15 quinquies. Reglamentariamente podrá delimitarse los tipos de IIC que pueden comercializarse a no profesionales. En cualquier caso, las letras b), c), d), e) y f) anteriores sólo serán de aplicación a las IIC de tipo abierto y a aquellas asimilables a las previstas en el artículo 37 de esta Ley y en sus normas de desarrollo. En ningún caso resultará de aplicación a estas IIC el artículo 30 bis de la Ley 24/1988, de 24 de julio, del Mercado de Valores. A tales efectos, se entenderá por IIC de tipo abierto aquella cuyo objeto sea la inversión colectiva de los fondos captados entre el público y cuyo funcionamiento esté sometido al principio del reparto de riesgos, y cuyas unidades, a petición del tenedor, sean recompradas o reembolsadas, directa o indirectamente, con cargo a los activos de estas instituciones. La acción realizada por una IIC para asegurar que el valor de mercado de sus acciones o participaciones en un mercado secundario oficial o en cualquier otro mercado regulado o sistema multilateral de negociación domiciliado en la Unión Europea no se desvíe sensiblemente de su valor liquidativo se entenderá como equivalente a estas recompras o reembolsos. A los efectos de lo dispuesto en esta Ley, se entenderá por comercialización de una Institución de Inversión Colectiva la captación mediante actividad publicitaria, por cuenta de la Institución de Inversión Colectiva o cualquier entidad que actúe en su nombre o en el de uno de sus comercializadores, de clientes para su aportación a la Institución de Inversión Colectiva de fondos, bienes o derechos. A estos efectos, se entenderá por actividad publicitaria toda forma de comunicación dirigida a potenciales inversores con el fin de promover, directamente o a través de terceros que actúen por cuenta de la Institución de Inversión Colectiva o de la sociedad gestora de Institución de Inversión Colectiva, la suscripción o la adquisición de participaciones o acciones de Institución de Inversión Colectiva. En todo caso, hay actividad publicitaria cuando el medio empleado para dirigirse al público sea a través de llamadas telefónicas iniciadas por la Institución de Inversión Colectiva o su sociedad gestora, visitas a domicilio, cartas personalizadas, correo electrónico o cualquier otro medio telemático, que formen parte de una campaña de difusión, comercialización o promoción. La campaña se entenderá realizada en territorio nacional siempre que esté dirigida a inversores residentes en España. En el caso de correo electrónico o cualquier otro medio telemático, se presumirá que la oferta se dirige a inversores residentes en España cuando la Institución de Inversión Colectiva o su sociedad gestora, o cualquier persona que actúe por cuenta de éstos en el medio informático, proponga la compra o suscripción de las acciones o participaciones o facilite a los residentes en territorio español la información necesaria para apreciar las características de la emisión u oferta y adherirse a ella. En todo caso, las actividades de venta, enajenación, intermediación, suscripción, posterior reembolso o transmisión de las acciones, participaciones o valores representativos del capital o patrimonio de la IIC en cuestión relacionados con la comercialización de la IIC deberá realizarse a través de los intermediarios financieros, conforme a lo previsto en esta Ley y en sus disposiciones de desarrollo. 2. Asimismo, esta ley resultará de aplicación a las sociedades gestoras a las que se refiere el título IV, a los depositarios previstos en el título V, así como a otras entidades que presten servicios a las IIC, en los términos establecidos en esta ley y sus disposiciones de desarrollo».*

– La **Circular 1/2016, de 31 de marzo, de la Dirección General de Seguros y Fondos de Pensiones, de reconocimiento y valoración de contingencias, impuestos diferidos y determinadas inversiones en entidades de crédito y aseguradoras a efectos del régimen especial de solvencia**, establece: «*La Ley 20/2015, de 14 de julio, de ordenación, supervisión y solvencia de las entidades aseguradoras y reaseguradoras, ha transpuesto a nuestro ordenamiento jurídico aquellas disposiciones de la Directiva 2009/138/CE, del Parlamento Europeo y del Consejo, de 25 de noviembre de 2009, sobre el acceso a la actividad de seguro y de reaseguro y su ejercicio (en adelante Directiva Solvencia II), que requerían un desarrollo por norma con rango de ley. Dentro del capítulo VIII de su título III, el artículo 102 de la citada Ley, dedicado a las condiciones de ejercicio de las entidades sometidas al régimen especial de solvencia, dispone que estas entidades ajustarán su actuación a las disposiciones de la misma que les resulten aplicables y a sus normas de desarrollo, estableciendo a continua-*

ción determinadas particularidades, entre ellas que los requisitos y el régimen aplicable a la valoración de provisiones técnicas, inversiones, fondos propios y capital de solvencia obligatorio se ajustarán al procedimiento que se determine reglamentariamente. El Real Decreto 1060/2015, de 20 de noviembre, de ordenación, supervisión y solvencia de las entidades aseguradoras y reaseguradoras, dedica el capítulo VII del título III al régimen especial de solvencia. Dentro de este capítulo VII, en relación con la valoración de activos y pasivos, el artículo 147.5 habilita a la Dirección General de Seguros y Fondos de Pensiones para desarrollar mediante circular la valoración de los activos y pasivos de las entidades incluidas en el régimen especial de solvencia. Esta circular se dicta en virtud de la habilitación conferida por el artículo 17.2 de la Ley 20/2015, de 14 de julio, y por el artículo 147.5 del Real Decreto 1060/2015, de 20 de noviembre, previo informe de la Junta Consultiva de Seguros y Fondos de Pensiones. En esos términos, establece:

Artículo 1. Objeto y ámbito de aplicación. Esta Circular tiene por objeto desarrollar el registro y valoración, a efectos de solvencia, de contingencias, impuestos diferidos y determinadas inversiones en entidades de crédito y aseguradoras por las entidades incluidas en el régimen especial de solvencia contemplado en el título III, capítulo VIII, de la Ley 20/2015, de 14 de julio, de ordenación, supervisión y solvencia de las entidades aseguradoras y reaseguradoras, y en el título III, capítulo VII, del Real Decreto 1060/2015, de 20 de noviembre, de ordenación, supervisión y solvencia de las entidades aseguradoras y reaseguradoras.

Artículo 2. Reconocimiento y valoración de contingencias. 1. Las contingencias a las que se refiere la norma de valoración 14.ª de la segunda parte del Plan de contabilidad de las entidades aseguradoras, aprobado por Real Decreto 1317/2008, de 24 de julio, deberán registrarse como pasivo en el balance cuando sean significativas. Se entiende por significativas aquellas en las que la información sobre el volumen o la naturaleza actual o potencial de tales contingencias pueda influir en la toma de decisiones o en el criterio del destinatario de dicha información, incluida la Dirección General de Seguros y Fondos de Pensiones. 2. Las citadas contingencias se valorarán como el valor actual esperado de los flujos de caja futuros que se precisen para liquidar la contingencia durante la vida de la misma, utilizando la estructura temporal de tipos de interés sin riesgo prevista en el artículo 54 del Real Decreto 1060/2015, de 20 de noviembre.

Artículo 3. Reconocimiento y valoración de impuestos diferidos. 1. Las entidades aseguradoras sometidas al régimen especial de solvencia reconocerán y valorarán los impuestos diferidos correspondientes a todos los activos y pasivos que se reconozcan a efectos fiscales o de solvencia, incluidas las provisiones técnicas. 2. Sin perjuicio de lo dispuesto en el apartado anterior, las citadas *entidades valorarán los impuestos diferidos, distintos de las bases imponibles negativas de ejercicios anteriores, como la diferencia entre los valores asignados a los activos y pasivos, de conformidad con lo establecido en el artículo 147 del Real Decreto 1060/2015, de 20 de noviembre, y en esta circular, y los valores asignados a los activos y pasivos según se reconozcan y valoren a efectos fiscales. 3. Sólo se reconocerán activos por impuestos diferidos cuando sea probable que vayan a existir bases imponibles futuras con las cuales pueda compensarse el activo por impuesto diferido a reconocer.*

Artículo 4. Valoración de determinadas inversiones en entidades de crédito o aseguradoras. 1. Los depósitos en entidades de crédito, los valores o derechos mobiliarios de entidades de crédito o aseguradoras, así como los créditos concedidos, avalados o garantizados por entidades de crédito o aseguradoras, se valorarán de acuerdo con las normas establecidas en el artículo 68 de la Ley 20/2015, de 14 de julio. 2. Cuando el valor conjunto de todas las inversiones mencionadas en el apartado anterior, excluidas las acciones, en una misma entidad de crédito o aseguradora, o en entidades de su mismo grupo, exceda del 40 por ciento del valor total de los activos, a los efectos de determinación de los fondos propios, se reducirá su valor en un 12 por ciento de dicho exceso (...)».

SECCIÓN 5.ª CAPITAL DE SOLVENCIA OBLIGATORIO Y CAPITAL MÍNIMO OBLIGATORIO

Artículo 148. Cálculo del capital de solvencia obligatorio y del capital mínimo obligatorio en el régimen especial de solvencia. 1. Las entidades aseguradoras deberán cubrir en todo momento el capital de solvencia obligatorio con los fondos propios admisibles.

2. El capital de solvencia obligatorio será igual a la suma de los siguientes elementos:

a) El capital de solvencia obligatorio básico.

b) El capital de solvencia obligatorio por riesgo operacional.

c) El importe del ajuste destinado a tener en cuenta la capacidad de absorción de pérdidas de las provisiones técnicas y los impuestos diferidos.

3. El capital de solvencia obligatorio básico se obtendrá mediante la agregación de módulos de riesgo, según la matriz de correlaciones prevista en el artículo 70, comprendiendo, al menos, los siguientes:

a) Riesgo de suscripción en el seguro distinto del seguro de vida.

b) Riesgo de suscripción en el seguro de vida.

c) Riesgo de suscripción del seguro de enfermedad.

d) Riesgo de mercado.

e) Riesgo de incumplimiento de la contraparte.

4. El capital de solvencia por riesgo operacional será el previsto en el artículo 70 del régimen general.

5. El ajuste destinado a tener en cuenta la capacidad de absorción de pérdidas de los impuestos diferidos se determinará de acuerdo con lo dispuesto para el régimen general en el artículo 70.3.

6. Para las mutualidades de previsión social incluidas en este régimen especial de solvencia, el capital de solvencia obligatorio será de tres cuartas partes del recogido en los apartados 3, 4 y 5.

Para las mutualidades que prevean en sus estatutos la posibilidad de realizar derramas de cuotas o de reducir las prestaciones y el importe anual de cuotas devengadas no supere los 5.000.000 de euros durante tres años consecutivos, la fracción de capital de solvencia obligatorio a que se refiere el párrafo anterior se reducirá a la mitad. Si la cifra de cuotas señaladas se superase durante tres años consecutivos, a partir del cuarto ejercicio la relación será de las tres cuartas partes.

Para las mutualidades de previsión social cuyo objeto exclusivo sea otorgar prestaciones o subsidios de docencia o educación, el capital de solvencia obligatorio exigido será de la cuarta parte.

7. Las entidades aseguradoras autorizadas para aplicar el ajuste por casamiento de flujos de la estructura temporal pertinente de tipos de interés sin riesgo, previsto en el artículo 57, deberán calcular un capital de solvencia obligatorio nocional por cada cartera sujeta a ajuste por casamiento, así como para la parte restante de la entidad, como si dichas carteras sujetas a ajuste por casamiento y la parte restante de la empresa fueran empresas separadas.

Las entidades aseguradoras calcularán su capital de solvencia obligatorio como la suma del capital de solvencia obligatorio nocional correspondiente a cada cartera sujeta a ajuste por casamiento y a la parte restante de la entidad.

El capital de solvencia obligatorio nocional por cada cartera sujeta a ajuste por casamiento se determinará agregando los capitales obligatorios correspondientes a cada submódulo y módulo de riesgo del capital de solvencia obligatorio básico.

Las entidades aseguradoras supondrán que no hay diversificación de riesgos entre cada una de las carteras sujetas a ajuste por casamiento y la parte restante de la entidad.

8. El capital mínimo obligatorio regulado en el artículo 78 de la Ley 20/2015, de 14 de julio, será un tercio del capital de solvencia obligatorio para

las entidades acogidas a este régimen especial sin perjuicio de los mínimos absolutos para el mismo recogidos en dicho artículo.

Artículo 149. Módulo de riesgo de suscripción del seguro distinto del seguro de vida del capital obligatorio básico en el régimen especial de solvencia. 1. El capital de solvencia por el riesgo de suscripción en el seguro distinto del seguro de vida se determinará, bien en función del importe anual de las primas, bien en función de la siniestralidad. El capital de solvencia será igual al que resulte más elevado de los obtenidos por los procedimientos citados.

No obstante, cuando el importe obtenido resultara inferior al del ejercicio anterior, el capital de solvencia se determinará multiplicando el del ejercicio anterior por el coeficiente resultante de dividir la provisión técnica de siniestros pendientes neta de reaseguro constituida al cierre y la constituida al inicio del ejercicio, sin que el coeficiente así calculado pueda ser, en ningún caso, superior a 1.

2. El capital de solvencia en función de las primas se determinará en la forma siguiente:

a) En el concepto de primas se incluirán las devengadas por seguro directo en el ejercicio que se contemple, netas de sus anulaciones y extornos, más las primas aceptadas en reaseguro en el mismo ejercicio, o bien, si fuera más elevado, el de las primas imputadas por seguro directo en el ejercicio que se contemple, netas de sus anulaciones y extornos, más las primas aceptadas en reaseguro en el mismo ejercicio.

b) Hasta 61.300.000 euros de primas se aplicará el 34 por ciento, y al exceso, si lo hubiera, se aplicará el 30 por ciento, sumándose ambos resultados.

c) La cuantía obtenida según se dispone en el párrafo anterior se multiplicará por la relación existente en los últimos tres ejercicios, entre el importe de la siniestralidad neta de reaseguro cedido y retrocedido, y el importe bruto de dicha siniestralidad.

3. El capital de solvencia en función de los siniestros se determinará en la forma siguiente:

a) En el importe de los siniestros se incluirán los pagados por negocio directo en el ejercicio que se contemple y en los dos anteriores, sin deducción por reaseguro cedido ni retrocedido; se incluirán también los siniestros pagados por aceptaciones en reaseguro y las provisiones de siniestros pendientes por seguro directo y reaseguro aceptado constituidas al cierre del ejercicio contemplado.

b) De la suma obtenida según el párrafo a) se deducirá el importe de los recobros por siniestros efectuados en los períodos a que dicho apartado se refiere, más el de las provisiones de siniestros pendientes constituidas al cierre del ejercicio anterior al período contemplado tanto por seguro directo como por reaseguro aceptado.

c) Al tercio de la cifra resultante según el párrafo b), con el límite de 42.900.000 euros, se aplicará el 49 por ciento, y al exceso, si lo hubiera, se aplicará el 44 por ciento, sumándose ambos resultados.

d) La cuantía obtenida según el párrafo anterior se multiplicará por la relación existente en los tres últimos ejercicios, entre el importe de la siniestralidad neta de reaseguro cedido y retrocedido y el importe bruto de dicha siniestralidad.

Artículo 150. Módulo de riesgo de suscripción del seguro de vida del capital obligatorio básico en el régimen especial de solvencia. 1. El capital de solvencia por el riesgo de suscripción en el seguro de vida se determinará como la suma de los importes que resulten de los cálculos de los apartados siguientes:

a) Se multiplicará el 4,2 por ciento del importe de las provisiones de seguros de vida por seguro directo, sin deducir el reaseguro cedido, y por reaseguro aceptado, por la relación que exista, en el ejercicio que se contemple, entre el importe de las provisiones de seguros de vida, deducidas las correspondientes al reaseguro cedido y retrocedido, y el importe bruto de las mismas.

Tratándose de seguros de vida vinculados a la evolución de activos específicamente afectos o de índices o activos que se hayan fijado como referencia, y para las operaciones de gestión de fondos colectivos de jubilación, en la medida en que la entidad no asuma un riesgo de inversión, se aplicará el 1,05 por ciento de la provisión cuando el importe destinado a cubrir los gastos de gestión se fije para un período superior a cinco años, o, en su defecto, el 26 por ciento de los gastos de administración netos de dicha actividad correspondientes al último ejercicio.

Para las operaciones de capitalización que no lleven implícita la cobertura de ningún riesgo inherente a la vida humana se aplicará el 4,2 por ciento del importe de las provisiones de seguros de vida constituidas.

Para las operaciones tontinas, definidas en el apartado B. 4 del Anexo de la Ley 20/2015, de 14 de julio, se aplicará el 1,05 por ciento del activo de las asociaciones.

b) Para los contratos cuyos capitales en riesgo sean positivos se multiplicará el 0,315 por ciento de los capitales en riesgo, sin deducir reaseguro cedido ni retrocedido, por la relación existente, en el ejercicio que se contemple, entre los capitales en riesgo deducido el reaseguro cedido y retrocedido y el importe bruto de dichos capitales.

Se aplicará el 0,105 por ciento en los seguros temporales para caso de muerte con una duración residual máxima de tres años y el 0,158 por ciento, cuando la duración residual sea superior a tres años y no sobrepase los cinco.

2. Para las mutualidades que operen en los riesgos comprendidos en el artículo 15.1.b) del Reglamento de mutualidades de previsión social aprobado por Real Decreto 1430/2002, de 27 de diciembre, que prevean en sus estatutos la posibilidad de realizar derramas de cuotas o de reducir prestaciones o cuenten con socios protectores que se comprometan a asumir, en el caso que sea necesario, los compromisos de las mutualidades con sus asegurados, y el importe anual de cuotas devengadas no supere 60.000 euros durante tres años consecutivos, el capital de solvencia por el riesgo de suscripción se determinará por el 10 por ciento de las cuotas o aportaciones netas de anulaciones y de reaseguro. Si la cifra de cuotas señalada se superase durante tres años consecutivos, a partir del cuarto ejercicio, estas mutualidades aplicarán lo dispuesto en el apartado 1.

– El artículo 15 del **Reglamento de mutualidades de previsión social, aprobado por Real Decreto 1430/2002, de 27 de diciembre,** establece: «*Artículo 15. Previsión de riesgos sobre las personas. 1. En la previsión de riesgos sobre las personas las mutualidades de previsión social podrán realizar las siguientes operaciones de seguro: a) La cobertura de las contingencias de muerte, viudedad, orfandad y jubilación, en forma de capital o renta, así como el otorgamiento de prestaciones por razón de matrimonio, maternidad e hijos. b) La cobertura de las contingencias de accidentes e invalidez para el trabajo, enfermedad, defensa jurídica, asistencia y defunción como prestación del servicio de enterramiento o reembolso de gastos por el mismo concepto. Las operaciones de seguro de invalidez para el trabajo y enfermedad podrán comprender indistintamente la cobertura de incapacidad temporal. c) El otorgamiento de prestaciones para subvenir a necesidades motivadas por hechos o actos jurídicos que impidan temporalmente el ejercicio de la profesión. 2. Las prestaciones* *económicas que se garanticen no podrán exceder de los límites previstos en el artículo 65 de la Ley».*

Artículo 151. Módulo de riesgo de suscripción del seguro de enfermedad del capital obligatorio básico en el régimen especial de solvencia. El capital de solvencia por el riesgo de suscripción del seguro de enfermedad se determinará según lo previsto en los artículos 150 o 149, según se usen o no técnicas similares a vida.

Artículo 152. Módulo de riesgo de mercado del capital obligatorio básico en el régimen especial de solvencia. 1. El capital de solvencia por riesgo de mercado se determinará por la agregación del requerimiento de capital de los riesgos de interés, acciones e instituciones de inversión colectiva, inmuebles, diferencial, concentración y divisa según la matriz de correlaciones prevista para el régimen general en el artículo 74.

2. El capital de solvencia por el riesgo de tipo de interés se determinará como el 3,6 por ciento del valor de los activos expuestos al citado riesgo.

3. El capital de solvencia por el riesgo de acciones y de instituciones de inversión colectiva se determinará como el 30 por ciento de su valor.

4. El riesgo de inmuebles se determinará como el 25 por ciento de su valor.

5. El capital de solvencia por el riesgo de diferencial se determinará como el 3 por ciento del valor de los activos expuestos al citado riesgo.

6. El capital de solvencia por el riesgo de concentración será:

a) Para cada inmueble o derecho real inmobiliario, el 12 por ciento del importe del valor de los mismos que exceda del 10 por ciento del valor total de los activos a los efectos de determinar los fondos propios.

El indicado límite será, asimismo, aplicable cuando se trate de inmuebles y derechos reales inmobiliarios lo suficientemente próximos y de similar naturaleza como para que puedan considerarse como una misma inversión.

b) Para cada emisor, prestatario o garante de valores o derechos mobiliarios, el 12 por ciento del importe del valor de los mismos que exceda del 11 por ciento del valor total de los activos a los efectos de determinar los fondos propios.

c) En el caso de inversión en acciones o participaciones en sociedades dependientes de entidades aseguradoras que gestionan activos por cuenta de entidades aseguradoras, para el cómputo de los límites anteriores, se acumularán al valor de cada categoría de activos de los que sea titular directamente la entidad, el que resultara de computar los activos correspondientes a las sociedades dependientes en función de su porcentaje de participación.

d) No se considerará capital de solvencia por riesgo de concentración para las acciones y participaciones en instituciones de inversión colectiva.

e) No se considerará capital de solvencia por riesgo de concentración para los activos financieros emitidos o garantizados suficientemente por organizaciones internacionales a las que pertenezcan Estados miembros del Espacio Económico Europeo, ni en este mismo ámbito los emitidos por Estados, así como los créditos frente a las citadas contrapartes.

7. El capital de solvencia por el riesgo de divisa se determinará por el exceso de activos no congruentes sobre determinados límites. Por activos no congruentes se entiende aquellos en que la moneda en que sean realizables no se corresponde con la moneda en que son exigibles las obligaciones derivadas del cumplimiento de los contratos de seguro y reaseguro suscritos. Los límites son los siguientes:

a) El 7 por ciento de los activos expresados o realizables en otras monedas.

b) El 20 por ciento de los compromisos expresados en la correspondiente moneda.

Artículo 153. Módulo de riesgo de incumplimiento de la contraparte del capital obligatorio básico en el régimen especial de solvencia. 1. En el caso de que de las cuentas anuales de la entidad reaseguradora que presta protección se deduzca motivadamente que la solvencia actual o futura del reasegurador pueda verse afectada, el capital de solvencia por riesgo de contraparte se determinará como la reducción del capital de solvencia por riesgo de suscripción en el importe correspondiente a la cesión total al reaseguro.

Se presume que el reaseguro goza de calidad suficiente cuando la entidad reaseguradora tenga como mínimo una calificación de BBB o equivalente otorgada por una agencia de calificación de reconocido prestigio y, en todo caso, cuando la entidad reaseguradora esté sujeta a supervisión de la autoridad de control de otro Estado miembro del Espacio Económico Europeo.

2. En otro caso, el capital de solvencia por riesgo de contraparte se determinará como la suma de:

a) La reducción del capital de solvencia por riesgo de suscripción en el seguro distinto del seguro de vida en el importe correspondiente a una cesión al reaseguro superior al 50 por ciento del importe del capital de solvencia por riesgo de suscripción en el seguro distinto al seguro de vida.

b) La reducción del capital de solvencia por riesgo de suscripción en el seguro de vida en el importe correspondiente a una cesión al reaseguro superior al 15 por ciento de la parte del capital de solvencia por riesgo de suscripción en el seguro de vida que se calcula en función de las provisiones de seguro de vida o al 50 por ciento de la parte que se calcula en función de los capitales en riesgo.

c) La reducción del capital de solvencia por riesgo de suscripción del seguro de enfermedad, según lo previsto en las letras a) y b).

SECCIÓN 6.ª SISTEMA DE GOBIERNO

Artículo 154. Requisitos de sistema de gobierno en el régimen especial de solvencia. Las entidades que se acojan a este régimen especial están sujetas a los requisitos de sistema de gobierno establecidos con carácter general, excepto en lo relativo a la evaluación interna de riesgos y de solvencia prevista en el artículo 66.2 de la Ley 20/2015, de 14 de julio, la cual comprenderá como mínimo lo previsto en el artículo 46. a) de este real decreto.

CAPÍTULO VIII. EJERCICIO SIMULTÁNEO DE LA ACTIVIDAD DE SEGURO DE VIDA Y DE SEGURO DISTINTO DEL DE VIDA

Artículo 155. Entidades aseguradoras autorizadas para operar simultáneamente en seguros de vida y en seguros distintos del de vida. 1. Las entidades aseguradoras autorizadas conforme a lo dispuesto en el artículo 31 apartados 2 y 3 de la Ley 20/2015, de 14 de julio, para realizar operaciones de seguro de vida y operaciones de seguro distinto del de vida, deberán llevar una gestión separada de ambas actividades

2. Las entidades aseguradoras que, conforme a regímenes vigentes con anterioridad, se hallasen autorizadas para realizar simultáneamente operaciones de seguro de vida y operaciones de seguro distinto del de vida a la entrada en vigor de este Real Decreto, podrán seguir simultaneándolas, siempre que lleven una gestión separada de ambas actividades.

Artículo 156. Gestión separada de las operaciones de seguro de vida y de seguros distintos del de vida. La gestión separada de las operaciones de seguro de vida y de seguros distintos del de vida se organizará de forma que ambas actividades sean independientes.

Los intereses respectivos de los tomadores de un seguro de vida y de los tomadores de un seguro distinto del seguro de vida no podrán verse perjudicados y, en particular, los beneficios procedentes del seguro de vida aprovecharán a los tomadores de un seguro de vida como si la entidad aseguradora practicara únicamente la actividad de seguro de vida.

Artículo 157. Obligaciones derivadas de la gestión separada de las operaciones de seguro de vida y de seguros distintos del de vida. 1. Las entidades aseguradoras autorizadas para operar simultáneamente en seguros de vida y en seguros distintos del de vida deberán:

a) Llevar una contabilidad separada para cada tipo de operaciones.

b) Disponer, como mínimo, de un capital social o fondo mutual igual a la suma, por un lado, del requerido para el ramo de vida y, por el otro, del requerido para el ramo distinto del de vida en el que operen, o bien para el ramo distinto del de vida en que se exija el importe más elevado, en caso de operar en varios.

c) Calcular, partiendo de las cuentas separadas, un capital mínimo obligatorio nocional en relación con su actividad de seguro de vida, determinado como si la entidad sólo ejerciera esa actividad, y un capital mínimo obligatorio nocional en relación con su actividad de seguro distinto del de vida, determinado como si la entidad sólo ejerciera esa actividad.

d) Cubrir, por un importe equivalente de elementos de los fondos propios básicos admisibles, un capital mínimo obligatorio nocional referido a la actividad de seguro de vida, y un capital mínimo obligatorio nocional referido a la actividad de seguro distinto del de vida.

Las obligaciones financieras mínimas referidas a la actividad de seguro de vida y la actividad de seguro distinto del de vida no podrán ser soportadas por la otra actividad.

e) Una vez cumplidas las obligaciones financieras mínimas, y siempre que se informe a la Dirección General de Seguros y Fondos de Pensiones, la entidad podrá utilizar a efectos de la cobertura del capital de solvencia obligatorio los elementos explícitos de los fondos propios admisibles todavía disponibles para una u otra actividad.

f) Los datos contables deberán establecerse de forma que muestren las fuentes de los resultados para los seguros de vida y para los seguros distintos del de vida por separado. El conjunto de los ingresos y de los gastos serán desglosados en función de su origen. Los elementos comunes a las dos actividades se contabilizarán según una clave de reparto que deberá ser aprobada por la Dirección General de Seguros y Fondos de Pensiones.

g) Las entidades aseguradoras establecerán, sobre la base de los datos contables, un documento que muestre de forma clara los elementos correspondientes a los fondos propios básicos admisibles que cubran cada uno de los capitales mínimos obligatorios nocionales a que se refiere el apartado c).

2. En caso de insuficiencia de los elementos de los fondos propios básicos admisibles correspondientes a una de las actividades para cubrir las obligaciones financieras mínimas a que se refiere el apartado 1.c), la Dirección General de Seguros y Fondos de Pensiones aplicará a la actividad deficitaria las medidas previstas en la Ley 20/2015, de 14 de julio, con independencia de los resultados obtenidos en la otra actividad.

No obstante lo dispuesto en apartado 1.d) segundo párrafo, estas medidas podrán suponer la autorización de un traspaso de elementos explícitos de los fondos propios básicos admisibles de una actividad a otra.

3. El incumplimiento de las obligaciones señaladas en el presente artículo determinará la disolución administrativa de la entidad aseguradora, salvo que en el procedimiento administrativo de disolución ésta opte por realizar exclusivamente operaciones de seguro de vida u operaciones de seguro directo distinto del seguro de vida.

TÍTULO IV. SUPERVISIÓN DE ENTIDADES ASEGURADORAS Y REASEGURADORAS

CAPÍTULO I. PRINCIPIOS GENERALES

Artículo 158. Transparencia de la actuación supervisora. 1. La Dirección General de Seguros y Fondos de Pensiones con objeto de velar por la transparencia en la supervisión, divulgará la siguiente información:

a) El texto de las disposiciones legales, reglamentarias y administrativas, y las orientaciones generales en el ámbito de la regulación de los seguros.

b) Los criterios generales y métodos, incluidas las herramientas de carácter cuantitativo necesarias en el proceso de supervisión.

c) Los datos estadísticos agregados sobre los aspectos fundamentales de la aplicación de las normas prudenciales.

d) La decisión sobre la forma de ejercicio de las opciones previstas en la normativa comunitaria. Esta decisión adoptará la forma de resolución o circular y contendrá la opción aplicable al ámbito nacional.

e) Los objetivos de la supervisión y las principales funciones y actuaciones supervisoras.

f) Las guías técnicas, conforme a lo establecido en el artículo 111 de la Ley 20/2015, de 14 de julio.

2. La divulgación de esta información deberá permitir comparar los planteamientos en materia de supervisión aplicados en España con los adoptados por las autoridades de supervisión de los diferentes Estados miembros.

3. La información se divulgará a través del sitio web de la Dirección General de Seguros y Fondos de Pensiones.

4. La Dirección General de Seguros y Fondos de Pensiones podrá requerir a las entidades y grupos supervisados una explicación de los motivos por los que en su caso se hubieran separado de las guías técnicas.

Artículo 159. Información que deberá facilitarse a efectos de supervisión, estadísticos y contables. 1. La información que las entidades aseguradoras y reaseguradoras y sus grupos suministrarán a la Dirección General de Seguros y Fondos de Pensiones a efectos de lo dispuesto en el artículo 114 de la Ley 20/2015, de 14 de julio, incluirá la necesaria para llevar a cabo las siguientes actuaciones:

a) Para evaluar el sistema de gobierno de las entidades, la actividad que desarrollan, los principios de valoración aplicados a efectos de solvencia, los riesgos asumidos y los sistemas de gestión de riesgos, así como la estructura de su capital, sus necesidades de capital y su gestión.

b) Para tomar las decisiones pertinentes en el ejercicio de las facultades de supervisión.

c) Para el cumplimiento de las necesidades estadísticas y para el seguimiento de la información contable.

2. Esta información deberá ajustarse a los siguientes principios:

a) Deberá reflejar la naturaleza, el tamaño y la complejidad de la actividad de la entidad y, en particular, los riesgos inherentes a dicha actividad.

b) Deberá ser accesible, comparable y coherente en el tiempo y ser completa en todos sus aspectos significativos.

c) Deberá ser pertinente, fiable y comprensible.

3. La información cuantitativa a efectos de supervisión, estadísticos y contables se ajustará a los modelos aprobados por el Ministro de Economía y Competitividad mediante orden.

4. La Dirección General de Seguros y Fondos de Pensiones podrá recabar aclaración sobre la documentación recibida al objeto de obtener la información prevista en este artículo.

> – Orden ECM/271/2025, de 27 de febrero, por la que se aprueban los modelos de información cuantitativa a efectos de supervisión, estadísticos y contables de las entidades aseguradoras y reaseguradoras y los modelos de información cuantitativa a efectos estadísticos y contables de los grupos de entidades aseguradoras y reaseguradoras.

> – Orden EHA/1803/2010, de 5 de julio, por la que se establecen obligaciones en cuanto a la remisión por medios electrónicos de la documentación estadístico-contable de las entidades aseguradoras y de las entidades gestoras de fondos de pensiones y por la que se modifica la Orden EHA/1928/2009, de 10 de julio, por la que se aprueban los modelos de la documentación estadística-contable anual, trimestral y consolidada a remitir por las entidades aseguradoras, y por la que se modifica la Orden EHA/339/2007, de 16 de febrero, por la que se desarrollan determinados preceptos de la normativa reguladora de los seguros privados.

Artículo 160. Plazos de presentación de la información a efectos de supervisión, estadísticos y contables. 1. Las entidades aseguradoras y reaseguradoras deberán remitir a la Dirección General de Seguros y Fondos de Pensiones en los plazos previstos en el artículo 312 del Reglamento Delegado (UE) 2015/35 de la Comisión, de 10 de octubre:

a) Información anual a efectos de supervisión, estadísticos y contables, así como el informe regular de supervisión.

b) Información trimestral a efectos de supervisión, estadísticos y contables.

2. Para la información a efectos de supervisión, estadísticos y contables de grupo, los plazos previstos en el apartado 1 se ampliarán en seis semanas, conforme al artículo 373 del Reglamento Delegado (UE) 2015/35 de la Comisión, de 10 de octubre, salvo en lo referente al informe sobre la evaluación interna de riesgos y de la solvencia previsto en el apartado 4.

3. No obstante lo dispuesto en el apartado 1, las entidades acogidas al régimen especial de solvencia regulado en el capítulo VII del título III, solo

están obligadas a remitir información trimestral a efectos de supervisión, estadísticos y contables trimestralmente cuando se encuentren en alguna de las siguientes circunstancias:

a) Que las primas devengadas en el ejercicio por seguro directo más reaseguro aceptado superen la cifra de 1.200.000 euros. La obligación cesará cuando deje de alcanzarse el referido límite durante dos ejercicios seguidos.

b) Que operen en el ramo de seguro de vida.

c) Que se encuentren sometidas a procedimiento administrativo de adopción de medidas de control especial, cuando así se requiera por la Dirección General de Seguros y Fondos de Pensiones, de disolución, o de revocación de la autorización administrativa, o bien se encuentren en periodo de liquidación no asumida por el Consorcio de Compensación de Seguros.

En todo caso, las entidades acogidas al régimen especial que no resulten obligadas a remitir información trimestral a efectos de supervisión, estadísticos y contable deberán remitir con esta periodicidad los balances, la cuenta de pérdidas y ganancias y un estado de solvencia que incluya el capital de solvencia obligatorio y el capital mínimo obligatorio.

En el estado de solvencia, el capital de solvencia obligatorio a considerar será el último capital de solvencia calculado.

4. Las entidades aseguradoras y reaseguradoras y sus grupos deberán remitir a la Dirección General de Seguros y Fondos de Pensiones el informe sobre la evaluación interna de riesgos y su solvencia en el plazo establecido en la normativa de la Unión Europea de directa aplicación.

Artículo 161. Limitación de la presentación de información periódica a efectos de supervisión, estadísticos y contables. 1. Sin perjuicio de lo dispuesto en el artículo 78.6 de la Ley 20/2015, de 14 de julio, en aquellos casos en que se exija la información a efectos de supervisión, estadísticos y contables con una frecuencia inferior al año, la Dirección General de Seguros y Fondos de Pensiones podrá limitar la presentación de información periódica, cuando:

a) La información sea excesivamente gravosa de acuerdo con la naturaleza, tamaño y complejidad de los riesgos inherentes a la actividad de la entidad.

b) La información sea suministrada al menos anualmente.

2. Esta limitación sólo se concederá a las entidades que, en su conjunto no representen más de un veinte por ciento del mercado de seguros y reaseguros nacional de vida y de no vida, respectivamente.

La cuota de mercado de vida se calculará en función de las provisiones técnicas brutas y la cuota de mercado de los seguros distintos del de vida se calculará en función de las primas brutas emitidas.

Al conceder esta limitación, la Dirección General de Seguros y Fondos de Pensiones deberá dar preferencia a las entidades de menor tamaño.

3. Esta limitación no será aplicable en el caso de que la entidad forme parte de un grupo en el sentido previsto en el artículo 132 de la Ley 20/2015, de 14 de julio, salvo si la entidad puede demostrar que la información es excesivamente gravosa de acuerdo con la naturaleza, tamaño y complejidad de los riesgos inherentes a la actividad del grupo.

4. Para determinar si la presentación de información es excesivamente gravosa, en relación con la naturaleza, tamaño y complejidad de los riesgos inherentes a la actividad de la entidad, se tendrán en cuenta, al menos, los siguientes aspectos:

a) El volumen de primas, provisiones técnicas y activos de la entidad.

b) La volatilidad de los siniestros y prestaciones cubiertas por la entidad.

c) Los riesgos de mercado procedentes de las inversiones de la entidad.

d) El nivel de concentración de los riesgos.

e) El número total de ramos de seguros de vida y de seguros distintos del seguro de vida para los que se concede la autorización.

f) Los posibles efectos de la gestión de activos de la entidad sobre la estabilidad financiera.

g) Los sistemas y estructuras de la entidad para proporcionar la información a efectos de supervisión y la política escrita prevista en el artículo 114.4 de la Ley 20/2015, de 14 de julio.

h) La idoneidad del sistema de gobierno de la entidad.

i) El nivel de fondos propios que cubre el capital de solvencia obligatorio y el capital mínimo obligatorio.

j) Si la entidad aseguradora es cautiva, en los términos previstos en el artículo 6.2 de la Ley 20/2015, de 14 de julio, que únicamente cubra los riesgos asociados al grupo industrial o comercial al que pertenezca.

Artículo 162. Exención o limitación de la presentación de información detallada a efectos de supervisión, estadísticos y contables. 1. La Dirección General de Seguros y Fondos de Pensiones podrá eximir o limitar, de acuerdo con la delimitación de cada concepto que establezca la normativa de

la Unión Europea de directa aplicación, la presentación de información detallando todos los elementos, uno por uno, cuando:

a) La información sea excesivamente gravosa de acuerdo con la naturaleza,
tamaño y complejidad de los riesgos inherentes a la actividad de la entidad.

b) La presentación de la información no sea necesaria para la supervisión
efectiva de la entidad.

c) La exención no socave la estabilidad de los sistemas afectados de la
Unión Europea.

d) La entidad sea capaz de proporcionar la información a petición del
supervisor.

2. En estos casos se estará a lo previsto en el artículo 161, apartados 2, 3 y 4.

**Artículo 163. Información sobre la limitación o exención en la presen-
tación de información a efectos de supervisión, estadísticos y contables.**
La Dirección General de Seguros y Fondos de Pensiones facilitará anualmente a
la Autoridad Europea de Seguros y Pensiones de Jubilación información acerca
del número de entidades de seguros y de reaseguros que se benefician de la
limitación de presentación de información periódica y del número de entidades
aseguradoras y reaseguradoras que se benefician de la exención o limitación de
presentación de información detallando todos los elementos, junto con su volumen de requisitos de capital, primas, provisiones técnicas y activos, medidos
respectivamente en forma de porcentajes del volumen total de requisitos de
capital, primas, provisiones técnicas y activos de las entidades aseguradoras y
reaseguradoras españolas.

Artículo 164. Supervisión de funciones y actividades externalizadas.
1. Cuando las entidades aseguradoras o reaseguradoras externalicen una función o una actividad de seguro o reaseguro, quien preste el servicio externalizado colaborará con la Dirección General de Seguros y Fondos de Pensiones en
relación con la supervisión de la función o actividad externalizada y facilitará
la información que le sea requerida relativa a tales funciones o actividades a
dicha Dirección General así como a las propias entidades aseguradoras o reaseguradoras y a sus auditores de cuentas.

Las entidades aseguradoras y reaseguradoras que externalicen funciones o
actividades adoptarán las medidas necesarias para garantizar que se cumplan
las citadas obligaciones de información y acceso por parte de quien les preste
el servicio externalizado.

2. Cuando los locales de quienes presten el servicio externalizado se encuentren en otro Estado miembro, la Dirección General de Seguros y Fondos de Pensiones realizará las actuaciones de supervisión en esos locales, por sí misma o por medio de personas que designe para ello, previo informe a las autoridades competentes del citado Estado miembro. Cuando quien preste el servicio no esté sujeto a un régimen específico de supervisión, se informará a las autoridades de supervisión de seguros de dicho Estado.

La Dirección General de Seguros y Fondos de Pensiones podrá delegar la realización de tales actuaciones en las autoridades de supervisión del Estado miembro en que se sitúe el proveedor del servicio, si así se acordara entre ambas autoridades.

Cuando la Dirección General de Seguros y Fondos de Pensiones comunique a las autoridades de supervisión del Estado miembro de acogida que tiene la intención de realizar una inspección con arreglo a este apartado, y cuando en la práctica se le prohíba ejercer su derecho a realizar dicha inspección, la Dirección General de Seguros y Fondos de Pensiones podrá remitir el asunto a la Autoridad Europea de Seguros y Pensiones de Jubilación y solicitar su asistencia. Esta autoridad tendrá derecho a participar en las inspecciones cuando sean efectuadas de forma conjunta por dos o más autoridades de supervisión.

Artículo 165. Actuaciones inspectoras sobre la presencia permanente de las entidades aseguradoras. La Dirección General de Seguros y Fondos de Pensiones podrá realizar actuaciones inspectoras en los lugares en los que una entidad aseguradora desarrolle actividad en España en régimen de libre prestación de servicios, para comprobar si la estructura de la organización de la que, en su caso, disponga la entidad en España es asimilable a una presencia permanente y, por tanto, al régimen de derecho de establecimiento.

CAPÍTULO II. SUPERVISIÓN FINANCIERA

Artículo 166. Contenido de la supervisión financiera. En el desarrollo de la supervisión financiera establecida en el artículo 117 de la Ley 20/2015, de 14 de julio, se revisará y evaluará el cumplimiento de los siguientes aspectos:

a) El sistema de gobierno de la entidad, incluida la evaluación interna de riesgos y solvencia.

b) Las provisiones técnicas.

c) Los requisitos de capital.

d) Las normas de inversión.

e) Las características cualitativas y cuantitativas de los fondos propios

f) Los requisitos aplicados a los modelos internos completos y parciales, cuando la entidad los utilice.

CAPÍTULO III. SUPERVISIÓN POR INSPECCIÓN

Artículo 167. Personal inspector. 1. Las actuaciones de inspección de seguros se realizarán por los funcionarios del Cuerpo Superior de Inspectores de Seguros del Estado.

2. Los funcionarios pertenecientes a cuerpos técnicos de la Administración General del Estado y a cuerpos superiores y técnicos de sistemas y tecnología de la información de la Administración General del Estado podrán colaborar con el inspector o inspectores actuantes siempre que desempeñen puestos de trabajo en la Dirección General de Seguros y Fondos de Pensiones y figuren designados en el acuerdo a que se refiere el artículo 168.

3. La firma del acta de inspección contemplada en el artículo 172, ya sea previa o definitiva, corresponderá a los funcionarios del Cuerpo Superior de Inspectores de Seguros del Estado.

Artículo 168. Iniciación del procedimiento de supervisión por inspección. 1. El procedimiento administrativo de supervisión por inspección se iniciará mediante acuerdo de la Dirección General de Seguros y Fondos de Pensiones, que se notificará a la entidad o a la persona inspeccionada.

2. En dicho acuerdo se identificará a quienes se encomienden las actuaciones inspectoras y se hará constar el objeto de las comprobaciones a desarrollar.

Artículo 169. Desarrollo de las actuaciones inspectoras. 1. Cuando las actuaciones inspectoras se desarrollen en el domicilio social, agencias, sucursales, delegaciones, oficinas, locales, o en cualquier otro lugar donde se desarrolle actividad de la entidad o persona inspeccionada o se encuentre la documentación requerida, ésta pondrá a disposición de la inspección el espacio físico y los medios auxiliares necesarios para facilitar la realización de las citadas actuaciones.

2. La inspección podrá requerir a la entidad o persona inspeccionada que envíe comunicaciones a terceros solicitando aclaraciones o informaciones con la finalidad de confirmar saldos o determinar la veracidad de los hechos manifestados por la entidad o persona inspeccionada, la autenticidad de los

documentos exhibidos a la inspección, o el alcance y las consecuencias de determinadas operaciones.

La inspección podrá exigir que el texto de la comunicación cuente con su autorización y que, en su caso, la contestación a la misma sea remitida directamente a la Dirección General de Seguros y Fondos de Pensiones.

3. Las autoridades, los responsables de oficinas o dependencias públicas y quienes en general ejerzan funciones públicas deberán prestar a la inspección, a instancia de ésta o de la Dirección General de Seguros y Fondos de Pensiones, el apoyo, concurso, auxilio y protección que sean precisos.

Artículo 170. Excusa, negativa o resistencia a la actuación inspectora. 1. Se considerará excusa, negativa o resistencia a la actuación inspectora toda acción u omisión de la entidad o personas con quienes se entiendan las actuaciones, que tienda a dilatar indebidamente, entorpecer o impedir éstas.

2. En particular, se considerará excusa, negativa o resistencia a la actuación inspectora:

a) Las actuaciones que tiendan a dificultar la entrega inmediata al representante de la entidad o a la persona inspeccionada, o a sus agentes o empleados, del acuerdo de iniciación del procedimiento de supervisión por inspección, de las diligencias extendidas durante la actividad inspectora, de las actas previas o definitivas, o de cualquier comunicación escrita de la Dirección General de Seguros y Fondos de Pensiones o de los funcionarios a quienes se encomienden las actuaciones de comprobación.

b) La incomparecencia de la persona requerida por la inspección, con arreglo a las leyes vigentes, en el lugar, día y hora que se le hubiese señalado en tiempo y forma para la iniciación, desarrollo o terminación de las actuaciones, salvo que medie causa suficiente que sea debidamente justificada.

c) La negativa a exhibir los libros, registros y documentos de llevanza y conservación obligatorias.

d) La omisión o negativa a facilitar los datos, informes, justificantes y antecedentes que sean requeridos por la inspección, así como la alteración o manipulación de los mismos.

e) Negar o dificultar indebidamente el acceso o la permanencia de la inspección en el domicilio social, las agencias, sucursales, locales y oficinas donde se desarrolle actividad de la entidad o persona inspeccionada o se encuentre la documentación requerida, así como obstaculizar la localización de dichos lugares.

f) Las actitudes que supongan amenazas o coacciones a la inspección, o que dilaten indebidamente las comprobaciones inspectoras.

Artículo 171. Diligencias. 1. La inspección podrá extender diligencias para hacer constar los hechos o circunstancias que se pongan de manifiesto durante el curso de las actuaciones inspectoras, las manifestaciones de las personas con quienes se entienden dichas actuaciones, así como la formulación de requerimientos a la entidad o persona inspeccionada.

2. De las diligencias que extienda la inspección se entregará un ejemplar a la persona con quien se entiendan las actuaciones. Si ésta se negare a recibirla, se le remitirá por cualquiera de los medios admitidos en derecho, y si se negare a firmar la diligencia, o no pudiera, se hará constar en la misma esta circunstancia, sin perjuicio de la entrega a dicha persona del duplicado correspondiente.

Cuando la naturaleza de las actuaciones inspectoras cuyo resultado se refleje en una diligencia no requiera la presencia de una persona con quien se entiendan tales actuaciones, o dicha persona se encontrare ausente, la diligencia se firmará únicamente por la inspección, y se remitirá un ejemplar de la misma al interesado con arreglo a derecho.

Artículo 172. Formalización del acta de inspección. 1. El acta reflejará su carácter de previa o definitiva, se extenderá por duplicado y se firmará por el representante legal de la entidad inspeccionada o por persona con poder suficiente para ello o, en su caso, por la persona inspeccionada, y por los funcionarios a que se refiere el artículo 167.2, designados en el acuerdo, debiendo ambas partes rubricar todas las hojas de los dos ejemplares del cuerpo principal del acta de inspección que se extienda.

La firma del acta por la entidad o persona inspeccionada, salvo que medie declaración expresa en contrario, no equivaldrá a su conformidad con los hechos, ni con su valoración y conclusiones recogidas en la misma.

2. Uno de los ejemplares del acta se entregará al firmante de la misma. En caso de negativa a firmar el acta o a la recepción de la misma, los inspectores lo harán constar por escrito y la Dirección General de Seguros y Fondos de Pensiones notificará el acta en el domicilio de la entidad o persona inspeccionada. Si se rechazase la notificación, se hará constar en el expediente y se tendrá por efectuado el trámite siguiéndose el procedimiento.

3. El acta de inspección incluirá una relación de los anexos que formen parte de la misma, y la inspección entregará, junto con el cuerpo principal del acta de inspección, una copia de los mismos, salvo en el supuesto de que el anexo incluya exclusivamente documentación aportada en el transcurso de las actuaciones inspectoras por la entidad o persona inspeccionada, en cuyo caso se hará constar dicha circunstancia en la relación de anexos.

Artículo 173. Terminación de las actuaciones inspectoras. Las actuaciones inspectoras concluirán:

a) Con el levantamiento del acta de inspección definitiva.

b) Por el transcurso de 6 meses sin actuación inspectora alguna, por causas no imputables a la entidad o persona inspeccionada.

c) Por acuerdo de la Dirección General de Seguros y Fondos de Pensiones notificado a la entidad o persona inspeccionada en virtud del cual no se estime necesario continuar las comprobaciones inspectoras.

Artículo 174. Deber de comunicación. Los representantes legales de las entidades inspeccionadas deberán dar cuenta del acta de inspección y de la resolución de la Dirección General de Seguros y Fondos de Pensiones al órgano de administración en la primera reunión que celebre después de aquéllas. Igualmente deberán dar cuenta de tales documentos a la Junta general o Asamblea general cuando así lo disponga la citada resolución.

TÍTULO V. SUPERVISIÓN DE GRUPOS DE ENTIDADES ASEGURADORAS Y REASEGURADORAS

CAPÍTULO I. EJERCICIO DE LA SUPERVISIÓN DE GRUPOS

Artículo 175. Asunción de la función de supervisor de grupo por la Dirección General de Seguros y Fondos de Pensiones en supuestos especiales. 1. Aun no dándose las circunstancias indicadas en el artículo 134.2 de la Ley 20/2015, de 14 de julio, las autoridades de supervisión afectadas, previa solicitud de cualquiera de ellas, podrán decidir conjuntamente que la Dirección General de Seguros y Fondos de Pensiones asuma las funciones de supervisor de grupo, cuando dicha atribución resultara adecuada, habida cuenta de la estructura del grupo y la importancia relativa de las actividades desarrolladas por las entidades aseguradoras y reaseguradoras en diferentes países.

A estos efectos, cualquiera de las autoridades de supervisión afectadas podrá solicitar que se abra un debate para decidir si la aplicación de los criterios establecidos en el artículo 134.2 de la Ley 20/2015, de 14 de julio, resulta adecuada. Este debate sólo podrá celebrarse una vez al año.

La asunción de las funciones de supervisor de grupo por la Dirección General de Seguros y Fondos de Pensiones, fuera de los casos indicados en el artículo 134.2 de la Ley 20/2015, de 14 de julio, requerirá decisión conjunta del colegio de supervisores adoptada en los tres meses siguientes a la solicitud del debate. Antes de adoptar una decisión, las autoridades de supervisión afectadas darán al grupo la oportunidad de manifestar su opinión.

En caso de ser designada supervisor de grupo, la Dirección General de Seguros y Fondos de Pensiones, mediante resolución, notificará al grupo la decisión conjunta plenamente motivada.

Si, dentro de este plazo de tres meses, alguna de dichas autoridades hubiera remitido el asunto a la Autoridad Europea de Supervisores de Seguros y Pensiones de Jubilación, se aplazará la decisión conjunta hasta el pronunciamiento de ésta, que deberá adoptar su decisión en el plazo de un mes desde la remisión. La posterior decisión conjunta será definitiva, se tomará motivadamente de conformidad con el pronunciamiento de la Autoridad Europea de Supervisores de Seguros y Pensiones de Jubilación y se notificará al grupo y al colegio de supervisores por la Dirección General de Seguros y Fondos de Pensiones, en el caso de que hubiera sido designada supervisor de grupo.

El asunto no se remitirá a la Autoridad Europea de Seguros y Pensiones de Jubilación una vez finalizado el plazo de tres meses o tras haberse adoptado una decisión conjunta.

2. Si no se hubiera alcanzado una decisión conjunta entre todas las autoridades de supervisión, esta función será ejercida por la autoridad de supervisión determinada con arreglo a lo dispuesto en el artículo 134.2 de la Ley 20/2015, de 14 de julio.

Artículo 176. Excepciones a la asunción de la función de supervisor de grupo por la Dirección General de Seguros y Fondos de Pensiones. 1. Aun concurriendo las circunstancias indicadas en el artículo 134.2 de la Ley 20/2015, de 14 de julio, las autoridades de supervisión afectadas, previa solicitud de cualquiera de ellas, podrán adoptar una decisión conjunta para que la Dirección General de Seguros y Fondos de Pensiones no asuma las funciones de supervisor de grupo, cuando su asunción fuera inadecuada, habida cuenta de la estructura del grupo y la importancia relativa de las actividades desarrolladas por las entidades aseguradoras y reaseguradoras en diferentes países.

A estos efectos, cualquiera de las autoridades de supervisión afectadas podrá solicitar que se abra un debate para decidir si la aplicación de los criterios establecidos en el artículo 134.2 de la Ley 20/2015, de 14 de julio resulta adecuada. Este debate sólo podrá celebrarse una vez al año.

La no asunción de las funciones de supervisor de grupo requerirá decisión conjunta de las autoridades de supervisión afectadas, adoptada en el plazo de tres meses desde que cualquiera de las autoridades planteara el debate. Antes de adoptar una decisión, las autoridades de supervisión afectadas darán al grupo la oportunidad de manifestar su opinión.

El supervisor de grupo designado notificará al grupo la decisión conjunta plenamente motivada.

Si, dentro de este plazo de tres meses, alguna de dichas autoridades hubiera remitido el asunto a la Autoridad Europea de Supervisores de Seguros y Pensiones de Jubilación, se aplazará la decisión conjunta hasta el pronunciamiento de ésta, que deberá adoptar su decisión en el plazo de un mes desde la remisión. La posterior decisión conjunta será definitiva, se tomará motivadamente de conformidad con el pronunciamiento de la Autoridad Europea de Supervisores de Seguros y Pensiones de Jubilación y se notificará al grupo y al colegio de supervisores por el supervisor de grupo designado.

El asunto no se remitirá a la Autoridad Europea de Seguros y Pensiones de Jubilación una vez finalizado el plazo de tres meses o tras haberse adoptado una decisión conjunta.

2. Si finalmente no se hubiera alcanzado una decisión conjunta entre todas las autoridades de supervisión afectadas para establecer una excepción a los criterios contemplados en el artículo 134.2 de la Ley 20/2015, de 14 de julio, la Dirección General de Seguros y Fondos de Pensiones ejercerá la función de supervisor de grupo.

Artículo 177. Colegios de supervisores. 1. A fin de facilitar el ejercicio de las tareas de supervisión de grupo, se establecerá un colegio de supervisores.

Entre los miembros del colegio de supervisores se incluirán el supervisor de grupo, las autoridades de supervisión de todos los Estados miembros en los que esté situado el domicilio social de todas las entidades filiales y la Autoridad Europea de Seguros y Pensiones de Jubilación. Será presidido por la

Dirección General de Seguros y Fondos de Pensiones cuando sea el supervisor de grupo.

Las autoridades de supervisión de las sucursales importantes y de las entidades vinculadas estarán autorizadas a participar también en el colegio de supervisores. No obstante, su participación estará limitada sólo a lograr el objetivo de un intercambio eficaz de información.

El funcionamiento efectivo del colegio de supervisores podrá requerir que un número reducido de autoridades de supervisión dentro del mismo lleven a cabo determinadas actividades.

El colegio de supervisores velará por que los procesos de cooperación, intercambio de información y consulta entre las autoridades de supervisión del colegio de supervisores se apliquen con arreglo al título V de la Ley 20/2015, de 14 de julio, con vistas a promover la convergencia de sus respectivas decisiones y actividades.

2. Cuando el supervisor de grupo no desempeñe las tareas a que se refiere el artículo 135.1 de la Ley 20/2015, de 14 de julio, o cuando los miembros del colegio de supervisores no cooperen en la medida exigida en dicho apartado, cualquiera de las autoridades de supervisión afectadas podrá remitir el asunto a la Autoridad Europea de Seguros y Pensiones de Jubilación y solicitar su asistencia.

3. Sin perjuicio de otras medidas que se puedan adoptar conforme a la normativa aplicable, la Dirección General de Seguros y Fondos de Pensiones basará la creación y funcionamiento de los colegios de supervisores en los que participe en acuerdos de coordinación celebrados con las otras autoridades de supervisión afectadas por la supervisión de un grupo de entidades aseguradoras o reaseguradoras. En caso de divergencia de puntos de vista respecto de los acuerdos de coordinación, cualquiera de los miembros del colegio de supervisores podrá remitir el asunto a la Autoridad Europea de Seguros y Pensiones de Jubilación y solicitar su asistencia. La Dirección General de Seguros y Fondos de Pensiones, cuando sea el supervisor de grupo, adoptará su decisión definitiva de conformidad con la decisión de la Autoridad Europea de Seguros y Pensiones de Jubilación y la transmitirá a las demás autoridades de supervisión afectadas.

4. Sin perjuicio de otras medidas que se deriven de la aplicación de la normativa comunitaria europea, los acuerdos de coordinación, especificarán los procedimientos para la adopción de decisiones en cuanto a la aprobación de modelos internos de grupo, la exigencia de capital adicional y el ejercicio

de las funciones de los supervisores de grupo, la consulta a la Autoridad Europea de Seguros y Pensiones de Jubilación, en los casos en que proceda, y la consulta entre autoridades y cooperación entre ellas.

5. Sin perjuicio de los derechos y obligaciones asignados por la Ley 20/2015, de 14 de julio, su normativa de desarrollo y la normativa de la Unión Europea de directa aplicación, al supervisor de grupo y a otras autoridades supervisoras, los acuerdos de coordinación podrán encomendar tareas adicionales al supervisor de grupo, a las demás autoridades de supervisión o a la Autoridad Europea de Seguros y Pensiones de Jubilación, si de ello se deriva una supervisión más eficiente del grupo y no se obstaculizan las actuaciones de supervisión de la Dirección General de Seguros y Fondos de Pensiones con respecto a las funciones que le encomienda de forma individual la mencionada normativa.

6. En el caso de que la Dirección General de Seguros y Fondos de Pensiones sea supervisor de grupo, trasmitirá a la Autoridad Europea de Seguros y Pensiones de Jubilación la información sobre el funcionamiento del colegio de supervisores y cualesquiera otras dificultades encontradas en el mismo que sean relevantes de cara a las revisiones que haga la Autoridad Europea de Seguros y Pensiones de Jubilación sobre el funcionamiento de los colegios de supervisores. Cuando la Dirección General de Seguros y Fondos de Pensiones no sea supervisor de grupo velará porque dicho supervisor de grupo remita a la Autoridad Europea de Seguros y Pensiones de Jubilación la anterior información.

Artículo 178. Acceso a la información y verificación. 1. La Dirección General de Seguros y Fondos de Pensiones, cuando sea el supervisor de grupo, podrá limitar la información exigida a efectos de supervisión a nivel grupo con una frecuencia inferior al año, cuando todas las entidades aseguradoras y reaseguradores del grupo disfruten de la limitación de conformidad con el artículo 161, teniendo en cuenta la naturaleza, tamaño y complejidad de los riesgos inherentes a la actividad del grupo.

La Dirección General de Seguros y Fondos de Pensiones, cuando sea el supervisor de grupo podrá eximir de la presentación de información detallando todos los elementos, uno por uno, a nivel de grupo, cuando todas las entidades aseguradoras y reaseguradores del grupo, disfruten de la exención de conformidad con el artículo 162, teniendo en cuenta la naturaleza, tamaño y complejidad de los riesgos inherentes a la actividad del grupo y el objetivo de estabilidad financiera.

La Dirección General de Seguros y Fondos de Pensiones facilitará anualmente a la Autoridad Europea de Seguros y Pensiones de Jubilación información acerca del número de grupos que se benefician de la limitación de presentación de información periódica a efectos de supervisión y el número de grupos que se benefician de la exención de presentación de información detallando todos los elementos, uno por uno a que se refiere este apartado, junto con su volumen de requisitos de capital, primas, provisiones técnicas y activos, medidos respectivamente en forma de porcentajes del volumen total de requisitos de capital, primas, provisiones técnicas y activos de todos los grupos.

2. Si la Dirección General de Seguros y Fondos de Pensiones considera pertinente verificar la información referida a una entidad que forme parte de un grupo, ya sea o no regulada, y esté domiciliada en otro Estado miembro, deberá solicitar a las autoridades de supervisión de ese Estado miembro que efectúen la verificación.

La Dirección General de Seguros y Fondos de Pensiones podrá realizar directamente la verificación de esa entidad en el Estado miembro donde esté domiciliada, previa autorización de la autoridad supervisora de ese Estado. En todo caso, podrá participar en la verificación cuando no proceda directamente a ella.

Cuando no se haya dado curso, en un plazo de dos semanas, a la solicitud presentada a otra autoridad de supervisión para que efectúe una verificación con arreglo al presente apartado, o cuando en la práctica se prohíba a la Dirección General de Seguros y Fondos de Pensiones ejercer su derecho a participar con arreglo al párrafo anterior, la Dirección General de Seguros y Fondos de Pensiones podrá remitir el asunto a la Autoridad Europea de Seguros y Pensiones de Jubilación y solicitar su asistencia.

3. Cuando la autoridad supervisora de otro Estado miembro considere pertinente verificar la información referida a una entidad, sea o no regulada, que forme parte de un grupo y esté domiciliada en España, deberá solicitarlo a la Dirección General de Seguros y Fondos de Pensiones.

La Dirección General de Seguros y Fondos de Pensiones, dentro de sus competencias, efectuará la verificación directamente o autorizando a la autoridad supervisora que le solicitó la verificación a efectuarla ella misma, que, en todo caso, podrá participar en la verificación cuando no proceda a hacerla directamente. La Dirección General de Seguros y Fondos de Pensiones informará al supervisor de grupo de la decisión adoptada.

La Autoridad Europea de Seguros y Pensiones de Jubilación está facultada para participar en las verificaciones cuando sean efectuadas de forma conjunta por dos o más autoridades de supervisión.

Artículo 179. Cooperación e intercambio de información entre las autoridades de supervisión. La Dirección General de Seguros y Fondos de Pensiones colaborará con las autoridades supervisoras de las entidades aseguradoras y reaseguradoras individuales dentro de un grupo y con el supervisor de grupo, en particular en los casos en que una entidad aseguradora o reaseguradora del grupo afronte dificultades financieras.

La Dirección General de Seguros y Fondos de Pensiones facilitará sin demora a las demás autoridades supervisoras afectadas, y demandará de éstas, toda información pertinente tan pronto como esté disponible o intercambiarán información, previa solicitud, para permitir y facilitar el ejercicio de las labores de supervisión respectivas. La información a comunicar deberá incluir, al menos, la referente a actuaciones del grupo y de las autoridades supervisoras, y la información proporcionada por el grupo.

Cuando una autoridad de supervisión no haya comunicado la información pertinente o cuando una solicitud de cooperación y, en particular, de intercambio de la información pertinente, se haya denegado o no se haya dado curso a la misma en un plazo de dos semanas, la Dirección General de Seguros y Fondos de Pensiones podrá remitir el asunto a la Autoridad Europea de Seguros y Pensiones de Jubilación (AESPJ).

CAPÍTULO II. SITUACIÓN FINANCIERA DEL GRUPO

SECCIÓN 1.ª SOLVENCIA DE GRUPO

SUBSECCIÓN 1.ª PRINCIPIOS GENERALES

Artículo 180. Supervisión de la solvencia de grupo. 1. El cálculo de la solvencia del grupo se realizará al menos anualmente y la información sobre el mismo se presentará, con la periodicidad que se determine en las normas que resulten de aplicación, a la Dirección General de Seguros y Fondos de Pensiones cuando sea el supervisor de grupo por la entidad participante o, en caso de que el grupo no esté encabezado por una entidad aseguradora o reaseguradora, por la sociedad de cartera de seguros o sociedad financiera mixta de cartera o por la entidad del grupo que determine la Dirección General de Seguros y Fondos de Pensiones previa consulta a las demás autoridades de supervisión afectadas y al propio grupo.

2. Las entidades obligadas conforme al apartado anterior, deberán mantener un control permanente del capital de solvencia obligatorio del grupo.

En caso de que el perfil de riesgo del grupo se aparte significativamente de las hipótesis en las que se basa el último cálculo del capital de solvencia obligatorio de grupo notificado, se procederá inmediatamente a un nuevo cálculo del capital de solvencia obligatorio y a su presentación a la Dirección General de Seguros y Fondos de Pensiones, cuando sea el supervisor de grupo.

Cuando haya indicios de que el perfil de riesgo del grupo ha variado significativamente desde la última información presentada sobre el capital de solvencia obligatorio del grupo, la Dirección General de Seguros y Fondos de Pensiones, como supervisor de grupo, requerirá que dicho capital de solvencia obligatorio vuelva a calcularse.

3. En caso de insuficiencia de fondos propios admisibles para cubrir el capital de solvencia obligatorio o cuando exista riesgo de insuficiencia en los tres meses siguientes, se aplicará lo dispuesto en los artículos 156, 160 y 166 de la Ley 20/2015, de 14 de julio. La entidad participante, deberá comunicar esta circunstancia, tan pronto como sea posible, a la Dirección General de Seguros y Fondos de Pensiones cuando sea supervisor de grupo, quién informará a las demás autoridades de supervisión afectadas.

Artículo 181. Informe sobre la situación financiera y de solvencia a nivel de grupo. 1. Antes de dar su autorización para la elaboración de un solo informe que comprenda la información sobre la situación financiera y de solvencia a nivel de grupo y a nivel de cualquiera de las filiales integrantes del grupo, que debe ser identificable individualmente, la Dirección General de Seguros y Fondos de Pensiones consultará a las otras autoridades supervisoras afectadas y tendrá en consideración sus observaciones y reservas. El plazo máximo para resolver será de seis meses.

2. Si el informe único a que se refiere el apartado 1 no incluye información que la Dirección General de Seguros y Fondos de Pensiones, u otra autoridad supervisora que haya autorizado a la filial dentro del grupo, exija de entidades comparables, y si esa omisión se considera significativa, la Dirección General de Seguros y Fondos de Pensiones o la otra autoridad de supervisión podrán exigir a la filial afectada que revele la información adicional necesaria.

3. El informe sobre la situación financiera y de solvencia a nivel de grupo estará sometido a revisión. La Dirección General de Seguros y Fondos de Pensiones determinará a través de circular el contenido del informe especial de revisión de la situación financiera y de solvencia, y el responsable de su elaboración.

Artículo 182. Publicidad de la estructura del grupo. Las entidades aseguradoras y reaseguradoras, las sociedades de cartera de seguros y las sociedades financieras mixtas de cartera, publicarán en sus páginas web con periodicidad anual, a nivel de grupo, la estructura jurídica y la estructura de gobernanza y organizativa, incluida una descripción de todas las filiales, sociedades vinculadas materiales y sucursales significativas que pertenezcan al grupo.

En caso de no disponer de página web, las entidades anteriores deberán enviar una copia electrónica de esta información a quien lo solicite, en un plazo máximo de diez días. La solicitud podrá estar referida a la información de los últimos cinco años como máximo.

SUBSECCIÓN 2.ª MÉTODOS DE CÁLCULO

Artículo 183. Método basado en la consolidación contable. 1. El cálculo de la solvencia de grupo de la entidad aseguradora o reaseguradora participante se efectuará a partir de las cuentas consolidadas.

La solvencia de grupo de la entidad aseguradora o reaseguradora participante resultará de la diferencia entre las siguientes magnitudes:

a) Los fondos propios admisibles para cubrir el capital de solvencia obligatorio, calculados a partir de los datos consolidados; y

b) El capital de solvencia obligatorio a nivel de grupo, calculado a partir de los datos consolidados (capital de solvencia obligatorio de grupo consolidado).

En el cálculo de los fondos propios admisibles para cubrir el capital de solvencia obligatorio y en el del capital de solvencia obligatorio a nivel de grupo basado en datos consolidados, se aplicará lo dispuesto en las secciones 2.ª y 3.ª del capítulo II del título III de la Ley 20/2015, de 14 de julio.

2. El capital de solvencia obligatorio de grupo consolidado, se calculará con arreglo, bien a la fórmula estándar, o bien a un modelo interno aprobado.

3. El capital de solvencia obligatorio de grupo consolidado está integrado, como mínimo, por la suma de lo siguiente:

a) El capital mínimo obligatorio de la entidad aseguradora o reaseguradora participante; y

b) La parte proporcional del capital mínimo obligatorio de las entidades aseguradoras o reaseguradoras vinculadas.

Dicho mínimo deberá estar cubierto por fondos propios básicos admisibles en los términos del artículo 78.1 de la Ley 20/2015, de 14 de julio.

A fin de determinar si los citados fondos propios admisibles pueden considerarse aptos para cubrir el capital mínimo de solvencia obligatorio de grupo consolidado se aplicarán, con las adaptaciones necesarias, los principios establecidos en los artículos 187 a 196. Asimismo, será de aplicación, con las adaptaciones necesarias, lo dispuesto en el artículo 157 de la Ley 20/2015, de 14 de julio.

Artículo 184. Modelo interno del grupo consolidado y de las entidades aseguradoras y reaseguradoras del grupo. 1. La Dirección General de Seguros y Fondos de Pensiones, en su función de supervisor de grupo, informará a las demás autoridades de supervisión miembros del colegio de supervisores afectadas y a la Autoridad Europea de Seguros y Pensiones de Jubilación acerca de la solicitud de autorización de un modelo interno de grupo y les remitirá la solicitud completa tan pronto como esta se presente.

La Dirección General de Seguros y Fondos de Pensiones y las autoridades de supervisión afectadas cooperarán para adoptar una posición conjunta acerca de si procede o no conceder dicha autorización y determinar las condiciones, en su caso, a las que esta quede supeditada, en un plazo no superior a seis meses a contar desde la fecha en que haya recibido la solicitud completa.

A petición de una o más autoridades de supervisión afectadas, la Autoridad Europea de Seguros y Pensiones de Jubilación podrá proporcionar asistencia técnica, de conformidad con el artículo 8, apartado 1, letra b), del Reglamento (UE) n.º 1094/2010, a la autoridad o autoridades de supervisión que solicitaron dicha asistencia con respecto a la decisión sobre la solicitud.

Si, en el plazo de seis meses a que se refiere el párrafo segundo, cualquiera de las autoridades de supervisión afectadas remitiera el asunto a la Autoridad Europea de Seguros y Pensiones de Jubilación, de conformidad con el artículo 19 del Reglamento (UE) n.º 1094/2010, la persona titular del Ministerio de Asuntos Económicos y Transformación Digital, aplazará su decisión y esperará cualquier decisión que pueda tomar la Autoridad Europea de Seguros y Pensiones de Jubilación de conformidad con el artículo 19, apartado 3, de dicho Reglamento, y la tomará de conformidad con la decisión de la Autoridad Europea de Seguros y Pensiones de Jubilación. Esta decisión se considerará definitiva y habrá de ser aplicada por la Dirección General de Seguros y Fondos de Pensiones y por el resto de las autoridades de supervisión afectadas.

La Autoridad Europea de Seguros y Pensiones de Jubilación adoptará su decisión en el plazo de un mes.

No obstante lo anterior, si la Autoridad Europea de Seguros y Pensiones de Jubilación no adopta una decisión de conformidad con lo dispuesto en el artículo 19.3, 41.2, 41.3 y 44.1.3.º párrafo del Reglamento (UE) n.º 1094/2010, de 24 de noviembre, la persona titular del Ministerio de Asuntos Económicos y Transformación Digital adoptará la decisión final. Esta decisión se considerará definitiva y será aplicada por las autoridades de supervisión afectadas.

El asunto no se remitirá a la Autoridad Europea de Seguros y Pensiones de Jubilación una vez finalizado el período de seis meses o una vez que se haya alcanzado una decisión conjunta.

La Dirección General de Seguros y Fondos de Pensiones, como supervisor de grupo, proporcionará al solicitante un documento en el que se expongan los motivos de la decisión adoptada, ya sea con base en la posición conjunta o bien derivada de la participación de la Autoridad Europea de Seguros y Pensiones de Jubilación, de conformidad con el artículo 19 del Reglamento (UE) n.º 1094/2010.

2. En ausencia de una posición conjunta de las autoridades de supervisión afectadas en un plazo de seis meses a partir de la fecha en que la Dirección General de Seguros y Fondos de Pensiones hubiese recibido la solicitud completa, el titular del Ministerio de Asuntos Económicos y Transformación Digital deberá resolver sobre la solicitud, teniendo en cuenta las posibles observaciones o reservas manifestadas por las demás autoridades de supervisión afectadas durante el plazo de seis meses.

La Dirección General de Seguros y Fondos de Pensiones comunicará al solicitante y a las demás autoridades de supervisión afectadas la decisión adoptada plenamente motivada. Esta decisión se considerará definitiva y será aplicada por las autoridades de supervisión afectadas.

3. Cuando la Dirección General de Seguros y Fondos de Pensiones considere que el perfil de riesgo de una entidad aseguradora o reaseguradora, de cuya supervisión sea responsable, se aparta significativamente de las hipótesis en que se basa el modelo interno que haya sido autorizado a nivel de grupo, y en tanto la entidad considerada no haya respondido adecuadamente a los re-

querimientos que se le hayan efectuado, podrá, de conformidad con el artículo 65, exigir a dicha entidad aseguradora o reaseguradora un capital adicional al capital de solvencia obligatorio que se derive de la aplicación del referido modelo interno.

En circunstancias excepcionales en las que resulte inapropiada la exigencia de capital adicional, la Dirección General de Seguros y Fondos de Pensiones podrá exigir a la entidad considerada que calcule su capital de solvencia obligatorio con arreglo a la fórmula estándar. De conformidad con el artículo 65, la Dirección General de Seguros y Fondos de Pensiones podrá exigir a la entidad aseguradora o reaseguradora un capital adicional al capital de solvencia obligatorio derivado de aplicar la fórmula estándar.

La Dirección General de Seguros y Fondos de Pensiones comunicará la resolución motivada que contenga su decisión tanto a la entidad aseguradora o reaseguradora como al resto de los supervisores de grupo.

– Los apartados primero y segundo se modifican por el **Real Decreto 288/2021, de 20 de abril.**

Artículo 185. Exigencia de capital de solvencia obligatorio adicional de grupo consolidado. Para determinar si el capital de solvencia obligatorio de grupo consolidado refleja adecuadamente el perfil de riesgo del grupo, la Dirección General de Seguros y Fondos de Pensiones, cuando sea el supervisor de grupo, vigilará la posibilidad de que se planteen a nivel de grupo las situaciones previstas en el artículo 65, en particular cuando:

a) cualquier riesgo específico existente a nivel de grupo no quede suficientemente cubierto por la fórmula estándar o el modelo interno utilizado, debido a que sea difícil de cuantificar;

b) se exija por las autoridades de supervisión afectadas un capital adicional sobre el capital de solvencia obligatorio de las entidades aseguradoras o reaseguradoras vinculadas.

En tales supuestos será de aplicación, con las adaptaciones necesarias, lo dispuesto en el artículo 76 de la Ley 20/2015, de 14 de julio.

Artículo 186. Método de deducción y agregación. 1. Cuando se emplee el método de deducción y agregación, la solvencia de grupo de la entidad aseguradora o reaseguradora participante será la diferencia entre las siguientes magnitudes:

a) Los fondos propios admisibles de grupo agregados, con arreglo a lo previsto en el apartado 2; y

b) El valor, en la entidad aseguradora o reaseguradora participante, de las entidades aseguradoras o reaseguradoras vinculadas y el capital de solvencia obligatorio de grupo agregado, calculado conforme a lo previsto en el apartado 3.

2. Los fondos propios admisibles de grupo agregado serán la suma de lo siguiente:

a) Los fondos propios admisibles para cubrir el capital de solvencia obligatorio de la entidad aseguradora o reaseguradora participante; y

b) La parte proporcional de la entidad aseguradora o reaseguradora participante en los fondos propios admisibles para cubrir el capital de solvencia obligatorio de las entidades aseguradoras o reaseguradoras vinculadas.

3. El capital de solvencia obligatorio de grupo agregado será la suma de lo siguiente:

a) El capital de solvencia obligatorio de la entidad aseguradora o reaseguradora participante; y

b) La parte proporcional del capital de solvencia obligatorio de las entidades aseguradoras o reaseguradoras vinculadas.

4. Cuando la participación en las empresas de seguros o de reaseguros vinculadas consista, total o parcialmente, en una propiedad indirecta, el valor en la empresa de seguros o de reaseguros participante de las empresas de seguros o de reaseguros vinculadas incorporará el valor de dicha propiedad indirecta, teniendo en cuenta las participaciones sucesivas pertinentes, y los elementos contemplados en el apartado 2, letra b), y el apartado 3, letra b), incluirán, respectivamente, las correspondientes partes proporcionales de los fondos propios admisibles para cubrir el capital de solvencia obligatorio de las empresas de seguros o de reaseguros vinculadas y del capital de solvencia obligatorio de las empresas de seguros o de reaseguros vinculadas.

5. En caso de que se solicite autorización para calcular el capital de solvencia obligatorio de las empresas de seguros y de reaseguros del grupo, con arreglo a un modelo interno presentado, bien por una empresa de seguros o de reaseguros y sus empresas vinculadas, o bien conjuntamente por las empresas vinculadas a una sociedad de cartera de seguros o a una sociedad financiera mixta de cartera, se aplicará, con las adaptaciones necesarias el artículo 147 de la Ley 20/2015, de 14 de julio y el artículo 184 de este real decreto.

6. A la hora de determinar si el capital de solvencia obligatorio de grupo agregado, calculado con arreglo a lo previsto en el apartado 3, refleja adecuadamente el perfil de riesgo del grupo, las autoridades de supervisión afectadas prestarán particular atención a todo riesgo específico existente a nivel de grupo que no quede suficientemente cubierto, debido a su difícil cuantificación.

En caso de que el perfil de riesgo del grupo se aparte significativamente de las hipótesis en las que se basa el capital de solvencia obligatorio de grupo agregado, podrá imponerse un incremento sobre el capital de solvencia obligatorio de grupo agregado.

En estos supuestos será de aplicación, con las adaptaciones necesarias, lo dispuesto en el artículo 65 de la Ley 20/2015, de 14 de julio.

Artículo 187. Inclusión de la participación proporcional. 1. En el cálculo de la solvencia de grupo, se tendrá en cuenta la participación proporcional que posea la entidad participante en sus entidades vinculadas.

Esta participación proporcional corresponderá:

a) Si se emplea el método de consolidación contable, a los porcentajes utilizados para confeccionar las cuentas consolidadas; o

b) Si se emplea el método de deducción y agregación, a la proporción de capital suscrito que posea, directa o indirectamente, la entidad participante.

No obstante, y con independencia del método aplicado, cuando la entidad vinculada sea una entidad filial y no disponga de fondos propios admisibles en cuantía suficiente para cubrir el capital de solvencia obligatorio, habrá de computarse el total del déficit de solvencia de la filial.

Cuando a juicio de las autoridades de supervisión, la responsabilidad de la entidad matriz que posea una participación en el capital se limite estrictamente a dicha participación, el supervisor de grupo podrá permitir que el déficit de solvencia de la entidad filial se tenga en cuenta de manera proporcional.

2. La Dirección General de Seguros y Fondos de Pensiones, cuando sea el supervisor de grupo, determinará, previa consulta a las demás autoridades de supervisión y al propio grupo, la participación proporcional que haya de computarse en los siguientes casos:

a) Cuando no existan vínculos de capital entre algunas de las entidades de un grupo;

b) Cuando las autoridades de supervisión hayan determinado que la posesión, directa o indirecta, de derechos de voto o de capital de una entidad debe asimilarse a una participación, por ejercerse efectivamente sobre esa entidad, en su opinión, una influencia notable;

c) Cuando las autoridades de supervisión hayan determinado que una entidad es entidad matriz de otra porque, en su opinión, la primera ejerce de manera efectiva una influencia dominante en esa otra entidad.

Artículo 188. Supresión del doble cómputo de los fondos propios admisibles. 1. No se permitirá el doble cómputo de los fondos propios admisibles para cubrir el capital de solvencia obligatorio entre las distintas entidades aseguradoras o reaseguradoras que se hayan tenido en cuenta en ese cálculo.

A tal efecto, en el cálculo de la solvencia de grupo y en caso de que no esté previsto en los métodos previstos en los artículos 183 y 186, se excluirán los importes siguientes:

a) El valor de todo activo de la entidad aseguradora o reaseguradora participante que represente la financiación de fondos propios admisibles para cubrir el capital de solvencia obligatorio de una de sus entidades aseguradoras o reaseguradoras vinculadas;

b) El valor de todo activo de una entidad aseguradora o reaseguradora vinculada a la entidad aseguradora o reaseguradora participante que represente la financiación de fondos propios admisibles para cubrir el capital de solvencia obligatorio de dicha entidad aseguradora o reaseguradora participante;

c) El valor de todo activo de una entidad aseguradora o reaseguradora vinculada a la entidad aseguradora o reaseguradora participante que represente la financiación de fondos propios admisibles para cubrir el capital de solvencia obligatorio de cualquier otra entidad aseguradora o reaseguradora vinculada a dicha entidad aseguradora o reaseguradora participante.

2. Sin perjuicio de lo dispuesto en el apartado 1, los elementos que se mencionan a continuación sólo podrán computarse en la medida en que sean admisibles para cubrir el capital de solvencia obligatorio de la entidad vinculada considerada:

a) Los fondos excedentarios de una entidad aseguradora o reaseguradora de vida, vinculada a la entidad aseguradora o reaseguradora participante, respecto de la cual se calcule la solvencia de grupo, de acuerdo con lo dispuesto en el artículo 72.2 de la Ley 20/2015, de 14 de julio y 59 de este real decreto;

b) Todo capital suscrito y no desembolsado de una entidad aseguradora o reaseguradora vinculada a la entidad aseguradora o reaseguradora participante respecto de la cual se calcule la solvencia de grupo.

No obstante, se excluirán en todo caso del cálculo los siguientes elementos:

a) Todo capital suscrito y no desembolsado que represente una obligación potencial para la entidad participante;

b) Todo capital suscrito y no desembolsado de la entidad aseguradora o reaseguradora participante que represente una obligación potencial para la entidad aseguradora o reaseguradora vinculada;

c) Todo capital suscrito y no desembolsado de una entidad aseguradora o reaseguradora vinculada que represente una obligación potencial para otra entidad aseguradora o reaseguradora vinculada a la misma entidad aseguradora o reaseguradora participante.

3. Cuando las autoridades de supervisión consideren que determinados fondos propios admisibles para cubrir el capital de solvencia obligatorio de una entidad aseguradora o reaseguradora vinculada, distintos de los contemplados en el apartado 2, no pueden estar realmente disponibles para cubrir el capital de solvencia obligatorio de la entidad de aseguradora o reaseguradora participante respecto de la cual se calcule la solvencia de grupo, dichos fondos propios sólo podrán computarse en la medida en que sean admisibles para cubrir el capital de solvencia obligatorio de la entidad vinculada.

4. La suma de fondos propios contemplados en los apartados 2 y 3 no podrá superar el capital de solvencia obligatorio de la entidad aseguradora o reaseguradora vinculada.

5. Los fondos propios admisibles de una entidad aseguradora o reaseguradora vinculada a la entidad aseguradora o reaseguradora participante respecto de la cual se calcule la solvencia de grupo, que estén sujetos a la autorización previa de las autoridades de supervisión de acuerdo con lo dispuesto en los artículos 71.1 y 72.3 de la Ley 20/2015, de 14 de julio, sólo podrán computarse en la medida en que hayan sido debidamente autorizados por las autoridades responsables de la supervisión de dicha entidad vinculada.

Artículo 189. Supresión de la creación de capital intragrupo. 1. En el cálculo de la solvencia de grupo, no se tomarán en consideración aquellos fondos propios admisibles para cubrir el capital de solvencia obligatorio que procedan de una financiación recíproca entre la entidad aseguradora o reaseguradora participante y cualquiera de las siguientes:

a) Una empresa vinculada;

b) Una empresa participante;

c) Otra empresa vinculada a cualquiera de sus empresas participantes

2. En el cálculo de la solvencia de grupo no se tendrán en cuenta los fondos propios admisibles para cubrir el capital de solvencia obligatorio de una entidad aseguradora o reaseguradora vinculada a la entidad aseguradora o reaseguradora participante respecto de la cual se calcule la solvencia del grupo, cuando los fondos propios considerados procedan de una financiación recíproca con cualquier otra entidad vinculada a dicha entidad de seguros o reaseguros participante.

3. Se considerará que existe financiación recíproca, como mínimo, cuando una entidad aseguradora o reaseguradora, o cualquiera de sus entidades vinculadas, posea participaciones en otra entidad que, directa o indirectamente, posea fondos propios admisibles para cubrir el capital de solvencia obligatorio de la primera entidad, o bien conceda préstamos a esta otra entidad.

Artículo 190. Valoración. Los activos y los pasivos se valorarán con arreglo a lo previsto en el artículo 68 de la Ley 20/2015, de 14 de julio.

SUBSECCIÓN 3.ª CÁLCULO DE LA SOLVENCIA DE GRUPO SEGÚN EL TIPO DE ENTIDAD VINCULADA

Artículo 191. Entidades aseguradoras y reaseguradoras vinculadas. El cálculo de la solvencia de grupo se realizará integrando los importes correspondientes a cada una de las entidades aseguradoras o reaseguradoras vinculadas.

Cuando una entidad aseguradora o reaseguradora vinculada tenga su domicilio social en otro Estado miembro, en el cálculo de la solvencia de grupo se tomará en consideración, respecto de la entidad vinculada, el capital de solvencia obligatorio y los fondos propios admisibles para cubrirlo que establezca ese otro Estado miembro.

Artículo 192. Equivalencia respecto de entidades aseguradoras y reaseguradoras vinculadas de terceros países. 1. A efectos del cálculo de la solvencia de grupo por el método de deducción-agregación de una entidad aseguradora o reaseguradora participante en una entidad aseguradora o reaseguradora de un tercer país, esta última será tratada como una entidad vinculada.

No obstante, cuando el tercer país en el que tenga su domicilio social dicha entidad sujete a ésta a autorización administrativa previa y a un régimen de solvencia equivalente, como mínimo, al establecido para las entidades aseguradoras y reaseguradoras de la Unión Europea, en el cálculo de la solvencia de grupo se tomará en consideración, respecto de dicha entidad, el capital de solvencia obligatorio y los fondos propios admisibles para cubrirlo que establezca el tercer país considerado.

2. Se verificará la equivalencia del régimen prudencial, de acuerdo con los apartados siguientes:

a) Esta equivalencia será determinada por la Comisión Europea en base a los criterios que ésta especifique, con la asistencia de la Autoridad Europea de Seguros y Pensiones de Jubilación.

El listado de regímenes prudenciales equivalentes será publicado por la Autoridad Europea de Seguros y Pensiones de Jubilación en su sitio web y se mantendrá actualizado. Las decisiones de la Comisión se revisarán periódicamente con objeto de mantenerse actualizadas para atender a cualquier modificación sustancial del régimen de supervisión de la Unión Europea y del régimen de supervisión del tercer país.

b) Cuando no se cumplan todos los criterios establecidos en el apartado a), la equivalencia puede ser determinada de forma temporal por la Comisión Europea, con la asistencia de la Autoridad Europea de Seguros y Pensiones de Jubilación de acuerdo con los criterios que se establezcan en la normativa de la Unión Europea de directa aplicación.

El listado de los terceros países para los que se ha determinado un régimen de solvencia temporalmente equivalente será publicado por la Autoridad Europea de Seguros y Pensiones de Jubilación en su sitio web y se mantendrá actualizado. Las decisiones de la Comisión se revisarán regularmente con objeto de mantenerse actualizadas con los informes de los progresos realizados por el tercer país, que serán presentados a la Comisión anualmente para su evaluación con la ayuda de la Autoridad Europea de Seguros y Pensiones de Jubilación.

El régimen de equivalencia temporal será de diez años o concluirá cuando dicha decisión sea revocada o en la fecha en que, de conformidad con el apartado a), el régimen prudencial de ese tercer país se considere equivalente, si esta última fecha es anterior. El régimen de equivalencia temporal estará sujeto a renovaciones por períodos adicionales de diez años cuando la Comisión Europea lo determine con la asistencia de la Autoridad Europea de Seguros y Pensiones de Jubilación.

c) Cuando no se haya adoptado ninguna decisión con arreglo a los apartados a) y b), corresponderá a la Dirección General de Seguros y Fondos de Pensiones, cuando sea el supervisor de grupo verificar, de oficio o a instancia de la entidad participante la equivalencia del régimen de solvencia del tercer país.

Al proceder a dicha verificación, la Dirección General de Seguros y Fondos de Pensiones consultará, con la asistencia de la Autoridad Europea de Seguros y Pensiones de Jubilación, a las demás autoridades de supervisión afectadas, antes de adoptar una decisión en cuanto a la equivalencia. Esta decisión se tomará de acuerdo con los criterios adoptados por la Comisión Europea con arreglo al apartado a), así como con las decisiones previas adoptadas bilateralmente con respecto a ese tercer país, excepto cuando sea necesario atender a modificaciones sustanciales introducidas en el régimen de supervisión español o en el régimen de supervisión de ese tercer país.

En caso de desacuerdo entre las autoridades de supervisión en cuanto a la decisión sobre la equivalencia adoptada, se podrá remitir el asunto a la Autoridad Europea de Seguros y Pensiones de Jubilación y solicitar su asistencia en un plazo de tres meses a partir de la notificación de la decisión de la Dirección General de Seguros y Fondos de pensiones, cuando actúe como supervisor de grupo.

Artículo 193. Determinación de la equivalencia temporal respecto de entidades aseguradoras y reaseguradoras vinculadas de terceros países. Tal y como se establece en el apartado 2.b) del artículo anterior, cuando no se cumplan todos los criterios establecidos en el apartado 2.a) del citado artículo, la equivalencia de un tercer país puede ser determinada de forma temporal por la Comisión Europea, con la asistencia de la Autoridad Europea de Seguros y Pensiones de Jubilación de acuerdo con los siguientes criterios:

a) ese tercer país puede demostrar que existe actualmente en vigor un régimen de solvencia que puede considerarse equivalente o, en su caso, que puede ser adoptado y aplicado por ese tercer país

b) el tercer país tiene un régimen de solvencia basado en el riesgo y establece requisitos de solvencia cuantitativos y cualitativos, así como requisitos en relación con la información presentada a efectos de supervisión y transparencia

c) la legislación vigente del tercer país permite, en principio, la cooperación e intercambio de información confidencial de supervisión con la Autoridad Europea de Seguros y Pensiones de Jubilación (AESPJ) y con las autoridades de supervisión definidas en el artículo 7 de la Ley 20/2015, de 14 de julio;

d) el tercer país dispone de un sistema independiente de supervisión;

e) el tercer país ha establecido una obligación de secreto profesional para todas las personas que actúan en nombre de sus autoridades de supervisión.

Artículo 194. Sociedades de cartera de seguros intermedias y sociedades financieras mixtas de cartera intermedias. 1. Al calcular la solvencia de grupo de una entidad aseguradora o reaseguradora que posea, a través de una sociedad de cartera de seguros o de una sociedad financiera mixta de cartera, una participación en una entidad aseguradora o reaseguradora vinculada o en una entidad aseguradora o reaseguradora de un tercer país, se tomará en consideración la situación de dicha sociedad de cartera de seguros o sociedad financiera mixta de cartera.

A efectos exclusivamente de este cálculo, la sociedad de cartera de seguros intermedia o sociedad financiera mixta de cartera intermedia tendrá la misma consideración que una entidad aseguradora o reaseguradora, por lo que para la determinación del capital de solvencia obligatorio y de los fondos admisibles para cubrir el mismo, le será de aplicación lo dispuesto en las secciones 2.ª y 3.ª del capítulo II del título III de la Ley 20/2015, de 14 de julio.

2. En caso de que una empresa de cartera de seguros intermedia o sociedad financiera mixta de cartera intermedia posea deuda subordinada u otros fondos propios admisibles sujetos a limitaciones conforme a lo previsto en el artículo 62, tales fondos se reconocerán como fondos propios admisibles por los importes que arroje la aplicación de los límites establecidos en el artículo 62 al total de fondos propios admisibles existentes a nivel de grupo en relación con el capital de solvencia obligatorio a nivel de grupo.

Aquellos fondos propios admisibles de una sociedad de cartera de seguros intermedia o sociedad financiera mixta de cartera intermedia que, de estar en posesión de una entidad aseguradora o reaseguradora, requerirían, de acuerdo con lo dispuesto en el artículo 71.1 de la Ley 20/2015, de 14 de julio, autorización previa por parte de las autoridades de supervisión, sólo podrán incluirse en el cálculo de la solvencia de grupo si han sido debidamente autorizados por la Dirección General de Seguros y Fondos de Pensiones cuando sea el supervisor de grupo. Este procedimiento de autorización se regirá por lo dispuesto en el párrafo cuarto del artículo 71.1 de la referida ley.

Artículo 195. Entidades de crédito, empresas de servicios de inversión e instituciones financieras vinculadas. Cuando se calcule la solvencia de grupo de una entidad aseguradora o reaseguradora que sea una entidad participante en una entidad de crédito, empresa de servicios de inversión o institución financiera, tal y como se definen en el artículo 6 de la Ley 20/2015, de 14 de julio, la Dirección General de Seguros y Fondos de Pensiones, cuando sea el supervisor de grupo, podrá autorizar la aplicación del método de consolidación contable (método 1) o del método de deducción y agregación (método 2) establecidos en el anexo del Real Decreto 1332/2005, de 11 de noviembre, por el que se desarrolla la Ley 5/2005, de 22 de abril, de supervisión de los conglomerados financieros y por la que se modifican otras leyes del sector financiero. No obstante, el método 1 previsto en dicho anexo sólo se autorizará si la Dirección General de Seguros y Fondos de Pensiones, cuando sea el supervisor de grupo, considera adecuado el nivel de gestión integrada y de control interno de las entidades que se incluirían en la consolidación. El método que se elija deberá aplicarse de manera coherente a lo largo del tiempo.

No obstante, la Dirección General de Seguros y Fondos de Pensiones, cuando sea el supervisor de grupo, podrá, de oficio o a instancia de la entidad participante, acordar que se deduzcan de los fondos propios admisibles a efectos de la solvencia de grupo, toda participación en una entidad de crédito, empresa de servicios de inversión o entidad financiera.

> – **Real Decreto 1332/2005, de 11 de noviembre, por el que se desarrolla la Ley 5/2005, de 22 de abril, de supervisión de los conglomerados financieros y por la que se modifican otras leyes del sector financiero.**

Artículo 196. Falta de información sobre entidades vinculadas. Si la Dirección General de Seguros y Fondos de Pensiones, cuando sea el supervisor de grupo, no pudiera disponer de la información necesaria para el cálculo de la solvencia de grupo de una entidad aseguradora o reaseguradora, relativa a una entidad vinculada que tenga su domicilio social en otro Estado miembro o en un tercer país, el valor contable de dicha entidad en la entidad aseguradora o reaseguradora participante se deducirá de los fondos propios admisibles a efectos de la solvencia de grupo. En tal caso, no se aceptará como fondos propios admisibles a efectos de la solvencia de grupo ninguna plusvalía latente asociada a dicha participación.

SUBSECCIÓN 4.ª GRUPOS CON GESTIÓN CENTRALIZADA DE RIESGOS

Artículo 197. Régimen de grupos con gestión centralizada de riesgos. A efectos del cálculo del capital de solvencia obligatorio del grupo, podrá autorizarse el régimen de grupos con gestión centralizada de riesgos a las entidades aseguradoras o reaseguradoras filiales de una entidad aseguradora o reaseguradora o de una sociedad de cartera de seguros o de una sociedad financiera mixta de cartera matriz, cuando se cumplan las siguientes condiciones:

a) que la filial no haya sido excluida de la supervisión de grupo conforme al artículo 133.2 de la Ley 20/2015, de 14 de julio y se incluya en la supervisión de grupo efectuada por el supervisor de grupo a nivel de la entidad matriz;

b) que los procesos de gestión de riesgos y los mecanismos de control interno de la entidad matriz engloben a la filial, y la entidad matriz demuestre, a satisfacción de las autoridades de supervisión afectadas, que efectúa una gestión prudente de la filial;

c) que la entidad matriz haya obtenido la autorización del supervisor de grupo para efectuar la evaluación interna de los riesgos y la solvencia a nivel de grupo y a nivel de la filial simultáneamente y elabore un único documento que abarque tales evaluaciones;

d) que la entidad matriz haya obtenido la autorización del supervisor de grupo para elaborar un único informe sobre la situación financiera y de solvencia a nivel de grupo y a nivel de la filial;

e) que la entidad matriz haya obtenido autorización para acogerse al régimen de grupos con gestión centralizada de riesgos.

Artículo 198. Autorización para acogerse al régimen de grupos con gestión centralizada de riesgos. 1. La Dirección General de Seguros y Fondos de Pensiones colaborará con el resto de autoridades de supervisión afectadas a fin de conceder o no la autorización para acogerse al régimen de grupo con gestión centralizada de riesgos y determinar, en su caso, las condiciones a las cuales deberá supeditarse la autorización.

2. La solicitud habrá de presentarse exclusivamente ante la Dirección General de Seguros y Fondos de Pensiones cuando se trate de filiales autorizadas en España. La Dirección General de Seguros y Fondos de Pensiones informará y transmitirá la solicitud completa a las demás autoridades de supervisión afectadas.

3. Las autoridades de supervisión afectadas harán cuanto de ellas dependa para adoptar una decisión conjunta sobre la solicitud, en un plazo no superior a tres meses, a contar desde la fecha en que todas las autoridades de supervisión en el colegio de supervisores hayan recibido la solicitud completa.

Si, en el plazo de tres meses a que se refiere el párrafo anterior, cualquiera de las autoridades de supervisión afectadas hubiera remitido el asunto a la Autoridad Europea de Seguros y Pensiones de Jubilación, el supervisor de grupo aplazará su decisión a la espera de la que la Autoridad Europea de Seguros y Pensiones de Jubilación pueda adoptar y resolverá de conformidad con la decisión de esta. Esta decisión se considerará definitiva y habrá de ser aplicada por las autoridades de supervisión afectadas.

La Autoridad Europea de Seguros y Pensiones de Jubilación adoptará su decisión en el plazo de un mes.

No obstante lo anterior, si la Autoridad Europea de Seguros y Pensiones de Jubilación no adopta una decisión en la forma contemplada en los párrafos 2 y 3 de conformidad con lo dispuesto en el artículo 19.3 del Reglamento (UE) n.º 1094/2010, de 24 de noviembre, la persona titular del Ministerio de Asuntos Económicos y Transformación Digital adoptará la decisión final. Esta decisión se considerará definitiva y habrá de ser aplicada por las autoridades de supervisión afectadas.

El asunto no se remitirá a la Autoridad Europea de Seguros y Pensiones de Jubilación una vez finalizado el plazo de tres meses o tras haberse adoptado una decisión conjunta.

4. El régimen de gestión centralizada de riesgos se aplicará en las mismas condiciones, con las necesarias adaptaciones, a las entidades aseguradoras y reaseguradoras que sean filiales de una sociedad de cartera de seguros o de una sociedad financiera mixta de cartera.

5. Cuando las autoridades de supervisión afectadas hayan adoptado la decisión conjunta a que se refiere el apartado 3, la autoridad de supervisión que haya autorizado a la filial notificará al solicitante la decisión, que estará plenamente motivada. La decisión conjunta se considerará determinante y habrá de ser respetada por las autoridades de supervisión afectadas.

6. En ausencia de una decisión conjunta de las autoridades de supervisión afectadas en el plazo de tres meses fijado en el apartado 3, el supervisor de grupo adoptará su propia decisión respecto a la solicitud.

Durante dicho período, el supervisor de grupo tendrá debidamente en cuenta lo siguiente:

a) las posibles observaciones o reservas manifestadas por las autoridades de supervisión afectadas;

b) las posibles reservas manifestadas por las demás autoridades de supervisión en el colegio.

La decisión estará plenamente motivada e incluirá una explicación de cualquier desviación significativa con respecto a las reservas manifestadas por las demás autoridades de supervisión afectadas. El supervisor de grupo entregará al solicitante y a las demás autoridades de supervisión afectadas una copia de la decisión. La decisión se considerará determinante y habrá de ser respetada por las autoridades de supervisión afectadas.

> – El párrafo cuarto del apartado tercero se modifica por el **Real Decreto 288/2021, de 20 de abril.**

Artículo 199. Determinación del capital de solvencia obligatorio de la filial. 1. No obstante lo dispuesto en relación con el modelo interno de grupo en el artículo 147 de la Ley 20/2015, de 14 de julio, el capital de solvencia obligatorio de la filial se calculará con arreglo a lo dispuesto en los apartados 2 y 3 de este artículo.

2. Cuando el capital de solvencia obligatorio de la filial se calcule con arreglo a un modelo interno aprobado a nivel de grupo y la Dirección General de Seguros y Fondos de Pensiones considere que el perfil de riesgo de la filial, de cuya supervisión es responsable, se aparta significativamente de ese modelo interno, y en tanto la entidad considerada no responda adecuadamente a los requerimientos formulados por la citada Dirección General, ésta podrá proponer que se exija un capital de solvencia obligatorio adicional al que se deriva de la aplicación del referido modelo o, en circunstancias excepcionales en las que resulte inapropiado tal capital adicional, exigir a la entidad que calcule su capital de solvencia obligatorio con arreglo a la fórmula estándar.

3. Cuando el capital de solvencia obligatorio de la filial se calcule con arreglo a la fórmula estándar y la Dirección General de Seguros y Fondos de Pensiones considere que el perfil de riesgo de la filial, de cuya supervisión es responsable, se aparta significativamente de las hipótesis en las que se basa dicha fórmula, y en tanto la entidad considerada no responda adecuadamente a los requerimientos formulados por la citada Dirección General, ésta podrá proponer, en casos excepcionales, que se exija a la entidad que sustituya un subconjunto de parámetros utilizados en el método de cálculo por parámetros específicos de esa entidad cuando se calculen los módulos de riesgo de suscripción de seguro de vida, seguro distinto del seguro de vida y seguro de enfermedad, o en los supuestos referidos en el artículo 65 exigir un capital de solvencia obligatorio adicional de esa filial.

4. Cuando se dé alguno de los supuestos previstos en los apartados 2 y 3, la Dirección General de Seguros y Fondos de Pensiones debatirá su propuesta en el colegio de supervisores y comunicará los motivos de tal propuesta tanto a la filial como al colegio de supervisores.

La Dirección General de Seguros y Fondos de Pensiones hará todo lo posible por lograr un acuerdo sobre su propuesta o sobre cualesquiera otras posibles medidas en el seno del colegio de supervisores.

Este acuerdo se considerará definitivo y habrá de ser aplicado por las autoridades de supervisión afectadas.

En caso de desacuerdo entre la Dirección General de Seguros y Fondos de Pensiones y el supervisor de grupo y dentro del plazo de un mes a contar desde la propuesta de la Dirección General de Seguros y Fondos de Pensiones, cualquiera de ellos podrá remitir el asunto a la Autoridad Europea de Seguros y Pensiones de Jubilación y solicitar su asistencia. En este caso, la Dirección General de Seguros y Fondos de Pensiones aplazará su decisión hasta el pronunciamiento de dicha Autoridad, que deberá producirse en el plazo de un mes desde la remisión y resolverá de conformidad con la decisión de ésta. Esta decisión se considerará definitiva, deberá motivarse plenamente, se notificará a la filial y al colegio de supervisores y habrá de ser aplicada por las autoridades de supervisión afectadas.

Artículo 200. Incumplimiento con respecto al capital de solvencia obligatorio y al capital mínimo obligatorio de la filial. 1. En caso de incumplimiento de una filial con respecto al capital de solvencia obligatorio, la Dirección General de Seguros y Fondos de Pensiones, cuando sea responsable de su supervisión, transmitirá al colegio de supervisores el plan de recuperación presentado por la filial con el fin de lograr, en el plazo de seis meses desde que se constató por primera vez el incumplimiento con respecto al capital de solvencia obligatorio, el restablecimiento del nivel de fondos propios admisibles o la reducción de su perfil de riesgo de modo que se cubra el capital de solvencia obligatorio.

El colegio de supervisores hará todo lo posible por lograr un acuerdo sobre la propuesta de la Dirección General de Seguros y Fondos de Pensiones respecto de la aprobación del plan de recuperación en el plazo de cuatro meses desde que se observó por primera vez el incumplimiento con respecto al capital de solvencia obligatorio.

A falta de un acuerdo, la Dirección General de Seguros y Fondos de Pensiones decidirá sobre la aprobación del plan de recuperación, teniendo en cuenta las observaciones y las reservas de las demás autoridades de supervisión en el colegio de supervisores.

2. En caso de incumplimiento por una filial con respecto al capital mínimo obligatorio, la Dirección General de Seguros y Fondos de Pensiones, cuando sea responsable de su supervisión, transmitirá al colegio de supervisores el plan de financiación a corto plazo presentado por la filial con el fin de lograr, en el plazo de tres meses desde que se constató por primera vez el incumplimiento con respecto al capital mínimo obligatorio, el restablecimiento del nivel de fondos propios admisibles que cubre el capital mínimo obligatorio o la reducción de su perfil de riesgo de modo que se cumpla el capital mínimo obligatorio. Asimismo, la Dirección General de Seguros y Fondos de Pensiones informará al colegio de supervisores de cualquier medida adoptada para reforzar el capital mínimo obligatorio en la filial.

3. Cuando la Dirección General de Seguros y Fondos de Pensiones detecte el deterioro de la situación financiera de una filial sujeta a su supervisión y concurra alguna de las circunstancias que puedan dar lugar a la adopción de medidas de control especial, lo notificará sin demora al colegio de supervisores. Con excepción de las situaciones de emergencia, el colegio de supervisores examinará las medidas que se han de adoptar.

El colegio de supervisores hará todo lo posible por lograr un acuerdo sobre las medidas propuestas en el plazo de un mes a partir de la fecha de la comunicación.

A falta de un acuerdo, la Dirección General de Seguros y Fondos de Pensiones decidirá si las medidas propuestas deben ser adoptadas, teniendo debidamente en cuenta las observaciones y las reservas de las demás autoridades de supervisión en el colegio de supervisores.

4. En el caso de desacuerdo entre la Dirección General de Seguros y Fondos de Pensiones y el supervisor del grupo en cuanto a la aprobación del plan de recuperación, incluida la prórroga del periodo de recuperación, dentro del plazo de cuatro meses a que se refiere el apartado 1 o en cuanto a la aprobación de las medidas propuestas dentro del plazo de un mes a que se refiere el apartado 3, cualquier supervisor podrá remitir el asunto a la Autoridad Europea de Seguros y Pensiones de Jubilación y solicitar su asistencia. En tales casos, dicha autoridad adoptará su decisión en el plazo de un mes a partir de la remisión.

La remisión a la Autoridad Europea de Seguros y Pensiones de Jubilación si existe desacuerdo, sólo podrá realizarse dentro del plazo de cuatro meses o de un mes respectivamente, recogidos en el párrafo anterior, y únicamente si no se trata de situaciones de emergencia en el caso de incumplimiento del capital mínimo obligatorio.

La Dirección General de Seguros y Fondos de Pensiones aplazará su decisión a la espera de la que adopte la Autoridad Europea de Seguros y Pensiones de Jubilación y resolverá de conformidad con la decisión de ésta. Esta decisión se considerará definitiva, deberá motivarse plenamente, se notificará a la filial y al colegio de supervisores y habrá de ser aplicada por las autoridades de supervisión afectadas.

Artículo 201. Terminación de la aplicación del régimen de grupos con gestión centralizada de riesgos. 1. El régimen de grupos con gestión centralizada de riesgos dejará de ser aplicable a una filial en los supuestos siguientes:

a) Cuando el supervisor de grupo haya decidido no incluir a la filial en la supervisión de grupo.

b) Cuando los procesos de gestión de riesgos y los mecanismos de control interno de la entidad matriz no engloben a la filial o la entidad matriz haya dejado de efectuar una gestión prudente de la filial, y el grupo no restablezca la situación de cumplimiento de esta condición en un plazo adecuado.

c) Cuando la entidad matriz no tenga ya autorización del supervisor de grupo para efectuar la evaluación interna de los riesgos y la solvencia a nivel de grupo y a nivel de la filial simultáneamente, así como cuando la entidad matriz no tenga ya autorización del supervisor de grupo para elaborar un único informe sobre la situación financiera y de solvencia a nivel de grupo y a nivel de la filial.

2. En el supuesto al que se refiere el apartado 1.a), cuando la Dirección General de Seguros y Fondos de Pensiones, en su función de supervisor de grupo, previa consulta al resto de autoridades supervisoras afectadas, decida dejar de incluir a la filial en la supervisión de grupo que lleva a cabo, deberá informar inmediatamente a las autoridades de supervisión afectadas y a la entidad matriz.

3. En los supuestos a los que se refiere el apartado 1, párrafos b) y c), corresponderá a la entidad matriz velar por que se cumplan las condiciones de manera permanente. En caso de incumplimiento, informará sin demora a la Dirección General de Seguros y Fondos de Pensiones, bien en su condición

de supervisor de grupo o de supervisor de la filial afectada. La entidad matriz deberá presentar un plan dirigido a restablecer la situación de cumplimiento en un plazo adecuado.

4. Sin perjuicio de lo dispuesto en el apartado 3, la Dirección General de Seguros y Fondos de Pensiones, cuando sea el supervisor de grupo, comprobará al menos una vez al año, de oficio, que se siguen cumpliendo las condiciones a que se refiere el artículo 197, párrafos b), c) y d). La Dirección General de Seguros y Fondos de Pensiones efectuará asimismo dicha comprobación a instancia de las correspondientes autoridades de supervisión.

Cuando la verificación realizada ponga de manifiesto deficiencias, la Dirección General de Seguros y Fondos de Pensiones, como supervisor de grupo, exigirá a la entidad matriz que presente un plan encaminado a restablecer la situación de cumplimiento en un plazo razonable.

Si la Dirección General de Seguros y Fondos de Pensiones, en sus funciones de supervisor de grupo, y tras consultar a las demás autoridades de supervisión afectadas, comprueba que el plan a que se refieren los apartados anteriores resulta insuficiente o que no está siendo aplicado dentro del plazo convenido, considerará que las condiciones contempladas en el artículo 197, párrafos b), c) y d), han dejado de cumplirse e informará inmediatamente a las autoridades de supervisión afectadas.

5. Una vez terminada la aplicación del régimen de grupos con gestión centralizada de riesgos, podrá volver a aplicarse si la entidad matriz presenta una nueva solicitud y obtiene una decisión favorable de conformidad con el procedimiento establecido en el artículo 198.

SECCIÓN 2.ª CONCENTRACIÓN DE RIESGO Y OPERACIONES INTRAGRUPO

Artículo 202. Supervisión de la concentración de riesgo. 1. Las entidades aseguradoras y reaseguradoras, las sociedades de cartera de seguros y las sociedades financieras mixtas de cartera están obligadas a notificar a la Dirección General de Seguros y Fondos de Pensiones, cuando sea el supervisor de grupo, trimestralmente, toda posible concentración de riesgo significativa a nivel de grupo.

La información deberá ser facilitada por la entidad aseguradora o reaseguradora que figure a la cabeza del grupo. Cuando el grupo no esté encabezado por una entidad aseguradora o reaseguradora, esta obligación corresponderá a la sociedad de cartera de seguros o sociedad financiera mixta de cartera o la entidad aseguradora o reaseguradora del grupo que determine la Dirección General de Seguros y Fondos de Pensiones en su función de supervisor de grupo, previa consulta con las demás autoridades de supervisión afectadas y con el grupo.

2. Las concentraciones de riesgo estarán sujetas al procedimiento de supervisión por la Dirección General de Seguros y Fondos de Pensiones cuando sea el supervisor de grupo.

Al supervisar las concentraciones de riesgo, se verificará, en particular, el posible riesgo de contagio dentro del grupo, el riesgo de conflicto de intereses y el nivel o volumen de los riesgos.

3. La Dirección General de Seguros y Fondos de Pensiones, cuando sea el supervisor de grupo, previa consulta con las demás autoridades de supervisión afectadas y con el grupo, decidirá:

a) La categoría de riesgos sobre los que deberán informar, en toda circunstancia, las entidades aseguradoras y reaseguradoras del grupo, atendiendo a las características del grupo específico considerado y a su estructura de gestión de riesgos.

b) Los umbrales apropiados basados en el capital de solvencia obligatorio o en las provisiones técnicas, o en ambos, a fin de determinar las concentraciones de riesgo significativas sujetas a notificación.

Artículo 203. Supervisión de las operaciones intragrupo. 1. Las entidades aseguradoras y reaseguradoras, las sociedades de cartera de seguros y las sociedades financieras mixtas de cartera están obligadas a notificar a la Dirección General de Seguros y Fondos de Pensiones, cuando sea el supervisor de grupo, trimestralmente, todas las operaciones significativas que realicen dentro del grupo, incluidas las realizadas con una persona física vinculada a cualquier entidad del grupo mediante vínculos estrechos.

En todo caso, las operaciones intragrupo consideradas muy significativas se notificarán tan pronto como sean conocidas.

La información necesaria deberá ser facilitada por la entidad aseguradora o reaseguradora que figure a la cabeza del grupo. Cuando el grupo no esté encabezado por una entidad aseguradora o reaseguradora, esta obligación corresponderá a la sociedad de cartera de seguros o sociedad financiera mixta de cartera o la entidad aseguradora o reaseguradora del grupo que determine la Dirección General de Seguros y Fondos de Pensiones previa consulta con las demás autoridades de supervisión afectadas y con el grupo.

2. Las operaciones intragrupo estarán sujetas al procedimiento de supervisión por la Dirección General de Seguros y Fondos de Pensiones cuando sea supervisor de grupo.

3. La Dirección General de Seguros y Fondos de Pensiones cuando sea el supervisor de grupo, previa consulta con las demás autoridades de supervisión afectadas y con el grupo, decidirá la categoría de operaciones intragrupo que deban notificar, en toda circunstancia, las entidades aseguradoras y reaseguradoras de un determinado grupo. Será de aplicación, con las adaptaciones necesarias, el artículo 202.3.

Artículo 204. Exclusiones a la supervisión de la concentración de riesgo y de las operaciones intragrupo. 1. Cuando la entidad aseguradora o reaseguradora, la sociedad de cartera de seguros o sociedad financiera mixta de cartera, matriz última con domicilio social en la Unión Europea, que se refiere el artículo 140.1 de la Ley 20/2015, de 14 de julio, sea una filial de una entidad sujeta a supervisión adicional de acuerdo a lo dispuesto en el artículo 3 de la Ley 5/2005, de 22 de abril, de supervisión de los conglomerados financieros y por la que se modifican otras leyes del sector financiero, la Dirección General de Seguros y Fondos de Pensiones, cuando sea el supervisor de grupo, previa consulta a las demás autoridades de supervisión afectadas, podrá decidir no ejercer la supervisión de la concentración de riesgo, de las operaciones intragrupo o ambas, sobre dicha entidad matriz última.

2. En aquellos grupos donde la entidad aseguradora o reaseguradora participante, o la sociedad de cartera de seguros o sociedad financiera mixta de cartera con domicilio social en la Unión Europea, sea bien una empresa vinculada a una entidad regulada o sea ella misma una entidad regulada o una sociedad financiera mixta de cartera sujeta a supervisión adicional con arreglo a lo dispuesto en el artículo 3 de la Ley 5/2005, de 22 de abril, de supervisión de los conglomerados financieros y por la que se modifican otras leyes del sector financiero, la Dirección General de Seguros y Fondos de Pensiones, cuando sea el supervisor de grupo, previa consulta con las demás autoridades de supervisión afectadas, podrá decidir no ejercer, a nivel de esa entidad aseguradora o reaseguradora participante o de esa sociedad de cartera de seguros o sociedad financiera mixta de cartera, la supervisión de la concentración de riesgo, de la operaciones intragrupo o ambas.

– El artículo 3 de la **Ley 5/2005, de 22 de abril, de supervisión de los conglomerados financieros y por la que se modifican otras leyes del sector financie-**

ro, establece: «*Artículo 3. Ámbito de aplicación. 1. Estarán sujetos a esta Ley los conglomerados financieros en los que: a) La entidad dominante sea una entidad regulada española. b) La entidad dominante sea una sociedad financiera mixta de cartera con domicilio en España y al menos una de las entidades dependientes sea una entidad regulada española. c) Siendo la entidad dominante una sociedad financiera mixta de cartera extranjera, todas las entidades dependientes sean entidades reguladas españolas o bien sea española la entidad regulada dependiente con el mayor balance total del sector financiero más importante. d) En los demás supuestos, la entidad regulada con el mayor balance total en el sector financiero más importante sea española. 2. Estarán igualmente sometidas a lo dispuesto en esta Ley y su normativa de desarrollo: a) Las entidades reguladas españolas que formen parte de un conglomerado financiero sujeto a supervisión adicional por autoridades competentes de otros Estados miembros de la Unión Europea. b) Las sociedades financieras mixtas de cartera con domicilio social en España que sean sociedad dominante de conglomerados financieros señalados en la letra a) anterior. c) Las entidades reguladas cuya entidad dominante sea una entidad regulada o una sociedad financiera mixta de cartera que tengan su domicilio social fuera de la Unión Europea, en los términos establecidos en el artículo 8 de esta Ley. d) Las entidades reguladas de conglomerados financieros a los que se aplique los supuestos de exención recogidos en el segundo párrafo del artículo 2.5, en los términos previstos en el artículo 4.3 de esta Ley*».*

SECCIÓN 3.ª GESTIÓN DE RIESGOS Y CONTROL INTERNO

Artículo 205. Supervisión del sistema de gobierno del grupo. 1. El sistema de control interno del grupo comprenderá, al menos, lo siguiente:

a) los mecanismos apropiados, con respecto a la solvencia del grupo, que permitan identificar y medir todos los riesgos significativos existentes, y cubrir adecuadamente esos riesgos con fondos propios admisibles;

b) los procedimientos de información y de contabilidad fiables de cara a la vigilancia y gestión de las operaciones intragrupo y la concentración de riesgo.

2. Los mecanismos y procedimientos a que se refiere el apartado 1 estarán sujetos al procedimiento de supervisión por la Dirección General de Seguros y Fondos de Pensiones cuando ésta sea supervisor de grupo.

3. Cuando el cálculo de la solvencia a nivel de grupo se lleve a cabo conforme al método basado en la consolidación contable, la entidad aseguradora o reaseguradora participante o la sociedad de cartera de seguros o la sociedad financiera mixta de cartera facilitará a la Dirección General de Seguros y Fon-

dos de Pensiones, en su función de supervisor de grupo, explicación suficiente sobre la diferencia entre la suma del capital de solvencia obligatorio de todas las entidades de seguros o de reaseguros vinculadas del grupo y el capital de solvencia obligatorio de grupo consolidado.

4. La entidad aseguradora o reaseguradora participante o la sociedad de cartera de seguros o la sociedad financiera mixta de cartera, previa autorización de la Dirección General de Seguros y Fondos de Pensiones cuando sea supervisor de grupo, podrá efectuar la evaluación interna de riesgos y solvencia, o de cualquiera de sus partes, a nivel de grupo y a nivel de alguna filial simultáneamente; en estos casos, elaborará un único documento que abarque todas las evaluaciones. El plazo máximo para resolver será de seis meses.

Antes de autorizar, la Dirección General de Seguros y Fondos de Pensiones consultará a los miembros del colegio de supervisores y tendrá debidamente en cuenta sus observaciones o reservas.

Cuando el grupo ejerza la facultad recogida en el párrafo anterior, presentará el documento a todas las autoridades de supervisión afectadas al mismo tiempo. El ejercicio de esta facultad no eximirá a las filiales afectadas de la obligación de garantizar el cumplimiento de todos los requisitos establecidos en relación con su evaluación interna de riesgos y solvencia conforme al artículo 66 de la Ley 20/2015, de 14 de julio.

CAPÍTULO III. DISPOSICIONES ESPECÍFICAS PARA DETERMINADAS CLASES DE GRUPOS

SECCIÓN 1.ª GRUPOS CON MATRICES EN LA UNIÓN EUROPEA DISTINTAS DE ENTIDADES ASEGURADORAS Y REASEGURADORAS

Artículo 206. Sociedades de cartera de seguros. Sociedades financieras mixtas de cartera. Sociedades mixtas de cartera de seguros. 1. Cuando las entidades aseguradoras y reaseguradoras sean filiales de una sociedad de cartera de seguros o de una sociedad financiera mixta de cartera, el cálculo de la solvencia de grupo se efectuará a nivel de la sociedad de cartera de seguros o de la sociedad financiera mixta de cartera.

A efectos del mencionado cálculo, la entidad matriz tendrá la misma consideración que una entidad aseguradora o reaseguradora por lo que se refiere al capital de solvencia obligatorio y a los fondos propios admisibles para cubrir el capital de solvencia obligatorio.

2. Todas las personas que dirijan una sociedad de cartera de seguros o una sociedad financiera mixta de cartera de manera efectiva deberán cumplir las exigencias de aptitud y honorabilidad conforme a lo dispuesto en el artículo 38 de la Ley 20/2015, de 14 de julio, para las entidades aseguradoras y reaseguradoras.

3. Cuando la entidad matriz de una o varias entidades aseguradoras o reaseguradoras sea una sociedad mixta de cartera de seguros, la Dirección General de Seguros y Fondos de Pensiones ejercerá la supervisión general de las operaciones efectuadas entre esas entidades aseguradoras o reaseguradoras y la sociedad mixta de cartera de seguros y sus entidades vinculadas. Será de aplicación, con las adaptaciones necesarias, los artículos 136 a 139 y 153 de la Ley 20/2015, de 14 de julio, y el artículo 178.

SECCIÓN 2.ª GRUPOS CON ENTIDADES MATRICES FUERA DE LA UNIÓN EUROPEA

Artículo 207. Supervisión equivalente. En el caso de que la supervisión de grupo en el tercer país sea considerada equivalente, la Dirección General de Seguros y Fondos de Pensiones recurrirá a la supervisión equivalente ejercida por las autoridades supervisoras del tercer país, aplicándose lo previsto en las secciones 1.ª y 2.ª, del Capítulo II, del Título V y en los artículos 144 y 153 de la Ley 20/2015, de 14 de julio, y en el Capítulo I, del Título V y en los artículos 182 y 194.2 de este real decreto.

Artículo 208. Determinación por la Comisión Europea de la equivalencia temporal de terceros países en los que estén domiciliadas entidades aseguradoras y reaseguradoras matrices del grupo. Tal y como se establece en el apartado b) del artículo 154.1 de la Ley 20/2015, de 14 de julio, cuando no se cumplan todos los criterios establecidos en el apartado a) del citado artículo, la equivalencia puede ser determinada de forma temporal por la Comisión Europea, con la asistencia de la Autoridad Europea de Seguros y Pensiones de Jubilación, si ese tercer país cumple como mínimo los criterios siguientes:

a) El tercer país se ha comprometido por escrito con la Unión Europea a adoptar y aplicar un régimen prudencial que pueda considerarse equivalente, antes de que finalice dicho período temporal y a iniciar el proceso de evaluación del régimen de equivalencia.

b) Ha establecido un programa de trabajo para cumplir el compromiso contemplado en la letra a).

c) Ha asignado recursos suficientes al cumplimiento del compromiso contemplado en la letra a).

d) Cuenta con un régimen prudencial basado en el riesgo y establece requisitos de solvencia cuantitativos y cualitativos, así como requisitos en relación con la información presentada a efectos de supervisión y transparencia y con la supervisión de grupo.

e) Ha asumido la Autoridad Europea de Seguros y Pensiones de Jubilación y con las autoridades de supervisión definidas en el artículo 7 de la Ley 20/2015, de 14 de julio, acuerdos por escrito en materia de cooperación e intercambio de información confidencial de supervisión.

f) Dispone de un sistema independiente de supervisión.

g) Ha establecido una obligación de secreto profesional para todas las personas que actúen en nombre de sus autoridades de supervisión, en particular en materia de intercambio de información con la Autoridad Europea de Seguros y Pensiones de Jubilación y con las autoridades de supervisión definidas en el artículo 7 de la Ley 20/2015, de 14 de julio.

Artículo 209. Falta de equivalencia de la supervisión de grupos de terceros países. 1. Cuando la supervisión de grupos en el tercer país no sea considerada equivalente, o cuando un Estado miembro no aplique la equivalencia temporal en el caso de que exista una entidad aseguradora o reaseguradora situada en un Estado miembro cuyo balance total sea superior al balance total de la empresa matriz situada en un tercer país, se aplicarán a esas entidades aseguradoras y reaseguradoras, el capítulo II, secciones 1.ª y 2.ª y el capítulo III del Título V de la Ley 20/2015, de 14 de julio, a excepción del artículo 150, o uno de los métodos previstos en el apartado 2. Asimismo será aplicable lo establecido en el capítulo I del Título V de este real decreto.

Los principios generales y métodos establecidos en el capítulo II, secciones 1.ª y 2.ª y en el capítulo III del Título V de la Ley 20/2015, de 14 de julio, serán aplicables en relación con la sociedad de cartera de seguros, la sociedad financiera mixta de cartera y las entidades aseguradoras o reaseguradoras de terceros países.

A efectos exclusivamente del cálculo de la solvencia del grupo, la entidad matriz se asimilará a una entidad aseguradora o reaseguradora con domicilio en España por lo que se refiere a los fondos propios admisibles para cubrir el capital de solvencia obligatorio y a la exigencia de un capital de solvencia obligatorio, que se determinará con arreglo a los principios establecidos en el artículo 194 cuando se trate de una sociedad de cartera de seguros o sociedad financiera mixta de cartera, y conforme a lo principios establecidos en el artículo 192, cuando se trate de una entidad aseguradora o reaseguradora de un tercer país.

2. La Dirección General de Seguros y Fondos de Pensiones podrá aplicar otros métodos que garanticen una adecuada supervisión de las entidades aseguradoras y reaseguradoras de un grupo. Estos métodos deberán ser aprobados previa consulta con las demás autoridades supervisoras afectadas y notificados a éstas y a la Comisión Europea una vez acordados.

En particular, la Dirección General de Seguros y Fondos de Pensiones podrá exigir la constitución de una sociedad de cartera de seguros o sociedad financiera mixta de cartera que tenga su domicilio social en la Unión Europea, y aplicar lo dispuesto en el presente título a las entidades aseguradoras y reaseguradoras del grupo a cuya cabeza figure esa sociedad de cartera de seguros o sociedad financiera mixta de cartera.

Artículo 210. Entidades matrices fuera de la Unión Europea: niveles.
Cuando la entidad matriz con domicilio en un tercer país sea, a su vez, filial de una sociedad de cartera de seguros o sociedad financiera mixta de cartera cuyo domicilio social se halle también fuera de la Unión Europea, o de una entidad aseguradora o reaseguradora de un tercer país, la verificación de la equivalencia se realizará sólo en el nivel de la entidad matriz última que sea una sociedad de cartera de seguros de un tercer país, una sociedad financiera mixta de cartera de un tercer país o una entidad aseguradora o reaseguradora de un tercer país.

No obstante, cuando no exista supervisión equivalente, la Dirección General de Seguros y Fondos de Pensiones podrá efectuar una nueva verificación en un nivel inferior en el que exista una entidad matriz de una entidad aseguradora o reaseguradora, ya sea una sociedad de cartera de seguros de un tercer país una sociedad financiera mixta de cartera de un tercer país o una entidad aseguradora o reaseguradora de un tercer país. En este supuesto, la Dirección General de Seguros y Fondos de Pensiones explicará su decisión al grupo y se aplicará lo dispuesto en el artículo 143 de la Ley 20/2015, de 14 de julio.

CAPÍTULO IV. GRUPOS MUTUALES

Artículo 211. Grupos mutuales. 1. Las mutuas de seguros podrán constituir grupos mutuales, mediante la creación de una sociedad de grupo mutual, que será una sociedad anónima participada por todas ellas. Esta entidad será considerada la entidad matriz a los efectos de la normativa de ordenación, supervisión y solvencia y le corresponderá la dirección de las políticas financieras y de explotación de todas las entidades el grupo. Su objeto social exclusivo será el establecimiento y la administración de vínculos de solidaridad financiera sólidos y sostenibles entre entidades que formen parte del grupo, así como el diseño y ejecución de políticas estratégicas y comerciales del grupo y la prestación de servicios comunes. Las mutualidades de previsión social también podrán formar grupos mutuales entre ellas o con mutuas de seguros.

2. Cada mutua o mutualidad de previsión social sólo podrá formar parte de un grupo mutual.

3. La sociedad de grupo mutual no tendrá la consideración de entidad aseguradora, pero estará sujeta a lo dispuesto en la Ley 20/2015, de 14 de julio, y a sus disposiciones de desarrollo.

4. Corresponderá a la Dirección General de Seguros y Fondos de Pensiones, cuando sea el supervisor de grupo, la autorización de la constitución, modificación y disolución del grupo mutual, a cuyo efecto se tramitará el correspondiente expediente administrativo, que será resuelto en un plazo máximo de 6 meses. Transcurrido este plazo sin haberse notificado resolución expresa se entenderá desestimada la solicitud.

5. La sociedad de grupo mutual se regirá por lo dispuesto en sus estatutos y en los convenios de adhesión suscritos con cada una de las entidades integrantes del grupo. Estos convenios de adhesión deberán incluir los derechos y obligaciones, tanto políticos como financieros, de cada una de las entidades del grupo, hacia el resto de las entidades del grupo y hacia la propia sociedad matriz, así como aspectos relativos a las estrategias comerciales y operativas del grupo. La duración de estos convenios será como mínimo de diez años y deberán incluir un régimen de penalizaciones por baja que refuerce la permanencia y estabilidad de las entidades en el grupo. Los convenios de adhesión se elevarán a escritura pública y se depositarán en el Registro Mercantil.

6. La asamblea general de mutualistas de cada una de las entidades integrantes del grupo mutual, deberá aprobar el convenio de adhesión inicial y sus modificaciones posteriores. Estos convenios de adhesión deberán también ser

autorizados por la Dirección General de Seguros y Fondos de Pensiones, cuando sea el supervisor de grupo.

7. El abandono de un grupo mutual por cualquiera de sus entidades integrantes requerirá un preaviso al resto de entidades del grupo mutual de dos años y deberá ser objeto de comunicación previa a la Dirección General de Seguros y Fondos de Pensiones, cuando sea el supervisor de grupo, que podrá oponerse al mismo cuando suponga un incumplimiento de las obligaciones financieras asumidas en el contrato de grupo mutual.

8. Cuando una mutua o mutualidad de previsión social, cuyo domicilio social esté en España, pretenda incorporarse o pretenda abandonar un grupo mutual cuya matriz tenga su domicilio social en otro país de la Unión Europea, deberá comunicarlo previamente a la Dirección General de Seguros y Fondos de Pensiones

9. Los grupos mutuales estarán sujetos a supervisión de grupo de conformidad con las mismas normas que se aplican a los grupos constituidos sobre la base de vínculos de capital. Asimismo, el compromiso mutuo de solvencia y liquidez entre las entidades del grupo mutual, no podrá en ningún caso poner en peligro la solvencia a nivel individual de las entidades integrantes del grupo, ni los compromisos que éstas tienen asumidos con sus asegurados.

10. Las operaciones societarias que afecten a cualquiera de las mutuas integrantes del grupo supondrán la modificación del grupo mutual.

TÍTULO VI. SITUACIONES DE DETERIORO FINANCIERO. MEDIDAS DE CONTROL ESPECIAL

CAPÍTULO I. SITUACIONES DE DETERIORO FINANCIERO

Artículo 212. Situaciones adversas excepcionales y contenido del plan de recuperación y del plan de financiación a corto plazo. 1. La Dirección General de Seguros y Fondos de Pensiones podrá solicitar a la Autoridad Europea de Seguros y Pensiones de Jubilación que declare la concurrencia de situaciones adversas excepcionales que afecten a entidades aseguradoras o reaseguradoras que representen una cuota importante del mercado o de la línea de negocio afectada cuando, en la situación financiera de éstas, incidan seria o negativamente una o más de las siguientes circunstancias:

a) Una caída de los mercados financieros imprevista brusca y profunda.

b) Un entorno persistente de bajos tipos de interés.

c) Un acontecimiento de consecuencias catastróficas.

Cuando concurra alguna situación adversa excepcional declarada por la Autoridad Europea de Seguros y Pensiones de Jubilación, la Dirección General de Seguros y Fondos de Pensiones podrá prorrogar el plazo previsto en el artículo 156.2 de la Ley por un periodo máximo de hasta siete años teniendo en cuenta todos los factores pertinentes, incluida la duración media de las provisiones técnicas.

La entidad aseguradora o reaseguradora a la que se haya concedido la prórroga del plazo al que se refiere el apartado anterior deberá presentar cada tres meses a la Dirección General de Seguros y Fondos de Pensiones un informe sobre los progresos realizados en el que expondrá las medidas adoptadas y los progresos registrados para restablecer el nivel de fondos propios admisibles correspondientes a la cobertura del capital de solvencia obligatorio o para reducir su perfil de riesgo de manera que se cubra el capital de solvencia obligatorio.

La Dirección General de Seguros y Fondos de Pensiones revocará la prórroga concedida si el informe sobre los progresos realizados muestra que no se han registrado progresos suficientes, entre la fecha en que se constató el incumplimiento con respecto al capital de solvencia obligatorio y la fecha de la presentación del informe sobre los progresos realizados, para lograr el restablecimiento del nivel de fondos propios admisibles correspondiente a la cobertura del capital de solvencia obligatorio o para reducir el perfil de riesgo con el fin de cubrir el capital de solvencia obligatorio.

2. El plan de recuperación y el plan de financiación a corto plazo que deba presentar una entidad aseguradora o reaseguradora conforme a lo dispuesto en los artículos 156 y 157 de la Ley 20/2015, de 14 de julio, respectivamente, contendrá como mínimo indicaciones y justificaciones sobre lo siguiente:

a) Las estimaciones de los gastos de gestión, en especial las comisiones y los gastos generales corrientes.

b) Las estimaciones de los ingresos y gastos relativos a las operaciones de seguro directo, a las aceptaciones en reaseguro y a las cesiones en reaseguro.

c) Una previsión de los balances de situación.

d) Las estimaciones de los recursos financieros relacionados con las provisiones técnicas, y las de los que cubran el capital de solvencia obligatorio y el capital mínimo obligatorio.

e) La política global de reaseguro.

f) Las causas que han provocado el incumplimiento, las medidas a adoptar por la entidad y el plazo estimado en el que se adoptarán y ejecutarán, que no podrá sobrepasar los plazos previstos en los artículos 156 y 157 de la Ley 20/2015, de 14 de julio, salvo que tratándose de cesiones de cartera o modificaciones estructurales la Dirección General de Seguros y Fondos de Pensiones acuerde ampliar el plazo previa solicitud de la entidad.

CAPÍTULO II. PROCEDIMIENTO

Artículo 213. Procedimiento de adopción de medidas de control especial. 1. La adopción de medidas de control especial se efectuará en un procedimiento administrativo tramitado con arreglo a las normas del procedimiento de supervisión por inspección, con las siguientes peculiaridades:

a) El procedimiento de medidas de control especial se iniciará por resolución de la Dirección General de Seguros y Fondos de Pensiones, dictada tras la realización de inspecciones u otro tipo de comprobaciones.

b) Sólo se tramitará un procedimiento por cada entidad de modo que si se han adoptado medidas de control especial sobre una entidad y es preciso, en virtud de comprobaciones o inspecciones ulteriores, acordar nuevas medidas, sustituir o dejar sin efecto, total o parcialmente las ya adoptadas, la ratificación o cesación de estas últimas, según proceda, serán incorporadas a la resolución en la que se adopten las nuevas medidas de control especial.

c) Iniciado el procedimiento, la Dirección General de Seguros y Fondos de Pensiones podrá adoptar, como medidas provisionales, las referidas en el artículo 160 de la Ley 20/2015, de 14 de julio.

d) Excepcionalmente, podrá prescindirse de la audiencia de la entidad aseguradora o reaseguradora afectada cuando tal trámite origine un retraso tal que comprometa gravemente la efectividad de la medida adoptada, los derechos de los asegurados o los intereses económicos afectados. En este supuesto, la resolución que adopte la medida de control especial deberá expresar las razones que motivaron la urgencia de su adopción y dicha medida deberá ser ratificada o dejada sin efecto previa audiencia del interesado.

2. Las medidas de control especial se dejarán sin efecto por resolución de la Dirección General de Seguros y Fondos de Pensiones cuando hayan cesado las situaciones que determinaron su adopción y queden, además, debidamente garantizados los derechos de los tomadores, asegurados, beneficiarios y terceros perjudicados.

3. En los casos de incumplimiento de las medidas de control especial y cuando los derechos de los asegurados o los intereses económicos afectados lo

justifiquen, la Dirección General de Seguros y Fondos de Pensiones podrá dar publicidad a las medidas adoptadas, previa audiencia de la entidad interesada.

Además, a los actos de la entidad aseguradora con vulneración de las medidas de control especial previstas en el artículo 161 c) y d) de la Ley 20/2015, de 14 de julio les será de aplicación lo dispuesto en el artículo 24 de la Ley 20/2015, de 14 de julio, para las operaciones realizadas sin autorización administrativa.

4. El procedimiento de medidas de control especial terminará por resolución de la Dirección General de Seguros y Fondos de Pensiones o, para el caso en que en el mismo no se hayan adoptado ninguna de las medidas de control especial previstas o hayan sido dejadas sin efecto, por el transcurso de seis meses sin actuación alguna por causas no imputables a la entidad, en cuyo caso la resolución que se dicte deberá declarar la caducidad producida.

Artículo 214. Funciones de colaboración del Consorcio de Compensación de Seguros en relación con las medidas de control especial adoptadas. La Dirección General de Seguros y Fondos de Pensiones podrá solicitar la colaboración del Consorcio de Compensación de Seguros, de forma motivada, para que, en relación con las medidas de control especial adoptadas, lleve a cabo:

a) El seguimiento de los planes de financiación o de recuperación a que se refieren los apartados a) y b) del artículo 160.1 de la Ley 20/2015, de 14 de julio.

b) La emisión de informe no vinculante sobre las propuestas de autorización para la realización de actos de gestión o disposición prohibidos o limitados del artículo 160.1, apartados c) y d), y 161.a) de la Ley 20/2015, de 14 de julio.

c) Informes sobre la ejecución y grado de cumplimiento de las medidas a que se refiere el artículo 161.f) de la Ley 20/2015, de 14 de julio.

d) Las funciones que se determinen en relación con las revisiones de cuestiones específicas por el auditor de cuentas de la entidad o por otro auditor a las que se refiere el artículo 161.j) de la Ley 20/2015, de 14 de julio.

e) Apoyo para la realización de las funciones que tienen asignadas los interventores nombrados.

CAPÍTULO III. INTERVENCIÓN ADMINISTRATIVA

Artículo 215. Intervención administrativa de las entidades aseguradoras. 1. Con arreglo a lo dispuesto en los artículos 163 y 178.2.a) de la Ley 20/2015, de 14 de julio, la Dirección General de Seguros y Fondos de Pensiones podrá acordar:

a) La intervención de la liquidación de la entidad para salvaguardar los intereses de los tomadores y asegurados, beneficiarios y perjudicados o de otras entidades aseguradoras.

b) La intervención de la entidad aseguradora para garantizar el correcto cumplimiento de las medidas de control especial que, en su caso, se hubiesen adoptado.

2. Las tareas de intervención serán desempeñadas por funcionarios del Cuerpo Superior de Inspectores de Seguros del Estado. Serán designados por el Director General de Seguros y Fondos de Pensiones, y en ningún caso ostentarán la representación de la entidad.

Artículo 216. Intervención para garantizar el correcto cumplimiento de las medidas de control especial. 1. Adoptadas medidas de control especial para una aseguradora, la Dirección General de Seguros y Fondos de Pensiones podrá acordar la intervención para garantizar el cumplimiento de aquéllas, determinando las funciones que ésta puede realizar de entre las siguientes:

a) Autorizar la disposición de bienes sobre los que se haya adoptado la medida prevista en los artículos 160.1.c) y de la Ley 20/2015, de 14 de julio, siempre que el importe obtenido se ingrese en cuenta abierta en una entidad de crédito, sometida a la misma medida de control especial.

b) Autorizar la adquisición, con cargo a fondos sometidos a la medida de control especial citada en la letra anterior, de bienes que, automáticamente, quedarán sometidos a la misma medida de control especial. A estos efectos, la autorización especificará dicho extremo y será inscribible en los registros públicos correspondientes.

c) Autorizar que, con cargo a los fondos provenientes de la disposición de bienes de acuerdo con la letra a) anterior, se puedan realizar pagos destinados a satisfacer los derechos de los tomadores, asegurados, beneficiarios y terceros perjudicados.

d) Autorizar la realización de los actos de gestión y disposición, la contratación de nuevos seguros o la admisión de nuevos socios.

e) Cualquiera otra que se estime necesaria.

2. La actuación de la intervención se ajustará a las siguientes normas:

a) Extenderá diligencia en la que haga constar su toma de posesión, las personas que asisten, las incidencias y posibles dificultades para el desarrollo de sus funciones de intervención.

b) Podrá acreditar sus actuaciones y comprobaciones en informes, diligencias, autorizaciones o denegaciones, de las que entregará copia al representante legal de la entidad.

c) Podrá extender diligencias para documentar los requerimientos y las advertencias que, en su caso, formule a la entidad. Las manifestaciones que la entidad desee formular se harán constar en documento separado.

Artículo 217. Intervención en la liquidación. 1. En el ejercicio de sus funciones la intervención en la liquidación tendrá las siguientes facultades:

a) Fiscalizar la administración y contabilidad de las entidades intervenidas.

b) Velar por la garantía de los intereses de los tomadores, asegurados, beneficiarios y terceros perjudicados, así como por la conservación y el adecuado destino de los bienes sociales.

c) Controlar la labor de los liquidadores para que ésta se ajuste estrictamente a lo establecido en la Ley 20/2015, de 14 de julio, en el presente real decreto y demás disposiciones aplicables.

d) Elevar informe a la Dirección General de Seguros y Fondos de Pensiones acerca de la memoria a la que se refiere el artículo 224.2.b). A estos efectos, los interventores podrán solicitar de los liquidadores la información, las aclaraciones y la documentación que sea necesaria para evaluar la información incluida en aquélla.

e) Instar a los liquidadores el ejercicio de las acciones que procedan para la reintegración o reconstitución del patrimonio.

f) Intervenir los movimientos de fondos, elementos de activo o de pasivo y, en general, todas las operaciones sociales.

g) Proponer a la Dirección General de Seguros y Fondos de Pensiones la sustitución de los liquidadores cuando incumplan las normas que para la protección de los tomadores, asegurados, beneficiarios y terceros perjudicados se establecen en la Ley 20/2015, de 14 de julio, en el presente real decreto o las que rigen la liquidación, o bien la dificulten o la retrasen.

h) Proponer a la Dirección General de Seguros y Fondos de Pensiones la remisión al Ministerio Fiscal de los antecedentes precisos cuando existan ac-

582. REAL DECRETO 1060/2015, DE 20 DE NOVIEMBRE

tuaciones que pudieran tener carácter delictivo, y poner de manifiesto a dicha Dirección General los hechos que pudiesen dar lugar a la imposición de sanciones administrativas.

i) Proponer a la Dirección General de Seguros y Fondos de Pensiones, cuando concurran los presupuestos previstos en la Ley 20/2015, de 14 de julio y en este real decreto, la adopción de las medidas de control especial que se estimen necesarias.

j) Todas aquellas facultades que expresamente se les atribuya en la resolución por la que se disponga la intervención administrativa de la entidad o en la que se designen los interventores.

2. Todos los pagos y disposiciones de activos requerirán la autorización previa del interventor, salvo aquellos que hayan sido previamente autorizados por la Dirección General de Seguros y Fondos de Pensiones.

A efectos de agilizar el procedimiento de autorización de pagos, la intervención podrá fijar la periodicidad con la que los liquidadores deban remitir la relación detallada de los pagos a realizar en el respectivo período.

3. Los depositarios de bienes de la entidad intervenida no podrán disponer ni permitir que se disponga de los mismos ni de sus rendimientos sin autorización de la intervención, desde el momento en que se les hubiese notificado la existencia de la intervención administrativa de la entidad.

4. Los acreedores de la entidad mantendrán y podrán ejercitar todos sus derechos y acciones frente a la misma, sin perjuicio de las facultades que corresponden a la intervención.

5. La intervención ajustará su actuación a las siguientes normas:

a) Extenderá diligencia en el domicilio social de la entidad, en la que hará constar su toma de posesión, las personas que asisten, las incidencias y posibles dificultades para la liquidación y para el desarrollo de sus funciones de intervención, y si concurre alguna causa por la que proceda que la liquidación sea asumida por el Consorcio de Compensación de Seguros a que se refiere el artículo 183 de la Ley 20/2015, de 14 de julio.

b) Podrá acreditar sus actuaciones y comprobaciones en informes, diligencias, autorizaciones o denegaciones, de las que entregará copia al representante legal de la entidad.

c) Podrá extender diligencias para documentar los requerimientos y las advertencias que, en su caso, formule a la entidad. Las manifestaciones que la entidad desee formular se harán constar en documento separado.

d) Requerirá a los liquidadores o a los administradores para que faciliten, en el más breve plazo posible, toda la documentación necesaria para conocer los valores reales del activo y pasivo a fin de poder determinar la verdadera situación de la entidad y comprobar si ésta se encuentra en condiciones de cumplir sus obligaciones.

e) Adoptará las medidas necesarias para el más efectivo control de las variaciones en el patrimonio de la entidad, efectuando anotaciones en los registros que procedan, cursando las oportunas notificaciones a los depositarios de bienes y valores propiedad de la misma y a las entidades de crédito en las que existan cuentas de la entidad intervenida, comunicándoles que no podrán efectuarse disposiciones sin su expresa autorización.

f) Ordenará a los liquidadores y a la organización administrativa y comercial de la entidad que se abstengan de realizar pagos sin su intervención, salvo que se adapten a las instrucciones que para ello dicte, y que los ingresos sean realizados única y exclusivamente en las entidades y cuentas señaladas por la propia intervención.

g) Instará a los liquidadores para que la liquidación concluya en el plazo más breve posible, particularmente en lo que se refiere al pago de siniestros, de extornos, de impuestos, de retribuciones del personal y al cumplimiento de sentencias judiciales.

6. La intervención cesará cuando hayan desaparecido las causas que la motivaron; cuando se haya producido declaración judicial de concurso; cuando, conforme al artículo 183 de la Ley 20/2015, de 14 de julio, el Ministro de Economía y Competitividad acuerde que la liquidación sea asumida por el Consorcio de Compensación de Seguros; o cuando concluya la liquidación.

7. Los acuerdos de intervención y el cese de la misma se notificaran a las autoridades supervisoras de los restantes Estados Miembros, se inscribirán en el Registro Mercantil, y se publicarán en el sitio web de la entidad, en el «Boletín Oficial del Estado» y en el «Diario Oficial de la Unión Europea».

TÍTULO VII. REVOCACIÓN, DISOLUCIÓN Y LIQUIDACIÓN

CAPÍTULO I. REVOCACIÓN DE LA AUTORIZACIÓN ADMINISTRATIVA

Artículo 218. Falta de efectiva actividad y abandono del domicilio social. 1. A efectos de lo dispuesto en el artículo 169.3.b) de la Ley 20/2015, de 14 de julio, se entenderá que se produce una falta de efectiva actividad en un ramo cuando se aprecie, durante dos ejercicios sociales consecutivos, que el volumen anual de negocio de la entidad aseguradora correspondiente al ramo sea inferior a las siguientes cantidades:

a) 60.000 euros al año en los ramos comprendidos en el párrafo a) del apartado 1 del artículo 33 de la Ley 20/2015, de 14 de julio.

b) 18.000 euros al año en los ramos comprendidos en el párrafo b) del apartado 1 del artículo 33 de la Ley 20/2015, de 14 de julio.

En el caso de entidades aseguradoras que únicamente practiquen el seguro de asistencia sanitaria y limiten su actividad a un ámbito territorial con menos de 2.000.000 de habitantes, se reducirá a la mitad.

c) 30.000 euros al año en los ramos comprendidos en el párrafo c) del apartado 1 del artículo 33 de la Ley 20/2015, de 14 de julio.

2. No será de aplicación lo dispuesto en el párrafo anterior a aquellas entidades aseguradoras que durante el período previsto en el mismo justifiquen fundadamente a la Dirección General de Seguros y Fondos de Pensiones esa falta de actividad y su posible subsanación.

3. A los efectos de lo dispuesto en el artículo 169.4.b) de la Ley 20/2015, de 14 de julio, se considerará causa de revocación el abandono por la entidad del domicilio social que hubiese sido notificado a la Dirección General de Seguros y Fondos de Pensiones, ignorándose su paradero, y no compareciendo sin causa justificada ante la misma en el plazo de quince días desde que fuese emplazada para hacerlo mediante anuncio publicado en el «Boletín Oficial del Estado».

CAPÍTULO II. DISOLUCIÓN Y LIQUIDACIÓN DE ENTIDADES ASEGURADORAS Y REASEGURADORAS

SECCIÓN 1.ª DISOLUCIÓN

Artículo 219. Cómputo del patrimonio neto a efectos de causa de disolución. A efectos de las causas de disolución se entenderá por:

a) Patrimonio neto, el patrimonio neto definido en el artículo 36.1.c) del Código de Comercio más los pasivos subordinados efectivamente desembolsados que se encuadren dentro de la definición de fondos propios básicos de nivel 1, 2 y 3, conforme a lo dispuesto en los artículos 59 y 60.

b) Capital social, el capital social suscrito.

– El artículo 36.1.c) del Real Decreto de 22 de agosto de 1885, por el que se publica el **Código de Comercio.** establece: «*Artículo 36. 1. Los elementos del balance son: (...) c) Patrimonio neto: constituye la parte residual de los activos de la empresa, una vez deducidos todos sus pasivos. Incluye las aportaciones realizadas, ya sea en el momento de su constitución o en otros posteriores, por sus socios o propietarios, que no tengan la consideración de pasivos, así como los resultados acumulados u otras variaciones que le afecten. A los efectos de la distribución de beneficios, de la reducción obligatoria de capital social y de la disolución obligatoria por pérdidas de acuerdo con lo dispuesto en la regulación legal de las sociedades anónimas y sociedades de responsabilidad limitada, se considerará patrimonio neto el importe que se califique como tal conforme a los criterios para confeccionar las cuentas anuales, incrementado en el importe del capital social suscrito no exigido, así como en el importe del nominal y de las primas de emisión o asunción del capital social suscrito que esté registrado contablemente como pasivo. También a los citados efectos, los ajustes por cambios de valor originados en operaciones de cobertura de flujos de efectivo pendientes de imputar a la cuenta de pérdidas y ganancias no se considerarán patrimonio neto*».

Artículo 220. Comunicación de la existencia de causa de disolución. Conocida la existencia de causa de disolución, ésta deberá comunicarse a la Dirección General de Seguros y Fondos de Pensiones en el plazo máximo de quince días, mediante escrito que indique la causa de la que se trate, el plazo o día en que se reunirá la junta o asamblea general para la adopción del acuerdo, así como las demás circunstancias que se consideren oportunas. De igual forma, una vez adoptado el acuerdo de disolución, se informará a la Dirección General de Seguros y Fondos de Pensiones, en el plazo máximo de tres días, mediante escrito detallando los extremos y medidas adoptados.

Artículo 221. Procedimiento de disolución administrativa. 1. El procedimiento administrativo de disolución se iniciará de oficio o a solicitud de los administradores y se notificará a la entidad afectada, a la que se concederá un plazo de alegaciones de quince días. Recibidas las alegaciones o tras el transcurso del plazo concedido sin haberse recibido, el Ministro de Economía y Competitividad, previo informe de la Dirección General de Seguros y Fondos de Pensiones, acordará, si procede, la disolución de la entidad, sin que sea necesaria, a estos efectos, la convocatoria de su junta o asamblea general. El acuerdo de disolución contendrá la revocación de la autorización administrativa de la entidad para todos los ramos en los que opere la entidad aseguradora y pondrá fin a la vía administrativa.

2. En todo lo no regulado expresamente en los artículos anteriores y en cuanto no se oponga a ellos, se aplicarán las normas contenidas en los artículos 360 a 370 del texto refundido de la Ley de Sociedades de Capital, aprobado por el Real Decreto Legislativo 1/2010, de 2 de julio. No obstante, las cooperativas de seguros se regirán por las reglas de disolución contenidas en la legislación de cooperativas.

> – Los artículos 360 a 370 del **texto refundido de la Ley de Sociedades de Capital, aprobado por el Real Decreto Legislativo 1/2010, de 2 de julio**, establecen:
>
> *«Artículo 360. Disolución de pleno derecho. 1. Las sociedades de capital se disolverán de pleno derecho en los siguientes casos: a) Por el transcurso del término de duración fijado en los estatutos, a no ser que con anterioridad hubiera sido expresamente prorrogada e inscrita la prórroga en el Registro Mercantil. b) Por el transcurso de un año desde la adopción del acuerdo de reducción del capital social por debajo del mínimo legal como consecuencia del cumplimiento de una ley, si no se hubiere inscrito en el Registro Mercantil la transformación o la disolución de la sociedad, o el aumento del capital social hasta una cantidad igual o superior al mínimo legal. Transcurrido un año sin que se hubiere inscrito la transformación o la disolución de la sociedad o el aumento de su capital, los administradores responderán personal y solidariamente entre sí y con la sociedad de las deudas sociales. 2. El registrador, de oficio o a instancia de cualquier interesado, hará constar la disolución de pleno derecho en la hoja abierta a la sociedad».*
>
> *«Artículo 361. Disolución y concurso. 1. La declaración de concurso de la sociedad de capital no constituirá, por sí sola, causa de disolución. 2. La apertura de la fase de liquidación en el concurso de acreedores producirá la disolución de pleno derecho de la sociedad. En tal caso, el juez del concurso hará constar la disolución en la resolución de apertura de la fase de liquidación del concurso».*
>
> *«Artículo 362. Disolución por constatación de la existencia de causa legal o estatutaria. Las sociedades de capital se disolverán por la existencia de causa legal o estatutaria debidamente constatada por la junta general o por resolución judicial».*
>
> *«Artículo 363. Causas de disolución. 1. La sociedad de capital deberá disolverse: a) Por el cese en el ejercicio de la actividad o actividades que constituyan el objeto social. En particular, se entenderá que se ha producido el cese tras un período de inactividad superior a un año. b) Por la conclusión de la empresa que constituya su objeto. c) Por la imposibilidad manifiesta de conseguir el fin social. d) Por la paralización de los órganos sociales de modo que resulte im-*

posible su funcionamiento. e) Por pérdidas que dejen reducido el patrimonio neto a una cantidad inferior a la mitad del capital social, a no ser que éste se aumente o se reduzca en la medida suficiente, y siempre que no sea procedente solicitar la declaración de concurso. f) Por reducción del capital social por debajo del mínimo legal, que no sea consecuencia del cumplimiento de una ley. g) Porque el valor nominal de las participaciones sociales sin voto o de las acciones sin voto excediera de la mitad del capital social desembolsado y no se restableciera la proporción en el plazo de dos años. h) Por cualquier otra causa establecida en los estatutos. 2. La sociedad comanditaria por acciones deberá disolverse también por fallecimiento, cese, incapacidad o apertura de la fase de liquidación en el concurso de acreedores de todos los socios colectivos, salvo que en el plazo de seis meses y mediante modificación de los estatutos se incorpore algún socio colectivo o se acuerde la transformación de la sociedad en otro tipo social».

«Artículo 364. Acuerdo de disolución. En los casos previstos en el artículo anterior, la disolución de la sociedad requerirá acuerdo de la junta general adoptado con la mayoría ordinaria establecida para las sociedades de responsabilidad limitada en el artículo 198, y con el quórum de constitución y las mayorías establecidas para las sociedades anónimas en los artículos 193 y 201».

«Artículo 365. Deber de convocatoria. 1. Cuando concurra causa legal o estatutaria, los administradores deberán convocar la junta general en el plazo de dos meses para que adopte el acuerdo de disolución. Cualquier socio podrá solicitar de los administradores la convocatoria si, a su juicio, concurriera causa de disolución. 2. La junta general podrá adoptar el acuerdo de disolución o, si constare en el orden del día, aquél o aquéllos que sean necesarios para la remoción de la causa. 3. Los administradores no estarán obligados a convocar junta general para que adopte el acuerdo de disolución cuando hubieran solicitado en debida forma la declaración de concurso de la sociedad o comunicado al juzgado competente la existencia de negociaciones con los acreedores para alcanzar un plan de reestructuración del activo, del pasivo o de ambos. La convocatoria de la junta deberá realizarse en el plazo de dos meses desde que dejen de estar vigentes los efectos de esa comunicación».

«Artículo 366. Disolución judicial. 1. Si la junta no fuera convocada, no se celebrara, o no adoptara alguno de los acuerdos previstos en el artículo anterior, cualquier interesado podrá instar la disolución de la sociedad ante el juez de lo mercantil del domicilio social. La solicitud de disolución judicial deberá dirigirse contra la sociedad. 2. Los administradores están obligados a solicitar la disolución judicial de la sociedad cuando el acuerdo social fuese contrario a la disolución o no pudiera ser logrado. La solicitud habrá de formularse en el plazo de dos meses a contar desde la fecha prevista para la celebración de la

junta, cuando ésta no se haya constituido, o desde el día de la junta, cuando el acuerdo hubiera sido contrario a la disolución o no se hubiera adoptado».

«Artículo 367. Responsabilidad solidaria por las deudas sociales. 1. Los administradores que incumplan la obligación de convocar la junta general en el plazo de dos meses a contar desde el acaecimiento de una causa legal o estatutaria de disolución o, en caso de nombramiento posterior, a contar desde la fecha de la aceptación del cargo, para que adopte, en su caso, el acuerdo de disolución o aquel o aquellos que sean necesarios para la remoción de la causa, así como los que no soliciten la disolución judicial en el plazo de dos meses a contar desde la fecha prevista para la celebración de la junta, cuando esta no se haya constituido, o desde el día de la junta, cuando el acuerdo hubiera sido contrario a la disolución, responderán solidariamente de las obligaciones sociales posteriores al acaecimiento de la causa de disolución o, en caso de nombramiento en esa junta o después de ella, de las obligaciones sociales posteriores a la aceptación del nombramiento. 2. Salvo prueba en contrario, las obligaciones sociales cuyo cumplimiento sea reclamado judicialmente por acreedores legítimos se presumirán de fecha posterior al acaecimiento de la causa de disolución o a la aceptación del nombramiento por el administrador. 3. No obstante el previo acaecimiento de causa legal o estatutaria de disolución, los administradores de la sociedad no serán responsables de las deudas posteriores al acaecimiento de la causa de disolución o, en caso de nombramiento en esa junta o después de ella, de las obligaciones sociales posteriores a la aceptación del nombramiento, si en el plazo de dos meses a contar desde el acaecimiento de la causa de disolución o de la aceptación el nombramiento, hubieran comunicado al juzgado la existencia de negociaciones con los acreedores para alcanzar un plan de reestructuración o hubieran solicitado la declaración de concurso de la sociedad. Si el plan de reestructuración no se alcanzase, el plazo de los dos meses se reanudará desde que la comunicación del inicio de negociaciones deje de producir efectos».

«Artículo 368. Disolución por mero acuerdo de la junta general. La sociedad de capital podrá disolverse por mero acuerdo de la junta general adoptado con los requisitos establecidos para la modificación de los estatutos».

«Artículo 369. Publicidad de la disolución. La disolución de la sociedad se inscribirá en el Registro Mercantil. El registrador mercantil remitirá de oficio, de forma telemática y sin coste adicional alguno, la inscripción de la disolución al "Boletín Oficial del Registro Mercantil" para su publicación».

«Artículo 370. Reactivación de la sociedad disuelta. 1. La junta general podrá acordar el retorno de la sociedad disuelta a la vida activa siempre que haya desaparecido la causa de disolución, el patrimonio contable no sea inferior al capital social y no haya comenzado el pago de la cuota de liquidación a los socios. No podrá acordarse la reactivación en los casos de disolución de pleno de-

recho. 2. El acuerdo de reactivación se adoptará con los requisitos establecidos
para la modificación de los estatutos. 3. El socio que no vote a favor de la re-
activación tiene derecho a separarse de la sociedad. 4. Los acreedores sociales
podrán oponerse al acuerdo de reactivación, en las mismas condiciones y con
los mismos efectos previstos en la ley para el caso de reducción del capital».

SECCIÓN 2.ª LIQUIDACIÓN

Artículo 222. Vencimiento anticipado de los contratos de seguro. 1.
Durante el período de liquidación, la Dirección General de Seguros y Fondos
de Pensiones, a iniciativa propia o a petición de los liquidadores o administradores de la entidad o de los interventores, podrá determinar la fecha de
vencimiento anticipado de la totalidad o de parte de los contratos de seguro.

2. La resolución que al efecto dicte la Dirección General de Seguros y
Fondos de Pensiones será notificada a la entidad y deberá ser publicada en
el «Boletín Oficial del Estado» con una antelación de, al menos, quince días
naturales a la fecha en que haya de tener efecto el vencimiento anticipado de
los contratos, período durante el cual los liquidadores deberán notificarlo individualmente a los tomadores o asegurados, en su caso. Así mismo se publicará
en el sitio web de la entidad.

3. En los supuestos en los que concurran circunstancias excepcionales que
aconsejen no demorar la fecha de vencimiento, la Dirección General de Seguros
y Fondos de Pensiones podrá declarar la fecha de vencimiento anticipado de
los contratos de seguro sin sujeción al plazo previsto en el apartado anterior y
requerirá a los liquidadores para que en el plazo de diez días naturales hagan
público el acuerdo en el sitio web de la entidad y en dos diarios de los de
mayor circulación en el ámbito territorial de actuación de la entidad aseguradora, sin perjuicio de que deban realizar la comunicación individualizada a los
tomadores de seguro, en un plazo de quince días naturales a contar desde la
notificación de la resolución.

**Artículo 223. Cesión de oficio de la cartera de seguros en la liquida-
ción.** 1. Si la Dirección General de Seguros y Fondos de Pensiones estimara
conveniente proceder de oficio a la cesión de cartera, de acuerdo con lo dispuesto en el artículo 185.5 de la Ley 20/2015, de 14 de julio, podrá publicar
en el «Boletín Oficial del Estado» y en el «Diario Oficial de la Unión Europea»
la resolución por la que se pone de manifiesto esta intención, y requerirá a la
entidad cedente para que tenga a disposición de las entidades aseguradoras

interesadas, en el lugar y durante el plazo que se señale en la publicación, la documentación relativa a la cartera a ceder. De esta obligación se excluye aquella información que permita a las entidades aseguradoras interesadas dirigirse directamente a los tomadores, asegurados o mediadores de seguro.

Finalizado el plazo previsto para examinar la documentación de la entidad cedente, ésta en el plazo máximo de quince días remitirá a la Dirección General de Seguros y Fondos de Pensiones las ofertas recibidas, indicando, en su caso, el orden de preferencia justificando debidamente la propuesta.

La Dirección General de Seguros y Fondos de Pensiones dictará resolución señalando la entidad cesionaria, para lo cual, junto al orden de preferencia antes señalado, considerará especialmente la situación patrimonial, la organización administrativa y contable, y la experiencia de las entidades interesadas.

2. Una vez determinada la entidad cesionaria, el procedimiento de cesión de oficio de la cartera de seguros se ajustará a los preceptos de la Ley 20/2015, de 14 de julio, y del presente Real Decreto, en la medida que sean conformes con su naturaleza.

Artículo 224. Documentación a remitir a la Dirección General de Seguros y Fondos de Pensiones por los administradores y por los liquidadores.
1. Una vez acordada la disolución, los administradores o los liquidadores de la entidad deberán remitir a la Dirección General de Seguros y Fondos de Pensiones la siguiente documentación:

a) Certificación acreditativa del acuerdo de disolución adoptado por los órganos sociales competentes de la entidad, que se remitirá dentro de los tres días siguientes al de la fecha de su adopción.

b) Certificación acreditativa del acuerdo adoptado por los órganos competentes de la entidad nombrando liquidadores, que se remitirá dentro de los tres días siguientes a aquél en que hubiesen sido nombrados y en la que, al menos, se hará constar:

1.º Liquidadores designados, consignando los datos que deben constar en el Registro de los altos cargos de entidades aseguradoras y reaseguradoras previsto en el artículo 40 de la Ley 20/2015, de 14 de julio.

2.º Domicilio de la oficina liquidadora.

3.º Remuneración que se les asigne, salvo que lo efectúen gratuitamente, en cuyo caso, se hará constar así expresamente.

c) Justificación de haber publicado el acuerdo de disolución y el llamamiento a los acreedores no conocidos, dentro de los tres días siguientes a aquél en que se hubiesen realizado la publicación y el llamamiento.

2. Además, los liquidadores de la entidad deberán remitir a la Dirección General de Seguros y Fondos de Pensiones, o a los interventores si la liquidación fuese intervenida, la siguiente información:

a) En el plazo de un mes desde la fecha de su nombramiento:

1.º Descripción de la estructura de la organización que se proyecte mantener en el transcurso del período de liquidación y de los medios propios o ajenos que se propone destinar a garantizar la atención a los acreedores de la entidad durante dicho período.

2.º Balance de situación con referencia a la fecha del acuerdo de disolución.

3.º Inventario a valor liquidativo de los bienes y derechos que componen el activo de la entidad y una relación de los acreedores conocidos de la misma, referidos a la fecha de comienzo de la liquidación, especificando la naturaleza, cuantía y justificación de sus créditos.

4.º Plazos estimados para la realización de las distintas clases de activos, para el pago de las deudas de la entidad, con especial mención a los plazos de liquidación de las contraídas por la entidad por razón de contratos de seguro, y para la finalización de la liquidación. Los liquidadores incluirán las explicaciones necesarias para justificar los plazos propuestos.

5.º Medidas a adoptar, en su caso, para la cesión parcial o total de la cartera de contratos de seguro o el rescate o resolución anticipada de los mismos.

6.º Cualesquiera otros extremos que pudieran tener incidencia en la liquidación de la entidad.

b) Con periodicidad semestral: Memoria sobre la marcha de la liquidación, las desviaciones observadas y las medidas correctoras a adoptar. No obstante, la Dirección General de Seguros y Fondos de Pensiones, o los interventores si la liquidación fuese intervenida, podrán requerir esta información trimestralmente.

3. Si al final de la liquidación quedasen deudas de la entidad reconocidas por la misma no cobradas por sus acreedores, los liquidadores procederán a la consignación en depósito en la forma prevista en el artículo 394.2 del texto refundido de la Ley de Sociedades de Capital, aprobado por el Real Decreto Legislativo 1/2010, de 2 de julio.

– El artículo 394.2 del **texto refundido de la Ley de Sociedades de Capital,
aprobado por el Real Decreto Legislativo 1/2010, de 2 de julio,** establece:
*«Artículo 394. El pago de la cuota de liquidación. (...) 2. Las cuotas de liqui-
dación no reclamadas en el término de los noventa días siguientes al acuerdo
de pago se consignarán en la caja General de Depósitos, a disposición de sus
legítimos dueños».*

**Artículo 225. Deber de colaboración de los antiguos administradores y
gestores.** Quienes, bajo cualquier título, hubiesen llevado la dirección efectiva
de la entidad al tiempo de su disolución y los que lo hubieran hecho en los
cinco años anteriores a la fecha de la misma, vendrán obligados a colaborar
con los liquidadores en los actos de liquidación que se relacionen con operaciones del período en que aquéllos ostentaron tales cargos y a informar a la
Dirección General de Seguros y Fondos de Pensiones, a su requerimiento, sobre
los hechos ocurridos durante el ejercicio de sus funciones.

Igual obligación incumbirá a quienes hubiesen desempeñado cargos como
liquidadores de la entidad.

Artículo 226. Información a los acreedores. 1. Los liquidadores deberán
informar a los acreedores sobre:

a) La situación de la entidad, en particular, si se ha determinado el vencimiento anticipado del período de duración de los contratos de seguro que
integren la cartera de la entidad en liquidación y sobre su fecha.

b) La forma en que han de solicitar el reconocimiento de sus créditos,
mediante comunicación individual a los conocidos o a través de anuncios,
aprobados en su caso por el interventor, que se publicarán en el sitio web de
la entidad, en el «Boletín Oficial del Registro Mercantil» y en dos diarios, al
menos, de los de mayor circulación en el ámbito de actuación de la entidad en
liquidación, cuando sean desconocidos o bien se ignore su domicilio.

La comunicación se referirá a los plazos que deberán respetarse, a las consecuencias derivadas del incumplimiento de dichos plazos, al órgano competente para aceptar la presentación de los créditos o las observaciones relativas
a éstos y a cualesquiera otras medidas. Se indicará asimismo si deben presentar
sus créditos los acreedores cuyos créditos tengan preferencia o disfruten de
una garantía real.

En el caso de los créditos por razón de contrato de seguro, la comunicación
indicará, además, las repercusiones generales del procedimiento de liquidación

en los contratos de seguro, así como los derechos y obligaciones de los asegurados respecto de tales contratos.

La comunicación se podrá efectuar por medios telemáticos, informáticos o electrónicos, que permitan dejar constancia fehaciente de su recepción, cuando se disponga de los datos necesarios para practicarla por estos medios.

2. Cuando el acreedor conocido tenga su domicilio en otro Estado miembro, la información anterior se facilitará en castellano, si bien el escrito deberá llevar, en todas las lenguas oficiales de la Unión Europea, el encabezamiento «Convocatoria para la presentación de créditos. Plazos aplicables» o «Convocatoria para la presentación de observaciones sobre los créditos. Plazos aplicables», según proceda. No obstante, cuando el acreedor lo sea por un contrato de seguro, la información se facilitará en la lengua oficial o en una de las lenguas oficiales del Estado miembro donde radique su domicilio.

3. Los acreedores con domicilio en un Estado miembro podrán presentar los escritos de reclamación de créditos o de observaciones sobre los créditos en la lengua oficial o en una de las lenguas oficiales del Estado donde radique su domicilio, si bien el escrito deberá llevar el encabezamiento «Presentación de créditos» o, en su caso, «Presentación de observaciones sobre los créditos» en castellano.

Artículo 227. Finalización de las operaciones de liquidación. 1. Una vez concluidas las operaciones de liquidación, y a efectos de que, en su caso, el Ministro de Economía y Competitividad declare extinguida la entidad según lo dispuesto en el artículo 181.6 de la Ley 20/2015, de 14 de julio, los liquidadores deberán remitir a la Dirección General de Seguros y Fondos de Pensiones copia autorizada de la escritura pública prevista en el artículo 247.2 del Reglamento del Registro Mercantil.

2. En los casos en los que conforme al artículo 181.6 de la Ley 20/2015, de 14 de julio, proceda, por excepción, cancelar los asientos en el Registro Administrativo sin declaración de extinción de la entidad, la Dirección General de Seguros y Fondos de Pensiones, comunicará de oficio al Registro Mercantil, y al Registro de Cooperativas en su caso, donde conste inscrita la sociedad, este supuesto y los administradores deberán remitir a la Dirección General de Seguros y Fondos de Pensiones, junto con la solicitud, la siguiente documentación:

a) Memoria explicativa del proceso de liquidación de las operaciones de seguro.

b) Balance de la entidad una vez finalizada la liquidación de las operaciones de seguro.

> – El artículo 247.2 del **Real Decreto 1784/1996, de 19 de julio, por el que se aprueba el Reglamento del Registro Mercantil**, establece: «*Artículo 247. Cancelación de los asientos registrales de la sociedad (...) 2. Si la sociedad extinguida fuera anónima, de responsabilidad limitada o comanditaria por acciones, se presentará en el Registro la correspondiente escritura pública en la que consten las siguientes manifestaciones de los liquidadores: 1.ª Que el balance final de liquidación ha sido aprobado por la Junta general. Si la sociedad extinguida fuera de responsabilidad limitada, los liquidadores deberán manifestar que también han sido aprobados el informe completo sobre las operaciones de liquidación y el proyecto de división entre los socios del activo resultante. Si la sociedad extinguida fuera anónima o comanditaria por acciones, en la escritura pública se hará constar además, que ha sido publicado el balance final de liquidación en el «Boletín Oficial del Registro Mercantil» y en uno de los diarios de mayor circulación en el lugar del domicilio social, acreditando la fecha de las respectivas publicaciones. 2.ª Que ha transcurrido el plazo para impugnarlo, sin que contra él se hayan formulado reclamaciones, o que ha alcanzado firmeza la sentencia que las hubiere resuelto. 3.ª Que se ha procedido a la satisfacción de los acreedores o a la consignación o aseguramiento de sus créditos, con expresión del nombre de los acreedores pendientes de satisfacción y del importe de las cantidades consignadas y de las aseguradas, así como la entidad en que se hubieran consignado y la que hubiera asegurado el pago de los créditos no vencidos. 4.ª Que se ha procedido al reparto entre los socios del haber social existente, o que han sido consignadas en depósito, a disposición de sus legítimos dueños las cuotas no reclamadas, con expresión de su importe, y, en su caso, que se ha procedido a la anulación de las acciones».*

CAPÍTULO III. LIQUIDACIÓN POR EL CONSORCIO DE COMPENSACIÓN DE SEGUROS

> – **Real Decreto Legislativo 7/2004, de 29 de octubre, por el que se aprueba el texto refundido del Estatuto Legal del Consorcio de Compensación de Seguros.**

Artículo 228. Compra de créditos con cargo a recursos del Consorcio de Compensación de Seguros. Antes del transcurso del plazo de nueve meses desde que haya asumido sus funciones liquidadoras, el Consorcio deberá haber procedido a acordar el porcentaje a ofrecer a los acreedores por contrato de seguro una vez aplicados, en su caso, los beneficios de liquidación. Sólo por causas justificadas, debidamente acreditadas ante la Dirección General de Seguros y Fondos de Pensiones, podrá superar el mencionado plazo.

Artículo 229. Liquidación de entidades solventes. 1. En el supuesto de que se constate la solvencia de la entidad aseguradora en liquidación por el Consorcio, éste podrá optar por llevar a cabo el proceso de liquidación conforme a lo previsto en el capítulo II del título VII, pudiendo abonar sus créditos a los acreedores con cargo a los fondos propios de la entidad a medida que éstos sean líquidos y exigibles, sin necesidad de convocar Junta de Acreedores. En tal caso, una vez satisfechos todos los créditos y los derivados de gastos de liquidación, se aprobará el balance final, que deberá ser ratificado por la Dirección General de Seguros y Fondos de Pensiones antes de proceder al reparto del haber social entre accionistas o mutualistas conforme a lo dispuesto en los artículos 391 a 394 del texto refundido de la Ley de Sociedades de Capital, aprobado por el Real Decreto Legislativo 1/2010, de 2 de julio. La consignación en depósito de las cuotas no reclamadas o de los créditos que no hayan podido ser satisfechos tendrá lugar en el propio Consorcio a disposición de sus legítimos dueños durante un plazo de veinte años, transcurrido el cual sin haber sido reclamadas se ingresarán en el Tesoro Público, al que se informará de la consignación.

2. Aunque la liquidación de una entidad solvente se lleve a cabo en la forma prevista en el apartado 1, el Consorcio podrá, por razones de falta de liquidez de la entidad u otras circunstancias que lo aconsejen, aplicar los beneficios de liquidación previstos en el artículo 186.1 de la Ley 20/2015, de 14 de julio. En tal caso, el Consorcio podrá resarcirse de los créditos adquiridos a medida que la entidad tenga la liquidez necesaria para ello.

En el supuesto contemplado en este apartado, y en lo que no se oponga a sus previsiones, será también de aplicación lo previsto en los demás artículos de este capítulo. Asimismo, se estará, en su caso, a lo dispuesto en el artículo 59.2, último inciso, de la Ley 22/2003, de 9 de julio, Concursal.

3. En relación con los activos y pasivos sobrevenidos con posterioridad a la liquidación, será de aplicación lo dispuesto en los artículos 398, 399 y 400 del texto refundido de la Ley de Sociedades de Capital aprobado por el Real Decreto Legislativo 1/2010, de 2 de julio.

> – Los artículos 391 a 394 y 398 a 400 del **texto refundido de la Ley de Sociedades de Capital, aprobado por el Real Decreto Legislativo 1/2010, de 2 de julio**, establecen:

«*Artículo 391. División del patrimonio social. 1. La división del patrimonio resultante de la liquidación se practicará con arreglo a las normas que se hubiesen establecido en los estatutos o, en su defecto, a las fijadas por la junta general. 2. Los liquidadores no podrán satisfacer la cuota de liquidación a los socios sin la previa satisfacción a los acreedores del importe de sus créditos o sin consignarlo en una entidad de crédito del término municipal en que radique el domicilio social*».

«*Artículo 392. El derecho a la cuota de liquidación. 1. Salvo disposición contraria de los estatutos sociales, la cuota de liquidación correspondiente a cada socio será proporcional a su participación en el capital social. 2. En las sociedades anónimas y comanditarias por acciones, si todas las acciones no se hubiesen liberado en la misma proporción, se restituirá en primer término a los accionistas que hubiesen desembolsado mayores cantidades el exceso sobre la aportación del que hubiese desembolsado menos y el resto se distribuirá entre los accionistas en proporción al importe nominal de sus acciones*».

«*Artículo 393. Contenido del derecho a la cuota de liquidación. 1. Salvo acuerdo unánime de los socios, éstos tendrán derecho a percibir en dinero la cuota resultante de la liquidación. 2. Los estatutos podrán establecer en favor de alguno o varios socios el derecho a que la cuota resultante de la liquidación les sea satisfecha mediante la restitución de las aportaciones no dinerarias realizadas o mediante la entrega de otros bienes sociales, si subsistieren en el patrimonio social, que serán apreciadas en su valor real al tiempo de aprobarse el proyecto de división entre los socios del activo resultante. En este caso, los liquidadores deberán enajenar primero los demás bienes sociales y si, una vez satisfechos los acreedores, el activo resultante fuere insuficiente para satisfacer a todos los socios su cuota de liquidación, los socios con derecho a percibirla en especie deberán pagar previamente en dinero a los demás socios la diferencia que corresponda*»

«*Artículo 394. El pago de la cuota de liquidación. 1. Transcurrido el término para impugnar el balance final de liquidación sin que contra él se hayan formulado reclamaciones o firme la sentencia que las hubiese resuelto, se procederá al pago de la cuota de liquidación a los socios. Cuando existan créditos no vencidos se asegurará previamente el pago. 2. Las cuotas de liquidación no reclamadas en el término de los noventa días siguientes al acuerdo de pago se consignarán en la caja General de Depósitos, a disposición de sus legítimos dueños*».

«*Artículo 398. Activo sobrevenido. 1. Cancelados los asientos relativos a la sociedad, si aparecieran bienes sociales los liquidadores deberán adjudicar a los antiguos socios la cuota adicional que les corresponda, previa conversión de los bienes en dinero cuando fuere necesario. 2. Transcurridos seis meses desde que los liquidadores fueren requeridos para dar cumplimiento a lo estableci-*

do en el apartado anterior, sin que hubieren adjudicado a los antiguos socios la cuota adicional, o en caso de defecto de liquidadores, cualquier interesado podrá solicitar del juez del último domicilio social el nombramiento de persona que los sustituya en el cumplimiento de sus funciones».

«Artículo 399. Pasivo sobrevenido. 1. Los antiguos socios responderán solidariamente de las deudas sociales no satisfechas hasta el límite de lo que hubieran recibido como cuota de liquidación. 2. La responsabilidad de los socios se entiende sin perjuicio de la responsabilidad de los liquidadores».

«Artículo 400. Formalización de actos jurídicos tras la cancelación de la sociedad. 1. Para el cumplimiento de requisitos de forma relativos a actos jurídicos anteriores a la cancelación de los asientos de la sociedad, o cuando fuere necesario, los antiguos liquidadores podrán formalizar actos jurídicos en nombre de la sociedad extinguida con posterioridad a la cancelación registral de ésta. 2. En defecto de liquidadores, cualquier interesado podrá solicitar la formalización por el juez del domicilio que hubiere tenido la sociedad».

– La Ley 22/2003, de 9 de julio, Concursal ha sido derogada por el **Real Decreto Legislativo 1/2020, de 5 de mayo, por el que se aprueba el texto refundido de la Ley Concursal**. Este último establece: *«Artículo 320. Propuesta con cláusula de intereses. Cuando la propuesta de convenio no contenga proposiciones de quita podrá incluir el pago, total o parcial, de los intereses cuyo devengo hubiese quedado suspendido por efecto de la declaración de concurso, calculados al tipo legal o, si fuera menor, al convencional»; «Artículo 440. Pago de intereses. Si resultara remanente después del pago de la totalidad de los créditos concursales, procederá el pago, total o parcial, de los intereses cuyo devengo hubiese quedado suspendido por efecto de la declaración de concurso, calculados al tipo convencional y, si no existiera, al tipo legal».*

Artículo 230. Liquidación de entidades insolventes. 1. En caso de insolvencia de la entidad en liquidación, el Consorcio no estará obligado a solicitar la declaración judicial de concurso salvo que el plan de liquidación formulado no fuera aprobado en junta de acreedores. La misma solicitud se podrá formular en cualquier momento del período de liquidación anterior a la junta de acreedores cuando estimase que, dadas las circunstancias concurrentes en la entidad aseguradora cuya liquidación tiene encomendada, sufrirán grave perjuicio los créditos de los acreedores si no tuviera lugar dicha declaración judicial de concurso.

2. Hasta la ratificación del plan de liquidación, el Consorcio no podrá realizar el pago de sus créditos a los acreedores de la entidad aseguradora, salvo lo dispuesto en los artículos 186 y 187 de la Ley 20/2015, de 14 de julio.

3. Los gastos que sean precisos para la liquidación, incluidos los correspondientes a las participaciones en otras entidades, podrán ser satisfechos con cargo a los propios recursos del Consorcio. Su recuperación, en el caso de que se haya aprobado el plan de liquidación por la Junta de Acreedores, quedará condicionada a que sean totalmente satisfechos los demás créditos reconocidos en la liquidación.

4. El plan de liquidación comprenderá una información sobre las medidas adoptadas con arreglo al artículo 186 de la Ley 20/2015, de 14 de julio, el balance y la lista provisional de acreedores. El activo del balance deberá ser líquido, salvo que la enajenación de algún bien no se haya considerado procedente o ésta haya sido imposible y, tratándose de créditos, sea presumible que esperar su cobro efectivo retrasaría notablemente la liquidación. La lista provisional de acreedores se formulará con arreglo al orden de prelación del artículo 179 de la Ley 20/2015, de 14 de julio y por la cuantía que corresponda a cada uno de ellos.

Finalmente, el plan de liquidación contendrá la propuesta respecto del importe que, con arreglo al activo y pasivo del balance y el orden de prelación de créditos, deba satisfacerse a cada uno de los acreedores.

Disposición adicional primera. Registro de seguros obligatorios. 1. El Registro de seguros obligatorios, al que se refiere el apartado 3 de la disposición adicional segunda de la Ley 20/2015 de 14 de julio, contendrá toda la información actualizada relativa a los seguros obligatorios. El contenido de la información y las especificaciones sobre el procedimiento de remisión se establecerán mediante resolución de la Dirección General de Seguros y Fondos de Pensiones.

2. El acceso a los datos del Registro de seguros obligatorios será público, a través de la web del Consorcio de Compensación de Seguros.

3. La gestión del Registro corresponde al Consorcio de Compensación de Seguros. Todas las operaciones que requieran esta gestión se realizarán por medios electrónicos.

4. El Consorcio de Compensación de Seguros elaborará anualmente, sobre la base de los datos disponibles a 31 de diciembre, un informe del contenido del registro, que será puesto a disposición de la Dirección General de Seguros y Fondos de Pensiones y, a través de ésta, a los órganos de las Comunidades Autónomas competentes en la materia.

Disposición adicional segunda. Procedimiento de autorización de las entidades con cometido especial. La solicitud de autorización administrativa para operar como entidad de cometido especial se presentará en la Dirección General de Seguros y Fondos de Pensiones y deberá ir acompañada de los siguientes documentos e información:

a) Copia autorizada de la escritura de constitución.

b) Estatutos.

c) Ámbito de autorización.

En todo lo demás estas entidades se regirán por lo dispuesto en la normativa de la Unión Europea de directa aplicación.

Disposición adicional tercera. Cuantía máxima de cobertura de responsabilidad civil como riesgo accesorio. Se podrá actualizar por orden ministerial el límite de 61.000 euros que se establece como cuantía máxima de cobertura de responsabilidad civil cuando tenga la consideración de riesgo accesorio conforme a lo establecido en el anexo A) b) de la Ley 20/2015, de 14 de julio, siempre que dicho importe no supere el valor asegurado respecto del riesgo principal.

Disposición adicional cuarta. Consultas, quejas y reclamaciones relacionadas con los seguros de crédito y caución. El Servicio de Reclamaciones de la Dirección General de Seguros y Fondos de Pensiones, será competente para atender y resolver las consultas, quejas y reclamaciones relacionadas con los seguros de crédito y caución cuando el tomador o el asegurado no ejerzan a título profesional, una actividad industrial, comercial o liberal, o el riesgo se refiere a dicha actividad.

Disposición adicional quinta. Régimen de cálculo de las provisiones técnicas a efectos contables. 1. En desarrollo de lo establecido en la disposición adicional decimoctava de la Ley 20/2015, de 14 de julio, para el cálculo de las provisiones técnicas a efectos contables se aplicarán los siguientes artículos del Reglamento de Ordenación y Supervisión de los Seguros Privados, aprobado por Real Decreto 2486/1998, de 20 de noviembre:

Artículo 29. Concepto y enumeración de las provisiones técnicas.

Artículo 30. Provisión de primas no consumidas.

Artículo 31. Provisión de riesgos en curso.

Artículo 32. Provisión de seguros de vida.

Artículo 33. Tipo de interés aplicable para el cálculo de la provisión de seguros de vida.

Artículo 34. Tablas de mortalidad, de supervivencia, de invalidez y de morbilidad.

Artículo 35. Gastos de administración.

Artículo 36. Rescates.

Artículo 37. Provisión de seguros de vida cuando el tomador asume el riesgo de la inversión y asimilados.

Artículo 38. Provisión de participación en beneficios y para extornos.

Artículo 39. Provisión de prestaciones.

Artículo 40. Provisión de prestaciones pendientes de liquidación o pago.

Artículo 41. Provisión de siniestros pendientes de declaración.

Artículo 42. Provisión de gastos internos de liquidación de siniestros.

Artículo 43. Métodos estadísticos de cálculo de la provisión de prestaciones.

Artículo 44. Provisión de siniestros pendientes de declaración en riesgos de manifestación diferida.

Artículo 45. Reserva de estabilización.

Artículo 46. Provisión del seguro de decesos.

Artículo 47. Provisión del seguro de enfermedad.

Artículo 48. Provisión de desviaciones en las operaciones de capitalización por sorteo.

Artículo 48 bis. Provisión de gestión de riesgos derivados de la internacionalización asegurados por cuenta del Estado.

Disposición adicional cuarta. Seguros agrarios combinados.

Disposición adicional décima. Adaptación a la terminología del Plan de contabilidad de las entidades aseguradoras.

Disposición transitoria primera. Provisión de riesgos en curso.

Disposición transitoria segunda. Seguros de vida.

Disposición transitoria undécima. Dotación a la provisión del Seguro de decesos.

2. En lo referente al tipo de interés a utilizar en el cálculo de la provisión de seguros de vida para los contratos celebrados antes del 1 de enero de 2016 las entidades aseguradoras y reaseguradoras aplicarán el artículo 33 del Reglamento de Ordenación y Supervisión de los Seguros Privados. No obstante, las entidades que utilicen para el citado cálculo lo previsto en los apartados 1.a).1.º y 1.b).1.º del artículo 33 del Reglamento de Ordenación y Supervisión

de los Seguros Privados, podrán optar por no aplicar dicho tipo de interés y adaptarse a la estructura temporal pertinente de tipos de interés sin riesgo prevista en el artículo 54 de este real decreto, incluyendo, en su caso, el componente relativo al ajuste por volatilidad previsto en el artículo 57 de este real decreto, siempre que, en tal caso, las dotaciones adicionales se efectúen anualmente siguiendo un método de cálculo lineal. El plazo máximo de adaptación será de diez años a contar desde el 31 de diciembre de 2015.

Las entidades que opten por adaptarse a la estructura temporal pertinente de tipos de interés sin riesgo, no podrán con posterioridad aplicar el tipo de interés previsto para los apartados 1.a).1.º y 1.b).1.º del artículo 33 del Reglamento de Ordenación y Supervisión de los Seguros Privados.

3. Para los contratos de seguro de vida celebrados a partir del 1 de enero de 2016, sujetos a los apartados 1.a).1.º y 1.b).1.º del artículo 33 del Reglamento de Ordenación y Supervisión de los Seguros Privados, las entidades aseguradoras y reaseguradoras deberán utilizar como tipo de interés máximo el resultante de la estructura temporal pertinente de tipos de interés sin riesgo prevista en el artículo 54, incluyendo el componente relativo al ajuste por volatilidad previsto en el artículo 57. Para el resto de contratos de seguro de vida celebrados a partir del 1 de enero de 2016, las entidades seguirán utilizando como tipo de interés para el cálculo de la provisión de seguros de vida cualquiera de los apartados del artículo 33 del Reglamento de Ordenación y Supervisión de los Seguros Privados, a excepción de lo previsto en sus incisos 1.a).1.º y 1.b).1.º.

4. En desarrollo de lo establecido en la disposición adicional decimoctava de la Ley 20/2015 de 14 de julio, para el cálculo de las provisiones técnicas a efectos contables, se aplicará lo dispuesto en la Orden EHA/339/2007, de 16 de febrero, por la que se desarrollan determinados preceptos de la normativa reguladora de los seguros privados.

5. En el ramo de vida, los gastos de adquisición activados a efectos contables no podrán superar para cada póliza el valor de la provisión matemática a prima de inventario del primer ejercicio contabilizada en el pasivo del balance.

6. Para el cálculo de la provisión contable del seguro de decesos, la opción prevista en el apartado 2 anterior será igualmente aplicable para los contratos celebrados antes del 1 de enero de 2016, sin perjuicio de la aplicabilidad de lo previsto en la Disposición transitoria undécima del Reglamento de Ordenación y Supervisión de Seguros Privados, aprobado por Real Decreto 2486/1998, de 20 de noviembre. Para los contratos del seguro de decesos celebrados a partir

del 1 de enero de 2016 las entidades aseguradoras y reaseguradoras deberán utilizar como tipo máximo el resultante de la estructura temporal libre de riesgo prevista en el artículo 54, incluyendo el componente relativo al ajuste por volatilidad previsto en el artículo 57.

7. Para poder realizar los cálculos citados en los párrafos anteriores conforme a la normativa mencionada deberán permanecer actualizadas sus bases técnicas correspondientes conforme a los artículos 77, 78, 79 y 80 del Reglamento de Ordenación y Supervisión de Seguros Privados, aprobado por Real Decreto 2486/1998, de 20 de noviembre.

8. Para el cálculo de las provisiones técnicas a efectos contables de las mutualidades de previsión social y de las entidades aseguradoras acogidas al régimen especial de solvencia, se aplicará lo establecido en los apartados anteriores.

> – Ley 87/1978, de 28 de diciembre, de Seguros Agrarios Combinados; Real Decreto 2329/1979, de 14 de septiembre, por el que se aprueba el Reglamento para aplicación de la Ley 87/1978, de 28 de diciembre, sobre seguros agrarios combinados.

Disposición adicional sexta. Dotación de las provisiones técnicas. Cuantía mínima. 1. Las dotaciones a efectuar a las provisiones técnicas conforme a los métodos previstos y permitidos a efectos contables, así como las adicionales que, en su caso, se efectúen para adaptarse a lo previsto en este real decreto a dichos efectos, tendrán a todos los efectos la consideración de cuantía mínima para la constitución de las citadas provisiones técnicas.

2. No obstante lo anterior, la provisión técnica de prestaciones estimada por métodos estadísticos, a los que se refiere el artículo 43 del Reglamento de Ordenación y Supervisión de los Seguros Privados aprobado por el Real Decreto 2486/1998, tendrá la consideración de cuantía mínima en el importe menor de las siguientes cuantías:

a) La provisión resultante de la aplicación del método estadístico del ejercicio.

b) La provisión técnica de prestaciones al término del ejercicio en curso «x» estimada por métodos estadísticos ponderada por el cociente existente entre: en el numerador, la parte de la provisión técnica de prestaciones al término del ejercicio en curso «x» estimada por métodos estadísticos, y correspondiente a los siniestros ocurridos con anterioridad al ejercicio «x», más los pagos en los ejercicios «X-2», «X-1» y «x» de siniestros ocurridos en los ejercicios «X-3» y anteriores, más los pagos en «X-1» y «x» de siniestros ocurridos en «X-2», más los pagos en «x» de los siniestros ocurridos en «X-1», y en el denominador, la suma de las provisiones técnicas de prestaciones estimadas por métodos estadísticos del ejercicio «X-3», más la provisión del ejercicio «X-2» correspondiente sólo a los siniestros de «X-2», más provisión del ejercicio «X-1» correspondiente sólo a los siniestros de «X-1».

Donde:

X y X-i: son el ejercicio en curso y cada uno de los respectivos ejercicios anteriores X-i.

PTPx: es la PTP del ejercicio x estimada por métodos estadísticos.

PTPxx-1: es la PTP en el ejercicio x correspondiente a los siniestros ocurridos en el ejercicio x-1 y en ejercicios anteriores estimada por métodos estadísticos.

PTPx-3x-n: es la PTP en el ejercicio x-3 correspondiente a los siniestros ocurridos en el ejercicio x-3 y en los «n» ejercicios anteriores estimada por métodos estadísticos.

PTPx-2x-2: es la PTP en el ejercicio x-2 correspondiente a los siniestros ocurridos en el ejercicio x-2 estimada por métodos estadísticos.

PTPx-1x-1: es la PTP en el ejercicio x-1 correspondiente a los siniestros ocurridos en el ejercicio x-1 estimada por métodos estadísticos.

Pagosx-ix-3: son los pagos correspondientes a los siniestros ocurridos en el ejercicio x-3 y ejercicios anteriores, pero realizados en los ejercicios x-2, x-1 y x.

Pagosx-ix-2: son los pagos correspondientes a los siniestros ocurridos en el ejercicio x-2, pero realizados en los ejercicios x-1 y x.

Pagosxx-1: son los pagos correspondientes a los siniestros ocurridos en el ejercicio x-1, y realizados en el ejercicio x.

3. Sin perjuicio de lo dispuesto en el apartado anterior, en los tres primeros ejercicios en los que a fecha de cierre de los estados contables resulte de aplicación un método estadístico a los que se refiere el artículo 43 del Reglamento de Ordenación y Supervisión de los Seguros Privados, tendrá la consideración de cuantía mínima de la provisión técnica de prestaciones el importe que haga que la siniestralidad del ejercicio no exceda del resultado de aplicar al importe de las primas periodificadas del ejercicio, el porcentaje determinado por la proporción en que se encuentre la siniestralidad de los cinco ejercicios inmediatamente anteriores al período impositivo, en relación a las primas periodificadas habidas en los cinco ejercicios referidos.

Para el cálculo mencionado no se tendrán en cuenta aquellos datos que hubieran sido excluidos en la aplicación del método estadístico.

Disposición adicional séptima. Programa de actividades de los corredores de seguros. El programa de actividades que deberán presentar los corredores de seguros como requisito necesario para obtener y mantener la inscripción en el Registro administrativo especial de mediadores de seguros, corredores de reaseguros y de sus altos cargos deberá incluir la estructura de la organización, que incluya los sistemas de comercialización.

Además, para los tres primeros ejercicios sociales, deberá contener un plan en el que se indiquen de forma detallada las previsiones de ingresos y gastos, en particular los gastos generales corrientes, y las previsiones relativas a primas de seguro que se van a intermediar, con la justificación de las previsiones que prevea y de la adecuación a éstas de los medios y recursos disponibles.

Disposición adicional octava. Registro administrativo de distribuidores de seguros y reaseguros. 1. En el Registro administrativo de distribuidores de seguros y reaseguros, y en relación con los mediadores de seguros, mediadores de seguros complementarios, salvo aquellos que reúnan las condiciones para ser objeto de exención, y corredores de reaseguros, deberán inscribirse el nombre y apellidos o la denominación social, la condición de mediador de seguros o de seguros complementarios, y en su caso el sexo, la nacionalidad, el número de documento nacional de identidad o de identificación fiscal o pasaporte o documento equivalente en caso de extranjeros, el domicilio de la sede profesional o social, el ámbito de actuación, el número de inscripción, así como las modificaciones de los estatutos que por su objeto deban constar en el registro administrativo, la mención al dominio o a la dirección de Internet, las participaciones significativas, las agrupaciones de interés económico y las uniones temporales de empresas, la cancelación de la inscripción y la inhabilitación para el desempeño de la actividad de distribución, así como las sanciones, una vez que sean ejecutivas, que se hubieran impuesto, salvo la de amonestación privada, indicando el tipo y clase de la infracción y la identidad del infractor. También se inscribirán los actos relativos al ejercicio de la actividad en régimen de derecho de establecimiento o en libre prestación de servicios en cada uno de los Estados miembros de la Unión Europea.

En el caso de los agentes de seguros, se hará constar el carácter de exclusivo o vinculado y, en su caso, su condición de agente de un grupo de entidades aseguradoras.

Adicionalmente, en el caso de los distribuidores de seguros personas jurídicas, y respecto a los cargos de administración, de la persona responsable de la actividad de distribución o de las personas que formen parte del órgano de dirección responsable de las actividades de distribución, se inscribirán la fecha del nombramiento, la suspensión, revocación o cese de los mismos por cualquier causa, la inhabilitación y las sanciones que, en su caso, se les hubieran impuesto, salvo la de amonestación privada. Se consignarán el nombre y apellidos o denominación social, en su caso el sexo, el domicilio, la nacionalidad, el número de documento nacional de identidad o de identificación fiscal o pasaporte o documento equivalente en caso de extranjeros. Cuando dichos cargos sean desempeñados por personas jurídicas, se inscribirán los datos correspondientes a sus representantes designados.

2. Sin perjuicio de lo dispuesto en el apartado anterior, se inscribirá igualmente:

a) En relación con los mediadores de seguros, la designación del titular del departamento o servicio de atención al cliente o, en su caso, de la persona o entidad contratada externamente para el desempeño de las funciones del departamento o servicio de atención al cliente, y, si procede, la designación del defensor del cliente.

b) En relación con los corredores de seguros y de reaseguros, la situación de inactividad.

c) En relación con los agentes de seguros, exclusivos o vinculados, se hará mención a las entidades aseguradoras con las que tienen suscritos contratos de agencia de seguros; y, en el caso de agentes de seguros exclusivos, a las autorizaciones que obtengan para ejercer su actividad de mediación de seguros con otra entidad aseguradora, indicando los productos de seguro en los que pueden mediar para la misma, así como las fechas de inicio y fin de dicha autorización.

d) En el caso de los operadores de banca-seguros se inscribirá, además, la red o las redes de las entidades de crédito o de los establecimientos financieros de crédito a través de las cuales el operador de banca-seguros distribuye los seguros.

3. Cuando la inscripción en el registro administrativo traiga causa en acuerdos de la Administración, el asiento se practicará de oficio con fundamento en el acto administrativo correspondiente. Cuando proceda de actos

del administrado deberá presentarse escrito firmado por el interesado o por el representante legal de la sociedad dentro de los quince días siguientes al de adopción de los acuerdos, adjuntando la documentación acreditativa fehaciente o, en su caso, la escritura pública en el plazo de un mes desde su inscripción en el Registro Mercantil.

4. Las inscripciones relativas a las sanciones impuestas se cancelarán de oficio o a instancia del interesado.

La cancelación de oficio procederá cuando haya recaído resolución o sentencia firme estimatoria del recurso interpuesto contra la sanción.

El interesado tendrá derecho a solicitar de la Dirección General de Seguros y Fondos de Pensiones la cancelación de la inscripción de la sanción que le hubiera sido impuesta, siempre que no se haya incurrido en ninguna nueva infracción, dentro de los dos años siguientes a la fecha de la firmeza de la sanción para el caso de las infracciones leves, cinco años para las graves y ocho años para las muy graves.

La iniciación de un expediente administrativo sancionador interrumpirá los plazos previstos en el párrafo anterior. Si el procedimiento concluyese con la imposición de una nueva sanción, las anotaciones pendientes se cancelarán cuando transcurra el plazo de cancelación aplicable a la misma, salvo que el que restase por correr de la anterior fuese superior, en cuyo caso se atenderá a la fecha de su vencimiento.

Producida la cancelación, la Dirección General de Seguros y Fondos de Pensiones no podrá tomar en consideración las sanciones cuya inscripción se hubiera cancelado a efectos de valorar los requisitos de honorabilidad comercial y profesional.

> – La Disposición Adicional Octava se modifica por el **Real Decreto 288/2021, de 20 de abril** y, con anterioridad, por el **Real Decreto-ley 3/2020, de 4 de febrero.**

Disposición adicional novena. Prácticas abusivas. Se considerará incluida dentro de las prácticas abusivas a las que se refieren los apartados 2.o y 3.g) del artículo 55 de la Ley 26/2006, de 17 de julio, de mediación de seguros y reaseguros privados, cualquier conducta tendente al traspaso a otra entidad aseguradora, con nuevo cobro de comisión descontada, de pólizas sobre las que previamente se haya cobrado comisión descontada de otra aseguradora y ésta no haya sido devuelta, en la parte proporcional del período no transcurrido.

> – La Ley 26/2006, de 17 de julio, de mediación de seguros y reaseguros privados ha sido derogada por el **Real Decreto-ley 3/2020, de 4 de febrero, de medidas urgentes por el que se incorporan al ordenamiento jurídico español diversas directivas de la Unión Europea en el ámbito de la contratación pública en determinados sectores; de seguros privados; de planes y fondos de pensiones; del ámbito tributario y de litigios fiscales.**

Disposición adicional décima. Contravalor del euro. Siempre que en la normativa reguladora de ordenación supervisión y solvencia de entidades aseguradoras y reaseguradoras se haga referencia al euro, el contravalor en la moneda nacional que deberá tomarse en consideración a partir del 31 de diciembre de cada año será el del último día del mes de octubre precedente para el que estén disponibles los contravalores del euro en todas las monedas del Espacio Económico Europeo.

Disposición adicional undécima. Peritos de seguros, comisarios de averías y liquidadores de averías. Los peritos de seguros, comisarios de averías y liquidadores de averías que intervengan en el procedimiento de tasación pericial contradictoria deberán tener conocimiento suficiente de la técnica de la pericia aseguradora. La Dirección General de Seguros y Fondos de Pensiones podrá desarrollar por circular los mecanismos de acreditación de conocimientos exigibles a los peritos de seguros, comisarios de averías y liquidadores de averías.

Disposición adicional duodécima. Colaboradores externos de los mediadores de seguros. La Dirección General de Seguros y Fondos de Pensiones podrá desarrollar por circular la formación y otros aspectos del régimen aplicable a los colaboradores externos regulados en el artículo 8 de la Ley 26/2006, de 17 de julio, de mediación de seguros y reaseguros privados.

> – La Ley 26/2006, de 17 de julio, de mediación de seguros y reaseguros privados ha sido derogada por el **Real Decreto-ley 3/2020, de 4 de febrero, de medidas urgentes por el que se incorporan al ordenamiento jurídico español diversas directivas de la Unión Europea en el ámbito de la contratación pública en determinados sectores; de seguros privados; de planes y fondos de pensiones; del ámbito tributario y de litigios fiscales.**

Disposición adicional decimotercera. Remisiones normativas. Las referencias normativas efectuadas en otras disposiciones al Real Decreto

2486/1998, de 20 de noviembre, por el que se aprueba el Reglamento Ordenación y Supervisión de los Seguros Privados, se entenderán efectuadas a los preceptos correspondientes de este real decreto.

Disposición adicional decimocuarta. Control de gastos de personal.
1. Las medidas incluidas en esta norma no podrán suponer un incremento de dotaciones ni de otros gastos de personal.

2. Las personas que ostenten las vocalías de la Junta Consultiva de Seguros y Fondos de Pensiones no percibirán retribuciones por su asistencia a las reuniones ni por la realización de trabajos para ella. Asimismo, la actividad de la Junta no podrá conllevar incremento de dotaciones ni de retribuciones ni de otros gastos de personal, salvo en cuanto a los gastos de desplazamiento o manutención necesarios para su normal funcionamiento.

> – La Disposición Adicional Decimocuarta se modifica por el **Real Decreto 63/2022, de 25 de enero, por el que se modifica el Real Decreto 1060/2015, de 20 de noviembre, de ordenación, supervisión y solvencia de las entidades aseguradoras y reaseguradoras, para la actualización de la composición de la Junta Consultiva de Seguros y Fondos de Pensiones.**

Disposición adicional decimoquinta. Distribución de competencias. Las referencias a la Dirección General de Seguros y Fondos de Pensiones se entenderán realizadas al órgano competente de la Comunidad Autónoma cuando corresponda de acuerdo con la distribución de competencias prevista en el artículo 19 de la Ley 20/2015, de 14 de julio.

Disposición adicional decimosexta. Acceso electrónico a los servicios de la Dirección General de Seguros y Fondos de Pensiones. Los ciudadanos podrán relacionarse con la Dirección General de Seguros y Fondos de Pensiones para ejercer sus derechos por medios electrónicos, informáticos o telemáticos en los términos previstos para cada procedimiento.

Disposición adicional decimoséptima. Cobertura de responsabilidad civil de las agencias de suscripción. Las agencias de suscripción dispondrán de un seguro de responsabilidad civil profesional o cualquier otra garantía financiera que cubra en todo el territorio del Espacio Económico Europeo las responsabilidades que pudieran surgir por negligencia profesional con la cuantía de al menos un millón y medio de euros por siniestro y, en suma, dos millones de euros para todos los siniestros correspondientes a un determinado año.

Disposición adicional decimoctava. Tratamiento de la actualización de las tablas biométricas publicadas mediante resolución de la Dirección General de Seguros y Fondos de Pensiones en la valoración de la provisión contable del seguro de decesos. En los seguros de decesos, para el planteamiento actuarial de la operación en la valoración de la provisión de decesos a efectos contables, cabe diferenciar entre:

1. Las pólizas acogidas a la disposición transitoria undécima del Reglamento de Ordenación y Supervisión de los Seguros Privados, aprobado por el Real Decreto 2486/1998, de 20 de noviembre, respecto de las cuales procederá la aplicación de las «tablas PASEM2020 Decesos 1.er orden». No obstante lo anterior, en aquellos casos en los que se estuviesen utilizando tablas de experiencia propia que incluyan los recargos correspondientes al primer orden y que cumplan los requisitos actuariales vigentes en cada momento, se podrán continuar aplicando dichas tablas de experiencia propia para las pólizas a las que se refiere la citada disposición transitoria.

Si de la aplicación de lo establecido en el apartado anterior resultara un importe inferior de provisión al que se obtendría de aplicar las hipótesis biométricas que se venían considerando hasta el 31 de diciembre de 2019, la diferencia entre ambos importes se utilizará para reducir lo máximo posible el plazo de duración del plan transitorio y sistemático de dicha disposición transitoria. Por tanto, no resultará admisible la reducción del importe de las dotaciones anuales destinadas a cumplir con la referida disposición transitoria.

2. Las pólizas cuyas bases técnicas y provisiones cumplen con lo dispuesto en los artículos 120 del Real Decreto 1060/2015, de 20 de noviembre, y 46 del Reglamento de Ordenación y Supervisión de los Seguros Privados, aprobado por el Real Decreto 2486/1998, de 20 de noviembre, respecto de las cuales procederá la aplicación de las «tablas PASEM2020 Decesos 1.er orden», únicamente en los casos en que las referidas tablas sean las utilizadas para el cálculo de las tarifas de prima, de conformidad con el artículo 34.2 de dicho reglamento, o bien, cuando sean más prudentes que las utilizadas para el cálculo de las tarifas de primas.

3. El resto de pólizas, respecto de las cuales procederá la aplicación de las hipótesis biométricas derivadas de las tablas utilizadas para ellas a 31 de diciembre de 2019, en la medida en que se constate su suficiencia respecto al comportamiento real del colectivo asegurado, y siempre y cuando las pólizas cumplan con todos estos requisitos:

a) Sean anteriores a 31 de diciembre de 2020.

b) Sean pólizas respecto de las que no se utilicen las «tablas PASEM2020 Decesos» para el cálculo de las tarifas de prima.

c) Sus bases técnicas y provisiones contables sean conformes con lo dispuesto en los artículos 120 del Real Decreto 1060/2015, de 20 de noviembre y 46 del Reglamento de Ordenación y Supervisión de los Seguros Privados, aprobado por el Real Decreto 2486/1998, de 20 de noviembre.

> – La Disposición Adicional Decimoctava se añade por el **Real Decreto 288/2021, de 20 de abril.**

Disposición transitoria primera. Medida transitoria sobre los tipos de interés sin riesgo. 1. Previa aprobación de la Dirección General de Seguros y Fondos de Pensiones, las entidades aseguradoras y reaseguradoras podrán aplicar un ajuste transitorio a la estructura temporal pertinente de tipos de interés sin riesgo. El plazo máximo para resolver será de seis meses.

2. El ajuste se calculará, para cada moneda, como un porcentaje de una diferencia teniendo en cuenta:

a) El porcentaje se reducirá linealmente al final de cada año, pasando del 100 por cien durante el año que comienza el 1 de enero de 2016 al 0 por cien el 1 de enero de 2032.

b) La diferencia se calculará restando los siguientes importes:

1.º El tipo de interés determinado por la entidad aseguradora y reaseguradora con arreglo al artículo 33 y la disposición transitoria segunda del Reglamento de Ordenación y Supervisión de los Seguros Privados, aprobado por el Real Decreto 2486/1998.

2.º El tipo efectivo anual, calculado como el tipo de descuento único que, aplicado a los flujos de caja de la cartera de obligaciones admisibles de seguro o de reaseguro, da lugar a un valor igual al valor de la mejor estimación de la cartera de obligaciones admisibles de seguro o de reaseguro teniendo en cuenta el valor temporal y utilizando para ello la estructura temporal pertinente de tipos de interés sin riesgo mencionada en el artículo 54.

Cuando las entidades aseguradoras y reaseguradoras apliquen el ajuste por volatilidad del artículo 57, la estructura temporal pertinente de tipos de interés sin riesgo será la que incorpora el correspondiente ajuste.

3. El ajuste solo será admisible para las obligaciones de seguro y reaseguro que cumplan los siguientes requisitos:

a) Se deriven de contratos celebrados antes de la entrada en vigor de la Ley 20/2015, de 14 de julio, excluidas las renovaciones de contratos en dicha fecha o con posterioridad a ella.

b) Las provisiones técnicas correspondientes, con anterioridad a la entrada en vigor de la Ley 20/2015, de 14 de julio, se calculen conforme al Reglamento de Ordenación y Supervisión de los Seguros Privados.

c) No se aplique, para dichas obligaciones, el artículo 55.

4. Las entidades aseguradoras y reaseguradoras que apliquen el apartado 1 deberán cumplir los siguientes requisitos:

a) No podrán incluir las obligaciones admisibles de seguro y reaseguro en el cálculo del ajuste por volatilidad previsto en el artículo 57.

b) No podrán aplicar la disposición transitoria segunda (medida transitoria sobre las provisiones técnicas).

c) Deberán publicar, como parte de su informe sobre la situación financiera y de solvencia contemplado en el artículo 80 de la Ley 20/2015, de 14 de julio, la aplicación de esta estructura temporal de tipos de interés sin riesgo transitoria y la cuantificación del impacto de no aplicar esta medida transitoria en su situación financiera.

d) Deberán contar con una política de la entidad en relación a la aplicación de la medida transitoria que recoja, en particular, las normas establecidas para coordinar la aplicación de esta medida con cualquier operación que suponga la reducción de fondos propios.

e) Deberá disponer con un plan de proyección de la situación financiera y de solvencia durante el periodo transitorio, de tal forma que se garantice que:

1.º Durante el periodo transitorio se prevé que los fondos propios admisibles serán suficientes para cubrir el capital de solvencia obligatorio y el capital mínimo obligatorio, teniendo en cuenta la aplicación de esta medida transitoria y los demás regímenes transitorios que se prevé aplicar, así como la posible política de distribución de resultados de la entidad.

2.º Al término del régimen transitorio se prevé que los fondos propios admisibles serán suficientes para cubrir el capital de solvencia obligatorio y el capital mínimo obligatorio.

5. Esta medida transitoria podrá ser aplicada, en su caso, a nivel de grupo previa autorización de la Dirección General de Seguros y Fondos de Pensiones.

6. Las entidades incluidas en el régimen especial de solvencia también podrán acogerse a esta disposición transitoria.

Disposición transitoria segunda. Medida transitoria sobre las provisiones técnicas. 1. Previa aprobación de la Dirección General de Seguros y Fondos de Pensiones, las entidades aseguradoras y reaseguradoras podrán aplicar una deducción transitoria a las provisiones técnicas. El plazo máximo para resolver será de seis meses.

2. La deducción podrá aplicarse al nivel de los grupos de riesgo homogéneos del artículo 50.

3. La deducción transitoria se calculará como un porcentaje máximo de una diferencia teniendo en cuenta que:

a) El porcentaje máximo se reducirá linealmente al final de cada año, pasando del 100 por cien durante el año que comienza el 1 de enero de 2016 al 0 por cien el 1 de enero de 2032.

b) La diferencia se calculará restando los siguientes importes:

1.º Las provisiones técnicas una vez deducidos los importes recuperables procedentes de los contratos de reaseguro y de las entidades con cometido especial, calculados conforme al artículo 51 en la fecha de la entrada en vigor de la Ley 20/2015, de 14 de julio. Cuando las empresas de seguros y reaseguros apliquen, en la fecha de entrada en vigor de la ley, el artículo 57, la estructura temporal pertinente de tipos de interés sin riesgo será la que incorpora el correspondiente ajuste a dicha fecha.

2.º Las provisiones técnicas una vez deducidos los importes recuperables procedentes de los contratos de reaseguro calculados, de conformidad con el Reglamento de Ordenación y Supervisión de los Seguros Privados aprobado por el Real Decreto 2486/1998, a 31 de diciembre de 2015.

4. A petición del adquirente o de oficio, la Dirección General de Seguros y Fondos de Pensiones podrá aprobar que los importes de las provisiones técnicas, incluido, en su caso, el importe correspondiente al ajuste de volatilidad, que se empleen para calcular la deducción transitoria, se recalculen cada veinticuatro meses o con mayor frecuencia cuando haya variado materialmente el perfil de riesgo de la entidad.

5. La Dirección General de Seguros y Fondos de Pensiones podrá limitar esta deducción transitoria cuando considere que su aplicación pudiera suponer una reducción de los recursos financieros exigibles a la entidad con respecto a los calculados de acuerdo con la normativa vigente antes de la entrada en vigor de la Ley 20/2015 de 14 de julio, a 31 de diciembre de 2015.

6. Las entidades aseguradoras y reaseguradoras que pretendan aplicar lo dispuesto en el apartado 1 deberán cumplir los siguientes requisitos:

a) No podrán aplicar la disposición transitoria primera.

b) Deberán publicar, como parte de su informe sobre la situación financiera y de solvencia contemplado en el artículo 80 de la Ley 20/2015, de 14 de julio, la aplicación de esta deducción transitoria, y la cuantificación del impacto de no aplicar esta medida transitoria en su situación financiera.

c) Deberán contar con una política de la entidad en relación a la aplicación de la medida transitoria que recoja, en particular, las normas establecidas para coordinar la aplicación de esta medida con cualquier operación que suponga la reducción de fondos propios.

d) Deberá disponer de un plan de proyección de la situación financiera y de solvencia durante el periodo transitorio, de tal forma que se garantice que:

1.º Durante el periodo transitorio se prevé que los fondos propios admisibles serán suficientes para cubrir el capital de solvencia obligatorio y el capital mínimo obligatorio, teniendo en cuenta la aplicación de esta medida transitoria y los demás regímenes transitorios que se prevé aplicar, así como la posible política de distribución de resultados de la entidad.

2.º Al término del régimen transitorio se prevé que los fondos propios admisibles serán suficientes para cubrir el capital de solvencia obligatorio y el capital mínimo obligatorio.

7. Esta medida transitoria podrá ser aplicada, en su caso, a nivel de grupo previa autorización de la Dirección General de Seguros y Fondos de Pensiones.

8. Las entidades incluidas en el régimen especial de solvencia también podrán acogerse a esta disposición transitoria.

Disposición transitoria tercera. Incumplimiento del capital de solvencia obligatorio sin la aplicación de la medida transitoria sobre los tipos de interés sin riesgo o sobre las provisiones técnicas. 1. Las entidades aseguradoras y reaseguradoras que apliquen la medida transitoria establecida en la disposición transitoria primera o en la disposición transitoria segunda informarán a la Dirección General de Seguros y Fondos de Pensiones tan pronto como observen que no van a cumplir con el capital de solvencia obligatorio sin la aplicación de dichas medidas transitorias.

La Dirección General de Seguros y Fondos de Pensiones exigirá a la entidad aseguradora o reaseguradora adoptar las medidas necesarias para garantizar el cumplimiento con respecto al capital de solvencia obligatorio al final del período transitorio.

2. En el plazo de dos meses a partir de la observación del incumplimiento del capital de solvencia obligatorio sin la aplicación de dichas medidas transitorias, la entidad aseguradora o reaseguradora presentará a la Dirección General de Seguros y Fondos de Pensiones un plan de introducción progresiva en el que expongan las medidas planeadas para establecer el nivel de fondos propios admisibles correspondiente a la cobertura del capital de solvencia obligatorio o para reducir su perfil de riesgo, a fin de garantizar el cumplimiento del capital de solvencia obligatorio al final del período transitorio.

La entidad aseguradora o reaseguradora podrá actualizar el plan durante el período transitorio.

3. Las entidades aseguradoras y reaseguradoras que no cumplan con el capital de solvencia obligatorio sin la aplicación de dichas medidas transitorias, deberán presentar anualmente a la Dirección General de Seguros y Fondos de Pensiones un informe sobre los progresos realizados en el que expongan las medidas adoptadas y los progresos registrados para garantizar el cumplimiento del capital de solvencia obligatorio al final del período transitorio.

La Dirección General de Seguros y Fondos de Pensiones revocará la aprobación de la aplicación de las medidas transitorias cuando el informe sobre los progresos realizados indique que el cumplimiento en relación con el capital de solvencia obligatorio al final del período transitorio no es realista.

Disposición transitoria cuarta. Medida transitoria para la clasificación de los fondos propios. 1. No obstante lo dispuesto en el artículo 60, se incluirán en los fondos propios básicos de nivel 1 por un periodo máximo de diez años después del 1 de enero de 2016, los elementos de los fondos propios básicos que cumplan los siguientes requisitos:

a) Se hayan emitido con anterioridad al 18 de enero de 2015.

b) A 31 de diciembre de 2015, se hubieran podido utilizar para cubrir como máximo el 50 por ciento del margen de solvencia, calculado conforme a la normativa en vigor en dicha fecha.

c) Que sin la aplicación de esta medida transitoria, no se podrían clasificar en el nivel 1 o en el nivel 2 conforme al artículo 60.

2. No obstante lo dispuesto en el artículo 60, se incluirán en los fondos propios básicos de nivel 2 por un periodo máximo de diez años después del 1 de enero de 2016, los elementos de los fondos propios básicos que cumplan los siguientes requisitos:

a) Se hayan emitido con anterioridad al 18 de enero de 2015.

b) A 31 de diciembre de 2015, se hubieran podido utilizar para cubrir como máximo el 25 por ciento del margen de solvencia, calculado conforme a la normativa en vigor en dicha fecha.

3. Esta medida transitoria podrá ser aplicada, en su caso, a nivel de grupo.

4. Las entidades incluidas en el régimen especial de solvencia también podrán acogerse a esta disposición transitoria.

Disposición transitoria quinta. Medida transitoria sobre los submódulos de concentración y de diferencial del riesgo de mercado. 1. No obstante lo dispuesto en el artículo 74.1 de la Ley 20/2015, de 14 de julio y en el artículo 63.1 del presente real decreto, al calcular el submódulo de riesgo de concentración y el submódulo de riesgo de diferencial de acuerdo con la fórmula estándar en relación con las exposiciones a las administraciones centrales o los bancos centrales de los Estados miembros denominadas y financiadas en la moneda nacional de cualquier otro Estado miembro se utilizarán los siguientes parámetros generales:

a) Hasta el 31 de diciembre de 2017, los parámetros generales serán los mismos que los que se aplicarían a tales exposiciones denominadas y financiadas en su moneda nacional.

b) En 2018, los parámetros generales que correspondería utilizar se reducirán en un 80 por ciento.

c) En 2019, los parámetros generales que correspondería utilizar se reducirán en un 50 por ciento.

d) A partir del 1 de enero de 2020, los parámetros generales no se reducirán.

2. Esta medida transitoria podrá ser aplicada, en su caso, a nivel de grupo.

Disposición transitoria sexta. Medida transitoria sobre el submódulo de riesgo de mercado de acciones. No obstante lo dispuesto en el artículo 74.1 de la Ley 20/2015, de 14 de julio y en el artículo 63.1 del presente real decreto al calcular el submódulo de riesgo de acciones de acuerdo con la fórmula estándar sin la opción establecida en el artículo 75, para las acciones adquiridas por la entidad antes del 1 de enero de 2016 o en esa misma fecha, se utilizarán los parámetros generales que resulten del promedio ponderado de los siguientes valores:

a) El parámetro general que se utilizará al calcular el submódulo de riesgo de renta variable de conformidad con el artículo 75.

b) El parámetro general que se utilizará al calcular el submódulo de riesgo de renta variable de conformidad con la formula estándar sin la opción establecida en el artículo 75.

La ponderación del parámetro del apartado b), se incrementará como mínimo linealmente al final de cada año, pasando del 0% durante el año que comienza el 1 de enero de 2016 al 100% el 1 de enero de 2023.

Disposición transitoria séptima. Medida transitoria sobre la inversión en valores negociables u otros instrumentos financieros basados en préstamos empaquetados. 1. Las entidades aseguradoras o reaseguradoras que inviertan en valores negociables u otros instrumentos financieros basados en préstamos empaquetados emitidos antes del 1 de enero de 2011, sólo aplicarán los requisitos contemplados para la inversión en esta clase de valores o instrumentos en la normativa de la Unión Europea de directa aplicación, en los casos en que se añadan nuevas exposiciones subyacentes o se sustituyan las existentes a partir del 31 de diciembre de 2014.

2. Esta medida transitoria podrá ser aplicada, en su caso, a nivel de grupo.

Disposición transitoria octava. Medida transitoria para solicitar la aprobación de un modelo interno de grupo aplicable a una parte del grupo. Una entidad aseguradora o reaseguradora que sea matriz última podrá solicitar a la Dirección General de Seguros y Fondos de Pensiones, hasta el 31 de marzo de 2022, la aprobación de un modelo interno de grupo aplicable a una parte del mismo cuando tanto la entidad a la que le aplique como la matriz última estén situadas en España y dicha parte constituya una fracción diferenciada con un perfil de riesgo sustancialmente distinto al del resto del grupo.

Disposición transitoria novena. Informe sobre la situación financiera y de solvencia. Sin perjuicio de la información que obligatoriamente deba publicarse en virtud de cualesquiera otros requisitos legales o reglamentarios, hasta el 31 de diciembre de 2020 no será obligatorio que las entidades aseguradoras o reaseguradoras incluyan, en la descripción de la gestión del capital contenida en el informe sobre la situación financiera y de solvencia al que se refiere el artículo 92, la indicación separada de la exigencia de capital de solvencia obligatorio adicional o el impacto de los parámetros específicos que la entidad aseguradora o reaseguradora debe utilizar por desviaciones significativas frente a las hipótesis de base del cálculo de la fórmula estándar.

Disposición transitoria décima. Plazos de divulgación del informe sobre la situación financiera y de solvencia. 1. Los plazos para que las entidades aseguradoras y reaseguradoras divulguen el informe sobre la situación financiera y de solvencia, previstos en el artículo 93, serán para los ejercicios económicos que finalicen el 31 de diciembre de los años 2016, 2017 y 2018, de veinte, dieciocho y dieciséis semanas, respectivamente.

2. Para la divulgación del informe sobre la situación financiera y de solvencia de grupo los plazos previstos en el apartado anterior se ampliarán en seis semanas.

3. Las entidades aseguradoras y reaseguradoras deberán divulgar y remitir a la Dirección General de Seguros y fondos de Pensiones el informe especial de revisión de la situación financiera y de solvencia en los plazos señalados en los apartados 1 y 2.

Disposición transitoria undécima. Plazos de presentación de la información a efectos de supervisión, estadísticos y contables. 1. Los plazos para que las entidades aseguradoras y reaseguradoras presenten la información anual a efectos de supervisión, estadísticos y contables, así como el informe regular de supervisión, previstos en el artículo 160 serán, para los ejercicios económicos que finalicen el 31 de diciembre de los años 2016, 2017 y 2018, de veinte, dieciocho y dieciséis semanas, respectivamente.

2. Los plazos para que las entidades aseguradoras y reaseguradoras presenten la información trimestral a efectos de supervisión, estadísticos y contables, previstos en el artículo 160 serán, para los ejercicios económicos correspondientes a los años 2016, 2017 y 2018, de ocho, siete y seis semanas, respectivamente.

3. Para la presentación de información a efectos de supervisión, estadísticos y contables de grupo, los plazos previstos en los apartados anteriores se ampliarán en seis semanas.

Disposición transitoria duodécima. Adaptación de los planes de pensiones preexistentes a lo establecido en la disposición final cuarta, por la que se modifica el Reglamento de planes y fondos de pensiones, aprobado por Real Decreto 304/2004, de 20 de febrero. Las especificaciones de los planes de pensiones, los boletines de adhesión a los mismos y los documentos con los datos fundamentales para el partícipe de los planes individuales, deberán adaptarse a lo establecido en la disposición final cuarta de este real decreto en el plazo de seis meses desde su entrada en vigor.

Disposición transitoria decimotercera. Entidades aseguradoras y reaseguradoras que a partir del 1 de enero de 2016 no suscriban nuevos contratos. A los efectos de dar cumplimiento al requisito establecido en la Disposición transitoria undécima.3 b) de la Ley 20/2015, de 14 de julio, el informe anual de progreso deberá contar como mínimo con el siguiente contenido:

a) Contratos vigentes a 31 de diciembre de cada año, con detalle de las garantías asociadas a cada uno de ellos, así como de los contratos de reaseguros u otras medidas de mitigación de riesgos que les afecten.

b) Prestaciones pagadas a lo largo del año y siniestros pendientes de tramitación a 31 de diciembre, comparando lo previsto por la entidad en sus estimaciones con la experiencia del ejercicio y valorando, en su caso, el efecto de las desviaciones observadas en la terminación de las actividades de la sociedad antes de 1 de enero de 2019

c) Cálculo de provisiones técnicas y estado de cobertura, teniendo en cuenta los requisitos normativos vigentes hasta 31 de diciembre de 2015

d) Estructura operativa de la entidad con relación a las unidades organizativas, personal y medios con los que se cuentan para garantizar el desarrollo de las operaciones pendientes.

e) Cualquier otra circunstancia que pudiera afectar al cumplimiento del compromiso inicial de terminación de las actividades de la sociedad antes del 1 de enero de 2019.

Sin perjuicio de lo anterior la Dirección General de Seguros y Fondos de Pensiones podrá requerir a las entidades que se encuentren en este régimen cualquier información adicional necesaria para comprobar el adecuado cumplimiento de los requisitos establecidos en la Disposición transitoria undécima de la Ley 20/2015, de 14 de julio

Disposición transitoria decimocuarta. Deber de información de las entidades aseguradoras y reaseguradoras respecto al ejercicio 2015 a presentar en el 2016. Todas las entidades aseguradoras y reaseguradoras, así como sus grupos, deberán remitir la información correspondiente al ejercicio 2015, a la que se refiere el artículo 66 del Reglamento de Ordenación y Supervisión de los Seguros Privados, aprobado por el Real Decreto 2486/1998, de 20 de noviembre, en los plazos establecidos en el citado artículo.

Disposición transitoria decimoquinta. Régimen transitorio del capital de solvencia obligatorio. No obstante lo dispuesto en el artículo 156 de la Ley 20/2015, de 14 de julio, las entidades aseguradoras y reaseguradoras que, el día anterior a la entrada en vigor de este real decreto, dispongan de la cuantía mínima del margen de solvencia obligatorio a que se refieren los artículos 61 y 62 del Reglamento de Ordenación y Supervisión de los Seguros Privados, aprobado por el Real Decreto 2486/1998, de 20 de noviembre, pero no dispongan, en el primer año de aplicación de este real decreto, de los fondos propios admisibles suficientes para cubrir el capital de solvencia obligatorio regulado en la sección tercera del capítulo II, tomarán las medidas necesarias para establecer el nivel de fondos propios admisibles correspondiente a la cobertura del capital de solvencia obligatorio o la reducción de su perfil de riesgo para asegurar que dispone del capital de solvencia obligatorio, como muy tarde, a 31 de diciembre de 2017.

La entidad aseguradora o reaseguradora que se encuentre en esta situación lo comunicará a la Dirección General de Seguros y Fondos de Pensiones en el plazo máximo de 15 días desde que lo conozca, informando de las medidas que pretende adoptar para asegurar el cumplimiento de su requerimiento de capital en la fecha límite. Asimismo habrá de presentar un informe trimestral en el que expondrá las medidas adoptadas y los progresos registrados para restablecer el nivel de fondos propios admisibles correspondiente a la cobertura de su requerimiento de capital o para reducir su perfil de riesgo. Este informe se presentará durante el mes siguiente al final del trimestre al que corresponde.

Lo dispuesto en el párrafo anterior también será aplicable a las entidades que se encuentren en la circunstancia prevista en el apartado 1 de la disposición transitoria novena de la Ley 20/2015, de 14 de julio.

La prórroga establecida en el párrafo primero se revocará si el informe presentado muestra que no se han registrado progresos suficientes para lograr el restablecimiento del nivel de fondos propios admisibles correspondiente a la cobertura del capital de solvencia obligatorio o para reducir el perfil de riesgo con el fin de cubrir el capital de solvencia obligatorio entre la fecha en que se constató el incumplimiento con respecto al capital de solvencia obligatorio y la fecha de la presentación del informe.

Lo anterior no impedirá la aplicación de las medidas de control especial que resulten procedentes, en su caso.

Lo dispuesto en esta disposición transitoria, así como en la disposición transitoria novena de la Ley 20/2015, de 14 de julio, le resultará aplicable también a las entidades incluidas en el régimen especial de solvencia. Asimismo, será aplicable, con las adaptaciones necesarias, a nivel de grupo.

Disposición transitoria decimosexta. Distribución de dividendos o derramas. Las entidades autorizadas para aplicar las medidas transitorias sobre los tipos de interés sin riesgo o sobre las provisiones técnicas no podrán, salvo autorización previa, repartir dividendos o derramas, cuando sin la aplicación de las citadas medidas presentasen un déficit de capital de solvencia obligatorio o de capital mínimo obligatorio, o pudieran llegar a presentarlo como consecuencia de la distribución de dividendos o derramas.

Disposición transitoria decimoséptima. Procedimiento sancionador simplificado. Hasta que entre en vigor la Ley 39/2015, de 1 de octubre, del Procedimiento Administrativo Común de las Administraciones Públicas, el procedimiento simplificado a que hace referencia el artículo 210 de la Ley 20/2015, de 14 de julio, se regirá por lo dispuesto en el artículo 10 del Real Decreto 2119/1993, de 3 diciembre, sobre el procedimiento sancionador aplicable a los sujetos que actúan en los mercados financieros.

Disposición derogatoria única. Derogación normativa. Quedan derogadas cuantas disposiciones de igual o inferior rango se opongan a lo establecido en este real decreto y, en particular, las siguientes:

a) El Real Decreto 2486/1998, de 20 de noviembre, por el que se aprueba el Reglamento de Ordenación y Supervisión de los Seguros Privados, salvo lo dispuesto en:

i) el artículo 11, en lo que no se oponga al artículo 41.3 de la Ley 20/2015, de 14 de julio;

ii) los artículos 12, 13, 14, 15, 16, 17, 18, 19, 20, 21, 22 y 23;

iii) las disposiciones adicionales quinta y sexta;

iv) y los artículos que regulan el régimen del cálculo de provisiones técnicas a efectos contables recogidos en la disposición adicional quinta de este real decreto.

Las referencias contenidas en estos preceptos al texto refundido de la Ley de ordenación y supervisión de los seguros privados, aprobado por Real Decreto Legislativo 6/2004, de 29 de octubre, se entenderán realizadas a los correspondientes artículos de la Ley 20/2015, de 14 de julio.

b) Los artículos 7, 11, 12, 13, 14, 20, 21, 22, 23, 24, 25, 26, 27, 29.1, y 29.2 del Reglamento de mutualidades de previsión social, aprobado por el Real

Decreto 1430/2002, de 27 de diciembre, manteniéndose vigentes el resto de los artículos en lo que no se opongan a lo dispuesto en la ley.

c) Los artículos 85, 86 y 87 de la Orden ECO/805/2003, de 27 de marzo, sobre normas de valoración de bienes inmuebles y de determinados derechos para ciertas finalidades financieras.

d) La disposición transitoria quinta, «normas para la formulación de las cuentas de los grupos consolidables de entidades aseguradoras» del Real Decreto 1317/2008, de 24 de julio, por el que se aprueba el Plan de contabilidad de las entidades aseguradoras.

e) El apartado tercero de la Resolución, de 20 de octubre de 2008, de la Dirección General de Seguros y Fondos de Pensiones, sobre las obligaciones de información de las entidades aseguradoras que comercialicen planes de previsión asegurados.

Disposición final primera. Modificación del Real Decreto 1588/1999, de 15 de octubre, por el que se aprueba el Reglamento sobre la instrumentación de los compromisos por pensiones de las empresas con los trabajadores y beneficiarios. Se modifica el Reglamento sobre la instrumentación de los compromisos por pensiones de las empresas con los trabajadores y beneficiarios, aprobado por Real Decreto 1588/1999, de 15 de octubre, en los siguientes términos:

Uno. El apartado 2 del artículo 29 queda redactado como sigue:

«2. A efectos de la cuantificación del derecho de rescate de los contratos regulados en este capítulo, se aplicarán las siguientes normas:

a) Cuando para un determinado contrato, el interés técnico aplicado no incluya el componente relativo al ajuste por casamiento de flujos de la estructura temporal pertinente de tipos de interés sin riesgo previsto en el artículo 55 del Real Decreto 1060/2015, de 20 de noviembre, de ordenación, supervisión y solvencia de las entidades aseguradoras y reaseguradoras, la cuantía del derecho de rescate no podrá ser inferior al valor de las provisiones de seguros de vida correspondientes a la póliza.

No obstante, en caso de que el tomador ejercite el derecho de rescate previsto en el apartado 1.a) o 1.b) de este artículo, podrá acordarse expresamente en el contrato de seguro que instrumente compromisos por pensiones que el valor de rescate no pueda ser inferior al valor de realización de los activos que representen la inversión de las provisiones de seguro de vida correspondientes. A tal efecto, dichos activos deberán estar identificados, recogidos en el registro de inversiones y comunicados al tomador.

b) Cuando para un determinado contrato, el interés técnico aplicado incluya el componente relativo al ajuste por casamiento de flujos de la estructura temporal pertinente de tipos de interés sin riesgo previsto en el artículo 55 del Real Decreto 1060/2015, de 20 de noviembre, de ordenación, supervisión y solvencia de las entidades aseguradoras y reaseguradoras, la cuantía del derecho de rescate deberá ser igual al valor de realización de los activos que representen la inversión de las provisiones de seguros de vida correspondientes.

c) Si existiese déficit en la cobertura de las provisiones correspondientes, tal déficit no será repercutible en el derecho de rescate.

d) A la cuantía del derecho de rescate no se le podrá aplicar ningún tipo de penalizaciones o descuentos.

En el caso del derecho de rescate del trabajador asegurado, cuando las condiciones contractuales refieran el valor de rescate al valor de realización de los activos correspondientes a la póliza, deberá preverse en el contrato la facultad del asegurado de permanecer en el seguro colectivo en caso de cese de la relación laboral con el tomador.

e) A efectos de lo previsto en este apartado se entenderá por valor de realización de los activos su valor de mercado, definido como tal en el plan de contabilidad de las entidades aseguradoras».

Dos. El apartado 2 del artículo 33 queda redactado como sigue:

«2. El tipo de interés técnico aplicable a los seguros regulados en este capítulo será el que resulte de la aplicación de las normas contenidas en el Real Decreto 1060/2015, de 20 de noviembre, de ordenación, supervisión y solvencia de las entidades aseguradoras y reaseguradoras.

El Ministro de Economía y Competitividad podrá establecer la información que se habrá de remitir por las entidades aseguradoras sobre los contratos de seguro regulados en este capítulo a la Dirección General de Seguros y Fondos de Pensiones».

Tres. Se modifica el apartado 2 del artículo 34, que queda redactado como sigue (...):

– El apartado 2 del artículo 34 ha sido modificado por el **Real Decreto 62/2018, de 9 de febrero, por el que se modifica el Reglamento sobre la instrumentación de los compromisos por pensiones de las empresas con los trabajadores y beneficiarios, aprobado por el Real Decreto 1588/1999, de 15 de octubre, y el Reglamento de planes y fondos de pensiones, aprobado por el Real Decreto 304/2004, de 20 de febrero.**

Cuatro. Se modifica la letra b) del apartado 4 de la disposición adicional única, que queda redactada como sigue:

«b) Con periodicidad al menos anual, la entidad aseguradora remitirá a cada asegurado del plan de previsión social empresarial:

1.º Certificado individual de seguro en el que conste su pertenencia al plan de previsión social empresarial, indicando el número de póliza, sus datos personales, las contingencias cubiertas y las prestaciones individualmente garantizadas por la aseguradora.

2.º Certificación a efectos fiscales del valor de las primas imputadas que, en cumplimiento del plan, haya satisfecho el tomador en el ejercicio anterior.

3.º Valor de la provisión matemática a 31 de diciembre del ejercicio anterior, distinguiéndose la parte correspondiente a primas pagadas antes del 1 de enero de 2007, si las hubiere.

4.º Valor de rescate en caso de cese de la relación laboral y condiciones en las que se permite la movilización a otro instrumento de previsión social».

Cinco. Se modifica el apartado 5 de la disposición adicional única, que queda redactado como sigue (...):

– El apartado 5 de la Disposición Adicional Única ha sido modificado por el **Real Decreto 62/2018, de 9 de febrero, por el que se modifica el Reglamento sobre la instrumentación de los compromisos por pensiones de las empresas con los trabajadores y beneficiarios, aprobado por el Real Decreto 1588/1999, de 15 de octubre, y el Reglamento de planes y fondos de pensiones, aprobado por el Real Decreto 304/2004, de 20 de febrero.**

Seis. Se añade una disposición transitoria única que queda redactada como sigue:

«Disposición transitoria única. Contratos de seguros que asignan inversiones conforme al apartado 2 del artículo 33 del Reglamento de

Ordenación y Supervisión de los Seguros Privados, aprobado por Real Decreto 2486/1998, de 20 de noviembre.

En los contratos de seguros que a la entrada en vigor del Real Decreto 1060/2015, de 20 de noviembre, de ordenación, supervisión y solvencia de las entidades aseguradoras y reaseguradoras, contaran con inversiones asignadas conforme al apartado 2 del artículo 33 del Reglamento de Ordenación y Supervisión de los Seguros Privados, aprobado por Real Decreto 2486/1998, de 20 de noviembre, y no incluyan el componente relativo al ajuste por casamiento de flujos de la estructura temporal pertinente de tipos de interés sin riesgo previsto en el artículo 55 del Real Decreto 1060/2015, de 20 de noviembre, de ordenación, supervisión y solvencia de las entidades aseguradoras y reaseguradoras, la cuantía del derecho de rescate deberá ser igual al valor de realización de los activos que representen la inversión de las provisiones de seguros de vida correspondientes».

Disposición final segunda. Modificación del Real Decreto 1430/2002, de 27 de diciembre, por el que se aprueba el Reglamento de mutualidades de previsión social. Se modifica el Reglamento de mutualidades de previsión social, aprobado por el Real Decreto 1430/2002, de 27 de diciembre, en los siguientes términos:

Uno. Se modifica la letra g) del apartado 1 del artículo 10, que queda redactado como sigue:

«g) Indicación de los socios protectores y obligaciones que asuman en relación con la mutualidad, detallando, en concreto, el régimen de entrada y salida de los mismos en el ámbito de la mutualidad así como el carácter de las aportaciones y su articulación en el funcionamiento económico y contable de la entidad».

Dos. Se modifica el párrafo primero apartado 2 del artículo 39, que queda redactado como sigue:

«2. Los miembros de la junta directiva habrán de ser mutualistas al menos en dos terceras partes; no obstante, caso de existir entidades o personas protectoras, los estatutos sociales podrán determinar que los protectores o sus representantes formen parte de la junta directiva. La participación del protector en la junta directiva en ningún caso podrá suponer el control efectivo de este órgano societario».

Disposición final tercera. Modificación del Real Decreto 300/2004, de 20 de febrero, por el que se aprueba el Reglamento del seguro de riesgos extraordinarios. Se modifica el Reglamento del seguro de riesgos extraordinarios, aprobado por Real Decreto 300/2004, de 20 de febrero, en los siguientes términos:

Uno. Se modifica el apartado 1.a) del artículo 4, que pasa a tener la siguiente redacción:

«1. El seguro de riesgos extraordinarios amparará, conforme legalmente se determina, a los asegurados de las pólizas que se indican a continuación, en las cuales es obligatorio el recargo a favor del Consorcio de Compensación de Seguros:

a) En los seguros contra daños: las pólizas de vehículos terrestres, vehículos ferroviarios, incendios y eventos de la naturaleza, otros daños en los bienes (robo, rotura de cristales, daños a maquinaria, equipos electrónicos y ordenadores), responsabilidad civil en vehículos terrestres automóviles y las de pérdidas pecuniarias diversas, que contemplen coberturas de las citadas en el artículo 3.2 o coberturas de inhabitabilidad o desalojo forzoso de viviendas, o pérdidas de alquileres de viviendas; así como modalidades combinadas de ellos o cuando se contraten de forma complementaria.

No obstante, quedan excluidas, en todo caso, las pólizas de los seguros agrarios combinados, cualquiera que sea el bien objeto del seguro, así como cualesquiera otras que cubran producciones agropecuarias susceptibles de aseguramiento a través del sistema de los seguros agrarios combinados por encontrarse contempladas en los planes que anualmente aprueba el Gobierno, cualquiera que sea la delimitación de las coberturas que prevea dicho sistema, así como las pólizas que cubran los riesgos derivados del transporte de mercancías, y de la construcción y montaje, incluidas la pólizas suscritas en cumplimiento de la Ley 38/1999, de 5 de noviembre, de Ordenación de la Edificación.

Las pólizas que cubriendo producciones agropecuarias no incluidas en un plan anual de seguros agrarios combinados, se encuentren en vigor en el momento de la inclusión de dichas producciones en un nuevo plan, se entenderán excluidas de la obligación de pagar el recargo a favor del Consorcio de Compensación de Seguros y, en consecuencia, de la cobertura otorgada por éste, por aplicación del párrafo anterior, a partir de su vencimiento o renovación, y a más tardar en el plazo de un año desde la aprobación por el Gobierno del plan anual en el que pasen a estar incluidas las producciones».

Dos. Se modifican los apartados 1 y 4 del artículo 5, que pasan a tener la siguiente redacción:

«1. La cobertura de los riesgos extraordinarios alcanzará a los mismos bienes o personas, así como las mismas sumas aseguradas que se hayan establecido en las pólizas de seguro a efectos de la cobertura de los riesgos ordinarios, sin perjuicio de lo establecido en los apartados 3 y 4 de este artículo».

«4. No obstante lo dispuesto en el apartado 1:

a) En las pólizas que cubran daños propios a los vehículos a motor la cobertura de riesgos extraordinarios por el Consorcio de Compensación de Seguros garantizará la totalidad del interés asegurable aunque la póliza ordinaria sólo lo haga parcialmente.

b) Cuando los vehículos únicamente cuenten con una póliza de responsabilidad civil en vehículos terrestres automóviles, la cobertura de riesgos extraordinarios por el Consorcio de Compensación de Seguros garantizará el valor del vehículo en el estado en que se encuentre en el momento inmediatamente anterior a la ocurrencia del siniestro según precios de compra de general aceptación en el mercado».

Tres. Se modifica el artículo 9, que pasa a tener la siguiente redacción:

«Artículo 9. Franquicia.

1. En los seguros contra daños en las cosas y responsabilidad civil en vehículos terrestres, se aplicará la franquicia que, en su caso, fije el Ministro de Economía y Competitividad a propuesta del Consorcio de Compensación de Seguros.

2. En los seguros de personas no se efectuará deducción por franquicia».

Disposición final cuarta. Modificación del Real Decreto 304/2004, de 20 de febrero, por el que se aprueba el Reglamento de planes y fondos de pensiones. Se modifica el Reglamento de planes y fondos de pensiones, aprobado por Real Decreto 304/2004, de 20 de febrero, en los siguientes términos:

Uno. Se modifican los apartados 4 y 5 del artículo 10, que quedan redactados como sigue:

«4. El reconocimiento del derecho a la prestación deberá ser notificado al beneficiario mediante escrito firmado por la entidad gestora, dentro del plazo máximo de quince días hábiles desde la presentación de la documentación correspondiente, indicándole la forma, modalidad y cuantía de la prestación, periodicidad y vencimientos, formas de revalorización, posibles reversiones, y grado de aseguramiento o garantía, informando en su caso del riesgo a cargo del beneficiario, y demás elementos definitorios de la prestación, según lo previsto en las especificaciones o de acuerdo a la opción señalada por aquél.

Si se tratase de un capital inmediato, deberá ser abonado al beneficiario dentro del plazo máximo de 7 días hábiles desde que éste presentase la documentación correspondiente. No obstante, las especificaciones de los planes de empleo y asociados en los que la jubilación opere bajo la modalidad de prestación definida podrán extender dicho plazo hasta un máximo de 30 días hábiles cuando así se justifique por razones de la necesaria intervención de terceras personas o entidades en la cuantificación del derecho consolidado.

5. (...)

– El apartado 5 del artículo 10 ha sido modificado por el **Real Decreto 62/2018, de 9 de febrero, por el que se modifica el Reglamento sobre la instrumentación de los compromisos por pensiones de las empresas con los trabajadores y beneficiarios, aprobado por el Real Decreto 1588/1999, de 15 de octubre, y el Reglamento de planes y fondos de pensiones, aprobado por el Real Decreto 304/2004, de 20 de febrero.**

Dos. Se introduce un nuevo artículo 10 bis, con la siguiente redacción (...):

– El artículo 10 bis ha sido modificado por el **Real Decreto 62/2018, de 9 de febrero, por el que se modifica el Reglamento sobre la instrumentación de los compromisos por pensiones de las empresas con los trabajadores y beneficiarios, aprobado por el Real Decreto 1588/1999, de 15 de octubre, y el Reglamento de planes y fondos de pensiones, aprobado por el Real Decreto 304/2004, de 20 de febrero.**

Tres. El último párrafo de la letra a) del artículo 16 queda redactado como sigue:

«Lo dispuesto anteriormente se entiende sin perjuicio de la posibilidad de que las entidades financieras asuman compromisos de revalorización de los derechos consolidados a una fecha determinada, en los términos del artículo 77 de este reglamento».

Cuatro. Se añade una letra k) al artículo 18 con la siguiente redacción:

«k) Criterios para seleccionar las aportaciones de las que deriven los derechos consolidados o económicos en los casos de cobros parciales o movilizaciones parciales».

Cinco. Se modifica el apartado 2 del artículo 34, que queda redactado como sigue (...):

– El apartado 2 del artículo 34 ha sido modificado por el **Real Decreto 668/2023, de 18 de julio, por el que se modifica el Reglamento de planes y fondos de pensiones, aprobado por el Real Decreto 304/2004, de 20 de febrero, para el impulso de los planes de pensiones de empleo.** Con anterioridad, ya había sido modificado por el **Real Decreto 738/2020, de 4 de agosto, por el que se modifican el Real Decreto 304/2004, de 20 de febrero, por el que se aprueba el Reglamento de planes y fondos de pensiones, y el Real Decreto 1060/2015, de 20 de noviembre, de ordenación, supervisión y solvencia de las entidades aseguradoras y reaseguradoras,** y por el **Real Decreto 62/2018, de 9 de febrero, por el que se modifica el Reglamento sobre la instrumentación de los compromisos por pensiones de las empresas con los trabajadores y beneficiarios, aprobado por el Real Decreto 1588/1999, de 15 de octubre, y el Reglamento de planes y fondos de pensiones, aprobado por el Real Decreto 304/2004, de 20 de febrero.**

Seis. Se modifica el párrafo tercero del apartado 3 del artículo 35, que queda redactado como sigue (...):

– El apartado 3 del artículo 35 ha sido modificado por el **Real Decreto 668/2023, de 18 de julio, por el que se modifica el Reglamento de planes y fondos de pensiones, aprobado por el Real Decreto 304/2004, de 20 de febrero, para el impulso de los planes de pensiones de empleo.**

Siete. Se modifica la letra h) del apartado 1 del artículo 48, que queda redactada como sigue (...):

– El artículo 48 ha sido modificado por el **Real Decreto 668/2023, de 18 de julio, por el que se modifica el Reglamento de planes y fondos de pensiones, aprobado por el Real Decreto 304/2004, de 20 de febrero, para el impulso de los planes de pensiones de empleo.** Con anterioridad, ya había sido modificado por el **Real Decreto 738/2020, de 4 de agosto, por el que se modifican el Real Decreto 304/2004, de 20 de febrero, por el que se aprueba el Reglamento de planes y fondos de pensiones, y el Real Decreto 1060/2015, de 20 de noviembre, de ordenación, supervisión y solvencia de las entidades aseguradoras y reaseguradoras,** y por el **Real Decreto 62/2018, de 9 de** febrero, por el que se modifica el Reglamento sobre la instrumentación de los compromisos por pensiones de las empresas con los trabajadores y beneficiarios, aprobado por el Real Decreto 1588/1999, de 15 de octubre, y el Reglamento de planes y fondos de pensiones, aprobado por el Real Decreto 304/2004, de 20 de febrero.

Ocho. Se modifican las letras k) y m) del apartado 1 del artículo 48, que quedan redactadas como sigue (...):

– El artículo 48 ha sido modificado por el **Real Decreto 668/2023, de 18 de julio, por el que se modifica el Reglamento de planes y fondos de pensiones, aprobado por el Real Decreto 304/2004, de 20 de febrero, para el impulso de los planes de pensiones de empleo.** Con anterioridad, ya había sido modificado por el **Real Decreto 738/2020, de 4 de agosto, por el que se modifican el Real Decreto 304/2004, de 20 de febrero, por el que se aprueba el Reglamento de planes y fondos de pensiones, y el Real Decreto 1060/2015, de 20 de noviembre, de ordenación, supervisión y solvencia de las entidades aseguradoras y reaseguradoras,** y por el **Real Decreto 62/2018, de 9 de febrero, por el que se modifica el Reglamento sobre la instrumentación de los compromisos por pensiones de las empresas con los trabajadores y beneficiarios, aprobado por el Real Decreto 1588/1999, de 15 de octubre, y el Reglamento de planes y fondos de pensiones, aprobado por el Real Decreto 304/2004, de 20 de febrero.**

Nueve. Se modifica el apartado 4 del artículo 48, que queda redactado como sigue ( ):

– El artículo 48 ha sido modificado por el **Real Decreto 668/2023, de 18 de julio, por el que se modifica el Reglamento de planes y fondos de pensiones, aprobado por el Real Decreto 304/2004, de 20 de febrero, para el impulso de los planes de pensiones de empleo.** Con anterioridad, ya había sido modificado por el **Real Decreto 738/2020, de 4 de agosto, por el que se modifican el Real Decreto 304/2004, de 20 de febrero, por el que se aprueba el Reglamento de planes y fondos de pensiones, y el Real Decreto 1060/2015, de 20 de noviembre, de ordenación, supervisión y solvencia de las entidades aseguradoras y reaseguradoras,** y por el **Real Decreto 62/2018, de 9 de febrero, por el que se modifica el Reglamento sobre la instrumentación de los compromisos por pensiones de las empresas con los trabajadores y beneficiarios, aprobado por el Real Decreto 1588/1999, de 15 de octubre, y el Reglamento de planes y fondos de pensiones, aprobado por el Real Decreto 304/2004, de 20 de febrero.**

Diez. El apartado 9 del artículo 48 queda redactado como sigue ( ):

> – El artículo 48 ha sido modificado por el **Real Decreto 668/2023, de 18 de julio, por el que se modifica el Reglamento de planes y fondos de pensiones, aprobado por el Real Decreto 304/2004, de 20 de febrero, para el impulso de los planes de pensiones de empleo.** Con anterioridad, ya había sido modificado por el **Real Decreto 738/2020, de 4 de agosto, por el que se modifican el Real Decreto 304/2004, de 20 de febrero, por el que se aprueba el Reglamento de planes y fondos de pensiones, y el Real Decreto 1060/2015, de 20 de noviembre, de ordenación, supervisión y solvencia de las entidades aseguradoras y reaseguradoras,** y por el **Real Decreto 62/2018, de 9 de febrero, por el que se modifica el Reglamento sobre la instrumentación de los compromisos por pensiones de las empresas con los trabajadores y beneficiarios, aprobado por el Real Decreto 1588/1999, de 15 de octubre, y el Reglamento de planes y fondos de pensiones, aprobado por el Real Decreto 304/2004, de 20 de febrero.**

Once. Se modifica el segundo párrafo del apartado 4 del artículo 50, que queda redactado como sigue:

«A tal fin, el partícipe deberá presentar la solicitud de movilización que deberá incluir la identificación del plan y fondo de pensiones de origen desde el que se realizará la movilización, así como, en su caso, el importe a movilizar y una autorización del partícipe a la entidad gestora o aseguradora de destino para que, en su nombre, pueda solicitar a la gestora del fondo de origen la movilización de los derechos consolidados, así como toda la información financiera y fiscal necesaria para realizarlo. En caso de movilización parcial de derechos consolidados, la solicitud del partícipe deberá incluir indicación referente a si los derechos consolidados que desea movilizar corresponden a aportaciones anteriores o posteriores a 1 de enero de 2007, si las hubiera. Los derechos consolidados a movilizar se calcularán de forma proporcional según correspondan a aportaciones anteriores y posteriores a dicha fecha, cuando éstas existan, y el partícipe no haya realizado la indicación señalada anteriormente».

Doce. Se modifica el artículo 65, que queda redactado como sigue:

«La comisión de control de un plan de pensiones de empleo adscrito a un fondo podrá acordar la canalización de recursos de su cuenta de posición a otros fondos de pensiones de empleo autorizados para operar como abiertos, en las siguientes condiciones:

a) El plan de pensiones de empleo inversor mantendrá una cuenta de participación en el fondo de empleo abierto que podrá ser movilizable a otro fondo de empleo abierto, o reintegrable en el fondo en el que esté integrado el plan inversor.

Corresponde a la comisión de control del fondo abierto aceptar la apertura de dicha cuenta de participación, pudiendo delegar tal facultad en alguno de sus miembros, en una subcomisión o en su gestora.

b) La cuenta de participación del plan en el fondo abierto se considerará un activo del fondo de empleo al que esté adscrito el plan inversor, asignado individualmente a la cuenta de posición de éste.

En el activo del fondo al que esté adscrito el plan inversor, a la cuenta de participación del plan no le serán aplicables los límites de diversificación de inversiones previstos en este reglamento. En cuanto a las comisiones de gestión y depósito imputables a dicha cuenta, se estará a lo previsto al efecto en el artículo 84.

El fondo de empleo abierto no podrá garantizar una rentabilidad mínima por la participación de un plan inversor.

c) La instrumentación del cobro de aportaciones y pago de prestaciones del plan se realizará en el fondo al que esté adscrito, correspondiendo a su gestora la certificación y movilización de los derechos consolidados, el reconocimiento y abono de las prestaciones y la cuantificación de la cuenta de posición del plan.

d) La gestora del fondo abierto deberá informar a la comisión de control del plan de empleo inversor de los cambios en las normas de funcionamiento y en la política de inversión del fondo abierto, y con la periodicidad que se pacte, que será como mínimo anual, informará a dicha comisión sobre el estado y movimientos de la cuenta de participación y sobre las inversiones del fondo de pensiones abierto. Asimismo, la gestora del fondo de pensiones abierto deberá facilitar diariamente la referida información a la gestora del fondo al que está adscrito el plan inversor».

Trece. Se introduce un nuevo artículo 68 bis, con la siguiente redacción:

«Artículo 68 bis. Canalización de recursos de un plan de pensiones individual o asociado adscrito a un fondo a otros fondos de pensiones abiertos.

El promotor de un plan de pensiones individual o la comisión de control de un plan de pensiones asociado adscrito a un fondo podrán acordar la canalización de recursos de su cuenta de posición a otros fondos de pensiones personales autorizados para operar como abiertos, en las siguientes condiciones:

a) El plan de pensiones individual o asociado inversor mantendrá una cuenta de participación en el fondo personal abierto que podrá ser movilizable a otro fondo personal abierto, o reintegrable en el fondo en el que esté integrado el plan inversor.

Corresponde a la comisión de control del fondo abierto aceptar la apertura de dicha cuenta de participación, pudiendo delegar tal facultad en alguno de sus miembros, en una subcomisión o en su gestora. A falta de comisión de control del fondo abierto, dicha facultad le corresponde a la entidad gestora.

b) La cuenta de participación del plan en el fondo abierto se considerará un activo del fondo personal al que esté adscrito el plan inversor, asignado individualmente a la cuenta de posición de éste.

En el activo del fondo al que esté adscrito el plan inversor, a la cuenta de participación del plan no le serán aplicables los límites de diversificación de inversiones previstos en este reglamento. En cuanto a las comisiones de gestión y depósito imputables a dicha cuenta, se estará a lo previsto al efecto en el artículo 84.

El fondo personal abierto no podrá garantizar una rentabilidad mínima por la participación de un plan inversor.

c) La instrumentación del cobro de aportaciones y pago de prestaciones del plan se realizará en el fondo al que esté adscrito, correspondiendo a su gestora la certificación y movilización de los derechos consolidados, el reconocimiento y abono de las prestaciones y la cuantificación de la cuenta de posición del plan.

La gestora del fondo abierto deberá informar al promotor del plan de pensiones individual o a la comisión de control del plan asociado inversor de los cambios en las normas de funcionamiento y en la política de inversión del fondo abierto, y con la periodicidad que se pacte, que será como mínimo anual, informará a dicho promotor o comisión de control del plan sobre el estado y movimientos de la cuenta de participación y sobre las inversiones del fondo de pensiones abierto. Asimismo, la gestora del fondo de pensiones abierto deberá facilitar diariamente la referida información a la gestora del fondo al que está adscrito el plan inversor».

Catorce. El último párrafo del apartado 4 del artículo 69 queda redactado como sigue (...):

– El apartado 4 del artículo 69 ha sido modificado por el **Real Decreto 668/2023, de 18 de julio, por el que se modifica el Reglamento de planes y fondos de pensiones, aprobado por el Real Decreto 304/2004, de 20 de febrero, para el impulso de los planes de pensiones de empleo.**

Quince. Se modifica el apartado 3 del artículo 71, que queda redactado como sigue (...):

– El apartado 3 del artículo 71 ha sido modificado por el **Real Decreto 668/2023, de 18 de julio, por el que se modifica el Reglamento de planes y fondos de pensiones, aprobado por el Real Decreto 304/2004, de 20 de febrero, para el impulso de los planes de pensiones de empleo.**

Dieciséis. Se modifica el artículo 76, que queda redactado como sigue (...):

– El artículo 76 ha sido modificado por el **Real Decreto 668/2023, de 18 de julio, por el que se modifica el Reglamento de planes y fondos de pensiones, aprobado por el Real Decreto 304/2004, de 20 de febrero, para el impulso de los planes de pensiones de empleo.**

Diecisiete. Se modifica el artículo 77, que queda redactado como sigue:

«Las entidades financieras, en los términos permitidos por su normativa específica, podrán otorgar garantías, incluidas las concertadas mediante contratos de seguro, referidas a la obtención de un determinado valor liquidativo o del derecho consolidado en una fecha determinada en los planes de pensiones individuales o asociados de aportación definida.

Las referidas garantías podrán ser otorgadas al plan de pensiones directamente mediante documento de garantía suscrito por la entidad garante con el plan, o bien a los partícipes individualmente en documento de garantía suscrito por la entidad garante con el partícipe. Cuando la garantía se instrumente mediante contrato de seguro se formalizará la correspondiente póliza de seguro de vida suscrita por la aseguradora con el plan si se trata de una garantía otorgada al plan de pensiones directamente o, en su caso, mediante póliza de seguro individual suscrita por la aseguradora con el partícipe si se trata de garantía otorgada a los partícipes individualmente.

En dicho documento de garantía o póliza de seguro se especificarán clara y detalladamente la identidad de la entidad garante, el objeto de la garantía y la rentabilidad o parámetro de referencia, el plan al que se refiere, la duración, condiciones de mantenimiento y posibles causas de suspensión o rescisión de la garantía, la compensación a entregar al plan o, en su caso, a partícipes y beneficiarios a los que se otorgue individualmente en caso de suspensión o rescisión unilateral de la misma, las circunstancias, tiempo y forma en que podrá exigirse su ejecución, forma de determinar la cuantía a compensar o abonar por la entidad financiera y, en su caso, límites cuantitativos de la garantía. Si la información hace referencia a una teórica rentabilidad implícita en la operación, deberá informarse de su equivalente calculada sobre una base anual.

Cuando se trate de garantías otorgadas a los partícipes individualmente, en el documento de garantía, del cual se entregará copia al partícipe, o en la póliza de seguro individual, se hará constar expresamente que la garantía es exigible a la entidad garante, que se obliga a satisfacerla directamente al usuario, sin que pueda exigirse o considerarse como prestación del plan de pensiones, aportación al plan o incremento de derechos consolidados en el plan, siendo esa garantía ajena e independiente de los derechos y obligaciones derivados de la pertenencia al plan de pensiones.

Cuando se trate de garantías otorgadas al plan de pensiones directamente, en el documento de garantía o en la póliza de seguro correspondiente se hará constar expresamente que la garantía es exigible a la entidad garante, que se obliga a satisfacerla directamente al plan de pensiones en el que se integrará como mayor valor de los derechos consolidados de los partícipes. De acuerdo con lo establecido en los artículos 48.1 y 101.2, cuando exista garantía externa otorgada al plan directamente, el documento de datos fundamentales para el partícipe en el caso de planes individuales, o el boletín de adhesión en el caso de los planes asociados, deberán incluir indicaciones sobre los aspectos mencionados en el párrafo tercero de este artículo.

Respecto de un mismo plan de pensiones podrán concurrir las garantías previstas en este artículo otorgadas por una misma o distintas entidades financieras.

Las referidas garantías, tanto las instituidas entre la entidad garante y el plan, como las otorgadas directamente a los partícipes, no podrán condicionarse a las actuaciones en materia de inversiones de las comisiones de control o de la gestora del fondo o de terceras entidades con las que se haya contratado la gestión de las inversiones del fondo de pensiones, sin perjuicio de los conciertos sobre el particular entre la entidad garante y aquéllas.

Las entidades gestoras de fondos de pensiones no podrán asumir las garantías a que se refiere este artículo. Se exceptúan las entidades gestoras que con arreglo a lo dispuesto en el artículo 80 tengan la naturaleza de entidades aseguradoras, las cuales podrán asumir dichas garantías.

Los planes o fondos de pensiones respecto de los cuales la entidad garante ofrezca su garantía sólo podrán contener en su denominación el término «garantía», «garantizado», «seguro», «asegurado» u otros equivalentes cuando el importe de la garantía cubra a la fecha de vencimiento de la misma, como mínimo, la totalidad de lo aportado hasta la finalización de la garantía. En ningún caso las garantías reguladas en este artículo supondrán la asunción de riesgos o garantía de prestaciones determinadas por parte del plan de pensiones o del fondo de pensiones correspondiente.

Todo lo anterior se entiende sin perjuicio de lo dispuesto en la Ley 34/1988, de 11 de noviembre, General de Publicidad, y disposiciones de desarrollo».

Dieciocho. Se modifica el apartado 2 del artículo 80, que queda redactado como sigue:

«2. A efectos de lo previsto en el citado párrafo a) del artículo 78.1, para la cobertura del mínimo inicial de 600.000 euros y recursos adicionales requeridos en función del activo de los fondos gestionados, las aseguradoras podrán computar el capital o fondo mutual desembolsados, la reserva legal, las reservas de revalorización de elementos patrimoniales por aplicación de norma legal, la prima de emisión de acciones, las reservas voluntarias y la parte del saldo acreedor de la cuenta de pérdidas y ganancias que se destine a incrementar reservas voluntarias.

En todo caso, la exigencia de recursos propios para la actividad como gestora de fondos de pensiones se considera adicional a las exigencias de fondos propios básicos requeridos para el ejercicio de la actividad aseguradora.

No obstante, no será necesario incrementar el importe del capital social de la entidad aseguradora por encima de la cuantía exigida en su normativa específica siempre y cuando disponga de fondos propios básicos adicionales a los requeridos para su actividad aseguradora en cuantía suficiente para cubrir los requisitos del artículo 78.1 de este reglamento».

Diecinueve. Se modifica el artículo 85 bis, que queda redactado como sigue:

«1. Las entidades gestoras, las entidades depositarias, las entidades comercializadoras de planes de pensiones, quienes desempeñen cargos de administración y dirección en todas ellas, sus empleados, agentes y apoderados, así como los miembros de las comisiones de control de los planes y de los fondos de pensiones estarán sujetos a las normas de conducta previstas en este reglamento y en su normativa de desarrollo.

2. Las entidades gestoras, las entidades depositarias, las entidades diferentes de una entidad gestora que gestionen los activos de un fondo de pensiones y las entidades comercializadoras deberán elaborar un reglamento interno de conducta, de obligado cumplimiento, que regulará la actuación de sus órganos de administración, empleados y representantes.

Cuando las entidades referidas en el párrafo anterior ya tengan, en aplicación de otra normativa, la obligación de elaborar un reglamento interno de conducta, podrán integrar en éste las normas específicas referidas a su actividad en el ámbito de los planes y fondos de pensiones.

3. Los reglamentos internos de conducta deberán estar inspirados en las normas de conducta de los mercados de valores. Se habilita al Ministro de Economía y Competitividad para, a propuesta de la Dirección General de Seguros y Fondos de Pensiones, desarrollar y adaptar lo establecido en dichas normas a las especialidades propias de la actividad en el ámbito de los planes y fondos de pensiones.

Específicamente, los reglamentos internos de conducta deberán establecer procedimientos de control interno que acrediten que las decisiones de inversión a favor de un determinado fondo de pensiones o cliente, se adopta con carácter previo a la transmisión de la orden al intermediario. Asimismo, deberá disponer de criterios, objetivos y preestablecidos, para la distribución o desglose de operaciones que afecten a varios fondos de pensiones o clientes, que garanticen la equidad y no discriminación entre ellos.

4. Los reglamentos internos de conducta de la entidad gestora y de la entidad depositaria elaborados según lo previsto en este Reglamento deberán remitirse a la Dirección General de Seguros y Fondos de Pensiones junto a la solicitud de autorización administrativa en el caso de la entidad gestora y, al tiempo de la solicitud de inscripción en el registro especial de entidades depositarias, en el caso de entidades depositarias. Tales reglamentos internos de conducta estarán a disposición de las comisiones de control de los fondos de pensiones gestionados o respecto de los que se preste el servicio de depósito.

5. El incumplimiento de lo previsto en los reglamentos internos de conducta podrá dar lugar a la imposición de las correspondientes sanciones administrativas, en los términos previstos en el texto refundido de la Ley de Regulación de los Planes y Fondos de Pensiones».

Veinte. Se modifica la letra f) del apartado 2 del artículo 101, que queda redactada como sigue (...):

> – El artículo 101 ha sido modificado por el **Real Decreto 668/2023, de 18 de julio, por el que se modifica el Reglamento de planes y fondos de pensiones, aprobado por el Real Decreto 304/2004, de 20 de febrero, para el impulso de los planes de pensiones de empleo.** Con anterioridad, ya había sido modificado por el **Real Decreto 738/2020, de 4 de agosto, por el que se modifican el Real Decreto 304/2004, de 20 de febrero, por el que se aprueba el Reglamento de planes y fondos de pensiones, y el Real Decreto 1060/2015, de 20 de noviembre, de ordenación, supervisión y solvencia de las entidades aseguradoras y reaseguradoras,** y por el **Real Decreto 62/2018, de 9 de febrero, por el que se modifica el Reglamento sobre la instrumentación de los compromisos por pensiones de las empresas con los trabajadores y beneficiarios, aprobado por el Real Decreto 1588/1999, de 15 de octubre, y el Reglamento de planes y fondos de pensiones, aprobado por el Real Decreto 304/2004, de 20 de febrero.**

Veintiuno. Se modifica la letra i) del apartado 2 del artículo 101, que queda redactada como sigue (...):

– El artículo 101 ha sido modificado por el **Real Decreto 668/2023, de 18 de julio,** por el que se modifica el Reglamento de planes y fondos de pensiones, aprobado por el **Real Decreto 304/2004, de 20 de febrero,** para el impulso de los planes de pensiones de empleo. Con anterioridad, ya había sido modificado por el **Real Decreto 738/2020, de 4 de agosto,** por el que se modifican el Real Decreto 304/2004, de 20 de febrero, por el que se aprueba el Reglamento de planes y fondos de pensiones, y el **Real Decreto 1060/2015, de 20 de noviembre,** de ordenación, supervisión y solvencia de las entidades aseguradoras y reaseguradoras, y por el **Real Decreto 62/2018, de 9 de febrero,** por el que se modifica el Reglamento sobre la instrumentación de los compromisos por pensiones de las empresas con los trabajadores y beneficiarios, aprobado por el **Real Decreto 1588/1999, de 15 de octubre,** y el Reglamento de planes y fondos de pensiones, aprobado por el **Real Decreto 304/2004, de 20 de febrero.**

Veintidós. Se añade un nuevo punto 4.º en la letra m) del apartado 2 del artículo 101, con la siguiente redacción (...):

– El artículo 101 ha sido modificado por el **Real Decreto 668/2023, de 18 de julio,** por el que se modifica el Reglamento de planes y fondos de pensiones, aprobado por el **Real Decreto 304/2004, de 20 de febrero,** para el impulso de los planes de pensiones de empleo. Con anterioridad, ya había sido modificado por el **Real Decreto 738/2020, de 4 de agosto,** por el que se modifican el Real Decreto 304/2004, de 20 de febrero, por el que se aprueba el Reglamento de planes y fondos de pensiones, y el **Real Decreto 1060/2015, de 20 de noviembre,** de ordenación, supervisión y solvencia de las entidades aseguradoras y reaseguradoras, y por el **Real Decreto 62/2018, de 9 de febrero,** por el que se modifica el Reglamento sobre la instrumentación de los compromisos por pensiones de las empresas con los trabajadores y beneficiarios, aprobado por el **Real Decreto 1588/1999, de 15 de octubre,** y el Reglamento de planes y fondos de pensiones, aprobado por el **Real Decreto 304/2004, de 20 de febrero.**

Veintitrés. Se modifica el punto 3.º de la letra h) del apartado 3 del artículo 101, que queda redactado como sigue (...):

– El artículo 101 ha sido modificado por el **Real Decreto 668/2023, de 18 de julio,** por el que se modifica el Reglamento de planes y fondos de pensiones, aprobado por el **Real Decreto 304/2004, de 20 de febrero,** para el impulso de los planes de pensiones de empleo. Con anterioridad, ya había sido modificado por el **Real Decreto 738/2020, de 4 de agosto,** por el que se modifican el Real Decreto 304/2004, de 20 de febrero, por el que se aprueba el

Reglamento de planes y fondos de pensiones, y el Real Decreto 1060/2015, de 20 de noviembre, de ordenación, supervisión y solvencia de las entidades aseguradoras y reaseguradoras, y por el **Real Decreto 62/2018, de 9 de febrero, por el que se modifica el Reglamento sobre la instrumentación de los compromisos por pensiones de las empresas con los trabajadores y beneficiarios, aprobado por el Real Decreto 1588/1999, de 15 de octubre, y el Reglamento de planes y fondos de pensiones, aprobado por el Real Decreto 304/2004, de 20 de febrero.**

Veinticuatro. Se modifica el párrafo tercero de la disposición adicional quinta, que queda redactado como sigue:

«A tal fin, el asegurado deberá presentar la solicitud de movilización que deberá incluir la identificación del plan de previsión asegurado de origen desde el que se realizará la movilización y la entidad aseguradora de origen, así como, en su caso, el importe a movilizar y una autorización del tomador o beneficiario a la entidad aseguradora o entidad gestora de destino para que, en su nombre, pueda solicitar a la entidad aseguradora de origen la movilización de la provisión matemática, así como toda la información financiera y fiscal necesaria para realizarlo. En caso de movilización parcial de derechos económicos, la solicitud del asegurado deberá incluir indicación referente a si los derechos económicos que desea movilizar corresponden a primas anteriores o posteriores a 1 de enero de 2007, si las hubiera. Los derechos económicos a movilizar se calcularán de forma proporcional según correspondan a primas anteriores y posteriores a dicha fecha, cuando éstas existan, y el asegurado no haya realizado la indicación señalada anteriormente».

Veinticinco. Se modifica el párrafo tercero de la disposición adicional sexta que queda redactado como sigue:

«A tal fin, el asegurado deberá acompañar a su solicitud la identificación del plan de previsión social empresarial y entidad aseguradora de origen desde el que se realizará la movilización, así como, en su caso, el importe a movilizar y una autorización del asegurado a la aseguradora o entidad gestora de destino para que, en su nombre, pueda solicitar a la aseguradora del plan de previsión social empresarial de origen la movilización de los derechos económicos, así como toda la información financiera y fiscal necesaria para realizarlo. En caso de movilización parcial de derechos económicos, la solicitud del asegurado deberá incluir indicación referente a si los derechos económicos que desea movilizar corresponden a primas anteriores o posteriores a 1 de enero de 2007, si las hubiera. Los derechos económicos a movilizar se calcularán de forma proporcional según correspondan a primas anteriores y posteriores a dicha fecha, cuando éstas existan, y el asegurado no haya realizado la indicación señalada anteriormente».

Veintiséis. La disposición adicional séptima queda redactada como sigue (...):

> – La Disposición Adicional Séptima ha sido modificada por el **Real Decreto 62/2018, de 9 de febrero, por el que se modifica el Reglamento sobre la instrumentación de los compromisos por pensiones de las empresas con los trabajadores y beneficiarios, aprobado por el Real Decreto 1588/1999, de 15 de octubre, y el Reglamento de planes y fondos de pensiones, aprobado por el Real Decreto 304/2004, de 20 de febrero.**

Veintisiete. Se añade una nueva disposición adicional octava, con la siguiente redacción (...):

> – La Disposición Adicional Octava ha sido modificada por el **Real Decreto 62/2018, de 9 de febrero, por el que modifica el Reglamento sobre la instrumentación de los compromisos por pensiones de las empresas con los trabajadores y beneficiarios, aprobado por el Real Decreto 1588/1999, de 15 de octubre, y el Reglamento de planes y fondos de pensiones, aprobado por el Real Decreto 304/2004, de 20 de febrero.**

Veintiocho. Se introduce una nueva disposición transitoria séptima, con la siguiente redacción (...):

> – La Disposición Transitoria Séptima ha sido modificada por el **Real Decreto 62/2018, de 9 de febrero, por el que se modifica el Reglamento sobre la instrumentación de los compromisos por pensiones de las empresas con los trabajadores y beneficiarios, aprobado por el Real Decreto 1588/1999, de 15 de octubre, y el Reglamento de planes y fondos de pensiones, aprobado por el Real Decreto 304/2004, de 20 de febrero.**

Disposición final quinta. Modificación del Real Decreto 1317/2008, de 24 de julio, por el que se aprueba el Plan de contabilidad de las entidades aseguradoras. Se modifica el Real Decreto 1317/2008, de 24 de julio, por el que se aprueba el Plan de contabilidad de las entidades aseguradoras y reaseguradoras, en los siguientes términos:

Uno. El título de la norma queda redactado como sigue:

«Real Decreto 1317/2008, de 24 de julio, por el que se aprueba el Plan de contabilidad de las entidades aseguradoras y reaseguradoras y normas sobre la formulación de las cuentas anuales consolidadas de los grupos de entidades aseguradoras y reaseguradoras».

Dos. El artículo 2 queda redactado como sigue:

«Las cinco primeras partes del Plan de contabilidad de las entidades aseguradoras y reaseguradoras serán de aplicación obligatoria para todas las entidades aseguradoras y reaseguradoras españolas comprendidas en el capítulo I del título II de la Ley 20/2015, de 14 de julio, de ordenación, supervisión y solvencia de las entidades aseguradoras y, cualquiera que sea la forma que adopten con arreglo a lo previsto en su artículo 27, así como para las sucursales de entidades aseguradoras y reaseguradoras domiciliadas en terceros países, no miembros del Espacio Económico Europeo, establecidas en España.

No obstante lo dispuesto en el párrafo anterior, la cuarta y quinta parte sólo serán de aplicación obligatoria en relación con el desarrollo de grupos, subgrupos y cuentas de tres dígitos, así como sus definiciones y relaciones contables.

En el caso de que la entidad necesite utilizar cuentas de tres dígitos no previstas en el presente Plan, se utilizarán, en su caso, las recogidas en el Plan General de Contabilidad. Las mutualidades de previsión social que otorguen prestaciones sociales, deberán habilitar las cuentas y subcuentas necesarias dentro del subgrupo 65 con la finalidad de registrar el movimiento de las operaciones a que estas prestaciones sociales den lugar. Tanto los gastos originados por el otorgamiento de estas prestaciones sociales, que no serán objeto de reclasificación, como los ingresos, deberán imputarse a la cuenta no técnica.

La sexta parte del Plan será de aplicación a los grupos de entidades aseguradoras y reaseguradoras definidos en el artículo 84.3 de la Ley de Ordenación, Supervisión y Solvencia de Entidades aseguradoras y reaseguradoras, cuando conforme a los dispuesto en el artículo 43 bis del Código de Comercio, no apliquen las normas internacionales de información financiera adoptadas por los reglamentos de la Unión Europea».

Tres. El segundo párrafo del artículo 4 queda redactado como sigue:

«A estos efectos, las contingencias previstas en el artículo 44 de la Ley 20/2015, de 14 de julio, de ordenación, supervisión y solvencia de las entidades aseguradoras y reaseguradoras, para las mutualidades de previsión social, se asimilarán a las actividades contempladas en el apartado anterior, en función de lo que disponen los artículos 15, 16 y 19 del Reglamento de Mutualidades de Previsión Social, aprobado por Real Decreto 1430/2002, de 27 de diciembre».

Cuatro. Se suprime la disposición transitoria quinta. Normas para la formulación de cuentas de los grupos consolidables de entidades aseguradoras.

Cinco. El apartado 4 de la norma de registro y valoración segunda de la segunda parte del Plan queda redactado como sigue:

«4. Valor razonable de los inmuebles.

Se entenderá, a los efectos de esta norma y de las subsiguientes, que el valor razonable de los inmuebles será el valor de tasación otorgado por una entidad tasadora autorizada para la valoración de bienes en el mercado hipotecario, con arreglo a las normas de valoración de bienes inmuebles y de determinados derechos para ciertas finalidades financieras aprobadas por el Ministerio de Economía y Competitividad».

Seis. El párrafo octavo del apartado 2.7 de la norma de registro y valoración octava de la segunda parte del Plan queda redactado como sigue:

«Se entenderá por suceso aislado ajeno al control de la entidad, entre otros, los siguientes sucesos:

a) Un deterioro significativo en la solvencia del emisor.

b) Cambios en los requerimientos de capitales económicos.

c) Rescates de pólizas que excedan de las estimaciones de rescates realizadas por la entidad en base a proyecciones que contemplen su experiencia en los 5 últimos ejercicios y la realidad de variables financieras observables en los mercados».

Siete. Los apartados 1 y 2 de la norma de registro y valoración 9.ª de la segunda parte del Plan quedan redactados como sigue:

«1. Marco general de los contratos de seguros.

Todo contrato calificado como contrato de seguro conforme a la Ley de ordenación, supervisión y solvencia de las entidades aseguradoras y reaseguradoras, la Ley de contrato de seguro y demás disposiciones de desarrollo, se contabilizará según lo dispuesto en la quinta parte de este Plan para los contratos de seguros.

2. Provisiones técnicas.

La valoración de las provisiones técnicas se efectuará conforme a lo dispuesto en la disposición adicional quinta del Real Decreto 1060/2015, de 20 de noviembre, de ordenación, supervisión y solvencia de las entidades aseguradoras y reaseguradoras. La cuantía resultante no se modificará por los distintos criterios de valoración aplicables a los instrumentos financieros.

Atendiendo a lo establecido en la quinta parte de este Plan, la reserva de estabilización se reconocerá en el patrimonio neto. Anualmente su importe se incrementará, en la cuantía exigida en la normativa de ordenación y supervisión de los seguros privados, con cargo al patrimonio neto. Su importe únicamente podrá ser dispuesto para compensar las desviaciones de la siniestralidad del ejercicio de propia retención. El recargo de seguridad no será objeto de periodificación contable».

Ocho. La norma 1.ª de la tercera parte del Plan queda redactado como sigue:

«1. Documentos que integran las cuentas anuales.

Las cuentas anuales comprenden el balance, la cuenta de pérdidas y ganancias, el estado de cambios en el patrimonio neto, el estado de flujos de efectivo y la memoria. Estos documentos forman una unidad y deben ser redactados de conformidad con lo dispuesto en el artículo 83 de la Ley 20/2015, de 14 de julio, de ordenación supervisión y solvencia de entidades aseguradoras y reaseguradoras y en el presente Plan, con la finalidad de mostrar la imagen fiel del patrimonio, de la situación financiera y de los resultados de la entidad».

Nueve. El apartado 5 de la norma 2.ª de la tercera parte del Plan queda redactado como sigue:

«5. Las entidades que operen simultáneamente en el ramo de vida y en los ramos distintos del de vida deberán llevar contabilidad separada para ambos tipos de actividad, con referencia a los siguientes conceptos:

a) Cuentas técnicas de pérdidas y ganancias.

b) Los fondos propios admisibles para la cobertura del capital mínimo obligatorio.

c) Las provisiones técnicas y su inversión».

Diez. El párrafo primero de la norma 9.ª de la tercera parte del Plan queda redactado como sigue:

«La memoria, completa, amplía y comenta la información contenida en los otros documentos que integran las cuentas anuales. Se formulará teniendo en cuenta que:»

Once. El apartado V).A.24.7 de los Modelos de Cuentas Anuales de la tercera parte del Plan queda redactado como sigue:

«7. En el caso de que la entidad pertenezca a un grupo de entidades aseguradoras y reaseguradoras, conforme a lo dispuesto en el artículo 84.3 de Ley 20/2015, de 14 de julio, de ordenación supervisión y solvencia de entidades aseguradoras y reaseguradoras, se indicará el nombre del grupo y el de la entidad obligada a presentar la información a efectos estadísticos y contables en la Dirección General de Seguros y Fondos de Pensiones, la descripción de las sociedades incluidas a estos efectos en el perímetro de la consolidación, el objeto social y los métodos de consolidación aplicados a cada una de estas sociedades.

Además, en el caso de que la entidad pertenezca a un grupo sujeto a supervisión, de acuerdo a lo previsto en el artículo 132 de la Ley 20/2015, de 14 de julio, se indicará el nombre del grupo y el de la entidad obligada a presentar la información a efectos de supervisión en la Dirección General de Seguros y Fondos de Pensiones, el ámbito de aplicación de la supervisión de grupo, el objeto social de las entidades incluidas en el mismo, el método de cálculo de la solvencia del grupo y el método de valoración aplicado a cada entidad del grupo.

Asimismo, se facilitará información sobre la sujeción del grupo a lo dispuesto en la Ley 5/2005, de 22 de abril, de supervisión de los conglomerados financieros y por la que se modifican otras leyes del sector financiero y en el Real Decreto 1332/2005, de 11 de noviembre, que desarrolla la anterior, por concurrir en el mismo las circunstancias previstas en las citadas normas a efectos de su constitución como conglomerado financiero o grupo mixto no consolidable».

Doce. Se suprimen los apartados V).A.27 de los Modelos de Cuentas Anuales de la tercera parte del Plan, referido al Estado de cobertura de provisiones técnicas y V).A.28 de los Modelos de Cuentas Anuales de la tercera parte del Plan referido al Estado del margen de solvencia y del fondo de garantía.

Trece. El primer párrafo del apartado V).B de los Modelos de Cuentas Anuales de la tercera parte del Plan queda redactado como sigue (...):

> – El apartado V).B ha sido suprimido por el **Real Decreto 583/2017, de 12 de junio, por el que se modifica el Plan de contabilidad de las entidades aseguradoras y reaseguradoras y normas sobre la formulación de las cuentas anuales consolidadas de los grupos de entidades aseguradoras y reaseguradoras, aprobado por el Real Decreto 1317/2008, de 24 de julio.**

Catorce. Se añade una sexta parte al Plan con el título Normas sobre la formulación de las cuentas anuales consolidadas de los grupos de entidades aseguradoras y reaseguradoras, con el contenido siguiente:

«SEXTA PARTE

Normas sobre la formulación de las cuentas anuales consolidadas de los grupos de entidades aseguradoras y reaseguradoras

La formulación de las cuentas anuales consolidadas de los grupos de entidades aseguradoras y reaseguradoras, tal y como se definen en el artículo 84.3 de la Ley 20/2015, de 14 de julio, de ordenación supervisión y solvencia de entidades aseguradoras y reaseguradoras, cuando conforme a los dispuesto en el artículo 43 bis del Código de Comercio, no se apliquen las normas internacionales de información financiera adoptadas por los reglamentos de la Unión Europea, se regirá por las normas contenidas en el Código de Comercio, en el Real Decreto 1159/2010, de 17 de septiembre, por el que se aprueban las Normas para la Formulación de Cuentas Anuales Consolidadas, y en las disposiciones que lo desarrollen, con las particularidades que a continuación se indican:

1. Las referencias hechas a las normas de registro y valoración del PGC han de entenderse realizadas a las equivalentes normas de registro y valoración del PCEA.

2. Homogeneización valorativa.

Cuando se integren entidades no aseguradoras sujetas a reglas contables diferentes se mantendrán estas sin que resulte necesario proceder a su homogeneización. En caso de filiales no pertenecientes al Espacio Económico Europeo no será necesario armonizar previamente las partidas correspondientes a las provisiones técnicas de dichas sociedades.

3. Eliminaciones.

Se efectuarán las eliminaciones que correspondan por ingresos y gastos recíprocos y créditos y débitos por operaciones internas de seguro.

4. Estructura de las cuentas anuales consolidadas.

La estructura de las cuentas anuales consolidadas se adaptará a lo establecido en el anexo.

5. La memoria consolidada recogerá, además la siguiente información:

a) Operaciones de reaseguro y coaseguro

Se informará de las operaciones realizadas en reaseguro y coaseguro entre empresas del grupo de entidades aseguradoras y reaseguradoras, especificando los resultados que se hayan producido. En particular, se suministrará información sobre:

– Ingresos y gastos técnicos por operaciones de reaseguro aceptado y de reaseguro cedido.

– Otros ingresos y gastos no técnicos.

– Saldos por operaciones de reaseguro aceptado y cedido.

– Saldo por operaciones de coaseguro.

– Depósitos constituidos por reaseguro aceptado y depósitos recibidos por reaseguro cedido y retrocedido.

– Provisiones técnicas por reaseguro aceptado o cedido.

b) Información sobre el balance consolidado

Cuando se incluyan en el balance consolidado sociedades a las que se haya aplicado el método de integración global en cuyos balances individuales figuren activos y pasivos distintos de los que figuran en los balances de las entidades aseguradoras y reaseguradoras, se registrarán, según corresponda, en las partidas «otros activos» u «otros pasivos» del balance consolidado del grupo y sobre las referidas cuentas se suministrará en la memoria el oportuno desglose, así como la información que, de acuerdo a su naturaleza se exige en las Normas para la Formulación de Cuentas Anuales Consolidadas aprobadas por el Real Decreto 1159/2010, de 17 de septiembre.

c) Información sobre la cuenta de pérdidas y ganancias consolidada.

Reclasificaciones en la cuenta de pérdidas y ganancias consolidada.

Cuando intervengan en la consolidación entidades no aseguradoras o reaseguradoras que se consoliden por integración global con el resto de entidades aseguradoras y reaseguradoras del grupo, se efectuarán las reclasificaciones de ingresos y gastos que resulten necesarias para su inclusión en la cuenta de pérdidas y ganancias bajo la denominación que corresponda a su verdadera naturaleza desde el punto de vista de la actividad aseguradora. Sobre dichas reclasificaciones, la composición de los ingresos y gastos que se han visto afectadas por las mismas y sobre los criterios seguidos para su realización, se suministrará detallada información en la memoria.

d) Otra información:

La información exigida a las entidades aseguradoras individuales en los apartados 25 y 26 de la memoria individual del presente plan en la medida en que sea aplicable a nivel de grupo.

MODELOS DE CUENTAS ANUALES CONSOLIDADAS DE LOS GRUPOS DE ENTIDADES ASEGURADORAS Y REASEGURADORAS

ACTIVO CONSOLIDADO	
A-1)	**Efectivo y otros medios líquidos equivalentes**
A-2)	**Cartera de negociación**
	I. Instrumentos de patrimonio
	II. Valores representativos de deuda
	III. Derivados
	IV. Otros
A-3)	**Otros activos financieros a valor razonable con cambios en pérdidas y ganancias**
	I. Instrumentos de patrimonio
	II. Valores representativos de deuda
	III. Instrumentos híbridos
	IV. Inversiones por cuenta de los tomadores de seguros de vida que asuman el riesgo de la inversión
	V. Otros
A-4)	**Activos financieros disponibles para la venta**
	I. Instrumentos de patrimonio
	II. Valores representativos de deuda
	III. Inversiones por cuenta de los tomadores de seguros de vida que asuman el riesgo de la inversión
	IV. Otros
A-5)	**Préstamos y partidas a cobrar**

	I.	Valores representativos de deuda	
	II.	Préstamos	
		1.	Anticipos sobre pólizas
		2.	Préstamos a entidades del grupo y asociadas
			a) Entidades asociadas
			b) Entidades multigrupo
			c) Otros
		3.	Préstamos a otras partes vinculadas
	III.	Depósitos en entidades de crédito	
	IV.	Depósitos constituidos por reaseguro aceptado	
	V.	Créditos por operaciones de seguro directo	
		1.	Tomadores de seguro
		2.	Mediadores
	VI.	Créditos por operaciones de reaseguro	
	VII.	Créditos por operaciones de coaseguro	
	VIII.	Desembolsos exigidos	
	IX.	Otros créditos	
		1.	Créditos con las Administraciones Públicas
		2.	Resto de créditos
A-6)	**Cartera de inversión a vencimiento**		
A-7)	**Derivados de cobertura**		
A-8	**Participación del reaseguro en las provisiones técnicas**		
	I.	Provisión para primas no consumidas	
	II.	Provisión de seguros de vida	
	III.	Provisión para prestaciones	
	IV.	Otras provisiones técnicas	
A-9)	**Inmovilizado material e inversiones inmobiliarias**		
	I.	Inmovilizado material	
	II.	Inversiones inmobiliarias	
A-10)	**Inmovilizado intangible**		
	I.	Fondo de comercio	
		1.	Fondo de comercio de consolidación
		2.	Otros
	II.	Derechos económicos derivados de carteras de pólizas adquiridas a mediadores	
	III.	Otro activo intangible	

A-11) Participaciones en sociedades puestas en equivalencia
I.   Entidades asociadas
II. Entidades multigrupo
A-12) Activos fiscales
I.   Activos por impuesto corriente
II. Activos por impuesto diferido
A-13) Otros activos
I.   Activos y derechos de reembolsos por retribuciones a largo plazo al personal
II. Comisiones anticipadas y otros costes de adquisición
III. Periodificaciones
IV. Resto de activos
A-14) Activos y grupos de activos en venta
PASIVO Y PATRIMONIO NETO CONSOLIDADO
A) PASIVO TOTAL ACTIVO
A-1) Pasivos financieros mantenidos para negociar
A-2) Otros pasivos financieros a valor razonable con cambios en pérdidas y ganancias
A-3) Dé Débitos y partidas a pagar
I.   Pasivos subordinados
II. Depósitos recibidos por reaseguro cedido
III. Deudas por operaciones de seguro
1.- Deudas con asegurados
2.- Deudas con mediadores
3.- Deudas condicionadas
IV. Deudas por operaciones de reaseguro
V.   Deudas por operaciones de coaseguro
VI. Obligaciones y otros valores negociables
VII. Deudas con entidades de crédito
VIII. Deudas por operaciones preparatorias de contratos de seguro
IX. Otras deudas:
1.- Deudas con las Administraciones públicas
2.- Otras deudas con entidades del grupo y asociadas
a) Entidades asociadas
b) Entidades multigrupo
c) Otros
3.- Resto de otras deudas
A-4) Derivados de cobertura
A-5) Provisiones técnicas
I.   Provisión para primas no consumidas
II. Provisión para riesgos en curso

	III.	Provisión de seguros de vida
		1.- Provisión para primas no consumidas
		2.- Provisión para riesgos en curso
		3.- Provisión matemática
		4.- Provisión de seguros de vida cuando el riesgo de la inversión lo asume el tomador
	IV.	Provisión para prestaciones
	V.	Provisión para participación en beneficios y para extornos
	VI.	Otras provisiones técnicas
A-6)	**Provisiones no técnicas**	
	I.	Provisiones para impuestos y otras contingencias legales
	II.	Provisión para pensiones y obligaciones similares
	III.	Provisión para pagos por convenios de liquidación
	IV.	Otras provisiones no técnicas
A-7)	**Pasivos fiscales**	
	I.	Pasivos por impuesto corriente
	II.	Pasivos por impuesto diferido
A-8)	**Resto de pasivos**	
	I.	Periodificaciones
	II.	Pasivos por asimetrías contables
	III.	Comisiones y otros costes de adquisición del reaseguro cedido
	IV.	Otros pasivos
A-9)	**Pasivos vinculados con activos mantenidos para la venta**	
TOTAL PASIVO		
B) PATRIMONIO NETO		
B-1)	**Fondos propios**	
	I.	Capital o fondo mutual
		1. Capital escriturado o fondo mutual
		2. (Capital no exigido)
	II.	Prima de emisión
	III.	Reservas
		1. Legal y estatutarias
		2. Reserva de estabilización
		3. Reservas en sociedades consolidadas
		4. Reservas en sociedades puestas en equivalencia
		5. Otras reservas
	IV.	(Acciones propias y de la sociedad dominante)
	V.	Resultados de ejercicios anteriores atribuidos a la sociedad dominante
		1. Remanente
		2. (Resultados negativos de ejercicios anteriores atribuidos a la sociedad dominante)
	VI.	Otras aportaciones de socios y mutualistas
	VII.	Resultado del ejercicio atribuido a la sociedad dominante
		1. Pérdidas y ganancias consolidadas

	2.	(Pérdidas y ganancias socios externos)		
	VIII.	(Dividendo a cuenta y reserva de estabilización a cuenta)		
	IX.	Otros instrumentos de patrimonio neto		
B-2)	**Ajustes por cambios de valor:**			
	I.	Activos financieros disponibles para la venta		
	II.	Operaciones de cobertura		
	III.	Diferencias de cambio y conversión		
	IV.	Corrección de asimetrías contables		
	V.	Sociedades puestas en equivalencia		
	VI.	Otros ajustes		
B-3)	**Subvenciones, donaciones y legados recibidos**			
B-4)	**Socios externos**			
TOTAL PATRIMONIO NETO				
TOTAL PASIVO Y PATRIMONIO NETO				

CUENTA DE PÉRDIDAS Y GANANCIAS CONSOLIDADA		
I. CUENTA TÉCNICA-SEGURO NO VIDA	20XX	20XX-1
I.1. Primas Imputadas al Ejercicio, Netas de Reaseguro		
a) Primas devengadas		
a1) Seguro directo		
a2) Reaseguro aceptado		
a3) Variación de la corrección por deterioro de las primas pendientes de cobro (+ o -)		
b) Primas del reaseguro cedido (-)		
c) Variación de la provisión para primas no consumidas y para riesgos en curso (+ o -)		
c1) Seguro directo		
c2) Reaseguro aceptado		
d) Variación de la provisión para primas no consumidas, reaseguro cedido (+ o -)		
I.2. Ingresos del inmovilizado material y de las inversiones		
a) Ingresos procedentes de las inversiones inmobiliarias		
b) Ingresos procedentes de inversiones financieras		
c) Aplicaciones de correcciones de valor por deterioro del inmovilizado material y de las inversiones		
c1) Del inmovilizado material y de las inversiones inmobiliarias		
c2) De inversiones financieras		
d) Beneficios en realización del inmovilizado material y de las inversiones		

			d1) Del inmovilizado material y de las inversiones inmobiliarias		
			d2) De inversiones financieras		
		e) Ingresos de entidades incluidas en la consolidación			
			e1) Participación en beneficios de entidades puestas en equivalencia		
			e2) Beneficios por la enajenación de participaciones en sociedades puestas en equivalencia		
			e3) Beneficios por la enajenación de participaciones en sociedades conso-lidadas		
I.3. Otros Ingresos Técnicos					
I.4. Siniestralidad del Ejercicio, Neta de Reaseguro					
	a) Prestaciones y gastos pagados				
		a1) Seguro directo			
		a2) Reaseguro aceptado			
		a3) Reaseguro cedido (-)			
	b) Variación de la provisión para prestaciones (+ o -)				
		b1) Seguro directo			
		b2) Reaseguro aceptado			
		b3) Reaseguro cedido (-)			
	c) Gastos imputables a prestaciones				
I.5. Variación de otras Provisiones Técnicas, Netas de Reaseguro (+ o -)					
I.6. Participación en Beneficios y Extornos					
	a) Prestaciones y gastos por participación en beneficios y extornos.				
	b) Variación de la provisión para participación en beneficios y extornos (+ o -)				
I.7. Gastos de Explotación Netos					
	a) Gastos de adquisición				
	b) Gastos de administración				
	c) Comisiones y participaciones en el reaseguro cedido y retrocedido				
I.8. Otros Gastos Técnicos (+ o -)					
	a) Variación del deterioro por insolvencias (+ o -)				
	b) Variación del deterioro del inmovilizado (+ o -)				
	c) Variación de prestaciones por convenios de liquidación de siniestros (+ o -)				
	d) Otros				
I.9. Gastos del inmovilizado material y de las inversiones					
	a) Gastos de gestión de las inversiones				
		a1) Gastos del inmovilizado material y de las inversiones inmobiliarias			
		a2) Gastos de inversiones y cuentas financieras			

b) Correcciones de valor del inmovilizado material y de las inversiones		
b1) Amortización del inmovilizado material y de las inversiones inmobiliarias		
b2) Deterioro del inmovilizado material y de las inversiones inmobiliarias		
b3) Deterioro de inversiones financieras		
c) Pérdidas procedentes del inmovilizado material y de las inversiones		
c1) Del inmovilizado material y de las inversiones inmobiliarias		
c2) De las inversiones financieras		
e) Gastos de entidades incluidas en la consolidación		
e1) Participación en pérdidas de entidades puestas en equivalencia		
e2) Pérdidas por la enajenación de participaciones en sociedades puestas en equivalencia		
e3) Pérdidas por la enajenación de participaciones en sociedades consolidadas		
I.10. Subtotal (Resultado de la Cuenta Técnica del Seguro No Vida)		

II. CUENTA TÉCNICA SEGURO DE VIDA		
II.1. Primas imputadas al Ejercicio, Netas de Reaseguro		
a) Primas devengadas		
a1) Seguro directo		
a2) Reaseguro aceptado		
a3) Variación de la corrección por deterioro de las primas pendientes de cobro (+ o -)		
b) Primas del reaseguro cedido (-)		
c) Variación de la provisión para primas no consumidas y para riesgos en curso(+ o -)		
c1) Seguro directo		
c2) Reaseguro aceptado		
d) Variación de la provisión para primas no consumidas, reaseguro cedido (+ o -)		
II.2. Ingresos del inmovilizado material y de las inversiones		
a) Ingresos procedentes de las inversiones inmobiliarias		
b) Ingresos procedentes de inversiones financieras		
c) Aplicaciones de correcciones de valor por deterioro del inmovilizado material y de las inversiones		
c1) Del inmovilizado material y de las inversiones inmobiliarias		
c2) De inversiones financieras		
d) Beneficios en realización del inmovilizado material y de las inversiones		
d1) Del inmovilizado material y de las inversiones inmobiliarias		
d2) De inversiones financieras		
e) Ingresos de entidades incluidas en la consolidación		

			e1) Participación en beneficios de entidades puestas en equivalencia		
			e2) Beneficios por la enajenación de participaciones en sociedades puestas en equivalencia		
			e3) Beneficios por la enajenación de participaciones en sociedades conso-lidadas		
	II.3. Ingresos de inversiones afectas a seguros en los que el tomador asume el riesgo de la inversión		
	II.4. Otros Ingresos Técnicos		
	II.5. Siniestralidad del Ejercicio, Neta de Reaseguro		
		a) Prestaciones y gastos pagados		
			a1) Seguro directo		
			a2) Reaseguro aceptado		
			a3) Reaseguro cedido (-)		
		b) Variación de la provisión para prestaciones (+ o -)		
			b1) Seguro directo		
			b2) Reaseguro aceptado		
			b3) Reaseguro cedido (-)		
		c) Gastos imputables a prestaciones		
	II.6. Variación de Otras Provisiones Técnicas Netas de Reaseguro (+ o -)		
		a) Provisiones para seguros de vida		
			a1) Seguro directo		
			a2) Reaseguro aceptado		
			a3) Reaseguro cedido (-)		
		b) Provisiones para seguros de vida cuando el riesgo de inversión lo asuman los tomadores de seguros		
		c) Otras provisiones técnicas		
	II.7. Participación en Beneficios y Extornos		
		a) Prestaciones y gastos por participación en beneficios y extornos		
		b) Variación de la provisión para participación en beneficios y extornos (+ o -)		
	II.8. Gastos de Explotación Netos		
		a) Gastos de adquisición		
		b) Gastos de administración		
		c) Comisiones y participaciones del reaseguro cedido y retrocedido		
	II.9. Otros Gastos Técnicos		
		a) Variación del deterioro por insolvencias (+ o -)		
		b) Variación del deterioro del inmovilizado (+ o -)		
		c) Otros		
	II.10. Gastos del inmovilizado material y de las inversiones		
		a) Gastos de gestión del inmovilizado material y de las inversiones		
			a1) Gastos del inmovilizado material y de las inversiones inmobiliarias		

		a2) Gastos de inversiones y cuentas financieras			
	b) Correcciones de valor del inmovilizado material y de las inversiones				
		b1) Amortización del inmovilizado material y de las inversiones inmobiliarias			
		b2) Deterioro del inmovilizado material y de las inversiones inmobiliarias			
		b3) Deterioro de inversiones financieras			
	c) Pérdidas procedentes del inmovilizado material y de las inversiones				
		c1) Del inmovilizado material y de las inversiones inmobiliarias			
		c2) De las inversiones financieras			
	e) Gastos de entidades incluidas en la consolidación				
		e1) Participación en pérdidas de entidades puestas en equivalencia			
		e2) Pérdidas por la enajenación de participaciones en sociedades puestas en equivalencia			
		e3) Pérdidas por la enajenación de participaciones en sociedades consolidadas			
II.11. Gastos de inversiones afectas a seguros en los que el tomador asume el riesgo de la inversión					
II.12. Subtotal. (Resultado de la Cuenta Técnica del Seguro de Vida)					

III. CUENTA NO TÉCNICA					
III.1. Ingresos del inmovilizado material y de las inversiones					
	a) Ingresos procedentes de las inversiones inmobiliarias				
	b) Ingresos procedentes de las inversiones financieras				
	c) Aplicaciones de correcciones de valor por deterioro del inmovilizado material y de las inversiones				
		c1) Del inmovilizado material y de las inversiones inmobiliarias			
		c2) De inversiones financieras			
	d) Beneficios en realización del inmovilizado material y de las inversiones				
		d1) Del inmovilizado material y de las inversiones inmobiliarias			
		d2) De inversiones financieras			
	e) Ingresos de entidades incluidas en la consolidación				
		e1) Participación en beneficios de entidades puestas en equivalencia			
		e2) Beneficios por la enajenación de participaciones en sociedades puestas en equivalencia			
		e3) Beneficios por la enajenación de participaciones en sociedades consolidadas			
	f) Diferencias negativas de consolidación				
		f1) Sociedades consolidadas			
		f2) Sociedades puestas en equivalencia			
III.2. Gastos del inmovilizado material y de las inversiones					
	a) Gastos de gestión de las inversiones				
		a1) Gastos de inversiones y cuentas financieras			
		a2) Gastos de inversiones materiales			
	b) Correcciones de valor del inmovilizado material y de las inversiones				
		b1) Amortización del inmovilizado material y de las inversiones inmobiliarias			
		b2) Deterioro del inmovilizado material y de las inversiones inmobiliarias			
		b3) Deterioro de inversiones financieras			
	c) Pérdidas procedentes del inmovilizado material y de las inversiones				

		c1) Del inmovilizado material y de las inversiones inmobiliarias			
		c2) De las inversiones financieras			
	e) Gastos de entidades incluidas en la consolidación				
		e1) Participación en pérdidas de entidades puestas en equivalencia			
		e2) Pérdidas por la enajenación de participaciones en sociedades puestas en equivalencia			
		e3) Pérdidas por la enajenación de participaciones en sociedades consolidadas			
III.3. Otros Ingresos					
	a) Ingresos por la administración de fondos de pensiones				
	b) Resto de ingresos				
III.4. Otros Gastos					
	a) Gastos por la administración de fondos de pensiones				
	b) Resto de gastos				
III.5. Subtotal (Resultado de la Cuenta No Técnica)					
III.6 Resultado antes de impuestos (I.10 + II.12 + III.5)					
III.7 Impuesto sobre Beneficios					
III.8. Resultado procedente de operaciones continuadas (III.6 + III.7)					
III.9. Resultado procedente de operaciones interrumpidas neto de impuestos (+ o -)					
III.10. Resulta del Ejercicio Consolidado (III.8 + III.9)					
	a) Resultado atribuido a la sociedad dominante				
	b) Resultado atribuido a socios externos				

ESTADO DE INGRESOS Y GASTOS CONSOLIDADOS RECONOCIDOS	20XX	20XX-1
I) RESULTADO CONSOLIDADO DEL EJERCICIO		
II) OTROS INGRESOS Y GASTOS CONSOLIDADOS RECONOCIDOS		
II.1.- Activos financieros disponibles para la venta		
Ganancias y pérdidas por valoración		
Importes transferidos a la cuenta de pérdidas y ganancias		
Otras reclasificaciones		
II.2.- Coberturas de los flujos de efectivo		
Ganancias y pérdidas por valoración		
Importes transferidos a la cuenta de pérdidas y ganancias		
Importes transferidos al valor inicial de las partidas cubiertas		
Otras reclasificaciones		
II.3.- Cobertura de inversiones netas en negocios en el extranjero		
Ganancias y pérdidas por valoración		
Importes transferidos a la cuenta de pérdidas y ganancias		
Otras reclasificaciones		
II.4.- Diferencias de cambio y conversión		
Ganancias y pérdidas por valoración		
Importes transferidos a la cuenta de pérdidas y ganancias		
Otras reclasificaciones		
II.5.- Corrección de asimetrías contables		
Ganancias y pérdidas por valoración		

Importes transferidos a la cuenta de pérdidas y ganancias		
Otras reclasificaciones		
II.6.- Activos mantenidos para la venta		
Ganancias y pérdidas por valoración		
Importes transferidos a la cuenta de pérdidas y ganancias		
Otras reclasificaciones		
II.7.- Ganancias / (pérdidas) actuariales por retribuciones a largo plazo al personal		
II.8.- Entidades valoradas por puesta en equivalencia		
Ganancias y pérdidas por valoración		
Importes transferidos a la cuenta de pérdidas y ganancias		
Otras reclasificaciones		
II.9.- Otros ingresos y gastos reconocidos		
II.10.- Impuesto sobre beneficios		
III) TOTAL DE INGRESOS Y GASTOS CONSOLIDADOS RECONOCIDOS		
III.1.- Atribuidos en la entidad dominante		
III.2.- Atribuidos a socios externos		

ESTADO TOTAL DE CAMBIOS EN EL PATRIMONIO NETO CONSOLIDADO CORRESPONDIENTE AL EJERCICIO TERMINADO EL ... DE 20XX	Capital	Prima de emisión	Reservas y resultados de ejercicios anteriores (*)	(Acciones propias y de la sociedad dominante)	Otras aportaciones de socios o mutualistas	Resultado del ejercicio atribuido a la sociedad dominante	(Dividendo a cuenta)	Otros instrumentos de patrimonio	Ajustes por cambios de valor	Subvenciones y donaciones y legados recibidos	Socios externos	TOTAL
A. SALDO, FINAL DEL AÑO 200X - 2												
I. Ajustes por cambios de criterio 200X-2 y anteriores.												
II. Ajustes por errores 200X-2 y anteriores.												
B. SALDO AJUSTADO, INICIO DEL AÑO 200X-1												
I. Total ingresos y gastos consolidado reconocidos.												
II. Operaciones con socios o mutualistas												
1. Aumentos (reducciones) de capital o fondo mutual (condonaciones de deudas)												
3. (-) Distribución de dividendos o derramas activas												
4. Operaciones con acciones o participaciones propias y de la sociedad dominante (netas).												
5. Incremento (reducción) de patrimonio neto resultante de una combinación de negocios.												
6. Adquisiciones (ventas) de participaciones de socios externos												

ESTADO TOTAL DE CAMBIOS EN EL PATRIMONIO NETO CONSOLIDADO CORRESPONDIENTE AL EJERCICIO TERMINADO EL … DE 20XX	Capital	Prima de emisión	Reservas y resultados de ejercicios anteriores (*)	(Acciones propias y de la sociedad dominante)	Otras aportaciones de socios o mutualistas	Resultado del ejercicio atribuido a la sociedad dominante	(Dividendo a cuenta)	Otros instrumentos de patrimonio	Ajustes por cambios de valor	Subvenciones y donaciones y legados recibidos	Socios externos	TOTAL
7. Otras operaciones con socios o mutualistas												
III. Otras variaciones del patrimonio neto.												
C. SALDO, FINAL DEL AÑO 200X - 1												
I. Ajustes por cambios de criterio 200X-1.												
II. Ajustes por errores 200X-1.												
D. SALDO AJUSTADO, INICIO DEL AÑO 200X												
I. Total ingresos y gastos consolidados reconocidos.												
II. Operaciones con socios o mutualistas												
1. Aumentos (reducciones) de capital o fondo mutual con donaciones de deudas).												
3. (-) Distribución de dividendos o derramas activas												
4. Operaciones con acciones o participaciones propias y de la sociedad dominante (netas).												
5. Incremento (reducción) de patrimonio neto resultante de una combinación de negocios.												
6. Adquisiciones (ventas) de participaciones de socios externos												
7. Otras operaciones con socios o mutualistas												
III. Otras variaciones del patrimonio neto.												
E. SALDO, FINAL DEL AÑO 200X												

(*) Incluye reservas en sociedades consolidantes y reservas en sociedades puestas en equivalencia.

ESTADO DE FLUJOS DE EFECTIVO CONSOLIDADO	Notas en la memoria	Total 20XX	Total 20XX-1
A) FLUJOS DE EFECTIVO DE LAS ACTIVIDADES DE EXPLOTACIÓN			
A.1) Actividad aseguradora			
1.- Cobros seguro directo, coaseguro y reaseguro aceptado			
2.- Pagos seguro directo, coaseguro y reaseguro aceptado			
3.- Cobros reaseguro cedido			
4.- Pagos reaseguro cedido			
5.- Recobro de prestaciones			
6.- Pagos de retribuciones a mediadores			
7.- Otros cobros de explotación			

ESTADO DE FLUJOS DE EFECTIVO CONSOLIDADO	Notas en la memoria	Total	
		20XX	20XX-1
8.- Otros pagos de explotación			
9.- Total cobros de efectivo de la actividad aseguradora (1+3+5+7) = I			
10.- Total pagos de efectivo de la actividad aseguradora (2+4+6+8) = II			
A.2) Otras actividades de explotación			
1.- Cobros de actividades de gestión de fondos de pensiones			
2.- Pagos de actividades de gestión de fondos de pensiones			
3.- Cobros de otras actividades			
4.- Pagos de otras actividades			
5.- Total cobros de efectivo de otras actividades de explotación (1+3) = III			
6.- Total pagos de efectivo de otras actividades de explotación (2+4) = IV			
7.- Cobros y pagos por impuesto sobre beneficios (V)			
A.3) Total flujos de efectivo netos de actividades de explotación (I-II+III-IV + - V)			
B) FLUJOS DE EFECTIVO DE LAS ACTIVIDADES DE INVERSIÓN			
B.1) Cobros de actividades de inversión			
1.- Inmovilizado material			
2.- Inversiones inmobiliarias			
3.- Activos intangibles			
4.- Instrumentos financieros			
5.- Entidades del grupo, multigrupo y asociadas			
6.- Intereses cobrados			
7.- Dividendos cobrados			
8.- Unidad de negocio			
9.- Otros cobros relacionados con actividades de inversión			
10.- Total cobros de efectivo de las actividades de inversión (1+2+3+4+5+6+7+8+9) = VI			
B.2) Pagos de actividades de inversión			
1.- Inmovilizado material			
2.- Inversiones inmobiliarias			
3.- Activos intangibles			
4.- Instrumentos financieros			
5.- Entidades del grupo, multigrupo y asociadas			
6.- Unidad de negocio			
7.- Otros pagos relacionados con actividades de inversión			
8.- Total pagos de efectivo de las actividades de inversión (1+2+3+4+5+6+7) = VII			
B.3) Total flujos de efectivo de actividades de inversión (VI - VII)			
C) FLUJOS DE EFECTIVO DE LAS ACTIVIDADES DE FINANCIACIÓN			
C.1) Cobros de actividades de financiación			

ESTADO DE FLUJOS DE EFECTIVO CONSOLIDADO	Notas en la memoria	Total	
		20XX	20XX-1
1.- Pasivos subordinados			
2.- Cobros por emisión de instrumentos de patrimonio y ampliación de capital			
3.- Derramas activas y aportaciones de los socios o mutualistas			
4.- Enajenación de valores propios y de la sociedad dominante			
5.- Otros cobros relacionados con actividades de financiación			
6.- Venta de participaciones a socios externos			
7.- Total cobros de efectivo de las actividades de financiación (1+2+3+4+5+6) = VIII			
C.2) Pagos de actividades de financiación			
1.- Dividendos a los accionistas			
2.- Intereses pagados			
3.- Pasivos subordinados			
4.- Pagos por devolución de aportaciones a los accionistas			
5.- Derramas pasivas y devolución de aportaciones a los mutualistas			
6.- Adquisición de valores propios y de la sociedad dominante			
7.- Otros pagos relacionados con actividades de financiación			
8.- Adquisición de participaciones a socios externos			
8.- Total pagos de efectivo de las actividades de financiación (1+2+3+4+5+6+7+8) = IX			
C.3) Total flujos de efectivo netos de actividades de financiación (VIII - IX)			
Efecto de las variaciones de los tipos de cambio (X)			
Total aumento / disminuciones de efectivo y equivalentes (A.3 + B.3 + C.3 + - X)			
Efectivo y equivalentes al inicio del periodo			
Efectivo y equivalentes al final del periodo			
Componentes del efectivo y equivalentes al final del periodo			
1.- Caja y bancos			
2.- Otros activos financieros			
3.- Descubiertos bancarios reintegrables a la vista			
Total Efectivo y equivalentes al final del periodo (1 + 2 - 3)			

Disposición final sexta. Modificación de la Orden ECO/805/2003, de 27 de marzo, sobre normas de valoración de bienes inmuebles y de determinados derechos para ciertas finalidades financieras. Uno. Se modifica el apartado b) del artículo 2, que queda redactado en los siguientes términos:

«b) Determinación del valor razonable a efectos del apartado 4 de la norma de registro y valoración segunda de la segunda parte del Plan de contabilidad de las entidades aseguradoras y reaseguradoras, aprobado por el Real Decreto 1317/2008, de 24 de julio, y determinación de la valoración de activos a efectos del artículo 68 de la Ley 20/2015, de 14 de julio de ordenación, supervisión y solvencia de entidades aseguradoras y reaseguradoras».

Dos. Se modifica el título del capítulo I del Título IV, que queda redactado en los siguientes términos: «Valoración de inmuebles de entidades aseguradoras a efectos de la determinación de su valor razonable».

Tres. Se modifican los apartados 1 y 2 del artículo 82, que queda redactado en los siguientes términos:

«1. Las entidades aseguradoras deberán informar a la Dirección General de Seguros y Fondos de Pensiones de cualquier incidencia que pudiera producir una alteración relevante en el valor de los inmuebles y de los derechos reales inmobiliarios, o en las circunstancias que pudieran afectar a los mismos».

«2. La Dirección General de Seguros y Fondos de Pensiones podrá requerir, tanto a la entidad aseguradora propietaria del inmueble y de los derechos reales inmobiliarios como a la entidad tasadora autorizada que hubiese emitido el informe, las aclaraciones necesarias y la presentación de documentos distintos a los mencionados expresamente en la presente Orden si fuese preciso para verificar o revisar las circunstancias, cálculos y valores incorporados al informe».

Cuatro Se modifica el artículo 83, que queda redactado en los siguientes términos:

«Cuando la Dirección General de Seguros y Fondos de Pensiones acuerde comprobar la valoración realizada por entidades tasadoras autorizadas, lo comunicará por escrito a la entidad aseguradora titular del inmueble o del derecho real inmobiliario. Ambas entidades deberán entregar la documentación que les sea solicitada y dar las máximas facilidades para realizar la citada comprobación; en caso contrario, se procederá por el técnico actuante a levantar diligencia de constancia de hechos».

Cinco. Se modifica el apartado 1 del artículo 84, que queda redactado en los siguientes términos:

«1. Las entidades aseguradoras solicitarán de una entidad tasadora autorizada la revisión de las valoraciones de los inmuebles de su propiedad y de los derechos reales inmobiliarios inscritos a su favor, antes de que hayan transcurrido dos años desde la anterior valoración y, con independencia de la antigüedad de la anterior tasación, siempre que se pudiera haber producido una alteración relevante en el valor de los mismos. Excepcionalmente, la Dirección General de Seguros y Fondos de Pensiones podrá reducir el plazo de los dos años, con carácter general o para determinada clase de inmuebles y derechos reales inmobiliarios, cuando por las especiales circunstancias que afectasen al mercado inmobiliario fuese necesario para evitar sobrevaloraciones de los inmuebles».

Disposición final séptima. Modificación de la Orden de 25 de febrero de 2000 por la que se crea y regula el índice nacional de defunciones. Uno. Se modifica el apartado Segundo, que queda redactado en los siguientes términos:

«Segundo. Su finalidad y uso será proveer de datos sobre el estado vital de las personas a los sistemas de información utilizados para la gestión de pacientes, para la gestión y el control sanitario, para el mantenimiento de registros de enfermedades, para la vigilancia en salud pública, para la obtención de estadísticas y para la ejecución de estudios epidemiológicos o de investigación sanitaria; verificar la supervivencia de los beneficiarios de rentas vitalicias o temporales derivadas de operaciones de seguro, y agilizar el pago de las prestaciones a los beneficiarios de seguros en caso de fallecimiento del asegurado».

Dos Se modifica el apartado Sexto, que queda redactado en los siguientes términos:

«Sexto. Los datos personales contenidos en el Índice Nacional de Defunciones podrán ser cedidos para los fines y usos previstos en el apartado segundo únicamente a entidades, organismos o instituciones pertenecientes a alguno de los grupos siguientes:

a) Centros o establecimientos sanitarios de titularidad pública o privada, destinados al diagnóstico y/o tratamiento médico y/o quirúrgico de enfermos ingresados o atendidos de forma ambulatoria.

b) Administraciones públicas sanitarias.

c) Centros de investigación de carácter público.

d) Las entidades aseguradoras autorizadas para operar en España en los ramos de vida o accidentes.

Para ello deberán formular la correspondiente solicitud motivada, que deberá ser resuelta en un plazo máximo de un mes a contar desde su recepción, advirtiendo expresamente a los cesionarios de su obligación de dedicarlos exclusivamente a la finalidad para la que se ceden.

Los centros o establecimientos sanitarios que sean de titularidad privada deberán, además, estar autorizados por la comunidad autónoma correspondiente para los fines señalados, y constar en el Registro General de centros, servicios y establecimientos sanitarios del Ministerio de Sanidad, Servicios Sociales e Igualdad».

Disposición final octava. Salvaguardia del rango normativo. Las modificaciones introducidas, por la disposición final sexta y la disposición final séptima, en la Orden ECO/805/2003, de 27 de marzo, sobre normas de valoración de bienes inmuebles y de determinados derechos para ciertas finalidades financieras; y en la Orden de 25 de febrero de 2000 por la que se crea y regula el Índice Nacional de Defunciones, respectivamente, mantendrán el rango normativo de orden ministerial.

Disposición final novena. Título competencial. Conforme a lo establecido en la disposición final decimocuarta de la Ley 20/2015, de 14 de julio, las disposiciones contenidas en este real decreto, se dictan al amparo del artículo 149.1.11.ª y 13.ª de la Constitución, que atribuye al Estado las competencias para establecer las bases de la ordenación de los seguros y las bases y coordinación de la planificación general de la actividad económica, respectivamente. Se exceptúan de lo anterior:

a) Los artículos 3, 19 a 24, 40, 166, 167 y la disposición adicional octava, que no tendrán carácter básico.

b) Los siguientes artículos, que se dictan al amparo del artículo 149.1.6.ª de la Constitución, que atribuye al Estado la competencia exclusiva en materia de legislación mercantil: Los contenidos en el capítulo II, en el capítulo IV y en el capítulo V del título III (excepto el artículo 100, apartados 1, 2, 3, 5 y 7; artículo 101, apartados 1, 2, 3 y 5; artículo 102; artículo 103, apartado 2; artículo 104, apartado 2; artículo 105, apartados 1, 3, 4, 6 y 7; artículo 107, apartados 1, 2, 3 y 5 y el párrafo segundo del apartado 4; artículo 108, apartados 1, 2 y 3 y el párrafo segundo del apartado 4; artículo 110, apartados 1, 2, 3, 5 y 7; artículo 111; artículo 113, el segundo párrafo del apartado 2; artículo 114, apartados 1, 2, 3, 4, 5, 8 y 9 y el párrafo segundo del apartado 6; artículo 115); los artículos 122 a 126; artículo 127, apartados 1 a 3; artículo 219; artículo 222 y artículos 225 y 226.

– La Disposición Final Novena se modifica por el **Real Decreto 288/2021, de 20 de abril.**

Disposición final décima. Incorporación del Derecho de la Unión Europea. Mediante este Real Decreto se completa la transposición al derecho español de la Directiva 2009/138/CE del Parlamento Europeo y del Consejo, de 25 de noviembre de 2009, sobre el acceso a la actividad de seguro y de reaseguro y su ejercicio (Solvencia II) modificada por la Directiva 2014/51/UE del Parlamento Europeo y del Consejo, de 16 de abril de 2014, por la que se modifican las Directivas 2003/71/CE y 2009/138/CE y los Reglamentos (CE) n.º 1060/2009, (UE) n.º 1094/2010 y (UE) n.º 1095/2010 en lo que respecta a los poderes de la Autoridad Europea de Supervisión (Autoridad Europea de Seguros y Pensiones de Jubilación) y de la Autoridad Europea de Supervisión (Autoridad Europea de Valores y Mercados) (Ómnibus II).

Igualmente se incorpora la Directiva 2011/89/UE del Parlamento Europeo y del Consejo, de 16 de diciembre de 2011 por la que se modifican las Directivas 98/78/CE, 2002/67/CE, 2006/48/CE y 2009/138/CE, en lo relativo a la supervisión adicional de las entidades financieras que forman parte de un conglomerado financiero.

Disposición final undécima. Habilitación normativa. Se faculta al Ministro de Economía y Competitividad, a propuesta de la Dirección General de Seguros y Fondos de Pensiones y previo informe de la Junta Consultiva de Seguros y Fondos de Pensiones, para realizar el desarrollo normativo de las disposiciones contenidas en este real decreto en cuanto sea necesario y para mejor ejecución y desarrollo del mismo.

Disposición final duodécima. Entrada en vigor. Este Real Decreto entrará en vigor el 1 de enero de 2016.

No obstante lo anterior, el apartado dos de la disposición final cuarta entrará en vigor el 1 de julio de 2016; y la disposición adicional decimoséptima, el día siguiente de su publicación.

ANEXO
Fórmula estándar del Capital de Solvencia Obligatorio (SCR)

1. Cálculo del capital de solvencia obligatorio básico

El capital de solvencia obligatorio básico, que establece el artículo 69.1, será igual al resultado de aplicar la siguiente fórmula, en la que SCR_i representa el módulo de riesgo i, SCR_j representa el módulo de riesgo j, e «i» y «j» significa que la suma de los diferentes términos debe cubrir todas las combinaciones posibles de i y j:

$$SCR_{Básico} = \sqrt{\sum_{i,j} Corr_{i,j} \times SCR_i \times SCR_j}$$

Para este cálculo SCR_i y SCR_j se sustituyen por:

– $SCR_{no\ de\ vida}$, que representa el módulo de riesgo de suscripción del seguro no de vida.

– $SCR_{de\ vida}$, que representa el módulo de riesgo de suscripción del seguro de vida.

– $SCR_{enfermedad}$, que representa el módulo de riesgo de suscripción del seguro de enfermedad.

– $SCR_{mercado}$, que representa el módulo de riesgo de mercado.

– $SCR_{incumplimiento}$, que representa el módulo de riesgo de incumplimiento de la contraparte.

El factor $Corr_{i,j}$ representa el concepto que figura en la fila i y la columna j de la siguiente matriz de correlaciones:

i	J				
	Mercado	Incumplimiento	Vida	Enfermedad	Distinto del de vida
Mercado	1	0,25	0,25	0,25	0,25
Incumplimiento	0,25	1	0,25	0,25	0,5
Vida	0,25	0,25	1	0,25	0
Enfermedad	0,25	0,25	0,25	1	0
Distinto del de vida	0,25	0,5	0	0	1

2. Cálculo del módulo de riesgo de suscripción del seguro distinto del seguro de vida

El módulo de riesgo de suscripción del seguro distinto del seguro de vida, que establece el artículo 71, será igual al resultado de aplicar la siguiente fórmula, en la que SCR_i representa el submódulo i, SCR_j representa el submódulo j, e «i» y «j» significa que la suma de los diferentes términos debe cubrir todas las combinaciones posibles de i y j:

$$SCR_{\text{distinto del de vida}} = \sqrt{\sum_{i,j} Corr_{i,j} \times SCR_i \times SCR_j}$$

Para este cálculo SCR_i y SCR_j se sustituyen por:

– $SCR_{\text{primas y reservas nv}}$, que representa el submódulo de primas y reservas del seguro distinto del seguro de vida.

– $SCR_{\text{catástrofe nv}}$, que representa el submódulo de riesgo de catástrofe del seguro distinto del seguro de vida.

3. Cálculo del módulo de riesgo de suscripción del seguro de vida

El módulo de riesgo de suscripción de seguro de vida, que establece el artículo 72, será igual al resultado de aplicar la siguiente fórmula, en la que SCR_i representa el submódulo i, SCR_j representa el submódulo j, e «i» y «j» significa que la suma de los diferentes términos debe cubrir todas las combinaciones posibles de i y j:

$$SCR_{\text{de vida}} = \sqrt{\sum_{i,j} Corr_{i,j} \times SCR_i \times SCR_j}$$

Para este cálculo SCR_i y SCR_j se sustituyen por:

– $SCR_{\text{mortalidad}}$, que representa el submódulo de riesgo de mortalidad.

– $SCR_{\text{longevidad}}$, que representa el submódulo de riesgo de longevidad.

– $SCR_{\text{discapacidad}}$, que representa el submódulo de riesgo de discapacidad.

– $SCR_{\text{gastos vida}}$, que representa el submódulo de riesgo de gastos del seguro de vida.

– $SCR_{\text{revisión}}$, que representa el submódulo de riesgo de revisión.

– $SCR_{\text{caducidad}}$, que representa el submódulo de riesgo de caducidad.

– $SCR_{\text{catástrofe vida}}$, que representa el submódulo de riesgo de catástrofe del seguro de vida.

4. Cálculo del módulo de riesgo de mercado

El módulo de riesgo de mercado, que establece el artículo 74, será igual al resultado de aplicar la siguiente fórmula, en la que SCR_i representa el submódulo i, SCR_j representa el submódulo j, e «i» y «j» significa que la suma de los diferentes términos debe cubrir todas las combinaciones posibles de i y j:

$$SCR_{mercado} = \sqrt{\sum_{i,j} Corr_{i,j} \times SCR_i \times SCR_j}$$

Para este cálculo SCR_i y SCR_j se sustituyen por:
– $SCR_{tipo\ de\ interés}$, que representa el submódulo de riesgo de tipo de interés;
– $SCR_{renta\ variable}$, que representa el submódulo de riesgo de renta variable;
– $SCR_{inmobiliario}$, que representa el submódulo de riesgo inmobiliario;
– $SCR_{diferencial}$, que representa el submódulo de riesgo de diferencial;
– $SCR_{concentración}$, que representa el submódulo de concentración de riesgo de mercado;
– SCR_{divisa}, que representa el submódulo de riesgo de divisa B.

§3. REAL DECRETO-LEY 3/2020, DE 4 DE FEBRERO, DE MEDIDAS URGENTES POR EL QUE SE INCORPORAN AL ORDENAMIENTO JURÍDICO ESPAÑOL DIVERSAS DIRECTIVAS DE LA UNIÓN EUROPEA EN EL ÁMBITO DE LA CONTRATACIÓN PÚBLICA EN DETERMINADOS SECTORES; DE SEGUROS PRIVADOS; DE PLANES Y FONDOS DE PENSIONES; DEL ÁMBITO TRIBUTARIO Y DE LITIGIOS FISCALES (selección: Exposición de Motivos; artículos 127 a 211; Disposiciones Adicionales Undécima, Duodécima, Decimotercera y Decimocuarta; Disposiciones Transitorias Segunda, Tercera, Cuarta y Quinta; Disposición Derogatoria Única; Disposiciones Finales Sexta, Séptima, Octava, Novena, Décima, Undécima, Duodécima, Decimotercera, Decimocuarta, Decimoquinta y Decimosexta; Anexo XII)[3]

EXPOSICIÓN DE MOTIVOS

I

La transposición en plazo de Directivas de la Unión Europea constituye en la actualidad uno de los objetivos prioritarios establecidos por el Conse-

---

[3] La norma se convalida por la **Resolución de 20 de febrero de 2020, del Congreso de los Diputados, por la que se ordena la publicación del Acuerdo de convalidación del Real Decreto-ley 3/2020, de 4 de febrero, de medidas urgentes por el que se incorporan al ordenamiento jurídico español diversas directivas de la Unión Europea en el ámbito de la contratación pública en determinados sectores; de seguros privados; de planes y fondos de pensiones; del ámbito tributario y de litigios fiscales** (BOE de 29 de febrero de 2020).

jo Europeo. La Comisión Europea presenta informes periódicos al Consejo de Competitividad a los que se les da un alto valor político en cuanto que sirven para medir la eficacia y la credibilidad de los Estados miembros en la puesta en práctica del mercado interior.

El cumplimiento de este objetivo resulta hoy, si cabe, aún más relevante, habida cuenta del escenario diseñado por el Tratado de Lisboa por el que se modifican el Tratado de la Unión Europea y el Tratado constitutivo de la Comunidad Europea, para los incumplimientos en el plazo de transposición de directivas, en los que la Comisión puede pedir al Tribunal de Justicia de la Unión Europea la imposición de importantes sanciones económicas de manera acelerada según el artículo 260.3 del Tratado de Funcionamiento de la Unión Europea.

España viene cumpliendo consistentemente con los criterios de transposición en los plazos comprometidos. Sin embargo, en estos momentos se da un significativo retraso en la transposición de determinadas normas.

Es por ello que, en primer lugar, este Real Decreto-ley tiene por objeto la transposición parcial a la Directiva 2014/25/UE, del Parlamento Europeo y del Consejo, de 26 de febrero de 2014, relativa a la contratación por entidades que operan en los sectores del agua, la energía, los transportes y los servicios postales, y dar transposición también parcial a la Directiva 2014/23/UE, del Parlamento Europeo y del Consejo, de 26 de febrero de 2014, relativa a la adjudicación de contratos de concesión.

El plazo de transposición de estas Directivas expiró el 18 de abril de 2016, sin que la transposición de las Directivas 2014/25/UE y 2014/23/UE se hubiera completado, a pesar de que determinadas materias reguladas en las Directivas 2014/25/UE y 2014/23/UE se habían transpuesto ya a través de determinadas modificaciones puntuales del entonces vigente texto refundido de la Ley de Contratos del Sector Público de 14 de noviembre de 2011 aprobado por el Real Decreto Legislativo 3/2011, de 14 de noviembre; y, posteriormente, por la Ley 9/2017, de 8 de noviembre, de Contratos del Sector Público, por la que se transponen al ordenamiento jurídico español las Directivas del Parlamento Europeo y del Consejo 2014/23/UE y 2014/24/UE, de 26 de febrero de 2014. En ese momento el Anteproyecto de Ley de contratos del sector público y el Anteproyecto de Ley sobre procedimientos de contratación en los sectores del agua, la energía, los transportes y los servicios postales contaban con toda la fase de tramitación administrativa realizada y estaban preparados para ser remitidos a las Cortes Generales para su aprobación definitiva, sin embargo, al encontrarse el Gobierno en funciones desde el 21 de diciembre de 2015 sendos proyectos de ley no podían ser presentados a las Cortes Generales.

Posteriormente, una vez formado el nuevo Gobierno, el 25 de noviembre de 2016 los dos Anteproyectos de Ley mencionados anteriormente fueron elevados por el mismo a las Cortes Generales para su tramitación parlamentaria y aprobación definitiva por el procedimiento de urgencia. A pesar de ello la Comisión Europea dirigió al Reino de España dictamen motivado el 9 de diciembre de 2016.

El proyecto de Ley de Contratos del Sector Público fue aprobado por las Cortes Generales y publicado en el BOE de 9 de noviembre de 2017 como Ley 9/2017, de 8 de noviembre, de Contratos del Sector Público, por la que se transponen al ordenamiento jurídico español las Directivas del Parlamento Europeo y del Consejo 2014/23/UE y 2014/24/UE, de 26 de febrero de 2014; sin embargo, el Proyecto de Ley de procedimientos de contratación en los sectores del agua, la energía, los transportes y los servicios postales, pese a haber sido objeto de tramitación en paralelo con esta Ley, no fue aprobado.

El 7 de diciembre de 2017 la Comisión Europea interpuso contra el Reino de España dos recursos ante el Tribunal de Justicia de la Unión Europea para que declare que España ha incumplido las obligaciones que le incumben en virtud de:

El artículo 106.1 de la Directiva 2014/25/UE y le condene al pago de una multa coercitiva diaria de 123.928,64 euros, con efecto a partir de la fecha de pronunciamiento de la sentencia, de conformidad con el artículo 206.3 del Tratado de Funcionamiento de la Unión Europea y en virtud del artículo 51.1 de la Directiva 2014/23/UE, con efecto a partir de la fecha de pronunciamiento de la sentencia, y le condene al pago de una multa coercitiva diaria de 61.964,32 euros, de conformidad con el artículo 206.3 del Tratado de Funcionamiento de la Unión Europea.

En el momento actual los dos procedimientos ante el Tribunal de Justicia de la Unión Europea están llegando a su fin, por lo que es de esperar que sendas sentencias previsiblemente condenatorias sean dictadas en próximas fechas. Ante la inminencia de sendos pronunciamientos la Ponencia designada en el Congreso de los Diputados para redactar el Informe sobre el proyecto de Ley sobre procedimientos de contratación en los sectores del agua, la energía, los transportes y los servicios postales por la que se transpone al ordenamiento jurídico español la Directiva 2014/25/UE, del Parlamento Europeo y del Consejo, de 26 de febrero de 2014, elevó a la Comisión de Hacienda, con competencia legislativa plena, su Informe, de conformidad con el cual se aprobaba un nuevo texto para el Proyecto de Ley (BOCCGG de 28 de enero de 2019).

La disolución de las Cámaras parlamentarias en marzo de 2019, consecuencia de la convocatoria de elecciones generales anticipadas, hizo imposible culminar la tramitación parlamentaria de esta Ley, imposibilitando el cumplimiento de la obligación que incumbe al Reino de España de aprobar las disposiciones necesarias para completar la transposición de las Directivas 2014/25/UE y 2014/23/UE antes de que la XII Legislatura llegara a su fin el pasado día 21 de mayo de 2019. La escasa duración de la XIII Legislatura, que concluyó el día 24 de septiembre de 2019 nuevamente impidió la aprobación de esta Ley. El inicio de la actual XIV legislatura el pasado día 3 de diciembre de 2019 y la formación de Gobierno en plenas funciones desde el mes de enero de 2020 posibilitan que se retome la aprobación urgente de un texto legal que complete la transposición de las Directivas antes citadas.

Adicionalmente, este Real Decreto-ley también da cumplimiento al artículo 6.1 de la Decisión del Consejo de fecha 2 de agosto de 2016 por la que se formula una advertencia a España para que adopte medidas dirigidas a la reducción del déficit que se considera necesaria para poner remedio a la situación de déficit excesivo de fecha 2 de agosto de 2016.

Ante la gravedad de las consecuencias de seguir acumulando retraso en la completa incorporación al ordenamiento jurídico español de las citadas Directivas, y en cumplimiento de la Decisión del Consejo de 2016, resulta imprescindible acudir a la aprobación de un real decreto-ley para proceder a su transposición urgente, lo que previsiblemente determinará que los recursos por incumplimiento interpuestos por la Comisión Europea ante el Tribunal de Justicia de la Unión Europea decaigan por pérdida de su objeto y, en cualquier caso, debería evitar la imposición de sanciones económicas a España, al haber solicitado la Comisión Europea la imposición de multas coercitivas diarias.

Por todo lo expresado anteriormente, concurren de esta forma las circunstancias de «extraordinaria y urgente necesidad», que constituyen el presupuesto habilitante exigido al Gobierno por el artículo 86.1 de la Constitución Española para dictar decretos leyes. Así, de acuerdo con la doctrina constitucional, la concurrencia de la extraordinaria y urgente necesidad requiere tomar en consideración dos elementos:

En primer lugar, los motivos de extraordinaria y urgente necesidad que han sido tenidos en cuenta por el Gobierno en su aprobación, son los que han sido explicitados previamente de una forma razonada. La situación descrita sin lugar a dudas demanda una acción normativa inmediata en un plazo más breve que el requerido por la vía normal o por el procedimiento de urgencia para la tramitación parlamentaria de las Leyes (SSTC 6/1983, de 4 de febrero, FJ 5; 11/2002, de 17 de enero, FJ 4; y 137/2003, de 3 de julio, FJ 3), para evitar de este modo que el Reino de España sea sancionado pecuniariamente por el Tribunal de Justicia de la Unión Europea.

En segundo lugar, debe justificarse la existencia de una necesaria conexión entre la situación de urgencia definida y la medida concreta adoptada para subvenir a la misma, el real decreto-ley de transposición. En este sentido, debe señalarse que, aunque el contenido del real decreto-ley se ha elaborado a partir del texto aprobado por la Ponencia de la Comisión de Hacienda del Congreso, se han excluido del mismo aquellas disposiciones que no encontraban justificación directa en la transposición de las Directivas europeas.

De este modo, en el momento que entre en vigor, y al haber cumplido el Reino de España con su obligación de adoptar las disposiciones legales necesarias para dar cumplimiento a las Directivas 2014/25/UE y 2014/23/UE, tal y como se ha indicado anteriormente, resulta previsible que los recursos ante el Tribunal de Justicia de la Unión Europa bien decaigan por pérdida de su objeto o bien den lugar a pronunciamientos sin consecuencias económicas para el Reino de España, al haber solicitado Comisión Europea la imposición de multas coercitivas diarias. En este sentido, el real decreto-ley viene a completar la transposición parcial que la Ley 9/2017 realizó de las Directivas 2014/25/UE y 2014/23/UE. Más concretamente, la Directiva 2014/25/UE fue parcialmente transpuesta por la Ley 9/2017 en lo que respecta a la contratación por parte de las Administraciones Públicas en los sectores del agua, la energía, los transportes y los servicios postales; por lo que el presente real decreto-ley viene a completar la transposición de esta Directiva en lo que se refiere a la contratación en los citados sectores por parte de las entidades del sector público que no son Administración Pública y por las empresas privadas con derechos especiales o exclusivos. Por otra parte, la Directiva 2014/23/UE también fue parcialmente transpuesta por la Ley 9/2017 en lo que se refiere a los contratos de concesión de obras y de concesión de servicios en el ámbito general; por lo que este real decreto también viene a completar la transposición de la Directiva 2014/23/UE en lo que se refiere a los contratos de concesión de obras y de concesión de servicios relativos a las actividades que están sujetas al presente real decreto-ley (agua, energía, transportes y servicios postales).

En cualquier caso, conforme a la jurisprudencia del Tribunal Constitucional no es necesario tener la certeza de que se evitará la condena. El antecedente más relevante es la STC 1/2012, de 13 de enero, relativa a la transposición tardía de las Directivas 85/337/CEE y 977/337/CEE mediante el Real Decreto-Ley 9/2000, de 6 de octubre. En aquella ocasión la Comisión Europea solo retiró una de las dos demandas de incumplimiento presentadas y pendientes de resolución por el Tribunal de Justicia de la Unión Europea; y a pesar de ello el Tribunal Constitucional consideró que «el éxito, aunque parcial, que obtuvo la acción gubernamental de transposición tardía de las mencionadas directivas mediante el controvertido Real Decreto ley pone de manifiesto que la finalidad pretendida sí era razonable y que, en circunstancias como las del presente caso, la utilización del decreto ley sí puede contribuir a que la Comisión tome cuanto antes la decisión de archivar un procedimiento ya abierto y, por ende, puede contribuir a evitar que el TJUE dicte una sentencia que declare un incumplimiento por parte del Reino de España».

Por todo ello, concurren, por su naturaleza y finalidad, las circunstancias de extraordinaria y urgente necesidad que exige el artículo 86 de la Constitución Española como presupuesto habilitante para recurrir a este tipo de norma para trasponer la directiva en materia de contratación.

En este ámbito, con este Real Decreto-ley se completa la transposición del paquete de Directivas comunitarias que en materia de contratación pública aprobó la Unión Europea en 2014, esto es, además de las ya citadas Directivas 2014/25/UE y 2014/23/UE, la Directiva 2014/24/UE, del Parlamento Europeo y del Consejo, de 26 de febrero de 2014, sobre contratación pública.

Estas tres Directivas son parte de un nuevo panorama legislativo marcado por la denominada «Estrategia Europa 2020», dentro de la cual, la contratación pública desempeña un papel clave, puesto que se configura como uno de los instrumentos basados en el mercado interior que deben ser utilizados para conseguir un crecimiento inteligente, sostenible e integrador, garantizando al mismo tiempo un uso con mayor racionalidad económica de los fondos públicos.

Estas Directivas constituyen la culminación de un proceso iniciado en el seno de la Unión Europea en el año 2010, que después de diversas propuestas y negociaciones primero en la Comisión Europea, luego en el Consejo de la Unión Europea y finalmente, entre el Parlamento y el Consejo, fue finalmente aprobado por estos dos últimos el 15 de enero de 2014 y el 11 de febrero de

2014, respectivamente; siendo publicadas estas normas en el «Diario Oficial de la Unión Europea» el 28 de marzo de 2014.

Con esta normativa, la Unión Europea ha dado por concluido un proceso de revisión y modernización de las vigentes normas sobre contratación pública, que permitirá incrementar la eficiencia del gasto público y facilitar, en particular, la participación de las pequeñas y medianas empresas, PYMES, en la contratación pública, así como favorecer que los poderes públicos empleen la contratación en apoyo de objetivos sociales, laborales y medioambientales comunes. Asimismo, se hacía preciso aclarar determinadas nociones y conceptos básicos para garantizar la seguridad jurídica, así como incorporar la Jurisprudencia del Tribunal de Justicia de la Unión Europea relativa a la contratación pública, lo que también ha sido un logro de estas Directivas.

Como se viene indicando en esta exposición de motivos el presente Real Decreto-ley transpone al ordenamiento jurídico nacional la Directiva 2014/25/UE en lo relativo a la contratación en los sectores del agua, la energía, los transportes y los servicios postales por parte de los poderes adjudicadores que no tengan la consideración de Administración Pública, las empresas públicas, así como por otras entidades distintas de las anteriores que tengan derechos especiales o exclusivos. Las disposiciones de esta Directiva que afectan a la contratación en estos sectores especiales por parte de las Administraciones Públicas han sido objeto de incorporación a nuestro ordenamiento jurídico por la Ley 9/2017, de 8 de noviembre, por la que se transponen al ordenamiento jurídico español las Directivas del Parlamento Europeo y del Consejo 2014/23/UE y 2014/24/UE, de 26 de febrero. Asimismo, el presente real decreto-ley da transposición a la Directiva 2014/23/UE en lo atinente a la licitación de contratos de concesión de obras y de concesión de servicios en los sectores de la energía, los transportes y los servicios postales, por parte de los poderes adjudicadores que no merezcan la consideración de Administración Pública, las empresas públicas, así como entidades distintas de las anteriores que tengan derechos especiales o exclusivos.

II

Tal y como se manifestaba en las anteriores Leyes, esto es, en la Ley 48/1998, de 30 de diciembre, sobre procedimientos de contratación en los sectores del agua, la energía, los transportes y las telecomunicaciones y, su sucesora, la Ley 31/2007, de 30 de octubre, sobre procedimientos de contratación en los sectores del agua, la energía, los transportes y los servicios postales, el Derecho de la Unión Europea ha previsto para la contratación en el ámbito de los sectores del agua, energía, los transportes y los servicios postales, un régimen normativo distinto al aplicable a los demás contratos públicos, cuyas directivas reguladoras fueron objeto de transposición por las Leyes de Contratos del Sector Público. Este régimen singular en lo que concierne a determinados aspectos de la ordenación de su actividad contractual, entre ellos la selección del contratista, es menos estricto y rígido que el establecido en la Directiva 2014/24/UE del Parlamento Europeo y del Consejo, sobre contratación pública, asegurando en todo caso los principios del Tratado de Funcionamiento de la Unión Europea y, en particular, la libre circulación de mercancías, la libertad de establecimiento y la libre prestación de servicios, así como los principios que se derivan de estos, como los de igualdad de trato, no discriminación, proporcionalidad, transparencia, publicidad y libre competencia.

La Comisión Europea manifestó en su «Informe de evaluación: Impacto y eficacia de la legislación de la Unión Europea sobre contratación pública», de 27 de junio de 2011, que le parecía adecuado mantener normas en materia de contratación por las entidades que operan en los sectores del agua, la energía, los transportes y los servicios postales, puesto que las autoridades nacionales seguían pudiendo influir en el comportamiento de estas entidades, en particular mediante la participación en su capital y la representación en sus órganos de administración, gestión o supervisión. Otra razón para seguir regulando la contratación en esos sectores era el carácter cerrado de los mercados en que operan las entidades en dichos sectores, debido a la concesión por los Estados Miembros de la Unión Europea de derechos especiales o exclusivos para el suministro, la puesta a disposición o la explotación de redes para la prestación del servicio de que se trate. La regulación de la contratación en estos sectores persigue garantizar su apertura a la competencia.

El sistema legal de contratación pública que se establece en el presente Real Decreto-ley y que, en comparación con su antecesora la Ley 31/2007, de 30 de octubre, es inequívocamente más ambicioso y extenso, en gran medida por imperativo de las Directivas comunitarias que transpone, completa lo dispuesto en la Ley 9/2017, de 8 de noviembre, a la cual se hacen diversas remisiones a lo largo del articulado, persigue aclarar las normas vigentes en aras de una mayor seguridad jurídica, y trata de conseguir que se utilice la contratación pública como instrumento para implementar las políticas tanto europeas como nacionales en materia social, medioambiental, de innovación y desarrollo y promoción de las PYMES y todo ello, garantizando la eficiencia en el gasto público y respetando los principios de igualdad de trato, no discriminación, transparencia, proporcionalidad, libre competencia, integridad o los principios de garantía de la unidad de mercado.

Por otro lado, en estos momentos se da un significativo retraso en la transposición de las siguientes normas, la Directiva (UE) 2016/97 del Parlamento Europeo y del Consejo, de 20 de enero de 2016, sobre la distribución de seguros; la Directiva (UE) 2016/2341 del Parlamento Europeo y del Consejo, de 14 de diciembre de 2016, relativa a las actividades y la supervisión de los fondos de pensiones de empleo, y la Directiva (UE) 2017/828 del Parlamento Europeo y del Consejo, de 17 de mayo de 2017, por la que se modifica la Directiva 2007/36/CE en lo que respecta al fomento de la implicación a largo plazo de los accionistas. En relación a esta última se ha considerado conveniente su transposición parcial mediante este real decreto-ley en las materias que afectan directamente al sector asegurador.

Todas ellas son normas con un elevado componente de protección de los derechos de los clientes de servicios financieros tanto en su vertiente de tomador, asegurado, beneficiario, y partícipe de planes y fondos de pensiones, en lo que respecta a la Directiva (UE) 2016/97 del Parlamento Europeo y del Consejo, de 20 de enero de 2016, y la Directiva (UE) 2016/2341 del Parlamento Europeo y del Consejo, de 14 de diciembre de 2016, como desde la perspectiva de inversor, con las mejoras del sistema de información que proporciona la Directiva (UE) 2017/828 del Parlamento Europeo y del Consejo, de 17 de mayo de 2017.

Se requiere una norma con rango de ley para su transposición y por tanto incorporación al ordenamiento jurídico interno.

El instrumento finalmente elegido para ello es el real decreto-ley por cuanto existe un riesgo de multa con base en lo establecido en el artículo 260.3 del Tratado de Funcionamiento de la Unión Europea, al tiempo que la falta de transposición de las directivas citadas afecta a la adecuada protección de los derechos de los tomadores, asegurados, beneficiarios y partícipes de planes de pensiones.

La justificación de su utilización se encuentra en la Sentencia 23/1993, de 21 de enero, del Tribunal Constitucional, que señala que el real decreto-ley es un instrumento constitucionalmente lícito para afrontar coyunturas económicas problemáticas, y en su Sentencia 1/2012, de 13 de enero, avala la concurrencia del presupuesto habilitante de la extraordinaria y urgente necesidad del artículo 86.1 de la Constitución cuando concurran «el patente retraso en la transposición» y la existencia de «procedimientos de incumplimiento contra el Reino de España».

Por otro lado, este Real Decreto-ley contiene modificaciones en la normativa reguladora del Impuesto sobre el Valor Añadido y de los Impuestos Especiales, con la finalidad de proceder a la incorporación del Derecho de la Unión Europea al ordenamiento interno, en concreto, de la Directiva (UE) 2018/1910, del Consejo, de 4 de diciembre de 2018, por la que se modifica la Directiva 2006/112/CE en lo que se refiere a la armonización y la simplificación de determinadas normas del régimen del impuesto sobre el valor añadido en la imposición de los intercambios entre los Estados miembros, y la Directiva (UE) 2019/475 del Consejo, de 18 de febrero de 2019, por la que se modifican las Directivas 2006/112/CE y 2008/118/CE en lo que respecta a la inclusión del municipio italiano de Campione d'Italia y las aguas italianas del Lago de Lugano en el territorio aduanero de la Unión y en el ámbito de aplicación territorial de la Directiva 2008/118/CE.

El 7 de diciembre de 2018 fueron publicados en el «Diario Oficial de la Unión Europea» la citada Directiva (UE) 2018/1910, que introduce ciertas mejoras en la normativa comunitaria del Impuesto sobre el Valor Añadido (IVA en adelante) aplicables durante el régimen transitorio de tributación de las operaciones intracomunitarias de bienes, y el Reglamento de Ejecución (UE) 2018/1912 del Consejo, de 4 de diciembre de 2018, por el que se modifica el Reglamento de Ejecución (UE) 282/2011 en lo que respecta a determinadas exenciones relacionadas con operaciones intracomunitarias.

La Comisión Europea ya ha presentado una propuesta destinada a establecer los elementos de un régimen definitivo del IVA en el comercio intracomunitario de bienes entre empresarios y profesionales, propuesta que pretende superar el régimen transitorio de tributación en destino, que hizo necesaria la creación de un nuevo hecho imponible adquisiciones intracomunitarias de bienes, para establecer un régimen definitivo de tributación basado en el principio de imposición en el Estado miembro de destino como una única entrega de bienes.

Dado que previsiblemente se tardarán varios años en acordar el diseño final del régimen definitivo, así como su aprobación y entrada en vigor, la citada Directiva (UE) 2018/1910, con una finalidad eminentemente práctica, establece, dentro del régimen actual aplicable a estas operaciones intracomunitarias de bienes, disposiciones específicas cuyo objetivo es lograr un tratamiento armonizado en todos los Estados miembros de determinadas operaciones del comercio transfronterizo para conseguir una tributación simplificada y uniforme en todos ellos de estas operaciones intracomunitarias, que hasta la fecha estaban siendo interpretadas de forma divergente por las distintas Administraciones tributarias.

La referida normativa comunitaria, que, como se ha señalado, establece en el IVA reglas comunes de tributación en el ámbito de los intercambios de bienes entre Estados miembros, debe ser de aplicación en todos ellos desde el 1 de enero de 2020.

A tal fin se modifica la Ley 37/1992, de 28 de diciembre, del Impuesto sobre el Valor Añadido, para proceder a la incorporación del Derecho de la Unión Europea al ordenamiento interno, estableciéndose en el IVA reglas comunes de tributación en el ámbito de los intercambios de bienes entre Estados miembros con una nueva regulación legal de los requisitos para la aplicación de la exención en las entregas intracomunitarias de bienes y la armonización de determinadas operaciones del ámbito intracomunitario, modificación legal que se completa con el establecimiento de nuevas obligaciones reglamentarias en materia registral complementarias de la referida regulación.

De esta forma, la Ley 37/1992, de 28 de diciembre, incorpora a nuestro ordenamiento interno las reglas armonizadas de tributación en el IVA de los denominados acuerdos de venta de bienes en consigna. Esto es, los acuerdos celebrados entre empresarios o profesionales para la venta transfronteriza de mercancías, en las que un empresario (proveedor) envía bienes desde un Estado miembro a otro, dentro de la Unión Europea, para que queden almacenados en el Estado miembro de destino a disposición de otro empresario o profesional (cliente), que puede adquirirlos en un momento posterior a su llegada.

Actualmente, esta operación da lugar a una transferencia de bienes u operación asimilada a una entrega intracomunitaria de bienes en el Estado miembro de partida de los bienes, y a una operación asimilada a una adquisición intracomunitaria de bienes en el Estado miembro de llegada de los bienes, efectuadas en ambos casos por el proveedor. Posteriormente, cuando el cliente adquiere el bien, el proveedor realizará una entrega interior en el Estado miembro de llegada en la que será de aplicación la regla de inversión del sujeto pasivo correspondiendo tal condición a su cliente. El tratamiento actual de la operación exige, además, que el proveedor se encuentre identificado a efectos del IVA en el Estado miembro de destino de la mercancía.

Con el objetivo de simplificar estas operaciones y reducir las cargas administrativas de los empresarios y profesionales que realizan aquellas, la nueva regulación establece que las entregas de bienes efectuadas en el marco de un acuerdo de ventas de bienes en consigna darán lugar a una entrega intracomunitaria de bienes exenta en el Estado miembro de partida efectuada por el proveedor, y a una adquisición intracomunitaria de bienes en el Estado miembro de llegada de los bienes efectuada por el cliente, cumplidos determinados requisitos.

Este tratamiento simplificado será de aplicación únicamente cuando los bienes sean adquiridos por el cliente dentro del plazo de un año desde la llegada al Estado miembro de destino. La fecha de adquisición será la que deberá tenerse en cuenta a efectos del devengo de las respectivas operaciones intracomunitarias.

En todo caso, los empresarios o profesionales podrán optar por no acogerse a la simplificación incumpliendo las condiciones previstas para su aplicación.

Las modificaciones de la Ley 37/1992, de 28 de diciembre, incorporan también una simplificación para las operaciones en cadena. Esto es, cuando unos mismos bienes, que van a ser enviados o transportados con destino a otro Estado miembro directamente desde el primer proveedor al adquirente final de la cadena, son objeto de entregas sucesivas entre diferentes empresarios o profesionales. Así, los bienes serán entregados al menos a un primer intermediario que, a su vez, los entregará a otros intermediarios o al cliente final de la cadena, existiendo un único transporte intracomunitario.

Para evitar diferentes interpretaciones entre los Estados miembros, impedir la doble imposición o la ausencia de imposición, y reforzar la seguridad jurídica de los operadores, con carácter general la expedición o el transporte se entenderá vinculada únicamente a la entrega de bienes efectuada por el proveedor a favor del intermediario, que constituirá una entrega intracomunitaria de bienes exenta del IVA.

No obstante, la expedición o el transporte se entenderá vinculada únicamente a la entrega efectuada por el intermediario que expida o transporte los bienes directamente al cliente, cuando dicho intermediario haya comunicado a su proveedor un número de identificación fiscal a efectos del Impuesto sobre el Valor Añadido (NIF-IVA) suministrado por el Reino de España. En este caso, la entrega del proveedor al intermediario constituirá una entrega interior sujeta y no exenta del IVA y la entrega efectuada por el intermediario a su cliente será una entrega intracomunitaria de bienes exenta del IVA.

Por último, una vez asumido por todos los Estados miembros que la lucha contra el fraude en las operaciones intracomunitarias de bienes exige una actuación coordinada y diligente que garantice la adecuada asignación de los números de identificación a efectos del IVA (NIF-IVA) a los operadores que realicen estas operaciones, efectuada a través del Registro de operadores intracomunitarios, así como la actualización y control permanente del censo VIES (Sistema de Intercambio de Información sobre el IVA), listado donde constan todos los operadores intracomunitarios que hayan obtenido un NIF-IVA, y la vigilancia en el cumplimiento con la declaración de operaciones intracomunitarias, se modifican los requisitos exigidos para la aplicación de la exención a las entregas intracomunitarias de bienes.

A tal efecto, para la aplicación de la exención, junto con la condición de que los bienes se transporten a otro Estado miembro, como condición material y no formal, será necesario que el adquirente disponga de un número de identificación a efectos del IVA atribuido por un Estado miembro distinto del Reino de España que haya comunicado al empresario o profesional que realice la entrega intracomunitaria y que este último haya incluido dichas operaciones en la declaración recapitulativa de operaciones intracomunitarias, efectuada a través del modelo 349.

Tal y como se ha señalado, la Directiva (UE) 2018/1910, y, en consecuencia, la Ley 37/1992, de 28 de diciembre, ha pasado a regular los denominados acuerdos de ventas de bienes en consigna. Para garantizar la correcta aplicación de las medidas de simplificación derivadas de estos acuerdos, la Ley establece la obligación de que los empresarios y profesionales que participan en los mismos deban llevar libros registros específicos referidos a estas operaciones. La llevanza y constancia de las operaciones en los nuevos registros se configura no únicamente como un requisito formal sino como un requisito sustantivo, puesto que su cumplimiento será necesario para la aplicación de la simplificación. En este sentido, el mencionado Reglamento de Ejecución (UE) 2018/1912 ha modificado el Reglamento de Ejecución (UE) 282/2011 para regular de forma armonizada el contenido de estos nuevos libros registros.

Por otra parte, la Directiva reguladora del Impuesto ha establecido la obligación de que el vendedor que expida o transporte bienes a otro Estado miembro en el marco de un acuerdo de ventas de bienes en consigna presente la declaración recapitulativa de operaciones intracomunitarias, efectuada a través del modelo 349.

En consecuencia, se modifica el Reglamento del Impuesto, aprobado por el Real Decreto 1624/1992, de 29 de diciembre, para regular, dentro de los libros registro de determinadas operaciones intracomunitarias que deben llevar los sujetos pasivos del Impuesto, los movimientos de mercancías y las operaciones derivadas de un acuerdo de ventas de bienes en consigna, así como la declaración recapitulativa de operaciones intracomunitarias para incluir dentro de los obligados a su presentación a los empresarios o profesionales que envíen bienes con destino a otro Estado miembro en el marco de los referidos acuerdos y el contenido de la declaración.

Ahora bien, se retrasa hasta el 1 de enero de 2021 la obligación de que el nuevo libro registro de determinadas operaciones intracomunitarias, derivado de un acuerdo de ventas de bienes en consigna, se lleve a través de la Sede electrónica de la Agencia Estatal de Administración Tributaria para los empresarios y profesionales acogidos al suministro inmediato de información, para facilitar su cumplimiento y el desarrollo técnico necesario para su aplicación.

Por otra parte, la Directiva (UE) 2018/1910, como se ha señalado, establece, como requisito sustantivo para la aplicación de la exención de las entregas intracomunitarias de bienes, que el empresario o profesional que la realice haya consignado dicha operación en la declaración recapitulativa de operaciones intracomunitarias, en el modelo 349. En este sentido, para que el cumplimiento de este requisito se aproxime en el tiempo a la fecha de operación, y teniendo en cuenta su escaso uso por parte de los sujetos pasivos, se suprime la posibilidad de que dicha declaración recapitulativa se presente con carácter anual.

Con parecida finalidad, en el ámbito de la aplicación de las exenciones intracomunitarias, el Reglamento de Ejecución (UE) 2018/1912 ha incluido en el referido Reglamento de Ejecución (UE) 282/2011 una serie de presunciones en materia de prueba del transporte intracomunitario para garantizar un marco legal armonizado y aumentar el control del fraude derivado de estas operaciones. Puesto que la aplicación de la exención en las entregas intracomunitarias de bienes exige necesariamente que los bienes sean expedidos o transportados a otro Estado miembro, el Reglamento de Ejecución de la Directiva armonizada, directamente aplicable, establece y especifica las circunstancias en las que debe considerarse que los bienes han sido efectivamente expedidos o transportados desde un Estado miembro al otro. Este sistema armonizado de presunciones, sin perjuicio de que admitan prueba en contrario, tiene por objetivo simplificar la prueba de los requisitos para la aplicación de la exención.

Por tanto, se modifica el Reglamento del Impuesto en lo referente a la justificación de la expedición o transporte de los bienes al Estado miembro de destino, que podrá realizarse por cualquier medio de prueba admitido en derecho y, en particular, aplicando el sistema de presunciones incorporado a nuestro ordenamiento jurídico por el Reglamento de Ejecución (UE) n.° 282/2011.

Con independencia de lo anterior, la Directiva (UE) 2019/475 determina que, con efectos desde el 1 de enero de 2020, el municipio italiano Campione d'Italia y las aguas italianas del Lago de Lugano pasan a formar parte del territorio aduanero de la Unión y del ámbito de aplicación de la Directiva 2008/118/CE del Consejo, a efectos de los Impuestos Especiales, dejando al mismo tiempo esos territorios fuera del ámbito de aplicación territorial de la Directiva 2006/112/CE del Consejo, a efectos del IVA, lo que hace necesario modificar la Ley 38/1992, de 28 de diciembre, de Impuestos Especiales, y la ya aludida Ley 37/1992, para incorporar el nuevo estatuto de estos territorios a efectos de los Impuestos Especiales y del IVA, respectivamente, que es de aplicación desde el 1 de enero de 2020.

En este sentido, este real decreto-ley respeta los límites materiales constitucionalmente establecidos para el uso de tal instrumento normativo, pues no afecta al ordenamiento de las instituciones básicas del Estado, a los derechos, deberes y libertades de los ciudadanos regulados en el Título I de la Constitución, al régimen de las comunidades autónomas ni al derecho electoral general.

A este respecto procede recordar que el Tribunal Constitucional precisó que «cuando el artículo 86.1 CE excluye del ámbito del decreto-ley a los deberes consagrados en el título I de la Constitución, únicamente está impidiendo aquellas intervenciones o innovaciones normativas que afecten, no de cualquier manera, sino de forma relevante o sustancial, al deber constitucional de «todos» de contribuir al sostenimiento de los gastos públicos». De esta forma, el criterio decisivo es su impacto sobre el reparto de la carga tributaria entre los contribuyentes considerados en su conjunto (STC 182/1997, FJ 7, entre otras).

El requisito habilitante de extraordinaria y urgente necesidad que se establece por mandato constitucional para el uso de la figura normativa del real decreto-ley se justifica en este supuesto de transposición de directivas comunitarias en el ámbito del Impuesto sobre el Valor Añadido y los Impuestos Especiales por cuanto que dicha transposición vencía el 31 de diciembre de 2019.

A esta consideración general referida al plazo vencido de transposición ha de añadirse que las modificaciones que se introducen en relación con dichos tributos afectan y tienen relación con todos los operadores comunitarios y no únicamente con los establecidos en España con lo que el retraso en la transposición determinaría un perjuicio para el funcionamiento global del mercado interior.

El referido perjuicio para el funcionamiento global del mercado interior quedaría concretado en la imposibilidad de dar un tratamiento armonizado en todos los Estados miembros a determinadas operaciones del comercio transfronterizo para conseguir una tributación simplificada y uniforme e introduciría importantes limitaciones a la lucha contra el fraude en las operaciones intracomunitarias.

Por último, este Real Decreto-ley modifica la regulación del Impuesto sobre la Renta de no Residentes con el fin de transponer la Directiva (UE) 2017/1852 del Consejo de 10 de octubre de 2017, relativa a los mecanismos de resolución de litigios fiscales en la Unión Europea, armonizando así el marco de resolución de procedimientos amistosos y reforzando la seguridad jurídica.

En concreto, la Directiva (UE) 2017/1852 determina que los Estados miembros podrán denegar el acceso al procedimiento de resolución regulado en el artículo 6 de la misma cuando concurra la imposición de sanciones por fraude fiscal, impago deliberado o negligencia grave. En este sentido, España, haciendo uso de dicha facultad, define qué se entiende por dichos conceptos a efectos de la normativa española aplicable a los procedimientos amistosos en los términos que se desarrollen reglamentariamente.

Asimismo, se establecen como excepción al régimen general de preeminencia de la tramitación de los procedimientos amistosos respecto de los procedimientos judiciales y administrativos de revisión aquellos casos en los que hayan sido impugnadas las antedichas sanciones.

A su vez, se confieren al Tribunal Económico-Administrativo Central las funciones atribuidas por la mencionada Directiva (UE) 2017/1852 en materia de constitución y funcionamiento de la comisión consultiva.

Asimismo, se elimina la excepción relativa al devengo de intereses de demora, lo que conllevará el devengo de estos durante la tramitación de los procedimientos amistosos iniciados a partir de la entrada en vigor de este real decreto-ley.

Finalmente, se modifica la Ley 29/1998, de 13 de julio, reguladora de la Jurisdicción Contencioso-administrativa, con el fin de acompasarla a los

cambios introducidos en materia de procedimientos amistosos en el Texto Refundido de la Ley del Impuesto sobre la Renta de no Residentes, aprobado por
el Real Decreto Legislativo 5/2004, de 5 de marzo.

El presupuesto habilitante de extraordinaria y urgente necesidad para la
utilización del instrumento normativo del real decreto-ley se justifica en este
supuesto por cuanto que la transposición de dicha Directiva (UE) 2017/1852
vencía el 30 de junio de 2019 y para evitar, de este modo, posibles consecuencias que se puedan derivar del incumplimiento del antedicho plazo.

Adicionalmente a lo anterior, la ausencia de transposición de la referida
Directiva de forma inmediata afectaría notablemente a la seguridad jurídica y a
los derechos de los contribuyentes, en la medida en que derechos reconocidos
a los mismos en la norma europea podrían ser invocados, pero no sería posible dar una adecuada respuesta por parte de España, al carecer de regulación
específica al respecto, como, por ejemplo, en cuanto a la constitución de la
comisión de arbitraje.

Este real decreto-ley comprende tres Libros, diecisiete disposiciones adicionales, ocho disposiciones transitorias, una disposición derogatoria única,
dieciséis disposiciones finales y doce anexos.

III

El contenido del presente decreto-ley se centra, en lo relativo a la contratación, en la transposición parcial de la nueva Directiva 2014/25/UE respecto
de todas aquellas entidades contratantes que no sean Administración Pública,
la cual, a su vez, da continuidad a la regulación anterior, referida a los sectores
y actividades cubiertos por la misma, e introduce la contratación electrónica
obligatoria, fomentando así el empleo de nuevas técnicas de contratación que
con un enfoque menos ambicioso ya aparecían en la anterior regulación. Concretamente se establece la obligatoriedad de utilizar medios de información
y de comunicación electrónicos en todas las fases del procedimiento, con el
objetivo de aumentar la eficiencia y la transparencia en el mismo.

Además de ese contenido tradicional en el ámbito de los denominados
«sectores excluidos», hay que destacar que mediante el presente real decreto-
ley se incorporan también las disposiciones correspondientes al contrato de
concesión de obras y al nuevo contrato de concesión de servicios, contenidas
dentro de la Directiva 2014/23/UE, solo cuando se dan en los sectores y actividades comprendidos dentro del presente real decreto-ley y solo respecto de

las entidades que configuran su ámbito subjetivo de aplicación, denominadas «entidades contratantes» de forma genérica, encontrándose el resto de las disposiciones de esta última Directiva incorporadas y transpuestas en la Ley 9/2017, de 8 de noviembre.

El Real Decreto-ley recoge en el Libro primero en su título I su objeto y las definiciones adecuadas a los diferentes conceptos manejados a lo largo del Libro primero del presente real decreto-ley de tal manera que se respeten las interpretaciones comunitarias originarias de la Directiva 2014/25/UE. Cabe destacar que por primera vez se regulan los procedimientos de adjudicación que convoquen las «entidades contratantes» de contratos de concesión de obras o de concesión de servicios en los sectores de la energía, los transportes y los servicios postales.

El ámbito subjetivo se prevé en el Libro primero del Real Decreto-ley, tal y como especifica el Capítulo II de su título I, se proyecta sobre los poderes adjudicadores, las empresas públicas y las entidades privadas que tengan atribuidos derechos especiales o exclusivos, exceptuándose sin embargo las Administraciones Públicas, que quedan sujetas a la regulación más estricta de la Ley 9/2017, de 8 de noviembre, por razones de disciplina y control de su funcionamiento, aspectos estos que parece aconsejable primar, respetando los umbrales establecidos en la Directiva 2014/25/UE a efectos de determinar que contratos tendrán la consideración de contratos sujetos a regulación armonizada, en coherencia con lo establecido en la disposición adicional octava de la Ley 9/2017, de 8 de noviembre. Ello es plenamente compatible con el Derecho de la Unión Europea, ya que esta opción garantiza obviamente los principios de publicidad, concurrencia, igualdad y no discriminación en materia contractual, al exigirse estos con mayor rigor en el ámbito de la contratación pública sujeta a la Ley 9/2017, de 8 de noviembre.

En el Capítulo III del título I del Libro primero se define, con estricta fidelidad al contenido de la Directiva 2014/25/UE, el ámbito objetivo de aplicación del real decreto-ley, concretando tanto la naturaleza de los contratos que regula como el contenido material de los mismos. El presente real decreto-ley, en comparación con la Ley 31/2007, de 30 de octubre, hace una regulación más amplia y pormenorizada de las exclusiones de su ámbito objetivo de aplicación, de los contratos mixtos y de los contratos destinados a la realización de varias actividades, y ello tanto por imperativo de las Directivas comunitarias, como para delimitar correctamente el ámbito de aplicación de este real decreto-ley no solo respecto de la Ley 9/2017, de 8 de noviembre, sino también respecto de la Ley 24/2011, de 1 de agosto, de contratos del sector público en los ámbitos de la defensa y de la seguridad, la cual se aprobó con posterioridad a la Ley 31/2007, de 30 de octubre. Por otra parte, se regulan por primera vez los encargos a medios propios personificados por parte de entidades contratantes que sean poderes adjudicadores, así como los convenios que se celebren entre entidades contratantes pertenecientes al sector público. Asimismo, como novedad, se revisa la regulación que hacía la Ley 31/2007, de 30 de octubre, de los contratos con empresas asociadas y con empresas conjuntas, para garantizar un uso adecuado de los mismos acordes con el principio de libre concurrencia.

El Capítulo IV del título I del Libro primero señala como principios que han de regir la contratación los ya tradicionales principios de no discriminación, reconocimiento mutuo, proporcionalidad, igualdad de trato y transparencia; a los que, como novedad, este real decreto-ley añade: el principio de libre competencia, con una formulación amplia, de manera que el mismo aparece asociado tanto al elemento intencional, como al objeto y efectos de la práctica o medida potencialmente restrictiva; y los principios de garantía de la unidad de mercado que se recogen en la Ley 20/2013, de 9 de diciembre, de garantía de la unidad de mercado. Este elenco de principios se acompaña de un mandato legal inequívoco a la entidad contratante para que incorpore de manera transversal, tanto en la configuración como en la sustanciación del procedimiento, consideraciones de naturaleza social, medioambiental y de apoyo a las pequeñas y medianas empresas. Dando continuidad a este nuevo enfoque comúnmente denominado como «contratación pública estratégica» el real decreto-ley impone a las entidades contratantes la obligación de tomar medidas para garantizar que en la ejecución de sus contratos las empresas cumplen las obligaciones de tipo medioambiental, social y laboral, pudiendo llegar a imponer penalidades por incumplimiento de estas obligaciones. Asimismo, se regulan por primera vez los conflictos de intereses que pudieran surgir en los procedimientos de contratación que se sustancien con sujeción a este real decreto-ley.

En su título II se establecen los requisitos relativos a la capacidad y clasificación de los operadores económicos. Como novedad se impone la aplicación de las prohibiciones para contratar, que regula la Ley 9/2017, de 8 de noviembre, respecto de todas las entidades contratantes, y no solo respecto de los antes denominados organismos de derecho público y de las empresas públicas, como hacía la Ley 31/2007, de 30 de octubre. Asimismo, se mantienen los sistemas potestativos de clasificación de contratistas, cuyo objetivo o finalidad seguirá siendo definido por las entidades contratantes que voluntariamente los establezcan y gestionen, aunque continúen estando llamados tanto a facilitar la selección del contratista como a simplificar el propio procedimiento cuando opere como medio de convocatoria.

En el título III del Libro primero del Real Decreto-ley al precisar las exigencias y particularidades de la preparación y la documentación de los contratos introduce importantes novedades respecto de la anterior Ley 31/2007, de 30 de octubre. Se regulan por primera vez las consultas al mercado que hagan las entidades contratantes, tanto para planificar sus licitaciones como para informar al mercado de sus planes de contratación, junto con las necesarias cautelas para garantizar una libre y leal competencia, en especial a través de la publicidad en el perfil del contratante de la entidad correspondiente; se obliga a las entidades contratantes a dejar constancia en la documentación preparatoria del procedimiento de contratación de las necesidades a las que pretenden dar satisfacción con el mismo; se regula cómo debe ser calculado el presupuesto base de licitación por parte de las entidades contratantes pertenecientes al sector público; se detalla más pormenorizadamente el contenido mínimo de los pliegos; y se introduce una regulación más extensa y detallada de las etiquetas, informes de pruebas, certificaciones y otros medios de prueba, con el objeto de acreditar que los bienes, productos o servicios cumplen las prescripciones técnicas exigidas, los criterios de adjudicación o las condiciones de ejecución del contrato que en cada caso establezcan los pliegos de condiciones.

El título IV del Libro primero por primera vez regula el contenido mínimo de los contratos sujetos a este Real Decreto-ley; así como la duración de los mismos la cual, para los contratos de entidades contratantes pertenecientes al Sector Público, se sujetará a las mismas limitaciones que establece la Ley 9/2017, de 8 de noviembre, velándose así porque los contratos se sometan periódicamente a concurrencia.

El título IV del Libro primero adicionalmente regula los requisitos de los candidatos y licitadores, las normas generales que deberán regir los procedimientos de adjudicación, los medios de publicidad de los mismos y los tipos de procedimientos. Con carácter general el real decreto-ley exige que se dé acceso a los pliegos de condiciones y a las prescripciones técnicas por medios electrónicos a través del perfil de contratante; e impone con carácter obligatorio a las entidades contratantes la tenencia de un perfil de contratante que deberá alojarse bien en la Plataforma de Contratación del Sector Público o bien en otra plataforma equivalente, según el tipo de entidad contratante. La regulación del perfil de contratante se asemeja mucho a la establecida por la Ley 9/2017, de 8 de noviembre, convirtiéndose en el principal canal para dar publicidad unificada a la práctica totalidad de los anuncios, las actuaciones, actos y resoluciones que recaen a lo largo del procedimiento de contratación e, incluso, durante la ejecución del contrato. El Real Decreto-ley al regular todo lo relativo a los medios de comunicación electrónicos, como novedad impone su utilización con carácter obligatorio, salvo excepciones tasadas. Asimismo, se hacen todos los ajustes necesarios a lo largo de la regulación del procedimiento de licitación para adaptarlo a las nuevas exigencias que trae consigo la contratación electrónica.

El título IV del Libro primero presenta otras novedades, entre las que cabe destacar las siguientes: se regula por primera vez el objeto del contrato, exigiéndose su determinación, prohibiéndose su fraccionamiento fraudulento; imponiéndose con carácter general la obligación de dividir en lotes el objeto del contrato siempre que la naturaleza del mismo lo permita, debiéndose justificar en el expediente la decisión contraria; y haciéndose una expresa referencia a las ofertas que combinen varios lotes o todos los lotes, comúnmente conocidas como «ofertas integradoras».

El título IV del Libro primero asimismo regula los criterios de adjudicación, introduciendo un gran número de novedades, a destacar: la sustitución del principio de la oferta económicamente más ventajosa por el principio de la mejor oferta determinada preferentemente con arreglo a criterios basados en la mejor relación calidad-precio; se exige, como es tradicional, una vinculación con el objeto del contrato, exigencia esta que ciertamente se relaja dado que ya no debe ser «directa», y además se formula de manera amplia al referirse a las prestaciones que deban realizarse en virtud del contrato en cualquier etapa de su «ciclo de vida», lo que potencialmente, una vez más, permite la toma en consideración de un mayor número de aspectos sociales, laborales, medioambientales y de innovación y desarrollo por parte de las entidades contratantes; y se exige que al valorar las ofertas en las licitaciones de determinados contratos en los que el legislador ha considerado que debería primar la calidad, como son los contratos de servicios de carácter intelectual, los criterios cualitativos representen el 51 por ciento o más de la puntuación asignable.

En el título IV del Libro primero igualmente se introduce como novedad la declaración responsable como prueba preliminar del cumplimiento de los requisitos para contratar, cuyo contenido se ajusta al formulario normalizado establecido por el Reglamento de Ejecución (UE) n.º 2016/7 de la Comisión, de 5 de enero de 2016, y se realizan los ajustes necesarios en la regulación de los procedimientos de licitación. Otras novedades destacables consisten en la obligación que se impone a las entidades contratantes de rechazar ofertas durante el procedimiento de ofertas anormalmente bajas cuando se detecte que no cumplen las obligaciones medioambientales, sociales o laborales que resulten de aplicación, pudiendo las entidades contratantes incluso no adjudicar el contrato a la mejor oferta cuando la misma no cumpla estas obligaciones; se introduce la obligación de la entidad contratante de trasladar a la Comisión Nacional de los Mercados y la Competencia o, en su caso, a la autoridad autonómica con competencia en la materia, aquellos indicios fundados de conductas colusorias detectadas con motivo de la sustanciación del procedimiento de contratación, con carácter previo a la adjudicación del contrato y con efecto suspensivo; se incorpora el régimen comunitario de publicidad resultante de las nuevas Directivas comunitarias de contratación, ulteriormente desarrollado por el Reglamento de Ejecución (UE) n.º 2015/1986 de la Comisión, de 11 de noviembre de 2015, por el que se establecen formularios normalizados para la publicación de anuncios en el ámbito de la contratación pública y se deroga el Reglamento de Ejecución (UE) n.º 842/2011, el cual, dentro del margen permitido por el legislador comunitario, se ha intentado simplificar lo máximo posible; se regulan de forma más garantista los procedimientos abierto, restringido y negociado, y se introducen como novedad el diálogo competitivo y el procedimiento de asociación para la innovación, imponiéndose a las entidades contratantes la obligación de motivar la elección del procedimiento.

El nuevo procedimiento de asociación para la innovación nace con la idea de fomentar el desarrollo de soluciones innovadoras sin cerrar el mercado; y está previsto para cuando las soluciones que hay disponibles en el mercado no pueden dar satisfacción a una necesidad de una entidad contratante en relación con el desarrollo de determinados productos, obras o servicios innovadores y su ulterior adquisición. Este procedimiento permite a las entidades contratantes establecer una asociación para la innovación a largo plazo con vistas a realizar este desarrollo y adquisición posterior, generando así el denominado «tirón comercial».

En relación con este nuevo procedimiento, la nueva Directiva perfila un proceso en el que, tras una convocatoria de licitación, cualquier empresario puede formular una solicitud de participación, tras lo cual, los candidatos que resulten seleccionados podrán formular ofertas, convirtiéndose así en licitado-res, en el marco de un proceso de negociación. Este podrá desarrollarse en fa-ses sucesivas, y culminará con la creación de la asociación para la innovación. Esta asociación para la innovación se estructurará a su vez en fases sucesivas, pero ya no tendrá lugar entre la entidad contratante y los licitadores, sino en-tre aquel y uno o más socios; y que generalmente culminará con la adquisición de los suministros, servicios u obras resultantes.

Se trata, por tanto, de un procedimiento en el que podrían distinguirse, esquemáticamente, cuatro momentos diferenciados: selección de candidatos, negociación con los licitadores, la asociación con los socios, y la adquisi-ción del producto resultante. A este esquema responde el artículo 87 del real decreto-ley, dedicado monográficamente a la regulación de este nuevo proce-dimiento.

Asimismo, en el título IV del Libro primero se amplía el ámbito de actua-ción de la tradicional figura de los «contratos reservados», dado que el empleo y la ocupación se consideran elementos clave para garantizar la igualdad de oportunidades, además de contribuir a la integración social de los discapaci-tados y de los colectivos más desfavorecidos. Por ello no solo se mantiene la posibilidad que asiste a la entidad contratante de reservar el derecho a parti-cipar en los procedimientos de contratación a Centros Especiales de Empleo, o de prever su ejecución en el marco de programas de empleo protegido; sino que como novedad se prevé que las entidades contratantes puedan reservar este derecho también a empresas de inserción, a condición de que el porcentaje de trabajadores con discapacidad o en situación de exclusión social de los Centros Especiales de Empleo, de las Empresas de inserción o de los programas sean los previstos en su normativa de referencia y, en todo caso, al menos del 30 por cien. Igualmente se amplía la posibilidad de reservar el derecho a participar en licitaciones de contratos de servicios sociales, culturales y de salud a deter-minadas organizaciones que ya vengan prestando estos servicios y que, entre otros requisitos, reinviertan sus beneficios en el logro de sus propios objetivos. En el ámbito de la discapacidad resulta de aplicación, por remisión, la causa de prohibición de contratar que establece la Ley 9/2017, de 8 de noviembre relativa al incumplimiento del requisito de que al menos el 2 por ciento de los empleados de las empresas de 50 o más trabajadores sean trabajadores con discapacidad.

El título V del Libro primero recoge bajo la denominación de Técnicas de Racionalización de la Contratación y Concursos de Proyectos, técnicas de contratación relacionadas con las nuevas técnicas electrónicas de compra. Dichas técnicas permiten ampliar la competencia y mejorar la eficacia del sistema público de compras a través de la posibilidad de que las entidades contratantes recurran a centrales de compras, a sistemas dinámicos de adquisición o a subastas electrónicas. Como novedad se regulan por primera vez la contratación conjunta esporádica entre dos o más entidades contratantes, y la contratación con intervención de entidades contratantes de diferentes Estados Miembros de la Unión Europea.

El título VI del Libro primero tiene por objeto regular la ejecución y extinción de los contratos, de forma análoga a la contenida dentro de la Ley 9/2017, de 8 de noviembre, particularmente en cuanto a las principales novedades de esta: se impulsa la incorporación de consideraciones sociales, laborales, medioambientales y de innovación y desarrollo en las condiciones de ejecución, de dos formas. En primer lugar, se establece la obligación de introducir al menos una de las consideraciones de esta naturaleza que lista el artículo 105, entre las cuales están incluidas aquellas que fomenten la igualdad entre mujeres y hombres en el trabajo, favorezcan la mayor participación de la mujer en el mercado laboral y la conciliación del trabajo y la vida familiar; y, en segundo lugar, la introducción de estas condiciones se ve favorecida por que el requisito de vinculación al objeto del contrato se beneficia de la misma flexibilidad que los criterios de adjudicación.

El título VI al regular la subcontratación se elimina el límite a la misma que, en defecto de previsión en el pliego, establecía la Ley 31/2007, de 30 de octubre, en el 60 por ciento del importe de adjudicación del contrato, siguiendo así el real decreto-ley el criterio sentado por el Tribunal de Justicia de la Unión Europea en su sentencia Wroclaw, de 14 de julio de 2016. Adicionalmente, se regulan los pagos a subcontratistas y suministradores, la posibilidad de pagos directos a los subcontratistas cuando así lo hubieran previsto los pliegos y se cuente con la conformidad del contratista principal; y la comprobación de los mismos por parte de las entidades contratantes se regula en forma análoga a la contenida en la Ley 9/2017, de 8 de noviembre, de manera que esta comprobación de pagos será obligatoria en determinados contratos.

Por otra parte, en materia de modificaciones de los contratos sujetos a este real decreto-ley se introducen por primera vez limitaciones, exigiéndose la publicación de un anuncio de modificación y de las alegaciones e informes recabados; se introduce la posibilidad de resolver contratos durante su vigencia cuando no se den los requisitos legalmente establecidos que permitan su modificación; y se introduce la necesaria autorización, previo dictamen del Consejo de Estado, del Ministerio de tutela o adscripción para modificaciones no previstas superiores al 20 por ciento del precio inicial del contrato, IVA excluido, en el caso de que las mismas afecten a contratos de entidades contratantes pertenecientes al sector público.

El título VII del Libro primero regula la invalidez y la reclamación en materia de contratación. Al hacerlo el mismo introduce una regulación muy pareja a la que se recoge en esta materia en la Ley 9/2017, de 8 de noviembre, si bien en el presente real decreto-ley se permite la solución extrajudicial de conflictos. Se incluye entre las causas de nulidad, comprendiendo ahora también el incumplimiento grave de Derecho de la Unión Europea previo pronunciamiento en este sentido del Tribunal de Justicia de la Unión Europea. Adicionalmente, se incluyen entre las causas de anulabilidad el incumplimiento de las circunstancias y requisitos exigidos para la modificación de los contratos sujetos a este real decreto-ley, o la realización de encargos para la ejecución directa de prestaciones a través de medios propios o la celebración de contratos con empresas asociadas o conjuntas cuando no se cumplan los requisitos para ello.

Por último, el título VIII del Libro primero establece las obligaciones de información y organización administrativa en este ámbito, lo que supone un incremento de las funciones de control en la contratación pública por parte de la Administración, en línea con lo dispuesto dentro de la Ley 9/2017, de 8 de noviembre, correspondiendo este control a la Comisión Europea, que lo ejercerá gracias a la información que sobre contratos le facilite la Junta Consultiva de Contratación Pública del Estado. Por último, en lo que respecta al esquema de tres órganos colegiados con competencias en materia de contratación pública que establece la Ley 9/2017, de 8 de noviembre, y que está integrado por la Junta Consultiva de Contratación Pública del Estado, por el Comité de Cooperación en materia de contratación pública y por la Oficina Independiente de Regulación y de Supervisión de la Contratación, el real decreto-ley aclara que todos ellos extienden sus respectivas competencias para abarcar la contratación sujeta a este real decreto-ley.

IV

En lo relativo a materia de seguros, el título I del Libro segundo del real decreto-ley que transpone la Directiva (UE) 2016/97 del Parlamento Europeo y del Consejo, de 20 de enero de 2016, sobre la distribución de seguros, consta de cuatro capítulos.

La disparidad de disposiciones nacionales relativas a la distribución de seguros y reaseguros, junto con la necesidad de facilitar el ejercicio de esta actividad, hizo necesario que, mediante la Directiva (UE) 2016/97, del Parlamento Europeo y del Consejo, de 20 de enero de 2016, sobre la distribución de seguros, se introdujeran una serie de modificaciones en la Directiva 2002/92/CE del Parlamento Europeo y del Consejo, de 9 de diciembre de 2002, sobre la mediación en seguros.

La incorporación de la mencionada Directiva al ordenamiento jurídico español hacía imprescindible introducir importantes modificaciones en la Ley 26/2006, de 17 de julio, de mediación de seguros y reaseguros privados. Esta circunstancia, así como la necesidad de fortalecer las obligaciones de información en la distribución de productos de inversión basados en seguros, entre otros, aconsejaron la elaboración de una nueva norma con rango de ley que sustituyese a la Ley 26/2006, de 17 de julio, con el objetivo de establecer unas condiciones de competencia equitativas entre los distintos canales de distribución, de tal manera que los clientes puedan beneficiarse de normas comparables, con el consiguiente aumento de su protección.

El capítulo I establece el objeto, que tiene como finalidad principal garantizar la protección de los derechos de los tomadores, asegurados y beneficiarios por contrato de seguro, así como promover la libertad en la contratación de productos de naturaleza aseguradora. Dicho capítulo también incluye las definiciones que son aplicables en el título I del Libro segundo del real decreto-ley, el ámbito objetivo y subjetivo de su aplicación, y la obligación de registro de los distribuidores de seguros y de reaseguros.

Con la finalidad de garantizar el mismo nivel de protección a los usuarios de seguros, se define la figura del mediador de seguros complementarios, entendiendo por tal todo mediador de seguros, persona física o jurídica distinta de una entidad de crédito o de una empresa de inversión que, a cambio de una remuneración, realice una actividad de distribución de seguros con carácter complementario, siempre y cuando la actividad profesional principal de dicha persona sea distinta de la de distribución de seguros y solo distribuya determinados productos de seguro que sean complementarios de un bien o servicio. No podrán ofrecer la cobertura de seguro de vida o de responsabilidad civil, excepto cuando tenga carácter complementario al bien o servicio suministrado.

El capítulo II se refiere a la distribución de competencias entre el Estado y las Comunidades Autónomas. Con el fin de lograr los objetivos de mejor protección de los tomadores, asegurados y beneficiarios, de conformidad con lo dispuesto en el artículo 149.1.6.ª, 11.ª y 13.ª de la Constitución Española, corresponde al Estado el alto control económico-financiero de las actividades de distribución de seguros y reaseguros privados. Para ello deberá mantenerse la necesaria cooperación entre el Estado y las Comunidades Autónomas que hayan asumido competencias en la ordenación de seguros, a los efectos de homogeneizar la información documental y coordinar sus actividades de supervisión. Asimismo, se regula el registro administrativo de distribuidores de seguros y reaseguros en el que deben inscribirse, con carácter previo al inicio de su actividad, los mediadores de seguros, los mediadores de seguros complementarios, los corredores de seguros y los corredores de reaseguros.

El capítulo III regula las actividades de los distribuidores de seguros y de reaseguros residentes o domiciliados en España, clasifica a los distribuidores de seguros, y regula por primera vez las condiciones para el ejercicio de la actividad de distribución de seguros y reaseguros realizada por las entidades aseguradoras y reaseguradoras, estableciendo que los empleados que formen parte de sus plantillas podrán promover la contratación de seguros y de reaseguros a favor de la entidad de la que dependan, considerándose que dichos productos son distribuidos directamente por la entidad. Asimismo, las entidades aseguradoras y reaseguradoras deberán disponer de un registro interno, que estará sometido al control de la Dirección General de Seguros y Fondos de Pensiones, en el que constarán inscritos los empleados que participen directamente en actividades de distribución, así como la persona responsable de la actividad de distribución, o, en su caso, las personas que forman parte del órgano de dirección responsable de la actividad de distribución. De igual forma, las entidades aseguradoras y reaseguradoras estarán obligadas a crear una función que garantice una correcta ejecución de las políticas y procedimientos internos establecidos para monitorizar el cumplimiento de los requisitos.

Adicionalmente, se establece el régimen general para el ejercicio de la actividad aplicable a los agentes de seguros, detallando posteriormente los requisitos particulares que les son exigibles según adopten la forma de agente de seguros exclusivo o agente de seguros vinculado. En el caso de los agentes de seguros exclusivos, la entidad aseguradora podrá autorizar al mismo la celebración de otro contrato de agencia distinto con otra entidad aseguradora, en los términos acordados por las partes, y sin perjuicio de los acuerdos de cesión de redes de agentes exclusivos. También se define y desarrolla las figuras de los operadores de banca-seguros, los corredores de seguros y los distribuidores de reaseguros, ya se trate de empleados de entidades reaseguradoras o de corredores de reaseguros.

Se recogen igualmente en este capítulo aspectos tan relevantes para el ejercicio de la actividad como son los cursos de formación de los distribuidores de seguros y de reaseguros, los mecanismos de resolución de conflictos y la protección administrativa de los usuarios de seguros.

Entre las principales novedades introducidas por el capítulo III se encuentra la regulación exhaustiva del deber de información al cliente de productos de seguros, detallándose la información general previa a proporcionar por la entidad aseguradora, la información previa que debe facilitar el mediador de seguros, la información y asesoramiento previos a la suscripción del contrato de seguro, y el documento de información previa en el contrato de seguro distinto al seguro de vida. Al respecto, es importante destacar las diferencias entre venta informada, entendida como aquella que se realiza conforme a las exigencias y necesidades del cliente, basándose en informaciones obtenidas del mismo, y que busca facilitarle información objetiva y comprensible del producto de seguro para que el cliente pueda tomar una decisión fundada; y venta asesorada, entendida como aquella que se basa en la existencia de una recomendación personalizada hecha al cliente, a petición de este o a iniciativa del distribuidor de seguros, respecto de uno o más contratos de seguro.

Un aspecto importante lo constituye la obligación del distribuidor de seguros de informar al cliente, antes de la celebración del contrato de seguro, acerca de la naturaleza de la remuneración recibida en relación con el mismo. Esta obligación se completa, para el caso de los mediadores de seguros, con la obligación de informar si, en relación con el contrato, trabajan a cambio de un honorario, de una comisión, de cualquier otro tipo de remuneración, incluida cualquier posible ventaja económica ofrecida u otorgada en relación con el contrato de seguro, o sobre la base de una combinación de cualquiera de los tipos de remuneración. Cuando el cliente acuerde por escrito con el mediador de seguros el abono de honorarios, este informará al cliente del importe de los mismos o, cuando ello no sea posible, el método para calcularlos.

A mayor abundamiento, y con la finalidad primordial de proteger a los clientes, las entidades aseguradoras y los mediadores de seguros ofrecerán a los clientes de productos de inversión basados en seguros, orientaciones y advertencias sobre los riesgos conexos a dichos productos o a determinadas estrategias de inversión propuestas, información sobre todos los costes y gastos asociados y, en su caso, un análisis de idoneidad, garantizando de esta forma la adecuación del producto de seguro al cliente, de tal manera que se ajuste, entre otros aspectos, a su nivel de tolerancia al riesgo y a su capacidad para soportar pérdidas. Para ello, las entidades aseguradoras y los mediadores, cuando lleven a cabo actividades de distribución de seguros realizando labores de asesoramiento, deberán recabar información sobre los conocimientos financieros y experiencia del cliente, su situación financiera y los objetivos de inversión perseguidos. En el caso de no ofrecer asesoramiento, deberán, como mínimo, obtener información sobre los conocimientos y experiencia del cliente, excepto cuando se cumplan todas las condiciones exigidas en el real decreto-ley que permitan realizar la distribución de seguros mediante venta en ejecución. En cualquier caso, si el mediador de seguros o la entidad aseguradora consideran que el producto no es adecuado para el cliente, le advertirán de ello.

Al margen de las obligaciones genéricas de información, se establecen una serie de requisitos adicionales en relación con la distribución de productos de inversión basados en seguros, buscando evitar o, en su caso, prevenir, potenciales conflictos de interés. Para ello, las entidades aseguradoras y los mediadores de seguros deberán adoptar medidas organizativas eficaces destinadas a detectar e impedir que estas perjudiquen los intereses de sus clientes. Igualmente, deberán informar a los mismos, con suficiente antelación a la celebración del contrato de seguro, de aquellas situaciones en las que las medidas no sean suficientes para evitar los riesgos de conflicto.

El título I del Libro segundo del real decreto-ley regula en el ámbito asegurador las prácticas de ventas combinadas y vinculadas, estableciendo la obligación para el distribuidor de seguros de informar al cliente, cuando el contrato de seguro se ofrezca conjuntamente con servicios o productos auxiliares, si los distintos componentes pueden adquirirse separadamente, y los correspondientes justificantes de los costes y gastos de cada componente. Se ahonda en la protección al usuario de seguros al señalar que, cuando un contrato de seguro sea auxiliar a un bien o servicio que no sea de seguros, como parte de un paquete o del mismo acuerdo, el distribuidor de seguros deberá ofrecer al cliente la posibilidad de adquirir el bien o servicio por separado, salvo que sea complementario de un servicio o producto de inversión de los previstos expresamente, pudiendo prohibir la comercialización de determinados productos la Dirección General de Seguros y Fondos de Pensiones, cuando considere que se vulneran los derechos de los usuarios de seguros. En cualquier caso, la entidad aseguradora o el mediador de seguros deberán determinar las exigencias y las necesidades del cliente respecto de los contratos de seguro que forman parte del conjunto del mismo paquete o acuerdo.

Se refuerzan los requisitos en el diseño, aprobación y control de productos y en materia de gobernanza. Así, con carácter previo a su comercialización, y de manera proporcional a la naturaleza del producto de seguro, los distribuidores de seguros que diseñen productos para su venta deberán elaborar, mantener y revisar un proceso de aprobación para cada uno de los productos, así como para las modificaciones significativas que estos pudieran sufrir con el paso del tiempo. En el proceso se especificará el mercado al que se destina el producto, se evaluarán todos los riesgos para dicho mercado y se adoptarán medidas para garantizar que el producto se distribuye en el mercado destinatario definido. Los productos de seguro comercializados deberán ser objeto de revisiones periódicas, teniendo en cuenta cualquier hecho que pudiera afectar sustancialmente al riesgo potencial para el mercado destinatario definido, evaluando, al menos, si el producto sigue respondiendo a las necesidades de dicho mercado y si la estrategia de distribución prevista continúa siendo la adecuada.

En consonancia con el aumento de la información a los usuarios de seguros, los distribuidores que diseñen sus propios productos de seguros pondrán a disposición de los comercializadores la información adecuada sobre estos y sobre su proceso de aprobación, incluyendo el mercado destinatario previsto.

Se incluyen en el capítulo III las competencias de ordenación y supervisión, el deber de secreto profesional y el de colaboración con otros supervisores, la responsabilidad frente a la Administración y el régimen de infracciones y sanciones. Este último se refuerza, en particular fijando unas sanciones de carácter pecuniario adaptadas y en línea con el marco general establecido por la Directiva (UE) 2016/97 del Parlamento Europeo y del Consejo, de 20 de enero de 2016. Finaliza el capítulo con las normas sobre la protección de datos de carácter personal y una referencia a los Colegios de mediadores de seguros y su Consejo General.

El capítulo IV se refiere a la actividad en España de los distribuidores de seguros y de reaseguros residentes o domiciliados en otros Estados miembros de la Unión Europea. En aras igualmente de incrementar la protección al usuario de seguros, se establece que las disposiciones sobre obligaciones de información y normas de conducta previstas en este real decreto-ley, tendrán en todo caso la consideración de normas de interés general, debiendo ser observadas por aquellos distribuidores residentes o domiciliados en otros Estados miembros de la Unión Europea cuando distribuyan productos de seguros en territorio español.

V

El título II del Libro segundo transpone parcialmente la Directiva (UE) 2016/2341 del Parlamento Europeo y del Consejo, de 14 de diciembre de 2016, relativa a las actividades y la supervisión de los fondos de pensiones de empleo.

La Directiva 2003/41/CE del Parlamento Europeo y del Consejo, de 3 de junio de 2003, relativa a las actividades y supervisión de los fondos de pensiones de empleo, estableció una armonización mínima en orden a las actividades transfronterizas de dichos fondos y representó el primer paso normativo en el camino hacia un mercado interior de la previsión ocupacional para la jubilación, que sigue siendo crucial para el crecimiento económico y la creación de empleo en la Unión Europea y para hacer frente al envejecimiento de la sociedad.

La Directiva (UE) 2016/2341 del Parlamento Europeo y del Consejo, de 14 de diciembre de 2016, constituye una versión refundida de la originaria Directiva 2003/41/CE del Parlamento Europeo y del Consejo, de 3 de junio de 2003, a la cual deroga, y a la vez introduce novedades y modificaciones, especialmente en las siguientes materias: procedimiento para iniciar una actividad transfronteriza de los fondos de pensiones de empleo y transferencias transfronterizas de planes de pensiones de empleo entre fondos, normas de inversión aplicables, sistema de gobierno, externalización de funciones, información a los potenciales partícipes, a los partícipes y a los beneficiarios y supervisión prudencial.

Este título consta de un artículo, con 38 apartados, que modifica el texto refundido de la Ley de Regulación de los Planes y Fondos de Pensiones, aprobado por el Real Decreto Legislativo 1/2002, de 29 de noviembre, con el objetivo de transponer las novedades de la Directiva (UE) 2016/2341 del Parlamento Europeo y del Consejo, de 14 de diciembre de 2016, que afectan a la regulación contenida en dicha ley, realizándose asimismo algunas modificaciones puntuales de mejora de la sistemática normativa y de actualización de referencias a normas de la Unión Europea.

Una de las principales finalidades de la norma es garantizar un elevado nivel de protección y seguridad a los partícipes y beneficiarios de los planes de pensiones.

En materia de información a los potenciales partícipes, a los partícipes y a los beneficiarios, la Directiva (UE) 2016/2341 del Parlamento Europeo y del Consejo, de 14 de diciembre de 2016, establece en su título IV una regulación más detallada respecto de la previa Directiva 2003/41/CE del Parlamento Europeo y del Consejo, de 3 de junio de 2003, al objeto de garantizar un elevado nivel de transparencia respecto de la información que debe proporcionarse a aquellos durante todas las fases de un plan de pensiones, en especial, sobre los derechos de pensión devengados, el nivel previsto de las prestaciones de jubilación, los riesgos y garantías y los costes. Para ello se introduce un nuevo artículo 10 bis en el texto refundido de la Ley de Regulación de los Planes y Fondos de Pensiones, relativo a los principios generales que rigen la información (entre otros, actualización, claridad y gratuidad para los partícipes), e incluye, a fin de completar la transposición, una habilitación para su desarrollo reglamentario.

La Directiva (UE) 2016/2341 del Parlamento Europeo y del Consejo, de 14 de diciembre de 2016, dedica su título V a la supervisión prudencial por las autoridades competentes, señalando en su artículo 45, como objetivos principales, la protección de los derechos de los partícipes y beneficiarios y la garantía de estabilidad y la solvencia de los fondos de pensiones de empleo. Para lo cual los Estados miembros velarán para que las autoridades competentes dispongan de los medios necesarios y de los conocimientos, capacidades y mandato pertinentes. Su transposición se realiza mediante ciertos ajustes y nuevos artículos en el capítulo VII del texto refundido de la Ley de Regulación de los Planes y Fondos de Pensiones.

Con el fin de reducir la inseguridad jurídica generada por el hecho de que un fondo de pensiones deba cumplir la normativa prudencial de su Estado miembro de origen y, al mismo tiempo, la legislación social y laboral del Estado miembro de acogida, mediante esta transposición se aclaran los ámbitos que se consideran parte de la supervisión prudencial en aras a la mejor protección de partícipes y beneficiarios y se enumeran las materias objeto de esta, que engloban, entre otras, las provisiones técnicas y su financiación, la exigencia de margen de solvencia, las normas de inversión, la gestión de inversiones, el sistema de gobierno y la información que debe proporcionarse a los partícipes y beneficiarios.

El título II del Libro segundo introduce asimismo la regulación general del sistema de gobierno, fortaleciendo la gobernanza y adaptándola al nuevo esquema de la Directiva (UE) 2016/2341 del Parlamento Europeo y del Consejo, de 14 de diciembre de 2016. Para ello modifica el título y contenido del capítulo VIII del texto refundido de la Ley de Regulación de los Planes y Fondos de Pensiones, aprobado por el Real Decreto Legislativo 1/2002, de 29 de noviembre, que contenía disposiciones de carácter fiscal de los planes y fondos de pensiones. Dicho capítulo VIII pasa a denominarse Sistema de gobierno y consta de nueve artículos, del 27 al 30 sexies.

El artículo 2.1 de la Directiva (UE) 2016/2341 del Parlamento Europeo y del Consejo, de 14 de diciembre de 2016, dispone que la misma se aplicará a los fondos de pensiones de empleo, si bien, cuando, de acuerdo con la legislación nacional, los fondos carezcan de personalidad jurídica, los Estados miembros la aplicarán a los fondos de pensiones o a las entidades autorizadas responsables de gestionarlos y de actuar en su nombre. En este Real Decreto-ley se opta debido a su positivo impacto en la protección de partícipes y beneficiarios por que el sistema de gobierno en su conjunto abarque también la gestión de los fondos de pensiones personales, que desarrollan planes de pensiones del sistema individual y asociado, salvo algunos aspectos concretos limitados a los fondos de empleo.

Fortaleciendo el sistema de gobierno regula también las funciones clave de las que deberán disponer las entidades gestoras de fondos de pensiones de forma proporcionada a su tamaño y su organización interna y a sus actividades. Estas comprenderán la función de gestión de riesgos, la de auditoría interna y, en su caso, una función actuarial cuando la entidad gestora preste servicios actuariales respecto de los planes de pensiones. Esta última función se regula dentro del ámbito de los servicios actuariales requeridos para el funcionamiento del plan de pensiones, correspondiendo a la comisión de control la selección de los prestadores de dichos servicios.

Este mismo título transpone el artículo 31 de la Directiva (UE) 2016/2341 del Parlamento Europeo y del Consejo, de 14 de diciembre de 2016, que autoriza a los Estados miembros a permitir que los fondos de pensiones registrados o autorizados en su territorio encomienden cualesquiera actividades, incluidas las funciones clave, en su totalidad o en parte, a prestadores de servicios que actúen en su nombre. No obstante, establece los requisitos a los que debe ajustarse tal externalización, entre ellos, la necesidad de un acuerdo escrito con el prestador de servicios que determine claramente las obligaciones y derechos de las partes y, si se trata de externalizar funciones clave, la comunicación a la autoridad competente antes de la firma del acuerdo. La externalización en ningún caso trasladará la responsabilidad de la entidad gestora respecto del cumplimiento de sus obligaciones legales.

Por otra parte, se modifican algunos preceptos del capítulo IX del texto refundido de la Ley de Regulación de los Planes y Fondos de Pensiones, relativos a las medidas de control especial y el régimen de infracciones y sanciones administrativas, para incorporar las deficiencias en el sistema de gobierno como causa de adopción de las citadas medidas y como nuevos tipos de infracciones administrativas.

Por último, se han introducido modificaciones en el capítulo X del texto refundido de la Ley de Regulación de los Planes y Fondos de Pensiones, que regula la actividad trasfronteriza de los fondos de pensiones de empleo, por la cual, los planes de pensiones de empleo pueden ser gestionados en fondos de pensiones de empleo de cualesquiera Estados miembros. Se ha añadido una sección 4.ª nueva relativa a las transferencias transfronterizas, integrada por tres artículos que regulan los aspectos generales y los procedimientos de transferencias en las que intervenga un fondo de pensiones de empleo autorizado y registrado en España como transferente o como receptor.

VI

El título III del Libro segundo del real decreto-ley transpone parcialmente la Directiva (UE) 2017/828 del Parlamento Europeo y del Consejo, de 17 de mayo de 2017, por la que se modifica la Directiva 2007/36/CE en lo que respecta al fomento de la implicación a largo plazo de los accionistas, en las materias que afectan directamente al sector asegurador.

Su transposición aportará mejoras en el ámbito del gobierno corporativo de las sociedades cotizadas en España, con la finalidad última de favorecer la financiación a largo plazo que reciben las sociedades a través de los mercados de capitales.

Se trata de evitar presiones cortoplacistas en la gestión de las sociedades, de forma que se puedan tener en consideración objetivos de crecimiento y sostenibilidad a medio y largo plazo, lo cual resulta positivo para la propia empresa, el bienestar de grupos de interés distintos a los accionistas, como los trabajadores; y para la economía en general, mejorando su resistencia a las crisis y su potencial de crecimiento agregado.

Considera esta directiva que, a menudo, los inversores institucionales y los gestores de activos no son transparentes ni sobre sus estrategias de inversión y políticas de implicación, ni sobre la aplicación de las mismas. La publicación de esta información podría tener un efecto positivo en la concienciación de los inversores, permitir a los beneficiarios finales, por ejemplo, futuros pensionistas, optimizar sus decisiones de inversión, facilitar el diálogo entre las sociedades y sus accionistas, fomentar la implicación de estos y mejorar su rendición de cuentas a los interesados y a la sociedad civil.

En lo concerniente al sector asegurador, se procede para su transposición parcial a la modificación de la Ley 20/2015, de 14 de julio, de ordenación, supervisión y solvencia de entidades aseguradoras y reaseguradoras mediante la incorporación de dos nuevos artículos, 79 bis y 79 ter, relativos a la política de implicación y estrategia de inversión, que han de seguir las entidades aseguradoras autorizadas para operar en el ramo de vida así como las entidades reaseguradoras que cubran obligaciones de seguros de vida.

En otro orden de cosas, la Ley 20/2015, de 14 de julio, es objeto de modificación también para incluir el Acuerdo Bilateral entre la Unión Europea y los Estados Unidos de América sobre medidas prudenciales en materia de seguros y reaseguros.

El artículo 9 del Acuerdo, relativo a su implementación, señala que «las Partes alentarán a las autoridades pertinentes a abstenerse de adoptar medidas que sean incompatibles con alguna de las condiciones u obligaciones del presente Acuerdo, en particular en relación con la eliminación de los requisitos relativos a las garantías reales y a la presencia local, de conformidad con el artículo 3».

Si bien dicho Acuerdo, tras haber sido aprobado por la Decisión (UE) 2018/539 del Consejo de 20 de marzo de 2018 y una vez que ha entrado en vigor, ha pasado a formar parte del Derecho de la Unión Europea constituyendo, por tanto, norma inmediata y directamente aplicable en España, se ha estimado oportuno, en razón a la deseable claridad y al principio de buena regulación, modificar el artículo 64 de la Ley 20/2015, de 14 de julio, eliminando los requisitos relativos a la presencia local.

VII

El Libro tercero en su título I prevé la transposición de la Directiva (UE) 2018/1910, del Consejo, de 4 de diciembre de 2018, por la que se modifica la

Directiva 2006/112/CE en lo que se refiere a la armonización y la simplificación de determinadas normas del régimen del impuesto sobre el valor añadido en la imposición de los intercambios entre los Estados miembros, y la Directiva (UE) 2019/475 del Consejo, de 18 de febrero de 2019, por la que se modifican las Directivas 2006/112/CE y 2008/118/CE en lo que respecta a la inclusión del municipio italiano de Campione d'Italia y las aguas italianas del Lago de Lugano en el territorio aduanero de la Unión y en el ámbito de aplicación territorial de la Directiva 2008/118/CE.

Con tal fin, se modifica la Ley 37/1992, de 28 de diciembre, del Impuesto sobre el Valor Añadido, la Ley 38/1992, de 28 de diciembre, de Impuestos Especiales, así como el Reglamento del Impuesto sobre el Valor Añadido, aprobado por el Real Decreto 1624/1992, de 29 de diciembre.

VIII

El título II del Libro tercero transpone la Directiva (UE) 2017/1852 del Consejo de 10 de octubre de 2017, relativa a los mecanismos de resolución de litigios fiscales en la Unión Europea, armonizando así el marco de resolución de procedimientos amistosos y reforzando la seguridad jurídica. Con tal fin se lleva a cabo la modificación del texto refundido de la Ley del Impuesto sobre la Renta de no Residentes, aprobado por el Real Decreto Legislativo 5/2004, de 5 de marzo, así como de la Ley 29/1998, de 13 de julio, reguladora de la Jurisdicción Contencioso-administrativa.

IX

El real decreto-ley consta asimismo de diecisiete disposiciones adicionales. En ellas se establece la cláusula de trato no menos favorable; el Impuesto sobre el Valor Añadido; Responsabilidad del personal al servicio de las entidades contratantes pertenecientes al Sector Público; Accesibilidad; Régimen jurídico aplicable a los contratos excluidos del ámbito de este real decreto-ley que se celebren por entidades del Sector Público; Actualización de cifras fijadas por la Unión Europea; Pagos directos a los subcontratistas; Remisión de contratos y de información al Comité Técnico de Cuentas Nacionales; Principios aplicables a los contratos de concesión de servicios del anexo I y a los contratos de servicios de carácter social, sanitario o educativo del anexo I; Autorizaciones del artículo 324 de la Ley 9/2017, de 8 de noviembre, de Contratos del Sector Público por la que se transponen al ordenamiento jurídico español las Directivas del Parlamento

Europeo y del Consejo 2014/23/UE y 2014/24/UE, de 26 de febrero de 2014, la tasa por inscripción de los mediadores de seguros, mediadores de seguros complementarios, corredores de reaseguros, y de altos cargos de los distribuidores de seguros y reaseguros en el registro administrativo de distribuidores de seguros y reaseguros; los requisitos y principios básicos de los programas de formación para los distribuidores de seguros y corredores de reaseguros y demás personas que participan en la distribución de los seguros y reaseguros privados; la conservación de la documentación precontractual; la reasignación de recursos, establece que las obligaciones derivadas del cumplimiento de este real decreto-ley se atenderán mediante reasignación de los recursos ordinarios del Ministerio de Asuntos Económicos y Transformación Digital, sin requerir dotaciones adicionales, la adaptación a las normas del sistema de gobierno por parte de las entidades gestoras de fondos de pensiones, el régimen de puertos del Estado y de las autoridades portuarias en contratación y las normas específicas de contratación de servicios de carácter intelectual, respectivamente.

El real decreto-ley, además, contiene ocho disposiciones transitorias que regulan el tránsito al nuevo régimen jurídico, una disposición derogatoria única, dieciséis disposiciones finales y doce anexos.

Las disposiciones finales prevén, de la primera a la quinta, modificaciones normativas. Asimismo, establecen una cláusula de salvaguardia, los títulos competenciales, disposiciones para la Comunidad Foral de Navarra y del País Vasco, legislación supletoria, la incorporación del Derecho de la Unión Europea, así como habilitaciones normativas y entrada en vigor.

Por último, se prevén doce anexos, once relativos a contratación y el anexo XII que detalla los requisitos mínimos en materia de competencia y conocimientos profesionales.

X

Este Real Decreto-ley es coherente con los principios de buena regulación establecidos en el artículo 129 de la Ley 39/2015, de 1 de octubre, del Procedimiento Administrativo Común de las Administraciones Públicas.

De lo expuesto en los párrafos anteriores se pone de manifiesto el cumplimiento de los principios de necesidad y eficacia. El real decreto-ley es acorde al principio de proporcionalidad, al contener la regulación imprescindible para la consecución de los objetivos previamente mencionados, e igualmente se ajusta al principio de seguridad jurídica.

En cuanto al principio de transparencia, no se ha realizado el trámite de consulta pública, ni el trámite de audiencia e información públicas tal y como excepciona el artículo 26.11 de la Ley 50/1997, de 27 de noviembre, del Gobierno. No obstante, procede destacar como singularidad de este Libro I del presente real decreto-ley, que el mismo ha seguido toda la tramitación administrativa propia de un Anteproyecto de Ley en materia de contratación, llegando incluso a ser objeto de aprobación por parte de la Ponencia designada por la Comisión de Hacienda con competencia legislativa plena en el Congreso de los Diputados. El texto legal articulado aprobado por esta Ponencia es el que ahora se incorpora a este real decreto-ley, a salvo de contados ajustes técnicos que se han realizado para garantizar la coordinación con la Ley 9/2017, de 8 de noviembre, siguiendo la doctrina del Consejo de Estado, Dictamen 1209/2006, y una correcta transposición de las Directivas 2014/23/UE y 2014/25/UE. También se ha incluido la modificación del artículo 118 de la Ley 9/2017, de 8 de noviembre, que recogió el decaído proyecto ley de Presupuestos Generales del Estado para el año 2019 (BOC de 16 de enero de 2019), al resultar urgente y necesario por razones de seguridad jurídica solucionar los graves problemas técnicos que el actual artículo 118.3 de la Ley 9/2017, de 8 de noviembre, plantea al exigir, para celebrar un contrato menor, que el contratista no haya suscrito más contratos menores que individual o conjuntamente superen las cifras que establece el artículo 118.1 de la Ley 9/2017, de 8 de noviembre. Asimismo, se ha procedido a revisar los umbrales que recogía el texto legal aprobado por la Ponencia en coherencia con la modificación de las Directivas 2014/23/UE y 2014/25/UE realizada, respectivamente, mediante dos Reglamentos de la Comisión n.° 2019/1827 y n.° 2019/1829, ambos de 30 de octubre de 2019.

En el mismo sentido, tanto el anteproyecto de Ley de distribución de seguros y reaseguros, como el Anteproyecto de Ley de modificación del texto refundido de la Ley de planes y Fondos de Pensiones, aprobado por el Real Decreto Legislativo 1/2002, de 29 de noviembre, para la transposición de la Directiva (UE) 2016/2341 del Parlamento Europeo y del Consejo, de 14 de diciembre de 2016, relativa a las actividades y la supervisión de los fondos de pensiones de empleo y el Anteproyecto de Ley por la que se modifica el texto refundido de la Ley de Sociedades de Capital, aprobado por el Real Decreto Legislativo 1/2010, de 2 de julio, y otras normas financieras, en lo que respecta al fomento de la implicación a largo plazo de los accionistas en las sociedades cotizadas fueron previamente sometidas al trámite de consulta pública establecido en el artículo 26.2 de la ley citada, y al trámite de audiencia e información públicas contenido en el artículo 26.6 de la misma, al afectar a los derechos e intereses legítimos de las personas. Por último, con respecto al principio de eficiencia, si bien supone un ligero aumento de las cargas administrativas, estas resultan imprescindibles y en ningún caso innecesarias.

Con respecto al principio de seguridad jurídica, el texto articulado en materia de contratación que aprobó la Ponencia en el Congreso, tal y como se indica en su Informe (BOCG de 28/1/2019), ya incorpora los ajustes necesarios como consecuencia de la adaptación técnica de esta norma a la Ley 9/2017, de 8 de noviembre. Asimismo, se ha garantizado la coherencia del texto con el resto del ordenamiento jurídico nacional, así como con el de la Unión Europea. De hecho, aquel responde a la necesidad de trasposición de las aludidas Directivas al Derecho español.

Por último, de acuerdo con el principio de eficiencia, las medidas reguladas en el presente real decreto-ley se ha procurado que la norma genere las menores cargas administrativas para los ciudadanos, así como los menores costes indirectos, fomentando el uso racional de los recursos públicos, es más, incluso alguna de las medidas que se incorporan conllevan una reducción de tales cargas. En este sentido, las exigencias de información y documentación que se requieren de los contribuyentes son las estrictamente imprescindibles para garantizar el control de su actividad por parte de la Administración tributaria.

Este Real Decreto-ley se dicta al amparo del artículo 149.1.6.ª, 8.ª, 11.ª, 13.ª, 14.ª y 18.ª de la Constitución Española, que atribuye al Estado la competencia exclusiva sobre legislación mercantil; civil; las bases y coordinación de los seguros; las bases y coordinación de la planificación general de la actividad económica; la Hacienda general y en materia de legislación básica sobre contratos y concesiones administrativas, respectivamente.

Por todo ello, por su finalidad y por el contexto de exigencia temporal en el que se dicta, concurren en este real decreto-ley las circunstancias de extraordinaria y urgente necesidad requeridas por el artículo 86 de la Constitución.

En su virtud, haciendo uso de la autorización contenida en el artículo 86 de la Constitución Española, a propuesta de la Ministra de Hacienda y de la Ministra de Asuntos Económicos y Transformación Digital, y previa deliberación del Consejo de Ministros en su reunión del día 4 de febrero de 2020,

(…)

LIBRO SEGUNDO MEDIDAS PARA LA ADAPTACIÓN DEL DERECHO ESPAÑOL A LA NORMATIVA DE LA UNIÓN EUROPEA EN MATERIA DE SEGUROS PRIVADOS Y PLANES Y FONDOS DE PENSIONES

TÍTULO I. TRANSPOSICIÓN DE LA DIRECTIVA (UE) 2016/97 DEL PARLAMENTO EUROPEO Y DEL CONSEJO, DE 20 DE ENERO DE 2016, SOBRE LA DISTRIBUCIÓN DE SEGUROS

CAPÍTULO I. DISPOSICIONES GENERALES

Artículo 127. Objeto. El título I tiene por objeto establecer las normas sobre el acceso a la actividad de distribución de seguros y reaseguros por parte de las personas físicas y jurídicas, las condiciones en las que debe desarrollarse su ejercicio, y el régimen de ordenación, supervisión y sanción que resulte de aplicación, con la finalidad principal de garantizar la protección de los derechos de los tomadores, asegurados y beneficiarios por contrato de seguro, así como promover la libertad en la contratación de productos de naturaleza aseguradora.

Artículo 128. Definiciones. A efectos del título I se entenderá por:

1. «Mediador de seguros»: Toda persona física o jurídica, distinta de una entidad aseguradora o reaseguradora y de sus empleados, y distinta asimismo de un mediador de seguros complementarios, que, a cambio de una remuneración, emprenda o realice una actividad de distribución de seguros.

2. «Mediador de seguros complementarios»: Toda persona física o jurídica, distinta de una entidad de crédito o de una empresa de inversión según se definen en los apartados 1 y 2, del artículo 4.1 del Reglamento (UE) n.º 575/2013 del Parlamento Europeo y del Consejo, de 26 de junio de 2013, sobre los requisitos prudenciales de las entidades de crédito y las empresas de inversión y por el que se modifica el Reglamento (UE) n.º 648/2012, que, a cambio de una remuneración, emprenda o realice una actividad de distribución de seguros con carácter complementario, siempre y cuando concurran todas las condiciones siguientes:

a) La actividad profesional principal de dicha persona física o jurídica sea distinta de la de distribución de seguros;

b) la persona física o jurídica solo distribuya determinados productos de seguro que sean complementarios de un bien o servicio;

c) los productos de seguro en cuestión no ofrezcan cobertura de seguro de vida o de responsabilidad civil, salvo cuando tal cobertura sea complementaria del bien o servicio suministrado por el mediador en su actividad profesional principal.

3. «Mediador de reaseguros»: Toda persona física o jurídica, distinta de una entidad reaseguradora y de sus empleados, que, a cambio de una remuneración, emprenda o realice una actividad de distribución de reaseguros.

4. «Entidad aseguradora»: Toda entidad acorde con la definición del artículo 6.1 de la Ley 20/2015, de 14 de julio, de ordenación, supervisión y solvencia de las entidades aseguradoras y reaseguradoras.

5. «Entidad reaseguradora»: Toda entidad acorde con la definición del artículo 6.4 de la Ley 20/2015, de 14 de julio.

6. «Distribuidor de seguros»: Todo mediador de seguros, mediador de seguros complementarios, o entidad aseguradora.

7. «Distribuidor de reaseguros»: todo mediador de reaseguros o entidad reaseguradora.

8. «Remuneración»: Toda comisión, honorario o cualquier otro pago, incluyendo cualquier posible ventaja económica o cualquier otro beneficio o incentivo, de carácter financiero o no, ofrecidos u otorgados en relación con actividades de distribución de seguros o de reaseguros.

9. «Estado miembro de origen»:

a) Cuando el mediador sea una persona física, el Estado miembro en el que tenga su residencia.

b) Cuando el mediador sea una persona jurídica, el Estado miembro en el que tenga su domicilio social o, si conforme a su Derecho nacional no tiene domicilio social, el Estado miembro en que tenga su administración central.

10. «Estado miembro de acogida»: Estado miembro en el que un mediador de seguros o reaseguros mantenga una presencia o un establecimiento permanente o suministre servicios, y que no sea su Estado miembro de origen.

11. «Sucursal»: Todo establecimiento permanente de un mediador de seguros o reaseguros que esté situado en el territorio de un Estado miembro distinto del Estado miembro de origen.

12. «Vínculos estrechos»: Aquellos a los que se refiere el artículo 9.6 de la Ley 20/2015, de 14 de julio.

13. «Participación significativa»: Aquella a la que se refiere el artículo 9.5 de la Ley 20/2015, de 14 de julio.

14. «Centro principal de actividad»: Lugar en el que se gestiona la actividad principal.

15. «Asesoramiento»: recomendación personalizada hecha a un cliente, a petición de este o a iniciativa del distribuidor de seguros, respecto de uno o más contratos de seguro.

16. «Grandes riesgos»: Aquellos a los que se refiere el artículo 11 de la Ley 20/2015, de 14 de julio.

17. «Producto de inversión basado en seguros»: Producto de seguro que ofrece un valor de vencimiento o de rescate expuesto total o parcialmente, y directa o indirectamente, a las fluctuaciones del mercado, y que no incluye:

a) Los productos de seguro distintos del seguro de vida según lo dispuesto en el anexo de la Ley 20/2015, de 14 de julio, ramos de seguro distinto del seguro de vida y riesgos accesorios.

b) Contratos de seguro de vida en los que las prestaciones previstas en el contrato sean pagaderas únicamente en caso de fallecimiento o de situaciones de invalidez provocadas por accidente, enfermedad o discapacidad.

c) Productos de pensión que tengan reconocida como finalidad primaria la de proveer al inversor unos ingresos en la jubilación y que den derecho al inversor a determinadas prestaciones.

d) Los regímenes de pensiones profesionales reconocidos oficialmente que entren en el ámbito de aplicación del texto refundido de la Ley de Regulación de los Planes y Fondos de Pensiones aprobado por el Real Decreto Legislativo 1/2002, de 29 de noviembre o de la Ley 20/2015, de 14 de julio.

e) Productos de pensión personales en relación con los cuales se exija una contribución financiera del empleador y en los que ni el empleador ni el empleado tengan posibilidad alguna de elegir el producto de pensión ni a su proveedor.

18. «Soporte duradero»: Todo instrumento que:

a) Permita a un cliente almacenar la información dirigida a él personalmente, de modo que pueda acceder a ella posteriormente para consulta, durante un período de tiempo adecuado para los fines a los que la información esté destinada, y que

b) permita la reproducción sin cambios de la información almacenada.

19. «Honorabilidad comercial y profesional»: Cualidad aplicable a aquellas personas que hayan venido observando una trayectoria personal de respeto a las leyes mercantiles u otras que regulen la actividad económica y la vida de los negocios, así como a las buenas prácticas comerciales, financieras y de

seguros. Dicha condición será atribuible a aquellas personas que no tengan antecedentes penales por haber cometido infracciones penales relativas al ejercicio de actividades financieras, y que no hayan sido sancionadas en el ámbito administrativo en materia aseguradora, bancaria, de mercado de valores, Hacienda Pública, Seguridad Social, defensa de la competencia, movimiento de capitales, transacciones económicas con el exterior, blanqueo de capitales y financiación del terrorismo y protección de consumidores y usuarios por la comisión de infracciones tipificadas como muy graves o graves.

Se considerarán circunstancias que no permiten cumplir el requisito de honorabilidad la inhabilitación para el ejercicio de cargos públicos o de administración y dirección de entidades financieras, así como la declarada conforme a la Ley 22/2003, de 9 de julio, Concursal, mientras no haya concluido el periodo de inhabilitación fijado, o el estado de quebrado o concursado no rehabilitado en el caso de procedimientos concursales anteriores a la entrada en vigor del real decreto-ley.

20. «Cargos de administración»: Los administradores o miembros de los órganos colegiados de administración de los distribuidores de seguros.

21. «Órgano de dirección responsable de la actividad de distribución»: Aquel integrado por las personas que desarrollen, en el seno del distribuidor de seguros, persona jurídica, las más altas funciones de dirección ejecutiva de la actividad de distribución de seguros bajo la dependencia directa o indirecta de su órgano de administración, de comisiones ejecutivas o de consejeros delegados de aquel.

22. «Normas sobre distribución de seguros y de reaseguros»: Aquellas comprendidas en este real decreto-ley y en las disposiciones que lo desarrollen y, en general, las que figuren en leyes y disposiciones administrativas de carácter general que contengan preceptos específicamente referidos a la distribución de seguros y de reaseguros y de obligada observancia para quienes realicen o pretendan realizar dicha actividad.

23. «Clientes profesionales»: Aquellos a los que se refiere el artículo 205 del texto refundido de la Ley del Mercado de Valores, aprobado por el Real Decreto Legislativo 4/2015, de 23 de octubre.

24. «Venta vinculada»: Toda oferta o venta de un paquete constituido por un contrato de seguro y otros productos o servicios financieros diferenciados cuando el contrato de seguro no se ofrezca al cliente por separado.

25. «Venta combinada»: Toda oferta o venta de un paquete constituido por un contrato de seguro y otros productos o servicios financieros diferenciados, cuando el contrato de seguro se ofrezca también al cliente por separado.

> – La Ley 22/2003, de 9 de julio, Concursal ha sido derogada por el **Real Decreto Legislativo 1/2020, de 5 de mayo, por el que se aprueba el texto refundido de la Ley Concursal.**

> – El Real Decreto Legislativo 4/2015, de 23 de octubre, por el que se aprueba el texto refundido de la Ley del Mercado de Valores ha sido derogado por la **Ley 6/2023, de 17 de marzo, de los Mercados de Valores y de los Servicios de Inversión.**

Artículo 129. Ámbito objetivo de aplicación. 1. Se entenderá por distribución de seguros toda actividad de asesoramiento, propuesta o realización de trabajo previo a la celebración de un contrato de seguro, de celebración de estos contratos, o de asistencia en la gestión y ejecución de dichos contratos, incluyendo la asistencia en casos de siniestro. También se entenderán incluidas la aportación de información relativa a uno o varios contratos de seguro de acuerdo con los criterios elegidos por los clientes a través de un sitio web o de otros medios, y la elaboración de una clasificación de productos de seguro, incluidos precios y comparaciones de productos, o un descuento sobre el precio del seguro, cuando el cliente pueda celebrar el contrato de seguro directa o indirectamente utilizando un sitio web u otros medios.

2. Se entenderá por distribución de reaseguros toda actividad de asesoramiento, propuesta o realización de trabajo previo a la celebración de contratos de reaseguro, de celebración de esos contratos, o de asistencia en la gestión y ejecución de dichos contratos, en particular en caso de siniestro. También se incluirá dicha actividad cuando la desarrolle una entidad de reaseguros sin la intervención de un mediador de reaseguros.

3. No se considerarán actividades de distribución de seguros o reaseguros privados:

a) Las actividades de información prestadas con carácter accesorio en el contexto de otra actividad profesional:

1.º si el proveedor no efectúa ninguna acción adicional para ayudar a celebrar o a ejecutar un contrato de seguro;

2.º si la finalidad de esa actividad no consiste en ayudar al cliente en la celebración o ejecución de algún contrato de reaseguro.

b) La gestión de siniestros de una entidad aseguradora o reaseguradora, a título profesional, y el peritaje y la liquidación de siniestros.

c) El mero suministro de datos y de información sobre tomadores potenciales a los mediadores de seguros o reaseguros, o a las entidades aseguradoras o reaseguradoras, si el proveedor no efectúa ninguna acción adicional para ayudar a celebrar un contrato de seguro o de reaseguro.

d) El mero suministro de información sobre productos de seguro o reaseguro, sobre un mediador de seguros o reaseguros, o sobre una entidad aseguradora o reaseguradora a tomadores potenciales, si el proveedor no efectúa ninguna acción adicional para ayudar a celebrar un contrato de seguro o de reaseguro.

e) La actuación de las entidades aseguradoras como abridoras en las operaciones de coaseguro.

4. El título I del libro segundo del real decreto-ley no se aplicará a sitios web que, gestionados por autoridades públicas o asociaciones de consumidores, no tengan por objeto la celebración de contratos de seguros, limitándose a comparar los productos de seguros disponibles en el mercado.

5. Las actividades de distribución se ajustarán a lo dispuesto en el título I del Libro segundo del real decreto-ley:

a) Cuando sean realizadas por distribuidores de seguros y de reaseguros residentes o domiciliados en España.

b) Cuando sean realizadas en España por distribuidores de seguros y de reaseguros domiciliados en el territorio de cualquiera de los restantes Estados miembros de la Unión Europea.

6. El título I no se aplicará a las actividades de distribución de seguros y reaseguros en relación con riesgos y compromisos localizados fuera de la Unión Europea, ni a las actividades de distribución de seguros o de reaseguros ejercidas en terceros países.

Artículo 130. Ámbito subjetivo de aplicación. 1. Los preceptos del título I serán de aplicación a:

a) Las personas físicas y jurídicas que deseen acceder a las actividades de distribución de seguros o de reaseguros definidas en el artículo 129, y ejerzan las mismas.

b) Quienes bajo cualquier título desempeñen cargos de administración, sean responsables de la actividad de distribución o formen parte de los órganos de dirección de personas jurídicas que desarrollen las actividades de distribución de seguros o de reaseguros; las entidades que suscriban los documentos previstos en el título I o en sus disposiciones complementarias de desarrollo y aquellas personas para quienes legalmente se establezca alguna prohibición o mandato en relación con su ámbito de aplicación.

2. El título I no se aplicará a los mediadores de seguros complementarios que ejerzan actividades de distribución de seguros cuando concurran todas las circunstancias siguientes:

a) Que el seguro sea complementario del bien o del servicio suministrado por algún proveedor, cuando dicho seguro cubra:

1.º El riesgo de avería, pérdida o daño del bien o la no utilización del servicio suministrado por dicho proveedor, o

2.º los daños al equipaje o la pérdida de este y demás riesgos relacionados con el viaje contratado con dicho proveedor; y

b) que el prorrateo anual del importe de la prima abonada por el producto de seguro no supere los 600 euros, o que el importe de la prima abonada por persona no supere los 200 euros, cuando la duración del servicio a que se refiere la letra a) sea inferior o igual a tres meses.

3. No obstante lo dispuesto en el apartado 2, cuando la actividad de distribución se ejerza a través de un mediador de seguros complementarios que esté exento de la aplicación del título I en virtud de lo dispuesto en el mencionado apartado, la entidad aseguradora o, en su caso, el mediador de seguros por cuenta de quien actúe, deberá garantizar lo siguiente:

a) Que el cliente disponga, antes de la celebración del contrato, de la información relativa a su identidad y dirección, así como a los procedimientos a que se refiere la sección 4.ª del capítulo III, previstos para la presentación de reclamaciones y quejas por parte de los clientes;

b) Que se hayan establecido mecanismos adecuados y proporcionados para cumplir lo dispuesto en los artículos 172 y 184 y para tener en cuenta las exigencias y necesidades del cliente antes de proponerle un contrato;

c) Que el documento de información sobre el producto de seguro, a que se refiere el artículo 176.4, se haya facilitado al cliente antes de la celebración del contrato.

Artículo 131. Obligación de registro. 1. Los mediadores de seguros, los mediadores de seguros complementarios y los corredores de reaseguros deberán inscribirse en el registro administrativo de distribuidores de seguros y reaseguros, previsto en el artículo 133, para poder iniciar y desarrollar la actividad de distribución de seguros o reaseguros.

Las entidades aseguradoras y reaseguradoras, en su condición de distribuidores de seguros o reaseguros, no deberán inscribirse en el registro recogido en el artículo 133, bastando con su inscripción en el regulado en el artículo 40 de la Ley 20/2015, de 14 de julio, y en su normativa de desarrollo, sin perjuicio de las obligaciones de registro de las personas relacionadas con las actividades de distribución de seguros a que se refiere el artículo 133.1.

2. Excepto en los supuestos previstos en el artículo 130.2, las entidades aseguradoras y reaseguradoras no podrán aceptar los servicios de distribución de seguros y de reaseguros proporcionados por mediadores de seguros o de reaseguros que no estén inscritos en un registro admisible con arreglo a la normativa de un Estado miembro de la Unión Europea

CAPÍTULO II. ÓRGANOS DE SUPERVISIÓN Y COMPETENCIAS

Artículo 132. Distribución de competencias. 1. Las competencias de la Administración General del Estado en la supervisión de las actividades de distribución de seguros y reaseguros privados se ejercerán por la persona titular del Ministerio de Asuntos Económicos y Transformación Digital, y por la Dirección General de Seguros y Fondos de Pensiones en los términos fijados por el título I, sin perjuicio de las funciones que correspondan a las Comunidades Autónomas en el ámbito de sus competencias.

2. Las Comunidades Autónomas que con arreglo a sus Estatutos de Autonomía hayan asumido competencias en la ordenación de seguros las tendrán respecto de los agentes de seguros vinculados, operadores de banca-seguros vinculados, los corredores de seguros, corredores de reaseguros y colegios de mediadores de seguros, cuyo domicilio y ámbito de operaciones se limiten al territorio de la Comunidad Autónoma. Dichas competencias se ejercerán con arreglo a los siguientes criterios:

a) En el ámbito de competencias normativas, les corresponde el desarrollo legislativo de las bases de ordenación y supervisión de la actividad de distribución de los seguros y reaseguros privados, contenidas en el título I y en las disposiciones reglamentarias básicas que las complementen. Además, tendrán competencia exclusiva en la regulación de su organización y funcionamiento.

b) En el ámbito de competencias de ejecución, les corresponden las de ordenación y supervisión de los agentes de seguros vinculados, operadores de banca seguros vinculados, corredores de seguros, y corredores de reaseguros que se otorgan a la Administración General del Estado en el título I, entendiéndose hechas al órgano autonómico competente las referencias que en ella se contienen al Ministerio de Asuntos Económicos y Transformación Digital y a la Dirección General de Seguros y Fondos de Pensiones, excepto las reguladas en la sección 5.ª del capítulo III y en el capítulo IV.

3. En relación con los agentes de seguros exclusivos y los operadores de banca-seguros exclusivos, corresponde a las Comunidades Autónomas ejercer las competencias sobre ellos, siempre que la entidad aseguradora para la que prestan sus servicios esté sometida al control y supervisión de la referida Comunidad Autónoma conforme a lo previsto en el artículo 19 de la Ley 20/2015, de 14 de julio.

4. La Dirección General de Seguros y Fondos de Pensiones y los órganos competentes de las Comunidades Autónomas mantendrán la necesaria cooperación a los efectos de homogeneizar la información documental y coordinar sus actividades de supervisión.

A estos efectos, los órganos competentes de las Comunidades Autónomas facilitarán a la Dirección General de Seguros y Fondos de Pensiones el acceso mediante medios electrónicos a la información relativa a sus registros administrativos, que deberá estar actualizada, y le remitirán, con una periodicidad anual, la información estadístico contable a que se refiere el artículo 187. La Dirección General de Seguros y Fondos de Pensiones establecerá la información o datos mínimos que necesariamente deberán transmitirle las Comunidades Autónomas.

5. Lo dispuesto en este artículo se entiende sin perjuicio de lo dispuesto en el artículo 19 de la Ley 20/2015, de 14 de julio, en relación con la distribución de competencias en la ordenación y supervisión de entidades aseguradoras y reaseguradoras.

6. La Dirección General de Seguros y Fondos de Pensiones informará a la Comisión Europea del reparto de competencias establecido con arreglo a lo dispuesto en este artículo.

Artículo 133. Registro administrativo de distribuidores de seguros y reaseguros. 1. La Dirección General de Seguros y Fondos de Pensiones o, en su caso, el órgano competente de la Comunidad Autónoma, llevará el registro administrativo de distribuidores de seguros y reaseguros, en el que deberán inscribirse, con carácter previo al inicio de sus actividades, los mediadores de seguros, los mediadores de seguros complementarios y los corredores de reaseguros residentes o domiciliados en España sujetos al título I.

En el caso de mediadores de seguros, mediadores de seguros complementarios y corredores de reaseguros, personas jurídicas, se inscribirá, además de a los cargos de administración, a la persona responsable de la actividad de distribución y, en su caso, a las personas que formen parte del órgano de dirección responsable de las actividades de distribución.

En el caso de entidades aseguradoras y reaseguradoras, se deberá inscribir a la persona responsable de la actividad de distribución y, en su caso, a las personas que formen parte del órgano de dirección responsable de las actividades de distribución.

También serán inscritos, a efectos meramente informativos, los mediadores de seguros y de reaseguros domiciliados en otros Estados miembros que actúen en España en régimen de derecho de establecimiento o en régimen de libre prestación de servicios.

2. El registro administrativo, que expresará las circunstancias que reglamentariamente se determinen, será público y de acceso gratuito mediante el uso de medios electrónicos. Los interesados podrán acceder a los datos inscritos, teniendo en cuenta que el acceso a datos de carácter personal se regirá por lo dispuesto en la normativa vigente en materia de protección de datos de carácter personal, en la Ley 19/2013, de 9 de diciembre, de transparencia, acceso a la información pública y buen gobierno y demás leyes que resulten de aplicación.

3. Las entidades aseguradoras, los mediadores de seguros, los mediadores de seguros complementarios y los corredores de reaseguros, deberán facilitar la documentación e información necesarias para permitir la gestión actualizada del registro administrativo.

La información deberá ser remitida a través de medios electrónicos, de acuerdo a los procedimientos y en la forma que determine el Ministerio de Asuntos Económicos y Transformación Digital.

4. Las Comunidades Autónomas que hayan asumido competencias de ordenación y supervisión conforme al artículo 132.2 llevarán el correspondiente registro administrativo de distribuidores de seguros y reaseguros. Cada inscripción que se practique en dicho registro se comunicará de forma telemática a la Dirección General de Seguros y Fondos de Pensiones.

5. La Dirección General de Seguros y Fondos de Pensiones establecerá un punto único de información que permitirá un acceso fácil y rápido que se nutrirá de la información actualizada procedente del registro a que se refiere este

artículo, así como de la procedente de los registros administrativos que lleven las Comunidades Autónomas.

6. Se denegará la inscripción de un mediador de seguros, mediador de seguros complementarios o corredor de reaseguros si las disposiciones de un tercer país, aplicables a una o varias personas físicas o jurídicas con las cuales el mediador posee vínculos estrechos, impiden el ejercicio efectivo de funciones de supervisión por parte de la Dirección General de Seguros y Fondos de Pensiones.

CAPÍTULO III. DE LAS ACTIVIDADES DE LOS DISTRIBUIDORES DE SEGUROS Y DE REASEGUROS RESIDENTES O DOMICILIADOS EN ESPAÑA

SECCIÓN 1.ª DE LOS DISTRIBUIDORES DE SEGUROS

SUBSECCIÓN 1.ª CLASIFICACIÓN

Artículo 134. Clases de distribuidores de seguros. 1. Tienen la consideración de distribuidores de seguros:

a) Las entidades aseguradoras.

b) Los mediadores de seguros.

c) Los mediadores de seguros complementarios.

2. A efectos de lo dispuesto en el título I, se aplicará a los mediadores de seguros complementarios no excluidos del ámbito de aplicación del título I en virtud de lo dispuesto en el artículo 130.2, el régimen jurídico de los mediadores de seguros, con las excepciones previstas en el título I.

3. Los mediadores de seguros que se sirvan de sitios web u otras técnicas de comunicación a distancia para ofertar o comparar productos de seguro deberán elaborar políticas escritas que garanticen su transparencia, debiendo estar a disposición de la Dirección General de Seguros y Fondos de Pensiones para su supervisión. Dichas políticas escritas incluirán, al menos, la información que se detalla a continuación, la cual deberá incluirse de forma destacada en la página web del distribuidor:

a) En su caso, los criterios utilizados para la selección y comparación de los productos de las entidades aseguradoras.

b) Las entidades aseguradoras sobre las que se ofrecen productos y la relación contractual con el mediador.

c) Si la relación con las entidades aseguradoras es o no remunerada y la naturaleza de la remuneración.

d) Si el precio del seguro que figura al final del proceso está o no garantizado.

e) La frecuencia con la que la información de los distribuidores es actualizada.

Junto a la información anterior, los mediadores deberán indicar la titularidad y condición de los sitios web, de tal manera que los usuarios puedan ejercer con la máxima garantía los derechos de asistencia y defensa de sus intereses y, en especial, utilizar las instancias de reclamación interna.

Artículo 135. Clases de mediadores de seguros. 1. Los mediadores de seguros se clasifican en:

a) Agentes de seguros.

b) Corredores de seguros.

Los agentes de seguros y los corredores de seguros podrán ser personas físicas o jurídicas.

2. La condición de agente de seguros y de corredor de seguros son incompatibles entre sí, en cuanto a su ejercicio simultáneo por las mismas personas físicas o jurídicas. Sin perjuicio de lo anterior, cualquier mediador de seguros podrá solicitar la modificación de su inscripción en el registro administrativo de distribuidores de seguros y reaseguros previsto en el artículo 133, con la finalidad de ejercer la actividad de distribución de seguros mediante otra forma de mediación, previa acreditación del cumplimiento de los requisitos que sean exigidos para ella.

3. Las denominaciones «agente de seguros», y «corredor de seguros» quedan reservadas a los mediadores de seguros definidos en el título I.

4. Las entidades de crédito, los establecimientos financieros de crédito y, en su caso, las sociedades mercantiles controladas o participadas por las entidades de crédito o establecimientos financieros de crédito, cuando ejerzan la actividad de agente de seguros a través de las redes de distribución de cualquiera de ambas, adoptarán la denominación de «operador de banca-seguros», que quedará reservada a ellas, y se ajustarán al régimen específico regulado en los artículos 150 a 154.

5. Los mediadores de seguros mencionados en el apartado 1 podrán servirse de sitios web u otras técnicas de comunicación a distancia, mediante los que se proporcione al cliente información comparando precios o coberturas de un número determinado de productos de seguros de distintas compañías.

Artículo 136. Obligaciones generales y prohibiciones aplicables a los mediadores de seguros. 1. No podrán ejercer como mediadores de seguros, ni por sí ni por medio de persona interpuesta, las personas que por disposición general o especial tengan prohibido el ejercicio del comercio. Igualmente, no podrá ejercerse la actividad de distribución de seguros, ni por sí ni por medio de persona interpuesta, en relación con las personas o entidades que se encuentren sujetas por vínculos de dependencia o sujeción especial con el mediador, por razón de las específicas competencias o facultades de dirección de este último, que puedan poner en concreto peligro la libertad de los interesados en la contratación de los seguros o en la elección de la entidad aseguradora.

2. Son actividades prohibidas para los mediadores de seguros:

a) Asumir directa o indirectamente la cobertura de cualquier clase de riesgo así como tomar a su cargo, en todo o en parte, la siniestralidad objeto del seguro, siendo nulo todo pacto en contrario.

b) Realizar la actividad de distribución en favor de entidades aseguradoras y reaseguradoras que no cumplan los requisitos legalmente exigidos para operar en España, o que actúen transgrediendo los límites de la autorización concedida.

c) Utilizar en la denominación social, en la publicidad o identificación de sus operaciones mercantiles, expresiones que estén reservadas a las entidades aseguradoras y reaseguradoras que puedan inducir a confusión con ellas, sin perjuicio de lo previsto en los artículos 144, 153 y 158.

d) Añadir recargos a los recibos de prima emitidos por las entidades aseguradoras, siendo nulo cualquier pacto en contrario.

e) Celebrar o modificar en nombre de su cliente un contrato de seguro sin el consentimiento de este.

f) Imponer directa o indirectamente la celebración de un contrato de seguro.

3. El mediador de seguros se considerará, en todo caso, depositario de las cantidades recibidas de sus clientes en concepto de pago de las primas por contrato de seguro, así como de las cantidades entregadas por las entidades aseguradoras en concepto de indemnizaciones o reembolso de las primas destinadas a sus clientes.

4. El mediador de seguros deberá acreditar que los fondos pertenecientes a los clientes son transferidos a través de cuentas de clientes completamente

separadas del resto de recursos económicos del mediador, en las que únicamente se gestionen recursos económicos de aquellos.

Artículo 137. Colaboradores externos de los mediadores de seguros. 1. Los mediadores de seguros podrán celebrar contratos mercantiles con colaboradores externos que realicen actividades de distribución por cuenta de dichos mediadores. Los colaboradores externos no tendrán la condición de mediadores de seguros. En cualquier caso, la actividad de distribución ejercida a través de colaboradores externos no menoscabará el deber de proporcionar al cliente la totalidad de la información exigida por el título I.

2. Los colaboradores externos desarrollarán su actividad bajo la dirección, régimen de responsabilidad administrativa, civil profesional, y régimen de capacidad financiera del mediador para el que actúen.

3. Los colaboradores externos deberán identificarse como tales e indicar también la identidad y datos registrales del mediador por cuenta del que actúen.

4. Los mediadores de seguros llevarán un registro en el que anotarán los datos personales identificativos de sus colaboradores externos, con indicación de la fecha de alta y, en su caso, de baja, que quedará sometido al control de la Dirección General de Seguros y Fondos de Pensiones.

5. Los colaboradores externos personas físicas, así como, en el caso de personas jurídicas, la persona responsable de la actividad de colaboración con la distribución de seguros o, en su caso, las personas que formen parte del órgano de dirección responsable de la actividad de colaboración con la distribución de seguros, y todas las personas que participen directamente en la actividad de distribución de seguros, deberán cumplir el requisito de honorabilidad comercial y profesional a que se refiere el artículo 128.

Este requisito será igualmente aplicable a los administradores del colaborador externo, persona jurídica.

6. Los colaboradores externos personas físicas, así como, en el caso de personas jurídicas, la persona responsable de la actividad de colaboración con la distribución de seguros o, en su caso, al menos la mitad de las personas que formen parte del órgano de dirección responsable de la actividad de colaboración con la distribución de seguros, y todas las personas que participen directamente en la actividad de distribución de seguros, deberán poseer unos conocimientos y aptitudes apropiados mediante la superación de cursos de formación de acuerdo con lo previsto en el título I y en su normativa de desa-

rrollo. La Dirección General de Seguros y Fondos de Pensiones establecerá mediante resolución las líneas generales y los principios básicos que, en cuanto a su contenido, organización y ejecución, habrán de cumplir los programas de formación inicial y continua de los colaboradores externos.

7. Los colaboradores externos de los mediadores de seguros, agentes de seguros o corredores de seguros, no podrán colaborar con otros mediadores de seguros de distinta clase.

SUBSECCIÓN 2.ª DE LA ACTIVIDAD DE DISTRIBUCIÓN DE SEGUROS REALIZADA POR LAS ENTIDADES ASEGURADORAS

Artículo 138. Distribución de productos de seguros por empleados de entidades aseguradoras. Los empleados que formen parte de las plantillas de entidades aseguradoras podrán promover la distribución de seguros a favor de estas, entendiéndose que los contratos resultantes han sido celebrados por las entidades aseguradoras a todos los efectos.

Artículo 139. Requisitos de los empleados de entidades aseguradoras que participan en la distribución de seguros. 1. Las entidades aseguradoras deberán garantizar que los empleados que participen directamente en actividades de distribución de seguros, la persona responsable de la actividad de distribución, o, en su caso, las personas que formen parte del órgano de dirección responsable de la actividad de distribución, cumplen el requisito de honorabilidad comercial y profesional en los términos definidos en el artículo 128.

2. Las entidades aseguradoras deberán garantizar que los empleados que participen directamente en actividades de distribución, la persona responsable de la actividad de distribución o, en su caso, al menos la mitad de las personas que formen parte del órgano de dirección responsable de la actividad de distribución, poseen unos conocimientos y aptitudes apropiados mediante la superación de cursos de formación, de acuerdo con lo previsto en el título I y en su normativa de desarrollo.

Asimismo, las entidades aseguradoras facilitarán a las personas a las que se refiere el párrafo anterior los medios necesarios para garantizar una formación continua adaptada a los productos distribuidos, a la función desempeñada y a la actividad realizada, estableciendo programas de formación en los que se indicarán, al menos, los requisitos que han de cumplir las personas a las que se destinen y los medios que se van a emplear para su ejecución. La documentación correspondiente a los programas de formación estará a disposición de la Dirección General de Seguros y Fondos de Pensiones.

3. La Dirección General de Seguros y Fondos de Pensiones establecerá mediante resolución las líneas generales y los principios básicos que, en cuanto a su contenido, organización y ejecución, habrán de cumplir los cursos de formación inicial y continua de los empleados de entidades aseguradoras, de la persona responsable de la actividad de distribución, así como, en su caso, de las personas que formen parte del órgano de dirección responsable de la actividad de distribución. Tales cursos podrán ser impartidos por las entidades aseguradoras de acuerdo con lo previsto en el título I y en su normativa de desarrollo.

4. Para garantizar el cumplimiento de los requisitos previstos en este artículo, las entidades aseguradoras aprobarán, aplicarán y revisarán periódicamente sus políticas internas y los procedimientos internos adecuados. Asimismo, determinarán una función que garantice una correcta ejecución de las políticas y los procedimientos aprobados, debiendo tener a disposición de la Dirección General de Seguros y Fondos de Pensiones el nombre de la persona responsable de dicha función.

5. Las entidades aseguradoras deberán llevar un registro actualizado en el que consten inscritos los empleados que participen directamente en actividades de distribución de seguros, así como la persona responsable de la actividad de distribución o, en su caso, las personas que formen parte del órgano de dirección responsable de la actividad de distribución.

Dicho registro quedará sometido al control de la Dirección General de Seguros y Fondos de Pensiones.

6. Los datos que, con arreglo a la disposición adicional octava del Real Decreto 1060/2015, de 20 de noviembre, de ordenación, supervisión y solvencia de las entidades aseguradoras y reaseguradoras, sean inscribibles en el registro administrativo previsto en el artículo 133, serán remitidos por cada entidad aseguradora a la Dirección General de Seguros y Fondos de Pensiones por vía telemática para su inscripción, en el plazo máximo de tres meses desde la presentación de la solicitud.

Las entidades aseguradoras deberán conservar y mantener actualizada la documentación acreditativa del cumplimiento de los requisitos establecidos en los apartados 1 y 2, y comunicarán a la Dirección General de Seguros y Fondos de Pensiones los cambios en la información facilitada de conformidad con este apartado, en un plazo máximo de quince días hábiles desde el acuerdo de modificación.

La Dirección General de Seguros y Fondos de Pensiones determinará mediante resolución el contenido y la forma en que deberá remitirse esta información.

SUBSECCIÓN 3.ª DE LA ACTIVIDAD DE DISTRIBUCIÓN DE SEGUROS REALIZADA POR LOS AGENTES DE SEGUROS

Artículo 140. Concepto de agente de seguros. Son agentes de seguros las personas físicas o jurídicas, distintas de una entidad aseguradora o de sus empleados, que mediante la celebración de un contrato de agencia con una o varias entidades aseguradoras, se comprometen frente a estas a realizar la actividad de distribución de seguros definida en el artículo 129.1, en los términos acordados en dicho contrato.

Artículo 141. Contrato de agencia de seguros. 1. El contrato de agencia de seguros tendrá siempre carácter mercantil, se formalizará por escrito y se entenderá celebrado en consideración a las personas contratantes.

2. El contenido del contrato será el que las partes acuerden libremente y se regirá supletoriamente por la Ley 12/1992, de 27 de mayo, sobre contrato de agencia.

3. El contrato de agencia de seguros será retribuido y especificará la comisión u otro tipo de remuneración que la entidad aseguradora abonará al agente de seguros por la distribución de los seguros durante la vigencia del contrato y, en su caso, una vez extinguido este.

4. Los agentes de seguros no podrán promover el cambio de entidad aseguradora en todo o en parte de la cartera de los contratos de seguros por ellos distribuidos. Tampoco podrán realizar, sin consentimiento de la entidad aseguradora, actos de disposición sobre su posición mediadora en dicha cartera.

5. Producida la extinción del contrato de agencia, la entidad aseguradora deberá comunicar dicha circunstancia a quienes figurasen como tomadores de seguros en los contratos celebrados con la intervención del agente cesante y, en su caso, el cambio de la posición mediadora a favor de otro agente. El agente de seguros cesante podrá comunicar dicha circunstancia a quienes figurasen como tomadores de seguros en los contratos de seguros celebrados a través de su actividad de distribución.

6. Los agentes de seguros podrán utilizar los servicios de colaboradores externos a que se refiere el artículo 137, con la finalidad de que colaboren con ellos en la distribución de productos de seguros en los términos que se acuerde con la entidad aseguradora en el contrato de agencia de seguros.

Artículo 142. Requisitos a efectos de garantizar las obligaciones frente a terceros. 1. Los importes abonados por el cliente al agente de seguros se considerarán abonados a la entidad aseguradora, mientras que los importes abonados por la entidad aseguradora al agente no se considerarán abonados al cliente hasta que este los reciba efectivamente.

2. Lo anterior se entiende sin perjuicio de lo dispuesto en el artículo 136.4.

Artículo 143. Responsabilidad civil profesional. 1. Sin perjuicio de la responsabilidad penal o de otra índole en que pudiera incurrir el agente de seguros en el ejercicio de su actividad de distribución de seguros, será imputada a la entidad aseguradora con la que hubiera celebrado un contrato de agencia de seguros la responsabilidad civil profesional derivada de su actuación y de la de sus colaboradores externos, todo ello de conformidad con lo dispuesto en los contratos de agencia celebrados.

2. El apartado anterior no será de aplicación a los operadores de banca-seguros.

Artículo 144. Publicidad y documentación mercantil de distribución de seguros privados de los agentes de seguros. 1. En la publicidad y en la documentación mercantil de distribución de seguros de los agentes de seguros, deberá figurar de forma destacada la expresión «agente de seguros exclusivo», «agente de seguros vinculado», «agencia de seguros exclusiva» o «agencia de seguros vinculada», seguida de la denominación social de la entidad aseguradora para la que esté realizando la operación de distribución de que se trate, en virtud del contrato de agencia con ella celebrado, o del contrato suscrito entre entidades aseguradoras de prestación de servicios para la distribución por medio de la cesión de sus redes, así como el número de inscripción en el registro administrativo previsto en el artículo 133 y, en su caso, tener concertado un seguro de responsabilidad civil u otra garantía financiera.

2. Asimismo, en la publicidad que realicen con carácter general o a través de medios telemáticos, deberán hacer mención a las entidades aseguradoras con las que hayan celebrado un contrato de agencia de seguros.

Artículo 145. Incompatibilidades de los agentes de seguros. Los agentes de seguros no podrán ejercer como corredor de seguros o colaborador externo de estos, tercer perito, perito de seguros o comisario de averías a designación de los tomadores de seguros, asegurados y beneficiarios de los contratos de seguro en los que hubiesen intervenido como agentes de seguros.

Artículo 146. Régimen de comunicaciones. Las comunicaciones que efectúe el tomador del seguro al agente de seguros que distribuya el contrato de seguro surtirán los mismos efectos que si se hubiesen realizado directamente a la entidad aseguradora.

Artículo 147. Inscripción y registro interno de agentes de seguros exclusivos. 1. A los efectos de poder ejercer la actividad de distribución de seguros en la condición de agente de seguros exclusivo, las entidades aseguradoras deberán comprobar el cumplimiento de los requisitos establecidos en el apartado 3 por parte de aquellas personas físicas o jurídicas que pretendan celebrar con ellas un contrato de agencia de seguros en exclusiva.

2. Sin perjuicio del registro administrativo a que se refiere el artículo 133, las entidades aseguradoras deberán llevar un registro actualizado en el que consten inscritos los agentes de seguros exclusivos con los que se haya celebrado el contrato de agencia de seguros. En dicho registro se recogerán, al menos, los datos identificativos de estos, el número de registro, las fechas de alta y de baja, y el carácter exclusivo de los mismos. En el caso de personas jurídicas, además, se indicarán la persona responsable de la actividad de distribución y las personas que, en su caso, integren el órgano de dirección responsable de la actividad de distribución definido en el artículo 128.

Dicho registro quedará sometido al control de la Dirección General de Seguros y Fondos de Pensiones.

3. Los agentes de seguros exclusivos se someterán al régimen general de los agentes de seguros regulado en los artículos 140 a 146, en el ejercicio de la actividad de distribución de seguros privados.

Como condición indispensable para que los agentes de seguros exclusivos figuren inscritos en el registro administrativo previsto en el artículo 133, las entidades aseguradoras deberán:

a) Acreditar que los agentes de seguros personas físicas, así como, en el caso de personas jurídicas, la persona responsable de la actividad de distribución o, en su caso, las personas que formen parte del órgano de dirección responsable de la actividad de distribución, y todas las personas que participen directamente en la distribución de seguros, cumplen el requisito de honorabilidad comercial y profesional en los términos definidos en el artículo 128.

Este requisito será igualmente aplicable a los administradores del agente de seguros, persona jurídica.

b) Acreditar que los agentes de seguros personas físicas, así como, en el caso de agentes de seguros personas jurídicas, la persona responsable de la actividad de distribución o, en su caso, al menos la mitad de las personas que formen parte del órgano de dirección responsable de la actividad de distribución y todas las personas que participen directamente en la distribución de seguros, poseen unos conocimientos y aptitudes apropiados mediante la superación de cursos de formación de acuerdo con lo previsto en el título I y en su normativa de desarrollo.

Asimismo, las entidades aseguradoras les facilitarán los medios necesarios para garantizar una formación continua adaptada a los productos distribuidos, a la función desempeñada y a la actividad realizada, estableciendo programas de formación en los que se indicarán, al menos, los requisitos que han de cumplir las personas a las que se destinen y los medios que se van a emplear para su ejecución. La documentación correspondiente a los programas de formación estará a disposición de la Dirección General de Seguros y Fondos de Pensiones.

La Dirección General de Seguros y Fondos de Pensiones establecerá mediante resolución las líneas generales y los principios básicos que, en cuanto a su contenido, organización y ejecución, habrán de cumplir los cursos de formación inicial y continua de los agentes de seguros y personas a que se refiere el primer párrafo del presente apartado, que podrán ser impartidos por las entidades aseguradoras y los agentes de seguros exclusivos de acuerdo con lo previsto en el título I y en su normativa de desarrollo.

c) Haber obtenido con carácter previo a la solicitud de inscripción:

1.º Información sobre la identidad de los accionistas o socios del agente persona jurídica, ya sean a su vez personas físicas o jurídicas, que posean en el agente de seguros una participación directa o indirecta del 10 por ciento o superior de los derechos de voto o del capital.

2.º Información sobre la identidad de las personas que posean vínculos estrechos con el agente de seguros.

3.º Información de que dichas participaciones o vínculos estrechos no impidan a la Dirección General de Seguros y Fondos de Pensiones el ejercicio efectivo de sus funciones de supervisión.

d) Acreditar que los agentes de seguros no incurren en las causas de incompatibilidad previstas en el título I.

Para garantizar el cumplimiento de los requisitos previstos en las letras a) y b), las entidades aseguradoras aprobarán, aplicarán y revisarán periódicamente sus políticas internas y los procedimientos internos adecuados. Asimismo, dispondrán de una función que garantice una correcta ejecución de las políticas y los procedimientos aprobados, debiendo tener a disposición de la Dirección General de Seguros y Fondos de Pensiones el nombre de la persona responsable de dicha función.

4. Los actos que, con arreglo a la disposición adicional octava del Real Decreto 1060/2015, de 20 de noviembre, de ordenación, supervisión y solvencia de las entidades aseguradoras y reaseguradoras, estén sujetos a inscripción en el registro administrativo previsto en el artículo 133, serán remitidos por cada entidad aseguradora a la Dirección General de Seguros y Fondos de Pensiones por vía electrónica para su inscripción, en el plazo máximo de dos meses desde la presentación de la solicitud.

Las entidades aseguradoras deberán conservar y mantener actualizada la documentación acreditativa del cumplimiento de los requisitos establecidos en el apartado 3, y comunicarán a la Dirección General de Seguros y Fondos de Pensiones los cambios en la información facilitada de conformidad con el citado apartado, en un plazo máximo de quince días hábiles desde el acuerdo de modificación.

La Dirección General de Seguros y Fondos de Pensiones determinará mediante resolución el contenido y la forma en que deberá remitirse esta información.

La inscripción especificará la entidad aseguradora para la que el agente de seguros exclusivo realiza la actividad de distribución de seguros.

5. La entidad aseguradora con la que el agente de seguros exclusivo haya suscrito el contrato de agencia de seguros, podrá autorizarle únicamente la celebración de otro contrato de agencia de seguros distinto con otra entidad

aseguradora para operar en determinados ramos de seguros, riesgos o contratos en los que no opere la entidad autorizante.

La entidad aseguradora autorizante deberá informar por escrito a la entidad con la cual el agente de seguros pretenda celebrar otro contrato de agencia, de los términos en que se otorga la autorización, y procederá a su anotación en el registro administrativo a que se refiere el artículo 133.

La autorización deberá concederse por escrito en el contrato de agencia de seguros, o como modificación posterior al contrato, por quien ejerza la representación legal en su condición de administrador de la entidad autorizante, con indicación expresa de la duración de la autorización, de la entidad aseguradora a la que se refiere y de los ramos o contratos de seguro o clase de operaciones que comprende.

No será de aplicación este régimen cuando resulte de aplicación lo dispuesto en el artículo 148 en relación a los acuerdos de cesión de redes.

6. La entidad aseguradora con la que, en caso de ser autorizado, el agente de seguros exclusivo celebre otro contrato de agencia, deberá remitir de manera electrónica para su inscripción, en el plazo máximo de tres meses desde la presentación de la solicitud, los datos correspondientes a dicho contrato, previa verificación del cumplimiento de los requisitos exigidos en este artículo.

Artículo 148. Acuerdos de cesión de redes de agentes de seguros exclusivos. 1. Sin perjuicio de los contratos de agencia suscritos con arreglo al título I, las entidades aseguradoras podrán celebrar contratos consistentes en la prestación de servicios para la distribución, bajo su responsabilidad civil y administrativa, de sus pólizas de seguro, por medio de las redes de los agentes de seguros exclusivos de otras entidades aseguradoras. Las entidades aseguradoras que utilicen las redes de agentes exclusivos de otras entidades aseguradoras deberán garantizar que estas poseen los conocimientos necesarios para el ejercicio de su actividad en función de los seguros que distribuyan.

Las entidades aseguradoras deberán presentar, de manera electrónica, a la Dirección General de Seguros y Fondos de Pensiones, los contratos a que se refiere el párrafo anterior para su inscripción a efectos meramente informativos en el registro administrativo previsto en el artículo 133, indicando al menos, las entidades aseguradoras afectadas, la composición de la red cedida, el ámbito, la duración, los ramos o contratos de seguro o clase de operaciones que comprende, las obligaciones de las partes, los movimientos económicos y financieros de las operaciones y las menciones que deben incluirse en los documentos contractuales y publicitarios.

2. No se entenderá que hay cesión de redes entre las entidades aseguradoras que formen parte de un grupo, con respecto de los contratos de agencia que suscriban cualquiera de ellas en nombre de todas o de parte de las entidades que forman parte del grupo, cuando así se haya acordado.

En el contrato de agencia se harán constar las entidades aseguradoras que forman parte del grupo. Asimismo, se deberá incluir la denominación del grupo en toda la documentación mercantil y publicidad de distribución de seguros que realicen los agentes de seguros.

Artículo 149. Inscripción y requisitos de los agentes de seguros vinculados. 1. Cuando un agente de seguros pretenda ejercer como agente de seguros vinculado mediante la celebración de contratos de agencia de seguros con varias entidades aseguradoras, deberá obtener la previa inscripción en el registro administrativo a que se refiere el artículo 133, de conformidad con lo dispuesto en el apartado 3.

2. Los agentes de seguros vinculados se someterán al régimen general de los agentes de seguros regulado en los artículos 140 a 146, en el ejercicio de la actividad de distribución de seguros privados.

En el caso de que, a partir de un determinado momento, el agente de seguros exclusivo quiera pasar a operar como agente de seguros vinculado, necesitará el consentimiento de la entidad aseguradora con la que hubiera celebrado el contrato de agencia de seguros en exclusiva, para suscribir otros contratos de agencia con otras entidades aseguradoras.

En el resto de los casos, bastará con que se haga constar en los contratos de agencia que se suscriban, el carácter de agente vinculado.

3. Para solicitar y obtener la inscripción como agente de seguros vinculado en el registro administrativo a que se refiere el artículo 133, será necesario cumplir y mantener en todo momento los siguientes requisitos:

a) Aportar con la solicitud de inscripción:

1.º Información sobre la identidad de los accionistas o socios del agente persona jurídica, ya sean a su vez personas físicas o jurídicas, que posean en el agente de seguros una participación directa o indirecta del 10 por ciento o superior de los derechos de voto o del capital.

2.º Información sobre la identidad de las personas que posean vínculos estrechos con el agente de seguros.

3.º Información de que dichas participaciones o vínculos estrechos no impiden a la Dirección General de Seguros y Fondos de Pensiones el ejercicio efectivo de sus funciones de supervisión.

b) Acreditar que los agentes de seguros personas físicas, así como, en el caso de personas jurídicas, la persona responsable de la actividad de distribución o, en su caso, las personas que formen parte del órgano de dirección responsable de la actividad de distribución, y todas las personas que participen directamente en la distribución de seguros, cumplen el requisito de honorabilidad comercial y profesional en los términos definidos en el artículo 128.

Este requisito será igualmente aplicable a los administradores del agente de seguros, persona jurídica.

c) Acreditar que los agentes de seguros personas físicas, así como, en el caso de agentes de seguros personas jurídicas, la persona responsable de la actividad de distribución o, en su caso, al menos la mitad de las personas que formen parte del órgano de dirección responsable de la actividad de distribución y todas las personas que participen directamente en la distribución de seguros, poseen unos conocimientos y aptitudes apropiados mediante la superación de cursos de formación de acuerdo con lo previsto en el título I y en su normativa de desarrollo.

d) Presentar una memoria en la que se indiquen las entidades aseguradoras para las que se distribuyan los seguros y los ramos de seguro; el ámbito territorial de actuación, y los mecanismos adoptados para la solución de conflictos por quejas y reclamaciones de los clientes. Deberá, igualmente, incluir una mención expresa al programa de formación a que se refiere la letra e).

e) Presentar un programa de formación continua aplicable a los agentes de seguros personas físicas, así como, en el caso de agentes de seguros personas jurídicas, a la persona responsable de la actividad de distribución o, en su caso, al menos a la mitad de las personas que formen parte del órgano de dirección responsable de la actividad de distribución, y a todas las personas que participen directamente en la distribución de seguros.

La documentación correspondiente a los programas de formación estará a disposición de la Dirección General de Seguros y Fondos de Pensiones, que podrá requerir que se efectúen las modificaciones que resulten necesarias.

La Dirección General de Seguros y Fondos de Pensiones establecerá mediante resolución las líneas generales y los principios básicos que, en cuanto a su contenido, organización y ejecución, habrán de cumplir los cursos de formación inicial y continua de los agentes de seguros vinculados, que podrán ser impartidos por ellos mismos de acuerdo con lo previsto en el título I y en su normativa de desarrollo.

f) No incurrir en las causas de incompatibilidad previstas en el título I.

4. La solicitud de inscripción como agente de seguros vinculado se dirigirá a la Dirección General de Seguros y Fondos de Pensiones, y deberá ir acompañada de los documentos acreditativos del cumplimiento de los requisitos a que se refiere el apartado 3. El plazo máximo en que debe notificarse la resolución expresa de la solicitud será de tres meses a partir de la fecha de presentación de dicha solicitud. La inscripción especificará las entidades aseguradoras para las que el agente de seguros vinculado podrá realizar la actividad de distribución de seguros. La solicitud de inscripción será denegada cuando no se acredite el cumplimiento de los requisitos exigidos para su concesión.

5. El agente de seguros vinculado deberá, en un plazo máximo de quince días hábiles desde el acuerdo de modificación, notificar a la Dirección General de Seguros y Fondos de Pensiones los cambios en la información facilitada de conformidad con el apartado anterior y que sean relativos a los actos sujetos a inscripción en el registro administrativo de distribuidores de seguros y reaseguros, de acuerdo con lo dispuesto en la disposición adicional octava del Real Decreto 1060/2015, de 20 de noviembre.

Artículo 150. Concepto de operador de banca-seguros. 1. Tendrán la consideración de operadores de banca-seguros las entidades de crédito, los establecimientos financieros de crédito y las sociedades mercantiles controladas o participadas por cualquiera de ellos conforme a lo indicado en el artículo 160 que, mediante la celebración de un contrato de agencia de seguros con una o varias entidades aseguradoras, se comprometan frente a estas a realizar la actividad de distribución de seguros como agentes de seguros utilizando sus redes de distribución.

Cuando la actividad de distribución de seguros se realice a través de una sociedad mercantil controlada o participada por la entidad de crédito o por el establecimiento financiero de crédito o grupo de entidades de crédito o de establecimientos financieros de crédito, las relaciones con dicha sociedad mercantil se regularán por un contrato de prestación de servicios recíprocos consistentes en la cesión de la red de distribución de cada una de dichas entidades de crédito o establecimientos financieros de crédito al operador de banca- seguros para la distribución de los productos de seguro. En dicho contrato, las entidades de crédito o establecimientos financieros de crédito deberán asumir la obligación de formar adecuadamente a las personas integrantes de la red y que participan directamente en la distribución de los seguros.

2. A los efectos de lo previsto en el título I, se entenderá por red de distribución de la entidad de crédito o del establecimiento financiero de crédito, el conjunto de toda su estructura organizativa, incluyendo medios personales y materiales, oficinas operativas y agentes.

Artículo 151. Normativa aplicable a los operadores de banca-seguros. En su condición de agente de seguros, el operador de banca-seguros se someterá a lo dispuesto en el régimen general de los agentes de seguros regulado en los artículos 140 a 146, y, en su caso, a los artículos 147 y 148 referidos a los agentes de seguros exclusivos o al artículo 149 relativo a los agentes vinculados, sin perjuicio de lo dispuesto en los siguientes artículos en lo que se refiere a formación, responsabilidad civil profesional, procedimiento de solicitud de inscripción, publicidad y documentación mercantil.

Artículo 152. Requisitos de los operadores de banca-seguros. 1. Para figurar inscrito como operador de banca-seguros en el registro administrativo previsto en el artículo 133, será necesario cumplir y mantener en todo momento los siguientes requisitos:

a) Ser entidad de crédito o establecimiento financiero de crédito. También podrá ser una sociedad mercantil controlada o participada por las entidades de crédito o establecimientos financieros de crédito, o grupo de entidades de crédito o de establecimientos financieros de crédito, inscrita en el Registro Mercantil previamente a la solicitud de inscripción administrativa, cuyos estatutos prevean, dentro del apartado correspondiente al objeto social, la realización de actividades de distribución de seguros como operador de banca-seguros.

b) Presentar una memoria en la que se indiquen la entidad o entidades aseguradoras para las que se distribuyen los seguros y los ramos de seguro; el ámbito territorial de actuación; los procedimientos adoptados para la solución de conflictos por quejas y reclamaciones de los clientes, y la red o las redes de las entidades de crédito o de los establecimientos financieros de crédito a través de las cuales el operador de banca-seguros distribuirá los seguros. Deberá, igualmente, incluir una mención expresa al programa de formación al que se refiere la letra e).

c) Acreditar que la persona responsable de la actividad de distribución o, en su caso, las personas que forman parte del órgano de dirección responsable de la actividad de distribución y todas las personas que participan directamente en la distribución de seguros, cumplen el requisito de honorabilidad comercial y profesional en los términos dispuestos en el artículo 128.

Este requisito será igualmente aplicable a los administradores del operador de banca-seguros.

d) Acreditar que la persona responsable de la actividad de distribución o, en su caso, al menos la mitad de las personas que forman parte del órgano de dirección responsable de la actividad de distribución y todas las personas que participan directamente en la distribución de seguros, poseen unos conocimientos y aptitudes apropiados mediante la superación de cursos de formación, que podrán ser impartidos por las propias entidades de crédito o establecimientos financieros de crédito de acuerdo con lo previsto en el título I y en su normativa de desarrollo.

e) Presentar un programa de formación continua que las entidades de crédito o establecimientos financieros de crédito impartirán a la persona responsable de la actividad de distribución o, en su caso, al menos a la mitad de las personas que forman parte del órgano de dirección responsable de la actividad de distribución, así como a las personas integrantes de su red de distribución y que participen directamente en la distribución de los seguros. A estos efectos, la Dirección General de Seguros y Fondos de Pensiones establecerá mediante resolución las líneas generales y los principios básicos que, en cuanto a su contenido, organización y ejecución, habrán de cumplir los programas de formación inicial y continua relativos a todas las personas a las que se refiere la letra d).

f) Garantizar las obligaciones frente a terceros de conformidad con lo dispuesto en los artículos 136.4 y 142.

g) Acreditar que todas y cada una de las entidades aseguradoras con las que vaya a celebrar un contrato de agencia de seguros asumen la responsabilidad civil profesional derivada de su actuación como operador de banca-seguros, o que dicho operador dispone de un seguro de responsabilidad civil profesional o cualquier otra garantía financiera que cubra en todo el territorio de la Unión Europea las responsabilidades que pudieran surgir por negligencia profesional, de al menos 1.564.610 euros por siniestro y, en suma, 2.315.610 euros para todos los siniestros correspondientes a un determinado año, respecto a la actividad sobre la que no hubiera obtenido cobertura en virtud del contrato de agencia suscrito.

h) Aportar y mantener actualizada:

1.º Información sobre la identidad de los accionistas o socios, ya sean personas físicas o jurídicas, que posean en el operador de banca-seguros una participación directa o indirecta del 10 por ciento o superior de los derechos de voto o del capital.

2.º Información sobre la identidad de las personas que posean vínculos estrechos con el operador de banca-seguros.

3.º Información de que dichas participaciones o vínculos estrechos no impidan a la Dirección General de Seguros y Fondos de Pensiones el ejercicio efectivo de sus funciones de supervisión.

i) No incurrir en las causas de incompatibilidad previstas en el artículo 154.

2. El operador de banca-seguros dirigirá su solicitud de inscripción a la Dirección General de Seguros y Fondos de Pensiones, y deberá ir acompañada de los documentos acreditativos del cumplimiento de los requisitos a que se refiere el anterior apartado. El plazo máximo en que debe notificarse la resolución expresa de la solicitud será de tres meses a partir de la fecha de presentación de dicha solicitud. La inscripción especificará las entidades aseguradoras para las que el operador de banca-seguros podrá realizar la actividad de distribución de seguros. La solicitud de inscripción será denegada cuando no se acredite el cumplimiento de los requisitos exigidos para su concesión.

3. El operador de banca-seguros deberá, en un plazo máximo de quince días hábiles desde el acuerdo de modificación, notificar a la Dirección General de Seguros y Fondos de Pensiones los cambios en la información facilitada de conformidad con el apartado anterior, que sean relativos a los actos sujetos a inscripción en el registro administrativo de distribuidores de seguros y reaseguros de acuerdo con lo dispuesto en la disposición adicional octava del Real Decreto 1060/2015, de 20 de noviembre.

4. Las cuantías mencionadas en el apartado 1.g) quedarán modificadas por las actualizaciones que establezca la Autoridad Europea de Seguros y Pensiones de Jubilación.

Para facilitar el conocimiento y aplicación de dichas actualizaciones, estas se harán públicas por resolución de la Dirección General de Seguros y Fondos de Pensiones.

– La **Resolución de 19 de abril de 2024, de la Dirección General de Seguros y Fondos de Pensiones, por la que se publica la actualización prevista en los artículos 152.4 y 157.4 del Real Decreto-ley 3/2020, de 4 de febrero, de medidas urgentes por el que se incorporan al ordenamiento jurídico español**

diversas directivas de la Unión Europea en el ámbito de la contratación pública en determinados sectores; de seguros privados; de planes y fondos de pensiones; del ámbito tributario y de litigios fiscales, actualiza los importes del apartado 1.g), con efectos de 9 de octubre de 2024.

Artículo 153. Publicidad y documentación mercantil de la actividad de distribución de seguros privados de los operadores de banca-seguros. 1. En la publicidad y en la documentación mercantil de distribución de seguros de los operadores de banca-seguros, deberá figurar de forma destacada la expresión «operador de banca-seguros exclusivo», o, en su caso, «operador de banca-seguros vinculado», seguida de la denominación social de la entidad aseguradora para la que esté realizando la operación de distribución de que se trate, en virtud del contrato de agencia celebrado, así como el número de inscripción en el registro administrativo previsto en el artículo 133 y, en su caso, tener concertado un seguro de responsabilidad civil u otra garantía financiera, con arreglo todo ello al artículo 152.

2. En la publicidad que el operador de banca-seguros realice con carácter general o a través de medios telemáticos, deberá hacer mención a las entidades aseguradoras con las que haya celebrado un contrato de agencia de seguros.

Artículo 154. Incompatibilidades de los operadores de banca-seguros. 1. Los operadores de banca-seguros no podrán ejercer como corredor de seguros o colaboradores externos de estos, tercer perito, perito de seguros o comisario de averías, a designación de los tomadores de seguros, asegurados y beneficiarios de los contratos de seguro en los que hubiesen intervenido.

2. Las redes de distribución de las entidades de crédito o de los establecimientos financieros de crédito que participen en la distribución de los seguros, no podrán ejercer simultáneamente como colaboradores externos de otros mediadores de seguros de distinta clase, ni podrán fragmentarse a dichos efectos.

SUBSECCIÓN 4.ª DE LOS CORREDORES DE SEGUROS

Artículo 155. Concepto de corredor de seguros. 1. Son corredores de seguros las personas físicas o jurídicas que realizan la actividad de distribución de seguros, ofreciendo asesoramiento independiente basado en un análisis objetivo y personalizado, a quienes demanden la cobertura de riesgos.

2. Los corredores de seguros deberán informar a quien trate de concertar el seguro sobre las condiciones del contrato que a su juicio conviene suscribir y

ofrecer la cobertura que, de acuerdo a su criterio profesional, mejor se adapte a las necesidades de aquel; asimismo, velarán por la concurrencia de los requisitos que ha de reunir la póliza de seguro para su eficacia y plenitud de efectos.

3. Igualmente, vendrán obligados durante la vigencia del contrato de seguro en que hayan intervenido a facilitar al tomador, al asegurado y al beneficiario del seguro la información que reclamen sobre cualquiera de las cláusulas de la póliza y, en caso de siniestro, a prestarles su asistencia y asesoramiento.

Artículo 156. Relaciones con las entidades aseguradoras y con los clientes. 1. Las relaciones con las entidades aseguradoras derivadas de la actividad de distribución de seguros por parte del corredor de seguros, se regirán por los pactos que las partes acuerden libremente, sin que dichos pactos puedan en ningún caso afectar a su independencia.

2. Las relaciones entre el corredor de seguros y el cliente derivadas de la actividad de distribución de seguros, se regirán por los pactos que las partes acuerden libremente y, supletoriamente, por los preceptos que el Código de Comercio dedica a la comisión mercantil.

3. La remuneración que perciba el corredor de seguros de la entidad aseguradora por su actividad de distribución de seguros revestirá la forma de comisiones.

El corredor y el cliente podrán acordar por escrito que la remuneración del corredor incluya honorarios profesionales que se facturen directamente al cliente, expidiendo en este caso una factura independiente por dichos honorarios de forma separada al recibo de prima emitido por la entidad aseguradora.

4. El pago del importe de la prima efectuado por el tomador del seguro al corredor no se entenderá realizado a la entidad aseguradora, salvo que, a cambio, el corredor entregue al tomador del seguro el recibo de prima de la entidad aseguradora.

5. En todo caso, se precisará el consentimiento del tomador del seguro para modificar la posición mediadora en el contrato de seguro en vigor.

Las comunicaciones efectuadas en cuanto al cambio de la posición mediadora por un corredor de seguros autorizado expresamente por el tomador y en su nombre, a la entidad aseguradora, surtirán los mismos efectos que si la realizara el propio tomador, salvo indicación en contrario de este.

Artículo 157. Requisitos de los corredores de seguros. 1. Para figurar inscrito como corredor de seguros en el registro administrativo previsto en el artículo 133, será necesario cumplir y mantener en todo momento los siguientes requisitos:

a) Los corredores de seguros, personas físicas, deberán tener capacidad legal para ejercer el comercio, y en el caso de las personas jurídicas, deberán ser sociedades mercantiles o cooperativas inscritas en el Registro Mercantil y registro de cooperativas correspondiente, previamente a la solicitud de inscripción administrativa, cuyos estatutos prevean, dentro del apartado correspondiente al objeto social, la realización de actividades de distribución de seguros como corredor de seguros. Cuando la sociedad sea por acciones, estas habrán de ser nominativas.

b) Presentar un programa de actividades en el que se deberá indicar, al menos, los ramos de seguro y la clase de riesgos en que se proyecte mediar, los principios rectores y ámbito territorial de su actuación; la estructura de la organización, que incluya los sistemas de comercialización; los medios personales y materiales de los que se vaya a disponer para el cumplimiento de dicho programa y los mecanismos adoptados para la solución de conflictos por quejas y reclamaciones de los clientes. Además, para los tres primeros ejercicios sociales, deberá contener un plan en el que se indiquen de forma detallada las previsiones de ingresos y gastos, en particular los gastos generales corrientes, y las previsiones relativas a primas de seguros que se van a distribuir, justificando las mismas, así como la adecuación a estas de los medios y recursos disponibles.

c) Acreditar que los corredores de seguros, personas físicas, así como, en el caso de personas jurídicas, la persona responsable de la actividad de distribución o, en su caso, las personas que forman parte del órgano de dirección responsable de la actividad de distribución y todas las personas que participan directamente en la distribución de seguros, cumplen el requisito de honorabilidad comercial y profesional en los términos dispuestos en el artículo 128.

Este requisito será igualmente aplicable a los administradores del corredor de seguros, persona jurídica.

d) Acreditar que los corredores de seguros, personas físicas y, en el caso de personas jurídicas, la persona responsable de la actividad de distribución o, en su caso, al menos la mitad de las personas que forman parte del órgano de dirección responsable de la actividad de distribución y todas las personas que participan directamente en la distribución de seguros, poseen los conocimientos y aptitudes apropiados mediante la superación de cursos de formación de acuerdo con lo previsto en el título I y en su normativa de desarrollo.

e) Presentar un programa de formación continua aplicable tanto al corredor de seguros, persona física como, en el caso de corredor de seguros persona jurídica, a la persona responsable de la actividad de distribución o, en su caso, al menos a la mitad de las personas que forman parte del órgano de dirección responsable de la actividad de distribución. El programa también deberá aplicarse a todas las personas que participan directamente en la distribución de seguros. A estos efectos, la Dirección General de Seguros y Fondos de Pensiones establecerá mediante resolución, las líneas generales y los principios básicos que, en cuanto a su contenido, organización y ejecución, habrán de cumplir los cursos de formación inicial y continua relativos a todas las personas a las que se refiere la letra d) del presente apartado, que podrán ser impartidos por los corredores de acuerdo con lo previsto en el título I y en su normativa de desarrollo.

f) Disponer de una capacidad financiera que deberá en todo momento alcanzar el 4 por ciento del total de las primas anuales percibidas, sin que pueda ser inferior a 23.480 euros, salvo que contractualmente se haya pactado de forma expresa con las entidades aseguradoras que los importes abonados por los clientes se realizarán directamente en cuentas de pago de titularidad de aquellas, o que, en su caso, el corredor de seguros ofrezca al tomador una cobertura inmediata, siempre y cuando la entidad aseguradora haya autorizado al corredor a recibir en nombre y por cuenta de esta las primas satisfechas por los tomadores, entregando el recibo de prima emitido por la entidad aseguradora, y, en uno y otro caso, que las cantidades abonadas en concepto de indemnizaciones se entregarán directamente por las entidades aseguradoras a los tomadores de seguros, asegurados o beneficiarios.

La capacidad financiera podrá acreditarse mediante la contratación de un aval emitido por una entidad financiera o de un seguro de caución, con objeto de proteger a los clientes frente a la incapacidad de los corredores de seguros para transferir la prima a la entidad aseguradora o para transferir la cantidad de la indemnización o el reembolso de la prima al asegurado.

Lo anterior se entiende sin perjuicio de lo dispuesto en el artículo 136.4.

g) Contratar un seguro de responsabilidad civil profesional o cualquier otra garantía financiera que cubra en todo el territorio de la Unión Europea las responsabilidades que pudieran surgir por negligencia profesional, con una cuantía de, al menos 1.564.610 euros por siniestro y, en suma, 2.315.610 euros para todos los siniestros correspondientes a un determinado año.

En el caso de que el corredor de seguros ejerza su actividad en determinados productos bajo la dirección de otro corredor que asuma la total responsabilidad de los actos de aquel, deberá informar previamente por escrito de ello al cliente.

h) Aportar y mantener actualizada:

1.º Información sobre la identidad de los accionistas o socios, ya sean personas físicas o jurídicas, que posean en el corredor de seguros una participación directa o indirecta del 10 por ciento o superior de los derechos de voto o del capital.

2.º Información sobre la identidad de las personas que posean vínculos estrechos con el corredor de seguros.

3.º Información de que dichas participaciones o vínculos estrechos no impiden a la Dirección General de Seguros y Fondos de Pensiones el ejercicio efectivo de sus funciones de supervisión.

i) No incurrir en las causas de incompatibilidad previstas en el artículo 159.

2. El corredor de seguros dirigirá la solicitud de inscripción a la Dirección General de Seguros y Fondos de Pensiones, que deberá ir acompañada de los documentos acreditativos del cumplimiento de los requisitos a que se refiere el apartado anterior. El plazo máximo en que debe notificarse la resolución expresa de la solicitud será de tres meses a partir de la fecha de presentación de la solicitud de inscripción. La solicitud de inscripción será denegada cuando no se acredite el cumplimiento de los requisitos exigidos para su concesión.

3. El corredor de seguros deberá, en un plazo máximo de quince días hábiles desde el acuerdo de modificación, notificar a la Dirección General de Seguros y Fondos de Pensiones los cambios en la información facilitada de conformidad con el apartado anterior, que sean relativos a los actos sujetos a inscripción en el registro administrativo de distribuidores de seguros y reaseguros de acuerdo con lo dispuesto en la disposición adicional octava del Real Decreto 1060/2015, de 20 de noviembre.

4. Las cuantías mencionadas en el apartado 1.f) y g) quedarán modificadas por las actualizaciones que establezca la Autoridad Europea de Seguros y Pensiones de Jubilación.

A dichos efectos, para facilitar su conocimiento y aplicación, por resolución de la Dirección General de Seguros y Fondos de Pensiones se harán públicas dichas actualizaciones.

– La Resolución de 19 de abril de 2024, de la Dirección General de Seguros y Fondos de Pensiones, por la que se publica la actualización prevista en los artículos 152.4 y 157.4 del Real Decreto-ley 3/2020, de 4 de febrero, de medidas urgentes por el que se incorporan al ordenamiento jurídico español diversas directivas de la Unión Europea en el ámbito de la contratación pública en determinados sectores; de seguros privados; de planes y fondos de pensiones; del ámbito tributario y de litigios fiscales, actualiza los importes de las letras f) y g) del apartado 1, con efectos de 9 de octubre de 2024.

Artículo 158. Publicidad y documentación mercantil de la actividad de distribución de seguros privados de los corredores de seguros. 1. En la publicidad y en la documentación mercantil de distribución de seguros privados de los corredores de seguros, deberán figurar de manera destacada las expresiones «corredor de seguros» o «correduría de seguros». Igualmente, indicarán la circunstancia de estar inscrito en el registro administrativo previsto en el artículo 133 y tener concertado un seguro de responsabilidad civil u otra garantía financiera y, en su caso, disponer de la capacidad financiera exigida, con arreglo todo ello al artículo 157.

2. Cuando en el capital social de un corredor de seguros, persona jurídica, tuvieran una participación significativa entidades aseguradoras o reaseguradoras o agentes de seguros, personas físicas o jurídicas, o cuando el corredor de seguros estuviese presente, por sí o a través de representantes, en el órgano de administración de una entidad aseguradora o reaseguradora o tuviera una participación significativa en el capital social de una entidad aseguradora o reaseguradora, deberá hacer constar de manera destacada esta vinculación en toda la publicidad y en toda la documentación mercantil de distribución de seguros privados.

Serán de aplicación a estos supuestos las disposiciones contenidas en el artículo 160.

Artículo 159. Incompatibilidades de los corredores de seguros. 1. Se considerarán incompatibles para ejercer la actividad como corredor de seguros las personas físicas siguientes:

a) Los agentes de seguros.

b) Los colaboradores externos de los agentes de seguros u operadores de banca-seguros.

c) Los peritos de seguros, comisarios de averías y liquidadores de averías, salvo que estas actividades se desarrollen en exclusiva para asesoramiento de tomadores del seguro, asegurados o beneficiarios por contrato de seguro.

2. En el caso de que la actividad de corredor de seguros se realice por una persona jurídica, aquella no podrá simultanearse con las siguientes actividades:

a) Aseguradora o reaseguradora.

b) Agencia de suscripción.

c) Agente de seguros u operador de banca-seguros.

d) Colaborador externo de agente de seguros u operador de banca-seguros.

e) Aquellas otras para cuyo ejercicio se exija objeto social exclusivo.

f) De peritación de seguros, comisariado de averías o liquidación de averías, salvo que estas actividades se desarrollen en exclusiva para asesoramiento de tomadores del seguro, asegurados o beneficiarios por contrato de seguro.

SUBSECCIÓN 5.ª VÍNCULOS ESTRECHOS Y PARTICIPACIONES SIGNIFICATIVAS EN OPERADORES DE BANCA-SEGUROS Y CORREDORES DE SEGUROS

Artículo 160. Vínculos estrechos y régimen de participaciones significativas. 1. El corredor de seguros, persona jurídica, y el operador de banca-seguros, deberán informar a la Dirección General de Seguros y Fondos de Pensiones de cualquier relación que pretendan establecer con personas físicas o jurídicas que pueda implicar la existencia de vínculos estrechos tal y como se definen en el artículo 128.12, así como de cualquier transmisión de acciones o participaciones proyectada que represente una participación significativa de acuerdo con el artículo 128.13.

2. La Dirección General de Seguros y Fondos de Pensiones dispondrá de un plazo de tres meses, a partir de la presentación de la información, para oponerse a la adquisición de la participación significativa o de cada uno de sus incrementos que igualen o superen los límites del 20 por ciento, 30 por ciento o 50 por ciento, y también cuando en virtud de la adquisición se pudiera llegar a controlar al corredor de seguros, persona jurídica, o al operador de banca-seguros. La oposición deberá fundarse en que quien pretenda adquirirla no reúne los requisitos de honorabilidad comercial y profesional en los términos definidos en el artículo 128 o que incurre en alguna de las prohibiciones del título I. Si la Dirección General de Seguros y Fondos de Pensiones no se pronunciara

en el plazo de tres meses, podrá procederse a la adquisición o incremento de la participación. En caso de expresar su conformidad a la adquisición o incremento de la participación significativa, podrá fijar un plazo máximo distinto al comunicado para efectuar la adquisición.

3. Lo dispuesto en este artículo se entenderá sin perjuicio de la aplicación de las normas sobre ofertas públicas de adquisición e información sobre participaciones significativas contenidas en el texto refundido de la Ley del Mercado de Valores, aprobado por el Real Decreto Legislativo 4/2015, de 23 de octubre, y en sus normas de desarrollo, sin perjuicio de la aplicación de las normas sobre control de concentraciones económicas contenidas en la Ley 15/2007, de 3 de julio, de Defensa de la Competencia.

> – El Real Decreto Legislativo 4/2015, de 23 de octubre, por el que se aprueba el texto refundido de la Ley del Mercado de Valores ha sido derogado por la **Ley 6/2023, de 17 de marzo, de los Mercados de Valores y de los Servicios de Inversión.**

SECCIÓN 2.ª DE LOS DISTRIBUIDORES DE REASEGUROS

Artículo 161. Distribución de productos de reaseguros por los empleados de las entidades reaseguradoras. Serán de aplicación a las entidades reaseguradoras los requisitos contenidos en la subsección 2.ª de la sección 1.ª del capítulo III, entendiéndose hechas a las entidades reaseguradoras las referencias que en dicha subsección se hacen a las entidades aseguradoras.

Artículo 162. Concepto de corredores de reaseguros. 1. Son corredores de reaseguros las personas físicas o jurídicas que, a cambio de una remuneración, realicen la actividad de distribución de reaseguros definida en el artículo 129.

2. Para ejercer la actividad de corredor de reaseguros será preciso estar inscrito en el registro administrativo previsto en el artículo 133.

Para figurar inscrito en el citado registro administrativo será necesario cumplir y mantener en todo momento el cumplimiento de los requisitos exigidos en las letras a), c), d), e), g) y h) del artículo 157.1, entendiéndose hechas a los corredores de reaseguros las referencias que en dicho precepto se realizan a los corredores de seguros.

3. La solicitud de inscripción como corredor de reaseguros se dirigirá a la Dirección General de Seguros y Fondos de Pensiones y deberá ir acompañada de

los documentos acreditativos del cumplimiento de los requisitos a que se refiere el apartado anterior. El plazo máximo en que debe notificarse la resolución expresa de la solicitud será de tres meses a partir de la fecha de presentación de la solicitud de inscripción. La solicitud de inscripción será denegada cuando no se acredite el cumplimiento de los requisitos exigidos para su concesión.

4. La inscripción solo habilitará para ejercer como corredor de reaseguros. Si el corredor de reaseguros pretendiera ejercer simultáneamente la actividad de distribución de seguros, deberá figurar inscrito también como mediador de seguros.

5. El corredor de reaseguros deberá, en un plazo máximo de quince días hábiles desde el acuerdo de modificación, notificar a la Dirección General de Seguros y Fondos de Pensiones los cambios en la información facilitada de conformidad con el apartado 3 y que sean relativos a los actos sujetos a inscripción en el registro administrativo de distribuidores de seguros y reaseguros de acuerdo con lo dispuesto en la disposición adicional octava del Real Decreto 1060/2015, de 20 de noviembre.

6. Será de aplicación a los corredores de reaseguros lo previsto en el artículo 136.2.

7. No serán de aplicación a los mediadores de reaseguros las disposiciones establecidas en la sección 4.ª y en la sección 6.ª del capítulo III del título I.

Artículo 163. Relaciones con las entidades reaseguradoras y con los clientes. 1. Las relaciones entre los corredores de reaseguros y las entidades reaseguradoras se regirán por los pactos que las partes acuerden libremente, que tendrán carácter mercantil, aplicándose supletoriamente los preceptos que el Código de Comercio dedica a la comisión mercantil.

2. El contrato será retribuido y especificará las comisiones sobre las primas u otros derechos económicos que correspondan al corredor de reaseguros durante la vigencia del contrato y, en su caso, una vez extinguido este.

Artículo 164. Obligaciones frente a terceros. Los corredores de reaseguros deberán destacar en toda la publicidad y documentación mercantil de distribución de reaseguros su condición de corredor de reaseguros, así como las circunstancias de estar inscrito en el registro administrativo previsto en el artículo 133, y de tener concertado un seguro de responsabilidad civil, u otra garantía financiera, con arreglo al artículo 162.2.

SECCIÓN 3.ª DE LOS CURSOS DE FORMACIÓN DE LOS DISTRIBUIDORES DE SEGUROS Y DE REASEGUROS

Artículo 165. Requisitos y organización de los cursos de formación. 1. La Dirección General de Seguros y Fondos de Pensiones establecerá mediante resolución las líneas generales y los principios básicos que habrán de cumplir los cursos de formación en materias financieras y de seguros privados, en cuanto a su contenido, organización y ejecución, que deberán ser programados en función de la cualificación profesional y de los conocimientos previos acreditados por los asistentes, todo ello de conformidad con lo previsto en el anexo XII.

Los cursos de formación continua deberán considerar la clase de distribuidor, los productos distribuidos, la función desempeñada y la actividad realizada, y se desarrollarán sobre la base de, al menos, 15 horas de formación al año.

2. Reglamentariamente se desarrollarán los requisitos necesarios para poder organizar los cursos de formación, incluido, en su caso, y para los cursos de formación que se determinen, la necesidad de autorización previa de la Dirección General de Seguros y Fondos de Pensiones. Los organizadores emitirán las certificaciones que acrediten la superación de los mismos.

3. La autorización concedida a los centros de formación por cualquier autoridad competente tendrá eficacia nacional. El titular de la autorización comunicará a la autoridad competente de su Comunidad Autónoma o a la Dirección General de Seguros y Fondos de Pensiones, según corresponda, la apertura de nuevos centros de formación.

4. Los cursos de formación se configurarán atendiendo a lo dispuesto en el anexo XII.

SECCIÓN 4.ª DE LOS MECANISMOS DE RESOLUCIÓN DE CONFLICTOS

Artículo 166. Obligación de atender y resolver quejas y reclamaciones. 1. Las entidades aseguradoras, los corredores de seguros, las sucursales en España de mediadores de seguros, así como los mediadores de otros Estados miembros que actúen en España en régimen de libre prestación de servicios, están obligados a atender y resolver las quejas y reclamaciones que se formulen por los sujetos legitimados conforme a lo establecido en el título I y en la normativa sobre protección del cliente de servicios financieros.

2. Los departamentos y servicios de atención al cliente de las entidades aseguradoras atenderán y resolverán las quejas y reclamaciones que se presenten en relación con la actuación de sus empleados y agentes de seguros y operadores de banca-seguros, en los términos que establezca la normativa sobre protección del cliente de servicios financieros.

3. Los corredores de seguros y los mediadores de seguros de otros Estados miembros que operen en España a través de sucursal, deberán contar con un departamento o servicio de atención al cliente para atender y resolver las quejas y reclamaciones, salvo que encomienden la atención y resolución de la totalidad de las quejas y reclamaciones que reciban a un defensor del cliente, en los términos establecidos en el artículo 167.

A estos efectos, podrán contratar externamente el desempeño de las funciones del departamento o servicio de atención al cliente con otra persona o entidad ajena a la estructura de su organización, siempre que reúna los requisitos exigidos en la normativa sobre protección del cliente de servicios financieros.

4. El departamento o servicio de atención al cliente podrá ser común a otras sociedades del mismo grupo económico.

Artículo 167. Defensor del cliente. 1. Las entidades aseguradoras y los corredores de seguros, podrán designar, bien individualmente, bien agrupados por ramos de seguro, proximidad geográfica, volumen de negocio o cualquier otro criterio, un defensor del cliente, que habrá de ser una entidad o experto independiente de reconocido prestigio, a quien corresponderá atender y resolver los tipos de quejas y reclamaciones que se sometan a su decisión en el marco de lo que disponga su reglamento de funcionamiento, así como promover el cumplimiento de la normativa sobre transparencia y protección del cliente y de las buenas prácticas y usos financieros, todo ello conforme a lo dispuesto en la normativa sobre protección del cliente de servicios financieros.

2. La decisión del defensor del cliente favorable a la reclamación vinculará a la entidad aseguradora o al corredor de seguros. Esta vinculación no será obstáculo a la plenitud de la tutela judicial, al recurso a otros mecanismos de resolución de conflictos ni a la protección administrativa.

3. La designación del defensor del cliente podrá efectuarse conjuntamente con otras entidades, de manera que aquel atienda y resuelva las reclamaciones de los clientes de todas ellas, de acuerdo con lo que disponga su reglamento de funcionamiento.

Artículo 168. Protección administrativa del cliente de los servicios financieros. 1. El cliente podrá presentar quejas y reclamaciones, relacionadas con sus intereses y derechos legalmente reconocidos, ante el órgano administrativo competente y conforme al procedimiento establecido en la normativa sobre protección del cliente de los servicios financieros y, en su caso, a la normativa en materia de consumo.

2. Sin perjuicio de lo dispuesto para las entidades aseguradoras en la normativa sobre protección del cliente de los servicios financieros, tratándose de quejas y reclamaciones referentes a la actuación de mediadores de seguros residentes o domiciliados en España y de sucursales en España de mediadores de seguros residentes en otros Estados miembros, será imprescindible acreditar haber formulado la queja o reclamación previamente ante el departamento o servicio de atención al cliente de la entidad o, en su caso, ante el defensor del cliente.

3. Hasta la entrada en vigor de la Ley prevista en la disposición adicional primera de la Ley 7/2017, de 2 de noviembre, por la que se incorpora al ordenamiento jurídico español la Directiva 2013/11/UE, del Parlamento Europeo y del Consejo, de 21 de mayo de 2013, relativa a la resolución alternativa de litigios en materia de consumo, el servicio de reclamaciones de la Dirección General de Seguros y Fondos de Pensiones regulado en el artículo 30 de la Ley 44/2002, de 22 de noviembre, de Medidas de Reforma del Sistema Financiero, atenderá las quejas y reclamaciones que presenten los tomadores, asegurados y beneficiarios por contrato de seguro.

El servicio de reclamaciones de la Dirección General de Seguros y Fondos de Pensiones ajustará su proceder a los principios de proporcionalidad, adecuación, imparcialidad, efectividad e independencia organizativa y funcional.

SECCIÓN 5.ª DE LA ACTIVIDAD DE LOS MEDIADORES DE SEGUROS Y DE REASEGUROS RESIDENTES O DOMICILIADOS EN ESPAÑA EN RÉGIMEN DE LIBRE PRESTACIÓN DE SERVICIOS Y EN RÉGIMEN DE DERECHO DE ESTABLECIMIENTO EN OTROS ESTADOS MIEMBROS DE LA UNIÓN EUROPEA

Artículo 169. Ejercicio de actividad en régimen de libre prestación de servicios. 1. Todo mediador de seguros o de reaseguros residente o domiciliado en España que se proponga ejercer una actividad en régimen de libre prestación de servicios en el territorio de otro Estado miembro, facilitará a la Dirección General de Seguros y Fondos de Pensiones la siguiente información:

a) Nombre, dirección y número de registro.

b) Estado en cuyo territorio tenga previsto operar.

c) Clase de mediador y, cuando proceda, identificación de las entidades aseguradoras o reaseguradoras a las que represente.

d) Ramos de seguros en los que tenga previsto realizar la actividad de distribución.

2. En el plazo de un mes, a partir de la fecha de recepción de la información a que se refiere el apartado 1, la Dirección General de Seguros y Fondos de Pensiones comunicará dicha información a la autoridad competente del Estado miembro de acogida, salvo que se niegue a realizar dicha comunicación por tener razones para dudar de la estructura organizativa o de la situación financiera del mediador. En caso de negativa a transmitir la información al Estado miembro de acogida, deberá informar de manera motivada por escrito al mediador de seguros o reaseguros, en el mismo plazo.

3. La Dirección General de Seguros y Fondos de Pensiones informará por escrito al mediador de seguros o de reaseguros que la autoridad competente del Estado miembro de acogida ha recibido la información y que el mediador puede comenzar a desarrollar su actividad en dicho Estado miembro.

Cuando proceda, la Dirección General de Seguros y Fondos de Pensiones informará al mismo tiempo al mediador que la información relativa a las disposiciones nacionales adoptadas por motivos de interés general de aplicación en el Estado miembro de acogida están disponibles en el sitio web de la Autoridad Europea de Seguros y Pensiones de Jubilación y en el punto de contacto único establecido por el Estado miembro de acogida, así como que el mediador debe cumplir dichas disposiciones a fin de iniciar sus operaciones en el Estado miembro de acogida.

4. Si se produce algún cambio en cualquiera de los datos comunicados en aplicación del apartado 1, el mediador de seguros o de reaseguros informará a la Dirección General de Seguros y Fondos de Pensiones como mínimo un mes antes de que el cambio sea efectivo. La autoridad competente del Estado miembro de acogida será también informada de ese cambio por la Dirección General de Seguros y Fondos de Pensiones, en el plazo máximo de un mes desde la recepción de la información.

Artículo 170. Ejercicio de actividad en régimen de derecho de establecimiento. 1. Todo mediador de seguros o de reaseguros residente o domiciliado en España que se proponga ejercer una actividad en régimen de derecho de establecimiento mediante una sucursal o a través de una presencia permanente en el territorio de otro Estado miembro, facilitará a la Dirección General de Seguros y Fondos de Pensiones la siguiente información:

a) Nombre, dirección y número de registro.

b) Estado en cuyo territorio tenga previsto operar, así como dirección de la sucursal en dicho Estado en la que puede obtenerse documentación.

c) Clase de mediador y, cuando proceda, identificación de las entidades aseguradoras o reaseguradoras a las que represente.

d) Ramos de seguros en los que tenga previsto realizar la actividad de distribución.

e) Identificación de toda persona responsable de la gestión de la sucursal o establecimiento permanente.

2. En el plazo de un mes, a partir de la fecha de recepción de la información a que se refiere el apartado 1, la Dirección General de Seguros y Fondos de Pensiones comunicará dicha información a la autoridad competente del Estado miembro de acogida, salvo que se niegue a realizar dicha comunicación por tener razones para dudar de la estructura organizativa o de la situación financiera del mediador. En caso de negativa a transmitir la información al Estado miembro de acogida deberá informar de manera motivada por escrito al mediador de seguros o reaseguros, en el mismo plazo.

3. La Dirección General de Seguros y Fondos de Pensiones informará por escrito al mediador de seguros o de reaseguros que la autoridad competente del Estado miembro de acogida ha recibido la información.

4. La Dirección General de Seguros y Fondos de Pensiones comunicará las disposiciones adoptadas por motivos de interés general por el Estado miembro de acogida al mediador y le informará de que puede iniciar su actividad en el Estado miembro de acogida siempre que cumpla tales disposiciones.

Si la Dirección General de Seguros y Fondos de Pensiones no recibiera en el plazo de un mes de la autoridad competente del Estado miembro de acogida, información sobre las disposiciones nacionales adoptadas por motivos de interés general de aplicación en dicho Estado miembro, informará al mediador de que puede iniciar su actividad en el Estado miembro de acogida.

5. Si se produce algún cambio en cualquiera de los datos comunicados en aplicación del apartado 1, el mediador de seguros o de reaseguros informará a la Dirección General de Seguros y Fondos de Pensiones como mínimo un mes antes de que el cambio sea efectivo. La autoridad competente del Estado miembro de acogida será también informada de ese cambio por la Dirección

General de Seguros y Fondos de Pensiones, en el plazo máximo de un mes desde la recepción de la información.

6. A efectos de lo dispuesto en este artículo, se asimilará a una sucursal toda presencia permanente de un mediador en el territorio de otro Estado miembro de la Unión Europea que sea equivalente a una sucursal.

Artículo 171. Remisión general. En lo no previsto en esta sección, los mediadores de seguros y de reaseguros residentes o domiciliados en España que ejerzan la actividad en régimen de libre prestación de servicios o en régimen de derecho de establecimiento, se ajustarán a las disposiciones del capítulo III.

SECCIÓN 6.ª OBLIGACIONES DE INFORMACIÓN Y NORMAS DE CONDUCTA

SUBSECCIÓN 1.ª OBLIGACIONES GENERALES DE INFORMACIÓN

Artículo 172. Principio general. 1. Los distribuidores de seguros actuarán siempre con honestidad, equidad y profesionalidad en beneficio de los intereses de sus clientes.

2. Toda la información relativa al ámbito del título I, incluidas las comunicaciones publicitarias dirigidas por los distribuidores de seguros a los clientes o posibles clientes debe ser precisa, clara y no engañosa. Las comunicaciones publicitarias serán claramente identificables como tales.

3. Los distribuidores de seguros no podrán ser remunerados, ni podrán evaluar el rendimiento de sus empleados, de un modo que entre en conflicto con su obligación de actuar en el mejor interés de sus clientes. En particular, un distribuidor de seguros no establecerá ningún sistema de remuneración, de objetivos de ventas o de otra índole que pueda constituir un incentivo para que este o sus empleados recomienden un determinado producto de seguro a un cliente si el distribuidor de seguros puede ofrecer un producto diferente que se ajuste mejor a las necesidades del cliente.

Artículo 173. Información general previa a proporcionar por el mediador de seguros. 1. Antes de la celebración de un contrato de seguro, el mediador de seguros deberá proporcionar al cliente, con suficiente antelación, la información siguiente:

a) Su identidad y dirección, así como su condición de mediador de seguros.

b) Si ofrece asesoramiento en relación con los productos de seguro comercializados.

c) Los procedimientos contemplados en la sección 4.ª del capítulo III, que permitan a los clientes y a otras partes interesadas presentar quejas sobre los mediadores de seguros y sobre los procedimientos de resolución extrajudicial de conflictos.

d) El tratamiento de sus datos de carácter personal, de conformidad con lo establecido en el artículo 5.1 de la Ley Orgánica 3/2018, de 5 de diciembre, de Protección de Datos Personales y garantía de los derechos digitales.

e) El registro en el que esté inscrito y los medios para comprobar dicha inscripción.

f) Si actúa en representación del cliente o actúa en nombre y por cuenta de la entidad aseguradora.

g) Si posee una participación directa o indirecta del 10 por ciento o superior de los derechos de voto o del capital en una entidad aseguradora determinada.

h) Si una entidad aseguradora determinada o una empresa matriz de dicha entidad posee una participación directa o indirecta del 10 por ciento o superior de los derechos de voto o del capital del mediador de seguros.

i) Por lo que se refiere al contrato ofrecido o sobre el cual se ha asesorado, si:

1.º Facilita asesoramiento basándose en un análisis objetivo y personalizado;

2.º está contractualmente obligado a realizar actividades de distribución de seguros exclusivamente con una, o, en su caso, autorizado con varias entidades aseguradoras, en cuyo caso deberá informar de los nombres de dichas entidades aseguradoras, o bien;

3.º no está contractualmente obligado a realizar actividades de distribución de seguros exclusivamente con una o varias entidades aseguradoras y no facilita asesoramiento basándose en un análisis objetivo y personalizado, en cuyo caso deberá informar de los nombres de las entidades aseguradoras con las que pueda realizar, o de hecho realice, actividades de distribución de seguros del producto de seguro ofertado;

4.º adicionalmente, en el caso de los operadores de banca-seguros, deberán comunicar a sus clientes que el asesoramiento prestado se facilita con la finalidad de contratar un seguro y no cualquier otro producto que pudiera comercializar la entidad de crédito o el establecimiento financiero de crédito.

j) La naturaleza de la remuneración recibida en relación con el contrato de seguro.

k) Si, en relación con el contrato de seguro, trabajan:

1.º A cambio de un honorario, esto es, la remuneración la abona directamente el cliente;

2.º a cambio de una comisión de algún tipo, esto es, la remuneración está incluida en la prima de seguro;

3.º a cambio de cualquier otro tipo de remuneración, incluida cualquier posible ventaja económica ofrecida u otorgada en relación con el contrato de seguro, o

4.º sobre la base de una combinación de cualquiera de los tipos de remuneración especificados en los apartados 1.º, 2.º y 3.º

2. Cuando el cliente acuerde por escrito con el mediador de seguros el abono de honorarios, este informará al cliente del importe de dicho honorario o, cuando ello no sea posible, el método para calcularlo.

3. Si con posterioridad a la celebración del contrato, el cliente efectúa, en virtud del contrato de seguro, algún pago distinto de las primas periódicas y los pagos previstos, se le facilitará también la información a que se refiere el presente artículo en relación con cada uno de esos pagos.

4. El deber de información previo regulado en los apartados anteriores también será exigible con ocasión de la modificación o prórroga del contrato de seguro si se han producido alteraciones en la información inicialmente suministrada.

Artículo 174. Información general previa a proporcionar por la entidad aseguradora. 1. Antes de la celebración de un contrato de seguro, la entidad aseguradora deberá proporcionar al cliente, con suficiente antelación, la información siguiente:

a) Su identidad y dirección, así como su condición de entidad aseguradora.

b) Si ofrece asesoramiento en relación con los productos de seguro comercializados.

c) Los procedimientos contemplados en la sección 4.ª del capítulo III que permitan a los clientes y otras partes interesadas presentar quejas sobre las entidades aseguradoras, y sobre los procedimientos de resolución extrajudicial de conflictos.

d) La naturaleza de la remuneración percibida por sus empleados en relación con el contrato de seguro.

2. Si con posterioridad a la celebración del contrato, el cliente efectúa algún pago en virtud del contrato de seguro distinto de las primas periódicas y los pagos previstos, se le facilitará también la información a que se refiere el presente artículo en relación con cada uno de esos pagos.

3. El deber de información previo regulado en los apartados anteriores también será exigible con ocasión de la modificación o prórroga del contrato de seguro si se han producido alteraciones en la información inicialmente suministrada.

Artículo 175. Información y asesoramiento previos que deberán proporcionar los distribuidores de seguros sobre el contrato de seguro. 1. Antes de la celebración de un contrato de seguro, el distribuidor de seguros determinará, basándose en informaciones obtenidas del cliente, las exigencias y las necesidades de dicho cliente y facilitará al mismo información objetiva acerca del producto de seguro de forma comprensible, de modo que el cliente pueda tomar una decisión fundada.

Cualquier contrato que se proponga debe respetar las exigencias y necesidades del cliente en materia de seguros.

2. Si se facilita asesoramiento antes de la celebración de un contrato determinado, el distribuidor de seguros facilitará al cliente una recomendación personalizada en la que explique por qué un producto concreto satisfará mejor las exigencias y necesidades del cliente.

Cuando un mediador de seguros informe a su cliente de que facilita asesoramiento basado en un análisis objetivo y personalizado, deberá prestar ese asesoramiento sobre la base del análisis de un número suficiente de contratos de seguro ofrecidos en el mercado, de modo que pueda formular una recomendación personalizada, ateniéndose a criterios profesionales, respecto al contrato de seguro que sería adecuado a las necesidades del cliente.

3. Las precisiones a que se refieren los apartados 1 y 2 se modularán en función de la complejidad del producto de seguro propuesto y del tipo de cliente.

4. Sin perjuicio de lo dispuesto en los artículos 122, 123, 124, 125 y 126 del Real Decreto 1060/2015, de 20 de noviembre, antes de la celebración del contrato, ya se ofrezca o no asesoramiento e independientemente de que el producto de seguro forme parte de un paquete con arreglo al artículo 184, el distribuidor de seguros suministrará al cliente la información pertinente sobre el producto de seguro de forma comprensible, de modo que el cliente pueda

tomar una decisión fundada, y atendiendo a la complejidad del producto de seguro y al tipo de cliente.

5. Los mediadores de seguros de otros Estados de la Unión Europea que ejerzan en España en régimen de derecho de establecimiento o en régimen de libre prestación de servicios deberán informar a sus clientes en los mismos términos previstos en los apartados anteriores, acerca de si realizan un asesoramiento basado en un análisis objetivo y personalizado o de si están o no contractualmente obligados a realizar actividades de distribución de seguros exclusivamente con una o varias entidades aseguradoras.

Artículo 176. Deber general de información previa sobre el contrato de seguro distinto al seguro de vida: documento de información previa.
1. En relación con la distribución de productos de seguro distintos del seguro de vida, según la clasificación del anexo I de la Ley 20/2015, de 14 de julio, se facilitará la información a que se refiere el artículo 175.4 mediante un documento de información previa sobre productos de seguro, en papel o en otro soporte duradero, para la distribución de productos de seguro distintos del seguro de vida. A estos productos les será de aplicación el Reglamento de ejecución (UE) 2017/1469 de la Comisión, de 11 de agosto de 2017, por el que se establece un formato de presentación normalizado para el documento de información sobre productos de seguro.

2. La entidad aseguradora o, en su caso, el mediador de seguros cuando sea este el que diseñe el producto de seguro, deberá elaborar el documento de información previa sobre el producto de seguro al que se refiere el apartado 1.

3. El documento de información previa sobre el producto de seguro deberá cumplir los siguientes requisitos:

a) Será un documento breve e independiente.

b) Tendrá una presentación y una estructura claras que permitan su fácil lectura, y utilizará caracteres de un tamaño legible.

c) En caso de que el original se haya elaborado en color, no deberá perder claridad si se imprime o fotocopia en blanco y negro.

d) Se redactará en las lenguas oficiales, o en una de las lenguas oficiales, utilizadas en la parte del Estado miembro en el que se distribuya el producto de seguro, o en otra lengua si así lo acuerdan el cliente y el distribuidor.

e) Será preciso y no engañoso.

f) Incluirá el título «documento de información sobre el producto de seguro» en la parte superior de la primera página.

g) Incluirá una declaración de que la información precontractual y contractual completa relativa al producto se facilita en otros documentos.

4. El documento de información sobre el producto de seguro contendrá la siguiente información:

a) Información sobre el tipo de seguro.

b) Un resumen de las coberturas del seguro, incluidos los principales riesgos asegurados, la suma asegurada y, cuando proceda, el ámbito geográfico de aplicación, así como un resumen de los riesgos excluidos.

c) Las condiciones de pago de las primas, y la duración de los pagos.

d) Las principales exclusiones, sobre las cuales no es posible presentar solicitudes de indemnización.

e) Las obligaciones al comienzo del contrato.

f) Las obligaciones durante la vigencia del contrato.

g) Las obligaciones en caso de solicitud de indemnización.

h) La duración del contrato, incluidas las fechas de comienzo y de expiración.

i) Las modalidades de rescisión del contrato.

5. En relación con los seguros a los que resulta de aplicación lo dispuesto en este artículo, no será necesario suministrar la información establecida en los artículos 122, 125 y 126 del Real Decreto 1060/2015, de 20 de noviembre, en la medida en que la misma se entienda debidamente suministrada con arreglo al documento de información sobre el producto de seguro.

Artículo 177. Exención de la obligación de información previa. No será obligatorio facilitar la información contemplada en los artículos 173, 174, 175 y 176 cuando el distribuidor de seguros ejerza actividades de distribución en relación con los seguros de grandes riesgos.

SUBSECCIÓN 2.ª REQUISITOS ADICIONALES EN RELACIÓN CON LA DISTRIBUCIÓN DE PRODUCTOS DE INVERSIÓN BASADOS EN SEGUROS

Artículo 178. Ámbito de aplicación de los requisitos adicionales. La presente subsección establece requisitos adicionales de información a los aplicables a la distribución de seguros de conformidad con los artículos 172, 173, 174, 175 y 176, cuando la distribución de seguros se refiera a la comercialización de productos de inversión basados en seguros realizada por:

a) Un mediador de seguros.

b) Una entidad aseguradora.

Artículo 179. Prevención de conflictos de interés. 1. Sin perjuicio de lo dispuesto en el artículo 172, los mediadores de seguros y las entidades aseguradoras que distribuyan productos de inversión basados en seguros adoptarán todas las medidas oportunas para detectar los posibles conflictos de interés que surjan entre ellos mismos, incluidos sus órganos de dirección y empleados o cualquier persona directa o indirectamente ligada a ellos por vínculos de control, y sus clientes, o entre un cliente y otro, en el ejercicio de actividades de distribución de seguros.

2. Los mediadores de seguros y las entidades aseguradoras adoptarán medidas organizativas eficaces destinadas a impedir que las situaciones de conflictos de interés detectadas con arreglo a lo dispuesto en el anterior apartado perjudiquen los intereses de sus clientes. Tales medidas serán proporcionales a las actividades realizadas, los productos de seguro comercializados y la clase de distribuidor.

3. En caso de que las medidas adoptadas de conformidad con el apartado anterior por el mediador de seguros o la entidad aseguradora para gestionar las situaciones de conflictos de interés detectadas no sean suficientes para garantizar, con un grado razonable de seguridad, que se eviten los riesgos de perjuicio a los intereses de los clientes, el mediador de seguros o la entidad aseguradora informarán claramente al cliente de la naturaleza general o del origen de tales conflictos de interés, con el tiempo suficiente antes de celebrarse un contrato de seguro.

4. La información a que se hace referencia en el apartado 3, se facilitará:

a) En un soporte duradero, y;

b) con suficiente detalle, teniendo en cuenta la naturaleza del cliente, para permitirle tomar una decisión fundada con respecto a las actividades de distribución de seguros en cuyo contexto surja el conflicto de interés.

Artículo 180. Información previa a facilitar a los clientes. 1. Sin perjuicio de la información general a proporcionar por los mediadores de seguros y entidades aseguradoras de conformidad con lo dispuesto en los artículos 173 y 174, se facilitará a los clientes, con el tiempo suficiente antes de celebrarse un contrato, información adecuada sobre los productos de inversión basados en seguros objeto de distribución, así como sobre los costes y gastos asociados. Dicha información incluirá, como mínimo, lo siguiente:

a) Cuando se ofrezca asesoramiento, el mediador de seguros o la entidad aseguradora indicarán si entregarán al cliente evaluaciones periódicas de la idoneidad del producto de inversión basado en seguros recomendado a dicho cliente, a que se hace referencia en el artículo 181;

b) orientaciones y advertencias sobre los riesgos conexos a los productos de inversión basados en seguros o a determinadas estrategias de inversión propuestas;

c) información sobre todos los costes y gastos asociados, incluidos el coste de asesoramiento, cuando proceda, el coste del producto de inversión basado en seguros recomendado o comercializado al cliente y la forma en que este podrá pagarlo, así como cualesquiera pagos relacionados con terceros.

La información sobre todos los costes y gastos, incluidos los relacionados con la distribución del producto de inversión basado en seguros, que no sean causados por la existencia de un riesgo de mercado subyacente, estará agregada de forma que el cliente pueda comprender el coste total así como el efecto acumulativo sobre el rendimiento de la inversión, suministrándose, a solicitud del cliente, un desglose de los costes y gastos por conceptos. Cuando proceda, esta información se facilitará al cliente de manera periódica, y como mínimo una vez al año, durante el ciclo de vida de la inversión.

La información a que se refiere este apartado se proporcionará de forma comprensible, de tal modo que los clientes puedan entender razonablemente la naturaleza y los riesgos del producto de inversión basado en seguros ofrecido y, por tanto, adoptar decisiones de inversión fundadas.

2. Cuando se informe al cliente que el asesoramiento en los productos de inversión basados en seguros en los que el tomador asuma el riesgo de la inversión, se ofrece de forma independiente basado en un análisis objetivo y personalizado, los mediadores de seguros no aceptarán ni retendrán honorarios, comisiones u otros beneficios monetarios o no monetarios abonados o proporcionados por un tercero o por una persona que actúe por cuenta de un tercero en relación con la distribución de este tipo de productos. Serán comunicados con claridad y excluidos de lo dispuesto en el presente apartado los beneficios no monetarios menores que no perjudiquen la calidad del correspondiente servicio al cliente y cuya escala y naturaleza sean tales que no pueda considerarse que afectan al cumplimiento por el mediador de seguros de actuar con honestidad, imparcialidad y profesionalidad, en el mejor interés de sus clientes.

3. Sin perjuicio de lo dispuesto en el artículo 173.1.j), k), y 3, solo se considerará que las entidades aseguradoras o los mediadores de seguros cumplen las obligaciones de actuar siempre con honestidad, equidad y profesionalidad en beneficio de los intereses de sus clientes, o las referidas a la prevención de conflictos de interés del artículo 179, en los casos en que abonen o cobren honorarios o comisiones, o proporcionen o reciban cualquier beneficio no monetario en relación con la distribución de productos de inversión basados en seguros o un servicio auxiliar a cualquiera o de cualquiera, excepto el cliente o la persona que actúe en nombre de este, cuando el pago o beneficio no perjudique:

a) La calidad del correspondiente servicio al cliente, y;

b) el cumplimiento de la obligación del mediador de seguros o la entidad aseguradora de actuar con honestidad, imparcialidad y profesionalidad, en el mejor interés de sus clientes.

4. En el caso de distribución a clientes profesionales de productos de inversión basados en seguros, no será obligatorio facilitar la información prevista en el presente artículo.

5. La persona titular del Ministerio de Asuntos Económicos y Transformación Digital podrá establecer, en relación con los productos de inversión basados en seguros en los que el tomador asuma el riesgo de la inversión, requisitos adicionales de información al cliente antes de suscribir el contrato y una vez suscrito el mismo, en particular sobre el deber de revelar al cliente, de forma completa, exacta y comprensible, la existencia, naturaleza y cuantía de los pagos o beneficios a que se refiere el apartado 3 o, cuando dicha cuantía no pueda determinarse, el método de cálculo de esa cuantía.

Artículo 181. Análisis de idoneidad y adecuación e información a los clientes. 1. Sin perjuicio de lo dispuesto en el artículo 175.1, referido a la obligación de determinar las exigencias y necesidades del cliente con carácter previo a la celebración de un contrato de seguro, cuando el mediador de seguros o la entidad aseguradora realicen actividades de distribución de seguros en las que ofrezcan asesoramiento sobre un producto de inversión basado en seguros, obtendrán también en todo caso la siguiente información sobre el cliente o cliente potencial:

a) Conocimientos y experiencia en el ámbito de la inversión propio de la clase de producto.

b) Situación financiera, incluida su capacidad para soportar pérdidas.

c) Objetivos de inversión, incluida su tolerancia al riesgo.

La anterior información se obtendrá con el fin de que el mediador de seguros o la entidad aseguradora recomienden al cliente los productos de inversión basados en seguros que sean idóneos para él y que, en particular, mejor se ajusten a su nivel de tolerancia al riesgo y a su capacidad para soportar pérdidas.

Cuando el asesoramiento en materia de inversión consista en la recomendación de un conjunto de productos combinados de acuerdo con el artículo 184, el conjunto considerado de forma global debe ser idóneo para el cliente.

2. Sin perjuicio de lo dispuesto en el artículo 175.1, referido a la obligación de determinar las exigencias y necesidades del cliente con carácter previo a la celebración de un contrato de seguro, cuando el mediador de seguros o la entidad aseguradora realicen actividades de distribución de seguros en las que no se ofrezca asesoramiento, obtendrán también en todo caso información solicitada al cliente sobre sus conocimientos y experiencia en el ámbito de inversión propio de la clase de producto.

La anterior información se obtendrá con el fin de que el mediador de seguros o la entidad aseguradora puedan analizar si el producto de seguro es adecuado para el cliente.

Cuando la distribución consista en un conjunto de productos combinados conforme al artículo 184, el mediador de seguros o la entidad aseguradora deberán examinar si el conjunto, considerado de forma global, es adecuado para el cliente.

Cuando el mediador de seguros o la entidad aseguradora consideren, basándose en la información recibida en virtud del párrafo primero de este apartado, que el producto no es adecuado para el cliente, le advertirán de ello. Dicha advertencia podrá realizarse en un formato normalizado.

Cuando los clientes o clientes potenciales no faciliten la información a que se refiere el párrafo primero de este apartado o faciliten información insuficiente sobre sus conocimientos y experiencia, el mediador de seguros o la entidad aseguradora les advertirán de que no están en condiciones de decidir si el producto previsto es adecuado para ellos. Dicha advertencia podrá realizarse en un formato normalizado.

3. Sin perjuicio de lo dispuesto en el artículo 175.1, referido a la obligación de determinar las exigencias y necesidades del cliente con carácter previo a la celebración de un contrato de seguro, cuando no se ofrezca asesoramiento en relación con productos de inversión basados en seguros, los mediadores

de seguros o las entidades aseguradoras podrán realizar actividades de distribución de seguros sin necesidad de obtener la información o adoptar la decisión que prevé el apartado 2, siempre que se cumplan todas las condiciones siguientes:

a) Las actividades se refieren a algunos de los siguientes productos de inversión basados en seguros:

1.º Contratos que solo ofrecen una exposición de inversión a instrumentos financieros considerados no complejos en virtud del Real Decreto Legislativo 4/2015, de 23 de octubre, por el que se aprueba el texto refundido de la Ley del Mercado de valores y que no incorporan una estructura que dificulte al cliente la comprensión del riesgo implicado, o

2.º otras inversiones no complejas basadas en seguros para los fines del presente apartado.

b) La actividad de distribución de seguros se lleva a cabo a iniciativa del cliente o cliente potencial.

c) El cliente ha sido claramente informado de que para la prestación de la actividad de distribución de seguros no es necesario que el mediador de seguros o la entidad aseguradora evalúen la idoneidad del producto de inversión basado en seguros o la actividad de distribución de seguros prestada u ofrecida y de que el cliente no goza de la correspondiente protección de las normas de conducta pertinentes. Dicha advertencia podrá facilitarse en un formato normalizado.

d) El mediador de seguros o la entidad aseguradora cumple con sus obligaciones en materia de gestión y prevención de conflictos de interés, previstas en el artículo 179.

Al celebrar contratos de seguro con clientes que tengan su residencia habitual o su establecimiento en un Estado miembro que no haga uso de la excepción contemplada en el presente apartado, los mediadores de seguros o entidades aseguradoras, incluidos los que operen en régimen de libre prestación de servicios o de libertad de establecimiento, deberán cumplir las disposiciones aplicables en dicho Estado miembro.

4. El mediador de seguros o la entidad aseguradora crearán un registro que contenga el documento o los documentos acordados entre el mediador de seguros o la entidad aseguradora y el cliente, que recojan los derechos y obligaciones de las partes y el resto de condiciones con arreglo a las cuales el mediador de seguros o la entidad aseguradora prestarán sus servicios al clien-

te. Los derechos y deberes de las partes en el contrato podrán establecerse por referencia a otros textos legales.

5. En el caso de distribución a clientes profesionales de productos de inversión basados en seguros, no será obligatorio facilitar la información prevista en el presente artículo.

> – El Real Decreto Legislativo 4/2015, de 23 de octubre, por el que se aprueba el texto refundido de la Ley del Mercado de Valores ha sido derogado por la **Ley 6/2023, de 17 de marzo, de los Mercados de Valores y de los Servicios de Inversión.**

SUBSECCIÓN 3.ª MODALIDADES DE TRANSMISIÓN DE LA INFORMACIÓN

Artículo 182. Modalidad de transmisión de información general. 1. Toda información que deba ser proporcionada en virtud de los artículos 173, 174, 175 y 180, deberá comunicarse a los clientes:

a) En papel;

b) de forma clara y precisa, comprensible para el cliente;

c) en una lengua oficial del Estado miembro en el que se sitúe el riesgo o del Estado miembro del compromiso o en cualquier otra lengua acordada por las partes, y

d) de forma gratuita.

2. Como excepción a lo dispuesto en el apartado 1, letra a), la información a que se refieren los artículos 173, 174, 175 y 180, podrá facilitarse al cliente de una de las siguientes formas:

a) A través de un soporte duradero distinto del papel, cuando concurran las circunstancias establecidas en el apartado 4, o

b) a través de un sitio web, cuando concurran las circunstancias establecidas en el apartado 5.

3. Cuando la información a que se refieren los artículos 173, 174, 175 y 180, se facilite a través de un soporte duradero distinto del papel o a través de un sitio web, se proporcionará al cliente una copia en papel cuando este así lo solicite, y de forma gratuita.

4. La información a que se refieren los artículos 173, 174, 175 y 180, podrá facilitarse a través de un soporte duradero distinto del papel cuando concurran las siguientes circunstancias:

a) Que el uso del soporte duradero resulte adecuado en el contexto de las operaciones que tengan lugar entre el distribuidor de seguros y el cliente, y

b) que el cliente haya podido optar entre recibir información en papel o en otro soporte duradero, y haya elegido este último soporte.

5. La información a que se refieren los artículos 173, 174, 175 y 180, podrá facilitarse a través de un sitio web cuando vaya dirigida personalmente al cliente o concurran las siguientes circunstancias:

a) Que facilitar esa información a través de un sitio web resulte adecuado en el contexto de las operaciones que tengan lugar entre el distribuidor de seguros y el cliente.

b) Que el cliente haya aceptado que esa información se facilite a través de un sitio web.

c) Que se haya notificado al cliente electrónicamente la dirección del sitio web y el lugar del sitio web en el que puede consultarse esa información.

d) Que se garantice que esa información seguirá figurando en el sitio web durante el tiempo que razonablemente necesite el cliente para consultarla.

6. A efectos de lo dispuesto en los apartados 4 y 5, facilitar la información a través de un soporte duradero distinto del papel o a través de un sitio web se considerará adecuado en el contexto de las operaciones que tengan lugar entre el distribuidor de seguros y el cliente, si existen pruebas de que este último tiene acceso regular a internet. Se considerará que la comunicación por parte del cliente de una dirección de correo electrónico a efectos de esas operaciones constituye una prueba válida.

7. En caso de venta por teléfono, la información facilitada al cliente por el distribuidor de seguros antes de celebrarse el contrato, incluido el documento de información previa sobre el producto de seguro a que se refiere el artículo 176, se comunicará de acuerdo con las normas aplicables a la comercialización a distancia de servicios financieros a los usuarios de seguros. Además, incluso cuando el cliente haya decidido recibir información previamente en un soporte duradero distinto del papel de conformidad con el apartado 4, el distribuidor de seguros facilitará, además, al cliente la información que proceda de acuerdo con los apartados 1 o 2 inmediatamente después de celebrarse el contrato de seguro.

Artículo 183. Modalidad de transmisión de información en el caso de productos de inversión basados en seguros. Sin perjuicio de lo dispuesto en el artículo 182, la transmisión de información en el caso de productos de inversión basados en seguros se regirá por lo siguiente:

a) El mediador de seguros o la entidad aseguradora facilitará al cliente, en un soporte duradero, los oportunos informes sobre el servicio que prestan. Dichos informes incluirán comunicaciones periódicas a los clientes, atendiendo a la clase y a la complejidad de los productos de inversión basados en seguros de que se trate y a la naturaleza del servicio prestado al cliente, e indicarán, en su caso, los costes de las operaciones y los servicios realizados por cuenta del cliente.

b) Cuando el mediador de seguros o la entidad aseguradora proporcionen asesoramiento, facilitarán al cliente, antes de la celebración del contrato, una declaración sobre la idoneidad en un soporte duradero en la que se especifique el asesoramiento proporcionado y la manera en que este se adapta a las preferencias, los objetivos y otras características del cliente, siendo de aplicación las condiciones establecidas en los apartados 1 a 4 del artículo 182.

Cuando el contrato se celebre utilizando un medio de comunicación a distancia que impida la entrega por anticipado de la declaración de idoneidad, el mediador de seguros o la entidad aseguradora podrán proporcionar la declaración de idoneidad en un soporte duradero inmediatamente después de que el cliente esté vinculado por el contrato, siempre y cuando se cumplan los dos requisitos siguientes:

1.º El cliente ha consentido en recibir la declaración de idoneidad sin demora indebida tras la conclusión del contrato, y

2.º el mediador de seguros o la entidad aseguradora ha dado al cliente la opción de demorar la celebración del contrato a fin de recibir previamente la declaración de idoneidad.

Cuando el mediador de seguros o la entidad aseguradora hayan informado al cliente de que efectuarán una evaluación periódica de idoneidad, el informe periódico deberá contener un estado actualizado de cómo el producto de inversión basado en seguros se ajusta a las preferencias, objetivos y otras características del cliente.

SUBSECCIÓN 4.ª PRÁCTICAS DE VENTAS COMBINADAS Y VINCULADAS

Artículo 184. Prácticas de ventas combinadas y vinculadas. 1. Cuando un contrato de seguro sea el producto principal que se ofrezca conjuntamente con servicios o productos auxiliares distintos de los seguros como parte del mismo paquete o acuerdo, el distribuidor de seguros informará al cliente de si los distintos componentes pueden adquirirse separadamente, y, en tal caso, ofrecerá una descripción adecuada de los diferentes componentes del acuerdo y facilitará por separado justificantes de los costes y gastos de cada componente.

En estas circunstancias, y si el riesgo o la cobertura de seguro resultantes de dicho paquete o acuerdo ofrecido al cliente son diferentes de los asociados a los componentes considerados por separado, el distribuidor de seguros facilitará una descripción adecuada de los diferentes componentes del acuerdo y del modo en que la interacción entre ellos modifica el riesgo o la cobertura de seguro.

2. Cuando un contrato de seguro sea auxiliar a un bien o servicio que no sea de seguros, como parte de un mismo paquete o acuerdo, el distribuidor de seguros ofrecerá al cliente la posibilidad de adquirir el bien o servicio por separado. El presente apartado no se aplicará:

a) Cuando el producto de seguro sea complementario de un servicio o actividad de inversión en el sentido del Real Decreto Legislativo 4/2015, de 23 de octubre,

b) cuando el producto de seguro sea complementario de un contrato de préstamo en el sentido del artículo 4.3) de la Ley 5/2019, de 15 de marzo, reguladora de los contratos de crédito inmobiliario, o

c) cuando el contrato de seguro sea complementario de una cuenta de pago en el sentido del Real Decreto-Ley 19/2017, de 24 de noviembre, de cuentas de pago básicas, traslado de cuentas de pago y comparabilidad de comisiones.

3. El presente artículo no se aplicará a la distribución del contrato de seguro que incluya la cobertura de distintos tipos de riesgo (pólizas de seguros multirriesgo).

4. Antes de la contratación de los productos a los que se refieren los apartados 1 y 2, el distribuidor informará al usuario de manera expresa y comprensible:

a) Que se está realizando una práctica de venta combinada o vinculada.

b) De la parte del coste total que corresponde a cada uno de los productos o servicios, en la medida en que este coste esté disponible para el usuario de seguros.

c) De los efectos que la no contratación individual o la cancelación anticipada del seguro o de cualquiera de los productos vinculados produciría sobre el coste conjunto del seguro y el resto de los productos o servicios vinculados.

d) De las diferencias entre la oferta conjunta y la oferta de los productos por separado.

5. En los supuestos referidos en los apartados 1 y 2, los distribuidores de seguros deberán determinar en todo caso las exigencias y las necesidades del cliente respecto de los contratos de seguro que forman parte del conjunto del mismo paquete o acuerdo.

6. Cuando la Dirección General de Seguros y Fondos de Pensiones tenga constancia de la realización de prácticas que perjudiquen a los usuarios de seguros privados podrá, mediante resolución, establecer medidas, incluida la prohibición, en relación con la venta de productos de seguro junto con servicios o productos auxiliares distintos de los seguros como parte de un paquete o acuerdo.

> – El Real Decreto Legislativo 4/2015, de 23 de octubre, por el que se aprueba el texto refundido de la Ley del Mercado de Valores ha sido derogado por la **Ley 6/2023, de 17 de marzo, de los Mercados de Valores y de los Servicios de Inversión.**

SUBSECCIÓN 5.ª CONTROL DE PRODUCTOS Y REQUISITOS EN MATERIA DE GOBERNANZA

Artículo 185. Requisitos en el diseño, aprobación y control de productos y en materia de gobernanza. 1. Las entidades aseguradoras, así como los mediadores de seguros que diseñen productos de seguro para su venta a clientes, mantendrán, gestionarán y revisarán un proceso para la aprobación de cada uno de los productos de seguro o las adaptaciones significativas de los productos de seguro existentes antes de su comercialización o distribución a los clientes.

El proceso de aprobación del producto será proporcionado y adecuado a la naturaleza del producto de seguro.

Este proceso especificará un mercado destinatario definido para cada producto, garantizará la evaluación de todos los riesgos pertinentes para el mercado en cuestión y la coherencia con el mismo de la estrategia de distribución prevista, y adoptará medidas razonables para garantizar que el producto de seguro se distribuye en el mercado destinatario definido.

La entidad aseguradora entenderá los productos de seguro que ofrezca o comercialice y efectuará revisiones periódicas de ellos, teniendo en cuenta cualquier hecho que pudiera afectar sustancialmente al riesgo potencial para el mercado destinatario definido, para evaluar, al menos, si el producto sigue respondiendo a las necesidades de ese mercado y si la estrategia de distribución prevista sigue siendo la adecuada.

Las entidades aseguradoras, así como los mediadores de seguros que diseñen productos de seguro, pondrán a disposición de los distribuidores toda la información relevante sobre estos y sobre su proceso de aprobación, incluyendo el mercado destinatario definido del mismo.

Cuando un distribuidor de seguros ofrezca productos de seguro no diseñados por él, o asesore sobre estos, contará con los mecanismos adecuados para obtener la información a que alude el párrafo anterior así como para comprender las características y el mercado destinatario definido de cada producto de seguro.

2. Las políticas, procesos y mecanismos a que se refiere este artículo se entenderán sin perjuicio de todos los demás requisitos previstos por el título I, incluidos los relativos a publicación, valoración de idoneidad o conveniencia, identificación y gestión de conflictos de interés, e incentivos.

3. Lo dispuesto en este artículo no será aplicable a productos de seguro que consistan en seguros de grandes riesgos.

SECCIÓN 7.ª COMPETENCIAS DE ORDENACIÓN Y SUPERVISIÓN

SUBSECCIÓN 1.ª COMPETENCIAS DE LA ADMINISTRACIÓN GENERAL DEL ESTADO

Artículo 186. Control de los distribuidores de seguros y reaseguros. 1. Salvo lo establecido para las competencias atribuidas expresamente a la persona titular del Ministerio de Asuntos Económicos y Transformación Digital, la Dirección General de Seguros y Fondos de Pensiones ejercerá el control regulado en el título I sobre los distribuidores de seguros y de reaseguros residentes o domiciliados en España, incluidas las actividades que realicen en régimen de derecho de establecimiento y en régimen de libre prestación de servicios.

2. A los efectos de realizar un adecuado seguimiento del mercado, los distribuidores de seguros y de reaseguros suministrarán a la Dirección General de Seguros y Fondos de Pensiones la documentación e información necesarias para dar cumplimiento a lo dispuesto en el apartado anterior, mediante su presentación periódica en la forma que reglamentariamente se determine o

mediante la atención de requerimientos individualizados que les dirija la citada Dirección General.

3. Será de aplicación a la inspección de mediadores de seguros y de corredores de reaseguros privados lo dispuesto en el capítulo IV del título IV de la Ley 20/2015, de 14 de julio, en materia de supervisión por inspección, y se entenderán hechas a los mediadores de seguros y corredores de reaseguros las referencias que en dicho capítulo se hacen a las entidades aseguradoras.

4. La Dirección General de Seguros y Fondos de Pensiones podrá dar la difusión que considere necesaria para información del público cuando tenga constancia de distribuidores de seguros que operen en España sin estar legalmente habilitados para ello.

5. La Dirección General de Seguros y Fondos de Pensiones informará a la Comisión Europea de las dificultades de carácter general que hallen sus distribuidores de seguros o de reaseguros para establecerse o ejercer actividades de distribución de seguros o reaseguros en un tercer país.

Artículo 187. Obligaciones contables y deber de información estadístico-contable. 1. Los corredores de seguros y de reaseguros deberán llevar los libros-registro contables que reglamentariamente se determinen, sin perjuicio de la llevanza de los libros de contabilidad a que estuvieran obligados por las normas mercantiles o fiscales.

2. Una vez iniciada la actividad de distribución de seguros y reaseguros, los agentes de seguros vinculados, los operadores de banca-seguros, los corredores de seguros y los corredores de reaseguros, deberán remitir a la Dirección General de Seguros y Fondos de Pensiones la información estadístico-contable con el contenido y la periodicidad que reglamentariamente se determine.

3. La persona titular del Ministerio de Asuntos Económicos y Transformación Digital fijará los supuestos y condiciones en que los agentes de seguros vinculados, operadores de banca-seguros, los corredores de seguros y los corredores de reaseguros a que se refiere el apartado anterior habrán de presentar por medios electrónicos ante la Dirección General de Seguros y Fondos de Pensiones la documentación e información que están obligados a suministrar conforme a su normativa específica.

> – Orden ECM/1501/2024, de 23 de diciembre, por la que se aprueban los modelos estadístico-contables de los corredores de seguros, corredores de reaseguros, agentes de seguros vinculados y operadores de banca-seguros.

Artículo 188. Deber de secreto profesional. 1. Salvo los datos inscribibles en el registro administrativo al que se refiere el artículo 133, los datos, documentos e informaciones que obren en poder de la Dirección General de Seguros y Fondos de Pensiones en virtud de cuantas funciones le encomienda el título I tendrán carácter reservado.

2. Todas las personas que ejerzan o hayan ejercido una actividad de supervisión sobre la actividad desarrollada por distribuidores de seguros y de reaseguros, así como aquellas personas a quienes se les hayan encomendado funciones respecto de aquellos, tendrán obligación de guardar secreto profesional sobre las informaciones confidenciales que reciban a título profesional en el ejercicio de tal función.

3. Será exigible el deber de secreto profesional en los términos regulados en el artículo 127 de la Ley 20/2015, de 14 de julio, y deberán entenderse hechas a los mediadores de seguros y de reaseguros las referencias que en dicho precepto se contienen a las entidades aseguradoras.

Artículo 189. Deber de colaboración con otras autoridades supervisoras. 1. La Dirección General de Seguros y Fondos de Pensiones colaborará con las autoridades supervisoras de los restantes Estados miembros de la Unión Europea e intercambiará con ellas toda la información que sea precisa para el ejercicio de sus funciones respectivas en el ámbito de supervisión de las operaciones de los distribuidores de seguros y reaseguros.

En particular, en el proceso de registro, y de manera periódica, la Dirección General de Seguros y Fondos de Pensiones compartirá información relativa a la honorabilidad y aptitud de los distribuidores de seguros y reaseguros.

Asimismo, la Dirección General de Seguros y Fondos de Pensiones intercambiará información sobre los distribuidores de seguros y reaseguros que hayan sido objeto de una sanción u otra medida de carácter administrativo que conlleve la exclusión del registro administrativo de distribuidores de seguros y reaseguros.

2. La Dirección General de Seguros y Fondos de Pensiones facilitará a la Autoridad Europea de Seguros y Pensiones de Jubilación la relación de mediadores de seguros y reaseguros que hayan notificado su intención de desarrollar la actividad transfronteriza en otro Estado miembro.

3. La Dirección General de Seguros y Fondos de Pensiones informará al Banco de España o a la Comisión Nacional del Mercado de Valores, según corresponda, cuando en el ejercicio de sus competencias tenga conocimiento de

posibles irregularidades en la comercialización de productos o servicios financieros que sean objeto de práctica de venta combinada o vinculada junto con productos de seguros, con el fin de coordinar las actuaciones de supervisión con dichas autoridades.

Artículo 190. Cancelación de la inscripción del registro administrativo de distribuidores de seguros y reaseguros. 1. La cancelación de la inscripción de los mediadores de seguros, mediadores de seguros complementarios y corredores de reaseguros inscritos en el registro administrativo previsto en el artículo 133, será acordada por la Dirección General de Seguros y Fondos de Pensiones cuando concurra alguna de las siguientes causas:

a) Cuando la entidad aseguradora haya rescindido el contrato de agencia de seguros y comunique la baja del agente de seguros exclusivo en su registro.

b) Cuando el mediador de seguros, mediador de seguros complementarios o corredor de reaseguros deje de cumplir alguno de los requisitos exigidos para figurar inscrito en el registro administrativo de distribuidores de seguros y reaseguros.

c) Cuando los mediadores de seguros, mediadores de seguros complementarios o corredores de reaseguros incurran en causa de disolución.

d) Cuando los corredores de seguros o de reaseguros a los que se refiere el título I no hayan iniciado su actividad en el plazo de un año desde su inscripción o dejen de ejercerla durante un periodo superior a un año.

A esta inactividad, por falta de iniciación o cese en el ejercicio, se equiparará la falta de efectiva actividad, que se entenderá que se produce cuando se aprecie durante dos ejercicios consecutivos que el volumen anual de negocio del corredor de seguros sea inferior a 100.000 euros al año en primas de seguro distribuidas, que se reducirá a 30.000 euros cuando el corredor distribuya como mediador de seguros complementarios y, en el caso de corredor de reaseguros, de 500.000 euros al año en primas de reaseguro distribuidas. El cómputo anterior se realizará una vez transcurridos tres ejercicios a contar del siguiente al que se hubiera realizado la inscripción en el registro administrativo previsto en el artículo 133.

No será de aplicación lo dispuesto en esta letra d) cuando se justifiquen fundadamente a la Dirección General de Seguros y Fondos de Pensiones las razones de esa falta de actividad, así como las medidas adoptadas para superar dicha situación.

e) Cuando se haya impuesto como sanción.

f) Cuando el agente de seguros vinculado, operador de banca-seguros, corredor de seguros o corredor de reaseguros soliciten expresamente la cancelación de su inscripción.

2. La cancelación de la inscripción dará lugar a la exclusión del registro administrativo de distribuidores de seguros y reaseguros. La Dirección General de Seguros y Fondos de Pensiones podrá dar publicidad a la resolución que acuerde la cancelación de la inscripción cuando aprecie que existe peligro de que continúe el ejercicio de la actividad de distribución de seguros o de reaseguros.

SUBSECCIÓN 2.ª RESPONSABILIDAD FRENTE A LA ADMINISTRACIÓN Y RÉGIMEN DE INFRACCIONES Y SANCIONES

Artículo 191. Sujetos infractores. 1. Son sujetos infractores e incurrirán en responsabilidad administrativa sancionable con arreglo a lo dispuesto en los artículos siguientes, las personas físicas o jurídicas que infrinjan las normas sobre distribución de seguros y reaseguros, y en particular, las siguientes:

a) Las entidades aseguradoras y reaseguradoras.

b) Los mediadores de seguros y de reaseguros.

c) Los mediadores de seguros complementarios.

d) Los distribuidores domiciliados en otro Estado miembro de la Unión Europea.

e) Las personas que ejerzan cargos de administración, las personas responsables de la actividad de distribución o que, en su caso, formen parte del órgano de dirección responsable de la actividad de distribución en cualquiera de las entidades descritas en las letras anteriores.

f) Las personas que ejerzan, por sí o a través de persona interpuesta, actividades de distribución de seguros o de reaseguros, sin cumplir los requisitos legalmente exigidos o excediendo las funciones previstas en el título I, o aquellas para las que el título I establezca prohibiciones.

2. Las entidades aseguradoras serán responsables frente a la Administración por las infracciones previstas en el título I cometidas por sus agentes de seguros exclusivos, incluidos los operadores de banca-seguros exclusivos, sin perjuicio de la responsabilidad administrativa que, en su caso, se pueda atribuir a los mismos.

3. Los mediadores de seguros que en el ejercicio de su actividad de distribución utilicen los servicios de los colaboradores externos a que se refiere el

artículo 137, serán responsables frente a la Administración por la actuación de estos últimos.

Artículo 192. Infracciones. 1. Las infracciones de normas reguladoras de la distribución de seguros y reaseguros se clasifican en muy graves, graves y leves.

2. Tendrán la consideración de infracciones muy graves:

a) El ejercicio de la actividad de distribución sin estar inscrito como distribuidor en un registro legalmente admisible al efecto, con arreglo a la normativa del Estado miembro de origen, o excediéndose de las actividades a que le habilita la inscripción, así como el ejercicio de dicha actividad por persona interpuesta. Se exceptúan los supuestos previstos en el artículo 130.2.

b) La aceptación por parte de las entidades aseguradoras o reaseguradoras de los servicios de distribución proporcionados por personas que no estén inscritas en un registro legalmente admisible al efecto con arreglo a la normativa del Estado miembro de origen, o excediéndose de las actividades a que le habilita la inscripción. Se exceptúan los supuestos previstos en el artículo 130.2.

c) La realización reiterada de actos u operaciones prohibidas por normas sobre distribución de seguros y de reaseguros con rango de Ley o con incumplimiento de los requisitos establecidos en ellas.

d) El incumplimiento de la obligación de someter sus cuentas anuales a una auditoría de cuentas conforme a la legislación vigente en la materia.

e) La excusa, negativa o resistencia a la actuación inspectora, en los términos establecidos en el artículo 170 del Real Decreto 1060/2015, de 20 de noviembre, siempre que medie requerimiento expreso y por escrito al respecto.

f) La realización de actos fraudulentos o la utilización de personas físicas o jurídicas interpuestas para conseguir un resultado cuya obtención directa implicaría la comisión de, al menos, una infracción grave.

g) La comisión de infracción grave, cuando durante los cinco años anteriores a esta hubiera sido impuesta una sanción firme por el mismo tipo de infracción.

h) El reiterado incumplimiento de las resoluciones emanadas de la Dirección General de Seguros y Fondos de Pensiones.

A estos efectos, se entiende que el incumplimiento tiene el carácter de reiterado cuando se incumpla una resolución y no se atienda en el plazo previsto en el propio requerimiento o en su defecto en el plazo de 1 mes al requerimiento que al efecto se formule por la Dirección General de Seguros y Fondos de Pensiones.

i) La adquisición o el incremento de una participación significativa en una sociedad de correduría de seguros u operador de banca-seguros incumpliendo lo dispuesto en el artículo 160.

j) La imposición directa o indirecta de la celebración de un contrato de seguro o de reaseguro, así como la información inexacta o inadecuada a los tomadores de seguro, a los asegurados, a los beneficiarios de las pólizas de seguro o, en su caso, a las entidades aseguradoras, siempre que por el número de afectados o por la importancia de la información tal incumplimiento pueda estimarse especialmente relevante.

k) Respecto de la distribución de productos de inversión basados en seguros, el incumplimiento de cualquiera de las obligaciones de información y normas de conducta previstas en la sección 6.ª del capítulo III, así como de las previstas en el artículo 24.1 del Reglamento (UE) N.º 1286/2014, del Parlamento Europeo y de Consejo, de 26 de noviembre de 2014, sobre los documentos de datos fundamentales relativos a los productos de inversión minorista vinculados y los productos de inversión basados en seguros.

l) El incumplimiento reiterado de las obligaciones de información y normas de conducta previstas en la sección 6.ª del capítulo III, cuando por la importancia de la información tal incumplimiento pueda estimarse especialmente relevante, respecto de productos de seguros distintos de los contemplados en la letra k).

m) En el caso de los corredores de seguros, el incumplimiento reiterado de la obligación de realizar un asesoramiento basado en un análisis objetivo y personalizado.

n) La distribución de seguros o de reaseguros en favor de entidades no autorizadas legalmente para operar en España, o excediéndose de los términos para los que están autorizadas.

ñ) La utilización de denominaciones propias de los agentes de seguros y operadores de banca-seguros u otras que puedan inducir a confusión con ellas por personas físicas o jurídicas que no hayan celebrado un contrato de agencia de seguros, las de los corredores de seguros y las de corredores de reaseguros, u otras que puedan inducir a confusión por personas físicas o jurídicas que no se encuentren habilitadas legalmente para ejercer dichas actividades.

o) La utilización por mediadores de seguros o de reaseguros de denominaciones y expresiones que estén reservadas a las entidades aseguradoras o reaseguradoras privadas o que puedan inducir a confusión con ellas, sin perjuicio de lo establecido en los artículos 144, 153 y 158.

p) La realización reiterada de prácticas abusivas que perjudiquen el derecho de los tomadores de seguros, de los asegurados, de los beneficiarios de pólizas o, en su caso, de las entidades aseguradoras.

q) Carecer de la contabilidad y de los libros y registros exigidos en la legislación mercantil aplicable y en las normas sobre distribución de seguros y de reaseguros, o la llevanza de estos con irregularidades esenciales que impidan conocer el alcance y naturaleza de las operaciones realizadas, así como no disponer de cuentas de clientes completamente separadas del resto de recursos económicos en los términos del artículo 136.4.

r) La falta de remisión a la Dirección General de Seguros y Fondos de Pensiones de cuantos datos o documentos deban remitirse, mediante su presentación permanente o periódica, o mediante la atención de requerimientos individualizados, así como su falta de veracidad cuando con ello se dificulte la apreciación del alcance y naturaleza de las operaciones realizadas. Se entenderá que hay falta de remisión cuando no se produzca dentro del plazo concedido al efecto por la Dirección General de Seguros y Fondos de Pensiones al recordar por escrito la obligación o reiterar el requerimiento individualizado.

s) La actuación concertada de varios agentes de seguros exclusivos de distintas entidades aseguradoras en condiciones tales que el resultado conjunto de sus actividades suponga el ejercicio de hecho de una actividad de distribución como corredor de seguros o agencia vinculada.

t) El retraso o la falta de remisión por el corredor de seguros a la entidad aseguradora de las cantidades entregadas por el tomador del seguro en concepto de pago de la prima cuando, con arreglo a lo previsto en el artículo 156.4, dicha conducta deje al asegurado sin cobertura del seguro o le cause un perjuicio.

u) El incumplimiento de las medidas de control especial adoptadas por la Dirección General de Seguros y Fondos de Pensiones conforme al artículo 200.

v) La falta de autorización del cliente para la celebración de un contrato de seguro.

w) La inscripción en el registro administrativo previsto en el artículo 133 en virtud de declaraciones falsas o por cualquier otro medio irregular.

x) La falta de comunicación por parte del mediador de seguros, al cliente o al tercero perjudicado, de la identidad de las entidades aseguradoras que asumen su responsabilidad civil profesional o, en su caso, de la identidad de la entidad aseguradora con la que se concierte el seguro de responsabilidad civil profesional o de la entidad que otorga garantía equivalente, así como de aquel que sea el garante de su capacidad financiera.

3. Tendrán la consideración de infracciones graves:

a) La realización de actos u operaciones prohibidas por normas sobre distribución de seguros y reaseguros con rango de ley, o con incumplimiento de los requisitos establecidos en ellas, salvo que dicha infracción deba ser calificada como muy grave.

b) La realización reiterada de actos u operaciones prohibidas por normas reglamentarias sobre distribución de seguros y de reaseguros o con incumplimiento de los requisitos establecidos en ellas.

c) La realización de actos fraudulentos o la utilización de personas físicas o jurídicas interpuestas con la finalidad de conseguir un resultado contrario a las normas de ordenación y supervisión, siempre que tal conducta no esté comprendida en la letra f) del apartado 2.

d) En el caso de los corredores de seguros, el incumplimiento de la obligación de realizar un asesoramiento basado en un análisis objetivo y personalizado, salvo que dicha infracción deba ser calificada como muy grave.

e) La comisión de infracción leve, cuando, durante los dos años anteriores a ella, hubiera sido impuesta una sanción firme no prescrita por el mismo tipo de infracción.

f) El incumplimiento de las obligaciones de información y normas de conducta, de la sección 6.ª del capítulo III cuando no concurran las circunstancias a que se refiere la letra l) del apartado 2, respecto de productos de seguros distintos de los productos de inversión basados en seguros.

g) La realización de prácticas abusivas que perjudiquen el derecho de los tomadores del seguro, de los asegurados, de los beneficiarios de las pólizas o, en su caso, de las entidades aseguradoras o reaseguradoras, salvo que dicha infracción deba ser calificada como muy grave.

h) La falta de remisión a la Dirección General de Seguros y Fondos de Pensiones de cuantos datos o documentos deban remitírsele, ya mediante su presentación permanente o periódica, ya mediante la atención de requerimientos individualizados, o su falta de veracidad salvo que ello suponga la comisión de una infracción muy grave con arreglo a la letra r) del apartado 2. A los efectos de esta letra h), se entenderá que hay falta de remisión cuando no se produzca dentro del plazo concedido al efecto por la Dirección General de

Seguros y Fondos de Pensiones al recordar por escrito la obligación o reiterar el requerimiento individualizado.

i) La llevanza irregular de los libros y registros exigidos en la legislación mercantil aplicable y en las normas sobre distribución de seguros y de reaseguros cuando no concurran las especiales circunstancias previstas en la letra q) del apartado 2.

4. Tendrán la consideración de infracciones leves los incumplimientos de normas reglamentarias sobre distribución de seguros y reaseguros o con incumplimiento de los requisitos establecidos en ellas, cuando dichos incumplimientos no deban ser calificados como muy graves o graves.

Artículo 193. Prescripción de infracciones. 1. Las infracciones muy graves prescribirán a los cinco años, las graves, a los cuatro y las leves, a los dos años.

2. El plazo de prescripción de las infracciones comenzará a contarse desde el día en que la infracción se hubiera cometido. En las infracciones derivadas de una actividad continuada, la fecha inicial del cómputo será la de finalización de la actividad o la del último acto con que la infracción se consume.

3. Interrumpirá la prescripción la iniciación del procedimiento sancionador con conocimiento del interesado, y se reiniciará si el expediente sancionador estuviera paralizado más de dos meses por causa no imputable al presunto responsable.

4. También interrumpirá la prescripción la iniciación, con conocimiento del interesado, del procedimiento de inspección en el que se ponga de manifiesto la comisión de la infracción, y se reiniciará una vez dictada la resolución que ponga fin a dicho procedimiento.

Artículo 194. Sanciones. 1. Por la comisión de infracciones muy graves será impuesta en todo caso, alguna de las siguientes sanciones:

a) En el caso de mediadores de seguros, mediadores de seguros complementarios o de corredores de reaseguros, cancelación de su inscripción en el registro administrativo previsto en el artículo 133.

b) En el caso de mediadores de seguros, mediadores de seguros complementarios o de corredores de reaseguros, suspensión por un plazo máximo de 10 años para el ejercicio de la actividad.

c) Dar publicidad a la conducta constitutiva de la infracción muy grave, indicando quién es la persona física o jurídica responsable y cuál es la naturaleza de la infracción, así como a la sanción impuesta.

d) Multa por los siguientes importes:

1.º Si se trata de una persona jurídica, multa por importe de hasta la mayor de las siguientes cantidades:

i. El 3 por ciento del volumen de negocio anual total según las últimas cuentas disponibles aprobadas por el órgano de dirección o 1.000.000 de euros. Si la persona jurídica es una empresa matriz o una filial de la empresa matriz que tenga que elaborar estados financieros consolidados de conformidad con la Ley 22/2015, de 20 de julio, de Auditoría de Cuentas, sobre los estados financieros anuales, los estados financieros consolidados y otros informes afines de ciertos tipos de empresas, el volumen de negocio total aplicable será el volumen de negocio total anual conforme a los últimos estados financieros consolidados disponibles, aprobados por el órgano de dirección de la empresa matriz última.

ii. El doble del importe de los beneficios obtenidos o de las pérdidas evitadas con la infracción, en caso de que pueda determinarse.

2.º Si se trata de una persona física, multa por importe de hasta la mayor de las siguientes cantidades:

100.000 euros o el doble del importe de los beneficios obtenidos o de las pérdidas evitadas con la infracción, en caso de que pueda determinarse.

No obstante lo dispuesto en el párrafo anterior, en el caso de imposición de las sanciones previstas en las letras a), b) y d) podrá imponerse simultáneamente la sanción prevista en la letra c).

2. Sin perjuicio de lo dispuesto en el apartado anterior, en el caso de infracción de la letra k) del artículo 192.2, se podrán imponer las siguientes sanciones:

a) Multa por los siguientes importes:

1.º Si se trata de una persona jurídica, multa por importe de hasta la mayor de las siguientes cantidades:

i. El 5 por ciento del volumen de negocio anual total según las últimas cuentas disponibles aprobadas por el órgano de dirección o 5.000.000 de euros. Si la persona jurídica es una empresa matriz o una filial de la empresa matriz que tenga que elaborar estados financieros consolidados de conformidad con la Ley 22/2015, de 20 de julio, el volumen de negocio total aplicable será el volumen de negocio total anual conforme a los últimos estados financieros consolidados disponibles, aprobados por el órgano de dirección de la empresa matriz última, o

ii. el doble del importe de los beneficios obtenidos o de las pérdidas evitadas con la infracción, en caso de que pueda determinarse.

2.º Si se trata de una persona física, multa por importe de hasta la mayor de las siguientes cantidades:

700.000 euros, o el doble del importe de los beneficios obtenidos o de las pérdidas evitadas con la infracción, en caso de que puedan determinarse.

b) Prohibir la comercialización del producto de inversión basado en seguros.

c) Suspender la comercialización del producto de inversión basado en seguros.

d) Prohibir facilitar el documento de datos fundamentales y exigir una nueva versión del documento.

3. Por la comisión de infracciones graves, se impondrá alguna de las siguientes sanciones:

a) En el caso de mediadores de seguros o de reaseguros, suspensión por un plazo máximo de un año para el ejercicio de la actividad.

b) Dar publicidad a la conducta constitutiva de infracción grave y de la sanción impuesta.

c) Multa por los siguientes importes:

1.º Si se trata de una persona jurídica, multa por importe de hasta la mayor de las siguientes cantidades:

i. El 1 por ciento del volumen de negocio anual total según las últimas cuentas disponibles aprobadas por el órgano de dirección o 500.000 euros. Si la persona jurídica es una empresa matriz o una filial de la empresa matriz que tenga que elaborar estados financieros consolidados de conformidad con la Ley 22/2015, de 20 de julio, el volumen de negocio total aplicable será el volumen de negocio total anual conforme a los últimos estados financieros consolidados disponibles, aprobados por el órgano de dirección de la empresa matriz última.

ii. El doble del importe de los beneficios obtenidos o de las pérdidas evitadas con la infracción, en caso de que pueda determinarse.

2.º Si se trata de una persona física, multa por importe de hasta la mayor de las siguientes cantidades:

50.000 euros o el doble del importe de los beneficios obtenidos o de las pérdidas evitadas con la infracción, en caso de que pueda determinarse.

No obstante lo dispuesto en el párrafo anterior, en el caso de imposición de la sanción prevista en las letras a) y c) podrá imponerse simultáneamente la sanción prevista en la letra b).

4. Por la comisión de infracciones leves, se impondrá alguna de las siguientes sanciones:

a) Amonestación privada.

b) Multa por los siguientes importes:

1.º Si se trata de una persona jurídica, multa por importe de hasta la mayor de las siguientes cantidades:

i. El 1 por ciento del volumen de negocio anual total según las últimas cuentas disponibles aprobadas por el órgano de dirección o 100.000 euros. Si la persona jurídica es una empresa matriz o una filial de la empresa matriz que tenga que elaborar estados financieros consolidados de conformidad con la Ley 22/2015, de 20 de julio, el volumen de negocio total aplicable será el volumen de negocio total anual conforme a los últimos estados financieros consolidados disponibles, aprobados por el órgano de dirección de la empresa matriz última.

ii. El doble del importe de los beneficios obtenidos o de las pérdidas evitadas con la infracción, en caso de que pueda determinarse.

2.º Si se trata de una persona física, multa por importe de hasta la mayor de las siguientes cantidades:

10.000 euros o el doble del importe de los beneficios obtenidos o de las pérdidas evitadas con la infracción, en caso de que pueda determinarse.

5. A efectos de las sanciones previstas, se entenderá por volumen de negocio para mediadores de seguros y reaseguros el total de remuneraciones generadas por la actividad de distribución de seguros y reaseguros correspondiente a contratos perfeccionados o prorrogados en el último ejercicio económico cerrado con anterioridad a la comisión de la infracción. Para aquellos mediadores de seguros y de reaseguros que operen en régimen de derecho de establecimiento o de libre prestación de servicios, esta cifra se referirá al volumen de negocio en España.

En el caso de entidades aseguradoras y reaseguradoras se entiende por volumen de negocio lo dispuesto en el artículo 198.c) de la Ley 20/2015, de 14 de julio.

Artículo 195. Responsabilidad de quienes ejercen cargos de administración, de la persona responsable de la actividad de distribución o de quienes formen parte del órgano de dirección responsable de la actividad

de distribución en las entidades aseguradoras y reaseguradoras, sociedades de agencia de seguros, operadores de banca-seguros, sociedades de correduría de seguros y sociedades de correduría de reaseguros. 1. Quien ejerza cargos de administración, de hecho o de derecho, sea responsable de la actividad de distribución o forme parte del órgano de dirección responsable de la actividad de distribución, será responsable de las infracciones muy graves o graves cometidas por los distribuidores de seguros o reaseguros cuando estas sean imputables a su conducta dolosa o negligente.

2. A los efectos de lo dispuesto en el apartado anterior, no serán considerados responsables de las infracciones muy graves o graves cometidas por los distribuidores de seguros o reaseguros, en los siguientes casos:

a) Cuando quienes formen parte de órganos colegiados de administración no hubieran asistido por causa justificada a las reuniones correspondientes o hubiesen votado en contra o salvado su voto en relación con las decisiones o acuerdos que hubiesen dado lugar a las infracciones.

b) Cuando dichas infracciones sean exclusivamente imputables a comisiones ejecutivas, consejeros delegados, directores generales u órganos asimilados, u otras personas con funciones directivas en la sociedad.

3. Con independencia de la sanción que corresponda imponer a los distribuidores de seguros o reaseguros por la comisión de infracciones muy graves, se impondrá una de las siguientes sanciones a quienes, conforme a lo dispuesto en el apartado 1, sean responsables de dichas infracciones:

a) Separación del cargo con inhabilitación para ejercer cargos de administración o dirección en cualquier sociedad de distribución de seguros o de reaseguros, por un plazo no inferior a cinco años ni superior a diez años.

b) Suspensión temporal en el ejercicio del cargo por un plazo no inferior a un año ni superior a cinco años.

c) Multa, a cada uno de ellos, por un importe máximo de 200.000 euros.

No obstante lo dispuesto en el párrafo anterior, en el caso de imposición de la sanción prevista en la letra a) podrá aplicarse simultáneamente la sanción prevista en la letra c).

4. Con independencia de la sanción que corresponda imponer a los distribuidores de seguros o reaseguros por la comisión de infracciones graves, se impondrá una de las siguientes sanciones a quienes, conforme a lo dispuesto en el apartado 1, sean responsables de dichas infracciones:

a) Suspensión temporal en el ejercicio del cargo por plazo no superior a un año.

b) Multa, a cada uno de ellos, por un importe máximo de 100.000 euros. Esta sanción podrá imponerse simultáneamente con la prevista en la letra a).

c) Dar publicidad a la conducta constitutiva de infracción y de la sanción impuesta.

d) Amonestación privada.

Artículo 196. Criterios de graduación de las sanciones. 1. En la imposición de sanciones se tendrán en cuenta los factores de agravación o atenuación que pudieran concurrir.

2. Se considerarán agravantes o atenuantes, según los casos, las siguientes circunstancias:

a) La gravedad y duración de la infracción;

b) el grado de responsabilidad del sujeto infractor;

c) la solidez financiera del sujeto infractor, reflejada, bien en los ingresos anuales de la persona física responsable, o bien en el volumen de negocio total de la persona jurídica responsable;

d) la importancia de los beneficios obtenidos o las pérdidas evitadas por el sujeto infractor, en la medida en que puedan determinarse;

e) las pérdidas para clientes y terceros causadas por la infracción, en la medida en que puedan determinarse;

f) el nivel de cooperación del sujeto infractor con la autoridad competente;

g) las medidas adoptadas por el sujeto infractor con el fin de evitar que la infracción se repita, y

h) en su caso, las infracciones anteriores del sujeto infractor.

Artículo 197. Prescripción de sanciones. 1. Las sanciones por infracciones muy graves prescribirán a los cinco años, las sanciones por infracciones graves, a los cuatro, y las sanciones por infracciones leves a los dos años.

2. El plazo de prescripción de las sanciones comenzará a contarse desde el día siguiente a aquel en que adquiera firmeza la resolución por la que se impone la sanción o, en su caso, desde el quebrantamiento de la sanción impuesta, si esta hubiese comenzado a cumplirse.

3. Interrumpirá la prescripción la iniciación, con conocimiento del interesado, de la ejecución de la sanción, reiniciándose el plazo si dicha ejecución está paralizada durante más de tres meses por causa no imputable al infractor.

Artículo 198. Competencias administrativas. La competencia para la instrucción de los expedientes sancionadores y para la imposición de las sanciones correspondientes se regirá por las siguientes reglas:

a) El inicio de los procedimientos sancionadores corresponderá al Director General de Seguros y Fondos de Pensiones, quien designará a un instructor funcionario destinado en la Dirección General de Seguros y Fondos de Pensiones.

b) La imposición de sanciones por infracciones graves y leves corresponderá al Director General de Seguros y Fondos de Pensiones.

c) La imposición de sanciones por infracciones muy graves corresponderá a la persona titular del Ministerio de Asuntos Económicos y Transformación Digital, a propuesta de la Dirección General de Seguros y Fondos de Pensiones.

Artículo 199. Denuncia pública y remisión al régimen sancionador de las entidades aseguradoras. 1. Los distribuidores de seguros y reaseguros deberán disponer de procedimientos adecuados para que sus empleados puedan notificar infracciones a nivel interno a través de un canal independiente, específico y autónomo, que podrán ser objeto de desarrollo reglamentario.

2. Estos procedimientos deberán garantizar la confidencialidad tanto de la persona que informa de las infracciones como de las personas físicas presuntamente responsables de la infracción.

3. Asimismo, deberá garantizarse que los empleados que informen de las infracciones cometidas en la entidad sean protegidos frente a represalias, discriminaciones y cualquier otro tipo de trato injusto.

4. En todo lo no previsto expresamente en el título I será de aplicación el régimen sancionador que para las entidades aseguradoras se prevé en la Ley 20/2015, de 14 de julio, singularmente en lo concerniente a los criterios de graduación de sanciones que se recogen en su artículo 205, a las medidas inherentes a la imposición de sanciones administrativas que se prevén en su artículo 206 y a las normas complementarias para el ejercicio de la potestad sancionadora del artículo 207.

Artículo 200. Medidas de control especial. Con independencia de la sanción que, en su caso, proceda aplicar, la Dirección General de Seguros y Fondos de Pensiones podrá adoptar sobre los mediadores de seguros o de reaseguros alguna de las medidas de control especial con arreglo a lo dispuesto en los artículos 160 y 162 a 165 de la Ley 20/2015, de 14 de julio, siempre que se encuentren en alguna de las situaciones previstas en las letras e) a h), ambas inclusive, del artículo 159.1 de la citada ley, en lo que les sea de aplicación.

Artículo 201. Publicación de sanciones y de otras medidas. 1. La Dirección General de Seguros y Fondos de Pensiones publicará en el Boletín Oficial del Estado las resoluciones sancionadoras o aquellas en las que se haya adoptado cualquier medida administrativa por infracción muy grave o grave de las disposiciones del título I y que sean firmes en vía administrativa, debiéndose informar sobre el tipo y la naturaleza de la infracción y la identidad de las personas responsables de la misma.

2. En relación con lo previsto en el apartado anterior, cuando tras una evaluación previa la Dirección General de Seguros y Fondos de Pensiones considere que la publicación de la identidad de la persona jurídica destinataria de la sanción o de los datos personales de la persona física sancionada, pudiera ser desproporcionada o pudiera causar un daño desproporcionado a las entidades o personas físicas sancionadas, en la medida en que se pueda determinar el daño, o que dicha publicación pueda poner en peligro una investigación en curso o la estabilidad de los mercados financieros, podrá acordar cualquiera de las medidas siguientes:

a) Diferir la publicación hasta el momento en que dejen de existir los motivos que justifiquen tal retraso;

b) publicar la sanción impuesta de manera anónima, cuando dicha publicación garantice la protección efectiva de los datos personales de que se trate. En este caso, la publicación de los datos pertinentes podrá aplazarse por un periodo razonable de tiempo si se prevé que en el transcurso de ese periodo dejarán de existir las razones que justifiquen una publicación con protección del anonimato;

c) no publicar la sanción impuesta cuando considere que la publicación de conformidad con las letras a) y b) sería insuficiente para garantizar que no se ponga en peligro la estabilidad de los mercados financieros, o la proporcionalidad de la publicación en relación con las infracciones cometidas.

Artículo 202. Transmisión de información sobre sanciones y otras medidas a la Autoridad Europea de Seguros y Pensiones de Jubilación. 1. La Dirección General de Seguros y Fondos de Pensiones informará a la Autoridad Europea de Seguros y Pensiones de Jubilación de todas las sanciones y otras medidas administrativas impuestas, pero no publicadas según el artículo 201, incluidos los recursos interpuestos en relación con ellas y el resultado de los mismos.

2. La Dirección General de Seguros y Fondos de Pensiones facilitará cada año a la Autoridad Europea de Seguros y Pensiones de Jubilación información agregada relativa a las sanciones administrativas y otras medidas impuestas de conformidad con lo previsto en la presente subsección.

3. Cuando la Dirección General de Seguros y Fondos de Pensiones divulgue públicamente una sanción administrativa u otra medida, notificará simultáneamente este hecho a la Autoridad Europea de Seguros y Pensiones de Jubilación.

SUBSECCIÓN 3.ª PROTECCIÓN DE DATOS DE CARÁCTER PERSONAL

Artículo 203. Condición de responsable o encargado del tratamiento.

1. A los efectos previstos en la Ley Orgánica 3/2018, de 5 de diciembre, así como en el Reglamento (UE) 2016/679 del Parlamento Europeo y del Consejo, de 27 de abril de 2016, relativo a la protección de las personas físicas en lo que respecta al tratamiento de datos personales y a la libre circulación de estos datos:

a) Los agentes de seguros y los operadores de banca-seguros tendrán la condición de encargados del tratamiento de la entidad aseguradora con la que hubieran celebrado el correspondiente contrato de agencia, en los términos previstos en el título I.

b) Los corredores de seguros y los corredores de reaseguros tendrán la condición de responsables del tratamiento respecto de los datos de las personas que acudan a ellos.

c) Los colaboradores externos a los que se refiere el artículo 137 tendrán la condición de encargados del tratamiento de los agentes o corredores de seguros con los que hubieran celebrado el correspondiente contrato mercantil. En este caso, solo podrán tratar los datos para los fines previstos en el artículo 137.1.

2. En el supuesto previsto en la letra a) del apartado 1, en el contrato de agencia deberán hacerse constar los extremos previstos en el artículo 28.3 del Reglamento (UE) 2016/679 del Parlamento Europeo y del Consejo, de 27 de abril de 2016.

Del mismo modo, en el supuesto previsto en el apartado 1.c) deberán incluirse en el contrato mercantil celebrado con los colaboradores externos los extremos previstos en el artículo 28.3 del Reglamento (UE) 2016/679 del Parlamento Europeo y del Consejo, de 27 de abril de 2016.

3. Las entidades aseguradoras no podrán conservar los datos que les faciliten los mediadores de seguros, y que no deriven en la celebración de un contrato de seguro, estando obligadas a eliminarlos salvo que exista otra base jurídica que permita un tratamiento legítimo de los datos conforme al Reglamento (UE) 2016/679 del Parlamento Europeo y del Consejo, de 27 de abril de 2016.

Artículo 204. Otras normas de protección de datos. 1. En la publicidad que remitan a terceros los mediadores de seguros y reaseguros, a través de comunicaciones electrónicas, deberá estarse a lo dispuesto en los artículos 21 y 22.1 de la Ley 34/2002, de 11 de julio, de servicios de la sociedad de la información y de comercio electrónico.

2. Los agentes de seguros y operadores de banca-seguros únicamente podrán tratar los datos de los interesados en los términos y con el alcance que se desprenda del contrato de agencia de seguros y siempre en nombre y por cuenta de la entidad aseguradora con la que hubieran celebrado el contrato.

Los operadores de banca-seguros no podrán tratar los datos relacionados con su actividad mediadora para fines propios de su objeto social sin contar con el consentimiento inequívoco y específico de los afectados.

3. Los corredores de seguros podrán tratar los datos de las personas que se dirijan a ellos amparándose en alguno de los supuestos del artículo 6.1 del Reglamento (UE) 2016/679 del Parlamento Europeo y del Consejo, de 27 de abril de 2016.

4. Resuelto el contrato de seguro en cuya distribución hubiera intervenido un corredor de seguros o un corredor de reaseguros, este deberá proceder a la cancelación de los datos, a menos que el interesado le hubiera autorizado el tratamiento de los mismos para otras finalidades y, en particular, para la celebración de un nuevo contrato.

En todo caso, el corredor de seguros y el corredor de reaseguros no podrán facilitar los datos del interesado a otra entidad distinta de aquella con la que el interesado hubiera celebrado el contrato resuelto si no media su consentimiento inequívoco para ello.

5. El tratamiento de los datos que los distribuidores de seguros lleven a cabo para valorar la honorabilidad comercial y profesional en el marco de lo dispuesto en el título I, deberá limitarse a la exclusiva finalidad de suministro

de la información a la Dirección General de Seguros y Fondos de Pensiones, quedando expresamente limitado el número de personas que dentro de la organización pueda tener acceso a dichos datos.

SECCIÓN 8.ª DE LOS COLEGIOS DE MEDIADORES DE SEGUROS Y DE SU CONSEJO GENERAL

Artículo 205. Colegios de mediadores de seguros. 1. Los Colegios de mediadores de seguros son corporaciones de derecho público, con personalidad jurídica y plena capacidad de obrar para el cumplimiento de sus fines, a los que se incorporarán los mediadores de seguros que voluntariamente lo deseen, siempre que figuren inscritos en el registro administrativo previsto en el artículo 133.

2. En ningún caso será requisito para ejercer como mediador de seguros la adhesión a cualquiera de los Colegios de mediadores de seguros, sea cual fuese el ámbito territorial en que se pretenda ejercer la profesión.

3. Los Colegios de mediadores de seguros y, en su caso, los consejos autonómicos de Colegios, se relacionan mediante el Consejo General de Colegios de Mediadores de Seguros con la Administración General del Estado, a través de la Dirección General de Seguros y Fondos de Pensiones.

CAPÍTULO IV. DISTRIBUIDORES DE SEGUROS Y DE REASEGUROS RESIDENTES O DOMICILIADOS EN OTROS ESTADOS MIEMBROS DE LA UNIÓN EUROPEA

Sección 1.ª De la actividad en España de los mediadores de seguros y de reaseguros residentes o domiciliados en otros estados miembros de la unión europea

Artículo 206. Normas generales. A los mediadores de seguros o de reaseguros que figuren inscritos en el registro de un Estado miembro de la Unión Europea distinto de España, cuando tal registro sea legalmente admisible con arreglo a la normativa de dicho Estado miembro de origen, les resultarán de aplicación las siguientes disposiciones:

a) Podrán iniciar su actividad en España en régimen de derecho de establecimiento o en régimen de libre prestación de servicios cuando las autoridades competentes del Estado miembro de origen les hayan informado en este sentido.

La autoridad competente del Estado miembro de origen comunicará al mediador las normas de interés general que deben cumplir en territorio español, a las que se refiere el artículo 211.

b) Deberán presentar en castellano la documentación y demás información que la Dirección General de Seguros y Fondos de Pensiones tiene derecho a exigirles o que deba serle remitida por estos.

c) Podrán realizar publicidad de sus servicios en España en los mismos términos que los mediadores de seguros o de reaseguros residentes o domiciliados en España.

d) Se inscribirán a efectos meramente informativos, así como los titulares de sus departamentos o servicios de atención al cliente y, en su caso, del defensor del cliente, en el registro administrativo a que se refiere el artículo 133, separadamente para los que ejerzan su actividad en España en régimen de derecho de establecimiento o en régimen de libre prestación de servicios.

Artículo 207. Reparto de competencias entre Estados miembros. 1. Si la Dirección General de Seguros y Fondos de Pensiones tiene constancia de que el principal centro de actividad del mediador de seguros o de reaseguros que actúa en España en régimen de derecho de establecimiento se sitúa en territorio español, podrá acordar con la autoridad competente del Estado miembro de origen actuar como si la propia Dirección General de Seguros y Fondos de Pensiones fuera la autoridad competente del Estado miembro de origen por lo que atañe a las disposiciones relativas a las siguientes materias:

a) Requisitos necesarios para poder ejercer como distribuidor de seguros.

b) Obligaciones de información y normas de conducta.

c) Requisitos adicionales de información en relación con los productos de inversión basados en seguros.

d) Sanciones y otras medidas.

En caso de existir tal acuerdo, la autoridad competente del Estado miembro de origen lo notificará al mediador de seguros o reaseguros y a la Autoridad Europea de Seguros y Pensiones de Jubilación.

2. La Dirección General de Seguros y Fondos de Pensiones asumirá la responsabilidad de garantizar que los servicios dentro de su territorio sean conformes con las normas de interés general a las que hace referencia el artículo 211, así como con las medidas adoptadas en cumplimiento de los mismos.

Asimismo, la Dirección General de Seguros y Fondos de Pensiones tendrá derecho a examinar las decisiones adoptadas por el mediador de seguros o reaseguros, así como a exigir los cambios que sean estrictamente necesarios para poder hacer cumplir lo dispuesto en las normas de interés general previstas en el artículo 211 en relación con los servicios prestados o las actividades desarrolladas por el mediador dentro de su territorio.

Artículo 208. Observancia de las disposiciones legales. 1. Sin perjuicio de lo dispuesto en el artículo 209 en relación con las normas dictadas por motivos de interés general, si la Dirección General de Seguros y Fondos de Pensiones comprobase que un mediador de seguros o de reaseguros no respeta las disposiciones dictadas en virtud del título I, le requerirá para que acomode su actuación al ordenamiento jurídico. En defecto de la pertinente adecuación por parte del mediador, la Dirección General de Seguros y Fondos de Pensiones informará de ello a la autoridad supervisora del Estado miembro de origen, al objeto de que adopte las medidas oportunas para que el mediador de seguros o de reaseguros ponga fin a la situación irregular y las notifique a la Dirección General de Seguros y Fondos de Pensiones. Asimismo, la Dirección General de Seguros y Fondos de Pensiones podrá facilitar y solicitar a la autoridad supervisora del Estado miembro de origen la información que considere conveniente.

2. Si, a pesar de las medidas adoptadas por la autoridad supervisora del Estado miembro de origen, o debido a que estas medidas no resultan adecuadas, o en ausencia de tales medidas, el mediador de seguros o de reaseguros persiste en la infracción del ordenamiento jurídico, actuando de forma claramente perjudicial a gran escala para los intereses de los usuarios de seguros o para el buen funcionamiento del mercado de seguros y reaseguros, la Dirección General de Seguros y Fondos de Pensiones podrá adoptar, tras informar de ello a las autoridades competentes del Estado miembro de origen, las medidas de control especial que sean aplicables con el fin de prevenir nuevas irregularidades y, si fuera absolutamente necesario, impedir que sigan realizando actividades de distribución en el territorio nacional.

Lo anterior se entiende sin perjuicio de la facultad de la Dirección General de Seguros y Fondos de Pensiones de remitir el asunto a la Autoridad Europea de Seguros y Pensiones de Jubilación y solicitar su asistencia de conformidad con el artículo 19 del Reglamento (UE) n.º 1094/2010 del Parlamento Europeo y del Consejo, de 24 de noviembre de 2010, por el que se crea una Autoridad Europea de Supervisión (Autoridad Europea de Seguros y Pensiones de Jubilación), se modifica la Decisión n.º 716/2009/CE y se deroga la Decisión 2009/79/CE de la Comisión.

3. El apartado anterior no afectará a la facultad de la Dirección General de Seguros y Fondos de Pensiones de adoptar las medidas oportunas para de prevenir o sancionar las irregularidades cometidas en territorio nacional en caso de que sea necesaria una acción inmediata a fin de proteger los derechos de los usuarios de servicios financieros, incluyendo la posibilidad de impedir que los mediadores de seguros, de reaseguros y de seguros complementarios realicen nuevas operaciones.

4. Toda medida adoptada por la Dirección General de Seguros y Fondos de Pensiones en virtud del presente artículo deberá comunicarse al mediador interesado en un documento debidamente justificado y se notificará a la autoridad competente del Estado miembro de origen, a la Autoridad Europea de Seguros y Pensiones de Jubilación y a la Comisión Europea, sin demora injustificada.

Artículo 209. Observancia de las disposiciones legales adoptadas por motivos de interés general. 1. Los mediadores de seguros o de reaseguros que operen en territorio español en régimen de derecho de establecimiento o de libre prestación de servicios, deberán respetar las disposiciones a las que se refiere el artículo 211.

2. En el caso de que se infrinjan preceptos sobre disposiciones de interés general, la Dirección General de Seguros y Fondos de Pensiones podrá adoptar las medidas oportunas y no discriminatorias adecuadas, sin necesidad de informar previamente a las autoridades competentes del Estado miembro de origen, incluyendo la posibilidad de impedir que el mediador realice nuevas operaciones en territorio español, a fin de prevenir o sancionar las irregularidades cometidas.

3. Asimismo, y con la finalidad de impedir que un mediador de seguros establecido en otro Estado miembro lleve a cabo actividades dentro del territorio español en régimen de libre prestación de servicios o en régimen de derecho de establecimiento, si dichas actividades se realizan, total o principalmente, en territorio español con la única finalidad de evitar las disposiciones legales que serían de aplicación si dicho mediador de seguros tuviera su residencia o domicilio social en España y, además, si su actividad pone seriamente en peligro el buen funcionamiento del mercado asegurador español en lo que respecta a la protección de los usuarios de seguros, la Dirección General de Seguros y Fondos de Pensiones, tras informar a la autoridad competente del Estado miembro de origen, podrá adoptar respecto a dicho mediador de seguros todas las medidas

adecuadas necesarias para proteger los derechos de los usuarios de seguros en el territorio español.

La Dirección General de Seguros y Fondos de Pensiones podrá remitir el asunto a la Autoridad Europea de Seguros y Pensiones de Jubilación y solicitar su asistencia de conformidad con el artículo 19 del Reglamento (UE) n.º 1094/2010 del Parlamento Europeo y del Consejo de 24 de noviembre de 2010.

Artículo 210. Medidas de intervención. 1. Cuando la autoridad supervisora de un mediador de seguros, mediador de seguros complementarios o de corredor de reaseguros residente o domiciliado en un Estado miembro distinto de España, que opere en ella en régimen de derecho de establecimiento o en régimen de libre prestación de servicios, acuerde la cancelación de su inscripción en el registro legalmente admisible con arreglo a la normativa de dicho Estado miembro de origen, la Dirección General de Seguros y Fondos de Pensiones tomará razón de dicha cancelación en el registro administrativo previsto en el artículo 133.

La Dirección General de Seguros y Fondos de Pensiones podrá acordar la publicidad que considere necesaria de tal cancelación.

2. Los mediadores de seguros o de reaseguros residentes o domiciliados en otro Estado miembro que operen en España en régimen de derecho de establecimiento o en régimen de libre prestación de servicios están sujetos a la potestad sancionadora del Ministerio de Asuntos Económicos y Transformación Digital en los términos establecidos en los artículos 191 y siguientes, en lo que sea de aplicación y con las siguientes precisiones:

a) La sanción de cancelación de la inscripción se entenderá sustituida por la prohibición de llevar a cabo nuevas operaciones en el territorio español.

b) La iniciación del procedimiento se comunicará a las autoridades supervisoras del Estado miembro de origen para que, sin perjuicio de las sanciones que procedan con arreglo al título I, adopten las medidas que consideren apropiadas para que, en su caso, el mediador ponga fin a su actuación infractora o evite su reiteración en el futuro. Ultimado el procedimiento, el Ministerio de Asuntos Económicos y Transformación Digital notificará la decisión adoptada a las citadas autoridades.

c) Se consideran cargos de administración o dirección de las sucursales el apoderado general y las demás personas que dirijan dicha sucursal.

SECCIÓN 2.ª NORMAS DE INTERÉS GENERAL APLICABLES A LOS DISTRIBUIDORES DE SEGUROS Y DE REASEGUROS RESIDENTES O DOMICILIADOS EN OTROS ESTADOS MIEMBROS DE LA UNIÓN EUROPEA

Artículo 211. Normas de interés general. 1. Los distribuidores de seguros y reaseguros residentes o domiciliados en otros Estados miembros de la Unión Europea que ejerzan en España actividades de distribución, habrán de respetar las disposiciones dictadas por razones de interés general y las de supervisión que, en su caso, resulten aplicables.

2. Se considerarán en todo caso como normas de interés general en territorio español las disposiciones relativas a las obligaciones de información y normas de conducta, y las relativas a los requisitos adicionales de información en relación con los productos de inversión basados en seguros, a las que se refiere la sección 6.ª del capítulo III.

3. Las normas de interés general serán debidamente publicadas en el sitio web de la Dirección General de Seguros y Fondos de Pensiones.

(...)

Disposición adicional undécima. Tasa por inscripción en el registro administrativo de distribuidores de seguros y reaseguros. 1. Constituye el hecho imponible de la tasa:

a) La inscripción en el registro administrativo de distribuidores de seguros y reaseguros de los mediadores de seguros o de reaseguros, y de los mediadores de seguros complementarios.

b) La inscripción de los administradores, de la persona responsable de la actividad de distribución y de las personas que formen parte del órgano de dirección responsable de las actividades de distribución de seguros o de reaseguros de las personas jurídicas inscritas como mediadores de seguros, mediadores de seguros complementarios o corredores de reaseguros que, con arreglo al título I del libro segundo del real decreto-ley y a sus disposiciones reglamentarias de desarrollo, deban ser inscritos.

c) La inscripción de la persona responsable de la actividad de distribución y de las personas que formen parte del órgano de dirección responsable de la actividad de distribución de seguros o de reaseguros en las entidades aseguradoras y reaseguradoras.

d) La inscripción de los actos relacionados con los anteriores, siempre que deban ser inscritos de acuerdo con lo exigido en las normas sobre distribución de seguros y de reaseguros privados.

e) La expedición de certificados relativa a la información incluida en el registro administrativo a que se refiere el artículo 133 del título I del Libro segundo.

2. La tasa no será exigible en los supuestos de inscripciones relativas a la cancelación de la inscripción.

3. Será sujeto pasivo de la tasa la persona física o jurídica a cuyo favor se practique la inscripción en el registro administrativo de distribuidores de seguros y reaseguros y la persona física o jurídica solicitante de un certificado de dicho registro.

4. La cuantía de la tasa será:

a) Por la inscripción de un agente de seguros exclusivo, persona física, una cuota fija de 13,52 euros.

b) Por la inscripción de un agente de seguros vinculado, de un corredor de seguros o de reaseguros, personas físicas, una cuota fija de 71,80 euros.

c) Por la inscripción de una sociedad de agencia de seguros, de un operador de banca-seguros o de una sociedad de correduría de seguros o de reaseguros, una cuota fija de 168,58 euros.

d) Una cuota fija de 13,52 euros por la inscripción de cada administrador, persona responsable de la actividad de distribución o persona que forme parte del órgano de dirección responsable de las actividades de distribución de seguros o de reaseguros en las sociedades de agencia de seguros o de los operadores de banca-seguros, de correduría de seguros o de correduría de reaseguros.

e) Una cuota fija de 13,52 euros por la inscripción de la persona responsable de la actividad de distribución o por cada persona que forme parte del órgano de dirección responsable de la actividad de distribución de seguros o de reaseguros en las entidades aseguradoras y reaseguradoras.

f) Por la inscripción de cualquier otro acto inscribible o por la modificación de los inscritos, una cuota fija de 13,52 euros por cada uno de ellos.

g) Por la expedición de certificados relativos a la información incluida en el mencionado registro administrativo de distribuidores de seguros y reaseguros, una cuota fija de 13,52 euros.

5. La tasa se devengará cuando se presente la solicitud, que no se tramitará sin que se haya efectuado el pago correspondiente.

6. El importe de la tasa se podrá recaudar mediante autoliquidación, en la forma y plazos que se determinen por el Ministerio de Asuntos Económicos y Transformación Digital.

7. La tasa correspondiente a la inscripción de los agentes de seguros exclusivos, y de sus cargos de administración y de la persona responsable de la actividad de distribución o de las personas que formen parte del órgano de dirección responsable de la actividad de distribución de seguros, será autoliquidada por la entidad aseguradora en cuyo registro de agentes figuren inscritos, en calidad de sustituto del contribuyente.

8. La administración, liquidación y recaudación en periodo voluntario de la tasa corresponde a la Dirección General de Seguros y Fondos de Pensiones. La recaudación en periodo ejecutivo corresponde a la Agencia Estatal de Administración Tributaria, de acuerdo con la legislación vigente.

9. Los importes de la tasa podrán actualizarse por la Ley de Presupuestos Generales del Estado.

> – La **Resolución de 12 de junio de 2020, de la Subsecretaría, por la que se establece el pago voluntario por vía telemática de la tasa por inscripción en el registro administrativo de distribuidores de seguros y reaseguros,** establece:
> *El Real Decreto-ley 3/2020, de 4 de febrero, de medidas urgentes por el que se incorporan al ordenamiento jurídico español diversas directivas de la Unión Europea en el ámbito de la contratación pública en determinados sectores; de seguros privados, de planes y fondos de pensiones; del ámbito tributario y de litigios fiscales deroga la Ley 26/2006, de 17 de julio, de mediación de seguros y reaseguros privados.*
> *Dicho Real Decreto-ley regula en su disposición adicional undécima la tasa por inscripción en el registro administrativo de distribuidores de seguros y reaseguros de la Dirección General de Seguros y Fondos de Pensiones, previendo en el apartado 8 de dicha disposición, que la Dirección General de Seguros y Fondos de Pensiones es la competente para la administración, liquidación y recaudación de dicha tasa.*
> *Dicho registro administrativo se encuentra regulado en la disposición adicional octava del Real Decreto 1060/2015, de 20 de noviembre, de ordenación, supervisión y solvencia de las entidades aseguradoras y reaseguradoras.*
> *Por otro lado, el artículo 14 de la Ley 39/2015, de 1 de octubre, del Procedimiento Administrativo Común de las Administraciones Públicas, establece el derecho y obligación de los ciudadanos de relacionarse electrónicamente con las Administraciones Públicas.*
> *Por último, la Orden HAC/729/2003, de 28 de marzo, regula los supuestos y las condiciones generales para el pago por vía telemática de las tasas que consti-*

tuyen recursos de la Administración General del Estado y sus Organismos Públicos. En su disposición tercera establece que por resolución del Subsecretario de cada Departamento Ministerial se podrá establecer que el pago de las tasas gestionadas por cada Ministerio pueda efectuarse a través de las condiciones establecidas en la citada orden, previo informe del Departamento de Recaudación de la Agencia Estatal de Administración Tributaria y valoración técnica del Departamento de Informática Tributaria de la misma.

En su virtud, al objeto de poder llevar a cabo la presentación de la autoliquidación y pago de la tasa por medios telemáticos, de acuerdo con lo previsto en el apartado tercero de la Orden HAC/729/2003, de 28 de marzo, y previo informe del Departamento de Recaudación de la Agencia Estatal de Administración Tributaria, resuelvo:

Primero. Objeto. Esta resolución tiene por objeto establecer el pago voluntario por vía telemática de la tasa por inscripción en el registro administrativo de distribuidores de seguros y reaseguros autoliquidable, regulada por la disposición adicional undécima del Real Decreto-Ley 3/2020, de 4 de febrero, y con código 070, gestionada por la Dirección General de Seguros y Fondos de Pensiones del Ministerio de Asuntos Económicos y Transformación Digital, y su procedimiento.

Segundo. Sujeto pasivo. El sujeto pasivo que puede efectuar el pago de esta tasa por medios telemáticos es la persona física o jurídica a cuyo favor se practique la inscripción en el registro administrativo de distribuidores de seguros y reaseguros y la persona física o jurídica solicitante de un certificado de dicho registro.

Tercero. Registro electrónico de la tramitación del procedimiento. La recepción de las declaraciones presentadas por vía electrónica se realizará a través de la sede electrónica de la Dirección General de Seguros y Fondos de Pensiones, creada mediante Orden EHA/3408/2009, de 17 de diciembre, por la que se crean sedes electrónicas en el Ministerio de Economía y Hacienda.

Cuarto. Requisitos para el pago electrónico. Los sujetos pasivos que efectúen el pago de la tasa de forma telemática han de cumplir los siguientes requisitos:

a) Disponer de Número de Identificación Fiscal (NIF).

b) Disponer de DNI electrónico u otro certificado electrónico reconocido o cualificado de firma o sello electrónico expedido por prestadores incluidos en la «Lista de confianza de prestadores de servicios de certificación», emitido de acuerdo a las condiciones que establece la Ley 59/2003, de 19 de diciembre, de firma electrónica, que se pueda validar en la plataforma de validación de certificados electrónicos @firma, que resulte admisible por la Agencia Estatal de Administración Tributaria de acuerdo a la normativa vigente en cada momento o cualquier otro sistema de identificación y firma admitido por la Pasarela de Pagos de la Agencia Estatal de Administración Tributaria, tal y como establece el artículo 9 de la Ley 39/2015, de 1 de octubre, del Procedimiento Administrativo Común de las Administraciones Públicas.

c) Tener una cuenta abierta en una entidad colaboradora en la gestión recaudatoria que se haya adherido al sistema previsto en la Resolución de 3 de junio de 2009, de la Dirección General de la Agencia Estatal de Administración Tributaria, sobre asistencia a los obligados tributarios y ciudadanos en su identificación telemática ante las entidades colaboradoras con ocasión de la tramitación de procedimientos tributarios, y, en particular, para el pago de deudas por el sistema de cargo en cuenta o mediante la utilización de tarjetas de crédito o débito, y aparezca en la relación de entidades que se muestre en la opción de pago de la página web de la Agencia Estatal de Administración Tributaria.

Quinto. Procedimiento para la autoliquidación y el pago por vía electrónica. 1. El pago telemático de esta tasa tendrá carácter voluntario y alternativo, en su caso, al procedimiento ordinario de pago en efectivo. Si se opta por pago telemático, previamente se deberán cumplir los requisitos establecidos en la Disposición Tercera. 2 d) de la Orden HAC/729/2003, de 28 de marzo, requisitos que se detallan en el punto cuarto de esta Resolución.

Los sujetos pasivos deberán cumplimentar los campos previstos en el modelo 790 normalizado, que se encuentra en la en la sede electrónica de la Dirección General de Seguros y Fondos de Pensiones https://www.sededgsfp.gob.es/

2. Una vez cumplimentado el modelo 790, se elegirá la opción de realización del pago.

3. A continuación, se habilitará automáticamente un enlace con la pasarela de pagos de la Agencia Estatal de la Administración Tributaria, a través de la cual se efectuará el pago electrónico de la tasa a través de las entidades financieras colaboradoras en la gestión recaudatoria.

4. Una vez efectuado el pago, la entidad colaboradora generará el Número de Referencia Completo (NRC), que será enviado por la Agencia Estatal de Administración Tributaria a este Ministerio, el cual, después de efectuar las comprobaciones oportunas, enviará un mensaje al interesado de confirmación de la realización del ingreso. Este mensaje de confirmación permitirá el registro electrónico de la declaración del pago y la impresión del modelo 790 cumplimentado y pagado. En el modelo así impreso figurará el NRC y le servirá al interesado como justificante de la presentación de la declaración y del pago de la tasa.

5. En el supuesto de que el pago fuese rechazado, se mostrarán en pantalla los datos y la descripción de los errores detectados. Este Ministerio pondrá a disposición de los interesados los mecanismos de ayuda y soporte a la operación, que serán publicados y accesibles a través de la página web www.dgsfp.mineco.es

6. Las tasas se ingresarán a través de cuentas restringidas abiertas en las entidades de depósito que prestan el servicio de colaboración en la gestión recau-

datoria que tiene encomendada la Agencia Estatal de Administración Tributaria en los términos establecidos en la Orden EHA/2027/2007, de 28 de junio, por la que se desarrolla parcialmente el Real Decreto 939/2005, de 29 de junio, por el que se aprueba el Reglamento General de Recaudación, en relación con las entidades de crédito que prestan el servicio de colaboración en la gestión recaudatoria de la Agencia Estatal de Administración Tributaria, modificada por la Orden HAP/122/2015, de 23 de enero, de acuerdo con el procedimiento dispuesto en la Resolución de 3 de junio de 2009, de la Dirección General de la Agencia Estatal de Administración Tributaria, sobre asistencia a los obligados tributarios y ciudadanos en su identificación telemática ante las Entidades colaboradoras con ocasión de la tramitación de procedimientos tributarios y, en particular, para el pago de deudas por el sistema de cargo en cuenta o mediante la utilización de tarjetas de crédito o débito.

Disposición final única. Eficacia. Esta resolución será de aplicación a los cinco días de su publicación en el «Boletín Oficial del Estado».

Disposición adicional duodécima. Requisitos y principios básicos de los programas de formación de los distribuidores de seguros y reaseguros y demás personas que participan en la actividad de distribución. 1. La Dirección General de Seguros y Fondos de Pensiones podrá establecer por resolución las líneas generales y los principios básicos que habrán de cumplir los cursos de formación en materias financieras y de seguros privados exigidos en el título I del libro segundo del real decreto-ley.

2. A efectos de lo dispuesto en el artículo 165 del título I del libro segundo, además de lo previsto en el apartado anterior, las personas que participen en los cursos de formación en materias financieras y de seguros privados deberán acreditar, en el momento de su comienzo, el requisito mínimo de formación que se establezca en virtud de la normativa de desarrollo en materia de formación.

Sin perjuicio de lo previsto en el título I del libro segundo de este real decreto-ley, el contenido y duración de los cursos de formación se modulará en función de la cualificación profesional y de los conocimientos previos adquiridos mediante la superación de programas de formación, o de la experiencia profesional en seguros y reaseguros privados acreditados en el momento de su comienzo.

La Dirección General de Seguros y Fondos de Pensiones podrá requerir que se efectúen las modificaciones que resulten necesarias para adecuar los citados cursos al deber de formación previsto en el título I del Libro segundo de este real decreto-ley.

3. Los cursos de formación y las pruebas de aptitud en materias financieras y de seguros privados previstos en la legislación anterior derogada cuya impartición y organización estuviese iniciada en la fecha de entrada en vigor de este real decreto-ley, continuarán hasta la celebración de los exámenes de acuerdo con lo previsto en aquella normativa.

El diploma de Mediador de Seguros Titulado regulado en la legislación de mediación de seguros derogada, surtirá los efectos de haber superado el curso de formación en materias financieras y de seguros privados previstos en el artículo 165 del título I del libro segundo.

4. Los certificados expedidos por el responsable de la dirección del curso y, en el caso de pruebas de aptitud en materias financieras y de seguros privados, por el Consejo General de los Colegios de Mediadores de Seguros, acreditando su superación, emitidos conforme a la normativa derogada, surtirán los efectos de haber superado los cursos de formación de acuerdo con lo previsto en el título I del Libro segundo de este real decreto-ley y en su normativa de desarrollo.

– El **Real Decreto 287/2021, de 20 de abril, sobre formación y remisión de la información estadístico-contable de los distribuidores de seguros y reaseguros,** establece:

Exposición de Motivos

I

Los conocimientos y aptitudes de los distribuidores de seguros y reaseguros, así como de cualquier otra persona que intervenga directamente en la distribución de seguros y reaseguros privados, constituyen un elemento esencial para garantizar la calidad del servicio que prestan. Por este motivo, la Directiva (UE) 2016/97 del Parlamento Europeo y del Consejo, de 20 de enero de 2016, sobre la distribución de seguros, establece la necesidad de que quienes formen parte de la estructura de gobierno de los distribuidores de seguros o reaseguros, así como aquellos empleados que participen directamente en la distribución, tengan un nivel idóneo de conocimientos y competencia respecto a esta actividad. El Real Decreto-ley 3/2020, de 4 de febrero, de medidas urgentes por el que se incorporan al ordenamiento jurídico español diversas directivas de la Unión Europea en el ámbito de la contratación pública en determinados sectores; de seguros privados; de planes y fondos de pensiones; del ámbito tributario y de litigios fiscales, transpone en el título I de su libro segundo la citada directiva, estableciendo el requisito de que los distribuidores de seguros y reaseguros, la persona responsable de la actividad de distribución o, al menos, la mitad de las personas que forman parte del órgano de dirección responsable de la actividad de distribución, los colaboradores externos, los empleados de los distribuidores y de los colaboradores externos, así como el personal de las redes de distribución de los operadores de banca-seguros que participen directamente en la distribución, dispongan de los conocimientos necesarios para el correcto desempeño de su actividad. Asimismo, su disposición final decimocuarta faculta al Gobierno para dictar cuantas disposiciones sean necesarias para el desarrollo y aplicación de lo establecido en dicho real decreto-ley.

Actualmente, la normativa reguladora de la formación inicial y continua de los mediadores de seguros, empleados y colaboradores está contenida en el Real Decreto 764/2010, de 11 de junio, por el que se desarrolla la Ley 26/2006, de 17 de julio, de mediación de seguros y reaseguros privados, en materia de información estadístico-contable y del negocio, y de competencia profesional. Este real decreto deroga el Real Decreto 764/2010, de 11 de junio, y establece las exigencias formativas en atención a la labor de distribución que vaya a realizarse, ya se instrumente esta a través de una actividad de información o de una actividad de asesoramiento. Ambas actividades de comercialización, informada o asesorada, pueden ser realizadas por las distintas clases de distribuidores previstos en el real decreto-ley.

De acuerdo con el principio de proporcionalidad, los conocimientos deberán adecuarse, en su caso, a las características de la actividad de distribución realizada por cada uno de los distribuidores de seguros o de reaseguros, atendiendo a su tipología, función y grado de complejidad.

Este real decreto regula los requisitos para participar en los cursos de formación; su duración en función de tres categorías o niveles diferentes atendiendo a la responsabilidad y actividad que se desempeña en relación con la labor de distribución; el reconocimiento de conocimientos previos que permite modular los contenidos que ha de cursar una persona teniendo en cuenta la formación que previamente haya adquirido; la formación continua, como instrumento esencial que permite mantener actualizados los conocimientos y, gracias a ello, favorecer un servicio de calidad al cliente; y, por último, el régimen de adaptación.

Finalmente, mención particular merecen los residentes o domiciliados en otros Estados miembros de la Unión Europea, pues en aplicación del principio de registro único que consagra la Directiva (UE) 2016/97 del Parlamento Europeo y del Consejo, de 20 de enero de 2016, y con la finalidad de permitir la aplicación de la libre circulación de los distribuidores de seguros y reaseguros, se equipara el ejercicio efectivo de las actividades de distribución de seguros y reaseguros con la superación de los cursos de formación regulados en este real decreto para las personas residentes o domiciliadas en España.

II

La consolidación en la realidad del sector de la mediación de seguros y reaseguros privados de los nuevos conceptos y figuras que incorporó la Ley 26/2006, de 17 de julio, puso de manifiesto la utilidad de la información sobre la actividad de los corredores de seguros y reaseguros, los agentes de seguros vinculados, y los operadores de banca-seguros, tanto para facilitar la tarea de supervisión de este tipo de mediadores, como para proporcionar al sector asegurador y a las administraciones públicas información sobre las características de este tipo de intermediación y su relación con los consumidores. Efectivamente, las administraciones públicas necesitan conocer qué peso tiene cada canal en el contexto general de la distribución con el fin de adaptar lo mejor posible el marco jurídico y supervisor a la situación real del sector, protegiendo tanto los intereses de los consumidores como los de los proveedores de servicios. Pero también el propio sector de seguros privados demanda mayor información sobre la forma en la que los seguros son distribuidos, para optimizar sus recursos y tener mayor capacidad de decisión y maniobra ante la evolución del mercado.

Además de lo anterior, y cada vez con mayor frecuencia, es preciso informar a los organismos de la Unión Europea sobre las cuotas de mercado de los distintos canales de distribución de seguros a efectos de adecuar las normas comunitarias en materia de servicios financieros. En este sentido, cabe destacar las exigencias de información derivadas del Reglamento (UE) 2019/2152 del Parlamento Europeo y del Consejo, de 27 de noviembre de 2019, relativo a las estadísticas empresariales europeas que deroga diez actos jurídicos en el ámbito de las estadísticas empresariales.

Este real decreto regula el deber de llevanza de los libros-registro contables por parte de los corredores de seguros y de los corredores de reaseguros en relación con su estructura empresarial y el ejercicio de su actividad de mediación en seguros, a fin de facilitar el control administrativo que esta actividad requiere.

III

Este real decreto contiene cinco capítulos con veintitrés artículos, una disposición adicional, dos disposiciones transitorias, una disposición derogatoria y tres disposiciones finales.

El capítulo I regula las disposiciones generales. El capítulo II establece los conocimientos y aptitudes generales. El capítulo III, por su parte, define los requisitos de formación y desarrollo profesional permanente. A su vez, el capítulo IV regula los libros-registro de los corredores de seguros y reaseguros. Por último, el capítulo V establece las obligaciones contables y el deber de información.

La disposición adicional única recoge el régimen de adaptación a las obligaciones de este real decreto.

La disposición transitoria primera se refiere al régimen transitorio de los cursos de formación inicial y formación continua impartidos conforme a Ley 26/2006, de 17 de julio, y a su normativa de desarrollo. La disposición transitoria segunda establece el régimen transitorio de aplicación de la obligación de remisión a la Dirección General de Seguros y Fondos de Pensiones de la documentación estadístico-contable de los corredores de seguros, corredores de reaseguros, agentes de seguros vinculados y operadores de banca-seguros.

La disposición derogatoria única deroga cuantas disposiciones de igual o inferior rango se opongan a lo establecido en este real decreto y, en particular, el Real Decreto 764/2010, de 11 de junio.

Con respecto a las disposiciones finales, la disposición final primera regula los títulos competenciales. La disposición final segunda recoge la habilitación para el desarrollo normativo. La tercera y última fija la fecha de entrada en vigor.

Este real decreto es coherente con los principios de buena regulación establecidos en el artículo 129 de la Ley 39/2015, de 1 de octubre, del Procedimiento Administrativo Común de las Administraciones Públicas. Atiende al principio de necesidad y eficacia al desarrollar normativa por imperativo legal. Asimismo, este real decreto es el instrumento más adecuado para la consecución de dichos objetivos.

El proyecto es conforme con el principio de proporcionalidad, al contener la regulación imprescindible para la consecución de los objetivos previamente mencionados; se ajusta al principio de seguridad jurídica, ya que se realiza con el ánimo de mantener el marco normativo estable, predecible, integrado y claro, e igualmente, cumple el principio de eficiencia, al evitar cargas administrativas innecesarias o accesorias.

En cuanto al principio de transparencia, se ha dado cumplimiento al trámite de consulta pública previa, audiencia e información públicas, incluyendo la audiencia a las comunidades autónomas.

Durante el proceso de elaboración del proyecto han sido consultados, entre otros, el Ministerio de Consumo, el Ministerio de Educación y Formación Profesional, el Ministerio de Universidades, el Instituto de Contabilidad y Auditoría de Cuentas y ha sido sometido a la consideración de la Junta Consultiva de Seguros y Fondos de Pensiones.

Este real decreto está incluido en el Plan Anual Normativo de 2020.

Las disposiciones contenidas en este real decreto tienen, en general, la consideración de ordenación básica de la banca y los seguros y de bases de la planificación general de la actividad económica, con arreglo al artículo 149.1.11.ª y 13.ª de la Constitución Española.

En su virtud, a propuesta de la Vicepresidenta Segunda del Gobierno y Ministra de Asuntos Económicos y Transformación Digital, con la aprobación previa del Ministro de Política Territorial y Función Pública, de acuerdo con el Consejo de

Estado y previa deliberación del Consejo de Ministros en su reunión del día 20 de abril de 2021,

Capítulo I. Disposiciones generales

Artículo 1. Objeto. El objeto de este real decreto es establecer los criterios que definen los conocimientos y aptitudes que deben poseer los distribuidores de seguros y de reaseguros y su personal relevante, el modo en que dichos conocimientos y aptitudes deben ser evaluados y la forma en la que las personas y entidades obligadas podrán acreditarlos, así como regular los libros-registro y la información estadístico-contable, en desarrollo de lo dispuesto en el título I del libro segundo del Real Decreto-ley 3/2020, de 4 de febrero, de medidas urgentes por el que se incorporan al ordenamiento jurídico español diversas directivas de la Unión Europea en el ámbito de la contratación pública en determinados sectores; de seguros privados; de planes y fondos de pensiones; del ámbito tributario y de litigios fiscales.

Artículo 2. Ámbito de aplicación. 1. Este real decreto se aplicará a todos los distribuidores de seguros y de reaseguros, ya sean personas físicas o jurídicas, y al personal relevante de los mismos, a los que se refiere el título I del libro segundo del Real Decreto-ley 3/2020, de 4 de febrero, en lo concerniente a las obligaciones de formación.

2. En lo relativo a la llevanza y conservación de los libros-registro, este real decreto se aplicará a los corredores de seguros y a los corredores de reaseguros.

3. Este real decreto se aplicará a los corredores de seguros, los corredores de reaseguros, los agentes de seguros vinculados y los operadores de banca-seguros, en lo referente a las obligaciones contables y deber de información.

4. A efectos de este real decreto, se entenderá por personal relevante todo empleado, colaborador externo, así como cualquier otra persona que participe directamente en la distribución de seguros y reaseguros privados por cuenta de los distribuidores de seguros o de reaseguros, proporcionando información o prestando asesoramiento a clientes o potenciales clientes.

5. Serán consideradas asimismo como personal relevante las siguientes personas:

a) La persona responsable de la actividad de distribución o, en su caso, las personas que formen parte del órgano de dirección responsable de la actividad de distribución de las entidades aseguradoras y reaseguradoras.

b) La persona responsable de la actividad de distribución o, en su caso, las personas que formen parte del órgano de dirección responsable de la actividad de distribución de los mediadores de seguros y corredores de reaseguros que revistan la forma de personas jurídicas.

c) La persona responsable de la actividad de colaboración con la distribución de seguros o, en su caso, las personas que formen parte del órgano de dirección responsable de la actividad de colaboración con la distribución de seguros del colaborador externo de los mediadores de seguros que revista la forma de persona jurídica.

Capítulo II. Conocimientos y aptitudes generales

Artículo 3. Obligaciones generales en materia de formación. 1. El nivel y alcance de los conocimientos y aptitudes de quienes proporcionen asesoramiento sobre productos de seguros y de reaseguros deberá ser mayor que el de quienes solo proporcionen información sobre dichos productos.

2. Los distribuidores de seguros y de reaseguros se asegurarán de que el personal relevante posee los conocimientos y aptitudes necesarios teniendo en cuenta la naturaleza de los servicios prestados así como la complejidad de los productos de seguros y de reaseguros sobre los que se informa o asesora.

3. Los distribuidores de seguros y de reaseguros se asegurarán de que el personal relevante conoce, entiende y pone en práctica las políticas y procedimientos internos establecidos y destinados a garantizar el cumplimiento de la normativa aplicable en el ámbito de la distribución de seguros y de reaseguros.

4. Los distribuidores de seguros y de reaseguros deberán poner a disposición del personal relevante el tiempo y los recursos suficientes para que pueda adquirir y mantener los conocimientos y aptitudes adecuados.

Artículo 4. Ámbito objetivo de los conocimientos y aptitudes exigibles a los distribuidores de seguros y de reaseguros y a su personal relevante cuando proporcionen información. Los distribuidores de seguros y de reaseguros y su personal relevante que proporcionen información sobre productos de seguros y de reaseguros con la finalidad de celebrar el contrato de seguro o de reaseguro, deberán contar con la formación y aptitudes necesarias para:

a) Conocer las características, riesgos y aspectos esenciales de los productos ofrecidos, incluidas sus implicaciones fiscales específicas, prestando especial atención a los productos complejos.

b) Conocer el importe total de los costes y gastos en los que incurrirá el cliente con ocasión de la preparación, celebración o cumplimiento del contrato de seguros considerado.

c) Conocer las características y alcance de los servicios de seguros o de reaseguros.

d) Conocer el funcionamiento del mercado financiero en general, y de seguros en particular, y cómo pueden afectar, en su caso, al valor y fijación de precios de los productos de seguros sobre los que proporcionan información a los clientes.

e) Conocer la normativa reguladora de la actividad de distribución de seguros y de reaseguros.

f) Evaluar la documentación relativa a los productos de seguros sobre los que se proporciona información, en particular la documentación precontractual.

Artículo 5. Ámbito objetivo de los conocimientos y aptitudes exigibles a los distribuidores de seguros y de reaseguros y a su personal relevante cuando proporcionen asesoramiento. Los distribuidores de seguros y de reaseguros y su personal relevante que proporcionen asesoramiento sobre productos de seguros y de reaseguros con la finalidad de celebrar el contrato de seguro o de reaseguro, deberán contar con la formación y aptitudes necesarias para:
a) Conocer las características, riesgos y aspectos esenciales de los productos de seguros y de reaseguros que se ofrecen o recomiendan por el distribuidor, incluidas sus implicaciones fiscales específicas, prestando especial atención a los productos complejos.
b) Conocer los costes y gastos totales en los que incurrirá el cliente con ocasión de la preparación, celebración o cumplimiento del contrato de seguros considerado.
c) Conocer si el tipo de producto de seguros ofrecido puede no ser idóneo para el cliente, tras haber evaluado la información facilitada por este en relación con posibles cambios que puedan haber ocurrido desde que se recopiló la información pertinente.
d) Conocer el funcionamiento del mercado financiero en general, y de seguros en particular, y cómo pueden afectar en su caso al valor y fijación de precios de los productos de seguros sobre los que proporcionan asesoramiento a los clientes.
e) Conocer el efecto de las cifras económicas y acontecimientos nacionales, regionales e internacionales en los mercados de seguros y financieros y, en su caso, en el valor de los productos de inversión basados en seguros ofrecidos o recomendados a los clientes.
f) Conocer la normativa reguladora de la actividad de distribución de seguros y de reaseguros.
g) Evaluar la documentación relativa a los productos de seguros sobre los que se proporciona asesoramiento, en particular la documentación precontractual.
h) Conocer las estructuras específicas del mercado para el tipo de productos de seguro ofrecidos o recomendados.
i) Tener conocimientos básicos sobre los principios de valoración aplicables según el tipo de productos de inversión basados en seguros ofrecidos o recomendados a los clientes.
Capítulo III. Requisitos de formación y desarrollo profesional permanente de los distribuidores de seguros y reaseguros y su personal relevante
Sección 1.ª Formación inicial y continua
Artículo 6. Cualificación de los distribuidores de seguros y de reaseguros y de su personal relevante. Para que pueda considerarse que los distribuidores de seguros y de reaseguros y el personal relevante cuentan con la necesaria cualificación, sus conocimientos y aptitudes se ajustarán a los requisitos for-

mativos previstos en el artículo 7. A tal efecto, en la forma indicada en esta sección, se tendrán en cuenta los conocimientos adquiridos en distintas actividades de formación, reglada o no, en que hayan participado.

Artículo 7. Conocimientos necesarios. 1. Para el ejercicio de la actividad de distribución de seguros y reaseguros, será necesario que los distribuidores de seguros y reaseguros residentes o domiciliados en España, así como su personal relevante, acrediten como requisito previo los conocimientos necesarios mediante la superación de cursos de formación en materias financieras y de seguros privados.

El contenido y duración de los cursos de formación se establecerá en función de las siguientes categorías:

a) Nivel 1: Se exigirá un curso de formación, con un número mínimo de trescientas horas lectivas, a:

1.º La persona responsable de la actividad de distribución o, en su caso, al menos a la mitad de las personas que formen parte del órgano de dirección responsable de la actividad de distribución de las entidades aseguradoras y reaseguradoras.

2.º Los corredores de seguros y de reaseguros que revistan la forma de personas físicas; la persona responsable de la actividad de distribución, o, en su caso, al menos a la mitad de las personas que formen parte del órgano de dirección responsable de la actividad de distribución de los corredores de seguros y reaseguros que revistan la forma de personas jurídicas.

3.º La persona responsable de la actividad de distribución, o, en su caso, al menos a la mitad de las personas que formen parte del órgano de dirección responsable de la actividad de distribución de los operadores de banca-seguros.

b) Nivel 2: Se exigirá un curso de formación, con un número de doscientas horas lectivas, a:

1.º Los agentes de seguros que sean personas físicas que presten asesoramiento sobre productos de seguros; la persona responsable de la actividad de distribución, o, en su caso, al menos a la mitad de las personas que formen parte del órgano de dirección responsable de la actividad de distribución de los agentes de seguros que revistan la forma de personas jurídicas, que presten asesoramiento sobre productos de seguros.

2.º Los empleados de las entidades aseguradoras y reaseguradoras que presten asesoramiento sobre productos de seguros o de reaseguros.

3.º Los empleados de los mediadores de seguros y de reaseguros que presten asesoramiento sobre productos de seguros o de reaseguros.

4.º Las personas que integran las redes de distribución de los operadores de banca-seguros, en los casos en que presten asesoramiento sobre productos de seguros.

5.º Los colaboradores externos que sean personas físicas que presten asesoramiento sobre productos de seguros; la persona responsable de la actividad de colaboración con la distribución de seguros, o, en su caso, al menos a la mitad de las personas que formen parte del órgano de dirección responsable de la actividad de colaboración con la distribución de seguros de los colaboradores externos que revistan a forma de personas jurídicas, así como a sus empleados, en el caso de que presten asesoramiento sobre productos de seguros.

No obstante, con base en el principio de proporcionalidad, teniendo en cuenta la naturaleza y complejidad del servicio a prestar y de los productos de seguros sobre los que se asesora, se podrá establecer motivadamente por el distribuidor de seguros o de reaseguros la asignación de un número de horas de formación inferior. Salvo en los supuestos de reconocimiento de los conocimientos previos previstos en el artículo 9, la asignación de un número de horas de formación inferior no podrá afectar a las materias contenidas en el módulo general del programa del curso que se establezca por resolución de la Dirección General de Seguros y Fondos de Pensiones.

c) Nivel 3: Se exigirá un curso de formación, con un número de ciento cincuenta horas lectivas, a:

1.º Los agentes de seguros que sean personas físicas en los casos en que proporcionen información sobre productos de seguros, no realizando labor de asesoramiento; la persona responsable de la actividad de distribución, o, en su caso, al menos a la mitad de las personas que formen parte del órgano de dirección responsable de la actividad de distribución de los agentes de seguros que revistan la forma de personas jurídicas, que proporcionen información sobre productos de seguros, no realizando labor de asesoramiento.

2.º Los empleados de las entidades aseguradoras y reaseguradoras que proporcionen información sobre productos de seguros o de reaseguros, no realizando labor de asesoramiento.

3.º Los empleados de los mediadores de seguros y de reaseguros que proporcionen información sobre productos de seguros o de reaseguros, no realizando labor de asesoramiento.

4.º Las personas que integran las redes de distribución de los operadores de banca-seguros, en los casos en que proporcionen información sobre productos de seguros, no realizando labor de asesoramiento.

5.º Los colaboradores externos que sean personas físicas en los casos en que proporcionen información sobre productos de seguros, no realizando labor de asesoramiento; la persona responsable de la actividad de colaboración con la distribución de seguros, o, en su caso, al menos a la mitad de las personas que formen parte del órgano de dirección responsable de la actividad de colaboración con la distribución de seguros de los colaboradores externos que revistan la forma de personas jurídicas, así como a sus empleados, en los casos en que *proporcionen información sobre productos de seguros, no realizando labor de asesoramiento.*

No obstante, con base en el principio de proporcionalidad, teniendo en cuenta la naturaleza y complejidad del servicio a prestar y de los productos de seguros sobre los que se informa, se podrá establecer motivadamente por el distribuidor de seguros o de reaseguros la asignación de un número de horas de formación inferior. Salvo en los supuestos de reconocimiento de los conocimientos previos previstos en el artículo 9, la asignación de un número de horas de formación inferior no podrá afectar a las materias contenidas en el módulo general del programa del curso que se establezca por resolución de la Dirección General de Seguros y Fondos de Pensiones.

2. El programa de los cursos de formación de los niveles 1, 2, 3 anteriores se adaptará al contenido que se establezca por resolución de la Dirección General de Seguros y Fondos de Pensiones, en función de las distintas categorías enumeradas en el apartado anterior, y de conformidad con lo previsto en el Anexo XII del Real Decreto-ley 3/2020, de 4 de febrero.

Artículo 8. Requisitos previos para participar en los cursos de formación. 1. Las personas físicas que participen en los cursos de formación deberán estar en posesión del título de bachiller o equivalente para los cursos de formación del nivel 1, y título de graduado en educación secundaria obligatoria o equivalente, para los cursos de formación del nivel 2.

2. Los poseedores de títulos correspondientes a sistemas educativos extranjeros deberán acreditar la homologación por la autoridad competente de alguna de estas titulaciones de conformidad con la normativa vigente, sobre homologación y convalidación de títulos y estudios extranjeros de educación no universitaria.

Artículo 9. Procedimiento de reconocimiento de los conocimientos previos. La superación de los programas de los cursos de formación se modulará en función de las siguientes reglas:

a) Para aquellas personas que justifiquen estar en posesión de un título oficial universitario o de formación profesional que permita acreditar haber cursado las materias contenidas en los programas de formación que establezca la Dirección General de Seguros y Fondos de Pensiones, la duración y el contenido del curso de formación se reducirá en los contenidos coincidentes con los del título oficial universitario o de formación profesional.

b) Para las personas físicas que hayan accedido al ejercicio de la actividad de mediación como mediadores de seguros o reaseguros residentes o domiciliados en otros Estados miembros de la Unión Europea distintos de España, se equiparará la superación de los cursos a que se refiere el artículo 7 a la prueba del ejercicio efectivo de las actividades desempeñadas en dichos Estados miembros, respectivamente, por las personas comprendidas en los niveles 1, 2 y 3.

c) La superación de cualquiera de los módulos que integran los programas de formación que establezca la Dirección General de Seguros y Fondos de Pensiones eximirá de la obligación de tener que realizar ese mismo módulo de materias para acceder a cualquiera de los niveles previstos en el artículo 7.

d) La superación de las materias formativas que integran los programas de formación establecidos en la normativa de carácter financiero, y que sean coincidentes con las materias de los programas de formación establecidos por resolución de la Dirección General de Seguros y Fondos de Pensiones, eximirá de la obligación de tener que volver a superar esa misma materia para acceder a cualquiera de los niveles previstos en el artículo 7.

e) Las personas que, según los apartados anteriores, tengan derecho a la convalidación parcial de materias, podrán dirigir una solicitud en tal sentido al organizador del curso formativo, que actuará de acuerdo con los criterios que establezca el director del curso, teniendo en cuenta, en todo caso, las calificaciones del expediente universitario o de formación profesional.

Los cursos deberán contar con un procedimiento público y transparente de convalidaciones, que garantice los principios de igualdad, mérito y capacidad de las personas que soliciten esta reducción.

Artículo 10. Solicitud de autorización y comunicación ante la dirección general de seguros y fondos de pensiones. 1. Los organizadores de los cursos de formación del nivel 1 a los que se refiere el artículo 7.1 deberán obtener, previamente a su realización, la autorización de la Dirección General de Seguros y Fondos de Pensiones. La solicitud de autorización deberá ir acompañada de la documentación que acredite los requisitos que se establecen en el artículo 12. No obstante lo anterior, las entidades aseguradoras y reaseguradoras no necesitarán autorización previa para organizar los cursos de formación del nivel 1 que impartan a la persona o personas que formen parte del órgano de dirección responsable de la actividad de distribución de la entidad.

La Dirección General de Seguros y Fondos de Pensiones publicará en su portal web una lista actualizada de los cursos de formación de nivel 1 autorizados.

2. Los organizadores de los cursos de formación de los niveles 2 y 3 a los que se refiere el artículo 7.1 deberán comunicarlo previamente a la Dirección General de Seguros y Fondos de Pensiones. La comunicación se realizará en la forma establecida por resolución de la Dirección General de Seguros y Fondos de Pensiones.

Artículo 11. Obligaciones de formación continua. 1. Los distribuidores de seguros y de reaseguros, así como el personal relevante de los distribuidores de seguros y de reaseguros a que se refiere el artículo 7, deberán garantizar una formación continua.

2. La formación continua obligada para las personas comprendidas en los niveles 1 y 2 del artículo 7.1 tendrá una duración mínima de 25 horas lectivas anuales.

3. La formación continua obligada para las personas comprendidas en el nivel 3 del artículo 7.1 tendrá una duración mínima de 15 horas lectivas anuales.

4. La obligación de formación continua anual se aplicará a partir del año siguiente a aquel en el que se hubiese accedido al ejercicio de la actividad de distribución.

5. La formación obligada podrá ser impartida por el distribuidor de seguros y de reaseguros, por las universidades públicas o privadas o por las personas o entidades externas certificadoras de formación, que deberán disponer de procedimientos de evaluación presencial o a distancia que acrediten el aprovechamiento de los cursos, y deberán cumplir los requisitos que se establecen en este real decreto y los acordados por resolución de la Dirección General de Seguros y Fondos de Pensiones.

Sección 2.ª Requisitos para la organización, evaluación y certificación de los conocimientos y aptitudes

Artículo 12. Requisitos para la organización de los cursos. 1. La formación podrá ser organizada por los propios distribuidores de seguros y de reaseguros, las universidades públicas o privadas, o por personas o entidades externas certificadoras de formación, atendiendo a lo dispuesto en los apartados 2 y 3, respectivamente, y a lo dispuesto por resolución de la Dirección General de Seguros y Fondos de Pensiones.

2. Los distribuidores de seguros y de reaseguros podrán organizar los cursos de formación previstos en el artículo 7 para su personal relevante. A tal efecto, deberán disponer de medios humanos y materiales, de procedimientos y de una estructura organizativa que asegure que el personal relevante cuenta con los conocimientos y aptitudes adecuados, conforme a lo dispuesto en este real decreto. Dicho deber será exigible de forma proporcionada a la naturaleza, tamaño y complejidad de las actividades que desarrolla el distribuidor, la complejidad de los productos sobre los que informa o asesora, el tipo de clientes a los que presta servicios, la dimensión de su plantilla, así como su implantación nacional o internacional.

El distribuidor definirá de forma clara y precisa:

a) Las funciones y responsabilidades del personal, garantizando que, cuando proceda, y teniendo en cuenta los servicios prestados por el distribuidor de seguros o de reaseguros y su organización interna y externa, exista una distinción clara al describir las responsabilidades entre las funciones destinadas a prestar asesoramiento y a proporcionar información. En este sentido, definirán el alcance y las características propias del servicio de información y de asesoramiento, a efectos de que el personal relevante comprenda inequívocamente las diferencias entre ambos servicios y sus respectivos alcances y límites de actuación.

b) Los procedimientos que aseguren que el personal relevante es evaluado.

c) Las cualificaciones que debe reunir el personal relevante, así como el número de horas de formación que se considera adecuado atendiendo a la naturaleza y complejidad del servicio que vaya a prestarse y a los requisitos previstos en este real decreto.

d) La equivalencia de dichas cualificaciones con los contenidos formativos.

e) Las personas encargadas de impartir la formación bajo su dirección y responsabilidad.

f) Los mecanismos de control que aseguren que el personal relevante posee los conocimientos adecuados para prestar los servicios. En este sentido, comprobará que las evaluaciones o exámenes que se realicen permiten acreditar que el personal que los supere ha obtenido los conocimientos adecuados para la prestación de los servicios, y realizará evaluaciones para comprobar que el personal relevante tiene dichos conocimientos.

g) Los mecanismos de revisión a realizar con periodicidad al menos anual, sirviéndose al efecto de medios internos o externos. Para ello se tendrán en cuenta la evolución y las necesidades del personal relevante.

Esta revisión garantizará que el personal relevante cuenta con la cualificación adecuada y que conserva y actualiza sus conocimientos mediante formación continua, e incluirá la realización de acciones concretas de formación sobre cualquier producto de seguros o de reaseguros nuevo que ofrezca el distribuidor.

El distribuidor o, en su caso, sus órganos de administración, garantizarán que el personal relevante no prestará servicios para los que no haya adquirido los conocimientos y aptitudes necesarios.

Cuando los distribuidores de seguros organicen los cursos de formación regulados en el artículo 7, destinados a personas distintas de su personal relevante, se ajustarán a lo establecido en el apartado 3 para las entidades externas certificadoras de formación.

3. Las universidades públicas o privadas y las personas y entidades externas certificadoras de formación que organicen los cursos deberán cumplir los siguientes requisitos:

a) Disponer de una estructura de medios técnicos y humanos adecuada para organizar los cursos y evaluar los correspondientes conocimientos y aptitudes.

b) Disponer de una política de conflictos de interés que asegure la independencia y objetividad de sus acreditaciones respecto de los distribuidores de seguros y de reaseguros.

c) Elaborar un programa de formación de los cursos organizados, con descripción de los medios materiales, técnicos y humanos destinados a impartir la formación, los contenidos teóricos y prácticos y los sistemas de evaluación aplicados, que estará a disposición de la Dirección General de Seguros y Fondos de Pensiones.

d) Elaborar una memoria anual descriptiva de los cursos realizados, que estará a disposición de la Dirección General de Seguros y Fondos de Pensiones.

e) Llevar un registro de la formación impartida que permita certificar a las personas formadas los cursos superados, que estará a disposición de la Dirección General de Seguros y Fondos de Pensiones.

4. Mediante resolución de la Dirección General de Seguros y Fondos de Pensiones se establecerán las líneas generales y los principios básicos que, en cuanto a su contenido, organización y ejecución, deberán cumplir los cursos de formación organizados por los distribuidores de seguros y de reaseguros, las universidades públicas o privadas y las personas o entidades externas certificadoras de formación.

Artículo 13. Forma de acreditar los conocimientos y aptitudes. 1. Los distribuidores de seguros y de reaseguros deberán mantener registros relativos a la acreditación de sus conocimientos y aptitudes, así como del personal relevante.

Para ello, deberán disponer de una relación actualizada del personal relevante en la que conste, para cada persona que figure en la relación, lo siguiente:

a) La acreditación de los conocimientos adquiridos hasta la fecha. Dicha acreditación podrá realizarse a través del correspondiente certificado.

b) La acreditación de la formación continua recibida. En el caso de que la formación y la evaluación de la formación continua se preste por el propio distribuidor, deberá constar en el registro de cada persona la formación impartida, la evaluación de los conocimientos adquiridos y el resultado de la misma.

2. Cuando los distribuidores de seguros contraten personal relevante con experiencia previa verificarán la acreditación que dicho personal aporte.

3. Siempre que lo estime necesario, la Dirección General de Seguros y Fondos de Pensiones podrá, en el ejercicio de sus funciones de supervisión, solicitar al distribuidor, al personal relevante o a las entidades formadoras, la acreditación de los conocimientos de los distribuidores de seguros y del personal relevante.

Capítulo IV. Libros-registro de los corredores de seguros y reaseguros

Artículo 14. Obligaciones generales. 1. Los corredores de seguros y los corredores de reaseguros llevarán y conservarán los libros-registro, correspondencia y justificantes concernientes a su negocio debidamente ordenados, en los términos establecidos en la legislación mercantil.

2. Los libros-registro a que se refiere este capítulo se sujetarán a las siguientes reglas:

a) Se conservarán preferentemente en soportes informáticos.

b) Deberán estar a disposición de la Dirección General de Seguros y Fondos de Pensiones.

c) No podrán llevarse con un retraso superior a tres meses.

3. Mediante orden de la persona titular del Ministerio de Asuntos Económicos y Transformación Digital se establecerán las normas sobre la llevanza y las especificaciones técnicas de los libros-registro a que se refiere este capítulo.

Artículo 15. Libros-registro contables de los corredores de seguros. Los corredores de seguros deberán llevar y conservar, en particular, los siguientes libros-registro:

a) De pólizas y suplementos intermediados, en el que se anotarán todas las pólizas y suplementos que se formalicen por su mediación. Se hará constar como mínimo el ramo de que se trata, fecha de efecto, número de póliza o suplemento, tomador, domicilio del tomador (tipo de vía, nombre y número de la vía, municipio y provincia), capital asegurado, primas, y si la póliza es allegada por la red del corredor de seguros a través de sus colaboradores externos o por medio de otro corredor de seguros.

b) De primas cobradas, en el que se hará constar el ramo de que se trata, número de la póliza, tomador, vencimiento a que corresponde, importe y fecha de cobro.

c) De siniestros tramitados, en el que se registrarán los siniestros tan pronto sean conocidos por el corredor de seguros, y se les deberá atribuir una numeración correlativa, dentro de cada una de las series que se establezcan, conforme a los criterios de clasificación de siniestros que se utilicen. La información que debe contener este libro-registro se referirá a la póliza de la que procede cada siniestro, fechas de ocurrencia, declaración y liquidación. También se indicará si existe reclamación judicial, administrativa, ante el defensor del asegurado de la entidad o de cualquier otra índole.

d) De colaboradores externos, en el que deberán anotarse los datos personales identificativos, ya sean personas físicas o jurídicas, indicando la fecha de alta y de baja, y la formación recibida.

e) De otros corredores de seguros. Deberán anotarse los datos personales identificativos, ya sean personas físicas o jurídicas, de aquellos corredores de seguros utilizados como red de distribución distinta a la propia, indicando la fecha de alta y de baja.

Se entenderá cumplida la obligación de llevanza de los libros-registro a que se refieren los párrafos *a), b)* y *c)* aun cuando la información señalada en los anteriores párrafos esté contenida en diferentes ficheros informáticos, siempre que sea posible establecer una correlación e integración ágil y sencilla entre su contenido.

Artículo 16. Libros-registro contables de los corredores de reaseguros. Los corredores de reaseguros deberán llevar y conservar, en particular, los siguientes libros-registro:

a) De contratos y riesgos facultativos que se formalicen por su mediación. Se hará constar como mínimo el ramo de que se trata, fecha de efecto, número o referencia de contrato, cedente, reasegurador, capacidad total del contrato o facultativo, participación intermediada, primas por la participación intermediada, y si son allegados por la propia red del corredor de reaseguros o a través de alguno de sus colaboradores externos u otro corredor.

b) De colaboradores externos. Deberán anotarse los datos personales identificativos, ya sean personas físicas o jurídicas, indicando la fecha de alta y de baja, y la formación recibida.

c) De otros corredores de seguros y de reaseguros. Deberán anotarse los datos personales identificativos, ya sean personas físicas o jurídicas, de aquellos corredores de seguros y de reaseguros utilizados como red de distribución distinta a la propia, indicando la fecha de alta y de baja.

Capítulo V. Obligaciones contables y deber de información

Sección 1.ª Disposiciones generales

Artículo 17. Obligaciones comunes a los corredores de seguros, los corredores de reaseguros, los agentes de seguros vinculados y los operadores de banca-seguros. 1. El ejercicio económico a considerar para la información estadístico-contable a remitir coincidirá con el año natural.

2. La Dirección General de Seguros y Fondos de Pensiones podrá solicitar aclaraciones sobre la documentación recibida al objeto de obtener la información prevista en este capítulo.

3. La obligación de información regulada en este capítulo será exigida a todos los corredores de seguros, corredores de reaseguros, agentes de seguros vinculados y operadores de banca-seguros respecto de aquellos periodos en los que se haya ejercido la actividad de mediación, independientemente de cuándo se haya producido la cancelación de su inscripción en el Registro administrativo de distribuidores de seguros y reaseguros.

Artículo 18. Remisión de la información a través de medios electrónicos. 1. Los corredores de seguros, los corredores de reaseguros, los agentes de seguros vinculados y los operadores de banca-seguros presentarán la información a que están obligados de acuerdo con lo dispuesto en este capítulo por medios electrónicos y a través de la sede electrónica de la Dirección General de Seguros y Fondos de Pensiones.

2. Los requisitos técnicos para el acceso y utilización del registro se regirán por lo dispuesto en la normativa que regula la sede electrónica de la Dirección General de Seguros y Fondos de Pensiones.

3. Los formularios para la presentación electrónica de la documentación serán aprobados y modificados mediante orden de la persona titular del Ministerio de Asuntos Económicos y Transformación Digital.

Sección 2.ª Disposiciones particulares

Artículo 19. Obligaciones contables y deber de información de los corredores de seguros y de los corredores de reaseguros. 1. Los corredores de seguros y los corredores de reaseguros deberán remitir a la Dirección General de Seguros y Fondos de Pensiones, de forma separada y por cada clave de inscripción, la información estadístico-contable anual que incluirá datos referentes a la declaración de datos generales y requisitos para el ejercicio de la actividad, estructura de la organización, programa de formación que se imparte a los empleados y colaboradores externos, contratos de seguros o de reaseguros intermediados, cuenta de pérdidas y ganancias y balance, de acuerdo con las disposiciones aplicables.

2. Con periodicidad anual, las comunidades autónomas remitirán la información estadístico-contable anual relativa a los corredores de seguros y a los corredores de reaseguros cuya supervisión sea de su competencia, manteniéndose la necesaria colaboración entre la Administración General del Estado y la de la correspondiente comunidad autónoma. La Dirección General de Seguros y Fondos de Pensiones establecerá, mediante Resolución, la información o datos mínimos que deberán transmitir las comunidades autónomas.

Artículo 20. Modelos de información de los corredores de seguros y de los corredores de reaseguros. La remisión de la información anual a que se refiere el artículo 19.1 se ajustará a los modelos que se aprueben mediante orden de la persona titular del Ministerio de Asuntos Económicos y Transformación Digital y se remitirá antes del 30 de abril del año siguiente a aquel a que se refiera.

Artículo 21. Obligaciones contables y deber de información de los agentes de seguros vinculados y de los operadores de banca-seguros. 1. Los agentes de seguros vinculados y los operadores de banca-seguros deberán remitir a la Dirección General de Seguros y Fondos de Pensiones la información contable y del negocio anual que incluirá datos referentes a la declaración de datos generales y requisitos para el ejercicio de la actividad, estructura de la organización, programa de formación que se imparte a los empleados, a las personas que participan directamente en la actividad de distribución y a los colaboradores externos, contratos de seguros intermediados y cuenta de pérdidas y ganancias.

2. Con periodicidad anual las comunidades autónomas remitirán la información contable y del negocio anual, relativa a los agentes de seguros vinculados y a los operadores de banca-seguros cuya supervisión sea de su competencia, manteniéndose la necesaria colaboración entre la Administración del Estado y la de la correspondiente comunidad autónoma. La Dirección General de Seguros y Fondos de Pensiones establecerá, mediante resolución, la información o datos mínimos que deberán transmitir las comunidades autónomas.

Artículo 22. Modelos de información de los agentes de seguros vinculados y de los operadores de banca-seguros. La remisión de la información anual a que se refiere el artículo 21.1 se ajustará a los modelos que se aprueben mediante orden de la persona titular del Ministerio de Asuntos Económicos y Transformación Digital y se remitirá antes del 30 de abril del año siguiente a aquel a que se refiera.

Artículo 23. Falta de remisión de información. De conformidad con lo establecido en los artículos 192.2.r) y 192.3.h) del Real Decreto-ley 3/2020, de 4 de febrero, la falta de remisión de la información a que se refieren los artículos 17.3, 19.1 y 21.1 será constitutiva de infracción administrativa.

Disposición adicional única. Régimen de adaptación a las obligaciones de formación y requisitos de información estadístico-contable en la distribución de seguros y reaseguros privados. 1. La posesión del diploma de Mediador de Seguros Titulado, creado por la derogada Ley 9/1992, de 30 de abril, de Mediación en Seguros Privados, surtirá los mismos efectos que la superación del curso de formación exigido para el nivel 1 del artículo 7.1.

2. Aquellas personas domiciliadas o residentes en España que, con anterioridad a la entrada en vigor de este real decreto, hayan superado los cursos de formación o pruebas de aptitud del grupo A, establecidos en el capítulo III del Real Decreto 764/2010, de 11 de junio, no tendrán que volver a superar los cursos de formación previstos para desempeñar las funciones correspondientes al nivel 1 del artículo 7.

Asimismo, las personas domiciliadas o residentes en España que, con anterioridad a la entrada en vigor de este real decreto, hayan superado los cursos de formación del grupo B, establecidos en el mismo capítulo III del Real Decreto 764/2010, de 11 de junio, no tendrán que volver a superar los cursos de formación previstos para desempeñar las funciones correspondientes a los niveles 2 y 3 del artículo 7.

Las personas domiciliadas o residentes en España que, con anterioridad a la entrada en vigor de este real decreto, hayan superado los cursos de formación del grupo C, establecidos en el indicado capítulo, no tendrán que volver a superar los módulos de formación realizados y coincidentes con materias del programa de formación previsto para los cursos de los niveles del artículo 7. Estas personas podrán participar en la distribución de seguros o de reaseguros proporcionando información sobre productos de seguros o de reaseguros, sin realizar labor de asesoramiento, y dispondrán de un plazo de un año desde la entrada en vigor de este real decreto para completar el curso previsto para el nivel 3 del artículo 7 bajo la dirección y responsabilidad del distribuidor por cuenta del que actúen.

No obstante lo anterior, será de aplicación en todo caso, para las personas indicadas en los párrafos anteriores de este apartado 2, lo previsto en el artículo 11 en cuanto a la formación continua necesaria para el ejercicio de su actividad.

3. Los certificados expedidos por el responsable de la dirección del curso y, en el caso de pruebas de aptitud, por el Consejo General de los Colegios de Mediadores de Seguros acreditando su superación, que se hayan emitido conforme a la Ley 26/2006, de 17 de julio, de mediación de seguros y reaseguros privados, y a su normativa de desarrollo, surtirán los efectos de haber superado, según corresponda, el curso exigido para el acceso a los niveles 1 y 2 definidos en el artículo 7. En el caso de los certificados correspondientes al Grupo C, se estará a lo dispuesto en el tercer párrafo del apartado 2 anterior.

Disposición transitoria primera. Cursos de formación inicial y formación continua impartidos conforme a la Ley 26/2006, de 17 de julio, de mediación de seguros y reaseguros privados, y a su normativa de desarrollo. 1. Los cursos de formación para el acceso a la categoría A, así como las pruebas de aptitud, que a la entrada en vigor de este real decreto estén autorizados, podrán realizarse en los términos de dicha autorización, conforme a la Ley 26/2006, de 17 de julio, y a su normativa de desarrollo, y los certificados emitidos a quienes los superen surtirán los mismos efectos que los previstos en el apartado 3 de la disposición adicional única.

Los cursos de formación para el acceso a las categorías B y C, que a la entrada en vigor de este real decreto se hayan iniciado, podrán seguir impartiéndose conforme a la Ley 26/2006, de 17 de julio, y a su normativa de desarrollo, y los certificados emitidos a quienes los superen surtirán los mismos efectos que los previstos en el apartado 3 de la disposición adicional única.

2. La formación continua impartida a las personas comprendidas en las categorías B y C de la normativa derogada será computable dentro del programa de formación continua del año correspondiente siempre que, en la memoria que se elabore, se acredite su contenido, duración y las personas que han recibido tal formación.

Disposición transitoria segunda. Aplicación de los modelos establecidos en el real decreto 764/2010, de 11 de junio, por el que se desarrolla la ley 26/2006, de 17 de julio, de mediación de seguros y reaseguros privados en materia de información estadístico contable y del negocio, y de competencia profesional. Hasta que no se aprueben mediante orden de la persona titular del Ministerio de Asuntos Económicos y Transformación Digital los modelos de remisión de la documentación estadístico-contable de los corredores de seguros, corredores de reaseguros, agentes de seguros vinculados y operadores de banca-seguros serán de aplicación los modelos establecidos en los artículos 7 y 9 del Real Decreto 764/2010, de 11 de junio.

Disposición derogatoria única. Derogación normativa. Quedan derogadas cuantas disposiciones de igual o inferior rango se opongan a lo establecido en este real decreto y, en particular el Real Decreto 764/2010, de 11 de junio, por el que se desarrolla la Ley 26/2006, de 17 de julio, de mediación de seguros y reaseguros privados en materia de información estadístico-contable y del negocio, y de competencia profesional.

Disposición final primera. Títulos competenciales. 1. Las disposiciones contenidas en este real decreto tienen la consideración de ordenación básica de la banca y los seguros y de bases de la planificación general de la actividad económica, con arreglo al artículo 149.1.11.ª y 13.ª de la Constitución Española. Se exceptúan de lo anterior los artículos 18 y 20, la disposición adicional única y la disposición transitoria primera, que no tienen carácter básico.

2. En los supuestos en los que las comunidades autónomas ejerzan las competencias en materia de distribución de seguros y reaseguros privados a que se refiere el artículo 132.2 del título I, del Real Decreto-ley 3/2020 de 4 de febrero, las referencias que se hacen a los órganos de la Administración General del Estado se entenderán hechas al órgano competente de la comunidad autónoma.

Disposición final segunda. Habilitación para el desarrollo normativo. Se habilita a la persona titular del Ministerio de Asuntos Económicos y Transformación Digital, a propuesta de la Dirección General de Seguros y Fondos de Pensiones, y previo informe de la Junta Consultiva de Seguros y Fondos de Pensiones, para realizar el desarrollo normativo de las disposiciones contenidas en este real decreto y, en particular, la aprobación de los modelos de la información estadístico-contable anual de los corredores de seguros, corredores de reaseguros, agentes de seguros vinculados y operadores de banca-seguros.

Disposición final tercera. Entrada en vigor. El presente real decreto entrará en vigor el día siguiente al de su publicación en el «Boletín Oficial del Estado».

– Orden ECM/1501/2024, de 23 de diciembre, por la que se aprueban los modelos estadístico-contables de los corredores de seguros, corredores de reaseguros, agentes de seguros vinculados y operadores de banca-seguros.

Disposición adicional decimotercera. Conservación de documentación precontractual. 1. Las personas que realicen las actividades reguladas en el título I del libro segundo del real decreto-ley estarán obligadas a conservar los documentos en los que se plasme la información precontractual entregada al cliente en cumplimiento de las obligaciones establecidas en el título I del libro segundo de este real decreto-ley y su normativa de desarrollo, al objeto de acreditar el cumplimiento de dichas obligaciones, durante un plazo mínimo de seis años desde el momento de la finalización de los efectos del contrato. La misma obligación tendrá respecto de la información precontractual relativa a productos de seguros o servicios que sean objeto de práctica de venta combinada o vinculada.

2. En el caso de subrogación o cesión en la titularidad de la cartera de seguros, el distribuidor original deberá seguir conservando la documentación precontractual durante el plazo señalado en el párrafo anterior y trasladar al adquirente, en el caso que le fuera requerida por este y a costa de este, copia de la misma. Ambos estarán obligados a facilitar dicha documentación al usuario de seguros privados, si es reclamada por este durante el periodo fijado en el apartado anterior.

Disposición adicional decimocuarta. Reasignación de recursos. Las obligaciones derivadas del cumplimiento del Libro segundo de este real decreto-ley se atenderán mediante reasignación de los recursos ordinarios del Ministerio de Asuntos Económicos y Transformación Digital sin requerir dotaciones adicionales.

(…)

Disposición transitoria segunda. Régimen de adaptación de las entidades aseguradoras y reaseguradoras. 1. En relación con las personas que a la fecha de entrada en vigor del real decreto-ley sean responsables de la actividad de distribución o formen parte del órgano de dirección responsable de las actividades de distribución de las entidades aseguradoras y reaseguradoras u órgano equivalente, o sean empleados que participen directamente en actividades de distribución de seguros o reaseguros, se entenderán cumplidos los requisitos en materia de formación inicial exigidos en el título I del Libro segundo de este real decreto-ley. Lo anterior será únicamente aplicable en relación con aquellas personas que deban inscribirse de conformidad con lo dispuesto en el apartado siguiente.

2. Las entidades aseguradoras y reaseguradoras dispondrán de un plazo de tres meses a partir de la entrada en vigor de este real decreto-ley para:

a) Solicitar la inscripción de la persona responsable de la actividad de distribución y de las personas que formen parte del órgano de dirección responsable de las actividades de distribución de seguros o reaseguros en el registro administrativo.

b) Dar cumplimiento a lo dispuesto en el artículo 139.5 del título I del Libro segundo en relación con la llevanza de un registro actualizado en el que consten inscritos los empleados que participen directamente en actividades de distribución de seguros, así como la persona responsable de la actividad de distribución o las personas que formen parte del órgano de dirección responsable de la actividad de distribución.

c) Dar cumplimiento a lo dispuesto en los artículos 139.4 y 147.3 del título I del Libro segundo en relación con la obligación en materia de políticas y procedimientos internos adecuados.

Disposición transitoria tercera. Régimen de adaptación de los mediadores de seguros. 1. Los mediadores de seguros y de reaseguros que estuvieran registrados a la fecha de entrada en vigor de este real decreto-ley en el registro administrativo especial de mediadores de seguros, corredores de reaseguros, y de sus altos cargos previsto en el artículo 52 de la Ley 26/2006, de 17 de julio, de mediación de seguros y reaseguros privados, no deberán registrarse nuevamente en virtud de lo dispuesto en este real decreto-ley.

2. Los agentes de seguros exclusivos, personas físicas y jurídicas, inscritos en el registro administrativo especial de mediadores de seguros, corredores de reaseguros, y de sus altos cargos previsto en el artículo 52 de la Ley 26/2006, de 17 de julio, continuarán inscritos en el registro administrativo previsto en el artículo 133 del título I del libro segundo, registro administrativo de distribuidores de seguros y reaseguros, como agentes de seguros exclusivos de las entidades aseguradoras con las que figuran con contrato de agencia de seguros el día de la entrada en vigor de este real decreto-ley, ajustándose en todo caso al régimen de supervisión administrativa establecido en los artículos 147 y 148.

3. Los agentes de seguros vinculados, personas físicas y jurídicas, inscritos en el registro administrativo especial de mediadores de seguros, corredores de reaseguros, y de sus altos cargos previsto en el artículo 52 de la Ley 26/2006, de 17 de julio, continuarán inscritos en el registro administrativo previsto en el artículo 133 del título I del libro segundo registro administrativo de distribuidores de seguros y reaseguros, como agentes de seguros vinculados de las entidades aseguradoras con las que figuran con contrato de agencia de seguros el día de la entrada en vigor de este real decreto-ley, bajo el mismo régimen de responsabilidad civil profesional previsto en la Ley 26/2006, de 17 de julio, y

ajustándose en todo caso al régimen de supervisión administrativa establecido en el artículo 149.

4. Los operadores de banca-seguros exclusivos o vinculados inscritos en el registro administrativo especial de mediadores de seguros, corredores de reaseguros, y de sus altos cargos, previsto en el artículo 52 de la Ley 26/2006, de 17 de julio, continuarán inscritos como operadores de banca-seguros exclusivos, o en su caso, vinculados, de las entidades aseguradoras con las que tenían concertado contrato de agencia de seguros el día de la entrada en vigor de este real decreto-ley, bajo el mismo régimen de responsabilidad civil profesional previsto para aquellos en la Ley 26/2006, de 17 de julio, y ajustándose, en todo caso, al régimen de supervisión administrativa establecido en los artículos 150 a 154.

5. Los altos cargos de los mediadores de seguros y reaseguros, personas jurídicas, que estuvieran registrados a la fecha de entrada en vigor de este real decreto-ley en el registro administrativo especial de mediadores de seguros, corredores de reaseguros, y de sus altos cargos previsto en el artículo 52 de la Ley 26/2006, de 17 de julio, no deberán registrarse nuevamente en virtud de lo dispuesto en este real decreto-ley.

6. Los mediadores de seguros deberán adaptarse a lo dispuesto en el artículo 136.4 del título I del libro segundo en el plazo máximo de tres meses a partir de la entrada en vigor de este real decreto-ley.

7. En el caso de los corredores de seguros y reaseguros inscritos a la fecha de entrada en vigor de este real decreto-ley en el registro administrativo especial de mediadores de seguros, corredores de reaseguros, y de sus altos cargos previsto en el artículo 52 de la Ley 26/2006, de 17 de julio, el cómputo a que se refiere la letra d) del artículo 190.1 del título I deberá realizarse a partir del ejercicio siguiente a la entrada en vigor de este real decreto-ley.

Disposición transitoria cuarta. Contratos de seguros preexistentes. El título I del libro segundo del real decreto-ley no será de aplicación a los contratos de seguro suscritos con anterioridad a su entrada en vigor, salvo aquellos contratos que, habiendo sido suscritos con anterioridad a la entrada en vigor de este, hayan sido objeto de novación extintiva, desde el momento en que esta se produzca.

Disposición transitoria quinta. Contratos de mediación y distribución vigentes a la entrada en vigor. Los contratos de mediación y distribución de seguros celebrados con anterioridad a la entrada en vigor de este real decreto-ley permanecerán en vigor en todos sus términos, antigüedad y condiciones, sin perjuicio de las necesarias adaptaciones que correspondan a las nuevas obligaciones de información y normas de conducta que resulten aplicables.

(…)

Disposición derogatoria única. Derogación normativa. 1. Queda derogada la Ley 31/2007, de 3 de octubre, sobre procedimientos de contratación en los sectores del agua, la energía, los transportes y los servicios postales, por la que se incorporan al ordenamiento jurídico español las Directivas 2004/17/CE, 92/13/CEE y 2007/66/CE y todas las disposiciones de igual o inferior rango en cuanto se opongan a lo establecido en este real decreto-ley.

2. Queda derogada la Ley 26/2006, de 17 de julio, de mediación de seguros y reaseguros.

3. Igualmente quedan derogadas cuantas disposiciones de igual o inferior rango se opongan a lo dispuesto en este real decreto-ley.

4. No obstante lo anterior, el Real Decreto 764/2010, de 11 de junio, por el que se desarrolla la Ley 26/2006, de 17 de julio, de mediación de seguros y reaseguros privados en materia de información estadístico-contable y del negocio, y de competencia profesional, así como la Resolución de 18 de febrero de 2011, de la Dirección General de Seguros y Fondos de Pensiones, por la que se establecen los requisitos y principios básicos de los programas de formación para los mediadores de seguros, corredores de reaseguros y demás personas que participen directamente en la mediación de los seguros y reaseguros privados, continuarán en vigor hasta que se apruebe la normativa que desarrolle el real decreto-ley en materia de formación y de información estadístico- contable y del negocio.

(…)

Disposición final sexta. Salvaguardia del rango de ciertas disposiciones reglamentarias. Las modificaciones introducidas en normas reglamentarias por este real decreto-ley podrán ser modificadas por normas del rango reglamentario correspondiente a la norma en que figuran.

Disposición final séptima. Títulos competenciales y carácter de la legislación. 1. Lo previsto en el Libro primero del presente real decreto-ley se dicta al amparo de la competencia estatal en materia de legislación básica sobre contratos y concesiones administrativas, establecida en el artículo 149.1.18.ª de la Constitución, y en consecuencia, es de aplicación general a todas las Administraciones Públicas y organismos y entidades dependientes de ellas. No obstante, no tendrán carácter básico los siguientes artículos: 31.4; 33.4; 61, apartados 9.d) y 10; 65.1 párrafo cuarto; 73, segundo párrafo del apartado 1, apartado 2 y apartado 4; 107.8; disposición adicional décima; disposición final segunda; y disposición final decimocuarta.

El citado Libro primero del presente real decreto-ley asimismo se dicta al amparo de la competencia estatal en materia de legislación mercantil y civil establecida en el artículo 149.1.6.ª y 8.ª de la Constitución.

2. El libro segundo del real decreto-ley y las disposiciones adicionales duodécima a decimocuarta, las disposiciones transitorias segunda, tercera y quinta y la disposición final quinta se dictan al amparo del artículo 149.1.6.ª, 11.ª y 13.ª de la Constitución Española que atribuye al Estado la competencia exclusiva sobre legislación mercantil, las bases de la ordenación de los seguros y las bases y coordinación de la planificación general de la actividad económica, respectivamente, excepto los siguientes preceptos o apartados de este:

a) El artículo 205 del título I, que no tendrá carácter básico, salvo en lo concerniente a la naturaleza y denominación de los Colegios de mediadores de seguros, la voluntariedad de la incorporación a estos y la existencia de su Consejo General, que tiene la consideración de bases del régimen jurídico de las Administraciones Públicas al amparo del artículo 149.1.18.ª de la Constitución Española.

b) El segundo párrafo del artículo 133.3; los artículos 149.4 y 5; 152.2 y 3; 157.2 y 3; 162.3 y 5; y 165.2 del título I, y la disposición transitoria cuarta, que no tendrán carácter de legislación básica y solo resultan de aplicación en el ámbito de la Administración General del Estado.

En los supuestos en los que las Comunidades Autónomas ejerzan las competencias en materia de distribución de seguros y reaseguros privados a que se refiere el artículo 132.2 del título I, las referencias que se hacen a los órganos de la Administración General del Estado se entenderán hechas al órgano competente de la Comunidad Autónoma.

c) El título II del Libro segundo, la disposición adicional decimoquinta y la disposición transitoria sexta del real decreto-ley, se dictan al amparo del artículo 149.1. 11.ª y 13.ª de la Constitución Española, salvo el apartado veintiocho del artículo 212 del título II que se dicta al amparo del artículo 149.1.6.ª de la Constitución que atribuye al Estado la legislación mercantil.

d) La disposición adicional undécima y las disposiciones finales tercera y cuarta del real decreto-ley se dictan al amparo de lo dispuesto en el artículo 149.1.14.ª de la Constitución Española que atribuye al Estado la competencia exclusiva sobre la Hacienda general.

3. Lo previsto en el Libro tercero de este real decreto-ley se dicta al amparo de lo dispuesto en el artículo 149.1.14.ª de la Constitución Española, que atribuye al Estado las competencias en materia de Hacienda general.

Disposición final octava. Comunidad Foral de Navarra. En virtud de su régimen foral, la aplicación a la Comunidad Foral de Navarra de lo dispuesto en este real decreto-ley se llevará a cabo sin perjuicio de lo dispuesto en la Ley Orgánica 13/1982, de 10 de agosto, de Reintegración y Amejoramiento del Régimen Foral de Navarra.

Disposición final novena. Comunidad Autónoma del País Vasco. En virtud de su régimen foral, la aplicación a la Comunidad Autónoma del País Vasco de lo dispuesto en este real decreto-ley se entenderá sin perjuicio de lo dispuesto en la Ley 12/2002, de 23 de mayo, por la que se aprueba el Concierto Económico Vasco de la Comunidad Autónoma del País Vasco.

Disposición final décima. Legislación supletoria. En lo no previsto en el libro segundo de este real decreto-ley, se aplicará con carácter supletorio la Ley 20/2015, de 14 de julio.

Disposición final undécima. Incorporación del Derecho de la Unión Europea. 1. Mediante el presente real decreto-ley se incorpora al ordenamiento jurídico la Directiva 2014/25/UE del Parlamento Europeo y del Consejo, de 26 de febrero de 2014, relativa a la contratación por entidades que operan en los sectores del agua, la energía, los transportes y los servicios postales y por la que se deroga la Directiva 2004/17/CE, cuando se celebren por entidades contratantes; así como la Directiva 2014/23/UE del Parlamento Europeo y del Consejo, de 26 de febrero de 2014, relativa a la adjudicación de contratos de concesión, cuando estos se celebren por entidades contratantes y se refieran a una o más de las actividades recogidas en los artículos 9 a 14 de este real decreto-ley.

2. Mediante este real decreto-ley se incorpora al Derecho español la Directiva (UE) 2016/97 del Parlamento Europeo y del Consejo, de 20 de enero de 2016, sobre la distribución de seguros y se transponen parcialmente la Directi-

va (UE) 2016/2341 del Parlamento Europeo y del Consejo, de 14 de diciembre de 2016, relativa a las actividades y supervisión de los fondos de pensiones de empleo y la Directiva (UE) 2017/828 del Parlamento Europeo y del Consejo, de 17 de mayo de 2017, por la que se modifica la Directiva 2007/36/CE en lo que respecta al fomento de la implicación a largo plazo de los accionistas.

3. Se entenderán realizadas a la citada Directiva (UE) 2016/2341 del Parlamento Europeo y del Consejo, de 14 de diciembre de 2016, las referencias contenidas en las disposiciones legales y reglamentarias vigentes a la derogada Directiva 2003/41/CE del Parlamento Europeo y del Consejo, de 3 de junio de 2003, relativa a las actividades y supervisión de los fondos de pensiones de empleo.

4. Las disposiciones incluidas en el Libro segundo de este real decreto-ley que hacen referencia a los Estados miembros de la Unión Europea, a los distribuidores de seguros y reaseguros en ellos domiciliados o a la actividad en ellos de los distribuidores de seguros y reaseguros españoles serán también aplicables a los Estados parte del Acuerdo del Espacio Económico Europeo que no son miembros de la Unión Europea, a los distribuidores de seguros y reaseguros en ellos domiciliados y a la actividad de los distribuidores de seguros y reaseguros españoles en esos Estados.

5. Mediante este real decreto-ley se incorporan al Derecho español la Directiva (UE) 2018/1910 del Consejo, de 4 de diciembre de 2018, por la que se modifica la Directiva 2006/112/CE en lo que se refiere a la armonización y la simplificación de determinadas normas del régimen del impuesto sobre el valor añadido en la imposición de los intercambios entre los Estados miembros, y la Directiva (UE) 2019/475 del Consejo, de 18 de febrero de 2019, por la que se modifican las Directivas 2006/112/CE y 2008/118/CE en lo que respecta a la inclusión del municipio italiano de Campione d'Italia y las aguas italianas del Lago de Lugano en el territorio aduanero de la Unión y en el ámbito de aplicación territorial de la Directiva 2008/118/CE.

6. Mediante este real decreto-ley se incorpora al Derecho español la Directiva (UE) 2017/1852 del Consejo de 10 de octubre de 2017, relativa a los mecanismos de resolución de litigios fiscales en la Unión Europea, armonizando así el marco de resolución de procedimientos amistosos y reforzando la seguridad jurídica.

Disposición final duodécima. Actualización de plazos y otras modificaciones derivadas de los anexos de directivas comunitarias. Se autoriza al Ministro de Hacienda para que pueda modificar, previo informe de la Junta Consultiva de Contratación Pública del Estado, las previsiones que en el presente real decreto-ley contiene en materia de plazos para su adaptación a los que establezca la Unión Europea.

Asimismo, se autoriza al Ministro de Hacienda a incorporar al real decreto-ley las oportunas modificaciones derivadas de los anexos de las directivas comunitarias que regulan la contratación pública.

Disposición final decimotercera. Modelos de notificación de adjudicación de contratos. Se autoriza al Ministro de Hacienda, previo informe de la Junta Consultiva de Contratación Pública del Estado, oídas las Comunidades Autónomas, para establecer los modelos de notificación de la adjudicación de contratos al Registro de Contratos del Sector Público a que se refiere el artículo 125, así como a la modificación de los plazos que a tal fin se establecen.

Disposición final decimocuarta. Habilitación normativa. 1. Se habilita al Gobierno, a la persona titular del Ministerio de Hacienda y del Ministerio de Asuntos Económicos y Transformación Digital en el ámbito de sus competencias, para dictar cuantas disposiciones sean necesarias para el desarrollo y aplicación de lo establecido en este real decreto-ley.

2. En concreto, queda facultada la persona titular del Ministerio de Asuntos Económicos y Transformación Digital, a propuesta del Director General de Seguros y Fondos de Pensiones y previa audiencia de la Junta Consultiva de Seguros y Fondos de Pensiones para llevar a cabo las modificaciones que resulten necesarias en la regulación de los libros-registro y en los modelos de información estadístico-contable anual, al objeto de adaptar el Real Decreto 764/2010, de 11 de junio, por el que se desarrolla la Ley 26/2006, de 17 de julio, de mediación de seguros y reaseguros privados en materia de información estadístico-contable y del negocio, y de competencia profesional.

Disposición final decimoquinta. Cumplimiento de los requisitos mínimos en materia de competencia y conocimientos profesionales por parte de los empleados de entidades aseguradoras que participan en la distribución de seguros. El artículo 139.2 del título I del Libro segundo del real decreto-ley entrará en vigor cuando se apruebe la normativa que la desarrolle en materia de formación. En tanto no se apruebe dicha normativa de desarrollo, las entidades aseguradoras y reaseguradoras, se asegurarán de que los empleados que participen directamente en actividades de distribución, así como la persona responsable de la actividad de distribución o, en su caso, al menos la mitad de las personas que formen parte del órgano de dirección responsable de la actividad de distribución, cumplen con los requisitos mínimos en materia de competencia y conocimientos profesionales establecidos en el anexo XII de este real decreto-ley.

Disposición final decimosexta. Entrada en vigor. 1. El presente real decreto-ley entrará en vigor el día siguiente al de su publicación en el «Boletín Oficial del Estado».

2. No obstante lo anterior, el libro primero, las disposiciones adicionales primera, segunda, tercera, cuarta, quinta, sexta, séptima, octava, novena, décima, decimosexta y decimoséptima; la disposición transitoria primera y el apartado primero de la disposición derogatoria única, entrarán en vigor a los veinte días de su publicación en el «Boletín Oficial del Estado», a excepción del artículo 126, que lo hará al día siguiente de la referida publicación.

3. Los apartados dos, tres, cuatro, cinco, seis, siete, ocho y nueve del artículo 214; los apartados dos, tres, cuatro y cinco del artículo 216 y la disposición transitoria séptima, entrarán en vigor el 1 de marzo de 2020.

– La Disposición Adicional Decimosexta se modifica por la **Ley 31/2022, de 23 de diciembre, de Presupuestos Generales del Estado para el año 2023.**

(...)

Anexo XII. Requisitos mínimos en materia de competencia y conocimientos profesionales [artículo 10, apartado 2, Directiva (UE) 2016/97 del Parlamento Europeo y del Consejo, de 20 de enero de 2016]

1. Riesgos en los seguros distintos del seguro de vida clasificados según los ramos 1 a 18 en el anexo I, parte A, de la Directiva 2009/138/CE.

a) Conocimiento mínimo necesario de las condiciones de las pólizas ofrecidas, incluidos los riesgos accesorios en caso de que los cubran dichas pólizas;

b) conocimiento mínimo necesario de la legislación aplicable que rige la distribución de productos de seguro, como la legislación en materia de protección de los consumidores, la legislación tributaria pertinente y la legislación social y laboral pertinente;

c) conocimiento mínimo necesario en materia de gestión de siniestros;

d) conocimiento mínimo necesario en materia de tramitación de reclamaciones;

e) conocimiento mínimo necesario en materia de análisis de las necesidades del cliente;

f) conocimiento mínimo necesario del mercado de seguros;

g) conocimiento mínimo necesario de las normas deontológicas del sector, y

h) competencia financiera mínima necesaria.

2. Productos de inversión basados en seguros.

a) Conocimiento mínimo necesario de los productos de inversión basados en seguros, incluidas las condiciones y las primas netas y, en su caso, las prestaciones garantizadas y no garantizadas;

b) conocimiento mínimo necesario de las ventajas y desventajas de las distintas opciones de inversión para los tomadores de seguros;

c) conocimiento mínimo necesario de los riesgos financieros asumidos por los tomadores de seguros;

d) conocimiento mínimo necesario de las pólizas que cubren los riesgos en el seguro de vida y otros productos de ahorro;

e) conocimiento mínimo necesario de la organización y las prestaciones garantizadas del sistema de pensiones;

f) conocimiento mínimo necesario de la legislación aplicable que rige la distribución de productos de seguro, como la legislación en materia de protección de los consumidores y la legislación tributaria pertinente;

g) conocimiento mínimo necesario del mercado de seguros y del mercado de productos de ahorro;

h) conocimiento mínimo necesario en materia de tramitación de reclamaciones;

i) conocimiento mínimo necesario en materia de análisis de las necesidades del cliente;

j) gestión de conflictos de interés;

k) conocimiento mínimo necesario de las normas deontológicas del sector, y

l) competencia financiera mínima necesaria.

3. Riesgos en los seguros de vida clasificados en el anexo II de la Directiva 2009/138/CE.

a) Conocimiento mínimo necesario de las pólizas, incluidas las condiciones, las prestaciones garantizadas y, en su caso, los riesgos accesorios;

b) conocimiento mínimo necesario de la organización y las prestaciones garantizadas del sistema de pensiones del Estado miembro de que se trate;

c) conocimiento de la legislación en materia de contratos de seguro, la legislación en materia de protección de los consumidores, la legislación en materia de protección de datos y la legislación contra el blanqueo de capitales aplicables y, en su caso, la legislación tributaria pertinente y la legislación social y laboral pertinente;

d) conocimiento mínimo necesario del mercado de seguros y de otros mercados de servicios financieros pertinentes;

e) conocimiento mínimo necesario en materia de tramitación de reclamaciones;

f) conocimiento mínimo necesario en materia de análisis de las necesidades de los consumidores;

g) gestión de conflictos de interés;

h) conocimiento mínimo necesario de las normas deontológicas del sector, y

i) competencia financiera mínima necesaria.

§4. LEY 50/1980, DE 8 DE OCTUBRE, DE CONTRATO DE SEGURO

SECCIÓN PRIMERA. PRELIMINAR

Artículo 1. El contrato de seguro es aquel por el que el asegurador se obliga, mediante el cobro de una prima y para el caso de que se produzca el evento cuyo riesgo es objeto de cobertura a indemnizar, dentro de los límites pactados, el daño producido al asegurado o a satisfacer un capital, una renta u otras prestaciones convenidas.

Artículo 2. Las distintas modalidades del contrato de seguro, en defecto de Ley que les sea aplicable, se regirán por la presente Ley, cuyos preceptos tienen carácter imperativo, a no ser que en ellos se disponga otra cosa. No obstante, se entenderán válidas las cláusulas contractuales que sean más beneficiosas para el asegurado.

Artículo 3. Las condiciones generales, que en ningún caso podrán tener carácter lesivo para los asegurados, habrán de incluirse por el asegurador en la proposición de seguro si la hubiere y necesariamente en la póliza de contrato o en un documento complementario, que se suscribirá por el asegurado y al que se entregará copia del mismo. Las condiciones generales y particulares se redactarán de forma clara y precisa. Se destacarán de modo especial las cláusulas limitativas de los derechos de los asegurados, que deberán ser específicamente aceptadas por escrito.

Las condiciones generales del contrato estarán sometidas a la vigilancia de la Administración Pública en los términos previstos por la Ley.

Declarada por el Tribunal Supremo la nulidad de alguna de las cláusulas de las condiciones generales de un contrato, la Administración Pública competente obligará a los aseguradores a modificar las cláusulas idénticas contenidas en sus pólizas.

– Ley 7/1998, de 13 de abril, sobre condiciones generales de la contratación

Artículo 4. El contrato de seguro será nulo, salvo en los casos previstos por la Ley, si en el momento de su conclusión no existía el riesgo o había ocurrido el siniestro.

SECCIÓN SEGUNDA. CONCLUSIÓN, DOCUMENTACIÓN DEL CONTRATO Y DEBER DE DECLARACIÓN DEL RIESGO

Artículo 5. El contrato de seguro y sus modificaciones o adiciones deberán ser formalizadas por escrito. El asegurador está obligado a entregar al tomador del seguro la póliza o, al menos, el documento de cobertura provisional. En las modalidades de seguro en que por disposiciones especiales no se exija la emisión de la póliza el asegurador estará obligado a entregar el documento que en ellas se establezca.

Artículo 6. La solicitud de seguro no vinculará al solicitante.

La proposición de seguro por el asegurador vinculará al proponente durante un plazo de quince días.

Por acuerdo de las partes, los efectos del seguro podrán retrotraerse al momento en que se presentó la solicitud o se formuló la proposición.

Artículo 6 bis. *Derogado*

— El artículo 6 bis se deroga por la **Ley 22/2007, de 11 de julio, sobre comercialización a distancia de servicios financieros destinados a los consumidores.**

Artículo 7. El tomador del seguro puede contratar el seguro por cuenta propia o ajena. En caso de duda se presumirá que el tomador ha contratado por cuenta propia. El tercer asegurado puede ser una persona determinada o determinable por el procedimiento que las partes acuerden.

Si el tomador del seguro y el asegurado son personas distintas, las obligaciones y los deberes que derivan del contrato corresponden al tomador del seguro, salvo aquellos que por su naturaleza deban ser cumplidos por el asegurado. No obstante, el asegurador no podrá rechazar el cumplimiento por parte del asegurado de las obligaciones y deberes que correspondan al tomador del seguro.

Los derechos que derivan del contrato corresponderán al asegurado o, en su caso, al beneficiario, salvo los especiales derechos del tomador en los seguros de vida.

Artículo 8. La póliza del contrato deberá redactarse, a elección del tomador del seguro, en cualquiera de las lenguas españolas oficiales en el lugar donde aquélla se formalice. Si el tomador lo solicita, deberá redactarse en otra lengua distinta, de conformidad con la Directiva 92/96, del Consejo de la Unión Europea, de 10 de noviembre de 1992. Contendrá, como mínimo, las indicaciones siguientes:

1. Nombre y apellidos o denominación social de las partes contratantes y su domicilio, así como la designación del asegurado y beneficiario, en su caso.

2. El concepto en el cual se asegura.

3. Naturaleza del riesgo cubierto, describiendo, de forma clara y comprensible, las garantías y coberturas otorgadas en el contrato, así como respecto a cada una de ellas, las exclusiones y limitaciones que les afecten destacadas tipográficamente.

4. Designación de los objetos asegurados y de su situación.

5. Suma asegurada o alcance de la cobertura.

6. Importe de la prima, recargos e impuestos.

7. Vencimiento de las primas, lugar y forma de pago.

8. Duración del contrato, con expresión del día y la hora en que comienzan y terminan sus efectos.

9. Si interviene un mediador en el contrato, el nombre y tipo de mediador.

En caso de póliza flotante, se especificará, además la forma en que debe hacerse la declaración del abono.

Si el contenido de la póliza difiere de la proposición de seguro o de las cláusulas acordadas, el tomador del seguro podrá reclamar a la Entidad aseguradora en el plazo de un mes a contar desde la entrega de la póliza para que subsane la divergencia existente. Transcurrido dicho plazo sin efectuar la reclamación, se estará a lo dispuesto en la póliza. Lo establecido en este párrafo se insertará en toda póliza del contrato de seguro.

> – La disposición final primera de la **Ley 20/2015, de 14 de julio, de ordenación, supervisión y solvencia de las entidades aseguradoras y reaseguradoras** (§1) modifica el apartado 3 del artículo 8. De conformidad con lo que establece la Disposición transitoria decimotercera. Régimen transitorio de las modificaciones introducidas en la Ley de contrato de seguro a través de la disposición final primera de esta Ley, de la referida Ley 20/2015, de 14 de julio, *«Las entidades aseguradoras dispondrán de un plazo de seis meses para adaptar las pólizas que se comercialicen a partir de la entrada en vigor de esta Ley —1 de enero de 2016— a las modificaciones introducidas a través de la disposición final primera de la misma en la Ley 50/1980, de 8 de octubre, de Contrato de Seguro. Transcurrido el mismo y durante un plazo máximo de un año, las entidades de seguros adaptarán, a su renovación, las pólizas correspondientes a los contra-*

tos vigentes. No obstante, serán de aplicación directa aquellos preceptos que tengan carácter imperativo desde la entrada en vigor de esta Ley».

Artículo 9. La póliza del seguro puede ser nominativa, a la orden o al portador. En cualquier caso, su transferencia efectuada, según la clase del título, ocasiona la del crédito contra el asegurador con iguales efectos que produciría la cesión del mismo.

Artículo 10. El tomador del seguro tiene el deber, antes de la conclusión del contrato, de declarar al asegurador, de acuerdo con el cuestionario que éste le someta, todas las circunstancias por él conocidas que puedan influir en la valoración del riesgo. Quedará exonerado de tal deber si el asegurador no le somete cuestionario o cuando, aun sometiéndoselo, se trate de circunstancias que puedan influir en la valoración del riesgo y que no estén comprendidas en él.

El asegurador podrá rescindir el contrato mediante declaración dirigida al tomador del seguro en el plazo de un mes, a contar del conocimiento de la reserva o inexactitud del tomador del seguro. Corresponderán al asegurador, salvo que concurra dolo o culpa grave por su parte, las primas relativas al período en curso en el momento que haga esta declaración.

Si el siniestro sobreviene antes de que el asegurador haga la declaración a la que se refiere el párrafo anterior, la prestación de éste se reducirá proporcionalmente a la diferencia entre la prima convenida y la que se hubiese aplicado de haberse conocido la verdadera entidad del riesgo. Si medió dolo o culpa grave del tomador del seguro quedará el asegurador liberado del pago de la prestación.

El tomador de un seguro sobre la vida no está obligado a declarar si él o el asegurado han padecido cáncer una vez hayan transcurridos cinco años desde la finalización del tratamiento radical sin recaída posterior. Una vez transcurrido el plazo señalado, el asegurador no podrá considerar la existencia de antecedentes oncológicos a efectos de la contratación del seguro, quedando prohibida toda discriminación o restricción a la contratación por este motivo.

— El artículo 10 se modifica por el **Real Decreto-ley 5/2023, de 28 de junio, por el que se adoptan y prorrogan determinadas medidas de respuesta a las consecuencias económicas y sociales de la Guerra de Ucrania, de apoyo a la reconstrucción de la isla de La Palma y a otras situaciones de vulnerabilidad; de transposición de Directivas de la Unión Europea en materia de**

modificaciones estructurales de sociedades mercantiles y conciliación de la vida familiar y la vida profesional de los progenitores y los cuidadores; y de ejecución y cumplimiento del Derecho de la Unión Europea.

Artículo 11. 1. El tomador del seguro o el asegurado deberán durante la vigencia del contrato comunicar al asegurador, tan pronto como le sea posible, la alteración de los factores y las circunstancias declaradas en el cuestionario previsto en el artículo anterior que agraven el riesgo y sean de tal naturaleza que si hubieran sido conocidas por éste en el momento de la perfección del contrato no lo habría celebrado o lo habría concluido en condiciones más gravosas.

2. En los seguros de personas el tomador o el asegurado no tienen obligación de comunicar la variación de las circunstancias relativas al estado de salud del asegurado, que en ningún caso se considerarán agravación del riesgo.

– La disposición final primera de la **Ley 20/2015, de 14 de julio, de ordenación, supervisión y solvencia de las entidades aseguradoras y reaseguradoras** (§1) modifica el artículo 11. De conformidad con lo que establece la Disposición transitoria decimotercera. Régimen transitorio de las modificaciones introducidas en la ley de contrato de seguro a través de la disposición final primera de esta ley, de la referida Ley 20/2015, de 14 de julio, *Las entidades aseguradoras dispondrán de un plazo de seis meses para adaptar las pólizas que se comercialicen a partir de la entrada en vigor de esta Ley* —1 de enero de 2016— *a las modificaciones introducidas a través de la disposición final primera de la misma en la Ley 50/1980, de 8 de octubre, de Contrato de Seguro. Transcurrido el mismo y durante un plazo máximo de un año, las entidades de seguros adaptarán, a su renovación, las pólizas correspondientes a los contratos vigentes. No obstante, serán de aplicación directa aquellos preceptos que tengan carácter imperativo desde la entrada en vigor de esta Ley.*

Artículo 12. El asegurador puede, en un plazo de dos meses a contar del día en que la agravación le ha sido declarada, proponer una modificación del contrato. En tal caso, el tomador dispone de quince días a contar desde la recepción de esta proposición para aceptarla o rechazarla. En caso de rechazo, o de silencio por parte del tomador, el asegurador puede, transcurrido dicho plazo, rescindir el contrato previa advertencia al tomador, dándole para que conteste un nuevo plazo de quince días, transcurridos los cuales y dentro de los ocho siguientes comunicará al tomador la rescisión definitiva.

El asegurador igualmente podrá rescindir el contrato comunicándolo por escrito al asegurado dentro de un mes, a partir del día en que tuvo conocimiento de la agravación del riesgo. En el caso de que el tomador del seguro o el asegurado no haya efectuado su declaración y sobreviniere un siniestro, el asegurador queda liberado de su prestación si el tomador o el asegurado ha actuado con mala fe. En otro caso, la prestación del asegurador se reducirá proporcionalmente a la diferencia entre la prima convenida y la que se hubiera aplicado de haberse conocido la verdadera entidad del riesgo.

Artículo 13. El tomador del seguro o el asegurado podrán, durante el curso con contrato, poner en conocimiento del asegurador todas las circunstancias que disminuyan el riesgo y sean de tal naturaleza que si hubieran sido conocidas por éste en el momento de la perfección del contrato, lo habría concluido en condiciones más favorables.

En tal caso, al finalizar el período en curso cubierto por la prima, deberá reducirse el importe de la prima futura en la proporción correspondiente, teniendo derecho el tomador en caso contrario a la resolución del contrato y a la devolución de la diferencia entre la prima satisfecha y la que le hubiera correspondido pagar, desde el momento de la puesta en conocimiento de la disminución del riesgo.

SECCIÓN TERCERA. OBLIGACIONES Y DEBERES DE LAS PARTES

Artículo 14. El tomador del seguro está obligado al pago de la prima en las condiciones estipuladas en la póliza. Si se han pactado primas periódicas, la primera de ellas será exigible una vez firmado el contrato. Si en la póliza no se determina ningún lugar para el pago de la prima, se entenderá que éste ha de hacerse en el domicilio del tomador del seguro.

Artículo 15. Si por culpa del tomador la primera prima no ha sido pagada, o la prima única no lo ha sido a su vencimiento, el asegurador tiene derecho a resolver el contrato o a exigir el pago de la prima debida en vía ejecutiva con base en la póliza. Salvo pacto en contrario, si la prima no ha sido pagada antes de que se produzca el siniestro, el asegurador quedará liberado de su obligación.

En caso de falta de pago de una de las primas siguientes, la cobertura del asegurador queda suspendida un mes después del día de su vencimiento. Si el asegurador no reclama el pago dentro de los seis meses siguientes al vencimiento de la prima se entenderá que el contrato queda extinguido. En cualquier caso, el asegurador, cuando el contrato esté en suspenso, sólo podrá exigir el pago de la prima del período en curso.

Si el contrato no hubiere sido resuelto o extinguido conforme a los párrafos anteriores, la cobertura vuelve a tener efecto a las veinticuatro horas del día en que el tomador pagó su prima.

Artículo 16. El tomador del seguro o el asegurado o el beneficiario deberán comunicar al asegurador el acaecimiento del siniestro dentro del plazo máximo de siete días de haberlo conocido, salvo que se haya fijado en la póliza un plazo más amplio. En caso de incumplimiento, el asegurador podrá reclamar los daños y perjuicios causados por la falta de declaración.

Este efecto no se producirá si se prueba que el asegurador ha tenido conocimiento del siniestro por otro medio.

El tomador del seguro o el asegurado deberá, además, dar al asegurador toda clase de informaciones sobre las circunstancias y consecuencias del siniestro. En caso de violación de este deber, la pérdida del derecho a la indemnización sólo se producirá en el supuesto de que hubiese concurrido dolo o culpa grave.

Artículo 17. El asegurado o el tomador del seguro deberán emplear los medios a su alcance para aminorar las consecuencias del siniestro. El incumplimiento de este deber dará derecho al asegurador a reducir su prestación en la proporción oportuna, teniendo en cuenta la importancia de los daños derivados del mismo y el grado de culpa del asegurado.

Si este incumplimiento se produjera con la manifiesta intención de perjudicar o engañar al asegurador, éste quedará liberado de toda prestación derivada del siniestro.

Los gastos que se originen por el cumplimiento de la citada obligación, siempre que no sean inoportunos o desproporcionados a los bienes salvados, serán de cuenta del asegurador hasta el límite fijado en el contrato, incluso si tales gastos no han tenido resultados efectivos o positivos. En defecto de pacto se indemnizarán los gastos efectivamente originados. Tal indemnización no podrá exceder de la suma asegurada.

El asegurador que en virtud del contrato sólo deba indemnizar una parte del daño causado por el siniestro, deberá reembolsar la parte proporcional de los gastos de salvamento, a menos que el asegurado o el tomador del seguro hayan actuado siguiendo las instrucciones del asegurador.

Artículo 18. El asegurador está obligado a satisfacer la indemnización al término de las investigaciones y peritaciones necesarias para establecer la existencia del siniestro y, en su caso, el importe de los daños que resulten del mismo. En cualquier supuesto, el asegurador deberá efectuar, dentro de los cuarenta días, a partir de la recepción de la declaración del siniestro, el pago del importe mínimo de lo que el asegurador pueda deber, según las circunstancias por él conocidas.

Cuando la naturaleza del seguro lo permita y el asegurado lo consienta, el asegurador podrá sustituir el pago de la indemnización por la reparación o la reposición del objeto siniestrado.

Artículo 19. El asegurador estará obligado al pago de la prestación, salvo en el supuesto de que el siniestro haya sido causado por mala fe del asegurado.

Artículo 20. Si el asegurador incurriere en mora en el cumplimiento de la prestación, la indemnización de daños y perjuicios, no obstante entenderse válidas las cláusulas contractuales que sean más beneficiosas para el asegurado, se ajustará a las siguientes reglas:

1.º Afectará, con carácter general, a la mora del asegurador respecto del tomador del seguro o asegurado y, con carácter particular, a la mora respecto del tercero perjudicado en el seguro de responsabilidad civil y del beneficiario en el seguro de vida.

2.º Será aplicable a la mora en la satisfacción de la indemnización, mediante pago o por la reparación o reposición del objeto siniestrado, y también a la mora en el pago del importe mínimo de lo que el asegurador pueda deber.

3.º Se entenderá que el asegurador incurre en mora cuando no hubiere cumplido su prestación en el plazo de tres meses desde la producción del siniestro o no hubiere procedido al pago del importe mínimo de lo que pueda deber dentro de los cuarenta días a partir de la recepción de la declaración del siniestro.

4.º La indemnización por mora se impondrá de oficio por el órgano judicial y consistirá en el pago de un interés anual igual al del interés legal del dinero vigente en el momento en que se devengue, incrementado en el 50 por 100;

estos intereses se considerarán producidos por días, sin necesidad de reclamación judicial.

No obstante, transcurridos dos años desde la producción del siniestro, el interés anual no podrá ser inferior al 20 por 100.

5.º En la reparación o reposición del objeto siniestrado la base inicial de cálculo de los intereses será el importe líquido de tal reparación o reposición, sin que la falta de liquidez impida que comiencen a devengarse intereses en la fecha a que se refiere el apartado 6.º subsiguiente. En los demás casos será base inicial de cálculo la indemnización debida, o bien el importe mínimo de lo que el asegurador pueda deber.

6.º Será término inicial del cómputo de dichos intereses la fecha del siniestro.

No obstante, si por el tomador del seguro, el asegurado o el beneficiario no se ha cumplido el deber de comunicar el siniestro dentro del plazo fijado en la póliza o, subsidiariamente, en el de siete días de haberlo conocido, el término inicial del cómputo será el día de la comunicación del siniestro.

Respecto del tercero perjudicado o sus herederos lo dispuesto en el párrafo primero de este número quedará exceptuado cuando el asegurador pruebe que no tuvo conocimiento del siniestro con anterioridad a la reclamación o al ejercicio de la acción directa por el perjudicado o sus herederos, en cuyo caso será término inicial la fecha de dicha reclamación o la del citado ejercicio de la acción directa.

7.º Será término final del cómputo de intereses en los casos de falta de pago del importe mínimo de lo que el asegurador pueda deber, el día en que con arreglo al número precedente comiencen a devengarse intereses por el importe total de la indemnización, salvo que con anterioridad sea pagado por el asegurador dicho importe mínimo, en cuyo caso será término final la fecha de este pago. Será término final del plazo de la obligación de abono de intereses de demora por la aseguradora en los restantes supuestos el día en que efectivamente satisfaga la indemnización, mediante pago, reparación o reposición, al asegurado, beneficiario o perjudicado.

8.º No habrá lugar a la indemnización por mora del asegurador cuando la falta de satisfacción de la indemnización o de pago del importe mínimo esté fundada en una causa justificada o que no le fuere imputable.

9.º Cuando el Consorcio de Compensación de Seguros deba satisfacer la indemnización como fondo de garantía, se entenderá que incurre en mora únicamente en el caso de que haya transcurrido el plazo de tres meses desde la fecha en que se le reclame la satisfacción de la indemnización sin que por el Consorcio se haya procedido al pago de la misma con arreglo a su normativa específica, no siéndole de aplicación la obligación de indemnizar por mora en la falta de pago del importe mínimo. En lo restante, cuando el Consorcio intervenga como fondo de garantía, y, sin excepciones, cuando el Consorcio contrate como asegurador directo, será íntegramente aplicable el presente artículo.

10.º En la determinación de la indemnización por mora del asegurador no será de aplicación lo dispuesto en el artículo 1108 del Código Civil, ni lo preceptuado en el párrafo cuarto del artículo 921 de la Ley de Enjuiciamiento Civil, salvo las previsiones contenidas en este último precepto para la revocación total o parcial de la sentencia.

> – El artículo 20 se modifica por la **Ley 30/1995, de 8 de noviembre, de ordenación y supervisión de los seguros privados.**

> – El artículo 1108 del **Código Civil** establece: «*Artículo 1108. Si la obligación consistiere en el pago de una cantidad de dinero, y el deudor incurriere en mora, la indemnización de daños y perjuicios, no habiendo pacto en contrario, consistirá en el pago de los intereses convenidos, y a falta de convenio, en el interés legal*».

Artículo 21. Las comunicaciones efectuadas por un corredor de seguros al asegurador en nombre del tomador del seguro surtirán los mismos efectos que si la realizara el propio tomador, salvo indicación en contrario de éste.

En todo caso se precisará el consentimiento expreso del tomador del seguro para suscribir un nuevo contrato o para modificar o rescindir el contrato de seguro en vigor.

> – El artículo 21 se modifica por la Ley 26/2006, de 17 de julio, de mediación de seguros y reaseguros privados (norma derogada por el **Real Decreto-ley 3/2020, de 4 de febrero**).

SECCIÓN CUARTA. DURACIÓN DEL CONTRATO Y PRESCRIPCIÓN

Artículo 22. 1. La duración del contrato será determinada en la póliza, la cual no podrá fijar un plazo superior a diez años. Sin embargo, podrá establecerse que se prorrogue una o más veces por un período no superior a un año cada vez.

2. Las partes pueden oponerse a la prórroga del contrato mediante una notificación escrita a la otra parte, efectuada con un plazo de, al menos, un mes de anticipación a la conclusión del período del seguro en curso cuando

quien se oponga a la prórroga sea el tomador, y de dos meses cuando sea el asegurador.

3. El asegurador deberá comunicar al tomador, al menos con dos meses de antelación a la conclusión del período en curso, cualquier modificación del contrato de seguro.

4. Las condiciones y plazos de la oposición a la prórroga de cada parte, o su inoponibilidad, deberán destacarse en la póliza.

5. Lo dispuesto en los apartados precedentes no será de aplicación en cuanto sea incompatible con la regulación del seguro sobre la vida.

> – La disposición final primera de la **Ley 20/2015, de 14 de julio, de ordenación, supervisión y solvencia de las entidades aseguradoras y reaseguradoras** (§1) modifica el artículo 22. De conformidad con lo que establece la Disposición transitoria decimotercera. Régimen transitorio de las modificaciones introducidas en la Ley de contrato de seguro a través de la disposición final primera de esta Ley, de la referida Ley 20/2015, de 14 de julio, «*Las entidades aseguradoras dispondrán de un plazo de seis meses para adaptar las pólizas que se comercialicen a partir de la entrada en vigor de esta Ley —1 de enero de 2016— a las modificaciones introducidas a través de la disposición final primera de la misma en la Ley 50/1980, de 8 de octubre, de Contrato de Seguro. Transcurrido el mismo y durante un plazo máximo de un año, las entidades de seguros adaptarán, a su renovación, las pólizas correspondientes a los contratos vigentes. No obstante, serán de aplicación directa aquellos preceptos que tengan carácter imperativo desde la entrada en vigor de esta Ley*».

Artículo 23. Las acciones que se deriven del contrato de seguro prescribirán en el término de dos años si se trata de seguro de daños y de cinco si el seguro es de personas.

Artículo 24. Será juez competente para el conocimiento de las acciones derivadas del contrato de seguro el del domicilio del asegurado, siendo nulo cualquier pacto en contrario.

TÍTULO II. SEGUROS CONTRA DAÑOS

SECCIÓN PRIMERA. DISPOSICIONES GENERALES

Artículo 25. Sin perjuicio de lo establecido en el artículo cuarto, el contrato de seguro contra daños es nulo si en el momento de su conclusión no existe un interés del asegurado a la indemnización del daño.

Artículo 26. El seguro no puede ser objeto de enriquecimiento injusto para el asegurado. Para la determinación del daño se atenderá al valor del interés asegurado en el momento inmediatamente anterior a la realización del siniestro.

Artículo 27. La suma asegurada representa el límite máximo de la indemnización a pagar por el asegurador en cada siniestro.

Artículo 28. No obstante lo dispuesto en el artículo veintiséis, las partes, de común acuerdo, podrán fijar en la póliza o con posterioridad a la celebración del contrato el valor del interés asegurado que habrá de tenerse en cuenta para el cálculo de la indemnización.

Se entenderá que la póliza es estimada cuando el asegurador y el asegurado hayan aceptado expresamente en ella el valor asignado al interés asegurado.

El asegurador únicamente podrá impugnar el valor estimado cuando su aceptación haya sido prestada por violencia, intimidación o dolo, o cuando por error la estimación sea notablemente superior al valor real, correspondiente al momento del acaecimiento del siniestro, fijado pericialmente.

Artículo 29. Si por pacto expreso las partes convienen que la suma asegurada cubra plenamente el valor del interés durante la vigencia del contrato, la póliza deberá contener necesariamente los criterios y el procedimiento para adecuar la suma asegurada y las primas a las oscilaciones del valor de interés.

Artículo 30. Las partes, de común acuerdo, podrán excluir en la póliza, o con posterioridad a la celebración del contrato, la aplicación de la regla proporcional prevista en el párrafo anterior.

Artículo 31. Si la suma asegurada supera notablemente el valor del interés asegurado, cualquiera de las partes del contrato podrá exigir la reducción de la suma y de la prima, debiendo restituir el asegurador el exceso de las primas percibidas. Si se produjere el siniestro, el asegurador indemnizará el daño efectivamente causado.

Cuando el sobreseguro previsto en el párrafo anterior se debiera a mala fe del asegurado, el contrato será ineficaz. El asegurador de buena fe podrá, no obstante, retener las primas vencidas y las del período en curso.

Artículo 32. Cuando en dos o más contratos estipulados por el mismo tomador con distintos aseguradores se cubran los efectos que un mismo riesgo puede producir sobre el mismo interés y durante idéntico período de tiempo el tomador del seguro o el asegurado deberán, salvo pacto en contrario, comunicar a cada asegurador los demás seguros que estipule. Si por dolo se omitiera esta comunicación, y en caso de sobreseguro se produjera el siniestro, los aseguradores no están obligados a pagar la indemnización.

Una vez producido el siniestro, el tomador del seguro o el asegurado deberá comunicarlo, de acuerdo con lo previsto en el artículo dieciséis, a cada asegurador, con indicación del nombre de los demás.

Los aseguradores contribuirán al abono de la indemnización en proporción a la propia suma asegurada, sin que pueda superarse la cuantía del daño. Dentro de este límite el asegurado puede pedir a cada asegurador la indemnización debida, según el respectivo contrato. El asegurador que ha pagado una cantidad superior a la que proporcionalmente le corresponda podrá repetir contra el resto de los aseguradores.

Si el importe total de las sumas aseguradas superase notablemente el valor del interés, será de aplicación lo previsto en el artículo treinta y uno.

Artículo 33. Cuando mediante uno o varios contratos de seguros, referentes al mismo interés, riesgo y tiempo, se produce un reparto de cuotas determinadas entre varios aseguradores, previo acuerdo entre ellos y el tomador, cada asegurador está obligado, salvo pacto en contrario, al pago de la indemnización solamente en proporción a la cuota respectiva.

No obstante lo previsto en el párrafo anterior, si en el pacto de coaseguro existe un encargo a favor de uno o varios aseguradores para suscribir los documentos contractuales o para pedir el cumplimiento del contrato o contratos al asegurado en nombre del resto de los aseguradores, se entenderá que durante toda la vigencia de la relación aseguradora los aseguradores delegados están legitimados para ejercitar todos los derechos y para percibir cuantas declaraciones y reclamaciones correspondan al asegurado. El asegurador que ha pagado una cantidad superior a la que le corresponda podrá repetir contra el resto de los aseguradores.

Artículo 33 a) *Derogado*

– El artículo 33 a) se deroga por la **Ley 20/2015, de 14 de julio, de ordenación, supervisión y solvencia de las entidades aseguradoras y reaseguradoras.**

Artículo 34. En caso de transmisión del objeto asegurado, el adquirente se subroga en el momento de la enajenación en los derechos y obligaciones que correspondían en el contrato de seguro al anterior titular. Se exceptúa el supuesto de pólizas nominativas para riesgos no obligatorios, si en las condiciones generales existe pacto en contrario.

El asegurado está obligado a comunicar por escrito al adquirente la existencia del contrato del seguro de la cosa transmitida. Una vez verificada la transmisión, también deberá comunicarla por escrito al asegurador o a sus representantes en el plazo de quince días.

Serán solidariamente responsables del pago de las primas vencidas en el momento de la transmisión el adquirente y el anterior titular o, en caso de que éste hubiera fallecido, sus herederos.

> – Ley 7/1998, de 13 de abril, sobre condiciones generales de la contratación.

Artículo 35. El asegurador podrá rescindir el contrato dentro de los quince días siguientes a aquel en que tenga conocimiento de la transmisión verificada. Ejercitado su derecho y notificado por escrito al adquirente, el asegurador queda obligado durante el plazo de un mes, a partir de la notificación. El asegurador deberá restituir la parte de prima que corresponda a períodos de seguro, por los que, como consecuencia de la rescisión, no haya soportado el riesgo.

El adquirente de cosa asegurada también puede rescindir el contrato si lo comunica por escrito al asegurador en el plazo de quince días, contados desde que conoció la existencia del contrato.

En este caso, el asegurador adquiere el derecho a la prima correspondiente al período que hubiera comenzado a correr cuando se produce la rescisión.

Artículo 36. Las pólizas a la orden o al portador no se pueden rescindir por transmisión del objeto asegurado.

Artículo 37. Las normas de los artículos 34 a 36 se aplicarán en caso de muerte del tomador del seguro o del asegurado y, declarado el concurso de uno de ellos, en caso de apertura de la fase de liquidación.

> – El artículo 37 se modifica por la **Ley 22/2003, de 9 de julio, Concursal** (norma derogada por el Real Decreto Legislativo 1/2020, de 5 de mayo, por el que se aprueba el texto refundido de la Ley Concursal).

Artículo 38. Una vez producido el siniestro, y en el plazo de cinco días, a partir de la notificación prevista en el artículo dieciséis, el asegurado o el tomador deberán comunicar por escrito al asegurador la relación de los objetos existentes al tiempo del siniestro, la de los salvados y la estimación de los daños.

Incumbe al asegurado la prueba de la preexistencia de los objetos. No obstante, el contenido de la póliza constituirá una presunción a favor del asegurado cuando razonablemente no puedan aportarse pruebas más eficaces.

Si las partes se pusiesen de acuerdo en cualquier momento sobre el importe y la forma de la indemnización, el asegurador deberá pagar la suma convenida o realizar las operaciones necesarias para reemplazar el objeto asegurado, si su naturaleza así lo permitiera.

Si no se lograse el acuerdo dentro del plazo previsto en el artículo dieciocho, cada parte designará un Perito, debiendo constar por escrito la aceptación de éstos. Si una de las partes no hubiera hecho la designación, estará obligada a realizarla en los ocho días siguientes a la fecha en que sea requerida por la que hubiere designado el suyo, y de no hacerlo en este último plazo se entenderá que acepta el dictamen que emita el Perito de la otra parte, quedando vinculado por el mismo.

En caso de que los Peritos lleguen a un acuerdo, se reflejará en un acta conjunta, en la que se harán constar las causas del siniestro, la valoración de los daños, las demás circunstancias que influyan en la determinación de la indemnización, según la naturaleza del seguro de que se trate y la propuesta del importe líquido de la indemnización.

Cuando no haya acuerdo entre los peritos, ambas partes designarán un tercer perito de conformidad. De no existir esta, se podrá promover expediente en la forma prevista en la Ley de la Jurisdicción Voluntaria o en la legislación notarial. En estos casos, el dictamen pericial se emitirá en el plazo señalado por las partes o, en su defecto, en el de treinta días a partir de la aceptación de su nombramiento por el perito tercero.

El dictamen de los Peritos, por unanimidad o por mayoría, se notificará a las partes de manera inmediata y en forma indubitada, siendo vinculante para éstos, salvo que se impugne judicialmente por alguna de las partes, dentro del plazo de treinta días, en el caso del asegurador y ciento ochenta en el del asegurado, computados ambos desde la fecha de su notificación. Si no se interpusiere en dichos plazos la correspondiente acción, el dictamen pericial devendrá inatacable.

Si el dictamen de los Peritos fuera impugnado, el asegurador deberá abonar el importe mínimo a que se refiere el artículo dieciocho, y si no lo fuera abonará el importe de la indemnización señalado por los Peritos en un plazo de cinco días.

En el supuesto de que por demora del asegurador en el pago del importe de la indemnización devenida inatacable el asegurado se viere obligado a reclamarlo judicialmente, la indemnización correspondiente se verá incrementada con el interés previsto en el artículo veinte, que, en este caso, empezará a devengarse desde que la valoración devino inatacable para el asegurador y, en todo caso, con el importe de los gastos originados al asegurado por el proceso, a cuya indemnización hará expresa condena la sentencia, cualquiera que fuere el procedimiento judicial aplicable.

– El artículo 38 se modifica por la **Ley 15/2015, de 2 de julio, de la Jurisdicción Voluntaria.**

Artículo 39. Cada parte satisfará los honorarios de su Perito. Los del Perito tercero y demás gastos que ocasione la tasación pericial serán de cuenta y cargo por mitad del asegurado y del asegurador.

No obstante, si cualquiera de las partes hubiera hecho necesaria la peritación por haber mantenido una valoración del daño manifiestamente desproporcionada, será ella la única responsable de dichos gastos.

Artículo 40. El derecho de los acreedores hipotecarios, pignoraticios o privilegiados sobre bienes especialmente afectos se extenderá a las indemnizaciones que correspondan al propietario por razón de los bienes hipotecados, pignorados o afectados de privilegio, si el siniestro acaeciere después de la constitución de la garantía real o del nacimiento del privilegio. A este fin el tomador del seguro o el asegurado deberán comunicar al asegurador la constitución de la hipoteca, de la prenda o el privilegio cuando tuviera conocimiento de su existencia.

El asegurador a quien se haya notificado la existencia de estos derechos no podrá pagar la indemnización debida sin el consentimiento del titular del derecho real o del privilegio. En caso de contienda entre los interesados o si la indemnización hubiera de hacerse efectiva antes del vencimiento de la obligación garantizada, se depositará su importe en la forma que convenga a los interesados, y en defecto de convenio en la establecida en los artículos mil ciento setenta y seis y siguientes del Código Civil.

Si el asegurador pagare la indemnización, transcurrido el plazo de tres meses desde la notificación del siniestro a los acreedores sin que éstos se hubiesen presentado, quedará liberado de su obligación.

> – Los artículos 1176 a 1181 del **Código Civil** establecen:
>
> *«Artículo 1176. Si el acreedor a quien se hiciere el ofrecimiento de pago conforme a las disposiciones que regulan éste, se negare, de manera expresa o de hecho, sin razón a admitirlo, a otorgar el documento justificativo de haberse efectuado o a la cancelación de la garantía, si la hubiere, el deudor quedará libre de responsabilidad mediante la consignación de la cosa debida. La consignación por sí sola producirá el mismo efecto cuando se haga estando el acreedor ausente en el lugar en donde el pago deba realizarse, o cuando esté impedido para recibirlo en el momento en que deba hacerse, y cuando varias personas pretendan tener derecho a cobrar, sea el acreedor desconocido, o se haya extraviado el título que lleve incorporada la obligación. En todo caso, procederá la consignación en todos aquellos supuestos en que el cumplimiento de la obligación se haga más gravoso al deudor por causas no imputables al mismo».*
>
> *«Artículo 1177. Para que la consignación de la cosa debida libere al obligado, deberá ser previamente anunciada a las personas interesadas en el cumplimiento de la obligación. La consignación será ineficaz si no se ajusta estrictamente a las disposiciones que regulan el pago».*
>
> *«Artículo 1178. La consignación se hará por el deudor o por un tercero, poniendo las cosas debidas a disposición del Juzgado o del Notario, en los términos previstos en la Ley de Jurisdicción Voluntaria o en la legislación notarial».*
>
> *«Artículo 1179. Los gastos de la consignación, cuando fuera procedente, serán de cuenta del acreedor».*
>
> *«Artículo 1180. La aceptación de la consignación por el acreedor o la declaración judicial de que está bien hecha, extinguirá la obligación y el deudor podrá pedir que se mande cancelar la obligación y la garantía, en su caso. Mientras tanto, el deudor podrá retirar la cosa o cantidad consignada, dejando subsistente la obligación».*
>
> *«Artículo 1181. Si, hecha la consignación, el acreedor autorizase al deudor para retirarla, perderá toda preferencia que tuviere sobre la cosa. Los codeudores y fiadores quedarán libres».*

Artículo 41. La extinción del contrato de seguro no será oponible al acreedor hipotecario, pignoraticio o privilegiado hasta que transcurra un mes desde que se le comunicó el hecho que motivó la extinción.

Los acreedores a que se refiere este artículo podrán pagar la prima impagada por el tomador del seguro o por el asegurado, aun cuando éstos se opusieren. A este efecto, el asegurador deberá notificar a dichos acreedores el impago en que ha incurrido el asegurado.

Artículo 42. En el caso de que la indemnización haya de emplearse en la reconstrucción de las cosas siniestradas, el asegurador no pagará la indemnización si el asegurado y los acreedores a que se refieren los artículos anteriores no se ponen de acuerdo sobre las garantías con las que aquéllas han de quedar afectadas a la reconstrucción. En caso de que no se llegue a un acuerdo se depositará la indemnización conforme a lo dispuesto en el artículo cuarenta.

Artículo 43. El asegurador, una vez pagada la indemnización, podrá ejercitar los derechos y las acciones que por razón del siniestro correspondieran al asegurado frente a las personas responsables del mismo, hasta el límite de la indemnización.

El asegurador no podrá ejercitar en perjuicio del asegurado los derechos en que se haya subrogado. El asegurado será responsable de los perjuicios que, con sus actos u omisiones, pueda causar al asegurador en su derecho a subrogarse.

El asegurador no tendrá derecho a la subrogación contra ninguna de las personas cuyos actos u omisiones den origen a responsabilidad del asegurado, de acuerdo con la Ley, ni contra el causante del siniestro que sea, respecto del asegurado pariente en línea directa o colateral dentro del tercer grado civil de consanguinidad, padre adoptante o hijo adoptivo que convivan con el asegurado. Pero esta norma no tendrá efecto si la responsabilidad proviene de dolo o si la responsabilidad está amparada mediante un contrato de seguro. En este último supuesto, la subrogación estará limitada en su alcance de acuerdo con los términos de dicho contrato.

En caso de concurrencia de asegurador y asegurado frente a tercero responsable, el recobro obtenido se repartirá entre ambos en proporción a su respectivo interés.

Artículo 44. El asegurador no cubre los daños por hechos derivados de conflictos armados, haya precedido o no declaración oficial de guerra, ni los derivados de riesgos extraordinarios sobre las personas y los bienes, salvo pacto en contrario.

No será de aplicación a los contratos de seguros por grandes riesgos, tal como se delimitan en esta Ley, el mandato contenido en el artículo 2.º de la misma.

— El artículo 44 se modifica por la **Ley 30/1995, de 8 de noviembre, de ordenación y supervisión de los seguros privados.**

— **Real Decreto 300/2004, de 20 de febrero, por el que se aprueba el Reglamento del seguro de riesgos extraordinarios.**

SECCIÓN SEGUNDA. SEGURO DE INCENDIOS

Artículo 45. Por el seguro contra incendios el asegurador se obliga dentro de los límites establecidos en la Ley y en el contrato a indemnizar los daños producidos por incendio en el objeto asegurado.

Se considera incendio la combustión y el abrasamiento con llama, capaz de propagarse, de un objeto u objetos que no estaban destinados a ser quemados en el lugar y momento en que se produce.

Artículo 46. La cobertura del seguro se extenderá a los objetos descritos en la póliza. Si se tratare de seguro sobre mobiliario, la cobertura incluirá los daños producidos por el incendio en las cosas de uso ordinario o común del asegurado, de sus familiares, dependientes y de las personas que con él convivan.

Salvo pacto expreso en contrario, no quedarán comprendidos en la cobertura del seguro los daños que cause el incendio en los valores mobiliarios públicos o privados, efectos de comercio, billetes de Banco, piedras y metales preciosos, objetos artísticos o cualesquiera otros objetos de valor que se hallaren en el objeto asegurado, aun cuando se pruebe su preexistencia y su destrucción o deterioro por el siniestro.

Artículo 47. La destrucción o deterioro de los objetos asegurados fuera del lugar descrito en la póliza excluirá la indemnización del asegurador, a menos que su traslado o cambio le hubiere sido previamente comunicado por escrito y éste no hubiese manifestado en el plazo de quince días su disconformidad.

Artículo 48. El asegurador estará obligado a indemnizar los daños producidos por el incendio cuando éste se origine por caso fortuito, por malquerencia de extraños, por negligencia propia o de las personas de quienes se responda civilmente.

El asegurador no estará obligado a indemnizar los daños provocados por el incendio cuando éste se origine por dolo o culpa grave del asegurado.

Artículo 49. El asegurador indemnizará todos los daños y pérdidas materiales causados por la acción directa del fuego, así como los producidos por las consecuencias inevitables del incendio y en particular:

1.º Los daños que ocasionen las medidas necesarias adoptadas por la autoridad o el asegurado para impedir, cortar o extinguir el incendio, con exclusión de los gastos que ocasione la aplicación de tales medidas, salvo pacto en contrario.

2.º Los gastos que ocasione al asegurado el transporte de los efectos asegurados o cualesquiera otras medidas adoptadas con el fin de salvarlos del incendio.

3.º Los menoscabos que sufran los objetos salvados por las circunstancias descritas en los dos números anteriores.

4.º El valor de los objetos desaparecidos, siempre que el asegurado acredite su preexistencia y salvo que el asegurador pruebe que fueron robados o hurtados.

5.º Cualesquiera otros que se consignen en la póliza.

SECCIÓN TERCERA. SEGURO CONTRA EL ROBO

Artículo 50. Por el seguro contra robo, el asegurador se obliga, dentro de los límites establecidos en la Ley y en el contrato, a indemnizar los daños derivados de la sustracción ilegítima por parte de terceros de las cosas aseguradas.

La cobertura comprende el daño causado por la comisión del delito en cualquiera de sus formas.

Artículo 51. La indemnización del asegurador comprenderá necesariamente, de acuerdo con lo dispuesto en el artículo veintisiete:

1.º El valor del interés asegurado cuando el objeto asegurado, efectivamente, sea sustraído y no fuera hallado en el plazo señalado en el contrato.

2.º El daño que la comisión del delito, en cualquiera de sus formas, causare en el objeto asegurado.

Artículo 52. El asegurador, salvo pacto en contrario, no vendrá obligado a reparar los efectos del siniestro cuando éste se haya producido por cualquiera de las siguientes causas:

1.ª Por negligencia grave del asegurado, del tomador del seguro o de las personas que de ellos dependan o con ellos convivan.

2.ª Cuando el objeto asegurado sea sustraído fuera del lugar descrito en la póliza o con ocasión de su transporte, a no ser que una u otra circunstancias hubieran sido expresamente consentidas por el asegurador.

3.ª Cuando la sustracción se produzca con ocasión de siniestros derivados de riesgos extraordinarios.

> – **Real Decreto 300/2004, de 20 de febrero, por el que se aprueba el Reglamento del seguro de riesgos extraordinarios.**

Artículo 53. Producido y debidamente comunicado el siniestro al asegurador, se observarán las reglas siguientes:

1.ª Si el objeto asegurado es recuperado antes del transcurso del plazo señalado en la póliza, el asegurado deberá recibirlo, a menos que en ella le hubiera reconocido expresamente la facultad de su abandono al asegurador.

2.ª Si el objeto asegurado es recuperado transcurrido el plazo pactado, y una vez pagada la indemnización, el asegurado podrá retener la indemnización percibida abandonando al asegurador la propiedad del objeto asegurado, o readquirirlo, restituyendo, en este caso, la indemnización percibida por la cosa o cosas restituidas.

SECCIÓN CUARTA. SEGURO DE TRANSPORTES TERRESTRES

Artículo 54. Por el seguro de transporte terrestre el asegurador se obliga, dentro de los límites establecidos por la Ley y en el contrato, a indemnizar los daños materiales que puedan sufrir con ocasión o consecuencia del transporte las mercancías porteadas, el medio utilizado u otros objetos asegurados.

Artículo 55. En el caso de que el viaje se efectúe utilizando diversos medios de transporte, y no pueda determinarse el momento en que se produjo el siniestro, se aplicarán las normas del seguro de transporte terrestre si el viaje por este medio constituye la parte más importante del mismo.

En el caso de que el transporte terrestre sea accesorio de uno marítimo o aéreo se aplicarán a todo el transporte las normas del seguro marítimo o aéreo.

– Ley 15/2009, de 11 de noviembre, del contrato de transporte terrestre de mercancías.

– Ley 14/2014, de 24 de julio de navegación marítima.

– Ley 48/1960, de 21 de julio, de navegación aérea.

Artículo 56. Podrán contratar este seguro no sólo el propietario del vehículo o de las mercancías transportadas, sino también el comisionista de transporte y las agencias de transportes, así como todos los que tengan interés en la conservación de las mercancías, expresando en la póliza el concepto en que se contrata el seguro.

Artículo 57. El seguro de transporte terrestre puede contratarse por viaje o por un tiempo determinado. En cualquier caso, el asegurador indemnizará, de acuerdo con lo convenido en el contrato de seguro, los daños que sean consecuencia de siniestros acaecidos durante el plazo de vigencia del contrato, aunque sus efectos se manifiesten con posterioridad, pero siempre dentro de los seis meses siguientes a la fecha de su expiración.

El asegurador no responderá por el daño debido a la naturaleza intrínseca o vicios propios de las mercancías transportadas.

Artículo 58. Salvo pacto expreso en contrario, se entenderá que la cobertura del seguro comienza desde que se entregan las mercancías al porteador para su transporte en el punto de partida del viaje asegurado, y terminará cuando se entreguen al destinatario en el punto de destino, siempre que la entrega se realice dentro del plazo previsto en la póliza.

No obstante, cuando se pacte expresamente, el seguro puede extenderse a los riesgos que afecten a las mercancías desde que salen del almacén o domicilio del cargador para su entrega al transportista hasta que entran para su entrega en el domicilio o almacén del destinatario.

Artículo 59. Salvo pacto expreso en contrario, la cobertura del seguro prevista en los artículos anteriores comprenderá el depósito transitorio de las mercancías y la inmovilización del vehículo o su cambio durante el viaje cuando se deban a incidencias propias del transporte asegurado y no hayan sido causados por algunos de los acontecimientos excluidos del seguro.

La póliza podrá establecer un plazo máximo y, transcurrido éste sin reanudarse el transporte, cesará la cobertura del seguro.

Artículo 60. El asegurado no perderá su derecho a la indemnización cuando se haya alterado el medio de transporte, el itinerario o los plazos del viaje o éste se haya realizado en tiempo distinto al previsto, en tanto la modificación no sea imputable al asegurado, sin perjuicio de lo dispuesto en los artículos once y doce.

Artículo 61. El asegurador indemnizará los daños que se produzcan en las mercancías o valores conforme a lo dispuesto en los números siguientes. 1.º Se considerarán comprendidos en los gastos de salvamento del artículo diecisiete los que fuere necesario o conveniente realizar para reexpedir los objetos transportados.

2.º En caso de pérdida total del vehículo el asegurado podrá abandonarlo al asegurador, si así se hubiese pactado, siempre que se observen los plazos y los demás requisitos establecidos por la póliza.

Artículo 62. En defecto de estimación, la indemnización cubrirá, en caso de pérdida total, el precio que tuvieran las mercancías en el lugar y en el momento en que se cargaran y, además, todos los gastos realizados para entregarlas al transportista y el precio del seguro si recayera sobre el asegurado.

No obstante lo dispuesto en el párrafo anterior, cuando el seguro cubra los riesgos de mercancías que se destinen a la venta, la indemnización se regulará por el valor que las mercancías tuvieran en el lugar de destino.

SECCIÓN QUINTA. SEGURO DE LUCRO CESANTE

Artículo 63. Por el seguro de lucro cesante el asegurador se obliga, dentro de los límites establecidos en la Ley y en el contrato, a indemnizar al asegurado la pérdida del rendimiento económico, que hubiera podido alcanzarse en un acto o actividad de no haberse producido el siniestro descrito en el contrato.

Este seguro podrá celebrarse como contrato autónomo o añadirse como un pacto a otro de distinta naturaleza.

Artículo 64. Cuando el tomador del seguro o el asegurado realicen, respecto a un determinado objeto, un contrato de seguro de lucro cesante con un asegurador y otro de seguro de daños con otro asegurador distinto, deberán comunicar sin demora alguna, a cada uno de los aseguradores, la existencia del otro seguro. En la comunicación se indicará no sólo la denominación social del asegurador con el que se ha contratado el otro seguro, sino también la suma asegurada y demás elementos esenciales. La inexistencia de esta comunicación producirá en su caso los efectos previstos en la sección segunda del título primero de la presente Ley.

Artículo 65. En defecto de pacto expreso, el asegurador deberá indemnizar:
1.º La pérdida de beneficios que produzca el siniestro durante el período previsto en la póliza.
2.º Los gastos generales que continúan gravando al asegurado después de la producción del siniestro.
3.º Los gastos que sean consecuencia directa del siniestro asegurado.

Artículo 66. El titular de una Empresa puede asegurar la pérdida de beneficios y los gastos generales que haya de seguir soportando cuando la Empresa quede paralizada total o parcialmente a consecuencia de los acontecimientos delimitados en el contrato.

Artículo 67. Si el contrato tuviera exclusivamente por objeto la pérdida de beneficios, las partes no podrán predeterminar el importe de la indemnización.

SECCIÓN SEXTA. SEGURO DE CAUCIÓN

Artículo 68. Por el seguro de caución el asegurador se obliga, en caso de incumplimiento por el tomador del seguro de sus obligaciones legales o contractuales, a indemnizar al asegurado a título de resarcimiento o penalidad los daños patrimoniales sufridos, dentro de los límites establecidos en la Ley o en el contrato. Todo pago hecho por el asegurador deberá serle reembolsado por el tomador del seguro.

SECCIÓN SÉPTIMA. SEGURO DE CRÉDITO

Artículo 69. Por el seguro de crédito el asegurador se obliga, dentro de los límites establecidos en la Ley y en el contrato a indemnizar al asegurado las pérdidas finales que experimente a consecuencia de la insolvencia definitiva de sus deudores.

Artículo 70. Se reputará existente la insolvencia definitiva del deudor en los siguientes supuestos:

Primero.- Cuando haya sido declarado en quiebra mediante resolución judicial firme.

Segundo.- Cuando haya sido aprobado judicialmente un convenio en el que se establezca una quita del importe.

Tercero.- Cuando se haya despachado mandamiento de ejecución o apremio, sin que del embargo resulten bienes libres bastantes para el pago.

Cuarto.- Cuando el asegurado y el asegurador, de común acuerdo, consideren que el crédito resulta incobrable.

No obstante cuanto antecede, transcurridos seis meses desde el aviso del asegurado al asegurador del impago del crédito, éste abonará a aquél el cincuenta por ciento de la cobertura pactada, con carácter provisional y a cuenta de ulterior liquidación definitiva.

> – **Real Decreto Legislativo 1/2020, de 5 de mayo, por el que se aprueba el texto refundido de la Ley Concursal.**

Artículo 71. En caso de siniestro, la cuantía de la indemnización vendrá determinada por un porcentaje establecido en el contrato, de la pérdida final que resulte de añadir al crédito impagado los gastos originados por las gestiones de recobro, los gastos procesales y cualesquiera otros expresamente pactados. Dicho porcentaje no podrá comprender los beneficios del asegurado, ni ser inferior al cincuenta por ciento de la pérdida final.

Artículo 72. El asegurado, y en su caso el tomador del seguro, queda obligado:

Primero.- A exhibir, a requerimiento del asegurador, los libros y cualesquiera otros documentos que poseyere relativos al crédito o créditos asegurados.

Segundo.- A prestar la colaboración necesaria en los procedimientos judiciales encaminados a obtener la solución de la deuda, cuya dirección será asumida por el asegurador.

Tercero.- A ceder al asegurador, cuando éste lo solicite, el crédito que tenga contra el deudor una vez satisfecha la indemnización.

SECCIÓN OCTAVA. SEGURO DE RESPONSABILIDAD CIVIL

> – **Ley 14/2014, de 24 de julio, de navegación marítima.**

– **Real Decreto Legislativo 8/2004, de 29 de octubre, por el que se aprueba el texto refundido de la Ley sobre responsabilidad civil y seguro en la circulación de vehículos a motor.**

– **Real Decreto 1333/2012, de 21 de septiembre, por el que se regula el seguro de responsabilidad civil y la garantía equivalente de los administradores concursales.**

– **Ley 25/1964, de 29 de abril, de energía nuclear.**

– **Ley 1/1970, de 4 de abril, de caza.**

Artículo 73. Por el seguro de responsabilidad civil el asegurador se obliga, dentro de los límites establecidos en la Ley y en el contrato, a cubrir el riesgo del nacimiento a cargo del asegurado de la obligación de indemnizar a un tercero los daños y perjuicios causados por un hecho previsto en el contrato de cuyas consecuencias sea civilmente responsable el asegurado, conforme a derecho.

Serán admisibles, como límites establecidos en el contrato, aquellas cláusulas limitativas de los derechos de los asegurados ajustadas al artículo 3 de la presente Ley que circunscriban la cobertura de la aseguradora a los supuestos en que la reclamación del perjudicado haya tenido lugar dentro de un período de tiempo, no inferior a un año, desde la terminación de la última de las prórrogas del contrato o, en su defecto, de su período de duración. Asimismo, y con el mismo carácter de cláusulas limitativas conforme a dicho artículo 3 serán admisibles, como límites establecidos en el contrato, aquéllas que circunscriban la cobertura del asegurador a los supuestos en que la reclamación del perjudicado tenga lugar durante el período de vigencia de la póliza siempre que, en este caso, tal cobertura se extienda a los supuestos en los que el nacimiento de la obligación de indemnizar a cargo del asegurado haya podido tener lugar con anterioridad, al menos, de un año desde el comienzo de efectos del contrato, y ello aunque dicho contrato sea prorrogado.

– El artículo 73 se modifica por la **Ley 30/1995, de 8 de noviembre, de ordenación y supervisión de los seguros privados.**

Artículo 74. Salvo pacto en contrario, el asegurador asumirá la dirección jurídica frente a la reclamación del perjudicado, y serán de su cuenta los gastos de defensa que se ocasionen. El asegurado deberá prestar la colaboración necesaria en orden a la dirección jurídica asumida por el asegurador.

No obstante lo dispuesto en el párrafo anterior, cuando quien reclame esté también asegurado con el mismo asegurador o exista algún otro posible conflicto de intereses, éste comunicará inmediatamente al asegurado la existencia de esas circunstancias, sin perjuicio de realizar aquellas diligencias que por su carácter urgente sean necesarias para la defensa. El asegurado podrá optar entre el mantenimiento de la dirección jurídica por el asegurador o confiar su propia defensa a otra persona. En este último caso, el asegurador quedará obligado a abonar los gastos de tal dirección jurídica hasta el límite pactado en la póliza.

Artículo 75. Derogado

> – El artículo 75 se deroga por la **Ley 20/2015, de 14 de julio, de ordenación, supervisión y solvencia de las entidades aseguradoras y reaseguradoras.**

Artículo 76. El perjudicado o sus herederos tendrán acción directa contra el asegurador para exigirle el cumplimiento de la obligación de indemnizar, sin perjuicio del derecho del asegurador a repetir contra el asegurado, en el caso de que sea debido a conducta dolosa de éste, el daño o perjuicio causado a tercero.

La acción directa es inmune a las excepciones que puedan corresponder al asegurador contra el asegurado. El asegurador puede, no obstante, oponer la culpa exclusiva del perjudicado y las excepciones personales que tenga contra éste. A los efectos del ejercicio de la acción directa, el asegurado estará obligado a manifestar al tercero perjudicado o a sus herederos la existencia del contrato de seguro y su contenido.

SECCIÓN NOVENA. SEGURO DE DEFENSA JURÍDICA

Artículo 76 a. Por el seguro de defensa jurídica, el asegurador se obliga, dentro de los límites establecidos en la Ley y en el contrato, a hacerse cargo de los gastos en que pueda incurrir el asegurado como consecuencia de su intervención en un procedimiento administrativo, judicial o arbitral, y a prestarle los servicios de asistencia jurídica judicial y extrajudicial derivados de la cobertura del seguro.

Artículo 76 b. Quedan excluidos de la cobertura del seguro de defensa jurídica el pago de multas y la indemnización de cualquier gasto originado por sanciones impuestas al asegurado por las autoridades administrativas o judiciales.

Artículo 76 c. El seguro de defensa jurídica deberá ser objeto de un contrato independiente.

El contrato, no obstante, podrá incluirse en capítulo aparte dentro de una póliza única, en cuyo caso habrán de especificarse el contenido de la defensa jurídica garantizada y la prima que le corresponde.

Artículo 76 d. El asegurado tendrá derecho a elegir libremente el Procurador y Abogado que hayan de representarle y defenderle en cualquier clase de procedimiento.

El asegurado tendrá, asimismo, derecho a la libre elección de Abogado y Procurador en los casos en que se presente conflicto de intereses entre las partes del contrato.

El Abogado y Procurador designados por el asegurado no estarán sujetos, en ningún caso, a las instrucciones del asegurador.

Artículo 76 e. Anulado

– La **Sentencia del Tribunal Constitucional 1/2018, Sala Pleno, de 11 de enero**, declara inconstitucional y nulo el artículo 76 e., que establecía «*El asegurado tendrá derecho a someter a arbitraje cualquier diferencia que pueda surgir entre él y el asegurador sobre el contrato de seguro. La designación de árbitros no podrá hacerse antes de que surja la cuestión disputada*».

Artículo 76 f. La póliza del contrato de seguro de defensa jurídica habrá de recoger expresamente los derechos reconocidos al asegurado por los dos artículos anteriores.

En caso de conflicto de intereses o de desavenencia sobre el modo de tratar una cuestión litigiosa, el asegurador deberá informar inmediatamente al asegurado de la facultad que le compete de ejercitar los derechos a que se refieren los dos artículos anteriores.

Artículo 76 g. Los preceptos contenidos en esta Sección no serán de aplicación:

1.º A la defensa jurídica realizada por el asegurador de la responsabilidad civil de conformidad con lo previsto en el artículo 74.

2.º A la defensa jurídica realizada por el asegurador de la asistencia en viaje.

En este caso, la no aplicación de las normas de esta Sección quedará subordinada a que la actividad de defensa jurídica se ejerza en un Estado distinto del de la residencia habitual del asegurado; a que dicha actividad se halle contemplada en un contrato que tenga por objeto única y exclusivamente la asistencia a personas que se encuentren en dificultades con motivo de desplazamientos o de ausencias de su lugar de residencia habitual, y a que en el contrato se indique claramente que no se trata de un seguro de defensa jurídica, sino de una cobertura accesoria a la de asistencia en viaje.

3.º A la defensa jurídica que tenga por objeto litigios o riesgos que surjan o tengan relación con el uso de buques o embarcaciones marítimas.

SECCIÓN DÉCIMA. REASEGURO

Artículo 77. Por el contrato de reaseguro el reasegurador se obliga a reparar, dentro de los límites establecidos en la Ley y en el contrato, la deuda que nace en el patrimonio del reasegurado a consecuencia de la obligación por éste asumida como asegurador en un contrato de seguro.

El pacto de reaseguro interno, efectuado entre el asegurador directo y otros aseguradores, no afectará al asegurado, que podrá, en todo caso, exigir la totalidad de la indemnización a dicho asegurador, sin perjuicio del derecho de repetición que a éste corresponda frente a los reaseguradores, en virtud del pacto interno.

Artículo 78. El asegurado no podrá exigir directamente del reasegurador indemnización ni prestación alguna.

En caso de liquidación voluntaria o forzosa de su asegurador gozarán de privilegio especial sobre el saldo acreedor que arroje la cuenta del asegurador con el reasegurador.

Las alteraciones y modificaciones de la suma asegurada, del valor del interés, y, en general, de las condiciones del seguro directo deberán comunicarse al reasegurador en la forma y en los plazos establecidos en el contrato.

Artículo 79. No será de aplicación al contrato de reaseguro el mandato contenido en el artículo segundo de esta Ley.

TÍTULO III. SEGURO DE PERSONAS

SECCIÓN PRIMERA. DISPOSICIONES COMUNES

Artículo 80. El contrato de seguro sobre las personas comprende todos los riesgos que puedan afectar a la existencia, integridad corporal o salud del asegurado.

Artículo 81. El contrato puede celebrarse con referencia a riesgos relativos a una persona o a un grupo de ellas.

Este grupo deberá estar delimitado por alguna característica común extraña al propósito de asegurarse.

Artículo 82. En los seguros de personas el asegurador, aun después de pagada la indemnización, no puede subrogarse en los derechos que en su caso correspondan al asegurado contra un tercero como consecuencia del siniestro.

Se exceptúa de lo dispuesto en el párrafo anterior lo relativo a los gastos de asistencia sanitaria.

SECCIÓN SEGUNDA. SEGURO SOBRE LA VIDA

– **Ley 20/2005, de 14 de noviembre, sobre la creación del Registro de Contratos de Seguros de cobertura de fallecimiento.** Mediante esta Ley se crea un Registro de carácter público en el que deben inscribirse los contratos de seguro de cobertura de vida que se celebren en el Reino de España. Con la finalidad de que el Registro sea operativo, se excluyen de esta obligación los seguros celebrados en el ámbito de las relaciones laborales y empresariales, regulados mediante Real Decreto 1588/1999, de 15 de octubre, por el que se aprueba el Reglamento sobre la Instrumentación de los compromisos de las empresas con los trabajadores y beneficiarios, en el que ya se prevén mecanismos de información y protección suficientes. La obligación de comunicación de los datos al Registro recae plenamente sobre las entidades aseguradoras, constituyendo infracción administrativa el incumplimiento de las obligaciones establecidas en esta Ley. El Registro, que actúa únicamente a solicitud de la persona interesada, facilita información solamente de los datos de la persona asegurada, pues es la muerte de ésta la que genera la prestación. No es, pues, objeto del Registro dar información sobre la muerte de la persona tomadora, ello puede inducir a error en caso de que ésta no coincida con la persona asegurada, ni tampoco de las personas beneficiarias, pues ello invadiría el derecho a la intimidad de éstas y de la persona tomadora o asegurada, además de que también podrían darse errores en caso de que la designación de beneficiarios se realizase al margen del contrato de seguro o de forma genérica o innominada. Así pues, el Registro se limita a comunicar la condición de persona asegurada del fallecido, así como a señalar la existencia de los contratos y las entidades aseguradoras con que se hubieran suscrito dichos contratos. Con estas medidas se facilita sustancialmente que los posibles beneficiarios puedan reclamar el cobro de sus derechos que es, en definitiva, el objetivo perseguido por esta Ley. Por último, es necesario hacer mención de la obligación establecida en la Ley de que todos los contratos en cartera deban ser comunicados en el plazo de un año desde su entrada en vigor, para poder cumplir de manera eficaz con la finalidad de ésta. Real Decreto 398/2007, de 23 de marzo, por el que se desarrolla la Ley 20/2005, de 14 de noviembre, sobre la creación del Registro de contratos de seguro de cobertura de fallecimiento.

– Real Decreto 398/2007, de 23 de marzo, por el que se desarrolla la Ley 20/2005, de 14 de noviembre, sobre la creación del Registro de contratos de seguro de cobertura de fallecimiento.

Artículo 83. Por el seguro de vida el asegurador se obliga, mediante el cobro de la prima estipulada y dentro de los límites establecidos en la Ley y en el contrato, a satisfacer al beneficiario un capital, una renta u otras prestaciones convenidas, en el caso de muerte o bien de supervivencia del asegurado, o de ambos eventos conjuntamente.

El seguro sobre la vida puede estipularse sobre la vida propia o la de un tercero, tanto para caso de muerte como para caso de supervivencia o ambos conjuntamente, así como sobre una o varias cabezas.

Son seguros sobre la vida aquellos en que, cumpliendo lo establecido en los párrafos anteriores, la prestación convenida en la póliza ha sido determinada por el asegurador mediante la utilización de criterios y bases de técnica actuarial.

En los seguros para caso de muerte, si son distintas las personas del tomador del seguro y del asegurado, será preciso el consentimiento de este, dado por escrito, salvo que pueda presumirse de otra forma su interés por la existencia del seguro.

A los efectos de lo indicado en el artículo 4, en los seguros sobre la vida se entiende que existe riesgo si en el momento de la contratación no se ha producido el evento objeto de la cobertura otorgada en la póliza.

Si el asegurado es menor de edad, será necesaria, además, la autorización por escrito de sus representantes legales. Si el asegurado es una persona con discapacidad, será necesaria igualmente la autorización por escrito de la persona que ejerza la medida de apoyo representativa.

No se podrá contratar un seguro para caso de muerte sobre la cabeza de menores de catorce años de edad. Se exceptúan de esta prohibición, los contratos de seguros en los que la cobertura de muerte resulte inferior o igual a la prima satisfecha por la póliza o al valor de rescate.

> – El artículo 83 se modifica por la **Ley 5/2025, de 24 de julio, por la que se modifican el texto refundido de la Ley sobre responsabilidad civil y seguro en la circulación de vehículos a motor, aprobado por el Real Decreto Legislativo 8/2004, de 29 de octubre, y la Ley 20/2015, de 14 de julio, de ordenación, supervisión y solvencia de las entidades aseguradoras y reaseguradoras.**

Artículo 83 a). 1. El tomador del seguro en un contrato de seguro individual de duración superior a seis meses que haya estipulado el contrato sobre la vida propia o la de un tercero tendrá la facultad unilateral de resolver el contrato sin indicación de los motivos y sin penalización alguna dentro del plazo de los 30 días siguientes a la fecha en la que el asegurador le entregue la póliza o documento de cobertura provisional.

Se exceptúan de esta facultad unilateral de resolución los contratos de seguro en los que el tomador asume el riesgo de la inversión, así como los contratos en los que la rentabilidad garantizada esté en función de inversiones asignadas en los mismos.

2. La facultad unilateral de resolución del contrato deberá ejercitarse por el tomador mediante comunicación dirigida al asegurador a través de un soporte duradero, disponible y accesible para éste y que permita dejar constancia de la notificación. La referida comunicación deberá expedirse por el tomador del seguro antes de que venza el plazo indicado en el apartado anterior.

3. A partir de la fecha en que se expida la comunicación a que se refiere el apartado anterior cesará la cobertura del riesgo por parte del asegurador y el tomador del seguro tendrá derecho a la devolución de la prima que hubiera pagado, salvo la parte correspondiente al período de tiempo en que el contrato hubiera tenido vigencia. El asegurador dispondrá para ello de un plazo de 30 días a contar desde el día que reciba la comunicación de rescisión.

> – La **Ley 22/2007, de 11 de julio, sobre comercialización a distancia de servicios financieros destinados a los consumidores**, deroga los párrafos segundo y tercero del apartado 1 del artículo 83.a) y del apartado 2 del artículo 83.a), el inciso que dice: «Tratándose de un contrato de seguro comercializado a distan-

cia, la comunicación se hará de acuerdo con las instrucciones que el tomador haya recibido de conformidad con lo previsto en el apartado 3 del artículo 60 de la Ley 30/1995, de 8 de noviembre, de Ordenación y Supervisión de los Seguros Privados». Posteriormente, la **Ley 56/2007, de 28 de diciembre, de Medidas de Impulso de la Sociedad de la Información**, modifica la Disposición Derogatoria de la Ley 22/2007, de 11 de julio, sobre comercialización a distancia de servicios financieros destinados a los consumidores, indicando que tendrá la siguiente redacción: «b) El párrafo segundo del apartado 1 del artículo 83.a) de la Ley 50/1980, de 8 de octubre, de Contrato de Seguro».

Artículo 84. El tomador del seguro podrá designar beneficiario o modificar la designación anteriormente realizada, sin necesidad de consentimiento del asegurador.

La designación del beneficiario podrá hacerse en la póliza, en una posterior declaración escrita comunicada al asegurador o en testamento.

Si en el momento del fallecimiento del asegurado no hubiere beneficiario concretamente designado, ni reglas para su determinación, el capital formará parte del patrimonio del tomador.

Artículo 85. En caso de designación genérica de los hijos de una persona como beneficiarios, se entenderán como hijos todos sus descendientes con derecho a herencia.

Si la designación se hace en favor de los herederos del tomador, del asegurado o de otra persona, se considerarán como tales los que tengan dicha condición en el momento del fallecimiento del asegurado. Si la designación se hace en favor de los herederos sin mayor especificación, se considerarán como tales los del tomador del seguro que tengan dicha condición en el momento del fallecimiento del asegurado. La designación del cónyuge como beneficiario atribuirá tal condición igualmente al que lo sea en el momento del fallecimiento del asegurado. Los beneficiarios que sean herederos conservarán dicha condición aunque renuncien a la herencia.

Artículo 86. Si la designación se hace en favor de varios beneficiarios, la prestación convenida se distribuirá, salvo estipulación en contrario, por partes iguales.

Cuando se haga en favor de los herederos, la distribución tendrá lugar en proporción a la cuota hereditaria, salvo pacto en contrario. La parte no adquirida por un beneficiario acrecerá a los demás.

Artículo 87. El tomador del seguro puede revocar la designación del beneficiario en cualquier momento, mientras no haya renunciado expresamente y por escrito a tal facultad.

La revocación deberá hacerse en la misma forma establecida para la designación.

El tomador perderá los derechos de rescate, anticipo, reducción y pignoración de la póliza si renuncia a la facultad de revocación.

Artículo 88. La prestación del asegurador deberá ser entregada al beneficiario, en cumplimiento del contrato, aun contra las reclamaciones de los herederos legítimos y acreedores de cualquier clase del tomador del seguro.

Unos y otros podrán, sin embargo, exigir al beneficiario el reembolso del importe de las primas abonadas por el contratante en fraude de sus derechos.

Cuando el tomador del seguro sea declarado en concurso o quiebra, los órganos de representación de los acreedores podrán exigir al asegurador la reducción del seguro.

Artículo 89. En caso de reticencia e inexactitud en las declaraciones del tomador, que influyan en la estimación del riesgo, se estará a lo establecido en las disposiciones generales de esta Ley.

Sin embargo, el asegurador no podrá impugnar el contrato una vez transcurrido el plazo de un año, a contar desde la fecha de su conclusión, a no ser que las partes hayan fijado un término más breve en la póliza y, en todo caso, salvo que el tomador del seguro haya actuado con dolo.

Se exceptúa de esta norma la declaración inexacta relativa a la edad del asegurado, que se regula en el artículo siguiente.

Artículo 90. En el supuesto de indicación inexacta de la edad del asegurado, el asegurador sólo podrá impugnar el contrato si la verdadera edad del asegurado en el momento de la entrada en vigor del contrato excede de los límites de admisión establecidos por aquél.

En otro caso, si como consecuencia de una declaración inexacta de la edad, la prima pagada es inferior a la que correspondería pagar, la prestación del asegurador se reducirá en proporción a la prima percibida. Si, por el contrario, la prima pagada es superior a la que debería haberse abonado, el asegurador está obligado a restituir el exceso de las primas percibidas sin intereses.

Artículo 91. En el seguro para caso de muerte el asegurador sólo se libera de su obligación si el fallecimiento del asegurado tiene lugar por alguna de las circunstancias expresamente excluidas en la póliza.

Artículo 92. La muerte del asegurado, causada dolosamente por el beneficiario, privará a éste del derecho a la prestación establecida en el contrato, quedando ésta integrada en el patrimonio del tomador.

Artículo 93. Salvo pacto en contrario, el riesgo de suicidio del asegurado quedará cubierto a partir del transcurso de un año del momento de la conclusión del contrato.

A estos efectos se entiende por suicidio la muerte causada consciente y voluntariamente por el propio asegurado.

Artículo 94. En la póliza de seguro se regularán los derechos de rescate y reducción de la suma asegurada, de modo que el asegurado pueda conocer en todo momento el correspondiente valor de rescate o de reducción.

Artículo 95. Una vez transcurrido el plazo previsto en la póliza, que no podrá ser superior a dos años desde la vigencia del contrato, no se aplicará el párrafo dos del artículo quince sobre falta de pago de la prima.

A partir de dicho plazo, la falta de pago de la prima producirá la reducción del seguro conforme a la tabla de valores inserta en la póliza.

La reducción del seguro se producirá igualmente cuando lo solicite el tomador, una vez transcurrido aquel plazo.

El tomador tiene derecho a la rehabilitación de la póliza, en cualquier momento, antes del fallecimiento del asegurado, debiendo cumplir para ello las condiciones establecidas en la póliza.

Artículo 96. El tomador que haya pagado las dos primeras anualidades de la prima a la que corresponda el plazo inferior previsto en la póliza podrá ejercitar el derecho de rescate mediante la oportuna solicitud, conforme a las tablas de valores fijadas en la póliza.

Artículo 97. El asegurador deberá conceder al tomador anticipos sobre la prestación asegurada, conforme a las condiciones fijadas en la póliza, una vez pagadas las anualidades a que se refiere el artículo anterior.

Artículo 98. En los seguros de supervivencia y en los seguros temporales para caso de muerte no será de aplicación lo dispuesto en los artículos 94, 95, 96 y 97.

Los aseguradores podrán, no obstante, conceder al tomador los derechos de rescate, reducción y anticipos en los términos que se determinen en el contrato.

Artículo 99. El tomador podrá, en cualquier momento, ceder o pignorar la póliza, siempre que no haya sido designado beneficiario con carácter irrevocable.

La cesión o pignoración de la póliza implica la revocación del beneficiario.

Si la póliza se emite a la orden, la cesión o pignoración se realizarán mediante endoso.

El tomador deberá comunicar por escrito fehacientemente al asegurador la cesión o pignoración realizada.

SECCIÓN TERCERA. SEGURO DE ACCIDENTES

Artículo 100. Sin perjuicio de la delimitación del riesgo que las partes efectúen en el contrato, se entiende por accidente la lesión corporal que deriva de una causa violenta súbita, externa y ajena a la intencionalidad del asegurado, que produzca invalidez temporal o permanente o muerte.

Las disposiciones contenidas en los artículos 83 a 86 del seguro de vida y en el párrafo uno del artículo 87 son aplicables a los seguros de accidentes.

Artículo 101. El tomador debe comunicar al asegurador la celebración de cualquier otro seguro de accidentes que se refiera a la misma persona.

El incumplimiento de este deber sólo puede dar lugar a una reclamación por los daños y perjuicios que origine, sin que el asegurador pueda deducir de la suma asegurada cantidad alguna por este concepto.

Artículo 102. Si el asegurado provoca intencionadamente el accidente, el asegurador se libera del cumplimiento de su obligación.

En el supuesto de que el beneficiario cause dolosamente el siniestro, quedará nula la designación hecha a su favor. La indemnización corresponderá al tomador o, en su caso, a los herederos de éste.

Artículo 103. Los gastos de asistencia sanitaria serán por cuenta del asegurador, siempre que se haya establecido su cobertura expresamente en la póliza y que tal asistencia se haya efectuado en las condiciones previstas en el contrato.

En todo caso, estas condiciones no podrán excluir las necesarias asistencias de carácter urgente.

Artículo 104. La determinación del grado de invalidez que derive del accidente se efectuará después de la presentación del certificado médico de incapacidad.

El asegurador notificará por escrito al asegurado la cuantía de la indemnización que le corresponde, de acuerdo con el grado de invalidez que deriva del certificado médico y de los baremos fijados en la póliza. Si el asegurado no aceptase la proposición del asegurador en lo referente al grado de invalidez, las partes se someterán a la decisión de Peritos Médicos, conforme al artículo treinta y ocho.

SECCIÓN CUARTA. SEGUROS DE ENFERMEDAD Y DE ASISTENCIA SANITARIA

Artículo 105. Cuando el riesgo asegurado sea la enfermedad, el asegurador podrá obligarse, dentro de los límites de la póliza, en caso de siniestro, al pago de ciertas sumas y de los gastos de asistencia médica y farmacéutica.

Si el asegurador asume directamente la prestación de los servicios médicos y quirúrgicos, la realización de tales servicios se efectuará dentro de los límites y condiciones que las disposiciones reglamentarias determinan.

Artículo 106. Los seguros de enfermedad y de asistencia sanitaria quedarán sometidos a las normas contenidas en la sección anterior en cuanto sean compatibles con este tipo de seguros.

SECCIÓN QUINTA. SEGUROS DE DECESOS Y DEPENDENCIA

– La disposición final primera de la **Ley 20/2015, de 14 de julio, de ordenación, supervisión y solvencia de las entidades aseguradoras y reaseguradoras** (§1) añade una sección quinta, dentro del título III denominada «Seguros de decesos y dependencia». De conformidad con lo que establece la Disposición transitoria decimotercera. Régimen transitorio de las modificaciones introducidas en la Ley de contrato de seguro a través de la disposición final primera de esta Ley, de la referida Ley 20/2015, de 14 de julio, «*Las entidades aseguradoras* *dispondrán de un plazo de seis meses para adaptar las pólizas que se comercialicen a partir de la entrada en vigor de esta Ley —1 de enero de 2016— a las modificaciones introducidas a través de la disposición final primera de la misma en la Ley 50/1980, de 8 de octubre, de Contrato de Seguro. Transcurrido el mismo y durante un plazo máximo de un año, las entidades de seguros adaptarán, a su renovación, las pólizas correspondientes a los contratos vigentes. No obstante, serán de aplicación directa aquellos preceptos que tengan carácter imperativo desde la entrada en vigor de esta Ley».*

Artículo 106 bis. 1. Por el seguro de decesos el asegurador se obliga, dentro de los límites establecidos en este título y en el contrato, a prestar los servicios funerarios pactados en la póliza para el caso en que se produzca el fallecimiento del asegurado.

El exceso de la suma asegurada sobre el coste del servicio prestado por el asegurador corresponderá al tomador o, en su defecto, a los herederos.

2. En el supuesto de que el asegurador no hubiera podido proporcionar la prestación por causas ajenas a su voluntad, fuerza mayor o por haberse realizado el servicio a través de otros medios distintos a los ofrecidos por la aseguradora, el asegurador quedará obligado a satisfacer la suma asegurada a los herederos del asegurado fallecido, no siendo responsable de la calidad de los servicios prestados.

3. En caso de concurrencia de seguros de decesos en una misma aseguradora, el asegurador estará obligado a devolver, a petición del tomador, las primas pagadas de la póliza que haya decidido anular desde que se produjo la concurrencia.

4. En caso de fallecimiento, si se hubiera producido la concurrencia de seguros de decesos en más de una aseguradora, el asegurador que no hubiera podido cumplir con su obligación de prestar el servicio funerario en los términos y condiciones previstos en el contrato, vendrá obligado al pago de la suma asegurada a los herederos del asegurado fallecido.

5. La oposición a la prórroga del contrato sólo podrá ser ejercida por el tomador.

–La disposición final primera de la **Ley 20/2015, de 14 de julio, de ordenación, supervisión y solvencia de las entidades aseguradoras y reaseguradoras** (§1) añade el artículo 106 bis, dentro de la sección quinta, en el título III, denominada «Seguros de decesos y dependencia». De conformidad con lo que establece la Disposición transitoria decimotercera. Régimen transitorio de las modificaciones introducidas en la Ley de contrato de seguro a través de la disposición final primera de esta Ley, de la referida Ley 20/2015, de 14 de julio, «*Las entidades aseguradoras dispondrán de un plazo de seis meses para adaptar las pólizas que se comercialicen a partir de la entrada en vigor de esta Ley* —1 de enero de 2016— *a las modificaciones introducidas a través de la disposición final primera de la misma en la Ley 50/1980, de 8 de octubre, de Contrato de Seguro. Transcurrido el mismo y durante un plazo máximo de un año, las entidades de seguros adaptarán, a su renovación, las pólizas correspondientes a los contratos vigentes. No obstante, serán de aplicación directa aquellos preceptos que tengan carácter imperativo desde la entrada en vigor de esta Ley*».

Artículo 106 ter. 1. Por el seguro de dependencia el asegurador se obliga, dentro de los límites establecidos en este título y en el contrato, para el caso de que se produzca la situación de dependencia, al cumplimiento de la prestación convenida con la finalidad de atender, total o parcialmente, directa o indirectamente, las consecuencias perjudiciales para el asegurado que se deriven de dicha situación.

2. A los efectos de este artículo, se entiende por situación de dependencia la prevista en la normativa reguladora de la promoción de la autonomía personal y atención a las personas en situación de dependencia.

3. La prestación de asegurador podrá consistir en:

a) Abonar al asegurado el capital o la renta convenida.

b) Reembolsar al asegurado los gastos derivados de la asistencia.

c) Garantizar al asegurado la prestación de los servicios de asistencia, debiendo el asegurador poner a disposición del asegurado dichos servicios y asumir directamente su coste.

4. La oposición a la prórroga del contrato sólo podrá ser ejercida por el tomador.

– La disposición final primera de la **Ley 20/2015, de 14 de julio, de ordenación, supervisión y solvencia de las entidades aseguradoras y reaseguradoras** (§1) añade el artículo 106 ter, dentro de la sección quinta, en el título III, denominada «Seguros de decesos y dependencia». De conformidad con lo que establece la Disposición transitoria decimotercera. Régimen transitorio de las modificaciones introducidas en la Ley de contrato de seguro a través de la disposición final primera de esta Ley, de la referida Ley 20/2015, de 14 de julio, «*Las entidades aseguradoras dispondrán de un plazo de seis meses para adaptar las pólizas que se comercialicen a partir de la entrada en vigor de esta Ley* —1 de enero de 2016— *a las modificaciones introducidas a través de la disposición final primera de la misma en la Ley 50/1980, de 8 de octubre, de Contrato de Seguro. Transcurrido el mismo y durante un plazo máximo de un año, las* *entidades de seguros adaptarán, a su renovación, las pólizas correspondientes a los contratos vigentes. No obstante, serán de aplicación directa aquellos preceptos que tengan carácter imperativo desde la entrada en vigor de esta Ley».*

Artículo 106 quáter. En los seguros de asistencia sanitaria, dependencia y de decesos, las entidades aseguradoras garantizarán a los asegurados la libertad de elección del prestador del servicio, dentro de los límites y condiciones establecidos en el contrato. En estos casos la entidad aseguradora deberá poner a disposición del asegurado, de forma fácilmente accesible, una relación de prestadores de servicios que garantice una efectiva libertad de elección, salvo en aquellos contratos en los que expresamente se prevea un único prestador.

En los seguros de decesos será de aplicación lo dispuesto en el artículo 106 bis.2 cuando los herederos contratasen los servicios por medios distintos a los ofrecidos por la aseguradora conforme al párrafo anterior.

> – La disposición final primera de la **Ley 20/2015, de 14 de julio, de ordenación, supervisión y solvencia de las entidades aseguradoras y reaseguradoras** (§1) añade el artículo 106 quáter, dentro de la sección quinta, en el título III, denominada «Seguros de decesos y dependencia». De conformidad con lo que establece la Disposición transitoria decimotercera. Régimen transitorio de las modificaciones introducidas en la Ley de contrato de seguro a través de la disposición final primera de esta Ley, de la referida Ley 20/2015, de 14 de julio, «*Las entidades aseguradoras dispondrán de un plazo de seis meses para adaptar las pólizas que se comercialicen a partir de la entrada en vigor de esta Ley —1 de enero de 2016— a las modificaciones introducidas a través de la disposición final primera de la misma en la Ley 50/1980, de 8 de octubre, de Contrato de Seguro. Transcurrido el mismo y durante un plazo máximo de un año, las entidades de seguros adaptarán, a su renovación, las pólizas correspondientes a los contratos vigentes. No obstante, serán de aplicación directa aquellos preceptos que tengan carácter imperativo desde la entrada en vigor de esta Ley».*

TÍTULO IV. NORMAS DE DERECHO INTERNACIONAL PRIVADO

Artículo 107. 1. La ley española sobre el contrato de seguro será de aplicación al seguro contra daños en los siguientes casos:

a) Cuando se refiera a riesgos que estén localizados en territorio español y el tomador del seguro tenga en él su residencia habitual, si se trata de persona física, o su domicilio social o sede de gestión administrativa y dirección de los negocios, si se trata de persona jurídica.

b) Cuando el contrato se concluya en cumplimiento de una obligación de asegurarse impuesta por la ley española.

2. En los contratos de seguro por grandes riesgos las partes tendrán libre elección de la ley aplicable.

3. Fuera de los casos previstos en los dos números anteriores, regirán las siguientes normas para determinar la ley aplicable al contrato de seguro contra daños:

a) Cuando se refiera a riesgos que estén localizados en territorio español y el tomador del seguro no tenga en él su residencia habitual, domicilio social o sede de gestión administrativa y dirección de los negocios, las partes podrán elegir entre la aplicación de la ley española o la ley del Estado en que el tomador del seguro tenga dicha residencia, domicilio social o dirección efectiva.

b) Cuando el tomador del seguro sea un empresario o un profesional y el contrato cubra riesgos relativos a sus actividades realizadas en distintos Estados del Espacio Económico Europeo, las partes podrán elegir entre la ley de cualquiera de los Estados en que los riesgos estén localizados o la de aquél en que el tomador tenga su residencia, domicilio social o sede de gestión administrativa y dirección de sus negocios.

c) Cuando la garantía de los riesgos que estén localizados en territorio español se limite a los siniestros que puedan ocurrir en un Estado miembro del Espacio Económico Europeo distinto de España, las partes pueden elegir la ley de dicho Estado.

4. A los efectos de lo previsto en los números precedentes, la localización del riesgo se determinará conforme a lo previsto en el artículo 1.3, d), de la Ley de Ordenación y Supervisión de los Seguros Privados.

5. La elección por las partes de la ley aplicable, cuando sea posible, deberá expresarse en el contrato o desprenderse claramente de su contenido. Si faltare la elección, el contrato se regirá por la ley del Estado de entre los mencionados en los números 2 y 3 de este artículo, con el que presente una relación más estrecha. Sin embargo, si una parte del contrato fuera separable del resto del mismo y presentara una relación más estrecha con algún otro Estado de los referidos en este número, podrá, excepcionalmente, aplicarse a esta parte del contrato la ley de ese Estado. Se presumirá que existe relación más estrecha con el Estado miembro del Espacio Económico Europeo en que esté localizado el riesgo.

6. Lo dispuesto en los números precedentes se entenderá sin perjuicio de las normas de orden público contenidas en la ley española, cualquiera que sea

la ley aplicable al contrato de seguro contra daños. Sin embargo, si el contrato cubre riesgos localizados en varios Estados miembros del Espacio Económico Europeo se considerará que existen varios contratos a los efectos de lo previsto en este número y que corresponden cada uno de ellos únicamente a un Estado.

> – La definición de grandes riesgos que establecía el apartado segundo del artículo 107 se deroga por la **Ley 20/2015, de 14 de julio, de ordenación, supervisión y solvencia de las entidades aseguradoras y reaseguradoras**. Dicha definición disponía: *«Se consideran grandes riesgos los siguientes: a) Los de vehículos ferroviarios, vehículos aéreos, vehículos marítimos, lacustres y fluviales, mercancías transportadas (comprendidos los equipajes y demás bienes transportados), la responsabilidad civil en vehículos aéreos (comprendida la responsabilidad del transportista) y la responsabilidad civil de vehículos marítimos, lacustres y fluviales (comprendida la responsabilidad civil del transportista). b) Los de crédito y de caución cuando el tomador ejerza a título profesional una actividad industrial, comercial o liberal y el riesgo se refiera a dicha actividad. c) Los de vehículos terrestres (no ferroviarios), incendio y elementos naturales, otros daños a los bienes, responsabilidad civil en vehículos terrestres automóviles (comprendida la responsabilidad del transportista), responsabilidad civil en general, y pérdidas pecuniarias diversas, siempre que el tomador supere los límites de, al menos, dos de los tres criterios siguientes: - Total del balance: 6.200.000 ecus.- Importe neto del volumen de negocios: 12.800.000 ecus.- Número medio de empleados durante el ejercicio: 250 empleados. Si el tomador del seguro formara parte de un conjunto de empresas cuyo balance consolidado se establezca con arreglo a lo dispuesto en los artículos 42 a 49 del Código de Comercio, los criterios mencionados anteriormente se aplicarán sobre la base del balance consolidado».*

Artículo 108. 1. La presente Ley será de aplicación a los contratos de seguro sobre la vida en los siguientes supuestos:

a) Cuando el tomador del seguro sea una persona física y tenga su domicilio o su residencia habitual en territorio español. No obstante, si es nacional de otro Estado miembro del Espacio Económico Europeo distinto de España podrá acordar con el asegurador aplicar la ley de su nacionalidad.

b) Cuando el tomador del seguro sea una persona jurídica y tenga su domicilio, su efectiva administración y dirección o su principal establecimiento o explotación en territorio español.

c) Cuando el tomador del seguro sea una persona física de nacionalidad española con residencia habitual en otro Estado y así lo acuerde con el asegurador.

d) Cuando el contrato de seguro de grupo se celebre en cumplimiento o como consecuencia de un contrato de trabajo sometido a la ley española.

2. Los Juzgados y Tribunales españoles que hayan de resolver cuestiones sobre el cumplimiento de los contratos de seguro sobre la vida aplicarán las disposiciones imperativas vigentes en España sobre este contrato, cualquiera que sea la ley aplicable.

3. Se aplicarán las normas de Derecho internacional privado contenidas en el artículo 107 a los seguros de personas distintos al seguro sobre la vida.

> – El artículo 108 se modifica por la **Ley 30/1995, de 8 de noviembre, de ordenación y supervisión de los seguros privados.**

Artículo 109. Se aplicarán al contrato de seguro las normas generales de Derecho internacional privado en materia de obligaciones contractuales, en lo no previsto en los artículos 107 y 108.

> – El artículo 109 se modifica por la **Ley 30/1995, de 8 de noviembre, de ordenación y supervisión de los seguros privados.**

DISPOSICIONES ADICIONALES

Disposición adicional primera. Soporte duradero. Siempre que esta ley exija que el contrato de seguro o cualquier otra información relacionada con el mismo conste por escrito, este requisito se entenderá cumplido si el contrato o la información se contienen en papel u otro soporte duradero que permita guardar, recuperar fácilmente y reproducir sin cambios el contrato o la información.

Disposición adicional segunda. Contratación a distancia. Derogada

> – La Disposición Adicional Segunda se deroga por la **Ley 22/2007, de 11 de julio, sobre comercialización a distancia de servicios financieros destinados a los consumidores.**

Disposición adicional tercera. Contratación electrónica. Los contratos de seguro celebrados por vía electrónica producirán todos los efectos previstos por el ordenamiento jurídico cuando concurran el consentimiento y los demás requisitos necesarios para su validez.

En cuanto a su validez, prueba de celebración y obligaciones derivadas del mismo se sujetarán a la normativa específica del contrato de seguro y a la legislación sobre servicios de la sociedad de la información y de comercio electrónico.

Disposición adicional cuarta. No discriminación por razón de discapacidad. No se podrá discriminar a las personas con discapacidad en la contratación de seguros. En particular, se prohíbe la denegación de acceso a la contratación, el establecimiento de procedimientos de contratación diferentes de los habitualmente utilizados por el asegurador o la imposición de condiciones más onerosas, por razón de discapacidad, salvo que se encuentren fundadas en causas justificadas, proporcionadas y razonables, que se hallen documentadas previa y objetivamente.

> – La Disposición Adicional Cuarta se incorpora por la **Ley 26/2011, de 1 de agosto, de adaptación normativa a la Convención Internacional sobre los Derechos de las Personas con Discapacidad.**
>
> – **Ley 8/2021, de 2 de junio,** por la que se reforma la legislación civil y procesal para el apoyo a las personas con discapacidad en el ejercicio de su capacidad jurídica.

Disposición adicional quinta. No discriminación por razón de VIH/SIDA u otras condiciones de salud. 1. No se podrá discriminar a las personas que tengan VIH/SIDA, ni por otras condiciones de salud. En particular, se prohíbe la denegación de acceso a la contratación, el establecimiento de procedimientos de contratación diferentes de los habitualmente utilizados por el asegurador o la imposición de condiciones más onerosas, por razón de tener VIH/SIDA, o por otras condiciones de salud, salvo que se encuentren fundadas en causas justificadas, proporcionadas y razonables, que se hallen documentadas previa y objetivamente.

2. En ningún caso podrá denegarse el acceso a la contratación, establecer procedimientos de contratación diferentes de los habitualmente utilizados por el asegurador, imponer condiciones más onerosas o discriminar de cualquier otro modo a una persona por haber sufrido una patología oncológica, una vez transcurridos cinco años desde la finalización del tratamiento radical sin recaída posterior.

3. El Gobierno, mediante real decreto, podrá modificar los plazos establecidos en el apartado anterior y en el último párrafo del artículo 10 conjuntamente o para patologías oncológicas específicas, en función de la evolución de la evidencia científica.

– La Disposición Adicional Quinta se modifica por el **Real Decreto-ley 5/2023, de 28 de junio, por el que se adoptan y prorrogan determinadas medidas de respuesta a las consecuencias económicas y sociales de la Guerra de Ucrania, de apoyo a la reconstrucción de la isla de La Palma y a otras situaciones de vulnerabilidad; de transposición de Directivas de la Unión Europea en materia de modificaciones estructurales de sociedades mercantiles y conciliación de la vida familiar y la vida profesional de los progenitores y los cuidadores; y de ejecución y cumplimiento del Derecho de la Unión Europea.** Dicha disposición fue incorporada por la **Ley 4/2018, de 11 de junio, por la que se modifica el texto refundido de la Ley General para la Defensa de los Consumidores y Usuarios y otras leyes complementarias, aprobado por Real Decreto Legislativo 1/2007, de 16 de noviembre.**

Disposición Transitoria

Los contratos de seguro celebrados con anterioridad a la entrada en vigor de la presente Ley se adaptarán a la misma en el plazo máximo de dos años a partir de su vigencia, quedando sometidos desde su adaptación, o desde el momento en que transcurran los referidos años, a los preceptos de la misma.

Disposición Final

La presente Ley entrará en vigor a los seis meses de su publicación en el «Boletín Oficial del Estado». Permanece vigente la Ley 10/1970, de 4 de julio, por la que se modifica el régimen del Seguro de Crédito a la Exportación.

A la entrada en vigor de la presente Ley quedarán derogados los artículos 1791 a 1797 del Código Civil, los artículos 380 a 438 del Código de Comercio y cuantas disposiciones se opongan a los preceptos de esta.

§5. REAL DECRETO LEGISLATIVO 7/2004, DE 29 DE OCTUBRE, POR EL QUE SE APRUEBA EL TEXTO REFUNDIDO DEL ESTATUTO LEGAL DEL CONSORCIO DE COMPENSACIÓN DE SEGUROS

– El **Real Decreto Legislativo 1/2020, de 5 de mayo, por el que se aprueba el texto refundido de la Ley Concursal,** establece en el artículo 578 (en la redacción dada por la Ley 16/2022, de 5 de septiembre): «*Artículo 578. Régimen especial del concurso de acreedores. 1. En los concursos de entidades de crédito o entidades legalmente asimiladas a ellas, empresas de servicios de inversión y entidades aseguradoras, así como de entidades miembros de mercados oficiales de valores y entidades participantes en los sistemas de compensación y liquidación de valores, se aplicarán las especialidades que para el concurso de acreedores se hallen establecidas en su legislación específica. 2. Se considera legislación especial, a los efectos de la aplicación del apartado anterior, la contenida en las siguientes normas: 1.º La disposición adicional quinta de la Ley 3/1994, de 14 de abril, por la que se adapta la legislación española en materia de entidades de crédito a la Segunda Directiva de Coordinación Bancaria y se introducen otras modificaciones relativas al sistema financiero. 2.º La Ley 13/1994, de 1 de junio, de autonomía del Banco de España, por lo que respecta al régimen aplicable a las garantías constituidas a favor del Banco de España, del Banco Central Europeo o de otros Bancos Centrales Nacionales de la Unión Europea, en el ejercicio de sus funciones. 3.º La disposición adicional tercera de la Ley 1/1999, de 5 de enero, reguladora de las entidades de capital-riesgo y de sus sociedades gestoras. 4.º La Ley 41/1999, de 12 de noviembre, sobre sistemas de pagos y de liquidación de valores. 5.º El texto refundido de la Ley de Regulación de los Planes y Fondos de Pensiones, aprobado por Real Decreto Legislativo 1/2002, de 29 de noviembre. 6.º La Ley 35/2003, de 4 de noviembre, de Instituciones de Inversión Colectiva. 7.º El texto refundido del Estatuto Legal del Consorcio de Compensación de Seguros, aprobado por Real Decreto Legislativo 7/2004, de 29 de octubre. 8.º El capítulo II del título I del Real Decreto-ley 5/2005, de 11 de marzo, de reformas urgentes para el impulso a la productividad y para la mejora de la contratación pública. 9.º La Ley 6/2005, de 22 de abril, sobre saneamiento y liquidación de las entidades de crédito. 10.º La Ley 22/2014, de 12 de noviembre, por la que se regulan las entidades de capital-riesgo, otras entidades de inversión colectiva de tipo cerrado y las sociedades gestoras de entidades de inversión colectiva de tipo cerrado, y por la que se modifica la Ley 35/2003, de 4 de noviembre, de Instituciones de*

Inversión Colectiva. 11.º El artículo 16.4 y la disposición adicional cuarta, punto 7, de la Ley 5/2015, de 27 de abril, de fomento de la financiación empresarial. 12.º La Ley 11/2015, de 18 de junio, de recuperación y resolución de entidades de crédito y empresas de servicios de inversión. 13.º Los títulos VI y VII de la Ley 20/2015, de 14 de julio, de ordenación, supervisión y solvencia de entidades aseguradoras y reaseguradoras y el título VII del Real Decreto 1060/2015, de 20 de noviembre, de ordenación, supervisión y solvencia de las entidades aseguradoras y reaseguradoras. 14.º El texto refundido de la Ley del Mercado de Valores, aprobado por Real Decreto Legislativo 4/2015, de 23 de octubre, y su normativa de desarrollo. 15.º El Real Decreto 217/2008, de 15 de febrero, sobre el régimen jurídico de las empresas de servicios de inversión y de las demás entidades que prestan servicios de inversión y por el que se modifica parcialmente el Reglamento de la Ley 35/2003, de 4 de noviembre, de Instituciones de Inversión Colectiva, aprobado por el Real Decreto 1309/2005, de 4 de noviembre. 16.º El Real Decreto 1082/2012, de 13 de julio, por el que se aprueba el Reglamento de desarrollo de la Ley 35/2003, de 4 de noviembre, de instituciones de inversión colectiva. 17.º El Real Decreto-ley 24/2021, de 2 de noviembre, de transposición de directivas de la Unión Europea en las materias de bonos garantizados, distribución transfronteriza de organismos de inversión colectiva, datos abiertos y reutilización de la información del sector público, ejercicio de derechos de autor y derechos afines aplicables a determinadas transmisiones en línea y a las retransmisiones de programas de radio y televisión, exenciones temporales a determinadas importaciones y suministros, de personas consumidoras y para la promoción de vehículos de transporte por carretera limpios y energéticamente eficientes. 3. Las normas legales enumeradas en el apartado anterior se aplicarán con el alcance subjetivo y objetivo previsto en las mismas a las operaciones o contratos que en ella se contemplan».

EXPOSICIÓN DE MOTIVOS

La disposición final primera de la Ley 34/2003, de 4 de noviembre, de modificación y adaptación a la normativa comunitaria de la legislación de seguros privados, autorizó al Gobierno para que, en el plazo de un año desde su entrada en vigor, elaborase y aprobase un texto refundido del Estatuto Legal del Consorcio de Compensación de Seguros contenido en el artículo cuarto de la Ley 21/1990, de 19 de diciembre, para adaptar el derecho español a la Directiva 88/357/CEE del Consejo, de 22 de junio de 1988, sobre coordinación de las disposiciones legales, reglamentarias y administrativas relativas al seguro directo, distinto del seguro de vida, por la que se establecen las disposiciones destinadas a facilitar el ejercicio efectivo de la libre prestación de servicios y por la que se modifica la Directiva 73/239/CEE, que incluyese las modificaciones introducidas por leyes posteriores. La delegación incluye la facultad de regularizar, aclarar y armonizar los textos legales que han de ser refundidos.

Al cumplimiento del mandato contenido en la disposición final primera de la Ley 34/2003, de 4 de noviembre, obedece este real decreto legislativo por el que se aprueba el texto refundido del Estatuto Legal del Consorcio de Compensación de Seguros.

La Ley 21/1990, de 19 de diciembre, dotó de un nuevo estatuto legal al Consorcio de Compensación de Seguros, que venía exigido por la modificación llevada a cabo por el Real Decreto Legislativo 1255/1986, de 6 junio, en los apartados 2 y 3 del artículo 4 de la Ley 33/1984, de 2 de agosto, sobre ordenación del seguro privado, para adaptarla a los compromisos derivados del Tratado de Adhesión de España a la Comunidad Económica Europea, y que se hacía inexcusable al exigir dicho tratado la pérdida del carácter monopolístico de una de sus principales funciones, cual es la vinculada a los riesgos extraordinarios. Además de perder la exclusividad en la cobertura de los riesgos extraordinarios, el nuevo estatuto legal modificó el régimen jurídico del Consorcio de Compensación de Seguros, que dejó de ser organismo autónomo y pasó a convertirse en sociedad estatal.

El Estatuto Legal del Consorcio de Compensación de Seguros, aprobado por la Ley 21/1990, de 19 de diciembre, ha experimentado con posterioridad diversas reformas y modificaciones.

La disposición adicional novena de la Ley 30/1995, de 8 de noviembre, de ordenación y supervisión de los seguros privados, llevó a cabo una profunda reforma del estatuto legal del Consorcio de Compensación de Seguros, modificando diversos de sus preceptos, referentes a la definición de sus fines y atribuciones, la delimitación de sus funciones privadas en relación con el seguro de riesgos extraordinarios y el seguro obligatorio de automóviles, y de sus funciones públicas. También se clarificó el régimen de los recargos a favor del Consorcio y se precisó la separación financiera y contable de las operaciones del Consorcio en los seguros agrarios combinados respecto del resto de operaciones.

La Ley 44/2002, de 22 de noviembre, de medidas de reforma del sistema financiero, introdujo también una importante reforma en el estatuto legal del Consorcio de Compensación de Seguros. Tal modificación obedeció a la necesidad de recoger las nuevas funciones del Consorcio de Compensación de Seguros como liquidador de entidades aseguradoras, al haber sido suprimida la Comisión Liquidadora de Entidades Aseguradoras y pasar sus funciones, patrimonio y personal a ser asumidos por el Consorcio, lo que obligó también a modificar determinados aspectos de su régimen patrimonial.

En relación con el régimen de funcionamiento del Consorcio, la Ley 44/2002, de 22 de noviembre, posibilitó el fraccionamiento de todos los recargos a favor del Consorcio de Compensación de Seguros.

En el ámbito de la cobertura de riesgos extraordinarios, la Ley 44/2002, de 22 de noviembre, permitió, en los términos y con los límites que reglamentariamente se determinasen, la cobertura de pérdidas de beneficios consecuencia de aquellos. En el ámbito del seguro de responsabilidad civil en la circulación de vehículos a motor de suscripción obligatoria, la Ley 44/2002, de 22 de noviembre, facultó al Consorcio a asumir la cobertura de la responsabilidad civil derivada de la circulación de vehículos a motor superando los límites del seguro obligatorio respecto de los riesgos no aceptados por las entidades aseguradoras.

Por otra parte, la citada ley incorporó al derecho interno la Directiva 2000/26/CE del Parlamento Europeo y del Consejo, de 26 de mayo de 2000, relativa a la aproximación de las legislaciones de los Estados miembros sobre el seguro de la responsabilidad civil de la circulación de vehículos automóviles (Cuarta Directiva sobre el seguro de automóviles), incorporación que requirió la modificación, entre otras normas, del estatuto legal del Consorcio de Compensación de Seguros, con el fin de facultarle a que, para el adecuado ejercicio de sus funciones como organismo de información, pudiera celebrar convenios con las instituciones relacionadas con los seguros obligatorios.

La Ley 22/2003, de 9 de julio, Concursal, ha venido a introducir modificaciones en el estatuto legal del Consorcio de Compensación de Seguros con el fin de adaptar la redacción de determinados preceptos a la nueva regulación en materia concursal, y ello con independencia de que, conforme a su disposición adicional segunda, en los concursos de entidades aseguradoras se apliquen las especialidades que para las situaciones concursales se hallen establecidas en su legislación específica, excepto las relativas a la administración concursal. A estos efectos, la precitada disposición adicional considera legislación especial, por lo que a las entidades aseguradoras se refiere, la Ley 30/1995, de 8 de noviembre, de ordenación y supervisión de los seguros privados (artículos 25 a 28, 35 a 39 y 59), y la Ley 21/1990, de 19 de diciembre, para adaptar el derecho español a la Directiva 88/357/CEE, sobre libertad de servicios en seguros distintos al de vida y de actualización de la legislación de seguros privados (artículo cuarto).

Más recientemente, la Ley 34/2003, de 4 de noviembre, de modificación y adaptación a la normativa comunitaria de la legislación de seguros privados, ha vuelto a incidir en el estatuto legal del Consorcio, modificándolo al objeto de permitir la indemnización por el Consorcio de los daños personales producidos como consecuencia de acontecimientos extraordinarios acaecidos en el extranjero cuando el tomador de la póliza tenga su residencia habitual en España. Además, la disposición adicional segunda de dicha ley establece, con el rango normativo adecuado y de acuerdo con la naturaleza tributaria del recargo a favor del Consorcio destinado a financiar las funciones de liquidación de entidades aseguradoras, el recargo por fraccionamiento que debe aplicarse.

Junto a las reformas anteriormente citadas, han de considerarse otras normas que han modificado el marco jurídico en el que se desenvuelve el Consorcio de Compensación de Seguros. En este sentido, ha de aludirse a la Ley 6/1997, de 14 de abril, de Organización y Funcionamiento de la Administración General del Estado, por la que se actualizó la normativa dedicada a la tradicionalmente denominada «Administración institucional del Estado», optándose por una denominación genérica, «organismos públicos», que agrupa a todas las entidades de derecho público dependientes o vinculadas a la Administración General del Estado y distinguiendo dos modelos básicos: organismos autónomos y entidades públicas empresariales. De modo que este nuevo marco jurídico ha de tener reflejo en el estatuto legal del Consorcio, en el que se recoge, de acuerdo con aquel, su encuadramiento en la categoría de entidad pública empresarial.

Igualmente, el texto refundido del Estatuto Legal que se aprueba se adecua al texto refundido de la Ley de Contratos de las Administraciones Públicas, aprobado por el Real Decreto Legislativo 2/2000, de 16 de junio, a la nueva Ley 47/2003, de 26 de noviembre, General Presupuestaria, y a la Ley 33/2003, de 3 de noviembre, del Patrimonio de las Administraciones Públicas.

Este real decreto legislativo consta de un artículo único por el que se aprueba el texto refundido del Estatuto Legal del Consorcio de Compensación de Seguros, una disposición adicional, una disposición derogatoria y una disposición final que fija la entrada en vigor de la norma.

El texto refundido del Estatuto Legal del Consorcio de Compensación de Seguros que se aprueba mantiene la estructura y sistemática del estatuto aprobado por la Ley 21/1990, de 19 de diciembre, cuya parte dispositiva se organiza en un total de cinco capítulos. El primero de ellos contiene una serie de disposiciones generales a través de las que se regula la naturaleza, el régimen jurídico y los fines del Consorcio; los restantes capítulos se refieren a la organización, a las funciones, al régimen de funcionamiento y al régimen de personal y económico-financiero, respectivamente. Se mantiene dentro de cada capítulo la misma división en secciones que en el texto original del estatuto legal. El estatuto legal se completa con una disposición adicional y dos disposiciones finales.

Artículo único. Aprobación del Texto Refundido del Estatuto Legal del Consorcio de Compensación de Seguros. Se aprueba el Texto Refundido del Estatuto Legal del Consorcio de Compensación de Seguros, que se inserta a continuación.

Disposición adicional única. Remisiones normativas. Las referencias normativas efectuadas en otras disposiciones al Estatuto Legal del Consorcio de Compensación de Seguros, aprobado por el artículo cuarto de la Ley 21/1990, de 19 de diciembre, para adaptar el derecho español a la Directiva 88/357/CEE, sobre libertad de servicios en seguros distintos al de vida y de actualización de la legislación de seguros privados, se entenderán efectuadas a los preceptos correspondientes del texto refundido que se aprueba.

Disposición derogatoria única. Normas derogadas. 1. Quedan derogadas cuantas disposiciones de igual o inferior rango se opongan a lo establecido en el texto refundido del Estatuto Legal del Consorcio de Compensación de Seguros que se aprueba y, en particular:

a) De la Ley 21/1990, de 19 de diciembre, para adaptar el derecho español a la Directiva 88/357/CEE, sobre libertad de servicios en seguros distintos al de vida y de actualización de la legislación de seguros privados, su artículo cuarto, su disposición adicional segunda, su disposición adicional cuarta y el apartado uno de su disposición transitoria primera.

b) De la Ley 30/1995, de 8 de noviembre, de ordenación y supervisión de los seguros privados, su disposición adicional novena, «Modificaciones en el Estatuto Legal del Consorcio de Compensación de Seguros».

c) De la Ley 44/2002, de 22 de noviembre, de medidas de reforma del sistema financiero, el apartado tercero de su artículo 11 y su artículo 34.

d) Derogada

e) De la Ley 34/2003, de 4 de noviembre, de modificación y adaptación a la normativa comunitaria de la legislación de seguros privados, su artículo cuarto y su disposición adicional segunda, «Fraccionamiento del recargo destinado a financiar las funciones de liquidación de entidades aseguradoras por el Consorcio de Compensación de Seguros».

2. Se declaran vigentes las siguientes disposiciones:

a) De la Ley 21/1990, de 19 de diciembre, para adaptar el derecho español a la Directiva 88/357/CEE, sobre libertad de servicios en seguros distintos al de vida y de actualización de la legislación de seguros privados:

1.º Su disposición adicional tercera, por la que se modifica la Ley 25/1964, de 29 de abril, reguladora de la energía nuclear.

2.º Su disposición adicional séptima, relativa a la subrogación por parte de la Administración del Estado como reaseguradora en el lugar del Consorcio de Compensación de Seguros en los contratos para la cobertura de los riesgos comerciales en el seguro de crédito a la exportación, en los que este último sea reasegurador de «Compañía Española de Seguros de Crédito a la Exportación, Sociedad Anónima».

b) De la Ley 44/2002, de 22 de noviembre, de medidas de reforma del sistema financiero, la disposición transitoria tercera, «Régimen transitorio de la Comisión Liquidadora de Entidades Aseguradoras».

– La letra d) se deroga por el **Real Decreto Legislativo 1/2020, de 5 de mayo, por el que se aprueba el texto refundido de la Ley Concursal.**

Disposición final única. Entrada en vigor. El presente real decreto legislativo y el texto refundido que aprueba entrarán en vigor el día siguiente al de su publicación en el «Boletín Oficial del Estado».

TEXTO REFUNDIDO DEL ESTATUTO LEGAL DEL CONSORCIO DE COMPENSACIÓN DE SEGUROS

CAPÍTULO I. DISPOSICIONES GENERALES

Artículo 1. Naturaleza jurídica del Consorcio de Compensación de Seguros. 1. El Consorcio de Compensación de Seguros (en adelante, el Consorcio) se constituye como una entidad pública empresarial de las previstas en el artículo 43.1.b) de la Ley 6/1997, de 14 de abril, de Organización y Funcionamiento de la Administración General del Estado, con personalidad jurídica propia y plena capacidad de obrar para el cumplimiento de sus fines, dotada de patrimonio distinto al del Estado, que ajustará su actividad al ordenamiento jurídico privado.

2. El Consorcio está adscrito al Ministerio de Economía y Hacienda.

> – La Ley 6/1997, de 14 de abril, de Organización y Funcionamiento de la Administración General del Estado ha sido derogada por la **Ley 40/2015, de 1 de octubre, de Régimen Jurídico del Sector Público.**

Artículo 2. Régimen jurídico. 1. El Consorcio se regirá por las disposiciones contenidas en este estatuto legal y, en lo que no se oponga a él, por las que expresamente la Ley 6/1997, de 14 de abril, de Organización y Funcionamiento de la Administración General del Estado, dedica en el capítulo III de su título III a las entidades públicas empresariales, así como las demás previstas para tales entidades en la legislación vigente.

2. Quedará sometido, en el ejercicio de su actividad aseguradora y, en defecto de reglas especiales contenidas en este estatuto legal, a lo dispuesto en el texto refundido de la Ley de ordenación y supervisión de los seguros privados, aprobado por el Real Decreto Legislativo 6/2004, de 29 de octubre, y en la Ley 50/1980, de 8 de octubre, de contrato de seguro.

3. La contratación del Consorcio se rige por el derecho privado, salvo lo previsto para las entidades de derecho público en el artículo 2 del texto refundido de la Ley de Contratos de las Administraciones Públicas, aprobado por el Real Decreto Legislativo 2/2000, de 16 de junio.

> – La Ley 6/1997, de 14 de abril, de Organización y Funcionamiento de la Administración General del Estado ha sido derogada por la **Ley 40/2015, de 1 de octubre, de Régimen Jurídico del Sector Público.**

> – El Real Decreto Legislativo 6/2004, de 29 de octubre, por el que se aprueba el texto refundido de la Ley de ordenación y supervisión de los seguros privados ha sido derogado por la **Ley 20/2015, de 14 de julio, de ordenación, supervisión y solvencia de las entidades aseguradoras y reaseguradoras,** con la excepción de sus artículos 9, 10 y 24 por lo que se refiere a las mutuas, mutualidades de previsión social y cooperativas de seguros; la disposición adicional sexta; la disposición adicional séptima; y la referencia contenida en la disposición derogatoria del Real Decreto Legislativo, letra a).8.ª, por la que se mantiene en vigor la disposición adicional decimoquinta de la Ley 30/1995, de 8 de noviembre, de Ordenación y Supervisión de los Seguros Privados.

– El Real Decreto Legislativo 2/2000, de 16 de junio, por el que se aprueba el texto refundido de la Ley de Contratos de las Administraciones Públicas ha sido derogado. **Ley 9/2017, de 8 de noviembre, de Contratos del Sector Público, por la que se transponen al ordenamiento jurídico español las Directivas del Parlamento Europeo y del Consejo 2014/23/UE y 2014/24/UE, de 26 de febrero de 2014.**

Artículo 3. Fines. 1. El Consorcio, como organismo inspirado en el principio de compensación, tiene como fin cubrir los riesgos en los seguros que se determinan en este estatuto legal, con la amplitud que en él se fija o pueda hacerse en disposiciones específicas con rango de ley.

Para el adecuado cumplimiento de los fines citados, el Consorcio podrá celebrar pactos de coaseguro, así como ceder o retroceder en reaseguro parte de los riesgos asumidos a entidades aseguradoras españolas o extranjeras que están autorizadas para realizar operaciones de esta naturaleza. Asimismo, podrá aceptar en reaseguro en el seguro de riesgos nucleares y en el seguro agrario combinado en los términos previstos en este estatuto legal.

2. Fuera de los supuestos a que se refiere el apartado 1, el Consorcio podrá asumir la cobertura concertando pactos de coaseguro o aceptando en reaseguro en aquellos supuestos en que concurran razones de interés público que lo aconsejen, atendiendo la situación y circunstancias del mercado asegurador.

3. Son funciones públicas del Consorcio las concernientes a la exigibilidad de los recargos a favor del Consorcio, las que le atribuye la legislación reguladora del seguro de crédito a la exportación por cuenta del Estado y las que le confiere el artículo 16.

4. Corresponderá al Consorcio llevar a cabo la liquidación de las entidades aseguradoras que le sea encomendada en los supuestos previstos en este estatuto legal y en la legislación sobre ordenación y supervisión de los seguros privados, así como el ejercicio de las funciones que en el seno de los procedimientos concursales a que puedan verse sometidas las mismas entidades se le atribuyen en dichas normas.

– **Orden ETD/374/2022, de 25 de abril, por la que se establece el sistema de reaseguro a cargo del Consorcio de Compensación de Seguros en materia de responsabilidad civil por daños nucleares.**

– **Orden ETD/600/2022, de 29 de junio, por la que se complementa el sistema de reaseguro a cargo del Consorcio de Compensación de Seguros para el** cuadragésimo tercer Plan de Seguros Agrarios Combinados; y por la que se modifica la fecha de entrada en vigor de determinadas obligaciones de las entidades declarantes a la Central de Información de Riesgos del Banco de España establecidas en la Orden ETD/699/2020, de 24 de julio, de regulación del crédito revolvente, y por la que se modifica la Orden ECO/697/2004, de 11 de marzo, sobre la Central de Información de Riesgos, la Orden EHA/1718/2010, de 11 de junio, de regulación y control de la publicidad de los servicios y productos bancarios y la Orden EHA/2899/2011, de 28 de octubre, de transparencia y protección del cliente de servicios bancarios.

– Orden ETD/492/2020, de 18 de mayo, por la que se modifica la Orden ECE/497/2019, de 22 de abril, por la que se establece el sistema de reaseguro a cargo del Consorcio de Compensación de Seguros para el cuadragésimo Plan de Seguros Agrarios Combinados.

CAPÍTULO II. ORGANIZACIÓN

Artículo 4. Órganos de gobierno y administración. 1. El Consorcio será regido y administrado por un Consejo de Administración compuesto por el Presidente del Consorcio y un máximo de 18 vocales.

2. La presidencia del Consorcio será desempeñada por el Director General de Seguros y Fondos de Pensiones.

3. El nombramiento y cese de los vocales se realizará por el Ministro de Economía y Hacienda.

Artículo 5. Atribuciones. 1. Son atribuciones del Consejo de Administración:

a) Aprobar el estatuto orgánico del Consorcio y sus modificaciones.

b) Elaborar el programa de actuación plurianual y el presupuesto de explotación y capital, en los términos de los artículos 64 y 65 de la Ley 47/2003, de 26 de noviembre, General Presupuestaria.

c) Aprobar las cuentas anuales del Consorcio.

d) Proponer a la Dirección General de Seguros y Fondos de Pensiones la aprobación de la comisión de cobro que deba abonarse por la recaudación de los recargos por cuenta del Consorcio dentro de los límites establecidos en este estatuto legal.

e) Proponer cuantas medidas, planes y programas sean convenientes para un mejor desarrollo de la actividad del Consorcio. Y, en general, decidir sobre todas aquellas cuestiones que el Presidente someta a su consideración.

f) Contraer crédito y emitir deuda en los términos de este estatuto legal y demás disposiciones aplicables a las entidades públicas empresariales.

g) Aprobar los modelos de pólizas, tarifas de primas y bases técnicas que deba utilizar el Consorcio.

h) Prestar, por mayoría de dos tercios de sus componentes, el consentimiento en la contratación, como coasegurador o aceptando en reaseguro, de la cobertura de los riesgos a que se refiere el artículo 3.2 en todos los supuestos distintos a los expresamente regulados en los artículos 6 a 11, ambos inclusive.

i) El ejercicio de las funciones previstas en el artículo 14, que podrán ser delegadas en la forma que se prevea en el estatuto orgánico del Consorcio previa autorización del Director General de Seguros y Fondos de Pensiones.

2. Competen a la presidencia las funciones del Consorcio que no atribuye expresamente al Consejo de Administración el apartado precedente.

El Presidente podrá otorgar poderes para el ejercicio de las atribuciones que le competen, con el objeto de lograr una mayor eficacia del Consorcio.

3. En cuanto no venga dispuesto en este estatuto legal y en las normas que sean de aplicación, el estatuto orgánico determinará la estructura del Consorcio y su régimen de funcionamiento interno.

CAPÍTULO III. FUNCIONES

SECCIÓN 1.ª FUNCIONES PRIVADAS EN EL ÁMBITO ASEGURADOR

Artículo 6. En relación con los riesgos extraordinarios sobre las personas y los bienes. 1. El Consorcio, en materia de riesgos extraordinarios, tendrá por objeto indemnizar, en la forma establecida en este Estatuto Legal, en régimen de compensación, las pérdidas derivadas de acontecimientos extraordinarios acaecidos en España y que afecten a riesgos en ella situados.

Igualmente, serán indemnizables por el Consorcio los daños personales derivados de acontecimientos extraordinarios acaecidos en el extranjero cuando el asegurado de la póliza tenga su residencia habitual en España.

A estos efectos, serán pérdidas los daños directos en las personas y en los bienes, así como, en los términos y con los límites que reglamentariamente se determinen, las pérdidas pecuniarias como consecuencia de aquéllos. Se entenderán, igualmente en los términos que reglamentariamente se determinen, por acontecimientos extraordinarios:

a) Los siguientes fenómenos de la naturaleza: terremotos y maremotos, las inundaciones extraordinarias, las erupciones volcánicas, la tempestad ciclónica atípica y las caídas de cuerpos siderales y aerolitos.

b) Los ocasionados violentamente como consecuencia de terrorismo, rebelión, sedición, motín y tumulto popular.

c) Hechos o actuaciones de las Fuerzas Armadas o de las Fuerzas y Cuerpos de Seguridad en tiempo de paz.

2. A los efectos exclusivamente de la cobertura del Consorcio, se entenderá por riesgos situados en España los que afecten a:

a) Los vehículos con matrícula española.

b) Los bienes inmuebles situados en el territorio nacional.

c) Los bienes muebles que se encuentren en un inmueble situado en España, estén o no cubiertos por la misma póliza de seguro, excepto aquellos que se encuentren en tránsito comercial.

d) En el caso de seguros de personas, cuando el asegurado tenga su residencia habitual en España.

e) En los demás casos, cuando el tomador del seguro tenga su residencia habitual en España o, si fuera una persona jurídica, tenga en España su domicilio social o la sucursal a que se refiere el contrato.

3. No serán indemnizables por el Consorcio los daños o siniestros siguientes:

a) Los que no den lugar a indemnización según la Ley 50/1980, de 8 de octubre, de contrato de seguro.

b) Los ocasionados en personas o bienes asegurados por contrato de seguro distinto a aquellos en que es obligatorio el recargo a favor del Consorcio.

c) Los debidos a vicio o defecto propio de la cosa asegurada.

d) Los producidos por conflictos armados, aunque no haya precedido la declaración oficial de guerra.

e) Los que por su magnitud y gravedad sean calificados por el Gobierno como «catástrofe o calamidad nacional».

f) Los derivados de la energía nuclear.

g) Los debidos a la mera acción del tiempo o los agentes atmosféricos distintos a los fenómenos de la naturaleza señalados en el apartado 1.

h) Los causados por actuaciones producidas en el curso de reuniones y manifestaciones llevadas a cabo conforme a lo dispuesto en la Ley Orgánica 9/1983, de 15 de julio, reguladora del Derecho de Reunión, así como durante el transcurso de huelgas legales, salvo que las citadas actuaciones pudieran ser calificadas como acontecimientos extraordinarios conforme al apartado 1.

i) Los indirectos o pérdidas de cualquier clase derivados de daños directos o indirectos, distintos de la pérdida de beneficios que se delimite reglamentariamente.

> – El apartado primero se modifica por la **Ley 20/2015, de 14 de julio.** Dicho apartado había sido modificado con anterioridad por la **Ley 12/2006, de 16 de mayo,** que también modifica el apartado segundo.

Artículo 7. Ramos de seguro con recargo obligatorio a favor del Consorcio para el ejercicio de sus funciones en acontecimientos extraordinarios. Para el cumplimiento por el Consorcio de sus funciones en materia de compensación de pérdidas derivadas de acontecimientos extraordinarios, es obligatorio el recargo en su favor en los siguientes ramos:

a) Por lo que se refiere a los seguros de personas, el ramo de vida, en los contratos que garanticen exclusiva o principalmente el riesgo de fallecimiento, incluidos los que prevean, además, indemnizaciones pecuniarias por invalidez permanente o incapacidad temporal, en los términos y modalidades que reglamentariamente se determinen; y el ramo de accidentes, en los contratos que garanticen el riesgo de fallecimiento o prevean indemnizaciones pecuniarias por invalidez permanente o incapacidad temporal.

b) Por lo que se refiere a seguros de cosas, los ramos de vehículos terrestres, vehículos ferroviarios, incendio y elementos naturales, otros daños a los bienes, y pérdidas pecuniarias diversas, así como las modalidades combinadas de éstos, o cuando se contraten de forma complementaria. También en el ramo de responsabilidad civil en vehículos terrestres automóviles.

No obstante, será obligatorio un único recargo en el ramo de responsabilidad civil de vehículos terrestres automóviles, si además de la cobertura de seguro de responsabilidad civil de suscripción obligatoria del automóvil se hubiera contratado con carácter voluntario un seguro de responsabilidad civil o un seguro de daños en relación con el mismo vehículo a motor.

Se entienden incluidas, en todo caso, e igualmente en los términos que reglamentariamente se determinen, las pólizas de vida o accidentes que cubran los riesgos antes citados amparados en un plan de pensiones formulado conforme al Texto Refundido de la Ley de regulación de los planes y fondos de pensiones, aprobado por el Real Decreto Legislativo 1/2002, de 29 de noviembre, así como las pólizas que cubran daños a las instalaciones nucleares.

Quedan excluidas, en todo caso, las pólizas que cubran producciones agro-pecuarias susceptibles de aseguramiento a través del sistema de los seguros agrarios combinados, por encontrarse previstas en los planes que anualmente aprueba el Gobierno, así como las pólizas que cubran los riesgos derivados del transporte de mercancías, de la construcción y montaje, y cualesquiera otras pólizas de ramos de seguros distintos a los enumerados en las letras a) y b).

– La letra b) se modifica por la **Ley 20/2015, de 14 de julio.** El precepto se modifica con anterioridad por la **Ley 12/2006, de 16 de mayo.**

Artículo 8. Derechos y obligaciones del Consorcio en el seguro de riesgos extraordinarios. 1. El Consorcio estará obligado a satisfacer las indemnizaciones derivadas de siniestros producidos por acontecimientos extraordinarios a los asegurados que hayan satisfecho los correspondientes recargos en favor de aquel y se encuentren en alguna de las situaciones siguientes:

a) Que el riesgo extraordinario cubierto por el Consorcio no esté amparado por póliza de seguro.

b) Que, aun estando amparado por póliza de seguro, las obligaciones de la entidad aseguradora no pudieran ser cumplidas por haber sido declarada judicialmente en concurso o que, hallándose en una situación de insolvencia, estuviese sujeta a un procedimiento de liquidación intervenida o esta hubiera sido asumida por el propio Consorcio.

2. La obligación del Consorcio amparará necesaria y exclusivamente a las mismas personas o bienes y por las mismas sumas aseguradas que se hayan establecido en las pólizas de seguro, sin perjuicio de lo que reglamentariamente se establezca en relación con los daños a vehículos de motor y con los pactos de inclusión facultativa en las pólizas.

Esta obligación se limitará a las indemnizaciones que proceda abonar conforme a la ley española de contrato de seguro.

3. En todas las pólizas incluidas en el artículo anterior figurará una cláusula de cobertura por el Consorcio de los riesgos extraordinarios, en la que se hará referencia expresa a la facultad para el tomador del seguro de cubrir dichos riesgos con aseguradores que reúnan las condiciones exigidas por la legislación vigente. Dicha cláusula será aprobada por la Dirección General de Seguros y Fondos de Pensiones, a propuesta del Consorcio, y se publicará en el «Boletín Oficial del Estado».

4. Reglamentariamente, para los casos y en las condiciones que se determinen, podrá establecerse un período de carencia.

5. En los seguros contra daños y responsabilidad civil en vehículos terrestres automóviles, el Ministerio de Economía y Competitividad, a propuesta del Consorcio, podrá fijar una franquicia a cargo del asegurado para los supuestos en que el Consorcio tenga obligación de indemnizar.

– El apartado quinto se modifica por la **Ley 20/2015, de 14 de julio.**

– **Orden ECC/2845/2015, de 23 de diciembre, por la que se regula la franquicia a aplicar por el Consorcio de Compensación de Seguros en materia de seguro de riesgos extraordinarios.**

Artículo 9. En relación con el seguro de riesgos nucleares. 1. El Consorcio asumirá la cobertura de los riesgos que resulten asegurables por las entidades aseguradoras de la responsabilidad civil por accidentes nucleares causados por sustancias nucleares, o por accidentes en los que se produzca la liberación de radiaciones ionizantes en los que intervengan materiales radiactivos que no sean sustancias nucleares, del siguiente modo:

a) En el caso de que no se alcanzara por el conjunto de las entidades aseguradoras el límite mínimo de responsabilidad previsto en la Ley sobre responsabilidad civil por daños nucleares o producidos por materiales radiactivos, el Consorcio participará en la cobertura asumiendo la diferencia restante hasta dicho límite.

b) Actuará como reasegurador en la forma y cuantía que se determine por el Ministerio de Economía y Hacienda.

2. A los efectos de este estatuto legal, se entiende por accidente nuclear el definido como tal en el artículo 3.1.a) de la Ley sobre responsabilidad civil por daños nucleares o producidos por materiales radiactivos.

– El artículo se modifica por la **Ley 12/2011, de 27 de mayo,** precisando que la modificación entra en vigor con la entrada en vigor en España del Protocolo de 12 de febrero de 2004 por el que se modifica el Convenio de responsabilidad civil por daños nucleares (Convenio de París) y el Protocolo de 12 de febrero de 2004 por el que se modifica el Convenio complementario del anterior (Convenio de Bruselas).

Artículo 10. En relación con el seguro agrario combinado. 1. El Consorcio asumirá la cobertura del riesgo en el seguro agrario combinado, en la forma y cuantía que determine el Ministerio de Economía y Hacienda, en los siguientes supuestos:

a) En el caso de que no se alcanzara por el conjunto de las entidades aseguradoras, la totalidad de la cobertura prevista en la Ley 87/1978, de 28 de diciembre, de Seguros Agrarios Combinados.

b) Actuando como reasegurador.

2. El Consorcio asumirá la cobertura del riesgo de incendios forestales en los términos de su legislación específica.

3. En todo caso, corresponderá al Consorcio el ejercicio del control de las peritaciones de los siniestros.

Artículo 11. En relación con el seguro de responsabilidad civil en la circulación de vehículos a motor de suscripción obligatoria. 1. El Consorcio asumirá, exclusivamente dentro de los límites indemnizatorios fijados para el seguro de responsabilidad civil en la circulación de vehículos a motor de suscripción obligatoria, las siguientes funciones:

a) La contratación de cobertura de las obligaciones derivadas de la responsabilidad civil del Estado, comunidades autónomas, corporaciones locales y organismos públicos dependientes de o vinculados a cualquiera de ellos cuando, en todos los casos, soliciten concertar este seguro con el Consorcio.

b) La contratación de la cobertura de los riesgos no aceptados por las entidades aseguradoras.

2. No obstante lo dispuesto en el apartado anterior, el Consorcio podrá asumir la cobertura de la responsabilidad civil en la circulación de vehículos a motor, superando los límites del seguro obligatorio, respecto de los vehículos asegurados descritos en el apartado 1. Para los supuestos previstos en el párrafo b), se exigirán los mismos requisitos que reglamentariamente se establezcan en relación con el seguro obligatorio.

3. También corresponden al Consorcio las funciones que le encomienda el artículo 11 del texto refundido de la Ley sobre responsabilidad civil y seguro en la circulación de vehículos a motor, aprobado por el Real Decreto Legislativo 8/2004, de 29 de octubre, en las condiciones previstas en dicha ley y hasta los límites del aseguramiento obligatorio.

Artículo 12. En relación con el seguro obligatorio de viajeros. Derogado

– El artículo 12 se deroga por la **Ley 6/2009, de 3 de julio.**

Artículo 13. En relación con el seguro obligatorio de responsabilidad civil del cazador. Derogado

– El artículo 13 se deroga por la **Ley 6/2009, de 3 de julio.**

Artículo 14. En relación con la liquidación de entidades aseguradoras.

1. El Consorcio asumirá la condición de liquidador de las entidades asegurado-ras españolas señaladas en el artículo 27.1 de la Ley 20/2015, de 14 de julio, de ordenación, supervisión y solvencia de entidades aseguradoras y reasegura-doras, sujetas a la competencia de ejecución del Estado o de las Comunidades Autónomas, cuando le encomiende su liquidación el Ministro de Economía y Competitividad o el órgano competente de la respectiva Comunidad Autónoma.

Podrá serle encomendada la liquidación en los siguientes supuestos:

a) Simultáneamente a la disolución de la entidad aseguradora si se hubiera procedido a ella administrativamente.

b) Si, disuelta una entidad, esta no hubiese procedido al nombramiento de los liquidadores antes de los quince días siguientes a la disolución, o cuando el nombramiento dentro de ese plazo lo fuese sin cumplir los requisitos legales y estatutarios.

c) Cuando los liquidadores incumplan las normas que para la protección de los asegurados se establecen en la Ley 20/2015, de 14 de julio, de ordenación, supervisión y solvencia de entidades aseguradoras y reaseguradoras, las que rigen la liquidación o la dificulten. También cuando, por retrasarse la liqui-dación o por concurrir circunstancias que así lo aconsejen, la Administración entienda que la liquidación debe encomendarse al Consorcio. En el caso de que la liquidación sea intervenida, la encomienda al Consorcio se acordará previo informe del interventor.

d) Mediante aceptación de la petición de la propia entidad aseguradora, si se apreciara causa justificada.

2. Corresponden al Consorcio, en los términos previstos en la legislación concursal, la condición y funciones propias de la administración concursal en los procedimientos de concurso a que se encuentre sometida cualquier entidad aseguradora, y ello sin que sea necesaria la aceptación del cargo. Su actuación en dichos procedimientos no será retribuida.

El Consorcio deberá comunicar al juzgado la identidad de la persona física que haya de representarle en el ejercicio de su cargo, a la que resultarán de aplicación las normas contenidas en el artículo 28 de la Ley 22/2003, de 9 de julio, Concursal, con las excepciones que en él se establecen.

Además ejercerá las funciones de mediador concursal cuando así lo solicite una entidad aseguradora conforme a lo dispuesto en el artículo 5 bis de la Ley 22/2003, de 9 de julio, Concursal.

3. En su caso, lleva a efecto la liquidación separada de los bienes a que se refiere el artículo 175 de la Ley 20/2015, de 14 de julio, de ordenación, supervisión y solvencia de entidades aseguradoras y reaseguradoras.

4. En los términos que reglamentariamente se determinen y previo acuerdo de la Dirección General de Seguros y Fondos de Pensiones, el Consorcio podrá llevar a cabo actividades de información a los acreedores por contrato de seguro en relación con los procesos de liquidación de una entidad aseguradora domiciliada en otro Estado miembro de la Unión Europea en lo que afecte exclusivamente a los contratos de seguro que dicha entidad hubiera celebrado en España en régimen de derecho de establecimiento o en libre prestación de servicios.

El Consorcio podrá suscribir convenios con los órganos administrativos o judiciales a los que, con arreglo a la normativa del Estado miembro de origen, se hubiese encomendado la liquidación de la entidad, con la finalidad de facilitar a los acreedores por contrato de seguro residentes en España la presentación y tramitación de sus reclamaciones ante los órganos de liquidación.

La realización de las actividades señaladas en este apartado no implicará la asunción por el Consorcio de funciones de liquidación de entidades aseguradoras de otros Estados miembros de la Unión Europea ni de sus sucursales en España, ni, por tanto, conllevará la realización de pagos por razón de contrato de seguro ni anticipos a cuenta de dichos pagos, no resultando de aplicación, en ningún caso, lo dispuesto en los artículos 179 a 185 de la Ley 20/2015, de 14 de julio, de ordenación, supervisión y solvencia de entidades aseguradoras y reaseguradoras.

– El artículo se modifica por la **Ley 20/2015, de 14 de julio.**

– La Ley 22/2003, de 9 de julio, Concursal ha sido derogada por el **Real Decreto Legislativo 1/2020, de 5 de mayo, por el que se aprueba el texto refundido de la Ley Concursal.**

SECCIÓN 2.ª FUNCIONES PÚBLICAS

Artículo 15. En relación con el seguro de crédito a la exportación. El Gobierno determinará las funciones que, en su caso, correspondan al Consorcio en el seguro de crédito a la exportación por cuenta del Estado.

Artículo 16. Otras funciones públicas. Corresponden, además, al Consorcio las siguientes funciones:

a) Proponer a la Dirección General de Seguros y Fondos de Pensiones las tarifas de los recargos que debe percibir el Consorcio como contrapartida a las funciones de fondo de garantía y de compensación que se le atribuyen.

b) Recabar la información que reglamentariamente se determine a que estarán obligadas las entidades aseguradoras que emitan pólizas de seguro en los ramos señalados en el artículo 7 respecto de dichas pólizas.

Particularmente, las entidades aseguradoras con domicilio en el Espacio Económico Europeo que, no siendo residentes en territorio español ni operando en este por medio de establecimiento, emitan pólizas de las referidas en el párrafo precedente vendrán obligadas a designar una persona, física o jurídica, con domicilio en España para que les represente ante el Consorcio en relación con las obligaciones señaladas en los artículos 7 y 8.

c) Elaborar planes y programas de prevención y reducción de siniestros y desarrollarlos a través de las correspondientes campañas y medidas preventivas.

d) Concertar convenios con fondos de garantía u otras instituciones relacionadas con los seguros obligatorios, al objeto de facilitar el respectivo cumplimiento de sus funciones en el ámbito de los seguros obligatorios.

e) Cualesquiera otras que le atribuyan las normas legales o reglamentarias vigentes.

CAPÍTULO IV. RÉGIMEN DE FUNCIONAMIENTO

Artículo 17. Determinación de modelos de pólizas, tarifas de primas y bases técnicas. 1. El Consorcio percibirá primas en los casos en que celebre contratos de seguro como asegurador o acepte en reaseguro.

2. Los modelos de pólizas, tarifas de primas y bases técnicas en los seguros concertados por el Consorcio se ajustarán a lo dispuesto en el artículo 25 del texto refundido de la Ley de ordenación y supervisión de los seguros privados, aprobado por el Real Decreto Legislativo 6/2004, de 29 de octubre.

– **Ley 20/2015, de 14 de julio, de ordenación, supervisión y solvencia de las entidades aseguradoras y reaseguradoras.**

Artículo 18. Recargos a favor del Consorcio. 1. Son recargos a favor del Consorcio: El recargo en el seguro de riesgos extraordinarios, el recargo en el seguro obligatorio de responsabilidad civil en la circulación de vehículos a motor y el recargo destinado a financiar las funciones de liquidación de entidades aseguradoras.

Estos recargos, que corresponden al Consorcio en sus funciones de liquidación de entidades aseguradoras, compensación y fondo de garantía, tienen el carácter de ingresos de derecho público exigibles por la vía administrativa de apremio cuando no hayan sido ingresados por las entidades aseguradoras en el plazo fijado en el apartado 4; a tal efecto, será título ejecutivo la certificación de descubierto expedida por el Director General de Seguros y Fondos de Pensiones, a propuesta del Consorcio.

2. Todos los recargos a favor del Consorcio serán recaudados obligatoriamente por las entidades aseguradoras juntamente con sus primas.

En el caso de fraccionamiento de primas, las entidades podrán optar por recaudar los citados recargos con el primer pago fraccionado que se haga, o por hacerlo conforme venzan las correspondientes fracciones de prima, si bien en este último caso deberán aplicarse sobre las fracciones del recargo los tipos por fraccionamiento que, para cada posible periodicidad, se fijen en las tarifas de los recargos a favor del Consorcio, o tratándose del recargo destinado a financiar las funciones de liquidación de entidades aseguradoras, los indicados en el apartado 3.

La elección de la opción de fraccionar los recargos a favor del Consorcio conforme venzan las correspondientes fracciones de prima deberá hacerse constar en las bases técnicas de las entidades, comunicarse al Consorcio y aplicarse de forma sistemática en el ramo o riesgo de que se trate, salvo causa debidamente justificada.

3. La elección por parte de la entidad aseguradora de la opción de fraccionar el recargo destinado a financiar las funciones de liquidación de entidades aseguradoras juntamente con las primas acarreará las obligaciones establecidas en el apartado 2.

El cálculo de los intereses por fraccionamiento se efectuará para cada uno de los ramos o riesgos en los que se haya elegido esta opción y se declarará y liquidará juntamente con los recargos fraccionados en el propio modelo y en el mismo período al que corresponden los recargos.

Los tipos de fraccionamiento que se aplicarán, tomando como base de cálculo el recargo que se declare correspondiente a la totalidad de la prima, excluidos otros recargos e impuestos, serán:

a) Para fraccionamiento de prima con vencimientos semestrales, el dos por ciento.

b) Para fraccionamiento de prima con vencimientos trimestrales, el 2,5 por ciento.

c) Para fraccionamiento de prima con vencimientos bimestrales, el tres por ciento.

d) Para fraccionamiento de prima con vencimientos mensuales, el 3,5 por ciento.

Los intereses por fraccionamiento tendrán a todos los efectos la misma naturaleza que el recargo obligatorio a que corresponden.

4. Las entidades aseguradoras vendrán obligadas, al tiempo de presentar al Consorcio la declaración de los recargos recaudados por cuenta de este, a practicar una liquidación e ingresar su importe con la periodicidad y con sujeción a las reglas que se determinen reglamentariamente.

Previa comunicación fehaciente al Consorcio, las entidades podrán liquidar los recargos según las primas emitidas, sin perjuicio de las regularizaciones periódicas que procedan. La elección de esta opción deberá aplicarse a todas las carteras de pólizas de la entidad y por años naturales.

Tanto las liquidaciones practicadas por la Dirección General de Seguros y Fondos de Pensiones derivadas de actas de Inspección como aquellas otras que no tengan señalado plazo de ingreso por sus normas específicas deberán ser ingresadas dentro de los quince días siguientes a aquel en que tuvo lugar la notificación de la liquidación a la entidad aseguradora.

5. El ejercicio de la gestión recaudadora por cuenta del Consorcio, cumpliendo lo dispuesto en este precepto, llevará aparejado el derecho a percibir una comisión de cobro que fijará la Dirección General de Seguros y Fondos de Pensiones a propuesta del Consorcio y previa audiencia de las entidades y organizaciones aseguradoras más representativas, sin que pueda exceder del 10 por ciento de los importes brutos recaudados.

6. El incumplimiento de la obligación de ingresar en el Consorcio los recargos percibidos por la entidad aseguradora en el plazo y forma legalmente establecidos llevará aparejado, sin perjuicio de las responsabilidades adminis-

trativas y, en su caso, penales en que hubiera podido incurrir, la obligación de satisfacer durante el período de demora el interés legal y, además, la pérdida de la comisión de cobro.

7. Cuando los ingresos por recargos efectuados al Consorcio resultasen ser indebidos en todo o en parte, se acordará la devolución a solicitud de los interesados, sin perjuicio de las comprobaciones y petición de información que procedan, en el plazo de quince días desde la completa presentación de la documentación acreditativa del error advertido.

> — El artículo se modifica por la **Ley 20/2015, de 14 de julio.** Con anterioridad, había sido modificado por la **Ley 6/2009, de 3 de julio.**

Artículo 19. Asistencia jurídica y servicio de inspección. 1. La representación y defensa del Consorcio ante los juzgados y tribunales corresponderá a los Abogados del Estado integrados en la Abogacía General del Estado-Dirección del Servicio Jurídico del Estado, aunque también podrá ser ejercida por abogados colegiados en ejercicio que, a propuesta del Consorcio, sean habilitados como letrados sustitutos por parte de la Abogacía General del Estado-Dirección del Servicio Jurídico del Estado para actuar en el ámbito competencial que, conforme a dicha propuesta, se establezca en la propia habilitación. La contratación de los servicios profesionales de estos abogados colegiados se llevará a cabo por el Consorcio mediante la formalización de los correspondientes acuerdos, que tendrán siempre la consideración de contratos civiles de arrendamiento de servicios.

Sin perjuicio de lo anterior, el Consorcio, previo informe favorable de la Abogacía General del Estado-Dirección del Servicio Jurídico del Estado, podrá encomendar su representación y defensa, conforme a las normas colegiales generales, a abogados y procuradores designados al efecto, en aquellos asuntos o materias que, por sus características, así lo aconsejen.

Las costas que se generen en los procesos derivados de la actividad del Consorcio en los que la representación y defensa se ejerza por los letrados habilitados mencionados anteriormente se ingresarán, en su caso, en el Consorcio, aplicándoles el régimen previsto en este Estatuto Legal.

El Consorcio podrá recabar el asesoramiento en derecho de la Abogacía General del Estado-Dirección del Servicio Jurídico del Estado.

2. La Dirección General de Seguros y Fondos de Pensiones, a través de la Inspección de Seguros del Estado y conforme a los planes de inspección aprobados a propuesta del Consorcio, inspeccionará a las empresas, sean entidades

jurídicas o personas físicas, que recauden recargos y primas por cuenta del Consorcio.

Los costes de los medios personales y materiales a que dé lugar este servicio de inspección serán sufragados por el Consorcio, formalizándose, a estos efectos, el oportuno convenio con la Dirección General de Seguros y Fondos de Pensiones, en el que se determinará la compensación económica a abonar al órgano cuyos medios han sido destinados a este fin, para atender dichos costes.

– El artículo se modifica por la **Ley 20/2015, de 14 de julio.** Con anterioridad, había sido modificado por la **Ley 12/2006, de 16 de mayo.**

Artículo 20. Peculiaridades de la tramitación de siniestros. La tramitación de los siniestros en los que el Consorcio tenga la condición de asegurador o reasegurador, con la vinculación al dictamen de los peritos a que se refiere el artículo 38, párrafo séptimo, de la Ley 50/1980, de 8 de octubre, de contrato de seguro, en cuanto a las cuestiones de hecho consignadas en él, se ajustará a la referida ley.

No obstante lo anterior, serán de aplicación las siguientes reglas especiales:

a) En la tramitación de los siniestros en el seguro de responsabilidad civil derivada de la energía nuclear, será preceptivo el informe técnico del Consejo de Seguridad Nuclear sobre el accidente, sus causas, su extensión y sus efectos.

b) Para que sean admisibles tanto la demanda declarativa como la ejecutiva con base en el auto de cuantía máxima reguladas en la Ley 1/2000, de 7 de enero, de Enjuiciamiento Civil, relativas a la responsabilidad civil derivada del uso y circulación de vehículos a motor, deberá acreditarse fehacientemente que el Consorcio fue requerido judicial o extrajudicialmente de pago, y que desde dicho requerimiento transcurrió un plazo de tres meses sin haber sido atendido.

c) En el ejercicio de la facultad de repetición por el Consorcio será título ejecutivo, a los efectos del artículo 517 de la Ley 1/2000, de 7 de enero, de Enjuiciamiento Civil, la certificación expedida por la citada entidad acreditativa del importe de la indemnización abonada por la misma, siempre que el responsable haya sido requerido de pago y no lo haya realizado en el plazo de un mes desde dicho requerimiento.

d) En la tramitación de los siniestros en el seguro de incendios forestales en que el Consorcio tenga función de asegurador, se acompañará a la reclamación certificación de la autoridad competente sobre las causas del siniestro y la extensión aproximada del área afectada por el incendio. En las reclamaciones por lesiones en las personas se acompañará informe médico sobre las lesiones y sus causas, así como del alta o defunción, en su caso.

– El artículo se modifica por la **Ley 6/2009, de 3 de julio.**

Artículo 21. Ejercicio de acciones judiciales contra el Consorcio. Sin perjuicio de lo establecido en el artículo 20, para el ejercicio de acciones civiles contra el Consorcio no será precisa la reclamación previa en vía administrativa ni le serán aplicables las normas contenidas en los artículos 7.3, 10.2, 15, 16, 21, 23 y 24 de la Ley 47/2003, de 26 de noviembre, General Presupuestaria.

CAPÍTULO V. RÉGIMEN DE PERSONAL Y ECONÓMICO-FINANCIERO

SECCIÓN 1.ª RÉGIMEN DE PERSONAL

Artículo 22. Personal del Consorcio. El personal del Consorcio se regirá por lo establecido en el texto refundido de la Ley del Estatuto de los Trabajadores, aprobado por el Real Decreto Legislativo 1/1995, de 24 de marzo, y demás disposiciones reguladoras de la relación laboral y le será de aplicación lo dispuesto en el artículo 55 de la Ley 6/1997, de 14 de abril, de Organización y Funcionamiento de la Administración General del Estado.

– El Real Decreto Legislativo 1/1995, de 24 de marzo, por el que se aprueba el texto refundido de la Ley del Estatuto de los Trabajadores ha sido derogado por el **Real Decreto Legislativo 2/2015, de 23 de octubre, por el que se aprueba el texto refundido de la Ley del Estatuto de los Trabajadores.**

– La Ley 6/1997, de 14 de abril, de Organización y Funcionamiento de la Administración General del Estado ha sido derogada por la **Ley 40/2015, de 1 de octubre, de Régimen Jurídico del Sector Público.**

SECCIÓN 2.ª RÉGIMEN PATRIMONIAL

Artículo 23. Recursos económicos. 1. Para el cumplimiento de sus fines el Consorcio contará con los siguientes recursos económicos:

a) Las primas y los recargos sobre primas o capitales asegurados que se perciban para la cobertura, cualquiera que sea la forma que esta adopte, de los riesgos de todo tipo asumidos por el Consorcio.

b) Las subvenciones estatales precisas para la constitución de las provisiones técnicas que se realicen por imperativo legal o reglamentario con norma de directa aplicación al Consorcio y en casos de cobertura de riesgos en que exista insuficiencia de primas, cuotas o recargos.

c) Las cantidades que recupere en el ejercicio del derecho de repetición y los intereses de demora que le correspondan conforme al ordenamiento jurídico.

d) Los productos y rentas de su patrimonio.

e) Los procedentes de los créditos, préstamos y demás operaciones financieras que pueda concertar.

f) Cualquier otro ingreso que le corresponda conforme a la legislación vigente.

2. Las tarifas de recargos a favor del Consorcio sin regulación específica serán aprobadas por la Dirección General de Seguros y Fondos de Pensiones, a propuesta del Consorcio, y se publicarán en el «Boletín Oficial del Estado».

3. Para el cumplimiento de sus funciones de liquidación de entidades aseguradoras, el Consorcio contará con los siguientes recursos:

a) El recargo destinado a financiar las funciones de liquidación de entidades aseguradoras cuya recaudación y gestión también le corresponde.

b) Las cantidades y bienes que recupere en el ejercicio de los derechos de las personas que le hayan cedido sus créditos, o por su abono anticipado a ellas.

c) Los previstos en los párrafos d), e) y f) del apartado 1.

4. El recargo destinado a financiar las funciones de liquidación de entidades aseguradoras es un tributo que grava los contratos de seguro.

Están sujetos a dicho recargo la totalidad de los contratos de seguro que se celebren sobre riesgos localizados en España, distintos al seguro sobre la vida y al seguro de crédito a la exportación por cuenta o con el apoyo del Estado. No quedarán sujetos al recargo los planes de previsión asegurados cualquiera que sea la contingencia o contingencias que cubran.

El recargo se devengará cuando tenga lugar el pago de la prima que corresponda a los contratos de seguro sujetos a aquel.

Son sujetos pasivos del recargo, en condición de contribuyentes, las entidades aseguradoras, que deberá repercutir íntegramente su importe sobre el tomador del seguro, quien quedará obligado a soportarlo siempre que la repercusión se ajuste a lo dispuesto en este estatuto legal, cualesquiera que fuesen las estipulaciones existentes entre ellos.

Constituye la base imponible del recargo el importe de la prima. No se entenderán incluidos en la prima aquellos importes correspondientes a cualesquiera otros recargos que el contrato de seguro afectado deba soportar en virtud de una disposición legal que lo imponga.

El tipo del recargo destinado a financiar las funciones de liquidación de entidades aseguradoras estará constituido por el 1,5 por mil de las primas antes referidas.

– El artículo se modifica por la Ley **6/2009, de 3 de julio**.

Artículo 24. Patrimonio y provisión técnica de estabilización. 1. El patrimonio del Consorcio está constituido por todos los bienes, derechos, obligaciones y participaciones accionarias que le atribuye este estatuto legal y las demás disposiciones que le son de aplicación, así como los que en lo sucesivo adquiera o le sean incorporados. Asimismo, integran su patrimonio las aportaciones que el Estado realice a efectos de mantener el adecuado equilibrio técnico-financiero por cada ramo de aseguramiento, así como el margen de solvencia exigido al Consorcio por el ordenamiento jurídico en materia de seguros.

En los seguros agrarios combinados, el Consorcio deberá llevar las operaciones que realice con absoluta separación financiera y contable respecto del resto de las operaciones, con integración de las aportaciones que el Estado realice al efecto de mantener el adecuado equilibrio técnico-financiero de estas operaciones.

De la misma manera, el Consorcio deberá llevar las operaciones que realice en el ejercicio de sus funciones de liquidación de entidades aseguradoras y en los procesos concursales a que estas se encuentren sometidas con absoluta separación financiera y contable del resto de operaciones. Las rentas derivadas del ejercicio de las funciones mencionadas en este párrafo estarán exentas del Impuesto sobre Sociedades.

Se excluyen del patrimonio del Consorcio los recursos correspondientes a los riesgos cubiertos por el seguro de crédito a la exportación por cuenta del Estado, que estarán dotados de plena independencia financiera, patrimonial y contable.

2. El Consorcio constituirá la provisión técnica de estabilización de forma separada para las coberturas relativas al seguro agrario combinado y para el resto de las coberturas y, por lo que respecta a estas últimas, de manera global para todas las coberturas afectadas. Esta provisión se dotará con arreglo a los criterios específicos que reglamentariamente se determinen, considerando que debe atender también a indemnizar siniestros con el carácter de fondo de garantía y en sus funciones de compensación, y tendrá la consideración de partida deducible a efectos de determinar la base imponible del Impuesto sobre Sociedades correspondiente al ejercicio en que se efectúe tal dotación, siempre que la cuantía total de la provisión no rebase los límites que se establezcan reglamentariamente.

– **Real Decreto 2013/1997, de 26 de diciembre, de regulación de las provisiones técnicas a dotar por el Consorcio de Compensación de Seguros.**

Artículo 25. Régimen de presupuesto, contabilidad y de control. 1. El programa de actuación plurianual y los presupuestos de explotación y capital se ajustarán a lo dispuesto en los artículos 64 y 65 de la Ley 47/2003, de 26 de noviembre, General Presupuestaria. En todo caso, en la liquidación del presupuesto los excedentes que se puedan producir se incorporarán al patrimonio de la entidad.

2. Se ajustará en su contabilidad y se sujetará al control económico y financiero y al de eficacia que para las entidades de seguros establece la legislación aplicable a estas entidades, y a las normas que la Ley 47/2003, de 26 de noviembre, General Presupuestaria, dedica en este ámbito a las entidades públicas empresariales.

Artículo 26. Régimen de contratación y acceso al crédito. 1. La contratación del Consorcio se llevará a efecto por las normas de derecho privado, civil, mercantil o laboral.

2. El Consorcio podrá realizar todo tipo de operaciones financieras y, en particular, concertar operaciones activas y pasivas de crédito y préstamo cualquiera que sea la forma en que se instrumenten, incluso mediante la emisión de obligaciones, bonos, pagarés u otros valores análogos.

Estas operaciones financieras del Consorcio tendrán las siguientes características:

a) Corresponderá al Consejo de Administración contraer crédito y emitir deuda, concertando o fijando su plazo, tipo de interés y demás características, así como establecer la representación total o parcial de la deuda emitida en obligaciones, bonos, pagarés u otros títulos-valores o documentos que formalmente la reconozcan o, en cuanto lo permitan las disposiciones vigentes, en anotaciones en cuenta.

b) En su endeudamiento, el Consorcio se sujetará a los límites establecidos para cada ejercicio por la Ley de Presupuestos Generales del Estado. Dicho límite tendrá el carácter de neto y será efectivo al término del ejercicio.

c) La deuda instrumentada en valores negociables en Bolsa será admitida de oficio a la negociación en las Bolsas de Valores.

d) Las obligaciones patrimoniales del Consorcio tienen la garantía del Estado en los mismos términos que las de la Hacienda Pública.

Disposición adicional única. Adaptación del ámbito funcional del Consorcio a la evolución del mercado asegurador. Mediante real decreto, podrá reducirse el ámbito funcional del Consorcio según la evolución del mercado asegurador.

Disposición transitoria. Adaptación de los contratos de seguro vigentes a la modificación operada en los artículos 7.b) y 8.5 del texto refundido del Estatuto Legal del Consorcio de Compensación de Seguros. Los contratos de seguros en vigor deberán adaptarse a la modificación introducida por la disposición final octava de la Ley de ordenación, supervisión y solvencia de entidades aseguradoras y reaseguradoras, en los artículos 7.b) y 8.5 del texto refundido del Estatuto Legal del Consorcio de Compensación de Seguros, aprobado por el Real Decreto Legislativo 7/2004, de 29 de octubre, antes de la primera renovación que tenga lugar a partir de los seis meses siguientes a la entrada en vigor de dicha Ley. Los contratos de seguro de nueva emisión que se celebren a partir del 1 de julio de 2016 deberán estar adaptados a la misma.

– La Disposición Transitoria se añade por la **Ley 20/2015, de 14 de julio.**

Disposición final primera. Título competencial. Este texto refundido se dicta al amparo de lo establecido en el artículo 149.1.6.ª de la Constitución.

Disposición final segunda. Potestad reglamentaria. Corresponde al Gobierno, a propuesta del Ministro de Economía y Hacienda y del Ministro de Administraciones Públicas, previa audiencia de la Junta Consultiva de Seguros y Fondos de Pensiones, desarrollar este estatuto legal en las materias que se atribuyen expresamente a la potestad reglamentaria, así como, en general, en todas aquellas susceptibles de desarrollo reglamentario en que sea preciso para su correcta ejecución.

Corresponde al Ministro de Economía y Hacienda, previa audiencia de la Junta Consultiva de Seguros y Fondos de Pensiones, desarrollar este estatuto legal en las materias que específicamente atribuye a la potestad reglamentaria de dicho ministro.

ÍNDICE ANALÍTICO